DUDEN-Abiturhilfen

Eine hervorragende Hilfe für die Vorbereitung auf die Abiturprüfung und Training für Klausuren. Der Stoff wird klar gegliedert und ermöglicht eine methodische Vorbereitung auf die Prüfung. Von besonderem Nutzen sind dabei die vielen Übungsaufgaben aus der schulischen Praxis sowie die zahlreichen Abbildungen.

Analysis I:
Folgen und Funktionen
11. Schuljahr. 96 Seiten.

Analysis II:
Ableitung und Kurvendiskussion
11./12. Schuljahr. 96 Seiten.

Analysis III:
Integralrechnung
Ab 12. Schuljahr. 96 Seiten.

Lineare Algebra und analytische Geometrie I
Leistungskurs 12./13. Schuljahr. 96 Seiten.

Lineare Algebra und analytische Geometrie II
12./13. Schuljahr. 96 Seiten.

Stochastik I
Leistungskurs 12./13. Schuljahr. 96 Seiten.

Stochastik II
Leistungskurs 12./13. Schuljahr. 96 Seiten.

Basiswissen Mathematik zur Physik
11.–13. Schuljahr. 96 Seiten.

Mechanik I: Bewegungslehre
11. Schuljahr. 96 Seiten.

Mechanik II: Erhaltungsätze
11. Schuljahr. 96 Seiten.

Grundlagen der allgemeinen Chemie
12./13. Schuljahr. 96 Seiten.

Grundlagen der organischen Chemie
12./13. Schuljahr. 95 Seiten.

Kunststoffe, Farbstoffe, Waschmittel
12./13. Schuljahr. 96 Seiten.

Stoffwechsel und Energieumsatz
12./13. Schuljahr. 80 Seiten.

Nervensystem und Sinnesorgane
12./13. Schuljahr. 96 Seiten.

Genetik
12./13. Schuljahr. 96 Seiten.

Der deutsche Aufsatz
12./13. Schuljahr. 96 Seiten.

Entwicklungsländer
12./13. Schuljahr. 96 Seiten.

USA-UdSSR
12./13. Schuljahr. 79 Seiten.

Die Landwirtschaft
12./13. Schuljahr. 96 Seiten.

Geschichte I
12./13. Schuljahr. 86 Seiten.

12./13. Schuljahr. 96 Seiten.

Der kleine DUDEN

Deutsches Wörterbuch
Über 30 000 Wörter des täglichen Gebrauchs mit mehr als 100 000 Angaben zur Rechtschreibung, Silbentrennung, Aussprache und Grammatik. 445 Seiten.

Fremdwörterbuch
Über 15 000 Fremdwörter mit mehr als 90 000 Angaben zu Bedeutung, Aussprache und Grammatik. 448 Seiten.

Deutsche Grammatik
Eine Sprachlehre für Beruf, Fortbildung und Alltag
Dieser Band behandelt die Grundlagen von Aussprache und Schreibung, die Wortarten, Formenlehre, Wortbildung und den Satzbau. Er stellt Unsicherheiten im Sprachgebrauch dar und macht auf häufige sprachliche Fehler aufmerksam. 399 Seiten.

Sprachtips
Hilfe für den sprachlichen Alltag
Dieser Band enthält eine Sammlung nützlicher Hinweise für die Klärung immer wiederkehrender rechtschreiblicher, grammatischer und stilistischer Zweifelsfragen. 412 Seiten.

Der passende Ausdruck
Ein Synonymwörterbuch für die Wortwahl
Dieses Buch bietet etwa 7 500 Gruppen mit sinnverwandten Wörtern für die Wortwahl. Es hilft, in jeder Situation den treffenden Ausdruck zu finden. 416 Seiten.

Mathematik
Ein Lexikon mathematischer Begriffe und Formeln
Behandelt werden Begriffe aus Arithmetik und Algebra, aus dem kaufmännischen Rechnen, aus Analysis, Wahrscheinlichkeitsrechnung und Statistik. Über 3 000 Begriffe, Formeln, Beispiele, über 500 meist zweifarbige Abbildungen. 480 Seiten.

DUDENVERLAG
Mannheim · Leipzig · Wien · Zürich

SCHÜLER DUDEN

Die richtige Wortwahl

DUDEN für Schüler

Rechtschreibung und Wortkunde
Vom 4. Schuljahr an

Grammatik
Vom Aktiv bis zum zweiten Futur

Wortgeschichte
Sprachgeschichte und Etymologie für den modernen Sprachunterricht

Bedeutungswörterbuch
Weil viele Wörter mehrdeutig sind

Fremdwörterbuch
Von relaxed bis marginal

Die richtige Wortwahl
Auf einen Schlag den inhaltlich und stilistisch treffenden Ausdruck

Lateinisch-Deutsch
Die Neufassung des »Taschen-Heinichen«

Der Sport
Vom Fallrückzieher bis zur Trainingslehre

Die Kunst
Von der Farbenlehre bis zur Aktionskunst

Die Musik
Bach und Bebop, Farbenhören und farbiges Rauschen

Die Literatur
Absurdes Theater, Naturalismus, Hinkjambus: die Literatur in ihrer Vielseitigkeit

Die Chemie
Von der ersten Chemiestunde bis zum Abiturwissen

Die Ökologie
Klassische Ökologie und moderne Umweltproblematik

Die Pflanzen
Vom Gänseblümchen bis zum Mammutbaum: Antwort auf Fragen, die im Unterricht offenbleiben

Die Biologie
Auf dem neuesten Stand der Forschung

Die Tiere
Rötelfalken und Rötelmäuse. Für kleine und große Biologen

Die Physik
Die wichtigsten Begriffe und Methoden der Physik

Die Astronomie
Von hellen Sternen und schwarzen Löchern. – Stern-Stunden verständlich gemacht

Die Geographie
Von der Geomorphologie bis zur Sozialgeographie

Wetter und Klima
Vom Heidelberger Talwind bis zu den Passaten

Die Geschichte
Ob Merkantilismus oder UN: alles Wissenswerte leicht zugänglich

Die Wirtschaft
Vom Break-even-point bis zur Schattenwirtschaft

Politik und Gesellschaft
Vom Bruttosozialprodukt bis zur Pressefreiheit

Die Religionen
Aberglaube, Christentum, Zwölfgöttersystem: die Welt der Religion auf einen Blick

Die Philosophie
»Logik des Herzens« und kategorischer Imperativ: die wichtigsten Modelle und Schulen

Die Psychologie
Vom Alter ego bis zur Zwillingsforschung

Die Pädagogik
Alles zum Thema Schule, Ausbildung und Erziehung

Die Informatik
Algorithmen und Zufallsgenerator: das Informationszentrum für Anfänger und Fortgeschrittene

Die Mathematik I
5.–10. Schuljahr

Die Mathematik II
11.–13. Schuljahr

Das Wissen von A bis Z
Ein allgemeines Lexikon: die ideale Ergänzung zu den »Spezialisten«

DUDEN-Schülerlexikon
Ein Lexikon nicht nur für die Schule

SCHÜLER DUDEN

Die richtige Wortwahl

Ein vergleichendes Wörterbuch
sinnverwandter Ausdrücke

2., neu bearbeitete, erweiterte
und aktualisierte Auflage
Herausgegeben und bearbeitet
von Wolfgang Müller

DUDENVERLAG
Mannheim · Leipzig · Wien · Zürich

CIP-Titelaufnahme der Deutschen Bibliothek
Schülerduden »Die richtige Wortwahl«:
ein vergleichendes Wörterbuch sinnverwandter Ausdrücke
hrsg. u. bearb. von Wolfgang Müller.
2., neu bearb., erw. u. aktualisierte Aufl.
Mannheim; Wien; Zürich: Dudenverl., 1990
ISBN 3-411-02247-7
NE: Müller, Wolfgang [Hrsg.]; Die richtige Wortwahl

Satz: Bibliographisches Institut & F. A. Brockhaus AG,
Mannheim (DIACOS Siemens) und
Mannheimer Morgen Großdruckerei und Verlag GmbH
Druck: Rappold Offsetdruck GmbH, Speyer
Bindearbeit: Klambt-Druck GmbH, Speyer
Printed in Germany
ISBN 3-411-02247-7

Vorwort

Die deutsche Sprache ist reich an bedeutungsähnlichen Wörtern und Wendungen, und es ist oft nicht leicht, den inhaltlich treffenden, den sachlich richtigen und den stilistisch angemessenen Ausdruck zu finden. Dieses Wörterbuch will bei der Suche nach dem passenden Ausdruck helfen, indem es bedeutungsähnliche oder bedeutungsgleiche, d. h. sinnverwandte (synonyme) Wörter in Gruppen zusammenfaßt, die Bedeutungen dieser Wörter ausführlich darstellt, sie miteinander vergleicht und inhaltliche Unterschiede sichtbar macht. Es ist eine vergleichende Synonymik, die jedoch nicht nur die Inhalte der synonymen Wörter erläutert, sondern gleichzeitig auch ihren stilistischen Wert angibt. Durch die umfassenden Inhalts- und Stilangaben hilft das Wörterbuch bei der Wahl des angemessenen Wortes.

Dieses Wörterbuch ist aber nicht nur ein Nachschlagewerk, sondern auch ein Arbeitsmittel für den Sprachunterricht. Es kann eingesetzt werden, wenn es um die Behandlung von Wortfeldern oder die Verbesserung der Ausdrucksmöglichkeiten geht. Besonders dieser Gesichtspunkt hat die Auswahl der sinnverwandten Wörter für diesen Band bestimmt.

Die vorliegende zweite Auflage dieses Schülerdudens ist in weiten Teilen überarbeitet und verbessert worden. Mehr als 800 Wörter sind neu in das Wörterbuch aufgenommen worden.

Mannheim, den 1. September 1990

Der Wissenschaftliche Rat der Dudenredaktion

Kurze Einführung in die Synonymik

Es gibt verschiedene Arten von Synonymen: bedeutungsgleiche und bedeutungsähnliche, ferner stilistische und landschaftliche.
Bedeutungsgleiche Wörter sind selten (bereits/schon). Bei ihnen handelt es sich oft um ein Nebeneinander von fremdsprachlichem und deutschem Wort (Telefon/Fernsprecher; Trottoir/Bürgersteig/Gehsteig) oder um Wörter, die unter unterschiedlichen Gesichtspunkten gebildet worden sind (Raumpflegerin/Putzfrau/Putzhilfe), die aber nicht selten bestimmte Nebenvorstellungen (Konnotationen) und Gedankenverbindungen (Assoziationen) hervorrufen.
Die **bedeutungsähnlichen** Synonyme unterscheiden sich inhaltlich durch sekundäre Bedeutungsmerkmale (sehen/gaffen, schreiben/kritzeln, regnen/nieseln) oder durch einen verschiedenen Intensitätsgrad, also graduell (warm/heiß/lau).
Die **stilistischen** Synonyme sind Mittel der Stilgestaltung (stehlen/entwenden) und der expressiv-emotionalen Stilfärbung (reich/steinreich).
Vor allem auf Grund ihrer inhaltlichen und stilistischen Unterschiede haben Synonyme eine wichtige Funktion in der Sprache. Durch Synonyme kann einerseits eine Aussage präzisiert, ergänzt, erweitert, inhaltlich und/oder stilistisch abgeschwächt oder verstärkt werden (z. B.: er wurde *abweisend,* ja *unfreundlich* behandelt). Andererseits können Synonyme aus rein rhetorischen Gründen, lediglich zur Variierung des Ausdrucks benutzt werden (z. B.: er *pries* ihr Wissen, *rühmte* ihren Einsatz).
Neben den inhaltlichen und stilistischen gibt es noch die **landschaftlichen** Synonyme, die nicht im gesamten Sprachraum, sondern höchstens in Überschneidungsbereichen auftreten, im übrigen aber Heteronyme sind, d. h. Wörter, die zwar in der deutschen Sprache vorkommen, aber getrennt voneinander in verschiedenen Gebieten, z. B. Fleischer/Metzger/Schlächter/Fleischhauer; Sonnabend/Samstag.
Eine besondere Art von Synonymie oder Sachverwandtschaft findet sich noch in den synonymischen Verhältnissen von Oberbegriff **(Hyperonym, Supernym)** und Unterbegriff **(Hyponym).** Die Wörter Medikament, Arzneimittel, Arznei, Mittel, Tablette, Kapsel, Dragée, Pille, Tropfen, Zäpfchen stehen beispielsweise in einem synonymischen Zusammenhang, wobei Medikament, wenn es an die erste Stelle einer Synonymgruppe (als sogenanntes Leitwort) gestellt wird, das Hyperonym ist, während Tablette, Kapsel, Dragée, Pille, Tropfen, Zäpfchen usw. Hyponyme sind. Hyponyme sind

merkmalhaltiger, d. h., sie haben speziellere Inhalte als die Hyperonyme. Gleichrangige Synonyme in dieser Reihung nennt man **Syn-** oder auch **Kohyperonyme** bzw. **-hyponyme.** „Arzneimittel“ ist folglich ein Synhyperonym zu „Medikament“. Solche Synonymgruppen haben eine hierarchische, dem Range nach gestufte Struktur; das bedeutet in der praktischen Anwendung, daß für die inhaltlich spezialisierten Synonyme *Tablette, Kapsel, Pille* usw. zwar auch die allgemeinen Oberbegriffe *Medikament, Arzneimittel* gewählt werden können, daß aber der umgekehrte Austausch nur sehr begrenzt möglich ist, denn nicht jedes Medikament oder jedes Arzneimittel ist eine Tablette oder eine Kapsel oder eine Pille.

Oberbegriffe lassen sich aber nur dann als Leitwort einer Synonymgruppe verwenden, wenn sie in ihrer Verallgemeinerung (Abstraktion) nur eine Stufe über den unter ihnen zusammengefaßten Unterbegriffen stehen. So ließe sich eine Synonymgruppe unter dem Oberbegriff „Sitzgelegenheit“ mit den Unterbegriffen „Bank/Stuhl/Hocker/Sessel usw.“ noch rechtfertigen, während der Oberbegriff „Möbelstück“ infolge seines zu hohen Abstraktionsgrades zuviel Verschiedenartiges unter sich vereinigt (Schrank/Tisch/Stuhl/Bett usw.), so daß er als Hyperonym nicht in Betracht kommt. Vom Standpunkt der Synonymie wäre es also auch nicht sinnvoll, unter dem Hyperonym „Mensch“ Wörter wie Dieb, Kranker, Angler usw. zusammenzufassen.

Die Aufstellung und Abgrenzung der Synonymgruppen ist allerdings oft problematisch, da man den Begriff des Synonyms enger oder weiter fassen kann. Das Wort „gehen“ könnte man beispielsweise als Grundsynonym mit den geringsten Merkmalen und damit als den weitesten und am wenigsten differenzierten Begriff für alle möglichen Gangarten (schnell, langsam, geräuschvoll, geräuschlos usw. gehen) an die Spitze einer Synonymgruppe stellen; man kann aber auch die einzelnen Gangarten in kleinen Gruppen getrennt zusammenfassen, z. B. könnte man für „schnell gehen“ das Leitwort „laufen“ wählen mit den Synonymen rennen/rasen/pesen/wetzen/sausen/fegen/stieben/stürmen usw.; für „langsam gehen“ könnten spazierengehen/spazieren/sich ergehen/lustwandeln/schleichen/bummeln usw. zusammengestellt werden. Je mehr unterschiedliche Inhaltsmerkmale zwei synonyme Wörter enthalten, desto niedriger ist ihr Synonymitätsgrad.

Es gibt hier Übergänge und fließende Grenzen. Dazu gehören beispielsweise die Adjektivgruppen bunt/farbig/farbenfroh/farbenfreudig/farbenprächtig und grell/knallig/schreiend. Sie unterscheiden sich zwar einerseits zumindest in einem wichtigen primären Bedeutungsmerkmal (positiv/negativ) und sind daher strenggenommen keine Synonyme; sie können aber andererseits als abschwächend-verhüllende bzw. emotional-expressive Synonyme verwendet werden (diese Krawatte ist sehr farbenfreudig/ist knallig).

Zwischen einzelnen Synonymgruppen kann es – wie in diesem Falle – bestimmte inhaltliche Berührungspunkte geben, so daß unter ihnen **Sinnver-**

wandtschaft besteht. Unter Sinnverwandtschaft ist ganz allgemein eine entferntere inhaltliche Beziehung zu verstehen, die in einer Art logischer oder Wortfeldsynonymität besteht, so daß zum Beispiel „jmdm. etwas einreden", „jmdn. überreden" und „jmdm. zureden" sinnverwandte, aber nicht synonyme Wörter sind. Synonyme sind also nicht schlechthin „gleichbedeutende Wörter", wie sie früher oft genannt wurden; wirklich gleichbedeutende oder bedeutungsgleiche Wörter gibt es nämlich innerhalb eines in sich geschlossenen Sprachbereichs kaum. Was sind aber Synonyme dann? Synonyme sind Wörter, die durch ihre Beziehung auf den gleichen außersprachlichen Begriffskern bestimmt werden, die in bezug auf den Wortkörper verschieden, in bezug auf den Inhalt aber – zumindest – ähnlich sind.

Ein Synonym ist also in bezug auf einen anderen Ausdruck ein bedeutungsähnliches, selten ein bedeutungsgleiches Wort, das für diesen anderen Ausdruck – oder für andere Ausdrücke – unter bestimmten Voraussetzungen und mit entsprechenden Einschränkungen und Abwandlungen verwendet werden kann, sofern sein Inhalt denselben begrifflichen Kern einschließt wie der ersetzte Ausdruck. Da die meisten Wörter jedoch mehr als eine Bedeutung haben, sind sie in der Regel nicht als Ganzes synonym mit anderen Ausdrücken, sondern nur in jeweils einer ihrer Bedeutungen. Ein Wort kann folglich in verschiedenen Synonymreihen vorkommen. Zu Einzelwörtern gibt es oft auch synonyme Redewendungen (Phraseologismen), und zwar vor allem im verbalen Bereich (jmdm. kündigen, jmdm. den Laufpaß geben, jmdn. in die Wüste schicken). Diese phraseologischen Konkurrenzformen unterscheiden sich durch Bildhaftigkeit und Ausdrucksbetontheit vom synonymen Einzelwort und sind in der Verwendungsweise entsprechend eingeschränkt.

Kennzeichnend für Synonymie ist die **Austauschbarkeit** der Wörter unter Beibehaltung des gleichen Begriffskerns im Kontext, d. h. im Text, der das Wort umgibt. Wörter bleiben nur so lange untereinander synonym, wie sie in einem **synonymischen Kontext** stehen. Synonymische Kontexte sind Texte, in denen die inhaltlichen Unterschiede der Synonyme entweder nicht ausdrücklich hervorgehoben werden oder in denen die Synonyme nur zur inhaltlichen Abstufung oder Ergänzung Verwendung finden. Das Gemeinsame der Wortinhalte steht im Vordergrund (ein *lächerliches, geringfügiges, kleines, unbedeutendes* Versehen). In einem synonymischen Kontext können bedeutungsähnliche oder auch sinnverwandte Wörter zur Steigerung der inhaltlichen Aussage verwendet werden (sie *gehen schneller,* sie *laufen,* sie *fliehen*).

Die synonymische Funktion der Wörter wird in einem **nichtsynonymischen Kontext** jedoch aufgehoben. Nichtsynonymische Kontexte sind Texte, in denen die inhaltlichen Unterschiede – die Spezialmerkmale – der Synonyme bewußt betont und hervorgehoben werden. Die Wörter stehen darin nicht mehr in synonymischem Nebeneinander, sondern in einer Art

Gegensätzlichkeit, in antonymischer Opposition. Man kann dann nicht mehr von Synonymen sprechen, weil das Kennzeichen der Synonymität, die Austauschbarkeit, nicht mehr gegeben ist. Die Verben „essen“ und „fressen“ z. B. können als Synonyme, wenn auch in verschiedener Stillage, gebraucht werden, doch werden sie nichtsynonym, wenn man „fressen“ ausdrücklich in einen inhaltlichen Gegensatz zu „essen“ stellt (der ißt schon nicht mehr, der frißt = der ißt unkultiviert, viel). In solchen Fällen ist das Grundmerkmal (Nahrung aufnehmen) zwar gleich, doch werden ein oder mehrere Spezialmerkmale (z. B. unkultiviert) bewußt herausgehoben.

Die Wörter Lokal, Gasthaus, Wirtschaft, Kneipe können Synonyme sein. Wenn jedoch in einem bestimmten Zusammenhang Kneipe als abwertendes Wort den Wörtern Gasthaus oder Lokal bewußt gegenübergestellt wird, dann handelt es sich um einen nichtsynonymischen Kontext und um eine textbedingte Aufhebung der Synonymität zwischen den Wörtern.

Gehört zur Synonymität die Austauschbarkeit, so gehört zur Austauschbarkeit der synonymische Kontext mit dem festen **Begriffskern.** Was ist aber unter einem festen Begriffskern zu verstehen? Das ist ein fester inhaltlicher Bezugspunkt im Unterschied zu einem festen Sachverhalt. Wie dieser Unterschied zu verstehen ist, sollen die folgenden Beispiele klarmachen: Ein und dieselbe Person kann beispielsweise bei gleichem Begriffskern mit verschiedenen Synonymen derselben Synonymgruppe bezeichnet werden. Der gleiche Begriffskern schließt unterschiedliche, ja sogar gegensätzliche (z. B.: sie nannten das Wunderkind *Engels*kind und *Teufels*bub) Motivwahl nicht aus: Feierabendheim/Altersheim; er ist Lehrer/Erzieher/Pauker; er ist Schüler/Pennäler; er ist Hochschüler/Student/Studiosus; ihr Mann/Ehemann/Gemahl.

Ein und dieselbe Sache oder Person kann aber auch von verschiedenen Personen unterschiedlich beurteilt und folglich trotz gleicher objektiver Gegebenheiten anderen Begriffskernen zugeordnet werden. Die gleiche Person kann für den einen eine Heilige, für den anderen eine Hexe sein. Jemand, den seine Freunde einen „Freiheitskämpfer“ nennen, kann von seinen Gegnern „Terrormörder“ genannt werden. In solchen Fällen gegensätzlicher Standpunkte liegen eindeutig keine austauschbaren Wörter, keine Synonyme, mehr vor, obgleich jeweils der gleiche Sachverhalt angesprochen ist. Es ist also zu unterscheiden zwischen außersprachlicher Gegebenheit und den jeweils möglichen sprachlich wertenden oder einordnenden Gesichtspunkten. Ein und dieselbe Person oder Sache kann man also unter verschiedenen Aspekten mit jeweils anderen Begriffskernen und anderen Synonymen aus den entsprechenden Synonymgruppen sprachlich erfassen. Ein Herr X kann Arzt (synonym: Doktor/Mediziner ...), gleichzeitig Vater (syn. Papa/Daddy ...), Freund (syn. Kamerad/Kumpel ...), Frauenheld (syn. Playboy/Schürzenjäger/Frauenfreund/Belami/Ladykiller ...) und groß (ein Riese/Hüne/Koloß/Lulatsch ...) sein.

Zur Synonymie gehören also die Bedeutungsähnlichkeit oder -gleichheit der Wörter und ihre Austauschbarkeit. Beides zusammen bildet eine untrennbare Einheit.
Bei Synonymie handelt es sich also um Bedeutungsgleichheit, um Übereinstimmung in den Grundmerkmalen, die mit Spezialmerkmalen verbunden sind oder sein können. Diese ergänzen oder spezifizieren aber nur die eigentliche Bedeutung. Die Grundmerkmale bilden die Basis für die Synonymität, aus der die Synonymgruppe erwächst, die sich gegen andere Synonymgruppen abgrenzt.

*

Dieses Wörterbuch enthält nur eine kleine Auswahl an Synonymgruppen. Wer in diesem Buch bestimmte Synonyme sucht, sie aber nicht findet, kann versuchen, die Bedeutungsunterschiede zweier oder mehrerer Synonyme selbst zu erarbeiten.
Wie man das machen kann? Man muß die Bedeutung eines jeden Wortes analysieren, indem man die einzelnen inhaltlichen, stilistischen oder durch die Situation bedingten Merkmale herausarbeitet und indem man durch entsprechende Denk- und Arbeitsvorgänge die meist feinen Unterschiede zwischen den Synonymen ermittelt, zum Beispiel durch verschiedene Arten von Tests, durch Einsetz- und Umstellproben, von denen im folgenden einige skizziert werden sollen:
Das Publikum brüllte, auch das hohe Gericht lachte. Wenn man die Verben *brüllen* und *lachen* miteinander vertauscht, kann man schon einen Unterschied feststellen: *das Publikum lachte, auch das hohe Gericht brüllte.*
Zum hohen Gericht paßt *brüllen* nicht, weil es ein lautes und unbeherrschtes Lachen bezeichnet.
Ein anderes Beispiel:
Die Wörter *Frau* und *Dame* sind auf den ersten Blick synonym, aber daß sie sich trotzdem auch wieder unterscheiden, wird deutlich in:
Diese Frau ist eine Dame.
Spezialmerkmale von Synonymen lassen sich auch feststellen, wenn beispielsweise Tests mit Verben oder attributiven Adjektiven gemacht werden: *Atem holen*/nicht: *Puste holen,* weil mit *Puste* üblicherweise Verben verbunden werden, die darauf hindeuten, daß der Atem, die Luft einem ausgeht, knapp ist; *eine scheußliche Wohnung*/nicht: *ein scheußliches Heim,* weil sich mit *Heim* die Vorstellung des Gemütlichen verbindet; *er wohnt in einem schönen, großen, hellen Zimmer*/nicht: ... *in einem schönen, großen, hellen Loch,* weil sich mit *Loch* die Vorstellung des Engen und Dunklen verbindet. Möglich ist dagegen: *er wohnt in einem engen, dunklen Zimmer/Loch. Zimmer* ist allgemeiner als *Loch* und somit weniger eingeengt im Gebrauch wie dieses.

Zur Einrichtung des Buches

1 Die Synonymgruppe

1.1 Das Leitwort

An der Spitze einer jeden Synonymgruppe steht das Leitwort. Es ist nach Möglichkeit dasjenige Wort der Gruppe, das den allgemeinsten Inhalt hat und zugleich der normalsprachlichen Stilschicht angehört. Es kann jedoch auch ein nicht normalsprachliches Wort sein, wenn dieses auf Grund speziellerer Bedeutungsmerkmale die Synonymgruppe inhaltlich entsprechend eingrenzt, z. B. das Leitwort *inspirieren* (bildungsspr.) mit den Synonymen *anregen, begeistern.*
Leitwörter, denen eine hochgestellte Zahl vorangestellt ist, sind in der alphabetischen Abfolge mehr als einmal als Leitwort vorhanden.

1.2 Der Aufbau der Synonymgruppe

1.2.1 Die Zusammenstellung der Stichwörter

Für die Zusammenstellung der Stichwörter einer Synonymgruppe war ihre Bedeutungsähnlichkeit oder Bedeutungsgleichheit entscheidend. Als Kennzeichen diente die Austauschbarkeit der Wörter. Darüber ist Näheres in der Einführung in die Synonymik auf Seite 7ff. zu finden.
In begrenztem Rahmen sind auch Sachgruppen aufgenommen worden, also Gruppen, deren Wörter Dinge bezeichnen, die bestimmte Gemeinsamkeiten haben, sich aber in ihren Besonderheiten soweit unterscheiden, daß die Wörter nicht oder nur bedingt austauschbar sind (z. B. Kirche, Tempel, Moschee). Die Synonymgruppen stehen in alphabetischer Reihenfolge, geordnet nach dem Leitwort.

1.2.2 Die inhaltliche Erläuterung der Stichwörter

Der Inhalt jedes Stichwortes wird kurz umrissen und mit dem Inhalt der anderen Wörter der gleichen Gruppe in Beziehung gebracht.

1.2.3 Valenzangaben

Bei Verben ist die Valenz angegeben, d. h., Verben, die in der angegebenen Bedeutung in einer bestimmten Weise, z. B. reflexiv, transitiv, außerpersönlich (etwas fällt jmdm. zu) oder mit Präposition gebraucht werden, haben entsprechende Angaben.

1.2.4 Die Anwendungsbeispiele

Der Angabe des Inhalts eines Stichwortes folgen im Kursivdruck des öfteren Anwendungsbeispiele.

1.2.5 Die Angabe „in diesem Sinnbereich"

Die Angabe „in diesem Sinnbereich" weist darauf hin, daß das betreffende Stichwort auch noch in anderer oder ähnlicher Bedeutung vorkommt. Dies bedeutet jedoch nicht in allen Fällen, daß die andere Bedeutung ebenfalls in diesem Buch dargestellt ist.

1.2.6 Stilistische Hinweise und ähnliche Bemerkungen

Gehört ein Wort nicht der Normalsprache an, dann wird es durch die Angabe von Stilschicht oder Stilvariante gekennzeichnet, und zwar unter dem Gesichtspunkt der Stilgestaltung, nicht dem der Stilnorm. Die Stilangaben sollen nicht „richtig" oder „falsch", „gut" oder „schlecht" signalisieren, sondern sie sollen über den stilistischen Anwendungsbereich informieren und als Maßstab dafür dienen, ob der jeweilige sprachliche Ausdruck in einer bestimmten Situation angemessen oder unangemessen ist. In einer entsprechenden Situation kann nämlich auch ein salopper oder derber Ausdruck angemessen sein.

Stilschichten und Stilvarianten

dichterisch (z. B. Lenz): nur in feierlicher, poetischer, oft altertümlicher Ausdrucksweise

bildungssprachlich (z. B. interpretieren, konzedieren, ignorieren): gebildete oder eine gewisse Kenntnis voraussetzende Ausdrucksweise; bedeutet keine positive Wertung, sondern nur Zuordnung; hier handelt es sich in der Regel um Fremdwörter, die weder einer besonderen Fachsprache noch der Alltags- oder Umgangssprache angehören, also nicht um Wörter wie intelligent, Hit, schikanieren, renovieren.

gehoben (z. B. sich mühen): Ausgepflegte, nicht alltägliche Ausdrucksweise; kann in der mündlichen Alltagssprache gespreizt klingen.

Amtsdeutsch (z. B. erstellen): behördliche, steif-offizielle und unpersönliche Ausdrucksweise.

papierdeutsch (z. B. verauslagen): unlebendige, nicht zu empfehlende Ausdrucksweise.

normalsprachlich (z. B. gehen): (wird nicht gekennzeichnet).

umgangssprachlich (z. B. motzen): gelockerte, alltagssprachliche Ausdrucksweise, meist mündlich.

familiär (z. B. einnicken): Ausdrucksweise im engeren, vertrauteren Kreise.

salopp (z. B. Zaster): recht nachlässige, burschikose, oft auch emotional gefärbte Ausdrucksweise.

Jargon (z. B. ticken [für berauben]): an eine bestimmte soziale oder berufliche Gruppe gebundene, oft umgangssprachlich gefärbte Ausdrucksweise.

derb (z. B. bescheißen, Visage): drastische, grobe Ausdrucksweise.

vulgär (z. B. Klöten): sehr derbe Ausdrucksweise.

Als Nuancierungen finden sich ferner

emotional verstärkend (z. B. Totenstille, steinreich): bildhaft-nachdrückliche Ausdrucksweise, mit der der Sprecher/Schreiber seinen persönlichen Eindruck unterstreicht.

emotional übertreibend (z. B. steinhart, eiskalt): deutlich übertreibende Ausdrucksweise, in die der Sprecher/Schreiber seine Empfindung, sein persönliches Urteil – meist mit Hilfe eines anschaulichen Bildes – kleidet.

gespreizt (z. B. sich verehelichen): klingt unecht und gekünstelt.

scherzhaft
ironisch
selten

abwertend (z. B. Schiebung, Göre): schließt bei der Aussage das ablehnende Urteil, die persönliche Kritik des Sprechers/Schreibers mit ein.

verächtlich (z. B. Wisch): enthält starke Ablehnung und Herabsetzung.

nachdrücklich (z. B. in Erwägung ziehen, Besitz nehmen von, Folge leisten): enthält eine besondere Verstärkung der Aussage gegenüber anderen Synonymen.

verhüllend (z. B. einschlafen [für: sterben]): kennzeichnet einen Ausdruck, der dazu dient, eine als anstößig oder unangenehm empfundene direkte Aussage zu vermeiden und zu umschreiben oder einen im Grunde unerfreulichen Sachverhalt zu beschönigen.

Da es keine festen Maßstäbe für die Stilzuordnung gibt, ist sie immer einer gewissen Subjektivität ausgesetzt. Die Grenzen sind fließend. Sogar ein und dasselbe Wort kann in einer Landschaft als gehoben, in einer anderen als normalsprachlich empfunden werden. Auch gibt es Unterschiede in der stilistischen Bewertung bei der älteren und der jüngeren Generation.

Zeitliche und räumliche Angaben

veraltend (z. B. poussieren): wird nur noch selten, meistens von der älteren Generation gebraucht.

veraltet (z. B. weiland): wird nicht mehr oder nur noch in altertümlicher, scherzhafter oder ironischer Ausdrucksweise gebraucht.

landsch. (z. B. sich ausmären, kiesetig): regional begrenzte Verbreitung eines Wortes oder einer Wortbedeutung.

Die für eine Landschaft besonders charakteristischen Wörter werden manchmal genauer gekennzeichnet (z. B. nordd., südd.).
Gegebenenfalls wird bei einem Wort auf seine Zugehörigkeit zu einer Sondersprache hingewiesen (z. B. Jägersprache, Soldatensprache, Schülersprache, Gaunersprache; Medizin, Psychologie, Verwaltungssprache).
Alle stilistischen und auch die grammatischen Angaben beziehen sich stets nur auf die jeweils in der betreffenden Gruppe abgehandelte Bedeutung eines Wortes. So besagt z. B. die Angabe „ohne Plural" nicht, daß das Wort überhaupt keinen Plural hat, sondern nur, daß er in dem gerade behandelten Sinnbereich fehlt.

1.2.7 Grammatische Angaben im adjektivischen Bereich

Adjektive und entsprechende adverbiale Fügungen, die im grammatischen Gebrauch eingeschränkt sind, haben in der Regel entsprechende Angaben.

Es finden sich folgende Hinweise:
attributiv (ein *berufener* Kritiker)
subjektbezogen (= prädikativ: er ist *sternhagelvoll*)
prädikatbezogen (= adverbial: er ist *klammheimlich* verschwunden)
objektbezogen (eine Methode für *passend* halten)

1.2.8 Verweise

Des öfteren weisen Pfeile innerhalb oder am Ende einer Wortgruppe auf weitere inhaltlich verwandte Synonymgruppen hin.

1.2.9 Gegenwörter

Bei manchen Wörtern findet sich der Hinweis auf das Gegenwort (Ggs. = Gegensatz).
Da Gegenwörter in Verbindung mit einer Negation oftmals auch als Synonyme verwendet werden können, ergeben sich auf diese Weise neue Ausdrucksmöglichkeiten, z. B. er ist arm/nicht reich, nicht begütert, nicht betucht; er ist reich/nicht arm, nicht unbemittelt, nicht unvermögend.

2 Das Register

Im Register finden sich alle Wörter und Wendungen, die in diesem Buch abgehandelt sind.

3 Die in diesem Buch verwendeten Abkürzungen

Amtsd.	Amtsdeutsch	o. ä.	oder ähnliches
berlin.	berlinisch	oberd.	oberdeutsch
dichter.	dichterisch	österr.	österreichisch
Fachspr.	Fachsprache	papierd.	papierdeutsch
fam.	familiär	Psychol.	Psychologie
Gaunerspr.	Gaunersprache	Rechtsw.	Rechtswissenschaft
geh.	gehoben	Rel.	Religionswissenschaft
Ggs.	Gegensatz	scherzh.	scherzhaft
hist.	historisch	schweiz.	schweizerisch
i. S. v.	im Sinne von	Seemannsspr.	Seemannssprache
Jägerspr.	Jägersprache	Soldatenspr.	Soldatensprache
kaufm.	kaufmännisch	Studentenspr.	Studentensprache
Kinderspr.	Kindersprache	südd.	süddeutsch
mdal.	mundartlich	südostd.	südostdeutsch
Militärspr.	Militärsprache	u. ä.	und ähnliches
niederd.	niederdeutsch	ugs.	umgangssprachlich
nordd.	norddeutsch	Verwaltungsspr.	Verwaltungssprache

4 Die in diesem Buch verwendeten Zeichen, Klammern und Ausssprachebezeichnungen

↑ Der Pfeil weist auf ein in der alphabetischen Reihenfolge stehendes Leitwort hin.
[] In den eckigen Klammern stehen Buchstaben, Silben oder Wörter, die weggelassen werden können, sowie Ausspracheangaben bei Fremdwörtern, deren Aussprache von der sonst üblichen abweicht.
å ist das dem o genäherte a, z. B. Small talk [ßmå̲l tå̲k]
^{e} das hochgestellte ^{e} ist das schwache e, z. B. fashionable [fạsch^{e}n^{e}b^{e}l]
^{i} ist das nur angedeutete i, z. B. Gangway [gạngwe^{i}]
~~ng~~ bedeutet, daß der Vokal davor durch die Nase (nasal) gesprochen wird, z. B. Appartement [...ma̲~~ng~~]
^{r} ist das nur angedeutete r, z. B. Callgirl [kå̲lgö̲^{r}l]
ß ist das stimmlose (harte) s, z. B. Small talk [ßmå̲l tå̲k]
~~sch~~ ist das stimmhafte (weiche) sch, z. B. Gentleman [d~~sch~~ạntlm^{e}n]
^{u} ist das nur angedeutete u, z. B. Negro Spiritual [ni̲gro^{u} ...]

A bis Z, von (ugs.): buchstäblich alles; ohne Ausnahme; in jeder [noch so unwesentlichen] Einzelheit; bezieht sich im allgemeinen auf Darstellungen, Aussagen o.ä., die man als erschöpfend kennzeichnen will oder für die ein bestimmtes Urteil auf alle Einzelheiten zutrifft: *seine Darstellung ist von A bis Z falsch.* **von vorn bis hinten** (ugs.): **a)** durchweg; in allen seinen Teilen; in seiner ganzen Anlage [so beschaffen, daß ein bestimmtes, meist negatives Urteil darauf zutrifft]: *seine Argumentation stimmt von vorn bis hinten nicht;* **b)** etwas vollständig erfassend; nichts auslassend: *ich habe den Aufsatz von vorn bis hinten gelesen, konnte aber das fragliche Wort nicht finden.* **von Anfang bis Ende:** in seiner ganzen Entwicklung, mit allen dazugehörenden Einzelheiten; bezieht sich auf eine Darstellung, ein Geschehen in seiner Gesamtheit: *er hat ihren körperlichen Verfall von Anfang bis Ende miterlebt;* ↑²ganz.

abbrechen, etwas: unter Kraftanwendung mit der Hand machen, daß ein Teil von einem harten oder spröden Gegenstand von diesem getrennt ist: *er bricht einen Tannenzweig ab.* **abknicken,** etwas: (in diesem Sinnbereich) mit geringerem Kraftaufwand machen, daß ein Teil von einem festeren, aber dünneren Gegenstand (Stengel, Stiel) von diesem getrennt ist: *einen Kätzchenzweig a.*

abbrennen: (in diesem Sinnbereich) durch Brand zerstört werden: *das Haus brannte ab.* **niederbrennen:** (in diesem Sinnbereich) vom Feuer zerstört werden und bis auf den Grund abbrennen, wobei oft die Vorstellung zugrunde liegt, daß etwas von oben her abbrennt.

abbüßen, etwas: eine Straftat sühnen, indem man die dafür auferlegte Freiheitsstrafe ableistet; weist auf den zeitlichen Ablauf bis zum Ende hin. **eine/**(auch:) **seine Strafe verbüßen:** den durch eine Freiheitsstrafe festgelegten Zeitraum in einer Strafvollzugsanstalt verbringen. **seine Zeit absitzen** (salopp); **seine Strafe absitzen** (salopp): eine Haftstrafe in einer Haftanstalt abbüßen; der Sprecher/Schreiber hat dabei die Vorstellung der zeitlichen Dauer und will zugleich damit ausdrücken, daß man die Strafe voll verbüßen muß. **abbrummen,** etwas (ugs.): auf Grund eines Urteilsspruchs eine Zeit im Gefängnis zubringen; drückt aus, daß der Sprecher/Schreiber den Fall nicht sehr ernst nimmt; vgl. brummen ↑gefangensitzen. **abreißen,** etwas (salopp): (in diesem Sinnbereich) eine Freiheitsstrafe in einer Haftanstalt verbüßen, hinter sich bringen; weist, wie die anderen Wörter mit der Vorsilbe „ab-", auf den zeitlichen Ablauf bis zum Ende hin, enthält jedoch eine [betont burschikose] Bagatellisierung. **im/in Arrest sitzen, Arrest schieben** (salopp); **Knast schieben** (salopp): i.S.v. eine Strafe verbüßen. **gesiebte Luft atmen** (salopp; scherzh.): zu einer Freiheitsstrafe verurteilt sein und diese hinter Gittern verbüßen: *der Verbrecher muß jetzt fünf Jahre gesiebte Luft atmen;* ↑gefangensitzen.

¹Abendbrot, das (Plural ungebräuchlich); **Abendessen,** das (Plural ungebräuchlich; geh.); **Nachtessen,** das (Plural ungebräuchlich; landsch.); **Nachtmahl,** das (Plural ungebräuchlich; österr.): warme oder kalte [oft wie das Frühstück aus warmen und kalten Gerichten zusammengestellte] Mahlzeit am Abend; letzte Mahlzeit des Tages; von diesen Bezeichnungen deutet „Abendbrot" eher eine schlichte Mahlzeit an, während „Abendessen" auch auf eine ausgiebige Speisenfolge [in geselligem oder festlichem Rahmen] bezogen werden kann; ↑²Abendbrot. **Souper** [ßupe], das (geh.): festliches Abendessen [mit Gästen]: *zum S. einladen.* **Diner** [dine], das: **a)** festliches [Abend]essen, Festmahl; **b)** (in Frankreich) am Abend eingenommene Hauptmahlzeit des Tages; vgl. Diner ↑Mittagessen. **Dinner,** das: Hauptmahlzeit am Abend (in England); ↑Mittagessen, ↑Zwischenmahlzeit.

²Abendbrot: Abendbrot essen: als Abendmahlzeit belegte Brote usw., aber unter Umständen auch kleinere Gerichte zu sich nehmen; ↑¹Abendbrot. **zu Abend essen:** bei Tisch sitzen und die Abendmahlzeit –

sowohl Brote als auch ein warmes Essen – einnehmen; diese Wendung ist in Süddeutschland üblich, in Norddeutschland wird sie als gehoben empfunden und erweckt die Vorstellung, daß es sich um ein recht gutes Essen [in gesellschaftlichem Rahmen] handelt. **zu Nacht essen/**(geh. auch:) **speisen** (landsch.); **nachtmahlen** (österr.): i. S. v. zu Abend essen. **soupieren** (geh.): ein gehaltvolles, besonders zusammengestelltes, warmes Essen [spät] am Abend [mit einem oder mehreren geladenen Gästen] in kultivierter Weise einnehmen; vgl. Souper ↑[1]Abendbrot; ↑Mittagbrot, ↑Mittagessen, ↑Zwischenmahlzeit.

aber: (in diesem Sinnbereich) **a)** drückt aus, daß etwas im Gegensatz zu einer vorherigen Behauptung oder Feststellung steht oder sich im Unterschied zum Vorhergehenden anders verhält, eine Ausnahme darstellt: *er schlief, sie aber/aber sie wachte beim kranken Kind;* **b)** drückt aus, daß eine vorhergehende Behauptung, Feststellung [die durch „zwar" eingeleitet sein kann] eingeschränkt, abgeändert oder berichtigt wird; wird oft durch „trotzdem", „dennoch" oder bei negativem Hauptsatz durch „wohl", „doch" verstärkt und kann nicht nur Sätze, sondern auch Satzglieder in Beziehung setzen: *zwar hat es den Anschein, daß er schuldig ist, er ist a. [trotzdem] unschuldig.* **jedoch** (nachdrücklich): **a)** macht einen Gegengrund, einen anderen Gesichtspunkt gegenüber etwas vorher Behauptetem, Festgestelltem geltend oder betont, daß etwas stark von etwas vorher Genanntem abweicht: *die Mannschaft hatte das Schiff verlassen, der Kapitän j. hielt auf seinem Platz noch aus;* **b)** führt in bezug auf etwas vorher Behauptetes eine Ergänzung ein, die im Gegensatz zu diesem steht; kann im Unterschied zu „aber" am [Glied]satzanfang veränderte Wortstellung bewirken: *wir liebten diesen Stadtteil ganz besonders; j. glückte es uns nie, dorthin überzusiedeln.* **doch** (geh.): i. S. v. aber, jedoch; kürzester Ausdruck des Sinnbereichs; leitet meist knappe und genau bestimmte Aussagen ein, die mit weniger Nachdruck, Beteiligung als durch „aber" und „jedoch" in Kontrast zum Vorhergehenden gesetzt werden; kann, wenn es am Satzanfang steht, wie „jedoch" auch mit veränderter Wortstellung verbunden sein: *die Verabredung mit Klaus hielt er pünktlich ein, d. bei Peter erschien er eine volle Stunde zu spät; ein dünnes, d. haltbares Gewebe.* **indes** (geh.): leitet meist einen Satz ein, dessen Inhalt eine vorher mitgeteilte Absicht, Entwicklung, Möglichkeit durchkreuzt; steht immer am Satzbeginn oder nach dem betonten Anfangswort; bewirkt meist keine Wortumstellung; stellt immer ganze Sätze, nie Satzglieder in Beziehung zueinander: *er könnte also weitgehend als vollwertiger Nachfolger betrachtet werden, i. die Leute wollen es nicht.* **indessen** (geh.): (in diesem Sinnbereich) i. S. v. indes; besagt im Unterschied zu diesem, daß der gegensätzliche Gedanke oder Eindruck, den es nennt, sich bei einiger Überlegung, bei näherem Zusehen ergibt, wodurch der erste Eindruck oder Sachverhalt in anderem Licht erscheint; steht wie „doch", „indes" und im Unterschied zu „aber", „jedoch" nie unmittelbar vor dem gegensätzlichen Satzteil selbst, sondern hat im Gegenteil oft eine auf den Gegensatz oder Einwand hinweisende Pause nach sich: *man machte ihm Angebote, er lehnte i. ab.* **dagegen** (nachdrücklich): betont, daß sich etwas im Vergleich zu etwas vorher Genanntem vollständig anders verhält; verbindet wie „hingegen" im Unterschied zu den übrigen Wörtern dieser Gruppe nicht Sätze, die Folgerungen voneinander sind oder sich auf dieselbe Behauptung, denselben Sachverhalt beziehen: *im Winter ist es sehr still hier, im Sommer d. haben wir großen Trubel.* **[da]hingegen** (nachdrücklich): verbindet Überlegungen, die man gegeneinander abwägt; nimmt die gleichen Stellungen im Satz ein wie „dagegen": *in der Öffentlichkeit wirkt sie hilflos, [da]hingegen scheint sie zu Hause ganz in ihrem Element zu sein.* **allein** (geh.): stellt ernüchtert oder resigniert das Nichteintreten von etwas Erwartetem oder Erhofftem fest: *a., das Schicksal hatte es anders beschlossen.*

Abfall, der: Reste, die bei der Zubereitung oder Herstellung von etwas (z. B. in der Küche oder in einer Fabrik) als wertlos und unbrauchbar betrachtet und daher weggeworfen werden. **Kehricht,** der (geh.): beim Zusammenkehren gesammelter Schmutz und Abfall. **Müll,** der (ohne Plural): fester Abfall eines Haushalts, Industriebetriebs, der in bestimmten Behältern gesammelt [und von der Müllabfuhr abgeholt] wird: *das kommt in den M.; radioaktiver M.* **Unrat,** der (ohne Plural; geh.): etwas, was aus Abfällen, Weggeworfenem besteht, besonders wenn es übel riecht und Ekel erregt. **Sperrmüll,** der (ohne Plural): sperrige Gegenstände, die nicht mehr gebraucht und als wertlos betrachtet werden, die man wegwerfen will, die aber nicht in die Mülltonne passen (z. B. Möbel): *am nächsten Montag wird der S. abgeholt.* **Wohlstandsmüll,** der (ohne Plural): Müll, der sich aus der aufwendigen Lebensweise in der Industriegesellschaft ergibt (z. B. Verpackungsmaterial, Dosen,

Plastikflaschen). **Industriemüll,** der (ohne Plural): bei der industriellen Produktion anfallender Müll. **Giftmüll,** der (ohne Plural): aus Gewerbe- und Industriebetrieben stammende giftige Abfallstoffe, die die Umwelt schädigen und verseuchen. **Problemmüll,** der (ohne Plural): giftiger, radioaktiver Müll, Abfall, dessen Beseitigung schwierig, problematisch ist.

abflauen, etwas flaut ab: nach dem Anstieg bis zu einem verhältnismäßig hohen Intensitätsgrad allmählich wieder nachlassen und sich beruhigen; bezieht sich, wie die übrigen Wörter dieser Gruppe, meist auf [Natur]vorgänge, starke akustische Eindrücke oder Erregungszustände: *der Wind, die Begeisterung war abgeflaut.* **abebben,** etwas ebbt ab: mit der Zeit an Intensität verlieren, was nicht gleichmäßig, sondern mehr schubweise vor sich geht und wodurch meist die normalen Verhältnisse wiederhergestellt werden: *der Lärm ebbte nur langsam ab.* **verebben,** etwas verebbt: in seiner Stärke in gewissen Abständen immer geringer, weniger werden, allmählich nachlassen und schließlich ganz aufhören: *der Lärm war verebbt.* **nachlassen,** etwas läßt nach: (in diesem Sinnbereich) innerhalb eines Verlaufs an Stärke verlieren, immer weniger und schwächer werden, ohne jedoch schon aufzuhören: *der Sturm, die Begeisterung hat nachgelassen;* vgl. nachlassen ↑abnehmen.

Abgabe, die (meist Plural): die einmalige oder laufende Geldleistung an irgendein öffentlich-rechtliches Gemeinwesen (z. B. Staat, Gemeinde, Kirche), die Steuer, Zoll oder eine besondere Gebühr sein kann; ist der allgemeinste Begriff. **Steuer,** die: einmalige oder laufende Geldleistung, die nicht eine Gegenleistung für eine bestimmte Leistung darstellt und die von einem öffentlich-rechtlichen Gemeinwesen zur Erzielung von Einkünften allen denjenigen auferlegt wird, bei denen die Tatbestände zutreffen, an die das Gesetz die Leistungspflicht knüpft. **Zoll,** der: Abgaben für Handelsgüter, die über eine Grenze gehen. **Gebühr,** die: Zahlung für behördliche und öffentliche Leistungen. **Maut,** die (bayr.-österr.): Gebühr für Straßen- und Brückenbenutzung.

[1]**abgeben,** etwas: etwas, was an eine bestimmte Adresse gerichtet ist, dem Empfänger oder jmdm., der es an den Empfänger weiterleitet, übergeben: *dieser Blumenstrauß wurde für dich abgegeben.* **aushändigen,** [jmdm.] etwas: [einer bestimmten Person] etwas persönlich übergeben, zu dessen Besitz sie berechtigt ist; es handelt sich dabei im allgemeinen um wichtige oder sehr persönliche Dinge, die man keinem Dritten anvertraut: *den neuen Mietern die Wohnungsschlüssel a.;* vgl. einhändigen ↑[1]anvertrauen. **übergeben,** [jmdm.] etwas: (in diesem Sinnbereich) [jmdm.] etwas geben, ihn damit in den Besitz von etwas bringen: *du mußt ihm den Brief persönlich ü.* **überreichen,** [jmdm.] etwas: [jmdm.] etwas [gewöhnlich feierlich, vor Publikum] übergeben: *wir werden ihm seine Geschenke im Rahmen der Feierstunde ü.* **überbringen,** [jmdm.] etwas: [jmdm.] etwas zustellen; Bote für eine Sendung sein: *er überbrachte mir das Geld;* ↑bekommen.

[2]**abgeben: a)** etwas abgeben: etwas [zu einem niedrigen Preis] verkaufen, weil man es selber nicht [mehr] braucht: *Kinderwagen billig abzugeben!;* vgl. verkaufen ↑Handel treiben; **b)** jmdm. etwas abgeben [von etwas]: jmdm. einen Teil von etwas geben, ihn dadurch auch an etwas teilhaben lassen: *gib mir doch auch etwas von deinem Kuchen ab!* **ablassen,** jmdm. etwas: etwas von seinen eigenen Erwerbungen, von seinem Besitz aus Gefälligkeit gegen angemessene Bezahlung, unter Umständen auch unentgeltlich, an einen anderen abtreten: *er hat ihm einen Teil von seinen Beständen abgelassen; sie hat ihm die Stricksachen zum Selbstkostenpreis abgelassen.* **abtreten,** etwas an jmdn., jmdm. etwas: auf den Besitz von etwas verzichten, es bewußt einem anderen zukommen lassen: *die Hälfte seiner Ländereien hat er an ihn abgetreten.* **überlassen,** jmdm. etwas: auf den Besitz von etwas zugunsten eines anderen verzichten: *er hat schon früh seinen Kindern die Hälfte seines Vermögens überlassen.*

abgebrannt (ugs.): (in diesem Sinnbereich) im Augenblick völlig ohne Geldmittel, da man sein ganzes Bargeld ausgegeben hat; wird, wie auch die übrigen Wörter dieser Gruppe, im allgemeinen nicht attributiv verwendet. **blank** (salopp): (in diesem Sinnbereich) ohne alle Geldmittel und daher nicht in der Lage, etwas zu bezahlen oder auszugeben. **pleite** (salopp; scherzh.): (in diesem Sinnbereich) infolge widriger Umstände vorübergehend mittellos, augenblicklich über keinerlei Bargeld verfügend; vgl. pleite ↑bankrott.

abgebrüht (salopp): gegen persönliche Angriffe, Beschimpfungen usw. unempfindlich [geworden], weil man sie schon öfter über sich hat ergehen lassen müssen; ohne sich in seinem Mißfallen erregenden Tun beeinträchtigen oder beirren zu lassen, unbeeindruckt und ohne Rücksicht auf die Kritik anderer in seinem Tun fortfahrend. **abgestumpft:** (in diesem Sinnbereich) durch nichts mehr zu erschüttern; gefühllos geworden; im Unterschied zu „abgebrüht“

weist das Wort nicht auf eigene Aktivität hin, sondern kennzeichnet lediglich eine passive Haltung.

abgelaufen: (in diesem Sinnbereich) den Zeitpunkt überschritten habend, bis zu dem eine Gültigkeit bestand; wird hauptsächlich im Zusammenhang mit amtlichen Genehmigungen u. ä. verwendet und im Gegensatz zu „verfallen" und „ungültig" nicht auf Eintrittskarten angewandt, steht wie diese nicht prädikatbezogen: *das Visum ist a.* **verfallen:** keine Gültigkeit mehr besitzend, da eine bestimmte Zeitspanne, auf die die Gültigkeit beschränkt war, abgelaufen ist. **ungültig:** (in diesem Sinnbereich) seine Gültigkeit und damit auch seinen Wert, seine Wirksamkeit verloren habend: *deine Fahrkarte ist u.*

abgelegen: abseits liegend [vom Verkehr, vom Getriebe der Stadt, vom Stadtzentrum, von der Straße o. ä.]; nicht schnell und einfach zu erreichen; meist attributiv. **entlegen:** weit entfernt von allem Verkehr, von aller Betriebsamkeit; in der Bedeutung etwas stärker als „abgelegen"; wird im allgemeinen nicht prädikatbezogen verwendet: *eine entlegene Gegend.* **abgeschieden** (geh.): einsam gelegen; die Betonung liegt dabei auf der Ruhe und Ungestörtheit, die durch diese Einsamkeit gewährleistet werden. **einsam:** (in diesem Sinnbereich) fern von anderen menschlichen Wohnstätten; wenig von Menschen besucht: *einsame Wälder;* ↑menschenleer. **verlassen:** (in diesem Sinnbereich) abseits von allem Verkehr, von allem städtischen Getriebe; drückt aus, wie trostlos man eine solche Abgelegenheit findet, wie sehr man sich dadurch bedrückt fühlt; wird im allgemeinen nur attributiv gebraucht: *wir ziehen in ein ganz verlassenes Nest.* **gottverlassen** (emotional verstärkend; abwertend): i. S. v. verlassen; drückt noch stärker Vorwurf oder Klage über die Abgelegenheit aus. **jwd** (gesprochen: jottwede = „janz weit draußen"; salopp; scherzh.): sehr weit entfernt gelegen und nicht bequem oder nur unter großem Zeitverlust zu erreichen; ist emotional gefärbt; wird nicht attributiv verwendet: *Otto wohnt jwd.*

abgestanden: durch langes Stehen schal geworden, ohne rechten Geschmack; wird auf Getränke angewendet. **schal:** ohne den sonst üblichen guten Geschmack: wird auf Getränke und flüssige Speisen angewendet. **fade:** nach nichts schmeckend; wird auf Speisen und Getränke angewendet. **labberig:** leicht widerlich-weich schmeckend und ohne rechten [würzigen] Geschmack; wird auf Speisen und Getränke angewendet. **lasch** (landsch.): nicht kräftig genug gewürzt. **flau** (landsch.): kraftlos (von Speisen).

abgezehrt: durch lange körperliche und seelische Leiden entkräftet und abgemagert. **ausgemergelt:** durch übergroße Anstrengung und Entbehrungen knochig und dürr. **abgemergelt** (selten): durch ständige Sorge und Überarbeitung erschöpft und ausgehöhlt und daher im Aussehen welk und abgemagert. **abgemagert:** [durch Krankheit oder Hunger erschreckend] mager geworden.

Abgott, der: eine Person, die man aus einem übersteigerten Empfinden heraus vergöttert und anbetet; wird, wie alle Wörter dieser Gruppe, im allgemeinen dann gesagt, wenn man jmds. Verhältnis zu einer Person oder Sache aus einem gewissen Abstand als Außenstehender beurteilt, und tritt in vielen Fällen in Verbindung mit dem Possessivpronomen auf: *die Eltern machten das Kind geradezu zu ihrem A.* **Idol,** das: Wunschbild, meist von Jugendlichen abgöttisch verehrter Mensch, dem sie nacheifern und an dem sie sich orientieren. **Ideal,** das: (in diesem Sinnbereich) jmd., der von einem anderen als Muster oder als Verkörperung von Vollkommenheit angesehen wird: *er ist ihr I.* **Gott,** der: (in diesem Sinnbereich) i. S. v. Abgott. **Götze,** der (abwertend): **a)** jmd., dem sich jmd. in seinen Anschauungen sklavisch unterwirft und nach dem er sich völlig ausrichtet; **b)** etwas, nach dessen Besitz jmd. trachtet und was zu seinem Lebensinhalt geworden ist; enthält die Kritik des Sprechers/Schreibers, der das für unangemessen hält: *Fernsehen und Autos sind die Götzen der modernen Gesellschaft.*

abhalten, etwas hält etwas ab: (in diesem Sinnbereich) etwas läßt etwas nicht ein- oder vordringen, verhindert, daß es sich so weit ausbreitet: *Büsche, die den Wind abhalten.* **schützen,** etwas schützt vor etwas: etwas bietet eine gewisse Sicherheit vor Gefahren oder Unbilden: *der Tropenhelm schützt vor Sonne.*

[1]**abhandeln,** etwas: (in diesem Sinnbereich) ein bestimmtes Problem oder Thema in schriftlicher Form wissenschaftlich [grundlegend] darstellen. **erörtern,** etwas: im Rahmen einer wissenschaftlichen Arbeit ein bestimmtes Problem oder einen Begriff besonders herausgreifen und in seinem Für und Wider zu klären suchen. **darstellen,** etwas: einen bestimmten Sachverhalt in einer wissenschaftlichen Schrift systematisch beschreibend darlegen. **behandeln,** etwas: (in diesem Sinnbereich) auf ein bestimmtes Problem oder Thema in einer wissenschaftlichen Schrift eingehen, wobei

nicht gesagt wird, ob es erschöpfend dargestellt oder nur kurz berührt wird. **untersuchen,** etwas: sich in einer wissenschaftlichen Schrift mit einem enger begrenzten Thema eingehender befassen und es erforschen.

[2]**abhandeln,** etwas von etwas: bei einem Kauf durch Reden bewirken, daß der Preis von etwas herabgesetzt wird und man es dadurch billiger erhält. **herunterhandeln,** etwas (ugs.): i. S. v. abhandeln; während ablediglich besagt, daß etwas von etwas weggenommen wird (von dem eigentlichen Preis), weist herunter- deutlich auf den erzielten niedrigeren Preis hin. **den Preis herunterdrücken** [um etwas]: bei einem Kauf auf jmdn. einen gewissen Druck ausüben und dadurch erreichen, daß er einem etwas billiger als zu dem ursprünglich geforderten Preis verkauft.

abhören, jmdn./etwas: [jmdn.] etwas Gelerntes [in größeren Zusammenhängen] vortragen, aufsagen lassen, um festzustellen, ob sich der Betreffende den zu lernenden Wissensstoff richtig, vollständig angeeignet hat: *der Lehrer hört den Schüler ab.* **abfragen,** jmdn./etwas: durch Einzelfragen jmds. Kenntnisse überprüfen, die sich der Betreffende auf einem bestimmten Stoffgebiet angeeignet hat: *Vokabeln a.*

abkanzeln, jmdn.: Untergebene in betont unhöflicher, die Autorität herauskehrender Weise scharf tadeln. **zusammenstauchen,** jmdn. (salopp): jmdn. wegen eines Fehlers oder Vergehens in scharfer und unfreundlicher Form zurechtweisen; setzt wie die anderen Wörter das Verhältnis eines Vorgesetzten zum Untergebenen voraus. **heruntermachen,** jmdn. (salopp); **herunterputzen,** jmdn. (salopp): jmdn. wegen eines Fehlers anherrschen, seinen Tadel in einer für den Betroffenen erniedrigenden Art, in einem peinlichen Auftritt oder im Beisein anderer aussprechen, oft in der Absicht, ihn nicht nur zurechtzuweisen, sondern auch zu demütigen. **[moralisch] fertigmachen,** jmdn. (salopp); **zur Minna machen,** jmdn. (salopp); **zur Sau machen,** jmdn. (derb): jmdn. wegen eines Versehens oder Vergehens unverhältnismäßig grob und heftig tadeln, ihn ohne Rücksicht auf menschliche Würde demütigend behandeln; wird oft für eine den Betroffenen besonders kränkende Zurechtweisung gebraucht; ↑anfahren, ↑rüffeln, ↑schelten, ↑schimpfen, ↑tadeln, ↑vornehmen, ↑zurechtweisen; ↑Bescheid, ↑Strafpredigt.

Abkunft, die (Plural ungebräuchlich; geh.); **Herkommen,** das (Plural ungebräuchlich; selten): die gesellschaftliche Herkunft von jmdm.; diese Wörter weisen auf die Verbindung mit irgendeinem Glied in der Reihe eines Geschlechtes: *er ist sizilianischer Abkunft.* **Abstammung,** die (Plural ungebräuchlich): i. S. v. Abkunft; weist auf die Vorfahren, das Geschlecht, zu dem jmd. gehört. **Herkunft,** die (Plural ungebräuchlich): i. S. v. Abkunft; aber allgemeiner und nicht unbedingt auf Familie und Abstammung bezogen: *er ist von niedriger, bürgerlicher H.* **Geburt,** die (Plural ungebräuchlich; geh.): (in diesem Sinnbereich) i. S. v. Abstammung; nicht allgemein auf das Geschlecht, sondern unmittelbar auf die Eltern bezogen: *er ist von adliger G.*

[1]**ablehnen,** etwas (Ggs. annehmen): (in diesem Sinnbereich) etwas, was von [einem] anderen angeboten, angetragen wird (z. B. eine Einladung, einen Titel, ein Angebot o. ä.) nicht annehmen; ↑[2]ablehnen; ↑[3]ablehnen. **zurückweisen,** etwas: (in diesem Sinnbereich) etwas Angebotenes, ein Angebot u. ä. mit Entschiedenheit, ohne jegliche Bereitschaft zur Annahme ablehnen; drückt häufig aus, daß das Angebot[ene] als nicht angemessen angesehen wird; vgl. zurückweisen ↑abweisen. **ausschlagen,** etwas: aus einer bestimmten Einstellung, aus bestimmten Gründen heraus nicht [mit der angemessenen, erwarteten Bereitschaft] auf ein [wichtiges] Angebot u. ä. eingehen oder etwas Angebotenes u. ä. nicht annehmen: *eine Erbschaft, das Bundesverdienstkreuz a.* **abweisen,** etwas: (in diesem Sinnbereich) etwas Angebotenes, ein Angebot u. ä., das man für nicht sehr wichtig hält und mit dem man nichts zu schaffen haben will, [mit leichter Verachtung] grundsätzlich und entschieden ablehnen; ↑abweisen; vgl. abweisen ↑[2]ablehnen. **verschmähen,** etwas: ein Angebot, etwas Dargebotenes u. ä. aus Geringschätzung grundsätzlich ablehnen; bezieht sich zumeist auf den Inhalt eines Angebots, selten auf abstrakte Begriffe wie „Angebot" u. ä.: *sie hat sein Geld, seine Liebe, ihre Hilfe verschmäht.*

[2]**ablehnen,** etwas (Ggs. ↑genehmigen): (in diesem Sinnbereich) einer Bitte, Forderung, einem Ansinnen u. ä. nicht stattgeben; es ist das neutralste Wort dieser Gruppe und wird vor allem im amtlichen Bereich (bei einem Antrag oder bei einem Gesuch) gebraucht; ↑[1]ablehnen; ↑[3]ablehnen. **abschlägig bescheiden,** etwas (Amtsdeutsch): i. S. v. ablehnen; wird im Hinblick auf eine amtliche, die Ablehnung aussprechende Stelle verwendet: *ein Gesuch abschlägig bescheiden.* **zurückweisen,** etwas: (in diesem Sinnbereich) etwas in sehr bestimmter Form, mit aller Entschiedenheit ablehnen; drückt nicht selten auch im amtlichen Bereich aus,

daß das Anliegen als unbescheiden, unangebracht, unzumutbar angesehen wird: *eine Klage, einen Antrag, eine Frage [entrüstet] z.;* vgl. zurückweisen, ↑[1]ablehnen, ↑abweisen. **abweisen,** etwas: (in diesem Sinnbereich) eine Bitte, einen Wunsch u. ä. grundsätzlich und entschieden ablehnen; setzt meist eine übergeordnete und überlegene Stellung des Abweisenden voraus; ↑abweisen, jmdn. **abschlagen,** [jmdm.] etwas: (in diesem Sinnbereich) [jmdm.] etwas nicht erfüllen; bezieht sich in den meisten Fällen auf Bitten und Wünsche im persönlichen Bereich; vgl. abschlagen ↑verweigern, jmdm. etwas.

[3]**ablehnen,** etwas (Ggs. willens sein): (in diesem Sinnbereich) etwas, was jmd. fordert, erwartet, erbittet u. ä., nicht ausführen oder tun: *ich lehnte es ab, ihm zu folgen.* **weigern,** sich: (in diesem Sinnbereich) aus innerem Widerstreben nicht bereit sein, etwas auszuführen oder zu tun, was jemand erbittet, fordert, erwartet u. ä.; das Geforderte, Erwartete kann hier nur mit einer Infinitivgruppe angeschlossen werden: *er weigert sich, seinen Befehlen zu folgen;* vgl. weigern ↑verweigern. **verweigern,** etwas: (in diesem Sinnbereich) in einer bestimmten Situation und aus einem bestimmten Grund nicht willens sein, etwas, was jmd. erbittet, fordert, erwartet u. ä., zu tun: *die Aussage v.;* ↑verweigern.

ablisten, jmdm. etwas: jmdn. mit List dazu bringen, etwas herzugeben. **ablocken,** jmdm. etwas: jmdm. durch Schmeicheln oder durch Überredung etwas abgewinnen. **abluchsen,** jmdm. etwas (salopp): mit List und Schlauheit jmdm. etwas abnehmen. **ablotsen,** jmdm. etwas (salopp): mit gewissem Geschick jmdm. etwas abnehmen, ihn dazu bringen, etwas herzugeben.

Abmachung, die (meist Plural): als bindend betrachtete Vereinbarung über die Bedingungen, die für ein gemeinsames Unternehmen zu berücksichtigen sind: *gegen die A. verstoßen.* **Verabredung,** die; **Abrede,** die (selten): auf Grund gegenseitiger Willenserklärung erfolgter formloser Beschluß zweier oder mehrerer Partner: *sich nicht an die Verabredung halten.* **Übereinkunft,** die; **Übereinkommen,** das: die unter den an einer Sache gleichermaßen interessierten Partnern erzielte Einigung. **Vereinbarung,** die: i. S. v. Übereinkunft; faßt aber mehr noch als diese das Ergebnis ins Auge, das durch die Einigung erreicht wird. **Kuhhandel,** der (abwertend): Abmachung mit gegenseitigen Zugeständnissen, die durch fragwürdiges Aushandeln von Vorteilen und durch Nebenabreden zustande gekommen sind: *das war der reinste K.; er bezeichnete diesen K. euphemistisch als Kompromiß.* **Kompromiß,** der (bildungsspr.): Übereinkunft durch gegenseitige Zugeständnisse: *er machte keinen K.* **Vertrag,** der; **Kontrakt,** der: Rechtsgeschäft, das zwischen zwei oder mehreren Partnern durch übereinstimmende Willenserklärung zur Feststellung der gegenseitigen Verbindlichkeiten und Rechte abgeschlossen wird. **Pakt,** der: [politischer oder militärischer] Bündnisvertrag. **Konvention,** die: vertragliche Übereinkunft zur Einhaltung bestimmter völkerrechtlicher Grundsätze und über politische, wirtschaftliche und kulturelle Zusammenarbeit: *die Genfer K.* **Abkommen,** das: i. S. v. Konvention; bezeichnet allgemeiner jede Art der Übereinkunft, auch eine solche zwischen Privatpersonen; das Wort verdrängt „Konvention" mehr und mehr. **Agreement** [^{e}grịm^{e}nt], das (bildungsspr.): formlose Übereinkunft privater oder politischer Art. **Konkordat,** das: Vertrag zwischen einem Staat und der katholischen Kirche zur Regelung ihrer Beziehungen: *das Wormser K.;* ↑Handel.

abnehmen, etwas nimmt ab (Ggs. ↑zunehmen): etwas hält nicht das frühere Maß, den bisherigen Grad, wird weniger, verliert an Substanz: *das öffentliche Interesse an diesem Prozeß wird bald a.* **nachlassen,** etwas läßt nach: (in diesem Sinnbereich) etwas büßt mitten in einem Vorgang [der Kraft oder Energie erfordert, auf Grund der ununterbrochenen Beanspruchung] etwas an Kraft oder Intensität ein; vgl. nachlassen ↑abflauen. **schwinden,** etwas schwindet: etwas nimmt immer mehr ab, ohne daß sich der entsprechende Vorgang aufhalten ließe, so daß das Ende meist abzusehen ist; drückt oft die Erleichterung oder die Besorgnis des Sprechers/Schreibers aus: *die Liebe schwindet; sein Einfluß schwindet.* **dahinschwinden,** etwas schwindet dahin: i. S. v. schwinden; rückt jedoch noch mehr das Ende in den Vordergrund und bringt in stärkerem Maße das Bedauern oder die Erleichterung des Sprechers/Schreibers zum Ausdruck. **zurückgehen,** etwas geht zurück: etwas entwickelt sich von einem bestimmten Punkt aus, der im Laufe einer Entwicklung einmal erreicht worden ist, rückläufig: *das Fieber ist überraschend zurückgegangen.* **sinken,** etwas sinkt: (in diesem Sinnbereich) etwas bewegt sich von einem Höhepunkt abwärts; wird auch oft auf Gemütszustände, in denen man mehr oder weniger hochgestimmt ist, bezogen: *sein Ansehen in der Klasse sank.* **absinken,** etwas sinkt ab: etwas kann eine einmal erreichte Höhe nicht halten; wird vorwiegend im Hinblick auf irgendwelche Leistungen gesagt; während „sinken" lediglich den Vorgang kennzeichnet, betont „absinken" noch stärker die Richtung: *der Lebensstandard sinkt ständig ab.*

Abneigung, die: deutlich bewußte Empfindung, jmdn. oder etwas nicht zu mögen. **Widerwille,** der (Plural ungebräuchlich): starke Abneigung gegen etwas oder jmdn.; oft das Gefühl, sich zu einer Sache (z. B. Speisen, Genußmitteln) oder zur Duldung einer Person zwingen zu müssen. **Antipathie,** die (bildungsspr.): oft durch den ersten Eindruck hervorgerufene Abneigung gegen jmdn./etwas. **Abscheu,** der (selten auch: die) (ohne Plural): Gefühl des empörten innerlichen Zurückweichens vor Personen oder deren Art, Handlungsweise, die den eigenen sittlichen Anschauungen zuwiderläuft. **Ekel,** der (Plural ungebräuchlich): **a)** würgendes, Übelkeit erregendes Gefühl, das durch etwas Widerliches bei jmdm. hervorgerufen wird: *er fühlte E.;* **b)** Gefühl des Überdrusses, Widerwillens, hervorgerufen durch etwas Sinnloses o. ä.: *E. vor dem Leben.* **Aversion,** die (bildungsspr.): grundsätzliche Abneigung gegen etwas/jmdn.; ↑überdrüssig.

abnutzen, etwas; **abnützen,** etwas (landsch.): etwas durch Benutzung, Gebrauch oder Beanspruchung allmählich in Wert und Brauchbarkeit mindern. **verschleißen,** etwas: [stark] abnutzen, so abnutzen, daß es nicht mehr brauchbar ist oder entzweigeht.

abpflücken, etwas: zu einem bestimmten Zweck einzelne Blüten, Früchte, Stiele, Zweige von einer Pflanze, einem Strauch oder einem Baum mit zwei, drei Fingern abmachen, indem man den Stiel an einer Stelle einknickt; im Unterschied zum folgenden pflücken wird durch die Vorsilbe ab- verstärkend deutlich gemacht, daß etwas von etwas weggenommen, davon entfernt wird: *Äpfel a.* **pflücken,** etwas: (Blumen, Obst, Beeren) mit den Fingern, der Hand von einer Pflanze, einem Baum abmachen. **abrupfen,** etwas: unachtsam, meist mit der ganzen Hand durch eine ruckartig ziehende Bewegung machen, daß Stiele oder Blüten einzeln oder zu mehreren von einer Pflanze getrennt sind; wirkt in bezug auf Blumen lieblos und unsachgemäß und kennzeichnet oft die ablehnende Einstellung des Sprechers/Schreibers. **abreißen,** etwas: (in diesem Sinnbereich) gewaltsam mit heftiger Bewegung machen, daß von einer Pflanze, einem Strauch oder einem Baum ein Blatt, ein Zweig oder eine Blüte von der Pflanze oder dem Baum getrennt ist.

absagen, etwas (Ggs. stattfinden lassen): [jmdm. förmlich] mitteilen, daß etwas Geplantes nicht stattfindet, nicht realisiert werden kann: *einen Vortrag, seinen Besuch a.* **abblasen,** etwas (salopp): [kurzfristig und formlos] absagen: *die Demo, die Aktion wurde wieder abgeblasen.*

[1]**abschaffen,** etwas: (in diesem Sinnbereich) durch gesetzliche oder ungesetzliche Maßnahmen das Fortbestehen von etwas beenden, was im gesellschaftlichen, politischen Leben nicht mehr für zeitgemäß, zweckmäßig, richtig gehalten wird oder was der herrschenden Schicht nicht genehm ist; betont gegenüber „aufheben", daß die betreffende Einrichtung nur noch wenig Achtung, Anerkennung genießt: *ein Gesetz, die Sklaverei, die Todesstrafe a.* **aufheben,** etwas: (in diesem Sinnbereich) eine öffentliche Einrichtung, etwas, was im gesellschaftlichen, politischen Bereich bisher existierte, für nicht mehr berechtigt erklären und dessen Fortbestehen beenden; betont im Unterschied zu „abschaffen" weniger das radikale, revolutionäre als das amtliche und gesetzgeberische Vorgehen o. ä. gegen etwas bisher Bestehendes. **beseitigen,** etwas: (in diesem Sinnbereich) eine öffentliche Einrichtung, etwas, was sich als überholt, dem Fortschritt hinderlich erwiesen hat oder was dem Willen der herrschenden Schicht entgegensteht, abschaffen; betont mehr das rigorose, oft illegale Vorgehen oder legt mehr Gewicht darauf, daß ein neuer Zustand durch die Aufhebung des bisher Bestehenden herbeigeführt wird: *Mißstände b.*

[1]**abscheulich:** (in diesem Sinnbereich) **a)** so beschaffen, daß man sich nur mit innerem Abscheu damit befaßt, es erträgt; betont nicht so sehr wirklichen Widerwillen, sondern ist ein stark emotional gefärbter Ausdruck der Kritik, der Ungehaltenheit des Sprechers/Schreibers [der etwas Besseres, Zusagenderes erwartete] oder drückt [emotional verstärkend] den hohen Grad der unangenehmen Wirkung einer Sache, eines menschlichen Äußeren aus: *der Gestank war a.;* **b)** (ugs.): (emotional verstärkend) auf Personen bezogen, durch deren Verhalten sich der Sprecher/Schreiber gekränkt fühlt: *sie benahm sich ganz a.;* ↑[2]abscheulich; vgl. abscheulich ↑verabscheuenswert. **scheußlich:** (in diesem Sinnbereich) sehr übel, kaum erträglich im Geschmack, in seiner Wirkung auf die Sinne oder die Vorstellung; wie „abscheulich" mehr [emotional verstärkender] Ausdruck der Kritik, der impulsiven Ablehnung als wirklichen physischen Widerwillens: *die Suppe schmeckt s.; das ist ja ein scheußlicher Kerl!* **beknackt** (salopp): von einer ärgerlich-unerfreulichen, Unwillen und Unzufriedenheit hervorrufenden Art: *er ist in einem beknackten Alter: nicht mehr Kind, aber auch noch nicht Erwachsener;* vgl. scheußlich ↑[2]abscheulich.

[2]**abscheulich:** (in diesem Sinnbereich) so schlecht oder unmenschlich, so moralisch verwerflich oder ruchlos, daß man heftigen Abscheu, Schaudern oder geradezu physischen Ekel empfindet; wird, wie die übrigen Wörter, meist von menschlichen Handlungen gesagt und steht gewöhnlich nicht prädikatbezogen: *ein abscheuliches Verbrechen;* ↑[1]abscheulich; vgl. abscheulich ↑verabscheuenswert. **scheußlich:** (in diesem Sinnbereich) durch Gemeinheit, Roheit oder Verruchtheit Entsetzen erregend; betont im Unterschied zu „abscheulich", daß der Sprecher/Schreiber eine Handlung für überaus unmenschlich hält, oder sieht, wie „greulich", eine Handlung mehr losgelöst von ihrem Urheber, der durch das Prädikat „abscheulich" immer mitgetroffen, mitverurteilt wird: *er warf ihm vor, zu dem scheußlichen Verbrechen dieses Regimes geschwiegen zu haben;* vgl. scheußlich ↑[1]abscheulich. **greulich:** durch Grausamkeit oder Roheit Furcht und Schrecken erregend: *ein greulicher Meuchelmord;* ↑böse, ↑gemein, ↑hinterlistig, ↑niederträchtig.

abschlagen, etwas: mit gezielter, gewöhnlich heftig ausholender Armbewegung machen, daß ein Teil von einem Gegenstand oder Körper [durch irgendein Werkzeug] abgetrennt wird. **abhauen,** etwas (ugs.): etwas [unsachgemäß, achtlos] nur in dem Bestreben, das Betreffende zu entfernen, abschlagen. **abhacken,** etwas: einen Teil von einem Gegenstand oder Körper mit einem scharfen, schweren Werkzeug, z. B. einem Beil, abschlagen.

[1]**abschließen,** etwas; **absperren,** etwas (landsch.): etwas, was mit einem Schloß versehen ist, mit Hilfe des Schlüssels unzugänglich machen, damit anderen der Zugang erschwert, verwehrt wird: *die Haustür a.* **zuschließen,** etwas; **zusperren,** etwas (landsch.): i. S. v. abschließen; es wird dabei aber noch mehr betont, daß mit dieser Maßnahme der Zutritt oder Zugriff anderer verhindert werden soll. **verschließen,** etwas; **versperren,** etwas (landsch.): anderen die Möglichkeit nehmen, einen bestimmten Raum zu betreten oder etwas zu öffnen, indem man die Tür oder den betreffenden Gegenstand abschließt; wird seltener gebraucht als „abschließen" und „zuschließen": *sie verschloß das Haus; die Tür war fest verschlossen; er hatte alles gut verschlossen.* **abriegeln,** etwas; **zuriegeln,** etwas; **verriegeln,** etwas; **den Riegel vorschieben/**(geh. auch:) **vorlegen:** eine Tür mit Hilfe eines Riegels fest verschließen; die Vorsilbe ab- betont, daß eine Barriere zur Außenwelt besteht; zuweist auf das Geschlossene hin, während ver- auf den Gegenstand an sich hinweist, der mit etwas versehen worden ist (mit einem Riegel): *die Tür ist abgeriegelt* (es besteht eine Distanz zur Außenwelt), *die Tür ist zugeriegelt* (sie ist geschlossen, nicht zugänglich), *die Tür ist verriegelt* (durch einen Riegel geschlossen und bietet somit Schutz vor jemandem, der hineinzukommen versucht, aber unerwünscht ist); ↑schließen.

[2]**abschließen,** sich: ein Leben für sich leben; absichtlich ohne Beziehung zur menschlichen Umwelt leben. **verschließen,** sich [jmdm.]: seine Gefühle für sich behalten, sich nicht mitteilen: *er verschließt sich jedem.* **zurückziehen,** sich: bewußt einen Abstand zwischen das Leben und sich selbst bringen: *der Einsiedler zog sich ganz aus der Welt zurück.* **verkriechen,** sich (ugs.): der Berührung mit der Mitwelt aus Scheu oder gesteigertem Geborgenheitsbedürfnis ausweichen und dabei eine Zuflucht suchen: *bei seiner Jubiläumsfeier hätte er sich am liebsten verkrochen.* **in sein Schneckenhaus zurückziehen,** sich (ugs.): aus mimosenhafter Empfindlichkeit bei geringen Anlässen die Verbindung zur Mitwelt abbrechen und unzugänglich bleiben: *sobald man ihm auch nur ein wenig zu nahe tritt, zieht er sich in sein Schneckenhaus zurück.* **isolieren,** sich (bildungsspr.): nicht teilhaben wollen an der Gemeinschaft, sich von ihr absondern, Kontakten ausweichen; enthält meist eine Kritik des Sprechers/Schreibers: *er hat sich selbst isoliert.* **abkapseln,** sich (ugs.): sich durch Veranlagung oder Lebensumstände absondern, indem man sich, meist unbewußt, wie mit einer Hülle umgibt, die der Mitwelt den Zugang zur Person erschwert oder unmöglich macht. **im Elfenbeinturm leben** (geh.): eine im allgemeinen künstlerische, selbstgenügsame Existenz führen, fern von den Realitäten: *dieser Dichter lebt im Elfenbeinturm.*

abschneiden, [jmdm./sich (Dativ)] etwas: etwas mit einem Messer oder einer Schere von einem Gegenstand, mit dem es eine Einheit bildet, entfernen: *Rosen a.* **absäbeln,** [jmdm./sich (Dativ)] etwas (ugs.): etwas unsachgemäß und ungeschickt abschneiden: *sich ein Stück Brot a.; Schneiden Sie Gurken in Scheiben; aber nicht zu dick a.!*

abschweifen [von etwas]: (in diesem Sinnbereich) sich in der Rede, im Gespräch vorübergehend vom eigentlichen Thema entfernen und einen anderen Gedanken verfolgen. **abweichen,** von etwas: sich unabsichtlich, ohne es richtig zu merken, von der vorhergesehenen Linie bei der Ausführung eines Themas entfernen. **abirren** [von etwas] (geh.): durch mangelnde Konzentration, Ablenkung ein Thema, das man behandeln wollte, nicht zu Ende verfolgen und dadurch auf ein anderes Gebiet gelangen, das man anfänglich nicht zu erreichen beabsichtigte: *an dieser Stelle spürt man, daß seine Gedanken abgeirrt sind.* **abkommen,** von etwas: durch ungenügende Konzentration, durch äußere Störungen die eigentlich beabsichtigte Ausführung eines Themas aus den Augen verlieren: *er ist von der Hauptsache abgekommen.*

[1]**absetzen,** jmdn.: jmdn. (z.B. weil er in irgendeiner Weise versagt, den Aufgaben nicht entsprochen hat) auf Grund eines Beschlusses aus seinem angesehenen Amt, seiner Stellung entfernen, ihn gehen heißen: *der Parteivorsitzende wurde abgesetzt.* **absägen,** jmdn. (salopp): jmdn., der aus irgendwelchen Gründen nicht mehr erwünscht ist, aus seiner gehobeneren Stellung verdrängen, entfernen: *den Trainer haben sie abgesägt, weil er die Mannschaft nicht motivieren konnte.* **seines Amtes entheben,** jmdn. (geh.): jmdn. in förmlicher Weise aus einem [höheren] Amt entfernen, weil er seine Pflichten nicht zur Zufriedenheit erfüllte: *wegen seiner Verfehlungen wurde er seines Amtes enthoben.* **seines Amtes entkleiden,** jmdn. (geh.): jmdm. sein Amt nehmen. **stürzen,** jmdn.: jmdn. auf Grund veränderter Machtverhältnisse aus der Regierung, als Regierenden entfernen: *der König wurde gestürzt; den Minister s.* **entthronen,** jmdn. (geh.): einen Monarchen absetzen. **entmachten,** jmdn. (geh.): einem Staatsgebilde oder einer organisierten Personengruppe, die auf einem bestimmten Gebiet uneingeschränkte Gewalt hat, ihren Einfluß nehmen, sie ihrer Macht berauben: *einen Konzern e.* **[aus seinem Amt] entfernen,** jmdn.: jmdn. wegen Untauglichkeit, auf Grund einer Verfehlung oder weil er jmdm. sonstwie unerwünscht ist, aus dem Amt schaffen, ihm kurzerhand sein Amt wegnehmen; kann auch mit einem anderen sinngleichen Präpositionalobjekt verbunden werden. **abbauen,** jmdn.: auf Grund von Sparmaßnahmen eine bestimmte Personengruppe in der Personenzahl, im Bestand durch Entlassungen verringern: *die Verwaltung, Beamte a.* **ausbooten,** jmdn. (ugs.): jmdn., der nicht mehr in ein bestehendes System, in eine Gruppe paßt, der einem nicht mehr genehm ist, aus seiner Stellung entfernen: *man hat ihn aus dem Vorstand ausgebootet.* **abschießen,** jmdn. (salopp): durch entsprechende Aktivitäten machen, daß jmd., der eine exponierte Stellung hat, diese räumen muß: *er wollte den Innenminister a.* **in die Wüste schicken,** jmdn.: jmd., der eine bedeutendere Position einnimmt, wegen einer Verfehlung oder wegen eines Fehlschlags [als Sündenbock] entlassen: *der Staatssekretär wurde in die Wüste geschickt;* ↑ausscheiden, ↑kündigen.

[2]**absetzen,** etwas: (in diesem Sinnbereich) von einem größeren Warenposten etwas, meist eine größere Menge, verkaufen: *wir konnten so gut wie nichts a.* **anbringen,** etwas (ugs.): für etwas [schwer Verkäufliches] einen Käufer finden: *man versucht häufig, Ladenhüter anzubringen.* **an den Mann bringen,** etwas (salopp): für eine Ware, die sich nicht so gut verkauft, schließlich doch noch [dank geschickter Manipulationen] einen Käufer, Abnehmer finden. **loswerden,** etwas (ugs.): (in diesem Sinnbereich) eine Ware, die sich schlecht verkaufen läßt, schließlich [überraschend] doch noch verkaufen können: *ich hatte nicht gedacht, daß wir diesen Restposten so schnell l. könnten.* **losschlagen,** etwas (ugs.): etwas, was die Kauflust nicht mehr reizt, doch noch [durch Herabsetzung des Preises] verkaufen.

[3]**absetzen,** etwas (Ggs. aufsetzen): etwas, was man aufgesetzt hat, herunternehmen [und irgendwohin tun] (von Kopfbedeckungen, Helmen, Brillen o.ä.): *die Brille a.* **abnehmen,** etwas: i.S.v. absetzen; schließt aber im Unterschied zu „absetzen" häufig mit ein, daß etwas nur vorübergehend heruntergenommen und nicht aus den Händen gegeben wird: *den Hut a.*

Absicht, die: **a)** Vorsatz, der einem Tun, einem Vorhaben, einer Äußerung zugrunde liegt; der Zweck, der mit etwas, was man tut, erreicht werden soll, um dessentwillen man etwas unternimmt: *er änderte seine A.;* **b)** (Plural): Motive, die einer Handlung, einem Vorhaben zugrunde liegen; deutet im Gegensatz zu „Absicht" a) auf gewisse Unbestimmtheit des eigenen Wollens oder besagt, auf die Handlung eines anderen bezogen, daß man nicht recht weiß oder nur vermutet, worauf er hinaus will, oder daß man die Lauterkeit seiner Motive bezweifelt: *redliche Absichten.* **Intention,** die (bildungsspr.): die bestimmte Vorstellung, die man von einer Sache hat, die man durch sein Tun, sein Vorhaben o.ä. verwirklichen will; das bestimmte Wollen, das sich in einer Tat verkörpert; lenkt im Unterschied zu „Absicht" den Blick weniger auf das zweckvolle Handeln und die Ausführung als auf den Plan, die Idee und den Willen und betont oft den Gegensatz zwischen diesen und dem erreichten Ergebnis. **Vorsatz,** der: etwas, was man sich für sein Handeln vorgenommen hat: *der Weg zur Hölle ist mit guten Vorsätzen gepflastert.* **Ziel,** das: (in diesem Sinnbereich) etwas, worauf eine Tätigkeit oder eine Handlung gerichtet ist und was man durch sie zu erreichen bestrebt ist.

absondern, jmdn. [von jmdm.]: [mehrere] Menschen oder Tiere von anderen wegbringen, von ihrer Gruppe getrennt halten, meist um schädliche Einwirkungen des einen auf den anderen zu vermeiden. **isolieren,** jmdn. [von jmdm.] (bildungsspr.): einen Menschen, ein Tier aus bestimmten Gründen streng von anderen, von seiner Gruppe trennen und jede Berührung, jeden gemeinschaftlichen Verkehr verhindern; betont gegenüber „absondern" die [wegen der Gefahr der Übertragung schädlicher Einflüsse] besonders streng und gründlich durchgeführte Maßnahme: *die Erkrankten wurden sofort isoliert.*

abstreiten, etwas: (in diesem Sinnbereich) etwas, was dem Betreffenden in einer als Anklage, Anschuldigung u. ä. formulierten, unbewiesenen Behauptung zur Last gelegt wird, mit großem Nachdruck für nicht bestehend erklären; sagt, wie alle Wörter dieser Gruppe, nichts über den Wahrheitsgehalt der Anklage aus und betont mehr, daß die Sachverhalte den Betreffenden unmittelbar angehen und stärker berühren: *er stritt mit großer Heftigkeit ab, jemals eine entsprechende Äußerung getan zu haben.* **bestreiten,** etwas: (in diesem Sinnbereich) etwas, was dem Betreffenden in einer als Anklage, Anschuldigung u. ä. formulierten, unbewiesenen Behauptung zur Last gelegt wird, für nicht bestehend erklären und sich [unter ausführlicher, scharfer Argumentation] dagegen wenden; während mit „abstreiten" ausgedrückt wird, daß durch den Widerspruch eine Beschuldigung o. ä. beseitigt werden soll, betont „bestreiten" allein den Widerspruch: *die Eisenbahnbehörde bestritt hartnäckig jede Schuld;* ↑[2]bestreiten; ↑[3]bestreiten. **in Abrede stellen,** etwas: (in diesem Sinnbereich) etwas, was dem Betreffenden in einer als Anklage, Anschuldigung u. ä. formulierten, unbewiesenen Behauptung zur Last gelegt wird, [in einer Diskussion] für nicht bestehend erklären und nicht gelten lassen; ist nüchterner als die vorangehenden Wörter dieser Gruppe und sagt nichts über die innere Beteiligung des Betreffenden und die Art der Entgegnung aus: *er stellte jede Mittäterschaft in Abrede;* vgl. in Abrede stellen ↑[2]bestreiten. **leugnen,** etwas: (in diesem Sinnbereich) etwas, was dem Betreffenden in einer als Anklage, Anschuldigung u. ä. formulierten, zwar unbewiesenen, aber von der Allgemeinheit für wahr gehaltenen Behauptung zur Last gelegt wird, für nicht bestehend erklären: *er leugnete, mit dem Mord irgend etwas zu tun zu haben;* ↑leugnen; vgl. leugnen ↑[2]bestreiten.

Abteilung, die: kleinerer selbständiger Teil einer militärischen Formation: *bewaffnete Abteilungen.* **Trupp,** der: kleine Gruppe von Soldaten oder Arbeitern (meist in Bewegung), die ein Vorhaben gemeinsam ausführt: *ein T. Arbeiter.* **Kolonne,** die: größerer militärischer Verband beim Marsch in geschlossener Ordnung: *ein Lastwagen fuhr in eine K. der Bundeswehr;* ↑Bande, ↑Gruppe, ↑Herde.

abwaschen [etwas]; **aufwaschen** [etwas]: Geschirr u. ä. (in heißem Wasser) von [stärkerem] Schmutz und Speiseresten reinigen; vgl. aufwaschen ↑aufwischen. **spülen** [etwas] (landsch.): i. S. v. abwaschen; im Unterschied zu abwaschen, das das Entfernen von etwas betont, ruft spülen die Vorstellung hervor, daß etwas in Wasser intensiver bewegt wird oder daß man Wasser darüber fließen läßt: *er spülte die Weingläser.* **abspülen** [etwas] (landsch.): Geschirr u. ä. mit weniger stark anhaftendem Schmutz und weniger festgebackenen Speiseresten abwaschen; hebt durch die Vorsilbe ab- im Unterschied zu „spülen" stärker hervor, daß die Unsauberkeit beseitigt wird. **waschen,** etwas (landsch.): (in diesem Sinnbereich) i. S. v. abwaschen; ↑waschen.

abwehren, etwas: einer sich nähernden Gefahr entgegenwirken und sie verhindern; Störungen, Belästigungen usw. fernhalten: *eine Katastrophe, den Feind, Neugierige a.* **wehren,** einer Sache (geh.): gegen etwas einschreiten, etwas bekämpfen: *dem Feind w.; Wehret den Anfängen!* **hindern,** etwas (geh.): (in diesem Sinnbereich) verhindern, daß ein drohendes und unheilvolles Geschehen seinen Lauf nimmt: *das drohende Unheil h.;* ↑hindern; vgl. hindern ↑behindern. **abwenden,** etwas: ein drohendes Ereignis doch noch [von jmdm.] ablenken. **abblocken,** etwas: etwas, was von einem anderen geplant ist, durch entsprechende Maßnahmen nicht zustande kommen lassen, abwehren. **abbiegen,** etwas (salopp): ein Vorhaben anderer, das für einen selbst oder für andere unangenehm wäre, durch geschicktes und kluges Verhalten verhindern; ↑unterbinden.

abweisen, jmdn.: (in diesem Sinnbereich) jmdm., der ein Anliegen hat oder um Gunst oder Interesse wirbt, in mehr oder weniger entschiedener Form seine Abneigung, Ablehnung zu verstehen geben [und ihn dadurch veranlassen, seine Bemühungen aufzugeben]: *einen Bittsteller a.;* vgl. abweisen ↑[1]ablehnen, ↑[2]ablehnen. **zurückweisen,** jmdn.: (in diesem Sinnbereich) jmdn., der um Gunst oder Neigung wirbt, entschieden abweisen, seine dringliche Werbung ablehnen: *„Sie weisen mich zurück?" fragte er ton-*

los; vgl. zurückweisen ↑[1]ablehnen, ↑[2]ablehnen. **einen Korb geben,** jmdm. (ugs.): jmdm. auf seine [förmlich vorgebrachte] Werbung oder ein Anerbieten hin seine Ablehnung zu verstehen geben. **eine Abfuhr erteilen,** jmdm. (nachdrücklich): jmdn. in bezug auf dessen Forderung oder hinsichtlich seines Anerbietens schroff abweisen; klingt kühl und lieblos. **abfahren lassen,** jmdn. (salopp): jmdn., dessen Ansinnen oder Angebot einem nicht erwünscht oder bedenklich ist, nicht ganz einwandfrei vorkommt, kalt abweisen. **die kalte Schulter zeigen,** jmdm.: (in diesem Sinnbereich) jmdn., der ein Anliegen, Ansinnen vorbringt, seine Abneigung oder seine Gleichgültigkeit spüren lassen; wird oft verhüllend für ein direktes Zurückweisen gesagt: *er tut alles, um die Firma für seinen Plan zu gewinnen, aber die zeigte ihm nur die kalte Schulter;* vgl. die kalte Schulter zeigen ↑ignorieren.

abwenden, sich von etwas/jmdm.: (in diesem Sinnbereich) einer Sache oder Person, zu der man sich bekannt oder für die man Interesse gezeigt hatte, sein Interesse entziehen: *er hat sich ganz von der Wissenschaft abgewandt.* **abkehren,** sich von etwas/jmdm.: sich endgültig von etwas oder jmdm. abwenden: *sich von der Welt a.* **wenden,** sich von etwas/jmdm. (geh.): i. S. v. abwenden: *sich mit Abscheu von jmdm. w.* **den Rücken kehren/**(selten auch:) **wenden,** einer Sache/jmdm.: sich [mit Verachtung, aus Verärgerung, Desinteresse] von etwas oder jmdm. abkehren und entfernen, nichts mehr mit einer Sache/jmdm. zu tun haben wollen: *seiner Heimat den Rücken kehren.*

abzahlen, etwas; **abbezahlen,** etwas: **a)** eine Summe, die man jmdm. schuldet, nicht auf einmal und in voller Höhe, sondern in kleineren, auf einen gewissen Zeitraum verteilten Beträgen bezahlen; der Ausdruck „abbezahlen" gilt hier als umgangssprachlich oder betont mehr, daß eine Schuld [endgültig] getilgt wird: *ich werde meine Schulden abzahlen; 2000 Mark sind schon abbezahlt;* **b)** eine Ware, einen erworbenen Gegenstand in Teilbeträgen bezahlen; hier wird „abzahlen" meist umgangssprachlich gebraucht: *wir können den Fernsehapparat abzahlen.* **in Raten zahlen/**(auch:) **bezahlen,** etwas: eine Schuld oder eine Ware in [größeren] Teilbeträgen bezahlen, deren Höhe festgesetzt ist und die zu bestimmten Fristen fällig sind; betont im Unterschied zu „abzahlen" mehr, daß die Bedingungen der Bezahlung vertraglich geregelt sind (z. B. Zinsaufschlag, Eigentumsvorbehalt der Lieferfirma o. ä.); „zahlen" bezieht sich dabei auf eine geschuldete Summe, „bezahlen" auf eine Ware, was umgangssprachlich nicht streng auseinandergehalten wird: *sie wollen die ganze Einrichtung in Raten bezahlen.* **abstottern,** etwas (salopp): verhältnismäßig viele Teilbeträge in bescheidener Höhe für einen käuflich erworbenen Gegenstand, eine Schuld zahlen; deutet an, daß es dem Betreffenden schwerfällt, selbst kleine Beträge aufzubringen. **abtragen,** etwas (geh.): sich einer geldlichen Verpflichtung, die schon längere Zeit auf einem liegt und bei der es sich meist um eine größere Summe handelt, durch allmähliche, ratenweise Zahlung unter Mühen entledigen; kann im Unterschied zu den anderen Wörtern dieser Gruppe nicht auf einen Gegenstand bezogen werden: *wir haben an mehreren Stellen Kredit aufnehmen müssen und bemühen uns nun, diese Verpflichtungen sobald wie möglich abzutragen.*

[1]achten, jmdn.: (in diesem Sinnbereich) ein Gefühl der Achtung jmdm. gegenüber auf Grund seiner Persönlichkeit empfinden, ihn in seiner Art oder Haltung anerkennen: *wir waren wieder Menschen und wurden als Menschen geachtet.* **schätzen,** jmdn.: jmdn. besonders achten, weil er einem auf Grund irgendwelcher Vorzüge oder Verdienste wert ist; wirkt im Unterschied zu „achten" intensiver und drückt eine nähere Beziehung zum anderen aus: *ich schätze ihn sehr wegen seiner aufrechten Gesinnung;* vgl. schätzen ↑[2]lieben. **große Stücke auf jmdn. halten** (salopp): jmdn. sehr schätzen; wird meist auf Personen bezogen, mit denen jmd. sozial auf gleicher Stufe steht oder die unter ihm stehen, und betont im allgemeinen das Einschätzen der Qualitäten eines Menschen und das Vertrauen in seine Fähigkeiten. **verehren,** jmdn.: einer höhergestellten Person gegenüber ehrfürchtige Zuneigung empfinden [und zum Ausdruck bringen]; kennzeichnet auch die Haltung des religiösen Menschen. **bewundern,** jmdn.: (in diesem Sinnbereich) jmdn. in seiner Persönlichkeit, auf Grund bestimmter Wesenszüge oder seiner Leistung, als überragend oder über einem stehend anerkennen, sich für ihn begeistern und voll Achtung zu ihm aufsehen; vgl. bewundern ↑bestaunen.

[2]achten, etwas: etwas als unumstößlich oder in seiner Art notwendig betrachten [und sich daran halten]; drückt aus, daß man zu der betreffenden Sache ein Verhältnis hat und dafür Verständnis aufbringt. **respektieren,** etwas (bildungsspr.): etwas unangetastet gelten lassen und der betreffenden Sache gegenüber den allgemeinen, erwarteten Respekt bezeugen; wirkt mehr als formale Bestätigung, ohne daß man davon überzeugt zu sein braucht. **anerkennen,** etwas: (in diesem Sinnbereich) den Wert von etwas erkennen und dies bekunden; bezieht sich auf bestimmte Verhaltensweisen, Meinungen oder Interessen eines anderen: *wir erkannten ihren Standpunkt an.*

³achten, auf etwas: (in diesem Sinnbereich) sein Augenmerk auf etwas richten; die Aufmerksamkeit, das sinnliche Wahrnehmungsvermögen auf etwas konzentrieren, was man nicht übersehen oder überhören möchte oder an dem man eine [bisher nicht beachtete] Besonderheit deutlicher wahrnehmen möchte; vgl. achten auf ↑achtgeben. **achtgeben** [auf etwas]: (in diesem Sinnbereich) seine Aufmerksamkeit auf etwas konzentrieren, was plötzlich eintreten könnte oder was eine wichtige Besonderheit aufweist, die bisher nicht [genügend] beachtet wurde; betont gegenüber „achten auf" nicht nur, daß man auf etwas aufmerksam ist, sondern auch, daß man sich eigens der Beobachtung der betreffenden Sache widmet: *auf die Gefahren des Weges a.;* ↑achtgeben; vgl. achtgeben ↑aufpassen. **aufpassen** [auf etwas]: (in diesem Sinnbereich) die Aufmerksamkeit, die Sinne angespannt halten, um auf etwas plötzlich Eintretendes vorbereitet zu sein und um es rechtzeitig zu bemerken; kennzeichnet im Unterschied zu „achtgeben" eine mehr abwartend konzentrierte Haltung: *paß mal auf, ob jemand kommt!;* ↑aufpassen; vgl. aufpassen ↑achtgeben. **achthaben** [auf etwas] (geh.): etwas seiner Aufmerksamkeit nicht entgehen lassen, nicht übersehen; drückt im Unterschied zu den übrigen Wörtern meist nicht aus, daß man hinhört oder nach etwas ausspäht, sondern kennzeichnet mehr eine stetig angespannte Aufmerksamkeit oder ein [unbewußtes] Registrieren dessen, was geschieht, und hat deshalb meist den perfektiven Sinn, daß man etwas schon wahrnimmt, bemerkt: *er hatte auf den Verkehr nicht achtgehabt.* **passen,** auf etwas (ugs.): angespannt auf ein Zeichen, ein Signal o. ä. achtgeben und sich bereit halten, sofort darauf zu reagieren.

achtgeben [auf jmdn./etwas]: (in diesem Sinnbereich) jmdm./einer Sache genügend Aufmerksamkeit zuwenden, eine Sache schonend behandeln, damit der oder das Betreffende keinen Schaden erleidet oder anrichtet: *auf das Kind, den Hund a.;* vgl. achtgeben ↑³achten; ↑aufpassen. **aufpassen** [auf jmdn./etwas]: i. S. v. achtgeben; drückt im Unterschied zu „achtgeben" aus, daß man jmdm./einer Sache nicht nur [beiläufig] Aufmerksamkeit schenkt, sondern sich auf diese Aufgabe konzentriert; ↑aufpassen; vgl. aufpassen ↑³achten. **achten,** auf jmdn./etwas: jmdn./etwas soweit im Auge behalten, daß man eingreifen kann, wenn Gefahr oder Schaden droht: *achte doch ein bißchen auf das Kind, während ich fort bin!;* ↑³achten. **ein Auge haben,** auf jmdn./etwas (ugs.): eine Person, einen Vorgang nicht unbeaufsichtigt bzw. unbeobachtet lassen, sondern sich ab und zu um ihn kümmern, [unauffällig] danach sehen und gelegentlich helfend, korrigierend eingreifen, damit kein Schaden geschieht: *ich werde unterdessen ein Auge auf den Braten haben, damit er nicht anbrennt.*

Achtung, die (ohne Plural): die hohe Meinung, die man von jmdm. oder etwas hat und die dadurch bestimmte rücksichtsvolle, bewundernde oder ehrfürchtige Haltung. **Hochachtung,** die (ohne Plural): i. S. v. Achtung; jedoch nur in bezug auf Personen und mehr formelhaft gebraucht; besonders, wenn die Achtung, die jmdm. entgegengebracht wird, entweder in Frage gestellt wurde oder aus Höflichkeit betont werden soll. **Respekt,** der (ohne Plural; bildungsspr.): das Bewußtsein der Grenzen, die einem im Umgang mit jmdm. oder in der Beurteilung von etwas gesetzt sind; die dadurch bestimmte Zurückhaltung oder Höflichkeit. **Verehrung,** die (ohne Plural): das bewundernde Aufblicken zu jmdm., den man als vorbildlich, überragend oder in sich vollkommen empfindet und dessen Dasein das eigene Dasein bereichern kann. **Ehrfurcht,** die (ohne Plural): von Verehrung erfüllter Respekt. **Ehrerbietung,** die (ohne Plural; geh.): Ausdruck der Hochachtung und Verehrung gegenüber jmdm.; auf Personen bezogen, die im Alter oder Rang hoch über einem stehen; ↑Ansehen.

affektiert (bildungsspr.): sein Benehmen, seine Gefühlsäußerungen aus einer gewissen Eitelkeit heraus ins Unechte übersteigernd; kann auch von dem Benehmen selbst gesagt werden: *ihr Gehabe ist a.* **geziert:** [in den Gefühlsäußerungen] süßlich und unnatürlich: *sie gibt sich entsetzlich g.* **gekünstelt:** [in seinem Wesen] nicht natürlich; in etwas verkrampfter und gezwungener Weise bemüht, einen möglichst vorteilhaften, angenehmen Eindruck zu machen: *warum redest du in Gesellschaft immer so g.?* **erkünstelt:** nicht von Herzen kommend; wird auf eine Gefühlsäußerung bezogen, die wenig glaubhaft wirkt und den Anschein erweckt, sie habe den anderen eine besondere Anstrengung gekostet. **gemacht:** nicht echt, nicht glaubwürdig; wird im allgemeinen von einem Gefühl, einer Gemütsbewegung gesagt: *seine Empörung ist nur g.* **unecht:** (in diesem Sinnbereich) geheuchelt, andere Gefühle verdeckend; wird von einer

Gefühlsäußerung gesagt, hinter der sich eine andere, gegensätzliche Empfindung zu verbergen scheint: *der Glückwunsch des unterlegenen Mitbewerbers wirkte doch ziemlich u.* **unnatürlich:** (in diesem Sinnbereich) einstudiert, nicht natürlich wirkend, schauspielernd; bezeichnet ein Verhalten oder eine Gefühlsäußerung, deren Echtheit und Natürlichkeit nicht wirklich überzeugend wirkt: *seine Freude wirkt etwas u.* **theatralisch:** im Gehaben oder in Gefühlsäußerungen leicht schwülstig oder pathetisch und anscheinend auf besonderen Eindruck auf andere bedacht; kann auch von einem Menschen gesagt werden: *mit theatralischer Geste bot er mir seine Freundschaft an.* **gespreizt:** (in diesem Sinnbereich) aus Eitelkeit in seinem Wesen und Gehabe steif und umständlich und dadurch unangenehm oder lächerlich wirkend; ↑gespreizt, ↑überschwenglich, ↑überspannt.

After, der: Ausgang des Mastdarms, Enddarms des Menschen. **Anus,** der (Medizin): i. S. v. After. **Arschloch,** das (vulgär): i. S. v. After; ↑Gesäß.

ahnden, etwas (geh.): eine strafwürdige Tat, ein Unrecht oder etwas, was als Unrecht empfunden wird, nicht ungestraft hingehen lassen, sondern der Tat nachgehen, den Urheber [um der Gerechtigkeit willen] zur Verantwortung ziehen und ihn dafür strafen; setzt eine gewisse Machtstellung dessen voraus, der die Tat ahndet; betont die Härte der Strafe, wobei weniger Größe und Art der begangenen Tat ausschlaggebend sind; klingt gewichtig und gravitätisch. **bestrafen,** etwas: (in diesem Sinnbereich) eine unrechte Tat, eine strafbare Handlung mit einer Strafe belegen, um auf diese Weise den Urheber sein strafbares Verhalten entgelten zu lassen; betont gegenüber „ahnden" mehr den unmittelbaren Strafvollzug; steht häufig in Aussagen, in denen allgemein von Art und Maß einer Strafe die Rede ist: *jedes Verbrechen exemplarisch b.;* vgl. bestrafen ↑strafen. **züchtigen,** etwas (selten): (in diesem Sinnbereich) eine unrechtmäßige oder eine als unrecht, als gemein empfundene Handlung hart bestrafen und damit dem Täter eine Lektion erteilen; ↑züchtigen.

[1]**ahnen,** etwas: ein unbestimmtes Vorgefühl von etwas haben; noch unbekannte Zusammenhänge intuitiv durchschauen, bevor man bestimmte Kenntnis davon hat; steht oft mit Inhaltssatz: *was Sie da sagen, das habe ich schon immer so dunkel geahnt.* **spüren,** etwas: eine gefühlsmäßige, nicht sachlich begründbare Gewißheit von etwas haben; bezieht sich im Unterschied zu „ahnen" mehr auf etwas Vorhandenes, aber nicht Wahrnehmbares: *sie spürten, daß er etwas im Schilde führte; seine Antipathie habe ich gespürt;* ↑[1]spüren, ↑[2]spüren; vgl. spüren ↑fühlen.

[2]**ahnen,** etwas ahnt jmdm. (geh.): jmd. hat das unbestimmte Gefühl, daß irgendein Unheil geschehen ist oder bevorsteht; steht im allgemeinen nur in Wendungen mit „nichts Gutes", „Böses"; vgl. ahnen ↑voraussehen. **schwanen,** etwas schwant jmdm. (ugs.): jmd. hat das beunruhigende Vorgefühl irgendeines [kommenden] Unheils; jmd. hegt den Verdacht, daß etwas nicht so ist, wie er es sich wünscht; wird gewöhnlich mit verallgemeinerndem Objekt gebraucht: *das hat mir schon lange geschwant.*

ahnungslos: keine Ahnung habend, wie es sich mit einer Sache, die einen meist selbst betrifft, verhält; wird meist subjektbezogen gebraucht. **nichts ahnend:** ohne zu vermuten, was geschehen ist oder was einem bevorsteht; angewandt in erzählender Rede oder in Erzählungen, wenn eine Situation geschildert wird, wo jmd. kurz vor einer Überraschung steht; wird im allgemeinen subjektbezogen gebraucht. **arglos:** nichts Böses ahnend, ohne Argwohn; wird von jmdm. gesagt, dem durch die Boshaftigkeit eines anderen Gefahr droht: *a. folgte er ihm;* ↑naiv.

albern, kindisch: in einer Art, die vom Sprecher/Schreiber emotional abgelehnt und abgewertet wird, weil sie seiner Meinung nach das Gegenteil von (erwarteter, gewünschter) Ernsthaftigkeit, Reife, Sinn ausdrückt; während in „albern" mehr das Seicht-Lächerliche angesprochen wird, verbindet sich mit „kindisch" die Vorstellung, daß sich ein Erwachsener wie ein Kind, also ohne die zu erwartende Reife und Ernsthaftigkeit verhält: *alberne/kindische Witze; alberner/kindischer Einfall, Unfug; kindischer Trotz, Eigensinn; albernes/kindisches Benehmen.* **läppisch:** (in diesem Sinnbereich) in einer Art, die vom Sprecher/Schreiber emotional abgelehnt und abgewertet wird, weil sie seiner Meinung nach ohne wirkliche substantielle Konturen (schlaff wie ein Lappen), nicht ernst zu nehmen ist und daher von oben herab als etwas, was nichts weiter „bringt", abgetan wird; wird besonders auf Äußerungen o. ä., nicht auf Personen bezogen: *läppisches Gefrage; ein läppischer Vorwand; eine läppische Bemerkung, Geschichte; das ist einfach l.;* ↑[2]dumm, ↑naiv, ↑töricht.

allein: (in diesem Sinnbereich) auf sich gestellt, ohne Gesellschaft und ohne Verbindung zu anderen; stellt im allgemeinen eher sachlich den ungewollten Zustand des

Alleinseins fest, ohne von vornherein in gefühlsmäßiger Anteilnahme ein Bedauern mit auszudrücken; wird nicht attributiv gebraucht: *er fühlte sich ausgeschlossen – er war allein.* **einsam:** (in diesem Sinnbereich) ohne äußeren Anschluß an andere, ohne Freunde und Bekannte, zu denen man innere Beziehungen hat und denen man sich mitteilen könnte, wenn man möchte; ist stärker gefühlsbetont; drückt im allgemeinen ein Bedauern über den Zustand aus: *er blieb bis in sein spätes Alter e.;* vgl. einsam ↑menschenleer; ↑abgelegen. **verlassen:** (in diesem Sinnbereich) von allen anderen Menschen vergessen, so daß sich niemand um einen kümmert und man völlig einsam lebt: *er fühlte sich v.;* vgl. verlassen ↑abgelegen. **mutterseelenallein** (ugs.; emotional verstärkend): ganz allein, ohne Freunde und näherstehende Bekannte und Verwandte; drückt einen stark empfundenen Grad des Alleinseins aus; wird nicht attributiv gebraucht. **vereinsamt:** jegliche Verbindung zu anderen verloren habend und schon seit längerem hoffnungslos einsam; ist im allgemeinen stark gefühlsbetont; kennzeichnet den Zustand als zumeist endgültiges Ergebnis einer längeren [schicksalhaften] Entwicklung; ↑distanziert, ↑kontaktarm, ↑ungesellig, ↑verschlossen, ↑zurückgezogen.

[1]**allerlei:** (in diesem Sinnbereich) aus den verschiedensten Dingen, Einzelheiten, Arten o. ä. bestehend; bunt zusammengesetzt oder wahllos vertreten; drückt, wie die übrigen Wörter der Gruppe, aus, daß unter einer Mehrzahl, einem Sammelbegriff verschiedene, aber nicht näher bezeichnete Dinge, Eigenschaften, Personen o. ä. zusammengefaßt sind: *a. vernünftige Gründe.* **allerhand** (ugs.): (in diesem Sinnbereich) aus einer größeren Zahl verschiedenartiger Dinge, Einzelheiten bestehend; in genügender Menge, Auswahl vorhanden; betont im Unterschied zu „allerlei“ mehr, daß es sich um eine ausgewählte, nicht um eine beliebige, zufällige Vielheit handelt: *a. Leute aus der näheren Umgebung.* **mancherlei:** verschiedene unterschiedliche Dinge, Arten o. ä. umfassend; betont gegenüber „allerlei“, „allerhand“ mehr die Verschiedenartigkeit der Einzelheiten als ihre Menge: *m. Käse; da freut man sich auf m.* **verschiedenerlei:** aus mehreren Arten oder Sorten bestehend; bezieht sich im Unterschied zu „mancherlei“ weniger auf eine unbestimmte Vielheit als auf eine begrenzte Anzahl [deutlich] unterschiedener Dinge: *v. Gemüsesorten.*

[2]**allerlei:** (in diesem Sinnbereich) ziemlich viel [von einer bestimmten Art]; mehr als man wünschen, erwarten oder für nötig halten würde; verbindet sich oft mit wertenden, substantivierten Adjektiven oder Gattungsbegriffen; betont weniger die Verschiedenartigkeit als die Menge der Dinge, Erlebnisse o. ä., die damit zusammengefaßt werden sollen, und drückt die [gefühlsmäßig] wertende Stellungnahme des Sprechers/Schreibers zu diesen Dingen aus: *ich habe dir a. Unangenehmes zu erzählen; sie macht sich a. Hoffnungen.* **allerhand** (ugs.): (in diesem Sinnbereich) i. S. v. allerlei; betont jedoch stärker die emotionale Beteiligung des Sprechers/Schreibers und wird hauptsächlich anerkennend oder ablehnend in bezug auf etwas gebraucht, was die Erwartungen in gutem oder schlechtem Sinne übertrifft: *du hast a. Witz!*

alt (Ggs. ↑jung): (in diesem Sinnbereich) im vorgerückten Lebensalter, reich an Jahren, ein hohes Alter habend; drückt aber nicht irgendwelche dem vorgerückten oder hohen Lebensalter eigentümlichen Merkmale besonders aus, wie z. B. Ehrwürdigkeit, Anzeichen körperlichen Verfalls oder der Verkümmerung; wird auf Menschen, Tiere und Pflanzen bezogen: *eine alte Frau; eine alte Eiche.* **älter:** über das mittlere Lebensalter schon hinaus, nicht mehr ganz jung; wirkt beschönigend und wird nur auf Menschen bezogen: *eine ältere Dame.* **nicht mehr der Jüngste/die Jüngste:** nicht mehr so jung, schon älter; nur subjektbezogen: *du bist auch nicht mehr der Jüngste!* **aus dem Schneider** (scherzh.): über 30 Jahre, nicht mehr jung; nur subjektbezogen. **bejahrt** (geh.): nicht mehr jung, im vorgerückten Alter; wird nur auf Menschen bezogen: *sie war schon b., als sie starb.* **betagt** (geh.): im hohen Alter, schon recht alt; wird nur auf Menschen bezogen. **hochbetagt** (geh.): ein äußerst hohes Alter habend; wird nur auf Menschen bezogen. **uralt** (emotional übertreibend): ein äußerst oder außergewöhnlich hohes Alter habend, daher oft Staunen und Bewunderung erregend; wird auf Menschen, Tiere und Pflanzen bezogen. **steinalt** (emotional verstärkend): i. S. v. „uralt“; wird jedoch nur auf Menschen bezogen und schließt häufig speziell die Vorstellung eines von hohem Alter geprägten Gesichtes ein: *ein steinaltes Männlein.* **greis** (geh.): ein äußerst hohes Alter habend, daher oft Ehrwürdigkeit ausstrahlend, aber auch Anzeichen geistigen oder körperlichen Verfalls zeigend; wird nur auf Menschen bezogen und schließt noch häufig die Vorstellung von schlohweißem oder silbergrauem Haupthaar ein: *der greise Kanzler.* **ältlich:** (in diesem Sinnbereich) über die Blütezeit des Lebens deutlich hinaus, nicht mehr jung; nur auf Menschen bezogen; im allgemeinen attributiv gebraucht: *das ältliche Paar.* **oll** (derb; landsch.): i. S. v. „alt“; bringt aber oft noch die Abschätzigkeit gegenüber der Nachlässigkeit in der äußeren Erscheinung, dem heruntergekommenen Aussehen und den unangenehmen Angewohnheiten, wie sie manchmal im vorgerückten oder hohen Alter auftreten, zum Ausdruck; wird auf Menschen und Tiere bezogen: *ein oller Gaul;* ↑senil.

altern: nach einer gewissen Lebenszeit an Kraft einbüßen und an Jugendlichkeit und Frische verlieren; durch verschiedene Merkmale, meist äußerlicher Art (z. B. graue Haare, Runzeln, gebückte Haltung u. ä.), erkennen lassen, daß der Höhepunkt des Lebens überschritten ist und das Alter und damit verbunden ein gewisses Nachlassen der Kräfte begonnen hat: *sein Vater ist, hat in der letzten Zeit erschreckend gealtert.* **alt werden:** (in diesem Sinnbereich) körperlich [und geistig] merklich Alterserscheinungen zeigen; wird mit Bedauern oder Resignation festgestellt und sowohl in bezug auf die eigene Person als auch auf einen anderen Menschen, der einem vertraut ist und dessen Veränderung man feststellt, gebraucht: *seit seiner Pensionierung ist mein Vater alt geworden.* **ergrauen:** graue Haare bekommen und so sichtbar älter werden. **grau werden** (ugs.): i. S. v. ergrauen: *er ist inzwischen recht grau geworden.* **vergreisen:** [vorzeitig] greisenhafte Züge annehmen; bezieht sich zwar auf äußerliche Alterserscheinungen, kennzeichnet aber hauptsächlich eine durch das Alter bedingte sehr deutliche Abnahme der geistigen Kräfte: *er vergreist mehr und mehr.* **verkalken** (ugs.): sich nicht mehr beweglich und anpassungsfähig zeigen, eigensinnig, geschwätzig werden (als Folge von organischen Veränderungen durch Arteriosklerose).

altmodisch (Ggs. ↑modern): dem gegenwärtigen, herrschenden Geschmack nicht entsprechend und der Mode oder Geschmacksrichtung der vorigen Generation angehörend; kann sich sowohl auf Lebenswerte, Ansichten usw. und auf die Menschen, die diese vertreten, als auch auf die Kleidermode beziehen; wird oft in spöttischem, abschätzigem Ton gesagt: *altmodische Ansichten.* **unmodern** (Ggs. ↑modern, modisch): in der äußeren Erscheinung, im Aussehen, in der Wirkung der gegenwärtigen Mode nicht mehr entsprechend; meist abwertend gebraucht: *ein unmodernes Kleid.* **altväterisch** (selten): altmodisch, doch durch sein Alter Ehrfurcht weckend: *altväterische Gebräuche.* **altfränkisch** (abwertend): steif und würdig, ohne den Witz oder die Gefälligkeit des Modischen oder Modernen; in heutiger Zeit in einer früher üblichen Art und Weise noch existierend; einer früheren Zeit zugehörend, entsprechend; oft mit leichter Geringschätzung oder mit gutmütiger Duldung gesagt; „altfränkisch“ wird oft von Kleidung, Ausstattungsgegenständen oder vom Auftreten eines Mannes gesagt: *altfränkische Höflichkeit.* **antiquiert** (bildungsspr.): früher üblich, aber heute nicht mehr, weshalb das so Bezeichnete meist belächelt oder kritisch betrachtet wird; bezieht sich auf ein Aussehen oder auf die geistige, innere Beschaffenheit von etwas: *antiquierte Ausdrucksweise.* **altertümlich:** offensichtlich aus älterer Zeit stammend; wird ohne abfälligen Beiklang von einem Gegenstand gesagt, der durch seine Form und seinen Charakter die Stimmung eines vergangenen Jahrhunderts wachruft; meist von Nutz- und Gebrauchsgegenständen gesagt: *altertümliche Kostüme;* ↑veraltet.

Amulett, das: kleinerer, meist am Körper getragener Gegenstand, dem geheimnisvolle, Böses abwehrende Kraft zugeschrieben wird. **Fetisch,** der: kultischer oder halbkultischer Gegenstand, der gegen Gefahren und böse Mächte schützen, Glück spenden, Leben fördern und Kräfte schenken soll, dessen Einfluß und angenommener, übernatürlicher Kraft man sich unterworfen hat und den man [abergläubisch] verehrt. **Talisman,** der: kleiner Gegenstand, von dem zauberkräftige Wirkung erhofft wird, der seinen Träger gegen Unheil feien, vor Gefahren schützen, Unglück verhüten und Glück bringen soll. **Maskottchen,** das: kleiner Gegenstand, oft Puppen, Stofftiere usw., die ihrem Träger Glück in allen Lebenslagen bringen sollen.

analysieren, etwas (bildungsspr.): (in diesem Sinnbereich) einen [verwickelten] Sachverhalt geistig durchdringen, in seinen Elementen und Bezügen [wissenschaftlich] klarlegen: *die Lage a.* **zergliedern,** etwas: (in diesem Sinnbereich) einen komplexen Sachverhalt in seine einzelnen gedanklichen Elemente zerlegen, intellektuell erfassen oder darlegen, woraus er sich aufbaut; betont im Unterschied zu „analysieren“ nicht so sehr die Untersuchung der Einzelheiten im Verhältnis zum Ganzen, sondern mehr das Herauslösen von Einzelzügen: *einen Begriff z.*

anbändeln, mit jmdm. (ugs.); **anbandeln,** mit jmdm. (südd.); **anbinden,** mit jmdm. (ugs.): (in diesem Sinnbereich) mit jmdm. ein meist weniger ernsthaftes Liebesverhältnis anzuknüpfen beginnen; dabei bleibt es offen, ob sich nun ein festeres Liebesverhältnis anbahnen wird oder nicht; bezieht sich, wie auch die übrigen Wörter dieser Gruppe, meist auf jüngere Leute: *er versucht den ganzen Abend schon, mit ihr anzubändeln.* **anmachen,** jmdn. (salopp): jmdn. ansprechen und durch entsprechende Art und Weise zeigen, daß man [sexuelles] Interesse an der/dem Betreffenden hat: *ein Mädchen, einen jungen Mann a.* **anlachen,** sich (Dativ) jmdn. (ugs.): machen, daß man zu jmdm. [vorübergehend] in persönlicher freundschaftlicher oder erotischer Verbindung steht: *er hat sich in der Disko eine tolle Blonde angelacht; du mußt dir einen Reichen mit eigenem Flugzeug a., damit du viel von der Welt sehen kannst.* **anschaffen,** sich (Dativ) jmdn. (salopp): sich mit Erfolg darum bemühen, daß man einen Partner/eine Partnerin für die Liebe hat: *sie hat sich einen [Freund] angeschafft.* **zulegen,** sich (Dativ) jmdn. (salopp): i. S. v. anschaffen; wird auch gesagt, um auszudrücken, daß jmd. auf seine Eroberung stolz ist oder daß er um ihretwillen bewundert wird: *du mußt dir einen Freund z.; er hat sich ja eine tolle Frau zugelegt.* **angeln,** sich (Dativ) jmdn. (salopp): es [mit Geschick] verstehen, einen bestimmten Partner zu gewinnen: *er wird sich bestimmt noch ein Mädchen a., das viel Geld hat;* ↑flirten, ↑[2]gehen (mit jmdm.), ↑[1]lieben, ↑verlieben.

[1]**anbieten,** jmdm. etwas: jmdn. wissen lassen, daß man ihm etwas geben oder zuteil werden lassen will; bezieht sich auf materielle oder ideelle Güter, von denen der Anbietende glaubt, daß sie der andere brauchen kann oder daß sie seiner Unterstützung dienen: *jmdm. seine Hilfe a.;* ↑Anerbieten. **antragen,** jmdm. etwas (geh.): an jmdn. mit einem Angebot herantreten; jmdm. erklären, daß man ihm etwas zuteil werden lassen will; bezieht sich weniger auf materielle als auf ideelle Güter, die der Unterstützung des anderen dienen sollen oder eine Ehre für diesen bedeuten: *jmdm. die Gastfreundschaft a.*

[2]**anbieten,** sich: sich in höflicher Form zu einer Dienstleistung bereit erklären: *er hat sich angeboten, den Brief für mich zur Post zu bringen;* vgl. Angebot ↑Anerbieten. **erbieten,** sich (geh.): i. S. v. sich anbieten; wird aber im allgemeinen nicht bei alltäglichen Gelegenheiten, sondern mehr bei gewichtigeren Anlässen gebraucht und kann für denjenigen, der sich anbietet, mit einem wirklichen Opfer verbunden sein: *sie hat sich erboten, den Kranken zu pflegen.*

Andenken, das: (in diesem Sinnbereich) ein Gegenstand, den man aufbewahrt, weil sich eine Erinnerung an ihn knüpft, z. B. an eine bestimmte Situation, ein Ereignis, eine Reise, an einen Menschen; etwas, was man für sich selbst bewahrt oder was man anderen, mit denen man zusammen war und die man verläßt, als Erinnerungszeichen schenkt. **Souvenir,** das: ein Gegenstand, meist von geringem Wert, oft mehr oder weniger kitschig, den man [in besonderen Läden oder Kiosken erwirbt und] als Erinnerung an eine Reise, einen Ausflug für sich selbst oder andere mitbringt. **Erinnerungsstück,** das: ein Gegenstand irgendwelcher Art, der für jmdn. einen persönlichen Erinnerungswert besitzt, den er darum aufhebt, an dem er besonders hängt; ↑Geschenk.

[1]**ändern,** etwas: (in diesem Sinnbereich) etwas anders machen, als es geplant oder bereits ausgeführt war, es auf andere Weise gestalten; bezieht sich im allgemeinen auf Kleidungsstücke, schriftlich fixierte oder in der Vorstellung recht fest umrissene Dinge. **abändern,** etwas: an einzelnen Stellen oder in einzelnen Punkten etwas durch etwas anderes oder Besseres ersetzen: *einen Antrag a.* **umändern,** etwas: etwas in eine andere Form bringen, wobei das Betreffende ganz neu zusammengesetzt wird; bezieht sich außer auf Kleidungsstücke auch auf geistige Produkte, bei denen eine Bearbeitung von Grund auf, ohne daß die Substanz angegriffen wird, möglich ist: *die zweite Fassung änderte er ebenfalls wieder um.* **umarbeiten,** etwas: etwas noch einmal anfertigen; eine Sache nach neuen Gesichtspunkten völlig überholen und ihr dadurch ein anderes Aussehen geben; wird im allgemeinen auf Kleidungsstücke und auf geistige Produkte, meist breit angelegte wissenschaftliche oder künstlerische Werke, bezogen. **ummodeln,** etwas (ugs.): etwas weniger nach einem neuen Plan als nur aus der Absicht oder Notwendigkeit heraus, es anders zu machen, weil es einem in einer augenblicklichen Ausführung nicht paßt, durch Ausprobieren nach und nach und oft laienhaft oder unsachgemäß in eine andere Form bringen: *sie hat die Wohnung im letzten Jahr völlig umgemodelt; der neue Abteilungsleiter hat alles wieder umgemodelt.* **umgestalten,** etwas: etwas durch eine andere Gestaltung verändern: *das Stadtzentrum wurde ganz und gar umgestaltet;* ↑korrigieren.

[2]**ändern,** sich: seine frühere Eigenart aufgeben und wesentlich anders werden: *er hat sich sehr geändert; die Zeiten ä. sich.* **verändern,** sich: ein anderes Aussehen, Wesen, eine andere Gestalt bekommen, wobei Art oder Grad der Veränderung häufig näher bestimmt wird: *sie hat sich nicht verändert.* **wandeln,** sich (geh.): sich im Laufe einer

Entwicklung wesentlich ändern: *hier hat sich vieles gewandelt;* vgl. Wandlung ↑Wandel. **verwandeln,** sich: sich in auffallender Weise verändern, so daß man scheinbar oder wirklich ein anderer, etwas anderes wird; überwiegend mit näherer Bestimmung gebraucht: *es war Schnee gefallen, und die ganze Gegend hatte sich verwandelt.*

[1]**aneignen,** sich (Dativ) etwas: (in diesem Sinnbereich) sich unrechtmäßig in den Besitz einer Sache setzen; wird im Ton des Vorwurfs von jmdm. gesagt, der bedenkenlos einem anderen etwas wegnimmt und sich zum Eigentümer erklärt: *sich ein Buch a.* **unter den Nagel reißen,** sich (Dativ) etwas (salopp): eine Gelegenheit wahrnehmen, etwas, was offen daliegt und scheinbar keinen [persönlichen] Eigentümer hat, an sich zu nehmen und sich anzueignen: *er hat sich meine Zeitschrift unter den Nagel gerissen;* ↑stehlen.

[2]**aneignen,** sich (Dativ) etwas: (in diesem Sinnbereich) sich in etwas üben, bis man sicher darüber verfügt; wird von Fertigkeiten und Kenntnissen gesagt: *er hat sich eine erstaunliche Fertigkeit angeeignet, mit der linken Hand zu schreiben.* **zu eigen machen,** sich (Dativ) etwas (geh.): ein geistiges oder kulturelles Gut eines anderen als maßgeblich anerkennen und übernehmen: *sich das Gedankengut eines anderen zu eigen machen.*

Anerbieten, das (geh.): das Zur-Verfügung-Stellen seiner Person, seiner Kräfte oder einer Sache aus dem eigenen Besitz in dem Bestreben, einem anderen damit zu nützen; ↑[1]anbieten; ↑[2]anbieten. **Angebot,** das: (in diesem Sinnbereich) Erklärung, mit der man jmdn. auf eine [vorteilhafte] Möglichkeit hinweist und ihm freistellt, davon Gebrauch zu machen: *ein unverbindliches A.;* ↑Angebot. **Vorschlag,** der: Anerbieten, das man in Form einer Anregung vorbringt: *ich fand seinen V., mit uns eine Bergtour zu machen, großartig.*

anfahren, jmdn.: jmdn. in heftigem Ton, erregt oder wütend zurechtweisen, ihm etwas schroff befehlen. **anherrschen,** (jmdn. (geh.): jmdn. unfreundlich und herrisch, die Autorität betonend, zurechtweisen oder ihm einen Befehl erteilen. **anschnauzen,** jmdn. (salopp): jmdn. grob, bärbeißig oder verärgert anfahren. **anranzen,** jmdn. (salopp): jmdn. scharf anfahren, tadeln: ↑abkanzeln, ↑rüffeln, ↑schelten, ↑schimpfen, ↑tadeln, ↑vornehmen, ↑zurechtweisen; ↑Bescheid, ↑Strafpredigt.

[1]**anfangen,** etwas fängt an (Ggs. ↑[1]aufhören): etwas hat seinen Anfang; wird wie „beginnen" und „anheben" von Vorgängen und Dingen gesagt, die sich über eine gewisse Zeit oder über einen gewissen Raum hin erstrecken: *der Tag hat schön angefangen; hier fängt der Wald an.* **seinen Anfang nehmen,** etwas nimmt seinen Anfang (Ggs. ein Ende nehmen) (geh.): etwas beginnt auf Grund besonderer Umstände; wird im wesentlichen von überpersönlichen oder schicksalhaften Entwicklungen oder Verhältnissen gesagt: *mit diesem Freundschaftspakt nahm eine neue politische Epoche ihren Anfang.* **beginnen,** etwas beginnt: i. S. v. anfangen: *die Vorstellung beginnt erst um 8 Uhr; die Wehen hatten begonnen.* **anheben,** etwas hebt an (dichter.): i. S. v. anfangen, beginnen; wird im Unterschied zu diesen meist in getragenem oder geheimnisvollem Ton gebraucht; steht nicht im 2. Part.: *da hub ein großes Trauern an.* **angehen,** etwas geht an (fam.): i. S. v. anfangen; wird, wie die noch folgenden Wörter der Gruppe, gewöhnlich nur von zeitlichem Beginn gesagt: *wann geht das Theater an?* **losgehen,** etwas geht los (ugs.): i. S. v. angehen; wird jedoch entsprechend seiner anderen Stillage und Grundbedeutung im Unterschied zu „angehen" entweder auf besonders spannende oder turbulente Vorgänge bezogen oder drückt besondere Lebhaftigkeit oder Ungeduld des Sprechers/Schreibers aus: *wann geht das Theater los?* **einsetzen,** etwas setzt ein: etwas beginnt zu einem bestimmten Zeitpunkt prompt oder erneut; wird vorwiegend auf Musik, anhaltende Geräusche oder Naturvorgänge bezogen: *bei diesen Worten setzt die Musik ein.* **anbrechen,** etwas bricht an (geh.): i. S. v. anfangen; wird ausschließlich mit Zeitbegriffen wie Tag, Nacht, Jahr, Zeit, Jahreszeit verbunden und bezieht sich auf das grundlegend Neue, das ein solcher Zeitabschnitt zu bringen verspricht: *der Tag bricht an; eine neue Zeit ist angebrochen.* **anlaufen,** etwas läuft an (kaufm.): etwas fängt an zu „laufen", tritt ins Anfangsstadium seiner Wirksamkeit ein; wird hauptsächlich von öffentlich gezeigten Filmen und von Produktions- und Geschäftsvorgängen größeren Stils gesagt: *der Film läuft nächsten Monat hier an.* **starten,** etwas startet (ugs.): (in diesem Sinnbereich) etwas beginnt zu einer entsprechenden Zeit und mit einem gewissen Schwung: *wann kann die Fabrikation s.?*

[2]**anfangen** [etwas] (Ggs. ↑[2]aufhören): mit einer Handlung, mit einem Vorgang einsetzen: *ein Gespräch a.* **beginnen** [etwas]: i. S. v. anfangen; wird gelegentlich als gehobener Ausdruck für „anfangen" verwendet: *er hätte irgendein Gespräch b. müssen.* **anheben** (dichter.): i. S. v. anfangen; schließt gewöhnlich etwas Feierliches oder Bedeut-

sames mit ein; wird hauptsächlich verwendet, wenn das, womit jmd. oder etwas einsetzt, akustisch wahrnehmbar ist: *Glocken huben zu läuten an.* **loslegen** (ugs.): voller Schwung oder ohne Umschweife mit etwas anfangen, tatkräftig mit der Ausführung einer Tätigkeit beginnen: *die Arbeiter krempelten die Ärmel hoch und legten mit dem Ausschachten los.* **in Angriff nehmen,** etwas: etwas, was man verwirklichen, ausführen, zum Abschluß bringen will, [energisch] anfangen; etwas Wichtiges, Großangelegtes o. ä., dessen Ausführung oder Verwirklichung mit Schwierigkeiten verbunden ist oder längere Zeit in Anspruch nimmt, [energisch] anfangen: *ein neues Werk in Angriff nehmen.* **starten,** etwas (ugs.): etwas [nach einem bestimmten Plan, zu einem bestimmten Zeitpunkt] anfangen oder in Gang bringen, beginnen lassen: *eine Aktion s.* **eröffnen,** etwas: etwas, an dem etliche beteiligt sind, beginnen lassen: *eine Sitzung, Diskussion e.*

Anfänger, der: jmd., der eben erst beginnt, eine für ihn neue und bis dahin unbekannte Tätigkeit oder Beschäftigung aufzunehmen. **Neuling,** der: jmd., der neu in eine ihm bisher unbekannte Umgebung oder in einen bestimmten Kreis gekommen ist und der sich noch nicht richtig auskennt und noch keine Erfahrung sammeln konnte. **Newcomer** [njukam^e^r], der: jmd., der in einer Branche, einem Geschäft o. ä. neu ist. **Novize,** der: ein im Kloster lebender [junger] Mann, der in den Priesterstand eintreten will und sich noch in der Probezeit befindet. **Debütant,** der: Anfänger; jmd., der zum erstenmal in der Öffentlichkeit als Schauspieler, Sänger, Künstler, Redner auftritt. **Greenhorn** [grin...], das (bildungsspr.): (in diesem Sinnbereich) meist junger und noch recht unerfahrener Mensch, der eine neue Tätigkeit aufnimmt; bezeichnet mit leicht abwertendem Unterton einen Neuling.

anfechten, etwas (Rechtsw.): ein Urteil, ein Testament, einen Vertrag und ähnliche [zunächst] abgeschlossene Rechtshandlungen nicht als richtig und gültig anerkennen und mit Rechtseinwänden dagegen angehen, um sie rückgängig zu machen; bezieht sich mehr als die folgende Wendung auf das Aggressive der mit dem Wort bezeichneten Handlung und der damit verbundenen Einstellung: *das Testament wurde von den Verwandten angefochten.* **Einspruch erheben** [gegen etwas] (Rechtsw.): rechtliche Bedenken und Einwände gegen die Richtigkeit und Gültigkeit einer [zunächst] abgeschlossenen Rechtshandlung [mit Nachdruck] vorbringen, um diese rückgängig zu machen; ist förmlicher als „anfechten“: *gegen das Urteil erhob der Verteidiger Einspruch;* vgl. Widerspruch erheben ↑widersprechen.

anfertigen, etwas (geh.): etwas aus bestimmtem Material oder nach vorliegendem Modell, meist mit Sorgfalt und in mehreren Arbeitsgängen, durch Hand- oder Kopfarbeit hervorbringen: *Kleider a. lassen.* **fertigen,** etwas (geh.): i. S. v. anfertigen; wird jedoch im Unterschied zu diesem im allgemeinen nur von Handgearbeitetem gesagt und steht, verbunden mit einer Bestimmung, gewöhnlich im 2. Part.: *er hatte eine hübsche Kette gefertigt.* **verfertigen,** etwas: etwas mit handwerklichem Geschick, durch Kunst, Mühe, Fleiß anfertigen, herstellen; ein Kunsterzeugnis hervorbringen. **herstellen,** etwas: etwas gewerbsmäßig, also in laufender Produktion, eigenhändig oder häufiger industriell anfertigen: *etwas in Serie h.* **machen,** etwas (ugs.): **a)** etwas, was gebraucht oder gefordert wird, anfertigen; hierbei liegt im Unterschied zu „anfertigen“ der Ton weniger auf der angewandten Sorgfalt und Geduld als auf der Hervorbringung überhaupt: *sie hat schon wieder einen Lampenschirm gemacht;* **b)** i. S. v. herstellen; wird im Unterschied zu diesem besonders, z. T. betont anspruchslos, von kunstgewerblicher, handwerklicher oder praktisch angewandter künstlerischer Tätigkeit gesagt: *sie macht Hüte; sie macht Kinderbücher.* **fabrizieren,** etwas: **a)** etwas fabrikmäßig, d. h. im größeren Stil, mit [zahlreichen] Hilfskräften, herstellen: *er begann, das Muster in größeren Serien zu f.;* **b)** (ugs.): etwas eigenhändig als Nichtfachmann anfertigen: *da hast du ja einen prächtigen Kalender fabriziert!* **arbeiten,** etwas: etwas mit handwerklichen Mitteln und nicht in großen Serien anfertigen: *sich ein Kleid a. lassen.*

anführen, jmdn.: jmdn. absichtlich, oft im Scherz, irreführen: *man hat uns mit dieser Nachricht angeführt.* **äffen,** jmdn. (geh.): jmdn. [absichtlich] irreführen; im allgemeinen legt man in dieses Wort im Unterschied zu „anführen“ einen verächtlichen Sinn: *er wurde vom Schicksal geäfft.* **narren,** jmdn. (geh.): i. S. v. äffen; aber nicht ganz so abschätzig: *meine Phantasie hat mich sehr genarrt.* **zum besten haben/**(auch:) **halten,** jmdn.: jmdn. aus Spaß dazu bringen, etwas zu tun oder zu glauben, was nicht zutrifft, ohne daß dadurch jmd. einen Vorteil oder Schaden hat. **in den April schicken,** jmdn. (scherzh.): i. S. v. zum besten haben. **veräppeln,** jmdn. (salopp): im Scherz jmdn. irreführen, wobei es sich immer um unwichtige Dinge handelt. **foppen,** jmdn. (geh.): jmdm. etwas Unwahres sagen, in jmdm. eine

Erwartung erwecken und sich darüber freuen, daß der Betreffende es glaubt oder eine falsche Erwartung hegt. **zum Narren halten/**(auch:) **haben,** jmdn.: jmdm. etwas Unwahres sagen und sich freuen, daß er es glaubt. **einen Bären aufbinden,** jmdm. (ugs.): jmdm. etwas Unwahres erzählen und sich freuen, daß er es glaubt, wobei es sich um harmlose Dinge handelt: *glaubt nicht, daß er im Lotto gewonnen hat, er wollte euch nur einen Bären aufbinden.* **verkohlen,** jmdn. (ugs.): jmdm. etwas Unwahres sagen und seine Freude daran haben, daß er so töricht oder leichtgläubig ist, es für wahr zu halten [und entsprechend zu handeln]; ↑aufziehen, ↑betrügen, ↑täuschen.

angeboren: (in diesem Sinnbereich) von Geburt an vorhanden; bezeichnet Merkmale, Eigenschaften oder Fähigkeiten, die ein Mensch oder ein anderes Lebewesen sich nicht selbst erworben hat, sondern die ihm durch Anlage oder Vererbung zugekommen sind: *angeborene Instinkte.* **ererbt** (geh.): von den Vorfahren als Begabung, Charaktereigentümlichkeit oder äußerer Besitz überkommen; wird meist attributiv gebraucht: *eine ererbte Begabung.* **erblich:** als körperliche oder geistige Eigenschaft, als Besitz oder gesellschaftlicher Rang in einer Folge von Generationen immer wiederkehrend; bezeichnet bei Lebewesen auch die gleichbleibenden Rassenmerkmale oder -eigenschaften: *die Disposition für diese Krankheit ist e.; er ist e. belastet.* **angestammt:** als materieller oder ideeller Besitz einem Menschen durch seine Zugehörigkeit zu einer Sippe oder einer Gemeinschaft zukommend; von den Vorfahren überliefert; wird im allgemeinen attributiv verwendet: *angestammtes Recht.*

Angebot, das: (in diesem Sinnbereich) im geschäftlichen Verkehr zur Verfügung stehende Ware oder sonstige materielle Güter; Preisvorschlag: *ein günstiges A.* **Offerte,** die (kaufm.): schriftliches Angebot, Kostenanschlag in schriftlicher Form, oft als Annonce oder als positive Entgegnung auf ein Gesuch in der Zeitung: *sind schon Offerten auf mein Inserat eingegangen?*

angehören, einer Sache (geh.): Glied oder Mitglied einer bestimmten Gruppe oder Körperschaft, Vertreter einer gesellschaftlichen Klasse sein; wird wie „gehören" b) auf einen Sammelbegriff bezogen: *der älteren Generation a.* **zugehören,** einer Sache (geh.): einer bestimmten Gruppe als Mitglied verbunden sein; im Unterschied zu „angehören", das durch die Vorsilbe an- ausdrückt, daß jmd. Teil von etwas ist, wird mit zu- die Richtung, die Zuordnung angegeben: *einem Verschwörerkreis z.* **gehören: a)** gehören, zu etwas: einer von einer bestimmten Gruppe sein; wird im Gegensatz zu „angehören" auf eine Mehrzahl bezogen: *bald würde sie zu den Erwachsenen g.;* **b)** gehören, zu/in etwas: i. S. v. angehören: *er gehört von Jugend auf zum Präsidium des einheimischen Karnevalvereins.* **hingehören:** (in diesem Sinnbereich) an einen bestimmten Platz, in einen bestimmten Bereich gehören: *das Kind weiß gar nicht, wo es hingehört.* **zählen,** zu etwas (geh.): auf Grund besonderer Beschaffenheit oder Verhältnisse [ordnungsgemäß] einer bestimmten Gruppe oder Klasse zugerechnet werden: *ein alter Freund, der schon fast zur Familie zählt; diese Reise zählt zu seinen schönsten;* häufig in Zusammenhängen, wo die Gruppe oder der Dazugehörige etwas Besonderes, Auserlesenes darstellt und wo folglich die Zugehörigkeit eine Auszeichnung für den einen oder anderen der Beteiligten bedeutet: *er zählt zur Elite, zu den besten Autoren der Gegenwart.*

[1]**Angelegenheit,** die: (in diesem Sinnbereich) [unangenehmer] Vorfall oder Geschehen, das einen bestimmten Tatbestand, eine Situation schafft oder irgendwelche Auswirkungen zur Folge hat; wird von der Person aus gesehen, die davon betroffen ist: *dieser „Raubüberfall" war eine dunkle A.; niemand glaubte daran.* **Sache,** die (ohne Plural; ugs.): (in diesem Sinnbereich) Vorgang, Geschehen oder eine Gesamtheit mehrerer einzelner Begebenheiten im Bereich zwischenmenschlicher Beziehungen; ist ein allgemeiner, nicht näher bestimmender Ausdruck; wird im Unterschied zu „Angelegenheit" nicht von der betroffenen Person aus gesehen, sondern von der entsprechenden Begebenheit selbst: *er geriet in eine unangenehme S.* **Affäre,** die (bildungsspr.): peinlicher Zwischenfall, aufsehenerregende Angelegenheit, in die jmd. verwickelt ist; hat oft negativen Beiklang: *jene üble A., die bewirkte, daß er in allen Zeitungen genannt wurde.* **Fall,** der: (in diesem Sinnbereich) sich in einer bestimmten Weise darstellende Angelegenheit: *er hatte den Eindruck, daß ich ihnen bei der Untersuchung des Falls sehr nützlich sein könnte.*

[2]**Angelegenheit,** die: (in diesem Sinnbereich) etwas, womit sich jmd. befaßt oder befassen muß: *die nächsten Monate vergingen, ohne daß in der leidigen A. irgend etwas Neues geschah.* **Sache,** die (ohne Plural): (in diesem Sinnbereich) etwas, was vor jmdm. liegt, was zu tun ist oder erledigt werden muß: *sie nahm die S. in die Hand und verkaufte das Haus.* **Chose,** die (Plural ungebräuchlich; ugs.): [unangenehme, peinliche]

Angelegenheit: *diese C. müssen wir in Ordnung bringen.*

angemessen: (in diesem Sinnbereich) jmds. Bedarf oder Anspruch, dem Zweck einer Sache entsprechend, ihm durchaus genügend; besagt, daß eine Bemühung um etwas, eine Leistung o.ä. nach ihrem Ausmaß, ihrer Größe im richtigen Verhältnis zu einem Erfordernis, zu ihrem Zweck oder Erfolg steht; wird im allgemeinen nicht prädikatbezogen gebraucht: *eine angemessene Bezahlung.* **adäquat** (Ggs. inadäquat; bildungsspr.): (in bezug auf zwei Dinge, die in Korrelation gesetzt werden) übereinstimmend in der Gewichtung, im Wert; eine Entsprechung, den Gegenwert von etwas darstellend; dem anderen entsprechend: *eine adäquate Darstellung; der Maler fand für diese Stimmung einen adäquaten Ausdruck; das war eine ihm adäquate Erlebnismöglichkeit.* **entsprechend:** so, wie es einer Sache gemäß ist, wie es als ihr gemäß erwartet wird: *für eine schwere Arbeit auch eine entsprechende Bezahlung bekommen.* **gebührend:** (in diesem Sinnbereich) seiner Art, seinem Umfang nach der Wichtigkeit, Bedeutung einer Sache gemäß oder dem entsprechend, was jmd. zu beanspruchen, was er verdient hat oder was er als Resonanz von anderen erwartet; steht im allgemeinen attributiv und bei einem Substantiv mit dem bestimmten Artikel; mit einem Anflug von gutmütiger Ironie: *ihr neues Kleid wurde von allen g. bewundert; für ihr Vorspiel erhielt sie auch die gebührende Belohnung;* vgl. gebührend ↑geziemend. **gehörig** (selten): (in diesem Sinnbereich) [wenigstens] in dem Ausmaß, wie es der Wichtigkeit der betreffenden Sache oder jmds. berechtigter Forderung, seinem Verdienst entspricht; betont im Unterschied zu „gebührend" weniger, daß eine Bemühung, Leistung o.ä. genau dem Erforderten entspricht, sondern mehr, daß sie nicht hinter ihm zurückbleibt; steht im allgemeinen nicht subjektbezogen und meist bei einem Substantiv mit dem bestimmten Artikel: *er hat gewiß den gehörigen Eifer gezeigt;* vgl. gehörig ↑geziemend.

angesehen: Ansehen genießend, oft innerhalb einer bestimmten Personengruppe (z.B. bei Vertretern eines bestimmten Faches, besonders im geistigen Bereich) Geltung, einen gewissen Rang habend: *ein angesehener Gelehrter.* **geachtet:** Achtung der anderen genießend; bezieht sich vor allem auf den charakterlichen Wert des Betreffenden: *er ist ein geachteter Mann.* **geschätzt:** die Anerkennung der anderen besitzend oder bei anderen Anklang findend; drückt jedoch meist nur persönliche Anerkennung aus oder wird mit ironischem Unterton gebraucht: *unser geschätzter Mitarbeiter.*

angesehen sein, bei jmdm.: von einem anderen, oft einer sozial höhergestellten Person, hoch eingeschätzt werden und ein entsprechendes Wohlwollen genießen. **gut angeschrieben sein,** bei jmdm. (ugs.): weil man sich einmal irgendwie hervorgetan oder einen entsprechenden Eindruck erweckt hat, von einem anderen geschätzt werden, zu ihm in einem solchen Verhältnis stehen, daß man sich etwas erlauben oder auf Nachsicht oder Erfüllung seiner Wünsche rechnen kann. **einen Stein im Brett haben,** bei jmdm. (ugs.): auf Grund eines Eindrucks, den jmd. bei einem anderen erweckt hat, dessen besondere Wertschätzung genießen, so daß der andere eine positive Meinung von ihm hat und nichts auf ihn kommen läßt. **hoch im Kurs stehen,** bei jmdm. (ugs.): jmdm. besonders wert und sehr angesehen bei ihm sein und damit in dessen Augen eine gewisse Unantastbarkeit erlangt haben.

angewiesen sein, auf jmdn./etwas: (in diesem Sinnbereich) jmdn., jmds. Hilfe, Unterstützung, Gunst nötig haben, ohne sie nicht auskommen, existieren können; setzt voraus, daß sich jmd. in einer gewissen Not- oder Zwangslage befindet [aus der nur ein anderer ihm heraushelfen kann]. **abhängig sein,** von jmdm./etwas: (in diesem Sinnbereich) in bestimmter Hinsicht der Unterstützung, der Gunst eines anderen bedürfen, zu dem man in einem Abhängigkeitsverhältnis steht, dem gegenüber man in seinem Handeln oder seiner Existenz nicht frei ist. **abhängen,** von jmdm./etwas: (in diesem Sinnbereich) in seiner Existenz, in seinem Handeln nicht frei sein, sondern jmds. Unterstützung nötig haben, seinem Willen in entscheidender Weise unterworfen sein: *finanziell hängt er von seinen Eltern ab.*

Angewohnheit, die: etwas, was man [von Zeit zu Zeit] immer wieder, oft ganz unbewußt und mechanisch tut, meist eine Eigentümlichkeit, die man im Laufe der Zeit unversehens angenommen hat, um die man selbst oft gar nicht [mehr] weiß, die einem anderen jedoch [unangenehm] auffällt, seltsam erscheint und die man oft gar nicht mehr ohne weiteres ablegen kann; steht häufig mit negativen Beiwörtern; die Vorsilbe An- macht die zeitliche Komponente deutlich, daß etwas erst im Laufe der Zeit zur persönlichen Eigenschaft wird; „Gewohnheit" stellt nur den Sachverhalt an sich fest: *diese schreckliche A., mit sich selbst Gespräche zu führen.* **Gewohnheit,** die: (in diesem Sinnbereich) i.S.v. Angewohnheit;

betont jedoch mehr noch, daß für jmdn. die betreffende oft ganz unbeabsichtigte und unbewußt ausgeführte Handlung üblich und selbstverständlich geworden ist; drückt ohne die entsprechenden, die Haltung des Sprechers/Schreibers kennzeichnenden Beiwörter, die jedoch meist hinzugefügt werden, den Sachverhalt etwas unbestimmter, verschleierter aus; steht häufig mit einer Infinitivgruppe: *seine üble G., an den Fingernägeln zu kauen, hat er immer noch nicht abgelegt;* ↑Gewohnheit. **Unart,** die (geh.): (in diesem Sinnbereich) schlechte Angewohnheit, die sich besonders im Umgang mit anderen unangenehm bemerkbar macht: *seine U. ist, andere in der Diskussion ständig zu unterbrechen.*

angezogen: (in diesem Sinnbereich) bestimmte Kleidung an sich tragend; wird im Unterschied zu den übrigen Wörtern der Gruppe nur mit Bestimmung der Art und Weise, nicht der Kleidung selbst gebraucht: *gut, sorgfältig a.* **gekleidet** (geh.): i.S.v. angezogen: *er ist feiertäglich g.* **angetan** (geh.): auf besondere Art gekleidet: *sonntäglich, merkwürdig a.* **bekleidet:** mit Kleidung versehen: *die Mädchen waren zu leicht b.*

Angriff, der: (in diesem Sinnbereich) eine scharfe Rede, mit der man gegen jmdn. vorgeht, ihm schwere Vorwürfe macht oder ihn herausfordert: *man verstand seine Worte als deutlichen A. auf die Regierung.* **Attacke,** die (bildungsspr.): gezielter, forscher, heftiger Angriff auf jmdn. mit Worten. **Anfeindung,** die: feindliches oder gehässiges Vorgehen gegen jmdn. mit Worten oder Handlungen; wird aus der Perspektive des Betroffenen gesehen; ↑Beleidigung, ↑Streit, ↑Vorwurf; ↑beschuldigen.

Angst, die: undeutliche, aber beklemmende Empfindung des Bedrohtseins angesichts einer vorhandenen oder erwarteten Gefahr für sich selbst oder für Nahestehende; oft das mehr im Unterbewußtsein wirkende Gefühl der Ungesichertheit und des Bedrohtseins durch unbekannte Mächte oder direkt der durch eine Gefahr hervorgerufene unmittelbare Affekt, der sich als Zustand der Beklemmung und Gelähmtheit oder als blinde, panische Reaktion auf die Gefahr äußern kann: *A. vor atomarer Bedrohung, vor sozialem Abstieg, vor politischer Verfolgung, vor Einsamkeit, vor Versagen in der leistungsorientierten Gesellschaft, vor der Technik; er hatte A., daß es bald keinen Wald mehr gibt; von A. erfüllt, gequält, ergriffen sein; A. um jmdn. haben; A. ist ein Zeichen von Intelligenz, denn wer nicht nachdenkt, sieht die Gefahren nicht;* ↑Angst haben. **Furcht,** die (ohne Plural): [bewußtes] Gefühl einer Gefahr, des Bedrohtseins; wird im allgemeinen Sprachgebrauch weithin gleichbedeutend mit Angst gebraucht, ist abgesehen von bestimmten festgewordenen Verbindungen mit Angst oft austauschbar, gehört aber schon mehr einer selteneren und gehobeneren Ausdrucksweise an und kann etwas Nachdrücklicheres, Gewichtigeres haben; da Angst auch mit Ängstlichkeit und in Fortsetzung dazu mit Mangel an Mut (Unmännlichkeit, Feigheit) in Verbindung gebracht wird, wird man bei Soldaten usw. eher von Furcht sprechen, sofern man sie nicht bewußt negativ charakterisieren will; während „Angst" auch eine seelische Grundstimmung sein kann, bezieht sich „Furcht" in der Regel auf etwas, was sich konkreter fassen läßt; man kann Angst oder Furcht vor Gewitter haben; man spricht aber von einer allgemeinen Daseinsangst: *heute müssen die Soldaten nicht mehr in der F. vor anderen, vor Feinden gehalten werden; die F. vor einer nuklearen Katastrophe; die F. des Ritters, besiegt zu werden; vor jmdm./der Zukunft F. haben; F. vor Strafe, Gespenstern; Ritter ohne F. und Tadel;* ↑[1]fürchten, ↑[2]fürchten, sich. **Grauen,** das (ohne Plural; geh.): (in diesem Sinnbereich) lähmendes Gefühl einer unerklärlichen Bedrohung durch etwas Schreckliches oder Unheimliches: *G. erfaßte ihn beim nächtlichen Gang über den Friedhof;* vgl. grauen ↑[2]fürchten, sich. **Grausen,** das (ohne Plural; dichter.): mit Schauder und Entsetzen verbundenes Angstgefühl angesichts einer zutage getretenen oder deutlich empfundenen unheimlichen Bedrohung; bezeichnet im Unterschied zu „Grauen" die [stärkere] Furcht vor etwas Gegenwärtigem: *da wendet sich der Gast mit Grausen* (Schiller, Ring des Polykrates). **Schrecken,** der: mit Angst und Entsetzen verbundene seelische Erschütterung: *die Schrecken des Krieges; der Anblick des KZs hatte nichts von seinem S. verloren;* ↑Schreck; vgl. Lampenfieber haben ↑Herzklopfen; vgl. grausen ↑[2]fürchten, sich.

Angst haben: a) Angst haben vor jmdm./etwas: einer Person, einem bevorstehenden Ereignis oder einer unbekannten Sache gegenüber beklommene und ängstliche Gefühle verspüren, weil man etwas für sich Unangenehmes erwartet: *Angst vor einem Examen haben;* **b)** mit Inhaltssatz (ugs.): befürchten, daß etwas Unangenehmes, möglicherweise plötzlich oder überraschend, eintrifft: *ich habe Angst, unser Ausflug fällt morgen ins Wasser;* ↑Angst. **angst sein/werden** (geh.), **himmelangst sein/werden** (emotional verstärkend), jmdm. ist/wird [himmel]angst; jmd. ist/wird von [großer] beunruhigender Angst erfüllt, weil er befürchtet, daß etwas nicht gut geht: *mir wird himmelangst, wenn ich die viele Arbeit sehe.* **bange sein: a)** jmdm. ist bange vor etwas: jmd. sieht irgendeinem bevorstehenden Ereignis oder einer unbekannten Sache mit gemischten Gefühlen und gewissen Befürchtungen entgegen: *mir ist mächtig bange vor der morgigen Prüfung;* **b)** mit Inhaltssatz (fam.): die Befürchtung hegen, daß etwas Unangenehmes eintritt oder ein bestimmtes Geschehen nicht wunschgemäß verläuft: *ich bin bange, das Wetter bleibt so schlecht wie bisher.* **Bange haben** [vor jmdm./etwas] (fam.): der Begegnung mit einer Person oder einem bevorstehenden Ereignis mit Beklommenheit und Unsicherheit entgegensehen: *ich habe große Bange vor der Prüfung.* **[einen] Bammel haben,** vor jmdm./etwas (salopp): der Begegnung mit einer Person oder einem bevorstehenden Ereignis, bei dem man sich in irgendeiner Weise bewähren muß, mit banger Unruhe und Besorgtheit um den Verlauf entgegensehen; bringt diese Besorgtheit burschikos abschwächend zum Ausdruck. **Schiß haben** (Ggs. sich trauen ↑[1]wagen; derb): sich nicht gern an eine Aufgabe oder ein riskantes Unternehmen heranwagen, weil man unangenehme Folgen befürchtet. **Manschetten haben** [vor jmdm./etwas] (salopp): von dem barschen oder strengen Wesen einer [höhergestellten] Person eingeschüchtert sein oder einer Aufgabe, der man sich unterziehen soll, mit ängstlichem Gefühl entgegensehen, weil man sich ihr nicht gewachsen fühlt. **eine Heidenangst haben** [vor jmdm./etwas] (salopp; emotional verstärkend): große, lebhafte oder auch übertriebene Angst vor jmdm. oder vor etwas haben, was einem bevorsteht oder was sich ereignen könnte: *vor dem Publikum hat er eine Heidenangst.* **fürchten** (geh.): (in diesem Sinnbereich) **a)** jmdn./etwas fürchten: Furcht vor jmdm./etwas haben, was einem als eine Gefahr oder eine Bedrohung erscheint; hat im Unterschied zu „Angst haben" immer ein bestimmtes [genauer bezeichnetes] Objekt mit identifizierendem Artikel: *ich fürchte die Auseinandersetzung, Begegnung mit ihm o. ä.* (nicht: ich fürchte eine Auseinandersetzung, Begegnung; vgl. fürchten ↑rechnen mit); **b)** mit Inhaltssatz: das Gefühl haben, daß man sich selbst oder daß sich andere in einer unangenehmen Lage befinden oder einem Übel, einer Unannehmlichkeit ausgesetzt sind: *ich fürchte, er wird es bereuen;* ↑[2]fürchten. **befürchten:** i. S. v. fürchten b); betont jedoch weniger das akute Gefühl der Furcht, als besonders das Hegen [unbestimmter] Befürchtungen; steht im allgemeinen mit Inhaltssatz: *er befürchtete, er könne sich angesteckt haben;* vgl. befürchten ↑rechnen mit. **Furcht haben** [vor jmdm./etwas]: gegenüber jmdm./etwas in einer ganz bestimmten Lage ein Gefühl der Angst und Beklemmung empfinden; wird im Gegensatz zu „Angst haben" nicht in unbedeutenden Situationen gesagt; vgl. Furcht ↑Angst. **Furcht hegen,** vor jmdm./etwas (geh.): gegenüber jmdm./etwas ständig Angstgefühle, Beklemmung empfinden; jede Berührung mit ihm zu vermeiden suchen; bezieht sich im Unterschied zu „Furcht haben" im allgemeinen nur auf die grundsätzliche gefühlsmäßige Einstellung eines Menschen zu jmdm./etwas, die jedoch nach außen hin nicht sichtbar wird: *abergläubische Furcht vor der Eisenbahn hegen.* **die Hosen [gestrichen] voll haben** (derb): angesichts einer Gefahr den Mut verloren haben, feige sein; besagt im Unterschied zu den übrigen Wörtern nicht, worauf sich diese Angst bezieht, sondern drückt den Hohn des Sprechers über ein ängstliches Gebaren aus. **einen Horror haben** [vor jmdm./etwas]: gegen die Begegnung mit einem unangenehmen, strengen Vorgesetzten oder einer bestimmten Person, gegen eine unangenehme Arbeit o. ä. Abneigung und Widerwillen empfinden; besagt im Unterschied zu „Furcht haben" o. ä. im allgemeinen, daß der Betroffene, meist der Sprecher/Schreiber selbst, bereits weiß, was ihm bevorsteht, was auf ihn zukommt: *er hat einen H. vor offiziellen Empfängen; vor der Reise zu ihren Verwandten hatte sie einen H.;* ↑Herzklopfen haben.

ängstlich: vor etwas oder jmdm. [leicht] Angst empfindend (was im unruhigen Ausdruck oder Verhalten erkennbar wird); die entsprechende Haltung wird meist als grundlos oder übertrieben belächelt oder als unwürdig empfunden; alle Wörter dieser Gruppe charakterisieren eine Grundbefindlichkeit: *ein ängstliches Gesicht machen; sich ä. umsehen; ein ängstliches Kind;* ↑Angst; ↑Angst haben; vgl. angstvoll ↑bang. **furchtsam:** vor jmdm., seltener etwas, Furcht empfindend; sich sehr leicht vor einer wirklichen oder vermeintlichen Gefahr, Bedrohung fürchtend; wird hauptsächlich von scheuen Menschen oder Tieren, besonders von Kindern sowie von ihrem [meist stummen] Gebaren gesagt; im Unterschied zu „ängstlich", das sich auf einzelne, übertrieben stark empfundene Gefahren verschiedenster Art bezieht, ist bei „furchtsam" mehr das natürliche Gefühl der Unterlegenheit und Gefährdung durch ein stärkeres, fremdes Wesen bestimmend: *ein furchtsames Kind.* **schreckhaft:** auf plötzliche Sinneswahrnehmungen, besonders Geräusche, mit unverhältnismäßig heftigem Erschrekken reagierend; leicht in Schrecken geratend: *er ist s.;* ↑feige, ↑mutlos, ↑scheu.

[1]**anhalten,** etwas: (in diesem Sinnbereich) eine ablaufende Bewegung oder einen Vorgang, etwas in Bewegung Befindliches an der Weiterbewegung hindern, es zum Innehalten veranlassen, etwas [vorübergehend] unterbrechen: *den Schritt a.* **aufhalten,** etwas: (in diesem Sinnbereich) bewirken, daß eine [vorwärtsdrängende] kraftvolle Bewegung oder Entwicklung abgebrochen wird, daß etwas in Bewegung Befindliches zum Stillstand kommt: *eine Entwicklung a.;* vgl. aufhalten ↑hemmen. **zum Stehen bringen,** etwas (nachdrücklich): einen Vorgang, einen bewegten Körper, eine in Bewegung befindliche Masse an der Fortsetzung ihres Weges hindern, sie zum Halten bringen; wie bei den folgenden Wörtern liegt hier das gedankliche Gewicht weniger auf der Verhinderung der Bewegung als auf der Erreichung der Bewegungslosigkeit: *den feindlichen Vormarsch zum Stehen bringen.* **zum Stillstand bringen,** etwas: bewirken, daß ein Vorgang, eine Entwicklung, ein Bewegungsmechanismus aufhört, in Bewegung, Tätigkeit zu sein: *eine Entwicklung zum Stillstand bringen.* **hemmen,** etwas: (in diesem Sinnbereich) einer Bewegung oder einem Geschehen erfolgreich Widerstand entgegensetzen und es dadurch zum Stillstand bringen: *nichts kann den Lauf des Schicksals h.;* ↑hemmen. **stoppen,** etwas (ugs.); **abstoppen,** etwas (ugs.): (in diesem Sinnbereich) eine Bewegung oder einen Vorgang plötzlich unterbrechen oder durch [starken] Widerstand jäh zum Stillstand bringen; die Vorsilbe ab- in „abstoppen" wirkt verstärkend wie in „abtesten, abprüfen, abisolieren": *den Vormarsch stoppen;* ↑eindämmen, ↑hindern, ↑unterbinden.

[2]**anhalten,** etwas hält an: (in diesem Sinnbereich) etwas bleibt in der bisherigen Weise weiter bestehen; bezeichnet die gleichmäßige Fortdauer von Zuständen, Vorgängen, besonders von Witterungsverhältnissen: *die Kälte hält an;* vgl. anhalten ↑[2]halten. **andauern,** etwas dauert an: etwas bleibt weiterhin, ist noch nicht zu Ende; betont stärker noch das zeitliche Moment und bezieht sich auf Vorgänge oder ständig und ununterbrochen sich wiederholende Geschehnisse: *die Kämpfe dauern an.* **fortbestehen,** etwas besteht fort: etwas besteht weiterhin: *die Vorurteile bestanden fort.* **fortdauern,** etwas dauert fort (geh.): etwas hat Bestand, vergeht nicht, dauert unverändert an: *das Schweigen dauerte lange fort.*

[1]**ankommen:** einen Ort erreichen; wird sowohl auf Personen als auch auf Sachen angewandt: *der Zug ist pünktlich angekommen; er ist ganz aufgelöst, betrunken angekommen; gestern ist sie in Berlin angekommen.* **anlangen** (geh.): nach einiger Zeit, nachdem ein [beschwerlicher] Weg zurückgelegt worden ist, an einen bestimmten Ort, ans Ziel kommen; wird sowohl auf Personen als auch auf Sachen angewandt: *morgen wird er an seinem Reiseziel a.* **eintreffen:** an einem bestimmten Ziel, Bestimmungsort ankommen; mehr in sachlich-beschreibender Ausdrucksweise; wird von Personen und Sachen gesagt: *sie ist mit Verspätung eingetroffen; neue Ware ist eingetroffen.* **einlaufen** (Amtsdt.): i. S. v. eintreffen; wird auf [Post]sendungen, Schiffe und Züge angewandt, nicht auf Personen: *das Schiff, der D-Zug ist soeben eingelaufen.* **landen** (salopp): (in diesem Sinnbereich) [nach mancherlei Zwischenfällen und Ereignissen] einen Ort erreichen: *nach sieben Stunden sind wir dann glücklich an unserem Ziel gelandet.*

[2]**ankommen,** es kommt auf jmdn./etwas an: (in diesem Sinnbereich) ausschlaggebend für etwas ist, wie sich jmd. entscheidet, verhält bzw. welche Gegebenheiten vorhanden sind; drückt aus, daß man etwas Bestimmtes erwartet: *es kommt auf dich an, ob alles klappt; es kommt ganz auf das Wetter an.* **abhängen,** es hängt von jmdm./etwas ab: etwas, was sich in der Zukunft vollziehen wird, ist ganz jmds. Willen, Entscheidung unterworfen: *es hängt von dir ab, ob wir das Haus kaufen.* **stehen,** es steht bei jmdm.; **liegen,** es liegt bei jmdm.: etwas, was sich in der Zukunft vollziehen wird, ist in jmds. Ermessen gestellt; drückt aus, daß der Betreffende die freie Entscheidung hat und eine gewisse Verantwortung trägt; wird häufig gebraucht, wenn man sich im Gespräch an jmdn. wendet, und bezieht sich auf etwas, was die Person, von der man die Entscheidung erwartet, selbst betrifft: *aber es steht natürlich ganz bei Ihnen, ob Sie auf unseren Vorschlag eingehen wollen.*

anlegen, etwas; (in diesem Sinnbereich) Kapital oder Geld, das man nicht unmittelbar für den Erwerb irgendwelcher Güter benötigt, so verwenden, daß man es für sich arbeiten läßt und Gewinn daraus zieht: *sie legten ihr Geld in Wertpapieren an.* **investieren,** etwas (Fachspr.): Kapital langfristig in Sachgütern anlegen oder für größere Unternehmen, die sich über eine längere Zeit hinziehen, mit Überlegung so verwenden, daß man Nutzen oder Gewinn davon erwarten kann. **stecken,** etwas in etwas (ugs.): Kapital, oft das gesamte zur Verfügung stehende Geld in einem kleineren oder größeren Unternehmen, an dem man unmittelbarer, persönlich interessiert ist, in der Hoffnung auf Gewinn unterbringen; drückt häufig mit aus, daß man dabei ein Risiko eingeht: *er steckte sein ganzes Vermögen in den Ausbau seines Betriebes.*

anlehnen, sich [an etwas]: nicht frei stehen oder sitzen, sondern mit seinem Körper in leicht schräger Lage – beim Stehen mit Schulter oder Rücken, beim Sitzen mit dem Rücken – Halt an einem feststehenden Gegenstand suchen; betont im Unterschied zu „lehnen" durch die Vorsilbe an- die Richtung; im allgemeinen wird der Gegenstand, an den man sich anlehnt, genannt: *sich [an die Wand] a.; ihm wurde das lange Stehen zu anstrengend, und er lehnte sich deshalb an.* **lehnen,** sich: i.S.v. sich anlehnen; betont jedoch mehr, daß man sich in eine schräge, ruhende, meist entspannte Lage begibt, als daß man Halt an einem Gegenstand sucht: *sich an den Gartenzaun l.* **stützen,** sich [auf/ (selten:) an etwas]: mit den Händen irgendwo einen festen Halt finden und sein Gewicht teilweise auf diese Stütze verlagern: *er stützte sich auf seinen Stab.*

anmaßen, sich (Dativ) [etwas]: (in diesem Sinnbereich) etwas, wozu man nicht berechtigt ist, mit Überheblichkeit tun oder sagen; drückt die persönliche Kritik des Sprechers/ Schreibers aus; steht, wie auch die übrigen Wörter dieser Gruppe, häufig mit Infinitivgruppe als Objekt: *du maßtest dir an, ihn zu kritisieren?* **vermessen,** sich (geh.): i.S.v. anmaßen; aber noch stärker die Unangemessenheit betonend: *er vermaß sich, über den Chef abfällig zu urteilen.* **erkühnen,** sich (geh.): etwas, was kühn und gewagt ist [und wozu man eigentlich kein Recht hat], tun oder sagen; drückt die Empörung des Sprechers/Schreibers aus oder dessen Ironie: *er erkühnte sich, ihn anzusprechen.* **erdreisten,** sich (geh.): etwas tun oder sagen, was einem nicht zusteht und was an Unverschämtheit grenzt: *er hat sich erdreistet, meine Tasche zu öffnen.* **erfrechen,** sich (geh.): i.S.v. erdreisten; betont noch nachdrücklicher die Unverschämtheit und Frechheit: *wie konnte er sich e., ohne zu fragen, die Bücher wegzunehmen?* **erlauben,** sich (Dativ) [etwas]: sich das Recht nehmen, etwas zu tun oder zu sagen, was nicht ohne weiteres selbstverständlich ist: *er erlaubte sich, Einspruch zu erheben.* **herausnehmen,** sich (Dativ) etwas (ugs.): sich so viel erlauben, daß es im Urteil des Sprechers/Schreibers an Unverschämtheit grenzt: *was dieser Mensch sich täglich [an Freiheiten] herausnimmt!* ↑ [1]wagen.

anmerken, jmdm. etwas: an jmds. Verhalten, an seinen Äußerungen, seinem Gesichtsausdruck u.a. erkennen, wie ihm zumute ist, was er denkt oder fühlt oder wie er sich befindet: *man konnte ihm a., daß er von der Sache sehr betroffen war;* ↑ anmerken lassen. **an der Nase/**(auch:) **Nasenspitze ansehen,** jmdm. etwas (salopp): jmdm., der etwas nicht gut verbergen kann, einen Wunsch, eine Absicht, sein schlechtes Gewissen oder ähnliches von seinem Gesicht ablesen; meist scherzhaft von Kindern gesagt. **ansehen,** jmdm. etwas: an jmds. Äußerem seine innere Verfassung, etwas, was er nicht durch Worte äußert, erkennen: *man sieht ihm an, daß er nicht zufrieden ist.*

anmerken lassen, sich (Dativ) etwas: ein Gefühl, eine Stimmung, eine Einstellung zu einem bestimmten Menschen, zu einer Sache nicht genügend verbergen, die Umwelt etwas davon merken lassen; wird im allgemeinen verneint gebraucht: *er hat sich seine Verärgerung nicht anmerken lassen;* ↑ anmerken. **zeigen,** etwas: ein Gefühl, eine Einstellung zu einem Menschen, zu einer bestimmten Sache willentlich oder unwillkürlich äußern, sichtbar werden lassen: *er ist ein sehr zurückhaltender Mensch, der nie seine Gefühle zeigt.*

Anmut, die (ohne Plura): liebliche Schönheit; Wohlgefallen erregende natürliche Harmonie des Wesens, der Gestalt oder Bewegung eines Menschen oder Lebewesens, die durch ihren ungekünstelten, spielenden und absichtslosen, aber ästhetisch vollendeten oder rührenden Ausdruck auf den Beschauer die Wirkung einer unmittelbar in der Natur selbst begründeten Schönheit des Lebendigen ausübt: *jugendliche A.* **Grazie,** die (ohne Plural): [tänzerische] Anmut der Bewegung, die vom Betrachter als Ausdruck der völligen Harmonie von Leib und Seele des sich Bewegenden empfunden wird: *es war jedesmal ein Schauspiel, wenn er mit lässiger G. davonging.*

annehmbar: seinen eigenen Vorstellungen so entgegenkommend, daß man es annehmen oder darauf eingehen kann. **akzeptabel** (bildungsspr.): i.S.v. annehmbar: *deinen Vorschlag finde ich a.* **vernünftig** (ugs.): (in diesem Sinnbereich) überlegt, von Einsicht und Vernunft zeugend und daher als den Umständen angemessen betrachtet: *ein vernünftiger Vorschlag.*

annehmen, etwas: (in diesem Sinnbereich) etwas Angebotenes in seinen Besitz nehmen, wobei die positive Entscheidung dem Annehmenden vorbehalten bleibt; [für einen anderen] etwas, was ausgehändigt werden soll, in Empfang nehmen: *Ihre Nachbarin hat die Post für Sie angenommen.* **entgegennehmen,** etwas (geh.): etwas annehmen, ohne daß dabei die Möglichkeit der Verweigerung ins Auge gefaßt wird: *er hat das Paket an der Tür entgegengenommen.* **in Empfang nehmen,** etwas (nachdrücklich): etwas in seinen Besitz, seine Verwaltung nehmen; bezeichnet den Vorgang selbst und lebt nicht wie „annehmen" von der Spannung zwischen annehmen und nicht annehmen: *er hat die Urkunde, das Telegramm in Empfang genommen.*

annullieren, etwas (bildungsspr.): etwas [rechtlich] bisher Gültiges, etwas [geschäftlich] Abgeschlossenes u. ä., die damit verbundenen Rechte und Pflichten für nicht mehr verbindlich, verpflichtend erklären; wird sowohl im amtlich-öffentlichen als auch im privat-geschäftlichen Bereich gebraucht: *ich habe meine Buchung auf einen Flug nach Berlin a. lassen.* **für ungültig erklären,** etwas: etwas [rechtlich] bisher Gültiges, Abgeschlossenes [von Amts wegen und mit offizieller Wirkung] für nicht mehr verbindlich, verpflichtend, wirksam erklären; wird häufiger als „annullieren" auf entsprechende Vorgänge im amtlich-öffentlichen Bereich angewandt: *das Gericht erklärte die Kaufurkunde für ungültig.* **für nichtig erklären,** etwas: etwas [rechtlich] bisher Gültiges, etwas [geschäftlich] Abgeschlossenes für nicht mehr bestehend und daher für nicht mehr verbindlich, verpflichtend, wirksam erklären; wird wie die folgende Wendung seltener im amtlich-öffentlichen Bereich gebraucht und enthält durch die emotionale Beteiligung des Sprechers/Schreibers eine gewisse Nachdrücklichkeit. **für null und nichtig erklären,** etwas (nachdrücklich): i. S. v. für nichtig erklären; hebt die entschiedene [leidenschaftliche] Nachdrücklichkeit der Erklärung hervor: *er erklärte alle Absprachen für null und nichtig.* **außer Kraft setzen,** etwas: etwas [gesetzlich] bisher für die Öffentlichkeit Gültiges, ein Gesetz, eine Verordnung u. ä. [von Amts wegen und mit offizieller Wirkung] für nicht mehr wirksam erklären; bezieht sich, wie die folgenden Ausdrücke dieser Gruppe, zumeist auf Vorgänge im amtlich-gesetzgeberischen Bereich: *die Militärverwaltung setzte alle Bestimmungen, die sich auf die Juden bezogen, außer Kraft.* **stornieren,** etwas (kaufm.): i. S. V. rückgängig machen: *eine Bestellung, einen Kaufvertrag s.* **rückgängig machen,** etwas: machen, daß etwas, was bereits beschlossen oder ausgeführt worden war, wieder in den früheren Stand zurückgeführt wird, daß es nicht länger besteht: *eine Vereinbarung, einen Kauf r. machen.* **aufheben,** etwas: (in diesem Sinnbereich) ein Gesetz, eine Verordnung u. ä. für nicht mehr gültig erklären und damit das weitere Gültigsein beenden; betont im Unterschied zum folgenden „abschaffen" weniger das radikale als das amtlich-gesetzgeberische Vorgehen gegen etwas Geltendes: *ein Gesetz a.* **abschaffen,** etwas: (in diesem Sinnbereich) ein Gesetz, eine Verordnung u. ä. [die nicht mehr für zeitgemäß, für zweckmäßig gehalten werden] für nicht mehr gültig erklären und so das weitere Gültigsein beenden: *die Apartheid a.*

anonym (bildungsspr.): ohne Nennung des Namens; bezieht sich auf schriftliche oder mündliche Äußerungen, deren Urheber bewußt seinen Namen verschweigt, oder auf die entsprechende Person selbst. **unter einem Pseudonym** (bildungsspr.): unter einem falschen Namen, einem Decknamen: *er veröffentlichte seinen Roman unter einem Pseudonym.* **inkognito** (bildungsspr.): seinen Namen verheimlichend und einen falschen Namen [zeitweilig] führend; bezieht sich im allgemeinen auf das Auftreten bedeutender oder bekannter Persönlichkeiten, die unerkannt und ungestört bleiben wollen; wird nur prädikatbezogen gebraucht: *er hält sich i. in Bad Ems auf.*

anpassen, sich jmdm./einer Sache oder an jmdn./etwas: sich [aus Einsicht] Umständen oder Eigenarten bestimmter Personen fügen, ohne dabei jedoch die Selbstbehauptung aufzugeben: *wir haben uns der veränderten/an die veränderte Situation finanziell angepaßt.* **angleichen,** sich jmdm./einer Sache: Lebensgewohnheiten und Gebräuche anderer annehmen: *sich seinem Vorbild a.* **assimilieren,** sich [einer Sache] (bildungsspr.): sich mit besonderem Geschick bestimmten Gegebenheiten angleichen: *schon bald hatte er sich [der neuen Umgebung] assimiliert.* **eingewöhnen,** sich: das Stadium der Fremdheit oder Neuheit in einer ungewohnten Umgebung allmählich überwinden: *das Kind gewöhnt sich nur schwer [bei fremden Menschen] ein.* **akklimatisieren,** sich (bildungsspr.): vertraut werden mit einer neuen Umgebung, mit neuen Lebensbedingungen, mit ihnen verschmelzen: *er hat sich [in der Großstadt] überraschend schnell akklimatisiert.* **einfügen,** sich [in etwas]: sich behutsam in seine Umwelt einpassen und damit ein ihr zugehörender Bestandteil werden: *er fügt sich gut [in die Gemeinschaft der Schüler] ein.* **einordnen,** sich [in etwas]: sich bewußt einer Ordnung oder Gemeinschaft unterwerfen: *es fällt ihm* *schwer, sich [in die Gemeinschaft] einzuordnen.* **unterordnen,** sich: sich in einer bestimmten Ordnung nach dem Willen, den Anweisungen o. ä. eines anderen oder sich nach den Gegebenheiten, Erfordernissen richten: *er will sich nicht u.; die Politik muß sich der Moral u.*

anrüchig: von üblem und sehr zweifelhaftem Ruf; im allgemeinen attributiv gebraucht: *ein anrüchiges Nachtlokal.* **berüchtigt:** übel beleumdet und allgemein gefürchtet; wird attributiv und subjektbezogen gebraucht: *ein berüchtigter Gewohnheitsverbrecher.* **verrufen:** in einem sehr schlechten Ruf stehend; wird attributiv und subjektbezogen gebraucht: *eine verrufene Gegend.*

[1]**ansehen,** jmdn.: (in diesem Sinnbereich) **a)** jmdm. ins Gesicht, in die Augen sehen, seinem Blick begegnen; steht meist in Verbindung mit Bestimmungen, die den Gesichtsausdruck des Ansehenden bezeichnen; im Unterschied zu „anblicken" drükken sich darin nicht ausschließlich aktive oder aggressive Absichten oder Einstellungen, sondern häufig eine passive Haltung oder eine Erwartung aus: *die Alte sah ihn unsicher an;* **b)** seltener ohne Bestimmung: jmdm. [offen, voll] in die Augen sehen, nicht die Augen vor ihm niederschlagen oder sich von ihm wegwenden: *sieh mich (mal) an!* **anschauen,** jmdn. (landsch.): i. S. v. ansehen a): *er schaute ihn anerkennend an.* **anblicken,** jmdn. (geh.): jmdm. mit einem bestimmten Gesichtsausdruck ins Gesicht, in die Augen blicken; hierbei handelt es sich öfter um eine rasch aufkommende, Erwiderung fordernde oder eine Reaktion hervorrufende Regung, die jmd. in seinem Blick nicht verbergen kann oder will: *alle blickten ihn gespannt an.* **angucken,** jmdn. (fam.); **ankukken,** jmdn. (nordd.; fam.): i. S. v. ansehen, anblicken; erscheint entsprechend seiner Stillage vorwiegend in mündlicher Rede: *sie guckt mich immer so herausfordernd an.* **blikken,** auf jmdn.: jmdn. längere Zeit ansehen und aufmerksam beobachten, weil man in Gedanken versunken ist oder etwas, eine Reaktion von jmdm. erwartet: *sie blickte unverwandt auf ihn.* **einen Blick zuwerfen,** jmdm.; **einen Blick schenken,** jmdm. (geh.): jmdn. kurz, bedeutungsvoll anblicken und ihm durch diesen Blick die eigenen Gefühle oder Gedanken zu verstehen geben. **einen Blick werfen,** auf jmdn.: jmdn. kurz, gedankenvoll anblicken, um seine Reaktion auf etwas zu beobachten, oder auch, weil man mit etwas, was sich auf den Betreffenden bezieht, innerlich beschäftigt ist; vgl. einen Blick werfen ↑[2]ansehen, ↑[2]sehen. **anglupschen,** jmdn. (salopp; abwertend): jmdn. von unten herauf mit verständnislos-dummem Blick und großen Augen ansehen.

[2]**ansehen:** sich (Dativ) etwas/jmdn. ansehen (ugs.): **a)** etwas/jmdn. aufmerksam betrachten, um sich ein Urteil bilden zu können, einen Eindruck zu gewinnen; im Unterschied zu b) auf beliebige Objekte angewandt: *er sah sich die Fremden an;* **b)** sich etwas ansehen: etwas durch prüfendes Betrachten kennenlernen oder zum Vergnügen, zur Erbauung ansehen; wird hauptsächlich auf Gegenstände bezogen, deren eigentlicher Zweck darin liegt, betrachtet zu werden: *sich Bilder, Schaufenster a.* **anschauen,** [sich (Dativ)] etwas/jmdn. (bes. süddeutsch): i. S. v. ansehen; wird auch über seinen Landschaftsbereich hinaus gebraucht, wenn besonders betont werden soll, daß etwas vom Gesichtssinn her erfaßt wird: *schau dir doch einmal ganz genau seine Maltechnik an.* **angucken,** [sich (Dativ)] etwas/jmdn. (fam.); **ankucken,** [sich (Dativ)] etwas/jmdn. (nordd.; fam.): i. S. v. ansehen; betont meist eine vertraute oder freundlich interessierte Haltung des Betrachters: *guck mich mal an!; wollen Sie sich mal meine Wohnung ankucken?* **besehen,** [sich (Dativ)] etwas/jmdn.: sich etwas/jmdn. genau ansehen, meist um durch Betrachtung der Einzelheiten zu einem Gesamteindruck zu kommen: *laß dich mal von allen Seiten b.; ich muß mir erst den Schaden genau b.* **begucken,** [sich (Dativ)] etwas/jmdn. (fam.); **bekucken,** [sich (Dativ)] etwas/jmdn. (nordd.; fam.): i. S. v. besehen: *er beguckte sich das Päckchen erst einmal von allen Seiten, bevor er es öffnete.* **betrachten,** jmdn./etwas: jmdn./etwas eingehend und nachdenklich ansehen, um zu einem Schluß über jmdn./etwas zu kommen: *Arbeiter, die befriedigt ihr Werk b.* **besichtigen,** etwas: etwas ansehen, was man zu diesem Zweck aufsuchen muß und woran man aus persönlichen oder geschäftlichen Gründen interessiert ist: *eine Stadt b.* **in Augenschein nehmen,** jmdn./etwas (papierdt.): jmdn./etwas, was jmdn. persönlich oder geschäftlich angeht, [genau, kritisch] ansehen, um es selbst gesehen zu haben und einen eigenen Eindruck zu gewinnen: *seinen neuen Arbeitsplatz in Augenschein nehmen.* **beäugeln,** jmdn./etwas (ugs.; scherzh.): jmdn./etwas [heimlich, verstohlen] neugierig, interessiert betrachten, prüfend, eingehend ansehen. **beschauen,** [sich (Dativ)] etwas (selten): (in diesem Sinnbereich) etwas dem Auge gut Wahrnehmbares in Ruhe auf sich wirken lassen, sich seine sichtbaren Merkmale oder Veränderungen bewußtmachen; wird u. a. auf Objekte angewandt, die wegen ihrer Schön-

heit oder Bedeutung von Wert für den Beschauer sind: *Raritäten b.; die schadhafte Stelle sich etwas näher b.* **einen Blick werfen,** auf etwas/jmdn.: sich etwas/jmdn. kurze Zeit prüfend anschauen, um sich flüchtig von seinem Vorhandensein oder seiner Richtigkeit zu überzeugen: *die Beamten warfen einen kurzen Blick auf unsere Pässe;* vgl. einen Blick werfen ↑[1]ansehen. **beobachten,** jmdn./etwas: (in diesem Sinnbereich) **a)** jmdn./etwas in seinem Verhalten oder Tun überwachen oder prüfen, indem man ihm längere Zeit aufmerksam zuschaut oder die betreffende Sache betrachtet: *jmdn. unausgesetzt b.;* **b)** das Verhalten einer Sache [längere Zeit] aus Interesse genau betrachten, um etwas zu erfahren oder kennenzulernen: *die Vogelwelt b.* **studieren,** etwas: (in diesem Sinnbereich) **a)** etwas eingehend, gründlich betrachten; sich in einen Gegenstand betrachtend vertiefen: *die Untiefen auf der Seekarte s.;* **b)** [besinnliche] Beobachtungen auf dem Gebiet der Natur, des Wissens anstellen; durch eingehendes [wiederholtes] Betrachten Kenntnisse über etwas sammeln: *das Leben der Bienen s.*

Ansehen, das (ohne Plural): die gute oder hohe Meinung, die die Allgemeinheit von jmdm./etwas hat, woraus die Neigung resultiert, daß man das, was der/das Betreffende für richtig, wahr hält, auch für richtig, wahr hält: *zu A. gelangen.* **Geltung,** die (ohne Plural): Wert, Gewichtigkeit, die andere jmdm./einer Sache zubilligen; von Personen besonders in bezug auf ihre persönliche Meinung, ihr persönliches Wirken gesagt; von Gegenständen, wenn sie Meinung oder Wirken von Personen darstellen: *er verlor an G.* **Prestige,** das (ohne Plural; bildungsspr.): Ansehen sowie Geltung, Achtung einer Person, Gruppe oder Institution innerhalb einer Gesellschaft, wobei die Wertschätzung abhängig ist vom System der sozialgesellschaftlichen Werte; die Anerkennung der Macht oder Geltung einer Person oder Institution in der Öffentlichkeit; wird im Unterschied zu „Ansehen" und „Geltung" weniger im Hinblick auf einen zugrunde liegenden Wert als auf die Mittel oder Gelegenheiten zur äußeren Wahrung oder Mehrung angewandt: *an P. gewinnen.* **Wertschätzung,** die (Plural ungebräuchlich: [große] Anerkennung, [hohes] Ansehen; „Wertschätzung" wird im allgemeinen in positiven Zusammenhängen gebraucht, während die anderen konkurrierenden Wörter auch in negativen Texten Anwendung finden (sein Prestige verlieren; jmds. Ansehen sinkt); „Wertschätzung" beschreibt das Gefühl desjenigen, der den Wert eines anderen anerkennt: *jmdm. eine außerordentliche W. entgegenbringen; die Datenschutzbeauftragte genießt eine besondere, große W.* **Image** [imidsch], das (bildungsspr.): das Bild, die Vorstellung, die die Allgemeinheit oder ein bestimmter Personenkreis mit einer Person oder Sache verbindet: *das I. einer Firma; sein I. pflegen;* ↑Achtung, ↑Auszeichnung.

ansprechen, jmdn.: an jmdn., der einem fremd oder mit dem man nicht sehr gut bekannt ist, [unvermittelt] einige Worte, meist in Form einer Frage, richten, wobei es offenbleibt, ob sich daraus ein Gespräch entwickelt oder nicht: *ich sprach ihn [auf] englisch an;* vgl. ansprechen ↑bitten. **ein Gespräch beginnen** [mit jmdm.]: sich mit einigen, eine Unterhaltung einleitenden Worten, meist einer Frage oder einer eine Antwort herausfordernden Feststellung, an jmdn. wenden in der Erwartung, daß der Angeredete darauf eingeht. **ein Gespräch anknüpfen** [mit jmdm.] (geh.): i. S. v. ein Gespräch beginnen; wird meist gebraucht, wenn man ausdrücken will, daß es jmd. geschickt versteht, eine Unterhaltung einzuleiten. **anreden,** jmdn.: sich mit [höflichen] Worten an jmdn. wenden, das Wort an jmdn. richten; deutet darauf hin, daß sich ein [längeres] Gespräch anschließen wird; ist in seinem Anwendungsbereich seltener als „ansprechen" und wird als etwas gewählter empfunden. **anquatschen,** jmdn. (salopp); **anmachen,** jmdn. (salopp): einen Menschen [den man nicht kennt], ohne Hemmungen, ungeniert ansprechen; wird wie „anquasseln" oft dann gebraucht, wenn man seinem Ärger darüber Ausdruck geben will, daß man selbst oder ein anderer in ungehöriger Weise, an unpassendem Ort angesprochen wird. **anquasseln,** jmdn. (salopp): jmdn. [der einem unbekannt ist] ohne irgendwelche Hemmungen ansprechen; bezieht sich im allgemeinen auf jmdn., der das Bedürfnis, die Angewohnheit hat, viel [und schnell] zu reden, ohne sich viel dabei zu denken. **anpöbeln,** jmdn. (verächtlich): (in diesem Sinnbereich) jmdn. in ungebührlicher, dreister Weise [mit plump vertraulichen Worten] ansprechen; wird meist dann gebraucht, wenn sich der Angeredete von dem Anredenden belästigt oder gar beleidigt fühlt; sagt man im allgemeinen nicht von sich selbst. **ankeilen,** jmdn. (salopp); **anhauen,** jmdn. (salopp): (in diesem Sinnbereich) jmdn., oft ein Mädchen, plump-vertraulich, unverfroren, in burschikoser, derber Weise [auf der Straße] ansprechen; vgl. anhauen ↑bitten.

anstacheln, jmdn.: jmdn. mit Worten, die in bestimmter ziel- und zweckgerichteter

Absicht gesagt werden, innerlich unruhig machen und ihm dadurch einen Antrieb zu einem bestimmten Tun geben: *jmdn. zu einer Leistung a.* **anspornen,** jmdn.: jmdm. sowohl durch Worte als auch durch Beispiele einen Antrieb zu einem bestimmten [guten] Tun geben: *jmdn. zur Arbeit, Eile a.* **aufstacheln,** jmdn. (selten): (in diesem Sinnbereich) i. S. v. anspornen: *jmdn./jmds. Ehrgeiz, Eifer a.;* vgl. aufstacheln ↑aufwiegeln. **anfeuern,** jmdn.: jmdn. mit zündenden und aufmunternden Worten zu einem verstärkten Tun anregen. **antreiben,** jmdn.: (in diesem Sinnbereich) indem jmd. auf jmdn. nachdrücklich-aggressiv einredet und/oder seine Worte mit Tätlichkeiten unterstützt zu bewirken versuchen, daß sich die Leistung o. ä. des anderen steigert: *jmdn. zur Arbeit a.;* vgl. ermuntern ↑ermutigen.

[1]**anständig** (Ggs. ↑unanständig): (in diesem Sinnbereich) sittlich einwandfrei, den geltenden moralischen Begriffen entsprechend; bezieht sich vor allem auf das äußere Verhalten: *ein anständiges Mädchen; ein anständiges Benehmen.* **unbescholten:** in sittlicher Hinsicht makellos; bezeichnet mehr den Leumund als die charakterliche Vollkommenheit; wird im allgemeinen nicht prädikatbezogen gebraucht: *eine unbescholtene Familie.* **keusch** (geh.): sexuell enthaltsam, keinen Geschlechtsverkehr bisher gehabt habend; wird im Rahmen einer bestimmten Sexualmoral anerkennend verwendet: *ein keusches Mädchen; k. leben.* **tugendhaft** (veraltend): moralisch untadelig; weist auf das Verhältnis zwischen den Geschlechtern hin; im allgemeinen auf Frauen bezogen; heute meist mit gutmütig-ironischem Unterton: *sie war t.* **züchtig** (veraltend): sich in den Schranken des Anstandes haltend; auf Frauen bezogen; heute meist mit gutmütig-ironischem Unterton: *das Kleid war z. geschlossen.* **sittsam** (veraltend): züchtig, bescheiden und zurückhaltend im Betragen; heute meist mit gutmütig-ironischem Unterton: *s. schlug sie die Augen nieder; sie ist ein sehr sittsames Mädchen.* **enthaltsam:** sich bestimmter Genüsse, Genußmittel enthaltend: *er lebt sehr e.;* vgl. ehrbar ↑rechtschaffen.

[2]**anständig** (ugs.): (in diesem Sinnbereich) die Interessen anderer respektierend und berücksichtigend; bezogen auf Personen und ihr Verhalten: *das war doch recht a. von ihm.* **fair:** im Wettstreit oder im Zusammenleben mit anderen Menschen kameradschaftlich, ehrlich, gerecht und mögliche einseitige Vorteile nicht nutzend: *ein faires Spiel; er hat sich f. benommen.* **sauber:** in seinem Verhalten, in seiner Art einwandfrei; wird nicht prädikatbezogen gebraucht: *ein sauberes Spiel.* **hochanständig:** in seinem Verhalten einem anderen gegenüber besonders anständig und rücksichtsvoll in einer feinen Art; enthält eine emotionale Verstärkung.

anstarren, jmdn./etwas: jmdn./etwas unverwandt ansehen mit einem Ausdruck im Blick, der die inneren Empfindungen, vor allem Verwunderung, Überraschung, Schreck und Angst, das leidenschaftliche, neugierige oder unverschämte Interesse verrät; wird wie „anglotzen", „angaffen" besonders vom zudringlichen Blick gesagt, mit dem eine Person angesehen wird; vgl. starren ↑[2]sehen. **anglotzen,** jmdn./etwas (salopp; abwertend): jmdn./(seltener:) etwas dumm, auffällig mit weit aufgerissenen Augen ansehen, wobei diese hervorzutreten scheinen. **beglotzen,** jmdn./etwas (salopp; abwertend): jmdn./etwas neugierig oder zudringlich starrend, ohne wirkliches Interesse besehen; während die Vorsilbe an- in „anglotzen" die Richtung auf das Ziel hin ausdrückt, enthält die Vorsilbe be- in „beglotzen" die Vorstellung, daß das Betreffende ganz erfaßt wird; drückt eine Emotion des Sprechers/Schreibers aus; vgl. glotzen ↑[2]sehen. **anstieren,** jmdn./etwas (salopp; abwertend): **a)** jmdn./etwas mit einem Blick, der von Verwirrung oder Benommenheit trübe ist, mit vorgerecktem Kopf unverwandt anstarren: *der Betrunkene hat mich beängstigend angestiert;* **b)** i. S. v. anstarren: *er hörte nicht auf, uns anzustieren;* vgl. stieren ↑[2]sehen; **angaffen,** jmdn./etwas (salopp; abwertend); **begaffen,** jmdn./etwas (salopp; abwertend): jmdn./etwas, was einem selten begegnet und was einem Eindruck macht, mit unverhohlener Neugier anstaunen; wird meist von einer Mehrzahl von Gaffenden gesagt und im wesentlichen auf Personen bezogen, daneben auf Gegenstände, die man als Errungenschaften anderer bestaunt: die Vorsilbe „be-" drückt wie bei „beglotzen" das aufdringliche Bestaunen aller Einzelheiten aus: *alle gafften die fremde Dame an.* **beäugen,** etwas/jmdn.: etwas/jmdn. mit ruhigem Blick betrachten, um Verborgenes, Fehler, Vorzüge oder Gefahren daran zu entdecken: *sie beäugt täglich die Pflanze, ob sich Knospen daran bilden.* **mustern,** jmdn./etwas: jmdn/etwas prüfend anschauen, wobei man eher zur Ablehnung als zu Anerkennung neigt: *jmdn. von Kopf bis Fuß m.* **fixieren,** jmdn./etwas: den Blick starr [und kritisch] auf jmdn./etwas heften, wodurch man oft ohne Worte eine Absicht, eine Herausforderung ausdrückt; wird gewöhnlich auf eine Person bezogen, der der Blick unbehaglich ist: *er fixierte ihn in unverschämtester Weise.*

anstellen, etwas (ugs.): (in diesem Sinnbereich) unbeobachtet, heimlich etwas tun, was nicht erlaubt ist: *was hast du denn nun schon wieder angestellt?* **anrichten,** etwas: (in diesem Sinnbereich) etwas Übles, Unheilvolles tun; Schaden stiften; unter Umständen unbeabsichtigt oder ohne die Konsequenzen seines Tuns vorauszusehen. **anstiften,** etwas: bewußt, absichtsvoll etwas Unheilvolles, Böses ins Werk setzen oder begehen; vgl. anstiften ↑anzetteln, ↑[2]bringen.

Anstoß erregen [bei jmdm.] (geh.): sich durch Verhalten, Tun oder Anschauungen den Unwillen anderer zuziehen, sei es schuldhaft durch Verstoß gegen gültige Regeln oder mehr zufällig durch Verletzung ihrer Eigenliebe, Denkgewohnheiten u. ä.: *er erregt mit seiner Meinung Anstoß bei seiner Umgebung.* **Mißfallen/**(auch:) **Mißbilligung erregen** [bei jmdm.] (geh.): i. S. v. Anstoß erregen; betont jedoch stärker die ablehnende Reaktion der anderen: *sein rücksichtsloses Vorgehen erregt ausgesprochenes Mißfallen bei den anderen.* **Ärgernis erregen** (geh.): gegen das sittliche Empfinden anderer oder der Gemeinschaft verstoßen: *ihr Lebenswandel erregt [öffentliches] Ärgernis.* **anstoßen** [bei jmdm.] (selten); **anecken** [bei jmdm.] (ugs.): mit seinen Charaktereigentümlichkeiten, seinen Umgangsformen oder durch bestimmte Handlungen, durch zu großen Freimut in seinen Äußerungen in hohem Maße jmds. Unwillen erregen, ihn verärgern und sich damit unbeliebt machen, ohne daß damit ein moralischer Vorwurf verbunden sein muß. **ein/**(auch:) **der Stein des Anstoßes sein:** als Sache durch irgendwelche unangenehme Seiten oder als Mensch durch Charakter oder Verhalten Anlaß zu Unwillen oder Empörung bieten.

anstrengen, sich: seine körperlichen oder geistigen Kräfte in intensiver Weise einsetzen, um einem Ziel näher zu kommen oder es zu erreichen; vgl. anstrengen ↑bemühen. **abmühen,** sich; **mühen,** sich (geh.): unter Anstrengungen versuchen, etwas zu erreichen; es kommt dabei nicht allein auf den Kraftaufwand, sondern mehr auf die Ausdauer beim Überwinden von Schwierigkeiten an; das Präfix ab- unterstreicht in diesem Fall und auch bei den folgenden Wörtern die große persönliche Anstrengung und weist verstärkend auf die später eintretende Erschöpfung hin: *wir mußten uns sehr mühen, um den Garten wieder in Ordnung zu bringen; sich mit einer undankbaren Aufgabe abmühen.* **plagen,** sich; **abplagen,** sich; **placken,** sich (ugs.; landsch.); **abplacken,** sich (ugs.; landsch.): mühselige und nicht sehr lohnende Arbeiten verrichten; drückt aus, daß das Erreichte eigentlich in keinem Verhältnis zu dem beschwerlichen Arbeitsvorgang steht; mit der Vorstellung, daß es sich um etwas handelt, was auch vom Gewicht her schwer ist. **quälen,** sich; **abquälen,** sich: beim Bewältigen einer Aufgabe große Mühe aufwenden müssen; mit der Vorstellung, daß einzelne, immer wieder unternommene Bemühungen damit verbunden sind: *er quälte sich den ganzen Nachmittag mit der Mathematikaufgabe ab.* **schinden,** sich (ugs.); **abschinden,** sich (ugs.): eine körperliche Arbeit verrichten, die die Kräfte überfordert und die Gesundheit angreift; drückt die Anteilnahme des Sprechers/Schreibers aus. **strapazieren,** sich (bildungsspr.): seine Kräfte nicht schonen, sie rücksichtslos einsetzen. **abarbeiten,** sich: so angestrengt oder so lange arbeiten, daß die Gesundheit angegriffen wird. **abrackern,** sich (fam.): sich redlich Mühe geben, keine Anstrengungen, vor allem keine Kleinarbeit scheuen, um ein Ziel zu erreichen. **asten** (salopp; landsch.): sich bei einer körperlichen Arbeit anstrengen und abmühen; sagt der Sprecher/Schreiber meist von sich selbst: *ich habe heute schwer geastet: Wäsche gewaschen, Fenster geputzt usw.*

Anteil, der: Teil von etwas, der jmdm. gehört oder zukommt: *sie forderte ihren A.; auf seinen A. am Erbe verzichten.* **Teil,** der: etwas, was mit anderem zusammen, ein Ganzes bildet, ausmacht: *das ist mein T.; alles wurde aufgeteilt, doch seinen T. verschenkte er weiter an Bedürftige.* **Löwenanteil,** der: **a)** der größte Anteil, den jemand bekommt, beansprucht; dieses Wort leitet sich her aus einer Fabel Äsops, in der der Löwe als der Stärkste den größten Teil der Beute für sich beansprucht: *sich den L. sichern; sich den L. nehmen, den L. einstecken, bekommen; den L. kassieren, vereinnahmen;* **b)** der größte Anteil an etwas ganz allgemein: *die Redaktion der Zeitschrift kostet mich den L. meiner Zeit und meiner Kraft; die Frauen müssen den L. bei der Familienarbeit leisten; den L. des Abends bestreitet der Kabarettist;* **c)** größter Anteil hinsichtich der Belastungen wie Ausgaben, Unkosten: *der L. der Ausgaben entfällt auf die Firma; der L. des Einkommens wird für Komfort und Behaglichkeit ausgegeben; den L. der Baukosten übernimmt der Bund; den L. der deutschen Nachkriegsschulden hatte man vorzeitig zurückgezahlt;* ↑teilen.

antreiben, jmdn.: (in diesem Sinnbereich) jmdn. bei einer Arbeit oder Aufgabe zur Eile drängen, ihn nachdrücklich zu schnellerem Arbeiten auffordern; vgl. antreiben ↑anstacheln. **Dampf machen,** jmdm. (salopp): jmdn. mit nachdrücklichen Worten, die aufrüttelnd oder leicht drohend wirken können, auffordern, sich mit der Erledigung einer Arbeit zu beeilen, sich dabei nicht allzuviel Zeit zu lassen. **in Schwung bringen,** jmdn. (ugs.); **auf Touren bringen,** jmdn. (salopp); **auf Trab bringen,** jmdn. (ugs.): jmdn., der nicht besonders schnell arbeitet, zu einem schnelleren Arbeitstempo anhalten; ↑Schwung. **Beine machen,** jmdm. (fam.): aus Unmut über die [betonte] Langsamkeit eines anderen bei der Ausführung eines Auftrages ihn zur Eile antreiben; enthält eine Drohung.

antworten [etwas] (Ggs. ↑fragen): etwas als Gegenrede, Erwiderung auf die mündliche oder schriftliche Frage, Aufforderung oder Erklärung eines anderen hin sagen oder schreiben; steht, wie die übrigen Wörter dieser Gruppe, im allgemeinen mit Inhaltssatz der direkten oder indirekten Rede und wird oft durch eine prädikatbezogene Artangabe näher bestimmt; vgl. antworten, auf ↑beantworten, **die/**(auch:) **zur Antwort geben** (nachdrücklich): auf eine Frage mit einer [kurzen, prägnanten] Gegenrede antworten; vgl. [eine] Antwort geben ↑beantworten. **entgegnen** [etwas]: im Gespräch auf eine vorgebrachte Meinung oder eine Frage seine [gegenteilige oder abweichende] Ansicht äußern. **erwidern** [etwas]: i. S. v. entgegnen; wird meist durch eine prädikatbezogene Artangabe näher bestimmt: *was hat er denn auf deine Frage erwidert?* **versetzen** (veraltend): in einer Wechselrede antworten, das Wort des anderen aufgreifen; kann im Unterschied zu den übrigen Wörtern nicht mit dem Dativ der Person stehen: *„Vorteile", versetzte er, „auf die du stolz zu sein scheinst".* **zurückgeben:** auf eine Behauptung oder Frage sofort [schlagfertig] eine Antwort geben: *„Liebst du mich?" Unwirsch gab sie zurück: „Bedaure, nicht die Spur!".* **replizieren** (bildungsspr.): im Gespräch auf etwas antworten, etwas einwenden: *er replizierte grundsätzlich, wir kamen vom Hundertsten ins Tausendste;* ↑widersprechen.

[1]**anvertrauen,** jmdm. etwas: irgendeinen Besitz, einen schutzbedürftigen Menschen, der einem viel bedeutet, in die Obhut eines anderen geben, den man für treu und zuverlässig hält. **zu treuen Händen übergeben,** jmdm. etwas: etwas der Fürsorge von jmdm. anempfehlen, es ihm vertrauensvoll [zur Aufbewahrung, zur Benutzung] übergeben; hierbei betont der Sprecher/Schreiber ganz besonders das Vertrauen, das dem anderen entgegengebracht wird und das dieser nicht enttäuschen soll. **einhändigen,** jmdm. etwas: jmdm. etwas persönlich übergeben; die Betonung liegt darauf, daß man etwas jmdm. „in die Hand" gibt, d. h., daß der Betreffende nun darüber verfügt: *jmdm. Geld, ein Programm, Schlüssel e.;* vgl. aushändigen ↑[1]abgeben; ↑bekommen.

[2]**anvertrauen,** sich jmdm.: sich an jmdn. mit etwas, was einem Kummer oder Sorgen bereitet, wenden und ihm die Sache vertrauensvoll, mit Bedacht auf seine Verschwiegenheit mitteilen: *sich dem Arzt a.* **sein Herz/**(selten auch:) **sich erleichtern:** seine Sorgen und Nöte, seinen Kummer oder Ärger anderen mitteilen, um sich dadurch von einem inneren Druck zu befreien. **von der Seele reden,** sich (Dativ) etwas (fam.): sich im Gespräch mit jmdm. von Unangenehmem, einer seelischen Belastung befreien. **aussprechen,** sich; **ausquatschen,** sich (salopp): (in diesem Sinnbereich) sich durch ein Gespräch von etwas befreien, was einen bedrückt; sich einem anderen mitteilen und ihm sagen, was einen innerlich bewegt: *es tat ihr gut, daß sie sich [bei ihrer Mutter] [über alles] ausquatschen konnte.* **sein Herz ausschütten,** jmdm. (fam.): jmdm. seine Sorgen und Nöte schildern, sie ihm ohne Hemmungen erzählen.

Anweisung, die: (in diesem Sinnbereich) eine bestimmte Angabe, die von einer erfahrenen oder befugten Person oder Instanz für einen anderen Menschen gemacht wird und die in mündlicher oder schriftlicher Form als unverbindliche Weisung, Rat, Belehrung oder zur Einführung in etwas, was einem bisher unbekannt war, abgefaßt ist; sie soll im allgemeinen genau und ausführlich darlegen, was man bei einer Arbeit oder in irgendeiner Angelegenheit tun soll, wie man dabei vorzugehen hat oder wie man sich in einer besonderen Lage verhalten soll; man sucht dabei Handeln und Verhalten in eine bestimmte Richtung zu weisen, ohne dies aber mit Verbindlichkeit oder bestimmender Gewalt tun zu können oder zu wollen; vgl. Anweisung ↑Befehl. **Anleitung,** die: die durch eine mündliche oder schriftliche Äußerung oder durch das Vorbild einer Person gegebene, vielfach belehrende Einführung in etwas, was einem anderen unbekannt ist, oder die unverbindliche Anweisung für einen anderen Menschen; man sucht mit einer solchen Anweisung jmdn. in eine bestimmte Richtung zu führen und ihm zu zeigen, was er tun soll, wie er etwas handhaben oder ausführen kann oder wie er sich in einer besonderen Situation verhalten sollte; mit dieser Form der Anweisung ist im allgemeinen keine Verbindlichkeit verbunden, sondern man sucht damit einem anderen zu helfen oder zu raten.

anwesend sein (Ggs. abwesend sein): in bezug auf ein bestimmtes Ereignis o. ä. als Teilnehmer, Zuhörer usw. an dem bestimmten Ort sein, sich dort/hier aufhalten; wird nur von Menschen gesagt: *sie war gerade a., als er zur Tür hereinkam.* **zugegen sein** (geh.): i. S. v. anwesend sein. **gegenwärtig sein** (selten): (in diesem Sinnbereich) am genannten Ort befindlich: *er war auf dem Tennisplatz nicht g.* **dasein:** (in diesem Sinnbereich) an einem bestimmten Ort sein, sich aufhalten; beschränkt sich im Unterschied zu „dabeisein" auf das bloße Dasein einer Person an diesem Ort, ohne eine Teilnahme oder Beteiligung an etwas vorauszusetzen. **dabeisein:** bei einem bestimmten Vorgang, einem Ereignis, einer Veranstaltung anwesend sein und zugleich in irgendeiner Form daran teilhaben.

anzeigen, jmdn.: jmdn. wegen eines Vergehens bei einer Behörde oder bei der Polizei melden; jmdn. wegen (des Verdachts) einer strafbaren Handlung bei der Staatsanwaltschaft, bei den Behörden und Beamten des Polizeidienstes und den Amtsgerichten schriftlich oder mündlich melden. **Strafanzeige erstatten:** i. S. v. anzeigen; amtliche Ausdrucksweise: *Sie können S. erstatten.* **denunzieren,** jmdn. (bildungsspr.; abwertend): jmdn. aus niedrigen Motiven, z. B. aus Rachsucht, Gehässigkeit, Neid, Mißgunst oder um des eigenen Vorteils willen, wegen einer ihn belastenden Sache [verdächtigen und] anzeigen. **angeben,** jmdn. (ugs.): jmdn. wegen eines bis jetzt verborgenen [nicht sehr schwerwiegenden] Vergehens bei der dafür zuständigen Stelle anzeigen; das Wort kennzeichnet nicht so sehr wie „denunzieren" eine bösartige, gehässige Gesinnung; vgl. anschwärzen ↑schlechtmachen, ↑beschuldigen, ↑verdächtigen.

[1]anziehen, sich/jmdn. (Ggs. ↑[1]ausziehen): sich/jmdm. die Kleidung, die man/er normalerweise trägt, anlegen; ist die allgemeinste Bezeichnung dieser Gruppe und sagt nichts darüber aus, auf welche Art oder zu welchem Zweck Kleidungsstücke angelegt werden: *nach dem Baden zog die Mutter ihre Kinder an.* **ankleiden,** sich/jmdn. (Ggs. auskleiden ↑[1]ausziehen) (geh.): i. S. v. anziehen; während „sich ankleiden" nur als gehobener Ausdruck für „sich anziehen" verwendet wird, drückt „jmdn. ankleiden" häufig mit aus, daß der, der angekleidet wird, eine Respektsperson oder ein Dienstherr ist: *die Zofe kleidete die Gräfin an.* **anpellen,** sich/jmdn. (Ggs. auspellen ↑[1]ausziehen) (fam.): sich/jmdm. [umständlich, mühsam] ein Kleidungsstück nach dem andern anziehen; schließt gewöhnlich mit ein, daß das Anziehen Zeit in Anspruch nimmt; ↑[2]tragen.

[2]anziehen, [sich (Dativ)/jmdm.] etwas (Ggs. ↑[2]ausziehen): sich/jmdn. mit einem Kleidungsstück bekleiden; ist das allgemeinste Wort dieser Gruppe und wird auf die verschiedensten Arten von Kleidungsstücken bezogen: *sich die Handschuhe a.* **anlegen,** etwas (geh.): ein [besonderes, festliches] Kleidungsstück, das zur Überkleidung zählt, anziehen; drückt bisweilen eine gewisse Förmlichkeit aus: *den kleinen Dienstanzug a.* **antun,** etwas (ugs.; landsch.): ein [leichteres] Kleidungsstück anziehen: *tu dir schnell die Joppe an, und komm mit mir!*

[3]anziehen, jmdn. (Ggs. abstoßen): auf Grund einer Eigenschaft wie mit magnetischer Kraft jemanden in seinen Bereich, unter seinen Einfluß bringen; die Wirkung, die von etwas Angenehmem oder Unangenehmem ausgehen kann, steht dabei im Vordergrund: *schon seit Wochen zog ein Bauplatz besonders die Fotoreporter aus aller Welt an.* **anlocken,** jmdn.: auf Grund eines angenehmen äußeren Reizes jmdn. zu sich herholen; wird auf Menschen und auf Dinge bezogen: *Publikum a.*

anziehend: durch sein Wesen, sein Äußeres reizvoll, sympathisch, so daß man sich zu dem Betreffenden hingezogen fühlt; bezieht sich auf bestimmte, das [ästhetische] Gefühl ansprechende Eigenschaften eines erwachsenen Menschen. **sexy** (ugs.): auf Grund von Gestalt und Aussehen sexuell anziehend wirkend; drückt wie die folgenden Wörter „knackig" und „kernig" auf emotional gefärbte Weise das Empfinden des Sprechers/Schreibers aus: *sie ist s.; Anni fand Philips Schenkel unheimlich s.* **knackig** (ugs.): sinnlich-prall, ohne jedoch dick zu sein; von sinnlich anziehender, elastisch wirkender und zu kraftvoll pralleren Formen neigender Körperlichkeit: *sein knackiger Körper;* vgl. vollschlank ↑dick. **kernig** (ugs.): voll sportlich-frischer Spannkraft und attraktiv: *sie schwärmt für kernige Typen;* ↑schön, ↑sympathisch. **gutaussehend:** eine gute Statur und angenehme Gesichtszüge habend: *ein gutaussehender älterer Herr;* ↑charmant, ↑reizend, ↑schön; ↑bezaubern.

anzüglich: auf etwas anspielend, was für einen anderen unangenehm oder peinlich ist, oder eine solche Anspielung enthaltend; bezieht sich, wie auch die übrigen Wörter dieser Gruppe, vor allem in attributiver Verwendung, meist auf Äußerungen des Menschen, seltener auch auf den Menschen selbst: *anzügliche Bemerkungen; er wird* *leicht a.* **spitz:** bemüht, jmdn. mit einer gezielten Bemerkung persönlich zu treffen, ihn zu ärgern oder zu beleidigen, oder diese Bemühungen verratend; kennzeichnet im allgemeinen einen Menschen, der sich beleidigt und angegriffen fühlt und sich zur Wehr setzen will: *sie wurde plötzlich sehr s.* **scharf:** mit strengen oder heftigen, meist wohlgezielten Worten auf etwas, was man mit Unwillen gehört, wahrgenommen hat, reagierend; von Heftigkeit und Strenge zeugend: *er verbitte sich solche Frechheiten, sagte er s.* **bissig:** jmdm. mit einer Bemerkung [höhnisch] einen Hieb versetzend; beißenden, oft verletzend wirkenden Spott verratend: *er überhörte geflissentlich ihre bissigen Bemerkungen;* vgl. Sarkasmus, Zynismus ↑Ironie.

anzünden, etwas: **a)** (geh.): etwas zum Brennen bringen, indem man Feuer an den betreffenden Gegenstand hält; kann sich auf alles Brennbare beziehen, wobei es in der Absicht liegen kann, die entsprechenden Dinge zu vernichten oder für einen bestimmten Zweck zu gebrauchen: *sie zündet die Kerze an; die Wohnung a.;* **b)** etwas zum Brennen bringen, indem man Feuer aus dem entsprechenden Gegenstand, z. B. durch Reibung, selbst erzeugt: *ich zündete ein Streichholz an.* **anstecken,** etwas (ugs.): i. S. v. anzünden a); im Unterschied zu „anzünden" lenkt „anstecken" den Blick nicht so sehr auf den Beginn des Brennens, sondern mehr auf die Handlung, die etwas Brennbares mit Feuer in Berührung bringt: *er steckte sich eine Zigarre an.* **in Brand stekken/**(auch:) **setzen,** etwas (nachdrücklich): i. S. v. anzünden a); dabei drückt „in Brand stecken" oft aus, daß es sich um ein Anzünden in böser Absicht, um einen Akt der Zerstörung handelt: *der Feind hatte vor seinem Abzug alles in Brand gesteckt.* **entzünden,** etwas (geh.): **a)** einen Gegenstand in den Zustand des Brennens versetzen, Feuer auslösen: *der Blitz hat die Eiche entzündet;* **b)** i. S. v. anzünden b): *ich entzünde ein Streichholz.* **anbrennen,** etwas: i. S. v. anzünden a); bezieht sich auf Dinge, die zum Brennen bestimmt sind; dabei kommt zum Ausdruck, daß sie mit einer bestimmten Sorgfalt zum Brennen gebracht werden müssen: *er brannte den Holzstoß an.* **anfachen,** etwas (geh.); **entfachen,** etwas (geh.): ein Feuer anzünden, eine Flamme [durch Blasen] zum Auflodern bringen: *das Olympische Feuer wurde entfacht.* **anmachen,** etwas (ugs.): (in diesem Sinnbereich) ein Feuer zu einem bestimmten Zweck zum Brennen bringen: *es ist so kalt, daß ich erst einmal das Feuer im Ofen anmachen werde.* **Feuer machen** (ugs.): [in einem Ofen, in einem Herd] ein Feuer entzünden, um sich daran zu wärmen oder um darauf zu kochen: *hier ist es so kalt, wir müssen erst einmal Feuer machen.* **Feuer legen** (geh.): etwas in Brand stecken, um es zu vernichten: *er gestand, daß er selbst Feuer an den königlichen Palast gelegt habe.* **den roten Hahn aufs Dach setzen,** jmdm. (veraltet): jmds. Haus aus Haß in Brand stecken.

[1]**Arbeit,** die (ohne Plural): (in diesem Sinnbereich) die besondere Tätigkeit, die einem Gelegenheit gibt, seinen Lebensunterhalt zu verdienen: *das Recht auf A.; einer geregelten A. nachgehen; keine A. haben; seine Einstellung zur A.; zur A. gehen; von der A. kommen.* **Beschäftigung,** die (ohne Plural): (in diesem Sinnbereich) i. S. v. Arbeit; ist weniger grundsätzlich wie „Arbeit" und ist in bestimmte feste Verbindungen mit „Arbeit" nicht einsetzbar (Recht auf Arbeit, zur Arbeit gehen usw.): *vorübergehend ohne B. sein; eine B. suchen; sich nach einer B. umsehen.* **Berufstätigkeit,** die (Plural ungebräuchlich): die Ausübung eines Berufs: *wegen meiner B. kann ich dieses Amt nicht übernehmen.* **Erwerbstätigkeit,** die (Plural ungebräuchlich): i. S. v. Berufstätigkeit; während „Berufstätigkeit" das Tätigsein, die Tätigkeit hervorhebt, wird bei „Erwerbstätigkeit" das damit erzielte Geld angesprochen. **Job,** der (ugs.): eine einträgliche Arbeit, Verdienstmöglichkeit irgendwelcher Art, die jmd. meist vorübergehend [und allein] zum Zwecke des Gelderwerbs ausübt: *für die Ferien sucht er einen J.;* ↑Beruf, ↑Stellung, ↑Tätigkeit.

[2]**Arbeit,** die: (in diesem Sinnbereich) das durch eine bestimmte Tätigkeit Hervorgebrachte, Geschaffene; ihr Ergebnis, besonders auf dem künstlerischen und wissenschaftlichen Gebiet; als Ergebnis einer Betätigung entstandenes Produkt, Erzeugnis, Werk: *seine neuesten Arbeiten ausstellen.* **Werk,** das: (in diesem Sinnbereich) ein Ergebnis schöpferischer Betätigung: *sein erstes gelungenes W. war eine Tonfigur.* **Opus,** das (bildungsspr.): besonders literarisches, musikalisches Werk: *Konzert für Posaune und Streichorchester op. 23 von Hanno Haag; Beethovens Streichquartett O. 18; ein frühes O.* **Produkt,** das: [materielles] Ergebnis menschlicher Arbeit, menschlichen Wirkens: *industrielle, landwirtschaftliche Produkte.* **Erzeugnis,** das: etwas, was erzeugt worden ist: *landwirtschaftliche, industrielle, deutsche Erzeugnisse; ein literarisches E.* **Ergebnis,** das: [beabsichtigte] Folge einer Anstrengung; der durch ein Tun, Wollen, einen Vorgang, eine Entwicklung erreichte

[beabsichtigte, erstrebte] Zustand, Tatbestand: *gute Ergebnisse in der Produktion erzielen; das ist das E. langer Arbeit;* ↑Gegebenheit.

[1]**arbeiten:** (in diesem Sinnbereich) Arbeit leisten, d.h., eine berufliche oder selbstgestellte Aufgabe unter Anspannung seiner Kräfte erfüllen: *fleißig a.; Berlin S arbeitet, Berlin N jeht uff Arbeet, Berlin O schuftet, Berlin W hat zu tun* (Tucholsky); vgl. Arbeit ↑Tätigkeit; ↑[2]arbeiten. **schaffen** (landsch.): i.S.v. arbeiten: *den ganzen Tag auf dem Felde s.;* vgl. schaffen ↑[2]arbeiten. **tätig sein** (geh.) (Ggs. untätig sein ↑[1]untätig): (in diesem Sinnbereich) nicht ruhen, sondern sich irgendwelchen Aufgaben, Vorhaben, Arbeiten widmen; steht im allgemeinen mit einer näheren Bestimmung: *unermüdlich tätig sein;* vgl. tätig sein ↑[2]arbeiten. **schuften** (salopp): unter Druck sehr hart, schnell und angestrengt [für andere] unter Aufbietung körperlicher Kräfte arbeiten; ist stark emotional gefärbt: *den ganzen Tag s.* **malochen** (ugs.): schwer arbeiten. **betätigen,** sich: (in diesem Sinnbereich) nicht müßig sein; etwas tun, um seine Kräfte zu gebrauchen: *er betätigt sich gern draußen im Garten;* vgl. betätigen ↑[2]arbeiten. **fleißig sein** (fam.): i.S.v. arbeiten; wird hauptsächlich bei Aufforderungen oder Anerkennung gebraucht: *Sie sind ja schon wieder fleißig!* **tun,** etwas (fam.): (in diesem Sinnbereich) ein gewisses Quantum seiner Arbeit hinter sich bringen; steht hier immer mit Objekten wie „etwas, nichts, viel, wenig“: *ich habe heute nichts getan.* **regen,** sich (geh.); **rühren,** sich (fam.): (in diesem Sinnbereich) sich intensiv um die Erledigung seiner Pflichten und Geschäfte bemühen: *wer hier vorankommen will, muß sich tüchtig regen/rühren.*

[2]**arbeiten** (+ Angabe des Ortes): (in diesem Sinnbereich) in einer bestimmten Firma, einem bestimmten Wirtschaftszweig oder in einer bestimmten Funktion berufstätig, als Arbeiter oder Angestellter, beschäftigt sein: *in einem Warenhaus a.;* ↑[1]arbeiten. **schaffen** (+ Angabe des Ortes; landsch.): i.S.v. arbeiten: *er schafft bei der Straßenbahn;* vgl. schaffen ↑[1]arbeiten. **tätig sein als ...** (geh.): (in diesem Sinnbereich) auf einem bestimmten Arbeitsgebiet oder in einer bestimmten Funktion beruflich arbeiten, wirken: *im Kriege als Krankenschwester tätig sein;* vgl. tätig sein ↑[1]arbeiten. **betätigen,** sich als ...: (in diesem Sinnbereich) auf einem bestimmten, selbstgewählten Wirkungsfeld arbeiten oder tätig sein; wird oft von Liebhabereien oder Gelegenheitsbeschäftigungen gesagt: *sich nebenberuflich als Schriftsteller b.;* vgl. betätigen ↑[1]arbeiten.

arbeitslos: ohne regelmäßige [vertraglich festgelegte] Tätigkeit, durch deren Ausübung die Mittel zum Bestreiten des Lebensunterhalts gewährleistet werden. **erwerbslos:** i.S.v. arbeitslos; betont aber, daß jemand als Folge seiner Arbeitslosigkeit ohne Einkommen ist; weniger häufig gebraucht als „arbeitslos“ und gewöhnlich durch dieses ersetzt; in der Amtssprache: arbeitslos und ohne Anspruch auf Leistung aus der Arbeitslosenversicherung: *erwerbslose Schulabgänger.* **ohne Arbeit:** i.S.v. arbeitslos; wie alle folgenden Wörter dieser Gruppe nicht in der Behördensprache üblich. **beschäftigungslos, unbeschäftigt:** (in diesem Sinnbereich) in keinem [geordneten, vertraglich festgelegten] Arbeitsverhältnis stehend; häufig mit der Nebenvorstellung des Vorübergehenden: *im Augenblick ist mein Mann beschäftigungslos.* **ohne Beschäftigung:** gegen seinen eigenen Willen [für einige Zeit] in keinem Arbeitsverhältnis stehend. **stellenlos:** keinen vertraglich gesicherten Arbeitsplatz innehabend; wird, wie die folgenden Wörter dieser Gruppe, im allgemeinen auf Angestellte, nicht auf Arbeiter bezogen. **stellungslos:** ohne festes Dienstverhältnis und damit ohne Erwerbsmöglichkeit. **ohne Anstellung:** i.S.v. stellungslos. **brotlos** (geh.): (in diesem Sinnbereich) in wirtschaftlicher Notlage durch Arbeitslosigkeit; drückt die Anteilnahme und Besorgtheit des Sprechers/Schreibers aus.

Architektur, die: Bauart, Bauweise, künstlerisches Prinzip, nach dem ein Gebäude, Gebäudekomplex, eine Stadt gestaltet ist. **Architektonik,** die (ohne Plural): die Komposition, die Gliederung, die Idee und Gestalt eines Kunstwerkes.

Ärger, der (ohne Plural): (in diesem Sinnbereich) durch Mißfallen an etwas, durch Unzufriedenheit oder Enttäuschung hervorgerufenes, meist nicht lange anhaltendes Unlustgefühl als augenblickliche gereizte oder abwehrende Reaktion auf einen unmittelbaren Anlaß; im allgemeinen näher bestimmt durch Angabe des Sachverhalts oder der Person, auf die es sich bezieht: *Ä. über etwas, über jmdn. empfinden;* ↑ärgerlich. **Verdruß,** der (ohne Plural; geh.): anhaltendes nagendes Unlustgefühl, hervorgerufen durch Mißfallen an etwas, Unzufriedenheit oder Enttäuschung über einen als wichtig angesehenen Sachverhalt; bezeichnet im Unterschied zu „Ärger“ weniger eine augenblicklich aufwallende Reaktion als eine immer von neuem genährte, das Leben zeitweilig vergällende Stimmung; *lebhaften V. über etwas, über jmdn. empfinden.* **Unmut,** der (ohne Plural; geh.): Mißstimmung infolge einer Unzufriedenheit oder Enttäuschung, die sich als Gemütszustand nicht nur in einer augenblicklichen Reaktion auf den Anlaß äußert, sondern länger anhält und sich auf alle Empfindungen und Gedanken legt: *seinem U. deutlich Luft machen.* **Unwille,** der (ohne Plural; geh.): lebhaftes Mißfallen an etwas, das sich in einer Stimmung der Ungehaltenheit und Gereiztheit niederschlägt und sich oft in einer unfreundlichen oder ablehnenden Haltung gegenüber anderen äußert; ↑unwillig. **Erbitterung,** die (ohne Plural): durch Unzufriedenheit oder Enttäuschung in einer Sache, die einen persönlich angeht, hervorgerufene erregte Mißstimmung, die oft mit einem Haß gegen bestimmte andere Personen verbunden ist und bei gegebenem Anlaß unerwartet ausfallend und gehässig hervortreten kann. **Groll,** der (ohne Plural; geh.): heimliche, eingewurzelte Feindschaft oder verborgener Haß oder zurückgestauter Unwille, der durch innere oder äußere Widerstände daran gehindert ist, sich nach außen zu entladen, und sich oft in einer das Leben vergiftenden Verbitterung niederschlägt. **Chagrin** [schagräng], der (ohne Plural; selten): (in diesem Sinnbereich) Ärger; verärgerte Stimmung: *diese Bemerkung hat mich in C. gebracht;* vgl. Chagrin ↑Kummer, ↑Neid; ↑Anstoß erregen, ↑beneiden.

ärgerlich: (in diesem Sinnbereich) übelgelaunt, in gereizter Stimmung, weil man mit einer Sache oder dem Verhalten eines anderen, das das eigene Wohlbefinden beeinträchtigt, [vorübergehend] unzufrieden ist; drückt im allgemeinen keinen sehr hohen Grad der Erregung aus, bezieht sich auf das gegenwärtige Gestimmtsein des Betreffenden, seine emotionale Einstellung gegenüber einer Sache oder einer Person und läßt den Grund oder Anlaß unberücksichtigt; wird attributiv, seltener auf Personen selbst, meist auf ihren Gefühlsausdruck bezogen: *ä. über eine Sache, auf jmdn. sein; ein ärgerliches Gesicht machen;* ↑Ärger, ↑verärgert. **böse:** (in diesem Sinnbereich) gegenüber einem anderen in feindseliger Stimmung, voll Groll, weil man sich durch sein Verhalten gekränkt fühlt oder weil man es nicht billigt; im allgemeinen nicht attributiv: *er war sehr b. über diesen Scherz;* vgl. erbost ↑verärgert. **sauer** (salopp): (in diesem Sinnbereich) so erzürnt, ungehalten über das Tun oder Verhalten eines anderen, daß man daraufhin längere Zeit oder fortan grundsätzlich schlecht auf ihn zu sprechen ist; im allgemeinen nicht attributiv: *er ist jetzt ziemlich s. auf seinen Arbeitgeber.* **tücksch** (ugs.; landsch.): als Folge eines Zerwürfnisses mit jmdm. über eine Sache verärgert, erbittert, was sich anderen, besonders dem gegenüber, der diesen Unwillen erregt hat, in schroffem und unfreundlichem Verhalten äußert; ↑unerfreulich, ↑unwillig, ↑zornig; ↑schmollen, ↑unzufrieden [sein].

[1]**Argwohn,** der (ohne Plural): (in diesem Sinnbereich) mißtrauische Mutmaßung; seelische Einstellung, Neigung, hinter dem Tun oder dem Verhalten eines anderen eine gegen die eigenen Interessen gerichtete, feindselige oder unredliche Absicht zu vermuten; bezeichnet wie „Mißtrauen" sowohl die [begründete] Einstellung zu einer Sache oder Person im bestimmten Einzelfall wie auch die grundsätzliche, auf Erfahrung oder der Denkart beruhende psychische Haltung; ↑[2]Argwohn, ↑argwöhnen. **Mißtrauen,** das (ohne Plural): (in diesem Sinnbereich) [grundsätzlich] skeptische, argwöhnische Haltung oder Einstellung gegenüber einer Person, bei der man, ohne einen bestimmten Anhalt oder Verdacht zu haben, feindselige oder unredliche Absichten irgendwelcher Art vermutet; bedeutet einen Mangel an Vertrauen in die Ehrlichkeit, Aufrichtigkeit usw. eines Menschen: *sie blickte ihn mit unverhohlenem M. an;* ↑Mißtrauen.

[2]**Argwohn,** der (ohne Plural): (in diesem Sinnbereich) unbestimmte, mehr intuitive als begründete Vermutung, jmd. verfolge eine bestimmte, gegen die eigenen Interessen gerichtete oder feindselige Absicht, tue etwas Unerlaubtes oder sei der Urheber einer [bereits geschehenen] unerlaubten Handlung; ↑[1]Argwohn, ↑argwöhnen. **Verdacht,** der (ohne Plural): (in diesem Sinnbereich) auf Gründe, Anzeichen o. ä. gestützte Vermutung, jmd. verfolge eine heimliche, meist feindselige oder unredliche Absicht oder sei in einer bestimmten Angelegenheit der Schuldige; ↑verdächtigen.

argwöhnen, etwas: mißtrauisch sein und die Vermutung hegen, daß sich etwas in einer ungewünschten Weise verhält, daß jmd. etwas tut, was man nicht billigt oder als Bedrohung empfindet; steht, wie die übrigen Wörter dieser Gruppe, meist mit Inhaltssatz: *sie argwöhnte, daß er sie hinterginge; man argwöhnte einen Verräter in ihm; er argwöhnte eine Falle.* **den Argwohn hegen** (geh.): [längere Zeit] an der aus Mißtrauen erwachsenen Vermutung, dem unbestimmten Verdacht festhalten, daß etwas hinter dem Rücken des Betreffenden geschehe oder unternommen werde, was er nicht billige oder was feindselig gegen ihn gerichtet sei: *er hegte den Argwohn, man wolle seine Pläne durch allerlei Intrigen durchkreuzen;* ↑[1]Argwohn, ↑[2]Argwohn. **den Verdacht**

haben: die naheliegende oder begründete, aber noch völlig unbewiesene Vermutung haben, daß man von einem anderen getäuscht werde, daß hinter dem Rücken des Betreffenden etwas für ihn Unerwünschtes oder für ihn Nachteiliges unternommen werde; bezieht sich meist auf weniger schwerwiegende Dinge und drückt im Unterschied zu „den Verdacht hegen" mehr ein augenblickliches [vorübergehendes] Mißtrauen aus: *ich habe den Verdacht, daß du mir nicht die Wahrheit sagst.* **den Verdacht hegen** (geh.): i. S. v. den Verdacht haben; betont jedoch mehr, daß man bereits einige Zeit argwöhnisch ist oder einen Verdacht nicht los wird: *er hegte schon längere Zeit den Verdacht, daß man ihn betrüge;* vgl. Verdacht ↑[2]Argwohn; ↑verdächtigen.

arm (Ggs. ↑reich): ohne Geld oder ausreichende Einkünfte, um ein auskömmliches Leben zu führen; in diesem Sinne wird „arm" heute im allgemeinen durch andere, verhüllend-umschreibende Ausdrücke ersetzt, z. B. finanzschwach, sozial schwächer, einkommensschwach, unterprivilegiert, unterentwickelt; sich einschränken müssen, und ist heute hauptsächlich noch dann üblich, wenn man es in den Gegensatz zu „reich" stellen will: *eine arme Familie; seine Verschwendungssucht hat ihn a. gemacht.* **mittellos:** nicht im Besitz der geldlichen Mittel, um davon das Notwendigste zur Erhaltung seines Lebens zu bestreiten: *ich bin völlig m.* **unbemittelt:** nicht im Besitz der geldlichen Mittel, um eine bestimmte Absicht zu verwirklichen: *er würde gern ein Geschäft aufmachen, steht aber u. da.* **besitzlos** (veraltend): kein Kapital und keine kapitalkräftigen Werte besitzend: *die besitzlosen Klassen.* **unvermögend** (selten): kein Vermögen besitzend: *ein unvermögendes Mädchen heiraten.* **einkommensschwach:** nur über ein geringes Einkommen verfügend. **finanzschwach:** ohne größeren finanziellen Rückhalt. **notleidend:** in bedrängter wirtschaftlicher Lage, in die man durch ein die Öffentlichkeit angehendes Unglück, einen volkswirtschaftlichen Mißstand geraten ist oder die zur Hilfe aufruft; vorwiegend von ganzen Berufs- oder Bevölkerungsgruppen oder deren Vertretern gesagt und meist in festen Verbindungen gebraucht: *die notleidende Landwirtschaft.* **verarmt:** durch den Verlust früheren Reichtums oder Wohlstands arm geworden; steht hier nur attributiv: *eine verarmte Adlige.* **bettelarm** (emotional verstärkend): sehr arm, völlig verarmt [und Mitleid erweckend]: *bettelarme Leute; durch Börsenspekulationen b. werden;* ↑karg, ↑kümmerlich.

Arrestlokal, das: oft behelfsmäßig zurechtgemachter Raum, in den man, nur vorübergehend und für kurze Zeit, Verhaftete oder noch zu verurteilende Personen bringt. **Zelle,** die: (in diesem Sinnbereich) kleiner, einfach hergerichteter und spärlich ausgestatteter Raum in einer Strafanstalt, in den man einen oder mehrere Häftlinge zur Verbüßung ihrer Strafen einsperrt. **Kerker,** der (veraltend; aber noch österr.): enge, vielfach unterirdisch gelegene Zelle mit sehr kärglicher Ausstattung, in der die Strafgefangenen unter oft menschenunwürdigen Verhältnissen untergebracht werden; heute auch noch emotional-emphatisch gebraucht: *die Antifaschisten schmachteten in den Kerkern.* **Loch,** das (salopp; abwertend): Zelle im Gefängnis, wobei man vor allem an einen engen, dunklen und primitiven Raum denkt. **Bunker,** der (Soldatenspr.): i. S. v. Zelle; meist nur bei einer kürzeren Dauer oder bei einer vorläufigen Festnahme. **Karzer,** der (hist.): Haftzelle in Universitäten und höheren Schulen für Studenten oder Schüler, die sich kleinere Verstöße gegen die Ordnung zuschulden kommen ließen. **Verlies,** das: meist unterirdisch gelegener, dunkler und schwer zugänglicher Raum, in den man früher Gefangene brachte, denen man keine mildere Haft gewähren wollte; ↑Strafanstalt.

Artikel, der: (in diesem Sinnbereich) schriftstellerischer oder publizistischer Beitrag in einer Zeitung oder Zeitschrift: *sie schrieb einen A. für die AZ.* **Editorial,** das: **a)** Vorwort des Herausgebers in einer [Fach]zeitschrift; **b)** Leitartikel des Herausgebers oder des Chefredakteurs einer Zeitung. **Leitartikel,** der: kommentierender Artikel zu einem wichtigen aktuellen Thema an bevorzugter Stelle einer Zeitung oder Zeitschrift. **Glosse,** die: schriftstellerischer, journalistischer, auf Kritikwürdiges gerichteter Beitrag, der durch Knappheit, Prägnanz, Pointiertheit gekennzeichnet ist und in dem Widersprüchliches auf emotional wirksame, geistreiche Weise mit erzieherischem Aspekt – im Ton unterhaltsam – überraschend, schlagartig aufgedeckt wird: *eine G. schreiben.* **Kolumne,** die: von stets demselben Journalisten verfaßter, regelmäßig an bestimmter Stelle einer Zeitung oder Zeitschrift veröffentlichter Meinungsbeitrag. **Essay,** der oder das: Abhandlung, die eine literarische oder wissenschaftliche Frage in knapper und anspruchsvoller Form behandelt: *ein E. über Muschg.* **Feuilleton** [föjᵉtong], das: kleinerer literarischer oder journalistischer, stark von der Persönlichkeit des Autors geprägter Beitrag im Kulturteil, dem unterhaltenden Teil einer Zeitung, Zeitschrift, in aufgelockertem, geistvollem Stil; ↑Nachrichten.

Atem, der: die ein- oder ausgeatmete Luft: *stinkender A.; sein A. riecht; A. holen, schöpfen; den A. anhalten, ausstoßen; dieser penetrante Geruch nimmt einem den A.* **Puste,** die (ugs.): Atem, Atemluft, und zwar als etwas, was für eine Leistung nötig ist, dessen Vorhandensein aber in Frage gestellt ist; diese Einschränkungen im Gebrauch werden bei der Austauschprobe deutlich; man kann nicht sagen: eine stinkende Puste; P. holen usw.: *ihm war beim Rennen die P. ausgegangen; außer P. sein; aus der P. kommen.* **Luft,** die: (in diesem Sinnbereich): die Lufthülle der Erde bildender gasförmiger Stoff, der zum Atmen gebraucht wird: *L. holen* (einatmen); *die L. anhalten* (nicht ausatmen); *keine L. bekommen* (vorübergehend nicht atmen können). **Odem,** der (veraltend, feierlich-poetisch): i. S. v. Atem: *Gott hauchte den Menschen den O. des Lebens ein;* ↑atmen.

athletisch: stark gebaut und kraftvoll, dabei meist wohlgeformt und gut proportioniert, mit gut ausgebildeter [durchtrainierter] Muskulatur; bezieht sich, wie die übrigen Wörter dieser Gruppe, auf die Figur eines Menschen, meist eines Mannes, oder auf größere Körperpartien; wird vorwiegend attributiv verwendet. **muskulös:** mit deutlich sichtbaren, hervortretenden Muskeln versehen und dadurch äußerst stark und kräftig wirkend; bezieht sich auf den ganzen Körper eines Menschen und besonders auch auf einzelne Körperteile. **kräftig:** (in diesem Sinnbereich) so beschaffen, daß die vorhandene Körperkraft auch äußerlich sichtbar ist; in der äußeren Erscheinung von körperlicher Kraft zeugend; bezieht sich sowohl auf den ganzen Körper als auch auf einzelne Körperteile eines Menschen: *sein Körper ist k. und vom Sport gestählt.* **kraftstrotzend** (emotional verstärkend): überaus stark und kräftig aussehend, von besonders großer körperlicher Kraft zeugend und dabei sehr gesund wirkend, so daß es anderen auffällt; bezieht sich sowohl auf einzelne Körperteile und -partien als auch auf den ganzen Körper des Menschen; wird im allgemeinen nur attributiv gebraucht und meist mit einer gewissen Bewunderung oder Anerkennung gesagt: *er hob die Zentnersäcke mit seinen kraftstrotzenden Armen empor.* **herkulisch** (bildungsspr.): (in diesem Sinnbereich) von mächtig und kraftvoll wirkendem Aussehen und von gewaltiger Stärke zeugend; bezieht sich meist auf die Gestalt, seltener auch auf einzelne Körperteile eines Menschen: *zwei herkulische Ringkämpfer betraten die Arena.*

atmen: die Luft [in regelmäßigem Wechsel] durch den Mund oder durch die Nase in die Lungen einziehen und wieder ausstoßen; kennzeichnet den natürlichen, lebensnotwendigen Vorgang der Luftversorgung des Körpers beim Menschen und beim luftatmenden Wirbeltier; steht häufig mit näherer Kennzeichnung der Art und Weise und dient dann dazu, jmds. augenblicklichen seelischen oder körperlichen Zustand zu verdeutlichen: *er atmete heftig, mit Mühe; der Kranke hatte sehr unregelmäßig geatmet.* **schnaufen: a)** (ugs.): geräuschvoll oder jedenfalls hörbar durch die Nase oder durch Mund und Nase atmen, häufig infolge einer Anstrengung; wird im Gegensatz zu „schnauben" weniger auf Tiere angewandt: *sie schnaufte laut vor Konzentration;* **b)** (ugs.; landsch.): i. S. v. atmen; steht jedoch meist ohne die Art und Weise genauer charakterisierender Beiwörter: *hier ist wieder eine Luft zum Schneiden, man kann ja kaum noch s.* **schnauben:** heftig und geräuschvoll durch die Nase atmen; wird im allgemeinen auf größere [Haus]tiere angewandt, seltener auch auf den Menschen, und zwar meist dann, wenn dessen Atmen infolge körperlichen Unbehagens oder innerer Erregung hörbar wird. **keuchen:** sehr beschwerlich und geräuschvoll, meist schnell und stoßweise atmen, oft infolge starker körperlicher Anstrengung; wird im allgemeinen nur auf Menschen angewandt. **hecheln:** mit offenem Mund oder Maul [und mit hängender Zunge] kurz und schnell, heftig und meist hörbar atmen; bezieht sich im allgemeinen auf das rasche Atmen bei Hunden; kennzeichnet, auf Menschen übertragen, einen hohen Grad von Atemlosigkeit bei oder nach großer körperlicher Anstrengung. **röcheln:** mit [leise] rasselndem Geräusch, stöhnend und meist nur [noch] schwach atmen; kennzeichnet meist das beschwerliche Atmen Schwerkranker oder Sterbender; ↑Atem.

Attentat, das: Mordversuch an einer im öffentlichen Leben stehenden Person aus politischen oder ideellen Motiven: *ein A. auf/gegen jmdn. planen.* **Anschlag,** der: Vorhaben, Unternehmen, das auf die Tötung von Menschen oder auf die Vernichtung von Einrichtungen o. ä. gerichtet ist: *einen A. [auf jmdn.] planen, vereiteln; an dem A. auf/gegen das Atomkraftwerk waren über zehn Personen beteiligt.*

atzen, etwas: (in diesem Sinnbereich) die Vogelbrut mit Futter versorgen; den noch nicht flüggen Jungvögeln [vorverdautes] Futter [aus dem Kropf] in die Schnäbel stopfen, was häufig von den Vogeleltern gemeinschaftlich besorgt wird; betont im Unterschied zum sachlicheren „füttern" mehr, daß der Hunger der Nestlinge gestillt wird; vgl. atzen ↑[3]essen. **füttern,** etwas: (in diesem Sinnbereich) Jungvögeln, die ihr Futter noch nicht selbst finden können, Nahrung zutragen.

aufarbeiten, etwas: (in diesem Sinnbereich) schadhafte oder häßlich gewordene Gegenstände durch fachgerechte Bearbeitung erneuern und sie dadurch wieder vollwertig, gebrauchsfähig machen oder verschönern: *wir müssen unbedingt unsere Matratzen a. lassen.* **auffrischen,** etwas: Gegenständen, die durch Alter oder [starke] Benutzung ihr schönes Aussehen verloren haben, abgenutzt sind, durch geeignete [Pflege]mittel etwas von ihrer früheren Schönheit zurückgeben, sie durch entsprechende Behandlung weitgehend wieder so erscheinen lassen, wie sie ursprünglich waren. **aufmöbeln,** etwas (salopp): (in diesem Sinnbereich) ältere, schadhaft oder unansehnlich gewordene Dinge durch [kleinere] Ausbesserungs- oder Verschönerungsarbeiten wieder instand setzen oder in einen ansehnlicheren, besseren Zustand bringen; bezieht sich öfter auf Arbeiten, die nicht vom Fachmann ausgeführt werden. **aufpolieren,** etwas: den künstlich hergestellten Glanz der Oberfläche harter Gegenstände, der durch Alter oder irgendwelche mechanischen Einflüsse stumpf oder schadhaft geworden ist, durch geeignete Behandlung auffrischen; etwas wieder glänzend machen: *nach dem Umzug mußten wir unsere Möbel zum Teil a. lassen.*

aufbegehren [gegen jmdn./etwas] (geh.): unverhohlen seinen Unwillen über jmdn./etwas Luft machen, nachdem man eine Weile an sich gehalten hat, und sich zur Wehr setzen: *gegen seine Peiniger, gegen die Gewalt a.* **wider/gegen den Stachel löcken** (geh.): etwas, was als Behinderung und Einschränkung der persönlichen Freiheit (z. B. ein Verbot, ein Befehl) empfunden wird, nicht hinnehmen und sich darüber hinwegsetzen; sich nicht fügen. **meutern** (ugs.): seiner Unzufriedenheit Ausdruck geben, sein Mißfallen über eine Anordnung o. ä. äußern; vgl. meutern ↑auflehnen; mosern ↑nörgeln.

aufbekommen, etwas: es schließlich doch fertigbringen, etwas zu öffnen, was sich nicht ohne weiteres öffnen läßt; bezieht sich hauptsächlich auf Dinge, die durch ein Schloß oder einen Deckel verschlossen sind. **aufkriegen,** etwas (ugs.): i. S. v. aufbekommen; ist das am häufigsten gebrauchte Wort dieser Gruppe und wird auf alle möglichen Dinge angewandt, die sich nur mit Mühe öffnen lassen: *wie hast du nur diese Konservenbüchse aufgekriegt!* **aufbringen,** etwas (ugs.; landsch.); etwas [mit einiger Mühe oder Geschicklichkeit] öffnen können: *Tilo wird den Koffer ganz bestimmt a.*

aufbewahren, etwas: (in diesem Sinnbereich): meist etwas Wertvolles oder fremdes Eigentum, das einem vorübergehend anvertraut ist, sorgsam aufheben, hüten: *etwas unter Verschluß, in einem Glaskasten a.;* vgl. aufbewahren ↑aufheben. **aufheben,** etwas: etwas (meist eigenen Besitz) zum künftigen Gebrauch, zum Andenken, für spätere Zeiten bewahren; oft mit näherer Bestimmung, die darauf hinweist, wie oder wo etwas aufgehoben wird: *etwas sicher, schlecht, im Schreibtisch a.* **verwahren,** etwas (geh.): etwas gut und sicher aufheben. **bewahren,** etwas (selten): (in diesem Sinnbereich) i. S. v. aufbewahren; im allgemeinen mit näherer Bestimmung: *bewahre das gut!* **verschließen,** etwas: etwas in einen verschließbaren Gegenstand bringen und dort unter Verschluß aufbewahren. **unter Verschluß halten,** etwas (nachdrücklich): streng darauf achten, daß etwas Wertvolles oder Geheimes der Allgemeinheit nicht zugänglich ist und es vor Verlust, Beschädigung, Mißbrauch usw. bewahren, indem man es in einem verschlossenen Behältnis aufbewahrt: *das Dienstsiegel hält er immer unter Verschluß.* **an sich nehmen,** etwas (ugs.): (in diesem Sinnbereich) etwas in seine Obhut und damit in seinen Schutz, unter seine Aufsicht nehmen: *nimm das Portemonnaie bitte an dich, bis ich wiederkomme.* **in Verwahrung nehmen,** etwas (nachdrücklich): (in diesem Sinnbereich) etwas an sich nehmen und es besonders gut aufheben, daß es vor Verlust, Beschädigung usw. bewahrt wird.

aufbrechen: sich zum Weggehen rüsten und den Ort des bisherigen Verweilens für kürzere oder längere Zeit oder für immer verlassen, um ein bestimmtes Ziel zu erreichen; oft mit Angabe des Ziels: *zu einer Reise a.* **aufmachen,** sich: **a)** (veraltend): sich zum Weggehen anschicken, einen Weg, eine Reise [zu Fuß] antreten; oft mit Angabe des Ziels: *er machte sich auf nach Magdeburg;* **b)** (ugs.): i. S. v. aufbrechen: *wir hatten uns in der Frühe aufgemacht.* **sich auf den Weg machen:** i. S. v. aufmachen, sich b). **losziehen** (ugs.): sich [mit Freude und in Erwartung von etwas] zu jmdm./etwas auf den Weg machen: *wir sind ganz früh losgezogen in den Wald, zum Tanz;* ↑fortstehlen, ↑weggehen, ↑weglaufen.

aufdecken, etwas: (in diesem Sinnbereich) etwas dem Verständnis oder der Erkenntnis Verborgenes offenbar, für andere sichtbar oder einen unbekannten Zusammenhang begreiflich machen; wird nur von Tatsachen und Sachverhalten gebraucht: *ein Verbrechen a.* **bloßlegen,** etwas (geh.): einen Tatbestand oder Zusammenhang, der die Ursache von anderen Sachverhalten ist, aber in ihnen nicht erkennbar wird, aufspüren und begreiflich machen; während in „aufdekken" durch die Vorsilbe auf- der Vorgang angesprochen wird, wird durch „bloßlegen" auf den dadurch erreichten Zustand hingewiesen, darauf, daß etwas nun ungeschützt, unbedeckt vor aller Augen liegt: *die Hintergründe b.* **enthüllen,** etwas: einen in seiner wahren Art und Bedeutung bisher nicht erkannten Sachverhalt aufdecken: *ein Geheimnis e.* **entschleiern,** etwas (geh.): etwas Geheimnisvolles, Unergründliches, nur zu Ahnendes sichtbar machen: *ein Mysterium e.*

aufessen, etwas: etwas ganz essen, bis nichts mehr übrig ist. **verspeisen,** etwas (geh.): etwas ganz und mit Behagen aufessen: *ein ganzes Hähnchen v.* **verschlingen,** etwas: (in diesem Sinnbereich) etwas gierig und hastig zu sich nehmen; emotional gefärbt; im allgemeinen mit Objekt und näherer Bestimmung: *in kurzer Zeit hatte er den ganzen Braten verschlungen;* vgl. verschlingen ↑auffressen. **auffressen,** etwas: (in diesem Sinnbereich) i. S. v. aufessen; entweder lediglich als derb-burschikose Ausdrucksweise für „aufessen" oder in bezug auf die Art des Essens oder die Menge, die nicht dem Üblichen und Angemessenen entspricht; ↑auffressen; vgl. fressen ↑essen. **verkonsumieren,** etwas (ugs.); **konsumieren,** etwas (ugs.): eine größere Menge [in einiger Zeit] essen: *das kann ich nicht alles verkonsumieren.* **verdrükken,** etwas (ugs.): eine große Menge von etwas essen, ohne viel Aufhebens davon zu machen, still und ohne daß es sonderlich auffällt: *Klaus-Rainer hat gestern abend fünf Brote verdrückt.* **auffuttern,** etwas (fam.): etwas mit Freude am Essen verzehren; wird vor allem von jüngeren Leuten gesagt: *sie haben alles aufgefuttert, was in der Speisekammer war.* **verputzen,** etwas (fam.); **verspachteln,** etwas (fam.; landsch.): eine größere Menge mit gutem Appetit essen; im allgemeinen nicht in der Verneinung verwendet: *der kann viel verputzen.* **vertilgen,** etwas (selten): etwas Eßbares restlos aufessen. **verschmausen,** etwas: etwas mit Genuß und Appetit aufessen; ↑auffressen, ↑[1]essen, ↑[2]essen.

auffallen: aus einer Menge hervorstechen; durch seine besondere Beschaffenheit oder sein ungewöhnliches Verhalten von anderen bemerkt werden; wird von Personen, ihrem Verhalten oder ihren Besonderheiten oder von Gegenständen und ihren Eigenschaften gebraucht: *ihr Benehmen fiel unangenehm auf; er fiel durch seine Größe auf.* **die Aufmerksamkeit auf sich ziehen/**(auch:) **lenken:** durch sein besonderes Aussehen oder sein außergewöhnliches Verhalten in einem bestimmten Fall erreichen oder indirekt bewirken, daß man [plötzlich] beachtet wird; wird von Personen und Dingen gesagt. **Aufsehen erregen/**(auch:) **verursachen** (nachdrücklich); **Aufsehen machen** (ugs.): vor einem größeren Publikum etwas nicht Alltägliches tun, ihm etwas Außergewöhnliches bieten und starke Beachtung finden oder eine heftige Reaktion wie Aufregung, Verwunderung, Überraschung auslösen; kann auf Personen, Dinge und Vorgänge usw. bezogen werden.

auffinden, jmdn./etwas: jmdn., den man vermißt, oder etwas, was verlorengegangen oder verborgen ist [nach langem Suchen, unversehens] entdecken; wird häufig in Verbindung mit einer Ortsangabe oder mit der Bestimmung des Zustandes, in welchem man jmdn./etwas findet, gebraucht; steht häufig auch in verneinendem Zusammenhang: *er wurde bewußtlos, völlig betrunken, tot in seinem Zimmer aufgefunden.* **aufspüren,** jmdn./etwas: jmdn./etwas, dem man nachgeforscht hat, an einem verborgenen geheimgehaltenen Ort auffinden, ausfindig machen: *einen Verbrecher a.* **aufstöbern,** jmdn./etwas (fam.): (in diesem Sinnbereich) jmdn./etwas nach [längerem] Suchen, Durchsuchen, Durchwühlen schließlich finden, entdecken, aus der Verborgenheit zutage fördern. **auftreiben,** jmdn./etwas (ugs.): (in diesem Sinnbereich) jmdn., den man zu irgendeinem Zweck herbeischaffen, oder etwas, was man sich [unbedingt] beschaffen möchte, nach längerem [angestrengtem] Suchen oder auch Ausschauhalten irgendwo ausfindig machen; wird im Zusammenhang mit Personen öfter auch abwertend gebraucht: *nirgends war ein Arzt aufzutreiben;* vgl. auftreiben ↑besorgen, ↑ausfindig machen, ↑auskundschaften, ↑erspähen.

auffressen, etwas: (in diesem Sinnbereich) etwas ganz fressen, bis nichts mehr übrig ist; wird von Tieren gesagt: *die Hühner haben ihr Futter aufgefressen;* vgl. auffressen ↑aufessen. **verschlingen,** etwas: etwas ohne [viel] zu kauen [hastig] fressen: *der Hund verschlang heißhungrig das Fleisch;* vgl. verschlingen ↑aufessen. **verschlucken,** etwas: etwas in größeren Stücken, Bissen [und schnell] fressen: *die Gans hatte alle kleinen Fische verschluckt;* ↑aufessen, ↑[1]essen, ↑[2]essen.

Aufgabe, die: (in diesem Sinnbereich) etwas, was jmd. tun muß oder soll [weil es ihm aufgetragen worden ist, weil er es sich selbst vorgenommen hat oder weil es sich aus irgendeinem Grunde so ergibt, er sich dazu verpflichtet fühlt]; ist das allgemeinste Wort dieser Gruppe und hat die größte Anwendungsbreite. **Obliegenheit,** die (meist Plural; geh.): Aufgabe, die jmdm. zufällt oder zu deren Ausführung er verpflichtet ist, weil sie zu seinem Zuständigkeitsbereich gehört; klingt, besonders im privaten Bereich, meist sehr offiziell und gespreizt: *das gehört zu den Obliegenheiten eines Landarztes.* **Pflicht,** die: Aufgabe, die jmdm. obliegt, die als irgendwie geartete Anforderung von außen an jmdn. herantritt und für ihn verbindlich ist: *die häuslichen Pflichten.* **Verpflichtung,** die (meist Plural): (in diesem Sinnbereich) etwas, was jmd. auf Grund von Gesetzen, Vereinbarungen, Konventionen zu tun gezwungen ist oder tun soll; betont weniger die sittliche Notwendigkeit als den äußeren Zwang: *dienstliche Verpflichtungen.* **Schuldigkeit,** die (Plural ungebräuchlich; selten): etwas, was jmd. tun soll oder muß, weil es von ihm mit einem gewissen Recht erwartet, verlangt wird oder weil er dessen Notwendigkeit selbst erkennt, sich anderen gegenüber aus irgendeinem Grund dazu verpflichtet fühlt; steht nur in bestimmten Wendungen, meist in der formelhaften Verbindung „Pflicht und Schuldigkeit“: *es wäre seine verdammte Pflicht und Schuldigkeit gewesen, es ihm sofort mitzuteilen.*

aufgeben, etwas: (in diesem Sinnbereich) eine bestimmte Tätigkeit vorzeitig abbrechen und nicht wieder aufnehmen; ein Vorhaben nicht weiterverfolgen oder von einem Plan, einer Idee oder einer besonderen Haltung Abstand nehmen; eine Angelegenheit endgültig abschließen: *er hatte die Verfolgung aufgegeben.* **aufstecken,** etwas (ugs.): etwas, was man sich vorgenommen hat, nicht tun; ein angefangenes Vorhaben aufgeben oder auf seine Ausführung vorzeitig verzichten; das Wort drückt aus, daß man ein ursprünglich angestrebtes Ziel durch entgegenstehende äußere Umstände, aus Einsicht oder Resignation nicht mehr erreichen will oder kann und darum vorher aufgibt. **an den Nagel hängen,** etwas (ugs.): eine längere Zeit ausgeübte [berufliche] Tätigkeit o. ä. aufgeben [und sich irgend etwas anderem zuwenden]. **fallenlassen,** etwas; **fahrenlassen,** etwas (ugs.): auf die Verwirklichung eines Planes, eines Vorhabens o. ä. verzichten; einen besonderen Gedanken oder einen Anspruch auf etwas [plötzlich] aufgeben und nicht weiterverfolgen: *einen Plan fallenlassen.* **lassen,** von etwas: von einer Sache, einer Idee oder einem Vorhaben widerwillig oder zögernd abstehen; wird meist in der Negation gebraucht: *von einem Gedanken nicht l. wollen.*

aufgeregt: sich in einer vorübergehenden heftigen, oft nach außen hin durch die Art des Reagierens sichtbaren Gemütsbewegung, sich in einer inneren Hochspannung befindend oder davon zeugend, dieselbe verratend; bezeichnet einen Zustand, der durch innere oder äußere, erfreuliche oder unerfreuliche Anlässe hervorgerufen worden sein kann; bezieht sich auf den Menschen, seine Verhaltens- und Äußerungsweise [in bestimmten Situationen]: *seine Stimme klang sehr a.;* ↑Aufregung. **erregt:** in starker, aber meist beherrschter Gefühlswallung oder von einer solchen zeugend; in großer innerer Spannung, die von außen her oft nur schwer zu erkennen ist und – im Unterschied zu „aufgeregt“ – meist verursacht ist durch einen Anlaß, der die starke innere Gefühlsbewegung als gerechtfertigt oder doch als verständlich erscheinen läßt; bezieht sich auf den Menschen, sein Verhalten und seine Äußerungen: *e. diskutieren; erregte Stimmen;* vgl. Erregung ↑Aufregung. **nervös:** (in diesem Sinnbereich) in vorübergehend gereiztem Gemütszustand, der sich in körperlicher und seelischer Unruhe äußert, oder auf einen solchen Gemütszustand schließen lassend, der meist durch psychische Belastung in besonderen Situationen verursacht wird; bezieht sich meist unmittelbar auf den Menschen oder auf sein Verhalten und seine Äußerungen: *vor jedem Auftritt lief er n. im Künstlerzimmer auf und ab;* vgl. nervös ↑kribblig; vgl. Nervosität, ↑Aufregung; ↑Unruhe. **fiebrig:** in gesteigerter innerer Erregung und [gespannter] Unruhe sich befindend oder so wirkend, davon zeugend; läßt auf eine zwar beherrschte, aber nach außen hin dennoch sichtbare Gefühlsbewegung schließen, die oft deshalb zustande kommt, weil man etwas nicht erwarten kann oder darauf brennt, etwas zu tun; bezieht sich auf den Menschen, seinen Zustand und sein Verhalten; wird – besonders bei subjektbezogenem Gebrauch – öfter ergänzt durch Zusätze, die das Erregtsein näher kennzeichnen oder betonen: *ihre Augen glänzten in einer fiebrigen, fast hysterischen Spannung.* **fick[e]rig** (ugs.; landsch.): von Unruhe, Nervosität erfüllt und nicht in der Lage, diese sich in Bewegungsdrang äußernde Unruhe zu verbergen: *er ist fast so f. wie ein junger Hund;* ↑Herzklopfen; ↑fahrig, ↑kribblig, ↑ruhelos.

[1]**aufhalten,** sich über jmdn./etwas: (in die-

sem Sinnbereich) sich mit einem anderen Menschen, seinen Handlungen oder Angelegenheiten, die in irgendeiner Weise ungewöhnlich sind, aus dem Rahmen fallen, die einen dennoch gar nichts angehen, befassen, [unsachlich] daran Kritik üben, mit Spott, ärgerlichen oder hämischen Bemerkungen dabei verweilen: *die Nachbarn halten sich darüber auf, daß wir uns ein so teures Auto gekauft haben.* **reden,** über jmdn./etwas: (in diesem Sinnbereich) über einen Menschen und seine Angelegenheiten hinter seinem Rücken mit anderen sprechen und dabei abfällig über ihn urteilen, seiner Entrüstung Ausdruck geben: *man redet schon über die Zustände, die in diesem Haus herrschen.* **aufregen,** sich über jmdn./etwas (ugs.): (in diesem Sinnbereich) sich über die Angelegenheiten oder Entscheidungen eines anderen Menschen, über sein Tun und Lassen ereifern und erregen und sich entrüsten: *viele ihrer Bekannten regten sich darüber auf, daß sie einen Mann von anderer Konfession heiraten wollte.* **das Maul verreißen/**(auch:) **zerreißen,** sich (Dativ) [über jmdn./etwas] (salopp): unberechtigt, mit Eifer, in den man sich hineinsteigert, meist mit Entrüstung oder mit mehr oder weniger verborgener Schadenfreude, die Angelegenheiten eines anderen erörtern [und verurteilen]: *warum zerreißt ihr euch das Maul über Dinge, die euch gar nichts angehen?*

[2]**aufhalten,** sich: (in diesem Sinnbereich) vorübergehend irgendwo leben; eine gewisse Zeit an einem Ort oder Platz verbringen: *wir hielten uns einige Tage in Florenz auf.* **weilen** (geh.): mit Muße eine gewisse Zeit an einem Ort oder Platz verbringen. **sein** (ugs.): (in diesem Sinnbereich) i. S. v. sich aufhalten; ist ein sehr allgemeiner und vager Ausdruck: *sie waren vier Monate des Jahres im Süden.* **bleiben:** (in diesem Sinnbereich) sich für eine gewisse Dauer an einem Ort befinden [wie man es sich vorgenommen hat]; drückt aus, daß man sich die nötige Zeit nimmt; wird nur mit Zeitangabe verwendet: *sie wollen einige Zeit in Berlin b.;* ↑[1]bleiben, ↑[2]bleiben. **verweilen** (geh.): (in diesem Sinnbereich) eine kurze Zeit in Ruhe an einem Ort oder Platz verbringen; wird wie „bleiben" nur mit Zeitangabe gebraucht: *wir verweilten einen Augenblick vor dem Denkmal;* vgl. verweilen ↑verharren.

aufhäufen, etwas: Dinge von gleichartiger Beschaffenheit oder verschiedenartige Gegenstände ohne bestimmte Ordnung neben- und übereinanderlegen oder -werfen; etwas zu einem Haufen aufeinanderschichten. **aufschichten,** etwas: flächige Gegenstände [der gleichen Art] in [sauber ausgebreiteten, ordentlichen] Lagen nach einer bestimmten Ordnung übereinanderlegen; etwas Schicht um Schicht oder in Schichten genau aufeinandersetzen: *Holz, Steine, Bücher a.* **stapeln,** etwas: feste [gleichartige] Gegenstände, die ihrer Form nach dazu geeignet sind, nach einem bestimmten System [wohlgeschichtet] aufeinandersetzen; einen Stapel errichten, stapelweise aufschichten: *Bretter, Kisten, Bücher s.* **aufstapeln,** etwas: i. S. v. stapeln; betont jedoch stärker die Aufwärtsbewegung, das Übereinanderordnen in Stapeln: *die Torfstücke werden in einzelnen Stößen aufgestapelt.* **türmen,** etwas (selten): verschieden- oder gleichartige Dinge turmartig aufbauen oder regellos aufeinanderhäufen, so daß sie emporragen: *die Bücher auf dem Fußboden t.* **auftürmen,** etwas: i. S. v. türmen; betont noch mehr, daß die übereinandergehäuften Dinge hoch emporragen: *sie türmten alle vorhandenen Steine zu einem hohen Wall auf.*

[1]**aufheben,** [jmdm.] etwas: [für jmdn.] etwas bis zu einem späteren Zeitpunkt zurückbehalten; etwas noch nicht weg-, ausgeben; von einer [größeren] Menge einen Teil nicht gleich verbrauchen oder weggeben und ihn für später – für andere oder für sich selbst – lassen: *ich habe mir für morgen noch ein Stück Kuchen aufgehoben;* vgl. aufheben ↑aufbewahren; ↑[2]aufheben. **zurücklegen,** [jmdm.] etwas: etwas für jmdn. beiseite legen; wird auf Sachen angewandt, die jmdm., der erst später kommt, überlassen werden sollen; im allgemeinen im kaufmännischen Bereich üblich: *jmdm./für jmdn. ein Buch, ein Kleid z.* **reservieren,** [jmdm.] etwas: (in diesem Sinnbereich) etwas, was für eine bestimmte Person vorgesehen ist, aus Freundschaft oder persönlichem Entgegenkommen zurücklegen: *sich einen billigen Posten Schokolade r. lassen.* **aufsparen,** [sich (Dativ)] etwas: etwas noch nicht verbrauchen und für eine spätere Zeit, künftige Gelegenheit für sich selbst lassen, sparen: *etwas für Notzeiten a.*

[2]**aufheben,** etwas (Ggs. ↑wegwerfen): etwas, was für den Betreffenden einen [gewissen] Wert hat, nicht wegwerfen; oft mit der näheren Bestimmung wie oder wo etwas aufgehoben wird: *alte Briefe, Akten a.;* vgl. aufheben ↑aufbewahren; ↑[1]aufheben. **aufbewahren,** etwas (geh.): etwas mit Sorgfalt aufheben: *etwas für die Nachwelt, als Andenken a.;* ↑aufbewahren. **sammeln,** etwas: (in diesem Sinnbereich) Dinge, die in gewisser Hinsicht etwas Gemeinsames haben und die nach und nach in jmds. Besitz gelangen, zusam-

menbringen: *er wirft keine Illustrierte weg, er sammelt sie alle.*

[1]**aufhören,** etwas hört auf (Ggs. ↑[1]anfangen): (in diesem Sinnbereich) etwas dauert nicht länger fort/an, ist beendet, nimmt sein Ende; dient meist der sachlichen Feststellung und läßt offen, ob etwas plötzlich, unerwartet sein Ende findet oder ob es an einem bestimmten Punkt zu dem vorgesehenen Ende und Abschluß gekommen ist; wird häufig durch Zeitangaben näher bestimmt; ist das allgemeinste Wort dieser Gruppe und hat die größte Anwendungsbreite: *wann hört die Vorstellung auf?; der Sturm, das Bluten hat aufgehört.* **enden,** etwas endet (geh.): (in diesem Sinnbereich) etwas hört in einer bestimmten Weise, zu einer bestimmten Zeit auf; das Ende von etwas ist erreicht; wird öfter dann gebraucht, wenn etwas zu einem gewissen Abschluß gekommen ist: *das Konzert endete gegen 22 Uhr; eine kurze Liebesaffäre, die vollständig schmerzlos endete;* ↑enden. **zu Ende sein,** etwas ist zu Ende: (in diesem Sinnbereich) etwas hört auf und ist damit an einem Endpunkt angelangt, hat einen endgültigen Abschluß erreicht: *wann wird die Vorstellung zu Ende sein?; wenn doch die schöne Ferienzeit noch nicht zu Ende wäre!*

[2]**aufhören** [mit etwas] (Ggs. ↑[2]anfangen): in einer Tätigkeit nicht fortfahren, wobei nicht ausgedrückt ist, ob die Tätigkeit vorzeitig beendet ist, ob sie früher oder später wieder aufgenommen wird oder ob sie zu einem gewissen Abschluß gelangt ist; steht im Gegensatz zu den übrigen Wörtern dieser Gruppe sehr häufig in Verbindung mit dem Infinitiv, der die betreffende Tätigkeit angibt: *er hat heute frühzeitig mit seiner Arbeit aufgehört; er hörte einen Augenblick auf zu schreiben.* **innehalten** [in etwas]: mit seinem Tun plötzlich und meist nur für kürzere Zeit aufhören [und verharren], meist weil man gestört oder aus irgendeinem Grunde abgelenkt worden ist: *er hielt mitten in der Bewegung inne.* **einhalten** [in etwas] (geh.): i. S. v. innehalten; betont jedoch meist weniger die Plötzlichkeit des Aufhörens mit einer Tätigkeit und steht öfter auch dann, wenn die Tätigkeit nicht [sofort] wieder aufgenommen wird: *sie hatten alle in ihrer Arbeit eingehalten und staunten ihn an.* **einstellen,** etwas: einen endgültigen, seltener auch vorläufigen Stillstand in einer Handlung, Tätigkeit eintreten lassen; es unterlassen, weiterhin in einer Tätigkeit fortzufahren; wird meist dann gebraucht, wenn vom Aufhören einer Handlung die Rede ist, an der mehrere Personen beteiligt sind und die oft eine öffentliche Maßnahme darstellt; wirkt, sofern es das Aufhören der Tätigkeit eines einzelnen bezeichnet, gewichtig und nachdrücklich: *die Ausgrabungen mußten wegen Geldmangels eingestellt werden.* **abbrechen** [etwas]: (in diesem Sinnbereich) plötzlich, unerwartet, meist vorzeitig und ohne einen Abschluß erreicht, ein Ergebnis erzielt zu haben mit einer Tätigkeit aufhören; dabei bleibt offen, ob man sie bald oder später wieder aufnimmt, darin fortfährt: *er brach seine Erzählung ab.* **unterbrechen,** etwas: (in diesem Sinnbereich) für kürzere oder längere Zeit aufhören, etwas zu tun; eine Tätigkeit, die noch nicht beendet ist, [vorübergehend] einstellen, oft mit der Absicht, sie [sogleich] wieder aufzunehmen, sie weiterzuführen: *er unterbrach seine Arbeit, als sie eintrat.*

aufkommen, etwas kommt auf (Ggs. sich legen): (in diesem Sinnbereich) etwas entsteht [und wächst schnell an]; wird besonders von unruhigem Wetter und unruhiger Stimmung einer Menschenmenge gesagt: *ein Sturm, Unwetter kommt auf.* **erheben,** sich, etwas erhebt sich (geh.): etwas tritt unvermutet, sofort mit voller Kraft in Erscheinung oder wird laut; wird wie „aufkommen" von Wind und Unwetter und im Unterschied zu diesem nicht von Stimmungen, sondern von kollektiven Meinungsäußerungen oder -verschiedenheiten gesagt: *ein Sturm hatte sich erhoben; darüber hatte sich ein Streit erhoben.* **regen,** sich, etwas regt sich: (in diesem Sinnbereich) etwas gibt ein erstes, noch schwaches Anzeichen seines Daseins; wird hier von schwächeren Luftbewegungen und von Meinungen, Empfindungen gesagt: *Hoffnungen regen sich; jetzt regte sich Widerspruch;* vgl. regen ↑bewegen, sich. **aufkeimen,** etwas keimt auf: etwas (ein Gefühl, Gedanke) entsteht langsam, beginnt sich langsam in jmdm. zu entwickeln: *Hoffnung keimte auf; er fühlte eine aufkeimende Leidenschaft; ein aufkeimender Verdacht.*

auflehnen, sich: sich weigern, jmds. Willen oder Anschauung für sich als verbindlich anzuerkennen: *sich gegen das Gesetz, die Diktatur a.; sich gegen den Vater, gegen das Schicksal a.* **empören,** sich: sich gegen eine übergeordnete Macht auflehnen: *das Volk empörte sich gegen die Regierung.* **aufbäumen,** sich: sich mit Vehemenz, aller Kraft gegen etwas erheben, was als unerträglich empfunden wird: *er bäumt sich gegen die Bevormundung auf.* **widersetzen,** sich: jmdm. oder jmds. Absichten Widerstand entgegenstellen: *sich den Anordnungen w.;* vgl. widersetzlich ↑ungehorsam. **meutern:** als Matrose, Soldat sich gegen Vorgesetzte oder als Gefangener sich gegen das Aufsichtspersonal, gegen Anordnungen sowie Zustände auflehnen, den Gehorsam verweigern; vgl. meutern ↑aufbegehren. **in Aufruhr geraten:** sich wegen unpopulärer Maßnahmen rebellierend gegen jmdn./die Staatsgewalt wenden; wird nur angewandt, wenn es sich um eine größere Anzahl von Menschen handelt: *die Arbeiter gerieten in Aufruhr.* **rebellieren:** sich gegen einen bestehenden Zustand, bestehende Verhältnisse oder gegen jemanden empören, um eine Änderung herbeizuführen; vgl. Rebellion ↑Aufstand. **rebellisch/aufmüpfig werden:** etwas, was man als Unrecht, als unzumutbar empfindet, nicht mehr länger ertragen wollen und spontan seiner Empörung Ausdruck geben; ↑nörgeln; ↑ungehorsam.

auflesen, jmdn. (ugs.): (in diesem Sinnbereich) einen [schutzlosen, fremden] Menschen, den man – meist durch Zufall – irgendwo [an einem fragwürdigen Ort] angetroffen oder aufgefunden hat, mitnehmen oder für einige Zeit bei sich aufnehmen; wird oft auch abwertend gebraucht: *er hatte ihn halb verhungert auf der Straße aufgelesen und mit nach Hause genommen.* **aufgabeln,** jmdn. (salopp): jmdn., mit dem man zufällig irgendwo zusammengetroffen ist, für kurze Zeit [zur Gesellschaft] mitnehmen: *wo mag er denn die aufgegabelt haben?* **auffischen,** jmdn. (salopp): jmdn., den man unter Umständen gesucht hat, unversehens [in zweifelhafter Umgebung] finden und mitnehmen oder aufgreifen: *schließlich haben sie ihn in einem unbeschreiblichen Zustand in der Hafenstraße aufgefischt.*

aufmerksam: (in diesem Sinnbereich) sehend oder hörend sein ganzes Aufnahmevermögen bereitwillig auf etwas (ein Ereignis, einen Vortrag o.ä.) richtend: *a. las er den Brief durch.* **andächtig:** an etwas, was mündlich oder schriftlich vorgetragen wird, hingegeben, in dem man sich teilnehmend hineinversenkt: *a. hörte das kleine Mädchen die Geschichte, die ihm die Großmutter erzählte;* vgl. Andacht ↑Konzentration. **gespannt:** einem Vorgang in Erwartung auf die Art des Ausgangs folgend; bei Personen nur prädikatbezogen gebraucht: *beim Spiel um die Weltmeisterschaft saßen viele Gäste g. vor dem Fernsehschirm.* **angespannt:** einem Vorgang folgend, indem man mit seinem ganzen Aufnahmevermögen darauf gerichtet ist, weniger, um den Ausgang zu erfahren, als um den genauen Ablauf zu erfassen; bei Personen nicht attributiv und subjektbezogen gebraucht: *a. hörte er dem Augenzeugenbericht zu.* **angestrengt:** unter Mühen und Zusammennehmen seiner Kräfte einem Vorgang folgend; bei Personen nicht attributiv und subjektbezogen gebraucht: *a. richtete er den Blick in die Ferne.* **konzentriert** (bildungsspr.): intensiv bei der Sache; sich mit Sammlung auf etwas richtend, um es in sich aufzunehmen; bei Personen nicht attributiv: *k. zuhören;* ↑Konzentration.

Aufmerksamkeit, die: (in diesem Sinnbereich) das zuvorkommende Verhalten, das sich in einem kleinen Dienst ausdrückt: *jmdm. eine A. erweisen;* vgl. Aufmerksamkeit ↑Höflichkeit. **Gefälligkeit,** die: ein kleiner Dienst, mit dem man jmdm. einen Gefallen tut; im Unterschied zu „Aufmerksamkeit“ braucht dieser Dienst nicht spontan vom Handelnden auszugehen, sondern kann auf eine Anregung hin erfolgen: *jmdn. um eine G. bitten.*

aufpassen [auf etwas]: (in diesem Sinnbereich) einem Vortrag, einer Ausführung oder einem lehrreichen Geschehen mit Interesse und Verständnis folgen; betont gegenüber dem folgenden „aufmerken“ mehr, daß man nicht nur aufmerksam ist, sondern auch einen geistigen Gewinn davonträgt: *hast du bei dem Vortrag, der Predigt gut aufgepaßt?;* vgl. aufpassen ↑[3]achten; ↑achtgeben. **aufmerken** [auf etwas] (selten): mit wachen Sinnen, Aufnahmebereitschaft, Interesse einem Vortrag, einem Geschehen, das geistig verarbeitet sein will, einer [lehrreichen] Entwicklung folgen; die Verwendung ohne Präpositionalobjekt ist die häufigere: *Merkt auf! Die Zeit ist sonderbar, Und sonderbare Menschen hat sie: uns!* **achtgeben** [auf etwas] (landsch.): i. S. v. aufpassen; betont weniger das geistige Durchdringen des Gebotenen als die angespannte Teilnahme, das Interesse für den Stoff, die Einzelheiten eines Vortrages oder eines Geschehens, die man seinem Gedächtnis einprägen will: *ich gab genau darauf acht, wie der Glasbläser die glühende Masse zu einer zierlichen Spitze auszog;* ↑achtgeben; vgl. achtgeben ↑[3]achten.

Aufregung, die: heftige und unbeherrschte Gefühlsbewegung, die meist durch einen erfreulichen oder unangenehmen äußeren Anlaß hervorgerufen wird, die man einem Menschen äußerlich anmerkt und die oft einen etwas labilen Charakter erkennen läßt: *vor lauter A. hatte er vergessen, die Tür abzuschließen;* ↑aufgeregt; vgl. aufgeregt sein ↑Herzklopfen. **Erregung,** die: gesteigerte Gefühlsbewegung, die durch einen starken äußeren Eindruck verursacht oder auf ein bestimmtes Objekt gerichtet ist; bezeichnet im Unterschied zu „Aufregung“ im allgemeinen eine objektiv berechtigte Gefühlsaufwallung von meist beherrschter, auch äußerlich weniger sichtbarer Art: *mit sichtlicher E. machte er seine Aussage;* vgl.

erregt ↑aufgeregt. **Nervosität,** die: durch psychische Belastung hervorgerufener überreizter Gemütszustand, der sich in körperlicher und seelischer Unruhe äußert: *mehr und mehr ergriff eine marternde N. von ihm Besitz;* vgl. Nervosität ↑Unruhe.

aufrichtig: genau so, wie es dem inneren Empfinden, der Überzeugung entspricht und dem entsprechend Ausdruck gebend; wird wie „ehrlich" von Personen, deren Wesen, Einstellung oder Äußerungen gesagt: *ein aufrichtiger Freund/Mensch; sage mir a., was du darüber denkst!* **ehrlich:** (in diesem Sinnbereich) ohne Lüge oder Verstellung; bezieht sich im Unterschied zu dem gewichtigeren „aufrichtig" mehr auf den Alltagsbereich menschlicher, gesellschaftlicher, geschäftlicher Beziehungen; hauptsächlich vom wahrheitsgetreuen und offenen Reden und entsprechenden Denken: *sie ist vollkommen, nicht ganz e. mir, sich selbst gegenüber.* **gerade:** ohne Umschweife, direkt seine Meinung äußernd; ohne Rücksicht darauf, daß man dadurch Anstoß erregen und selbst Nachteile haben könnte seine Gesinnung, Neigung, seine Gedanken genau so äußernd, wie sie in Wahrheit auch sind; wird von Personen, ihrem Wesen, Denken und Reden gesagt: *ein gerader Mensch, Charakter.* **offen:** nichts von seinem Inneren verbergend oder verhüllend; durch nichts verborgen oder verhüllt; bezieht sich sowohl auf Personen als auch auf deren Äußerungen; kennzeichnet einen Menschen, der nicht darauf bedacht ist, durch Zurückhaltung seiner Meinung sich selbst oder den Angeredeten zu schonen: *du kannst ganz o. reden.* **offenherzig:** unbekümmert offen [etwas sagend, erzählend]; wer offenherzig ist, öffnet anderen gegenüber sein ganzes Herz und hält nichts von seinem Inneren geheim; kann eine Haltung bezeichnen, die zu argloser Preisgabe persönlicher Angelegenheiten neigt: *er war recht o. zu mir; sie erzählt immer sehr o. von ihren amourösen Erlebnissen.* **freimütig:** den Mut habend, aufrichtig zu sein, ohne Rücksicht auf dadurch eventuell entstehende Nachteile; ohne Furcht und rückhaltlos seine Meinung bekennend, seine Verhältnisse darlegend; bezieht sich oft auf Meinungsäußerungen, die überpersönliche oder öffentliche Dinge betreffen: *ein freimütiges Bekenntnis zu der Sache der Minderheit; sie gesteht f. ihre Fehler ein.* **wahrhaftig:** wahrheitsliebend; von Natur nicht anders als wahr sein könnend; wird auf Personen, auf ihr Wesen, ihre Worte bezogen.

Aufschluß, der (meist Plural): die durch eine Mitteilung, Äußerung vermittelte Einsicht in die Zusammenhänge, Gründe, Hintergründe eines bisher nicht durchschauten Sachverhaltes oder in das unerklärliche Verhalten einer Person o. ä.; betont im Unterschied zu „Aufklärung" mehr, daß sich die gewünschten Informationen einer Darstellung oder einem [Sach]zeugnis entnehmen lassen, und weniger, daß eine Darstellung o. ä. zum Zweck der Information gegeben wird. **Aufklärung,** die: (Plural ungebräuchlich): (in diesem Sinnbereich) zum Zweck der Erklärung bisher unbekannter Zusammenhänge, Gründe o. ä. gegebene Darstellung oder die Erklärung, die man aus einem Sachverhalt, einem Untersuchungsbefund o. ä. entnehmen kann, mit denen man sich befaßt, um etwas Bestimmtes zu erfahren; betont im Unterschied zu „Aufschluß" stärker die Absicht, sich oder einen anderen über etwas zu informieren: *erst weitere Grabungen ergaben A. über den Grundriß des Tempels.*

aufschneiden: einen Sachverhalt in verfälschender Übertreibung schildern und durch als wahr angegebene, jedoch erfundene Zusätze [zur Unterhaltung einer Gesellschaft] ausschmücken, wobei sich der Betreffende in den Vordergrund spielen und in ein gutes Licht setzen möchte; enthält eine abwertende Kritik des Sprechers/Schreibers vor allem an der Geltungssucht, weniger an der Unaufrichtigkeit des Betreffenden: *er schnitt fürchterlich auf und erfand die tollsten Dinge.* **flunkern** (ugs.): (in diesem Sinnbereich) einen Sachverhalt mit unwahren, oft sehr ausgeschmückten Zusätzen vermischen und Lügengeschichten erzählen, um sich selbst in ein gutes Licht zu setzen, häufig aber auch nur zur Unterhaltung einer Gesellschaft; ist weniger abwertend als „aufschneiden"; vgl. flunkern ↑lügen. **schwindeln** (ugs.): (in diesem Sinnbereich) beim Erzählen und Berichten [scherzhaft] übertreiben und nicht so genau auf die Wahrheit achten [um leichtgläubige Zuhörer zum Narren zu halten]; vgl. schwindeln ↑lügen. **kohlen** (fam.; landsch.), **krücken** (fam.; landsch.): (in diesem Sinnbereich) etwas in spürbar übertreibender, scherzhafter Weise erzählen und mit erfundenen, weitschweifigen Zusätzen ausschmücken, um den Zuhörer zum Narren zu halten [und so zu unterhalten]; vgl. kohlen, krücken ↑lügen.

aufschreiben, etwas: etwas [in allen Einzelheiten] schriftlich festhalten, um es verfügbar zu haben, um es nicht zu vergessen oder um es anderen mitzuteilen: *Kindheitserinnerungen a.; er hat aufgeschrieben, was er einkaufen will.* **niederschreiben,** etwas: etwas,

was man erlebt oder was man durchdacht hat, schriftlich niederlegen; Gedanken, Erlebnisse, Ereignisse usw. für sich oder andere festhalten: *er hatte Eile, nach Hause zu kommen, um das Gehörte niederzuschreiben.* **aufzeichnen,** etwas: etwas, was der Überlieferung wert ist, sorgfältig aufschreiben, damit es nicht verlorengeht: *sie hat damals zwar die wichtigsten Gedanken gesammelt und aufgezeichnet, aber das Werk wurde nie fertig.* **zu Papier bringen,** etwas: etwas, was in Gedanken schon vorhanden und formuliert ist, schriftlich fixieren: *seine Gedanken, Ideen, Vorstellungen zu Papier bringen.* **aufs Papier werfen,** etwas (selten): etwas, z. B. seine eigenen Gedanken oder Einfälle, auch die Anregungen anderer, rasch und flüchtig niederschreiben, um es nicht zu vergessen und um es später möglicherweise auszuarbeiten; ↑aufsetzen.

aufschwatzen, jmdm. etwas; **aufschwätzen,** jmdm. etwas (landsch.); **aufreden,** jmdm. etwas (selten): einen anderen durch geschicktes Zureden zur Annahme oder zum Kauf einer Sache verleiten, die er gar nicht will, benötigt oder die für ihn gar keinen Nutzen enthält. **aufhängen,** jmdm. etwas (ugs.; landsch.; abwertend): jmdn. dazu bringen, eine Sache anzunehmen oder zu kaufen, die überflüssig, minderwertig oder lästig ist. **andrehen,** jmdm. etwas (salopp; abwertend): auf entsprechende Art (oft durch Überredung) erreichen, daß jmd. etwas (oft qualitativ weniger Gutes) erwirbt, nimmt, was seinen eigentlichen Absichten, Vorstellungen nicht entspricht und was er lieber nicht hätte kaufen, nehmen sollen; jmdm. etwas Minderwertiges aufschwatzen; kennzeichnet im Unterschied zu „aufhängen“ weniger die Lästigkeit oder Unnötigkeit der Sache als die Überrumpelung: *ich habe ihm das beschädigte Buch angedreht; jmdm. Schund, gefälschte Bilder a.; er hat ihm ein mieses Zimmer in der Altstadt angedreht; im Basar hat man ihm einen Teppich andrehen wollen;* übertragen: *ihr Freund hat ihr ein Baby angedreht* (sie bekommt ein Baby von ihm); ↑feilhalten, ↑verkaufen, ↑versteigern; ↑überreden.

aufsetzen, etwas: (in diesem Sinnbereich) seine ersten Gedanken zu einem Brief oder Schriftstück, die man zunächst einmal schriftlich festhalten möchte, zu Papier bringen [um sie später genauer ausarbeiten oder ergänzen zu können]: *einen Brief an die Behörde a.;* vgl. aufsetzen ↑verfassen. **entwerfen,** etwas: (in diesem Sinnbereich) etwas, was man bisher nur gedacht hatte, vorläufig und nur in groben Umrißlinien in eine schriftliche Form bringen, um es zu einem späteren Zeitpunkt noch einmal überarbeiten zu können: *einen Text e.* **skizzieren,** etwas: etwas Gedachtes und bisher nur in der Vorstellung Vorhandenes rasch aufschreiben, um es festzuhalten; ein Vorgestelltes in seinen wesentlichen Punkten schriftlich umreißen und andeuten, um es später noch genauer ausführen zu können: *in seinem Brief skizziert er seine Überlegungen zu diesem Thema.* **konzipieren,** etwas (bildungsspr.): einen ersten Gedanken oder eine Idee zu Papier bringen und dadurch etwas festhalten, was man zu einem späteren Zeitpunkt und nach weiterer eingehender Betrachtung genauer ausführen, ergänzen möchte: *nachdem er seine neue These in ihren Grundzügen rasch konzipiert hatte, legte er uns den Entwurf zur Beurteilung vor.* **ins unreine schreiben,** etwas: seine noch ungeordneten Gedanken oder Vorstellungen rasch niederschreiben, um sie dann nach einiger Zeit der Besinnung ordnen, ergänzen oder überarbeiten zu können: *er pflegt seine Berichte zuerst ins unreine zu schreiben;* ↑aufschreiben.

Aufstand, der: [organisierter] bewaffneter Widerstand eines Volkes oder einer Bevölkerungsschicht gegen die bestehende Staatsgewalt oder die bestehende Gesellschaftsordnung: *der A. wurde rasch niedergeschlagen.* **Empörung,** die: (in diesem Sinnbereich) i. S. v. Aufstand; betont jedoch mehr, daß ein Volk oder Volksteil den Zustand der Unfreiheit oder Unterdrückung aufheben will; steht meist mit Angabe des Urhebers oder Beteiligten und desjenigen, gegen den sich die Empörung richtet: *es kam mehrmals zu Empörungen gegen diese Fremdherrschaft.* **Erhebung,** die: i. S. v. Aufstand; drückt aber im Unterschied zu dem neutral gebrauchten „Aufstand“ eine gefühlsmäßige Verbundenheit mit den an dem Aufstand beteiligten Menschen aus: *die E. Österreichs und Preußens in den napoleonischen Kriegen.* **Volkserhebung,** die (geh.); **Volksaufstand,** der: meist spontaner, nicht organisierter Aufstand eines ganzen Volkes gegen eine als unrechtmäßig empfundene oder das Volk unterdrückende Staatsgewalt oder gegen eine Fremdherrschaft. **Revolution,** die: ein Aufstand äußerst großen Ausmaßes, der eine Umwälzung auf sozialem und wirtschaftlichem Gebiet anstrebt; gewaltsame Veränderung bestehender gesellschaftlicher Verhältnisse unter Beteiligung eines großen Teils des Volkes, wobei eine unterdrückte Klasse die herrschende stürzt und die alte Gesellschaftsordnung durch eine neue ersetzt wird: *die Revolutionen sind die Geburtshelferinnen der Weltgeschichte* (Marx); *die gewalt-*

lose und unblutige R. in der DDR im Jahre 1989. **Revolte,** die: [erfolgloser] kurzer Aufstand einer kleinen Gruppe; wird oft gebraucht, wenn man die Zielsetzung nicht billigt: *alle Offiziere der Garnison hatten an der R. teilgenommen.* **Staatsstreich,** der: die schlagartig und planmäßig durchgeführte Änderung der verfassungsmäßigen Ordnung eines Staates durch eine Personengruppe, die selbst einen Teil der Staatsgewalt innehat (z. B. höhere Offiziere, einige Minister), mit dem Ziel, die gesamte Macht im Staat an sich zu reißen oder die Teilvollmachten anderer Gewalten zusätzlich zu übernehmen: *nach dem S. übernahm der Kriegsminister das Amt des Präsidenten.* **Putsch,** der: kurzer Aufstand einer kleineren Gruppe [von Militärs], die nicht Teilhaber der Staatsgewalt ist; Umsturzversuch; wird wie der „Staatsstreich" schlagartig und planmäßig durchgeführt: *der P. mißglückte wegen mangelnder Vorbereitung.* **Meuterei,** die: offene Gehorsamsverweigerung und Auflehnung einer [kleinen] Gruppe gegen die Vorgesetzten, gegen die Staatsgewalt; wird auf entsprechende Vorgänge im Bereich des Militärs, der Marine und des Gefängnisses angewandt: *auf dem Schiff brach eine M. aus.* **Umsturz,** der: gewaltsame grundlegende Änderung der bisherigen politischen und öffentlichen Ordnung durch revolutionäre Beseitigung der bestehenden Regierungsform. **Rebellion,** die: offene Auflehnung und Gehorsamsverweigerung einer kleineren Gruppe; vgl. rebellieren ↑auflehnen.

[1]**aufstehen** (Ggs. hinsetzen, sich ↑[1]setzen, sich; Ggs. sitzen bleiben): (in diesem Sinnbereich) seinen Sitzplatz verlassen und sich auf die Beine stellen. **erheben,** sich (geh.): (in diesem Sinnbereich) i. S. v. aufstehen; bezeichnet aber meist eine gemessene oder feierliche Art des Aufstehens. **aufspringen:** mit einer raschen, oft unerwarteten Bewegung von seinem Sitzplatz aufstehen. **aufschnellen:** i. S. v. aufspringen; betont aber noch mehr die plötzliche und geschmeidige Bewegung.

[2]**aufstehen** (Ggs. niederlegen, sich): (in diesem Sinnbereich) nach dem Schlaf seine Lagerstatt verlassen; ↑[1]aufstehen. **erheben,** sich [von seinem Lager] (geh.): (in diesem Sinnbereich) i. S. v. aufstehen; bringt stärker den Vorgang zum Ausdruck: *es ist jetzt höchste Zeit, sich zu e.*

aufstoßen: aus dem Magen hochgestiegenes Gas hörbar durch den Mund ausstoßen. **rülpsen** (derb): aus dem Magen hochgestiegenes Gas geräuschvoll durch den Mund ausstoßen. **ein Bäuerchen machen** (fam.): i. S. v. aufstoßen; wird im allgemeinen von Säuglingen gesagt: *die Mutter gab dem Baby einen Klaps, damit es ein Bäuerchen machte.*

auftauchen (ugs.): plötzlich oder unvermutet, oft auch nur für kurze Zeit, vor die Augen kommen, vorhanden oder zu sehen sein: *es war mir, als tauche plötzlich ein vertrautes Gesicht vor meinen Augen auf.* **zeigen,** sich: (in diesem Sinnbereich) irgendwohin kommen und für jmdn. auf dessen Verlangen hin oder seiner Erwartung entsprechend sichtbar werden; bezieht sich nur auf Menschen oder personifizierte Dinge; wird im Unterschied zu „auftauchen" nicht von der Perspektive des anderen, sondern von der betreffenden Person selbst aus gesehen und drückt deren Handlungsfreiheit dabei aus: *Plötzlich zeigte sich auf unser Rufen hin ein Polizist.* **zum Vorschein kommen:** (in diesem Sinnbereich) aus einer Verborgenheit [auf Grund irgendeiner Veranlassung] hervorkommen: *beim Umschichten des Komposthaufens kam unter dem Laub eine Eidechse zum Vorschein.* **erscheinen** (geh.): in jmds. Blickfeld treten: *sie erschien am Fenster und machte eine einladende Geste.*

auftischen [etwas]: [für jmdn.] Speisen auf den Tisch bringen: *man hat uns reichlich aufgetischt.* **auftafeln** [etwas] (geh.): reichlich Essen und gute Speisen auftragen: *vom Besten a.* **auffahren lassen,** etwas (salopp): große Mengen von Speisen oder Getränken mit großartiger Geste auftischen, sich die Bewirtung seiner Gäste etwas kosten lassen: *er ließ große Mengen Sekt auffahren.* **vorsetzen,** jmdm. etwas: vor jmdm., der [wartend] am Tisch sitzt, Speise oder Getränke zum Verzehr hinstellen; wird mit positivem, aber auch mit negativem Urteil verbunden: *man hat uns heute einen ungenießbaren Fraß vorgesetzt; was wollen wir denn deiner Tante v., wenn sie uns besucht?*

aufwachen (Ggs. ↑einschlafen); mehr oder weniger übergangslos aus dem Schlaf ins volle Wachbewußtsein zurückkehren; kann durch einen äußeren Umstand verursacht sein, durch jmdn. oder etwas, was einen aus dem Schlaf aufschreckt. **erwachen** (geh.): aus dem Schlafzustand ins Wachbewußtsein zurückkehren; bezeichnet den Ablauf, den [allmählichen] Übergang vom Schlafen zum Wachen. **wach werden:** aus dem Schlaf aufwachen, den vollen Wachzustand wieder erlangen: *heute bin ich sehr früh wach geworden.*

aufweisen, etwas: etwas besitzen, an sich haben, sofern es sich dabei um bestimmte Eigenschaften oder eigentümliche Besonderheiten handelt; in seinem Erscheinungsbild durch besondere Merkmale bestimmt werden: *der Aufsatz weist viele Schreibfehler auf.* **haben,** etwas: etwas als zum Wesen oder zur Erscheinung gehörend besitzen; bezogen auf bestimmte Artmerkmale oder Körpereigenschaften: *der Esel hat lange Ohren.* **zeigen,** etwas: etwas (eine auffällige Besonderheit in seiner äußeren Erscheinung o.ä.) sichtbar aufweisen: *die Landschaft zeigt ein eigentümliches Gepräge.* **kennzeichnen,** sich durch etwas (selten): in seinem Habitus, seinem Erscheinungsbild durch irgendein typisches Merkmal geprägt sein, durch das etwas leicht erkannt oder identifiziert werden kann: *diese Rasse kennzeichnet sich durch eher gedrungenen als gestreckten Leib.*

aufwiegeln, jmdn.: durch Reden, Worte auf eine Gruppe von Menschen in der Weise einwirken, daß sie sich gegen Vorgesetzte o.ä. auflehnt; jmdn., oft eine Gruppe von Menschen, zur Unbotmäßigkeit, Opposition, Feindschaft gegen jmdn., dem er in irgendeiner Weise untersteht, veranlassen: *das Volk gegen die Regierung a.* **aufhetzen,** jmdn.: jmdn. durch Reden, Worte, die als gehässig, provozierend, aggressiv, verunglimpfend oder verleumderisch empfunden werden, zu Haß und Zorn gegen jmdn. entflammen: *er hatte alle Kollegen aufgehetzt.* **aufstacheln,** jmdn.: durch aufreizende, provozierende Worte auf jmdn. in der Absicht einwirken, daß er sich gegen jmdn./etwas auflehnt: *jmdn. gegen seine Vorgesetzten a.* **aufputschen,** jmdn. (ugs.): i.S.v. aufhetzen; jedoch besonders eindringlich; enthält Ablehnung des Sprechers/Schreibers: *die Belegschaft a.* **scharfmachen,** jmdn. (ugs.): jmds. unzufriedene Stimmung ausnutzen oder ihn mit seinen Verhältnissen unzufrieden machen und ihn durch Worte zu irgendwelchen Taten anstacheln, die sich gegen jmdn./etwas richten. **aufreizen,** jmdn.: (in diesem Sinnbereich) jmdn. gegen jmdn. aufbringen; entspricht weitgehend der Bedeutung von „aufhetzen", klingt jedoch nicht so übelwollend und hebt nicht so stark die Böswilligkeit des Tuns hervor, sondern kennzeichnet mehr die Einflußnahme auf den inneren Zustand eines Menschen: *die Bevölkerung a.* **hetzen:** (in diesem Sinnbereich) mit Reden Abneigung oder Haß gegen andere zu wecken und dadurch Unzufriedenheit zu erzielen suchen, wobei das Aufwallen der Stimmung im Unterschied zu „aufhetzen" nicht besonders ausgedrückt ist: *der Redner sprach zu einer großen Menschenmenge und hörte nicht auf zu h.* **Zwietracht säen** (Ggs. Eintracht stiften) (geh.): auf hinterhältige Weise andere Menschen unter sich uneinig machen. **stänkern** (fam.): auf versteckte Weise Unfrieden zu stiften und Uneinigkeit zwischen zwei Personen oder Gruppen herbeizuführen versuchen; bezieht sich auf weniger wichtige Angelegenheiten. **verhetzen,** jmdn.: durch Reden bewirken, daß jmd. Haß gegen jmdn. empfindet und in seinem Haß nicht mehr in der Lage ist, sich ein ruhiges, objektives Urteil zu bilden; im allgemeinen in der Politik: *sie verhetzten die Massen [gegen die Regierung].*

aufwischen [etwas]; **aufwaschen** [etwas] (landsch.); **aufnehmen** [etwas] (landsch.): den Fußboden oder ähnliche ebene Flächen von anhaftendem, aufliegendem Schmutz unter Verwendung von Wasser mit einem größeren, häufig um einen Schrubber gewikkelten Lappen reinigen: *den Fußboden a.;* vgl. aufwaschen ↑abwaschen. **wischen** [etwas] (landsch.); **feudeln** [etwas] (nordd.); **putzen** [etwas] (landsch.); **fegen** [etwas] (landsch.): den Fußboden u.ä. aufwischen; betont vor allem die Bewegung des Hin- und Herreibens mit dem Lappen: *sie wischten den Flur.*

aufziehen, jmdn.: seinen Scherz oder Spott mit jmdm. treiben, indem man eine Schwäche der betreffenden Person ironisch als etwas Positives hinstellt oder indirekt, z.B. durch unwahre Behauptungen, immer wieder auf sie hinweist: *sie haben ihn mächtig aufgezogen, als sie merkten, daß er in das junge Mädchen verliebt war.* **auf den Arm nehmen,** jmdn. (ugs.); **auf die Schippe nehmen,** jmdn. (salopp): seinen Scherz mit jmdm. treiben, indem man sich eine Situation zunutze macht oder irgend etwas an ihm zum Anlaß der Belustigung nimmt [und sich darüber freuen, daß er es nicht merkt]. **verarschen,** jmdn. (derb): jmdm. etwas Unzutreffendes erzählen und dabei darauf bauen, daß der andere es auch glaubt: *die machen zwar immer wieder Versprechungen, aber die wollen uns ja nur verarschen.* **uzen,** jmdn. (ugs.; landsch.): aus Übermut mit jmdm. Spott treiben, besonders, wenn er durch Ungeschicklichkeit oder Übertreibungen dazu reizt: *mit dieser Jagdgeschichte wurde er noch jahrelang geuzt.* **veralbern,** jmdn.: mit jmdm., der durch sein Wesen dazu reizt, seinen Spott treiben: *er wurde immer von seinen Kameraden veralbert.* **hochnehmen,** jmdn. (ugs.): jmdn., der irgendwelche Schwächen hat, mit scherzhaft-spöttischen Reden reizen. **frotzeln,** jmdn. (ugs.; landsch.): jmdn. reizen, indem man sich über ihn, seine Schwächen andauernd lustig macht. **verulken,** jmdn. (ugs.); **verscheißern,** jmdn. (derb): mit jmdm. Spott treiben, sich über jmdn. lustig machen, indem man ihn aufzieht oder anführt, was aber oft nicht böse gemeint ist. **necken,** jmdn.: (in diesem Sinnbereich) jmdm. eine Schwäche [immer wieder] vor Augen führen und ihm dabei zu verstehen geben, daß man sich über ihn amüsiert: *er neckte sie gelegentlich wegen des hübschen Jungen, in den sie verliebt war;* ↑necken. **durch den Kakao ziehen,** jmdn. (salopp): (in diesem Sinnbereich) meist in Gegenwart anderer jmdm. etwas sagen, was ihm schmeichelt, von dem aber die anderen wissen, daß es nicht zutrifft: *den habt ihr aber mächtig durch den Kakao gezogen!;* vgl. durch den Kakao ziehen ↑verächtlich; ↑anführen, ↑auslachen, ↑täuschen.

Ausbildung, die (Plural ungebräuchlich): die für den zukünftigen Beruf, für eine bestimmte Tätigkeit vermittelten notwendigen Kenntnisse, Fähigkeiten und Fertigkeiten als Qualifikation: *eine gute A. bekommen, besitzen.* **Bildung,** die (ohne Plural): (in diesem Sinnbereich) geistig-seelische Gestalt, Substanz, Haltung eines Menschen, die aus Ausbildung, Erfahrung, wissenschaftlichen Kenntnissen und Erkenntnissen erwachsen ist; bedeutet eine humane Vervollkommnung an Geist, Gemüt und sittlicher Fähigkeit: *B. gründet heute weniger auf enzyklopädischem Wissen, das wir in Computern speichern und bei Bedarf abrufen, als auf intellektueller Beweglichkeit; der Geschichtsprofessor sagte, daß er und seine Zunft 1933 versagt haben, und fügte hinzu: „Ich hatte zwar historische Gelehrsamkeit, aber nicht genug historische Bildung erworben."; B. ist wiedergewonnene Naivität.* **Erziehung,** die (Plural ungebräuchlich): alle Maßnahmen, die dazu dienen, jmdn. – besonders ein Kind, einen Jugendlichen – in seiner charakterlichen, geistigen und weltanschaulichen Entwicklung zu formen und zu beeinflussen: *eine autoritäre, antiautoritäre E.; Mäßigkeit, Demut, Bescheidenheit, Fleiß als Ziele der E. zeugen von der stark fremdbestimmten E. des Menschen in der feudalen Gesellschaft; die E. zum mündigen Staatsbürger; unsere E. beruht weithin auf Zwangsritualen – in der Bürokratie kann man damit sogar Karriere machen.* **Gelehrsamkeit,** die (ohne Plural): hohes Wissen, umfassende wissenschaftliche Kenntnisse; großer Reichtum an Kenntnissen; die Gelehrsamkeit erstreckt sich auf ein oder einige Gebiete, während der Betreffende auf anderen Gebieten ganz unwissend sein kann; die Nachsilbe -sam drückt aus, daß der oder das Genannte voll von etwas ist: *man bewunderte seine G.* **Gelehrtheit,** die (ohne Plural): gründliches, umfassendes Wissen auf einem speziellen Gebiet; die Nachsilbe -heit kennzeichnet die Beschaffenheit: *vor lauter G. hat er die täglichen Bedrohungen nicht gesehen.*

Ausdauer, die (ohne Plural): das zähe Wollen, oft gegen innere Widerstände, bei einer Tätigkeit auszuhalten: *keine A. haben; mit bewundernswerter A. bildete er sich in den Abendstunden weiter.* **Beharrlichkeit,** die (ohne Plural): unbedingte Entschlossenheit, unbeirrbare Festigkeit, gegen äußere Widerstände und Schwierigkeiten ein Ziel zu verfolgen oder fest bei einer Sache zu bleiben. **Hartnäckigkeit,** die (ohne Plural): gleichbleibendes, mit einer gewissen störrischen Eigenwilligkeit immer wieder betriebenes Bemühen, das sich auch durch Widerstände, Schwierigkeiten o. ä. nicht von seinem Ziel abbringen läßt: *mit freundlicher H. versuchte er, ihn zu überzeugen;* vgl. hartnäckig ↑beharrlich. **Geduld,** die (ohne Plural): (in diesem Sinnbereich) Ruhe und Beherrschtheit, etwas Langwieriges und Ermüdendes auszuführen: *diese Arbeit verlangt viel G.;* ↑Geduld.

ausdenken, [sich (Dativ)] etwas: sich einen bestimmten Plan im Geiste zurechtlegen, wie man etwas oder was man in der betreffenden Sache tun kann oder will; die Überlegungen haben dabei im allgemeinen etwas Praktisches zum Gegenstand und richten sich auf das „Wie" der Ausführung: *er dachte sich allerlei Lustiges für Silvester aus.* **erdenken,** [sich (Dativ)] etwas (geh.): einen Plan, einen wesentlichen Gedanken oder eine besondere Idee hervorbringen oder finden. Während die mit „er-" präfigierten Verben auf das hervorgebrachte Neue, auf das Ergebnis hinweisen, kennzeichnen die Wörter mit „aus-" den bis zum erfolgreichen Ende durchlaufenen Prozeß. Die Basiswörter (z. B. denken, sinnen) variieren jeweils die Art des Prozesses. **ersinnen,** etwas (geh.): durch intensives Nachdenken etwas (als Lösung für etwas) finden, etwas bestimmtes Neues hervorbringen: *Bücher wurden geschrieben, Systeme ersonnen; diese Ausrede hat er raffiniert ersonnen.* **aussinnen,** [sich (Dativ)] etwas (selten): etwas Bestimmtes durch längeres und gründliches Nachdenken ersinnen, planen, eine Lösung finden, die Ausführung festlegen und das Ganze bis ins kleinste hinein klären; zu einem Ergebnis durch intensive, geistige Tätigkeit gelangen. **ausgrübeln,** etwas (selten): sich etwas ausdenken, was längere Zeit in Anspruch nimmt und was man nur durch angestrengte und mühevolle geistige Tätigkeit findet, erreicht oder vollendet. **ergrübeln,** etwas (selten): (in diesem Sinnbereich) sich etwas mit großer Mühe ausdenken; bezeichnet die umständliche, lange Zeit dauernde und ein

Problem oder eine Angelegenheit immer wieder und von allen Seiten untersuchende geistige Tätigkeit eines Menschen. **ausklügeln,** [sich (Dativ)] etwas: durch mühsames, längeres Nachdenken über eine bestimmte Angelegenheit zu einer genauen und bis ins einzelne gehenden Lösung kommen; eine komplizierte Methode oder ein besonders fein erdachtes System finden; sich einen Gedanken oder die Ausführungen von etwas in einer Weise zurechtlegen, die übertrieben wirkt; im Wort wird deutlich, daß man zur Bewältigung einer sehr verwickelten Sache oder eines Problems viel Scharfsinn aufwenden muß; es wird oft mit einem abschätzigen Beiklang verwendet, der anzeigt, daß man das auf diese Weise Gefundene und Zustandegekommene für zu genau hält, so daß es einem als spitzfindig, übertrieben oder überspitzt erscheint. **austüfteln/**(auch:) **austifteln,** etwas (ugs.): sich einen Plan, eine Sache oder eine Angelegenheit ausdenken, wobei man sehr genau vorgeht; der zum Nachdenken Anlaß gebende Gegenstand oder die Idee verlangt eine mühsame, viel Ausdauer beanspruchende geistige Arbeit und vielfach umständliches, bis ins kleinste gehendes und sehr sorgfältiges Nachsinnen; eine Lösung oder ein Ergebnis ist oft erst nach langem Suchen und Abwägen der Möglichkeiten zu finden und darum kompliziert und von anderen nur schwer zu durchschauen; das Wort wird deshalb häufig mit einem abwertenden Unterton gebraucht, um deutlich zu machen, daß man diese Art der geistigen Tätigkeit für kleinlich und übergenau, oft auch für sinnlos hält. **ertüfteln,** etwas (selten): sich etwas über lange Zeit und unter großer Anstrengung ausdenken; sich einen Plan, eine Idee oder irgend etwas Bestimmtes [auch ohne unmittelbaren und bedrängenden Anlaß, wie dies bei „austüfteln" der Fall sein kann] durch sorgfältiges und besonders ausdauerndes Nachsinnen, auch über Kleinigkeiten und scheinbar Nebensächliches, ausdenken. **ausbrüten,** etwas (ugs.; abwertend): über irgend etwas längere Zeit, im stillen und alle Möglichkeiten gründlich und genau ab- und erwägend nachdenken und sich einen Plan bis in alle Einzelheiten ausdenken, wie und auf welche Weise man etwas Böses und Heimtückisches tun kann. **aushecken,** [sich (Dativ)] etwas (ugs.): sich etwas – sowohl Lustiges als auch Böses – auf recht listige Weise ausdenken; wird in abwertendem Sinne vor allem dann angewandt, wenn man die List im Denken und Sinnen eines Menschen betonen möchte oder bezeichnen will, daß die geistige Tätigkeit auf etwas Hinterlistiges, etwas, was einer anderen Person oder einem selbst zum Nachteil gereicht oder schaden könnte, gerichtet ist; ↑erwägen, ↑grübeln, ↑überlegen.

auserkoren (geh.): von anderen, von einer höheren Macht, dem Schicksal zu einer besonderen Aufgabe, einer besonderen Bestimmung ausersehen; wird im allgemeinen nur von Personen gesagt: *er war a., dieses Amt zu übernehmen; von einer Jungfrau auserkoren* (Luther, Vom Himmel hoch); vgl. ausersehen ↑erwählen. **auserwählt** (geh.): [als einziger von seinen Mitmenschen] zu einer besonderen Bestimmung, einer Aufgabe ausersehen, wobei die Berufung im allgemeinen immer von einer Autorität, einer höheren Macht ausgeht: *viele sind berufen, aber wenige sind auserwählt* (Matth. 20, 16). **berufen:** besonders befähigt, begabt, geeignet und daher für etwas Bestimmtes prädestiniert, vorbestimmt; [durch einen inneren Ruf] zu einem besonderen Amt, einer Aufgabe ausersehen, dazu bestimmt, sich einer besonderen Pflicht zu unterziehen; drückt im Unterschied zu den übrigen Wörtern dieser Gruppe weniger die Erhöhung gegenüber anderen Menschen aus als die Aufforderung, sich zu bewähren, und richtet den Blick mehr auf das Amt, das jmdm. auferlegt ist: *zu großen Taten b. sein; das wurde aus berufenem Munde gesagt; er fühlte sich zu etwas (zum Staatsmann) b.; Paulus, berufen zum Apostel* (Röm. 1, 1); vgl. berufen ↑ideal.

ausfallen, etwas fällt aus (+ Artangabe): etwas weist am Ende eines [Wachstums- oder Herstellungs]vorganges bestimmte Eigenschaften auf; im allgemeinen von etwas serienmäßig Hergestelltem, Gezüchtetem oder allmählich Gewachsenem: *man weiß nicht vorher, wie die Ernte a. wird; ihr Wahlergebnis vor 30 Jahren war gut ausgefallen.* **geraten,** etwas gerät (+ Artangabe): etwas wird bei der Herstellung, beim Produzieren in einer bestimmten Weise; im Unterschied zu „werden" assoziiert man mit „geraten" noch eher den Ablauf des Herstellungsprozesses: *der Salat ist ihm heute nicht so gut geraten; früher ist [mir] das immer besser geraten; der Kuchen ist gut g.; der Brief ist mir zu lang g.;* ↑geraten. **werden,** etwas wird (+ Artangabe): etwas ist am Ende des Herstellungsprozesses in einem bestimmten Zustand, in einer bestimmten Art und Weise; gegenüber den beiden anderen Wörtern dieser Gruppe ist „werden" familiärer; es läßt sich nur in solchen Fällen i. S. v. „ausfallen", „geraten" gebrauchen, wo aus Zusammenhang oder Situation klar hervorgeht, daß es sich um einen soeben angefertigten Gegenstand handelt: *das Bild ist sehr schön geworden; ist die Bowle gut geworden?*

ausfindig: ausfindig machen, etwas/jmdn.; **ausmachen,** etwas/jmdn. (selten): jmdn./etwas, was verborgen oder unbekannt ist und worüber man zu einem bestimmten Zweck Gewißheit haben möchte, nach eifrigem, geschicktem Suchen finden; wird vorwiegend auf konkrete Dinge und Sachverhalte bezogen: *obwohl alle Hotels überfüllt waren, konnte er noch eine Schlafgelegenheit ausfindig machen; ich habe nicht ausmachen können, wo er zur Zeit wohnt;* vgl. ausmachen ↑erspähen. **ermitteln,** etwas/jmdn.: sich durch geschicktes Suchen und Nachforschen von einem unbekannten oder unklaren Sachverhalt Kenntnis verschaffen; feststellen, wie etwas vor sich gegangen ist oder wo sich etwas/(seltener:) jmd. befindet; oft auch: es verstehen, unter mehreren Möglichkeiten mit Feingefühl und Findigkeit etwas, was man sucht, herauszufinden; kann sich sowohl auf konkrete Dinge als auch auf bestimmte Gelegenheiten beziehen: *es dauerte sehr lange, bis die Polizei seinen Wohnsitz ermittelt hatte.* **erfahren,** etwas: (in diesem Sinnbereich) durch Fragen zu einem gewünschten Wissen gelangen; etwas durch Mitteilung eines anderen, anderer zu wissen bekommen: *du wolltest wissen, wo sie wohnt. Hast du es inzwischen schon e.?;* ↑[1]erfahren. **in Erfahrung bringen,** etwas (nachdrücklich): es fertigbekommen, über einen Sachverhalt, über den man nicht ohne weiteres etwas erfahren kann [an dem einem jedoch besonders gelegen ist und], den man gerne [besser] kennenlernen möchte, sich auf irgendeine Weise Aufklärung zu verschaffen, meist, indem man andere geschickt ausfragt und genau aufpaßt [ohne daß jmd. darauf aufmerksam wird]: *ich habe in Erfahrung gebracht, daß er am 4. 5. 1936 geboren ist.* **feststellen,** etwas: (in diesem Sinnbereich) sich über etwas, was man ganz genau wissen möchte [aus eigener Initiative und möglichst ohne andere zu bemühen] Gewißheit verschaffen, indem man es auf irgendeine Weise möglich macht, sich selbst davon zu überzeugen; häufig in unpersönlicher Redewendung gebraucht: *es muß doch festzustellen sein, wann er kommt.* **erfragen,** etwas: durch Fragen die entsprechende Kenntnis bekommen; sich durch zielgerichtetes Fragen über etwas, was man gern wissen möchte und was meist durch eine einfache Erkundigung oder durch eine einzige Frage nicht in Erfahrung zu bringen ist, in die entsprechende Kenntnis versetzen: *da ich nicht mehr genau wußte, wo ihr wohnt, mußte ich mir den Weg zu euch erst e.* **herausfinden,** etwas; **herausbringen,** etwas (ugs.); **herausbekommen,** etwas; **herauskriegen,** etwas (salopp): etwas, was einem verborgen oder unklar ist, wofür man sich aber interessiert und worüber man aus irgendeinem Grunde gern [genau] Bescheid wüßte, durch geschicktes Vorgehen ermitteln, indem man – bereits gegebene Hinweise nutzend – solange nachforscht oder darüber nachdenkt, bis man Gewißheit hat: *nach langem Fragen habe ich glücklich herausgefunden, wo er sich herumgetrieben hat.* **recherchieren,** etwas (bildungsspr.): (in diesem Sinnbereich) um die Hintergründe, die tatsächlichen Verhältnisse, Gegebenheiten von etwas herauszubekommen, entsprechend eingehende Nachforschungen, Ermittlungen, Recherchen anstellen; wird von jmdm. vorgenommen, der ein öffentliches Interesse damit verfolgt (z. B. als Journalist): *diesen Fall hat der Journalist X recherchiert;* ↑auskundschaften; ↑erwischen.

ausfragen, jmdn.: einem arglosen Menschen, z. B. einem Kind, alles Wissenswerte über eine bestimmte Sache durch fortwährendes, neugieriges, oft unverschämtes Fragen entlocken: *sie hat mich sehr genau über dich ausgefragt.* **aushorchen,** jmdn.: einen arglosen Menschen gesprächsweise mit geschickten [hinterlistigen] Fragen dazu bewegen, Dinge zu erzählen, die man – mehr horchend als fragend – gerne erfahren möchte [und über die der andere nicht gerne Auskunft gibt]: *jmdn. über seine Verhältnisse a.* **ausforschen,** jmdn.: bei jmdm. [auf eine versteckte Weise] durch bestimmte oder genau gestellte Fragen etwas zu erfahren suchen: *jmdn. genau über seine Absichten a.* **ausholen,** jmdn. (salopp; abwertend; landsch.); **ausnehmen,** jmdn. (salopp; abwertend; landsch.): i. S. v. ausfragen; jedoch sind die Fragen des Aushorchenden möglicherweise weitschweifig und weniger direkt. **auf den Busch klopfen,** bei jmdm. (fam.): durch vorsichtiges, geschicktes Fragen versuchen, bei jmdm. die Bestätigung für etwas zu erhalten, was man schon ungefähr weiß oder vermutet: *er spielte den Allwissenden, wollte jedoch nur auf den Busch klopfen.*

ausführlich (Ggs. ↑[1]kurz): etwas bis in alle Einzelheiten genau beschreibend, schildernd: *er berichtete sehr a. über seine Reise.* **breit:** (in diesem Sinnbereich) sehr ausführlich und dadurch schon ein wenig lästig, weil Überflüssiges darin enthalten ist: *er schreibt sehr b.* **langatmig** (abwertend): nicht enden wollend und Hörer oder Leser durch Ausführlichkeit ermüdend: *langatmige Schilderungen.* **weitschweifig:** beim Erzählen einer Geschichte Nebensächliches breit darstellend, vom Hundertsten ins Tausendste kommend: *er ist immer so w. in seinen Erzählungen.* **umständlich:** etwas ungeschickt, in zeitraubender Weise, unbeholfen darstellend, indem man sich unnötige Mühe macht, oft erst Nebensächliches berichtet und das Wesentliche mehr an den Schluß stellt. **weitläufig:** etwas sehr genau und ausführlich darstellend, ohne daß es in dieser Breite erwartet oder gewünscht wird: *weitläufige Ausführungen.* **wortreich:** mit übermäßig vielen Worten; mit großem Wortaufwand verbunden; oft aus einem Schuldgefühl heraus, um etwas zu bemänteln oder um etwas, was auf Kritik, Skepsis, Zurückhaltung stößt, zu rechtfertigen: *wortreiche Entschuldigungen; wortreiche Erklärungen; etwas w. anpreisen, loben;* ↑beredt. **lang und breit** (ugs.; abwertend): etwas ausführlich und in allen Einzelheiten berichtend; mit dem Beiklang des Vorwurfs oder des Überdrusses: *ich habe dir nun lang und breit gesagt, was du machen sollst, doch du hast es noch immer nicht begriffen.*

Ausgang, der (ohne Plural): (in diesem Sinnbereich) abschließende Wendung eines Geschehens zum Positiven oder Negativen; der letzte Teil einer Entwicklung, eines Vorganges, der vom Menschen nicht wesentlich beeinflußt werden kann oder der, soweit es sich um ein Vorhaben, eine Unternehmung handelt, wesentlich vom Zufall, von den Umständen abhängt; im Unterschied zu „Ende" wird bei „Ausgang" noch stärker der zeitliche Ablauf, der an seinem Ende angelangt ist, gesehen: *ein glücklicher A. eines Unternehmens.* **Ende,** das (ohne Plural; geh.): (in diesem Sinnbereich) Zeitpunkt, an dem etwas aufhört; betont im Unterschied zu „Ausgang" mehr, daß sich ein bestimmter Endzustand, ein Ergebnis folgerichtig aus dem Lauf des Geschehens ergibt und nicht nur vom Zufall abhängt, sondern oft vorhergesehen, rechtzeitig bedacht werden kann; hat ohne nähere Bestimmung meist negativen Inhalt: *etwas zu einem guten E. bringen; das war das E.*

ausgeben, etwas [für jmdn./etwas]: eine Geldsumme an jmdn./etwas wenden: *wieviel haben wir heute für das Essen ausgegeben?* **aufwenden,** etwas [für jmdn./etwas] (geh.): für jmdn./etwas, was die Aufwendung anscheinend rechtfertigt, unter eigenen oder fremden Opfern die verfügbaren geldlichen Mittel aktivieren; wird hauptsächlich von Ausgaben für öffentliche, überpersönliche oder selbstlose Zwecke gesagt; häufig von Zuwendungen, die öffentlicher oder fremder Kritik standzuhalten haben: *für die Renovierung dieses Gebäudes mußten höhere Summen aufgewendet/aufgewandt werden.* **anlegen,** etwas [für etwas] (ugs.): i. S. v. ausgeben; wird jedoch nicht wie dieses von laufenden oder kleineren Ausgaben gesagt, sondern nur von wichtigeren Einzelanschaffungen: *man legt ungern viel Geld für eine Wohnung an, aus der man doch bald wieder ausziehen muß.* **verausgaben,** etwas [für etwas]: von einem Budget einen Betrag ausgeben; wird im allgemeinen nicht mit Bezug auf laufende, sondern auf einzelne Ausgaben gebraucht, und zwar auf solche, die einem praktischen, unumgänglich notwendigen Zweck dienen: *die verausgabte Summe überstieg beträchtlich den Kostenvoranschlag.* **verbraten,** etwas [für etwas] (salopp): eine zur Verfügung stehende Geldsumme unbekümmert-großzügig [für etwas] ausgeben: *alles Geld hat er an einem Abend verbraten; wo wollen wir den Lottogewinn verbraten?*

ausgehen, etwas geht aus: etwas wird immer weniger und schwindet so sehr, bis nichts mehr vorhanden ist; bezieht sich auf gewisse Mengen eines zum Verbrauch bestimmten Vorrates [den man im Augenblick braucht und], dessen Nicht-mehr-Vorhandensein man als Mangel empfindet; wird oft dann gebraucht, wenn sich etwas plötzlich oder unerwartet erschöpft hat und man augenblicklich nicht in der Lage ist, es wieder zu ersetzen oder aufzufüllen; steht, im Gegensatz zu den übrigen Wörtern dieser Gruppe, häufig mit dem Dativ der Person: *die Munition, das Geld ist [ihm] ausgegangen.* **alle werden,** etwas wird alle (ugs.): etwas hat den Punkt erreicht, an welchem es sich erschöpft, völlig aufgebraucht ist; zielt gegenüber „ausgehen" stärker auf das Ergebnis und weniger auf den eigentlichen Vorgang; wird mehr feststellend gebraucht und bezieht sich meist auf persönliche, oft zum täglichen Bedarf notwendige Dinge, von denen man normalerweise immer einen gewissen Vorrat besitzt: *jetzt ist auch noch das Mehl alle geworden.* **zu Ende gehen,** etwas geht zu Ende (ugs.): (in diesem Sinnbereich) etwas nimmt so sehr ab, ist so sehr im Schwinden begriffen, daß der Augenblick eintritt, in welchem nichts mehr vorhanden ist; wird meist dann gebraucht, wenn es sich um etwas handelt, was man in einer bestimmten [größeren] Menge vorrätig hat und dessen völliges Dahinschwinden man mit Bedauern oder Besorgnis feststellt: *das Ende der Kältewelle ist noch nicht abzuse-*

hen, und unsere Kohlen gehen zu Ende. **zur/** (selten auch:) **auf die Neige gehen,** etwas geht zur/auf die Neige (geh.): etwas ist so weit aufgebraucht, daß nur noch ein Rest, das Letzte von einem Vorrat vorhanden ist; hebt gegenüber „zu Ende gehen" mehr den Übergang, das Abnehmen hervor; wird häufig auf Vorräte angewandt, die zum täglichen Leben nicht unbedingt erforderlich sind; die beiden Wendungen werden öfter als Mahnung gebraucht, wenn man darauf aufmerksam machen möchte, daß sich etwas bedenklich seinem Ende genähert hat.

ausheben, jmdn./etwas: (in diesem Sinnbereich) meist mehrere straffällige Personen in ihrem Schlupfwinkel oder in ihrem Versteck aufspüren und sie festnehmen; dies geschieht dabei für die Festgenommenen meist völlig überraschend und unerwartet: *bei einer Razzia hat die Polizei die ganze Bande ausgehoben.* **hochnehmen,** jmdn. (ugs.): einen einzelnen oder eine Gruppe von Personen, die mit dem Gesetz in Konflikt geraten sind, auf frischer Tat ertappen und aufgreifen oder in ihrem Unterschlupf überrumpeln und in Gewahrsam nehmen. **hoppnehmen,** jmdn. (salopp): i. S. v. hochnehmen; betont dabei das rasche Zugreifen der Polizei, wodurch ein einzelner Krimineller oder eine Verbrecherbande dingfest gemacht wird: *die Bullen haben den Geldschrankknacker hoppgenommen.* **unschädlich machen,** jmdn.: einen gemeingefährlichen Menschen, der durch seine verbrecherische Neigungen und für die öffentliche Sicherheit bedrohlichen Untaten eine Gefahr darstellt, aufgreifen und festnehmen und ihn hindern, weiteren Schaden zu stiften.

auskundschaften, etwas: etwas, was man nicht weiß, aber [aus bestimmten Gründen] gern wissen möchte, auf geschickte Weise ausfindig machen, wobei man versucht, seine dementsprechenden Bemühungen nicht sichtbar werden zu lassen; wird häufig im Militärwesen angewandt und ist seltener direkt auf Personen bezogen: *den Feind, die feindliche Stellung a.* **erkunden,** etwas: sich über etwas, was man meist nicht offiziell erfragen oder kennenlernen will, [mit Vorsicht] Kenntnis verschaffen, indem man sich Nachricht darüber geben läßt oder sich selbst nachforschend darum bemüht; wird im allgemeinen Sprachgebrauch seltener, im Militärwesen jedoch häufig verwendet: *die Lage e.* **ausspionieren,** etwas (ugs.): etwas, worüber [auf offiziellem Wege] nichts in Erfahrung zu bringen ist, durch planvoll listiges, heimliches Nachforschen in allen Einzelheiten zu entdecken suchen und ausfindig machen; dabei steht – im Gegensatz zu „auskundschaften" und „erkunden" – mehr die Bemühung im Vordergrund, selbst etwas zu sehen und so wenig wie möglich fragen zu müssen; ist seltener direkt auf Personen bezogen; wird meist in emotional gefärbtem Zusammenhang gebraucht und setzt eine gewisse feindselige Haltung voraus; wird in der Regel nur von anderen gesagt: *jmds. Versteck a.; er hatte ausspioniert, wo sie ihr Geld versteckt hielt.* **ausbaldowern,** etwas (salopp): etwas, was einem zu einem bestimmten Zweck wichtig und geeignet erscheint und was nicht ohne gewisse Schwierigkeiten auszumachen ist, mit Pfiffigkeit auskundschaften und herausbringen, um es sogleich für seine Zwecke nutzbar zu machen, wobei man jede sich bietende Gelegenheit ausnutzt: *er hat ausbaldowert, bei wem etwas zu holen ist;* ↑auffinden, ↑ausfindig [machen], ↑erspähen.

Auskunft, die: (in diesem Sinnbereich) aufklärende Mitteilung über jmdn./etwas als Antwort auf eine Anfrage. **Information,** die: (in diesem Sinnbereich) [auf Anfrage erteilte] offizielle, detaillierte Auskunft über jmdn./etwas; betont im Unterschied zu „Auskunft", daß auf eine Frage nicht nur eine bestimmte Antwort erteilt wird, sondern daß der Empfänger über alles Wissenswerte in Kenntnis gesetzt wird; ↑Information. **Bescheid,** der (ohne Plural): (in diesem Sinnbereich) eine [verbindliche] Auskunft bestimmten Inhalts über jmdn./etwas; drückt im Unterschied zu „Auskunft" nicht nur aus, daß jmdm. auf eine Frage hin eine Antwort erteilt wird, sondern weist auf den meist mit Inhaltssatz angeschlossenen Inhalt dieser Auskunft hin und betont den amtlichen oder verbindlichen Charakter der Mitteilung: *er erhielt den B., daß sein Antrag abgelehnt worden ist.*

auslachen, jmdn.: jmdn. wegen einer Eigenheit, einer Schwäche oder weil man sein Verhalten, seine Äußerungen lächerlich, sein Vorhaben unsinnig findet, mit gutmütigem, schadenfrohem oder höhnischem Gelächter verspotten; bezieht sich wie „verspotten", „verlachen" häufig nicht so sehr darauf, daß man seinen Spott unmittelbar dem Betreffenden gegenüber [durch Lachen] äußert, sondern kennzeichnet stärker die innere Einstellung einem andern gegenüber, der man auf unterschiedliche Weise Ausdruck geben kann, z. B. durch Äußerungen, mit denen man den Betreffenden lächerlich macht o. ä.: *die werden dich auslachen, wenn du in diesem Aufzug kommst; mit dieser Ausrede lacht er dich glatt aus.* **verspotten,** jmdn./etwas: seinem Spott, Hohn über jmdn. oder über dessen Art, Verhalten, Äußerungen, Vorhaben o. ä., die man für ungereimt und lächerlich hält, [auf kränkende Weise] Ausdruck geben; bezieht sich im Unterschied zu „auslachen" weniger auf die spontane Äußerung, das [harmlose] Lachen in Gegenwart des Betreffenden, als auf den überlegten, [treffenden] Spott in Worten oder Handlungen, mit dem man jmdn. ins Lächerliche zu ziehen versucht; wird, wie die folgenden Wörter dieser Gruppe, nicht nur auf die Person selbst, sondern auch unmittelbar auf ihr Verhalten oder Tun, ihre Eigenheit o. ä. bezogen: *eine zweiaktige Posse, worin seine Unschlüssigkeit verspottet wird.* **verlachen,** jmdn./etwas: jmdn., sein Tun oder Vorhaben nicht ernst nehmen, sondern ins Lächerliche ziehen, verächtlich machen; betont im Unterschied zu „verspotten" weniger, daß man sich bemüht, jmdn. mit seinem Spott zu treffen, als daß man ihm aus Überheblichkeit, Unglauben oder Dummheit mit Spott begegnet; drückt im allgemeinen aus, daß der Spott ungerechtfertigt, die Haltung des Spottenden tadelnswert ist: *er wurde wegen seines Dialekts damals verlacht; sein Vorschlag wurde als Utopie verlacht.* **verhöhnen,** jmdn./etwas: (in diesem Sinnbereich) jmdn./etwas mit giftigem Spott bedenken, seiner höhnischen Verachtung offen Ausdruck geben und den oder das Betreffende unmittelbar damit zu treffen, verächtlich zu machen suchen. **lachen,** über jmdn./etwas: (in diesem Sinnbereich) eine verächtliche, geringschätzige Meinung von jmdm./etwas haben und ihr durch Lachen, Spott Ausdruck geben; betont im Unterschied zu „verlachen" mehr die innere Einstellung des Handelnden als deren Äußerung in einer konkreten Situation: *über solch eine Ansicht kann man nur l.* **spotten,** über jmdn./etwas: (in diesem Sinnbereich) auf mehr oder weniger feine, geistreiche oder versteckte Art seiner Geringschätzung, Schadenfreude, Ironie im Hinblick auf eine Sache, eine Person oder deren Verhalten, Äußerung, Vorhaben o. ä. Ausdruck geben; der Handelnde richtet sich im Unterschied zu „verspotten" meist nicht direkt [in kränkender Weise] gegen die Person oder Sache selbst, sondern bekundet seine Meinung in Äußerungen Dritten gegenüber; im Unterschied zu „lachen über" wird nicht nur etwas über die innere Einstellung, sondern auch über die Art und Weise der Äußerung gesagt. **lustig machen,** sich über jmdn./etwas: (in diesem Sinnbereich) jmdn. seinen Spott fühlen lassen oder insgeheim jmdn./etwas mit Ironie, Schadenfreude oder Hohn betrachten; betont entweder das harmlose Amüsiertsein des Spottenden oder seine auf Unverständnis, mangelndem Taktgefühl, Arroganz oder Dummheit beruhende verächtliche Haltung. **amüsieren,** sich über jmdn./etwas: (in diesem Sinnbereich) sich auf mehr harmlose Weise, insgeheim, auf jmds. Kosten oder über eine Sache lustig machen: *sie amüsierten sich über ihn, sein Hobby.* **belächeln,** etwas: eine Sache, die man nicht ganz ernst nimmt, jmds. Verhalten, Vorhaben, Äußerung o. ä., die einem vom eigenen Standpunkt aus als lächerlich, unzureichend o. ä. vorkommen, mit nachsichtigem Spott, amüsierter Überlegenheit betrachten; ↑aufziehen; ↑Ironie.

[1]**auslegen,** etwas; **vorlegen,** etwas (landsch.): einen später zurückzuerstattenden Geldbetrag für einen anderen [der gerade kein Geld zur Hand hat, der vorübergehend abwesend ist oder für den man einen Kauf vornimmt] bezahlen: *ich habe 10 Mark für sie ausgelegt.* **verauslagen,** etwas (papierdt.): für jmdn. etwas besorgen, einkaufen, erledigen und dadurch Auslagen haben, die der andere später wieder begleicht: *ich habe die Theaterkarten für sie verauslagt;* ausborgen, sich etwas ↑mieten, ↑leihen.

[2]**auslegen,** etwas: (in diesem Sinnbereich) den [verborgenen] Sinn eines geschriebenen oder gesprochenen Wortes, eines Geschehens u. ä. durch [möglicherweise auch subjektives oder verfälschendes] Darlegen dem Verstehen nahebringen: *das Gesetz richtig a.* **deuten,** etwas: (in diesem Sinnbereich) einer Äußerung, einer Sache, einem Vorgang u. a. einen bestimmten Sinn geben, der sich aus dem Eindruck, den etwas macht, anbietet; aus dem betreffenden Sinnzusammenhang einen bestimmten Schluß ziehen, der die Sache in ein bestimmtes [unter Umständen falsches] Licht stellt: *ängstlich bemüht, auffällige Bewegungen zu vermeiden, die als Aggression gedeutet werden könnten.* **ausdeuten,** etwas: einer Äußerung, einer Sache usw. einen bestimmten Sinn verleihen, den man darin zu sehen meint, eine mehr oder weniger subjektive [willkürliche, unter Umständen unzutreffende] Deutung von etwas geben; während „deuten" auf den Sinn von etwas Bezug nimmt, werden in „ausdeuten" noch zusätzlich der Prozeß, die einzelnen Schritte des Deutens angesprochen: *eine allegorische Darstellung, ein Märchen a.* **interpretieren,** etwas (bildungsspr.): (in diesem Sinnbereich) eine bestimmte [aufhellende] Deutung oder Auslegung von etwas geben, dessen Sinn nicht ganz offen zutage liegt oder das mehrere Deutungsmöglichkeiten zuläßt: *man hat die Äußerungen dieses Politikers häufig falsch interpretiert.*

auslesen, etwas: (in diesem Sinnbereich) aus einer Anzahl von Dingen, seltener von Personen, alle diejenigen, die eine bestimmte [positive oder negative] Eigenschaft oder Beschaffenheit haben, auf die es dem Betreffenden ankommt, auswählen und aus der Gruppe oder Menge entfernen, beiseite tun: *die schlechten Kartoffeln wurden in mühevoller Arbeit ausgelesen.* **aussondern,** etwas: i. S. v. auslesen; richtet den Blick jedoch mehr darauf, daß man gewisse Dinge einer unerwünschten, seltener einer gewünschten Art von den übrigen trennt, aus der vorhandenen Anzahl herausnimmt. **heraussuchen,** etwas: (in diesem Sinnbereich) kritisch prüfend aus einer Anzahl [gleichartiger] Dinge oder Personen die [relativ wenigen] besonders interessierenden auslesen und von den übrigen trennen; betont im Unterschied zu „auslesen", daß man dabei weniger schematisch vorgeht und etwas ganz Bestimmtes im Auge hat, bei der Auswahl zu finden hofft: *ich werde mir die Schuldigen h.* **aussortieren,** etwas: aus einer Menge von Dingen alle Exemplare gleicher Beschaffenheit oder alles Unbrauchbare o. ä. entfernen und beiseite legen; besagt im Unterschied zu den übrigen Wörtern dieser Gruppe, daß man entweder in der ausgelesenen Menge oder unter dem Übrigbleibenden nur Exemplare gleicher Sorte haben will: *Buntwäsche vor dem Einfüllen in die Waschmaschine a.!* **selektieren,** etwas (bildungsspr.): aus einer vorhandenen Anzahl von Individuen diejenigen heraussuchen, deren [positive] Eigenschaften sie für einen bestimmten Zweck besonders geeignet machen; betont im Unterschied zu den übrigen Wörtern, daß die Auslese meist nach wissenschaftlichen Gesichtspunkten erfolgt. **eliminieren,** etwas (bildungsspr.): (in diesem Sinnbereich) etwas aus einem größeren Komplex herauslösen, um es isoliert zu behandeln oder um es ganz auszuschließen: *Punkte, über die man sich nicht einigen konnte, wurden erst einmal eliminiert;* ↑auswählen.

ausnutzen, jmdn.: (in diesem Sinnbereich) einen Schwächeren, Gutmütigen, Hilfsbereiten egoistisch für seine Zwecke, zu seinem Nutzen in Anspruch nehmen; bedenkenlos aus den Kräften, dem Vermögen eines anderen seinen Vorteil ziehen: *sie nutzt ihre Bekannten sehr aus.* **ausbeuten,** jmdn.; **exploitieren,** jmdn. (bildungsspr.; veraltet): aus jmds. [Arbeits]kraft, Vermögen soviel wie möglich herausholen, sich skrupellos auf jmds. Kosten einen Vorteil verschaffen: *fremde Arbeitskräfte ausbeuten.*

auspacken, etwas: (in diesem Sinnbereich) etwas, was sich in einem Paket befindet oder was auf irgendeine Art eingepackt, verpackt worden ist, durch Entfernen der Verpackung zum Vorschein bringen. **auswickeln,** etwas: etwas, was [zum Schutz, zur Verzierung usw.] in Papier eingewickelt worden ist, von seiner Hülle befreien.

ausplaudern, etwas; **verplaudern,** etwas (selten); **ausplauschen,** etwas (österr.): etwas, was einem anvertraut wurde oder wovon man auf eine andere Weise Kenntnis erlangt hatte und worüber man hätte schweigen sollen, bedenkenlos, oft auch nur unbedacht [gesprächsweise] weitererzählen, nicht ↑³schweigen; wird öfter mit Nachsicht oder mit einem nur leichten Vorwurf gesagt, da es sich dabei auch um weniger schwerwiegende Dinge handeln kann: *ein Geheimnis ausplaudern.* **verraten,** etwas: (in diesem Sinnbereich) etwas, was man eigentlich für sich behalten wollte oder sollte, etwas, was hätte verschwiegen werden, geheim bleiben sollen, weitersagen; steht im Gegensatz zu den anderen Wörtern dieser Gruppe häufig auch mit Angabe der Person, der man etwas verrät: *[jmdm.] einen Plan v.* **ausplappern,** etwas (fam.): i. S. v. ausplaudern; betont jedoch oft mehr noch die Unüberlegtheit, Naivität, Unbekümmertheit, Unbedachtsamkeit, mit der man [wie ein Kind] über etwas spricht, was man anderen nicht sagen sollte; wird oft mit emotionaler Beteiligung in ärgerlichem Ton gesagt: *mußtest du jetzt auch noch unsere geheimsten Pläne a.?* **schwatzen** (ugs.; abwertend); **quatschen** (ugs.; abwertend): (in diesem Sinnbereich) aus einem unbeherrschten Redebedürfnis heraus Dinge weitererzählen, über die man hätte schweigen sollen; steht ohne Objekt: *woher weiß er denn das überhaupt? Da muß wieder jemand gequatscht haben;* ↑schwatzen; vgl. schwatzen ↑unterhalten. **aus der Schule plaudern; aus dem Nähkästchen plaudern** (ugs. scherzh.): interne, nicht allgemein bekannte Angelegenheiten einer irgendwie gearteten Gemeinschaft, auch eines Geschäftsbetriebes o. ä., von denen man auf Grund seiner Zugehörigkeit zu dieser Gemeinschaft Kenntnis hat, Außenstehenden erzählen; während „aus der Schule plaudern" besagt, daß man etwas, was andere vielleicht lieber nicht wissen sollten, erzählt, besagt „aus dem Nähkästchen plaudern" mehr, daß man in einer entsprechend aufgelockerten Situation von seinen persönlichen intimen Kenntnissen, die mehr privater Art sind, erzählt. **nicht für sich behalten,** etwas (Ggs. für sich behalten ↑³schweigen): etwas, worüber man eigentlich nicht hätte sprechen sollen, preisgeben, indem man es anderen [in geschwätziger Weise] mitteilt: *ich hatte mich auf ihn verlassen, aber er hat die Nachricht nicht für sich behalten;* die Wendung steht häufig in Verbindung mit „können": *sage es ihm lieber nicht, er kann es nicht für sich behalten.* **den Mund/**(salopp auch:) **das Maul/**(ugs. auch:) **den Rand nicht halten** (Ggs. den Mund halten ↑[3]schweigen): aus einem unbeherrschten Mitteilungs- und Redebedürfnis heraus etwas ausplaudern: *wie kann es nur herausgekommen sein, irgend jemand hat wieder den Mund nicht gehalten;* die Wendungen stehen häufig in Verbindung mit „können". **weitererzählen,** etwas; **weitersagen,** etwas (ugs.); **nachsagen,** etwas (landsch.): (in diesem Sinnbereich) über etwas, was man erfährt, was einem u. U. unter dem Siegel der Verschwiegenheit mitgeteilt wurde, nicht schweigen, sondern die Nachricht an andere weitergeben; ↑klatschen, ↑verraten.

Ausrede, die: Angabe eines falschen, zumindest nicht ganz zutreffenden Grundes zur Entschuldigung dessen, was man getan oder unterlassen hat, tut oder zu tun gedenkt: *eine faule A.; eine A. erfinden, um an der Feier nicht teilnehmen zu müssen.* **Ausflucht,** die: offensichtlicher Versuch, durch falsche Angaben eine Weigerung zu begründen oder sich einer peinlichen Situation zu entziehen, in der man sich durch einen anderen, der etwas erfahren hat, was er nicht wissen sollte, in die Enge getrieben fühlt. **Vorwand,** der: Grund, den man erfindet, um etwas, was ein anderer wünscht oder verlangt, nicht tun zu müssen oder um etwas, was man tun möchte, tun zu können: *Gläubige finden immer einen V., die Glocken zu läuten.* **Entschuldigung,** die: Vorbringung eines Grundes für ein Versäumnis o. ä.: *eine E. vorbringen, gelten lassen; dafür gibt es keine E.;* ↑[2]entschuldigen.

ausreichen, etwas reicht aus: etwas ist in genügender Menge oder Größe vorhanden, um einen bestimmten, meist ausdrücklich erwähnten Zweck erfüllen zu können; etwas wird den gestellten Anforderungen gerecht; im Unterschied zu „reichen" wird in „ausreichen" durch die Vorsilbe „aus-" die zeitliche oder räumliche Erstreckung bis zum Ende oder bis zur endgültigen Erledigung angesprochen: *der Platz reicht nicht [für alle] aus; seine Kenntnisse reichen dafür nicht aus; er hat keine ausreichenden Kenntnisse; der Stoff wird für das Kleid kaum a.* **reichen,** etwas reicht: etwas ist in genügender Weise vorhanden; etwas ist in solch einer Menge vorhanden, daß man nicht mehr für den vorgesehenen Zweck, für die vorgesehene Zeit braucht: *das Brot reicht [bis Montag, für das Abendbrot]; solange der Vorrat reicht; das Brot muß für zwei Mann r.* **langen,** etwas langt (ugs.): i. S. v. reichen: *die Kohlen langen noch für diesen Winter.* **genügen,** etwas genügt: (in diesem Sinnbereich) etwas ist genug, muß nicht in einer größeren Menge vorhanden sein; im Unterschied zu „ausreichen" kann das Wort aber auch dann angewandt werden, wenn es sich nicht um eine unbestreitbare objektive Tatsache handelt, sondern mehr um eine Annahme, eine subjektive Meinung: *das genügt für meinen Bedarf; das wird genügen; guter Wille allein genügt nicht; selbst zwei Decken genügen nicht gegen die Kälte.*

ausruhen, sich: nach einer Tätigkeit ruhen, um neue Kraft für weitere Anspannung oder Anstrengungen zu schöpfen. **entspannen,** sich: sich körperlich und seelisch für kurze Zeit von der Belastung durch anstrengende und angespannte Tätigkeit ganz frei machen und auf diese Weise neue Kraft schöpfen. **eine Ruhepause/**(auch:) **Erholungspause einlegen:** eine anstrengende Tätigkeit unterbrechen, um sich zu erholen und um neue Kraft zu sammeln. **relaxen** [rilạ̈x[e]n]: nach einer Anstrengung, Anspannung sich lockern, entkrampfen, erholen; auch durch entsprechende Übungen eine Entspannung, Entkrampfung der Muskulatur herbeiführen; ↑ausspannen, ↑erholen, sich.

ausrutschen: auf glattem, schlüpfrigem Untergrund plötzlich aus dem sicheren Stand oder Gang geraten, den festen Halt mit den Füßen verlieren und zu fallen drohen; wird als allgemeinste Bezeichnung in dieser Gruppe verwendet; vgl. rutschig ↑glatt. **ausgleiten** (geh.): i. S. v. ausrutschen: *sie bemühte sich, auf dem spiegelblanken Parkett nicht auszugleiten.* **ausglitschen** (ugs.; landsch.): auf schlüpfrigem, schmierig-feuchtem Untergrund ausrutschen: *als der Linksaußen flanken wollte, glitschte er auf dem regennassen Rasen aus;* vgl. glitschig ↑glatt.

ausschauen, nach jmdm./etwas (fam.): (in diesem Sinnbereich) jmdn./etwas [Entferntes] mit den Blicken suchen; den Blick [mit Aufmerksamkeit] dorthin richten, wo man glaubt, daß jmd./etwas zu sehen sein wird: *er schaute nach uns aus;* vgl. ausschauen ↑umschauen. **Ausschau halten,** nach jmdm./etwas: längere Zeit jmdn./etwas [von einem Standpunkt aus, der gute Sicht gestattet] mit den Blicken suchen; gespannt den Blick dorthin gerichtet halten, wo man jmdn./etwas zu sehen erwartet: *nach dem Schiff Ausschau halten;* vgl. Ausschau halten ↑umschauen. **ausspähen,** nach jmdm./etwas: mit aufmerksamem, scharf beobachtendem, angespanntem Blick jmdn./etwas [Fernes] suchen, den oder das man zu sehen erwartet und rechtzeitig erkennen oder nicht übersehen will: *er stand auf dem Balkon und spähte nach seiner Tochter aus.*

ausscheiden: (in diesem Sinnbereich) als Arbeitnehmer, Beamter o.ä. ein Arbeits- oder Dienstverhältnis beendigen; ein Amt oder eine Stellung verlassen; drückt im Unterschied zu „gehen" nur die Aufhebung eines Arbeitsverhältnisses [an einem bestimmten Ort] aus, nicht die Veranlassung dazu oder die Absicht des Betreffenden und verbindet sich häufig mit Zeitangaben: *er scheidet nächstes Jahr wegen Erreichung der Altersgrenze aus dem Amt aus.* **gehen** (ugs.): (in diesem Sinnbereich) seine bisherige Arbeitsstätte, Stellung oder sein Amt verlassen; betont im Unterschied zu „ausscheiden", daß dies freiwillig, auf eigenen Wunsch (aus Unzufriedenheit mit dem Arbeitsplatz, den Arbeitsbedingungen o.ä.) geschieht, oder sieht das Ausscheiden weniger offiziell, mehr vom Aspekt der Betriebszugehörigkeit und des kollegialen Verhältnisses aus und steht im allgemeinen ohne Raumergänzung: *die Sekretärin des Chefs geht;* ↑[1]absetzen, ↑kündigen.

ausschließen, jmdn.: jmdm. die weitere Zugehörigkeit zu einer Gemeinschaft, z.B. einer Partei, einem Klub oder einem Verband, versagen; häufig auf Grund einer vorhergegangenen Beschlußfassung. **ausstoßen,** jmdn.: (in diesem Sinnbereich) jmdn., dessen Verhalten Abscheu, Empörung o.ä. hervorgerufen hat, aus einer Gemeinschaft entfernen; drückt die Emotionalität des Vorgangs aus: *man hat ihn wegen eines schweren Delikts aus der Armee ausgestoßen.* **ausscheiden,** jmdn. (selten): (in diesem Sinnbereich) jmdn. aus einer bestimmten Gemeinschaft entfernen, da er sich als untauglich oder als unpassend für sie erwiesen hat. **verweisen,** jmdn.: jmdm. den weiteren Besuch einer Schule wegen eines Verstoßes gegen die Anstaltsordnung untersagen; steht mit Raumangabe: *sie wurden von der Schule verwiesen.* **relegieren,** jmdn. (bildungsspr.): jmdn. von der Schule oder Hochschule verweisen. **exkommunizieren,** jmdn. (kath.): jmdn. wegen eines Verstoßes aus der katholischen Kirchengemeinschaft ausschließen. **disqualifizieren,** jmdn. (Sport): einen Sportler wegen groben Verstoßes gegen die sportlichen Regeln auf bestimmte Zeit von der weiteren Teilnahme am [Wett]kampf ausschließen.

außer: außer sich (Dativ) **sein** [vor etwas]: sich in so starker Gemütsbewegung befinden, daß man die Selbstkontrolle, die Selbstbeherrschung verliert, nicht mehr in der Lage ist, sich so zu verhalten, wie andere es unter normalen Umständen von einem gewöhnt sind; steht häufig mit der Angabe der Art und des Grundes der Erregung, die je nach Anlaß sehr verschiedenartig sein kann; meistens aus Empörung, Ärger usw.: *sie war außer sich vor Freude, vor Empörung.* **aufgewühlt sein:** durch ein tief beeindrukkendes, oft schmerzliches Erlebnis in heftige, innere Erregung geraten sein: *er war im Innersten aufgewühlt, als er vom Tode seines Freundes erfuhr.* **aufgelöst sein** (ugs.): durch eine Nachricht oder ein Ereignis, das einen sehr geschreckt hat, einem nahegegangen ist, so aufgeregt, verzweifelt oder erschüttert sein, daß man seine innere Haltung verliert, was sich meist im äußeren Erscheinungsbild und im Verhalten mit ausdrückt; dabei kann es sich öfter um Anlässe handeln, die von anderen nicht besonders, von dem Betreffenden jedoch sehr ernst genommen werden; wird dann oft aus einer gewissen Überlegenheit heraus oder mit gutmütigem Spott gesagt; wird meist mit verstärkenden Beiwörtern wie „völlig" oder „ganz" zusammen gebraucht: *die Gute war ganz aufgelöst, weil sie ihren Schirm im Zug hatte stehenlassen.* **aus der/**(auch:) **außer Fassung sein** (ugs.): durch eine Nachricht oder ein meist überraschend eintretendes Ereignis so in Erstaunen, Schreck oder Ärger versetzt sein, daß man im Augenblick nicht ganz Herr über sich selbst ist, seine Ruhe, Beherrschtheit, Besonnenheit verloren hat und entsprechend reagiert, sich entsprechend verhält. **aus dem Häuschen sein** (fam.): sich in so heftig aufwallender Gemütsbewegung befinden, daß dieselbe in einem für andere auffälligen Verhalten, meist in heftigen Bewegungen und Gebärden zum Ausdruck kommt; wird besonders dann gebraucht, wenn es sich dabei um eine freudige Erregung handelt, jedoch auch bei einer Aufregung aus Zorn oder Ärger: *ich war gerade bei ihr, als sie die Mitteilung von ihrem Lottogewinn erhielt, sie war ganz aus dem Häuschen; so hatten sie ihren Chef noch nie gesehen, er schrie und tobte und war völlig aus dem Häuschen.*

außergewöhnlich: nicht in der üblichen Art; das gewöhnliche Maß überschreitend oder durch seine hervorragende Eigenschaft, Qualität oder Leistung die gewohnten Vorstellungen übertreffend und dadurch beeindruckend und Staunen, Bewunderung erregend; wird im allgemeinen nicht prädikatbezogen gebraucht: *die Sammlung für die Opfer der Katastrophe war der Ausdruck einer außergewöhnlichen Hilfsbereitschaft.* **unge-**

wöhnlich: nicht dem Gewohnten entsprechend, sondern anders, mehr, unter Umständen auch besser, als man gewöhnt ist oder erwarten kann, daher Staunen und in einzelnen Fällen Bewunderung erregend; drückt aber auch die Rätselhaftigkeit und Unerklärlichkeit der Sache aus; wird im allgemeinen nicht prädikatbezogen gebraucht: *ein ungewöhnliches Talent;* vgl. wunderlich ↑verschroben. **außerordentlich:** in seiner Art oder seiner Leistung über das Gewohnte und zu Erwartende hinausgehend; drückt oft Anerkennung oder Wertschätzung aus; wird im allgemeinen nicht prädikatbezogen gebraucht: *dieser Mann ist eine außerordentliche Erscheinung.* **erstaunlich:** großes Erstaunen, d. h. eher zu Bewunderung als zu Ablehnung neigende Betroffenheit hervorrufend; wird im allgemeinen nicht prädikatbezogen gebraucht: *ein Akt erstaunlichen Weitblicks.* **bewundernswert:** durch hervorragende Qualität Erstaunen und uneingeschränkte Anerkennung hervorrufend: *mit bewundernswerter Leichtigkeit und Eleganz brachte er das Pferd über die schwersten Hindernisse.*

äußern, sich [zu etwas]: zu einer bestimmten Angelegenheit, Sache, zu einem Sachverhalt seine Ansicht oder Überzeugung, im allgemeinen mündlich, kundgeben: *sich zu den Beschlüssen ä.* **Stellung nehmen** [zu etwas]: zu einer bestimmten Sache seine Meinung äußern, nachdem man sich vorher ein Urteil darüber gebildet hat: *er hat zu der ganzen Affäre nicht Stellung genommen.* **seine Meinung kundtun** [zu etwas] (geh.): zu einer bestimmten Sache, einem Sachverhalt seine Ansicht kundgeben; sagen, wie man über etwas denkt und dies im allgemeinen in mündlicher Rede zum Ausdruck bringen; ↑mitteilen.

Äußerung, die: (in diesem Sinnbereich) im allgemeinen mündliche [spontane] Kundgabe seiner Meinung oder Überzeugung in bezug auf eine bestimmte Sache: *er entnahm einigen ihrer Äußerungen, daß es ihr in der kleinen Wohnung zu eng war.* **Bemerkung,** die: (in diesem Sinnbereich) kurze, oft in einem Wort oder Satz zum Ausdruck gebrachte, im allgemeinen mündliche [sachliche, kritische] Stellungnahme zu einer bestimmten Sache: *eine abfällige B. über etwas machen.*

ausspannen: für einige Zeit mit einer anstrengenden Tätigkeit aufhören, um sich zu erholen. **Ferien machen:** [für eine turnusgemäß wiederkehrende Zeitspanne] nicht seiner sonst gewohnten Tätigkeit, seinem Beruf nachgehen, frei haben [und verreisen]: *wir machen gemeinsam, an der See Ferien.* **erholen,** sich: die bei anstrengender Tätigkeit verlorenen Kräfte durch Ausruhen [in kurzer Zeit oder in einem längeren Zeitraum] wiedererlangen; ↑ausruhen.

aussprechen, etwas: (in diesem Sinnbereich) etwas, von dem man möchte, daß es anderen bekannt wird, z. B. Wunsch, Absicht, Meinung usw., mit Gewichtigkeit und Nachdruck mündlich oder schriftlich zur Kenntnis geben: *mein seliger Mann hat in seinen letztwilligen Verfügungen den Wunsch ausgesprochen, daß ...* **äußern,** etwas (geh.): (in diesem Sinnbereich) etwas, was man denkt, empfindet, wünscht, beabsichtigt, anderen durch seine Worte zu erkennen geben: *Wünsche, Bedenken, einen Verdacht ä.* **zum Ausdruck bringen,** etwas (nachdrücklich): etwas, was einen bewegt, was man denkt, fühlt usw. in Worten, meist in wohlgesetzter Rede, schriftlich oder mündlich kundgeben; einen Wunsch, eine Meinung anderen zur Kenntnis geben: *er hat seine Dankbarkeit in freundlichen Worten zum Ausdruck gebracht.* **ausdrücken,** etwas: i. S. v. zum Ausdruck bringen; bedeutet im Unterschied zu diesem mehr ein spontanes Handeln als ein wohlüberlegtes, unter Umständen formelles, steifes Verhalten bei einer bestimmten Äußerung: *seine Verehrung, sein Bedauern, seine Verwunderung a.*

ausspülen, etwas: (in diesem Sinnbereich) **a)** etwas aus etwas ausspülen: leicht anhaftenden Schmutz mit zumeist klarem Wasser aus einem Gefäß [durch Schütteln] entfernen; bezeichnet [auch in der Verwendung b)] oft das mehr spontane, flüchtige Saubermachen, um das Gefäß für einen gegebenen Zweck gebrauchen zu können: *den Schmutz aus der Flasche a.;* **b)** etwas ausspülen: ein Gefäß mit zumeist klarem Wasser von weniger stark anhaftendem Schmutz [durch Schütteln] reinigen: *die Gläser a.* **auswaschen,** etwas: (in diesem Sinnbereich) **a)** etwas aus etwas auswaschen: anhaftenden Schmutz mit Wasser [Spülmitteln und Spülgeräten] aus einem Gefäß entfernen: *den Fettrand aus der Kanne a.;* **b)** etwas auswaschen: ein Gefäß mit Wasser [Spülmitteln und Spülgeräten] von anhaftendem Schmutz reinigen: *Gläser, Schüsseln, Töpfe a.;* ↑waschen.

austeilen, etwas: an einen bestimmten Personenkreis eine gegebene Menge verteilen: *die Hefte a.* **verteilen,** etwas: eine gegebene oder nicht näher bestimmte Menge an andere mehr oder weniger gleichmäßig [ab]geben, bis der Vorrat erschöpft ist; etwas Bestimmtes in gleicher Menge mehreren Personen aushändigen; im Unterschied zu „austeilen“ hat man bei „verteilen“ mehr die zu verteilende Menge als den empfangenden Personenkreis im Sinn: *verteil die Schokolade möglichst gerecht unter die Kinder!; Flugblätter an die Passanten v.* **ausgeben,** etwas: etwas in öffentlicher Funktion an [zum Empfang berechtigte] Personen geben: *Essen a.; die Formulare gibt der Pförtner aus.*

austilgen, etwas/jmdn. (geh.): etwas, was sich irgendwie ausgebreitet oder festgesetzt hat und was als schädlich o. ä. angesehen wird, restlos vernichten; bezieht sich auf Dinge, die dem materiellen oder geistigen Bereich angehören, selten auf Menschen; wird, wie alle Wörter dieser Gruppe, auf eine Menge oder Anzahl, nicht auf einzelnes oder einzelne bezogen: *wird man diese Insekten je a. können?* **ausmerzen,** etwas/jmdn.: etwas, was man für schädlich, untauglich, unerwünscht hält, radikal beseitigen oder aus dem Bewußtsein entfernen; wird selten auch auf Menschen bezogen und drückt dann besonders die Rücksichtslosigkeit des Vorgehens aus. **ausrotten,** etwas/jmdn.: etwas [was als ein Übel empfunden wird] gewaltsam bis auf den Grund beseitigen, um der betreffenden Sache die Basis zu entziehen; wird auch auf Menschen bezogen, wobei diese unter einem entsprechenden Gesichtspunkt betrachtet werden.

austrinken [etwas]: soviel trinken, daß nichts mehr in etwas drin ist, nichts mehr davon vorhanden ist: *er hat sein Glas in einem Zug ausgetrunken;* auch mit Objektvertauschung vom Gefäß auf den Inhalt: *er trank sein Bier im Stehen aus.* **leeren,** etwas (geh.): (in diesem Sinnbereich) ein Gefäß, in dem sich eine zum Trinken bestimmte Flüssigkeit befindet, leer trinken: *er leerte seine Kaffeetasse.* **ausschlürfen,** etwas (ugs.): ein mit Flüssigkeit gefülltes Gefäß schlürfend, meist genießerisch, austrinken: *er schlürfte bedächtig sein Glas Wein aus;* mit Objektvertauschung: *sie schlürfte behaglich ihre Milch aus.* **aussaufen,** etwas: **a)** bei Tieren: etwas restlos austrinken: *das Pferd hat einen ganzen Eimer Wasser ausgesoffen;* **b)** auf den Menschen bezogen entweder lediglich als derb-burschikose Ausdrucksweise für „austrinken" oder in bezug auf die Art des Trinkens oder die Menge, die nicht dem Üblichen und Angemessenen entspricht: ein Trinkgefäß [meist mit einem alkoholischen Getränk] in großen Zügen hastig leeren: *wer hat meinen Schnaps ausgesoffen?; hast du den gesehen? Der hat seinen Maßkrug in einem Zug ausgesoffen.* **ex trinken** [etwas]: das (mit einem alkoholischen Getränk gefüllte) Glas ohne abzusetzen austrinken.

ausüben, etwas (geh.): (in diesem Sinnbereich) beruflich in einem bestimmten Amt oder in einer bestimmten Stellung tätig sein und damit zusammenhängende Pflichten oder Aufgaben erfüllen; bezieht sich meist auf gehobene Berufe und auf Stellungen, die mit einer gewissen Machtbefugnis verbunden sind: *einen Beruf a.* **nachgehen,** einer Sache: (in diesem Sinnbereich) eine [berufliche] Tätigkeit regelmäßig ausüben, sie beibehalten; wird im allgemeinen unter Angabe der Zeit oder der Intensität gebraucht und wird im Unterschied zu „ausüben" nicht im Hinblick auf die spezielle Tätigkeit, sondern auf die Arbeit an sich gesagt: *in spätestens einer Woche wird er wieder den Staatsgeschäften n. können.* **betreiben,** etwas: (in diesem Sinnbereich) sich mit etwas erwerbsmäßig befassen; wird im Hinblick auf die bestimmte Sache, das Unternehmen, nicht auf das Tätigsein dabei gesagt: *Küstenfischerei b.* **treiben,** etwas: einer bestimmten [der Existenzerhaltung dienenden] Tätigkeit nachgehen, sie ausüben; wird im allgemeinen formelhaft verwendet: *Ackerbau und Viehzucht t.; Handel und Gewerbe t.*

auswählen, jmdn./etwas (geh.): (in diesem Sinnbereich) aus einer vorhandenen Anzahl von Personen oder Sachen mit Bedacht jmdn. oder etwas zu etwas bestimmen, herausgreifen, was man wünscht oder braucht, wobei man zunächst nur bestimmte Vorstellungen von der Beschaffenheit oder Eignung des Betreffenden hat und sich nach längerer Prüfung für dasjenige entscheidet, was diesen Vorstellungen am nächsten kommt; betont im Unterschied zu folgendem „aussuchen", daß man dabei die Wahl unter einer bestimmten und begrenzten Anzahl von Individuen, Exemplaren hat: *das Beste, Teuerste a.;* vgl. auswählen ↑ [1]wählen. **aussuchen,** etwas; **aussuchen,** sich (Dativ) jmdn./etwas (ugs.): eine Person oder Sache, die man sich in einer bestimmten Art wünscht oder vorstellt, unter den vorhandenen, in Betracht kommenden ausfindig machen und herausgreifen, sich für sie entscheiden; betont im Unterschied zu „auswählen" weniger die kritische, vergleichende Prüfung als die Entscheidung nach dem persönlichen Geschmack des Betreffenden und läßt offen, ob man dabei unter einer begrenzten Anzahl vorhandener Personen oder Dinge wählt oder [unter einer unbestimmt großen Zahl] nach etwas Zusagendem sucht: *ich habe [mir] Möbel für das Wohnzimmer ausgesucht;* ↑ auslesen.

Auswurf, der (Plural ungebräuchlich): durch den Mund nach außen gelangte schleimige Absonderung, Sekret der Schleimhaut der Luftwege, des Nasen-Rachen-Raumes; wird sachlich feststellend verwendet: *der Kranke hat nur noch geringen A.* **Sputum,** das (Medizin); **Aule,** die (derb; landsch.; gewöhnlich abwertend); **Qualster,** der (derb; landsch.; gewöhnlich abwertend): i. S. v. Auswurf.

Auszeichnung, die (ohne Plural): (in diesem Sinnbereich) besondere Anerkennung, die jmdm. durch eine Handlung oder eine Gabe zuteil wird, so daß er sich herausgehoben und bevorzugt fühlt; Anerkennung, der sich jmd. würdig erwiesen und die er durch Verdienste erworben hat. **Ehre,** die (ohne Plural): (in diesem Sinnbereich) Vorzug, der jmdm. als Ausdruck besonderer Wertschätzung vor anderen zuteil wird und durch den er sich ausgezeichnet fühlt; man kann im allgemeinen nichts dazu tun oder sich nicht darum bemühen: *er dankte ihnen für die ihm erwiesene E.;* ↑ehren. **Gunst,** die (ohne Plural; veraltet): Auszeichnung durch die freundliche, gönnerhafte Handlung einer sozial höhergestellten Person einem Geringeren gegenüber; wird auch allgemein verwendet, wenn der Empfangende sich in einem entsprechenden Abhängigkeitsverhältnis fühlt; heute häufig ironisch gemeint. **Gnade,** die (ohne Plural; veraltet): Auszeichnung durch eine Handlung, in der sich das besondere Wohlwollen einer hochgestellten Person gegenüber einem Geringeren, den sie sich dazu erwählt, bezeugt, ohne daß ein besonderes Verdienst des Betroffenen vorzuliegen braucht; sie wird dem Betroffenen wie ein Geschenk zuteil; heute meist nur noch ironisch gebraucht. **Huld,** die (ohne Plural; veraltet): (mit Herablassung verbundene) Auszeichnung, die darauf beruht, daß eine hochgestellte Person einem Geringeren in besonderem Maße gewogen ist; ist außer in ironischem Sinne nur noch im religiösen Bereich gebräuchlich; ↑Ansehen.

[1]**ausziehen,** sich/jmdn. (Ggs. ↑[1]anziehen): sich der Kleidung, die man an sich trägt, teilweise oder vollständig entledigen; Kleidung, die jmd. an sich trägt, teilweise oder vollständig von ihm tun; wird als allgemeinste Bezeichnung in dieser Gruppe verwendet und sagt nichts darüber aus, auf welche Art oder zu welchem Zweck Kleidungsstücke abgelegt werden: *die Mutter zog das Kind aus.* **auskleiden,** sich/jmdn. (geh.): i. S. v. ausziehen; während „sich auskleiden" nur als gehobener Ausdruck für „sich ausziehen" verwendet wird, drückt „jmdn. auskleiden" häufig mit aus, daß der Betroffene eine Respektsperson oder ein Dienstherr ist: *ohne Scheu kleidete sie sich vor ihm aus.* **auspellen,** sich/jmdn. (salopp): sich/jmdn. teilweise oder vollständig [Stück für Stück umständlich, mühsam] ausziehen; schließt gewöhnlich mit ein, daß das Ausziehen Zeit in Anspruch nimmt oder als beschwerlich empfunden wird: *sie blieben zu Hause, und die Mutter pellte die Kinder wieder aus.* **entkleiden,** sich/jmdn. (geh.): sich/jmdn. vollständig [Stück für Stück] ausziehen: *er lehnte es ab, Lokale zu betreten, in denen sich Frauen entkleiden.*

[2]**ausziehen,** [sich (Dativ)/jmdm.] etwas (Ggs. ↑[2]anziehen): ein Kleidungsstück, das man oder jmd. an sich trägt, von sich oder von ihm tun; wird auf alle Kleidungsstücke, außer auf Kopfbedeckungen, bezogen: *zieh dir bitte den Mantel aus!; er zog ihm die Schuhe aus.* **ablegen,** etwas: ein Kleidungsstück, das man als Überkleidung oder zum Schutz anderer Kleidungsstücke oder des Körpers bei einer Arbeitsverrichtung trägt, von sich tun; drückt ohne Objekt bisweilen eine gewisse Förmlichkeit aus: *sie legte den Kittel ab, wusch sich und zog das Kleid an; möchten Sie nicht a.?*

B

Bande, die (abwertend): (in diesem Sinnbereich) mehrere Menschen, die sich unter einem mit einer gewissen Autorität und besonderen Vorrechten ausgestatteten Anführer zusammengefunden haben, um irgend etwas zu unternehmen; im umgangssprachlichen Gebrauch wird das Wort auch angewandt, um im gutmütigen, scherzhaften Sinne eine Gruppe Gleichgesinnter zu bezeichnen, die etwas gemeinsam tut; wird häufig auf Jugendliche bezogen: *eine ausgelassene B. von Kindern und Jugendlichen kam lärmend* *heran.* **Rotte,** die (abwertend): (in diesem Sinnbereich) eine meist ungeordnete, größere Gruppe von Menschen, die sich eines bestimmten, vielfach niedrigen Zweckes wegen zusammengefunden und vereinigt haben und die nach Erreichung des erstrebten Zieles oder bei plötzlichem Auftreten von starkem Widerstand schnell wieder auseinandergehen. **Horde,** die (abwertend): (in diesem Sinnbereich) eine ungeordnete, lärmende, größere Schar von Menschen, die sich häufig ohne besonderen Zweck oder bestimmtes Ziel zusammengefunden hat, nicht fest organisiert ist und leicht wieder auseinandergeht. **Gang** [gäng], die (bildungsspr.): mehrere Menschen, die sich zusammengeschlossen haben, um irgend etwas Verwerfliches zu tun; das Wort hat gewöhnlich einen abwertenden Klang und bezeichnet vielfach eine unter einem Anführer stehende und fest organisierte Gruppe, die aus Jugendlichen besteht; ↑Abteilung, ↑Gruppe, ↑Herde.

bang (geh.): in angstvoller Spannung; im Gefühl der Bedrohung durch etwas Unheilvolles [und davon zeugend]; wird im wesentlichen auf Gemütszustände bezogen, in denen man seelisch auf etwas Kommendes gerichtet ist; vgl. bange sein ↑Angst haben. **angsterfüllt, angstvoll:** voll großer, tiefer Angst vor/um etwas oder jmdn.: *mit angsterfüllter Stimme rufen; angstvolles Sterben.* **bänglich:** ein wenig bang und verzagt; bezeichnet Gemütszustände und Äußerungen: *ein bängliches Gefühl beschlich ihn; seine Stimme klang recht b.* **beklommen** (geh.): angesichts von etwas Großem oder Wunderbarem bedrückt und gehemmt, oft aus heimlichem Ungenügen an sich selbst. **unruhig:** (in diesem Sinnbereich) durch eine Gefahr, die man zu spüren glaubt, voller Unruhe; voll innerer, von Besorgnis begleiteter Erregung; wird von Personen oder ihrem Ausdruck, ihren Bewegungen gesagt: *ich war den ganzen Abend u.* **besorgt:** (in diesem Sinnbereich) voll ernster Befürchtungen über den Zustand oder das Schicksal von etwas/jmdm.; wird von Personen oder ihrem Ausdruck gesagt: *er zeigte sich b. über euer langes Ausbleiben; ein besorgter Blick;* ↑Herzklopfen.

bankrott: sich im Zustand der Zahlungsunfähigkeit befindend, geschäftlichen Zusammenbruch erlitten habend; wird, wie auch die anderen Wörter dieser Gruppe, im allgemeinen nicht prädikatbezogen gebraucht. **insolvent** (Ggs. solvent) (kaufm.); **zahlungsunfähig** (Ggs. ↑zahlungsfähig) (kaufm.); **illiquid** (kaufm.) (Ggs. liquid ↑zahlungsfähig): nicht in der Lage, seinen Verbindlichkeiten nachzukommen und bestimmte Zahlungen zu leisten: *er war trotz seines großen Anlagevermögens insolvent.* **ruiniert:** (in diesem Sinnbereich) [als Geschäftsmann] den Zusammenbruch seiner Finanzen erlebt habend, sich in völlig zerrütteten finanziellen Verhältnissen befindend: *er hat in einer Nacht Haus und Hof verspielt und ist völlig r.* **pleite** (salopp): als Geschäftsmann über keinerlei Geldmittel mehr verfügend, finanziell ruiniert: *seine Geschäfte gingen sehr schlecht, er ist völlig p.;* vgl. pleite ↑abgebrannt.

barmherzig: voll Verständnis für die Not anderer; sich der Not anderer annehmend. **wohltätig:** der Unterstützung sozial Hilfsbedürftiger dienend: *er ist w.; Geld für wohltätige Zwecke sammeln.* **mildtätig** (veraltend): sich (als Christ) der Bedürfnisse Notleidender annehmend, sich in entsprechender Weise engagierend. **mildherzig** (selten): von sanfter und mitfühlender Gemütsart [und deshalb bereit, sich der Not anderer anzunehmen]. **karitativ** (bildungsspr.): aus christlicher Nächstenliebe heraus wohltätig: *die Sammlung dient karitativen Zwecken; sich k. betätigen.* **gnädig:** jmdm. Gnade erweisend; versöhnlich und zur Milde geneigt oder von einer solchen Gesinnung zeugend: *eine Strafe g. erlassen; jmdn. g. stimmen.* **mild:** (in diesem Sinnbereich) von sanftem, nachsichtigem Wesen; im Urteil über andere verständnisvoll und ohne Strenge: *ein milder Richter; m. mit jmdm. verfahren;* ↑freigebig, ↑gut, ↑gütig, ↑gutmütig, ↑menschlich, ↑tolerant.

barsch: sich mit unfreundlicher oder heftiger Stimme knapp und kurz an jmdn. wendend; ist Ausdruck des Ärgers oder der Ablehnung: *b. fuhr er uns an, was wir denn hier zu suchen hätten.* **schroff:** auf rauhe Art und ohne viel Worte seine Ablehnung zum Ausdruck bringend. **grob:** im Verkehr mit anderen Menschen sehr derb und unverschämt. **kurz:** (in diesem Sinnbereich) sich betont knapp fassend und dadurch Zurechtweisung oder Ablehnung ausdrückend: *auf meine höfliche Frage erhielt ich nur eine kurze Antwort;* ↑[1]kurz. **kurz angebunden:** abweisend, sich auf wenige Worte beschränkend; ist Ausdruck der Ungeduld oder des Unwillens; wird im allgemeinen nur subjektbezogen verwendet: *heute früh war der Chef kurz angebunden;* ↑schnippisch, ↑taktlos, ↑unfreundlich, ↑unhöflich.

bauchig, gebaucht: in seinem Umfang eine hervortretende Wölbung, eine gleichmäßige runde Verdickung aufweisend; wird gewöhnlich nur von runden Gegenständen gesagt: *ein gebauchter Krug; die Flasche war bauchig.* **ausladend:** (in diesem Sinnbereich) eine nach außen ragende Wölbung besitzend; bezieht sich im Unterschied zu „bauchig" meist auf größere Gegenstände wie Möbel u. ä. mit gerundeten Wänden: *eine ausladende Kommode.*

bauen [etwas]: (in diesem Sinnbereich) ein Bauwerk, einen Gebäudekomplex o. ä. nach einem bestimmten Plan, in einer bestimmten Bauweise aufführen oder ausführen lassen. **erbauen,** etwas (geh.): ein Bauwerk, meist ein größeres und bedeutendes Gebäude errichten lassen; im Unterschied zu „bauen", das nur die Tätigkeit kennzeichnet, enthält „erbauen" den Hinweis darauf, daß mit der Tätigkeit etwas Neues hervorgebracht wird und im Hinblick auf dieses Ziel gearbeitet wird; wenn es in einer Zeitform der Vergangenheit gebraucht wird, wird es öfter ergänzt durch die Angabe von Erbauer oder Baujahr: *das Theater wurde im Jahre 1812 erbaut.* **errichten,** etwas: (in diesem Sinnbereich) etwas in die Höhe bauen, aufführen: *ein Gebäude e.* **aufbauen,** etwas (Ggs. abbauen, abbrechen): (in diesem Sinnbereich) etwas [aus Einzelteilen] zu einem Ganzen zusammenfügen; wird meist von Baulichkeiten gesagt, die rasch aufgerichtet und wieder abgebaut werden können, die nicht für die Dauer errichtet werden; mit der Vorsilbe „auf-" wird die räumliche Beziehung betont und die Richtung nach oben hervorgehoben: *Baracken, Buden a.; der Zirkus hat seine Zelte schon aufgebaut.* **erstellen,** etwas (Amtsdt.): (in diesem Sinnbereich) i. S. v. bauen; bezeichnet nicht den Arbeitsprozeß, sondern weist rein sachlich auf das Ergebnis hin: *die Firma erstellte neue Werkswohnungen.*

beanstanden, etwas: (in diesem Sinnbereich) sich [im Rahmen des Geschäftsverkehrs] über Fehler, Mängel oder sonstige Inkorrektheiten, die man an Dingen entdeckt hat, die eigentlich in einwandfreiem Zustand sein müßten, beschweren und gegebenenfalls Ersatz dafür fordern: *das Obst war in tadellosem Zustand, wir mußten nichts b.* **reklamieren** [etwas] (bildungsspr.): (in diesem Sinnbereich) im Geschäftsverkehr auf die nicht zufriedenstellende Ausführung eines Auftrages oder den schlechten Zustand einer Ware, den man nicht sofort bemerkt hat, hinweisen und auf Nachholen des Versäumten, auf Ersatz oder wenigstens auf einer Entschädigung bestehen: *die Einbauküche ist nicht meinen Angaben entsprechend geliefert worden, ich habe sofort reklamiert.* **monieren,** etwas: sich über etwas, was einem mißfällt, aufhalten, abfällig äußern; enthält im Unterschied zu „beanstanden" das Element der persönlichen Unzufriedenheit: *er monierte das Essen; sie monierte, daß die Bezahlung unzureichend sei; die monierten Mängel wurden behoben;* vgl. Einspruch erheben ↑anfechten.

beantworten, etwas: auf eine bestimmte mündliche oder schriftliche Äußerung oder Frage hin, die an einen gerichtet ist, die gewünschte oder eine entsprechende Mitteilung machen: *alle Fragen mußten sofort beantwortet werden.* **antworten** [auf etwas]: zu einer Frage, Erklärung usw. eines anderen sich mündlich oder schriftlich äußern, dazu Stellung nehmen: *was sollte ich ihm auf diesen Vorwurf a.?; sie hat ihm postwendend geantwortet; sie antwortete auf meine Frage;* ↑antworten. **[eine/die] Antwort geben** (nachdrücklich): jmds. Äußerung oder Frage gebührend oder in einer [durch ein Attribut] näher bestimmten Weise beantworten: *sie gab ihm eine ausweichende Antwort;* vgl. die/zur Antwort geben ↑antworten.

bebauen, etwas (Ggs.: brachliegen lassen): meist größere Flächen von Ackerland, Gartenland mit Nutzpflanzen bepflanzen oder darauf etwas ansäen: *der Bauer bebaut sein Feld.* **bepflanzen,** etwas: ein kleines Stück Land zu Nutzungszwecken oder zur Zierde mit Stauden, Sträuchern, Blumen o. ä. anlegen: *ich bepflanze eine Rabatte mit Blumen.* **bestellen,** etwas: (in diesem Sinnbereich) ein Stück Land, ein Feld, einen Acker landwirtschaftlich nutzen und zu diesem Zweck bearbeiten; im Unterschied zu „bebauen" und „bepflanzen" braucht nicht hinzugesetzt zu werden, in welcher Weise oder womit; während bei „bebauen" der Bezug auf die Bodenfläche gegeben ist und während „bepflanzen" den Blick auf das lenkt, was gepflanzt wird, rückt „bestellen" die Tätigkeit stärker in den Vordergrund: *der Bauer bestellt seine Äcker.*

bedächtig: ohne Eile und Aufregung handelnd, sprechend; sich Zeit zum Überlegen gönnend; gemessen oder behutsam in seinen Bewegungen: *bedächtigen Schrittes gehen.* **bedachtsam** (geh.): wohlüberlegt und behutsam in Handlung, Rede, Bewegung. **mit Bedacht** (geh.): (in diesem Sinnbereich) langsam und sorgfältig; wohl wissend, was man jeweils vorhat, vor sich hat; wird hier meist auf Handlungen und Vorgänge bezogen, die sich Schritt für Schritt vollziehen. **voll Bedacht** (geh.): bedächtig, wohl wissend, warum oder wie etwas zu tun ist: *er wählte sich voll Bedacht dieses Buch aus;* ↑schwerfällig.

[1]**bedeuten,** etwas bedeutet etwas: (in diesem Sinnbereich) etwas enthält denselben Sinn, denselben Gedanken wie eine bestimmte andere Sache in einem anderen Zusammen-

hang; bezieht sich auf Dinge, die etwas versinnbildlichen oder die, wie die Wörter einer Sprache, als Zeichen für einen Bewußtseinsinhalt, einen Begriff stehen oder durch die verabredungsgemäß ein komplizierter Sachverhalt, eine Verhaltensvorschrift o. ä. in abgekürzter, sinnlich leicht faßbarer Form ausgedrückt wird; besagt, daß die betreffende Sache ohne entsprechende Aufklärung über ihren Sinn [für den Sprecher, seinen Partner] unverständlich ist: *rotes Licht bedeutet: Halt!;* vgl. bedeuten ↑Rolle. **heißen,** etwas heißt etwas: (in diesem Sinnbereich) etwas drückt als Zeichen, als Wort, als verabredetes Signal o. ä. einen bestimmten Sinn, einen bestimmten Mitteilungsgehalt aus oder entspricht einem Zeichen in einem anderen Zusammenhang, einem Wort in einer anderen Sprache o. ä. genau; betont im Unterschied zu „bedeuten" mehr, daß der gemeinte Sinn eindeutig ist und sich genau angeben läßt: *wenn ich zweimal pfeife, heißt das: sofort herkommen!*

²**bedeuten,** etwas bedeutet etwas: (in diesem Sinnbereich) etwas läßt einen bestimmten [Neben]sinn, bestimmte Zusammenhänge erkennen, läßt bestimmte [Schluß]folgerungen aus sich ableiten; bezieht sich auf Äußerungen oder Sachverhalte und steht, wie die übrigen Wörter dieser Gruppe, meist mit Inhaltssatz: *bedeutet das, daß Sie von diesen Vorbereitungen nichts gewußt haben?;* vgl. bedeuten ↑Rolle. **heißen,** etwas heißt etwas: (in diesem Sinnbereich) etwas läßt [aus seinem Zusammenhang] einen bestimmten Sinn mit Sicherheit entnehmen, der selbst nicht ausgesprochen, zum Ausdruck gebracht worden ist; bezieht sich im Unterschied zu „bedeuten" mehr auf logisch begründete Schlußfolgerungen aus einem Sachverhalt, einer Äußerung, einer bestimmten Formulierung o. ä., weniger auf einen nur vermuteten, wahrscheinlichen Sinn: *das heißt aber nicht, daß du dir alles erlauben darfst.* **die Bedeutung haben,** etwas hat die Bedeutung [daß ...] (nachdrücklich): (in diesem Sinnbereich) etwas enthält einen bestimmten Sinn, eine bestimmte Auffassung oder bringt eine Auffassung zum Ausdruck, deren Umfang oder Geltungsbereich sich genau angeben läßt; betont im Unterschied zu „bedeuten" mehr, daß etwas nicht nur sinngemäß, sondern auch in allen Einzelheiten etwas Bestimmtes bedeutet und andere Auffassungen ausgeschlossen sind: *dieser Paragraph des Vertrages kann nur die Bedeutung haben, daß in solchen Fällen eine Haftung ausgeschlossen ist.* **besagen,** etwas besagt etwas: (in diesem Sinnbereich) etwas gibt sinngemäß einen bestimmten Sachverhalt, eine bestimmte Auffassung wieder oder hat im wesentlichen einen bestimmten Sinn, Inhalt; betont im Unterschied zu „bedeuten" weniger die genaue als die das Wesentliche treffende Auffassung, Erkenntnis einer Bedeutung: *dieses Ergebnis besagt, daß ...*

Bedeutung, die: der geistige Inhalt, der in einem Zeichen, einem Wort, einem Symbol, einer Handlung u. ä. zum Ausdruck kommt und dabei angibt, wie etwas aufzufassen oder zu beurteilen ist: *die B. dieses Wortes ist nicht klar.* **Sinn,** der: (in diesem Sinnbereich) i. S. v. Bedeutung; bringt mehr den Zweck einer Sache oder eines Handelns in einem bestimmten Zusammenhang zum Ausdruck: *der S. dieses Verkehrszeichens ist es, darauf hinzuweisen, daß diese Straße nur in einer Richtung befahren werden darf.*

beeilen, sich: sich in der Ausführung einer bestimmten Handlung um schnellere Erledigung bemühen, um damit fertig zu werden oder um zu einem Ziel zu gelangen, meist deshalb, weil die Umstände es erfordern; bezieht sich, wie die übrigen Wörter dieser Gruppe, sowohl auf Fortbewegung als auch auf Tätigkeiten und Verrichtungen: *wenn du den Zug noch erreichen willst, mußt du dich beeilen.* **sputen,** sich (fam.): so handeln, daß etwas, was zu tun ist, schnell zustande, zu einem Ende kommt, man rascher an sein Ziel gelangt, ohne sich dabei jedoch zu übereilen; wird häufig gebraucht, wenn man jmdn. zu etwas größerer Eile ermuntern will; drückt meist eine wohlwollende Haltung des Sprechers/Schreibers aus: *du mußt dich aber sehr s., wenn du damit bis zum Abend noch fertig werden willst.* **tummeln,** sich (fam.): (in diesem Sinnbereich) eifrig, meist mit einem gewissen Aufwand an lebhaften Bewegungen eine Handlung vorantreiben, beschleunigen, um in kürzester Zeit damit fertig zu werden; wird oft dann gebraucht, wenn man jmdn. zu rascherem Handeln antreiben will: *hast du schon alles weggebracht? Da hast du dich aber sehr getummelt.* **schnell/**(auch:) **rasch/**(auch:) **fix machen** (ugs.): etwas flink und eilig ausführen, wobei es sich häufig um Dinge handelt, die sich schnell erledigen lassen; steht vorwiegend in Aufforderungen und läßt dann eine gewisse Ungeduld des Sprechers/Schreibers erkennen: *nun müssen wir aber schnell machen, sonst kommen wir zu spät.* **abhetzen,** sich (ugs.): sich übermäßig, hastig und aufgeregt, in wenig planvoller, oft unvernünftiger Weise bis zur Erschöpfung beeilen; wird meist nicht auf etwas angewandt, was in der Zukunft vollzogen wird, werden soll: *jetzt habe ich mich so abgehetzt* *und bin doch zu spät gekommen.* **ranhalten,** sich (salopp); **dazuhalten,** sich (ugs.): bei einer Tätigkeit nicht bummeln, sondern sie zügig vorantreiben und so lange dabeibleiben, bis man damit fertig, an seinem Ziel angelangt ist: *Ihr Zug geht in einer Viertelstunde, wenn Sie sich ranhalten, schaffen Sie es vielleicht noch.*

beenden, etwas; **beendigen,** etwas (selten): das Ende eines Zustandes oder einer Tätigkeit herbeiführen. **abschließen,** etwas: etwas, was bereits längere Zeit gedauert hat, zu einem Ende bringen, weil es eine gewisse Vollständigkeit erreicht hat: *das Universitätsstudium mit dem Staatsexamen a.;* vgl. abschließen ↑enden. **zum Abschluß bringen,** etwas (nachdrücklich): etwas Wichtiges zu einem [guten und befriedigenden] Ende bringen: *die Verhandlungen müssen morgen zum Abschluß gebracht werden.* **schließen,** etwas: [schriftliche oder mündliche] Äußerungen, Unternehmungen o. ä. beenden: *eine Sitzung s.;* vgl. schließen ↑enden. **beschließen,** etwas (geh.): eine Sache [mit etwas] zu einem Ende bringen; betont stärker als „schließen" das Endgültige des Abschlusses; im allgemeinen aktivisch gebraucht: *das Tagewerk b.*

befassen, sich mit etwas/jmdm.: etwas/jmdn. zum Gegenstand seiner Überlegungen machen: *der Stadtrat hat sich noch nicht mit dieser Angelegenheit befaßt.* **beschäftigen,** sich mit etwas/jmdm.: (in diesem Sinnbereich) i. S. v. sich befassen mit; bezeichnet aber weniger eine vorsätzliche Auseinandersetzung mit etwas oder jmdm. als ein Kreisen der Gedanken um einen bestimmten Punkt: *ich habe mich oft mit dieser Frage beschäftigt.* **widmen,** sich einer Sache: (in diesem Sinnbereich) sich mit seiner ganzen Kraft [für eine längere Zeit] einer Aufgabe hingeben: *sich dem Studium, der Kunst w.;* ↑²beschäftigen.

Befehl, der: mündlich oder schriftlich gegebener Auftrag oder Anordnung, die als Willenserklärung einer höheren Instanz, eines Vorgesetzten gegeben wird; es wird darin angegeben, was von der unterstellten, angesprochenen Person getan werden soll oder was zu unterlassen ist, zugleich wird dabei von ihr Gehorsam erwartet. **Auftrag,** der: in mündlicher oder schriftlicher Form ergehende Willensäußerung einer [höhergestellten] Person an eine andere; wird im Unterschied zu „Befehl" nicht mit besonderem Nachdruck gebraucht; vgl. Erlaß ↑Gesetz. **Weisung,** die: von einer vorgesetzten Behörde oder höhergestellten Persönlichkeit ausgehende Willenskundgebung in mündlicher oder schriftlicher Form, die angibt, wie man sich in einer bestimmten Lage verhalten oder was man in einem besonderen Falle tun soll; dabei handelt es sich im allgemeinen mehr um eine Verhaltensmaßregel als um einen strikten Befehl; wird gern im gehobenen Sprachgebrauch verwendet: *sie hatten W. bekommen, trotz des Motorschadens weiterzufahren.* **Anweisung,** die: (in diesem Sinnbereich) mündlich oder schriftlich von einer höheren Instanz oder vorgesetzten Persönlichkeit ergehende Anordnung, die genau und ins einzelne gehend angibt, was und wie etwas zu geschehen hat; Handeln und Verhalten werden dabei bestimmend beeinflußt und in verbindlicher Weise in eine gewünschte Richtung gewiesen; wird im Gegensatz zu „Weisung" nicht in allgemeiner Bedeutung verwendet, sondern bezieht sich stets auf einen besonderen Einzelfall. **Direktive,** die (bildungsspr.): mündlich oder schriftlich gegebene Willensbekundung einer vorgesetzten Stelle oder Person, die das Handeln und Verhalten eines Menschen beeinflussen und bestimmen möchte und dazu besondere Weisungen erteilt. **Anordnung,** die: (in diesem Sinnbereich) etwas, was aus offizieller, dienstlicher Befugnis verbindlich veranlaßt, bestimmt wird: *eine A. erlassen, erteilen; jmds. Anordnungen Folge leisten;* vgl. Anordnung ↑Gesetz. **Ukas,** der (iron.): i. S. v. Anordnung: *der Vorstand hat einen U. erlassen, daß alle Namen in Druckschrift zu schreiben seien.* **Order,** die (veraltet; aber noch landsch.): mündlich oder schriftlich ergehende Willenserklärung eines [militärischen] Vorgesetzten, die in einem bestimmten Falle angibt, was ein anderer tun oder unterlassen soll: *er hat O. bekommen, den Rückzug vorzubereiten.* **Instruktion,** die (bildungsspr.); **Reglement** [reglᵉmang], das (bildungsspr.): Anweisung einer Verwaltungsinstanz oder vorgesetzten Persönlichkeit an eine untergebene Stelle, Person, die auf mündlichem oder schriftlichem Wege erfolgen kann; häufig werden diese Wörter nicht auf einen besonderen Einzelfall bezogen; es handelt sich oft um Regeln und Bestimmungen, nach denen man sich im gegebenen Fall zu richten hat: *Instruktionen geben.* **Gebot,** das: **a)** Willenskundgebung in schriftlicher oder mündlicher Form, die von einer höheren Instanz ausgeht und den Charakter eines Befehls oder einer Anweisung hat; Willenserklärung einer höheren oder erfahrenen Person; **b)** (im verkehrstechnischen Bereich): Anweisung, daß etwas getan oder beachtet werden soll. **Geheiß,** das (Plural ungebräuchlich): mündliche, nachdrücklich geäußerte Willenskundgebung einer höheren Instanz oder einer Person, die entweder dazu befugt ist oder die Macht [nicht aber das Recht] dazu besitzt; man sucht damit einen Menschen in seinem Handeln und Verhalten zu etwas zu bestimmen oder zu veranlassen; die allgemein nur noch in der formelhaften Wendung „auf Geheiß" vorkommende mündliche Willenserklärung hat jedoch nur bedingt verbindlichen Charakter, weil sie es dem Angesprochenen wohl dringend nahelegt, etwas zu tun oder zu unterlassen, ihn dennoch aber nicht dazu zwingen kann. **Aufforderung,** die: von einer dazu befugten Instanz oder einer Persönlichkeit in mündlicher oder schriftlicher Form ergehendes, nachdrückliches Ersuchen, das einem Menschen für sein Handeln oder Verhalten etwas vorschreiben oder nahelegen möchte oder ihn energisch zu einem bestimmten Tun veranlassen oder zu einer besonderen Haltung in irgendeiner Lage anhalten will: *der A. der Polizei, daß sich alle vom Unglücksort entfernen sollten, wurde nur langsam Folge geleistet;* ↑Satzung.

befinden: sich in einer Notlage befinden: in schwieriger, schlimmer Lage sein, in der man Hilfe nötig hat. **in Bedrängnis befinden,** sich: in einer bedrängten Lage sein, in der man zum Handeln aufgefordert ist, in der man aber in der gewünschten oder geforderten Weise gar nicht handeln kann. **in einer Zwangslage befinden,** sich: sich in einer bedrängten Lage befinden, in der man von den Umständen gezwungen wird, etwas zu tun, was man normalerweise vermieden hätte. **im Dreck sitzen/**(auch:) **stecken** (salopp): in materieller Not und dadurch in Bedrängnis sein und der Hilfe bedürfen.

beflügeln, etwas beflügelt jmdn.: (in diesem Sinnbereich) etwas verleiht jmdm. inneren Schwung, spornt seinen Geist oder seine Gemütskräfte an; wird im allgemeinen von einer Empfindung oder gedanklichen Vorstellung oder von einem äußeren Anlaß gesagt: *diese Vorstellung beflügelt seine Phantasie.* **befeuern,** etwas befeuert jmdn. (geh.): etwas verleiht jmdm. einen starken, geistigen Antrieb, inneres Feuer, feuert seinen Geist an; etwas gibt jmds. Leidenschaft oder Phantasie Nahrung; wird im allgemeinen von Empfindungen oder Gedanken, seltener von einem äußeren Sachverhalt oder Ereignis gesagt. **beleben,** etwas belebt jmdn.: etwas erfüllt jmdn. mit Lebensmut, gibt ihm inneren Auftrieb, meist nach einem Zustand der Niedergeschlagenheit; wird im allgemeinen von einer Empfindung oder einem Gedanken gesagt: *neue Zuversicht belebte ihn;* ↑beseelen.

befolgen, etwas: den Ratschlägen oder Anordnungen eines anderen oder allgemein anerkannten Regeln und Gesetzen nachkommen, ihnen gemäß handeln, wobei unausgesprochen bleibt, ob man innerlich damit übereinstimmt oder nicht. **beherzigen,** etwas: die Äußerung eines anderen, mit der man auf etwas hingewiesen wird, was man außer acht gelassen hatte oder nicht wußte, zur Kenntnis nehmen, sie sich merken und sich in seinem Tun und Verhalten danach richten; dabei wird meist ausgedrückt, daß man die Äußerung des anderen, die oft persönlichen Charakter hat, anerkennt und sie gutheißt. **beachten,** etwas; **achten,** etwas (geh.): (in diesem Sinnbereich) allgemein verbindliche Regeln und Vorschriften zur Kenntnis nehmen und sein Handeln danach ausrichten [um dadurch die Verletzung der in einer bestimmten Gemeinschaft üblichen Formen zu vermeiden]. **beobachten,** etwas (geh.): (in diesem Sinnbereich) i. S. v. beachten; klingt jedoch formeller und betont noch stärker die Bewußtheit, mit der ein Gesetz, eine Vorschrift zur Kenntnis genommen wird und mit der man sich daran hält; klingt oft leicht gespreizt: *die Gesetze b.* **einhalten,** etwas: (in diesem Sinnbereich) Gesetze, Vorschriften, Bestimmungen, die als verbindlich gelten, nach denen sich das allgemeine Tun und Verhalten einer Gemeinschaft zu richten hat und die man bisher auch beachtet hat, weiterhin bewußt und genau befolgen; sich so verhalten, daß man sie nicht übertritt oder verletzt: *Abmachungen e.*

befördern, jmdn./etwas: (in diesem Sinnbereich) jmdn./etwas, z. B. Waren oder Gepäckstücke, mit Hilfe eines Transportmittels von einem Ort an einen anderen schaffen: *die Bahn befördert Personen und Güter.* **transportieren,** etwas: etwas, meist größere Gegenstände, sperrige Güter und große Tiere, im allgemeinen mit Hilfe eines Transportmittels, von einem Ort an einen anderen schaffen: *Möbel, Obstkisten t.* **überführen,** jmdn./etwas: einen Kranken ins Krankenhaus, einen Toten offiziell, unter Umständen in feierlicher Form, von weither an seinen Begräbnisort bringen: *die Gebeine des gefallenen Sohnes wurden in die Familiengruft übergeführt;* ↑[1]tragen.

befragen, jmdn.: bei jmdm. [der besser über das, was man wissen möchte, orientiert ist] etwas durch Fragen [genauer] zu erfahren suchen: *er befragte zwei Ärzte über seine Krankheit, aber keiner wollte so recht Auskunft geben.* **interviewen** [interwju̲en], jmdn. (bildungsspr.): jmdm., meist einer Persönlichkeit des öffentlichen Lebens, bestimmte, oft die betreffende Person selbst angehende

Fragen von allgemeinem Interesse vorlegen, sie um ihre Meinung fragen und um Auskunft bitten, mit der Absicht, das so entstandene Gespräch und die sich daraus ergebende Stellungnahme des Befragten der Allgemeinheit mitzuteilen: *die Zeitungsreporter interviewten den Pianisten über seinen künstlerischen Werdegang;* ↑Interview. **umfragen** (ugs.): an eine Reihe von Personen [nacheinander] eine bestimmte Frage richten, um sich [an Hand der verschiedenen Meinungen und Äußerungen] über etwas Klarheit zu verschaffen: *du kannst ja zuerst einmal u. und hören, was die anderen dazu sagen, bevor du dich entscheidest;* vgl. Umfrage ↑Interview. **[eine] Umfrage halten** (nachdrücklich): eine größere [repräsentative] Gruppe von Menschen über etwas befragen, um die allgemein vorherrschende Meinung zu einer Sache feststellen zu können: *bei sämtlichen Kollegen eine Umfrage halten.* **eine Umfrage veranstalten** (nachdrücklich): i. S. v. eine Umfrage halten; läßt jedoch darauf schließen, daß die Befragung im Rahmen einer größeren Aktion abgehalten wird, von einer offiziellen [amtlichen] Stelle ausgeht und einen weiteren Kreis von Menschen umfaßt; während „Umfrage halten" mehr privaten Charakter hat, wird hier besonders der planmäßige, organisierte Ablauf des Geschehens betont: *das Meinungsforschungsinstitut wird morgen eine große Umfrage veranstalten;* ↑Umfrage.

befreien, jmdn. von etwas: auf Grund seiner Befugnis jmdn. von einer Leistung oder von der Verpflichtung, eine bestimmte Aufgabe zu erfüllen, lösen: *er wurde vom Turnen befreit.* **dispensieren,** jmdn. [von etwas] (bildungsspr.): jmdn. von einer bestimmten Pflicht oder Aufgabe [für eine gewisse Zeit] befreien: *er ist [vom Religionsunterricht] dispensiert.* **entbinden,** jmdn. von etwas: jmdn. die Erlaubnis geben, daß er sich an ein Versprechen nicht gebunden zu fühlen braucht, oder jmdn. von einer Verpflichtung frei machen: *jmdn. von seinem Eid, seinem Versprechen e.* **freistellen,** jmdn.: jmdn. [für eine gewisse Zeit] aus bestimmten Gründen, für einen bestimmten Zweck vom Dienst, Militärdienst befreien: *er wurde für vier Wochen für diesen Einsatz freigestellt.* **beurlauben,** jmdn.: **a)** genehmigen, daß jmd. für eine gewisse Zeit seine dienstlichen o. a. Pflichten nicht ausübt, ihnen nicht nachkommt: *der Schüler wurde für acht Tage beurlaubt;* **b)** jmdm. die Ausübung seiner Tätigkeit für eine gewisse Zeit untersagen: *er wurde bis zur Aufklärung dieses Skandals beurlaubt.*

befugt: zur Durchführung einer Handlung oder Erledigung einer Aufgabe auf Grund seiner Stellung, seiner Fähigkeit oder seines Amtes mit einer besonderen Macht ausgestattet und ein bestimmtes Recht habend; selten attributiv verwendet: *sie sind überhaupt nicht b., mir das zu verbieten.* **berechtigt:** sich aus einer inneren Überzeugung, übertragenen Macht oder rechtlichen oder sittlichen Bestätigung heraus ein Recht herleitend, eine Handlung oder Angelegenheit im eigenen Sinne durchzuführen oder zu Ende zu bringen; im allgemeinen nicht attributiv verwendet: *mein Vorgesetzter ist nicht b., mir auch in persönlichen Dingen Vorschriften zu machen.* **ermächtigt:** von einer höheren, vorgesetzten Stelle oder einer anderen Person mit einem besonderen Recht oder einer Erlaubnis ausgestattet, um durch diese verliehene Gewalt eine bestimmte Angelegenheit erledigen zu können; im allgemeinen nicht attributiv: *der Anwalt hielt sich für e., alle notwendigen Schritte in dieser Sache zu unternehmen.*

begabt: mit besonderen Anlagen ausgestattet; mit besonders guten geistigen oder künstlerischen Fähigkeiten versehen: *begabte Kinder;* ↑Begabung. **talentiert:** im Besitz vorzüglicher Anlagen, die jmdn. befähigen, etwas, was Begabung und Geschick erfordert, gut auszuführen; „talentiert" enthält mehr eine nebenbei festgestellte und geäußerte Anerkennung, während „begabt" inhaltlich größeres Gewicht hat; vgl. Talent ↑Begabung. **genial:** über besondere ungewöhnliche und außerordentliche Anlagen künstlerischer und geistiger Art verfügend: *ein genialer Mensch.* **begnadet** (dichter.): überreich mit Können und künstlerischer Begabung bedacht: *ein begnadeter Künstler.* **gottbegnadet** (emotional verstärkend): mit außergewöhnlichen künstlerischen Gaben beschenkt: *ein gottbegnadeter Musiker.*

Begabung, die (Plural ungebräuchlich): das Ausgestattetsein mit besonderen geistigen oder künstlerischen Gaben, die jmdn. zur Ausübung einer entsprechenden Tätigkeit befähigen: *musikalische B.;* ↑begabt. **Talent,** das (Plural ungebräuchlich): die besonders günstige Voraussetzung, auf Grund deren jmd. dazu befähigt ist, sich in geistiger, besonders aber in künstlerischer Hinsicht hervorzutun; in der Bedeutung weniger gewichtig als „Begabung": *ihre improvisierte Tanzvorführung verriet großes T.;* vgl. talentiert ↑begabt. **Genie,** das (ohne Plural): (in diesem Sinnbereich) überragende schöpferische Begabung, Geisteskraft: *das G. eines Erfinders, Dichters, Künstlers.* **Fähigkeiten,** die (Plural): (in diesem Sinnbereich) die hervorragende Eignung, Tauglichkeit zu einer Tätigkeit auf einem bestimmten Gebiet; im

Unterschied zu „Begabung“ und „Talent“ liegt der Akzent auf Können und Leistung: *seine Fähigkeiten traten erst voll zutage, als er Schriftleiter wurde.* **Befähigung,** die (Plural ungebräuchlich): die besondere Eignung zu einer bestimmten geistigen Tätigkeit. **Anlage,** die (meist Plural): (in diesem Sinnbereich) eine durch natürliche Veranlagung bedingte günstige Voraussetzung zur Ausübung einer geistigen oder künstlerischen Tätigkeit; nicht so ausgeprägt wie „Begabung“ oder „Talent“, sondern gewissermaßen nur ein Keim, der sich erst entwickeln muß; vgl. Anlage ↑[2]Neigung. **Gaben,** die (Plural): (in diesem Sinnbereich) von der Natur mitgegebene Vorzüge; Veranlagung, die man für überdurchschnittliche Leistungen auf geistigem oder künstlerischem Gebiet mitbringen muß.

[1]**begegnen,** jmdm.: irgendwo auf seinem Wege einen anderen [bekannten] Menschen, der ebenfalls unterwegs ist, dem man entgegengeht und der einem entgegenkommt, sehen, von ihm gesehen werden [und ohne sich länger zu verweilen, an ihm vorübergehen]; dabei ist ausgedrückt, daß mindestens einer der Partner vom anderen Kenntnis nimmt: *sie begegnen sich täglich auf der Straße;* ↑[2]begegnen. **treffen,** jmdn.: (in diesem Sinnbereich) sich irgendwo einem Menschen, den man kennt, unbeabsichtigt, plötzlich gegenübersehen; an irgendeinem Ort auf jmdn. stoßen, wobei man sich [für kürzere Zeit] aufhält, um mit dem Betreffenden [ein paar Worte] zu sprechen; dabei ist es gleichgültig, ob derjenige, den man trifft, einem unterwegs entgegenkommt oder ob er sich [bereits] an einem bestimmten Ort befindet; ist jedoch nicht anzuwenden, wenn man jmdn. in dessen eigenem Bereich, z. B. in dessen Geschäft, zu Hause antrifft: *wir haben uns heute morgen auf der Straße getroffen;* ↑treffen. **sehen,** jmdn. (ugs.): (in diesem Sinnbereich) jmdn. unversehens irgendwo treffen oder ihm begegnen, wobei man sich meist etwas verweilt, um kurz mit dem Betreffenden zu sprechen; betont mehr das [gegenseitige] Wahrnehmen bei der Begegnung zweier Personen: *als ich sie gestern in der Stadt sah, erzählte ich ihr gleich von deinem Glück;* vgl. sehen ↑treffen. **in die Arme/**(auch:) **Beine laufen,** jmdm. (ugs.): jmdn. [den man nicht unbedingt zu sehen wünscht] irgendwo treffen, ohne daß man in diesem Augenblick damit gerechnet oder daran gedacht hätte und ohne die Begegnung vermeiden zu können: *gerade als ich es so eilig hatte, lief ich diesem geschwätzigen Kerl in die Arme.* **über/**(auch:) **in den Weg laufen,** jmdm. (ugs.): irgendwo unterwegs ganz zufällig und unerwartet auf jmdn. treffen, jmdm. begegnen; dabei kann es sich um jmdn. handeln, den man bei dieser Gelegenheit erst kennenlernt; die Verbindung mit „in“ betont etwas stärker, daß man jmdm. nicht ausweichen kann, die Verbindung mit „über“ hebt mehr die Zufälligkeit der Begegnung hervor.

[2]**begegnen,** etwas begegnet jmdm. (geh.): etwas wird von jmdm. erlebt, erfahren; bezieht sich auf etwas Bemerkenswertes, im allgemeinen jedoch auf nichts Angenehmes, worauf jmd. ohne sein Zutun im Umgang mit anderen Menschen trifft: *ich kann nicht sagen, daß mir auf meiner Reise durch dieses Land viel Erfreuliches begegnet wäre;* ↑[1]begegnen. **widerfahren,** etwas widerfährt jmdm. (geh.): i. S. v. begegnen; bezieht sich meist auf etwas Außergewöhnliches, dessen Urheber im Unterschied zu „begegnen“ anonym bleibt oder als Schicksal oder als ein höheres Wesen angesehen wird: *das war das schönste Erlebnis, das ihm widerfuhr.* **zuteil werden,** etwas wird jmdm. zuteil (geh.): (in diesem Sinnbereich) i. S. v. begegnen; bezieht sich auf etwas, was jmd. von anderen Menschen oder einer höheren Macht erfährt, als Zuwendung erhält und was die betreffende Person als angenehm empfindet: *ihm war in seinem Leben viel Glück zuteil geworden;* ↑zustoßen.

[1]**begeistern,** etwas begeistert jmdn.: (in diesem Sinnbereich) etwas erfüllt jmdn. mit freudigen und erhebenden Gefühlen, löst beglückende Vorstellungen oder Empfindungen in ihm aus und gibt ihm dadurch inneren Auftrieb; wird im allgemeinen von einer Sache oder einem Sachverhalt gesagt, über die der Betroffene sehr glücklich ist: *dieser Plan begeisterte ihn;* ↑[2]begeistern. **mit Begeisterung erfüllen,** etwas erfüllt jmdn. mit Begeisterung (nachdrücklich): etwas erfüllt jmdn. mit einem das ganze Gemüt ausfüllenden Hochgefühl, mit einer von leidenschaftlicher Zustimmung getragenen freudigen Erregung oder mit überschwenglicher Freude, die sich oft in seinem Verhalten äußert; vgl. in Begeisterung versetzen ↑[2]begeistern; ↑Begeisterung. **berauschen,** etwas berauscht jmdn.: etwas gibt jmdm. das Gefühl überwältigenden Glücks oder die Empfindung, über sich selbst hinausgehoben zu sein [so daß der Betreffende dabei oft die Wirklichkeit vergißt]; wird im allgemeinen nicht von einem äußeren Sachverhalt, sondern von einer gedanklichen Vorstellung oder einem Gefühl gesagt: *der Triumph berauschte ihn.* **trunken machen,** etwas macht jmdn. trunken: etwas versetzt jmdn. in den Zustand überschwenglicher Glückse-

ligkeit, überwältigt sein Gefühl und seinen Sinn ganz und gar; wird im allgemeinen von einer Vorstellung oder Empfindung gesagt, die das ganze Gemüt ergreift: *dieses Glück machte ihn fast trunken.*

[2]**begeistern,** jmdn. für/zu etwas: (in diesem Sinnbereich) in jmdm. die freudige oder erhebende Vorstellung eines bestimmten Zieles oder wünschenswerten Zustandes wachrufen, ihm die Lust, den Willen oder den Mut zu einer bestimmten Handlung eingeben; wird von Personen oder Sachen gesagt und steht, wie die übrigen Wörter dieser Gruppe, mit Präpositionalobjekt, welches das erstrebte Ziel oder die ausgelöste Handlung angibt: *jmdn. für die Befreiung der unterdrückten Völker b.;* vgl. begeistern ↑inspirieren; ↑Begeisterung. **hinreißen,** jmdn. zu etwas (ugs.): in jmdm. eine starke, meist freudige Erregung oder [blinde] Begeisterung hervorrufen, ihm den Impuls zu augenblicklichem, oft unbedachtem oder auch unheilbringendem Handeln eingeben oder eine [heftige] Gefühlsäußerung auslösen: *seine Rede riß die Zuhörer immer wieder zu lauten Beifallskundgebungen hin.* **entflammen,** jmdn. zu etwas (geh.): (in diesem Sinnbereich) in jmdm. leidenschaftliche Erregung, Enthusiasmus und freudigen Tatendrang wachrufen, die sich in einer bestimmten Gesinnung oder Handlung äußern: *seine Rede entflammte die Herzen aller Zuhörer.* **befeuern,** jmdn. zu etwas (geh.): (in diesem Sinnbereich) in jmdm. die Begeisterung für eine edle oder mutige Tat wecken und ihn anspornen, sie auszuführen; vgl. befeuern ↑beflügeln. **mitreißen,** jmdn.: eine Begeisterung oder Überzeugung, die Lust oder den Willen zu einer bestimmten Handlung auf jmdn. [suggestiv] übertragen oder durch das eigene Beispiel in einem anderen Menschen oder einer Menge wachrufen; steht im allgemeinen ohne Angabe der ausgelösten Handlung: *sein Temperament riß mich mit.* **in Begeisterung versetzen,** jmdn. (nachdrücklich): (in diesem Sinnbereich) jmdn., meist eine Menschenmenge, in Hochstimmung versetzen; [augenblicklichen] Enthusiasmus bei jmdm. hervorrufen und ihn zu [stürmischen] Äußerungen des Beifalls und der Zustimmung veranlassen; in den Zustand hoher freudiger, von leidenschaftlich-anerkennender Zustimmung getragener Erregung versetzen; im Unterschied zu „mit Begeisterung erfüllen" wird nicht nur der Zustand als solcher, sondern auch der Prozeß mit ausgedrückt: *das Erscheinen des Schauspielers versetzte die Jugendlichen in Begeisterung;* vgl. mit Begeisterung erfüllen ↑[1]begeistern. **enthusiasmieren,** jmdn. (bildungsspr.): i. S. v. in Begeisterung versetzen; vgl. Enthusiasmus ↑Begeisterung.

Begeisterung, die (Plural ungebräuchlich): von freudig erregter Zustimmung, leidenschaftlicher Anteilnahme getragener Tatendrang; freudig erregter Gemütszustand durch ein hohes Gefühl oder einen großen Gedanken; bezeichnet einmal die seelische Verfassung als solche, dann aber auch in der Beziehung auf eine bestimmte Sache oder Tätigkeit das lebhafte freudige Interesse, mit dem man an etwas teilnimmt oder sich für etwas einsetzt, was einem als wertvoll erscheint: *B. für eine Idee; B. über ein Schauspiel;* vgl. hinreißen ↑[2]begeistern. **Enthusiasmus,** der (ohne Plural; bildungsspr.): hohe Begeisterung, in der man ganz von einem Ideal erfüllt ist und sich zu ihm emporgehoben fühlt; bezeichnet in der Beziehung auf eine bestimmte Sache oder Tätigkeit eine selbstlose, oft allerdings etwas überschwengliche und übertrieben schwärmerische Hingabe an etwas: *dichterischer E.; viel E. für eine gute Sache aufbringen.* **Hochstimmung,** die (Plural ungebräuchlich): besonders frohe, festlich gehobene Stimmung: *im Ballsaal herrschte H.; in H. sein.* **Leidenschaft,** die (ohne Plural): (in diesem Sinnbereich) feuriges, intensives Gefühl, mit dem man an etwas teilnimmt, was seinen innersten Wünschen entspricht, oder mit dem jmd. eine Sache oder Tätigkeit verfolgt oder ein Ziel zu erreichen sucht, nach dem man ein ungestümes inneres Verlangen trägt; bezeichnet im Unterschied zu „Begeisterung" und „Enthusiasmus" mehr ein inneres Getriebenwerden als einen freien seelischen Aufschwung und richtet sich nicht immer auf ein im ethischen Sinne wertvolles Objekt: *mit L. dem Spiel ergeben sein.* **Inbrunst,** die (ohne Plural; geh.): [religiöses] Ergriffensein; aus dem Innern hervorbrechendes, das ganze Wesen erfassendes Gefühl leidenschaftlichen Hingezogenseins oder glühenden Verlangens, das einen religiösen Glauben oder ein Erleben von ähnlich umfassender Bedeutung für den Menschen mit besonderer Kraft erfüllt: *die I. seines Glaubens, seiner Liebe.* **Glut,** die (ohne Plural): (in diesem Sinnbereich) heißes, inniges und anhaltendes Gefühl, das eine teilnehmende Empfindung oder eine Zuneigung für einen Menschen begleitet; kennzeichnet meist die besondere Stärke und Tiefe einer bestimmten Empfindung. **Feuer,** das (ohne Plural): lebhafte, flammende Kraft einer Empfindung; seelische Energie, mit der man sich einer Sache, an der man mit ganzem Herzen teilnimmt, widmet; starkes Ergriffensein von einem Gefühl; wird nach außen häufig als Tatendrang sichtbar und kann sich im Unterschied zu „Glut" auch auf negative Empfindungen beziehen: *F. der Liebe, des Hasses, des Zorns.*

Begierde, die: auf Genuß und Befriedigung, auf Erfüllung eines Wunsches oder Besitz eines Gutes gerichtetes, leidenschaftliches Verlangen, das jmd. empfindet; bezieht sich – in Verbindung mit „nach" – sowohl auf Personen, wobei das Triebhafte immer im Vordergrund steht, als auch auf Dinge, Wünsche und Vorstellungen, die ebenfalls meist dem Bereich des Sinnenhaften, seltener auch dem des Geistig-Seelischen angehören oder entspringen; vgl. begierig ↑gierig. **Begier,** die (ohne Plural; selten): i. S. v. Begierde; steht meist in allgemeinen Aussagen: *die B. mindern.* **Gier,** die (ohne Plural): heftige, ungezügelte Begierde, maßloses Begehren, das vorwiegend auf sinnliche Genüsse oder auf Mittel, die diese Genüsse ermöglichen, gerichtet ist. Das Wort betont, besonders wenn das Verlangen auf Personen direkt bezogen ist, das Animalisch-Triebhafte oder Tierisch-Rohe und wird – häufig in Verbindung mit Beiwörtern, die die Heftigkeit und Zügellosigkeit des Begehrens kennzeichnen und steigern – oft in abwertendem Sinne gebraucht: *die G. nach dem Geld;* vgl. gieren ↑streben; ↑gierig. **Geilheit,** die (Plural ungebräuchlich): Zustand heftigen sexuellen Verlangens (der je nach Einstellung des Sprechers/Schreibers als schön oder bei sexualfeindlicher Mentalität als negativ, widerlich empfunden, betrachtet wird). **Begehrlichkeit,** die: beim Anblick von etwas entstandenes Verlangen, es zu besitzen, zu genießen; Verlangen nach sinnlichem Genuß; steht im Gegensatz zu „Begierde" und „Gier" nicht in Verbindung mit „nach": *mit einem Blick voller B. starrte er sie an;* vgl. begehrlich ↑gierig. **Begehren,** das (Plural ungebräuchlich; geh.): (in diesem Sinnbereich) auf Besitz, Genuß, Lust o. ä. gerichtetes heftiges Verlangen; ist auf ein ganz bestimmtes Ziel – meist eine Person – gerichtet, an dem sich die Gefühlsregung entzündet; vgl. Begehren ↑Sehnsucht. **Verlangen,** das (ohne Plural; geh.): (in diesem Sinnbereich) [triebhafter] innerer Drang nach etwas, was man nicht hat und was man meist nicht unmittelbar erreichen kann; Empfindung eines Bedürfnisses; steht öfter als „Begehren" in allgemeinen Aussagen, in denen das Ziel weniger bestimmt angegeben ist: *sein gieriges, ungezügeltes V. nach Frauen und Geld;* vgl. Verlangen ↑Sehnsucht; vgl. verlangen ↑streben. **Lust,** die: (in diesem Sinnbereich) **a)** inneres Bedürfnis, etwas Bestimmtes zu tun, haben zu wollen: *L. zu etwas haben; plötzlich bekam er L., ins Theater zu gehen;* **b)** heftiges, auf die Befriedigung sinnlicher, sexueller Wünsche gerichtetes Verlangen: *sinnliche, weltliche Lüste; die Lüste des Fleisches; seine L. befriedigen;* vgl. gelüstig ↑gierig. **Lüsternheit,** die: heftiges, aber nicht offen gezeigtes Verlangen nach Besitz, Genuß, Lust o. ä., das von verhaltener Erregung begleitet ist; wird oft abschätzig gebraucht; vgl. lüstern ↑gierig. **Gelüst[e],** das: das sich in jemandem regende und Befriedigung, Erfüllung wünschende Verlangen nach einem [mit Lustempfindungen, Vergnügen verbundenen] Genuß oder Tun. Im Unterschied zu „Begierde", der mehr elementare Gewalt innewohnt, deutet „Gelüst" darauf hin, daß der davon Betroffene gern etwas tun, ausführen möchte, ohne jedoch wie bei der Begierde davon ganz und gar erfüllt und getrieben zu sein: *er verspürte ein G., ihm die Meinung zu sagen; sexuelle Gelüste überkamen ihn bei diesen Bildern.* **Gieper,** der (landsch.); **Jieper,** der (berlin.): plötzlich wach werdendes [heftiges] Verlangen nach sinnlichen, besonders leiblichen Genüssen: *er konnte seinen Gieper kaum unterdrücken;* vgl. gieprig ↑gierig; ↑geil; ↑Sehnsucht.

begierig: begierig sein, auf/nach etwas: voll Verlangen sein, den Wunsch nach etwas stark verspüren: *sie ist begierig, dich kennenzulernen;* vgl. gieren ↑streben. **hungrig sein,** nach etwas: (in diesem Sinnbereich) Bedürfnis nach etwas [was man erleben oder erfahren möchte] haben, sich danach sehnen: *hungrig nach Liebe sein.* **aussein,** auf etwas/jmdn. (ugs.): etwas oder den Kontakt mit jmdm. sehr gern haben wollen und sich eifrig darum bemühen: *sie ist immer auf Neuigkeiten aus; er war schon lange auf sie aus.* **spitzen,** sich auf etwas (ugs.): voller Erwartung und Freude auf etwas sein: *er mußte auf das Bier verzichten, auf das er sich schon gespitzt hatte.* **erpicht sein,** auf etwas: mit Spannung und Gier darauf bedacht sein, etwas zu erfahren oder zu bekommen; während „begierig" eine momentane Gefühlslage kennzeichnen kann, enthält „erpicht" die Vorstellung eines unablässigen, besonders starken Verlangens: *sie ist sehr auf Geld erpicht.* **versessen sein,** auf etwas: hartnäckig und heftig nach etwas verlangen; ganz besessen sein von dem Gedanken, etwas Bestimmtes zu bekommen oder zu genießen: *sie ist ganz versessen auf Süßigkeiten.* **scharf sein,** auf etwas/jmdn. (salopp): grundsätzlich, mit besonderer Gier darauf aus sein, bestimmte materielle Dinge oder jmdn., den man für äußerst begehrenswert hält, zu besitzen, zu genießen, sie durchaus haben wollen; von heftigem sexuellem Verlangen nach jmdm. erfüllt sein: *sie ist scharf auf ihn; er ist scharf auf den Schlagzeuger; sie ist nicht scharf aufs Geld.* **geil sein,** auf etwas/jmdn. (salopp): i. S. v. scharf sein. **spitz sein,** auf jmdn.: von einem heftigen Verlangen nach jmdm. erfüllt sein. **wild sein,** nach/auf etwas/nach jmdm./auf jmdn. (ugs.): ein besonders heftiges Verlangen nach etwas spüren, nach jmdm. verspüren, kaum zu halten sein und es irgendwie äußern oder sichtbar werden lassen; darauf brennen, etwas zu erhalten oder mit der betreffenden Person in engeren Kontakt zu kommen: *er war ganz wild nach ihr; ich bin so wild nach deinem Erdbeermund* (Villon/Zech); *er war ganz wild darauf, sich vor den Gästen als Klavierspieler zu produzieren.* **verrückt sein,** auf etwas/nach jmdm. (salopp): i. S. v. wild sein: *sie war ganz verrückt darauf, diesen Film zu sehen; sie ist ganz verrückt nach ihrer Lehrerin;* ↑verehren; ↑geil.

begleiten, jmdn./etwas: mit jmdm./mit etwas mitgehen, mitfahren usw.; schließt keinen bestimmten Beweggrund ein und wird als allgemeinste Bezeichnung verwendet: *Editha begleitete mich noch an die Bahn.* **geleiten,** jmdn. (geh.): mit jmdm. in eine von ihm bestimmte Richtung mitgehen oder mitfahren, und zwar speziell zur Erweisung einer Ehre, zum Schutz oder um ihm behilflich zu sein: *das Mädchen nach Hause g.* **das Geleit geben,** jmdm./einer Sache (geh.; nachdrücklich): mit jmdm./mit etwas mitgehen, mitfahren usw., und zwar speziell zur Erweisung einer Ehre und zum Schutz; drückt eine stärkere Zuwendung als „geleiten" aus: *die Freunde gaben dem Hochzeitspaar bis zum Bahnhof das Geleit.* **eskortieren,** jmdn./etwas (bildungsspr.): mit jmdm./mit etwas zum Schutz oder zur Erweisung einer Ehre mitfahren oder mitreiten (von militärischen oder militärähnlichen Begleitmannschaften): *eine Polizeiabteilung eskortierte den Minister zum Rathaus.* **bringen,** jmdn.: (in diesem Sinnbereich) **a)** (fam.): i. S. v. begleiten; ohne nähere Bestimmung des Zieles: *Andrea bat ihren Freund, sie noch ein Stück zu b.;* **b)** jmdn. an einen Ort begleiten, mit jmdm. bis zu einem bestimmten Ziel mitgehen; mit näherer Bestimmung des Zieles; bringt zum Ausdruck, daß derjenige, der jmdn. irgendwohin begleitet, der aktive Teil ist [und Führung oder Schutz übernimmt]: *er ließ es sich nicht nehmen, seine Gäste bis zur Gartentür zu b.;* vgl. bringen ↑[1]führen.

begraben, jmdn.: einen menschlichen oder tierischen Leichnam auf einem Friedhof oder anderswo in ein Grab, eine Grube legen und diese dann zuschütten: *die Flüchtlinge begruben den Toten bei Nacht und Nebel.* **beerdigen,** jmdn.: einen Toten in die Erde bringen; bezieht sich wie „bestatten" und „beisetzen" nur auf den menschlichen Leichnam, der auf dem Friedhof begraben wird: *der Verstorbene ist am 24. April auf dem Städtischen Friedhof beerdigt worden.* **bestatten,** jmdn. (geh.): einen Verstorbenen in feierlichem Leichenbegängnis zur letzten Ruhe betten: *er wurde mit großem Gepränge bestattet.* **beisetzen,** jmdn. (geh.): einen Toten auf einem Friedhof, in einer Familiengruft feierlich bestatten: *die Toten wurden mit militärischen Ehren beigesetzt.* **verscharren,** jmdn.; **einscharren,** jmdn.: einen menschlichen oder tierischen Leichnam rasch und ohne Feierlichkeit, lieblos begraben, ihn in die Erde bringen, mit Erde bedecken: *der Tote wurde eiligst verscharrt, um alle Spuren zu tilgen.* **der Erde übergeben,** jmdn. (dichter.); **zur letzten Ruhe betten,** jmdn. (geh.): i. S. v. bestatten: *die Seele Gott, den Leib der Erde übergeben; seine sterblichen Überreste werden heute zur letzten Ruhe gebettet.* **zu Grabe tragen,** jmdn. (geh.): einen Toten [unter öffentlicher Anteilnahme] feierlich beisetzen; richtet im Unterschied zu „bestatten" den Blick mehr auf den [feierlichen] Akt der Beerdigung: *das ganze Dorf nahm teil, als man den Bürgermeister zu Grabe trug.* **das letzte Geleit geben,** jmdm. (verhüllend): an der Beerdigung eines Menschen teilnehmen, dem man persönlich nahegestanden hat oder dem man sich durch sein persönliches Ansehen oder seinen Rang verpflichtet oder verbunden fühlt: *Freunde und Verwandte gaben ihm das letzte Geleit;* ↑einäschern.

begrüßen, jmdn.: (in diesem Sinnbereich) jmdm., mit dem man zusammentrifft, mit einem Gruß die Hand reichen [und mit ihm ein paar Worte wechseln]. **guten Tag sagen,** jmdm. (ugs.): (in diesem Sinnbereich) jmdn., dem man begegnet, den man zufällig trifft, mit Handschlag begrüßen [und sich für eine Weile mit ihm unterhalten]: *als der kleine Tim mich sah, kam er auf mich zu, um mir guten Tag zu sagen;* ↑grüßen, ↑[2]Hand (die Hand geben).

beharrlich (geh.): mit unbeirrbarer Festigkeit an etwas festhaltend, ein Ziel verfolgend: *sein zartes beharrliches Werben war nach ihrem Geschmack.* **hartnäckig:** eigensinnig und ausdauernd an etwas (z. B. an einem Gedanken, einem Plan) festhaltend: *h. fragen;* vgl. Hartnäckigkeit ↑Ausdauer. **zäh:** (in diesem Sinnbereich) mit verbissener Ausdauer an etwas festhaltend: *sein zäher Fleiß wurde belohnt.* **verstockt** (abwertend): ohne Einsicht in einer bestimmten Geisteshaltung verharrend oder bei etwas bleibend, unzugänglich für jeden Überzeugungsversuch: *Evelyn schwieg v.* **stur** (ugs.; abwertend): unnachgiebig und unerschütterlich an etwas festhaltend, bei etwas bleibend; oft aus geistiger Unbeweglichkeit oder aus einem Mangel an selbständigem Denken heraus: *er gab seine sture Haltung nicht auf;* ↑eigensinnig, ↑trotzig.

behaupten, sich: eine Stellung, die man im Leben erworben hat [die aber noch nicht ganz gefestigt ist], sich nicht streitig machen lassen, sondern anderen gegenüber verteidigen und schließlich deren Anerkennung erreichen: *er zweifelte daran, daß er sich in solcher illustren Gesellschaft b. könne.* **durchsetzen,** sich: sich in seiner Stellung oder seiner Art nicht anfechten lassen, mit den Widerständen fertig werden und sich Geltung verschaffen: *der Referendar kann sich in den oberen Klassen nicht d.*

Behauptung, die: mit Bestimmtheit geäußerte, aber unbewiesene Meinung. **These,** die (bildungsspr.): [auf Grund längerer Überlegungen oder eingehender wissenschaftlicher Beschäftigung] mit Bestimmtheit vertretene, aber noch zu beweisende Meinung; wird gewöhnlich nur verwendet, wenn das, was behauptet wird, von wissenschaftlichem oder von allgemeinerem Interesse ist.

behelligen, jmdn.: jmdm. etwas mitteilen oder ihn um etwas bitten, ihn etwas fragen, von ihm etwas wünschen oder fordern o. ä., was den anderen nicht interessiert, woran ihm persönlich nichts liegt, und ihn dadurch ermüden, ihm beschwerlich fallen, was als ärgerlich-störend empfunden wird: *jmdn. mit Fragen, Wünschen b.; behellige mich doch nicht mit diesen unwichtigen Angelegenheiten.* **belästigen,** jmdn.: jmdn. mit fortgesetztem Bitten, Fragen, Fordern o. ä. in unangenehmer und äußerst störender Weise lästig werden.

beherbergen, jmdn.: jmdn. als Gast für einige Zeit oder nur für eine Nacht unter seinem Dach, in seinem Haus aufnehmen: *wir hatten ihn fünf Wochen bei uns beherbergt.* **unterbringen,** jmdn.: dafür sorgen, daß jmd. ein Obdach findet oder in eine Wohnung kommt: *wir können ihn bei uns nicht mehr u.* **Unterkunft gewähren,** jmdm. (geh.; nachdrücklich): jmdm. die Möglichkeit zu wohnen geben; betont besonders eine gewisse Gönnerhaftigkeit des Handelnden. **aufnehmen,** jmdn.: jmdn. in seinem Haus wohnen und schlafen lassen, sowohl vorübergehend als auch für immer, entweder gegen Bezahlung oder unentgeltlich, um dadurch dem Betreffenden zu helfen: *jmdn. bei sich a.; in seinem Hause Gäste für eine Nacht a.* **Obdach geben,** jmdm. (geh.; nachdrücklich): jmdn., der in Not und ohne Unterkunft ist, für nur kurze Zeit unter seinem Dach aufnehmen; kennzeichnet im Unterschied zu „Unterkunft gewähren" lediglich die Art der Hilfe, die jmdm. zugewendet wird: *können Sie mir für eine Nacht Obdach geben?* **Obdach bieten,** jmdm. (geh.; nachdrücklich): i. S. v. Obdach geben; betont jedoch, daß es dem Ermessen des Hilfebedürftigen überlassen ist, von der gebotenen Möglichkeit Gebrauch zu machen: *er bot mir für zehn Tage Obdach.* **Unterschlupf gewähren,** jmdm. (geh.; nachdrücklich): jmdm., der sich verborgen halten will oder muß, die Möglichkeit dazu in seinem Hause oder in seiner Wohnung geben; betont die Hilfsbereitschaft des Handelnden: *als er verfolgt wurde, hat sie ihm Unterschlupf gewährt.* **Quartier geben,** jmdm.: jmdn. vorübergehend in seinem Hause wohnen und schlafen lassen: *wir haben ihm vorübergehend Quartier gegeben;* ↑übernachten.

beherrschen, sich: in einer bestimmten Situation, die einen Affektausbruch verständlich machen würde oder verzeihlich erscheinen ließe, seinen Gefühlen nicht freien Lauf lassen, sondern sie mit Hilfe des Verstandes im Zaume halten. **an sich halten:** mit großer Mühe einen Affekt beherrschen: *nicht mehr an sich halten können und laut lachen.* **bändigen,** sich (geh.): einen heftigen Affekt unter Aufbietung aller seiner Willenskräfte zurückhalten, ihn nicht zum Ausbruch kommen lassen.

behindern, etwas/jmdn. [in/bei etwas]: einen Vorgang, ein Vorhaben durch lästige oder störende Umstände erschweren, jmdm. bei einer Tätigkeit [zusätzlich] Schwierigkeiten bereiten; wird im allgemeinen von Sachen, seltener von Personen gesagt: *der betrunkene Radfahrer behinderte den Verkehr.* **hindern,** etwas/jmdn. [in/bei etwas]: (in diesem Sinnbereich) ein Hindernis sein (in einer Situation, bei einer Sache); wird wie die folgenden Wörter von Personen und Sachen gesagt: *habe ich dich auf dem Weg zu deinem Ziel sehr gehindert?;* ↑hindern (an etwas). **stören,** etwas/jmdn. [in/bei etwas] (ugs.): (in diesem Sinnbereich) einen Vorgang oder ein Vorhaben durch geringfügige, aber lästige Hemmnisse am reibungslosen Ablauf hindern: *du störst mich beim Lesen.* **im Wege stehen,** jmdm. [bei etwas]/einer Sache (nachdrücklich): ein [schwerwiegendes] Hindernis für die Verwirklichung eines Vorhabens darstellen: *er stand ihm bei seinem Aufstieg im Wege.* **erschweren,** einer Sache/jmdm. etwas: ein Tun oder Vorhaben auf Grund entsprechend ungünstiger Bedingungen, Gegebenheiten schwierig und mühevoll machen: *der Wettkampf wurde unter erschwerten Bedingungen ausgetragen.*

behüten, jmdn.: (in diesem Sinnbereich) jmdn. in seine Hut nehmen, sorgsam über ihn wachen, um ihn vor Schaden zu bewahren; wird nur von einem Stärkeren gesagt, der [liebevoll] für einen Schwächeren Sorge trägt: *bis jetzt konnten wir die Kinder vor allen Gefahren b.* **beschützen,** jmdn.: einen Schwächeren, Schutzbedürftigen im Augenblick der Gefahr schützen, sich für ihn einsetzen und Schaden, Unheil von ihm abwenden: *der große Bruder beschützt seine Schwester.* **bewahren,** jmdn. [vor etwas/jmdm.]: von einem Menschen, der seine Gefährdung unter Umständen selbst gar nicht erkennt, eine Gefahr, irgend etwas Nachteiliges, Unheilvolles, Unangenehmes fernhalten: *er hat mich vor einer großen Gefahr, Dummheit bewahrt.* **beschirmen,** jmdn. (geh.): i. S. v. beschützen; enthält aber zusätzlich die Vorstellung, daß jmd. über die entsprechenden Möglichkeiten und über die Macht verfügt, Gefahren von jmdm. abzuhalten, gleichsam als ob er über ihn etwas halte, was alles von ihm fernhält: *der Herr beschirmte sie auf der Flucht;* ↑verteidigen.

behutsam: aus Feingefühl bemüht, in seinem Verhalten gegen jmdn. nichts falsch zu machen, ihn nicht durch irgend etwas zu kränken, ein solches Feingefühl verratend; im Umgang mit Dingen, mit etwas, was man in seinen Händen hält, darauf bedacht, die betreffende Sache nicht zu beschädigen. **vorsichtig:** (in diesem Sinnbereich) auf Grund von Kenntnis, Erfahrung, Überlegung in seinem Verhalten gegen jmdn. darauf bedacht, ihm nicht zu schaden oder in irgendeiner Weise zu nahe zu treten, oder eine entsprechende Haltung verratend; achtsam im Umgang mit Dingen, die durch ihre Beschaffenheit leicht der Gefahr der Beschädigung ausgesetzt sind. **sorgsam:** aus gewissem Verantwortungsgefühl beim Umgang mit etwas bestrebt, es unversehrt und in gutem Zustand zu erhalten, oder dieses Verantwortungsgefühl zeigend.

beibringen, jmdm. etwas (ugs.): (in diesem Sinnbereich) einem einzelnen oder mehreren [Schülern] in einem bestimmten Fach, unter Umständen laienhaft, ohne bestimmte Methode, Kenntnisse mit Erfolg vermitteln: *er hat mir das Schachspielen beigebracht.* **einpauken,** jmdm. etwas (salopp): einem oder mehreren Schülern ein bestimmtes Wissen, einen Lernstoff [besonders im Hinblick auf eine Prüfung] durch methodisches und intensives Einüben und Wiederholen so einprägen, daß er im Gedächtnis haften bleibt. **eintrichtern,** jmdm. etwas (salopp): mit großer Mühe meist schwerfälligen, nicht sehr begabten Schülern nach und nach einen Lernstoff verständlich machen und einprägen. **lehren,** jmdn. etwas (geh.): (in diesem Sinnbereich) jmdn. [als Laie] in einem bestimmten Fach, in einer bestimmten Fertigkeit unterweisen: *er hat ihn schwimmen gelehrt;* ↑lehren.

beimessen, etwas einer Sache (geh.): eine Sache, einen Sachverhalt, ein Geschehen in einer bestimmten Weise im Hinblick auf Bedeutung, Wert, Wichtigkeit einschätzen: *einer Sache große Bedeutung b.* **beilegen,** etwas einer Sache: einer Sache, einem Sachverhalt, Geschehen in seiner Einschätzung eine bestimmte Bedeutung, ein Gewicht o. ä. geben; geht weniger auf ein verstandesmäßiges Urteilen als auf ein mehr oder weniger subjektives, gefühlsmäßiges Einschätzen der betreffenden Sache zurück: *einer Sache [nicht zuviel] Gewicht, Bedeutung b.* **zuschreiben,** jmdm./einer Sache etwas: von einer Person oder Sache eine bestimmte Eigenschaft oder Wirkung behaupten: *einem Gegenstand eine heilkräftige Wirkung z.* **zuerkennen,** jmdm./einer Sache etwas: erklären, feststellen, daß jmdm./einer Sache etwas zukommt, gebührt: *seinen Bemühungen wurde große Bedeutung zuerkannt.*

Bein, das: Gliedmaße des menschlichen Körpers, die, genaugenommen, von der Hüfte bis zum Knöchel reicht, aber auch den Fuß mitumfassen kann. **Fuß,** der (landsch.): (in diesem Sinnbereich) i. S. v. Bein, wobei das äußerste Ende für das ganze Glied von der Hüfte bis zur Fußsohle gesetzt wird: *die Füße einziehen.* **Fahrgestell,** das (salopp, scherzh.): beide Beine; kennzeichnet die Art der Beschaffenheit: *zieh dein F. ein!* **Stelze,** die (meist Plural; derb; abwertend): [dünnes] langes Bein; wird vielfach dann gebraucht, wenn die ausgestreckten Beine anderer ein Hindernis bilden, im Wege sind: *nimm doch deine Stelzen weg!* **Kackstelzen,** die (Plural; Soldatenspr.; vulgär): beide Beine: *nehmen Sie Ihre K. zusammen!* **Hachsen/**(auch:) **Haxen,** die (Plural; salopp; landsch.): beide Beine: *nun steh mal vernünftig auf deinen Haxen!*

[1]**beinah[e]:** (in diesem Sinnbereich) nur noch wenig von einem bestimmten Zustand, einem Ergebnis, einem Ausmaß oder einer Anzahl entfernt; in der Bedeutung sind „beinahe" und „fast" so gut wie identisch, lediglich die Sehweisen sind ein wenig unterschiedlich: *wir trafen uns beinahe täglich;* ↑[2]beinah[e]. **fast:** (in diesem Sinnbereich) kaum noch von dem genannten

Zustand, Ausmaß o. ä. entfernt, ihn annähernd erreicht habend; drückt im Unterschied zu „beinahe“ mehr die Befriedigung oder das Erstaunen des Sprechers/Schreibers über das [schon] Erreichte aus oder betont, daß etwas einem in irgendeiner Hinsicht bemerkenswerten oder erstaunlichen Zustand oder Ausmaß nahekommt: *wir sind f. fertig mit der Arbeit;* vgl. fast ↑ [2]beinah[e]. **nahezu:** in der Quantität, im Grad oder in der Größe der genannten Angabe ziemlich nahekommend; einen bestimmten Zustand weitgehend erreicht habend; bringt im Unterschied zu „fast“ mehr sachlich das Verhältnis von etwas zu einem angegebenen, vorausgesetzten, erwarteten Zustand oder Ausmaß zum Ausdruck: *n. die Hälfte der Mitarbeiter ist freiberuflich tätig.* **schier:** einem außerordentlichen, erstaunlichen Zustand, Grad oder Ausmaß sehr nahekommend; drückt im Unterschied zu „fast“ Erstaunen, Klage oder Verzweiflung über etwas in recht emotionaler Weise aus: *eine s. unübersehbare Menschenmenge; ich möchte s. verzweifeln.* **so gut wie** (ugs.): einer Angabe, einem genannten Zustand, Ergebnis oder Ausmaß fast völlig entsprechend, so daß Fehlendes, Abweichendes kaum von Belang ist: *die Arbeit ist so gut wie erledigt; so gut wie achtzig Prozent der Fälle sind bisher bearbeitet worden.* **praktisch:** (in diesem Sinnbereich) in Wirklichkeit; wenn man es richtig betrachtet, einschätzt; besagt, daß der genannte Zustand eigentlich schon erreicht ist: *er ist p. mittellos; er hat p. alles, was er dafür braucht.* **geradezu:** (verstärkende Partikel mit der Bedeutung) man kann schon sagen, daß es in der Tat so ist, wie es das folgende Wort besagt: *eine g. infame Behauptung; es ist g. ein Hohn; sie hatte ihn g. angefleht.*

[2]**beinah[e]:** (in diesem Sinnbereich) nahe daran, wirklich zu geschehen oder etwas wirklich zu tun; nur zufälligerweise oder infolge besonderer Umstände nicht; steht, wie die übrigen Wörter dieser Gruppe, am häufigsten mit dem Konjunktiv Plusquamperfekt und drückt aus, daß ein Vorgang im letzten Augenblick nicht eingetreten ist; „beinahe“ und „fast“ sind inhaltlich so gut wie identisch; nur die Sehweisen sind ein wenig unterschiedlich: *Heidi hätte b. [den] Tilo umgerannt; er wäre b. gestürzt.* ↑ [1]beinah[e]. **fast:** (in diesem Sinnbereich) im letzten Augenblick doch nicht; infolge glücklicher Umstände nicht; betont im Unterschied zu „beinahe“ stärker die Wahrscheinlichkeit, mit der etwas hätte eintreten können, und die Besorgnis des Sprechers/Schreibers: *er wäre f. überfahren worden;* vgl. fast ↑ [1]beinah[e]. **bald** (ugs.): (in diesem Sinnbereich) i. S. v. beinahe; ist eine subjektive Ausdrucksweise, die durch „beinahe“ oder „fast“ ersetzt werden kann, die aber nicht ohne weiteres für „beinahe“ oder „fast“ einsetzbar ist: *das hätte ich b. vergessen; das habe ich mir b. gedacht; nun warten wir schon b. eine Stunde; wir sind b. gestorben vor Lachen.* **um ein Haar** (ugs.): mit knapper Not nicht; besagt, daß etwas im letzten Augenblick glücklich vermieden, verhindert worden ist, und bezieht sich im allgemeinen auf etwas Unangenehmes, Gefährliches, das hätte eintreten können; hebt etwas mit Nachdruck hervor und enthält die Emotion des Sprechers/Schreibers: *um ein Haar wäre es zu einem Zusammenstoß gekommen; um ein Haar hätten wir uns verfehlt.*

[1]**beißen,** etwas beißt sich [mit etwas] (ugs.): (in diesem Sinnbereich) etwas verträgt sich in bezug auf farbliches ästhetisches Harmonieempfinden [mit etwas] ganz und gar nicht; kennzeichnet den ungünstigen, das Auge verletzenden Eindruck, den verschiedene nebeneinanderstehende Farben hervorrufen, wenn sie nicht aufeinander abgestimmt sind: *ein grüner Mantel und ein roter Hut, wie sich das beißt!* **nicht zusammenpassen,** etwas paßt nicht zusammen: (in diesem Sinnbereich) etwas ergibt farblich eine schlechte Zusammenstellung: *du kannst es mir glauben, an diesem Kleid passen der gelbe Gürtel und die roten Knöpfe nicht zusammen.* **nicht harmonieren,** etwas harmoniert nicht (ugs.): (in diesem Sinnbereich) etwas ergibt in der Farbenzusammenstellung keinen stimmigen Gesamteindruck; während „nicht zusammenpassen“ auf die Zusammenstellung als Vorgang hinweist, wird in „nicht harmonieren“ mehr auf das Zusammengestellte, in dem die Farben o. ä. nicht aufeinander abgestimmt sind, hingewiesen: *es liegt nicht am Schnitt, daß Ihnen dieses Modell nicht gefällt, sondern daran, daß die Farben nicht harmonieren.*

[2]**beißen,** jmdn.: jmdn. anfallen und ihn mit den Zähnen zu verletzen suchen, die Zähne in ihn schlagen; wird von Tieren, gelegentlich auch von Menschen, besonders von Kindern gesagt: *unser Kind ist schon zweimal von einem Hund gebissen worden.* **zubeißen:** plötzlich auf jmdn./etwas losgehen und ihn/es mit den Zähnen zu fassen suchen: *dieser Köter ist unberechenbar, er spielt mit den Kindern, beißt aber manchmal plötzlich zu.* **zuschnappen** (ugs.): i. S. v. zubeißen; enthält die Vorstellung des offenen Maules oder Rachens, der sich [mit einem leicht knackenden Geräusch] ruckartig wieder schließt, wenn er den betreffenden Gegen-

stand packt: *du willst anscheinend den Hund so lange ärgern, bis er zuschnappt.*

beistimmen, jmdm./einer Sache: sich der Meinung eines anderen anschließen, weil man überzeugt ist, daß er recht hat, ihn dadurch in seiner Überzeugung bekräftigen; der Unterschied zwischen den Wörtern „beistimmen" und „beipflichten" liegt in den Basiswörtern: Während „beistimmen" darauf hinweist, daß man seine Stimme mit der eines anderen vereinigt, weist in „beipflichten" das Basiswort „Pflicht" darauf hin, daß man mit dem anderen verbunden ist; man verbindet sich mit ihm: *dem Redner b.; die Schüler werden heute vielfach überfordert, da müssen wir Ihnen b.;* vgl. zustimmen ↑einverstanden [sein]. **beipflichten,** jmdm./einer Sache: sich zur Meinung eines anderen positiv äußern, ihm recht geben: *man kann ihm nur b.*

beitreten [einer Sache]: sich durch eine entsprechende Erklärung einer Vereinigung anschließen [und sich einschreiben lassen]: *einer Organisation, einem Verein b.* **eintreten** [in etwas]: (in diesem Sinnbereich) sich durch eine entsprechende Erklärung in eine Organisation aufnehmen lassen; während „beitreten" besagt, daß der Betreffende nun auch dazu gehört, wird in „eintreten" der Vorgang an sich betont: *in eine Partei e.* **Mitglied werden** [bei etwas]: in die Liste der Mitglieder aufgenommen werden und dadurch einem [eingetragenen] Verein, einer Organisation angehören: *1953 ist er Mitglied der Partei geworden.*

bekämpfen, etwas: (in diesem Sinnbereich) eine [unheilvolle] Entwicklung oder ein Geschehen, eine Tendenz, die Absichten anderer o. ä. mit Entschiedenheit einzudämmen oder zu verhindern suchen, indem man [energische] Maßnahmen dagegen ergreift: *die Korruption, den Aberglauben, eine Seuche, den Krieg b.* **kämpfen,** gegen etwas: tatkräftig auftreten gegen etwas, was man überwinden will; betont im Unterschied zu „bekämpfen" mehr, daß man dabei auf größeren Widerstand, auf Schwierigkeiten stößt: *gegen Schwierigkeiten, Völkerhaß, Vorurteile k.* **ankämpfen,** gegen etwas: sich einer unangenehmen, unheilvollen Sache zu erwehren suchen, seine Kräfte zusammennehmen und sie gegen einen Widerstand oder gegen etwas, was als unangenehm oder schädlich angesehen wird, mit dem Willen, Herr darüber zu werden, einsetzen: *gegen den Sturm, die Reaktion a.* **angehen,** gegen etwas: sich gegen etwas, was man überwinden will, wenden; die Absicht verfolgen, etwas, was man nicht wünscht, zu verhindern: *gegen die Vorurteile, Übelstände a.* **zu Felde ziehen,** gegen etwas (nachdrücklich): gegen etwas, was man als falsch oder verderblich erkennt oder empfindet, mit allen Mitteln und auf breiter Grundlage kämpfen: *gegen die Sittenverderbnis, den Fatalismus, die Trunksucht zu Felde ziehen.* **vorgehen,** gegen etwas/jmdn.: Maßnahmen zur Bekämpfung von jmdm. treffen oder von etwas, was man überwinden oder beseitigen will; Gewalt gegen etwas Unerwünschtes, als schädlich Betrachtetes anwenden: *die Polizei ging mit Wasserwerfern gegen die Demonstranten vor; gegen die Rauschgiftkriminalität v.* **entgegentreten,** einer Sache (Dativ): (in diesem Sinnbereich) gegen ein vorhandenes oder bevorstehendes Übel oder unliebsames Geschehen [energische] Gegenmaßnahmen treffen; Anstrengungen machen oder Mittel einsetzen, um etwas, was man nicht wünscht, einzudämmen oder zu beseitigen: *gefährlichen Tendenzen, der um sich greifenden Verwahrlosung e.* **begegnen,** einer Sache (Dativ) mit etwas] (geh.): durch geeignete Mittel oder Maßnahmen etwas [bevorstehendes] Unangenehmes abzuwehren suchen: *mit harten Maßnahmen dem Terrorismus b.* **entgegenwirken,** einer Sache (Dativ): bemüht sein, durch sein Wirken, seine Tätigkeit ein Übel zu beseitigen oder dessen Verbreitung einzuschränken: *der allgemeinen Korruption e.*

bekehren, sich: seine sittliche Anschauung wandeln; ein sündhaftes Leben aufgeben und statt dessen ein sittlich reines, gutes Leben beginnen: *tut Buße und bekehret euch!* **bessern,** sich: (in diesem Sinnbereich) sittlich besser werden; schlechte Gewohnheiten ablegen: *da er sich gebessert hatte, beschlossen sie, ihm zu verzeihen.* **umkehren,** (geh.): sich innerlich wandeln; sich von dem Bösen, dem man verfallen war, abkehren; (im bildlichen Sprachgebrauch) auf dem eingeschlagenen Weg, der als falsch erkannt wird, kehrtmachen und sich zurückbegeben; vor allem in der Sprache der Predigt und in Erbauungsschriften: *in seiner Predigt ermahnte er sie, umzukehren und nicht mehr vom Pfad der Tugend abzuweichen.* **in sich gehen** (ugs.): auf Grund innerer Einsicht über den bisherigen schlechten Lebenswandel oder eine Handlung, die als Unrecht empfunden wird, Reue empfinden und sich bessern: *er ist in sich gegangen, weil er die Folgen seines Verhaltens erkannt hat.* **ein neues Leben beginnen:** i. S. v. umkehren; drückt aber gleichzeitig aus, daß die Sinnesänderung in der Gestaltung des Lebens ihren Ausdruck findet: *er versprach dem Vater, ein neues Leben zu beginnen.* **läutern,** sich (geh.): sich innerlich reinigen, Schwächen und Fehler ablegen und sich auf die Gebote des sittlichen Handelns neu besinnen: *da er sich geläutert hat, sollte man ihm seine frühere verwerfliche Gesinnung nicht vorhalten.* **den alten Adam ausziehen** (dichter.): seine alten Fehler ablegen. **ein neuer Mensch werden:** seine alten, schlechten Gewohnheiten, Eigenschaften aufgeben, sich wandeln und sich zu seinem Vorteil verändern.

beklagen, etwas: über einen [unabänderlichen] Tatbestand oder über ein für einen oder mehrere Menschen – auch für einen selbst – folgenschweres Ereignis Empfindungen des Schmerzes, der Trauer, des Bedauerns in [lauten] Worten äußern; über unwiederbringlich Vergangenes, Verlorenes traurig sein, – auch um einen Menschen, den man durch den Tod verloren hat – trauern: *den Tod eines Freundes, die sozialen Mißstände, den Verfall der politischen Kultur b.* **bedauern,** etwas: (in diesem Sinnbereich) i. S. v. beklagen; jedoch sind die Empfindungen der Trauer im allgemeinen weniger tief und werden häufig nur höflichkeitshalber geäußert; wird vor allem nicht im Hinblick auf den Verlust eines Menschenlebens gebraucht: *ich bedaure Ihr unglückliches Schicksal;* vgl. bedauern ↑bereuen; ↑[1]leid tun, ↑[2]leid tun. **bejammern,** etwas: über jmds. – auch über die eigene – Lage unter Seufzen und Wehklagen Schmerz in Worten [und lebhaft gestikulierend] zum Ausdruck bringen; meistens mit einer gewissen Abwertung gesagt und als übertrieben, unbeherrscht empfunden: *den Verlust seines Geldes b.* **beweinen,** etwas/jmdn. (geh.): Tränen vergießen über Tatsachen oder Ereignisse, die einem nicht unbedingt selbst treffen müssen, die einem aber innerlich nahegehen, die einen im allgemeinen um des Betroffenen – gegebenenfalls auch um seiner selbst – willen stark betrüben: *den Tod des Freundes, den Freund b.*

bekommen, etwas: mit etwas versehen oder bedacht werden, was man erwartet, erstrebt oder verdient hat oder von dem man unvermutet oder von unbekannter Seite getroffen oder betroffen wird: *Geld, keine Antwort, zu essen b.; er hat zum Geburtstag ein Buch b.; ich habe von ihm noch 10 Mark zu b.; was bekommen Sie für das Bild?; ein Jahr Gefängnis b.;* in bestimmten Verbindungen: *Wind von etwas b.; eine Ohrfeige b.* **erhalten,** etwas (geh.): i. S. v. bekommen; weist nachdrücklicher als dieses auf entsprechende Erwartungen, Bestrebungen oder auf ein Verdienst, Verschulden dessen hin, der etwas erhält: *ich habe heute das Paket e.; eine befriedigende Antwort e.; Ihren Brief habe ich gestern erhalten.* **kriegen,** etwas (ugs.): i. S. v. bekommen: *der Junge hat eine elektrische Eisenbahn zu Weihnachten gekriegt.* **empfangen,** etwas (geh.): (in diesem Sinnbereich) etwas entgegennehmen, was einem im guten oder bösen Sinne zuteil wird, was jmd. einem verabfolgt; oft auf nicht alltägliche Dinge bezogen; auch verwendet, um den Wert des Gegebenen oder den Abstand zwischen Gebendem und Empfänger hervorzuheben: *das Sakrament der Taufe, den väterlichen Segen e.;* ↑[1]abgeben, ↑[1]anvertrauen.

belanglos (Ggs. belangvoll): ohne Bedeutung und Wichtigkeit und deshalb keine besondere Aufmerksamkeit verdienend; wird, wie die übrigen Wörter dieser Gruppe, im allgemeinen nicht prädikatbezogen gebraucht: *dieser Einwand scheint mir b. zu sein.* **unwichtig:** keine große Rolle spielend; nicht wichtig und wesentlich: *bitte stellen Sie zunächst einmal alle unwichtigen Fragen zurück.* **unwesentlich:** für das Wesen, den Kern einer Sache ohne Bedeutung: *wir müssen nur noch ein paar unwesentliche Änderungen vornehmen.* **bedeutungslos:** ohne irgendwelche Bedeutung [für eine bestimmte Sache]: *für die Ermittlungen ist dieser Umstand völlig b.* **irrelevant** (Ggs. relevant; bildungsspr.): nicht von Belang und ohne Bedeutung im Hinblick auf etwas, was gerade untersucht oder besprochen werden soll: *dieses Ereignis war für die deutsche Politik nicht i.*

belauern, jmdn.: auf der Lauer liegen und heimlich und genau verfolgen, was jmd. tut; aus dem Hinterhalt darauf warten, daß sich jmd. äußert, sich durch Handlungen oder Worte verrät und bestimmte Vermutungen dadurch bestätigt; wird oft abwertend gesagt. **belauschen,** jmdn.: jmdn. heimlich beobachten, dabei angespannt auf seine Äußerungen horchen und aufpassen, was er tut, um dadurch etwas Bestimmtes über ihn zu erfahren oder entsprechende Vermutungen bestätigt zu finden. **beschatten,** jmdn.: jmdm. über eine gewisse Zeitspanne hin unbemerkt wie dessen Schatten folgen, wenn er sich außerhalb eines Privathauses aufhält, und ihn überwachen; diese Tätigkeit wird oft von Kriminalbeamten oder Detektiven ausgeübt, um einen Verdacht aufzuklären, ist aber auch unter Verbrechern üblich, die sich gegenseitig befeinden. **beobachten,** jmdn.: (in diesem Sinnbereich) jmdn. heimlich überwachen, ihn auf seinen Wegen verfolgen, auf seine Handlungen genau achtgeben: *seine Frau ließ ihn b., weil sie glaubte, daß er ein Liebesverhältnis mit einem jungen Mädchen habe;* vgl. beobachten ↑[1]sehen.

beleben, etwas belebt jmdn./etwas (in diesem Sinnbereich): etwas macht jmdn., der sich in einem Zustand der Ermüdung befindet, [wieder] munter, gibt ihm oder seiner Tatkraft neuen Schwung, geistige Spannkraft; wird wie „anregen" im allgemeinen von Dingen oder Sinnesreizen gesagt: *der Kaffee belebte mich, meine Lebensgeister wieder;* vgl. beleben ↑beflügeln. **anregen,** etwas regt jmdn./etwas an: etwas macht einen Menschen oder seine geistige oder körperliche Aktivität durch einen bestimmten Anreiz rege, gibt ihm lebhaften Schwung: *Tee regt mich nicht an; dieses Mittel regt die Herztätigkeit an;* vgl. anregen ↑inspirieren. **aktivieren,** jmdn./etwas: zu einer verstärkten Tätigkeit bewegen, in Schwung bringen: *die Jugend politisch a.; das Mittel aktiviert die Drüsentätigkeit.* **aufpeitschen,** etwas peitscht jmdn. auf: etwas versetzt jmdn. durch starke Reize oder Eindrücke in heftige Erregung, weckt seine Leidenschaften oder bringt ihn dazu, seine körperlichen oder geistigen Kräfte zu überspannen: *diese Musik peitscht die Sinne auf;* auch: sich aufpeitschen: *sie peitscht sich mit/durch Kaffee auf.* **aufmöbeln,** etwas möbelt jmdn. auf (salopp): etwas versieht jmdn., meist durch anregende Mittel, wieder mit frischen Kräften, läßt ihn eine Erschöpfung überwinden: *der Kaffee hat mich aufgemöbelt;* auch: sich aufmöbeln: *ich habe mich mit/durch Kaffee wieder aufgemöbelt.* **aufpulvern,** etwas pulvert jmdn. auf (ugs.): etwas gibt jmdm. in einem Zustand der Erschöpfung durch geeignete Mittel künstlich gesteigerte körperliche oder geistige Leistungsfähigkeit oder Spannkraft: *Koffein pulvert auf;* auch: sich aufpulvern: *sie pulverten sich ständig mit Tabletten auf.* **aufputschen,** etwas putscht jmdn. auf (ugs.; abwertend): etwas versetzt jmdn. oder jmds. Sinne durch starke Reize, Drogen o. ä. in einen Zustand unnatürlicher, fieberhafter Erregung oder künstlich übersteigerter Leistungsfähigkeit. **anturnen** [ạntörnen], etwas turnt jmdn. an (ugs.): etwas versetzt jmdn. in eine Erregung, in einen [Drogen]rausch: *eine Mixtur aus Kaffee und Tabletten turnte ihn an.* **dopen,** jmdn./sich: durch Anregungsmittel zu einer vorübergehenden sportlichen Höchstleistung zu bringen versuchen (was aber gegen die Bestimmungen verstößt und zur Disqualifikation führen kann): *der Olympiasieger war gedopt; der Läufer hatte sich gedopt;* vgl. animieren, stimulieren ↑inspirieren.

beleidigen: jmdn.: (in diesem Sinnbereich) jmdn. [absichtlich] durch eine Äußerung oder eine Tat, durch die sich die Mißachtung der persönlichen Würde des Betroffenen kundgibt oder die geeignet ist, dessen Ansehen vor Dritten herabzusetzen, in seiner Ehre verletzen; vgl. beleidigen ↑kränken; beleidigt ↑gekränkt. **insultieren,** jmdn. (bildungsspr.): jmdn. absichtlich auf freche, herausfordernde Weise beleidigen: *er hat behauptet, der Advokat habe ihn insultiert und müsse ihm mit der Waffe Genugtuung leisten.* **eine Beleidigung zufügen,** jmdm. (nachdrücklich): jmds. Ehre oder persönliche Würde durch eine verunglimpfende oder durch eine abfällige Äußerung angreifen und ihn tief verletzen; drückt im Unterschied zu den übrigen Wörtern dieser Gruppe im allgemeinen die erreichte Absicht, die eingetretene Wirkung aus und wird üblicherweise in einer Vergangenheitsform gebraucht: *man hat ihm eine schwere Beleidigung zugefügt.* **einen Tort antun/zufügen,** jmdm. (veraltend): jmdn. durch eine Handlung o. ä. kränken, ihm Verdruß bereiten; wird mehr gutmütig-ironisch und in der Regel in einer Vergangenheitsform gebraucht; ↑kränken.

Beleidigung, die: persönliche Kränkung, die auf Mißachtung eines anderen beruht und die jmds. Ehre angreift und verletzt. Diese Ehrverletzung kann durch Gesten, Worte (z. B., indem man jmdn. beschimpft oder ihm die für seinen Beruf erforderliche geistige oder körperliche Fähigkeit abspricht), aber auch durch Tätlichkeiten erfolgen; ↑beleidigen; vgl. beleidigt ↑gekränkt. **üble/** (auch:) **böse Nachrede,** die: Verbreitung einer beleidigenden Behauptung, die dazu geeignet ist, einen anderen Menschen verächtlich zu machen; die behauptete Tatsache darf nicht erweislich wahr sein; „üble Nachrede" ist ein Begriff aus der Rechtswissenschaft. **Anwurf,** der: beleidigende, kränkende, aggressiv-kritische Äußerung, die direkt an jmdn. gerichtet ist: *die Anwürfe kamen von der Opposition;* ↑Vorwurf. **Verleumdung,** die: böswillige, beleidigende Behauptung, die dadurch charakterisiert wird, daß jmd. wider besseres Wissen eine Tatsache, die geeignet ist, einen anderen verächtlich zu machen, behauptet oder verbreitet; ↑verleumden. **Schmähung,** die: sehr starke und ehrenrührige Beleidigung mit Worten. **Invektive,** die (bildungsspr.): herausfordernde, aggressive, beleidigende Äußerung; meist in geistreicher Weise geäußert und formuliert; Anzüglichkeit: *unterlassen Sie diese ständigen Invektiven!* **Kränkung,** die: beabsichtigte oder unabsichtliche Verletzung der Gefühle eines anderen durch eine Tat oder eine Äußerung, die der andere als beleidigend empfindet, durch die er sich gedemütigt fühlt; betont im Unterschied zu

„Beleidigung" mehr die subjektive Wirkung auf den Betroffenen und besagt im allgemeinen, daß der Gekränkte unverdientermaßen beleidigt wird, daß seine Aufrichtigkeit oder sein Vertrauen mißbraucht wurde; vgl. beleidigen ↑kränken. **Affront** [afrong], der (bildungsspr.): [schwere] herausfordernde Beleidigung oder Kränkung, die jmdm. durch Worte oder durch eine Handlung zugefügt wird: *daß er nicht eingeladen wurde, empfand er als einen A.; die Absage des Gesprächs von seiten der Regierung wurde von der Gewerkschaft als A. angesehen;* ↑Angriff; ↑Streit; ↑beschuldigen.

beliebt: von allen geschätzt, weil seine Art, seine Ansichten allen sehr angenehm sind: *ein beliebter Lehrer.* **populär:** beim Volk, bei der großen Masse bekannt und beliebt: *ein populärer Künstler, Politiker.* **volkstümlich:** auf Grund seiner dem Volk entsprechenden, dem Volk zugetanen Art und Verhaltensweise allgemein bekannt und beliebt: *ein volkstümlicher Herrscher, Dichter;* vgl. bekannt ↑namhaft; ↑angesehen.

bellen: (in diesem Sinnbereich) einen kräftigen Laut von sich geben; wird von einem Hund gesagt, der auf irgendeine Weise erregt ist und kurze, abgehackte Laute ausstößt. **kläffen** (abwertend): mit hellen und kurz abgehackten Tönen in als ärgerlich empfundener Weise bellen. **anschlagen:** laut, kurz und kräftig bellen; wird von dem sich meist mehrmals wiederholenden Laut gesagt, mit dem ein Hund warnen und die Gegenwart eines anderen [fremden] Lebewesens anzeigen will: *von fern schlugen die Hunde an.* **Laut geben** (Jägerspr.): kurz und nicht sehr laut bellen; kennzeichnet den verhaltenen Laut, mit dem ein Hund Zeichen gibt, wenn er Wild aufgestöbert hat. **blaffen** (abwertend), **bläffen** (abwertend): in kurzen Abständen und nicht sehr laut, aber doch verhältnismäßig lange bellen; wird von einem Hund gesagt, dessen anhaltendes Gebell als lästig und störend empfunden wird. **knurren:** halblaute, gedämpfte und drohende Töne von sich geben; wird von einem gereizten Hund gesagt, der verhalten und dumpf warnt. **winseln:** in körperlichem Schmerz kurze, kraftlose und hohe Kehllaute ausstoßen, die von langgezogenen Tönen unterbrochen werden können; wird auf einen Hund bezogen, der schmerzlich flehende Klagetöne von sich gibt; vgl. winseln ↑weinen. **jaulen:** (als Hund) langgezogene klagende Töne von sich geben, die dem Winseln ähneln, aber dunkler sind; als Ausdruck von Schmerz o. ä. **heulen:** laut, langgezogene höhere klagende Töne von sich geben; vgl. heulen ↑weinen.

belohnen, jmdn. [für etwas]: jmdm. für eine [gute] Tat oder für ein [gutes] Verhalten eine besondere Anerkennung (z. B. in Form eines Geldgeschenkes) zukommen lassen. **lohnen,** jmdm. etwas (veraltet); **vergelten,** jmdm. etwas: (in diesem Sinnbereich) auf eine [gute] Tat mit einer Wohltat antworten: *wie soll ich dir das lohnen!; Haß mit Liebe vergelten;* vgl. vergelten ↑rächen. **wettmachen,** etwas (ugs.): (in diesem Sinnbereich) sich für eine Gefälligkeit in irgendeiner Form erkenntlich zeigen: *ich schenkte ihm Zigaretten; um das wettzumachen, bezahlte er mir ein Bier.* **revanchieren,** sich [für etwas] (ugs.): (in diesem Sinnbereich) ein entgegenkommendes Verhalten, eine Freundlichkeit in ähnlicher Weise erwidern: *wir werden uns für diesen schönen Abend bald r.;* vgl. revanchieren, sich ↑rächen. **erkenntlich zeigen,** sich [für etwas]: seinen Dank für eine Gefälligkeit durch eine andere Gefälligkeit ausdrücken: *mit diesem kleinen Geschenk möchte ich mich Ihnen auch einmal erkenntlich zeigen.*

bemächtigen, sich einer Sache: etwas an sich reißen, mit Gewalt die Herrschaft über etwas erlangen, was mit einer gewissen Selbstverständlichkeit geschieht und wofür man oft einen günstigen Augenblick abwartet; es handelt sich dabei meist um ein Gebiet oder um Güter eines anderen: *sie bemächtigten sich der Pferde und jagten davon.* **Besitz ergreifen,** von etwas (nachdrücklich): sich plötzlich, mehr oder weniger unrechtmäßig, ohne Bedenken und ohne daß man dabei gehindert wird, etwas aneignen, um es für seine Zwecke zu gebrauchen; während „bemächtigen" betont, daß jmd. fortan die Macht über etwas hat, wird in „Besitz ergreifen" der Beginn dieses Zustandes herausgehoben: *von den Erdölfeldern Besitz ergreifen.* **Besitz nehmen,** von etwas (nachdrücklich): i. S. v. Besitz ergreifen; drückt den aktuellen Vorgang im Unterschied zu „Besitz ergreifen" weniger stark aus.

bemängeln, etwas: an jmdm. oder etwas Dinge entdecken und tadelnd feststellen, die man für einen Mangel hält und mit denen man nicht zufrieden ist, weil man andere Vorstellungen davon hatte: *meine Mutter bemängelt immer, daß ich die Haare so lang trage.* **beanstanden,** etwas: sein Mißfallen an Dingen oder Zuständen, mit denen man nicht zufrieden ist, weil man sie für inkorrekt hält, in Form eines gemäßigten Tadels aussprechen; es handelt sich dabei im allgemeinen um einen Tadel an Untergebenen oder Abhängigen, auf deren Verhalten man seiner höheren Stellung entsprechend einen gewissen Einfluß hat: *die Leh-*

rerin beanstandete, daß die Tafel nicht sauber war; ↑beanstanden. **kritisieren,** jmdn./etwas (bildungsspr.): (in diesem Sinnbereich) das Verhalten eines Menschen oder irgendwelche Zustände nicht gutheißen und seine Meinung über das, was man nicht in Ordnung findet, deutlich, zuweilen auch scharf zum Ausdruck bringen: *alle kritisierten die schlechte Organisation dieser Tagung.* **auszusetzen haben,** etwas [an jmdm./etwas]: mit jmdm. oder etwas nicht ganz zufrieden sein, sich bestimmte Dinge anders wünschen und seine Unzufriedenheit, der jeweiligen Situation entsprechend, in Form einer Beschwerde, eines Tadels, einer Kritik oder auch nur einer Feststellung zum Ausdruck bringen: *sie hat an allem etwas auszusetzen;* ↑nörgeln.

bemühen, sich; **mühen,** sich (geh.): den ehrlichen Willen haben, sich nach Kräften dafür einsetzen, etwas zu versuchen, um einer Aufgabe gerecht zu werden; „mühen" hebt die Beschwerlichkeit noch mehr hervor: *ich bemühe mich schon seit Tagen, diese Arbeit richtig auszuführen; wir mühen uns, ihm alles recht zu machen.* **Mühe geben,** sich (Dativ): i. S. v. sich bemühen; betont aber noch mehr die Hingegebenheit an eine gestellte Aufgabe, die der Betreffende vielleicht nicht ganz mühelos bewältigt oder die ihm Schwierigkeiten macht; kennzeichnet jedoch immer auch den guten Willen des Tätigen oder das Wohlwollen des Urteilenden: *er gab sich große Mühe, alle gleich zu behandeln.* **bemüht sein:** den Willen haben und bestrebt sein, einem Wunsch zu entsprechen: *ich bin bemüht, ihre Wünsche zu erfüllen.* **befleißigen,** sich einer Sache (Genitiv) (geh.): eifrig [und ängstlich] darauf bedacht sein, sich in irgendeiner Situation korrekt zu verhalten, den Erwartungen zu entsprechen, die andere in einen setzen; klingt oft gespreizt: *sie befleißigt sich einer besonderen Freundlichkeit.* **anstrengen,** sich: sich in einer bestimmten Hinsicht besonders große Mühe geben, um ein gestecktes Ziel zu erreichen, eine gestellte Aufgabe zu bewältigen: *er strengt sich an, den großen Anforderungen gerecht zu werden;* ↑anstrengen, sich. **sein möglichstes tun:** bei der Bewältigung einer Aufgabe alles tun, was in seinen Kräften steht: *ich habe mein möglichstes getan, ihm seine Lage zu erleichtern.* **sein Bestes tun:** i. S. v. sein möglichstes tun; betont mehr die Qualität als das Ausmaß der Bemühungen: *er tut sein Bestes, dem Freund zu helfen.* **das menschenmögliche tun:** wirklich alle Möglichkeiten ausschöpfen, die nach menschlichem Ermessen in einer bestimmten Situation hilfreich sein können: *die Ärzte taten das menschenmögliche, um den Verunglückten zu retten.*

benehmen, sich: sich im Umgang mit seinen Mitmenschen auf eine bestimmte Weise verhalten, betragen, wobei man das Benehmen an bestimmten Vorschriften, Vorstellungen mißt; wird, wie alle Wörter dieser Gruppe, durch eine Artangabe ergänzt: *er hat sich mir gegenüber wie ein Schuft benommen; sich tadellos b.; sich ordinär b.; sich wie zu Hause b.; sich wie ein Elefant im Porzellanladen b.; er wußte nicht, wie er sich b. mußte;* im Unterschied zu „betragen" kann „sich benehmen" auch ohne Artangabe gebraucht werden; „sich benehmen" bedeutet hier also soviel wie „sich gut, vorbildlich benehmen": *er kann sich nicht benehmen; benimm dich!* **verhalten,** sich: auf eine bestimmte Art und Weise auf Umwelt und Mitmenschen reagieren, sich in bestimmter Weise der Umwelt oder einer Situation gegenüber einstellen: *äußerlich hatte er sich korrekt verhalten.* **betragen,** sich: anderen gegenüber in einer bestimmten Situation ein seiner inneren Einstellung, seinem Bildungsgrad entsprechendes Verhalten zeigen; im Unterschied zu „sich benehmen" bezieht sich „sich betragen" auf die Verhaltensweise an sich, nicht gemessen an bestimmten normähnlichen Vorstellungen: *Sie haben sich sehr unschön gegen diese arme Frau b.* **auftreten:** in der Öffentlichkeit vor anderen [denen man imponieren will] eine bestimmte, oft negativ beurteilte Haltung an den Tag legen: *unsicher, selbstbewußt a.* **gebärden,** sich (abwertend): eine ungewöhnliche, meist übertriebene Verhaltensweise zeigen, bei der der Betreffende die Kontrolle über sich verloren hat: *Lene gebärdete sich wie wahnsinnig.* **aufführen,** sich: in einer nicht alltäglichen oder gewohnten Situation ein eindrucksvolles, entweder negatives oder – seltener – positives, Verhalten an den Tag legen: *er führte sich auf wie ein Wüterich; hat sich der Junge bei dir gut aufgeführt?* **geben,** sich: eine bestimmte Eigenschaft hervorkehren oder eine Gemütsstimmung vortäuschen, um in einer bestimmten Weise auf die Mitmenschen zu wirken: *er gab sich finster, nachdenklich.*

beneiden, jmdn. um etwas: den Besitz, die Eigenschaften, die Erfolge eines anderen so begehrenswert finden, daß man das Betreffende sehr gern selbst besitzen möchte: *jmdn. um sein neues Haus, um seinen Optimismus b.* **neiden,** jmdm. etwas (geh.): den Besitz oder die Errungenschaften eines anderen mißgünstig betrachten und das Betreffende selbst haben wollen; bezeichnet im Gegensatz zu „beneiden", das auch

Bewunderung und Anerkennung ausdrükken kann, nur die zu tadelnde Mißgunst: *er neidet ihm seine gute Stellung.* **mißgönnen,** jmdm. etwas: jmdm. einen Erfolg, eine Vergünstigung o. ä. nicht gönnen; betont aber mehr, daß man einem anderen etwas nicht gönnt, als daß man das Betreffende selber haben möchte: *sie mißgönnte uns unsere harmlose Freude;* ↑Neid.

benommen: durch Schlaftrunkenheit, Drogen oder verwirrende seelische Eindrücke nicht mehr in der Lage, alles richtig wahrzunehmen. **dumpf:** durch körperlichen oder seelischen Schmerz, Abgespanntheit o. ä. nur verschwommene Empfindungen habend: *sein Kopf war d.* **betäubt:** durch einen Schlag auf den Kopf, durch großen [körperlichen oder seelischen] Schmerz, durch Schreck oder Geräusche vorübergehend fühllos und um seine klare Denk- und Reaktionsfähigkeit gebracht; wird bei Personen subjektbezogen und attributiv gebraucht: *vom Schmerz b.* **taum[e]lig:** [durch schnell wechselnde Eindrücke vorübergehend] in seinem Gleichgewichtsgefühl gestört; bei Personen nur subjektbezogen gebraucht: *t. vor Glück.* **schwindlig:** durch Krankheit, Schwäche, Absturzgefahr, Erregung ohne festes Richtungsgefühl und von der Empfindung des Schwankens, Drehens oder Stürzens befallen; bei Personen nur subjektbezogen gebraucht: *dem Bergsteiger war s. geworden, so daß er den Halt verlor und abstürzte.* **drehend** (landsch.), **dreh[e]rig** (bes. berlin.; ugs.): i. S. v. schwindlig; ↑übel.

benutzen, etwas (bes. nordd.); **benützen,** etwas (bes. südd.): (in diesem Sinnbereich) aus irgendeiner Gegebenheit oder einer Situation einen persönlichen Vorteil zu ziehen verstehen, bestimmte sich bietende Möglichkeiten zu seinen Gunsten ausschöpfen: *der Häftling benutzte den Augenblick allgemeiner Verwirrung und floh durch einen Seitenausgang.* **nutzen,** etwas: (in diesem Sinnbereich) den Nutzen erkennen, den man aus irgendeiner Gegebenheit oder Lage ziehen kann, und sofort entsprechend handeln, um sich diese günstige Gelegenheit nicht entgehen zu lassen: *er hat es nicht verstanden, diese einmalige Chance zu n.* **ausnutzen,** etwas (bes. nordd.); **ausnützen,** etwas (bes. südd.): (in diesem Sinnbereich) etwas als eine günstige Möglichkeit nehmen und für einen Zweck verwenden; von einer bestehenden guten Möglichkeit Gebrauch machen: *einen Wohnraum gut ausnutzen; diese Gelegenheit muß man ausnutzen; er wollte jede freie Minute für seine Arbeit ausnutzen.*

bepacken, jmdn.: (in diesem Sinnbereich) jmdm. eine größere und schwere Last oder viele Gepäckstücke zu tragen geben: *sie hat den Chauffeur mit ihren Einkaufstaschen bepackt.* **aufpacken,** jmdm. etwas (ugs.): jmdm. etwas meist Schweres zu tragen geben; dabei empfindet der Betreffende diesen Trägerdienst im allgemeinen als unangenehm und lästig: *am liebsten hätte er mir auch noch den schweren Rucksack aufgepackt.* **vollpacken,** jmdn. (ugs.): jmdm. so viel zu tragen geben, daß er mit dieser Last vollauf beschäftigt ist und unmöglich noch weitere Gepäckstücke übernehmen kann. **aufladen,** jmdm. etwas (ugs.); **aufbürden,** jmdm. etwas (geh.): (in diesem Sinnbereich) jmdn. mit einer Last versehen, an der er schwer zu tragen hat; wird oft auf Tiere angewandt; auf Menschen bezogen haben die Wörter meist einen abwertenden Beiklang.

Beratung, die: (in diesem Sinnbereich) die gemeinsame Überlegung, die von zwei einzelnen oder einer ganzen Gruppe von Personen angestellt wird, wobei von allen Anwesenden zu Fragen, Problemen oder besonderen Themen Stellung genommen werden und der einzelne sich dazu auf Grund seines Wissens oder seiner Erfahrung äußern soll, damit ein bestimmtes Ergebnis erzielt werden kann; vgl. beraten ↑erörtern. **Beratschlagung,** die (papierdt.; selten): die Beratung zweier oder mehrerer Personen, in welcher zu einem Problem, einer Frage oder einem ganzen Themenkreis gemeinsam Überlegungen angestellt und bestimmte Pläne entworfen werden; in diesem Wort ist das aktive Zusammenwirken noch lebendiger als in „Beratung". **Besprechung,** die: Zusammenkunft zweier oder mehrerer Personen, bei der eingehend über öffentliche, geschäftliche oder private Angelegenheiten gesprochen wird; vgl. besprechen ↑erörtern. **Unterredung,** die: [sachliches, klärendes] Gespräch, das eine oder einige wenige Personen in einer besonderen Angelegenheit mit einer anderen [für dic Sache zuständigen oder verantwortlichen] Person haben: *eine U. unter vier Augen; jmdn. um eine U. bitten.* **Erörterung,** die: Besprechung einzelner Personen oder einer Gruppe von Menschen untereinander, wobei eine Sache, ein Recht, ein Problem oder ein Vorhaben im Gespräch der Sachverständigen oder Verantwortlichen nach allen Seiten hin genau erwogen, eingehend beraten und gründlich geklärt wird; betont besonders die Tatsache der sorgfältigen Überlegung des Für und Wider einer [wissenschaftlichen oder juristischen] Frage: *die E. der gegebenen Möglich-*

keiten, verschiedener Fragen. **Diskurs,** der (bildungsspr.): lebhafte Erörterung; Unterhaltung, in der über etwas verhandelt wird: *einen D. mit jmdm. haben, führen;* ↑erörtern; ↑Diskussion, ↑Disput, ↑Gespräch.

Berechtigung, die (Plural ungebräuchlich): die durch bestimmte Gesetze, durch die herrschende Sitte oder durch besondere Übereinkunft begründete Freiheit, innerhalb eines bestimmten Bereiches nach eigenem Ermessen zu handeln. **Recht,** das (Plural ungebräuchlich): (in diesem Sinnbereich) ein Anspruch auf etwas Bestimmtes; gewisse Verfügungsgewalt, auf der jmd. bestehen, auf die er sich stützen kann: *ihm steht das R. zu, die Vollmacht auf andere zu übertragen.*

beredt, beredsam (veraltet): mit der Gabe versehen oder bestrebt, etwas gewandt, überzeugend – oft mit vielen Worten – darzustellen; jmdm. eine bestimmte Angelegenheit, an der einem viel gelegen ist, möglichst eindrucksvoll, oft auch mit einer gewissen Suggestion vortragend; bezieht sich im Gegensatz zu den übrigen Wörtern der Gruppe nicht nur auf Personen, sondern kann auch als Attribut zu deren Äußerungen verwendet werden: *mit beredten Worten versuchte er, uns von der Notwendigkeit dieser Maßnahmen zu überzeugen.* **wortgewandt, redegewandt:** befähigt, sich besonders gewandt, anschaulich und geschickt auszudrücken, vor allem, um auf andere überzeugend zu wirken. **eloquent** (bildungsspr.): die Gabe besitzend, sich geschliffen, gut und wirkungsvoll auszudrücken, zu formulieren: *er ist e.;* vgl. wortreich ↑ausführlich.

bereinigen, etwas: etwas, was zwischen zwei Parteien zu einer Verstimmung geführt und damit eine unklare Situation geschaffen hat, durch eine klärende Aussprache beseitigen und dadurch das alte Verhältnis wiederherstellen. **[wieder] einrenken,** etwas (ugs.): das gute oder normale Verhältnis zwischen zwei Parteien, das durch das Benehmen oder Verhalten des einen Teiles gestört worden ist, wiederherstellen. **ins reine bringen,** etwas: einen unangenehmen Vorfall, der das Verhältnis zwischen zwei Parteien beeinträchtigt hat, durch ein Gespräch klären, in der Sache Ordnung schaffen und das alte Verhältnis wiederherstellen. **in Ordnung bringen,** etwas (ugs.): i. S. v. ins reine bringen; wird oft gesagt, wenn es sich um alltägliche, harmlose Fälle handelt. **[wieder] ins Lot bringen,** etwas (ugs.); **zurechtrücken,** etwas (ugs.): etwas wieder in seine rechte Lage bringen und die Schwierigkeiten, die durch einen unangenehmen Vorfall entstanden sind, wieder beheben. **geradebiegen,** etwas (salopp): die Schwierigkeiten, die durch einen [kleineren] unangenehmen Vorfall das Verhältnis zweier Partner beeinträchtigt haben, beheben und die Sache so wenden, daß sie wieder ihre Ordnung hat. **zurechtbiegen,** etwas (salopp); **hinbiegen,** etwas (salopp): das, was einer von zwei Partnern verschuldet hat, mit Geschick so wenden, daß es keine weiteren Nachteile mit sich bringt; vgl. hinbiegen ↑bewerkstelligen. **ausbügeln,** etwas (salopp): ein Verschulden bei jmdm. [für einen anderen] durch eine Tat oder ein klärendes Gespräch wieder ausgleichen und es gewissermaßen ungeschehen machen [so, wie man eine unerwünschte Falte aus einem Stoff herausbringt]; der Sprecher/Schreiber faßt die Sache als verhältnismäßig harmlos auf; ↑schlichten.

bereuen, etwas: über eigene Gedanken, Worte, Handlungen oder Unterlassungen bekümmert sein und zugleich lebhaft wünschen, daß diese nicht geschehen wären. **Reue empfinden** (nachdrücklich): i. S. v. „bereuen"; betont noch stärker das schmerzliche Bedauern; ist stärker auf den Augenblick beschränkt und lenkt den Blick weniger auf das Subjekt als auf das Gefühl; wird im allgemeinen durch einen Anlaß von außen oder durch eine unbedachte Tat, die andere betrifft, o. ä. hervorgerufen, während sich „bereuen" auch auf etwas beziehen kann, was einen selbst betrifft (z. B. ein voreiliger falscher Entschluß) und was einem leid tut, worüber man sich ärgert. **bedauern,** etwas: (in diesem Sinnbereich) i. S. v. „bereuen"; drückt aber einen geringeren Grad der Gefühlsintensität aus und wird in der Regel häufiger als „bereuen" verwendet: *er bedauerte, zu diesem Wortwechsel Anlaß gegeben zu haben;* vgl. bedauern ↑[1]leid tun, ↑[2]leid tun.

Berg, der: sich von ihrer Umgebung deutlich abhebende größere Bodenerhebung. **Hügel,** der: eine nur wenig, sanft ansteigende Bodenerhebung in einer sonst ebenen Landschaft. **Anhöhe,** die: mäßig hohe, steil oder sanft ansteigende Erhebung im Gelände. **Höhe,** die: i. S. v. „Anhöhe"; enthält jedoch nicht die Nebenvorstellung des Ansteigens, die noch in „Anhöhe" vorhanden ist; steht öfter als Gegenbegriff zu „Tal" in der Verbindung „Täler und Höhen".

berichtigen (geh.): **a)** etwas berichtigen: Schreib- oder Rechenfehler beseitigen: *habt Ihr Eure Aufsätze berichtigt?;* **b)** sich/jmdn. berichtigen: eine eigene Äußerung oder die eines anderen, die nicht dem wahren Sachverhalt entspricht, durch eine richtige, zutreffende Aussage ersetzen: *er berichtigte mich sogleich: es war nicht der Dreißigjährige,* *sondern der Siebenjährige Krieg.* **verbessern:** **a)** etwas verbessern: i. S. v. berichtigen a); wirkt nicht so schwerwiegend wie „berichtigen": *hast du alle Fehler verbessert?;* **b)** sich/jmdn. verbessern: i. S. v. berichtigen b): *ich muß mich v.* **korrigieren** (bildungsspr.): (in diesem Sinnbereich) **a)** etwas korrigieren: auf Fehler hin durchsehen [und verbessern]: *ich werde eure Lateinarbeiten heute k.;* **b)** sich/jmdn. korrigieren: i. S. v. berichtigen b): *er korrigierte den Referenten verschiedentlich.*

Beruf, der: (in diesem Sinnbereich) die im allgemeinen nach einer entsprechenden Ausbildung ausgeübte Tätigkeit, durch die jmd. seinen Lebensunterhalt verdient: *ein technischer, interessanter, schöner, schwerer B.; einen B. erlernen; den B. wechseln; er ist von B. Maler.* **Metier,** das (Plural ungebräuchlich): bestimmte berufliche o. ä. Tätigkeit als jmds. Aufgabe, die er durch die Beherrschung der dabei erforderlichen spezifischen Fertigkeiten erfüllt: *in diesem M. kann man nicht viel verdienen.* **Gewerbe,** das: (in diesem Sinnbereich) die Tätigkeit, die jmd. beruflich ausübt; wird nicht oder nur im scherzhaften oder ironischen Sinn auf geistige Berufe angewandt; bezeichnet auch eine mehr oder weniger fragwürdige Tätigkeit und wird dann durch ein entsprechendes abwertendes Attribut ergänzt: *ich, der ich als Offizier mein G. im Umherziehen betreibe.*

beruhigen, jmdn.: (in diesem Sinnbereich) jmdn., der durch unangenehme Empfindungen, Zorn aus seinem seelischen Gleichgewicht gebracht worden ist, durch Zuspruch wieder ruhiger machen oder zur Ruhe bringen: *ein weinendes Kind, einen Tobenden b.* **besänftigen,** jmdn.: auf jmdn., der sich durch Unmut in heftiger Gemütsbewegung befindet, durch Zureden so weit Einfluß gewinnen, daß seine innere Erregung langsam nachläßt und abklingt; während „beruhigen" besagt, daß der Betreffende wieder ruhig wird, daß seine Gemütsruhe wiederhergestellt wird, wird mit „besänftigen" gesagt, daß der Betreffende „sanft" wird und sich nun nicht mehr gegen andere wendet: *die erregte Menge, die erhitzten Gemüter b.* **beschwichtigen,** jmdn.: jmdn. durch beruhigendes Zureden allmählich zur Einsicht bringen, so auf ihn einwirken, daß er aufhört, seiner Empörung und Unzufriedenheit weiterhin freien Lauf zu lassen. **ruhigstellen,** jmdn. (Medizin): besonders durch Verabreichung von Medikamenten beruhigen, so beeinflussen, daß sich der Patient ruhig verhält: *weil er in der Nervenklinik wild um sich schlug, mußte er ruhiggestellt werden.* **abwiegeln,** jmdn. (selten): (auf eine aufgebrachte Menschenmenge) beschwichtigend einwirken: *er versuchte, die aufgebrachten Demonstranten abzuwiegeln.*

berühren, etwas/jmdn.: (in diesem Sinnbereich) mit der Hand, besonders mit den Fingerspitzen oder mit einem Gegenstand, den man in der Hand hält, willentlich oder unbeabsichtigt für eine kurze Zeitdauer eine leichte, kaum merkliche Verbindung zu einem Objekt herstellen. **anrühren,** etwas/jmdn.: in einer bestimmten Absicht etwas, jmdn. mit der Hand merkbar berühren, um eine Verbindung mit ihm herzustellen. **anfassen,** etwas/jmdn.: (in diesem Sinnbereich) um eine direkte Verbindung mit etwas herzustellen, dieses in die Hand nehmen, es vorübergehend mit der Hand umschließen oder etwas/jmdn. mit der Hand berühren in der Weise, daß man zugleich leicht zupackt: *die Pflanze ist giftig, du darfst sie nicht a.* **angreifen,** etwas/jmdn. (selten): (in diesem Sinnbereich) mit der leicht zufassenden Hand etwas/jmdn. berühren: *greif das Bügeleisen nicht an, es ist heiß.*

besagen, etwas besagt etwas: etwas enthält einen Gedanken, eine Mitteilung über etwas und vermittelt sie [dem Hörer, Leser, Betrachter]; wird, wie die übrigen Wörter dieser Gruppe, meist von mündlichen oder schriftlichen Äußerungen, von Begriffen, Formulierungen oder von Gegenständen gesagt, die etwas versinnbildlichen, eine Bedeutung zum Ausdruck bringen sollen; steht im Unterschied zu den übrigen Wörtern dieser Gruppe häufiger mit Inhaltssatz: *er redete in starken Worten über den Text, der da besagt, daß das Weib Vater und Mutter verlassen und dem Mann nachfolgen soll;* vgl. besagen ↑[2]bedeuten. **aussagen,** etwas sagt etwas aus: etwas gibt einen bestimmten Gedanken, einen Sachverhalt deutlich, klar wieder; bezieht sich im Unterschied zu „besagen" nicht so sehr auf den allgemeinen Sinn einer Äußerung, Mitteilung o. ä., sondern mehr auf die entschiedene Formulierung eines Gedankens: *noch Goethe hat Bildung als das begriffen, was es wirklich aussagt, nämlich plastische Formung des Menschen.* **ausdrücken,** etwas drückt etwas aus: (in diesem Sinnbereich) etwas stellt einen Gedanken, einen Sachverhalt in einer besonderen Bedeutung dar, legt in der Aussage auf etwas einen besonderen Akzent: *das Gesetz drückt hier ganz klar aus, daß solche Vereinbarungen nicht zulässig sind.* **sagen,** etwas sagt etwas: (in diesem Sinnbereich) etwas hat [dem Wortlaut oder dem Sinn nach] einen bestimmten Gedanken, einen bestimmten Sachverhalt zum Inhalt; ist inhaltlich so allgemein, daß es daher meist mit erläuternder Artangabe steht: *die Verordnung sagt eindeutig, daß die bisherigen Vorschriften nicht mehr bestehen.* **beinhalten,** etwas beinhaltet etwas: etwas ist als Inhalt mit etwas verknüpft, hat etwas zum Inhalt, wobei dieser Inhalt oder der innere Sinn erst durch Interpretation, Deutung, Untersuchung erschlossen wird: *das Schreiben beinhaltet, daß ...* **enthalten,** etwas enthält etwas: (in diesem Sinnbereich) etwas ist in etwas als Inhalt vorhanden, hat etwas als Inhalt: *dieses Schreiben enthält die Botschaft, daß ...; das Buch enthält viel politischen Zündstoff; der Beitrag enthält die neuesten Forschungsergebnisse.*

beschädigen, etwas: einen Gegenstand teilweise zerstören oder ihn so verunstalten, daß eine Wertminderung eintritt oder daß er an schönem Aussehen verliert. **ramponieren,** etwas (ugs.; abwertend): etwas, im allgemeinen größere Gegenstände, meist stark oder beträchtlich, wenigstens deutlich sichtbar beschädigen; das Augenmerk liegt hier mehr auf den zerstörerischen Einwirkungen, die von außen direkt kommen: *der Sturm hat die Zelte ramponiert; du hast meine schöne Frisur ganz ramponiert.* **ruinieren,** etwas (ugs.): (in diesem Sinnbereich) etwas auf irgendeine Weise, nicht unbedingt absichtlich und durch rohe Gewalt, stark beschädigen, unbrauchbar, unansehnlich machen; bezeichnet das Ergebnis, nicht die Absicht: *unsere Sommergäste haben die Möbel in unserem Bungalow ganz schön ruiniert.* **lädieren,** etwas (bildungsspr.): in einer das Aussehen beeinträchtigenden Weise beschädigen, Beschädigungen zufügen: *einige Möbelstücke waren beim Umzug lädiert worden;* vgl. demolieren, ↑[2]zerstören.

[1]**beschäftigen,** sich mit etwas: (in diesem Sinnbereich) über ein Thema, eine Frage oder einen Plan längere Zeit nachdenken: *sich mit einer Frage b.* **umgehen,** mit etwas [+ Infinitiv mit *zu*] (ugs.): (in diesem Sinnbereich) sich über eine Zeitlang mit etwas beschäftigen, was man auszuführen beabsichtigt: *er geht mit dem Gedanken um, sich ein Haus zu kaufen.* **tragen,** sich mit etwas [+ Infinitiv mit *zu*]: schon einige Zeit eine bestimmte Absicht haben, ein Vorhaben und seine Ausführung erwägen: *sie trägt sich mit dem Plan, eine Reise nach Indien zu unternehmen.* **schwanger gehen,** mit etwas (ugs.; scherzh.): sich intensiv schon einige Zeit mit einem bestimmten Plan, einer geistigen Arbeit gedanklich beschäftigen: *er ging mit einer Verbesserungsidee schwanger;* ↑Sinn (im Sinne haben).

[2]**beschäftigen,** sich mit etwas/jmdm.: (in diesem Sinnbereich) [aus Neigung, Liebhaberei] etwas zum Gegenstand seiner Tätigkeit machen oder aus Neigung mit jmdm. verkehren, umgehen: *sich mit Handarbeiten b.* **abgeben,** sich mit jmdm./etwas: sich mit jmdm./etwas beschäftigen, obgleich man es als unter seiner Würde empfinden müßte; meist in negierten Sätzen: *mit solchen Menschen gibt er sich gar nicht erst ab; ich kann mich nicht mit solchen Kleinigkeiten a.* **widmen,** sich einer Sache/jmdm. (geh.): sich für eine kürzere Zeitspanne ausschließlich mit etwas/jmdm. beschäftigen: *heute abend will ich mich ganz dir widmen.* **Umgang pflegen,** mit jmdm.: intensiveren menschlichen Kontakt zu jmdm. haben: *er pflegte Umgang mit Schauspielern;* ↑befassen.

beschaulich: behaglich und verträumt; charakterisiert einen Zustand, in dem sich ein Mensch befindet: *ein beschauliches Leben; beschauliche Ruhe.* **besinnlich:** nachdenklich, still und in sich gekehrt; charakterisiert sowohl den Menschen als auch einen Zustand: *besinnliche Leute; besinnliche Ruhe.*

Bescheid: Bescheid sagen, jmdm. (ugs.): (in diesem Sinnbereich) eine Beanstandung, einen Protest oder eine Zurechtweisung in sehr deutlicher, scharfer Form bei jmdm. vorbringen, den man für einen Mißstand verantwortlich macht; jmdm. seinen Unwillen [über etwas, was von dem Betroffenen verursacht worden ist] deutlich zu verstehen geben: *diesem Schaffner habe ich aber Bescheid gesagt, sein Benehmen grenzt ja schon wirklich an Unverschämtheit!* **Bescheid stoßen,** jmdm. (salopp): i. S. v. Bescheid sagen: *seit Wochen warten wir auf diese Lieferung, den Leuten werde ich einmal ordentlich Bescheid stoßen!* **die/**(auch:) **seine Meinung sagen,** jmdm. (ugs.); **die Meinung geigen,** jmdm. (salopp): gegenüber jmdm., über den man aufgebracht ist, meist weil man sich von ihm ungerecht behandelt, benachteiligt fühlt, unmißverständlich seinem Mißfallen, seinem Unwillen Ausdruck geben; ↑Meinung. **den Standpunkt klarmachen,** jmdm. (ugs.): i. S. v. die Meinung sagen; betont jedoch neben der Äußerung des Mißfallens auch, daß man die dringliche Bitte, Aufforderung, einen Mißstand abzustellen, nachdrücklich vorträgt; ↑abkanzeln, ↑anfahren, ↑rüffeln, ↑schelten, ↑schimpfen, ↑tadeln, ↑vornehmen, ↑zurechtweisen; ↑Strafpredigt.

beschlagnahmen, etwas: in amtlichem Auftrag etwas der Verfügungsgewalt einer Person [vorübergehend] entziehen und dem Verfügungsrecht der entsprechenden

Behörde unterstellen; bezieht sich auf bewegliche oder unbewegliche Dinge, die von unterschiedlicher Art sein können, jedoch meist einen gewissen Wert darstellen: *nach dem Kriege wurde seine Wohnung von der Besatzungsmacht beschlagnahmt.* **konfiszieren,** etwas (Verwaltungsspr.): privates Vermögen dem Eigentümer ohne Entschädigung von staatlicher Seite aus wegnehmen; betont gegenüber „beschlagnahmen" im allgemeinen die Endgültigkeit des Eigentumentzuges: *die Güter wurden vom Staat konfisziert.* **einziehen,** etwas: Sachen und Vermögenswerte aus Privatbesitz als Sühne für eine strafbare Handlung oder zur Vorbeugung wegnehmen, wobei der Einziehende das Recht oder die Macht auf seiner Seite hat: *jemandes Vermögen e.* **abnehmen,** jmdm. etwas: (in diesem Sinnbereich) jmdm. in amtlichem Auftrag etwas, was sich in seinem Besitz befindet, [vorübergehend] entziehen oder ihn dazu zwingen, es auszuhändigen; bezieht sich häufiger auf Papiere, Dokumente usw. als unmittelbar auf Vermögenswerte: *der Polizist nahm ihm seinen Ausweis ab;* vgl. abnehmen ↑rauben. **pfänden,** etwas: auf Gerichtsverfügung hin Eigentumswerte eines Schuldners vorübergehend beschlagnahmen, um damit die Anrechte eines Gläubigers zu sichern: *sein Klavier und verschiedene Ölgemälde wurden gepfändet.*

beschmieren, sich/etwas/jmdn. [mit etwas]: sich/etwas oder jmdn. an der Oberfläche, von außen, mit oft feucht-klebrigem, fettigem Stoff [unbeabsichtigt] schmutzig machen: *er beschmierte beim Radwechsel seine Hände mit Öl.* **vollschmieren,** sich/etwas/jmdn. [mit etwas] (ugs.): sich/etwas oder jmdn. ganz und gar beschmieren: *das Kind hat sich mit Senf vollgeschmiert.* **besudeln,** etwas/sich/jmdn. [mit etwas] (geh.): etwas/sich oder jmdn., oft in Ekel erregender Weise, beschmieren; drückt eine starke emotionale Beteiligung des Sprechers/Schreibers aus: *er hat sich den ganzen Anzug besudelt;* auch übertragen: *jmds. Ehre wurde besudelt.*

beschränkt: einen niedrigen Grad von Intelligenz aufweisend; nicht fähig, mehr als einfachste geistige Zusammenhänge zu erfassen; wird von Personen oder unmittelbar von ihrem Verstand, ihrer intellektuellen Begabung gesagt. **[geistig] zurückgeblieben:** (in diesem Sinnbereich) nicht den Grad von Intelligenz besitzend, den jmd. auf Grund seiner physischen Entwicklung haben müßte, so daß man an sein Denkvermögen, seine Verantwortlichkeit keine normalen Maßstäbe anlegen darf; wird im allgemeinen nur von Heranwachsenden gesagt. **geistig minderbemittelt** (salopp; scherzh.; abwertend): (nach Ansicht des Sprechers/Schreibers) im Hinblick auf die Intelligenz unter dem Durchschnitt liegend; drückt eine gewisse überlegene Verachtung seitens des Sprechers/Schreibers aus.

beschuldigen, jmdn. [einer Sache (Genitiv)]: öffentlich oder vor einer amtlichen Instanz sagen, behaupten, daß jmd. etwas Verwerfliches getan hat: *er wurde beschuldigt, dem Dieb bei der Ausführung des Einbruchs geholfen zu haben.* **anklagen,** jmdn. [einer Sache (Genitiv)]: (in diesem Sinnbereich) wegen eines Vergehens Klage gegen jmdn. erheben: *er wird des Terrorismus angeklagt.* **anschuldigen,** jmdn. [einer Sache (Genitiv)] (geh.): Vorwürfe, eine belastende Behauptung usw. öffentlich gegen jmdn. richten: *der Angeklagte wurde des Mordes angeschuldigt.* **bezichtigen,** jmdn. [einer Sache (Genitiv)] (geh.): jmdm. in anklagender Weise die Schuld für etwas geben: *er wurde des Diebstahls bezichtigt; er wurde bezichtigt, die Bombe gelegt zu haben.* **zeihen,** jmdn. einer Sache (Genitiv) (veraltend, geh.): von jmdm. behaupten, sagen, daß er etwas Verachtens- oder Verabscheuungswürdiges getan hat: *jmdn. der Lüge, der Undankbarkeit z.;* ↑anzeigen, ↑schlechtmachen, ↑verdächtigen.

beschweren, sich [über etwas/jmdn.]: sich über ein angetanes Unrecht bei dem Schuldigen oder einem, der für diesen in irgendeiner Weise zuständig ist, Klage erheben, mit dem Ziel, daß es wiedergutgemacht werde oder sich nicht wiederhole. **beklagen,** sich [über etwas/jmdn.]: jmdm. gegenüber klagen und seine Unzufriedenheit über ein Unrecht oder eine sonstige Unannehmlichkeit äußern, die einem durch einen anderen angetan oder bereitet worden ist; enthält einen stärkeren Vorwurf gegen den Schuldigen, den man aber im Unterschied zu „beschweren" nicht zur Rechenschaft ziehen will: *die Nachbarn beklagten sich über den Lärm.* **klagen,** über etwas/jmdn.: (in diesem Sinnbereich) seinen Unwillen, seine Unzufriedenheit über etwas oder jmdn. äußern: *er klagte über die ständigen Störungen.*

beschwerlich: Beschwerden verursachend oder mit sich bringend; für jmdn. eine körperliche Belastung darstellend, die er nur mit Mühe auf sich nehmen kann: *im Winter ist diese lange Reise besonders b.* **ermüdend:** große körperliche oder geistige Anstrengung erfordernd und deshalb mehr oder weniger schnell Müdigkeit hervorrufend, die Kräfte des Betroffenen rasch verzehrend: *er sprach so leise, daß es für alle Zuhö-*

rer sehr e. war. **anstrengend:** die körperlichen oder geistigen Kräfte stark beanspruchend: *ein anstrengender Abend!* **aufreibend:** im Laufe der Zeit durch immer wieder neue Konfrontation mit kleineren und größeren Schwierigkeiten Nerven und Kraft völlig aufbrauchend: *eine aufreibende Arbeit.* **zermürbend:** jmdm. durch ständige kleine Schwierigkeiten allmählich die Lust nehmend, seine physische, psychische Kraft auf die Dauer untergrabend: *die ständigen Bahnfahrten sind z.* **knallhart** (emotional verstärkend): (in diesem Sinnbereich) unerbittlich die ganze Kraft eines Menschen beanspruchend; den ganzen persönlichen Einsatz erfordernd, so daß einem nichts geschenkt wird; vor allem im attributiven Gebrauch: *die Showbranche ist ein knallhartes Geschäft.* **strapaziös:** besonders große Anstrengungen erfordernd, den Betreffenden geistig oder körperlich stark in Anspruch nehmend, ihm Strapazen bereitend: *ein strapaziöser Tag.*

beseelen, etwas beseelt jmdn.: (in diesem Sinnbereich) etwas wirkt als treibende Kraft im Gemüt eines Menschen und bestimmt dessen Wollen oder Handeln; wird hauptsächlich von positiv gewerteten, beurteilten Gefühlen, willensmäßigen Antrieben oder beflügelnden gedanklichen Vorstellungen gesagt. **erfüllen,** etwas erfüllt jmdn.: (in diesem Sinnbereich) etwas füllt als Eindruck, Gefühl oder gedankliche Vorstellung einen Menschen aus, hat von dessen Gemüt oder Denken Besitz ergriffen. **bewegen,** etwas bewegt jmdn.: etwas verursacht eine [lebhafte] Gemütsbewegung in jmdm.; wird von einem bestimmten Gedanken oder einem angenehmen oder unangenehmen Gefühl gesagt, das sich auf einen äußeren Anlaß bezieht: *das, was uns wahrhaft bewegt, können wir nicht verschweigen;* ↑beflügeln.

beseitigen, etwas/jmdn.: (in diesem Sinnbereich) **a)** etwas beseitigen: etwas, was sich in irgendeinem Sinne als schädlich oder hinderlich erweist oder den Absichten einer Person im Wege steht, durch geeignete Maßnahmen, Anstrengungen unschädlich machen oder entfernen: *trotz wochenlanger Bemühungen ist es nicht gelungen, den Widerstand zu b.;* **b)** jmdn. beseitigen: jmdn., der einem bei irgendeinem Vorhaben als Nebenbuhler oder Widersacher gefährlich wird, [kaltblütig] ermorden: *was liegt Intriganten und Politikern an ein paar tausend Toten, sofern nur ein Konkurrent beseitigt ist;* vgl. beseitigen ↑abschaffen; ↑liquidieren. **aus dem Wege räumen,** etwas/jmdn.: i. S. v. beseitigen a) und b); betont gegenüber „beseitigen" mehr die Initiative, die Bemühung des Handelnden und bezieht sich nicht so sehr auf ein allgemeines Übel, sondern auf Dinge, Personen, die einer bestimmten Absicht, einer bestimmten Person bei ihrem Vorhaben im Wege stehen: *damit sind wohl alle Hindernisse aus dem Weg geräumt, die dem geplanten Abkommen entgegenstanden; einen Nebenbuhler aus dem Wege räumen;* ↑ermorden, ↑erschießen, ↑erschlagen, ↑erstechen, ↑ersticken, ↑[1]hängen, ↑liquidieren, ↑niedermachen, ↑[1]sterben, ↑[2]töten; ↑[2]Selbstmord.

[1]**besiegen,** etwas: über etwas, ein Gefühl, das sich einem innerlich als Widerstand entgegenstellt, das jmdn. in seiner Haltung bedroht, Herr werden: *sie hatte versucht, den Schlaf, die Furcht zu b.;* ↑[2]besiegen. **überwinden,** etwas: ein heftiges Gefühl, starken inneren Widerstand gegen etwas Bestimmtes unter Aufbietung aller seelischen Kräfte besiegen; an einer als falsch erkannten Haltung oder Einstellung zu einer bestimmten Person oder Sache nicht festhalten: *die innere Abneigung gegen jemanden ü.* **bezwingen,** etwas: mit großer Anstrengung, indem man sich selber Gewalt antut, ein starkes Gefühl, einen inneren Widerstand niederkämpfen, ihn in sich unterdrücken: *er kann seinen Unwillen kaum mehr b.;* vgl. bezwingen ↑[2]besiegen.

[2]**besiegen,** jmdn.: über einen Gegner im Krieg oder Spiel den Sieg davontragen, ihm mit [Waffen]gewalt durch [geistige] Überlegenheit oder Geschicklichkeit zur Aufgabe seines Widerstandes oder seiner Position zwingen: *den Gegner b.; die Mannschaft besiegte den Titelverteidiger mit 3:2.* **schlagen,** jmdn.: einem Gegner im Kampf oder Spiel eine entscheidende Niederlage beibringen: *beim Tennisturnier schlug er seinen Gegner in mehreren Spielen.* **bezwingen,** jmdn.: einen Gegner in hartem Kampf, im Krieg oder Spiel unter Aufbietung aller Kräfte besiegen, seinen Widerstand überwinden: *durch seine Stärke und seine taktische Überlegenheit bezwang er seine Gegner:* ↑[1]besiegen, ↑unterwerfen.

Besitz, der (ohne Plural): (in diesem Sinnbereich) materielles Gut, oft in Gestalt von Immobilien, Ländereien, das jmd. geerbt oder sich erworben hat, so daß er darüber verfügen kann; betont im Unterschied zu „Eigentum" den Wert oder Nutzwert, den etwas für den Besitzer hat; Sache, über die jmd. die tatsächliche Herrschaft hat (der Besitzer muß nicht auch der Eigentümer sein); im allgemeinen Sprachgebrauch wird oft nicht unterschieden zwischen „Besitz" und „Eigentum". **Eigentum,** das (ohne Plural): materielles Gut, das jmdm. ausschließlich gehört und ihm von niemandem streitig gemacht werden kann; betont im Unterschied zu „Besitz“ das Anrecht, das jmd. als Eigentümer auf etwas hat; Sache, über die jmd. die Verfügungs- und Nutzungsgewalt, die rechtliche (aber nicht unbedingt die tatsächliche) Herrschaft hat. **Vermögen,** das (Plural ungebräuchlich): gesamter Besitz, der einen Geldwert darstellt, d.h. also auch Liegenschaften und andere realisierbare Werte (nach Abzug eventueller Schulden, Hypotheken). **Habe,** die (ohne Plural): die Gesamtheit, insbesondere des beweglichen Eigentums, das jmdm. gehört und an dem er hängt; bringt den Gefühlswert der Sache zum Ausdruck. **Habseligkeiten,** die (Plural): dürftige, kümmerliche Habe, die meist aus wenigen [wertlosen] Dingen besteht. **Hab und Gut,** das (ohne Plural): alles, was einem Menschen als Eigentum gehört; bringt einen stärkeren Gefühlsanteil zum Ausdruck; wird besonders dann gebraucht, wenn von Gefährdung oder Verlust des Eigentums gesprochen wird.

besitzen, etwas: (in diesem Sinnbereich) etwas als oder in Besitz haben; eine Sache [von gewissem Wert], ein [materielles] Gut oder ein Anrecht auf etwas zu seinem Eigentum, Besitz zählen: *ein Haus, Geld, ein eigenes Auto b.;* vgl. besitzen ↑haben. **haben,** etwas (ugs.): i.S.v. besitzen; betont jedoch weniger, daß man etwas als Besitz erlangt oder sich erworben hat, sondern stellt nur das Vorhandensein eines Eigentums fest: *er hat ein Auto, fünf Kühe;* ↑haben. **in Besitz haben,** etwas (nachdrücklich): Eigentümer eines bestimmten größeren oder wertvollen Objekts sein; besagt im Unterschied zu „besitzen“ nicht so sehr, daß man etwas neben anderen Dingen besitzt, sondern gilt immer einem einzelnen oder [in seiner Art] einzigartigen Gegenstand o.ä.: *er hat große Ländereien in Besitz.* **im Besitz sein,** von etwas (nachdrücklich): einen Besitz, ein Objekt [rechtmäßig oder unrechtmäßig] in seiner Gewalt oder zu seiner unmittelbaren Verfügung haben oder einen Besitz erlangt, sich die Gewalt über ein Objekt verschafft haben: *er war im Besitz größerer Geldmittel.* **verfügen,** über etwas: etwas in unumschränktem Besitz haben, sich seiner nach Belieben bedienen können; hebt weniger die Tatsache des Besitzes hervor als die Macht oder die Möglichkeit, seinen Besitz als Mittel zu einem [angestrebten] Zweck zu gebrauchen: *er verfügt über ein ansehnliches Kapital.* **sein eigen nennen,** etwas (gespreizt): etwas besitzen, von etwas sagen können, daß es einem gehört; wird im wesentlichen auf bescheideneres Eigentum bezogen, das man aus eigener Kraft erwerben konnte: *er nannte ein Häuschen sein eigen.*

besonnen (Ggs. unbesonnen ↑unbedacht): auch in kritischer, verantwortungsvoller Lage ruhig überlegend, so daß man sich nicht zu Unbedachtsamkeiten hinreißen läßt; mit Überlegung und nicht übereilt handelnd [oder davon zeugend]: *ein besonnener Mensch.* **beherrscht** (Ggs. ↑unbeherrscht): seine Empfindungen und Wünsche mit mehr oder weniger Mühe zügelnd oder davon zeugend: *er ist immer sehr b.;* vgl. Beherrschung, Beherrschtheit ↑Fassung; ↑beherrschen. **ausgeglichen** (Ggs. unausgeglichen): gleichbleibend und harmonisch in seinem Wesen oder davon zeugend: *er ist immer a.* **überlegt** (Ggs. unüberlegt ↑unbedacht) (selten): kühl durchdacht und/oder hiervon zeugend; die Beziehung auf Verhalten und Äußerungen herrscht bei diesem Wort vor, auch wenn es gelegentlich wie „besonnen“ als Attribut der Person auftritt: *sehr überlegte Antworten.* **bedacht** (Ggs. ↑unbedacht) (selten): i.S.v. überlegt; wird jedoch ausschließlich aufs Handeln und Sprechen bezogen und steht im wesentlichen bei allgemeinen Bezeichnungen dieses Bereichs; meist in Zusammenhängen, wo es darum geht, Entschlüsse zu fassen: *seine Worte kühl und b. setzen;* ↑bedächtig.

besorgen, [jmdm./sich (Dativ)] etwas: etwas herbeischaffen, was jmd./man zu einem bestimmten Zweck benötigt; dabei ist nicht ausgesprochen, ob der Gegenstand käuflich erworben ist oder vorübergehend zur Verfügung gestellt wird: *Wein für das Fest b.;* vgl. besorgen ↑stehlen. **beschaffen,** [jmdm./sich (Dativ)] etwas: [unter Überwindung von Schwierigkeiten] etwas herbeischaffen oder sorgen, daß jmd./man etwas bekommt; wird meist auf konkrete Dinge bezogen: *Geld, Brot, Arbeit b.* **verschaffen,** jmdm./sich (Dativ) etwas: jmdm./sich selbst zum Besitz von etwas Bestimmten verhelfen; machen, daß jmd./man in den Besitz von etwas, was man haben will oder was für etwas gebraucht wird, auch gelangt, machen, daß es jmdm./einem zuteil wird: *jmdm./sich Geld v.;* übertragen: *jmdm./sich Gehör, Recht v.; jmdm. ein Alibi v.* **auftreiben,** etwas (ugs.): (in diesem Sinnbereich) etwas, was man zu einem bestimmten Zweck benötigt oder was man gern in seinem Besitz hätte, nach eifrigem angestrengtem Herumsuchen [mit etwas Glück] schließlich finden und sich in seinen Besitz bringen; wird auf konkrete Dinge bezogen: *es war für ihn nicht ganz leicht, Geld aufzutreiben; wo hast du denn das Buch noch aufgetrieben?;* vgl. auftreiben ↑auffinden.

bespritzen, jmdn./sich/etwas: **a)** jmdn. bespritzen [mit etwas]: (in diesem Sinnbereich) jmdn. mit einem scharfen [Wasser]strahl, seltener mit Tropfen, naß machen: *er richtete den Gartenschlauch auf ihn und bespritzte ihn [mit Wasser];* **b)** jmdn./sich/etwas bespritzen: jmdn./sich/etwas mit Pfützenwasser, Straßenschlamm u. ä. beschmutzen, schmutzig, naß machen; es geschieht, zumeist unbeabsichtigt, durch [schlammiges] schmutziges Pfützenwasser, das entweder durch eiliges Gehen in die Höhe spritzt oder aber von schnellfahrenden Autos in hohem Schwall hochgeschleudert wird: *das Auto bespritzte die Passanten; ich habe mich beim Abwaschen ganz bespritzt;* vgl. bespritzen ↑sprengen. **vollspritzen,** jmdn./sich/etwas: jmdn./sich/etwas unbeabsichtigt, mit Pfützenwasser, Straßenschlamm u. ä. ganz und gar bespritzen: *das Auto ist viel zu schnell gefahren und hat mich ganz vollgespritzt; sieh dich doch vor, du hast mich ja ganz vollgespritzt.*

bestaunen, jmdn./etwas: jmdn. oder etwas, was einem Eindruck macht, was einen verwundert, bewundernd betrachten, seiner Überraschung Ausdruck geben; bezieht sich auf den sinnlichen Eindruck im Unterschied zu „bewundern", worin auch die Einsicht in das Außergewöhnliche enthalten ist: *er wurde von allen Seiten in seinem Samtanzug bestaunt.* **bewundern,** jmdn./etwas: (in diesem Sinnbereich) **a)** jmdn./etwas bewundern: einer als außergewöhnlich empfundenen Person, Sache große Wertschätzung, Anerkennung entgegenbringen: *wir bewunderten alle ihren Mut;* **b)** etwas bewundern: etwas besonders eindrucksvoll Schönes, Gelungenes, Wertvolles betrachten und es als solches empfinden: *wir bewunderten die einmalige Aussicht; er mußte ihr neues Kleid bewundern;* vgl. bewundern ↑[1]achten. **anstaunen,** jmdn./etwas: jmdn. oder etwas, was man in seiner Erscheinung als ungewöhnlich empfindet, in gewisser Naivität, ohne daß man es recht begreifen kann, bewundernd/verwundert ansehen: *man staunte den Fremden an wie ein Naturwunder.*

bestechen, jmdn.: jmdn., im allgemeinen einen Beamten, (verbotenerweise) durch Geschenke, Versprechungen oder durch Einräumen bestimmter Vorteile für sich, für die eigenen Pläne und Vorhaben gewinnen, ihn dazu bringen, daß er aus materiellen Gründen seine Vorschriften außer acht läßt. **schmieren,** jmdn. (salopp): durch [Geld]geschenke jmdn. dazu bringen, daß er sich in einer bestimmten Angelegenheit gefällig erweist; wird mehr auf harmlosere Fälle angewandt: *er hat den Hausmeister geschmiert, so daß ihm dieser einen zweiten Schlüssel gegeben hat.* **kaufen,** jmdn. (ugs.): jmdm. [Geld]geschenke machen und auf diese Weise erreichen, daß der Betreffende etwas zugunsten des Schenkenden illegalerweise tut; dabei wird verächtlich auf die Charakterschwäche des Bestochenen hingewiesen, der wie eine Ware käuflich ist: *er wird den Prozeß gewinnen, er hat die Zeugen alle gekauft.* **korrumpieren,** jmdn. (bildungsspr.): [durch Bestechung] bei jmdm. bewirken, daß er zum Vorteil des Korrumpierenden, aber gegen Recht o. ä. handelt bzw. sich entsprechend verhält: *die Arbeiter wurden durch hohe Löhne korrumpiert; sie hatten ihn korrumpiert und konnten alles bei ihm erreichen.*

bestehen, auf etwas (Dativ): (in diesem Sinnbereich) etwas unbedingt durchsetzen wollen und die Erfüllung seines Anspruchs, die Verwirklichung seiner Absicht gegen andere zu erzwingen suchen: *auf seinem Recht b.; sie bestand darauf, zur Hochzeitsfeier mitgenommen zu werden;* vgl. bestehen ↑[2]bleiben. **beharren,** auf etwas (Dativ): (in diesem Sinnbereich) in bezug auf eine Forderung, ein Recht, ein Vorhaben oder etwas, was man erreichen will, nicht nachgeben; drückt im Unterschied zu „bestehen" nicht nur aus, daß man seine Position behauptet, sondern auch, daß man über einen Zeitraum hinweg zäh daran festhält; vgl. beharren ↑[2]bleiben.

bestehlen, jmdn.: jmdm. heimlich, ohne Wissen des Betroffenen etwas wegnehmen, um es sich widerrechtlich anzueignen; dabei handelt es sich meist um Dinge, die sich leicht fortbewegen lassen und einen gewissen Wert in sich bergen; steht, wie auch die übrigen Wörter dieser Gruppe, stets mit dem Akkusativ der Person, der etwas genommen wird; das Wort wird man nicht ohne weiteres von sich selbst sagen, da es den unrechtmäßigen Vorgang schonungslos benennt. **berauben,** jmdn.: jmdm. unter [offener] Gewaltanwendung etwas, meist Wertsachen, wegnehmen, um sich in dessen Besitz zu setzen; wird wie „bestehlen" und „fleddern" kaum von sich selbst gesagt. **fleddern,** jmdn. (ugs.): im allgemeinen tote, aber auch schlafende oder betrunkene Menschen nach irgendwelchen Wertgegenständen oder sonstigen brauchbaren Dingen durchsuchen und sie dieser Gegenstände berauben: *sie fleddern vor allem Alte und Angetrunkene.* **erleichtern,** jmdn. [um etwas] (ugs.; iron.): (in diesem Sinnbereich) jmdn. durch Diebstahl um einen Teil seines Besitzes, meist um einen Bargeldbetrag bringen; kann sich sowohl auf schwerere als auch auf harmlosere, leichtere Eigentumsdelikte beziehen:

die Burschen haben den Alten heute nacht ganz nett erleichtert; vgl. erleichtern ↑schröpfen. **filzen,** jmdn. (salopp): jmdn. oder jmds. Gepäck, Sachen durchsuchen und das, was man für wertvoll oder brauchbar hält, dem Betroffenen gewaltsam oder unter Drohung wegnehmen: *er war überfallen und gefilzt worden; Diebe hatten ihn gefilzt.* **ticken,** jmdn. (Jargon): jmdn. angreifen, schlagen und berauben: *sie hatten sich vorgenommen, die Mitglieder des anderen Klubs zu ticken;* vgl. ausrauben ↑plündern. **Mücken abharken** (Jargon): jmdm. gewaltsam Geld [das er bei sich hat] wegnehmen; ↑einbrechen, ↑rauben, ↑schröpfen, ↑stehlen, ↑unterschlagen.

Bestellung, die: mündliche oder schriftliche Weisung, eine angebotene Ware zu liefern; setzt im allgemeinen voraus, daß die Ware vorrätig ist, und verbindet sich häufig mit der Nebenvorstellung, daß es sich bei der Ware um einen kleineren Handelsgegenstand handelt: *heute gingen viele Bestellungen ein.* **Auftrag,** der: (in diesem Sinnbereich) mündliche oder schriftliche Weisung, eine Ware [herzustellen und] zu liefern; verbindet sich auch mit der Nebenvorstellung, daß es sich bei der Ware um einen größeren Handelsgegenstand oder um eine größere Anzahl verschiedener Handelsgegenstände handelt: *die ausländischen Aufträge sind im letzten Jahr stark zurückgegangen.* **Order,** die (kaufm.): (in diesem Sinnbereich) mündliche oder schriftliche Weisung, eine Ware zu liefern, gleichgültig, ob diese Ware vorrätig ist oder erst hergestellt werden muß; wird nur in der Sprache bestimmter Branchen verwendet: *der Chef strahlte, weil die Firma eine O. auf 3000 Kleider erhalten hatte.*

[1]**bestreiten,** etwas (geh.): (in diesem Sinnbereich) die Kosten [unter Mühen] für etwas aufbringen, es möglich machen, daß ein bestimmter, unentbehrlicher, eigener oder fremder Bedarf gedeckt wird; kann mit Bezug auf gewisse Bedarfsgebiete (wie Lebensunterhalt, Haushalt, Ernährung, Kleidung) oder mit Bezug auf Begriffe (wie Anschaffungen, Ausgaben, Aufwand usw.) gebraucht werden: *eine gemeinsame Kasse, aus der die jeweils nötigen Ausgaben bestritten werden.* **finanzieren,** etwas: zu einem [größeren] eigenen oder fremden Unternehmen das Geld geben, die erforderlichen Mittel bereitstellen: *wie wollen Sie ihr Studium f.?* **bezahlen,** etwas: (in diesem Sinnbereich) i. S. v. finanzieren; drückt den konkreten Vorgang aus: *es fiel der Witwe sehr schwer, die Ausbildung ihres Sohnes zu b.;* ↑bezahlen. **aufkommen,** für etwas: irgendwie entstehende Kosten, die man selbst oder jmd. anders verursacht und bei denen es sich oft um größere Beträge handelt, übernehmen: *kommt Ihr Vater für Ihren Lebensunterhalt auf?* **die Kosten tragen** [für etwas]: gezwungenermaßen oder weil es jmds. Pflicht ist, es auf sich nehmen, das notwendige Geld für ein Unternehmen, die Durchführung einer Sache, die Wiedergutmachung eines Schadens o. ä. zur Verfügung zu stellen: *die Kosten für die Kur trägt die Landesversicherungsanstalt.*

[2]**bestreiten,** etwas: (in diesem Sinnbereich) etwas, was von einem andern als These, Behauptung usw. aufgestellt, als Meinung, Lehre u. ä. vertreten wird, für nicht bestehend, eine These, Behauptung, Meinung usw. als solche für unrichtig erklären und sich [unter ausführlicher, scharfer Argumentation] dagegen wenden; sagt, wie alle Wörter dieser Gruppe, nichts über den Wahrheitsgehalt der Behauptung usw. aus; bezieht sich im allgemeinen auf die geistige Auseinandersetzung mit anderen Meinungen u. ä. [im Gespräch]: *Homo homini lupus: wer hat nach allen Erfahrungen des Lebens und der Geschichte den Mut, diesen Satz zu bestreiten?;* ↑[3]bestreiten; vgl. bestreiten ↑abstreiten. **leugnen,** etwas: (in diesem Sinnbereich) etwas, was von einem anderen als Lehre, Weltanschauung u. ä. vertreten wird, für nicht bestehend erklären und nicht gelten lassen; bezieht sich auf die negative Haltung gegenüber Lehrmeinungen philosophischer, theologischer u. ä. Art, die im Umkreis des Sprechers/Schreibers anerkannt sind; enthält oft eine stark abwertende Kritik des Sprechers/Schreibers an der anscheinend irrigen Einstellung des Betreffenden: *die Freiheit des Geistes l.;* vgl. ableugnen ↑leugnen; vgl. leugnen ↑abstreiten. **in Abrede stellen,** etwas (papierdt.): (in diesem Sinnbereich) i. S. v. bestreiten; ist jedoch sachlicher als „bestreiten“ und sagt nichts über die innere Beteiligung des Betreffenden und die Art der Entgegnung aus; vgl. in Abrede stellen ↑abstreiten. **verneinen,** etwas (geh.): etwas, was von einem anderen als Lehre, Weltanschauung u. ä. vertreten wird, grundsätzlich für nicht bestehend erklären und nicht im geringsten gelten lassen; bezieht sich wie „leugnen“ im allgemeinen auf die negative Haltung gegenüber Lehren und Meinungen: *er verneinte jeglichen Sinn des Lebens.* **dementieren,** etwas (bildungsspr.): eine Nachricht, Behauptung [offiziell] als nicht der Wahrheit entsprechend erklären: *eine Zeitungsmeldung d.; der Sprecher der Regierung dementierte, daß ...*

[3]**bestreiten,** jmdm. etwas: (in diesem Sinnbereich) ein Recht oder ein Anspruch [eine Qualität] u. ä. eines anderen in Frage stellen und sich [in ausführlicher, scharfer Argumentation] dagegen wenden; bezieht sich mehr als das folgende „abstreiten" auf die [wortreiche] Auseinandersetzung: *ich bestreite ihm jegliche Eignung für diesen Beruf;* ↑[2]bestreiten; vgl. bestreiten ↑abstreiten. **abstreiten,** jmdm. etwas: (in diesem Sinnbereich) eine Qualität [ein Recht, einen Anspruch] u. ä. eines anderen mit äußerster Entschiedenheit für nicht vorhanden [nicht berechtigt] erklären; bezieht sich mehr als „bestreiten" auf die radikale Verneinung: *dem Menschen die Fähigkeit a., Ebenbild Gottes zu sein;* ↑abstreiten. **absprechen,** jmdm. etwas: (in diesem Sinnbereich) eine Qualität, eine Fähigkeit, ein Recht u. ä. bei einem anderen als für nicht vorhanden erklären; bezieht sich mehr als die vorstehenden Wörter dieser Gruppe auf die Endgültigkeit des mehr nüchternen, persönlichen Urteils: *er sprach dem Hochschullehrer das Vermögen ab, die ihm anvertrauten Studenten im Sinne des Humanismus zu erziehen;* ↑absprechen.

bestricken, jmdn.: jmdn. durch seine Liebenswürdigkeit, seinen Charme ganz für sich einnehmen; bezieht sich auf einen Menschen oder sein Verhalten, beruht oft auf Absicht: *ihr Lächeln bestrickte ihn;* vgl. bestrickend ↑charmant. **berücken,** jmdn. (geh.): den Zauber seiner Persönlichkeit auf jmdn. wirken lassen, um ihn für sich einzunehmen oder verliebt zu machen: *jmdn. mit Worten, Blicken b.* **umgarnen,** jmdn.: versuchen, jmdn. durch Liebenswürdigkeit, Schmeichelei einzufangen und an sich zu binden, für seine Zwecke einzusetzen: *mit schönen Worten umgarnte sie ihren Chef.*

betasten, etwas: [mit der Absicht, die Beschaffenheit von etwas festzustellen, zu prüfen] etwas im allgemeinen mit den Fingerspitzen mehrmals, an verschiedenen Stellen berühren. **befühlen,** etwas: etwas zwischen den Fingerspitzen hin und her bewegen oder mit der Hand leicht darüber hinstreichen [um mit Hilfe des Tastgefühls festzustellen, wie etwas beschaffen ist]. **betatschen,** etwas (salopp; landsch.; abwertend): etwas ungeniert, im allgemeinen mit der ganzen Handfläche betasten. **befingern,** etwas (salopp): etwas, um es zu prüfen, zu untersuchen, ungeniert mit den Fingern abtasten: *du hast nicht das Recht, hier alle Dinge zu b.* **befummeln,** etwas (salopp): sich [neugierig] mit den Händen auf/an etwas zu schaffen machen. **abtasten,** etwas: etwas, eine größere Fläche aufmerksam mit der Hand oder mit einem Gegenstand, den man in der Hand hält, befühlen, betasten, um festzustellen, wie seine Oberfläche beschaffen ist oder was sich unter derselben befindet.

betäuben, jmdn.: jmdn. ganz oder teilweise schmerzunempfindlich machen; jmdn. durch einschläfernde Mittel oder durch einen heftigen Schlag bewußtlos machen und dadurch bewirken, daß sein Schmerzempfinden (wie auch seine übrigen Sinneswahrnehmungen) aussetzt oder stark herabgemindert wird: *jmdn. durch Narkose b.; bei der Leistenbruchoperation wurde er wegen seiner Herzkrankheit nur örtlich betäubt.* **einschläfern,** jmdn.: (in diesem Sinnbereich) jmdn. [durch Narkotika] in Schlaf versetzen [um ihm Schmerzen zu ersparen, um einen medizinischen Eingriff vornehmen zu können]: *ein einschläferndes Mittel; das Meeresrauschen, die Hitze, die Musik wirkt einschläfernd.* **narkotisieren,** jmdn. (Medizin); **chloroformieren,** jmdn. (veraltet): jmdn. durch Narkotika (z. B. durch Chloroform) ganz betäuben, um einen medizinischen Eingriff vornehmen zu können. **anästhesieren,** jmdn. (Medizin): jmdn. ganz oder örtlich betäuben, um einen medizinischen Eingriff vornehmen zu können.

beteiligen, sich [an etwas]: sich in irgendeiner Weise aktiv einer gemeinschaftlichen Unternehmung oder Veranstaltung anschließen: *sich an einer Expedition, einer Demonstration b.;* vgl. beteiligen ↑[1]mitwirken. **teilnehmen** [an etwas] (geh.): in aktiver oder passiver Weise Teilnehmer sein; einer gemeinschaftlichen Veranstaltung oder Unternehmung beiwohnen und dadurch seine Zugehörigkeit oder sein Interesse bekunden: *an einer Sitzung, Museumsführung, Demonstration t.* **mitmachen,** etwas (ugs.): mit anderen zusammen das machen, was diese auch machen, sich anschließen; betont im Unterschied zu „sich beteiligen" und „teilnehmen" weniger das Selbständige und Zielbewußte der Handlung als das Dabeisein bei einer von anderen veranstalteten Unternehmung: *einen Wettbewerb m.; er hat bei den Dummheiten mitgemacht;* vgl. mitmachen ↑[1]mitwirken.

betreten: durch etwas in Verlegenheit gebracht, weil man sich einer Sache schämt oder schuldbewußt ist; hiervon zeugend: *b. lächeln.* **verlegen:** durch etwas in eine peinliche Lage versetzt und nicht so recht wissend, wie man sich verhalten soll, oder davon zeugend; der Betroffene ist dabei oft etwas hilflos oder unbeholfen: *jmdn. v. anlächeln.* **bedripst** (salopp): durch einen eigenen Fehler, eine Dummheit in eine peinliche oder lächerliche Lage versetzt und darum verlegen, betrübt und kleinlaut, was dem Betroffenen auch anzusehen ist: *ein bedripstes Gesicht machen.* **bedeppert** (salopp): überraschend, unerwartet durch etwas in Verlegenheit gebracht, niedergeschlagen, ratlos oder davon zeugend; ein dummes Gesicht zu etwas machend: *die bedepperten Gesichter der Leute auf diese Eröffnung hin waren sehenswert.* **belemmert** (salopp): (in diesem Sinnbereich) durch unvorhergesehenen Mißerfolg oder durch Zurechtweisung in niedergedrückter Stimmung, verwirrt oder davon zeugend: *mir ist ganz b.* **wie ein begossener Pudel** (ugs.): wegen einer Dummheit in Verlegenheit gebracht oder zurechtgewiesen und darum schuldbewußt, niedergeschlagen und kleinlaut: *Pitt stand wie ein begossener Pudel da;* ↑bewegt.

Betrieb: in Betrieb sein: nicht stillstehen, sondern in Bewegung sein, eine Funktion ausüben; wird im allgemeinen von Maschinen gesagt. **arbeiten:** (in diesem Sinnbereich) als Maschine eine Arbeit verrichten, nicht in Ruhestellung sein; hebt im Unterschied zu „in Betrieb sein" auch die Leistung hervor: *unsere Maschinen arbeiten rund um die Uhr.* **auf vollen Touren laufen; auf Hochtouren laufen:** mit voller Kraft, ohne Unterbrechung arbeiten [weil besondere Eile geboten oder besonders viel Arbeit zu bewältigen ist]: *vor Weihnachten laufen unsere Packmaschinen auf Hochtouren.* **angestellt sein; ansein** (ugs.): in Betrieb sein, laufen; bezieht sich hauptsächlich auf [elektrische] Haushaltsgeräte: *Vorsicht, die Maschine ist schon angestellt!; ist der Apparat schon an?*

betrinken, sich: bewußt oder auch ohne Vorsatz eine größere Menge Alkohol trinken, als man vertragen kann, so daß man nicht mehr zurechnungsfähig und Herr seiner selbst ist, sondern [stark] unter dem Einfluß des Alkohols steht. **besaufen,** sich (derb): i.S.v. sich betrinken; im Unterschied zu „sich betrinken" ist bei „sich besaufen" im allgemeinen der Vorsatz da, dem Alkohol übermäßig zuzusprechen; wird auch oft dann gebraucht, wenn jmd. seinen Abscheu oder seine Verachtung gegenüber einem solchen Exzeß besonders drastisch zum Ausdruck bringen will. **einen über den Durst trinken** (ugs.; verhüllend): mehr Alkohol trinken, als man vertragen kann und daher [leicht] betrunken; aus dieser Formulierung spricht noch ein gewisses Wohlwollen für die betreffende Person: *der trinkt gern mal einen über den Durst; der hat wieder einmal einen über den Durst getrunken.* **einen [Rausch] antrinken,** sich (Dativ) (ugs.); **einen Rausch holen,** sich (Dativ) (ugs.); **einen Rausch kaufen,** sich (Dativ) (ugs.): sich vorsätzlich betrinken; so lange nicht mit Trinken aufhören, bis man einen Rausch hat und sich in einem euphorischen Zustand befindet. **vollaufen lassen,** sich (derb): sich [stark] betrinken.

betroffen: voll plötzlicher und starker Verwunderung und Überraschung über etwas (z. B. über eine Meinung, Handlung), was man nicht erwartet hat; meist handelt es sich um etwas Negatives oder Ungünstiges: *sie war von seinem Ton b.* **bestürzt:** durch ein plötzliches Ereignis in großer Unruhe und Sorge, z. B. über einen plötzlichen, unerwünschten oder unangenehmen Vorfall. **verdattert** (ugs.): durch einen ungewöhnlichen Vorfall so nachhaltig beeindruckt, verwirrt, daß man wie vor den Kopf gestoßen ist und im Augenblick weder etwas zu sagen noch zu tun weiß. **konsterniert** (bildungsspr.): fassungslos, betroffen und wie vor den Kopf gestoßen; bezieht sich stärker auf den Verstand als auf das Gefühl: *k. schwieg sie.*

betrügen, jmdn.: (in diesem Sinnbereich) durch unaufrichtiges Verhalten einem anderen Schaden zufügen, um dadurch für sich selbst einen [materiellen] Vorteil zu erlangen; sagt im allgemeinen der Betrügende nicht von sich selbst oder nur dann, wenn er sich darauf noch etwas zugute hält; meist wird er es dann jedoch schwächer ausdrükken, z. B. durch „hereinlegen" usw. **bringen,** jmdn. um etwas: durch sein Verhalten oder durch seine Handlungsweise verhindern, daß jmd. oder man selbst in den Besitz oder Genuß von etwas gelangt; kann sowohl auf Konkretes als auch auf Abstraktes bezogen werden: *jmdn. um seine Ersparnisse, um sein Vergnügen b.* **prellen,** jmdn. [um etwas]: jmdn. auf gemeine Weise und durch Täuschung um etwas, was ihm zusteht, bringen: *er prellte mich um meinen Anteil.* **bescheißen,** jmdn. (derb): jmdn. betrügen: *der Händler hatte versucht, mich zu b.;* ↑anführen, ↑mogeln, ↑täuschen.

betrunken: durch die Wirkung alkoholischer Getränke ohne Selbstkontrolle, nicht mehr nüchtern. **berauscht** (geh.): sich durch die Wirkung alkoholischer Getränke in einem Rauschzustand befindend; ist nicht abfällige Kritik, sondern deutet auf erhöhte, der Wirklichkeit enthobene Gefühlsstimmung hin; vgl. berauschen ↑[1]begeistern. **zu tief ins Glas geguckt haben** (scherzh., verhüllend): angeheitert, betrunken sein; dem Alkohol gut zugesprochen und dabei das rechte Maß überschritten haben; bringt die im Grunde wohlwollende Einstellung des Sprechers/ Schreibers zum Ausdruck: *der hat wieder einmal zu tief ins Glas geguckt.* **trunken**

(geh.): i. S. v. berauscht: *jmdn. t. machen.* **volltrunken:** völlig betrunken; wird im allgemeinen in amtlichen Berichten gebraucht: *in volltrunkenem Zustand wurde er am Neckar aufgefunden.* **bezecht** (geh.): i. S. v. betrunken; im allgemeinen nicht abfällig; verbindet sich mit der Vorstellung von Fröhlichkeit und Geselligkeit. **voll** (salopp): völlig betrunken; wird im allgemeinen nicht attributiv gebraucht: *der ist v.!* **sternhagelvoll** (emotional verstärkend): i. S. v. volltrunken; wird im allgemeinen nur subjektbezogen gebraucht: *er ist s.* **blau** (salopp): i. S. v. betrunken; im allgemeinen nicht attributiv gebraucht. **besoffen** (derb): i. S. v. betrunken. **beschwipst** (ugs.), **angeheitert, angesäuselt** (salopp; scherzh.): durch Alkoholgenuß in gehobene oder gelöste Stimmung versetzt, ein wenig betrunken. **benebelt** (ugs.; scherzh.): durch Alkoholgenuß nicht mehr ganz klar im Kopf. **beschickert** (ugs.): durch Alkoholgenuß gelöst und in eine fröhliche Stimmung versetzt; ein wenig betrunken. **alkoholisiert** (ugs.): unter Alkoholeinwirkung stehend; betrunken. **stockbetrunken** (emotional verstärkend): völlig betrunken [zu keiner Bewegung mehr fähig]. **fett** (salopp): völlig, stark betrunken; wird nur subjektbezogen gebraucht: *der ist f.; er kam f. nach Hause.*

beugen, sich über jmdn./etwas: den Körper über eine Person, einen Gegenstand nach vorne biegen. **neigen,** sich über jmdn./etwas (geh.): sich [leicht] nach vorne beugen, um sich jmdm. oder einer Sache, die sich tiefer befindet, zuzuwenden; betont im Unterschied zu „sich beugen" eine innere, gemüthafte oder seelische Zuneigung: *die Mutter neigte sich über die Wiege.* **lehnen,** sich über etwas: sich über einen Gegenstand hinweg beugen und sich dabei mit dem Körper auf ihn stützen: *sich über das Geländer l.;* ↑bükken, sich; ↑ducken, sich.

beurteilen, jmdn./etwas: (in diesem Sinnbereich) zu einer Person oder Sache wertend Stellung nehmen; sich über jmdn. oder etwas ein Urteil bilden [und es äußern]; wird, wie die übrigen Wörter dieser Gruppe, oft mit Artangabe verbunden, die eine Bewertung ausdrückt. **urteilen,** über jmdn./etwas: über eine Person oder Sache eine meist feste, bestimmte Ansicht äußern, ein Werturteil abgeben. **denken,** etwas über jmdn./etwas (oder:) von jmdm./etwas: über eine Person oder Sache eine bestimmte [vorgefaßte] Meinung haben: *der Chef denkt nicht ungünstig über Sie.* **halten,** etwas von jmdm./etwas (ugs.): jmdm. oder einer Sache einen bestimmten Wert oder eine bestimmte Bedeutung zuschreiben; wird nur mit [unbestimmten] Mengenangaben verbunden: *ich halte wenig von diesem Plan.* **einschätzen,** jmdn./etwas: einer Person, seltener einer Sache einen bestimmten Rang [unter vergleichbaren anderen] zuerkennen; wird im allgemeinen mit abstufenden Artangaben verbunden: *ich schätze seine Fähigkeiten sehr hoch ein.*

[1]**bevorzugen,** jmdn./etwas: (in diesem Sinnbereich) eine besondere Vorliebe für jmdn./etwas haben; sich lieber mit einer bestimmten Sache beschäftigen oder mit einem bestimmten Menschen[typ] verkehren als mit anderen; im Falle einer Wahl sich für eine bestimmte Sache, einen bestimmten Menschen entscheiden; ↑[2]bevorzugen. **vorziehen,** jmdn./etwas [jmdm./einer Sache]: (in diesem Sinnbereich) eine größere Vorliebe, größere Zuneigung oder Sympathie für einen bestimmten Menschen, eine bestimmte Sache hegen als für eine andere Person oder Sache, die in Frage käme, sich zum Vergleich anbietet; betont gegenüber „bevorzugen" deutlicher den Gegensatz zwischen dem Vorgezogenen und dem Zurückgestellten und bezieht sich häufiger als „bevorzugen" auf bestimmte einzelne Personen; vgl. vorziehen ↑[2]bevorzugen. **den Vorzug geben,** jmdm./einer Sache: sich [bei einer Wahl] aus bestimmten – persönlichen oder sachlichen – Gründen für eine bestimmte Person oder Sache entscheiden; richtet im Unterschied zu den übrigen Wörtern dieser Gruppe den Blick mehr auf den oder das Betreffende, das man auswählt, für das man sich erklärt: *wir müssen in solch schwierigen Fällen der operativen Behandlung den Vorzug geben.*

[2]**bevorzugen,** jmdn.: (in diesem Sinnbereich) jmdm. auf Grund besonderer Vorliebe oder Zuneigung zu ihm mehr Aufmerksamkeit widmen, ihn vor anderen auszeichnen oder besser behandeln als andere, die den gleichen Anspruch haben; ihm gegenüber anderen besondere Vergünstigungen zukommen lassen: *er fühlte sich ein wenig geschmeichelt, weil das schöne Annerl ihn deutlich vor allen anderen bevorzugte;* ↑[1]bevorzugen. **vorziehen,** jmdn. (fam.): (in diesem Sinnbereich) jmdn. lieber mögen und besser behandeln als andere, ihm [insgeheim] etwas zugute kommen lassen, was man anderen vorenthält; betont im Unterschied zu „bevorzugen" mehr, daß andere dadurch ungerecht behandelt werden, daß die Bevorzugung nicht gerechtfertigt ist: *das jüngste Kind wird oft vorgezogen;* vgl. ↑[1]bevorzugen; ↑[2]fördern, ↑helfen, ↑verwenden, sich.

bewältigen, etwas: einer Schwierigkeit erfolgreich begegnen, ihrer Herr werden:

eine schwierige Situation b. **meistern,** etwas: sich einer Aufgabe oder Situation gewachsen zeigen, indem man sie beherrscht: *die Sachlage m.* **bestehen,** etwas (veraltend): gegenüber Schwierigkeiten Festigkeit und Fähigkeit beweisen; sich einer Situation gewachsen zeigen: *er hat schon manchen Schicksalsschlag bestanden.*

bewegen, sich: (in diesem Sinnbereich) nicht stillhalten, nicht in seiner Lage verharren, sondern sie verändern [ohne jedoch seinen Platz oder Standort aufzugeben]: *ich sah, wie sich die Blätter leicht im Wind bewegten.* **rühren,** sich: sich unauffällig und leise, oft ohne eigentlichen Zweck bewegen und dadurch ein gewisses Maß an Leben oder Energie bezeugen; sich ein wenig bewegen; wird weitgehend in irgendwie negierten Texten verwendet: *sie konnte sich im engen Kleid kaum r.; sich nicht von der Stelle r., um nicht bemerkt zu werden; kein Blättchen rührte sich.* **regen,** sich: eine kleine, kaum merkliche Bewegung machen, womit sich u. U. die Vorstellung verbindet, daß sich etwas oder jmd. aufrichtet, in die Höhe kommt; drückt oft den Anfang einer Bewegung aus: *es regte sich kein Blatt am Baum.*

Beweggrund, der: eine Überlegung oder eine Gefühlsregung, durch die sich jmd. bewogen fühlt, etwas Bestimmtes zu tun. **Grund,** der (meist Plural): (in diesem Sinnbereich) der Umstand, dessen Berücksichtigung jmdn. zu einem bestimmten Verhalten, einer bestimmten Einstellung führt: *aus geschäftlichen, privaten Gründen etwas tun.* **Motiv,** das (bildungsspr.): der eine Handlung erklärende Sinn und Zweck: *das M. seiner Flucht.* **Motivation,** die (bildungsspr.): eigentlicher, in bestimmten Motiven, Einflüssen liegender Grund, der zu Handlungsbereitschaft, zu einer bestimmten Handlung, Entscheidung anregt, sie veranlaßt: *eine politische M.;* ↑Ursache.

bewegt (geh.): sich nach einem nicht alltäglichen Ereignis, Erlebnis usw., das einem zu Herzen geht, in einer tiefen, jedoch nicht heftigen Gemütsbewegung befindend; nur vom Menschen und seinen Äußerungen gesagt: *tief b. sprach er von den Ereignissen.* **gerührt:** von etwas, was zu Herzen geht, innerlich ergriffen; oft als sentimental empfunden: *durch diese Geschichte war sie sehr g.;* vgl. Rührung ↑Ergriffenheit. **ergriffen:** durch etwas tief bewegt, in eine erhabene Stimmung versetzt: *von seinem Klavierspiel e.;* vgl. ergriffen werden ↑fühlen; ↑Ergriffenheit. **erschüttert:** von der Tragik des menschlichen Lebens bewegt und darüber in Trauer versetzt; vgl. Erschütterung ↑Ergriffenheit. **aufgewühlt:** durch ein tiefes Erlebnis stark und für längere Zeit aus dem seelischen Gleichgewicht gebracht; ↑betreten.

bewerkstelligen, etwas: (in diesem Sinnbereich) etwas, was nicht glatt ablaufen will oder nicht ganz korrekt ist, mit Geschick oder Schläue durchführen oder erreichen: *irgendwie müssen wir b., daß er mit dieser Anschaffung einverstanden ist.* **deichseln,** etwas (salopp): etwas, was auf Schwierigkeiten stößt, auf geschickte, oft unkonventionelle Weise oder unter der Hand zu einem guten Ende bringen oder es [bei jmdm.] durchsetzen. **managen** [mänidsch^{e}n], etwas (salopp): mit Geschick oder Verhandlungstalent erreichen, daß etwas geschieht, was auf normalem Wege auf Schwierigkeiten stößt oder nicht zustande kommt; betont im Unterschied zu „bewerkstelligen", „deichseln" mehr, daß das Ergebnis der besonderen persönlichen Geschicklichkeit zu verdanken ist. **fingern,** etwas (salopp): ein heikles Unternehmen mit geschickter Taktik oder oft nicht korrekten oder nicht ganz durchschaubaren Kniffen erfolgreich durchführen. **drehen,** etwas (salopp): eine schwierige oder unerfreuliche Angelegenheit oder Aufgabe auf schlaue, nicht immer unbedenkliche Weise zu seinen Gunsten wenden oder bewältigen: *das hat er raffiniert gedreht; wir werden das Ding schon drehen.* **hinbiegen,** etwas (salopp): mit Geschick etwas tun, was jmdm. aus einer Schwierigkeit hilft, oder erreichen, daß eine schwierige Sache gelingt: *ich werde das schon h., daß du etwas früher gehen darfst;* vgl. hinbiegen ↑bereinigen. **hinkriegen,** etwas (salopp): etwas durch Geschick zustande bringen.

bezahlen [etwas]: den Preis für etwas, z. B. eine Ware, einen Gegenstand oder eine Dienstleistung, begleichen; eine Ware, etwas Käufliches durch Hergabe des geforderten Gegenwertes zu seinem Eigentum machen; einer Zahlungsforderung, die in Form einer Rechnung, Rate, Miete, eines Beitrages, irgendwelcher Schulden o. ä. besteht, entsprechen, indem man die nötige Summe überweist oder jmdm. in bar gibt; bezieht sich auf den erworbenen Gegenstand, die Leistung oder auf den Preis: *das Taxi b.;* vgl. bezahlen ↑¹bestreiten. **zahlen** [etwas]: einen Geldbetrag [für etwas] hingeben, gewissermaßen vorzählend auf den Tisch legen, wobei im Unterschied zu „bezahlen" nicht immer eine besondere Verpflichtung vorzuliegen braucht; es kann freiwillig und ohne Gegenleistung vorgenommen werden; wird vorwiegend in bezug auf Zahlungen zugunsten anderer oder in bezug auf regelmäßige Zahlungen verwendet: *er zahlte seinem Sohn jeden Monat 500 Mark.* **begleichen,** etwas (geh.): einer schriftlich festgelegten, unter Umständen schon eine Zeitlang bestehenden geldlichen Verpflichtung vollständig nachkommen; wird hauptsächlich auf eine Rechnung, Zeche und auch Schulden bezogen: *die Rechnung b.* **blechen** [etwas] (salopp): notgedrungen und mehr, als einem lieb ist, zahlen: *was ich schon an Steuern geblecht habe!; für die Theaterkarte hat er 80 Mark b. müssen.* **berappen** [etwas] (salopp): ungern und mit Widerstreben, weil es einem schwerfällt, etwas zahlen; Geld für etwas hergeben; bezieht sich im Unterschied zu „blechen" nicht in erster Linie auf den Ärger über unliebsame Abgaben, Unkosten, sondern auf das Bedauern, mit dem man einen [rechtmäßig geforderten] Betrag bezahlt: *jetzt heißt es erst mal b.!* **entrichten,** etwas (Amtsdt.): einen gesetzlich, nach Höhe und Anlaß festgelegten Geldbetrag bezahlen, der jmdm. [von einer öffentlichen Institution] regelmäßig oder von Fall zu Fall abgefordert wird; bezieht sich auf Gebühren, Zoll, Tribut usw.: *nachdem wir an der Kasse einen kleinen Eintrittspreis entrichtet hatten, wurden wir in das Zelt eingelassen.* **erlegen,** etwas (geh.): einen Geldbetrag hergeben, um sich von einer Verpflichtung loszukaufen oder um ein Anrecht zu erwerben; hat nur Objekte bei sich, die einen Geldbetrag für einen bestimmten Verwendungszweck bezeichnen: *sie mußten ein Strafgeld e.* **hinterlegen,** etwas: (in diesem Sinnbereich) als eine Art Pfand einen Geldbetrag zurücklassen: *Geld, eine bestimmte Summe h.; wenn Sie 25 Mark hinterlegen, können wir Ihnen den Anzug bis nächsten Montag reservieren;* ↑einstehen, ↑entschädigen, ↑ersetzen, ↑geradestehen.

bezaubern, jmdn.: jmdn. durch Anmut der Erscheinung oder des Wesens beeindrucken und sein Entzücken wecken: *ihr Liebreiz bezauberte ihn ganz.* **verzaubern,** jmdn. (selten): (in diesem Sinnbereich) wie durch zauberische Kraft auf einen Menschen wirken und ihn in seinem Gemüt gleichsam verwandeln; wird im allgemeinen von Dingen oder Ereignissen gesagt: *das Märchenspiel verzauberte die kindlichen Zuschauer im Nu.* **faszinieren,** jmdn. (bildungsspr.): durch Außergewöhnlichkeit starken Reiz, magische Anziehungskraft auf einen Menschen ausüben und seine Sinne fesseln: *ein schöner Körper konnte ihn/sie faszinieren.* **blenden,** jmdn.: (in diesem Sinnbereich) jmdn. durch eine glanzvolle, strahlende oder verlokkende Erscheinung betören; die Sinne eines Menschen vollkommen gefangennehmen, so daß er für nichts anderes mehr Augen hat und über Mängel oder Gefahren hinweggetäuscht wird: *schon Otto III. blendete der Glanz der römischen Kaiserkrone;* ↑anziehend, ↑reizend.

bilden, etwas bildet etwas: (in diesem Sinnbereich) etwas wird in einer bestimmten Funktion benutzt, dient einem bestimmten Zweck; etwas gibt das Material, den Stoff für etwas ab; betont die wichtige, angemessene oder unangemessene Funktion, die etwas erfüllt oder notdürftig zu erfüllen hat; wie die übrigen Wörter dieser Gruppe ersetzbar durch „sein": *ein Trompetensolo bildet den Höhepunkt des Programms.* **darstellen,** etwas stellt etwas dar: etwas spielt eine wesentliche oder sehr interessante Rolle in einem gegebenen Zusammenhang; hebt eine Funktion oder eine relative Bedeutung hervor, die etwas/jmd. besitzt: *diese 100 Mark stellen meine ganze augenblickliche Barschaft dar.* **bedeuten,** etwas bedeutet etwas: etwas ist im Grunde, letztlich nichts anderes als ...: *die Mißachtung des Verbotes bedeutete für den Staat eine Blamage;* oft: etwas hat für jmdn. eine private, besondere Bedeutung: *diese Heirat bedeutete für ihn einen Schritt voran in seiner Karriere;* ↑[1]bedeuten, ↑[2]bedeuten. **ausmachen,** etwas macht etwas aus: etwas ist dasjenige, stellt das dar, was das Vorhandensein oder Wesentliche von etwas ist: *Jugendliche machten den größten Teil der Theaterbesucher aus; der große Charme macht ihre Anziehungskraft aus.*

billig (Ggs. ↑teuer): nicht viel kostend, nicht teuer; wird von etwas, was man kauft, oder vom Kaufen selbst gesagt. **preiswert:** im Verhältnis zu seinem Wert nicht zu teuer; mit diesem Ausdruck, der besonders im Gespräch zwischen Verkaufendem und Käufer vorkommt, will man die Abwertung vermeiden, die aus „billig" herausgehört werden könnte. **preisgünstig:** einer guten Gelegenheit oder Kalkulation zufolge günstig im Preis; wird meist in anpreisenden Warenangeboten verwendet. **günstig:** wirklich billig [und gut], einer wirklich guten Kaufgelegenheit oder besonderem Geschick zu verdanken; nur vom Kauf oder Kaufen gesagt: *wenn du nur 50 Mark dafür bezahlt hast, so ist das wirklich g.* **wohlfeil** (veraltend): zu einem niedrigen, vorteilhaften Preis angeboten, käuflich erwerbbar; wird jedoch nur noch in der Verlags- oder Antiquariatssprache angewandt: *wohlfeile Klassikerausgaben.*

billigen, etwas: zum Ausdruck bringen, daß man etwas, was ein anderer tut oder getan hat, oder die Grundsätze anderer für richtig hält, daß man damit einverstanden ist; setzt eine gewisse Zuständigkeit oder ein Gefühl der Zuständigkeit aus menschlichem Verantwortungsbewußtsein voraus: *einen Entschluß b.;* vgl. Billigung ↑Einverständnis. **gutheißen,** etwas: zum Ausdruck bringen, daß man etwas für gut, nützlich, richtig hält, ihm zustimmt; bezeichnet im Unterschied zu „billigen" mehr eine private Meinung und bezieht sich oft auf die künftigen Auswirkungen einer Handlung oder Anschauung: *einen Plan, eine Neuerung g.* **bejahen,** etwas: etwas seiner Anschauung entsprechend finden und positiv dazu eingestellt sein; sich ganz dahinterstellen und bereit, es mitzutragen: *einen Entschluß b.;* ↑helfen.

bissig: bissig sein: nicht zahm, gutmütig, harmlos, sondern angriffslustig sein, andere gern anfallen und mit den Zähnen verletzen; wird von Tieren, hauptsächlich von Hunden, gesagt. **beißen:** (in diesem Sinnbereich) mit den Zähnen in Abwehr oder Angriff zupacken; wird von Tieren gesagt.

Bitte, die: höflich formuliertes Verlangen, das man von jmdm. erfüllt zu sehen wünscht. **Wunsch,** der: Begehren, das man in sich trägt, das man gern erfüllt sehen möchte [und aus diesem Grunde an geeigneter Stelle vorbringt]. **Anliegen,** das: Wunsch, der einem besonders am Herzen liegt in bezug auf einen Sachverhalt, der von persönlicher Bedeutung ist und zu dessen Erledigung, Erfüllung man sich an jmdn. wendet; klingt leicht gespreizt; vgl. anliegen ↑liegen [an]. **Ersuchen,** das (Plural ungebräuchlich; Amtsdt.): offizielle, ausdrückliche Bitte: *auf sein E. [hin] wurde er versetzt.* **Ansuchen,** das (Plural ungebräuchlich; veraltend): förmlich vorgetragene, dringende Bitte; vgl. Aufforderung ↑Befehl, ↑Gesuch.

bitten, jmdn. [um etwas]: sich an jmdn. wenden mit dem Verlangen, daß dieser aus Güte, aus Gefälligkeit einem etwas gebe oder gewähre oder etwas Bestimmtes tue. **anflehen,** jmdn. [um etwas]: sich demütig und inständig an jmdn. mit dem Verlangen wenden, daß dieser aus Güte einem etwas zuteil werden lasse; bringt im Unterschied zu „bitten" eine stärkere Dringlichkeit zum Ausdruck. **angehen,** jmdn. [um etwas]: (in diesem Sinnbereich) sich an einen Menschen oder an eine Institution mit dem Verlangen wenden, daß einem aus Gefälligkeit etwas gegeben oder gewährt werde; bringt im Gegensatz zu „bitten" kein persönliches, sondern ein sachliches Verhältnis zwischen Bittendem und Gebetenem oder eine gewisse Zudringlichkeit des Bittenden zum Ausdruck: *jmdn. um Geld a.* **anhauen,** jmdn. [um etwas] (salopp): sich in burschikoser Weise mit einer Bitte an jmdn. wenden, wobei die Bitte mehr oder weniger von Unverfrorenheit zeugt: *jmdn. um 5 Mark a.* **ansprechen,** jmdn. [um etwas]: (in diesem Sinnbereich) i. S. v. angehen; wird aber nur angewandt, wenn eine Bitte mündlich gegenüber Einzelpersonen und in bezug auf materielle Dinge ausgesprochen wird: *jmdn. um Geld a.* **ersuchen,** jmdn. [um etwas] (geh.): **a)** jmdn. höflich, in förmlicher Weise um etwas bitten: *jmdn. um eine Gefälligkeit e.;* **b)** jmdn. [amtlicherseits] mit einem gewissen Nachdruck zu etwas auffordern: *Sie werden ersucht, sich morgen pünktlich um 8 Uhr im Zimmer 568 zu melden; wir ersuchen Sie, sofort das Haus zu verlassen;* ↑Bitte.

Blähung, die: in Magen und Darm sich entwickelndes Gas [das aus dem After entweicht]. **Flatus,** der (Medizin): entweichende Blähung. **Wind,** der (verhüllend); **Windchen,** das (verhüllend); **Darmwind,** der (verhüllend): i. S. v. Flatus. **Furz,** der (derb): aus dem After hörbar, laut entweichendes Gas. **Pup,** der (fam.); **Pups,** der (fam.): aus dem After hörbar entweichendes Gas; wird im allgemeinen in bezug auf Kinder gesagt. **Fist,** der (landsch.): aus dem After leise entweichendes Gas; ↑unanständig.

[1]**blamieren,** jmdn. (ugs.): durch etwas, z. B. dadurch, daß man andere absichtlich oder unabsichtlich auf jmds. Fehler, Unvermögen oder Unkenntnis in einer ganz bestimmten Sache aufmerksam macht oder durch eigene Fehler o. a. bewirken, daß der dadurch Betroffene seine augenblickliche Situation als recht peinlich empfindet: *sie hat ihn vor allen Leuten blamiert, indem sie diesen Vorfall weitererzählte;* ↑[2]blamieren. **bloßstellen,** jmdn.: jmdn. in den Augen und der Achtung anderer absichtlich oder unabsichtlich schaden, indem man eine Schwäche bei ihm aufdeckt oder auch durch eigenes Verhalten zur Minderung seines Ansehens beiträgt; vgl. bloßstellen ↑[2]blamieren. **kompromittieren,** jmdn. (bildungsspr.): dem moralischen oder gesellschaftlichen Ansehen eines anderen schaden: *der ganze Berufsstand fühlte sich durch seine Machenschaften kompromittiert;* vgl. kompromittieren ↑[2]blamieren. **in Verlegenheit bringen,** jmdn.: (in diesem Sinnbereich) durch jmds. Reden, Tun, Verhalten sich in peinlicher Weise verwirrt, unsicher fühlen und nicht so recht wissen, wie man sich verhalten soll: *das Kind erzählte unbekümmert, daß sein Vater ab und zu einmal Geld aus der Kasse genommen habe und brachte diesen dadurch sehr in Verlegenheit.* **lächerlich machen,** jmdn.: jmdn. in seinen Eigenheiten oder seinem Verhalten verspotten und damit erreichen, daß er auch von anderen nicht ernst

genommen wird; vgl. sich lächerlich machen ↑[2]blamieren. **zum Gespött machen,** jmdn.: über die Eigenheiten oder das Verhalten eines Menschen spotten und ihn dadurch für eine gewisse Zeit in aller Leute Mund bringen; vgl. sich zum Gespött machen ↑[2]blamieren, sich, ↑diskriminieren, ↑[2]schlechtmachen, ↑verleumden, ↑verraten.

[2]**blamieren,** sich (ugs.): etwas Dummes, Ungeschicktes oder Unangebrachtes sagen oder tun oder seine Unkenntnis oder mangelnde Fähigkeit in einer Sache, die man beherrschen sollte, deutlich zeigen, so daß man sich vor anderen in eine peinliche Lage bringt und sich ihrem Spott aussetzt: *du hast dich bei der Prüfung schön blamiert.* **lächerlich machen,** sich: durch unangebrachte oder unkluge Äußerungen oder Handlungen den Spott oder die Schadenfreude anderer auf sich ziehen, ohne daß man selbst das Beschämende seiner Lage fühlen muß. **zum Gespött machen,** sich: i. S. v. sich lächerlich machen; betont aber stärker, daß man von anderen verspottet oder verlacht wird. **bloßstellen,** sich: ein Unvermögen, einen Mangel oder einen unedlen Charakterzug unbeabsichtigt offenbar werden lassen. **eine Blöße geben,** sich (Dativ): sich bei einer bestimmten Gelegenheit infolge mangelnder Selbstbeherrschung oder Umsicht unklug verhalten oder eine Schwäche deutlich werden lassen und sich damit den Tadel oder den Spott anderer zuziehen. **kompromittieren,** sich (bildungsspr.): durch sein Verhalten oder Handeln seinem gesellschaftlichen Ansehen schaden; vgl. kompromittieren ↑[1]blamieren. **seinen Namen/**(auch:) **Ruf/**(auch:) **sein Ansehen aufs Spiel setzen:** seine Stellung in der Gesellschaft durch sein Verhalten in einer bestimmten Angelegenheit in Gefahr bringen.

blasen: (in diesem Sinnbereich) bei fast geschlossenen Lippen Luft mit leichtem Druck aus dem Munde ausstoßen und damit einen Luftstrom erzeugen; wird in einigen Landschaften als gehoben empfunden: *er bläst auf die heiße Flüssigkeit.* **pusten** (ugs.; landsch.): (in diesem Sinnbereich) Atemluft aus mit Luft gefüllten Backen bei wenig geöffneten Lippen unter mehr oder weniger starkem Druck stoßweise herausblasen. **hauchen:** aus weit geöffnetem Munde Atemluft mit geringem Druck austreten lassen: *er hauchte gegen die Fensterscheibe.*

blaumachen (salopp; scherzh.): unbegründet und unentschuldigt oder unter einem Vorwand der Arbeit fernbleiben. **schwänzen,** etwas (ugs.): (in diesem Sinnbereich) einer Unterrichtsstunde, dem Unterricht fernbleiben, nicht daran teilnehmen [weil man gerade keine Lust dazu hat]. **krankfeiern** (ugs.; scherzh.): für einige Zeit der Arbeit fernbleiben, ohne wirklich so krank zu sein, daß es ein Zuhausebleiben rechtfertigt.

[1]**bleiben** (Ggs. gehen ↑weggehen): (in diesem Sinnbereich) sich nicht von einem Ort fortbegeben, nicht [irgendwohin] aufbrechen, sondern sich weiterhin an der gleichen Stelle aufhalten; ↑[2]bleiben; vgl. bleiben ↑[2]aufhalten, sich. **verweilen** (geh.): (in diesem Sinnbereich) einen Ort oder einen Platz nicht verlassen, oft, um eine damit verbundene Annehmlichkeit nicht aufzugeben; vgl. verweilen ↑[2]aufhalten, sich.

[2]**bleiben,** bei etwas: (in diesem Sinnbereich) seine Überzeugung oder seine Aussagen in bezug auf etwas nicht ändern, sich nach wie vor dazu bekennen; ist ein neutraler Ausdruck, der verwendet wird, um sowohl Beständigkeit und Charakterfestigkeit als auch Hartnäckigkeit und Starrsinn der betreffenden Person zu kennzeichnen: *er blieb bei seiner Meinung, daß ...;* ↑[1]bleiben; vgl. bleiben ↑[2]aufhalten, sich. **verharren,** bei/in etwas (geh.): (in diesem Sinnbereich) seinen Standpunkt nicht aufgeben, an ihm mit Bestimmtheit weiterhin festhalten: *im Zweifel v.;* ↑verharren. **beharren,** auf/bei etwas: (in diesem Sinnbereich) sich eine Ansicht nicht ausreden lassen, seine Haltung nicht ändern; betont im Unterschied zu „verharren" stärker die Hartnäckigkeit, die oft über das vernünftige oder erlaubte Maß hinausgeht, und besagt, daß der Betreffende gegen innere und äußere Widerstände festbleibt und nicht nachgibt, daß er seine Haltung nicht ändert: *sie beharrten auf ihrem Standpunkt;* vgl. beharren ↑bestehen. **bestehen,** auf etwas (Dativ): (in diesem Sinnbereich) nicht von seiner Auffassung abrükken, wobei die Unnachgiebigkeit so weit geht, daß man andere zwingen will, die eigene Anschauung zu übernehmen: *auf seinem Standpunkt b.*

bleibend: (in diesem Sinnbereich) über die Zeit hin seine Wirkung, Bedeutung, seinen Wert nicht verlierend; wird im allgemeinen attributiv verwendet: *mit dieser Tat setzte er sich ein bleibendes Denkmal.* **unvergänglich:** (in bezug auf etwas Ideelles) auch im Laufe vieler Jahre nicht vergehend; wird nicht prädikatbezogen gebraucht: *Beethovens Schöpfungen sind u.*

blicken (geh.), **schauen** (landsch.), **gucken** (fam.), **kucken** (bes. nordd., fam.): (in diesem Sinnbereich) seine Umwelt, andere mit bestimmtem, die seelische Verfassung spiegelndem Gesichts-, Augenausdruck ansehen: *finster, siegesgewiß blicken.* **dreinsehen,**

dreinblicken (geh.), **dreinschauen** (ugs.; landsch.): zu dem, was einem gesagt wird oder was um einen vorgeht, mit einer bestimmten Miene vor sich hin [ausdruckslos ins Leere] sehen: *er schaute sehr töricht drein.*

blinzeln: bei Reizung durch Licht oder bei Müdigkeit die Augenlider in raschem Wechsel auf- und niederschlagen, wobei die Augen nie weit geöffnet sind. **zwinkern:** die Augen [unwillkürlich] in rascher Folge auf- und zumachen; nicht so schnell wie bei „blinzeln". **kneisten** (ugs.; landsch.): angestrengt versuchen, etwas zu erkennen und dabei die Augen zusammenkneifen: *wenn er keine Brille aufhat, muß er sehr k., um etwas erkennen zu können.*

Blutbad, das (Plural ungebräuchlich): blutige und folgenschwere Auseinandersetzung zwischen feindlichen Gruppen usw. unter Anwendung von Waffen, wobei im allgemeinen eine größere Anzahl von Menschen getötet oder hingemordet wird; wird meist angewandt, wenn auf die verbrecherische und verwerfliche Ermordung Unschuldiger oder Wehrloser hingedeutet werden soll; das Wort drückt die Kritik, den Abscheu und das Entsetzen des Sprechers/Schreibers aus. **Massaker,** das: als Folge einer bewaffneten Auseinandersetzung zwischen einander feindlich gesinnten, größeren Gruppen entstehendes Blutbad, das auf eine besonders gemeine und grausame Weise unter unschuldigen und unbewaffneten Menschen angerichtet wird; ist emotional gefärbt und zeigt an, daß der Sprecher/Schreiber ein solches Tun als verwerflich und niederträchtig ansieht, weil es sich auf das Mißhandeln und Quälen und schließliche Hinmorden von Wehrlosen richtet. **Schlächterei,** die (verächtlich): (in diesem Sinnbereich) schonungsloses Hinmorden von wehrlosen und unschuldigen Menschen; ist emotional gefärbt und drückt den Abscheu und das Entsetzen des Sprechers/Schreibers über die rohe und brutale Weise des Tötens aus. **Gemetzel,** das (Plural ungebräuchlich; abwertend); **Metzelei,** die (abwertend): furchtbares und grausames Blutbad als Folge einer bewaffneten Auseinandersetzung; wird häufig mit emotionaler Beteiligung des Sprechers/Schreibers gebraucht, der seinen Abscheu und seine Ablehnung gegenüber einer Gewalttat zum Ausdruck bringt, die darin besteht, daß Menschen, die sich nicht [mehr] zur Wehr setzen können, in meist größerer Zahl auf eine besonders rohe und durch nichts zu rechtfertigende Weise hingemordet und [wie Tiere] abgeschlachtet werden.

Boden, der: (in diesem Sinnbereich) Fläche im Freien oder in einem Innenraum, auf der man geht, steht, auf der sich etwas befindet: *etwas ist auf den B. gefallen; vom B. aufheben; er setzte sich auf den nackten B.; die Flugzeuge wurden am B. zerstört.* **Erdboden,** der: fester, aus Erde bestehender Boden: *sich im Wald auf den E. setzen; auf dem E. schlafen; vor Scham wäre er am liebsten in den E. versunken.* **Erde,** die: (die Erdoberfläche als) Grund, fester Boden, auf dem man steht, geht: *auf der E. liegen; zu ebener E. wohnen; die E. bebt; etwas fällt auf die E.* **Fußboden,** der: (aus Stein, Holz, Kunststoff o. ä. bestehender) Boden eines Innenraums. **Estrich,** der: fugenloser Fußboden aus einer erhärteten Masse, z. B. aus Beton: *den E. legen.*

Bordell, das: Haus, in dem Frauen (↑Prostituierte) zu finden sind, mit denen man gegen Bezahlung Geschlechtsverkehr haben kann. **Freudenhaus,** das; **Eros-Center,** das (verhüllend); **Puff,** der (derb): i. S. v. Bordell. **Massagesalon,** der (verhüllend): einem Bordell ähnliche, meist nicht offiziell geführte Einrichtung, in der besonders masturbatorische Praktiken angewendet werden.

borniert (abwertend): in seinem geistigen Horizont eingeengt und unbelehrbar auf seinen Vorstellungen beharrend; engstirnig und zugleich in dummer Weise eingebildet; von beschränktem Begriffsvermögen, beschränkter Einsicht in einen bestimmten Sachverhalt, dabei aber eingebildet, hartnäckig oder hochfahrend auf seiner Meinung bestehend, sich Vernunftgründen, Gegenbeweisen o. ä. unzugänglich zeigend; eine entsprechende Haltung oder Anschauungsweise erkennen lassend. **engstirnig** (abwertend): nicht fähig, über seinen beschränkten Gesichtskreis hinaus zu denken, andere Standpunkte als den eigenen zuzulassen oder neue Gedanken in sich aufzunehmen; von einer entsprechenden Geisteshaltung zeugend; ↑dünkelhaft.

böse (Ggs. ↑gut): (in diesem Sinnbereich) übelgesinnt; von einer Denkungsart, die die betreffende Person dazu bestimmt oder antreibt, anderen Schaden zuzufügen; kann auch auf den Gesichtsausdruck eines so gearteten Menschen bezogen werden: *dieser Mensch sieht b. aus.* **boshaft:** (in diesem Sinnbereich) in seinem innersten Wesen arglistig und böse, über das Böse, Gemeine, das jmd. tut, Befriedigung empfindend; wird von einem Menschen und seinen Handlungen oder Äußerungen gesagt. **bösartig:** (in diesem Sinnbereich) seiner Natur nach auf versteckte, hinterhältige, heimtückische Weise böse und geneigt, Böses zu tun: *b.*

lächeln; ↑ [2]abscheulich, ↑ gemein, ↑ hinterlistig, ↑ niederträchtig, ↑ verabscheuenswert.

Bote, der: jmd., der zur Ausführung eines Auftrages zu jmdm. geschickt wird. **Laufbursche,** der; **Laufjunge,** der: [älterer] Junge, junger Mann, der [gegen ein kleines Entgelt für ein Geschäft] Botengänge erledigt. **Ausgeher,** der (bes. südd.): i. S. v. Laufbursche. **Botenjunge,** der: ein Junge um vierzehn Jahre, der in einem Betrieb die kleinen Aufträge erledigt und Besorgungen macht. **Austräger,** der (landsch.): ein Bote, der Waren oder Mitteilungen verteilen oder zutragen muß. **Ausläufer,** der (landsch.): jmd., der durch Botengänge die kleineren Aufträge und Bestellungen für ein Geschäft erledigt. **Besorger,** der (selten): jmd., der für andere die Geschäfte in einem Hause erledigt und sich darum kümmert, daß Aufträge ordnungsgemäß ausgeführt werden. **Kurier,** der: jmd., der eilige Nachrichten und wichtige Briefe überbringt. **Parlamentär,** der: jmd., der in einem Krieg offiziell von der Truppe zum Gegner entsandt wird, um mit ihm zu verhandeln. **Überbringer,** der: jmd., der einen Brief oder eine eilige Nachricht weiterleitet. **Melder,** der (Militärspr.): Soldat, der wichtige Meldungen und Befehle überbringt. **Ordonnanz,** die (Militärspr.): Soldat, der einem befehlshabenden Offizier beigegeben wird, um dessen Befehle weiterzuleiten.

Brand, der: das Aufgehen in Flammen, das Brennen einer Sache, wodurch das, was brennt, zerstört wird und [großer] Schaden entsteht. **Feuer,** das: sichtbare Erscheinung der Verbrennung; sowohl als Wärmequelle wie auch als Schadenfeuer. **Feuersbrunst,** die (geh.): großer, heftig wütender und verheerender Brand, Schadenfeuer; ↑ Flamme.

brandmarken, jmdn./etwas (geh.): jmdn./etwas öffentlich in scharfem Ton tadeln, als verabscheuungswürdig verurteilen; die Wörter dieser Gruppe drücken die Ablehnung, Verurteilung von etwas aus, sind inhaltlich fast identisch, rufen aber auf Grund ihrer Etymologie verschiedene Bilder hervor: „brandmarken" besagt, daß etwas mit dem Schande bringenden Brandzeichen versehen wird; „geißeln" ruft das Bild hervor, daß etwas wegen seiner Verabscheuungswürdigkeit mit Ruten geschlagen wird, während „anprangern" auf etwas Übles, Böses hindeutet, was wie ein Delinquent mit einem drückenden Halseisen an einen Pfahl angeschlossen und auf diese Weise der Öffentlichkeit vorgeführt wird: *den Krieg als Geißel der Menschheit b.* **geißeln,** etwas (geh.): über etwas öffentlich aufs schärfste seinen Tadel, seine Mißbilligung äußern: *den Hochmut g.* **anprangern,** jmdn./etwas: jmdn. öffentlich eines Verbrechens beschuldigen, etwas öffentlich in scharfem Ton als Mißstand kennzeichnen: *eine Unsitte a.* **an den Pranger stellen,** jmdn. (nachdrücklich): durch seine Beschuldigung jmdn. öffentlichem Tadel, öffentlicher Empörung preisgeben; ↑ verurteilen.

braten, etwas: bestimmte Nahrungsmittel, besonders Fleisch, Fisch, in Fett unter Hitzeeinwirkung gar, d. h. weich und an der Oberfläche braun werden lassen: *Fleisch, eine Gans b.* **rösten,** etwas: **a)** (landsch.): i. S. v. braten: *neue Kartoffeln r.;* **b)** bestimmte Nahrungsmittel [in besonderen Gefäßen oder auch auf der Ofenplatte] trocken erhitzen, um ihnen ihren Flüssigkeitsgehalt zu entziehen und sie zugleich zu bräunen: *Brot, Kaffee, Kastanien r.* **schmoren,** etwas: Fleisch, Gemüse u. a. in Fett mit wenig Wasser oder im eigenen Saft unter [mäßiger] Hitzeeinwirkung langsam garen. **schmurgeln,** etwas (fam.): i. S. v. schmoren; bringt jmds. Freude an der Zubereitung einer Speise, eines kulinarischen Genusses zum Ausdruck: *er steht in der Küche und schmurgelt etwas.* **brutzeln,** etwas (landsch.); **brotzeln,** etwas (landsch.); **bräteln,** etwas (landsch.): i. S. v. braten; bezieht sich im allgemeinen auf einfachere Speisen, die jmd. für sich [mit Freude am Kochen oder ohne große Umstände zu machen] bereitet: *wenn er nach Hause kommt, brutzelt er sich als erstes etwas in der Pfanne.* **dämpfen,** etwas: bestimmte, meist pflanzliche Nahrungsmittel unter Zusatz von Wasser im verschlossenen Topf erhitzen und mit Hilfe des sich entwickelnden Dampfes garen: *Kartoffeln, Gemüse, Fisch d.* **dünsten,** etwas: [wasserhaltige] Nahrungsmittel im verschlossenen Topf in Fett und Wasserdampf, im eigenen Saft weich, gar werden lassen: *in Fett gedünstete Zwiebeln; Pilze, Gemüse d.* **grillen,** etwas; **grillieren,** etwas (schweiz.): Fleisch ohne Fettzusatz auf dem Grill oder im Grill bei großer Hitze garen und braun werden lassen: *ein Steak g.* **backen,** etwas (landsch.): (in diesem Sinnbereich) Fleisch, Fisch [in einem Mehlteig gewendet], Eier in besonders stark erhitztem Fett garen [und braun werden lassen]: *es gab gestern gebakkenen Fisch.* **toasten,** etwas: Weißbrot in einem Apparat oder unmittelbar auf der Herdplatte rösten, so daß es eine braune Kruste bekommt und knusprig wird. **bähen,** etwas (südd.; österr.): in Scheiben geschnittenes Gebäck, Kuchen auf trockenem Blech im Backofen kurze Zeit rösten, damit es/er knusprig und braun, aber nicht hart wird: *Zwieback b.;* ↑ kochen.

brauchen, jmdn./etwas: (in diesem Sinnbereich) etwas/jmds. Beistand haben müssen, um etwas Bestimmtes zu erreichen; dabei ist nicht gesagt, ob dieses Haben-Müssen subjektiv empfunden wird oder objektiv gegeben ist: *genau den Boden braucht er, um wachsen zu können.* **nötig haben,** jmdn./etwas: etwas/jmds. Hilfe haben müssen, wozu die Notwendigkeit immer objektiv gegeben ist: *einen Erholungsurlaub an der See nötig haben.* **bedürfen,** jmds./einer Sache (geh.): jmdn./etwas nicht entbehren können; das Objekt ist häufig ein Abstraktum: *in dieser Situation bedarf er eines Freundes, der Hilfe.* **benötigen,** jmdn./etwas (geh.): zu einem bestimmten praktischen Zweck jmdn./etwas nicht entbehren können; klingt, auf Personen bezogen, unpersönlich und sachlich: *das Krankenhaus benötigt Krankenschwestern.*

Brauchtum, das (Plural ungebräuchlich): Ausprägung des Volkstums in gewissen Gewohnheiten und Sitten; Bestand an ganz bestimmten, für ein Volk, einen Volksstamm, einen Stand charakteristischen Bräuchen, die im Laufe der Zeit entstanden sind, überliefert wurden und durch die Tradition ein gewisses Ansehen erhalten haben. **[Sitten und] Gebräuche,** die (Plural): Gesamtheit althergebrachter [volkstümlicher], einem Volke eigentümlicher Gepflogenheiten, die sich in gewissen Handlungen und Vorgängen bei bestimmten Anlässen offenbaren und die die Lebensweise des betreffenden Volkes [entscheidend] bestimmen, in das Alltagsleben eingreifen. **Bräuche,** die (Plural): bestimmte volkstümliche, auf Überlieferung beruhende, durch die Tradition geheiligte Sitten, [feierliche] Handlungen, die innerhalb einer bestimmten, meist größeren Gemeinschaft bei bestimmten Anlässen vorgenommen werden; ↑Tradition.

Brautschau: Brautschau halten (scherzh.): Heiratsabsichten haben und sich unter den heiratsfähigen Mädchen, Frauen nach einer Frau umsehen; wird, wie die übrigen Ausdrücke dieser Gruppe, mit gewissem wohlwollend-gutmütigem Spott gebraucht; sagt man im allgemeinen nicht von sich selbst. **auf [die] Brautschau gehen** (scherzh.): i. S. v. Brautschau halten; betont jedoch mehr noch die Absicht des Betreffenden und hebt den Einsatz der Handlung hervor. **auf Freiersfüßen gehen** (scherzh.): mit dem Gedanken umgehen, sich eine Frau zu nehmen; nach einem Mädchen Ausschau halten und sich um eine Heiratszusage bemühen; sagt der Betreffende nicht von sich selbst. **auf die Freite gehen** (veraltet; aber noch landsch.): eine Frau suchen, die man heiraten möchte; auf Brautwerbung ausgehen; sagt der Betreffende im allgemeinen nicht von sich selbst. **eine Frau suchen** (ugs.): heiraten wollen und sich nach einer passenden Frau umsehen. **heiratslustig sein:** gern heiraten wollen und sich aktiv um einen Partner bemühen.

brav (fam.): (in diesem Sinnbereich) sich in einer so angenehmen und keine Schwierigkeiten machenden Weise verhaltend, wie es die Erwachsenen/andere erwarten und wünschen; wird, wie die übrigen Wörter dieser Gruppe, von Kindern gesagt: *heute warst du aber b.* **artig** (Ggs. unartig ↑frech): folgsam und sich gesittet benehmend (und auf diese Weise alles vermeidend, was anderen mißfallen könnte); unterscheidet sich von „brav", das mehr die Wesensart bezeichnet, dadurch, daß es meist die anerzogene Folgsamkeit ausdrückt: *bist du heute a. gewesen?* **folgsam:** den Anordnungen der Erwachsenen, den Aufforderungen, Ermahnungen usw. in gewünschter Weise, ohne Schwierigkeiten zu machen, folgend, sie befolgend, sich ihnen nicht widersetzend, nicht widerspenstig. **gehorsam** (Ggs. ↑ungehorsam): die Autorität der Erwachsenen anerkennend und ihren Forderungen nachkommend, ihnen gehorchend; während „folgsam" sich auch auf die Wesensart bezieht und diese als sanft charakterisiert, wird mit „gehorsam" nur ausgedrückt, daß das Geforderte strikt, widerspruchslos ausgeführt wird: *gehorsame Kinder;* vgl. gehorsam ↑gehorchen; ↑gehorsam. **lieb** (fam.): (in diesem Sinnbereich) den Erwachsenen durch freundliches und gefügiges Wesen Freude und wenig Mühe machend: *nimm dir vor, heute besonders l. zu sein!* **anständig** (fam.): (in diesem Sinnbereich) sich gut aufführend, nicht durch schlechtes Benehmen oder Betragen den Ärger der Erwachsenen erregend: *wenn Besuch kommt, müßt ihr euch aber a. benehmen!* **manierlich** (fam.): sich gut und anständig benehmend und nicht zu Klagen Anlaß gebend; wird im allgemeinen von Kindern und Jugendlichen gesagt: *was für ein manierlicher kleiner Bursche!* **wohlerzogen:** in seinem Betragen so, wie es den gesellschaftlichen Umgangsformen entspricht; wird anerkennend, besonders von Kindern und jüngeren Menschen gesagt; lobt zugleich die Erzieher: *ein wohlerzogener junger Mann.* **pflegeleicht** (ugs., scherzh.): (in diesem Sinnbereich) im tagtäglichen Miteinander umgänglich und keine besonderen Umstände, Schwierigkeiten machend: *Saskia ist kein pflegeleichtes Kind.*

Brief, der: schriftliche Mitteilung persönlicher oder offizieller Art, die dem Adressaten in einem (im allgemeinen verschlossenen) Umschlag zugeleitet wird. **Schreiben,** das: offizielle oder sachliche schriftliche Mitteilung, die dem Adressaten zugeleitet, überbracht wird; zum Unterschied von „Brief" klingt „Schreiben" förmlich: *ein amtliches, vertrauliches S.* **Schrieb,** der (ugs.): etwas Geschriebenes, was an jmdn. gerichtet ist; wird entweder ärgerlich-abwertend gebraucht, oder der Sprecher/Schreiber will damit das Geschriebene als bedeutungslos, nichtssagend für nicht so wichtig charakterisieren: *diesen S. hätte er sich sparen können; hast du meinen S. erhalten?* **Wisch,** der (verächtlich): beschriebenes, bedrucktes Stück Papier; drückt Ablehnung (in bezug auf Art oder Inhalt) aus, verdient eigentlich keine Beachtung und besagte ursprünglich, daß es nur zum Abwischen brauchbar ist: *lies mal den W.!, zeig mir doch mal den W.; ein formloser W. hing an der Museumstür: heute geschlossen.* **Zuschrift,** die: Brief, Karte, auf der jmd. als Interessent, Leser, Hörer von etwas Bestimmtem zu der betreffenden Sache Stellung nimmt: *der Rundfunk erhielt viele Zuschriften; Zuschriften auf eine Annonce.* **Billett,** das (veraltet): kurze schriftliche, persönliche Mitteilung an jmdn., mit dem man freundschaftlich verbunden ist: *Goethe schickte Frau von Stein ein B.* **Kassiber,** der (Gaunerspr.): heimlich übermittelte schriftliche Nachricht eines Häftlings an einen anderen Häftling oder an einen Außenstehenden. **Epistel,** die (ironisch): wortreicher, belehrender Brief; wird im allgemeinen nicht vom Absender gebraucht, sondern vom Empfänger: *er hat mir eine lange E. geschrieben, was ich alles tun solle;* ↑Urkunde.

[1]**bringen,** jmdn./etwas zu/nach/in usw. etwas: (in diesem Sinnbereich) jmdn./etwas an einen Ort tragen, befördern, bewegen oder dgl.; sagt nichts darüber aus, auf welche Weise oder mit welchen Mitteln jmd. oder etwas an einen Ort gelangt: *er ließ seinen Wagen in die Garage b.;* vgl. bringen ↑[1]führen, ↑holen, ↑liefern. **schaffen,** jmdn./etwas zu/nach/in usw. etwas: jmdn./etwas von einem Ort wegbringen, an einen bestimmten Ort bringen; im Unterschied zu „bringen" wird mit „schaffen" auch der Ausgangsort mit einbezogen: *er gab Anweisung, das Paket sofort zur Post zu s.; die Stühle aus dem Haus s.*

[2]**bringen,** jmdn. zu etwas: bewirken, daß jmd. etwas Bestimmtes tut; so sehr seinen Einfluß auf jmdn. ausüben, daß er etwas tut, was für ihn von Nutzen oder aus irgendeinem Grunde notwendig sein kann, u. U. aber auch nur den eigenen Zwecken dient: *mit viel Überredung brachte er sie zum Singen.* **bewegen,** jmdn. zu etwas: jmdn. durch Argumente oder Zureden bestimmen, etwas zu tun oder nicht zu tun; drückt aus, daß man darauf zielt, den anderen zur Einsicht zu bringen und ihn von der Richtigkeit des Vorschlages zu überzeugen, wobei im Unterschied zu „bringen" mehr Rücksicht auf dessen Standpunkt oder Absicht genommen wird: *ihre Bitte hatte ihn bewogen, doch noch zu bleiben; er hatte ihn zur Teilnahme bewogen; der Arzt konnte das Kind nicht dazu bewegen, die Medizin einzunehmen.* **anstiften,** jmdn. zu etwas: jmdn. [mit Worten] so beeinflussen, daß er etwas Böses tut: *er hatte ihn zum Diebstahl angestiftet; sein Freund hatte ihn dazu angestiftet, den Automaten zu knacken.*

[3]**bringen: zum Schweigen bringen,** jmdn.: jmdn. durch geeignete Mittel, z. B. durch Versprechungen, Drohungen oder gewaltsame Maßnahmen, dazu bringen, daß er nichts mehr sagt. **den Mund/**(derb auch:) **das Maul stopfen,** jmdm. (ugs.): jmdn. an der weiteren Verbreitung von etwas Unwahrem oder etwas, was sich bei Bekanntwerden nachteilig für einen auswirken könnte, hindern oder ihm die Lust dazu nehmen, indem man ihn zurechtweist und gründlich widerlegt, ihn mit irgendwelchen Mitteln besticht oder eine Maßnahme gegen ihn ergreift. **mundtot machen,** jmdn.: durch entsprechendes Vorgehen machen, daß jmd. seine Meinung, die dem Initiator des Vorgehens unangenehm, schädlich usw. ist, nicht äußern kann, daran gehindert wird: *er versuchte, seine politische Gegnerin m. zu machen;* ↑geheimhalten.

[1]**Brust,** die: (in diesem Sinnbereich) **a)** der hervortretende, aus zwei fleischigen, etwa halbkugeligen Drüsenkörpern bestehende Teil des vorderen weiblichen Oberkörpers; an der vorderen Seite des weiblichen Oberkörpers befindliches paariges Organ von etwa halbkugeliger Form, das in der Stillzeit Milch absondert; als allgemeinste und umfassendste Bezeichnung in dieser Gruppe verwendet, gleichgültig ob im Hinblick auf die Anatomie oder Funktion, die plastische Erscheinung oder den erotischen Reiz: *eine volle, knabenhafte B.; er faßte ihr an die B.;* **b)** der eine Teil des paarigen Organs: *die linke, rechte B.; beide Brüste;* ↑[2]Brust. **Brüste,** die (Plural): i. S. v. Brust a); betont im Gegensatz zu „Brust" nicht das Organ als Ganzes und ist konkreter: *man konnte etwas von ihren kleinen Brüsten sehen.* **Memmen,** die (Plural; derb; landsch.); **Zitzen,** die (Plural; derb; abwertend): i. S. v.

Brüste. **Busen,** der: die weibliche Brust in der Bedeutung a) in ihrer plastischen Erscheinung, besonders im Hinblick auf ihren erotischen Reiz; enthält die Vorstellung des Schwellenden; wird gelegentlich noch als gehobener Ausdruck für „²Brust" gebraucht: *ein voller, straffer, weißer, welker, schlaffer B.; ihr B. wogte.* **Büste,** die (geh.): weibliche Brustpartie; die weibliche Brust in ihrer plastischen Form. **Milchladen,** der (Plural ungebräuchlich; salopp; scherzh.): i. S. v. Brust; spielt auf die Funktion an. **Atombusen,** der (salopp; emotional verstärkend); **Otto,** der (salopp); **Lollo,** der (salopp; scherzh.): großer, üppiger Busen; die Ausdrücke werden häufig im Hinblick auf den erotischen Reiz der weiblichen Brust verwendet; bringen gewöhnlich das Staunen, die Bewunderung oder Anerkennung des Sprechers/Schreibers zum Ausdruck. **Holz vor der Hütte/**(auch:) **Tür** (ohne Plural und ohne Artikel; salopp): üppiger Busen; in der Wendung „Holz vor der Hütte/Tür haben". **Vorbau,** der (Plural ungebräuchlich; salopp); **Balkon,** der (Plural ungebräuchlich; salopp); **Kurven,** die (Plural; salopp): stark vorspringender Busen; die weibliche Brust in ihren Konturen. **Äpfel,** die (Plural; verhüllend); **Paradiesäpfel,** die (Plural; verhüllend): nicht sonderlich große, runde und feste Brüste. **Hügel,** die (Plural; verhüllend); **Rosenhügel,** die (Plural; dichter.; verhüllend); **Lilienhügel,** die (Plural; dichter.; verhüllend): i. S. v. Brüste.

²Brust, die: (in diesem Sinnbereich) vorderer Teil des menschlichen Rumpfes vom Halsansatz bis zur Gürtellinie; steht meist in Zusammenhängen, in denen vom Körperbau eines Menschen, seiner Statur die Rede ist: *er hatte eine stark behaarte B.;* ↑¹Brust. **Brustkasten,** der (ugs.): [breite, von kräftigen Rippen gewölbte] Brust, die sich deutlich gegen die Hüften abgrenzt; betont im allgemeinen den besonders großen Umfang des Brustraumes. **Brustkorb,** der: Knochengerüst der Brust, aus Rippen und Brustbein gebildet; Brust, deren Knochenbau durch Massigkeit, große oder geringe Wölbung, Umfang o. ä. in Erscheinung tritt oder auf deren anatomischen Bau man Bezug nimmt: *Quetschungen am B.* **Thorax,** der (Medizin): Brustkorb als Knochengerüst, das die Organe der Brusthöhle umschließt: *der Chirurg öffnete den T.*

brutal: in seinem Verhalten, in seinem Tun und Handeln gefühllos, grob und rücksichtslos bis zur Grausamkeit; so aussehend oder wirkend, von solcher Art des Tuns und Handelns zeugend; bezieht sich auch allgemein auf Gegebenheiten, die auf ähnliche Weise ins menschliche Leben eingreifen. **knallhart** (emotional verstärkend): unerbittlich hart, rücksichtslos bis zur Brutalität: *ein knallharter Bursche; im Krimi geht es k. zu.* **roh:** (in diesem Sinnbereich) ohne irgendwelches Feingefühl für Menschen und Dinge und daher im Umgang mit anderen in abstoßender Weise grob und rücksichtslos vorgehend, ihnen dadurch Schmerz zufügend, sie körperlich oder seelisch verletzend. **grausam:** den Schmerzen anderer nicht nur gefühllos gegenüberstehend, sondern andere oft auch quälend, ihnen mit einer gewissen Lust körperlichen oder seelischen Schmerz zufügend; hart, herzlos und roh; bezieht sich auf den Menschen und besonders auf seine Handlungen, seine Verhaltensweise anderen gegenüber; kennzeichnet jedoch auch wie „brutal" allgemeine Gegebenheiten, die auf ähnliche Weise ins menschliche Leben eingreifen: *ein grausames Strafgericht.* **gewalttätig:** seinen Willen rücksichtslos und mit [roher] Gewalt durchsetzend; von Rücksichtslosigkeit und Brutalität zeugend; kennzeichnet besonders die Handlungsweise, das rücksichtslose Vorgehen eines Menschen gegen andere, wird aber auch auf den Menschen selbst, seine Wesensart bezogen: *ein g. aussehender Mann.* **kaltblütig:** (in diesem Sinnbereich) ohne innere Beteiligung, Regung (in bezug auf eine unmenschliche o. ä. Handlungsweise); besagt, daß der Betreffende in entsprechender Weise etwas (einen Plan, ein Vorhaben) ausführt, wobei das Fehlen jeglichen Gefühls hervorgehoben wird: *jmdn. k. ermorden;* vgl. kaltblütig ↑gelassen. **gefühllos:** (in diesem Sinnbereich) ohne eine gefühlsmäßige Anteilnahme, ohne Mitgefühl. **gnadenlos:** ohne Gnade, Güte; besagt, daß weder irgendeine Rücksicht genommen oder eine Gunst bzw. eine Erleichterung gewährt wird: *jmdm. g. alles aufbürden.* **herzlos:** ohne Herz (als Zentrum des Gefühls); enthält einen Vorwurf. **mitleidlos:** ohne Mitleid, ohne innere Anteilnahme an Leid und Not eines anderen: *m. zusehen, wie auf ihn eingeschlagen wird.* **skrupellos:** ohne Skrupel, ohne auf moralische Bedenken beruhende Hemmung (in bezug auf ein Tun), ohne Zweifel an der Richtigkeit seines eigenen Handelns, ohne Gewissensbelastung. **hartherzig:** ein hartes, ein nicht mitfühlendes Herz habend und unbeteiligt dem Wunsch, der Not o. ä. einem anderen gegenüber, sich Bitten um Hilfe verschließend, einem Notleidenden seine Unterstützung versagend, ihn abweisend; ↑²hart, ↑unbarmherzig.

Buch, das: [größeres] zum Lesen oder Ansehen bestimmtes gebundenes Druckwerk; viele zu einem Ganzen verbundene bedruckte Blätter. **Schwarte,** die (salopp; auch abwertend): (ursprünglich in Schweinsleder gebundenes) dickes [altes] Buch: *was liest du denn da für eine S.?* **Schmöker,** der (ugs.): Buch, das man zur Unterhaltung liest; vgl. schmökern ↑[2]lesen. **Wälzer,** der (ugs.; scherzh.): Buch, das dick und schwer ist und deshalb unhandlich wirkt. **Schinken,** der (ugs.; scherzh. oder abwertend): ziemlich dickes [altes] und im Format großes, unhandliches Buch. **Scharteke,** die: altes und (im Urteil des Sprechers/Schreibers) wertloses und schlechtes Buch. **Foliant,** der (bildungsspr.): großformatiges und dickes, unhandliches Buch, das meist recht alt ist.

bücken, sich: (in diesem Sinnbereich) die Haltung des Körpers in der Weise verändern, daß der Oberkörper abwärts nach vorn gerichtet ist, z. B. um etwas aufzuheben: *sie bückte sich, um die Pflanze auszureißen; je tiefer man sich bückt, desto besser kann man getreten werden* (Bresser). **niederbeugen,** sich (geh.): i. S. v. bücken; enthält die Vorstellung des Bogenförmigen, Ruhigeren; der Ablauf wird stärker ins Auge gefaßt: *er beugte sich nieder und nahm das kleine Kind auf den Arm;* ↑beugen, sich; ↑ducken, sich.

bügeln, etwas; **plätten,** etwas (nordd.); **glätten,** etwas (landsch.): ein [durch den Gebrauch oder den Waschvorgang] verknittertes Gewebe (Kleidungs-, Wäschestücke o. ä.) mit einem dafür bestimmten erhitzten metallenen Gerät glattmachen. **mangeln,** etwas; **mangen,** etwas (landsch.); **rollen,** etwas (landsch.): flächige, meist größere, durch den Waschvorgang nicht mehr glatte, verknitterte Wäschestücke o. ä. mit Hilfe eines dafür bestimmten Apparates, der mit einer oder mit zwei [erhitzten] Rollen arbeitet, glattmachen.

Bulle, der: geschlechtsreifes männliches Rind; im übertragenen Gebrauch wird besonders die Kraft und Wuchtigkeit betont: *er ist ein richtiger B.; ein B. von Kerl.* **Stier,** der: i. S. v. Bulle; mit dem Wort wird das Draufgängerische assoziiert: *er brüllte wie ein S.* (laut); *ein kämpferischer, wilder, wütender, starker S.* **Zuchtbulle,** der; **Zuchtstier,** der: für die Zucht geeigneter, verwendeter Bulle. **Ochse,** der: kastriertes männliches Rind: *du sollst dem Ochsen, der da drischt, nicht auch das Maul verbinden* (man soll jmdn., der tüchtig und einträglich arbeitet, auch entsprechend daran teilhaben lassen; Sprichwort); im übertragenen Gebrauch ist das Wort ein Schimpfwort und wird mit Dummheit gleichgesetzt: *ich bin vielleicht ein O.!*

bunt: [viele] leuchtende, im allgemeinen unregelmäßig angeordnete Farben habend und den Eindruck eines vielfarbigen Ganzen hervorrufend: *ein bunter Lampenschirm; der Stoff ist b.* **farbig:** (in diesem Sinnbereich) [an der Oberfläche] mehrere Farben aufweisend; ist weniger intensiv als „bunt“: *f. wie ein Papagei;* vgl. farbig ↑einfarbig. **farbenfroh:** reich an Farben, von lebhafter Buntheit, die einen frischen, fröhlichen Eindruck erweckt; drückt die positive Einstellung des Sprechers/Schreibers aus: *der Festzug bot ein farbenfrohes Bild.* **farbenfreudig:** i. S. v. farbenfroh; wird gelegentlich auch verhüllend gebraucht, wenn man die Farben für zu kräftig und bunt hält, die Kritik daran jedoch nicht unmittelbar aussprechen will: *Sie tragen heute ein sehr farbenfreudiges Kleid;* vgl. knallig ↑grell. **farbenprächtig:** kräftige, leuchtende Farben habend, die durch ihren harmonischen Zusammenklang einer Sache besondere Schönheit verleihen [und Bewunderung auslösen]: *ein farbenprächtiges Kunstwerk;* ↑leuchtend.

Bursche, der (abwertend): (in diesem Sinnbereich) [junger] Mann, der sich flegelhaft, grob und ungesittet benimmt; drückt auf emotionale Weise die Empörung des Sprechers/Schreibers aus: *ein gewissenloser B.;* vgl. Bursche ↑Jüngling. **Bube,** der (veraltend; abwertend): [junger] Mann, der durch seine Handlung, durch unrechtes Tun den Zorn des Betroffenen erregt; emotional gefärbt; vgl. Bub ↑Junge. **Bengel,** der (abwertend): (in diesem Sinnbereich) unerzogener junger Mann.

bürsten, etwas: **a)** etwas von/aus etwas bürsten: aufliegenden Staub oder tiefersitzenden Schmutz mit einer Bürste von oder aus Kleidern, Polstern u. ä. entfernen: *ich muß noch die Tannennadeln vom Teppich b.;* **b)** etwas bürsten: ein Kleidungsstück u. ä. reinigen, indem man es mit einer Bürste von Schmutz und Staub befreit: *am Montagmorgen wurden die Anzüge gebürstet.* **abbürsten,** etwas/jmdn./sich: **a)** etwas [von etwas] abbürsten: den auf der Oberfläche liegenden Schmutz und Staub mit einer Bürste von Kleidungsstücken, Polstern u. ä. entfernen; im Unterschied zu „bürsten“ betont „abbürsten“ neben der Handlung auch noch stärker das Ergebnis, das Beseitigen: *die Haare [von der Jacke] a.;* **b)** etwas/jmdn./sich abbürsten: ein Kleidungsstück u. ä./jmdn./sich säubern, indem man mit einer Bürste den auf der Oberfläche liegenden Staub und Schmutz entfernt: *ich muß Euch noch schnell* *alle a.* **ausbürsten,** etwas: **a)** etwas [aus etwas] ausbürsten: tiefersitzenden Schmutz, häufig Flecken, mit einer Bürste aus Kleidungsstücken u. ä. entfernen; bezeichnet, wie auch „ausbürsten" b), oft einen intensiveren Reinigungsvorgang: *sie bürstete die Schlammflecken aus;* **b)** etwas ausbürsten: ein Kleidungsstück u. ä. reinigen, indem man es mit einer Bürste von tiefersitzendem Schmutz und von Flecken befreit: *wir bürsteten die Decken aus; den Mantel, die Couch des öfteren a.*

C

Chance, die (bildungsspr.): günstige Gelegenheit, etwas zu erreichen: *jmdm. eine C. geben; das war die C. seines Lebens; er hatte die C., Abteilungsleiter im Ausland zu werden.* **Gelegenheit,** die: (in diesem Sinnbereich) die für einen bestimmten Zweck geeignete Lage der Dinge, die sich zufällig anbietet: *jede sich bietende G. benutzen, um ...* **Möglichkeit,** die: (in diesem Sinnbereich) die Freiheit, etwas sehr Verlockendes oder Wünschenswertes zu verwirklichen; die leichten inhaltlichen Unterschiede werden insofern deutlich, als „Chance" den Gesichtspunkt enthält, daß man eine entsprechende Situation ausnutzen kann, während „Gelegenheit" besagt, daß die Situation für etwas geeignet ist, und „Möglichkeit" besagt, daß etwas gemacht werden könnte: *jmdm. die M. geben, Sprachen zu lernen; eine M. ausnutzen.*

charmant: durch heitere, anmutige und gewandte Liebenswürdigkeit bestrickend; wird von Personen, ihrem Wesen, ihrem Verhalten oder ihren Eigenschaften gesagt: *eine charmante Frau;* ↑Charme. **gewinnend:** von anmutigem, liebenswürdigem Wesen, solches Wesen erkennen lassend und andere für sich einnehmend; bezeichnet das Wesen, die Eigenschaften, das Verhalten eines Menschen und steht meist attributiv: *ein gewinnendes Wesen.* **bestrickend:** durch seinen unwiderstehlichen Charme und seine Liebenswürdigkeit einen starken persönlichen Reiz auf jmdn. ausübend und ihn gefangen nehmend oder dieses Wesen verratend; drückt oft aus, daß eine solche Wirkung auf andere beabsichtigt ist: *ein bestrickendes Lächeln;* ↑anziehend.

Charme, der (ohne Plural): verführerische Anmut; Anziehungskraft eines Menschen, der Schönheit oder ein gefälliges Äußeres mit ungekünsteltem Wesen und Liebenswürdigkeit vereinigt: *jugendlicher C.;* ↑charmant. **Liebreiz,** der (ohne Plural; geh.): das Anziehende, Liebenswerte kindlicher oder jugendlicher Anmut; unbewußter, natürlicher Charme, der nicht auf Wirkung bedacht ist, sondern sich allein im Wesen und Äußeren eines Menschen zeigt und andere zu sich hinzieht; wird am häufigsten auf den anmutigen Ausdruck des Gesichtes bezogen: *der L. ihres Mundes.* **Reiz,** der (ohne Plural): (in diesem Sinnbereich) von einem schönen Menschen, einem schönen Gegenstand ausgehende Wirkung, die gefangennimmt: *der R. des Neuen, des Anblicks; eine Landschaft von eigenartigem R.;* ↑Reiz. **Zauber,** der (ohne Plural): (in diesem Sinnbereich) das bezaubernde, unwiderstehlich anziehende Fluidum [jugendlicher] Schönheit; die Aura von Anmut, die etwas Schönes umgibt: *der Z. der Jugend.*

Clique, die: eine kleinere [nicht organisierte] Gruppe von Menschen, deren Glieder einander fördern und schützen, sich aber gegen Außenstehende abschließen; auch abwertend gebraucht für eine hinterhältige, selbstsüchtige Gruppe [zweifelhafter Elemente]; wird, wie auch die anderen Wörter dieser Gruppe, häufig mit nachfolgendem Genitiv oder präpositionalem Attribut gebraucht: *eine C. arroganter Kritiker.* **Klüngel,** der (verächtlich): eine Gruppe von Menschen, die sich eng zusammengeschlossen hat und andere fernhält und in der jedes Glied auf Gegenseitigkeit für den Vorteil des anderen – oft auf Kosten Dritter – eintritt; häufig handelt es sich dabei um den Anhang einer führenden Einzelperson. **Klub,** der (ugs.): (in diesem Sinnbereich) ein nicht allzu großer Kreis von Menschen, der sich vorwiegend zur Pflege der Geselligkeit, aber auch aus Gründen der gegenseitigen Hilfeleistung ohne festere Bindung zusammengehö-

rig fühlt. **Blase,** die (salopp; verächtlich): (in diesem Sinnbereich) mehrere, irgendwie zusammengehörige Menschen: *ich mußte die ganze B. einladen; das ist eine faule B.*
couragiert (ugs.): energisch und zielstrebig, ohne Furcht vorgehend, seine Angelegenheiten verfolgend und durchsetzend; bezieht sich mehr als das folgende „beherzt" auf eine vorhandene Eigenschaft eines Menschen, oft einer Frau. **beherzt:** in bestimmten gefährlichen Situationen ohne zu zögern, kurz entschlossen und tatkräftig eingreifend und vorgehend; bezieht sich stärker auf ein Verhalten in gefährlichen Momenten; ↑kühn, ↑mutig, ↑unerschrokken; ↑ermannen.

D

damals (Ggs. heute ↑heutzutage): zu einem weit in der Vergangenheit zurückliegenden Zeitpunkt, der schon irgendwie genannt worden ist und auf den sich der Sprecher/Schreiber bezieht: *so habe ich d. ausgesehen; d. hatten wir noch keine Kinder; d., als wir uns kennenlernten, hatte sie eine andere Frisur.* **seinerzeit:** in der Vergangenheit, zu der Zeit, von der schon in irgendeinem Zusammenhang die Rede gewesen ist oder die durch die Aussage des Satzes selbst näher bestimmt wird; faßt etwas im Unterschied zu „damals" weniger punktuell als unter dem Aspekt der Dauer auf: *durch seine Veröffentlichung machte er s. viel von sich reden.* **in jener/**(auch:) **der Zeit; zu jener/**(auch:) **der Zeit:** i. S. v. seinerzeit; ist jedoch nicht aus dem Satz selbst verständlich, sondern bedarf in jedem Falle einer zusätzlichen Erläuterung: *von dem Unglück erfuhr sie zunächst nichts, da sie zu der Zeit auf Reisen war;* ↑früher.
dankbar sein, jmdm.: jmdm. gegenüber aus bestimmtem Anlaß von Dankbarkeit erfüllt sein, die sich sowohl in der Gesinnung als auch im Handeln dem anderen gegenüber kundgibt: *ich bin dir für deinen Rat dankbar.* **Dank wissen,** jmdm. (geh.): sich des Dankes, den man einem anderen schuldet, bewußt sein [und ihm dies zu erkennen geben]: *er wußte ihr Dank dafür.* **verbunden sein,** jmdm. (geh.): für empfangene Gaben, Hilfeleistungen usw. sich jmdm., besonders gegenüber einem Menschen, der einem fernsteht, dankbar verpflichtet fühlen; meist in der 1. Pers. Sing. oder Plur. gebraucht als Höflichkeitsformel: *ich bin Ihnen sehr verbunden.*
danken, jmdm. [für etwas]: (in diesem Sinnbereich) ein Gefühl der Erkenntlichkeit einem anderen gegenüber durch Worte, seltener durch eine Gebärde, zum Ausdruck bringen: *er dankte ihm in einem Brief für seine Unterstützung in dieser schwierigen Angelegenheit.* **bedanken,** sich [bei jmdm. für etwas]: für etwas Bestimmtes, was einem von anderen zuteil geworden ist, durch Worte oder irgendwelche andere Zeichen seine Dankbarkeit kundtun: *ich bedankte mich gleich bei ihm [für das Geschenk];* gelegentlich wird „bedanken" auch für „danken" gebraucht, wenn man seinen Dank unmittelbar ausspricht, und zwar ohne präpositionalen Anschluß: *ich bedanke mich* (statt: *danke sehr* oder *ich danke Ihnen*); dieser Gebrauch drückt nicht ein Gefühl der Dankbarkeit aus, sondern nur den Wunsch, eigene Höflichkeit und Wohlerzogenheit zu demonstrieren, denn der Sprecher/Schreiber setzt voraus, daß von ihm erwartet wird, daß er sich bedankt. **Dank sagen** [jmdm. für etwas] (geh.): mündlich oder schriftlich seinen Dank für etwas, besonders für eine zu einem bestimmten Anlaß jmdm. zuteil gewordene Aufmerksamkeit aussprechen: *ich möchte Ihnen Dank sagen für all Ihre Güte und Freundlichkeit.* **[seinen/**(auch:) **den] Dank abstatten** [für etwas] (geh.): förmlich, ohne besonderen Gefühlsanteil der Verpflichtung zur Dankbarkeit in Worten oder durch andere Zeichen (z. B. Gaben) Genüge tun. **seinen Dank bezeigen/**(auch:) **bezeugen** [für etwas] (geh.): seine Erkenntlichkeit in aller Form, mit besonderer Betonung zu erkennen geben. **seinen Dank aussprechen** [für etwas] (nachdrücklich); **seinen Dank ausdrücken** (nachdrücklich): der Dankbarkeit jmdm. gegenüber oft in offiziellem, feierlichem Ton angemessenen Ausdruck ver-

leihen; drückt die sittliche Verpflichtung mit aus.

dauerhaft: (in diesem Sinnbereich) so beschaffen, daß etwas lange Zeit ununterbrochen bestehen kann [und auch in Zeiten der Krise erhalten bleibt]; bezieht sich auf menschliche Beziehungen, Einrichtungen, Abmachungen, seelische Gegebenheiten u. ä., die man positiv bewertet und von denen man auch wünscht, daß sie in ihrer Form erhalten bleiben; drückt, wie auch die übrigen Wörter dieser Gruppe, immer eine gewisse Anerkennung aus; wird im allgemeinen nicht prädikatbezogen gebraucht: *eine dauerhafte Freundschaft.* **beständig:** (in diesem Sinnbereich) von lang anhaltender und zuverlässig gleichbleibender Art des Seins; bezieht sich auf menschliche Verhaltensweisen und Eigenschaften, die meist im Gefühlsleben verwurzelt sind und allgemein anerkannt werden, sowie auf positiv bewertete Gegebenheiten im zwischenmenschlichen Bereich; wird hier nicht prädikatbezogen gebraucht: *sein Eifer ist wohl nicht sehr b.* **von Bestand** (nachdrücklich): von einer Festigkeit, die eine lange Fortdauer, ein Weiterbestehen in der gleichen Art gewährleistet; bezieht sich vor allem auf menschliche Verhaltensweisen und Eigenschaften, die nach außen hin wirksam werden, auf Zustände und Gegebenheiten, die im zwischenmenschlichen Bereich eine Rolle spielen und deren Fortbestehen man wünscht; steht häufig in verneinendem Zusammenhang: *diese Freundschaft war nicht von Bestand.* **unzerstörbar:** so stark und fest, daß etwas trotz Widerständen oder Anfechtungen in der gleichen Form bewahrt und erhalten bleibt, sich bewährt und nicht ohne weiteres durch negative Einwirkungen von außen vernichtet werden kann; betont wie „unwandelbar" gegenüber den übrigen Wörtern dieser Gruppe weniger die zeitliche Fortdauer; bezieht sich auf menschliche Beziehungen, Werte, seelische Gestimmtheiten u. ä.; enthält wie „unwandelbar" immer einen besonders positiven Nebensinn und wird oft lobend oder mit einer gewissen Anerkennung gesagt; wird im allgemeinen attributiv und subjektbezogen gebraucht: *sein Glaube an das Gute im Menschen war tief und u.* **unwandelbar** (geh.): so unerschütterlich fest, daß etwas in unveränderter Stärke erhalten bleibt; gleichbleibend und nicht dem Wechsel unterworfen; bezieht sich besonders auf Begriffe, die die geistig-seelische oder gefühlsmäßige Hinwendung zu einem anderen bezeichnen; wird im allgemeinen attributiv und subjektbezogen gebraucht: *unwandelbare Treue.*

dauern, etwas dauert: (in diesem Sinnbereich) etwas erstreckt sich über eine bestimmte Zeitspanne; wird von Zuständen, Vorgängen o. ä. gesagt und betont im Unterschied zum folgenden „währen" mehr die zeitliche Ausdehnung, daß etwas erst nach einer bestimmten verstrichenen Zeit sein Ende findet: *wie lange wird die Verhandlung noch d.?* **währen,** etwas währt (geh.): i. S. v. dauern; bezieht sich gegenüber „dauern" mehr auf die Sache, den Zustand o. ä. als auf den Zeitabschnitt und besagt, daß ein Zeitraum mit etwas erfüllt ist, das zeitliche Maß des Bestehens einer Sache ist: *dies Erdbeben währte nur Sekunden.*

demütigen, jmdn.: jmdn. absichtlich in seinem Ehrgefühl und Stolz verletzen, indem man ihn deutlich seine Abhängigkeit fühlen läßt und die eigene Überlegenheit betont, ihm Dinge zumutet, die ihn kränken und herabsetzen: *sie demütigte ihn, wo sie nur konnte.* **erniedrigen,** jmdn.: jmdn., der sich nicht dagegen wehren kann, in unwürdiger Weise behandeln, ihm Dinge zumuten, die für ihn entwürdigend sind: *eine erniedrigende Arbeit.*

[1]**denken:** (in diesem Sinnbereich) die der menschlichen Vernunft innewohnende Fähigkeit des Erkennens und Urteilens auf etwas anwenden; das allgemeinste Wort für die geistige Tätigkeit des Menschen; steht im allgemeinen ohne Objekt und meist mit Artangabe: *scharf, logisch d.* **urteilen:** (in diesem Sinnbereich) nach den Gesetzen der Vernunft Wahrnehmungen oder Gedanken verknüpfen; zu einem gedanklichen Urteil, einer auf logischem Denken beruhenden Erkenntnis gelangen [und sie in einer entsprechenden Formulierung ausdrücken]: *vernünftig u.* **schließen:** (in diesem Sinnbereich) aus einem Sachverhalt oder mehreren Gedanken oder Wahrnehmungen einen gedanklichen Schluß ziehen; verschiedene Urteile verbinden und damit zu einer Entscheidung oder einem Begriff von etwas kommen: *richtig, methodisch s.*

[2]**denken:** (in diesem Sinnbereich) mit dem Verstand bei einer bestimmten Sache sein; etwas nicht gedankenlos oder mechanisch tun, sondern mit selbständiger Überlegung und Umsicht handeln; steht im allgemeinen ohne Objekt: *bei dieser Arbeit muß man d.* **mitdenken:** nicht gedankenlos etwas hinnehmen oder tun, um auf diese Weise eventuelle Fehlentwicklungen, Fehler usw. zu erkennen, zu verhindern: *die Bürger müssen m.; man merkt, daß du mitdenkst.* **den Verstand gebrauchen** (ugs.): i. S. v. denken; wird jedoch mehr in auffordernder oder tadelnder Absicht gesagt und drückt aus, daß jmd.

vergessen hat oder nicht vergessen soll, über das, was er tut, nachzudenken. **seinen/** (auch:) **den Geist anstrengen** (ugs.): seine Verstandeskräfte zur Bewältigung einer Aufgabe einsetzen; wird meist als Aufforderung oder Ermunterung gesagt, wenn etwas nicht ohne weiteres, sondern nur mit einiger Mühe zu lösen, zu bewältigen ist: *streng deinen Geist mal ein bißchen an, dann wirst du schon die Lösung finden!*

[3]**denken,** etwas: (in diesem Sinnbereich) einen bestimmten, meist wörtlich formulierten Gedanken fassen oder sich durch den Kopf gehen lassen; einen inneren Monolog halten; der Inhalt des Gedankens wird bei allen Wörtern dieser Gruppe im allgemeinen in direkter oder indirekter Rede wiedergegeben: *wie glücklich ist sie doch! dachte er; jeder der Versammelten denkt im geheimen dasselbe.* **sagen,** sich (Dativ) etwas: (in diesem Sinnbereich) durch Überlegung für sich selbst zu einer bestimmten Ansicht, Überzeugung gelangen: *ich sagte mir, daß doch alles Schicksal sei.* **bei sich** (Dativ) **denken,** etwas: etwas im stillen denken, was man sich äußerlich nicht anmerken läßt; heimlich einen Zweifel, eine abweichende Meinung o. ä. hegen, die man vor anderen nicht laut äußern will: *ob soviel Liebe beständig bleibt? dachte er bei sich.*

Denkweise, die (Plural ungebräuchlich); **Denkart,** die (Plural ungebräuchlich); die auf Grund der Veranlagung gegebene Richtung, in der sich jmds. Gedanken über etwas bewegen, wobei die geistige Grundhaltung zum Ausdruck kommt: *die Denkweise eines Orientalen ist in mancher Hinsicht von der unseren verschieden.* **Denkungsart,** die (Plural ungebräuchlich); **Denkungsweise,** die (Plural ungebräuchlich): i. S. v. Denkart; bezieht sich unter Umständen im Unterschied zu „Denkweise" weniger auf die geistige als auf die moralische Grundhaltung: *ich kann seine Denkungsweise nicht verstehen.* **Mentalität,** die (Plural ungebräuchlich; bildungsspr.): Art, Anlage oder Beschaffenheit des Geistes eines Individuums oder eines Volkes, womit sich eine entsprechende Anschauungsweise verbindet, ohne daß sie sich im Unterschied zu „Denkweise" auf bestimmte Dinge richtet; wird im Gegensatz zu den anderen Wörtern dieser Gruppe nicht näher charakterisiert und daher meist ohne adjektivisches Attribut gebraucht: *das Vermögen, sich in die M. verwandter Geister zu versetzen; die unterschiedliche M. der Völker.* **Sinnesart,** die (Plural ungebräuchlich; geh.): (in diesem Sinnbereich) Art der geistigen Anlagen in ihrer Gesamtheit: *eine rechtverachtende S.*

dennoch (geh.): auch unter den genannten Umständen noch; darum nicht minder; steht als freie Angabe im konzessiven Hauptsatz und tritt einer Schlußfolgerung entgegen, die sich aus der vorangegangenen, wie bei „doch" meist mehrere Schritte umfassenden Darstellung ergibt; bezieht sich – seiner Stillage entsprechend – im Unterschied zu „doch" und „trotzdem" im allgemeinen auf Gedankengänge mit überpersönlichem Inhalt: *der Elefant vereint List mit Stärke; d. ist er gutmütig.* **doch:** (in diesem Sinnbereich) obwohl es einer vorher genannten Feststellung oder Behauptung widerspricht; besagt als freie Angabe, daß eine Folge im Widerspruch zu dem Vorhergehenden steht und drückt die Verwunderung über diesen Widerspruch, das Unverständnis des Sprechers/Schreibers aus; wird immer durch die Betonung hervorgehoben und steht nicht selbständig als Konjunktion: *niemand versteht dich so wie ich. Und d. bist du mir ein Rätsel.* **trotzdem:** trotz bestimmter und schwerwiegender Gegenargumente, hindernder Umstände o. ä., die im vorangehenden Hauptsatz [ausführlich] genannt worden sind; steht als freie Angabe, meist im Vorfeld, im konzessiven Hauptsatz, der eine nach dem Vorangegangenen unwahrscheinliche, für unmöglich gehaltene Folge bezeichnet: *er sieht aus wie ein guter Mann. T. war er es, der zu diesem Kriege trieb.* **nichtsdestoweniger:** von etwas früher Genanntem, Behauptetem nicht beeinflußt, eingeschränkt; besagt, daß zwischen der gegenwärtigen Satzhandlung und einer vorausgegangenen nicht der Zusammenhang besteht, den man erwarten sollte, und kann im allgemeinen nicht bei Verneinung stehen, sondern weist im wesentlichen auf positive oder positiv formulierte negative Sachverhalte hin; wird wegen seiner pedantisch umständlichen Ausdrucksweise gern und leicht mit ironischem Unterton gebraucht: *er wollte auch einmal fliegen; n. war ihm sehr bange.* **gleichwohl** (geh.): unbeschadet einer vorangegangenen gegenteiligen Feststellung oder Behauptung; steht in Sätzen, mit denen man einen allzu schroffen oder einseitigen Standpunkt ausgleichen will: *Margots Gesundheit läßt zu wünschen übrig, g. ist ihr großer Arbeitseifer anzuerkennen.* **demungeachtet** (papierdt.), **demunerachtet** (papierdt.), **dessenungeachtet** (papierdt.): i. S. v. gleichwohl; beziehen sich zum Unterschied von diesem meist auf die Nichtbeachtung oder Außerachtlassung einer Gefahr, Schwäche, eines Gebots usw.: *dessenungeachtet spaziert dieses gefährliche Tier frei auf dem Grundstück umher.* **nichtsdesto-**

trotz (ugs.; scherzh.): nichtsdestoweniger und trotzdem: *ich bin schwer erkältet und muß allein zurückbleiben, n. werde ich es mir gemütlich machen.*

deuten, [sich (Dativ)] etwas: einer bestimmten [schwer durchschaubaren] Sache, einem Vorgang, Sachverhalt in einer bestimmten Weise durch kombinierendes Denken oder auf Grund von Vermutungen einen bestimmten Sinn, eine bestimmte Bedeutung beilegen; eine subjektive, unter Umständen unzutreffende Erklärung für etwas finden: *sich den Zusammenhang d.;* vgl. deuten ↑[2]auslegen. **erklären,** [sich (Dativ)] etwas: über eine Sache, einen Vorgang, Sachverhalt auf Grund von Feststellungen, die man darüber macht, [schlußfolgernd] zu einem bestimmten Urteil kommen: *er versuchte, dies Zeitphänomen psychologisch zu e.*

dick (Ggs. dünn ↑schlank): von beträchtlichem, mehr als normalem [Körper]umfang; wird sowohl auf den Körper im Ganzen als auch auf einzelne Körperteile bezogen; wirkt auf Menschen bezogen als Ausdruck sehr direkt, nüchtern-feststellend und ohne eine Verhüllung, wie sie etwa in „vollschlank" gegeben ist; wird, wie die übrigen Wörter dieser Gruppe, nicht prädikatbezogen gebraucht: *dicke Beine, Arme; eine dicke Dame.* **korpulent** (verhüllend): dick und zugleich den Eindruck von Schwerfälligkeit hervorrufend; wird nicht auf Kinder oder junge Menschen bezogen: *ein korpulenter Mann.* **beleibt** (geh.): dick und rundlich, von kräftiger Statur; wird im allgemeinen auf ältere Menschen und vor allem auf Männer, nicht auf Kinder bezogen: *ein beleibter Herr.* **wohlbeleibt** (geh.): i. S. v. beleibt; schließt stärker eine gewisse Behäbigkeit ein; bringt das Wohlwollen des Sprechers/Schreibers zum Ausdruck: *ein wohlbeleibter Mann.* **stark** (verhüllend): i. S. v. dick; wird im allgemeinen auf Personen mittleren Alters angewandt, die über einen sehr kräftigen Körper verfügen: *in letzter Zeit ist sie sehr s. geworden.* **stärker** (verhüllend): nicht mehr schlank; schwächt nachsichtig den Sachverhalt von einiger vorhandener Körperfülle ab: *Kleider für stärkere Damen.* **vollschlank** (verhüllend): von einer Körperfülle, die die Bezeichnung „schlank" nicht mehr zuläßt, die man aber wohlwollend – um der Eitelkeit entgegenzukommen – noch als einen Grad von Schlankheit anzuerkennen bereit ist; wird im allgemeinen auf weibliche Personen mittleren Alters angewandt: *eine vollschlanke Dame;* vgl. knackig ↑anziehend. **füllig:** von überquellenden Formen, unter Umständen unförmig und schwer wirkend: *sie ist sehr f. geworden.* **mollig** (fam.): von weichen, rundlichen Körperformen; drückt das sinnliche Wohlgefallen des Sprechers/Schreibers aus; wird im allgemeinen nur auf jüngere weibliche Personen bezogen: *sie ist m.* **rundlich** (fam.): von einiger Körperfülle; wohlwollend und im allgemeinen von weiblichen Personen gesagt: *sie ist r.* **üppig** (fam.): von schwellenden, die Blicke auf sich ziehenden Formen; kann die ganze Figur wie bestimmte einzelne Körperteile betreffen; wird nur auf weibliche Personen bezogen: *eine üppige Blondine.* **voluminös** (ugs.): von beachtlichem Umfang; wird auch von einzelnen Körperteilen [scherzhaft] gesagt: *eine voluminöse Dame.* **pummelig** (fam.): zugleich dick und klein, rundlich; wird mit dem Ausdruck des Belustigtseins auf Kinder und weibliche Personen bezogen. **drall:** von kräftig-straffen, schwellenden Körperformen; wird nur von jugendlichen weiblichen Personen gesagt; seltener auf einzelne Körperteile bezogen: *dralle Arme.* **wohlgenährt:** dick und rundlich, von strahlend-gesundem Aussehen; wird häufig mit gutmütigem Spott gesagt: *er sieht wirklich w. aus.* **gut im Futter** (ugs.; scherzh.); **gut bei Sache** (salopp; scherzh.): i. S. v. wohlgenährt; stehen nur subjektbezogen: *um den brauchst du keine Sorge haben, der ist gut im Futter; die ist gut bei Sache.*

Diener, der: männliche Person, die zur Verrichtung bestimmter Dienste in einem herrschaftlichen Hause angestellt ist: *der D. öffnete die Tür.* **Bediente,** der (veraltet): i. S. v. Diener. **Kammerdiener,** der (früher): Diener, der einem Fürsten, einer hochgestellten Persönlichkeit für die persönlichen Dienste zur Verfügung steht. **Butler** [bạtl^er], der (bildungsspr.): Diener in einem vornehmen, meist größeren Haushalt, der eine höhere Stellung innerhalb des Hauswesens innehat. **Lakai,** der (veraltet): in eine Livree gekleideter Bedienter [einer bedeutenden Persönlichkeit]. **Groom** [grum], der (bildungsspr.): junger Mann, der Dienste in einem vornehmen Hause leistet [und sich vor allem um die Reitpferde kümmern muß]. **Page,** der: junger, in eine Uniform gekleideter Diener [in einem Hotel]. **Boy** [beu], der: Junge, der meist Gänge und kleinere Handreichungen in einem Hotel erledigt; oft in eine Livree gekleidet. **Bursche,** der (veraltet): meist junger Soldat mit niedrigem Dienstgrad, der einem [höheren] Offizier zur persönlichen Betreuung zugewiesen ist. **Hausdiener,** der; **Hausbursche,** der: [jüngerer] Angestellter eines Hotels, dessen Aufgabenbereich sich auf Dienstleistungen (z. B. Koffertragen) erstreckt. **Dienstbote,** der (meist Plural; veraltend); **Domestik[e],** der (meist Plural; veraltet): Hausangestellter (der die niederen häuslichen Dienste erledigt); ↑Hausangestellte.

Dienstälteste, der und die: männliche bzw. weibliche Person, die von mehreren bei gleicher Dienststellung das höchste Dienstalter hat. **Nestor,** der (bildungsspr.): herausragender ältester Vertreter einer Wissenschaft, eines [künstlerischen] Faches; Ältester eines Kreises. **Älteste,** der und die: männliche bzw. weibliche Person, die in einer Kirchengemeinde zum Ältestenkreis gehört, der bestimmte Aufgaben hat und die Gemeinde vertritt. **Presbyter,** der: in der evangelischen Kirche Vertreter der Gemeinde im Presbyterium, dem aus dem Pfarrer und den [gewählten] Vertretern der Gemeinde bestehenden Vorstand. **Doyen** [doajäng], der: dienstältester diplomatischer Vertreter und meist auch Sprecher eines diplomatischen Korps. **Doyenne** [doajän], die: (selten) dienstälteste diplomatische Vertreterin und meist auch Sprecherin eines diplomatischen Korps; ↑Förderer, ↑Ratgeber.

dilettantisch (abwertend): in dem Bemühen, auf einem bestimmten Gebiet etwas zu leisten, doch das fehlende Können erkennen lassend; nicht fachmännisch; deutlichen Mangel an [genügender] beruflicher Schulung oder fachlicher Ausbildung zeigend; wird, wie die anderen Wörter dieser Gruppe, im allgemeinen nicht auf Menschen, sondern auf ihr Tun bezogen: *dilettantisches Gestümper.* **laienhaft:** ohne die auf dem bestimmten Fachgebiet, auf dem man sich betätigt, nötigen Fachkenntnisse und entsprechend aussehend o. ä.: *etwas l. ausführen; diese Aufführung wirkte l.* **stümperhaft** (abwertend): in der Hervorbringung von etwas nicht die erwartete und gewünschte Vollkommenheit besitzend; setzt aber nicht so sehr den Mangel an beruflicher Schulung oder fachlicher Ausbildung, sondern vielmehr den Mangel an Erfahrung, an Kenntnissen und an Können voraus: *stümperhaftes Spiel.*

diskriminieren, jmdn. (bildungsspr.): jmds. Ruf, Ansehen in der Öffentlichkeit durch negative Äußerungen, Behauptungen schaden. **in Mißkredit bringen,** jmdn. (nachdrücklich): durch entsprechende Äußerungen o. ä. bewirken, daß jmd. in einen schlechten Ruf kommt, daß seine Mitmenschen von ihm keinen guten Eindruck, keine gute Meinung haben. **in Verruf bringen,** jmdn./etwas (nachdrücklich): bewirken, daß jmd./etwas einen zweifelhaften schlechten Ruf bekommt, und zwar in bezug auf etwas Bestimmtes: *seine Liebesaffären haben ihn in Verruf gebracht.* **ins Gerede bringen,** jmdn.: dadurch, daß man von jmdm. etwas Bestimmtes berichtet, bewirken, daß über den Betroffenen „geklatscht" wird. **diskreditieren,** jmdn. (bildungsspr.): jmdm. etwas Schlechtes, Ehrenrühriges nachsagen und dadurch seinem Ruf, Ansehen schaden; wird vorzugsweise im Geschäftsleben verwendet. **herabsetzen,** jmdn.: den Wert oder die Bedeutung von jmdm. in ungerechtfertigter Weise schmälern, indem man abschätzig oder verächtlich von ihm redet. **herabwürdigen,** jmdn.: von jmdm. in unwürdigverletzender Weise, nicht mit dem schuldigen Respekt sprechen und damit dessen Würde o.ä. antasten: *er hatte ihn in der Öffentlichkeit herabgewürdigt.* **abqualifizieren,** jmdn.: jmdn. im Hinblick auf seine Leistung abfällig beurteilen, ihn im Ansehen herabsetzen, ihm die Eignung für etwas absprechen; vgl. disqualifizieren ↑ausschließen; ↑[1]blamieren, ↑[2]schlechtmachen, ↑verächtlich (machen), ↑verleumden, ↑verraten.

Diskussion, die: [lebhafter] mündlicher Meinungsaustausch mehrerer an einer bestimmten Sache interessierter oder anteilnehmender Personen; [wissenschaftliches] Fachgespräch über ein bestimmtes Thema; vgl. diskutieren ↑erörtern. **Debatte,** die: Erörterung einer Frage, eines Planes, häufig in Form einer heftigeren Aussprache, eines Wortgefechtes in einem größeren Kreis, besonders in Parlamenten, wobei die einzelnen Teilnehmer ihre Standpunkte – unter Umständen sehr lebhaft und temperamentvoll – vertreten und verteidigen. **Kolloquium,** das (bildungsspr.): wissenschaftlicher, mündlicher Meinungsaustausch innerhalb eines bestimmten Personenkreises; Erörterung eines fachlichen Problems durch Professoren und Studenten; vgl. Disput, ↑Streit; ↑Beratung, ↑Gespräch.

distanziert: auf Distanz bleibend; im Verkehr mit anderen Menschen auf Abstand bedacht; wird im allgemeinen in bezug auf Personen nicht attributiv verwendet: *er wirkt sehr d.; sein distanziertes Verhalten.* **reserviert:** nicht aus sich herausgehend (weil man Vorbehalte hat, innere Abneigung verspürt); wird im allgemeinen in bezug auf Personen nicht attributiv verwendet: *er antwortete höflich, aber r.; sein reserviertes Verhalten fiel allgemein auf.* **kühl:** im Verkehr mit anderen Menschen ohne eine gewisse Herzlichkeit, nicht unfreundlich, aber rein sachlich, eher leicht abweisend und auf diese Weise seine Ablehnung oder Abneigung spüren lassend: *ein kühler Empfang; jmdn. k. begrüßen.* **unnahbar:** aus einem Gefühl der Würde oder aus Stolz heraus sehr auf Distanz bedacht; jeden Versuch einer Annäherung durch seine Art abhaltend: *ein unnahbarer Mensch; er ist u.;* ↑allein, ↑kontaktarm, ↑ungesellig, ↑verschlossen, ↑zurückgezogen.

drängeln (fam.): (in diesem Sinnbereich) immer wieder bettelnd und ungeduldig auf jmdn. einreden und ihn so zu etwas, was man sich wünscht, zu bewegen suchen; wird im allgemeinen auf das entsprechende Verhalten von Kindern angewandt, die so die Aufmerksamkeit auf sich zu lenken suchen: *die Kinder drängelten, wir sollten doch endlich nach Hause gehen.* **quengeln** (fam.): unaufhörlich, in weinerlichem Ton um die Erfüllung eines kleinen Wunsches o. ä. betteln; wird im allgemeinen von Kindern gesagt: *hör jetzt endlich auf zu q., du bekommst ja gleich den Apfel!;* vgl. quengeln ↑weinen. **in den Ohren liegen,** jmdm. [mit etwas] (salopp): jmdn. unermüdlich mit stets derselben Sache (z. B. Bitte, Wunsch, Forderung, Vorhaltung) belästigen, für welche der andere [einstweilen noch] ein taubes Ohr hat. **keine Ruhe geben/**(auch:) **lassen,** jmdm. (ugs.); **nicht in Ruhe lassen,** jmdn. [mit etwas] (ugs.): (in diesem Sinnbereich) in bezug auf etwas, was man [bei jmdm. durch drängendes, unablässiges Bitten o. ä.] erreichen möchte, nicht aufhören, in seinen Bemühungen nicht nachlassen; vorwiegend mündlich: *er wird keine Ruhe geben, bevor er nicht das Eis bekommen hat; er gab keine Ruhe, bis sie versprach mitzumachen.* **auf die Pelle/**(auch:) **auf den Pelz rücken,** jmdm. [mit etwas] (salopp): (in diesem Sinnbereich) sich in einer bestimmten Angelegenheit zu jmdm. begeben und ihm mit irgendwelchen Bitten, Forderungen o. ä. zusetzen.

drängen, jmdn.: (in diesem Sinnbereich) jmdn. ungeduldig, durch wiederholte Aufforderungen zu einem bestimmten Handeln zu bewegen suchen. **bedrängen,** jmdn.: (in diesem Sinnbereich) i. S. v. drängen; betont noch mehr die Hartnäckigkeit, mit der Bitten, Forderungen vorgebracht werden; die Vorsilbe be- hebt die Einwirkung auf den Betreffenden hervor: *sie bedrängen ihn dauernd mit irgendwelchen Forderungen.* **zusetzen,** jmdm. (ugs.): (in diesem Sinnbereich) jmdn. hartnäckig bedrängen, ihn mit Bitten bestürmen, um ihn in irgendeiner Sache zu etwas zu bewegen: *er hat mir so lange zugesetzt, bis ich versprach zu kommen.* **bearbeiten,** jmdn. (salopp): (in diesem Sinnbereich) hartnäckig und ausdauernd auf jmdn. einreden, ihn mit allen Mitteln von der Notwendigkeit eines von ihm geforderten Verhaltens oder Tuns zu überzeugen suchen: *er hat ihn so lange bearbeitet, bis er dem Plan zustimmte;* ↑überreden.

Dreikäsehoch, der (fam.); **Steppke,** der (landsch.); **Knirps,** der: kleiner Junge; drückt im Sprachgebrauch der Erwachsenen Wohlwollen und Wohlgefallen aus und verbindet sich oft mit der Vorstellung, daß der kleine Junge als keck, selbstbewußt, drollig, niedlich usw. empfunden wird. **Wicht,** der: kleiner Junge; in diesem Sinnbereich meist durch das Adjektiv „klein" näher bestimmt. **Lausbub,** der (fam.): kleiner Junge, der zu allen möglichen Streichen bereit ist; drückt Wohlwollen aus. **Lauser,** der (landsch.): kleiner, naseweiser, oft vorlauter Junge, der zu allerlei kleinen Unarten neigt; wird mit einem gewissen Wohlwollen gesagt. **Matz,** der (fam.): putziger, kleiner Kerl. **Hosenmatz,** der (fam): (mit einer Hose bekleidetes) kleines Kind; vgl. Hemdenmatz ↑Kind; ↑Schlingel.

dreist: (in diesem Sinnbereich) anmaßend, herausfordernd und zudringlich; wird, wie alle Wörter dieser Gruppe, auf Personen, ihr Verhalten, ihre Äußerungen o. ä. bezogen und enthält einen Vorwurf: *dreiste Behauptungen;* vgl. dreist ↑keck. **unverfroren:** dreist und unverschämt: *u. um etwas bitten.* **unverschämt:** (in diesem Sinnbereich) von einer aufreizenden Respektlosigkeit; sich frech über die Grenzen des Taktes und des Anstandes hinwegsetzend und die Gefühle der Mitmenschen mißachtend oder verletzend: *u. grinsen.* **ausverschämt** (landsch.): (in diesem Sinnbereich) i. S. v. unverschämt; aber verstärkt: *aufgebracht schrie er, daß das ganz ausverschämte Lügen seien.* **impertinent** (bildungsspr.): aus Dünkel und Anmaßung aufreizend und verletzend: *er lächelte i.* **schamlos:** (in diesem Sinnbereich) sich ohne jede Scheu, Zurückhaltung, Rücksicht über die Grenzen des Taktes und des Anstandes hinwegsetzend; bewußt gleichgültig gegenüber dem Mißfallen der Mitmenschen: *sie ist eine schamlose Person; schamloses Treiben; sich s. bereichern;* ↑dünkelhaft.

dressieren, etwas [auf etwas]: einem Tier bestimmte Fertigkeiten, die es dann kunstvoll und geschickt ausführt, oder bestimmte Verhaltens-, Reaktionsweisen beibringen, die es von Natur aus nicht hat: *Löwen, Pferde d.; der Hund ist auf den Mann dressiert.* **abrichten,** etwas [auf etwas]: einem Tier, vor allem einem Hund für den Menschen nützliche Verhaltens-, Reaktionsweisen beibringen: *einen Hund a.; einen Falken zur Beize, ein Schwein zum Drogenschnüffeln a.* **trimmen,** jmdn. [auf etwas]: jmdn., auch ein Tier, durch intensive, harte wiederholte Anstrengungen dahin bringen, daß er bestimmte Verhaltensweisen, Fertigkeiten beherrscht: *er hat die Kinder auf Ordnung* *getrimmt; die US-Marine trimmt Rekruten aus der Tierwelt – Delphine.* **trainieren,** jmdn. [auf etwas]: (in diesem Sinnbereich) durch ständiges und systematisches Üben erreichen wollen, daß jmd., auch ein Tier, bestimmte Fertigkeiten erlangt: *ein Pferd t.; Delphine auf etwas t.* **ausbilden,** jmdn.: jmdn., auch ein Tier, für eine bestimmte Tätigkeit, Fertigkeit die notwendigen Kenntnisse, Fähigkeiten vermitteln: *Delphine a.* **drillen,** jmdn.: besondere Fertigkeiten durch ständiges, monotones Wiederholen so einüben, daß sie mechanisch, reflexhaft von dem Betreffenden ausgeführt werden: *der Flottenverband wurde von gedrillten Delphinen bewacht;* vgl. beibringen ↑lehren, ↑vormachen; ↑einarbeiten, ↑lernen.

drücken, sich [vor/von/(selten:) um etwas] (ugs.; abwertend): Mittel und Wege finden, um sich [aus Faulheit oder Ängstlichkeit] recht unauffällig einer Arbeit oder Verpflichtung zu entziehen, die Arbeit lieber anderen überlassen: *sich vorm Kartoffelschälen d.* **ausweichen** [einer Sache]: (in diesem Sinnbereich) Anforderungen aus dem Wege gehen, nichts mit ihnen zu tun haben wollen: *Editha gehört nicht zu den Frauen, die der Übernahme von Pflichten a.;* vgl. ausweichen ↑meiden. **kneifen** (salopp; abwertend): sich ängstlich und feige einer bestimmten Anforderung nicht stellen [und sich heimlich entfernen].

ducken, sich: [vor irgendeiner Gefahr] ruckartig den Kopf einziehen und dabei den Rücken etwas gekrümmt halten. **bücken,** sich: (in diesem Sinnbereich) den Oberkörper neigen, um einem Hindernis, um einer Sache, die den aufrechten Gang behindern würde, auszuweichen: *wenn du dich hier nicht bückst, kannst du dir leicht den Kopf stoßen.* **klein machen,** sich (ugs.): seine Körpergröße verringern, um nicht mit dem Kopf an ein Hindernis zu stoßen. **krumm machen,** sich (ugs.): den Rücken krümmen und dadurch seine Körpergröße verringern, um nicht an ein Hindernis zu stoßen; ↑beugen, sich; ↑bücken, sich.

duften: Wohlgeruch ausströmen: *die Hyazinthen duften süß.* **riechen:** (in diesem Sinnbereich) angenehmen oder unangenehmen Geruch verbreiten: *gut, schlecht r.* **stinken** (derb; abwertend): üblen oder als unangenehm empfundenen Geruch von sich geben; kann nicht wie „riechen" als rein sachliche Feststellung verwendet werden, sondern enthält stets die eindeutig ablehnende Stellungnahme des Sprechers/Schreibers: *du stinkst nach Bier; dieses Parfüm stinkt ja zehn Meilen gegen den Wind.*

[1]**dumm** (Ggs. intelligent ↑klug): (in diesem Sinnbereich) von schwacher, nicht zureichender Intelligenz; mangelnde Begabung auf intellektuellem Gebiet aufweisend; nicht fähig, schwierigeren Gedankengängen zu folgen oder Zusammenhänge zu erfassen; wird von Personen, seltener von ihrem Verhalten oder ihren Äußerungen gesagt: *seine Antworten wirken erschreckend d.;* ↑[2]dumm, ↑gutgläubig. **strohdumm** (emotional verstärkend); **dumm wie Bohnenstroh** (emotional verstärkend): i. S. v. [1]dumm; spricht dem Betreffenden nicht eigentlich wirkliche Intelligenz ab, sondern drückt den Unmut, den Ärger des Sprechers/Schreibers darüber aus, daß es jmdm. an Kenntnissen oder an Begriffsvermögen mangelt; im allgemeinen auf Personen bezogen: *weil sie den Text nicht übersetzen konnte, sagte der Lehrer, sie sei dumm wie Bohnenstroh.* **unintelligent** (bildungsspr.): nicht die Fähigkeit besitzend, abstrakt und vernünftig zu denken [und daraus zweckvolles Handeln abzuleiten]; wirkt im Unterschied zu „dumm" weniger direkt; drückt in der Negation ein zurückhaltendes Lob aus: *er sieht nicht u. aus.* **dümmlich:** durch sein Aussehen, seine Miene einen leicht dummen, wenig intelligenten Eindruck machend: *er grinste d.*

[2]**dumm** (Ggs. ↑schlau): (in diesem Sinnbereich) (in bezug auf jmds. Handeln usw.) von wenig bzw. gar keiner Klugheit, von Mangel an praktischem Verstand zeugend, ihn nicht besitzend; wie auch die übrigen Wörter dieser Gruppe enthält das Wort ein meist ärgerlich-emotional gefärbtes Werturteil über jmdn. oder jmds. unkluges, ungeschicktes Verhalten usw. (im Unterschied zu ↑[1]dumm); zahlreiche Wörter dieser Gruppe sind inhaltlich so gut wie identisch, sind variierende Möglichkeiten, weichen jedoch in Stillage und im Anwendungsbereich verschiedentlich ab und lassen sich manchmal in festen Verbindungen nicht austauschen (z. B. in dumm wie Bohnenstroh, sich nicht für dumm verkaufen lassen): *sich d. anstellen; das war sehr d. von dir; er war d. genug, das mitzumachen; sie ist schön d., wenn sie nicht dagegen protestiert; der dumme Kerl hat mir die Vorfahrt genommen; dieser dumme Apparat: andauernd ist er kaputt; ein dummer Einfall; eine dumme Frage, Angewohnheit; sein dummes Gehabe geht mir auf die Nerven; er hat sich d. benommen; er macht ein dummes Gesicht; das war das dümmste, was uns passieren konnte; das ist wirklich zu d.; diese dumme Gans; er läßt sich nicht für d. verkaufen; d. wie Bohnenstroh.* **dämlich** (salopp): i. S. v. dumm, aber in der Emotionalität stärker abwertend. **doof** (salopp): i. S. v. dumm; wirkt in der Ablehnung, Abwertung weniger

aggressiv, eher gutmütig; drückt mehr noch das persönliche Enttäuschtsein, Genervtsein aus: *dieser doofe Pudel hat mich stolpern lassen.* **dußlig**/(seltener:) **dusselig** (salopp): i. S. v. dumm; von derb-vorwurfsvoller Emotionalität. **blöd:** i. S. v. dumm; **blödsinnig** (salopp): (im emotionalen Urteil des Sprechers/Schreibers) ohne jeden vernünftigen Sinn; charakterisiert ärgerlich-abwertend etwas Abstraktes: *eine blödsinnige Frage, Anordnung; ein blödsinniger Einfall; blödsinniges Gerede, Gehabe.* **sinnlos:** ohne jeden Sinn und Nutzen; charakterisiert etwas Abstraktes: *ein sinnloser Versuch; ein sinnloser Streit; eine sinnlose Handlung, Frage.* **schwachsinnig** (salopp): erkennen lassend, daß die nötigen geistigen Voraussetzungen fehlen; während „blödsinnig" ärgerlichen Tadel enthält, der sich auf die Sache selbst bezieht, wird bei „schwachsinnig" mehr der Urheber in die Kritik mit einbezogen: *eine schwachsinnige Anordnung; s. daherreden; dieser schwachsinnige Trottel.* **stumpfsinnig:** Stumpfsinn – Langeweile, Eintönigkeit, Geistlosigkeit – ausdrückend und dumm: *ein stumpfsinniger Gesichtsausdruck; stumpfsinnige Arbeit; ein stumpfsinniger Mensch.* **stupide** (bildungsspr.): i. S. v. stumpfsinnig. **geistlos:** ohne besonderen gedanklichen Gehalt und davon zeugend: *eine geistlose Frage; ein geistloser Mensch; eine geistlose Tätigkeit; ein geistloser Nachahmer.* **saudumm** (derb; abwertend; emotional verstärkend): i. S. v. dumm; ist im Verhältnis zu „dumm" insofern eingeschränkt, als es nicht durch Adverbien gesteigert werden kann (sehr dumm, zu dumm, ziemlich dumm, aber nicht: sehr saudumm, zu saudumm, ziemlich saudumm) und nicht in festen Verbindungen austauschbar ist (nicht: er war saudumm genug, das zu machen). **saublöd** (derb; abwertend; emotional verstärkend): i. S. v. saudumm. **idiotisch** (salopp; abwertend): völlig unsinnig, keinerlei Sinn ergebend; drückt emotional die Verärgerung des Sprechers/Schreibers über jmds. Verhalten, Äußerung u. ä. aus, die ihm sehr ungereimt vorkommt: *eine idiotische Frage; ich finde es i., wenn man jede Kritik von vornherein unterbindet;* ↑albern, ↑beschränkt, ↑[1]dumm, ↑gutgläubig, ↑naiv, ↑töricht, ↑unklug.

[1]**dunkel:** lichtlos oder nur unzulänglich erhellt; „dunkel" umfaßt sämtliche Grade der Dunkelheit; es bezeichnet einerseits das völlige Fehlen von Licht, andererseits das in einem mangelhaft erleuchteten Raum oder Gebiet herrschende, mehr oder weniger starke Dämmerlicht; wird im allgemeinen nicht prädikatbezogen gebraucht: *die dunkle Nacht.* **finster:** sehr, völlig dunkel, da gar kein Licht vorhanden ist; wird im allgemeinen nicht prädikatbezogen gebraucht: *in der Scheune war es so f., daß ich mich nicht zurechtfand.* **düster:** fast dunkel, ziemlich dunkel, nur spärlich erhellt oder kaum beleuchtet; im Gegensatz zu „dunkel" verbindet sich mit „düster" oft die Vorstellung des Unheimlichen und Bedrohlichen; wird im allgemeinen nicht prädikatbezogen gebraucht: *ich hasse diese düsteren Gänge.* **stockdunkel** (ugs.; emotional verstärkend); **stockfinster** (ugs.; emotional verstärkend): von einer undurchdringlichen Dunkelheit, Finsternis; wird im allgemeinen nicht prädikatbezogen gebraucht. **duster** (landsch.; ugs.): i. S. v. dunkel; drückt aus, daß es der Sprecher/Schreiber besonders dunkel findet, was er in der Regel als störend, unangenehm o. ä. empfindet; ↑halbdunkel.

[2]**dunkel:** (in diesem Sinnbereich) nicht klar ersichtlich und nicht verständlich, so daß einem die betreffende Sache unklar bleibt, man nicht dahinterkommen kann und unter Umständen Verdacht hegen muß; wird nur selten prädikatbezogen gebraucht: *seine Pläne waren mir völlig d.* **undurchschaubar:** (in diesem Sinnbereich) nicht durchsichtig, so daß ein anderer in die betreffenden Handlungen oder Pläne keinen Einblick nehmen kann, und daher leicht Verdacht erregend; wird im allgemeinen nicht prädikatbezogen gebraucht: *undurchschaubare Motive.* **unergründlich, unergründbar:** sich nicht ergründen lassend; ↑geheimnisvoll.

dünkelhaft (geh.): sich selbst [grundlos] besonders hoch einschätzend, von seinem Wert oder seiner Bedeutung ganz durchdrungen, sich über andere erhaben fühlend und dies in seinem Benehmen zum Ausdruck bringend; wird im allgemeinen attributiv und subjektbezogen gebraucht: *ein dünkelhaftes Gebaren.* **eingebildet** (abwertend): so sehr von seinen Fähigkeiten oder Eigenschaften oder von seiner gehobenen sozialen Stellung überzeugt, daß jeder Vergleich mit anderen Menschen nur zum eigenen Vorteil ausfallen kann und man sich dadurch in seiner vermeintlichen Überlegenheit bestätigt fühlt: *sie ist viel zu e., um sich mit einfachen Leuten zu unterhalten.* **eitel:** (in diesem Sinnbereich) besonders stark von seinen [vermeintlichen] Vorzügen und Erfolgen überzeugt und bestrebt, sie zur Schau zu stellen, um bewundert zu werden: *ein eitler Schauspieler.* **aufgeblasen** (abwertend): vor Stolz auf [vermeintliche] Vorzüge förmlich angeschwollen und sich dadurch lächerlich machend: *ein aufgeblasener Narr.* **selbstgefällig:** sich selbst, seine Vorzüge und Leistungen wohlgefällig betrachtend und seine Zufriedenheit darüber deutlich zum Ausdruck bringend. **überheblich:** sich selbst zu viel Bedeutung beimessend, die eigenen Fähigkeiten zu hoch einschätzend und auf andere in kränkender Weise nur mitleidig oder verächtlich herabsehend. **anmaßend:** seine [vermeintliche] Überlegenheit im Umgang mit anderen auf schroffe oder herausfordernde Weise zum Ausdruck bringend und dadurch beleidigend oder verletzend wirkend: *anmaßende Reden führen.* **arrogant** (bildungsspr.): in seinen Äußerungen oder seinem Benehmen eine große Überheblichkeit und Selbstsicherheit zum Ausdruck bringend, die andere als empörend, brüskierend empfinden. **süffisant** (bildungsspr.): spöttisch seine [vermeintliche] Überlegenheit, sein Besserwissen andeutend oder zum Ausdruck bringend: *er sprach mit süffisantem Lächeln.* **hochmütig:** auf andere herabsehend, sie herablassend oder verächtlich behandelnd. **hochfahrend:** (in diesem Sinnbereich) arrogant-aufbrausend: *sein hochfahrendes Wesen.* **hochnäsig** (ugs.; abwertend): (im Urteil des Sprechers/Schreibers) besonders eingebildet und dumm; äußert sich darin, daß andere unfreundlich und geringschätzig behandelt werden. **blasiert** (abwertend): gelangweilt-überheblich, dünkelhaft-herablassend; gelangweilt und mit müder Herablassung mit Menschen und Dingen umgehend, da man diese Haltung für besonders vornehm hält. **herablassend:** sozial Tieferstehende mit einer gönnerhaften Freundlichkeit behandelnd, sie den bestehenden Rangunterschied deutlich fühlen lassend. **snobistisch** (abwertend): bewußt das Außergewöhnliche und Auffallende wählend; aus Verachtung des Bürgerlichen in manierierter Weise extravagantes Verhalten zur Schau tragend; auf alles Normale und Übliche verächtlich herabsehend; ↑borniert, ↑dreist, ↑protzig; ↑prahlen.

[1]**dünken,** etwas dünkt (auch: deucht) jmdn./jmdm. (geh.): etwas vermittelt jmdm. von einer Sache, einem Sachverhalt eine bestimmte Vorstellung, ein bestimmtes Gefühl, bringt ihn zu einer bestimmten Einschätzung von dessen Wert, Nutzen: *dieses Vorhaben deuchte sie ganz unsinnig.* **scheinen,** etwas scheint jmdm.: etwas stellt sich jmdm. in bestimmter Weise dar und bestimmt entsprechend sein Urteil, seine Überzeugung: *es schien ihm richtig, so zu handeln.*

[2]**dünken,** sich (+ Artangabe) (geh.): eine bestimmte und vielfach unbegründete positive Meinung von sich haben, die einen selbst zu einer ganz bestimmten Handlung oder Einstellung veranlaßt; wird häufig in tadelndem Sinne von jmdm. gesagt, der sich selbst [in seinem Verhältnis zu anderen] zu hoch einschätzt, der etwas Bestimmtes, was man von ihm erwartet oder verlangt, für unter seiner Würde hält; bringt im allgemeinen eine Kritik des Sprechers/Schreibers zum Ausdruck; im Sing. Präs. wird selten auch die Form „deucht" gebraucht: *er dünkt, deucht sich klüger, etwas Besseres.* **halten,** sich für etwas: sich in einer bestimmten Weise einschätzen, über die eigene Person eine bestimmte [übertriebene, häufig allzu positive] Meinung oder Überzeugung hegen; bringt im Vergleich zu „sich dünken" eine vermeintlich sachlichere Haltung zum Ausdruck.

dunstig: (in diesem Sinnbereich) durch ausströmenden, aufsteigenden und sich in der Atmosphäre fein verteilenden Dampf oder Nebel trüb, undeutlich und undurchsichtig [wobei man die Luft als feucht und die Witterung als unfreundlich empfindet]; vgl. Dunst ↑Nebel. **diesig:** ohne klare Sicht; durch Regen, Wind und Kälte naß, trübe, neblig, kühl und unfreundlich; bezeichnet vor allem die durch feinen Wasserdampf oder -staub oder durch tiefliegende Wolken unklare und dunstige Luft. **neb[e]lig:** durch sehr kleine und feine, in der Luft schwebende Wassertröpfchen, die vom Erdboden bei plötzlicher Abkühlung aufsteigen, oder durch sehr tiefliegende Wolken oder Rauch getrübt; kennzeichnet häufig eine die Sicht behindernde Trübung der Atmosphäre in geringer Höhe über der Erdoberfläche, die in der Nähe oft spürbar feucht ist; ↑Nebel.

durchbringen, etwas (ugs.); **verbringen** (landsch.): (in diesem Sinnbereich) Geld, Besitz meist innerhalb sehr kurzer Zeit bedenkenlos in einem verschwenderischen, leichtsinnigen Lebenswandel ausgeben; enthält immer eine Kritik des Sprechers/Schreibers: *sein ganzes Vermögen durchbringen.* **verjubeln,** etwas (ugs.); **verjuxen,** etwas (ugs.): sorglos sein Geld bei irgendwelchen Vergnügungen ausgeben. **verpulvern,** etwas (ugs.): eignes oder fremdes Geld völlig, meist für irgendwelche ergebnislosen Unternehmungen oder wertlosen Dinge verschwenden. **sein/**(auch:) **das Geld auf den Kopf hauen/**(auch:) **kloppen** (salopp): eine Geldsumme leichtfertig und unbekümmert bis auf den letzten Pfennig ausgeben. **sein/**(auch:) **das Geld zum Fenster hinauswerfen/**(auch:) **hinausschmeißen** (ugs.; emotional übertreibend): Geld unüberlegt für Überflüssiges ausgeben, verschwenden; enthält eine Kritik des Sprechers/Schreibers. **verplempern,** etwas (ugs.): (in diesem Sinnbereich) sein Geld planlos hier und da ausgeben, zwar nicht in größeren Summen auf einmal, aber immer für Dinge, für die es sich nicht lohnt, und es so unter der Hand unversehens verbrauchen; enthält Vorwurf und Kritik des Sprechers/Schreibers. **verläppern,** etwas (ugs.): einen Betrag, über den man verfügt, planlos und unbedacht für unnütze Zwecke nach und nach ausgeben: *anstatt sein Geld zu sparen, hat er es für alle möglichen Dinge verläppert.* **verbumfiedeln,** etwas (salopp; landsch.): sein Geld leichtfertig ausgeben, bei Tanz und Gelage verschwenden: *der hat alle seine Ersparnisse verbumfiedelt.* **verprassen,** etwas: sein Geld mit Freude am üppigen Wohlleben für Genüsse verschwenden; enthält die Emotion des Sprechers/Schreibers.

durchführen, etwas: (in diesem Sinnbereich) so, wie das Betreffende geplant wurde, in allen Einzelheiten verwirklichen; etwas nach Anweisung tun und zu Ende führen oder es übernehmen, etwas, was getan werden muß oder soll, in die Tat umzusetzen; richtet im Unterschied zu folgendem „ausführen" den Blick mehr auf die damit verbundene Aktion, die Art und Weise der dazu erforderlichen Tätigkeit als auf das Ergebnis: *ein Vorhaben, einen Plan, Auftrag d.;* vgl. durchführen ↑veranstalten. **ausführen,** etwas: (in diesem Sinnbereich) etwas [Beschlossenes] auftragsgemäß erledigen; betont gegenüber „durchführen" mehr das Ergebnis: *ein Plan, der leider nur teilweise ausgeführt wurde; einen Befehl a.* **erledigen,** etwas: (in diesem Sinnbereich) eine aufgetragene Arbeit, eine Aufgabe, etwas, was getan werden muß, zum Abschluß bringen; betont im Unterschied zu den übrigen Wörtern dieser Gruppe mehr, daß man einer Pflicht oder Verpflichtung genügt: *einen Auftrag, die Formalitäten e.;* ↑schaffen; ↑verwirklichen.

durchkämpfen, sich: sich im Leben gegen starke Widerstände durchsetzen und mit großem Einsatz, ohne sich zu schonen und etwas zu scheuen, mit großer Beharrlichkeit ein bestimmtes Ziel erreichen; betont stärker als das folgende „durchbeißen" die energische, konsequente Zielstrebigkeit. **durchbeißen,** sich (ugs.): verbissen und zäh mit großer Anstrengung alle möglichen [kleineren] Schwierigkeiten und Notlagen durch- und überstehen [und ein bestimmtes Ziel erreichen]; rückt stärker als „durchkämpfen" die Schwierigkeiten und die Mühseligkeit des Weiterkommens in das Blickfeld. **durchboxen,** sich (ugs.): sich mühsam, aber tapfer gegen Widerstand, Härte, Unbill aller Art zur Wehr setzen, ankämpfen und sie überwinden; betont stärker das Sich-zur-Wehr-Setzen; vgl. durchboxen ↑durchsetzen. **durchschlagen,** sich (ugs.); **durchs Leben schlagen,** sich (ugs.): im Lebenskampf mühsam seine Existenz behaupten, so daß man sich unter Umständen gerade über Wasser hält.

durchkreuzen, etwas: durch entsprechende Gegenmaßnahmen machen, daß jmds. Absicht, Plan gestört wird, nicht realisiert werden kann. **vereiteln,** etwas: (in diesem Sinnbereich) dafür sorgen, daß ein Plan, den sich jmd. zurechtgelegt hat, scheitern muß, daß die Absichten eines anderen nicht verwirklicht werden; dabei handelt es sich meist um Pläne oder Absichten, die von anderen für schlecht, schädlich, verwerflich gehalten werden oder die jmd. aus böser Absicht zunichte macht. **einen Strich durch die Rechnung machen,** jmdm. (ugs.): die Verwirklichung eines Planes oder bestimmte Absichten für den Betroffenen überraschend unmöglich machen: *der Regen hat uns einen Strich durch die Rechnung gemacht: mit unserer Wanderung wird nun nichts.* **hintertreiben,** etwas: es im verborgenen darauf anlegen, daß das Vorhaben eines anderen nicht zur Ausführung gelangen kann; etwas, was vorgesehen, geplant war, durch entsprechende Machenschaften, von denen der Betroffene nichts ahnt und nichts ahnen soll, verhindern: *sie versucht, die Heirat ihres Sohnes zu h.* **konterkarieren,** etwas (bildungsspr.): einer Sache entgegenarbeiten, um ihr Zustandekommen zu verhindern: *ein politisches Programm, Maßnahmen k.* **zunichte machen,** etwas: machen, daß etwas, daß an eine Verwirklichung eines Plans o. ä. nicht mehr gedacht werden kann; etwas scheitern lassen; besagt, daß nichts mehr davon bestehen geblieben ist, wobei es sich in der Regel um etwas handelt, was als positiv angesehen wird: *seine plötzliche Krankheit hat unsere Urlaubspläne zunichte gemacht.* **zu Fall bringen,** etwas: (in diesem Sinnbereich) durch entsprechende Anstrengungen bewirken, daß etwas oder die Realisierung von etwas, was zur Ausführung als Plan o. ä. aufgestellt war, aber abgelehnt wurde, in Zukunft nicht mehr als solches existiert: *die Opposition hat diese Pläne zu Fall gebracht;* vgl. verhindern ↑hindern.

durchmachen, etwas (ugs.); **mitmachen,** etwas (ugs.): eine Zeitlang einer schweren körperlichen, seelischen oder wirtschaftlichen Belastung ausgesetzt sein; die Art des Leides wird im allgemeinen nicht näher gekennzeichnet, sondern nur durch einen allgemeinen Hinweis angedeutet: *man darf ihn gar nicht fragen, was er im Gefängnis alles* *durchgemacht hat.* **durchstehen,** etwas: sich eine mehr oder weniger lange Zeit gegen äußere Not und Widerwärtigkeit behaupten, bis schließlich alle Not zu Ende und eine bessere Zeit gekommen ist.

durchsetzen, etwas: etwas Angestrebtes, Erwünschtes u.ä. gegenüber Widerständen und Schwierigkeiten [auf Grund einer Machtstellung, durch ein Machtwort] verwirklichen; bezieht sich auf den Vorgang im allgemeinen [und betont die Machtstellung, die Autorität dessen, der etwas durchsetzt]: *Reformen d.;* vgl. durchsetzen, sich ↑behaupten, sich. **durchdrücken,** etwas (ugs.): etwas Angestrebtes u.ä. mit Kraftaufwand, Hartnäckigkeit und zäher Ausdauer gegenüber stärkeren Widerständen verwirklichen; hebt besonders die Hartnäckigkeit und Zähigkeit hervor; bezieht sich eher auf einzelne, persönliche Dinge: *er hat es durchgedrückt, daß er Urlaub bekommt.* **durchboxen,** etwas (ugs.): etwas Angestrebtes u.ä. gegenüber starken Widerständen mit großem Einsatz verwirklichen; betont stärker die entsprechenden Aktivitäten; vgl. durchboxen, sich, ↑durchkämpfen, sich.

Durst, der (ohne Plural): durch das Bedürfnis, Flüssigkeit aufzunehmen, hervorgerufenes Gefühl; Verlangen, etwas zu trinken. **Brand,** der (ohne Plural; ugs.): (in diesem Sinnbereich) besonders großer [quälender] Durst; hervorgerufen durch scharfes Essen, große Hitze o.ä. **Riesendurst,** der (ohne Plural; emotional verstärkend); **Mordsdurst,** der (ohne Plural; emotional verstärkend): übermäßig großer Durst.

E

ebenbürtig: jmdm. geistig oder körperlich gewachsen; gleich an Können, in der Leistung; enthält Anerkennung: *ein ihm ebenbürtiger Gegner; eine ebenbürtige Leistung.* **kongenial** (bildungsspr.): von gleichem, und zwar hohem Rang; auf hohem Niveau geistig ebenbürtig; in der schöpferischen Leistung vergleichbar: *der Komponist hat in diesem Pianisten eine kongenialen Interpreten gefunden; Text und Musik dieser Oper sind k.; etwas k. nachempfinden.* **gleichwertig:** von gleichem Wert, Niveau: *gleichwertige Gegner; sind die gegenseitigen Konzessionen g.?;* ↑begabt.

Ehefrau, die (Ggs. ↑Ehemann): die mit einem Manne [zur Gründung einer Familie] ehelich verbundene Frau; wird überwiegend in der amtlichen oder kirchlichen Sprache, nicht im alltäglichen Umgangston gebraucht: *Tim Balzer, Sohn des Lehrers Klaus Balzer und dessen E. Brunhilde.* **Frau,** die: (in diesem Sinnbereich) i.S.v. Ehefrau; betont weniger als „Ehefrau" die gesetzmäßige Bindung an einen Mann; hebt in Verbindung mit dem entsprechenden besitzanzeigenden Fürwort die Zusammengehörigkeit mit dem Ehemann hervor; ist das geläufigste und meistgebrauchte Wort, setzt jedoch im Gebrauch, sofern man es dem zugehörigen Ehemann gegenüber anwendet, ein gewisses Bekanntschaftsverhältnis voraus: *meine F. ist verreist; grüßen Sie Ihre F. von mir!;* ↑Frau. **Weib,** das: (in diesem Sinnbereich) i.S.v. Ehefrau; wird aber nur in altertümelnder oder derb-scherzhafter Rede gebraucht: *mein W. hat mir keine Ruhe gelassen, ich mußte mitgehen;* sonst noch in feststehenden Redewendungen: *er hat W. und Kind verlassen;* vgl. Weib ↑Frau. **Gattin,** die (geh.): i.S.v. Ehefrau; wird überwiegend im gesellschaftlichen Umgangston gebraucht und nur mit positiven Beiwörtern in Verbindung gebracht; die Bezeichnung wird nur auf die Ehefrau eines anderen angewandt: *der Direktor erschien in Begleitung seiner G.* **Gemahlin,** die (geh.): i.S.v. Ehefrau; ist eine Bezeichnung, die vorwiegend auf die Frau aus der gehobenen Gesellschaftsschicht angewandt wird; hat nahezu feierlichen Klang und ist im wesentlichen Schriftwort; wird nicht in bezug auf die eigene Ehefrau gebraucht und klingt – auch im höflichen Umgangston der Gesellschaft, häufig mit dem vorgestellten „Frau" – leicht gespreizt: *ich höre, Ihre Frau G. ist nach Griechenland gereist?* **Lebensgefährtin,** die (geh.): **a)** i.S.v. Ehefrau; wird öfter in der Rückschau auf das Leben eines [bedeutenden] Menschen (z.B. in einer Biographie, einem Nachruf u.ä.) gebraucht: *diese Frau war die ideale L.*

des eigenwilligen Komponisten; **b)** eine Frau, die mit einem Manne zusammenlebt, ohne mit ihm gesetzlich verbunden zu sein: *nach 20 Jahren heiratete er seine L. schließlich doch noch.* **Lebenskameradin,** die (geh.); **Lebenskamerad,** der (geh.): i. S. v. Lebensgefährtin; wird im allgemeinen dann gebraucht, wenn von einer Frau die Rede ist, die ihrem Lebensgefährten auch in schlechten Zeiten zur Seite steht, ihm hilft, besondere Schwierigkeiten zu überwinden: *sie war ihm in allen Fährnissen des Lebens eine treue Lebenskameradin.* **Ehegespons,** das (scherzh.): i. S. v. Ehefrau. **bessere Hälfte,** die (fam.; scherzh.): die [von ihrem Ehemann] mit gutmütigem Spott als der wertvollere und liebenswertere Teil der Ehegemeinschaft bezeichnete Ehefrau. **Alte,** die (derb); **Olle,** die (derb; landsch.); **Ol[l]sche,** die (derb; landsch.): (in diesem Sinnbereich) i. S. v. Ehefrau; wird in burschikos-familiärer Rede meist von der eigenen Ehefrau gesagt. **Ehedrache,** der (verächtlich); **Hausdrache,** der (verächtlich); **Xanthippe,** die (verächtlich): Ehefrau, die durch ihr [aufbrausend] zänkisches, streitsüchtiges, unverträgliches Wesen ihrem Mann das Leben in der Ehe, zu Hause schwermacht.

Ehemann, der (Ggs. ↑Ehefrau): der mit einer Frau [zur Gründung einer Familie] ehelich verbundene Mann; wird überwiegend in der amtlichen oder kirchlichen Sprache, im allgemeinen nicht im alltäglichen Umgangston gebraucht. **Mann,** der: (in diesem Sinnbereich) i. S. v. Ehemann; betont weniger als „Ehemann" die gesetzmäßige Bindung an eine Frau; hebt in Verbindung mit dem entsprechenden besitzanzeigenden Fürwort die Zusammengehörigkeit mit der Ehefrau hervor; ist das geläufigste und meistgebrauchte Wort, setzt jedoch im Gebrauch, sofern man es der zugehörigen Ehefrau gegenüber anwendet, ein gewisses Bekanntschaftsverhältnis voraus; ↑Mann. **[Ehe]gatte,** der (geh.): i. S. v. Ehemann; wird überwiegend im gesellschaftlichen Umgangston gesagt und nur mit positiven Beiwörtern in Verbindung gebracht; die Bezeichnung wird nur auf den Ehemann einer anderen Frau, nicht auf den eigenen angewandt: *dürfen wir Sie mit Ihrem Gatten morgen abend erwarten?* **[Ehe]gemahl,** der (geh.): i. S. v. Ehemann; die Bezeichnung wird meist auf einen männlichen Angehörigen der gehobenen Gesellschaftsschicht angewandt, hat nahezu feierlichen Klang und ist im wesentlichen Schriftwort; wird nicht in bezug auf den eigenen Ehemann gebraucht und klingt – auch im höflichen Umgangston, häufig mit dem vorgestellten „Herr" – leicht gespreizt: *grüßen Sie Ihren Herrn Gemahl!* **Lebensgefährte,** der (geh.): **a)** i. S. v. Ehemann; wird öfter in der Rückschau auf das Leben eines [bedeutenden] Menschen (z. B. in einem Nachruf, einer Biographie o. ä.) gebraucht: *er mag wohl nicht der ideale L. dieser eigenwilligen Schauspielerin gewesen sein;* **b)** ein Mann, der mit einer Frau zusammenlebt, ohne mit ihr gesetzlich verbunden zu sein. **Lebenskamerad,** der (geh.): i. S. v. Lebensgefährte; wird öfter dann gebraucht, wenn von einem Mann die Rede ist, der seiner Lebensgefährtin auch in schlechten Zeiten zur Seite steht, ihr hilft, besondere Schwierigkeiten zu überwinden: *sie hat den besten Lebenskameraden bekommen, den sie sich hat wünschen können;* vgl. Lebenskamerad ↑Ehefrau. **Herr und Gebieter,** der (scherzh.; iron.): i. S. v. Ehemann. **Ehegespons,** der (scherzh.): i. S. v. Ehemann; wird öfter dann gebraucht, wenn in gutmütigem Spott die eheliche Verbundenheit eines Mannes erwähnt wird; vgl. Ehegespons ↑Ehefrau. **bessere Hälfte,** die (fam.; scherzh.): der [von seiner Ehefrau] mit gutmütigem Spott als der liebenswertere und wertvollere Teil der Ehegemeinschaft bezeichnete Ehemann; vgl. bessere Hälfte ↑Ehefrau. **Göttergatte,** der (scherzh.): i. S. v. Ehemann. **Alte,** der (derb); **Olle,** der (derb; landsch.): (in diesem Sinnbereich) i. S. v. Ehemann; wird in burschikos-familiärer Redeweise meist auf den eigenen Ehemann angewandt; vgl. Alte, Olle ↑Ehefrau. **Ehekrüppel,** der (derb; abwertend): i. S. v. Ehemann. **Pantoffelheld,** der (verächtlich): Ehemann, der sich von seiner Frau beherrschen läßt, sich seiner Frau gegenüber nicht durchsetzen kann und es nicht wagt, seiner Frau gegenüber energisch aufzutreten. **Haustyrann,** der (verächtlich): herrschsüchtiger Ehemann.

ehren, jmdn. mit/(auch:) durch etwas: (in diesem Sinnbereich) jmdm. durch einen besonderen Gunstbeweis die ihm gegenüber empfundene Hochschätzung zeigen. **auszeichnen,** jmdn. mit/(auch:) durch etwas: (in diesem Sinnbereich) jmdn. als Ausdruck der ihm gegenüber empfundenen Hochschätzung durch einen besonderen Gunstbeweis ehrend vor anderen hervorheben; drückt wie „ehren" eine besondere Bewunderung aus, betont aber darüber hinaus die besondere Stellung, in die der Ausgezeichnete gelangt.

ehrlos: ohne Ehrgefühl; ohne das Achten auf die eigene Würde; wird von Personen, ihren Handlungen, Motiven o. ä. gesagt und drückt weniger deren objektives Sosein als eine [emotional gefärbte] moralische Verurteilung durch den Sprecher/Schreiber aus:

ein ehrloser Mensch; seine Handlungsweise war e.; eine ehrlose Gesinnung. **verächtlich:** (in diesem Sinnbereich) Verachtung verdienend; betont im Unterschied zu „ehrlos" stärker, daß der Sprecher/Schreiber einen Menschen, eine Handlung o.ä. nicht nur moralisch verurteilt, sondern anprangern will: *eine verächtliche Gesinnung; verächtliche Mittel anwenden; er nannte ihn einen niedrigen und verächtlichen Betrüger.* **verachtenswert; verachtungswert; verachtungswürdig:** i.S.v. verächtlich; ↑verächtlich.

Eid, der: unter Beachtung bestimmter Formvorschriften feierlich geleistete Versicherung der Richtigkeit einer gemachten oder zu machenden Aussage oder der Unverbrüchlichkeit eines Versprechens; wird vor Gericht und in manchen Berufen gefordert und als Formalität offiziell geleistet. **Schwur,** der: (in diesem Sinnbereich) feierliche Beteuerung, daß etwas, was man aussagt, der Wahrheit entspricht oder daß ein Versprechen unverbrüchlich gehalten werden wird; im Unterschied zum offiziellen „Eid" ist der Schwur heute eine in entscheidenden Augenblicken und schwerwiegenden Angelegenheiten freiwillig und spontan geleistete Beteuerung (meist als feierliches Versprechen) gegenüber anderen oder sich selbst und bringt dementsprechend mehr den persönlichen Ernst und die persönliche Entschiedenheit zum Ausdruck. **Gelübde,** das: ein feierliches, Gott oder sich selbst gegebenes Versprechen, in dem man eine bestimmte [sittlich gute] Tat oder Leistung zu vollbringen gelobt [und dafür eine Gegenleistung erwartet]. **Versprechen,** das: die feste Versicherung, daß etwas, was der andere wünscht oder fordert, getan wird: *jmdm. ein V. abnehmen.*

eigennützig (Ggs. ↑uneigennützig): auf das persönliche Wohl und den persönlichen Vorteil bedacht, dem persönlichen Wohl und dem persönlichen Vorteil dienend; enthält, wie alle Wörter dieser Gruppe, im allgemeinen eine negative moralische Wertung; wird selten auf Personen selbst, sondern vorwiegend auf ihre Handlungen und deren Beweggründe bezogen. **selbstsüchtig:** rücksichtslos nach der Befriedigung eigener Bedürfnisse strebend und ausschließlich auf das persönliche Wohl und den persönlichen Vorteil bedacht; wird auf Personen, ihre Handlungen und deren Beweggründe bezogen. **selbstisch** (geh.; veraltend): i.S.v. selbstsüchtig; wird im allgemeinen nur attributiv verwendet: *sein Vater war ein selbstischer und rechthaberischer Mann.* **egoistisch:** eigennützig oder selbstsüchtig, nur an sich denkend; ohne Rücksicht auf die Belange anderer; wird auf Personen, ihre Handlungen und deren Beweggründe bezogen. **egozentrisch** (bildungsspr.): die eigene Person in den Mittelpunkt seines Denkens und Handelns stellend, alles auf sich beziehend; enthält Kritik: *er ist sehr e.;* ↑unbarmherzig.

eigensinnig: auf seinem Willen beharrend, sich von einer einmal gefaßten Meinung [selbst gegen besseres Wissen] nicht abbringen lassend, und zwar speziell aus Trotz, aus Ungehorsam oder aus einer Laune heraus; enthält, wie alle Wörter dieser Gruppe, einen Vorwurf. **starrsinnig** (abwertend); **starrköpfig** (abwertend): fest auf seinem Willen beharrend, [trotz stichhaltiger Gegengründe oder vernünftiger Vorschläge anderer] fest auf seiner Meinung beharrend; häufig speziell aus Mangel an Anpassungsfähigkeit oder an geistiger Beweglichkeit; bezeichnet im Gegensatz zu „eigensinnig" nicht so sehr das Verhalten in einer bestimmten Situation, sondern die Wesensart eines Menschen. **halsstarrig** (abwertend): unbeugsam und unnachgiebig auf seinem Willen, seiner Meinung beharrend. **dickköpfig** (ugs.; abwertend): unnachgiebig auf seinem Willen beharrend, sich allen Überzeugungs- oder Einlenkungsversuchen widersetzend, bei seiner Meinung beharrend, und zwar speziell aus Trotz. **dickschädelig** (ugs.; abwertend): stur auf seinem Willen, bei seiner Meinung beharrend: *der Bürgermeister lehnte es ab, mit dem dickschädeligen Bauern zu verhandeln.* **rechthaberisch** (abwertend): von der Richtigkeit seiner Meinung überzeugt, bei ihr beharrend und sie verfechtend; seine Meinung immer als die richtige betrachtend und verfechtend. **obstinat** (bildungsspr.): widerspenstig und unbelehrbar; ↑beharrlich, ↑trotzig.

eignen, etwas eignet jmdm./einer Sache (geh.): etwas gehört als charakteristisches, jedoch nicht auffälliges Merkmal oder Eigenart zu jmdm./etwas, haftet ihm an; wird im allgemeinen auf Eigenschaften bezogen, die man als wesentlich oder als entscheidend hervorheben will: *den Geranien eignet ein ganz sonderbarer herber Duft.* **eigen sein,** etwas ist jmdm./einer Sache eigen (geh.): etwas gehört als unabänderliche oder unvermeidliche Eigenschaft, Eigenart jmdm./einer Sache zu; bezieht sich nicht unbedingt, wie „eignen", auf mehr oder weniger verborgene wesentliche oder entscheidende Eigenschaften, sondern betont mehr, daß man bei jmdm. oder etwas mit der bewußten Eigenschaft von vornherein rechnen kann: *Geschwätzigkeit ist dem Alter eigen.* **eigentümlich sein,** etwas ist jmdm./einer Sache eigentümlich (selten): etwas bildet eine ganz besondere, meist fremd anmutende Eigenschaft, Eigenart [Eigentümlichkeit] von jmdm. oder etwas: *Frau X. war ein Lachen eigentümlich, das halb wie Kichern, halb wie Schluchzen klang.*

Eile, die (ohne Plural): das Bestreben, möglichst schnell etwas (z. B. einen Zweck, ein Ziel) zu erreichen, mit einer Sache fertig zu werden; im allgemeinen sind Zeitmangel oder das Streben nach Zeitersparnis der Grund zur Eile: *ich habe in großer E. meine Sachen zusammengepackt;* ↑eilig. **Hast,** die (ohne Plural): aus der [unbegründeten] Befürchtung heraus, nicht genügend Zeit zu haben, aus übergroßem Eifer oder aus innerer Unruhe oder Aufregung entspringendes Bestreben, etwas schnell zu tun oder zu erreichen; überstürzte Eile: *in wilder, sinnloser H.*

eilig: (in diesem Sinnbereich) vom Bewußtsein, nur wenig Zeit für die Erreichung einer Absicht zu haben, zur Schnelligkeit angetrieben, diesen Zustand anzeigend; bezieht sich wie alle Wörter dieser Gruppe auf den Menschen, auf seine körperlichen Bewegungen; betont wie die folgenden Wörter, mit Ausnahme von „hastig", das Bestreben, die Zielstrebigkeit des Tuns: *er verschmäht Aufzug und Paternoster und geht e. die Treppe hinauf.* **eilends** (geh.): aus bestimmten Gründen den Aufenthalt an einem Ort vermeidend oder abkürzend, eilig weiterstrebend; wird nur prädikatbezogen gebraucht: *sie verließen e. das Gebäude.* **in größter/**(auch:) **höchster Eile:** vom Bewußtsein, äußerst wenig Zeit für die Erreichung einer Absicht zu haben, zur äußersten Schnelligkeit angetrieben; wird, wie die folgende Wendung, nur prädikatbezogen und subjektbezogen gebraucht: *sie raffte in höchster Eile alles zusammen und floh.* **in fliegender/**(auch:) **rasender Eile:** i. S. v. in größter Eile; rückt stärker als die vorstehenden Wörter dieser Gruppe den psychischen Zustand der Aufregung in das Blickfeld: *in rasender Eile warfen sie ihre Kleidungsstücke in die Koffer.* **hastig:** aus Aufregung und Unruhe heraus zur Schnelligkeit angetrieben, diesen Zustand anzeigend; betont weniger die Zielstrebigkeit als vielmehr, wie die folgende Wendung, den [vom Sprecher/Schreiber negativ beurteilten] psychischen Zustand innerer Ruhelosigkeit: *er wusch sich h.* **mit fliegender Hast:** aus höchster Aufregung und Unruhe heraus zur größten Schnelligkeit angetrieben; wird nur prädikatbezogen gebraucht; ↑kurzerhand, ↑schnell.

einarbeiten, jmdn.: jmdn. an einem neuen Arbeitsplatz mit seiner neuen Arbeit vertraut machen, ihm zeigen, was er zu tun hat und wie er es ausführen soll. **anlernen,** jmdn.: jmdm., der in einer bestimmten Tätigkeit noch keinerlei Erfahrung hat, allmählich die dafür nötigen Kenntnisse oder Handgriffe beibringen; es handelt sich dabei meist um Arbeiten, die eine gewisse manuelle Geschicklichkeit erfordern. **ausbilden,** jmdn.: durch Vermittlung von Kenntnissen, Fertigkeiten auf einen bestimmten Beruf vorbereiten: *Lehrlinge, mehr Techniker a.* **einweisen,** jmdn.: jmdm. an einem neuen Arbeitsplatz die nötigen Erklärungen zu seiner Arbeit und seinem Tätigkeitsfeld geben. **einführen,** jmdn.: jmdn. an einem neuen Arbeitsplatz mit seinem neuen Arbeitsgebiet bekannt machen; klingt höflicher und respektvoller als das sachliche „einweisen"; wird oft dann gebraucht, wenn es sich um die Neubesetzung einer höheren Stelle handelt. **anleiten,** jmdn.: einem Neuling auf irgendeinem Gebiet nützliche Hinweise und Erklärungen geben, wie er die Arbeit verrichten soll; ↑Ausbildung.

einäschern, jmdn. (geh.): einen Leichnam im Krematorium verbrennen [und die Asche in einer Urne beisetzen]; bezeichnet eine Bestattungsform. **verbrennen,** jmdn.: (in diesem Sinnbereich) i. S. v. einäschern; wird hauptsächlich dann verwendet, wenn man diese Art der Bestattung von einer anderen abheben will: *er möchte verbrannt werden.* **kremieren,** jmdn. (bildungsspr.; selten): i. S. v. einäschern; bezieht sich im Unterschied zu den übrigen Wörtern mehr sachlich auf den Vorgang, die Art der Bestattung; ↑begraben.

einberufen, jmdn.: jmdn. amtlich auffordern, seine Wehrpflicht zu erfüllen: *zu den Herbstmanövern wurden auch Reservisten e.* **einziehen,** jmdn.; **ziehen,** jmdn. (ugs.): (in diesem Sinnbereich) i. S. v. einberufen; alltagssprachlich, nicht amtssprachlich: *ein neuer Jahrgang wird eingezogen.* **ausheben,** jmdn. (veraltend): i. S. v. einberufen. **zu den Waffen rufen,** jmdn. (geh.): jmdn. zum Kriegsdienst einberufen. **mobil machen:** bei Kriegsausbruch das Heer in den Kriegszustand versetzen und Wehrfähige zum Waffendienst einberufen: *die Regierung ließ wenige Stunden nach der Kriegserklärung mobil machen.* **zu den Fahnen rufen,** jmdn. (geh.): i. S. v. einberufen; klingt pathetisch; ↑Soldat [sein].

Einbildung, die: (in diesem Sinnbereich) eine durch eine lebhafte, unter Umständen krankhafte Phantasie hervorgerufene, falsche Vorstellung, der keine Realität entspricht: *seine Krankheit ist bloß E.* **Illusion,** die (meist Plural): eine beschönigende, dem

Wunschdenken entspringende Selbsttäuschung über einen in Wirklichkeit nicht existierenden Sachverhalt; idealisierte oder falsche, aber positive Vorstellung von der Wirklichkeit; nicht erfüllbare Wunschvorstellung oder Erwartung, die subjektiv als realisierbar erlebt wird: *auch Illusionen sind eine Realität, die das Leben schön machen können; ich gebe mich in dieser Sache keinen Illusionen hin.* **Wahn,** der (ohne Plural): eine falsche, trügerische Vorstellung, die sich jmd. von etwas macht; ein Trugbild, das sich in seinem Geiste festgesetzt hat und ihm den Blick für die Tatsachen verstellt: *er lebt in dem W., er könne von seiner Krankheit noch einmal genesen.* **Hirngespinst,** das (meist Plural; abwertend): ein abstruser Gedanke, eine abwegige Idee; etwas, was gänzlich irreal ist. **Luftschloß,** das (meist Plural): etwas besonders Schönes, Wünschenswertes, was man sich mit viel Phantasie und bis in die Einzelheiten ausmalt; Pläne, die man schmiedet, von denen man aber weiß, daß sie sich nicht verwirklichen lassen werden. **Utopie,** die: **a)** eine Gedankenkonstruktion, insbesondere ein im Geiste konzipierter, idealer Zustand menschlichen Zusammenlebens, der unrealisierbar scheint: *die Idee der Menschheitsverbrüderung ist bisher leider eine U. geblieben; nach einer konkreten U. von der Gesellschaft von morgen suchen;* **b)** ein Plan, eine Idee, die unter den gegebenen Umständen als unrealisierbar gelten muß: *bei diesen Voraussetzungen ist es eine U., anzunehmen, daß bald eine Einigung der Gesprächspartner zustande kommen wird;* ↑überspannt.

einbrechen: in der Absicht zu stehlen, sich gewaltsam und unbefugt Zutritt zu einem fremden Raum, Gebäude o.ä. zu verschaffen; rückt stark den bestimmten Zweck in das Blickfeld. **einen Einbruch begehen/** (auch:) **ausführen/verüben** (nachdrücklich); **Bruch machen** (Jargon): i.S.v. einbrechen; rückt stärker als „einbrechen", das den Vorgang nennt, die Tat – den Einbruch – in das Blickfeld; „begehen" stellt eher sachlich den Tatbestand fest, der bei „verüben" – zumeist auf schwerwiegende Fälle bezogen – stärker als Verbrechen gekennzeichnet wird, während „ausführen" den zugrunde liegenden Plan ins Blickfeld rückt. **einsteigen:** (in diesem Sinnbereich) durch üblicherweise nicht als Eingang benutzte Zugänge (Fenster, Balkon o.ä., die man erklettert) unbefugt ein fremdes Gebäude, einen Raum betreten, um etwas zu stehlen. **eindringen:** (in diesem Sinnbereich) sich gewaltsam und unbefugt Zutritt zu einem fremden Raum verschaffen; rückt stärker den Vorgang des In-das-Haus-Kommens in den Vordergrund. **ein Auto aufbrechen:** in ein verschlossenes Auto gewaltsam eindringen, um daraus etwas zu stehlen; ↑bestehlen, ↑rauben, ↑stehlen.

eindämmen, etwas: ein allgemeines Übel, ein Unwesen oder ein nicht erwünschtes Geschehen, das man nicht völlig verhindern kann, durch geeignete Maßnahmen auf ein erträgliches Maß einschränken: *das Bandenunwesen, die Prostitution e.* **steuern,** einer Sache (Dativ) (geh.): einem Übel, einem Unwesen erfolgreich entgegenwirken, es dem eigenen Wollen entsprechend beeinflussen: *der Not, dem Mangel, der Verwahrlosung, der Sittenlosigkeit zu steuern suchen.* **Einhalt gebieten,** einer Sache (Dativ) (geh.): ein Übel, ein als gefährlich betrachtetes Geschehen energisch bekämpfen und dadurch verhindern, daß es sich weiter ausbreitet: *dem unlauteren Treiben, einer Feuersbrunst Einhalt gebieten;* ↑ranhalten, ↑hemmen, ↑hindern, ↑unterbinden.

eindringen: (in diesem Sinnbereich) als Feind [mit militärischer Macht] in ein Gebiet vorstoßen. **einfallen:** plötzlich und überraschend als Feind in ein Land eindringen, es überrumpeln; ↑erobern.

eindrucksvoll: einen nachhaltigen, tiefen Eindruck bewirkend, hinterlassend, hervorrufend: *der Theaterabend war sehr e.* **beeindruckend:** i.S.v. eindrucksvoll; durch die Partizipialform wird stärker noch das Moment der Dauer, der Vorgang als solcher betont: *er führte sehr b. vor, wie man die neue Technik einsetzen kann.* **imponierend:** einen großen, nachhaltigen Eindruck machend; auf Grund seiner Haltung oder Leistung Achtung oder Bewunderung einflößend und andere für sich einnehmend: *eine imponierende Leistung.* **imposant** (bildungsspr.): durch Bedeutsamkeit oder Ungewöhnlichkeit der äußeren Erscheinung, durch Größe oder Stattlichkeit ins Auge fallend, einen bedeutenden Eindruck hinterlassend; während „imponierend" stärker das verbale Geschehen, die Wirkung kennzeichnet, charakterisiert „imposant" den momentanen Eindruck und das Aussehen: *ein imposanter Anblick.* **bemerkenswert, beachtenswert:** so beschaffen, daß es sich lohnt, sich damit zu beschäftigen. **beachtlich, respektabel** (bildungsspr.), **anerkennenswert:** Respekt, Anerkennung verdienend auf Grund seiner Beschaffenheit. **bedeutend:** von außerordentlicher künstlerischer oder wissenschaftlicher Qualität: *ein bedeutendes Buch;* ↑bedeutsam, ↑grell, ↑instruktiv.

Einfall, der: Gedanke zur Ausführung von etwas, der jmdm. plötzlich in den Sinn kommt: *das war ein glänzender E.; wer hat denn einen guten E. für die Festschrift?* **Gedanke,** der: etwas Gedachtes, etwas was aus Denken hervorgegangen ist, was man sich denkend vorstellt; da es sich hier um einen Denkprozeß handelt, werden mit „Gedanke" auch Verben, Adjektive usw. verbunden, die bei „Einfall" nicht möglich sind: *kritische Gedanken; auf einen Gedanken kommen; ein G. durchzuckte ihn; sich seine Gedanken machen; Gedanken austauschen; das ist mir ein schrecklicher G.; sich an einen Gedanken gewöhnen; der G. des ewigen Friedens; das ist ein grandioser G., wir gehen heute mal ins Kino.* **Idee,** die: geistreicher Einfall, schöpferischer, genialer Gedanke; Vorstellung von etwas auf der Stufe höherer Abstraktion; meistens Ausdruck eines beweglichen und phantasievollen Geistes; häufig die Krönung oder der zur Vollendung führende Abschluß einer Sache, nach dem man unter Umständen gesucht hat: *für eine politische I. eintreten, kämpfen; eine I. entwickeln, verwerfen; Ideen muß man haben!; das ist eine gute/die I.!* **Eingebung,** die: plötzliche Erkenntnis, mühelos auftauchender Gedanke, der jmds. Denken oder Tun entscheidend beeinflußt; den Ursprung der Anregung dazu sucht man im allgemeinen außerhalb seiner selbst, meistens im übersinnlichen Bereich. **Erleuchtung,** die: plötzliche Klärung oder Erhellung des Geistes, so daß Probleme, Fragen o.ä. mit einem Male eine Lösung finden; Erkenntnisse, die zuweilen an Offenbarungen grenzen, lassen jmdn. etwas vorher Unbegreifliches plötzlich verstehen und können unter Umständen sein Handeln oder seine Verhaltensweise entscheidend wandeln; den Ursprung einer Erleuchtung glaubt man oft bei einer überirdischen Macht suchen zu müssen. **Geistesblitz,** der (ugs.; scherzh.): guter, nützlicher, kluger Gedanke, der jmdm. blitzartig kommt; im allgemeinen scherzhaft gebraucht, wobei der Inhalt des Gedankens zwar meistens ernst und wichtig ist, die Umstände aber, unter denen er [und die Tatsache, daß er] gekommen ist, leicht ironisiert werden: *er erkundigte sich, ob einer der anderen in der Zwischenzeit einen G. gehabt habe.* **Intuition,** die (bildungsspr.): gefühlsmäßige, aber geistig motivierte, unmittelbare, aus einer Ahnung, von innen heraus entstehende Erkenntnis, die eine Handlung leitet. **Inspiration,** die (bildungsspr.): schöpferischer Einfall, erhellende Idee, die jmdn. – besonders bei einer geistig-künstlerischen Tätigkeit – weiterführt; die Anregung kann von Dingen, Menschen, Erlebnissen ausgehen.

einfarbig (Ggs. mehrfarbig): nur eine Farbe habend: *das Buch hatte einen einfarbigen Schutzumschlag.* **uni** (Ggs. bunt): i. S. v. einfarbig; wird jedoch meist auf Textilien angewandt: *ist der Stoff gemustert oder u.?* **farbig:** (in diesem Sinnbereich) [an der Oberfläche] eine Farbe aufweisend; bildet den Gegenbegriff zu Schwarz-Weiß oder zu den unbunten Farben Schwarz, Weiß oder Grau: *sie wollte kein Weiß mehr tragen, es mußten immer farbige Kleider sein;* vgl. farbig ↑bunt.

eingreifen [in etwas]: handelnd auf ein Geschehen Einfluß nehmen; einen Vorgang, den man zunächst nur beobachtet hatte, tatkräftig in einer bestimmten Weise zu beeinflussen suchen: *die Polizei mußte e.; in einen Streit, Konflikt, in eine Diskussion e.; helfend e.* **einschreiten** [gegen etwas]: auf etwas hemmend einwirken, nicht dulden, daß etwas, womit man nicht einverstanden ist, ungestört seinen Fortgang nimmt; in eine Angelegenheit verhindernd, bremsend, eindämmend eingreifen, dagegen vorgehen: *es ist an der Zeit einzuschreiten; gegen Lärm, eine Demonstration e.* **dazwischentreten:** sich zwischen zwei miteinander streitende Parteien stellen, um den Streit zu schlichten oder um wenigstens zu verhindern, daß der Streit größere Ausmaße annimmt. **einschalten,** sich [in etwas] (ugs.): aus irgendeinem Grund – oft mit Worten – in eine fremde Angelegenheit – häufig in ein Gespräch, eine Diskussion, eine Streitfrage – eingreifen: *als ihr Streit zu heftig wurde, schaltete sich ein Freund ein.* **für Ordnung sorgen:** machen, daß geordnete Verhältnisse herrschen. **Einfluß nehmen auf etwas:** auf Grund seiner Position die ihm zur Verfügung stehenden Möglichkeiten nutzen, um darauf hinzuwirken, daß etwas in seinem Sinne verläuft, sich entwickelt; vorgehen ↑bekämpfen; ↑bereinigen, ↑einmischen.

einheimisch (Ggs. ↑fremd): in diesem Ort, in diesem Land wohnend und auch dort geboren, dazu gehörend; wird, wie die übrigen Wörter dieser Gruppe, nicht prädikatbezogen gebraucht: *die einheimische Bevölkerung.* **ansässig:** an einem bestimmten Ort seinen Wohnsitz habend, dort fest, schon lange wohnend: *seit vielen Jahren in dem Ort a. sein; die in Berlin ansässigen Ausländer.* **eingesessen** (selten): seit längerem an einem Ort ansässig; betont, daß der Betreffende mit den Verhältnissen und Lebensgewohnheiten des Ortes vertraut ist. **alteingesessen:** schon seit langem an einem Ort ansässig; wird häufig auf Familien bezogen und betont, daß diese mit dem Leben [und der Geschichte] des Ortes und der Umgebung eng verbunden sind; enthält eine positive Bewertung von seiten des Sprechers/Schreibers: *alteingesessene Familien; ein alteingesessenes Handelshaus.* **wohnhaft** (Verwaltungsspr.): an einem bestimmten Ort wohnend, seine Wohnung dort habend: *ich bin w. in Mainz.*

einholen, jmdn./etwas: jmdm. oder etwas folgen und schließlich auf gleiche Höhe mit ihm kommen: *atemlos holte ich meinen Bruder kurz vor der Kreuzung ein.* **noch erreichen,** jmdn./etwas: (in diesem Sinnbereich) den Vorsprung, den jmd. oder etwas hat, aufholen und zu ihm gelangen; besagt, daß auch Kontakt aufgenommen werden soll: *ich erreichte ihn gerade noch, bevor er in den Bus stieg.*

einlassen, jmdn.: jmdm., der Einlaß begehrt und dem man den Zugang zu einem Innenraum aufschließt, den Eingang freigeben, um den Betreffenden hereinkommen zu lassen: *in kleinen Gruppen wurden die Besucher ins Museum eingelassen.* **öffnen,** jmdm.: jmdm., der Einlaß begehrt, Haus- oder Wohnungstür aufschließen [um ihn eintreten zu lassen]: *als wir geklingelt hatten, öffnete uns der neue Hausmeister.* **aufmachen,** jmdm. (ugs.): i. S. v. öffnen; wird öfter in Aufforderungen gebraucht: *nun mach mir doch endlich auf!*

einmischen, sich [in etwas]: **a)** sich redend oder handelnd an etwas beteiligen, womit man eigentlich nichts zu tun hat; sich um fremde Angelegenheiten kümmern; enthält oft den Vorwurf, daß man unberechtigter- oder unnötigerweise in die Angelegenheiten anderer eingreift: *sich in ein Gespräch e.;* **b)** sich als engagierter, bewußter Bürger um Dinge kümmern, die das öffentliche Leben betreffen, seine Kritik an Fehlentwicklungen o. ä. äußern und Einfluß zu nehmen versuchen: *wir müssen uns einmischen, wenn es um Tiefflüge geht.* **einmengen,** sich [in etwas] (ugs.); **mengen,** sich in etwas (ugs.): i. S. v. sich einmischen a); wird aber seltener verwendet; betont noch mehr das unerwünschte und aufdringliche Eingreifen in fremde Angelegenheiten; ↑eingreifen.

einprägen, jmdm. etwas: (in diesem Sinnbereich) etwas durch wiederholtes eindringliches Hinweisen oder Lehren in jmds. Verstand oder Gedächtnis fest verankern: *er hat diesem Volke das Bewußtsein tiefster Verantwortung einzuprägen versucht.* **einschärfen,** jmdm. etwas (ugs.): jmdn. eindringlich und mit allem Nachdruck zur Befolgung einer Vorschrift, zu einem bestimmten Verhalten anhalten, seine Aufmerksamkeit wachrufen, um ihn dadurch vor einer Gefahr o. ä. zu bewahren: *ich habe ihm immer wieder eingeschärft, mit keinem mitzugehen.* **einhämmern,** jmdm. etwas (ugs.): immer wieder, fortgesetzt mit nachdrücklichen oder drohenden, groben Worten auf jmdn. einwirken mit dem Ziel, daß der Betreffende das Gesagte fest in sein Bewußtsein aufnimmt, stets daran denkt und in seinem Denken und Handeln dementsprechend verfährt. **einbleuen,** jmdm. etwas (salopp): jmdm., hauptsächlich Kindern etwas, ein Gebot oder Verbot, eindringlich einschärfen, indem man es ihnen – unter Umständen unter Strafandrohung oder mit Schlägen – wiederholt mit großem Nachdruck vor Augen stellt: *sie hat den Kindern eingebleut, sich nichts von fremden Leuten schenken zu lassen;* ↑lehren.

einschlafen (Ggs. ↑aufwachen): (in diesem Sinnbereich) aus dem Wachzustand in den Zustand des Schlafens eintreten; es ist das allgemeinste Wort und kann sowohl auf das gewünschte als auch auf das unbeabsichtigte Einschlafen bezogen werden: *er schläft sehr schlecht ein.* **einnicken** (fam.): über einer Tätigkeit [im Sitzen], meist für kurze Zeit, vom Schlaf übermannt werden: *er ist beim Zeitungslesen eingenickt.* **einschlummern** (geh.), **entschlummern** (geh.): sanft und ruhig einschlafen. **eindru[s]seln** (fam.; landsch.), **eindusseln** (fam.; landsch.): während man irgendwo, meist ohne eine bestimmte Tätigkeit, sitzt, allmählich schläfrig werden, dem Schlafbedürfnis nachgeben und für kurze Zeit schlafen, in Halbschlaf fallen: *bei der gleichförmigen Bewegung des Zuges druselte er langsam ein.* **einpennen** (salopp): i. S. v. einschlafen; wird meist auf das unbeabsichtigte Einschlafen bezogen und oft auch abwertend gebraucht: *mitten bei der Arbeit ist er eingepennt.* **eindösen** (ugs.): [beim Lesen oder während man in Gedanken ist] in Halbschlaf fallen, vor sich hin träumen und alles, was um einen herum vorgeht, nur noch flüchtig wahrnehmen. **in Schlaf sinken/fallen; in Morpheus Arme sinken/fallen** (bildungsspr.): vor Müdigkeit überwältigt einschlafen; ↑schlafen.

einschmeicheln, sich: durch wiederholtes schmeichlerisches Reden und Tun jmds. Gunst gewinnen. **anbiedern,** sich: auf plumpe Weise den Kontakt mit jmdm., der meist sozial höhergestellt ist, suchen; ↑hofieren, ↑kriechen, ↑schmeicheln; ↑unterwürfig.

einschränken, sich: aus einer Zwangslage heraus, um etwas zu erübrigen, die Ausgaben für den Lebensunterhalt klein halten, sich mit wenigem begnügen. **den Gürtel [ein Loch] enger schnallen** (ugs.): die Ausgaben für die täglichen Bedürfnisse einschränken, sie unter das normale Maß herunterschrauben und Entbehrungen auf sich nehmen. **krumm legen,** sich (ugs.): die Ausgaben für den Lebensunterhalt so niedrig wie möglich halten, sehr einschränken, um einen Teil seines Einkommens für einen anderen Zweck, der unter der Voraussetzung besonderer Sparsamkeit erreichbar ist, zu erübrigen; ↑haushalten, ↑sparen; ↑genügsam.

Einschränkung, die: (in diesem Sinnbereich) eine Grenze, die jmd. für etwas (ein Vorhaben, ein Tun, eine Sache) festlegt und mit der er bestimmte Punkte ausschließt, die nicht seine grundsätzlich vorhandene Zustimmung, Einwilligung finden: *er befürwortete diesen Antrag ohne jede E.* **Vorbehalt,** der: (in diesem Sinnbereich) bestimmte Punkte, die man von der grundsätzlich vorhandenen Zustimmung, Einwilligung ausnimmt, um in diesem Bereich einen Spielraum für weitere Entscheidungen zu behalten: *ohne V. zustimmen.*

einsehen, etwas: (in diesem Sinnbereich) von den Argumenten eines anderen überzeugt werden, die Richtigkeit seiner Handlungsweise erkennen: *ich sehe ein, daß du dich unter den gegebenen Voraussetzungen nicht anders entscheiden konntest;* vgl. einsehen ↑erkennen. **verstehen,** etwas/jmdn.: (in diesem Sinnbereich) sich in die Person eines anderen hineinversetzen können, so daß einem dessen Ansicht oder Verhalten erklärlich oder von dessen Standpunkt richtig erscheint; drückt im Unterschied zu „einsehen", durch das man gewissermaßen durch den anderen zu dessen Anschauung bekehrt wird, das eigene Bemühen aus: *ich verstand ohne weiteres, daß Hanna an ihrem Kind hängt;* ↑verstehen. **Verständnis haben,** für etwas/jmdn. (nachdrücklich): sich von vornherein mit Wohlwollen in die Person eines anderen hineinversetzen, sein Verhalten richtig finden: *ich hatte Verständnis für seine Zurückhaltung in einer derart peinlichen Situation.* **begreifen,** etwas/jmdn.: (in diesem Sinnbereich) i. S. v. verstehen; wird im Unterschied zu „verstehen" oft verneinend oder einschränkend gebraucht: *unsere Tante konnte einfach nicht b., daß wir verreisten, ohne sie mitzunehmen;* vgl. begreifen ↑verstehen; ↑überreden.

Einsicht, die: (in diesem Sinnbereich) das [nach einiger Zeit erfolgende] Verstehen eines vorher unklaren, nicht durchschauten Sachverhalts von persönlicher Bedeutung [der einen auf den Boden der Tatsachen stellt]; erfordert im allgemeinen nähere Angaben über das, was man einsieht. **Erkenntnis,** die: (in diesem Sinnbereich) ein durch die [bewußte] geistige oder [unbewußte] seelische Verarbeitung von Beobachtetem und Erfahrenem gewonnenes Bewußtsein eines Sachverhaltes, das meist im Gegensatz zu einer vorherigen Annahme, einer früheren Einschätzung der betreffenden Sache steht; bezieht sich im Unterschied zu „Einsicht", die oft eine Sache des Wollens, Sichbemühens ist, mehr auf neu gewonnene Gesichtspunkte, die zum Verstehen von etwas beitragen und die vorher nicht gegeben waren.

einsperren, jmdn. (ugs.); **sperren,** jmdn. in etwas: (in diesem Sinnbereich) jmdn. [den man bei einer strafbaren Handlung überrascht und in seine Gewalt bekommen hat] in ein Gefängnis bringen und dort einschließen. **einkerkern,** jmdn. (geh.): i. S. v. einsperren; drückt eine emotionale Anteilnahme des Sprechers/Schreibers aus. **in Gewahrsam nehmen,** jmdn. (nachdrücklich): jmdn. in Haft nehmen; dies kann entweder bei schweren Verbrechen und Gemeingefährlichkeit [als Sicherungsverwahrung] oder bei kleinen Straftaten und geringfügigen Verfehlungen oder auch zum eigenen Schutze, zum Vorteil und zur Besserung des Betreffenden erfolgen. **ins Gefängnis werfen,** jmdn. (nachdrücklich): i. S. v. einsperren; drückt eine emotionale Anteilnahme des Sprechers/Schreibers aus. **in den Kerker werfen,** jmdn. (nachdrücklich): i. S. v. einsperren; aber „Kerker" ruft die Vorstellung einer strengeren Haft hervor; zugleich drückt sich darin eine emotionale Anteilnahme des Sprechers/Schreibers aus. **ins Loch stecken,** jmdn. (salopp); **ins Loch stoßen,** jmdn. (salopp; emotional verstärkend): i. S. v. einsperren; wobei man vielfach an Unrecht oder Gewaltanwendung denkt. **einlochen,** jmdn. (salopp); **einbunkern,** jmdn. (Soldatenspr.): jmdn. ins Gefängnis oder in Arrest sperren. **einbuchten,** jmdn. (Soldatenspr.); **einspunden,** jmdn. (salopp); **einspinnen,** jmdn. (salopp): jmdn. für ein Vergehen einsperren: *der Gefreite wurde wegen Befehlsverweigerung eingebuchtet.* **festsetzen,** jmdn.: jmdn. mit Hilfe des Gerichtes oder der Polizei ins Gefängnis bringen, weil man ihn für gefährlich hält oder weil er etwas Strafbares getan hat, oder auch ihn irgendwo unter Bewachung halten, damit er nicht fliehen kann; ↑gefangenhalten, ↑gefangensitzen; ↑Strafanstalt.

Einspruch, der (Plural ungebräuchlich): nachdrückliche, schriftliche oder mündliche Äußerung des Nichteinverstandenseins mit einem Urteil, einer amtlichen Entscheidung. **Widerspruch,** der: **a)** Behauptung des Gegenteils; das Gegenteil beinhaltende Entgegnung; **b)** (Rechtsw.): Einspruch als Rechtsmittel zur Anfechtung einer z. B. verwaltungsrechtlichen Entscheidung. **Protest,** der: durch eine gegenteilige Auffassung ausgelöster, meist spontan und temperamentvoll zum Ausdruck gebrachter Widerspruch, ein Aufbegehren gegen eine Sache, eine Handlungsweise o. ä. **Beschwerde,** die: mündlich oder schriftlich geäußerter Einspruch gegen einen Beschluß oder wegen eines Tatbestandes, den man nicht hinnehmen will; Klage, mit der man sich über jmdn./etwas bei der dafür zuständigen Stelle beschwert. **Klage,** die: bei Gericht vorgebrachte Beschwerde (und das Geltendmachen dieses Anspruchs durch ein gerichtliches Verfahren): *eine K. prüfen, abweisen, zurückziehen.* **Veto,** das (bildungsspr.): offizieller und entschiedener Einspruch, der häufig einer teilweisen oder völligen Ablehnung einer geplanten oder schon in Gang befindlichen Sache gleichkommt; wird meist im politischen Bereich gebraucht; ↑Einwand; ↑klagen.

einst (geh.): (in diesem Sinnbereich) auf die fernere Zukunft bezogen; wird gewöhnlich von künftigen Dingen gesagt, die weniger durch menschliches Handeln als durch schicksalhaftes Wirken eintreten. **einmal, dereinst** (selten), **dermaleinst** (veraltet): i. S. v. einst: *Herbert übte nicht mehr in der Hoffnung, einmal ein großer Pianist zu werden, sondern nur noch zum Vergnügen;* vgl. einmal ↑früher.

einstehen, für jmdn./etwas: aus Überzeugung mit seiner Person für einen anderen, seine oder die eigene Handlungsweise, für die Richtigkeit eines Sachverhaltes oder eine gewonnene Einsicht einzutreten bereit sein. **verbürgen,** sich für jmdn./etwas: von bestimmten positiven Charaktereigenschaften eines Menschen, von der Wahrheit einer Behauptung, eines Sachverhaltes, von der Richtigkeit einer beabsichtigten eigenen Handlung oder der eines anderen überzeugt sein und mit seiner eigenen Person eine Sicherheit dafür bieten: *er verbürge sich mit seiner ganzen Person und seiner Ehre für den einwandfreien Verlauf.* **die Hand ins Feuer legen,** für jmdn./etwas (ugs.): sich ohne Bedenken für jmdn. [in einer bestimmten Situation], für jmds. Handeln, für einen Sachverhalt, von dessen Richtigkeit, Vertretbarkeit, Rechtlichkeit man überzeugt ist, mit seiner ganzen Person verbürgen; kennzeichnet den persönlichen Anteil des Sprechers/ Schreibers und ist stark emotional gefärbt. **bürgen,** für jmdn./etwas: **a)** mit seiner eigenen Person, auf Grund seines Ansehens jmds. positive Charaktereigenschaften anderen glaubhaft machen und als verläßlich erscheinen lassen; **b)** (Rechtsw.): für jmdn. in einem bestimmten Fall Sicherheit leisten, indem man sich bereit erklärt, notfalls seine Schulden oder sonstigen Verpflichtungen zu übernehmen. **Bürgschaft leisten/**(auch:) **stellen** (Rechtsw.; nachdrücklich); **die Bürgschaft übernehmen** [für jmdn./etwas] (Rechtsw.; nachdrücklich): i. S. v. bürgen b); hebt den juristischen Tatbestand mit der Verpflichtung für die Zukunft besonders hervor. **haften,** für jmdn./etwas (Rechtsw.): für eine Person und deren Handeln, für eine Sache in materieller Hinsicht die Haftung tragen; verpflichtet sein, im Falle eines eintretenden Schadens, einer Beschädigung, eines Verlustes Ersatz zu leisten; drückt wie „bürgen" b) und „Bürgschaft leisten" den juristischen Tatbestand aus: *die Eltern haften für ihre Kinder.* **garantieren,** für etwas: die Verantwortung dafür übernehmen, daß etwas den Erwartungen entspricht: *für einwandfreie Verarbeitung wird garantiert.* **Garantie übernehmen/**(auch:) **leisten** (kaufm.): die Zusicherung geben, eine Ware im Falle eines auftretenden Schadens, der vom Käufer nicht verursacht ist, zu ersetzen oder den Schaden zu beheben, ohne daß dem Käufer irgendwelche Kosten entstehen; „Garantie leisten" wird oft durch die Angabe des Zeitraumes, über den sich die Garantie erstreckt, ergänzt; in Verbindung mit „übernehmen" weist die Wendung auf eine Verpflichtung für die Zukunft hin, während „leisten" auch auf die eventuell zu erwartende Einlösung der Verpflichtung hindeutet; ↑bezahlen, ↑entschädigen, ↑ersetzen, ↑geradestehen.

einstellen, jmdn. (Ggs. entlassen ↑kündigen): (in diesem Sinnbereich) jmdn. in ein Arbeitsverhältnis aufnehmen: *er ist am 1. April eingestellt worden; am 1. Januar stellen wir weitere Arbeitskräfte ein.* **anstellen,** jmdn.: jmdm. eine Stellung, Anstellung geben: *sie ist bei einer Behörde, er ist als Verkäufer angestellt; jmdn. vorübergehend, fest, halbtags a.* **engagieren,** jmdn.: jmdn. – besonders einen Künstler – unter Vertrag nehmen; bezieht sich meist auf ein zeitlich begrenztes Arbeitsverhältnis. **anheuern,** jmdn. (Seemannsspr.); **heuern,** jmdn. (Seemannsspr.): jmdn. in ein Dienstverhältnis auf einem Schiff nehmen; wird von den Mannschaften gesagt: *die Reederei hat die Absicht, weitere Matrosen anzuheuern.*

eintragen, etwas trägt [jmdm.] etwas ein: etwas bringt jmdm. (als Folge einer Handlung o. ä.) einen materiellen Gewinn, etwas Positives oder Negatives; rückt wie das folgende „einbringen" im Unterschied zu „abwerfen" häufiger die Person in den Vordergrund: *diese Tätigkeit trägt mir ein hübsches Stück Geld ein;* ↑einträglich. **einbringen,** etwas bringt [jmdm.] etwas ein: i. S. v. eintragen: *das hat ihm nichts als Ärger eingebracht; diese Ausstellung wird ihr viel Anerkennung e.; dies Unternehmen wird mir sehr viel e.* **abwerfen,** etwas wirft etwas ab: etwas bringt einen bestimmten Gewinn: *Zinsen a.; etwas wirft einen Gewinn, Ertrag ab; das bißchen, was die kleine Landwirtschaft abwirft.*

einträglich: einen materiellen Gewinn oder Ertrag bringend; oft leicht verhüllend von einer Sache oder Tätigkeit gebraucht, die einen verhältnismäßig großen finanziellen Gewinn bringt; wird wie das folgende Wort im allgemeinen nicht prädikatbezogen gebraucht: *seine Gutachtertätigkeit war für ihn sehr e.;* vgl. eintragen ↑lohnen, sich; ↑eintragen. **gewinnbringend:** auf materiellem oder geistigem Gebiet ertragreich: *ein gewinnbringendes Unternehmen;* vgl. Gewinn ↑Vorteil; vgl. Gewinn haben ↑profitieren.

Einvernehmen: im Einvernehmen, mit jmdm.: einem Meinungsaustausch, in dem beide Partner sich einig geworden sind, wie einer von ihnen in einer bestimmten Angelegenheit verfahren soll und dem guten Verhältnis zueinander entsprechend; wie alle Wörter dieser Gruppe hat der Ausdruck amtlichen Charakter; wird selten im privaten Bereich verwendet: *diese Anordnung wurde von der Schulbehörde im Einvernehmen mit dem Kultusministerium getroffen.* **nach Übereinkunft,** mit jmdm.: i. S. v. im Einvernehmen mit; betont, daß etwas abgesprochen wurde: *er schloß den wichtigen Vertrag nach Übereinkunft mit den übrigen Verhandlungsteilnehmern;* vgl. Übereinkunft ↑Abmachung. **nach Vereinbarung,** mit jmdm.: entsprechend einer Abmachung zwischen zwei Partnern; im Unterschied zu „Übereinkunft" zielt „Vereinbarung" stärker auf die beschlossene Sache oder Handlungsweise als auf die Einigkeit und hebt hervor, daß die Partner sich festgelegt haben; vgl. Vereinbarung ↑Abmachung. **in Übereinstimmung,** mit jmdm.: unterstützt durch die gleiche Ansicht eines anderen; vgl. übereinstimmen ↑einverstanden sein; ↑gleichen. **im Einverständnis,** mit jmdm.: unterstützt durch die positive Einstellung eines anderen bei einer Handlungsweise oder einem Vorhaben: *ich glaubte, meinen Entschluß im Einverständnis mit dir gefaßt zu haben;* ↑Einverständnis, ↑einverstanden sein. **mit Zustimmung,** von jmdm.: mit jmds. Erlaubnis.

einverstanden: einverstanden sein [mit etwas]: keine Einwände gegen etwas haben; setzt eine gewisse [maßgebliche] Beteiligung an einer Sache voraus oder zumindest ein persönliches Interesse: *sie war mit seinem Vorschlag einverstanden; alle waren einverstanden.* **zustimmen,** jmdm./einer Sache: sich mit der Meinung oder dem Vorhaben eines anderen einverstanden erklären, deutlich machen, daß man diese Meinung teilt oder das Vorhaben billigt. **seine Zustimmung geben,** [zu] einer Sache (nachdrücklich): i. S. v. zustimmen; ist offizieller als die anderen Wörter dieser Gruppe; im Unterschied zu „zustimmen", das einen Vorgang bezeichnet, hebt diese Wendung den einzelnen Akt hervor; ↑[1]erlauben.

Einverständnis, das (Plural ungebräuchlich): die positive Einstellung zu einem Plan oder einem Tun anderer, womit oft zugleich die Bereitwilligkeit, sich an der Sache zu beteiligen, zum Ausdruck gebracht wird; ↑einverstanden sein. **Billigung,** die (Plural ungebräuchlich): das Gutheißen eines Tuns, eines Vorhabens oder Verhaltens, wobei moralische Gesichtspunkte eine Rolle spielen können; ↑billigen. **Zustimmung,** die (Plural ungebräuchlich): geäußertes Einverstandensein mit einer Sache, die jmdn. persönlich betreffen kann, wobei daher manchmal persönliche Gründe den Ausschlag geben; die Durchführung eines Beschlusses ist oft von diesem Einverstandensein abhängig; vgl. zustimmen ↑einverstanden sein. **Beifall,** der (ohne Plural): die zustimmende Äußerung [zu einem Tun oder einem Plan], von der jedoch die Durchführung eines Vorhabens nicht abhängt: *diese Entscheidung fand den B. der liberalen Partei.*

Einwand, der: kritische Anmerkung, Ausdruck einer [teilweise] anderen, abweichenden Auffassung in einer bestimmten Sache; meist in mündlicher Auseinandersetzung vorgebracht: *ein wichtiger E.* **Einwendung,** die (meist Plural): meist mündlich vorgebrachte Kritik, ein kritischer Vorbehalt gegenüber einem Vorhaben, einem Plan o. ä., der einem in irgendeiner Hinsicht mißfällt: *wohlüberlegte, berechtigte Einwendungen wurden vorgebracht;* ↑Skrupel.

einwenden, etwas [gegen etwas]: (in diesem Sinnbereich) gegen eine vorgetragene Anschauung oder Behauptung, gegen ein Argument Gegengründe vorbringen, etwas zu bedenken geben; steht wie die übrigen Wörter dieser Gruppe oft mit Inhaltssatz in direkter oder indirekter Rede: *dagegen wandte er ein, daß man nicht genügend darüber wisse.* **den/**(auch:) **einen Einwand machen/**(auch:) **vorbringen, geltend machen** (nachdrücklich): i. S. v. einwenden; in Verbindung mit „machen" wird mehr auf das

Tun des Subjekts hingewiesen, in Verbindung mit „vorbringen“ wird die Absicht stärker hervorgehoben; ↑Einwand; vgl. Einwände erheben/machen ↑widersprechen. **einwerfen,** etwas: sich mit einer [kritischen] Zwischenbemerkung kurz in eine Diskussion o. ä. einschalten: *er warf ein, das könne so wohl nicht stimmen.* **entgegenhalten,** etwas [jmdm./einer Sache]: (in diesem Sinnbereich) gegen eine Meinung oder Behauptung ein [beweiskräftiges] Gegenargument vorbringen; bezieht sich im Unterschied zu „einwenden“ weniger auf denkbare oder wahrscheinliche Gegengründe gegen etwas als auf stichhaltige Fakten: *der These Professor N.s ist entgegenzuhalten, daß speziellere Untersuchungen auf diesem Gebiet unlängst ein anderes Bild ergeben haben.* **begegnen,** einer Sache mit etwas (geh.): (in diesem Sinnbereich) gegen eine Behauptung, einen Vorwurf o. ä. eine Gegenbehauptung vorbringen, die die erstere widerlegen oder entkräften soll; steht im allgemeinen mit Präpositionalobjekt, von dem ein Inhaltssatz in indirekter Rede abhängt: *dem Vorwurf der amerikanischen Journalisten begegnete der indische Regierungschef mit dem Hinweis, Angola und Algerien seien Restbestände der alten kolonialen Ordnung.*

einziehen [in etwas]: sich in bestimmter Ordnung [feierlich] an einen bestimmten Ort, z. B. in eine Stadt, ein Gebäude, einen Raum, begeben; ist das allgemeinste Wort dieser Gruppe und wird in verschiedensten Bereichen gebraucht; drückt häufig eine gewisse Feierlichkeit aus: *fünfzig Konventsmitglieder ziehen langsamen Schrittes ein in das königliche Haus.* **einrücken** [in etwas]: in bestimmter Ordnung, in [militärischen] Gruppen in einen bestimmten Ort, in eine Stadt, ein Gebäude einziehen; wird häufiger als „einziehen“ im militärischen Bereich verwendet: *die Kompanie rückte in das kleine Dorf ein.* **einmarschieren** [in etwas]: im Truppenverband, in militärischer Formation in einen bestimmten Ort, eine Stadt, ein Dorf einziehen; wird zumeist im militärischen Bereich verwendet.

eitel: (in diesem Sinnbereich) von seiner Schönheit überzeugt; besondere [als übertrieben empfundene] Sorgfalt auf Kleidung und ein gepflegtes Äußeres verwendend; immer darauf bedacht, von anderen beachtet und bewundert zu werden, oder von einer solchen Art zeugend. **putzsüchtig** (abwertend; veraltend): immer darauf bedacht und damit beschäftigt, sich herauszuputzen; wird nur von Frauen gesagt. **gefallsüchtig** (abwertend): in übertriebener Weise darauf bedacht, anderen zu gefallen, von ihnen bewundert zu werden; wird im allgemeinen nur von Frauen gesagt. **kokett:** von eitel-selbstgefälligem Wesen und bestrebt, die Aufmerksamkeit anderer zu erregen und ihnen zu gefallen, oder von einer solchen Art zeugend: *ein kleiner koketter Seitenblick.* **affig** (ugs.; abwertend): (im Urteil des Sprechers/Schreibers) übermäßig auf sein Äußeres bedacht, geziert und eitel oder von einer solchen Art zeugend: *ein affiges kleines Ding.* **hoffärtig** (abwertend; veraltet): in seiner Aufmachung großen Aufwand treibend und dabei so eitel und eingebildet, daß man sich über andere erhaben fühlt und sie geringschätzig behandelt. **gekkenhaft** (abwertend), **stutzerhaft** (abwertend): auffällig und mit übertriebener Sorgfalt gekleidet und dadurch (im Urteil des Sprechers/Schreibers) lächerlich wirkend oder von einer solchen Art zeugend; wird nur auf Männer bezogen oder mit ihnen in Zusammenhang gebracht. **dandyhaft** [dḁndi...] (abwertend): wie ein Dandy, übertrieben modisch gekleidet; ↑elegant, ↑modern.

ekelerregend (geh.): durch seinen Anblick, seine Wirkung auf die Empfindung oder Vorstellung [physischen] Widerwillen, Ekel einflößend; wird von [unhygienischen, unappetitlichen] Dingen oder von der sinnlichen Wahrnehmung solcher Dinge gesagt: *ein ekelerregender Geruch;* ↑ekelhaft. **widerwärtig** (geh.): (in diesem Sinnbereich) von so unangenehmer übler Wirkung auf die Sinne, daß man sich nur mit Überwindung damit befassen, es in seiner Nähe dulden kann; betont im Unterschied zu „ekelerregend“, daß die betreffende Sache die Empfindung mehr im ästhetischen Sinne beleidigt als körperlichen Ekel hervorruft: *ich finde weiße Mäuse w.;* vgl. widerlich ↑ekelhaft. **ekel** (geh.): [als Substanz, Materie] unrein, von ekelerregender Beschaffenheit, Widerwillen erregend, wenn man es wahrnimmt; legt im Unterschied zu den übrigen Wörtern dieser Gruppe mehr das Gewicht auf die bloße Eigenschaft einer Sache und weniger auf die [im gegenwärtigen Augenblick] von ihr ausgehende Wirkung; steht im allgemeinen nur attributiv: *ekler Unflat.*

ekelhaft: a) so unangenehm auf die Sinne wirkend, das Geschmacksempfinden beleidigend, daß man gleichsam von physischem Ekel gepackt wird; wird von [unhygienischen] Dingen und ihren Wahrnehmungen, dem [abstoßenden] Benehmen von Personen gesagt und drückt weniger die objektive Beschaffenheit einer Sache als die [emotional übertreibende] subjektive Empfindung, das Unlustgefühl des Sprechers/Schreibers aus: *e. schmecken, riechen; Spinnen sind e.;* **b)** (ugs.; abwertend): wird [emotional übertreibend] von Personen, ihrem Äußeren, ihrem Verhalten gesagt, die einem unsympathisch sind, durch deren [anmaßendes, unverschämtes] Wesen oder Gebaren man sich herausgefordert oder beleidigt fühlt: *er ist ein ekelhafter Protz!; Eugen hatte wirklich eine ekelhafte Visage;* ↑ekelerregend. **widerlich: a)** so wenig jmds. Geschmack, Empfinden zusagend, so sehr seinen Sinnen widerstehend, daß es ihn Überwindung kostet, sich damit zu befassen oder es zu ertragen; drückt im Unterschied zu „ekelhaft" a) mehr eine instinktive Abneigung des Sprechers/Schreibers gegen eine Sache, das Verhalten eines anderen o. ä. aus, bei der er sich über die Gründe der Ablehnung nicht klar zu sein braucht: *Ratten sind w.; ein widerlicher Beigeschmack;* **b)** (ugs.; abwertend): i. S. v. ekelhaft b): *ich kann sein widerliches Grinsen nicht mehr sehen;* vgl. widerwärtig ↑ekelerregend. **ek[e]lig: a)** [als Substanz] von einer Beschaffenheit, die unangenehm, widerwärtig auf die Empfindung wirkt; bezieht sich im Unterschied zu „widerlich" weniger auf den Eindruck von einer Sache als auf deren Beschaffenheit: *ekliger Schleim; Nachtschnecken sind e.;* **b)** (ugs.): [im Umgang] unangenehm, beleidigend oder schroff und darum besonders unsympathisch; wird von Personen, seltener von ihrem Verhalten gesagt und drückt im Unterschied zu den übrigen Wörtern weniger gefühlsmäßige Abneigung als Verärgerung aus: *ein ekliger Kerl; er kann ganz e. werden.*

elegant: (in diesem Sinnbereich) **a)** [in Kleidung, allgemeiner Erscheinung] Geschmack, Gepflegtheit und modische Korrektheit mit einer gewissen Betonung des Gesellschaftlich-Festlichen zeigend; durch betonte Vornehmheit, erlesenen Geschmack in seiner Kleidung hervorstechend; wird von Personen oder ihrer Kleidung gesagt, sofern man sich bei letzterer weniger auf einzelnes als auf den Gesamteindruck bezieht: *eine elegante Dame;* **b)** in Qualität, Zuschnitt oder Machart geschmackvoll und dabei eine besondere Note des Gepflegten, Festlichen zeigend; dient zur Charakterisierung von bestimmten Kleidungsstücken und ihrer [Mach]art oder der Kleidung einer Person hinsichtlich bestimmter Einzelheiten: *die diesjährige Mode betont wieder mehr die elegante Linie als die sportliche.* **schick: a)** von einfacher, aber ansprechender modischer Eleganz in der Kleidung; betont gegenüber „elegant" a) weniger, daß ein gewisser Aufwand getrieben wird, als daß es der meist weibliche Träger versteht, sich ohne Übertreibung und oft mit geringen Mitteln geschmackvoll und dabei modisch zu kleiden: *sie ist immer so s. angezogen; du bist heute wieder s.;* **b)** von schlichtem, aber durch den besonderen modischen Einfall, die betonte Eigenart sehr reizvollem und kleidsamem Zuschnitt; charakterisiert wie „elegant" b) den modischen Stil, die Machart eines Kleidungsstückes: *dieser Morgenrock ist sehr s. und gar nicht teuer.* **apart:** (in diesem Sinnbereich) **a)** in Kleidung und Erscheinung von erlesener, das Persönliche betonender, durch ihre Eigenwilligkeit besonders reizvolle Eleganz: *eine a. gekleidete junge Dame;* **b)** in Machart, Zuschnitt das Besondere betonend; reizvoll akzentuiert; bezieht sich meist nicht so sehr auf Kleidungsstücke im ganzen, sondern auf Einzelheiten in Dessin, Farbe o. ä. und betont gegenüber „elegant" und „schick" mehr das Auffallende, aber doch Geschmackvolle: *durch den Perlstreifen erhält dieser Sakko eine individuelle Note.* **fesch** (österr.): (in diesem Sinnbereich) **a)** von betonter, das Sportliche und Schneidige der Persönlichkeit unterstreichender Eleganz in Kleidung und Erscheinung; dient im Unterschied zu den übrigen Wörtern nicht so sehr der Charakterisierung einer Person, sondern drückt mehr die Bewunderung des Sprechers/Schreibers aus: *sie sieht wirklich f. aus; ein fescher junger Mann;* **b)** von flottem, sportlich-elegantem Schnitt, der etwas beschwingt und unternehmungslustig wirkt; dient zur Charakterisierung eines bestimmten modischen Akzents und ist auch im binnendeutschen Sprachgebrauch üblich: *ein fesches Kleid, Hütchen.* **fashionable** [fäschᵉnᵉbᵉl] (bildungsspr.): modisch-elegant; vor allem subjektbezogen gebraucht. **extravagant: a)** ausgefallenen Geschmack habend; **b)** von ungewöhnlichem und ausgefallenem Geschmack zeugend und dadurch auffallend; oft mit einer gewissen Kritik gebraucht. **mondän:** (in diesem Sinnbereich) **a)** in der Kleidung extravagant den Stil der sogenannten großen Welt verkörpernd, auf auffällige Weise nachahmend; großen, oft nicht sehr geschmackvollen Aufwand in der Kleidung zur Schau stellend; die emotionale Färbung dieses Wortes kann zwischen Bewunderung und Ablehnung schwanken: *mondäne Frauen in teuren Pariser Toiletten;* **b)** (selten): im Stil, in der Aufmachung extravagant, das Auffallende nicht scheuend: *ein mondänes Kostüm.* **gut angezogen:** vornehme, geschmackvolle [meist teure] Kleidung tragend: *er ist immer gut angezogen;* ↑eitel, ↑modern.

empfänglich: für sinnliche Eindrücke oder auf das Gemüt wirkende Einflüsse der Umwelt zugänglich und durch sie bestimmbar; wird von Menschen und ihrem Inneren gesagt: *für Lob, Schmeicheleien e.* **offen:** (in diesem Sinnbereich) fähig und bereit, die Umwelt wesenhaft, mehr seelisch als intellektuell betont zu erleben; wird im allgemeinen subjektbezogen gebraucht: *durch künstlerische Arbeiten wird das Auge so gestimmt, daß wir für die Schönheiten der Natur immer offener werden.* **aufgeschlossen:** interessiert am geistigen Leben und seinen Veränderungen; fähig und bereit, neue Gedanken und Erkenntnisse zu verarbeiten: *ein aufgeschlossener Mensch.* **aufnahmefähig:** seinem Wesen nach fähig, sinnliche Eindrücke, Erlebnisse oder Gedanken in sich aufzunehmen und zu verarbeiten; wird nur selten attributiv gebraucht: *sein Sinn ist a. für alles Neue.* **aufnahmebereit:** lebendig am geistigen Geschehen anteilnehmend; willens, sich mit neuen Gedanken und Erkenntnissen auseinanderzusetzen: *das antike Griechenland war in hohem Maße a. für alle geistigen Bewegungen.* **lernfähig:** die Fähigkeit besitzend, alte Ansichten aufzugeben und sich Neues anzueignen, sich auf veränderte Situationen einzustellen: *ein Politiker sollte l. sein.*

empfindlich: (in diesem Sinnbereich) von zartem Gemüt und daher seelisch leicht verletzbar, leicht gekränkt; das Wort ist nicht prädikatbezogen verwendbar; alle Wörter dieser Gruppe bezeichnen bestimmte Wesensanlagen des Menschen, durch die er für alle Umwelteinflüsse empfänglich ist: *ein empfindlicher Mensch; er ist gegen Kritik sehr e.; in dieser Angelegenheit ist er sehr e.; sei nicht so e.!;* vgl. empfinden ↑fühlen, ↑[1]spüren, ↑[2]spüren. **mimosenhaft:** überaus empfindlich, übertrieben auf Einflüsse von außen reagierend und sich dann gleich in sich selbst zurückziehend; enthält leichte Kritik. **empfindsam:** (in bezug auf Gemüt, Seele) leicht auf Einflüsse von außen reagierend; charakterisiert ein verfeinertes Seelenleben, wird nicht prädikatbezogen verwendet: *eine empfindsame Seele, Natur; ich lernte ihn als durchaus e. kennen.* **sensibel** (bildungsspr.): i. S. v. empfindsam; als Fachwort der Psychologie auch in der Alltagssprache oft bewußt verwendet; als „sensibel" bezeichnet zu werden, wird häufig als Vorzug empfunden; nicht prädikatbezogen gebraucht: *er ist, wirkt sehr s.; ein überaus sensibles Mädchen.* **zartbesaitet:** i. S. v. empfindsam; häufig mit leicht spöttischem Unterton; wird nicht prädikatbezogen gebraucht: *ein zartbesaitetes Gemüt; ich wußte gar nicht, daß er so z. ist.* **feinfühlig, zartfühlend:** i. S. v. empfindsam. **einfühlsam:** die Fähigkeit besitzend, sich in andere einfühlen zu können und davon zeugend. **feinfühlend:** Feingefühl, d.h. die auf Einfühlungsvermögen beruhende Fähigkeit besitzend, jmdn./etwas gefühlsmäßig zu erfassen und sich angemessen, zum Beispiel zurückhaltend, zu verhalten: *sie war sehr f. und verstand sofort den versteckten Vorwurf.* **sensitiv** (Psychol.): überempfindlich, von gesteigerter, schon fast krankhafter seelischer Feinfühligkeit: *je sensitiver ein Charakter ist, desto spezifischer wird er auf Schuldkomplexe gegebenenfalls mit einem feinen Beziehungswahn antworten.* **gefühlvoll:** (in diesem Sinnbereich) tiefer Empfindungen fähig oder – dann leicht abwertend – in ihnen schwelgend, sich ihnen willenlos überlassend; nicht prädikatbezogen verwendet; vgl. gefühlvoll ↑sentimental; ↑Feingefühl, ↑Takt.

Ende, das (ohne Plural): der Punkt, bis zu dem sich etwas zeitlich erstreckt, an dem es aus sich selbst oder durch äußere Einwirkung aufhört oder sein Ziel findet: *das E. des Gesprächs.* **Schluß,** der: **a)** (ohne Plural) Beendigung einer Veranstaltung, Arbeitsverrichtung, Darbietung; hebt im Unterschied zu „Ende" hervor, daß die betreffende Sache durch die Beendigung eine gewisse Vollständigkeit erhält: *sie hielten bis zum S. durch;* **b)** (Plural ungebräuchlich) letzter, zu einem Ganzen notwendig gehörender Abschnitt, z.B. einer Veranstaltung, Darbietung, eines literarischen Werkes; enthält im Unterschied zu „Schluß" a) meist eine nähere Kennzeichnung des Inhalts oder Charakters: *der Schluß der Feier war noch ganz nett.* **Abschluß,** der (ohne Plural): **a)** einprägsamer Schluß, den man einem Verlauf, wie z.B. einer Veranstaltung oder Unternehmung, setzt; Ab- wirkt verstärkend und besagt, daß nicht nur etwas an ein Ende im Laufe der Zeit kommt, sondern daß damit auch die völlige Beendigung herbeigeführt wird: *er wollte für einen baldigen A. der Gespräche sorgen;* **b)** irgendwie gearteter, bewußt gestalteter letzter Abschnitt einer Unternehmung, Veranstaltung, Arbeit, von etwas Hervorgebrachtem; betont im Unterschied zu „Schluß" b) noch stärker, daß etwas seine Abrundung erhält: *der Geschichte fehlte ein rechter A.* **Ausklang,** der (Plural ungebräuchlich): [harmonischer] Schluß, der bei einem Erlebnis, einer Veranstaltung oder Darbietung, einem Zeitabschnitt oder einer Epoche, nachdem der Höhepunkt überschritten ist, zuletzt noch die Aufmerksamkeit beansprucht und dann in den Alltag oder in etwas Neues hinüberleitet: *der häßliche A. jenes Abends.* **Finale,** das (Plural ungebräuchlich): der den [Höhepunkt und] Abschluß bildende Teil einer Veranstaltung: *im F. traten noch einmal alle Künstler der Show auf.*

enden, etwas endet [mit/in etwas]: (in diesem Sinnbereich) etwas kommt [in einer bestimmten Weise] zu einem Ende, nimmt ein Ende; wird von etwas gesagt, was sich in oder mit der Zeit vollzieht (Vortrag, Feier, Prozeß, Tag o. ä.): *das Gespräch endete diesmal in Verstimmung;* vgl. enden ↑[1]aufhören. **abschließen,** etwas schließt mit etwas ab (selten): i. S. v. enden; deutet aber weniger auf den Prozeß des Endens, sondern mehr auf den Endeffekt selbst hin, der häufig ein bestimmtes Ergebnis zutage bringt: *das Jahr schließt mit einem Gewinn ab.* **ausklingen,** etwas klingt [mit etwas] aus (geh.): etwas geht feierlich zu Ende, geht so zu Ende, daß ein nachhaltiger [angenehmer] Eindruck zurückbleibt: *den Tag ruhig a. lassen.* **schließen,** etwas schließt mit etwas: etwas hat etwas als Schluß: *der Prozeß schloß mit einem Freispruch; ihr Brief schloß mit der Bitte, bald zu kommen;* vgl. schließen ↑beenden. **ausgehen,** etwas geht aus: etwas endet mit einem bestimmten Ergebnis: *das ging noch einmal gut aus; der Prozeß ging für ihn günstig aus.*

[1]**eng** (Ggs. geräumig ↑[2]groß): (in diesem Sinnbereich) räumlich sehr begrenzt, nicht genug räumliche Ausdehnungsmöglichkeit bietend; wird nicht prädikatbezogen gebraucht: *eine enge Klosterzelle.* **schmal** (Ggs. breit): von geringer Breite; wird nur auf Flächen oder Flächenhaftes bezogen, ist aber mit „eng" austauschbar, wo eine Fläche seitlich von räumlichen Gebilden oder von senkrechten Flächen begrenzt ist: *eine schmale Gasse; ein schmaler Durchgang.*

[2]**eng** (Ggs. weit): (in diesem Sinnbereich) nicht genug Spielraum gewährend oder lassend; wird von Dingen gesagt, deren Weite als ungenügend empfunden wird: *er fand, der Pullover liege zu e. an.* **knapp:** in seiner Größe gerade oder kaum noch dem Gegenstand, dem Körper, den es umgeben, einschließen soll, entsprechend: *der Pullover sitzt k.*

entehren, jmdn./etwas: (in diesem Sinnbereich) jmds. Ruf, Ansehen, Würde zerstören. **entwürdigen,** jmdn.: jmdm. seine Würde nehmen. **schänden** [jmdn./etwas]: (in diesem Sinnbereich) Schande über jmdn./etwas bringen: *im November 1938 schändeten brennende Synagogen das Antlitz vieler deutscher Städte.*

Entfernung, die: die sich von einem bestimmten Punkt oder Ort bis zu einem anderen Punkt oder Ort erstreckende, eindimensionale Ausdehnung; bezieht sich auf kürzere, überschaubare und auf weitere Strecken, wobei man nicht immer beide Punkte, sondern u. U. nur den entfernten Ort ins Auge faßt: *in angemessener E. von jmdm. sitzen.* **Abstand,** der: genau meßbare, oft kürzere Strecke zwischen zwei fixierten Punkten, wobei man den Zwischenraum empfindet; betont im Unterschied zu „Entfernung" die Spannung zwischen beiden Punkten: *A. halten.* **Distanz,** die: i. S. v. Abstand, wobei es sich um eine kürzere oder längere Strecke handeln kann; wirkt betont nüchtern und sachlich feststellend: *in einer D. von etwa 200 Metern.*

entfliehen (geh.): sich aus etwas, aus einem Gewahrsam, aus jmds. Machtbereich, aus dem Bereich einer Gefahr eilig entfernen, um sich in Sicherheit zu bringen oder die Freiheit zu erlangen; sich forteilend einer Bedrohung, jmds. Gewalt entziehen: *aus der Gefangenschaft e.;* übertragen: *dem Lärm e.* **entweichen:** heimlich, unbemerkt entfliehen; enthält die Vorstellung, daß man sich durch gewisse Hindernisse hindurchwinden muß: *aus dem Zuchthaus entwichen mehrere Schwerverbrecher.* **ausbrechen:** aus einem Gewahrsam gewaltsam entfliehen, zu entkommen suchen: *aus dem Zuchthaus waren zwei Verbrecher ausgebrochen.* **entspringen:** aus einem Gewahrsam entfliehen [und sich eilig davonmachen]; wird gewöhnlich nur im Perfekt und im 2. Part. verwendet: *nach drei Tagen wurden die entsprungenen Häftlinge gefaßt.* **entwischen** (ugs.): sich schnell und unauffällig, gewöhnlich unter Anwendung einer List, einer Bedrohung, einer Ergreifung oder Bewachung entziehen: *der Junge versuchte, durch das Fenster zu e.* **entschlüpfen:** sich schnell und geschmeidig einer Bedrohung, einer Ergreifung oder Bewachung entziehen: *in dem dichten Gewühl riß er sich ganz plötzlich los und entschlüpfte.* **entkommen:** ohne wieder gefaßt zu werden, fliehen: *er konnte [unbemerkt] entkommen.* **durch die Lappen gehen,** jmdm. (salopp): jmdm. entkommen, trotz aller Vorkehrungen, die zur Ergreifung getroffen worden sind; vgl. entkommen ↑entgehen; ↑fliehen.

entgehen, jmdm./einer Sache: (in diesem Sinnbereich) von einer drohenden Gefahr, von den üblen Absichten eines Menschen, der einem feindlich gesinnt ist, durch einen glücklichen Umstand oder – seltener – durch geschicktes Ausweichen, nicht betroffen werden: *nur durch einen Zufall entging er dem Tode.* **entkommen,** jmdm./einer Sache:

(in diesem Sinnbereich) sich glücklich einer Gefahr, seltener einem Menschen, der einen bedroht, entziehen; setzt gegenüber „entgehen", „entrinnen" eine größere Aktivität des Subjekts voraus. **entrinnen,** jmdm./einer Sache (geh.): mit knapper Not einem Unheil, einer Gefahr, seltener einem Menschen, der einen bedroht, entgehen, sich ihm gerade noch durch Flucht entziehen können.

entgleisen (ugs.): (in diesem Sinnbereich) [in Gesellschaft] etwas Unpassendes, Taktloses, Ungehöriges sagen oder – seltener – tun: *wenn er zuviel getrunken hat, geschieht es leicht, daß er entgleist.* **aus der Rolle fallen** (ugs.): in einer bestimmten Situation die Beherrschung verlieren, sich taktlos oder ungehörig benehmen; oft in unerwarteter Weise ausfallend oder beleidigend gegenüber anderen sein. **vorbeibenehmen,** sich (ugs.); **danebenbenehmen,** sich (ugs.): in einer bestimmten Situation [in der Gesellschaft] die gesellschaftlichen Formen verletzen, sich einer Geschmacklosigkeit, Unhöflichkeit usw. schuldig machen. **einen Fauxpas** [fopa] **begehen** (bildungsspr.): sich in einer bestimmten Situation einen Formverstoß zuschulden kommen lassen: *ich habe bei der Begrüßung einen furchtbaren Fauxpas begangen;* ↑Fauxpas.

enthaupten, jmdn. (geh.): an jmdm. die Todesstrafe vollstrecken, indem man ihm mit dem Schwert oder dem Fallbeil das Haupt vom Rumpf trennt. **köpfen,** jmdn. (ugs.): i. S. v. enthaupten; bezieht sich jedoch mehr auf die Tatsache der Hinrichtung als solche, weniger auf den konkreten Hinrichtungsakt in seinen Einzelheiten. **guillotinieren** [gijo...], jmdn.: jmdn. durch das Fallbeil hinrichten; bezieht sich auf die besondere Art der Hinrichtung. **durch das Beil hinrichten,** jmdn. (geh.): i. S. v. enthaupten; steht häufiger als die übrigen Wörter in passivischer Umschreibung; ↑hinrichten. **den Kopf abschlagen,** jmdm. (ugs.): i. S. v. enthaupten. **einen Kopf kürzer machen,** jmdn. (salopp); **die Rübe abhacken,** jmdm. (derb): i. S. v. enthaupten; drückt Sarkasmus oder Zynismus des Sprechers/Schreibers aus; ↑hinrichten.

entlarven, jmdn.: den wahren Charakter einer Sache oder eines Menschen, die verborgenen [üblen] Absichten eines anderen aufdecken: *einen Spion e.* **enttarnen,** jmdn./etwas: jmdn./etwas (als Spion, Spionagetätigkeit) entlarven, wobei es sich um eine oder mehrere Personen handelt, die sich äußerlich anders gegeben haben, als sie in Wahrheit sind, die sich durch Anpassung an ihre Umgebung vor Entdeckung geschützt haben: *er wurde als Spion enttarnt; einen Spionagering e.* **demaskieren,** jmdn. (selten): den trügerischen Schein von etwas durchschauen; die heuchlerische Haltung eines Menschen durchschauen und ihn zwingen, sein wahres Gesicht, seine wahren Absichten zu zeigen. **die Maske abreißen,** jmdm. (nachdrücklich); **die Maske vom Gesicht reißen,** jmdm. (nachdrücklich): den schlechten Charakter, die üblen Absichten eines Menschen durchschauen und öffentlich bloßstellen, so daß zu sehen ist, wie er wirklich ist.

entlohnen, jmdn. [für etwas] (geh.); **entlöhnen,** jmdn. [für etwas] (schweiz.): jmdm. für einzelne geleistete Dienste, für Gelegenheitsarbeit oder für niedrig eingestufte Angestelltenarbeit einen, den Lohn zahlen; bezieht sich im Unterschied zu den übrigen Wörtern dieser Gruppe meist auf ein unmittelbares Dienstverhältnis, mit oft beträchtlichem sozialem oder wirtschaftlichem Abstand zwischen Dienstherr und Beauftragtem oder Angestelltem; kann, wie die übrigen Wörter dieser Gruppe, mit Bezug auf den Arbeitenden selbst oder auf die Arbeit gebraucht werden. **besolden,** jmdn.: jmdn. für seine im staatlichen oder behördlichen Dienst ausgeübte Berufsarbeit Gehalt zahlen; wird oft im 2. Part. gebraucht: *staatlich besoldete Angestellte.* **bezahlen,** jmdn. [für etwas] (ugs.): (in diesem Sinnbereich) jmdm. für eine einzelne Dienstleistung, eine Arbeit oder für eine berufliche Tätigkeit Geld zahlen; ist allgemeinster und alltäglichster Ausdruck in dieser Gruppe; wird an Stelle der anderen Ausdrücke hauptsächlich dann angewandt, wenn man besonders nüchtern oder gar abschätzig von der irgendwie gearteten Entlohnung einer Arbeit, eines Arbeitenden spricht; im Unterschied zu den anderen Wörtern auch dann mit Bezug auf die Person gebräuchlich, wenn es sich statt oder neben einer Dienstleistung darum handelt, daß Ware ins Haus geliefert, eine Rechnung im Hause kassiert wird: *hast du den Zeitungsmann, die Putzfrau schon bezahlt?;* ↑bezahlen. **salarieren,** jmdn./etwas (schweiz.): i. S. v. besolden, entlohnen; bezieht sich im allgemeinen auf ein regelmäßiges Einkommen; wird wie „besolden" überwiegend im 2. Part. gebraucht: *eine gut salarierte Arbeit.* **honorieren,** jmdn./etwas (geh.): (in diesem Sinnbereich) eine freiberuflich geleistete [geistige oder künstlerische] Arbeit bezahlen. **vergüten,** etwas (Verwaltungsspr.): (in diesem Sinnbereich) jmds. Arbeitsleistung mit den dafür vorgesehenen Geldern [und nach bestimmter Tariffordnung] bezahlen; das Wort versucht, die

Wertschätzung der Fähigkeiten und Kräfte auszudrücken, die der Arbeitende zur Verfügung stellt: *jmds. Tätigkeit angemessen v.*

entrüstet: durch etwas, gewöhnlich durch die Handlung oder das Verhalten eines Menschen in hohem Maße ärgerlich und dadurch in zornigen Unwillen versetzt; diesen Unwillen verratend: *er machte ein entrüstetes Gesicht.* **empört:** i. S. v. entrüstet; während bei „entrüstet" die Vorstellung zugrunde liegt, daß jmd. seine Rüstung ablegt und somit außer Fassung ist, verbindet sich mit „empört", daß sich jmd. erhebt, in die Höhe geht: *sie war e. über ihre Worte, über ihn.* **schockiert** (bildungsspr.): (in diesem Sinnbereich) durch etwas [von der Norm Abweichendes] in seinem sittlichen Bewußtsein sehr erschüttert; während sich „entrüstet" und „empört" gegen die Handlung o. ä. eines anderen richten, wird mit „schockiert" mehr die Wirkung auf den Betroffenen ausgedrückt: *sie war s., als sie bei ihm ein Pornoheft fand.* **peinlich/**(auch:) **unangenehm berührt:** in angegebener Weise von etwas beeindruckt [und dies im Gesichtsausdruck erkennen lassend]; ↑verärgert; ↑zornig.

entschädigen, jmdn. [für etwas]: jmdm. für einen ihm entstandenen Schaden, für den man verantwortlich ist, einen angemessenen Ausgleich zukommen lassen: *man entschädigte ihn für den Arbeitsausfall.* **Schadenersatz leisten** (nachdrücklich): für einen Schaden, den man jmdm. zugefügt hat, mit einer angemessenen [durch den Richter festgelegten] Summe aufkommen; ↑bezahlen, ↑einstehen, ↑ersetzen, ↑geradestehen.

[1]**entschuldigen,** etwas: einen versehentlichen oder unvermeidlichen Verstoß gegen Regeln oder Pflichten im privaten oder geschäftlichen Bereich als geringfügig hingehen lassen, nicht mit Strafe, Groll o. a. darauf reagieren: *ich bitte Sie, meine Verspätung zu e.* **verzeihen,** etwas (geh.): i. S. v. entschuldigen; klingt offizieller und weniger persönlich als „entschuldigen": *solches Unrecht kann niemals verziehen werden.* **vergeben,** jmdm. [etwas] (geh.): eine Tat, durch die jmd. schuldig geworden ist und die er bereut, fortan als nicht geschehen ansehen; gegenüber „verzeihen", das die versöhnliche Haltung des Verzeihenden betont, hebt „vergeben" mehr das Gewähren des Schulderlasses hervor: *vergebt uns diese Schuld.* **nachsehen,** jmdm. etwas (geh.): bei jmdm. [den man schätzt oder gern hat] etwas Tadelnswertes mit Nachsicht behandeln, ihm gegenüber in dieser Hinsicht nachsichtig sein: *jmdm. einen Fehler n.*

[2]**entschuldigen,** sich [bei jmdm. für/(auch:) wegen etwas]: ein unpassendes oder [unüberlegtes] fehlerhaftes Verhalten dem davon Betroffenen als solches zugeben, es ihm gegenüber bedauern: *für seine Handlungsweise entschuldigte er sich später bei ihm.* **um Entschuldigung bitten** [jmdn. für/(auch:) wegen etwas] (nachdrücklich): sich bei jmdm., zumeist einem dienstlich oder gesellschaftlich Höhergestellten, in mehr höflich-formeller, offizieller Weise entschuldigen. **um Verzeihung bitten** [jmdn. für/(auch:) wegen etwas] (nachdrücklich): i. S. v. um Entschuldigung bitten; klingt offizieller. **abbitten,** jmdm. etwas: jmdn. für ein [schweres] Unrecht, das man selbst ihm zugefügt hat, um Verzeihung bitten, weil man sich seines Fehlers, seiner Schuld bewußt geworden ist: *er hatte ihr eine Lüge abzubitten.* **Abbitte tun,** bei jmdm. [für etwas] (veraltet): i. S. v. abbitten; klingt gewichtiger: *kniend Abbitte tun.* **Abbitte leisten,** bei jmdm. [für etwas] (nachdrücklich): i. S. v. abbitten; oft gemäß einer öffentlichen Erwartung.

entsinnen, sich [einer Sache] (geh.): sich eine frühere Vorstellung, ein Ereignis, eine Person oder Sache, die man eine Zeitlang vergessen hatte, wieder ins Gedächtnis rufen und durch Nachsinnen in den Einzelheiten und Umständen vergegenwärtigen; besagt im Unterschied zu „sich erinnern", daß ein früherer Bewußtseinsinhalt wiederhergestellt wird: *er entsann sich des jungen Engländers in Arosa.* **erinnern,** sich [an jmdn./etwas/(geh. auch:) jmds./einer Sache]: eine Vorstellung, ein Ereignis, eine Person oder Sache im Gedächtnis bewahrt haben oder sich ihrer plötzlich oder unwillkürlich wieder bewußt werden; setzt im Unterschied zu „sich entsinnen" nicht immer voraus, daß etwas dem Gedächtnis entfallen war; besagt, daß etwas als allgemeine Tatsache und nicht als deutlicher Vorstellungsinhalt mit allen Einzelheiten bewußt wird: *ich erinnere mich an diesen Vorfall;* vgl. erinnern, sich ↑zurückdenken. **besinnen [können],** sich auf jmdn./etwas: jmdn. oder etwas nicht vergessen haben, sondern sich nach einigem Nachdenken wieder daran erinnern [können]: *ich kann mich noch sehr gut auf diesen Vorfall besinnen.* **einfallen,** etwas fällt jmdm. ein: etwas [was man vergessen hatte oder was man sich vergeblich ins Bewußtsein zurückzurufen suchte] wird jmdm. unerwartet, plötzlich bewußt; drückt oft aus, daß die Erinnerung an etwas nicht in bewußtem Zusammenhang mit dem steht, womit man sich gerade gedanklich beschäftigt, sondern durch [unbewußte] Gedankenverknüpfungen wachgerufen wird: *bei dieser Gelegenheit fällt mir eine nette Geschichte ein.*

entstehen, etwas entsteht: etwas beginnt (als Folge von etwas) zu bestehen, zu sein, wird hervorgerufen: *es entstand eine Regierungskrise, eine Arbeitsgemeinschaft, ein Zwiespalt; eine leichte Verwirrung entstand.* **werden,** etwas wird [aus etwas]: etwas beginnt [aus etwas in etwas überzugehen und] zu bestehen, zu sein: *aus dieser flüchtigen Bekanntschaft wurde eine tiefe Freundschaft.* **entwickeln,** etwas entwickelt sich: etwas entsteht allmählich, bildet sich stufenweise heraus: *es entwickelte sich Chlorwasserstoff; es hatte sich eine gute Zusammenarbeit entwikkelt; es entwickelte sich im 18. und 19. Jahrhundert eine realistische Dichtung.* **bilden,** etwas bildet sich: etwas nimmt [allmählich] durch das Zusammentreten bestimmter Substanzen oder durch das Wirken bestimmter Kräfte Gestalt, eine bestimmte Form an: *auf dem Boden hatte sich eine Pfütze gebildet; eine Arbeitsgemeinschaft hatte sich gebildet.* **zustande kommen,** etwas kommt zustande: etwas wird erreicht, gelingt; Subjekt ist ein Resultat: *eine Vereinbarung, ein Gespräch kam zustande; wie kommt eigentlich dieser Bedarf zustande?* **kommen,** es kommt zu etwas: etwas ereignet sich, entsteht [nach längerer Entwicklung]: *es kommt zum Streit, zum Bruch, zu Warnstreiks, zur Nebelbildung.* **erwachsen,** etwas erwächst [jmdm. aus etwas] (geh.): etwas entsteht allmählich als Folge von etwas: *eine Tätigkeit, aus der ihm viel Arbeit und Mühe erwuchs.* **anspinnen,** etwas spinnt sich an: etwas entsteht aus unmerklichen Anfängen allmählich und behutsam; wird im allgemeinen nur auf Beziehungen zwischen zwei oder mehreren Partnern bezogen: *zwischen Petra und Michael schien sich etwas anzuspinnen.* **entspinnen,** etwas entspinnt sich: etwas entsteht allmählich: *ein Streit hatte sich entsponnen.* **aufkommen,** etwas kommt auf: etwas entsteht oft unvermutet [aus einer nicht ohne weiteres zu erklärenden Ursache]: *es wollte keine rechte Stimmung a.*

Entwicklung, die: mit fortlaufenden, zu neuen Qualitäten führenden Veränderungen verbundener Vorgang, Prozeß, der sich über eine bestimmte Zeit hinzieht; während „Entwicklung" auf den Prozeß, das Voranschreiten hindeutet, ruft „Strömung" das Bild des gleichmäßigen Dahinfließens hervor, und „Richtung" weist auf ein Ziel hin: *eine erfreuliche, gefährliche, rückläufige E.; die politischen und die wirtschaftlichen Entwicklungen, die in den 80er Jahren Deutschland prägten.* **Strömung,** die: als spezielle geistige, künstlerische, politische Anschauung, Haltung sich manifestierende Kraft: *eine neue philosophische S.* **Richtung,** die: innerhalb eines geistigen, künstlerischen, politischen Bereichs in einer bestimmten Gruppe sich verkörpernde spezielle Ausformung von Auffassungen o.ä., die auf ein bestimmtes Ziel hinstreben: *das ist eine ganz neue R. in der Musik; eine andere R. in der Art der Werbung.* **Tendenz,** die: die Neigung, sich in eine bestimmte Richtung zu bewegen, in einer bestimmten Weise zu reagieren; Entwicklungslinie: *rückläufige Tendenzen; T. lustlos; formalistische Tendenzen in der Kunst; neue Tendenzen in der Musik; diese T. ist unverkennbar.* **Trend,** der: über einen gewissen Zeitraum bereits in bestimmten Anzeichen beobachtete, in eine bestimmte Richtung gehende Entwicklung; (in bezug auf Entwicklungen) das Ziehen in eine bestimmte Richtung: *der T. geht zu kurzen Röcken; einem T. folgen; der T. zu kurzen Reisen setzt sich fort; Genosse T.; uns interessieren Trends, die von deutschem Boden ausgegangen sind.* **Zug der Zeit,** der: etwas, was gegenwärtig aktuell, allgemein üblich ist: *das ist eben der Zug der Zeit; dem Zug der Zeit folgen.*

entzwei (Ggs. ganz): in Stücke gegangen, in einzelne Teile auseinandergefallen; wird subjektbezogen: *der Stuhl ist e.* **zerbrochen:** in Stücke gebrochen, nur noch aus einzelnen Stücken bestehend: *eine zerbrochene Fensterscheibe.* **kaputt** (ugs.): nicht mehr ganz, nicht mehr in gebrauchsfähigem Zustand: *von dem Teeservice sind schon 3 Tassen k.* **hin** (salopp): i.S.v. kaputt; wird jedoch nicht attributiv verwendet: *eben ist mir die Kaffeekanne aus der Hand gefallen, nun ist das gute Stück auch hin.* **aus dem Leim** (salopp): den festen Zusammenhalt der einzelnen Bestandteile verloren habend: *die alte Kommode ist völlig aus dem Leim.* **hinüber** (salopp): durch ständigen Gebrauch entzwei; nicht mehr zu verwenden; wird subjektbezogen gebraucht: *jetzt ist mein letztes Paar Strümpfe auch noch h.*

entzweien, sich [mit jmdm.] (geh.): (von zwei Partnern, Parteien) durch Streit, Meinungsverschiedenheiten dahin kommen, daß man einander feindlich gesinnt ist, daß man nun nicht mehr partnerschaftlich verbunden ist; kann, wie die übrigen Wörter dieser Gruppe, im Singular nur in Verbindung mit der Präposition „mit" gebraucht werden: *er hat sich mit ihm entzweit; sie haben sich entzweit.* **verfeinden,** sich [mit jmdm.]: zum Feind eines anderen werden, mit dem man vorher friedlich und freundschaftlich gelebt hat: *sie haben sich mit ihren Genossen verfeindet.* **überwerfen,** sich [mit jmdm.] (geh.): sich wegen einer bestimmten Angelegenheit mit jmdm. entzweien; deutet im Unterschied zu

„sich entzweien" meist auf den Grund für den Streit und dessen Folge hin: *wegen der Erbschaft haben sich die Geschwister überworfen.* **verzanken,** sich [mit jmdm.] (landsch.): sich in kleinlicher Weise und um geringfügige Dinge zanken und schließlich in Unfrieden auseinandergehen: *sie haben sich wegen der Erbschaft verzankt.*

erarbeiten, etwas: (in diesem Sinnbereich) ein Programm oder einen Plan entwerfen, Möglichkeiten für ein Verfahren oder für die Durchführung von etwas finden und entsprechende Vorschläge schriftlich fixieren; hat amtlichen Charakter: *man müsse versuchen, einen gemeinsamen Standpunkt zu e.* **ausarbeiten,** etwas: (in diesem Sinnbereich) einen Entwurf anfertigen, einen Plan für etwas aufstellen, wobei die betreffende Sache bis in den Einzelheiten genau durchdacht wird; während in „erarbeiten" durch die Vorsilbe er- der Prozeß dargestellt wird, weist „ausarbeiten" durch die Vorsilbe aus- mehr auf das Ergebnis hin: *eine Gesetzesvorlage a.*

Erbe, das (ohne Plural; geh.): das Vermögen, das der dem Gesetz nach dazu berechtigten Person oder mehreren Personen durch den Tod des Erblassers zufällt. **Erbteil,** das (Plural ungebräuchlich): der Anteil an einem Erbe, der jmdm. zufällt oder rechtmäßig zusteht: *er verlangte, daß ihm sein E. ausgezahlt werde.* **Erbschaft,** die: das gesamte Vermögen, das durch jmds. Tod unter Beachtung gesetzlicher Erbfolge einer oder mehreren Personen zufällt: *eine E. ausschlagen.*

erblicken, jmdn./etwas (geh.): unvermutet oder nach einer Zeit des Suchens, Wartens etwas sehen; wird, wie die übrigen Wörter dieser Gruppe, auf vereinzelt auftretende [besondere Aufmerksamkeit verdienende oder fordernde] Objekte bezogen: *als er den torkelnden Oskar im Bratenrock erblickte, brach er in Gelächter aus.* **bemerken,** jmdn./etwas (geh.): sehen, daß etwas/jmd. vorhanden ist: *zufällig habe ich sie unter den Wartenden bemerkt;* vgl. bemerken ↑wahrnehmen. **gewahren,** jmdn./etwas (geh.): unvermutet jmdn./etwas wahrnehmen, was einen bewegt, aufregt oder erschreckt: *gerade noch rechtzeitig gewahrten wir den herannahenden Zug.* **gewahr werden,** jmdn./etwas (geh.): jmdn./etwas bemerken, was man bisher übersehen hatte, nicht wahrnehmen konnte: *kaum wurden sie ihn gewahr, so winkten sie ihn heran.* **innewerden,** jmds./einer Sache (selten): etwas/eine Person wirklich sehen, indem man darauf aufmerksam wird, ihr Beachtung schenkt: *plötzlich wurden wir inne, daß die Sonne schon hoch am Himmel stand.* **ansichtig werden,** jmds./einer Sache (geh.): jmdn./(selten:) etwas erblicken, dessen Anblick man als besonderes Erlebnis, als besondere Gunst empfindet: *er gab Zeichen des Wiedererkennens, als er unser ansichtig wurde.* **zu Gesicht bekommen,** jmdn./etwas: jmdm./einer Sache endlich begegnen, ihn/es zu sehen bekommen [auf dessen Anblick man schon lange großen Wert legt]; oft verneint: *ich habe ihn in den letzten vierzehn Tagen nie zu Gesicht bekommen; er bedauerte, Bonaparte niemals zu Gesicht bekommen zu haben.* **zu sehen bekommen,** jmdn./etwas (ugs.): jmdn./etwas, was besonderes Interesse oder Neugier hervorruft, ansehen oder treffen dürfen: *seine Bildersammlung hat nie ein Mensch zu sehen bekommen.* **schauen,** jmdn./etwas (dichter.): (in diesem Sinnbereich) jmdn./etwas aus ganzer Seele Ersehntes erblicken, seinen Anblick erleben dürfen: *das Land seiner Träume, Gottes Antlitz s.*

Erde, die (Plural selten und dann fachsprachlich): (in diesem Sinnbereich) der fruchtbare, die Grundlage für das Pflanzenwachstum darstellende Teil der Erdoberfläche; die Erdoberfläche bildendes lockeres Gemisch aus verwittertem Gestein und [abgestorbenen] organischen Stoffen: *gute, sandige E.; die lockere E. von Maulwurfshaufen; Saat in die E. bringen; in fremder E.* (in einem fremden Land) *begraben werden; er warf drei Hände E. ins Grab; gesundheitsschädigende Nitrate gelangen mit dem Dünger in die E.* **Erdreich,** das (Plural ungebräuchlich); **Erdboden,** der (Plural ungebräuchlich): i.S.v. Boden; besonders in bezug auf die Beschaffenheit; klingt sachlicher als „Erdreich": *das Erdreich ist ausgetrocknet; das Erdreich ist in besorgniserregender Weise vergiftet und ausgelaugt; das Wildschwein brach das Erdreich mit dem Gebrech auf, holte sich Nahrung aus dem Erdreich.* **Boden,** der: (in diesem Sinnbereich) obere Schicht der Erdoberfläche, der Erde: *ein guter, lehmiger, sandiger B.; dieser B. ist für den Anbau von Weizen gut geeignet; Abgase vergiften den B., die Landwirtschaft gibt ihm den Rest; inzwischen stirbt auch der B. – eines der kostbarsten Güter; das Wasser versickert im B.;* als Bild: *Trends, die von deutschem Boden ausgegangen sind.* **Grund,** der (ohne Plural): (in diesem Sinnbereich) Erdboden (als Untergrund): *G. und Boden besitzen* (verstärkende Ausdrucksweise). **Sand,** der (ohne Plural): (in diesem Sinnbereich) durch Verwitterung von Gestein entstandene lockere, aus losen feinen Körnchen bestehende mineralische Substanz (die einen Teil der Erdoberfläche bildet): *weißer,* *gelber, nasser, heißer, körniger S.; der Wind wirbelt den S. auf; das Projekt ist in den S. gesetzt* (war umsonst); *das Wasser versickert im S.* **Kies,** der: kleinere, meist runde Steine (die als Ablagerung auftreten): *der Gartenweg war mit K. bestreut; als sie spazierengingen, hörten wir den K. knirschen.* **Erdscholle,** die: größerer Klumpen Erde; Scholle b). **Scholle,** die: **a)** (ohne Plural) nutzbares Stück Erdboden, Ackerland; in pathetischer Ausdrucksweise: *die heimatliche S.; von seiner S. konnte er sich nicht ernähren;* **b)** beim Pflügen o. ä. umgebrochenes größeres flaches Stück Erde: *mit dem Pflug Schollen aufwerfen.* **Acker,** der: für den Anbau von Nutzpflanzen bestimmte kleinere Bodenfläche: *ein fruchtbarer A.; den A. bestellen; der A. liegt brach.* **Ackerkrume,** die (ohne Plural): oberste [lockere] mit dem Pflug bearbeitete Schicht des Erdbodens: *die lockere, schwere A.* **Krume,** die: i. S. v. Ackerkrume. **Feld,** das: Bodenfläche für den Anbau von Nutzpflanzen; tragfähiges Land, unabhängig davon, ob es bebaut ist oder nicht: *das F. bestellen; abgeerntete Felder; ein F. mit Kartoffeln; auf dem F. arbeiten.* **Land,** das (ohne Plural): (in diesem Sinnbereich) nutzbares Stück Erdboden; bebautes, genutztes Gelände: *fruchtbares, steiniges L.; einige Hektar L. kaufen;* vgl. Land ↑Gegend; ↑Grundstück.

erdulden, etwas: Schweres oder Schreckliches [mit Geduld und Tapferkeit] auf sich nehmen oder über sich ergehen lassen; die Vorsilbe er- wirkt intensivierend: *es ist unbeschreiblich, was die Häftlinge in diesem Lager erduldeten.* **dulden,** etwas: Schweres oder Schreckliches über sich ergehen lassen und genug innere Kraft haben, um es gefaßt und standhaft zu ertragen: *sie wird bei diesen Leuten sehr schlecht behandelt, aber sie duldet still;* vgl. dulden ↑zulassen. **leiden,** etwas: (in diesem Sinnbereich) schlechter oder ungerechter Behandlung oder irgendwelcher Schikane ausgesetzt sein, ohne die Möglichkeit zu haben, sich dagegen zu wehren; es handelt sich dabei oft um Willkürakte Vorgesetzter gegenüber Untergebenen; steht meist mit Angabe des Grundes oder der Art des Leidens, das jmd. zu ertragen hat: *in der Schule mußte das Kind wegen seiner roten Haare und der Sommersprossen viel l.* **erleiden,** etwas: (in diesem Sinnbereich) irgendwelche Leiden körperlicher oder seelischer Art, die einem bewußt von anderen zugefügt werden, über sich ergehen lassen müssen: *viele Demütigungen, Qualen e.*

Ereignis, das: etwas, was den normalen, alltäglichen Ablauf in bemerkenswerter Weise unterbricht und durch seine Ungewöhnlichkeit oder Außergewöhnlichkeit auffällt und in Erscheinung tritt; ist das neutralste Wort dieser Gruppe und auf die verschiedenartigsten Vorgänge anwendbar. **Begebenheit,** die (geh.); **Begebnis,** das (geh.; selten): etwas, was sich als zumeist außergewöhnlicher Vorgang zuträgt; drückt oft eine feierliche Gestimmtheit aus. **Geschehnis,** das (geh.): etwas, was als zumeist bedeutsamer Vorgang empfunden wird. **Vorkommnis,** das: etwas, was sich ereignet und auch andere angeht [und deshalb Anlaß ist, daß man davon berichtet]. **Vorfall,** der: etwas (meist etwas Unangenehmes), was vorgefallen, geschehen ist: *dieser V. wurde sofort gemeldet.* **Zwischenfall,** der: Ereignis, das [störend] in den Ablauf eines Geschehens, einer Handlung tritt: *gleich zu Anfang gab es einen bedauerlichen, lustigen Z.; die Reise verlief ohne Zwischenfälle;* ↑Erlebnis, ↑Ursache.

[1]**erfahren,** etwas: (in diesem Sinnbereich) von einer Sache, einem Geschehnis, einer Neuigkeit durch schriftliche, häufiger durch mündliche Mitteilung zufällig oder im Gespräch Kenntnis erlangen; etwas durch Mitteilung eines anderen zu wissen bekommen: *ich erfuhr, daß er festgenommen worden war;* vgl. erfahren ↑ausfindig machen. **hören,** etwas: (in diesem Sinnbereich) im Gespräch mit anderen, meist zufällig und ohne daß man danach gefragt hat, [überraschend] von etwas Bestimmtem, einem Ereignis, einer Neuigkeit o. ä. Kenntnis bekommen: *ich habe gestern gehört, er sei krank.* **zu Ohren kommen/**(auch:) **gelangen,** etwas kommt/gelangt jmdm. zu Ohren: i. S. v. hören; bezieht sich besonders auf irgendwelche Dinge, Geschehnisse [die nicht allgemein bekannt sind oder werden sollen], die demjenigen, den sie betreffen, unangenehm sind, von denen man zufällig, durch eine Bemerkung eines anderen [durch einen Zuträger] Kenntnis bekommt. **gewahr werden,** etwas (ugs.; landsch.): (in diesem Sinnbereich) etwas, was sich zugetragen hat, eine Neuigkeit o. ä. durch einen gut Informierten in der Unterhaltung erfahren: *ich bin noch nichts über diese Sache gewahr geworden.* **Wind bekommen,** von etwas (salopp): etwas, was einen in irgendeiner Weise interessiert, persönlich angeht, was einem droht, [zufällig, unvermutet] erfahren: *als er von der Polizeiaktion Wind bekam, setzte er sich ins Ausland ab.*

[2]**erfahren,** etwas (geh.): (in diesem Sinnbereich) durch etwas, was mehr oder weniger in das eigene Leben eingreift, an Wissen und Erkenntnis bereichert und in seinen Anschauungen beeinflußt werden, oft erst nach einem gewissen Zeitraum, in dem sich

eine Entwicklung vollziehen kann: *Einsamkeit e.* **die Erfahrung machen** (nachdrücklich): i. S. v. erfahren; rückt noch stärker die Person, die zu einer entsprechenden Erkenntnis gelangt, in den Vordergrund; wird mit nachgestelltem Inhaltssatz konstruiert: *sie machte die Erfahrung, daß man auf Freundlichkeit sogar mit Unhöflichkeit reagierte.* **erleben,** etwas: durch etwas, was jmdm. meist von außen, oft auch plötzlich und völlig überraschend zustößt oder zuteil wird, betroffen und in seiner Empfindung beeindruckt werden: *er erlebte eine schlimme Überraschung;* vgl. widerfahren ↑[2]begegnen.

erfreulich: eine gewisse Freude und Befriedigung verursachend, weil die betreffende Sache gelegen kommt oder irgendwie nützlich ist, sich günstig für einen auswirkt: *eine erfreuliche Nachricht.* **angenehm:** (in diesem Sinnbereich) nicht unwillkommen, so daß man sich die betreffende Sache gern gefallen läßt; von wohltuender Wirkung: *ein angenehmes Betriebsklima; eine angenehme Nachricht.*

Ergebnis, das: beabsichtigte oder unbeabsichtigte Folge, Frucht einer Bemühung oder Anstrengung; was man mit einer Absicht, einer Planung oder einem Vorhaben, einem Tun oder Unterlassen erreicht oder herbeiführt oder durch eine forschende, rechnende Tätigkeit ermittelt: *solche Unterredungen haben im allgemeinen kein praktisches E.* **Resultat,** das (bildungsspr.): i. S. v. Ergebnis: *nach langen Diskussionen zu dem R. kommen, daß ...*

[1]**ergreifen,** jmdn.: (in diesem Sinnbereich) jmdn. fassen und sich seiner bemächtigen, oft auf Grund einer schriftlichen richterlichen Verfügung, um ihn einer Verurteilung, Bestrafung usw. für ein Vergehen zuzuführen. **habhaft werden,** jmds. (nachdrücklich): jmdn., den man wegen eines Delikts gesucht hat, schließlich finden, ihn ergreifen und festhalten [um ihn einer Bestrafung zuzuführen]. **packen,** jmdn. (ugs.): jmdn. mit den Händen ergreifen und festhalten oder überwältigen, und zwar meist rasch, unerwartet und überraschend und zu dem Zweck, ihn seiner Bestrafung zuzuführen. **fassen,** jmdn. (ugs.): jmdn., der sich strafbar gemacht hat, ergreifen; wird häufig dann gebraucht, wenn jmd. auf frischer Tat ertappt oder bei einem Fluchtversuch festgehalten wird. **am Kragen/Griebs/Krips packen** oder **kriegen,** jmdn. (ugs.): jmdn. rasch und fest am Hals, Kragen fassen, zugreifen, weil man jmdn. bei etwas überrascht hat, was eigentlich verboten ist, so daß er nicht mehr entkommen kann. **beim/**(auch:) **am Schlafittchen kriegen/**(auch:) **fassen/nehmen,** jmdn. (salopp): jmdn. [beim Versuch davonzulaufen] packen, festhalten o. ä., um ihn zur Rede stellen zu können o. ä. **aufgreifen,** jmdn.: jmdn., der in irgendeiner Weise verdächtig ist oder von der Polizei bereits gesucht wird und zugleich ziellos umherstreift und ohne festen Wohnsitz ist, festnehmen. **schnappen,** jmdn. (salopp): jmdn., der sich eines Vergehens schuldig gemacht hat, unmittelbar bei einer strafbaren Handlung ergreifen und ihn festnehmen, wobei dies für den Betroffenen völlig unerwartet und überraschend geschieht. **erwischen,** jmdn. (ugs.): (in diesem Sinnbereich) jmdn. bei einem heimlichen, verbotenen Tun zu fassen bekommen und festhalten; meist geschieht dies für den Betroffenen mit unerwarteter Schnelligkeit; vgl. erwischen ↑ertappen. **kriegen,** jmdn. (ugs.): jmdn., nach dem man fahndet, in seine Gewalt bekommen, ergreifen. **kaschen,** jmdn. (ugs.): jmdn., den man aus irgendeinem Grunde in seine Gewalt bekommen will, ergreifen, fangen: *wenn einer gekascht wird, darf er nichts verraten;* ↑verhaften.

[2]**ergreifen,** etwas (geh.): (in diesem Sinnbereich) nach etwas greifen und es anschließend in der Hand haben; besagt, wie die übrigen Wörter dieser Gruppe, daß die Handlung mit dem entsprechenden Ergebnis abschließt: *wo war die Hand, die man e. konnte?;* ↑[1]ergreifen. **fassen,** etwas: (in diesem Sinnbereich) nach etwas greifen und festhalten: *er faßte wie absichtslos ihre Hand;* vgl. fassen ↑[1]ergreifen. **packen,** etwas: (in diesem Sinnbereich) etwas rasch und kräftig ergreifen und festhalten: *blitzschnell packte er des Jungen Haarschopf;* vgl. packen ↑[1]ergreifen. **nehmen,** etwas: (in diesem Sinnbereich) sich etwas mit der Hand auf irgendeine Weise körperlich nahe bringen: *widerstrebend nahm er die manikürte Hand;* ↑nehmen, sich.

Ergriffenheit, die (Plural ungebräuchlich): tiefe Gemütsbewegung, die durch den Eindruck eines erhabenen Ereignisses oder erhebenden Erlebnisses hervorgerufen wird; drückt aus, daß man von etwas im Innersten bewegt ist; vgl. ergriffen ↑bewegt. **Rührung,** die (Plural ungebräuchlich): weiche, gefühlvolle, oft rührselige Stimmung, hervorgerufen durch etwas, was einem zu Herzen geht, an tiefere Empfindungen rührt; vgl. gerührt ↑bewegt. **Erschütterung,** die (Plural ungebräuchlich): starke seelische Bewegung und Aufgewühltheit angesichts eines schicksalhaften, meist tragischen Ereignisses: *er vernahm die Nachricht vom Tode seines Vaters mit E.* **Betroffenheit,** die (Plural ungebräuchlich): persönliches, nachdenklich machendes Mitfühlen angesichts eines Ereignisses, einer Entwicklung o. ä.; vgl. erschüttert ↑bewegt; ↑betroffen.

ergründen, etwas: nach dem inneren, oft schwer erfaßbaren Grund und Wesen von etwas forschen, indem man gründlich darüber nachdenkt und über seine Bedeutung sinnt, bis man es in seiner Gesamtheit erkennt oder ermessen kann; ist immer auf vorwiegend abstrakte Begriffe bezogen: *eine Beklommenheit, deren Ursache sie nicht ergründen konnte.* **erforschen,** etwas: auf Grund des Dranges nach Erkenntnis Unbekanntes oder Verborgenes durch gründliches Untersuchen, Durchdenken entdecken und [genau] kennenlernen (wobei man sich einer Vielfalt unterschiedlicher, oft neuartiger Verfahren bedient); gilt besonders für die wissenschaftliche Tätigkeit, bezeichnet aber auch den rein geistigen Vorgang des Denkens und Sinnens und kann dann mit „ergründen" austauschbar sein: *den Weltraum e.* **analysieren,** etwas (bildungsspr.): etwas auf einzelne Merkmale hin untersuchen; vorwiegend an Hand eines bestimmten speziellen Verfahrens. **eine Analyse durchführen/vornehmen:** i. S. v. analysieren; ist formeller. **einer Analyse unterziehen,** etwas: i. S. v. analysieren; ist formeller. **untersuchen,** etwas: (in diesem Sinnbereich) einen Sachverhalt, Tatbestand weitgehend mit Hilfe allgemein bekannter Verfahren festzustellen suchen. **eine Untersuchung durchführen/vornehmen:** i. S. v. untersuchen; ist formeller. **einer Untersuchung unterziehen,** etwas: i. S. v. untersuchen; ist formeller. **erkunden,** etwas: genaue Einzelheiten, Angaben über etwas zu erfahren suchen; oft im militärischen Bereich. **forschen,** nach etwas: sich intensiv bemühen, etwas Bestimmtes zu ermitteln: *nach der Ursache des Unglücks f.* **nachforschen: a)** i. S. v. forschen nach: *sie forschten nach, wie sich der Vorfall zugetragen hatte;* **b)** (geh.) einer Sache zum Zwecke ihrer Aufklärung o. ä. nachgehen: *einem Geheimnis n.;* ↑¹prüfen, ↑²prüfen.

erholen, sich: (in diesem Sinnbereich) das durch Krankheit oder Anstrengung beeinträchtigte körperliche [und seelische] Wohlbefinden wiedererlangen. **[wieder] zu Kräften kommen:** durch Krankheit verursachte körperliche Schwäche langsam wieder überwinden; ↑ausruhen.

erigieren (bildungsspr.): (in bezug auf das männliche Glied) anschwellen, sich aufrichten und steif werden (durch psychische und/oder körperliche Reize); sich in einer Erektion versteifen. **eine Erektion bekommen** (bildungsspr.): i. S. v. erigieren. **eine Erektion haben** (bildungsspr.); **einen Steifen/Ständer haben** (derb): einen erigierten Penis haben. **stehen,** er steht jmdm. (derb): i. S. v. eine Erektion haben. **einen hochbekommen/hochkriegen/hochbringen** (salopp): in der Lage sein, eine Erektion zu bekommen; oft in der Verneinung: *keinen [mehr] hochkriegen;* ↑koitieren; ↑Liebesspiel, ↑Penis; ↑geil; vgl. impotent ↑²unfruchtbar.

erinnern, etwas erinnert [jmdn.] an jmdn./etwas: (in diesem Sinnbereich) etwas ruft bestimmte Erinnerungen [in jmdm.] wach; etwas bringt jmdm. eine Person, eine Sache wieder ins Bewußtsein, veranlaßt ihn, an etwas/jmdn. zu denken: *die Ruinen erinnern noch an den Krieg.* **mahnen,** etwas mahnt jmdn. an etwas (geh.): (in diesem Sinnbereich) etwas bringt jmdm. eine Person oder eine Sache eindringlich in Erinnerung; wird gesagt, wenn dieser Person oder Sache ein gewisser Ernst und eine gewisse Bedeutung zukommen: *dieser Vorfall mahnt an frühere Ausschreitungen.* **gemahnen,** [jmdn.] an etwas (geh.): i. S. v. mahnen; klingt gewichtig: *das gemahnt mich an mein Versprechen.* **ins Gedächtnis zurückrufen,** etwas ruft jmdm. etwas ins Gedächtnis zurück: etwas zielt bewußt darauf ab, daß sich jmd. wieder an etwas erinnert, erinnern muß; etwas weckt Erinnerungen an etwas, was der Vergangenheit angehört: *der Besuch hatte mir manche Kindheitserlebnisse ins Gedächtnis zurückgerufen.*

erkennen, etwas: (in diesem Sinnbereich) Klarheit über das Wesen einer Sache oder über bestimmte Zusammenhänge gewinnen; drückt einen Denkvorgang und dessen Ergebnis aus: *bald erkannte sie, daß alle gegen sie waren.* **sehen,** etwas; **merken,** etwas; **feststellen,** etwas: (in diesem Sinnbereich) i. S. v. erkennen: *ich sehe, daß ich so nicht weiterkomme.* **einsehen,** etwas: (in diesem Sinnbereich) sich durch Überlegung oder nach einer gewissen Zeit über sein Handeln oder seine Verhaltensweise klarwerden und oft mit Bedauern oder Resignation zu der Überzeugung kommen, daß etwas, was man eigentlich nicht glauben oder nicht recht wahrhaben wollte, doch richtig ist oder sich so verhält; ↑einsehen. **zu der Erkenntnis kommen** (nachdrücklich): nach einer gewissen Zeit, in der man Erfahrungen gesammelt hat, eine bestimmte Einsicht, die für einen selbst meist wenig erfreulich oder angenehm ist, in bezug auf das eigene Handeln oder das Verhalten anderer gewinnen, so daß man für die Zukunft irgendwelche Konsequenzen daraus zieht; im Unterschied zu „erkennen" hebt diese Wendung den gerade erreichten Zustand hervor: *letzten Sommer sind wir zu der Erkenntnis gekommen, daß es sinnlos ist, während der großen Ferien an die See zu fahren.* **zu der Erkenntnis gelangen** (geh.; nachdrücklich): i. S. v. zu der Erkenntnis kommen.

erklären, [jmdm.] etwas: [jmdm.] etwas [was er nicht versteht] deutlich machen: *er erklärte ihnen in kurzen Worten die Situation.* **klarmachen,** sich (Dativ)/jmdm. etwas (ugs.): (in diesem Sinnbereich) sich/einem anderen Sachverhalte oder bestimmte Zusammenhänge, die bis dahin dem Verstehen nicht zugänglich waren, verständlich machen: *wie soll ich dir nur diesen Unterschied zwischen uns klarmachen?* **erläutern,** [jmdm.] etwas: einen [komplizierten] Sachverhalt (z. B. einen Text, eine wissenschaftliche Ansicht oder ähnliches) durch größere Ausführlichkeit, Beispiele usw. näher erklären, wobei es sich meist um zusätzliche, nicht unbedingt notwendige Erklärungen handelt. **explizieren,** [jmdm.] etwas (bildungsspr.): etwas mit Ausführlichkeit erklären: *eine These e.*

erkundigen, sich [bei jmdm. nach etwas]: jmdn., der in einer bestimmten Sache besser unterrichtet ist als man selbst, um Auskunft bitten: *ich werde mich nach den genauen Abfahrtszeiten der Züge e.* **anfragen** [bei jmdm.]: sich mit einer Frage an jmdn. wenden, um sich in einer bestimmten Angelegenheit Kenntnis zu verschaffen. **nachfragen** [bei jmdm.]: etwas durch [wiederholtes] Fragen zu erfahren suchen; über einen Sachverhalt Erkundigungen einziehen: *wir bekommen das Buch sicher wieder herein, fragen Sie doch bitte nächste Woche einmal nach.* **fragen,** jmdn. nach etwas: sich [angelegentlich] nach jmdm. oder nach etwas erkundigen; etwas über einen Menschen oder eine Sache wissen wollen: *er hat nach dir gefragt.*

erlassen, jmdm./sich (Dativ) etwas: (in diesem Sinnbereich) jmdn./sich von einer unangenehmen, lästigen Verpflichtung entbinden, für frei von einer Verbindlichkeit, Strafe erklären: *er erläßt ihm die Strafe.* **schenken,** jmdm./sich (Dativ) etwas: (in diesem Sinnbereich) etwas jmdm. oder sich großzügig erlassen; ohne lange zu überlegen auf etwas verzichten; aus wohlwollender Gesinnung jmdn. von einer meist unangenehmen, harten oder lastenden Verpflichtung entbinden und ihm damit eine Erleichterung verschaffen: *ich pflegte die Schlagzeilen zu überfliegen und schenke mir den Rest.*

[1]**erlauben** [jmdm. etwas]: (in diesem Sinnbereich) jmdm. die Freiheit, das Recht oder die Möglichkeit geben, etwas, was er gern tun möchte, auszuführen oder etwas, was ihm unangenehm ist und was er zu vermeiden trachtet, zu unterlassen; das Wort macht deutlich, daß jmd., der ein besonderes Recht oder die Möglichkeit besitzt, etwas einem anderen zuzugestehen oder in etwas einzuwilligen, dies tut, damit jener andere in einem bestimmten Falle in der von ihm gewünschten Weise handeln kann; ↑[2]erlauben. **[die] Erlaubnis geben** [jmdm. zu etwas] (nachdrücklich): i. S. v. erlauben; häufig in förmlicher Sprache. **gestatten,** [jmdm.] etwas (geh.): i. S. v. erlauben; das Wort wird wie „Erlaubnis geben" häufig beim Sprechen mit einem gewissen Nachdruck versehen, der darauf hindeutet, daß man etwas in förmlicher Weise erlaubt: *das werde ich ihm auf keinen Fall g.;* vgl. gestatten ↑[2]erlauben. **zulassen,** etwas: (in diesem Sinnbereich) etwas, was ein anderer gern tun möchte oder sich vorgenommen hat, erlauben und ihn nicht hindern, seinen Plan auszuführen; das Wort drückt aus, daß man jmdn. gewähren und daß man etwas bewußt geschehen oder gelten läßt, ohne dagegen einzuschreiten oder Widerspruch zu erheben; ↑zulassen; vgl. zulassen ↑[2]erlauben. **einwilligen** [in etwas]: sich zu etwas bereit erklären. **seine Einwilligung geben** [zu etwas] (nachdrücklich): i. S. v. einwilligen. **nichts dagegen haben, keinen Widerspruch erheben:** sich nicht ablehnend in bezug auf einen Vorschlag o. ä. äußern. **zugeben,** [jmdm.] etwas (selten): (in diesem Sinnbereich) jmdm. gestatten, eine von ihm gewünschte Handlung auszuführen oder sie zu unterlassen, es geschehen lassen (weil man es nicht verhindern kann oder will); wobei deutlich wird, daß der Betreffende nicht vollkommen zufrieden damit ist; wird häufig verneint gebraucht: *ihr Vater wird nie z., daß sie diesen Menschen heiratet;* ↑einverstanden (sein); ↑Befehl; ↑annehmbar.

[2]**erlauben,** etwas erlaubt jmdm. etwas: (in diesem Sinnbereich) etwas macht möglich, daß jmd. etwas, was er gern tun möchte, tatsächlich ausführen kann, durch die Verhältnisse und Gegebenheiten eine Gelegenheit hat oder durch die nun zur Verfügung stehenden [finanziellen] Mittel in die Lage versetzt ist, etwas, was er schon längere Zeit im Sinne gehabt hat, jetzt endlich tun oder verwirklichen zu können: *seine Stellung erlaubt ihm dies;* ↑[1]erlauben. **gestatten,** etwas gestattet jmdm. etwas: (in diesem Sinnbereich) i. S. v. erlauben; im Unterschied zu „erlauben" wird das Wort im allgemeinen in förmlicherer und gehobenerer Redeweise gebraucht: *sein Vermögen gestattet es ihm, mehrmals im Jahr zu verreisen;* vgl. gestatten ↑[1]erlauben. **zulassen,** etwas läßt etwas zu: (in

diesem Sinnbereich) i. S. v. erlauben; im Unterschied zu „erlauben" überwiegt bei „zulassen" der passive Aspekt: etwas Geplantes usw. wird nicht an der Verwirklichung gehindert: *das Gesetz läßt das zu; die regennasse Fahrbahn ließ eine höhere Geschwindigkeit nicht zu; ihre Geldmittel ließen es zu, daß sie eine Studienreise in den Vorderen Orient unternehmen konnte;* ↑zulassen; vgl. zulassen ↑[1]erlauben.

Erlebnis, das: ein Geschehnis, an dem jmd. beteiligt war und durch das er stark und bleibend beeindruckt wurde: *abenteuerliche Erlebnisse.* **Abenteuer,** das: ein ungewöhnliches, oft gefährliches, immer aber aufregendes Erlebnis; ↑Ereignis, ↑Ursache.

erleichtert: von irgendeiner Sorge oder Angst wieder befreit; wird in bezug auf Personen im allgemeinen nicht attributiv verwendet: *sie war e., als sie hörte, daß ihr Kind nicht zu Schaden gekommen war.* **froh:** (in diesem Sinnbereich) über den Ausgang von etwas, die Wendung zum Positiven beruhigt; wird im Unterschied zu „erleichtert" verwendet, wenn die vorherige Bedrängnis im allgemeinen weniger stark war; wird in bezug auf Personen im allgemeinen nicht attributiv gebraucht: *sie war f., die Frau endlich aus dem Hause zu haben;* vgl. froh ↑glücklich, ↑freudig. **heilfroh** (ugs.): erleichtert und dem Zufall dankbar, daß eine Sache gerade noch gelungen ist oder daß man einer unangenehmen Situation gerade noch entgehen konnte, wobei es sich meist nicht um schwerwiegende Dinge handelt; wird subjektbezogen verwendet und drückt die Emotion des Sprechers/Schreibers aus: *er war h., daß keiner etwas gemerkt hatte.*

erlernen, etwas: sich ein bestimmtes Sachgebiet durch Lernen aneignen; im Unterschied zu „lernen" enthält „erlernen" die Vorstellung – durch die Vorsilbe er- –, daß sich der Prozeß über einige Zeit ausdehnt und zu einem erfolgreichen Abschluß gebracht wird: *eine Sprache, ein Handwerk e.* **lernen,** etwas: (in diesem Sinnbereich) sich bemühen, durch Studium oder Übung bestimmte Kenntnisse oder Fähigkeiten zu erwerben: *Klavier spielen l.; sie hat Sprachen gelernt; du wirst Geduld auch noch l.*

ermächtigen, jmdn. [zu etwas]: jmdm. eine Entscheidungsmacht, Kompetenz für Entscheidungen übertragen, damit er mit Hilfe dieser verliehenen Gewalt und Autorität eine bestimmte Angelegenheit erledigen oder eine wichtige Handlung durchführen kann: *er ist ermächtigt, in unserem Namen zu verhandeln; jmdn. zu Unterhandlungen e.* **bevollmächtigen,** jmdn. [zu etwas]: mit einer Vollmacht versehen und damit berechtigen, im Namen, Auftrag dessen zu handeln, der die Vollmacht erteilt hat: *er ist bevollmächtigt, Geld von meinem Konto abzuheben.* **autorisieren,** jmdn. [zu etwas] (bildungsspr.): einer bestimmten Person eine Vollmacht übertragen, damit sie im Namen dieser oder im eigenen Interesse eine gestellte Aufgabe durchführen oder eine Handlung vornehmen kann, wobei sie, meist als einzige, voll dazu berechtigt ist: *der Schriftsteller hat den Verlag zu einer Neuausgabe autorisiert.*

Ermächtigung, die (Plural ungebräuchlich): das von jmdm. (oft von einer höheren Autorität) übertragene Recht, bestimmte Handlungen [im Namen eines anderen] vorzunehmen. **Vollmacht,** die: die einem anderen erteilte amtlich beglaubigte Ermächtigung, in seinem Namen rechtsgültige Handlungen vorzunehmen: *man hat ihn mit allen Vollmachten ausgestattet.* **Befugnis,** die (meist Plural): die einer Person kraft ihres Amtes oder auf Grund einer bestimmten Stellung übertragene Macht zu handeln: *er hat seine Befugnisse überschritten.*

ermahnen, jmdn. [zu etwas]: mit eindringlichen Vorhaltungen jmdn. zu pflichtgemäßem Handeln zu bewegen suchen, das bisher zu wünschen übrigließ: *jmdn. zum Fleiß e.* **anhalten,** jmdn. [zu etwas]: immer wieder und eindringlich jmdn. zu einem Tun zu bewegen suchen; im Unterschied zu „ermahnen", das auf ein Defizit hinweist, weist „anhalten" darauf hin, daß man mit Worten bewirken will, daß jmd. etwas Bestimmtes in bezug auf Benehmen, Verhalten auch immer tut: *jmdn. zur Arbeit a.*

ermannen, sich [zu etwas]: sich nach einigem Zögern zu einem wenig angenehmen Tun durchringen. **ein Herz fassen,** sich (Dativ) (ugs.): in einer bestimmten Situation schnell und kurz entschlossen den Mut zu etwas finden [nachdem man vorher gezögert hat]; ↑couragiert.

ermorden, jmdn.: jmdn. vorsätzlich aus niedrigen Beweggründen oder auf eine grausame, heimtückische Weise oder durch eine im Affekt begangene Handlung bei der Ausführung einer verbrecherischen Absicht töten; spricht im Unterschied zu „ums Leben bringen" deutlich aus, daß die Tat als Verbrechen anzusehen ist; im Unterschied zu „morden", das nur die Handlung wiedergibt, wird in „ermorden" durch die Vorsilbe er- auf die vollständige Durchführung der Handlung hingedeutet. **morden,** jmdn.: (in diesem Sinnbereich) i. S. v. ermorden; spricht im Unterschied zu diesem meist nicht von einem bestimmten Einzelfall, sondern bezieht sich auf die Handlung als solche und ihre Voraussetzungen oder besagt, daß sie an einer Mehrzahl von Opfern geschieht oder geschehen ist: *kaltblütig m.;* vgl. morden ↑[1]töten. **ums Leben bringen,** jmdn.: i. S. v. ermorden; richtet den Blick im Unterschied zu „ermorden" nicht so sehr auf die Tat und ihre Ausführung und wird im allgemeinen nicht von einer raschen, im Affekt begangenen Handlung gesagt: *sie soll ihren Ehemann mit Gift ums Leben gebracht haben.* **ins Jenseits befördern,** jmdn. (salopp): jmdn. vorsätzlich, mit den dazu geeigneten Mitteln töten; richtet im Unterschied zu „ums Leben bringen" den Blick mehr auf die besondere Art und Weise der Tat oder betont mehr, daß das Opfer dem Täter im Wege steht; ist Kennzeichen einer lieblos-burschikosen Ausdrucksweise. **um die Ecke bringen,** jmdn. (salopp); **beiseite schaffen,** jmdn. (salopp): einen Menschen, aus dessen Tod man Vorteil ziehen will, skrupellos ermorden; betont weniger die Art und Weise der Tat als die kaltblütige Gesinnung des Täters, dem ein Mord nichts bedeutet; ↑beseitigen, ↑erschießen, ↑erschlagen, ↑erstechen, ↑ersticken, ↑[1]hängen, ↑liquidieren, ↑niedermachen, ↑[1]sterben, ↑[2]töten; ↑[2]Selbstmord.

ermutigen, jmdn. zu etwas: jmdm. zu etwas den Antrieb geben oder ihn durch Zuspruch o. ä. in seinen Absichten bestärken. **ermuntern,** jmdn. zu etwas; **aufmuntern,** jmdn. zu etwas (selten): jmdn. durch Worte oder Beispiel Lust und Antrieb zu einem Vorhaben geben. **Mut machen,** jmdm. (fam.): jmdn. durch Zuspruch oder Ermunterung innerlich stärken und ihm damit den Glauben an den Erfolg eines Vorhabens [wieder]geben; ↑inspirieren.

ernähren, jmdn.: (in diesem Sinnbereich) für die Lebensbedürfnisse seiner Familie oder eines Familienangehörigen aufkommen; finanziell dazu in der Lage sein: *Unfähigkeit des Gatten, Frau und Kinder zu e.* **für jmds. Lebensunterhalt/**(auch:) **für jmdn. sorgen:** für jmdn. [der einem nahesteht und der sich nicht selbst ernähren kann] die Mittel für dessen tägliche Bedürfnisse aufbringen; drückt im Unterschied zu „ernähren" mehr das tatsächliche Bemühen um die Herbeischaffung der Mittel, um die Versorgung des Betreffenden aus: *er sorgte für das Kind.* **unterhalten,** jmdn.: (in diesem Sinnbereich) jmds. Lebensunterhalt gewährleisten; betont weniger ausdrücklich das familiäre Verhältnis, die Zusammengehörigkeit von Ernährer und Abhängigem: *er ist nicht imstande, eine Frau zu u.* **aushalten,** jmdn.: für jmdn. bezahlen, seinen Unterhalt bestreiten in dem Bestreben, ihn sich in sexueller Hinsicht zu verpflichten; enthält eine Kritik, Abwertung des Sprechers/ Schreibers: *er hält sie aus; er läßt sich von ihm, ihr aushalten.* **erhalten,** jmdn.: (in diesem Sinnbereich) jmdm. ein in ausreichender Weise gesichertes Leben ermöglichen; betont entweder die besondere Anstrengung, deren es bedarf, um jmdm. die Existenz zu sichern, oder das Angewiesensein des Betreffenden auf seinen Ernährer: *von dem, was ich verdiene, kann ich meine Familie kaum e.;* ↑[3]essen (zu essen geben).

ernst: (in diesem Sinnbereich) sehr gefahrvoll; einer Gefährdung ausgesetzt; zu Besorgnis Anlaß gebend oder sofortige Maßnahmen [gegen eine drohende Gefahr] fordernd; bezieht sich auf einen bedrohlichen Zustand, eine gefährliche Lage o. ä. und steht, wie die übrigen Wörter dieser Gruppe, meist in urteilendem Zusammenhang: *sein Zustand ist e.* **kritisch:** (in diesem Sinnbereich) ernstlich und unmittelbar gefährdet und mit solchen Schwierigkeiten oder Unsicherheitsfaktoren verbunden, daß der glückliche oder unglückliche Ausgang ungewiß ist; bezieht sich wie „ernst" auf jmds. Lage, Situation angesichts einer Gefahr: *sich in einer kritischen Lage befinden.* **bedrohlich:** (in diesem Sinnbereich) unmittelbar einer deutlich in Erscheinung tretenden Gefahr ausgesetzt; höchst besorgniserregend; besagt im Unterschied zu den übrigen Wörtern, daß eine Gefahr nicht mehr nur latent, sondern deutlich sichtbar ist: *die allgemeine Lage war höchst b. geworden;* ↑[2]ernsthaft.

[1]**ernsthaft:** (in diesem Sinnbereich) nicht in heiterer Gestimmtheit [etwas tuend oder äußernd]; nicht scherzend oder [vorübergehend] nicht zum Scherzen aufgelegt, sondern sachlich, allen Spaß beiseite lassend; bezieht sich auf die [augenblickliche] Stimmung eines Menschen oder die Art und Weise, wie sich diese im Verhalten, in Worten äußert: *e. über etwas sprechen.* **ernst:** (in diesem Sinnbereich) [plötzlich] von tiefem Ernst, von Nachdenklichkeit ergriffen; nicht [mehr] heiter, fröhlich; kennzeichnet im Unterschied zu „ernsthaft" mehr die seelische Verfassung, das Ergriffensein, weniger die Äußerung dieser Stimmung im Verhalten eines Menschen: *sie wurde plötzlich e. und nachdenklich;* ↑ernst. **todernst** (emotional verstärkend): so tuend, als ob es einem sehr ernst, völlig ernst mit etwas sei, was man behauptet; eine sehr ernsthafte Miene zur Schau tragend (mit der man oft einen anderen täuschen will, um ihn anzuführen oder um ihm einen Bären aufzubinden): *das ist eine todernste Angelegenheit, da brauchst du gar nicht so zu lachen; mit todernstem*

Gesicht erzählte er die unwahrscheinlichsten Jagdabenteuer. **bierernst** (ugs.): unangemessen, übertrieben, besonders ernst [und ohne eine sonst übliche Reaktion, z. B. Heiterkeit, zu zeigen]; ernst (wo man eigentlich ein bißchen Humor oder Lockerheit erwarten könnte); enthält meist unausgesprochen den Vorwurf der Humorlosigkeit o. ä.: *diese bierernste Reaktion auf diesen witzigen Einfall hatte man nicht erwartet; ein bierernster Film über die Anfechtungen eines Künstlers; selbst Unterhaltungssendungen gehen b. über die Bühne;* ↑ernst.

[2]**ernsthaft:** (in diesem Sinnbereich) nicht zum Spiel oder zum Zeitvertreib, sondern mit festem Vorsatz und bestimmtem Ziel; wird meist auf ein Tun oder Vorhaben bezogen: *ernsthafte Arbeit kann man das nicht nennen;* ↑[1]ernsthaft. **ernstlich:** (in diesem Sinnbereich) voll Entschiedenheit und ernstem Eifer; mit Ernst, dem Ernste gemäß; legt im Unterschied zu „ernsthaft" mehr Nachdruck auf den Entschluß, die Gesinnung: *sich wegen der Zukunft e. Gedanken machen.*

erobern, etwas: sich im Kampf in den Besitz von etw. bringen, sich zum Herrn darüber machen. **einnehmen,** etwas: ein Gebiet des Feindes mit Truppen besetzen und sich darin aufhalten; hebt im Unterschied zu „erobern" die Anstrengungen des Kampfes weniger hervor; wird im allgemeinen nicht auf Länder bezogen: *eine Stadt, Festung e.* **nehmen,** etwas (Militärspr.): eine feindliche Stellung, einen Stützpunkt erobern; bringt den Vorgang des Kampfes zum Ausdruck: *nur unter schweren Verlusten war es den Engländern gelungen, den Brückenkopf zu n.;* ↑eindringen.

erörtern, etwas: über das Für und Wider eines noch nicht geklärten Sachverhaltes sprechen: *eine Frage e.;* vgl. Erörterung ↑Beratung. **diskutieren,** etwas: (in diesem Sinnbereich) seine Meinungen über ein bestimmtes Thema [mündlich, in Fachkreisen] austauschen: *die Frage der Todesstrafe wurde im Parlament diskutiert;* ↑Diskussion. **beraten,** etwas: (in diesem Sinnbereich) in einem sachlichen Gespräch alle Möglichkeiten einer Sache erwägen und prüfen: *ein Gesetz b.;* ↑Beratung. **konferieren** [über etwas] (bildungsspr.): zusammenkommen und gemeinschaftlich über eine [wichtige, politische] Angelegenheit im Kreise von verantwortlichen Persönlichkeiten beraten: *die Außenminister konferierten über dieses Thema.* **bereden,** etwas: etwas (z. B. einen Plan, einen Vorfall) mit jmdm. im Gespräch gemeinsam überdenken, mit dem Ziel, sich darüber klarzuwerden; im Unterschied zu „diskutieren" in einer ruhigeren Atmosphäre, weniger auf gegensätzlichen Meinungen beharrend: *laß uns die Sache erst noch einmal b., bevor du dich entscheidest.* **besprechen,** etwas [mit jmdm.]: über etwas, was man vorhat oder tun will, mit einem anderen [ausführlich] sprechen, die Einzelheiten dabei genau durchgehen; wird auf wichtige oder wichtig scheinende Fragen oder Angelegenheiten bezogen: *wir haben diesen Fall besprochen;* vgl. Besprechung ↑Beratung. **bekakeln,** etwas [mit jmdm.] (fam.; landsch.): über etwas Vorgefallenes oder etwas, dessen Entscheidung noch aussteht, mit jmdm., den man gut kennt, in ungezwungener Weise [in allen Einzelheiten] reden: *ich würde einen so großen Kauf nicht sofort machen, laß uns das Ganze erst einmal b.* **bekatern,** etwas [mit jmdm.] (fam.; landsch.): mit jmdm., den man gut kennt, ungezwungen [und heimlich] über etwas, was getan werden soll oder was man tun will, [ausführlich] sprechen, es genau untersuchen, sich beraten: *was wir dem Chef zum 60. Geburtstag schenken wollten, mußte erst lange bekatert werden;* ↑unterhalten.

erprobt: auf bestimmte Eigenschaften oder auf seine Leistungsfähigkeit hin geprüft und als zuverlässig oder geeignet befunden; wird wie das folgende Wort im allgemeinen attributiv gebraucht. **bewährt:** bereits seit längerer Zeit mit gutem Erfolg in Gebrauch; sich als tüchtig und zuverlässig erwiesen habend: *ein bewährter Mitarbeiter.*

erscheinen, etwas erscheint jmdm./einer Sache + Artangabe: (in diesem Sinnbereich) etwas stellt sich [dem Beobachter] in einer bestimmten Weise dar; bezieht sich auf ein vorsichtig ausgesprochenes, oft negatives Urteil, das aus dem Eindruck, den jmd./etwas auf jmdn. macht, hervorgeht: *diese Begründung erscheint abwegig.* **vorkommen,** etwas kommt jmdm. vor + Artangabe: etwas ruft eine bestimmte Vorstellung hervor, erweckt einen bestimmten Eindruck; bezieht sich auf ein mehr oder weniger gefühlsmäßiges [spontanes] Urteil, das man von jmdm. oder etwas hat: *eine Landschaft, die mir sehr bekannt vorkam.* **anmuten,** etwas mutet [jmdn.] an + Artangabe (geh.): etwas berührt jmdn. in einer bestimmten Weise, macht einen bestimmten, häufig einen seltsamen, ungewöhnlichen oder überraschenden Eindruck auf ihn: *ihre Erlebnisse muteten bekannt an.*

erschießen, jmdn.: (in diesem Sinnbereich) jmdn./ein [krankes] Tier (besonders beim Großvieh) durch einen Schuß töten; sieht den Getöteten als das [wehrlose] Opfer eines vorsätzlichen oder fahrlässigen Tötungsaktes und bezieht sich im allgemeinen nicht auf den Tod im Verlauf einer Kampfhandlung: *er wurde auf der Flucht erschossen; ein verletztes Pferd e.;* vgl. erschießen ↑füsilieren. **totschießen,** jmdn. (ugs.): den Tod eines Menschen [versehentlich] durch einen Schuß verursachen; mit einer Schußwaffe töten; richtet im Unterschied zu „erschießen" den Blick mehr auf die eingetretene [nicht beabsichtigte] Wirkung: *an dieser Demonstration werde ich nicht teilnehmen, ich will mich doch nicht t. lassen.* **niederschießen,** jmdn.: auf jmdn. schießen, daß er verletzt oder tot zu Boden stürzt: *die Flüchtenden wurden von Soldaten einfach niedergeschossen.* **niederknallen,** jmdn. (salopp): i. S. v. niederschießen; drückt den emotionalen Anteil des Sprechers/Schreibers aus. **abknallen,** jmdn. (salopp): jmdn./ein Tier durch Schießen töten; enthält den emotionalen Anteil des Sprechers/Schreibers; betont jedoch stärker die Skrupellosigkeit, Roheit des Täters und die Wehrlosigkeit des Opfers: *er hat die Geisel einfach abgeknallt.* **umlegen,** jmdn. (Jargon): jmdn. kaltblütig, ohne Gemütsbewegung mit der Schußwaffe töten. **umnieten,** jmdn. (Jargon): jmdn., der bei der Durchführung eines Verbrechens hinderlich oder im Wege ist, heimtückisch durch einen Schuß oder Schüsse töten; ↑beseitigen, ↑ermorden, ↑erschlagen, ↑erstechen, ↑ersticken, ↑[1]hängen, ↑liquidieren, ↑niedermachen, ↑schießen, ↑[1]sterben, ↑[1]töten, ↑[2]töten; ↑[2]Selbstmord.

erschlagen, jmdn.: jmdn. mit einer Schlagwaffe oder einem harten Gegenstand [tätlich angreifen, niederschlagen und] töten. **totschlagen,** jmdn.: (in diesem Sinnbereich) jmdn. [im Zorn, in einem Wutanfall] erschlagen; betont im Unterschied zu „erschlagen" stärker die Tatsache einer Affekthandlung oder legt das Gewicht mehr auf das Ergebnis der Handlung, die Tötung einer Person, und bringt eine stärkere emotionale Beteiligung des Sprechers/Schreibers zum Ausdruck; ↑beseitigen, ↑ermorden, ↑erschießen, ↑erstechen, ↑ersticken, ↑[1]hängen, ↑liquidieren, ↑niedermachen, ↑schießen, ↑[1]sterben, ↑[1]töten, ↑[2]töten; ↑[2]Selbstmord.

erschöpft: (in diesem Sinnbereich) durch große vorangegangene körperliche oder geistige Anstrengungen am Ende seiner Kräfte und nicht mehr in der Lage, weitere Anstrengungen auf sich zu nehmen. **abgespannt:** durch [geistige] Anspannung starke Ermüdungserscheinungen zeigend; ohne Spannkraft. **angeschlagen** (ugs.): in seiner Kraft und Mobilität durch eine vorangegangene Tätigkeit beeinträchtigt, reduziert [und daher vorübergehend der Ruhe und Erholung bedürfend]. **zerschlagen** (ugs.): physisch im höchsten Grade erschöpft und sich elend fühlend; oft wird damit, wie mit den folgenden Wörtern, der eigene Zustand gekennzeichnet; wird, wie die folgenden Wörter dieser Gruppe, im allgemeinen nicht attributiv gebraucht: *heute bin ich ganz z.* **erledigt** (ugs.), **k. o.** (salopp), **groggy** (salopp), **down** [daun] (salopp): nach großer Anstrengung meist körperlicher Art sich völlig erschöpft oder zerschlagen fühlend; vgl. down ↑mutlos. **kaputt** (salopp): (in diesem Sinnbereich) infolge von irgendwelchen Strapazen erschöpft und am Ende seiner Kräfte angelangt: *nach der langen Reise war ich ganz k.* **erschossen** (salopp): nach schwerer körperlicher Anstrengung sich vor Erschöpfung wie tot fühlend; *nach dem langen Weg war ich ganz e.* **fertig** (ugs.): besonders nervlich überreizt und unfähig zu weiterer Anspannung oder Konzentration: *ich bin mit den Nerven völlig f.* **ausgelaugt:** durch längere angestrengte Tätigkeit ohne Kraft oder Kraftreserven und erschöpft. **ausgepumpt** (ugs.): nach starker und intensiver körperlicher Anstrengung vorübergehend erschöpft: *als erster, aber bis aufs letzte a., kam der Radrennfahrer am Ziel an.* **abgeschlafft** (salopp): nach einer Zeit starker [nervlicher] Anspannung, Konzentration erschöpft, schlaff, matt geworden: *nach dem Interview saß er bleich und a. im Sessel.* **abgeschafft** (ugs.): von anstrengender Arbeit ermattet und keine Kraft mehr habend, ohne Spannkraft; nicht attributiv. **geschafft** (salopp): derart in seiner Leistungskraft beansprucht worden, daß man völlig am Ende seiner [physischen] Kräfte ist, daß man nicht mehr kann; nicht attributiv; ↑schwach, ↑überanstrengt.

erschrocken: auf etwas, womit man nicht gerechnet und wodurch man einen Schreck bekommen hat, unmittelbar reagierend, was sich oft in Bewegung, Ausruf o. ä. äußert: *als die Flamme seine Finger versengte, ließ er e. das Streichholz fallen.* **zu Tode erschrocken** (emotional übertreibend): bis ins Innerste, zutiefst erschrocken. **entsetzt:** außer Fassung gebracht durch etwas Schlimmes, Abstoßendes, was man unvorbereitet erfährt oder erblickt: *entsetzte Stimmen schrien: „Der Elefant ist hinter uns her".* **entgeistert:** sprachlos geworden und sichtbar verstört durch etwas, was völlig unerwartet kommt und was im Gegensatz zu den Vorstellungen steht, die man sich gemacht hat; wird vorwiegend vom Ausdruck, von den Blicken einer Person gesagt: *sie starrte e. zum Himmel, wo gerade das Kampfflugzeug explodierte.* **starr:** vor Schreck, Furcht oder Entsetzen unfähig, sich zu rühren oder zu denken: *s. vor Entsetzen.* **wie vom Donner gerührt** (salopp): im höchsten Grade betroffen; von irgend etwas Unerwartetem so überwältigt, daß es einem die Sprache verschlägt: *er stand wie vom Donner gerührt.* **fassungslos:** (in diesem Sinnbereich) außerstande, etwas, was man erfährt oder sieht und was einen überwältigt, zu glauben, zu begreifen: *sie sah ihn f. an.*

ersetzen, etwas: (in diesem Sinnbereich) jmdm. für einen erlittenen Schaden oder Verlust etwas Gleichwertiges, oft statt des beschädigten Gegenstandes einen neuen geben. **erstatten,** etwas: (in diesem Sinnbereich) für einen entstandenen Schaden oder Verlust mit einer entsprechenden Geldsumme aufkommen; klingt amtlich und förmlich; ↑bezahlen, ↑einstehen, ↑entschädigen, ↑geradestehen.

erspähen, jmdn./etwas: durch angestrengtes Hinsehen jmdn./etwas erblicken, was man gesucht hat, wobei sich das Objekt stets in einer gewissen Entfernung befindet: *sie hatte mich in der Menge erspäht.* **ausmachen,** jmdn./etwas: durch intensives Hinsehen (z. B. mit dem Fernglas) von einem bestimmten Ort aus in der Ferne jmdn./etwas entdekken; häufig in der Seemannssprache und in der Militärsprache. **sichten,** jmdn./etwas: i. S. v. erspähen; häufig in der Seemannssprache angewandt: *als die Morgendämmerung begann, sichtete der Tanker das U-Boot; der Pilot sichtete die Schiffbrüchigen;* ↑[1]sehen.

ersprießlich: von einigem Nutzen oder Gewinn; wird von einer Tätigkeit oder einer Sache gesagt, durch die jmd. in seinen Absichten oder in seinem Vorhaben eine gewisse Förderung erfährt: *die Zusammenarbeit war für beide Teile recht e.* **gedeihlich:** sich gut, günstig entwickelnd, erfolgreich; das Gedeihen fördernd; wird von einem Sachverhalt oder einer Tätigkeit gesagt: *die neue Geschäftsverbindung ließ sich recht g. an.*

erstechen, jmdn.: jmdn. mit einer Stichwaffe vorsätzlich oder fahrlässig töten. **erdolchen,** jmdn. (geh.; veraltend): jmdn. vorsätzlich mit einem Dolch, einer Stichwaffe töten, ermorden. **niederstechen,** jmdn.: jmdn. bei einem Überfall, einer tätlichen Auseinandersetzung mit einer Stichwaffe [tödlich] verwunden, so daß er zu Boden fällt; ↑beseitigen, ↑ermorden, ↑erschießen, ↑erschlagen, ↑ersticken, ↑[1]hängen, ↑liquidieren, ↑niedermachen, ↑[1]sterben, ↑[1]töten, ↑[2]töten; ↑[2]Selbstmord.

ersticken, jmdn.: jmdn. durch Hemmen der Atmung, durch Entziehen der Atemluft töten: *jmdn. mit einem Kissen e.* **erdrosseln,** jmdn.: jmdn. durch Zuschnüren oder Zudrücken der Luftröhre (Drossel = Kehle, Kehlkopf, Gurgel) an der Atmung hindern und dadurch gewaltsam töten: *die Tote wurde mit einem Strumpf erdrosselt.* **erwürgen,** jmdn.: jmdn. durch Zudrücken der Luftröhre mit den Händen oder durch Zuschnüren der Luftröhre an der Atmung hindern und dadurch gewaltsam töten: *er hat sie mit bloßen Händen, mit einem Schal erwürgt.* **strangulieren,** jmdn.: jmdn. durch Zuschnüren der Luftröhre (mit einem Strick o. ä.) an der Atmung hindern und dadurch gewaltsam töten – sowohl erdrosseln, erwürgen als auch erhängen –; wird sachlich feststellend verwendet. **garrottieren,** jmdn.: jmdn. mit der Garrotte (einem Halseisen, einer Würgschraube) erdrosseln; in Spanien angewandte Praxis bei der Todesstrafe; ↑beseitigen, ↑ermorden, ↑erschießen, ↑erschlagen, ↑erstechen, ↑[1]hängen, ↑liquidieren, ↑niedermachen, ↑[1]sterben, ↑[1]töten, ↑[2]töten; ↑[2]Selbstmord.

ertappen, jmdn.: jmdn. überraschend bei heimlichem oder verbotenem Tun antreffen (so daß er seine Täterschaft nicht mehr abstreiten kann). **erwischen,** jmdn. (ugs.): (in diesem Sinnbereich) jmdn. [durch geschickte List] bei etwas ertappen [indem man ihm auflauert oder rein zufällig]; vgl. erwischen ↑[1]ergreifen.

ertragen, etwas: etwas Quälendes, Bedrükkendes oder Lästiges auf die Dauer oder wenigstens eine gewisse Zeit lang hinnehmen, ohne sich dagegen aufzulehnen oder ohne sich davon überwältigen zu lassen: *kannst du diese Schmerzen auch wirklich ohne Betäubungsmittel e.?* **aushalten,** etwas: i. S. v. ertragen; wird aber mehr bei alltäglichen Situationen gebraucht; während in „ertragen" der Prozeß als Ganzes gesehen wird, der bis zum Ende durchgehalten wird, hebt in „aushalten" und „ausstehen" die Vorsilbe aus- hervor, daß der Prozeß in seinem Ablauf bis zu seinem Ende gesehen wird: *er konnte die ständigen Zahnschmerzen nicht mehr a.;* auch intransitiv (ohne Objekt): *halte aus!* **durchhalten:** trotz großer Schwierigkeiten und Belastungen nicht aufgeben, seine ganze Kraft aufbieten, um ihnen nicht zu erliegen; erfordert kämpferische Energie; während das intransitive „aushalten" eine passive Einstellung in Form des Erduldens enthält, besagt „durchhalten", daß man sich aktiv zu behaupten sucht: *du mußt durchhalten; halte durch!* **ausstehen,** etwas: durch Schmerz, Angst, Demütigung u. ä. hindurchgehen, und zwar oft um eines bestimmten Zieles willen; im allgemeinen gebraucht man „ausstehen“ erst dann, wenn die schmerzhafte oder bedrückende Phase abgeschlossen ist und man auf sie zurückblickt: *wieviel Angst haben wir ausgestanden, bis wir das Kind wieder bei uns hatten!* **tragen,** etwas: Schicksalhaftes, Schweres [ohne Klagen und ohne zu verzweifeln] hinnehmen: *er trägt sein Schicksal mit Würde.*

ertrinken: durch einen Unglücksfall im Wasser ums Leben kommen; wird von Menschen und Tieren gesagt. **ersaufen** (derb): i. S. v. ertrinken: *mit diesem alten Kahn mache ich doch keine Kreuzfahrt, ich will doch nicht im Ozean ersaufen.* **versaufen** (derb): auf irgendeine Weise im Wasser umkommen, von den Wellen verschlungen werden; mit einer Richtungsvorstellung (nach unten) verbunden: *er heuerte später als Matrose auf einem alten Kasten an und versoff irgendwo zwischen Hongkong und Brunei.* **ein feuchtes/** (auch:) **nasses Grab finden** (dichter.): durch Ertrinken den Tod finden; lenkt im Unterschied zu den übrigen Wörtern dieser Gruppe den Blick weniger auf den Vorgang des Ertrinkens als auf den unglücklichen Tod eines Menschen. **den Tod in den Wellen finden** (geh.): durch Ertrinken den Tod in einem meist größeren Gewässer finden; ↑untergehen.

erwägen, etwas: eine bestimmte Angelegenheit auf alle möglichen Konsequenzen hin prüfen: *er hatte alles reiflich erwogen.* **in Erwägung ziehen,** etwas (nachdrücklich): einen Plan, Antrag o. ä. einer sorgfältigen Prüfung unterziehen; hebt stärker den Ablauf des Geschehens hervor und schließt oft auch die bedächtige Art des Erwägens ein. **bedenken,** etwas: etwas genau nach allen Seiten hin prüfend überlegen: *diese Frage wird genau bedacht.* **überdenken,** sich (Dativ) etwas: über eine Sache in ihrem Verhältnis, in ihrer Beziehung zu anderen einige Zeit nachdenken [bevor man eine endgültige Entscheidung trifft]: *wir wollen die ganze Angelegenheit in aller Ruhe ü.* **überprüfen,** etwas: (in diesem Sinnbereich) eine bereits gefällte Entscheidung noch einmal überdenken, um sie vielleicht zu revidieren; ist eine abschwächend-verhüllende Ausdrucksweise. **durch den Kopf gehen lassen,** sich (Dativ) etwas (ugs.): über einen Plan oder ein Vorhaben und dessen spätere Ausführung länger nachdenken. **in Betracht ziehen,** etwas: bei der Beurteilung oder bei der Ausführung eines Vorhabens usw. auch die besonderen Gegebenheiten der Lage berücksichtigen; hebt den Beginn des Vorgangs hervor: *wir haben mehrere Möglichkeiten in Betracht gezogen.* **ins Auge fassen,** etwas: sich einen Plan oder eine Angelegenheit für eine spätere Ausführung genauer überlegen: *erst nachdem er die eine Schwierigkeit überwunden hatte, durfte er es wagen, das nächste Problem ins Auge zu fassen.* **ventilieren,** etwas (bildungsspr.): eine Sache sorgfältig und bewußt erwägen. **zu Rate gehen,** mit sich: sich über einen Plan, ein Vorhaben klarwerden und den Wert oder Nutzen erwägen; ↑ausdenken, ↑grübeln, ↑überlegen.

erwählen, jmdn./etwas zu etwas (geh.): jmdn., seltener etwas auswählen, zu einer besonderen Aufgabe, Funktion bestimmen, berufen und damit in enge persönliche Beziehung zu sich selbst setzen. **wählen,** jmdn./etwas zu etwas: sich für eine Person oder Sache, die einem für eine bestimmte Aufgabe, Funktion geeignet erscheint, entscheiden, ihr eine Aufgabe übertragen; während in „erwählen“ und „auswählen“ die Person stärker hervorgehoben wird, richtet sich in „wählen“ der Blick mehr auf die Aufgabe des Betreffenden: *jmdn. zum Anführer w.;* ↑[1]wählen, ↑[2]wählen. **ausersehen,** jmdn./etwas [zu etwas] (geh.): mit jmdm. oder etwas eine bestimmte Absicht im Auge haben, ihn oder es zu einem besonderen Zweck bestimmen; betont gegenüber „wählen“, „erwählen“ mehr das Wollen, die Absicht, jmdm./einem Objekt, das man ausgewählt hat, die gedachte Bestimmung zu geben, weniger die tatsächliche Übertragung einer Funktion und ist, wie „auserwählen“ auch, in den Personalformen nur noch in Endstellung, also in Gliedsätzen gebräuchlich: *man hat ihn zum neuen Leiter der Abteilung a.; die Beute, die er sich mit scharfem Blick ausersah.* **auserwählen,** jmdn./etwas [zu etwas] (geh.): aus einer Gruppe von Personen oder Sachen eine bestimmte aussuchen und ihr eine besonders wichtige oder ehrenvolle Aufgabe übertragen; betont im Unterschied zu den übrigen Wörtern mehr die einzigartige, von den übrigen abgehobene Stellung oder Bedeutung des gewählten Objekts, das meist von einer höheren Macht berufen wird: *er war zu Großem auserwählt.*

erwartungsgemäß: wie erwartet: *e. hat sich das Wetter am Wochenende weiter abgekühlt.* **natürlich** (ugs.): wie nicht anders zu erwarten war, wie es der Art oder Gepflogenheit von Personen, der Art von Dingen entspricht: *nach der langen Fahrt war er n. müde.* **prompt** (ugs.): schließlich genau so wie erwartet, befürchtet; wie auch nicht anders zu erwarten war; wird in diesem Sinnbereich überwiegend mit ironischem oder leicht geringschätzigem Sinn gebraucht: *wir wollten spazierengehen, aber* *p. hat es wieder geregnet; er kam p. wieder zu spät.* **denn auch:** dem eben Gesagten zufolge erklärlich oder natürlich: *es hieß, er sei ungesellig; er verschanzte sich denn auch hinter seinen Büchern, als wir kamen.*

erwischen, etwas: (in diesem Sinnbereich) etwas Rares, Seltenes, Begehrtes unverhofft, durch Schnelligkeit und Geschicklichkeit bekommen, an sich bringen; betont, daß man etwas gerade noch bekommen konnte: *ich habe gerade noch das letzte Exemplar erwischt.* **ergattern,** etwas (ugs.): etwas Rares, schwer Erreichbares mit List, Ausdauer und Geschick bekommen, ausfindig machen, sich verschaffen; betont stärker das planmäßige, listenreiche Sichbemühen um das Objekt; in diesem Wort ist „Gatter" enthalten, so daß damit gesagt ist, daß man durch das Gatter spähend auf etwas lauert, etwas belauert und es schließlich erspäht: *sie konnte noch einen Fensterplatz ergattern; eine Theaterkarte für die Premiere bei der Vorverkaufsstelle e.;* ↑ausfindig (machen).

erzählen [von/über etwas]: (in diesem Sinnbereich) etwas wirklich Geschehenes (Vorgänge, Ereignisse, Begebenheiten) oder etwas, was man sich ausgedacht, erfunden hat, anschaulich, meist ausführlich und auf angenehme, unterhaltsame Art in Worten wiedergeben: *er erzählte uns einiges über seinen Aufenthalt in Paris;* vgl. erzählen ↑mitteilen. **schildern,** etwas: einen Vorgang, ein Ereignis, einen Tatbestand, einen Zustand ausführlich, meist sehr genau in Worten wiedergeben und dadurch jmdm. ein anschauliches lebendiges Bild von etwas, was man selbst genau kennt, vermitteln; leitet sich her von dem früheren Wort „schildern" in der Bedeutung „malen, abmalen", ursprünglich „den Schild mit dem Wappen bemalen": *er schilderte den Vorfall.* **darstellen,** etwas: (in diesem Sinnbereich) Tatsachen, Ereignisse, bestimmte Gegebenheiten mit Worten veranschaulichen in der Absicht, die Vorstellungen des Zuhörenden mit Hilfe des oft plastisch und ausführlich Dargebotenen in eine bestimmte Richtung zu lenken oder ihm ein deutliches Bild davon zu geben: *er stellte die ganze Sache reichlich verzerrt dar;* vgl. darstellen ↑abhandeln. **beschreiben,** etwas: (in diesem Sinnbereich) Ereignisse und Vorgänge, Sachverhalte oder Zustände, die man selbst genau kennt, im einzelnen durch anschauliches Erzählen deutlich machen, besonders indem man durch Aufzählen, Nennen von Kennzeichen und Besonderheiten jmdm. eine genaue, klare Vorstellung oder wenigstens einen Eindruck von etwas zu geben sucht: *er beschrieb uns den Hergang des Unfalls.* **eine Beschreibung geben** [von etwas] (nachdrücklich): (in diesem Sinnbereich) jmdm. in Worten eine ausführliche [sachlich] genaue Darstellung von etwas selbst Erlebtem geben. **berichten,** [von/über] etwas: jmdm. einen Sachverhalt, ein Geschehnis, von dem man selbst genaue Kenntnis hat, sachlich und nüchtern, meist ohne weitere Ausschmückung in den Hauptzügen mitteilen und dadurch jmdm. etwas [offiziell] zur Kenntnis bringen: *berichten Sie uns über Ihre Erfahrungen!* **Bericht erstatten** [von/über etwas] (nachdrücklich): i.S.v. berichten; wird meist angewandt, wenn von jmdm. [amtlicherseits] erwartet wird, daß er über etwas berichtet, oder wenn man jmdn. dazu auffordert, wobei der Gegenstand des Berichtes meist sachlichen Charakter hat. **einen Bericht geben** [über/von etwas] (nachdrücklich): jmdn. über ein bestimmtes Geschehnis, einen bestimmten Sachverhalt, der einem selbst genau bekannt ist, in sachlich nüchternen Worten [die man sich vorher zurechtgelegt hat] unterrichten, wobei man auf Vollständigkeit und Übersichtlichkeit bedacht ist: *sie gab einen sehr ausführlichen Bericht von ihrer Reise.* **auspacken** [etwas] (salopp): etwas, nachdem man lange an sich gehalten oder darüber geschwiegen hat, schließlich doch erzählen, berichten: *er hat über die großen Gangster von St. Pauli ausgepackt;* vgl. singen ↑verraten. **referieren** [über etwas]: einen Sachverhalt sachlich [begutachtend] nach bestimmten [vorher festgelegten] Gesichtspunkten vortragen; jmdm., oft einem bestimmten Zuhörerkreis, etwas in übersichtlichem Zusammenhang [zusammenfassend] berichten, um ihn über bestimmte Geschehnisse zu informieren: *er referierte über ein aktuelles Thema;* ↑informieren, ↑mitteilen.

Erzählung, die: geschlossene Darstellung von wirklichen oder erfundenen Ereignissen, die sich als sprachliche Kunstform in Prosa vom Roman durch geringeren Umfang, von der Novelle durch einen weniger kunstvollen Aufbau, von Sage und Märchen durch größere Nähe zur Wirklichkeit unterscheidet. **Roman,** der: epische Großform in Prosa, die im Unterschied zur Novelle in großen Zusammenhängen Zeit und Gesellschaft widerspiegelt und das Schicksal einer Einzelpersönlichkeit oder einer Gruppe von Individuen in ihrer Auseinandersetzung mit der Umwelt darstellt. **Novelle,** die: kurze Prosaerzählung, die sich auf ein ungewöhnliches Ereignis zuspitzt und in ihrer knappen, objektiven Darstellung Personen und Dinge nur soweit berücksichtigt, als es die Konzentration auf einen einzigen Konflikt erfordert. **Kurzgeschichte,** die: kurze, das Geschehen fast skizzenhaft darstellende Prosaerzählung, die auf Erschütterung abzielt und die als Ausdruck einer bestimmten Weltsicht nicht auf dem Glauben an die Folgerichtigkeit des dargestellten Geschehens und an die Allmacht des Erzählers beruht und daher im Unterschied zur Novelle keine Lösung anbietet, sondern durch einen offenen, oft unerwarteten Schluß charakterisiert ist. **Short story,** die: amerikanische literarische Gattung zwischen den imaginativen Kurzromanen, Novellen, Märchen einerseits und den mehr faktenbestimmten Anekdoten und Skizzen andererseits; nicht so eng wie Kurzgeschichte. **Story,** die: (in diesem Sinnbereich) kurze Erzählung. **Fabel,** die: kurze, satirische oder moralisch belehrende Dichtung in Vers oder Prosa, die an Tieren, Pflanzen oder Steinen durch analoge Beispiele zum Menschenleben eine moralische Wahrheit zu veranschaulichen sucht. **Legende,** die: kurze, erbauliche, religiöse Erzählung in Vers oder Prosa über Leben und Tod, auch Martyrium von Heiligen, in der besonders das Eingreifen des Übernatürlichen eine Rolle spielt. **Sage,** die: kurze Prosaerzählung, die an historische Ereignisse und Örtlichkeiten anknüpft, auf mündlicher Überlieferung beruht und phantastische, übernatürliche Zusammenhänge aufweist. **Märchen,** das: phantasievoll ausgeschmückte Prosaerzählung, in der die Naturgesetze aufgehoben sind, die übernatürlichen Gewalten in das Leben der Menschen eingreifen und nach einer naiven Moral die Guten belohnt und die Bösen bestraft werden. **Science-fiction** [ßai^{e}nßfiksch^{e}n], die: (in diesem Sinnbereich) Roman, Erzählung, die sich spekulativ mit künftigen, zum Teil aber physikalisch und technisch nicht realisierbaren Entwicklungen der Menschheit befaßt, z. B. Weltraumfahrten mit Überlichtgeschwindigkeit, Besiedlung ferner Himmelskörper usw. **Fantasy** [fẹnt^{e}s^{i}], die: (in diesem Sinnbereich) Roman, Erzählung, die ihr Thema, Motiv aus Märchen, Sagen und Mythen überwiegend keltischer, skandinavischer und orientalischer Herkunft bezieht; spielt im idealisierten Mittelalter oder in exotischen Gefilden; Nebenzweig der Science-fiction. **Geschichte,** die: Erzählung eines tatsächlichen oder erdachten Geschehens, die aber keine literarische Gattung darstellt. **Comic,** der: (spezifische Form der) Bildgeschichte, bei der der Text ins Bild integriert ist, wobei die wörtliche Rede dominiert und als Sprechblase erscheint. **Skizze,** die: kurze Erzählung, die im Unterschied zur gerundeten Kurzgeschichte bewußt fragmentarisch gehalten ist.

^{1}**essen** (Ggs. ↑^{1}trinken): Nahrung [in fester Form] zu sich nehmen; eine Mahlzeit einnehmen; „essen" ist das allgemeinste und daher am wenigsten eingeengte Wort, das auch den Eßvorgang (z. B. das Kauen) mit einschließt: *bei Kerzenschein e.; wann essen wir?; es ist eine Freude, ihn e. zu sehen;* ↑^{2}essen. **speisen** (geh.): bei Tisch sitzen und in kultivierter, gepflegter Weise essen: *in welchem Gasthaus haben Sie gespeist?;* vgl. speisen ↑^{2}essen, ↑^{3}essen; ↑^{2}Abendbrot. **tafeln:** [vornehm und] ausgedehnt speisen; eine Mahlzeit mit verschiedenen Gängen [in festlichem Rahmen] einnehmen; das Wort enthält oft nicht nur eine sachliche Feststellung, sondern spiegelt auch die Emotion des Sprechers/Schreibers wider, der mit diesem Wort die Üppigkeit und Ausgedehntheit des Essens hervorheben will. **futtern** (fam.): mit Appetit und ungezwungen essen: *er futterte tüchtig;* vgl. futtern ↑^{2}essen. **schnabulieren** (fam.): mit Behagen leckere Dinge, die man gern mag, essen; mit diesem Wort verbindet sich im allgemeinen die Vorstellung, daß man kleinere Portionen oder Bissen zu sich nimmt: *die Kinder haben vielleicht schnabuliert, als ich ihnen den Pudding vorsetzte.* **stärken,** sich: essen, damit man [wieder] Kraft hat für etwas, was noch vor einem liegt: *wir müssen uns vorher noch s.* **fressen:** (in diesem Sinnbereich) **a)** (derb-burschikos) i. S. v. essen: *der frißt ja schon wieder!;* **b)** (derb abwertend): sehr viel [und in unkultivierter Weise] essen: *nachdem sie tagelang gehungert hatten, fraßen sie regelrecht das Fleisch; der ißt nicht mehr, der frißt schon;* ↑fressen; vgl. fressen ↑^{2}essen; vgl. auffressen ↑aufessen; ↑gefräßig. **spachteln** (fam.): mit gutem Appetit [eine größere Menge guter Dinge] essen, wobei die Vorstellung zugrunde liegt, daß der Betreffende immer wieder zugreift, abbeißt, jedoch nicht große Bissen nimmt. **schmausen:** (in diesem Sinnbereich) [in fröhlicher Runde] mit großem Genuß und in sehr reichlichem Maße wohlschmeckende Speisen und Getränke zu sich nehmen. **stopfen** (fam.): mit vollen Backen essen: *du mußt nicht so s., dir nimmt doch keiner etwas weg!* **präpeln** (fam.; landsch.): mit Behagen essen: *es war eine Freude zuzusehen, wie diese Jungen präpelten;* vgl. präpeln ↑^{2}essen. **acheln** (ugs.; landsch.): viel und mit Genuß essen; wird besonders in der Vorfreude gebraucht: *wir werden bald a.* **mampfen** (ugs.): mit vollen Backen essen. **schlingen** (abwertend): gierig und hastig essen. **vespern** (landsch.): einen ⌈Nachmittags- oder Abend]imbiß einnehmen; vgl. Vesper ↑Zwischenmahlzeit. **jaus[n]en** (österr.): eine Zwischenmahlzeit, meist am Nachmittag, einnehmen. **Picknick machen** (ugs.)/(geh.; nachdrücklich auch:) **halten; picknicken** (selten): meist auf einem Ausflug ein Mahl im Freien [zu dem jeder Teilnehmer etwas beisteuert] einnehmen.

[2]**essen,** etwas: etwas als Nahrung [in fester Form] zu sich nehmen; ist das allgemeinste Wort und sagt erst im Zusammenhang mit näheren Bestimmungen etwas über Art und Menge der Speise aus: *Heidi ißt gern Muscheln; eine Suppe e.;* ↑[1]essen. **verzehren,** etwas: (in diesem Sinnbereich) Essen [und Trinken] vertilgen; ein Gericht, kräftige Nahrung [in einer Gaststätte] essen [und dazu etwas trinken]; die Vorsilbe ver- weist auf das Ende hin; gilt einerseits als gehobener Ausdruck, wird aber auch in der Gastronomie verwendet: *was haben Sie verzehrt? Ein Schinkenbrot!; er hat das mitgebrachte Essen gleich aus dem Kochtopf verzehrt;* kann auch auf Tiere angewandt werden: *die Hyänen hatten den Toten gleich in der ersten Nacht verzehrt;* vgl. verzehren ↑aufessen. **einnehmen** (geh.): i. S. v. zu sich nehmen; als Objekte treten in der Regel Abstrakta, keine konkreten Nahrungsmittel auf: *einen Imbiß, ein Frühstück, eine Mahlzeit e.; er nahm den Kaffee im Freien ein.* **speisen,** etwas (geh.): eine Mahlzeit, ein Essen [in kultivierter Weise] einnehmen; derjenige, der ißt, gebraucht dieses Wort kaum von sich selbst: *was haben Sie heute gespeist?;* vgl. speisen ↑[1]essen, ↑[3]essen; ↑[2]Abendbrot. **zu sich** (Dativ) **nehmen,** etwas (geh.); **genießen,** etwas (gespreizt): Eßbares, Trinkbares als Nahrung aufnehmen; meist in Texten, wo zum Ausdruck kommt, daß ein [ausreichendes] Essen als nötig angesehen wird: *er hat noch gar nichts genossen, zu sich genommen; willst du nicht wenigstens ein Brötchen zu dir nehmen?; er hat nur wenig zu sich genommen; haben Sie schon etwas genossen?* **nehmen,** etwas (geh.; veraltet): zu sich nehmen; oft in Verbindung mit Adverbialbestimmungen des Ortes: *er nahm den Imbiß auf dem Balkon, den Tee im Salon, das Frühstück auf der Terrasse.* **knabbern,** etwas (fam.): mehr zum Zeitvertreib als aus Hunger immer wieder einmal eine Kleinigkeit von etwas, das in der Substanz relativ fest ist (z. B. Nüsse, Kekse), essen: *beim Fernsehen Salzstangen k.; sie knabberte eine Mohrrübe;* vgl. knabbern ↑nagen. **futtern,** etwas (fam.): etwas [mit Appetit und ungezwungen] essen: *nichts zu f. haben;* vgl. futtern ↑[1]essen. **fressen,** etwas: (in diesem Sinnbereich) **a)** (derbburschikos) i. S. v. essen: *es stimmt nicht, daß wir Banken überfallen und ständig Kaviar f.;* **b)** (derb abwertend): etwas in großer Menge [und in unkultivierter Weise] essen: *der Dicke fraß fünf Paar Würste;* ↑fressen; vgl. fressen ↑[1]essen; ↑gefräßig. **präpeln,** etwas (fam.; landsch.): etwas Gutes mit Behagen essen. **hinunterwürgen,** [sich (Dativ)] etwas: etwas [was einem nicht schmeckt oder was sehr trocken ist, mit Widerwillen oder mit Mühe] ohne besondere Freude an dem Essen, ohne besonderen Appetit essen. **gütlich tun,** sich an etwas: genießerisch und behaglich etwas Bestimmtes verzehren. **naschen,** etwas; **schlecken,** etwas (landsch.): Leckereien, Süßes essen; vgl. schleckig ↑wählerisch. **zu Gemüte führen,** sich (Dativ) etwas (ugs.): eine [besonders gute] Speise langsam und mit Genuß essen. **einverleiben,** sich (Dativ) etwas (ugs.): eine größere Menge einer Speise mit großem Genuß essen: *als wir von unserem Spaziergang zurückkamen, hatte sich Hänschen den Rest des Kuchens einverleibt.*

[3]**essen: zu essen geben,** jmdm. [etwas]: jmdn. mit Nahrung, Speise versorgen; jmdm. eine Mahlzeit reichen, wobei über die Art und Weise der Handlung, die Art und Menge der Speise im Unterschied zu den folgenden Wörtern nichts gesagt wird: *einem Bettler zu essen geben.* **speisen,** jmdn. [mit etwas] (geh.): (in diesem Sinnbereich) jmdm. die Nahrung geben, deren er bedarf, um seinen Hunger zu stillen: *dem Wirte Dank, der uns gespeist; Jesus speiste fünftausend Menschen;* auch mit einer Institution als Subjekt: *das neue Restaurant kann 800 Gäste speisen;* vgl. speisen ↑[1]essen, ↑[2]essen; ↑[2]Abendbrot. **beköstigen,** jmdn. [mit etwas] (geh.): für jmds. Bewirtung sorgen, ihn mit Speise und Trank versehen; besagt meist, daß dies mit einem besonderen Aufwand, einer besonderen Mühe und aus einem bestimmten Anlaß geschieht: *heute sind wieder 120 Feriengäste zu b.* **herausfüttern,** jmdn.: (in diesem Sinnbereich) jmdn. gut verköstigen, damit er körperlich kräftiger wird; legt das Gewicht weniger auf die Handlung als auf das Ergebnis. **abfüttern,** jmdn. (scherzh.): (in diesem Sinnbereich) für Speise und Trank in ausreichender Menge [für eine größere Anzahl Menschen] sorgen; betont, daß man keine größeren Umstände macht und es nur auf die Sättigung der Betreffenden ankommt. **atzen,** jmdn. (scherzh.): (in diesem Sinnbereich) jmdn. mit Speise und Trank [bis zur Sättigung] laben; betont mehr die Befriedigung der Bewirteten über eine [reichhaltige] Mahlzeit; ↑atzen. **verpflegen,** jmdn. [mit etwas]: (in diesem Sinnbereich) [eine größere Zahl von] Menschen mit Nahrungsmit-

teln versorgen oder ein Gemeinschaftsessen an sie ausgeben; betont, daß es sich um eine entsprechend organisierte Essenverteilung oder Essenausgabe handelt: *während des Manövers werden die Truppen durch Feldküchen verpflegt;* vgl. verpflegen ↑verköstigen. **füttern,** jmdn. [mit etwas] (fam.): (in diesem Sinnbereich) **a)** jmdn. mit Nahrung versorgen, ihm Nahrung in den Mund geben; derjenige, der gefüttert wird, ist nicht in der Lage, selbst zu essen, weil er krank oder noch ein Baby ist: *die Mutter füttert den Säugling mit Brei; sie mußte ihre bettlägerige Mutter füttern;* **b)** jmdn. in überreichlichem Maße mit etwas (bestimmtem) Eßbarem versorgen: *das Kind wurde mit Kuchen und Süßigkeiten gefüttert;* ↑füttern; vgl. füttern ↑atzen. **sättigen,** jmdn. [mit etwas] (geh.): (in diesem Sinnbereich) jmds. Hunger stillen, indem man ihn in ausreichendem Maße mit Nahrung versorgt: *er sättigt dich mit dem besten Weizen* (Ps. 147,14); ↑sättigen. **überfüttern,** jmdn. [mit etwas] (fam.): jmdm. (meist einem Kind) mehr zu essen geben, als ihm bekommt und als er zu seiner Ernährung braucht; jmdn. so gut und reichlich beköstigen, daß er mehr zu sich nimmt, als ihm zuträglich ist: *die Oma überfüttert natürlich das Enkelkind, wenn es bei ihr ist.* **mästen,** jmdn. [mit etwas] (scherzh.): (in diesem Sinnbereich) jmdn. mit so reichlichen Mahlzeiten bewirten, daß er ihrer kaum Herr wird: *als ich bei meinen Verwandten auf dem Lande war, haben sie mich förmlich gemästet;* ↑mästen. **nudeln,** jmdn. [mit etwas] (scherzh.): jmdn. überreichlich beköstigen: *die haben mich ganz schön genudelt, als ich einige Tage bei ihnen zu Besuch war;* ↑ernähren.

[1]**Essen,** das (ohne Plural): (in diesem Sinnbereich) **a)** was man bei einer Mahlzeit zu sich nimmt; die Speise, die man zubereitet auf den Tisch bringt: *Hannelore stocherte sehr mißmutig im E. herum;* **b)** die Einnahme einer Mahlzeit; läßt im Unterschied zu den folgenden Wörtern offen, ob es sich um den bloßen Verzehr ohne Beachtung äußerer Formen und Tischsitten oder um eine regelrechte Mahlzeit an gedecktem Tisch handelt: *bist du mit dem E. fertig?;* ↑[1]essen; vgl. Essen ↑Nahrung, ↑Verpflegung. **Mahl,** das (ohne Plural; geh.): **a)** die zubereitete, aufgetragene Speise, die man zu sich nimmt; steht meist mit näherer Bestimmung, die die Art oder Beschaffenheit des Essens angibt: *ein frugales M. stand auf dem Tisch;* **b)** festliche Mahlzeit, die meist aus einem besonderen Anlaß gehalten wird; das Gewicht liegt im Unterschied zu „Mahlzeit" darauf, daß das „Mahl" in irgendeiner Weise, sei es durch die Art und Zubereitung der gereichten Speisen, den festlichen Rahmen oder irgendwelche anderen Umstände, ein besonderes Ereignis darstellt: *es war ein repräsentatives M.* **Mahlzeit,** die: **a)** [reichhaltiges] Essen, das zu einer bestimmten Tageszeit eingenommen wird; stellt die auf den Tisch kommende Speise im Unterschied zu „Essen" als die einer bestimmten Gelegenheit, einer bestimmten Tageszeit angemessene, ausreichende Nahrung hin: *zweimal am Tage wurde ihr eine heiße M. serviert;* **b)** Einnahme von Speisen [am gedeckten Tisch]; betont im Unterschied zu „Essen" mehr den gepflegten gesellschaftlichen oder familiären Rahmen der Handlung und gegenüber „Mahl" die Gebundenheit an bestimmte Tageszeiten und die tägliche Wiederkehr: *eine Stunde oder zwei gehören täglich der M.* **Imbiß,** der (Plural ungebräuchlich): kleinere Mahlzeit: *sie hatten einen I. vorbereitet, der nach dem Vortrag eingenommen wurde.* **Menü,** das: Mahlzeit mit mehreren Gängen, deren Folge festgelegt ist. **Fraß,** der (ohne Plural; derb; verächtlich): (in diesem Sinnbereich) Essen, das einem nicht schmeckt, das schlecht zubereitet, kaum genießbar ist. **Schlangenfraß,** der (ohne Plural; salopp; abwertend; emotional verstärkend); **Hundefraß,** der (ohne Plural; salopp; abwertend; emotional verstärkend); **Affenfraß,** der (ohne Plural; salopp; abwertend; emotional verstärkend): i. S. v. Fraß; bringt jedoch noch stärker die Abneigung des Sprechers/Schreibers vor dem Essen zum Ausdruck.

[2]**Essen,** das: (in diesem Sinnbereich) größere, aus warmen Speisen bestehende Mahlzeit, meist mit festlichem oder offiziellem Charakter, die aus einem nicht alltäglichen Anlaß stattfindet: *ein großes E. geben.* **Schmaus,** der (ohne Plural; fam.): reichhaltiges, aus besonders leckeren Dingen bestehendes Essen, das mit großem Genuß verzehrt wird; enthält die persönliche Anteilnahme des Sprechers/Schreibers: *das war ein S.!*

Ethik, die (Plural ungebräuchlich): von Achtung und Verantwortungsgefühl anderen gegenüber getragenes sittliches Bewußtsein, das die Beziehungen, Verhaltensweisen, Anschauungen und das Wollen der Menschen bestimmt: *das ist mit der E. eines Arztes nicht zu vereinbaren; der kategorische Imperativ der E. lautet: „Handle so, daß die Wirkungen deiner Handlung verträglich sind mit der Permanenz echten menschlichen Lebens auf Erden"* (H. Jonas). **Moral,** die (ohne Plural): Gesamtheit der als verbindlich angesehenen einzelnen Grundsätze, Werte, Normen, die im praktischen, zwischenmenschlichen Verhalten Anwendung finden: *die christliche, kleinbürgerliche M.; die M. der Spießer; gegen die herrschende M. verstoßen; die M. sinkt; die Hebung der M.; erst kommt das Fressen, dann die Moral* (B. Brecht); *Niklas Luhmann sprach bei der Verleihung des Hegelpreises davon, daß es die vordringlichste Aufgabe der Ethik sei, vor M. zu warnen.* **Sittlichkeit,** die (Plural ungebräuchlich): Gesamtheit der als moralisch gut, anständig geltenden Anschauungen und Verhaltensweisen; Verhalten in bezug auf das Sittengesetz, das die freiwilligen Handlungen der Menschen nach Vernunftgründen regelt: *die S. ist gefährdet.* **Sitte,** die (ohne Plural): (in diesem Sinnbereich) gesittetes, pflichtmäßiges Verhalten: *Anstand und S. bewahren.*

exmittieren, jmdn. (bildungsspr.): (durch gerichtlich angeordnete Zwangsräumung) aus der Wohnung weisen: *er wurde exmittiert.* **kündigen,** jmdm.: jmds. Mietsverhältnis zu einem bestimmten Termin für beendet erklären: *meine Wirtin hat mir gekündigt.* **hinauswerfen,** jmdn.: (in diesem Sinnbereich) durch Kündigung des Mietvertrags jmdn. zwingen, aus der Wohnung auszuziehen; enthält die negative Emotion des Sprechers/Schreibers. **rauswerfen,** jmdn. (ugs.): i. S. v. hinauswerfen. **rausschmeißen,** jmdn. (salopp): i. S. v. hinauswerfen. **entmieten** (Ggs. vermieten): eine bisher vermietete Wohnung eines Mietshauses nicht mehr (als Vermieter) vermieten, um [nach einer gewissen Zeit des Verfalls] Renovierungen oder Modernisierungen vornehmen zu können (was später dann lukrativere Einnahmen ermöglicht); während es sich beim Gegensatz vermieten/entmieten immer um ein und dieselbe Person handelt, hat der sonst übliche Gegensatz vermieten/mieten immer zwei Personen zur Voraussetzung.

F

fabelhaft (ugs.): großartig; von ausgezeichnetem Können, hoher Begabung oder Qualität oder eine bestimmte Eigenschaft in erstaunlich hohem Maße besitzend; wird als bewundernde, oft übertreibende Anerkennung von Personen und Sachen gesagt: *er ist ein fabelhafter Reiter.* **sagenhaft** (ugs.): unglaublich; eine negative oder positive Eigenschaft in kaum vorstellbarem Maß besitzend: *ein sagenhafter Schwätzer; eine sagenhafte Unordnung.* **märchenhaft** (ugs.); über alle Maßen großartig, wunderbar oder unwahrscheinlich; drückt besonders großes Erstaunen über etwas [positiv Bewertetes] aus und wird selten von Personen gesagt: *märchenhafter Reichtum; das Bild ist m. schön.* **phänomenal** (ugs.; emotional übertreibend): in seiner Leistung, Begabung oder Wirkung in seinen positiven oder negativen Eigenschaften einzigartig, ohnegleichen; soll höchstes Erstaunen, höchste Bewunderung ausdrücken: *er besitzt ein phänomenales Gedächtnis.*

fahl: (in diesem Sinnbereich) schwachfarben; unnatürlich blaß, verfärbt, abgeblaßt, ohne eigentliche Farbe; wird vor allem von der Gesichtsfarbe des Menschen gesagt, der plötzlich und heftig erschrickt oder nicht gesund ist und dessen Haut eine graue, gelbliche oder weiße Färbung angenommen hat: *eine fahle Haut; ein fahles Blau; fahles Licht.* **bleich:** ohne die natürliche, normale Farbe; bezeichnet vornehmlich die weißliche oder gelbliche Färbung des menschlichen Gesichts infolge einer Krankheit, einer körperlichen Schwäche, einer großen Furcht oder eines tiefen Schreckens, seltener einer plötzlichen freudigen Gemütserregung: *b. vor Angst; das bleiche Licht des Mondes.* **blaß:** (in diesem Sinnbereich) ein wenig bleich; ohne die natürliche Farbe der Gesichtshaut, die nicht mehr so belebt und kräftig wirkt; oft ein Zeichen von Krankheit, Schwäche, Furcht oder Gemütserregung. **bläßlich:** etwas blaß; bezeichnet einen verhältnismäßig geringen Grad der Blässe der menschlichen Haut und des Gesichtes, die meist durch eine Krankheit oder vorübergehende Körperschwäche verursacht wird. **käsebleich** (ugs.; emotional verstärkend), **käseweiß** (ugs.; emotional verstärkend), **käsig** (ugs.): auffallend blaß; wird von der unnatürlichen Farbe des Gesichtes gesagt, das durch Krankheit, tiefes

Erschrecken oder übermäßige Furcht gekennzeichnet ist; das Wort drückt Anteilnahme des Sprechers/Schreibers aus: *er sieht käsebleich aus.* **weiß:** (in diesem Sinnbereich) blutleer und bleich, oft infolge großen Schreckens, heftiger Erregung oder Ohnmacht; wird vielfach in besonderen Wendungen oder übertreibenden Vergleichen verwendet: *ihr Gesicht wurde w. bis in die Lippen.* **kalkweiß** (emotional verstärkend), **kalkig** (selten): vor Erregung oder Angst sehr bleich; vielfach verbindet sich damit die Vorstellung einer im Inneren verhaltenen, ohnmächtigen Wut oder Furcht. **kreidebleich** (emotional verstärkend): durch einen besonders starken Schreck, eine übermäßig große Wut oder eine tiefe Furcht sehr bleich, von weißlicher oder gelblicher Gesichtsfarbe. **totenblaß** (emotional verstärkend), **leichenblaß** (emotional verstärkend), **totenbleich** (emotional verstärkend): durch eine schwere Krankheit, tiefe Erschöpfung, große Erregung oder Angst in besonders hohem Maße blaß, bleich; wird oft gebraucht, um das menschliche Gesicht zu kennzeichnen, das durch einen außerordentlichen Anlaß blutleer und ohne seine natürliche Farbe ist. **grau:** (in diesem Sinnbereich) trübe, fahl und bleich; kennzeichnet die durch schweres Leid, Sorge, Krankheit, Erschöpfung, Schrecken oder Alter ungesunde, unnatürliche und matt wirkende Gesichtsfarbe; wird vorzugsweise von einem Gesicht unbestimmter Farbe gesagt, das Mißmut, Hoffnungslosigkeit und einen gewissen Lebensverzicht ausdrückt; vgl. grau ↑ [1]trübe. **aschgrau:** grau wie Asche, von stumpfem Grau: *aschgraue Haare; ihr Gesicht war a.* **aschfahl:** vor Schrecken, Furcht, Erregung oder Sorge sehr bleich; wird für den in irgendeiner Weise erregten oder verstörten Ausdruck des Gesichtes gebraucht, um den besonderen Grad der Verfärbung zu bezeichnen.

Fahne, die: ein meist rechteckiges [an einer Fahnenstange befestigtes] Tuch, das Farben und Embleme eines Landes, einer Stadt oder irgendeiner Gemeinschaft trägt: *Fahnen tragen, schwingen; eine F. heraushängen; Fahnen wehen, flattern, knattern im Wind; die weiße F.* (Zeichen der Kapitulation). **Flagge,** die: als Hoheitszeichen verwendete Fahne, die mit einer Leine an einem Mast gehißt wird, dient auf Schiffen zur Kennzeichnung der Nationalität und der Reederei sowie als Signal; im Unterschied zu „Fahne" sind Flaggen nur Erkennungszeichen, haben an sich keinen Eigenwert: *die F. aufziehen, hissen, einholen.* **Banner,** das: Fahne, die nicht unmittelbar an der Fahnenstange befestigt ist, sondern an einer Querleiste, die an beiden Enden durch eine Schnur mit dem Fahnenstock verbunden ist und lose herabhängt; heute fast nur noch im kirchlichen Bereich von Pfarreien oder Bruderschaften geführt. **Standarte,** die: persönliches Hoheitszeichen eines Staatsoberhauptes oder eines militärischen Befehlshabers oder Fahne einer [militärischen] Einheit. **Stander,** der: kurze dreieckige oder gezackte Flagge als Signal- oder Verbandszeichen. **Wimpel,** der: kleine, meist dreieckige Schiffs- oder Sportflagge oder Fahne von Jugendgruppen. **Gösch,** die (Seemannsspr.); **Göschflagge,** die (Seemannsspr.): Bugflagge; bei Handelsschiffen z. B. die Flagge der Heimathäfen.

Fahrer, der: jmd., der ein Fahrzeug fährt und steuert; wird in vielen Fällen auf jmdn. angewandt, der ein [meist größeres] Kraftfahrzeug oder eine Straßenbahn u. ä. lenkt und der dies berufsmäßig tut. **Chauffeur/** (auch:) **Schofför,** der: jmd., der im Auftrag und als Angestellter eines anderen ein Kraftfahrzeug fährt; wird im allgemeinen von jmdm. gesagt, der einen Personenkraftwagen lenkt, der einer höhergestellten Persönlichkeit gehört oder ihr zur Verfügung gestellt wurde. **Lenker,** der (selten): der Fahrer eines Kraftfahrzeuges; wird im allgemeinen in Verbindung mit einem Genitivattribut verwendet; besonders in behördensprachlicher Ausdrucksweise: *jeder L. eines Autos unterwirft sich bestimmten Verkehrsregeln.*

fahrig: [bei einer Tätigkeit] zu übertrieben hastigen und überflüssigen Bewegungen neigend, dabei oft unaufmerksam und nicht in der Lage, gelassen zu handeln oder sich richtig auf eine Sache zu konzentrieren; unkontrolliert und zerstreut wirkend, von geringer Sammlung und Konzentrationsfähigkeit zeugend; bezieht sich auf den Menschen, sein Verhalten, auf verschiedene Äußerungsarten, die das Wesen des Betreffenden widerspiegeln: *fahrige Bewegungen.* **schußlig/**(auch:) **schusselig** (ugs.): (in diesem Sinnbereich) aus einer gewissen Unüberlegtheit, Gedankenlosigkeit heraus hastig, fahrig, unüberlegt, auch vergeßlich. **zapp[e]lig** (ugs.): (in diesem Sinnbereich) in ständig ruheloser, oft von innerer Unruhe zeugender Bewegung befindlich; nicht in der Lage, sich ruhig zu verhalten, seinen ständigen Bewegungsdrang zu zügeln; bezieht sich meist auf den Menschen selbst, seltener auch auf sein Verhalten, das sich in irgendwelchen Äußerungen zeigt; wird im allgemeinen nicht prädikatbezogen gebraucht: *ein zappeliger Schüler;* vgl. zapplig ↑kribblig. **nervös:** (in diesem Sinnbereich) auf Grund schwacher oder überreizter Nerven nicht fähig, gelassen und ruhig zu sein; von innerer Unruhe, von Zerfahrenheit oder Unsicherheit zeugend; bezieht sich auf den Menschen, sein Verhalten oder auf seine Äußerungsarten: *er suchte ganz n. nach seinem Notizheft;* vgl. nervös ↑aufgeregt; vgl. Nervosität ↑Unruhe. **unruhig:** (in diesem Sinnbereich) immer in Bewegung; nicht in der Lage, ruhig oder ausgeglichen zu sein; von ständigem Bewegungsdrang zeugend; bezieht sich auf den Menschen, seine Verhaltens- und Äußerungsweise; wird, im Gegensatz zu den übrigen Wörtern dieser Gruppe, oft auch auf eine größere Anzahl von gleichzeitig irgendwo anwesenden Menschen angewandt und wird oft dann gebraucht, wenn ausgedrückt werden soll, daß man das ständige In-Bewegung-Sein als störend empfindet: *eine sehr unruhige Klasse;* ↑Unruhe; ↑aufgeregt, ↑kribblig, ↑ruhelos.

Faktotum, das (Plural ungebräuchlich): jmd., der [als Hausangestellter] alle Arbeiten und Besorgungen erledigt und zu allem zu gebrauchen ist; es kann sich dabei um eine männliche oder weibliche Person handeln, die häufig das besondere Vertrauen ihres Arbeitgebers genießt; drückt oft [nachsichtiges] Wohlwollen des Sprechers/Schreibers aus. **Mädchen für alles,** das (Plural ungebräuchlich): männliche oder weibliche Person, die als Hausangestellte Arbeiten ausführt, die gerade gemacht werden müssen; kann sowohl scherzhaft als auch abwertend gebraucht werden.

[1]**fallen,** etwas fällt: (in diesem Sinnbereich) etwas bewegt sich infolge der eigenen Schwerkraft nach unten; steht meist, wie auch die folgenden Wörter dieser Gruppe, mit Angabe der Richtung, aus der oder in die sich etwas bewegt: *eine Haarnadel fiel auf den Teppich;* ↑[2]fallen. **stürzen,** etwas stürzt: (in diesem Sinnbereich) etwas fällt heftig, mit Wucht [aus einer gewissen Höhe]: *die schöne neue Blumenvase stürzte mit lautem Knall zu Boden; das Flugzeug stürzte ins Meer;* vgl. stürzen ↑[2]fallen. **sinken,** etwas sinkt: etwas bewegt sich infolge eines leichten Eigengewichtes oder durch einen die Abwärtsbewegung beständig hemmenden Widerstand allmählich nach unten: *der Fallschirm öffnete sich und sank langsam zu Boden.* **plumpsen,** etwas plumpst (ugs.): (in diesem Sinnbereich) etwas fällt schwer, ohne eine Hemmung der Abwärtsbewegung und trifft mit einem dumpfen Geräusch auf: *der Sack plumpste auf den Boden.*

[2]**fallen:** (in diesem Sinnbereich) beim Gehen, Laufen, Springen usw. den festen Halt mit den Füßen verlieren und dadurch aus der aufrechten Haltung kommen und mit dem Körper auf den Boden geraten; steht auch oft mit Richtungsangabe: *das Kind ist gefallen;* ↑[1]fallen. **hinfallen:** i. S. v. fallen; bringt aber stärker das Gerichtetsein der Bewegung auf den Boden zum Ausdruck: *die Mutter rutschte aus und fiel hin.* **zu Fall kommen** (nachdrücklich): den festen Halt mit den Füßen oder das Gleichgewicht verlieren und dadurch mit dem Körper auf den Boden geraten, und zwar gewöhnlich bei der Überwindung eines Hindernisses oder bei der Ausführung einer schwierigen Bewegung; betont den Eintritt des Vorgangs: *an der vorletzten Hürde kam er zu Fall und gab auf.* **stürzen:** (in diesem Sinnbereich) heftig, mit Wucht fallen; wird auch mit Richtungsangabe verbunden: *er stürzte zu Boden und blieb benommen liegen;* vgl. stürzen ↑[1]fallen. **hinstürzen** (geh.): heftig, mit Wucht hinfallen. **hinschlagen** (ugs.): der Länge nach hinfallen und dabei hart mit dem Körper auf den Boden prallen. **hinschmieren** (salopp), **hinknallen** (salopp), **hinhauen** (salopp): heftig, mit Wucht hinfallen und dabei gewöhnlich hart mit dem Körper auf den Boden prallen: *die Matrosen grinsten, als der Koch mit dem Tablett hinknallte.* **hinfliegen** (ugs.), **hinsausen** (salopp): [mit Schwung] hinfallen: *er blieb mit einem Fuß an dem Draht hängen und flog hin.* **hinsetzen,** sich (ugs.): fallen, ausrutschen o. ä. und dabei mit dem Gesäß auf dem Boden auftreffen: *beim Schlittschuhlaufen habe ich mich ein paarmal ganz schön hingesetzt.* **hinsegeln** (salopp): auf glattem Boden hinfallen [und über den Boden rutschen]: *er verlor das Gleichgewicht und segelte hin.* **hinpurzeln** (fam.): hinfallen [und dabei über den Boden rollen oder sich überschlagen]; wird hauptsächlich von Kindern gesagt: *Suse stolperte über die Bauklötze und purzelte hin.* **[hin]plumpsen** (fam.), **hinplauzen** (salopp): unbeholfen hinfallen [ohne den Versuch, den Fall zu verhindern oder aufzufangen]; wird hauptsächlich von Kindern gesagt.

[3]**fallen:** (in diesem Sinnbereich) als Soldat im Kampf tödlich verwundet werden. **den Heldentod sterben:** im Krieg fallen; wird in pathetischem Ton gesagt, wenn der Tod für das Vaterland als Heldentum gewertet und hervorgehoben werden soll. **im Krieg bleiben** (verhüllend): im Krieg fallen oder umkommen, nicht wieder heimkehren. **nicht [aus dem Krieg] heimkehren** (verhüllend): im Krieg gefallen sein oder als vermißt gelten. **einen kalten Arsch kriegen** (derb; Soldatenspr.): im Kriege fallen; ↑sterben.

falsch (Ggs. richtig): (in diesem Sinnbereich) nicht so, wie es zu sein scheint, wie es sein sollte und daher nicht in Ordnung, den wirklichen Gegebenheiten usw. nicht entsprechend, mit ihnen nicht übereinstimmend; zugrunde liegt, daß eine Täuschung vorliegt; wie alle Wörter dieser Gruppe nicht auf Konkretes bezogen: *was du da sagst, ist f.; du hast ein völlig falsches Bild von der ganzen Sache; er handelt f.* **grundfalsch** (emotional verstärkend): ganz und gar, durchaus, völlig falsch; „grundfalsch" und „grundverkehrt" können im Unterschied zu „falsch" nicht durch ein Adverb gesteigert werden (also: völlig falsch, aber nicht: völlig grundfalsch, grundverkehrt): *deine Entscheidung war g.* **verkehrt:** i. S. v. falsch; „verkehrt" und „falsch" sind inhaltlich so gut wie identisch; der Unterschied in der Nuance könnte darin gesehen werden, daß „falsch" den Gegensatz „richtig" impliziert (etwas was falsch ist, ist nicht richtig), während „verkehrt" besagt, daß etwas, was getan usw. werden müßte, zwar auch getan wurde, daß es aber anders oder entgegengesetzt hätte getan werden müssen (man kann an der verkehrten oder an der falschen Haltestelle aussteigen, aber falsches Gold ist nicht auch verkehrtes Gold): *du hast eine verkehrte Einstellung zu dieser Sache.* **grundverkehrt** (emotional verstärkend): durchaus, völlig verkehrt: *das war g., was du gemacht hast.*

falten, etwas: (in diesem Sinnbereich) ein Stück Stoff oder Papier [sorgfältig] in eine oder mehrere Falten legen, so daß es seiner Oberfläche nach kleiner wird: *die Papierservietten f.* **knicken,** etwas: ein Stück Papier, oft achtlos oder aus Versehen, umbiegen, so daß nun seine Oberfläche nicht mehr ganz glatt ist, sondern eine Faltspur aufweist; im Unterschied zu „falten" handelt es sich bei „knicken" immer um festeres, konsistenteres Material: *die große Zeichnung paßt nur dann in meine Schulmappe, wenn ich sie knicke.* **kniffen,** etwas: ein Stück Papier an irgendeiner Stelle umbiegen und festdrükken: *wer hat diese Seiten in dem Buch geknifft?* **zusammenlegen,** etwas: einen Teil, die Hälfte von etwas, besonders von Papier, Stoff, [mehrmals] über den anderen Teil, die andere Hälfte legen, um es auf ein kleineres Format zu bringen: *die Zeitung, die Bettwäsche z.*

faltig: (in diesem Sinnbereich) von Falten, von rillenartigen, mehr oder weniger starken Vertiefungen durchzogen, nicht mehr glatt; wird, wie auch die anderen Wörter dieser Gruppe, auf die menschliche Haut bezogen: *ein altes, faltiges Gesicht.* **runzlig:** voller [kleinerer] dicht beieinanderliegender Falten, die unregelmäßig und krummlinig verlaufen; meist Kennzeichen von Alter und Verfall: *ein runzliges Gesicht.* **zerknittert** (salopp): von vielen kleinen, kreuz und quer verlaufenden Falten durchzogen: *ein ganz zerknittertes Gesicht.* **zerfurcht:** von vielen tiefen Falten durchzogen; meist Kennzeichen eines Lebens voller Mühen und Sorgen: *ein zerfurchtes Gesicht.* **welk:** die jugendliche Frische verloren habend und eine schlaffe, nicht mehr straff gespannte Haut aufweisend: *diese welken Züge drückten Melancholie aus.*

fangen, jmdn./etwas: ein Lebewesen, das sich frei bewegt, ergreifen, es festnehmen oder festhalten, es seiner Freiheit berauben; wird auf Menschen und Tiere bezogen: *Vögel f.* **einfangen,** jmdn./etwas: jmdn. fangen und einsperren; sagt oft aus, daß ein Mensch oder Tier, der oder das schon einmal gefangen war und wieder entflohen ist, von neuem gefangen wird: *den streunenden Hund e.*

Fassung, die (ohne Plural): das seelische Gleichgewicht, das jmd. in einer Situation, die eigentlich Ärger, Bestürzung o. ä. auslösen müßte, bewahrt, gewinnt: *etwas mit F. tragen.* **Gefaßtheit,** die (ohne Plural): ausgeglichener Gemütszustand, der Schicksalsschläge o. ä. mit Haltung, Gelassenheit ertragen läßt: *vorbildliche G.;* vgl. gefaßt ↑gelassen. **Beherrschung,** die (ohne Plural); **Selbstbeherrschung,** die (ohne Plural): die Unterdrückung und Zügelung der durch äußere Ereignisse hervorgerufenen Affekte durch Verstand und Willen: *seine Beherrschung verließ ihn;* ↑beherrschen; vgl. beherrschen ↑maßhalten. **Beherrschtheit,** die (ohne Plural): Gemütsverfassung, die von dem bewußten Zusammenfassen aller Willenskräfte zur Bewahrung der Herrschaft über seine Affekte zeugt; während in dem Wort „Beherrschung" die Nachsilbe „-ung" auf die Veränderung und Beeinflussung, die etwas durch jmdn. erfährt, hinweist, gibt „Beherrschtheit" durch die Nachsilbe „-heit" den Zustand, die innere Verfassung von jmdm. an: *seine B. war beispielhaft;* vgl. beherrscht ↑gelassen. **Ruhe,** die (ohne Plural): (in diesem Sinnbereich) die durch Selbstbeherrschung oder Gleichmut bedingte, besonnene Haltung eines Menschen: *er zwang sich zur R.;* ↑[1]Ruhe; ↑[2]Ruhe; vgl. Ruhe ↑Stille; vgl. ruhig ↑still. **Haltung,** die (ohne Plural): seine Beherrschtheit, Gefaßtheit widerspiegelndes Äußeres eines Menschen: *H. bewahren.* **Gelassenheit,** die (Plural ungebräuchlich): Gemütsverfassung eines Menschen, der innere und äußere Ruhe auch gegenüber den Wechselfällen des Lebens bewahrt und der auch bei aufregenden Vorfällen, Ereignissen o. ä. ruhig bleibt: *Gleichmut und heitere G.;* ↑gelassen. **Gleichmut,** der (ohne Plural): die stete, innere Ausgeglichenheit, die auf Selbstbeherrschung, Leidenschaftslosigkeit oder auch Teilnahmslosigkeit beruht: *auch schlechte Nachrichten nahm er mit großem G. hin;* vgl. gleichmütig ↑gelassen.

faul (Ggs. ↑fleißig): nicht gern tätig, abgeneigt zu arbeiten; wird tadelnd gebraucht; vgl. faul sein ↑faulenzen. **stinkfaul** (emotional verstärkend): sehr faul; so faul, daß es Ärgernis erregt; kann nicht wie „faul" durch ein Adverb gesteigert werden (also nicht: sehr stinkfaul). **arbeitsscheu:** die Arbeit scheuend, der Arbeit aus dem Wege gehend; ↑träge, ↑[1]untätig.

faulen, etwas fault: etwas gerät durch Einwirkung zersetzender Bakterien und unter Entwicklung übelriechender Gase in auflösende Verwesung oder Gärung [und verdirbt dadurch oder wird unbrauchbar]; etwas geht in Fäulnis über; kann sowohl den Beginn als auch das Fortdauern des Vorgangs bezeichnen; wird auf feuchte, organische Stoffe, wie tierische oder pflanzliche Körper oder Produkte, angewandt: *Obst fault; wenn ein Baumstamm zu f. beginnt, leuchtet er manchmal in der Dunkelheit.* **verfaulen,** etwas verfault: i. S. v. faulen; zielt stärker auf den Abschluß des Vorgangs, das völlige Durchdringen mit Fäulnis. **modern,** etwas modert: etwas wird unter Einwirkung von Bakterien oder Pilzen [in abgeschlossener oder dumpfer Luft] faul und verfällt oder wird mit Schimmel überzogen, wobei ein muffiger Geruch entsteht; wird vor allem von organischen Stoffen gesagt, die wenig Flüssigkeit enthalten; das 2. Part. wird meist von der zusammengesetzten Form „vermodern" übernommen: *altes Holz modert.* **vermodern,** etwas vermodert: i. S. v. modern; zielt mehr auf das Ende des Prozesses; kann auch von verarbeiteten, organischen Stoffen gesagt werden: *der alte Eichbaum vermodert langsam.* **verwesen,** etwas verwest: i. S. v. verfaulen; wird meist auf tote menschliche oder tierische Körper angewandt, die in Fäulnis übergehen: *der Kadaver war bereits verwest.* **verrotten,** etwas verrottet: etwas gerät in Fäulnis und zerfällt; bei bestimmten Pflanzenstoffen; ist im 2. Part. am gebräuchlichsten: *er ließ die Abfälle auf dem Komposthaufen v.* **schimmeln,** etwas schimmelt: etwas wird durch Einwirkung von Schimmelpilzen [und Feuchtigkeit] modrig, setzt Schimmel an; das 2. Part. wird von der zusammengesetzten Form „verschimmeln" übernommen: *das Stroh schimmelte auf den Dächern.* **verschimmeln,** etwas verschimmelt: i. S. v. schimmeln; betont mehr den fortschreitenden, bis zum Ende der Zersetzung gelangenden Vorgang, der dann häufig mit einem Fäulnisprozeß verbunden ist: *Brot verschimmelt;* ↑schlecht werden.

faulenzen (ugs.): sich [zur Erholung, Entspannung] dem Nichtstun hingeben: *ich habe heute den ganzen Tag gefaulenzt; wenn du im Betrieb faulenzt, wirst du entlassen.* **faul sein** (ugs.): (in diesem Sinnbereich) nichts arbeiten, seine Arbeit [vorübergehend, aus Unlust] ruhen lassen; ↑faul. **nichts tun** (ugs.): (in diesem Sinnbereich) an eine Arbeit, die eigentlich getan werden müßte, aus Unlust, Nachlässigkeit o. ä. nicht herangehen, sie ruhen lassen: *er hat heute wieder nichts getan.* **auf der faulen Haut liegen** (salopp): nichts arbeiten, es sich statt dessen bequem machen: *er liegt schon wieder auf der faulen Haut.*

Fauxpas [fopa], der (bildungsspr.): Verstoß gegen die Formen des gesellschaftlichen Umgangs, der von anderen mehr oder weniger übel vermerkt und vom Handelnden als peinlich empfunden wird: *er ärgerte sich über seinen F., die ältere Dame der jüngeren vorgestellt zu haben.* **Schnitzer,** der (ugs.): (in diesem Sinnbereich) aus Ungeschicklichkeit oder Dummheit begangener Fehler im gesellschaftlichen Umgang; stellt im Unterschied zu „Fauxpas" nicht den Verstoß gegen eine gesellschaftliche Regel fest, sondern drückt aus, daß jmd. sich in einer bestimmten, nicht grundsätzlichen Situation nicht richtig verhält, sondern vielleicht taktlos oder unüberlegt handelt, ohne daß es in diesem einzelnen Fall eine Vorschrift für das korrekte, einzig mögliche Verhalten gäbe: *mit seiner Bemerkung hat er sich heute auf der Teegesellschaft einen groben S. geleistet;* vgl. Schnitzer ↑[1]Fehler. **Lapsus,** der (bildungsspr.): (in diesem Sinnbereich) leichter Verstoß gegen die gesellschaftlichen Umgangsformen, der jmdm. [aus einer gewissen Lässigkeit] unterläuft: *daß er sich am Schluß des Abends nicht mehr bei den Gastgebern bedankte, war ein L., der nicht hätte passieren dürfen;* vgl. Lapsus ↑[1]Fehler; ↑Irrtum.

Feature [fitschᵉr], das: **a)** (im Rundfunk, Fernsehen) dokumentarischer Bericht, Sendung, die in dramatischer Form, bestehend aus Reportage, Kommentar und Dialogen, historische und gegenwärtige Probleme unterhaltsam vermittelt: *ein F. über die erste Mondlandung;* **b)** (in der Presse) zu einem aktuellen Anlaß herausgegebener, besonders aufgemachter Text- oder Bildbeitrag. **Hörspiel,** das: (an die technischen Möglichkeiten des Rundfunks gebundene, rein auf das Akustische ausgerichtete) Rundfunksendung in der Art eines Dramas. **Hörbild,** das: als Kombination von Bericht und dramatischer Handlung gestaltete Rundfunksendung, bei der Ort und Zeit der Handlung unverändert bleiben. **Dokumentarspiel,** das: für das Fernsehen geschriebenes oder bearbeitetes Stück, in dem ein historisches oder zeitgenössisches Ereignis in einer Spielhandlung nachgestaltet wird. **Fernsehfilm,** der: eigens für das Fernsehen produzierter Spielfilm. **Fernsehspiel,** das: i. S. v. Fernsehfilm. **Straßenfeger,** der (ugs.; scherzh.): besonders spannender Fernsehfilm, vor allem ein Krimi, der von so vielen Menschen gesehen wird, daß kaum jemand auf der Straße zu sehen, daß sie wie leer gefegt ist. **Dokumentarbericht,** der: [Fernseh]bericht, der zeitkritische Probleme umfassend an Hand von Fakten und dokumentarischem Material darlegt. **Dokumentarfilm,** der: Film mit Dokumentaraufnahmen, der Begebenheiten und Verhältnisse möglichst genau, den Tatsachen entsprechend zu schildern versucht; ↑Interview, ↑Nachricht, ↑Nachrichten.

[1]**fehlen** (geh.): wissentlich oder unwissentlich gegen Sitte oder Gesetz verstoßen; unrecht handeln: *erst heute erkenne ich, was ich aus Unverstand in meiner Jugend gefehlt habe.* **freveln** (geh.): sich bewußt, oft aus Leichtsinn oder Übermut gegen ein heiliges Gesetz oder Recht vergehen; strafwürdig handeln: *ihr sollt nicht sündigen und f., sondern danach trachten, ein gottgefälliges Leben zu führen;* vgl. Frevel ↑Straftat. **sündigen:** ein göttliches oder kirchliches Gebot wissentlich übertreten; gegen Gott oder gottgewollte Gesetze handeln und sich dadurch eines Vergehens im religiösen Sinne schuldig machen, eine Sünde begehen: *gegen den Heiligen Geist s.;* ↑Sünde. **einen Fehltritt begehen/**(auch:) **tun** (nachdrücklich): eine gegen [sittliche] Gesetze verstoßende Handlung begehen, was mehr als eine einmalige Entgleisung angesehen wird; ↑versündigen.

[2]**fehlen: a)** etwas fehlt jmdm.: jmd. hat etwas nicht; wird von Eigenschaften, von jmds. nicht vorhandenen Mitteln für einen bestimmten Zweck oder von etwas anderem Entscheidendem gesagt, dessen Nichtvorhandensein bei einem Menschen man [bedauernd, kritisch] hervorhebt: *Ausgeglichenheit fehlte ihm;* **b)** es fehlt jmdm. an etwas: jmd. läßt etwas Bestimmtes, meist etwas Wichtiges, Entscheidendes oder in einer bestimmten Situation Wünschenswertes oder Notwendiges vermissen, hat es nicht in genügendem Maße [zur Verfügung]: *an Mut fehlte es ihr nicht; es fehlt mir an Übung.* **mangeln** (geh.): i. S. v. fehlen; „fehlen" und „mangeln" sind inhaltlich so gut wie identisch; lediglich der Aspekt ist ein wenig nuanciert; in „fehlen" wird festgestellt, daß etwas nicht vorhanden ist; bei „mangeln" wird dieses Nichtvorhandensein gleichzeitig auch als ein Mangel gesehen: **a)** etwas mangelt jmdm.: *es mangelte ihm eigentlich Zivilcourage;* **b)** es mangelt jmdm. an etwas: *es mangelt ihm an Zeit für die eingehende Beschäftigung mit dieser Materie.* **ermangeln,** einer Sache (Genitiv; geh.): merklichen, offensichtlichen Mangel an etwas haben; bezieht sich meist auf positive Eigenschaften oder abstrakte Begriffe; die Vorsilbe er- intensiviert das Verb: *ein Mann, der wohl Herz, Gemüt und große Standhaftigkeit zeigt, doch der letzten Würde ermangelt.* **gebrechen,** es gebricht jmdm. an etwas (geh.): jmd. hat etwas Unentbehrliches, was man vermißt, nicht; wird im allgemeinen nur auf bestimmte Eigenschaften oder abstrakte Begriffe bezogen; kann mit dem Ausdruck des Bedauerns wie mit dem der Kritik gebraucht werden: *er wußte, daß es ihm an Wagemut und Ausdauer gebrach.* **abgehen,** etwas geht jmdm. ab (ugs.): jmd. kann etwas nicht aufweisen, es fehlt ihm gänzlich; wird im allgemeinen von bestimmten Eigenschaften oder Fähigkeiten gesagt, deren Abwesenheit man an jmdm. [kritisch] feststellt: *jeder Humor geht ihm ab.*

[1]**Fehler,** der: (in diesem Sinnbereich) etwas, was nicht richtig, sondern falsch ist: *einige F. im Diktat haben.* **Schnitzer,** der (ugs.): (in diesem Sinnbereich) ein [ärgerlicher] Fehler, der eigentlich nicht hätte vorkommen dürfen, den jmd. hätte vermeiden können: *wenn du dir zum Schluß nicht noch diesen S. geleistet hättest, wäre die Lateinarbeit vielleicht mit „sehr gut" zensiert worden;* vgl. Schnitzer ↑Fauxpas. **Versehen,** das: etwas, was irrtümlich, aus Unachtsamkeit falsch gemacht worden ist, wobei es sich um nicht so Gravierendes handelt: *ich habe Ihnen zuwenig Geld herausgegeben, entschuldigen Sie bitte dieses V.* **Mißgriff,** der: etwas, was sich als eine falsche Entscheidung, Handlung erweist: *dieser Autokauf war ein M.* **Patzer,** der (ugs.): kleinerer Fehler bei der Ausführung einer erlernten [künstlerischen] Tätigkeit: *dem Klavierspieler sind einige P. unterlaufen.* **Lapsus,** der (bildungsspr.): (in diesem Sinnbereich) Fehler, der aus Versehen vorwiegend beim Sprechen oder Schreiben unterläuft, also kein Versagen bedeutet, und

den man ohne weiteres jmdm. nachsieht: *die deutsche Aussprache dieses Fremdwortes war ein verzeihlicher L.;* vgl. Lapsus ↑Fauxpas. **Lapsus linguae,** der (bildungsspr.): Fehler des Sichversprechens. **Versprecher,** der: beim Sprechen einzelner Fehler durch Sichversprechen. **Fehlleistung,** die: auf Grund von Erregung oder Erschöpfung auftretende oder von Vorgängen des Unterbewußtseins beeinflußte Störung, durch die das angestrebte Handlungsziel nicht erreicht wird, z. B. das Sichversprechen, das Sichverschreiben; ↑Irrtum.

[2]**Fehler,** der: (in diesem Sinnbereich) etwas, was an einer Sache nicht so ist, wie es sein sollte, und was die Sache selbst in irgendeiner Hinsicht beeinträchtigt; wird objektiv feststellend verwendet: *das Porzellan hatte kleine F.* **Mangel,** der (meist Plural): (in diesem Sinnbereich) etwas, was an einer Sache nicht so ist, wie es sein sollte oder wie es jmd. erwartet, und was die Brauchbarkeit, Verwendungsmöglichkeit der Sache beeinträchtigt; etwas, was an einer Sache von jmdm. als unvollkommen, schlecht o. ä. beanstandet wird; wird subjektiv feststellend verwendet und bringt gewöhnlich das Mißfallen des Sprechers/Schreibers zum Ausdruck: *Mängel beanstanden.*

fehlerfrei: frei von Fehlern, Mängeln; bedeutet im allgemeinen nur eine Bestätigung der Richtigkeit einer Sache oder eines Geschehens; wird im allgemeinen auf Vorgänge bezogen oder auf deren Ergebnisse, die anzeigen, daß etwas richtig verlaufen o. ä. ist: *er spricht f. Deutsch; ein Apparat, der f. funktioniert.* **fehlerlos:** keine Fehler, Mängel enthaltend, ohne Fehler, nicht fehlerhaft; enthält jedoch mehr Anerkennung und wird immer auch im Sinne einer lobenden Hervorhebung gebraucht, während „fehlerfrei" eine mehr sachliche Feststellung enthält: *ein Gedicht f. aufsagen; der Edelstein ist völlig f.* **einwandfrei:** (in diesem Sinnbereich) ohne Fehler oder ohne Zwischenfälle [die unter Umständen auf Fehler zurückgehen] funktionierend; zu keinerlei Beanstandungen Anlaß gebend; enthält meistens ein Lob, ist Ausdruck der Zufriedenheit mit etwas: *die Pumpe arbeitete e.;* vgl. einwandfrei ↑untadelig. **makellos:** ohne Fehler im Sinne einer Verunstaltung, einer negativen Veränderung, auch nur kleineren oder kleinsten Umfangs, die zwar keine Folgen verursachen, die aber das klare, schöne, richtige Maß stören würde; wird im allgemeinen auf Vorgänge oder Dinge bezogen, die vorwiegend ästhetische Reinheit und Richtigkeit verlangen: *in makelloser Stilreinheit eine Komposition vortragen.*

feig[e] (Ggs. tapfer ↑mutig): (in diesem Sinnbereich) in einer als verachtenswert angesehenen Weise die Gefahr scheuend, vor jedem Risiko zurückschreckend; ohne Mut: *er hat sich feige versteckt; er ist ein feiger Mensch; feige Flucht;* vgl. feige ↑gemein. **memmenhaft** (ugs.): durch seine [sichtbare] Furcht oder Schwäche kläglich und verächtlich wirkend: *er hat sich reichlich m. gezeigt.* **hasenherzig** (selten), **hasenfüßig** (selten): von furchtsamem, schreckhaftem Charakter; sich nicht zur Wehr setzend oder vor Gefahren zurückschreckend; wird im Unterschied zu den übrigen Wörtern mehr im spöttischen oder gutmütig-abwertenden Sinn gesagt: *ein hasenherziger Mensch.*

feilhalten, etwas (geh.): Waren auf dem Markt, auf der Straße den Vorübergehenden zum Kauf anbieten; steht, wie die übrigen Wörter dieser Gruppe, meist in Zusammenhängen, in denen vom Eindruck des Markttreibens o. ä. die Rede ist, und wird nicht sachlich auf die Erwerbstätigkeit einer Person bezogen: *allerlei Waren wurden auf dem Flohmarkt feilgehalten, von der Tasse ohne Henkel bis zum Spinnrad.* **feilbieten,** etwas (geh.): i. S. v. feilhalten: *hier wird alles feilgeboten, was das Herz an Blumen und Früchten begehrt.* **anpreisen,** etwas: etwas mit beredten Worten als nützlich, gut usw. hinstellen und [zum Kauf] empfehlen: *der Händler preist seine Waren an; oft wird den Kunden Schund angepriesen.* **ausschreien,** etwas: seine Waren durch [lautes] Ausrufen, Anpreisen [aufdringlich] zum Kauf anbieten. **verkaufen,** etwas: (in diesem Sinnbereich) auf der Straße, auf dem Markt Waren anbieten, wobei im Unterschied zu den übrigen Wörtern dieser Gruppe nichts über die näheren Umstände gesagt wird: *sie verkauft Blumen;* vgl. verkaufen ↑handeln; ↑anbieten, ↑aufschwatzen, ↑verkaufen, ↑versteigern.

feilschen [um etwas]: sich beim Kauf eines Gegenstandes nicht mit dem vorgeschlagenen Preis einverstanden erklären und mit Hartnäckigkeit versuchen, sich mit dem Verkäufer auf einen [etwas] niedrigeren Preis zu einigen; mit „feilschen" verbindet sich die Vorstellung, daß immer wieder und in etwas kleinlicher Weise versucht wird, den Preis herunterzudrücken: *er feilschte um jeden Pfennig.* **handeln** [um etwas]: (in diesem Sinnbereich) versuchen, eine Ware unter dem angegebenen Preis zu erwerben, und dem Verkäufer entsprechende Vorschläge machen: *das Fahrrad ist mit 200 Mark ausgezeichnet, aber ich versuche auf alle Fälle zu h.* **markten** [um etwas] (selten): i. S. v. handeln: *diese beiden Bauern markten um jede Kleinig-*

keit. **schachern** (abwertend): angetrieben von Gewinnsucht, von kleinlichem Streben nach dem größtmöglichen Gewinn, einen vorteilhaften Preis auszuhandeln versuchen: *um eine Ware, den Preis s.* **aushandeln,** etwas: etwas durch Verhandeln vereinbaren, wobei die Partner den Ausgleich ihrer unterschiedlichen Interessen anstreben: *einen Preis, Kompromiß, einen Tarif a.;* ↑anbieten.

fein: (in diesem Sinnbereich) von besonders guter Qualität, vorzüglich: *ein feiner Kuchen; feines Obst.* **erlesen** (geh.): vor anderen seiner Art sich durch Feinheit oder Besonderheit auszeichnend; bezieht sich auf Dinge, die in geschmacklicher oder ästhetischer Hinsicht höchsten Ansprüchen genügen; es verbindet sich damit oft eine Vorstellung des Kostbaren, Wertvollen: *erlesene Speisen und Früchte wurden ihnen dargeboten.* **auserlesen:** das Beste und Vorzüglichste in seiner Art; betont noch nachdrücklicher als „erlesen" die Seltenheit und Kostbarkeit des Gegenstandes, auf den es sich bezieht: *auserlesener Schmuck.*

Feind, der: **a)** jmd., der auf Grund einer Überzeugung, einer Antipathie einem anderen oder dessen Sache feindlich gegenübersteht, der ihn haßt, ihm übelwill: *er ist ein F. aller Neuerungen;* **b)** Macht, die im Krieg einer anderen gegenübersteht: *dem F. an Stärke unterlegen sein;* **c)** (Plural): die gegnerischen Soldaten; wird im Hinblick auf die einzelnen Individuen eines Heeres, einer Truppe usw. gesagt: *man sagt, die Chinesen seien gefährliche Feinde.* **Gegner,** der: **a)** jmd., der die Meinung oder Überzeugung eines anderen nicht teilen kann und sie zu bekämpfen versucht oder auch gegen die betreffende Person und deren Absichten arbeitet: *er ist ein G. der Rechtschreibreform; einen G. bekommen heißt Gesicht, Charakter, Inhalt und Sinn bekommen* (O. Flake); **b)** i. S. v. Feind b); wirkt sachlicher und nicht so unversöhnlich wie „Feind": *sollte er den geschwächten G. schonen?* **Widersacher,** der (geh.): persönlicher Gegner, besonders im geistigen, politischen Bereich: *er war sein erbitterter W.;* ↑Rivale.

[1]**feindlich:** (in diesem Sinnbereich) einen anderen als Feind betrachtend und sich ihm gegenüber aggressiv verhaltend oder sich gegen ihn zur Wehr setzend; legt im Unterschied zu den übrigen Wörtern dieser Gruppe das Gewicht mehr auf das Verhalten des Betreffenden, auf die Art und Weise, wie sich seine Gesinnung äußert: *jmdm. f. gesinnt sein;* ↑[2]feindlich. **feindselig:** Abneigung und Haß erkennen lassend; jmdm. gegenüber eine drohende Haltung einnehmend; während „feindlich" die Beziehung, in der man zu einem anderen steht, kennzeichnet, bezieht sich „feindselig" mehr auf entsprechende Äußerungen o. ä.: *er sah mich f. an.* **feindschaftlich** (selten): Feindschaft verratend [in Gesinnung oder Äußerung]: *wir wollen alle feindschaftlichen Gefühle begraben.* **animos** (bildungsspr.): voll Gereiztheit und Widerwillen, daß eine ausgeprägt feindliche Gesinnung zutage tritt: *animose Äußerungen.*

[2]**feindlich:** (in diesem Sinnbereich) dem Feind, dem [Kriegs]gegner, einem Widersacher zugehörend; von der Seite des Feindes erfolgend, ausgehend: *ein feindlicher Angriff aus der Luft; feindliche Fliegerangriffe;* ↑[1]feindlich. **gegnerisch:** der Partei des Gegners angehörend; von der Seite des Gegners ausgehend; ist im Unterschied zu „feindlich" mehr sachlich, leidenschaftslos oder jedenfalls ohne ausgesprochenen Haß: *die Invasion der gegnerischen Streitkräfte wurde zurückgeschlagen.*

Feinschmecker, der: jmd., der gern etwas Erlesenes, Gutzubereitetes ißt und der auch in der Lage ist, die Qualität der Speise zu beurteilen. **Gourmet** [gurmä], der (bildungsspr.): jmd., der auf Grund seiner diesbezüglichen Kenntnisse in der Lage ist, über Speisen und Getränke ein fachmännisches Urteil abzugeben, und der gern ausgesuchte, besonders feine und leckere Dinge, Delikatessen verzehrt, ohne jedoch unmäßig dabei zu sein: *mein Schwager Ernst ist ein G.* **Schlemmer,** der: jmd., der gern in reichlicher Menge und voller Behagen gute Speisen und Getränke zu sich nimmt; vgl. schlemmen ↑schwelgen. **Gourmand** [gurmang], der (bildungsspr.): jmd., der gern gut und zugleich viel ißt. **Genießer,** der: (in diesem Sinnbereich) jmd., der gutes Essen und Trinken schätzt und dieses auch mit Behagen auskostet; vgl. genießen ↑[2]essen.

Feld, das: (in diesem Sinnbereich) abgegrenzter Teil des Ackerlandes: *auf den Feldern wurde schon geerntet.* **Acker,** der: landwirtschaftlich, für den Anbau genutzte Bodenfläche: *lehmiger A.* **Flur,** die (geh.): Gesamtheit des als Weide- oder Ackerland genutzten Geländes: *durch Wald und F. streifen.*

fern (Ggs. ↑nahe): von einem Bezugspunkt aus gesehen weit entfernt; durch einen sehr großen, meist nicht genau bestimmten Zwischenraum von jmdm. oder etwas getrennt; wird im allgemeinen attributiv oder auch prädikatbezogen, seltener subjektbezogen gebraucht, wobei in den beiden letzteren Fällen gelegentlich die Präposition „von" hinzutritt: *die Sonne erhob sich am fernen Horizont; f. von hier liegt eine kleine Ansiedlung.* **fernab** (selten), **weitab** (selten): von einem ganz bestimmten Punkt aus gesehen in nicht näher bestimmter, jedoch weiter Ferne: *plötzlich hörte man fernab ganz schwache Hilferufe.* **entfernt:** in einem gewissen unbestimmten Abstand von jmdm. oder etwas; dem Wort werden oft Beiwörter vorangestellt – sehr häufig „weit" –, die den Grad der Ferne angeben, öfter in Verbindung mit der Präposition „von"; wird im allgemeinen attributiv oder prädikatbezogen, seltener subjektbezogen gebraucht: *sie wohnt im entferntesten Winkel; er wohnt nicht sehr weit e. von uns; die Stadt ist viele Kilometer e. von hier [gelegen].* **weit weg** (ugs.): von einem bestimmten Punkt aus gesehen in sehr großer, nicht näher bestimmter Entfernung; wird häufig in Verbindung mit der Präposition „von" gebraucht: *das Gewitter ist noch weit weg von hier.* **in der Ferne:** in großer und nicht genau zu bestimmender Entfernung; irgendwo weit draußen: *in der Ferne hörte man das Bellen eines Hundes.*

fest: (in diesem Sinnbereich) durch nichts zu verändern; in sich gefestigt: *f. zu etwas stehen; ein Mann mit festen Grundsätzen.* **unerschütterlich:** durch nichts in seiner Gesinnung o. ä. zu erschüttern, zum Wanken gebracht werden könnend; im Unterschied zu „fest" bezieht „unerschütterlich" stärker die Person selbst in die Betrachtung mit ein: *sie hielt u. zu ihm.* **eisern** (ugs.): (in diesem Sinnbereich) Härte, besonders gegen sich selbst, und einen hohen Grad von Festigkeit, der durch eine Willensanstrengung erreicht wird, beweisend: *eiserne Grundsätze.* **unnachgiebig:** nicht bereit, Konzessionen zu machen; von einem einmal gefaßten Entschluß nicht mehr abgehend: *er blieb u.* **unbeugsam:** sich keinem fremden Willen beugend; jeder Beeinflussung verschlossen: *Männer von unbeugsamem Rechtssinn.* **unerbittlich:** sich durch Bitten anderer nicht erweichen lassend; hart bei seinen Absichten bleibend und sie ausführend; eine entsprechende Haltung verratend: *er ist u. in seinen Forderungen;* ↑[2]hart.

Fest, das: (in diesem Sinnbereich) Veranstaltung; mehr oder weniger große gesellschaftliche oder Familienfeier in festlichem Rahmen, der oft ein feiernswerter Anlaß zugrunde liegt: *meine Eltern wollen aus ihrer Silberhochzeit ein großes F. machen.* **Feier,** die: festliche oder feierliche Begehung eines bestimmten denkwürdigen Tages oder Anlasses; oft wird auch von einer Feier bei öffentlichen oder offiziellen Veranstaltungen gesprochen [die zeitlich begrenzt sind und sich an ein festes Programm halten]: *aus der geplanten großen Verlobung wurde wegen des Todesfalls nur eine stille, kleine F.* **Festlichkeit,** die: (in diesem Sinnbereich) eine festliche Veranstaltung, oft in großzügigem Rahmen; wird aber nicht als Bezeichnung für Feste verwendet, die man selbst arrangiert, sondern nur für Veranstaltungen von anderer Seite: *was mag den Bankier diese F. kosten?* **Festivität,** die (ugs.): i. S. v. Festlichkeit; läßt oft eine kritische oder distanzierte Einstellung des Sprechers/Schreibers erkennen, der das Fest meist nicht sehr wohlwollend beurteilt oder der irgend etwas auszusetzen hat: *die F. im Hause des Bürgermeisters war nicht gerade nach meinem Geschmack.* **Fete,** die (ugs.; scherzh.): fröhliche Feier in kleinerem Rahmen; kleineres Fest: *ich freue mich schon auf die nächste F. bei euch!* **Vergnügen,** das (Plural ungebräuchlich; ugs. veraltend): (in diesem Sinnbereich) [festliche] Veranstaltung mit Tanz: *wann ist denn wieder ein V. von der Tanzstunde?* **Party,** die: zwangloses, privates Fest [mit Musik und Tanz]: *eine P. geben; auf eine P. gehen; wir waren an einem Abend auf zwei Parties.* **Ringelpiez,** der (ugs.; scherzh.): fröhliches, geselliges Beisammensein mit Tanz: *wenn bei denen R. ist, wackelt bei uns bestimmt der Kronleuchter.*

feststellen, etwas: (in diesem Sinnbereich) von etwas Kenntnis nehmen, sich über einen Tatbestand klarwerden; wird oft in Verbindung mit einer persönlichen Stellungnahme verwendet, ohne daß man jedoch seine Beobachtung oder Ansicht in Worten äußert: *er stellte fest, daß sie älter aussah als sonst.* **konstatieren,** etwas (bildungsspr.): (in diesem Sinnbereich) einen bestimmten Tatbestand ausdrücklich, hervorhebend feststellen: *angenehm berührt, konstatierte man die Zuvorkommenheit der Beamten bei der Zollabfertigung.* **registrieren,** etwas (ugs.): (in diesem Sinnbereich) etwas, was man erlebt und was für einen irgendwie von Bedeutung ist, in sein Bewußtsein aufnehmen und sich merken, in der Erinnerung festhalten, wobei es sich oft um beiläufig gemachte Beobachtungen handelt: *er registrierte wohlgefällig die Begeisterung der Zuhörer.*

fett: (in diesem Sinnbereich) übertrieben dick; viel Fett angesetzt habend; wird, wie die folgenden Wörter „fleischig" und „feist" sowohl auf den Menschen, vor allem auf einzelne Körperteile, seltener auf den ganzen Körper, als auch auf Tiere angewandt; enthält, auf den Menschen bezogen, wie alle Wörter dieser Gruppe, zumeist eine vom Ästhetischen her abschätzige Kritik: *f. war er geworden.* **fleischig:** viel Fleisch habend; enthält wie „fett" im Unterschied zu „feist" die Nebenvorstellung des Weichen,

Schwabbeligen: *ein fleischiges Kinn; fleischige Arme.* **feist:** in unangenehmer Weise behäbig-dick [und plump]; nennt nicht wie „fett“ und „fleischig“ die Substanz, sondern bezieht sich auf die Masse überhaupt, auf das Aussehen, die rundliche Form; enthält die Nebenvorstellung des Festen, Strotzenden: *ein feistes Gesicht.* **dickleibig, dickwanstig** (verächtlich): von außerordentlichem Körperumfang; bezieht sich, wie die folgenden Wörter dieser Gruppe, nur auf den Menschen, und zwar auf den ganzen Körper; sagt nichts über die Substanz, die Art der Masse, die das Dicksein verursacht, aus, sondern bezieht sich nur auf die Ausdehnung, den Umfang. **fettleibig, fettwanstig** (verächtlich): von außerordentlichem Körperumfang und überaus viel Fett angesetzt habend; nennt ausdrücklich die Substanz, die Art der Masse, die das Dicksein verursacht; enthält die Nebenvorstellung des Weichen, Schwabbeligen.

Fett, das: (in diesem Sinnbereich) Ansammlung von Fettgewebe im tierischen und menschlichen Körper als Vorratsstoff und Polster. **Schmer,** der oder das: Fett der Eingeweide; Schweinefett. **Speck,** der: Fett vom Schwein. **Schmalz,** das: flüssiges, geschmolzenes Fett. **Talg,** der: (aus dem Fettgewebe besonders der Nieren von Rindern oder Schafen gewonnenes) festes, gelbliches Fett. **Unschlitt,** das (landsch.; veraltend): i. S. v. Talg; fachsprachliches Wort der Viehwirtschaft und Kerzenherstellung. **Liesen,** die (Plural) (nordd.): Fett von der Bauchwand des Schweins. **Fliesen,** die Plural (landsch.); **Flom/Flomen/Flaum,** der (nordd.): Bauch- und Nierenfett [des Schweines], aus dem Schmalz hergestellt wird. **Lünte/Lünt,** die (kölnisch): Fettschicht des Schlachttieres, bes. des Schweins.

finden, jmdn./etwas: (in diesem Sinnbereich) jmdn., den man vermißt oder irgendwo ausfindig machen möchte, etwas, was im Verborgenen vorhanden ist, nicht offen vor einem zutage liegt – sei es etwas Verlorenes, Gesuchtes oder etwas, wovon man bis dahin gar keine Kenntnis hatte – zufällig gewahr werden oder beim Suchen darauf stoßen; ist nicht die selbstverständliche Folge, das unmittelbare Ergebnis des Suchens; drückt in bestimmten Fällen zugleich aus, daß man das Gefundene mitnimmt oder Besitz davon ergreift: *er hatte gestern einen Groschen auf der Straße gefunden.* **stoßen,** auf jmdn./etwas: (in diesem Sinnbereich) jmdn./etwas [nach dem man sucht], mit dem man in diesem Augenblick [jedoch] nicht gerechnet hat, [da man gerade mit etwas anderem beschäftigt war, nicht daran dachte] plötzlich unmittelbar vor sich sehen, finden; wird üblicherweise nicht verneint gebraucht: *plötzlich stießen sie im Dickicht auf ein verwundetes Reh.* **entdecken,** jmdn./etwas (ugs.): (in diesem Sinnbereich) jmdn., der verborgen ist oder vermißt wird, etwas Verborgenes, Abhandengekommenes plötzlich, überraschend erblicken, finden: *er entdeckte in einer Hecke ein Vogelnest;* vgl. entdecken ↑wahrnehmen. **antreffen,** jmdn./etwas: (in diesem Sinnbereich) jmdn./etwas, was nur an bestimmten Stellen, in bestimmter Weise, unter gewissen Bedingungen [in der Verborgenheit] vorhanden ist, zufällig oder nach einigem Suchen finden; im Unterschied zu „treffen“ (vgl. treffen ↑[1]begegnen) enthält die Vorsilbe an- den Hinweis, daß man sich irgendwohin begeben hat, bezieht die Örtlichkeit auf diese Weise mit ein: *schön ist es, in der Fremde Menschen aus der Heimat anzutreffen;* vgl. antreffen ↑vorfinden. **treffen,** auf jmdn./etwas: i. S. v. stoßen auf jmdn./etwas; enthält aber weniger die Vorstellung eines aktiven Vorgehens: *die Forscher trafen bei der Expedition auf Ureinwohner; beim Vormarsch trafen sie auf gegnerische Panzer.*

Finte, die: geschicktes Ausweich- oder Hinhaltemanöver, bei dem man einem Gegner oder jmdm., den man seine Pläne nicht wissen lassen will, eine andere Absicht, ein anderes Vorgehen vortäuscht, als man wirklich im Auge hat, in der Absicht, ihn irrezuführen oder zu falschen Handlungen zu verleiten. **Bluff,** der (Plural ungebräuchlich): (in diesem Sinnbereich) geschickte Irreführung eines anderen, besonders eines Kontrahenten, wobei man ihm etwas Nichtvorhandenes, Nichtzutreffendes vorspiegelt, was ihn veranlaßt, gegen seinen Vorteil zu handeln, oder ihn einschüchtert und von einer [feindseligen] Handlung abhält; betont im Unterschied zu „Finte“ weniger die Absicht, die man verwirklichen will, als den Effekt, den man erzielt hat, oder stellt eine Finte, die man durchschaut hat, abschätzig als [grobe] Täuschung dar. **Scheinmanöver,** das: Handlung, durch die man einen anderen über seine wahren Absichten zu täuschen sucht; ↑Ausrede, ↑Intrige, ↑Kniff, ↑List, ↑Machenschaft, ↑Praktik; ↑täuschen.

fischen [etwas]: Fische oder andere als Nahrung dienende Wassertiere fangen oder zu fangen suchen; kann im Rahmen der Hochseefischerei oder der Binnenfischerei und mit den verschiedensten Fanggeräten (z. B. Angeln, Netzen, Reusen, Harpunen usw.) geschehen: *wir fischen schon seit Jahrzehnten in dieser Bucht.* **angeln** [etwas]: Fische mit der Angel fangen oder zu fangen versuchen, sie mit einem am Angelhaken befestigten Köder zum Anbeißen verlocken; im Gegensatz zu „fischen" handelt es sich hierbei um einen Sport oder um eine Liebhaberei: *haben Sie schon einmal in diesem See geangelt?* **den Wurm baden** (scherzh.): i. S. v. angeln; damit soll spöttisch das erfolglose Angeln gekennzeichnet werden, bei dem kaum ein Fisch anbeißt. **fangen,** etwas: (in diesem Sinnbereich) Jagd auf Fische und andere Wassertiere machen und sie in seine Gewalt bekommen: *morgen wollen wir wieder einmal Forellen f.*

flachsen (ugs.): jmdm. gegenüber Unsinn, Blödsinn, albernes Zeug reden, indem man z. B. unwahre Dinge erzählt oder etwas ironisch oder durch Übertreibung entstellt, und sich dabei auf dessen Kosten amüsieren, was jedoch in verhältnismäßig harmloser Weise und ohne Boshaftigkeit geschieht; wird mit Wohlwollen und meist in bezug auf junge Menschen gesagt. **ulken:** i. S. v. flachsen; wirkt im Unterschied dazu etwas schwerfälliger. **Spaß machen:** aus guter Laune, weil man entsprechend aufgelegt ist, nicht ernst zu nehmende Äußerungen machen, etwas auf erheiternde, belustigende, ironische Art darstellen, wobei man nicht darauf bedacht ist, daß der andere das nicht durchschaut, sondern eher darauf wartet, daß er es schließlich erkennt. **spaßen** (selten): i. S. v. Spaß machen; drückt im Unterschied zu „Spaß machen" eine gewisse zeitliche Dauer aus: *er spaßte gern, wenn seine Enkelkinder zu Besuch kamen.* **scherzen** (geh.): i. S. v. Spaß machen; hat im Unterschied dazu ebenso wie „spaßen" durativen Charakter; betont die reine Freude an der Sache, drückt eine geistreiche Leichtigkeit aus und wird im allgemeinen als eine Art gesellschaftliches Spiel aufgefaßt, mit dem man die Unterhaltung belebt.

flaggen: aus einem bestimmten Anlaß, meist um einen Gedenktag festlich zu begehen oder um ein besonderes Ereignis im öffentlichen oder politischen Geschehen zu würdigen, Fahnen oder Flaggen heraushängen, aufziehen: *heute ist halbmast geflaggt; in der ganzen Stadt ist geflaggt.* **eine Fahne, Flagge hissen/**(auch:) **heißen:** eine Fahne am Fahnenmast nach oben ziehen: *jeden Morgen wird vor der Kaserne die Flagge gehißt.*

Flamme, die: hochschlagender Teil des Feuers, längliche, nach oben spitz auslaufende leuchtende Verbrennungserscheinung. **Lohe,** die (dichter.): große, hoch emporschlagende, gewöhnlich intensiv leuchtende Flamme. **Stichflamme,** die: lange, spitze, plötzlich hervorschießende Flamme.

Flegel, der (abwertend): (im Urteil des Sprechers/Schreibers) ungeschliffener, schlecht erzogener [junger] Mann, dessen ungehobelte Art sowohl im Benehmen und Handeln als auch in seinem äußeren Auftreten und seiner Haltung zum Ausdruck kommt; vgl. flegelhaft, flegelig ↑unhöflich. **Schnösel,** der (salopp; abwertend): (im Urteil des Sprechers/Schreibers) anmaßender und frecher junger Mann; vgl. schnöselig ↑unhöflich. **Stiesel,** der (salopp; landsch.; abwertend): (im Urteil des Sprechers/Schreibers) [junger] Mann mit schlechtem Benehmen; vgl. stieselig ↑unhöflich. **Rüpel,** der (abwertend): (in diesem Sinnbereich) (im Urteil des Sprechers/Schreibers) grober, frecher, ungezogener junger Mann, dessen Ungezogenheiten sich im Handeln äußern; vgl. Rüpel ↑Junge; vgl. rüpelhaft, rüpelig ↑unhöflich. **Lümmel,** der (abwertend): (im Urteil des Sprechers/Schreibers) ungehobelter, frecher, meist auch schlaksiger Bursche, dessen Ungezogenheit sich in seinem Handeln äußert; vgl. lümmelhaft ↑unhöflich.

flehen [um etwas]: sich demütig und inständig mit einem Verlangen an jmdn. wenden; steht immer ohne Nennung der Person, an die sich eine dringende Bitte richtet; vgl. anflehen ↑bitten. **bitten** [um etwas]: in höflicher Form eine Bitte nach etwas an jmdn. richten; ↑bitten.

Fleischer, der (mitteldt.; ostdt.): jmd., dessen Beruf es ist, das Fleisch geschlachteter Tiere (Rinder, Schweine u. a.) zu zerlegen und weiterzuverarbeiten (z. B. zu Wurst); alle Wörter dieser Gruppe sind landschaftlich gebundene Bezeichnungen für diesen Beruf, die sich heute trotz ihrer Herleitung von verschiedenen Merkmalen (z. B. beim Fleischer von dem Gegenstand der Arbeit, beim Schlächter von der Tätigkeit selbst) in der Bedeutung decken; „Fleischer" ist als allgemein gültige Bezeichnung festgelegt. **Schlachter,** der (nordd.); **Schlächter,** der (nordd.); **Metzger,** der (südd.; westd.); **Metzler,** der (mittelrhein.); **Selcher,** der (südostd.); **Wurster,** der (südd.); **Katzoff** (landsch.); **Fleischhauer,** der (österr.); **Fleischhacker,** der (österr.): i. S. v. Fleischer.

fleißig (Ggs. ↑faul): mit Ausdauer und einem gewissen Eifer tätig: *er ist ein zuverlässiger und fleißiger Mensch.* **arbeitsam:** viel und eifrig arbeitend. **strebsam:** mit Energie und Ausdauer auf ein [Berufs]ziel hinarbeitend: *ein strebsamer junger Mann.* **eifrig:** mit Lust, Interesse und Hingabe tätig. **emsig:** mit großem Fleiß und Eifer unermüdlich arbeitend; mit diesem Wort verbindet sich die Vorstellung, daß etwas schnell und in kleineren Arbeitsgängen getan wird.

fliegen: a) sich selbsttätig, mit Hilfe von Flügeln oder durch eigenen Antrieb in der Luft fortbewegen: *Zerstörerflugzeuge flogen in niedriger Höhe über den Hafen;* **b)** durch den Wind oder einen einmaligen Antrieb in der Luft fortbewegt werden: *alle Zettel flogen vom Tisch, als ich das Fenster öffnen wollte.* **flattern: a)** unruhig mit den Flügeln schlagend umherfliegen: *der Vogel flattert im Käfig;* **b)** vom Wind in der Luft hin und her bewegt und weitergetragen werden: *die losen Blätter flatterten vom Baum.* **gaukeln** (dichter.): leicht und spielerisch mit fast taumelnden Bewegungen umherfliegen; wird im allgemeinen in bezug auf Schmetterlinge gesagt: *die Schmetterlinge gaukelten lautlos zwischen dem leuchtenden Weiß der Stämme.* **schweben: a)** sich aus eigener Kraft in der Luft langsam oder kaum merklich fortbewegen: *siehst du dort den Zeppelin s.?;* **b)** auf Grund seiner Leichtigkeit durch den Wind in der Luft gehalten und fast unmerklich fortbewegt werden: *die Feder schwebte längere Zeit in der Luft, bevor sie zur Erde sank.* **segeln:** (in diesem Sinnbereich) **a)** selbsttätig die Kraft des Windes ausnutzen und dabei durch die Luft gleiten: *das Segelflugzeug segelte den ganzen Nachmittag über der Stadt;* **b)** auf Grund seiner Leichtigkeit durch den Wind im Fallen aufgehalten und fortbewegt werden, wobei im Unterschied zu „schweben" b) die Bewegung nicht so gleichmäßig verläuft: *als ich vor die Tür trat, segelten dicke Schneeflocken durch die Luft.* **schwirren: a)** selbsttätig mit surrendem Geräusch fliegen: *eine Schar Vögel schwirrte über das Feld;* **b)** durch einen Antrieb von außen mit surrendem Geräusch fliegen: *aus dem Hinterhalt schwirrte plötzlich ein Geschoß.* **gleiten:** sich mit einer gewissen Geschmeidigkeit und Zügigkeit [selbsttätig] in der Luft fortbewegen: *Möwen und Seeschwalben erhoben sich in die Luft, glitten dann wieder zu Boden.*

fliehen: sich schnell und heimlich von einem Ort, wo einem Gefahr droht oder wo man festgehalten wird, entfernen; bei „fliehen" wiegt der Fluchtgrund schwerer; dem Fliehenden gilt in der Regel auch die Anteilnahme: *vor den anrückenden Truppen f.; der politisch Verfolgte floh aus dem Gefängnis; zu jmdm. f.; er floh ins Ausland.* **die Flucht ergreifen** (nachdrücklich): aus einem bestimmten Anlaß, als eine plötzliche und schnelle Reaktion auf etwas fliehen: *vor den Panzern ergriffen viele die Flucht.* **flüchten:** sich vor etwas/jmdm. fliehend irgendwohin in Sicherheit bringen; sich einer Gefahr o. ä. durch Flucht, Fliehen entziehen: *der Ganove konnte flüchten; um allem Trubel zu entgehen, flüchtete er in die USA; aus seiner Misere flüchtete er sich in den Alkohol; aus dem Gefängnis f.; sie flüchteten vor dem Hochwasser in den ersten Stock des Hauses; nur durch ein Rückwärtsmanöver konnte er dem Räuber entkommen und zur Polizei flüchten.* **retten,** sich [vor jmdm./etwas] + Raumangabe: an einen bestimmten Ort flüchten und dort dann gerettet, geschützt sein: *er rettete sich ins Freie, ins Ausland, über die Grenze; sie konnten sich vor dem Regen gerade noch unter ein schützendes Dach retten.* **türmen** (salopp): (in diesem Sinnbereich) i. S. v. fliehen; betont die eilige, überstürzte Art; wirkt jedoch burschikos-verharmlosend und weniger ernsthaft: *er war schon lange mit seiner Familie getürmt;* vgl. türmen ↑fortstehlen, sich. **abhauen** (salopp): (in diesem Sinnbereich) i. S. v. flüchten: *der Sportler ist in den Westen abgehauen;* vgl. abhauen ↑weggehen. **absetzen,** sich (ugs.; verhüllend): der Gefahr, in die man durch etwas oder jmdn. zu geraten droht, aus dem Wege gehen, indem man sich heimlich und rechtzeitig dorthin begibt, wo sich der betreffende Einfluß nicht zum Schaden auswirken kann: *er hat sich in den Westen abgesetzt;* vgl. absetzen, sich ↑weggehen; ↑entfliehen; ↑fortstehlen, sich; ↑retten, ↑weggehen, ↑weglaufen.

fließen, etwas fließt: (in diesem Sinnbereich) etwas bewegt sich fort; wird von Wasser und allen übrigen flüssigen Stoffen gesagt, die sich – aus irgendeiner Quelle gespeist – über eine Fläche hin in eine bestimmte Richtung bewegen: *der Bach fließt schnell.* **strömen,** etwas strömt (geh.): (in diesem Sinnbereich) etwas fließt breit und ruhig [mit großer Gewalt] dahin; wird besonders von großen Wassermassen gesagt: *am Ufer der Isar, die breit und gewichtig strömt.* **fluten,** etwas flutet (geh.): (in diesem Sinnbereich) etwas ergießt sich in gewaltiger u. mächtiger Bewegung; wird im allgemeinen nur von Wassermassen gesagt: *die Brandung flutet über die Uferanlagen.* **ergießen,** etwas ergießt sich in/(auch:) über etwas (geh.): etwas breitet sich [strömend] über eine Fläche hin aus, fließt in einen Raum, eine Vertiefung u. ä. hinein: *Felsen, zwischen denen sich Flüsse ins Meer ergießen.* **laufen,** etwas läuft: i. S. v. fließen; wird aber nicht von großen Wassermengen gesagt: *das Wasser läuft über den Fußboden; die Tränen liefen ihm über das Gesicht.* **rinnen,** etwas rinnt: i. S. v. fließen; wird aber nur von geringen Flüssigkeitsmengen gesagt, die dünn fließen; wird auch auf eine trockene körnige Masse bezogen: *der Zucker rann aus der Tüte in die Schüssel; das Bächlein rinnt durch die Wiesen.* **quellen,** etwas quillt (geh.): etwas dringt hervor und beginnt zu fließen: *Strudel, in denen die Flut aus der Tiefe quillt.* **sickern,** etwas sickert [in etwas]: etwas fließt langsam, spärlich über etwas hin, dringt durch poröse Stoffe hindurch: *das Wasser sickert über den moorigen Waldweg; das Blut sickert durch den Verband.* **rieseln,** etwas rieselt: etwas fließt in kleinen Wellen sacht, mit kaum hörbarem, feinem Laut: *in dieser Gegend rieseln viele Bächlein;* wird wie „rinnen" auch in bezug auf eine trockene körnige Masse verwendet: *der Sand rieselt über die Füße.*

flink: (in diesem Sinnbereich) gewandt, in leichter, lebhafter Art sich bewegend oder arbeitend, diese Art der Bewegung anzeigend; wird auf Menschen von zierlicher Körperbeschaffenheit und auch auf kleinere Tiere bezogen; bezieht sich beim Menschen vorwiegend auf die Arbeitsart und auf die Bewegung der Hände und Füße: *flinke Finger.* **behend[e]:** schnell, gewandt und leicht sich fortbewegend; diese Eigenschaft aufweisend; bezieht sich vorwiegend auf die Fortbewegungsart kleinerer Menschen und Tiere: *der Junge ist ungemein b. und klettert wie ein Äffchen.* **fix** (ugs.): (in diesem Sinnbereich) schnell und gewandt sich bewegend und tätig; diese Eigenschaft aufweisend; bezieht sich auf die Bewegungen und das Tun des Menschen: *er ist sehr f.* **hurtig:** schnell, lebhaft, leicht und geschäftig sich [auf ein Ziel zu] bewegend; diese Eigenschaft aufweisend; bezieht sich auf die Bewegungen, auf die Tätigkeiten von Menschen und Tieren: *sie lief h. davon.*

flirten [mit jmdm.]: jmdm. durch ein bestimmtes Verhalten, durch Gesten, Blicke oder scherzhafte Worte, seine erotische Zuneigung bekunden und auf diese Weise eine erotische Beziehung anzubahnen versuchen: *sie flirtet mit ihm; er flirtete mit der Sängerin; Wilfried und Karen standen an der Bar, klönten und flirteten [miteinander].* **poussieren** [mit jmdm.] (ugs.; veraltend): mit jmdm. oberflächliche Liebesbeziehungen pflegen: *wenn der nicht p. kann, ist ihm nicht wohl.* **kokettieren** [mit jmdm.]: (in diesem Sinnbereich) durch kokettes Benehmen Aufmerksamkeit und Gefallen zu erregen, erotisch zu reizen suchen; wird kaum von sich selbst gesagt: *sie kokettierte während des Tanzens unaufhörlich mit einem anderen;* vgl. kokett ↑eitel. **den Kopf verdrehen,** jmdm. (ugs.): sich einem Partner gegenüber so verhalten oder durch sein Wesen so auf ihn wirken, daß dieser verliebt und verwirrt zugleich ist; jmdn. in sich verliebt machen: *er hat mit seinem charmanten Wesen schon so manchem Mädchen den Kopf verdreht.* **umwerben,** jmdn.: (in diesem Sinnbereich) sich um jmds. Gunst und Liebe bemühen, indem man mit Worten und Zärtlichkeiten seine Zuneigung zu erkennen gibt: *er umwarb sie längere Zeit, aber sie wollte nichts von ihm wissen.* **den Hof machen,** jmdm. (geh.): zu einer Dame [der man gerne Gesellschaft leistet] besonders höflich sein und ihr Komplimente machen, um ihr zu gefallen; man tut dies in der Absicht oder Hoffnung, ihre Gunst zu erwerben; spielt sich meist in gesellschaftlichem Rahmen ab; ↑anbändeln, ↑[2]gehen (mit jmdm.), ↑[1]lieben, ↑verlieben.

fluchen: (in diesem Sinnbereich) im Zorn, in der Erregung Kraftausdrücke gebrauchen, Verwünschungen, einen Fluch, Flüche ausstoßen: *er fluchte unentwegt; bei jeder Gelegenheit f.; auf seinen Chef, über das Essen f.* **wettern:** seiner Erregung, seinem Zorn mit kraftvoller Stimme Luft machen; heftig schimpfen; im Unterschied zu „fluchen" richtet sich „wettern" direkter gegen etwas: *er wetterte über die Unordnung, auf die schlechten Zeiten, gegen den Staat; er wetterte ganz fürchterlich;* ↑schelten, ↑[1]schimpfen.

flüchtig: (in diesem Sinnbereich) nur ganz kurz während, sehr schnell vergehend; wird nur attributiv und prädikatbezogen verwendet: *unter Theoderich erlebte Rom noch einmal eine flüchtige Spätblüte.* **kurz:** (in diesem Sinnbereich) nicht lange anhaltend: *eine kurze Kampfpause.* **von kurzer Dauer:** [bedauerlicherweise] nicht lange bestehenbleibend; wird nur subjektbezogen gebraucht und enthält im Unterschied zu „kurz" die persönliche Anteilnahme, das Bedauern des Sprechers/Schreibers: *unser Glück war nur von kurzer Dauer.*

Fluß, der: größerer natürlicher Wasserlauf. **Strom,** der: (von mehreren Flüssen eines Gebietes gespeister) großer, breiter (ins Meer mündender) Fluß, meist mit starker Strömung: *ein mächtiger S.; Wer zur Quelle will, muß schon mal gegen den S. schwimmen; Nur tote Fische schwimmen mit dem S.* **Wasserlauf,** der: verallgemeinernde Bezeichnung für einen [größeren oder kleineren] Fluß; fließendes Gewässer als geographischer Begriff. **Bach,** der: kleiner Quellfluß; kleiner natürlicher Wasserlauf von geringer Tiefe und Breite: *ein B. windet sich durch das Tal.* **Rinnsal,** das: (in diesem Sinnbereich) sehr schmales, sacht fließendes, rinnendes Wasser; ↑Gewässer, ↑Meer, ↑See.

flüstern: mit tonloser Stimme, sehr leise reden, meist in dem Bemühen, [in unauffälliger Weise] für einen bestimmten Zuhörer verstehbar und deutlich genug zu sprechen, ohne andere dadurch zu stören oder an dem

Gespräch teilnehmen zu lassen; wird, wie auch die meisten anderen Wörter dieser Gruppe, häufig in Verbindung mit der direkten Rede gebraucht. **wispern:** leise [miteinander] sprechen, meist ohne dabei die Stimme erklingen zu lassen; wird oft dann gebraucht, wenn man jmdm. heimlich, oft aufgeregt oder ängstlich, etwas zuflüstert. **pispern** (landsch.), **pispeln** (landsch.), **fispern** (landsch.), **fispeln** (landsch.): sehr leise [und heimlich] mit tonloser [zarter] Stimme reden, wobei aus einer gewissen Entfernung meist nur Zischlaute zu hören sind. **lispeln** (geh.): (in diesem Sinnbereich) mit zarter, leiser, oft auch tonloser Stimme etwas sagen [was man aus einer gewissen Scheu oder Zaghaftigkeit heraus nicht allzu laut aussprechen möchte]; wird im allgemeinen angewandt, wenn von einem einzelnen Sprecher die Rede ist, nicht von mehreren, die sich untereinander etwas zu sagen haben. **zischeln:** nicht sehr laut, aber dennoch meist recht vernehmlich [miteinander] sprechen; wird meist dann gebraucht, wenn man sich möglichst unauffällig [gehässige] Bemerkungen zuflüstert, die Dritte betreffen, wobei oft scharfe Zischlaute zu vernehmen sind. **tuscheln:** mit gedämpfter Stimme reden, einander heimlich, oft nur harmlose Dinge zuflüstern, die Dritte betreffen; wird meist nicht auf einen einzelnen Sprecher bezogen und steht seltener in Verbindung mit der direkten Rede. **raunen** (geh.): leise und nur mit gedämpfter Stimme reden, jmdm. etwas Geheimes auf versteckte Art zuflüstern. **hauchen** (geh.): (in diesem Sinnbereich) etwas, oft intime Dinge, sehr leise mit zur Tonlosigkeit gedämpfter oder auch kraftloser Stimme sagen. **murmeln:** mit gedämpfter Stimme [in tiefer Tonlage], meist nicht sehr deutlich etwas sagen, was oft nicht für andere bestimmt ist. **brummeln** (fam.): leise vor sich hin brummen, meist als Zeichen, daß der Betreffende mit etwas nicht einverstanden ist, sich ärgert. **brummen** (fam.): (in diesem Sinnbereich) mürrisch, aber nicht sehr laut, meist unverständlich, in tiefer Stimmlage schimpfen, reden; wird oft gesagt, wenn jmd. mißmutig oder ungehalten etwas vor sich hin redet.

folgen, einer Sache (Dativ): (in diesem Sinnbereich) den Wunsch- oder Willensäußerungen eines anderen entsprechend handeln, sie als Richtschnur für sein eigenes Tun gelten lassen, wobei unausgesprochen bleibt, ob dies aus freien Stücken geschieht oder nicht: *ich folgte diesem Befehl, wenn es mir auch schwerfiel.* **Folge leisten,** einer Sache (Dativ; nachdrücklich): die Anordnungen, Weisungen eines andern, meist einer [in einer bestimmten Situation anzuerkennenden] Autorität, der man sich beugen muß, ausführen; läßt erkennen, daß der Ausführende, auch wenn er nur der Wunschäußerung eines anderen gemäß handelt, sich zumeist dazu verpflichtet fühlt und unter einem gewissen Zwang handelt: *er weigerte sich mit Recht, der Aufforderung des Polizisten Folge zu leisten.* **nachkommen,** einer Sache (Dativ): etwas, eine Handlung, die ein anderer von einem wünscht oder verlangt, erfüllen bzw. vollziehen, wobei es oft einiger Überwindung bedarf [da man nicht aus eigenem Antrieb handelt]: *er zögerte, dem Wunsche nachzukommen.*

forcieren, etwas (bildungsspr.): etwas, meist die Ausführung eines Planes, mit Nachdruck betreiben: *man darf in dieser heiklen Angelegenheit nichts f.* **vorantreiben,** etwas: bei der Ausführung von etwas zu größerer Eile drängen, damit man das Ziel schneller erreicht: *wir müssen den Bau des Kanals v.* **Druck/Dampf dahintersetzen** (ugs.); **Dampf machen,** hinter etwas (ugs.): ungeduldig, mit allen Mitteln versuchen, das Tempo von etwas zu steigern [weil man mit dem normalen oder leicht schleppenden Tempo eines Arbeitsvorganges oder mit der nur zögernd erfolgenden Verwirklichung eines Plans nicht zufrieden ist]: *wenn Ihre Arbeiter nicht von sich aus schnell und pünktlich die Aufträge erledigen, dann müssen Sie Dampf dahintersetzen.*

Förderer, der: jmd., der jmdn./etwas fördert, ihn/es in seiner Entfaltung, bei seinem Vorankommen unterstützt. **Geldgeber,** der: jmd., der für eine Sache Geld gibt, sich finanziell an einem Unternehmen beteiligt: *er sucht einen G. für seine Erfindung; wer waren denn die Geldgeber bei diesem Putsch?* **Mäzen,** der: vermögende Persönlichkeit, die auf kulturellem Gebiet jmdn./etwas finanziell fördert (und dadurch als Förderer der Kunst zu Ansehen gelangt): *ein M. will als Förderer der Kultur bewundert werden, während ein Sponsor sein Geld auf andere Weise wiedersehen will.* **Sponsor,** der: jmd. (bes. eine Person oder ein Unternehmen aus der Wirtschaft), der jmdn. (z. B. einen Sportler)/etwas (z. B. einen Verein, eine Veranstaltung) mit Geld unterstützt mit dem Ziel, dadurch seine Bekanntheit (im Hinblick auf wirtschaftlichen Nutzen) zu erweitern und sein Image zu pflegen und zu verbessern: *die Stadtväter wollten 2 Millionen Mark den Sponsoren aus Industrie und Handel abknöpfen.* **Gönner,** der: einflußreiche, vermögende Persönlichkeit, die jmdn. in seinen Bestrebungen aus Wohlwollen [finanziell] fördert. **Protektor,** der: jmd., der mit seinem entsprechenden Einfluß jmdn./etwas fördert, schützt. **Schirmherr,** der: jmd., der offizieller Förderer, Betreuer einer seinem Schutz unterstehenden Institution, Veranstaltung usw. ist: *S. der Festspiele ist der Bundespräsident.* **Promoter,** der: Veranstalter, Organisator von Konzerten, Tourneen, Festivals usw. **Manager** [mänidscher], der: geschäftlicher Betreuer von Künstlern, Berufssportlern usw.: *der Star trennte sich von seinem M.;* ↑Dienstälteste, ↑Ratgeber; ↑[2]fördern.

förderlich: den Fortgang eines Vorhabens oder das Gedeihen einer Sache fördernd; wird im allgemeinen subjektbezogen gebraucht und auf einen Sachverhalt, seltener eine Tätigkeit oder Handlung bezogen: *etwas ist der Gesundheit f.;* ↑[1]fördern. **dienlich** (geh.): (in diesem Sinnbereich) eine willkommene Unterstützung, Hilfe für etwas/jmdn. darstellend: *eine dem Leben dienliche Philosophie.* **bekömmlich:** von solcher Beschaffenheit, daß es gut bekommt: *Reis ist sehr b.* **verdaulich** (Ggs. unverdaulich): so beschaffen, daß es verdaut, d. h. in für den Körper verwertbare Stoffe umgewandelt werden kann: *fettes Essen ist schwer v.; etwas ist gut v.; die verdaulichen Bestandteile der Nahrung.* **zuträglich:** so, daß man es gut verträgt: *kalte Luft ist ihm nicht z.; das zuträgliche Maß ist überschritten.* **gesund** (Ggs. ungesund): (in diesem Sinnbereich) der Gesundheit dienend, nützend: *Fisch ist g.; Rauchen ist nicht g.;* ↑[1]gesund.

[1]**fördern,** etwas fördert etwas: etwas bewirkt, daß etwas gedeiht, daß etwas Fortschritte macht, daß es sich entfaltet und entwickelt u. ä.: *durch diese Maßnahme wird der Handel gefördert;* ↑förderlich. **begünstigen,** etwas begünstigt etwas: etwas ist günstig, vorteilhaft für etwas und erleichtert dadurch die Entstehung, Entwicklung, Entfaltung u. ä. von etwas: *die geographischen und technischen Verhältnisse begünstigten diese Entwicklung.* **steigern,** etwas steigert etwas: etwas bewirkt, daß etwas in stärkerem Grade als bisher gedeiht, sich entfaltet, sich entwickelt u. ä.: *die anerkennenden Worte steigerten seine Einsatzfreude.* **heben,** etwas hebt etwas: i. S. v. steigern; ist zurückhaltender und weniger intensiv: *die Mitarbeit qualifizierter Arbeitskräfte hebt das Ansehen der Firma.* **erhöhen,** etwas erhöht etwas: etwas läßt etwas stärker hervortreten, steigert die Intensität von etwas: *dieser Erfolg erhöhte sein Ansehen in der Öffentlichkeit.*

[2]**fördern,** jmdn.: (in diesem Sinnbereich) jmdn. bei seinem beruflichen Fortkommen unterstützen, ihm Ausbildungsmöglichkeiten bereitstellen und zur entsprechenden wirtschaftlichen Position verhelfen; bezieht sich, wie die übrigen Wörter dieser Gruppe, darauf, daß jmd. seinen beruflichen, wirtschaftlichen oder gesellschaftlichen Einfluß verwendet, um einem anderen den Aufstieg zu ermöglichen, betont aber im Unterschied zu „protegieren", daß man einem Begabten, der Förderung Würdigen hilft: *die Industrie muß heute energischer denn je Nachwuchskräfte für Führungspositionen f.;* ↑[1]fördern. **protegieren** [proteschiren], jmdn. (bildungsspr.): jmdn. in beruflicher, gesellschaftlicher Hinsicht [alle mögliche] Förderung angedeihen lassen, seinen Einfluß für ihn verwenden, für sein Fortkommen sorgen; bezieht sich im Unterschied zu „fördern" mehr auf eine Begünstigung, die sich aus der Vorliebe für jmdn. erklärt, der dieser Begünstigung nicht immer würdig sein muß, oder betont, daß einem Anwärter auf eine berufliche oder soziale Position ungerechtfertigte Vorteile verschafft werden: *der Volontär, Sohn eines Geschäftsfreundes, wurde besonders vom Juniorchef protegiert.* **begünstigen,** jmdn.: (in diesem Sinnbereich) jmdn. beruflich oder hinsichtlich seiner sozialen Stellung im Unterschied zu anderen wohlwollend fördern, ihm vorteilhaftere Bedingungen verschaffen als anderen, die mit ihm das gleiche anstreben; betont im Unterschied zu „protegieren" weniger, daß man seinen Einfluß zugunsten der betreffenden Person bei anderen geltend macht, als daß man selbst dem Betreffenden Gunstbeweise zukommen läßt: *der Neue ist ein Bundesbruder vom Chef und wird natürlich besonders begünstigt;* ↑[2]bevorzugen, ↑helfen, ↑verwenden, sich; ↑Förderer.

formell: bestimmte [gesellschaftliche] Formen strikt einhaltend oder von einer solchen Haltung zeugend; wirkt unpersönlich und unverbindlich; drückt sowohl die Umständlichkeit und Genauigkeit, mit der man auf die Erfüllung der Form achtet, als auch nur das Bestreben, ihr irgendwie Genüge zu tun, aus: *er benahm sich mir gegenüber sehr f.* **förmlich:** die Höflichkeitsformen peinlich genau beobachtend und ohne persönliche Wärme; drückt eine gewisse Umständlichkeit oder auch Feierlichkeit aus: *sei doch nicht so f.!* **steif:** im gesellschaftlichen Umgang nicht ungezwungen, fast feierlich und meist frostige Atmosphäre verbreitend: *es ging recht s. zu.* **konventionell** (bildungsspr.): (in diesem Sinnbereich) gewisse gesellschaftliche Normen, die zwar als verbindlich empfunden werden, aber die Natürlichkeit und Spontaneität im menschlichen Verhalten einschränken, in einer Weise einhaltend, die förmlich wirkt und oft den Kontakt zum andern erschwert: *sie ist* *immer sehr k.;* vgl. konventionell ↑herkömmlich.

fortbringen, etwas; **wegbringen,** etwas: etwas nicht an der Stelle belassen, an der es sich befindet, sondern es anderswohin bringen; etwas von der Stelle, an der es sich befindet, anderswohin tragen, befördern, bewegen; sagt nichts darüber aus, warum oder auf welche Weise etwas zu einer anderen Stelle gebracht wird: *sie versprach ihm, die Sachen noch am gleichen Abend fortzubringen.* **fortschaffen,** etwas; **wegschaffen,** etwas: etwas [unter Anstrengungen oder unter Überwindung von Schwierigkeiten] fortbringen; werden häufig emotional gefärbt oder nachdrücklich verwendet: *in den frühen Morgenstunden schafften sie die Kisten fort.* **forträumen,** etwas; **wegräumen,** etwas: etwas, was an der Stelle, an der es sich befindet, stört oder Platz wegnimmt, anderswohin bringen, gewöhnlich nur ein Stück weiter weg bringen: *wenige Monate später gingen sie daran, den Schutt wegzuräumen.* **beiseite schaffen,** etwas: (in diesem Sinnbereich) etwas [unauffällig] fortschaffen, um es zu verbergen: *er wartete auf eine günstige Gelegenheit, um die Leiche beiseite zu schaffen;* vgl. beiseite schaffen ↑ermorden. **aus den Augen schaffen,** jmdm. etwas: etwas, dessen Anblick jmdn. stört, fortschaffen; ist emotional gefärbt, wird nachdrücklich verwendet: *er brüllte, daß man ihm das Zeug sofort aus den Augen schaffen solle.* **entfernen,** etwas: (in diesem Sinnbereich) etwas nicht an dem Platz, an dem es sich befindet, belassen; etwas von dem Platz, an dem es sich befindet, wegnehmen [und anderswohin bringen]: *am Morgen entfernten die Bauarbeiter das Gerüst.* **abtransportieren,** etwas: etwas mit einem Fahrzeug, mit einem Transportmittel fortbringen: *die Autowracks a.*

fortführen, etwas: (in diesem Sinnbereich) an einer Aufgabe, die sich ein anderer gestellt hat, oder an einem Werk, das ein anderer begonnen hat, weiterarbeiten, die Verantwortung dafür an seiner Stelle übernehmen: *er hat das Werk seines großen Vaters würdig fortgeführt.* **weiterführen,** etwas: i.S.v. fortführen; während „fortführen" aber mehr die Tatsache betont, daß die begonnene Arbeit nicht abgebrochen wird, weist „weiterführen" besonders auf das hin, was bei der Fortsetzung der Arbeit geschaffen werden wird: *er hat das Experiment mit der Serienproduktion weitergeführt und ist dadurch reich geworden.* **fortsetzen,** etwas: (in diesem Sinnbereich) etwas Begonnenes nicht als abgeschlossen betrachten, sondern es weiterführen: *er setzte das Werk seines Vaters fort.*

fortjagen, jmdn.; **wegjagen,** jmdn.: (in diesem Sinnbereich) einen Menschen, ohne ihm viel Zeit zum Überlegen zu lassen, oder ein Tier dazu bringen, einen Ort, an dem er oder es unerwünscht ist, schleunigst [fluchtartig] zu verlassen: *die Kinder, die Spatzen vom Kirschbaum wegjagen.* **verjagen,** jmdn.: (in diesem Sinnbereich) jmdn. durch sein Verhalten ihm gegenüber dazu veranlassen, [eiligst] den Ort, an dem er sich befindet, [für immer] zu verlassen; während bei „fort-, wegjagen" der Ort stärker ins Bewußtsein tritt, besagt „verjagen", daß der oder das Betreffende nicht mehr da ist, vollständig weggejagt worden ist: *den fremden Hund v.* **jagen,** jmdn. + Raumangabe: machen, daß jmd. schnell einen bestimmten Ort verläßt oder aufsucht: *wir mußten erst den Hund vom Sofa j., ehe wir uns setzen konnten; die Eindringlinge aus dem Land, jmdn. aus dem Haus, die Hühner in den Stall, die Kinder von der Straße j.* **vertreiben,** jmdn.: (in diesem Sinnbereich) jmdn. durch Anwendung von Gewalt oder sonstiger Mittel oder auch unabsichtlich, z.B. durch störende Anwesenheit, veranlassen, den Ort [für immer] zu verlassen: *überall, wo die Kinder spielen wollen, werden sie von lärmempfindlichen Menschen vertrieben.* **treiben,** jmdn. + Raumangabe: i.S.v. jagen; aber noch etwas nachdrücklicher: *die Kinder wurden vom Gärtner aus ihrem Versteck getrieben.* **verscheuchen,** jmdn.: (in diesem Sinnbereich) mit Absicht oder ungewollt (z.B. durch bloßes Erscheinen) ein Tier oder einen Menschen, der bei einem geheimen Tun überrascht wird, scheu, ihm angst machen und ihn oder es in die Flucht treiben: *nun haben wir das Reh verscheucht.* **scheuchen,** jmdn. + Raumangabe: (in diesem Sinnbereich) durch drohende Zurufe, Gebärden o.ä. einen Menschen, häufiger ein Tier, von einem bestimmten Ort fortjagen: *den fremden Hund aus dem Haus s.* **schassen,** jmdn. + Raumangabe (landsch.): (in diesem Sinnbereich) i.S.v. scheuchen; aber etwas nachdrücklicher: *die Hühner aus dem Salatbeet s.*

Fortschritt: Fortschritte/(auch:) **einen Fortschritt machen:** (in diesem Sinnbereich) sichtbar vorangehen oder -kommen; wird von einer Angelegenheit oder Arbeit gesagt; als Subjekt kann eine Person oder die betreffende Arbeit selbst stehen. **vorwärtskommen, vorankommen:** bei einer [mühevollen] Arbeit sichtbare Fortschritte machen. **weiterkommen:** bei einer Arbeit, die schon bis zu einem bestimmten Punkt gediehen ist, weitere Fortschritte machen. **vom Fleck kommen** (ugs.): (in diesem Sinnbereich) bei einer [schwierigen, mühevollen] Arbeit Fortschritte machen; mit gewissem, nicht allzu großem Erfolg oder Tempo voranschreiten; wird im allgemeinen nur verneint oder mit einschränkenden Zusätzen gebraucht: *mit dem Stricken komme ich nicht vom Fleck.* **vorangehen,** etwas geht voran; **vorwärtsgehen,** etwas geht vorwärts: (in diesem Sinnbereich) etwas (eine Arbeit) läßt [deutliche] Fortschritte erkennen: *jetzt scheint ja endlich ihr Lagerneubau voranzugehen.* **flecken,** etwas fleckt (ugs.; landsch.): etwas geht gut vorwärts und läßt dies auch äußerlich erkennen; wird im allgemeinen auf eine Arbeit bezogen: *was macht denn deine Arbeit? Es fleckt nicht so recht!* **flutschen,** etwas flutscht (ugs.; landsch.): etwas geht gut und glatt vonstatten, geht schnell und reibungslos voran; drückt Zufriedenheit, wohlwollende Bewunderung aus: *die Arbeit flutscht heute mal wieder; mit dem Geldverdienen flutscht es bei ihm; es flutscht nicht mehr so richtig.*

fortstehlen, sich; **wegstehlen,** sich; **davonstehlen,** sich: aus schlechtem Gewissen, auch aus Schamhaftigkeit oder weil man nicht gesehen werden möchte, sich heimlich von einem Ort wegbegeben. **davonmachen,** sich (ugs.): sich gleichgültig, ohne Bedenken oder Verantwortung heimlich und unbemerkt entfernen. **stiftengehen** (salopp), **verduften** (salopp), **aus dem Staube machen,** sich (ugs.): sich schnell und unauffällig entfernen, um sich einer Verantwortung zu entziehen oder weil einem die Situation bedrohlich erscheint: *nachdem man das Fehlen des Geldes bemerkt hatte, ging er stiften.* **fortschleichen** [sich]: aus schlechtem Gewissen oder weil man aus einem anderen Grunde nicht gesehen werden möchte, sich unauffällig, in aller Heimlichkeit, damit niemand etwas merkt, von einem Ort wegbegeben. **verdrücken,** sich (salopp): sich schamhaft, feige, ängstlich, schüchtern fortschleichen: *kurz vor der Diskussion verdrückten sich einige.* **verdünnisieren,** sich (salopp); **dünnmachen,** sich (salopp): sich [unter Ausnutzung einer günstigen Gelegenheit] unauffällig oder unbemerkt entfernen, um einer unangenehmen Situation zu entkommen oder weil es sich aus einem anderen Grunde empfiehlt. **verziehen,** sich (salopp): sich aus einer Gemeinschaft [unauffällig] langsam wegbegeben, weil die Situation unbequem werden könnte oder man es aus anderen Gründen vorzieht, sich zurückzuziehen: *er verzog sich in seine Koje.* **verschwinden** (ugs.): sich unauffällig aus jmds. Blickfeld entfernen, so daß man nicht mehr zu sehen ist: *hier ist dicke Luft, ich verschwinde lieber; er verschwand gleich nach der Besprechung.* **sich [auf] französisch empfehlen/verabschieden/verdrücken** (ugs.); **[auf] französisch Abschied nehmen** (ugs.): heimlich, ohne sich zu verabschieden eine Gesellschaft, Gruppe o. ä. verlassen, weggehen. **verkrümeln,** sich: sich unauffällig und unbemerkt entfernen [weil einem die Situation unangenehm ist, gefährlich erscheint oder weil einem etwas nicht paßt]; ↑fliehen, ↑weggehen, ↑weglaufen.

Fotografie, die: Bild, das mit Hilfe eines Fotoapparates hergestellt worden ist. **Foto,** das: kurz für ↑Fotografie. **Bild,** das: (in diesem Sinnbereich) i. S. v. Fotografie: *die Bilder aus dem Urlaub sind alle sehr schön geworden.* **Lichtbild,** das (Amtsspr.): i. S. v. Paßbild. **Paßbild,** das: für einen Paß, Ausweis hergestellte Porträtaufnahme in Kleinformat. **Paßfoto,** das: i. S. v. Paßbild. **Porträt,** das: Bild, besonders Brustbild eines Menschen. **Brustbild,** das: Bild, Fotografie, auf der nur Kopf und Oberkörper eines Menschen abgebildet sind.

Frage, die: (in diesem Sinnbereich) eine dem Verstand gestellte, noch ungelöste Aufgabe. **Problem,** das: eine Frage oder ein Fragenkomplex, der wegen der ihm innewohnenden Schwierigkeiten nicht ohne weiteres lösbar ist und dessen Lösung größere Anforderungen an die Intelligenz stellt: *philosophische Probleme erörtern.* **Streitfrage,** die: eine Frage, ein Problem, das entgegengesetzte, verschiedenartige Lösungen zuzulassen scheint und über das deshalb heftig und mit Leidenschaft diskutiert wird; ↑Streit.

fragen [jmdn. etwas] (Ggs. ↑antworten): etwas [worüber man selbst keine genaue Kenntnis hat] wissen wollen, indem man von jmdm. eine Auskunft erbittet oder verlangt; wird sehr häufig in Verbindung mit wörtlicher Rede gebraucht: *er fragte ihn beiläufig, wieviel Geld er denn noch besitze.* **eine Frage stellen,** jmdm. (nachdrücklich): jmdn. genau nach etwas fragen, zumeist in der Absicht, sich über einen bestimmten Tatbestand zu informieren; wird, wie auch die folgenden Wörter dieser Gruppe, meist nicht in Verbindung mit wörtlicher Rede gebraucht: *der Doktor stellte ihm ein paar unverfängliche Fragen.* **eine Frage richten,** an jmdn. (nachdrücklich): sich [wohlüberlegt und] präzise fragend einer bestimmten Person zuwenden, wobei man eine genaue Antwort erwartet: *er legte sich die Fragen zurecht, die er an sie richten wollte.* **eine Frage vorlegen,** jmdm. (geh.): jmdn. etwas Gewichtiges, was man bei sich zuvor erwogen, sorgfältig durchdacht [und formuliert] hat, [in wohlgesetzten Worten] fragen. **eine Frage vorbringen** [bei jmdm.]: etwas, was einem wichtig erscheint und was einer Klärung bedarf, meist bei einer übergeordneten Person oder vor einer Anzahl von Menschen, die in der betreffenden Sache zu entscheiden haben, fragend zur Sprache bringen; wird oft dann gebraucht, wenn der Sprechende bescheiden, zurückhaltend oder zögernd auftritt. **mit Fragen überschütten,** jmdn. (emotional übertreibend): jmdn. rasch hintereinander alles mögliche fragen, ohne dem Befragten genügend Zeit zu lassen, die einzelnen Fragen ordnungsgemäß zu beantworten.

fragwürdig: undurchsichtig, zwielichtig, zweideutig wirkend; bezieht sich auf Personen, Handlungen oder Sachen, die, vom moralischen Standpunkt aus betrachtet, oft nicht einwandfrei sind, bei denen man nicht weiß, ob man dem Anschein trauen kann; drückt Skepsis aus; wird im allgemeinen nur attributiv und subjektbezogen gebraucht: *ein höchst fragwürdiges Ehrgefühl.* **zweifelhaft:** (in diesem Sinnbereich) nicht geheuer; bedenklich und zu Zweifeln, z. B. in bezug auf die moralische Unantastbarkeit, Anlaß gebend; wird sowohl auf Personen als auch auf Sachen bezogen und wird hauptsächlich attributiv, selten subjekt- oder prädikatbezogen verwendet: *dieses zweifelhafte Individuum hat nur fortwährend Geld gezählt.* **verdächtig:** (in diesem Sinnbereich) durch seine Erscheinung oder sein Tun zu einem bestimmten Verdacht Anlaß gebend; nicht geheuer; wird auf Personen und Sachen bezogen und wird hauptsächlich attributiv, selten subjekt- oder prädikatbezogen gebraucht: *die Sache ist mir v.*

Franse, die: lose und einzeln hängender [Kett]faden; Fadenbündel als Randbesatz an Geweben (bei Möbeln, Gardinen, Dekorationen usw.): *ein Teppich mit Fransen.* **Quaste,** die: als Schmuck und Abschluß an Verschnürungen und Besätzen dienendes Gehänge, das aus schnurartigen Fäden zusammengeschlungen ist; ein meist lose herabhängendes dickes Bündel von [längeren] einfachen Woll-, Seide-, Gold-, Silberfäden oder -schnüren, das als Zierat dient und an dem Ende, an dem es mit dem Gegenstand verbunden ist, zu einer Art Knoten zusammengeflochten ist: *die Puderdose hatte eine rosa Q.* **Troddel,** die: an einer Schnur befestigtes Fadenbüschel aus Woll- oder Seidenfäden, das sich an einem Gegenstand (z. B. an einer Uniform, Kopfbedekkung) [als Schmuck] befindet; kleinere Quaste. **Klunker,** die/(auch:) der (landsch.): Troddel, Quaste, ein beschwerendes Ende aus Metall, Porzellan, Glas usw. an Schnüren und dergleichen: *Trau nicht auf deinen Tressenhut, noch auf den Klunker dran!* (Claudius, Goliath und David). **Bommel,** die (ugs.): rundliche Quaste aus Seide oder Wolle; ein als Zierde an Kleidungsstücken (meist an Kindermützen) befindlicher Wollknoten [der an einer Kordel herabhängt]; zu einem Bündel zusammengefaßte Wollfäden. **Puschel,** die (landsch.): ein aus einzelnen Wollfäden, die nur an der Seite, an der sie mit dem Gegenstand verbunden sind, zusammengehalten werden, hergestelltes Bällchen, das als Zierde (z. B. an einer Pudelmütze) dient und sich oft unmittelbar auf einem Gegenstand befindet.

Frau, die (Ggs. ↑Mann): erwachsener Mensch weiblichen Geschlechts jeden Alters und Standes; auch im Hinblick auf das Geschlechtsspezifische (Frauen sind eben so); wird namentlich von einer verheirateten oder unverheirateten älteren – ungefähr ab 30 – weiblichen Person gesagt und häufig in der Anrede mit dem Namen, dem Titel oder auch der Berufsbezeichnung zusammen gebraucht: *eine moderne, emanzipierte F.; Frau Professor; Frau Irene; Frau Balzer;* vgl. fraulich ↑weiblich. **Fräulein,** das: erwachsener weiblicher, jedoch unverheirateter Mensch; ist an keine bestimmte Altersstufe gebunden, bezeichnet aber ohne bestimmendes Adjektiv meist eine jüngere Person; wird fast nur zusammen mit dem Namen der entsprechenden Person und vor allem in der Anrede gebraucht; wird aber heute weitgehend gemieden und durch „Frau" ersetzt: *Fräulein Karen hat ihren Ausweis verloren; das Fräulein hat seinen Ausweis verloren.* **Dame,** die: **a)** Frau, Fräulein von unauffälliger Eleganz, deren gute Umgangsformen sich in sicherem, gewandtem Auftreten äußern; namentlich Frau der gehobenen Gesellschaftsschicht: *er hat eine elegante Frau zur Geliebten, eine D. der großen Welt;* **b)** höfliche Bezeichnung für Frau oder Fräulein; wird besonders häufig in der Anrede, jedoch nicht in Verbindung mit Namen oder Titel der betreffenden Person gebraucht und auf Angehörige aller Volksschichten angewandt: *was darf es sein, meine D.?; alle Damen des Betriebes werden gebeten, in die Halle zu kommen.* **Weib,** das: **a)** (veraltend) i. S. v. Frau; allgemeinste Bezeichnung für die [zur Mutterschaft befähigte] Frau im Gegensatz zum Mann; betont mehr das Kreatürliche und Körperliche; ist heute nur noch ein von der Literatur und der Bibelsprache getragener, sonst wenig gebräuchlicher Begriff; wird häufig durch Adjektive näher bestimmt: *ein herrliches, kraftvolles W.; das W. des Schwarzen Erdteils;* **b)** (verächtlich): i. S. v. Frau; meint meist eine gewöhnliche Frau; wird zusammen mit gefühlsbetonten negativen Beiwörtern häufig auch als Schimpfwort gebraucht: *sie ist ein schwatzhaftes, zänkisches W.* **Weibchen,** das: Mädchen, Frau, die man im Hinblick auf ihre typisch weiblichen Eigenschaften und Fähigkeiten, besonders im Bereich des Erotischen und Geschlechtlichen, betrachtet; hat auf Grund der einschränkenden Bedeutung oft abwertenden Charakter: *sie ist eben nur ein W.* **Jungfer,** die (abwertend): (in diesem Sinnbereich) ältere, unverheiratete Frau [mit schrulligen Eigenheiten]; wird meist mit dem Adjektivattribut „alt" gebraucht: *diese alte J. hat doch immer etwas auszusetzen.* **Frauenzimmer,** das: **a)** (veraltet): erwachsene weibliche Person: *sie haßt alle jungen Frauenzimmer;* **b)** (verächtlich): Schimpfwort für eine weibliche Person [von der man sagen will, daß sie liederlich ist und einen schlechten Ruf hat]: *dieses unverschämte F.* **Weibsbild,** das: **a)** (landsch.): erwachsener weiblicher Mensch: *er heiratete ein strammes, sauberes W.;* **b)** (verächtlich): Schimpfwort für eine Frau (oder ein Fräulein) [die man als ordinär und liederlich kennzeichnen will]: *das W. will ich hier nicht mehr sehen.* **Weibsstück,** das (derb; verächtlich): übles Frauenzimmer; wird meist als Schimpfwort gebraucht für eine weibliche Person, die man als verachtenswert ansieht: *das verkommene W.* **Mensch,** das (abwertend): (im Urteil des Sprechers/Schreibers) liederliche, ehrlose, charakterlich schlechte Frau: *dieses M. hat einfach aus meinem Portemonnaie Geld genommen.* **Person,** die (abwertend): (in diesem Sinnbereich) erwachsene weibliche Person, die man aus irgendeinem Grunde verachtet, wobei man den Abstand zu sich deutlich macht: *diese hergelaufene P.!*

frech: a) ohne Hemmungen, herausfordernd, trotzig und unverschämt im Umgang; wird von Personen und ihren Äußerungen, Handlungen gesagt: *er ist von einer frechen Vertraulichkeit;* vgl. frech ↑keck; **b)** anderen gegenüber unartig und rücksichtslos; Streit beginnend; wird meist von Kindern gesagt: *der freche Nachbarsjunge hat mir meine Puppe zerbrochen.* **ungezogen:** anderen gegenüber ein ungebührliches, nicht höfliches und nicht rücksichtsvolles Benehmen zeigend; wird wie „unartig" im allgemeinen auf Kinder bezogen oder stuft den damit Bezeichneten so ein: *er benahm sich reichlich u.* **unartig: a)** (Ggs. artig ↑brav): sich nicht so gesittet und brav aufführend, wie es die Erwachsenen erwarten: *die Kinder waren heute sehr u.;* **b)** (Ggs. artig ↑höflich): von aufsässigem und trotzigem Benehmen anderen gegenüber; von solchem Benehmen zeugend. **rüde** (abwertend): von rauher, grober und ungehobelter Art; in seinem Benehmen ohne Rücksicht auf andere und oft gemein oder gehässig, jedoch weniger aus Niedertracht als aus seelischer Roheit, Gefühllosigkeit; wird meist von Personen und ihrem Wesen, seltener von ihren Handlungen gesagt.

frei: freie Hand lassen, jmdm.: jmdm. ein bestimmtes Betätigungsfeld zu selbständigem Handeln überlassen, ihm in diesem Bereich keine Vorschriften machen. **schalten und walten lassen,** jmdn.: jmdm. für seine Tätigkeit in einem bestimmten Bereich uneingeschränkte Freiheit geben, ihn ganz nach Belieben handeln lassen. **gewähren lassen,** jmdn.: dem Tun eines anderen geduldig oder gleichgültig zusehen, ihm nicht dreinreden, nicht eingreifen und ihn nicht hindern: *der Kranke ist Vernunftgründen nicht mehr zugänglich, man muß ihn gewähren lassen.*

freigebig (Ggs. ↑[1]geizig): gern und reichlich gebend. **großzügig:** (in diesem Sinnbereich) in Geldangelegenheiten, im Geben und Schenken nicht kleinlich; von einer solchen Haltung zeugend: *er hat sich mir gegenüber g. gezeigt;* vgl. großzügig ↑tolerant. **nobel** (ugs.): [in guten Verhältnissen lebend und] sich großzügig und gönnerhaft zeigend; weist im Unterschied zu „großzügig" auch mit auf den Charakter hin und drückt die Anerkennung des Sprechers/Schreibers aus: *sich n. zeigen; er gibt noble Trinkgelder.* **spendabel** (ugs.): sich bei besonderen Anlässen in bezug auf Essen und Trinken großzügig zeigend, andere freihaltend, für sie etwas spendierend; drückt eine gewisse Anerkennung und Bewunderung aus: *er war gestern abend recht s.* **gebefreudig:** bei entsprechender Gelegenheit oder Aufforderung gern gebend, spendend oder Geschenke machend; ↑barmherzig.

Freiheit, die (Ggs. Unfreiheit): Zustand, in dem der Betreffende von bestimmten persönlichen oder gesellschaftlichen als Zwang oder Last empfundenen Bindungen oder Verpflichtungen frei ist, sich in seinen Entscheidungen o. ä. frei und nicht [mehr] eingeschränkt fühlt und die Möglichkeit hat, sich selbst zu verwirklichen; eine sogenannte Freiheit aber, deren nicht alle, sondern nur Gruppen, Schichten oder einzelne innerhalb eines Staatswesens teilhaftig werden, ist nicht Freiheit, sondern Privileg, Vorrecht: *die Presse ist die Artillerie der F.* (Genscher); *Freiheit ist immer nur die Freiheit des Andersdenkenden* (Rosa Luxemburg); *Leben ist immer eine Mischung von F. und Unfreiheit; Zwischen dem Starken und dem Schwachen, zwischen dem Reichen und* *dem Armen ist es die Freiheit, die unterdrückt, und das Gesetz, das frei macht* (Lacordaire). **Unabhängigkeit,** die: Zustand, in dem der Betreffende nicht von jmdm. oder etwas abhängig, auf jmdn. oder etwas angewiesen ist und sich frei von anderem Willen eigenständig entscheiden kann; während mit dem Wort „Freiheit" Bewußtsein und Gefühl mit angesprochen sind, weist „Unabhängigkeit" vor allem darauf hin, daß keine hemmende Bindung zu jmdm. besteht: *die U. eines Landes.* **Selbstbestimmung,** die (Ggs. Fremdbestimmung): Unabhängigkeit, und zwar im Hinblick darauf, daß kein fremder Wille Einfluß auf die Entscheidungen nimmt. **Selbständigkeit,** die: Zustand des Selbständigseins, der dem Betreffenden die Möglichkeit gibt, selbst über das, was er tun will, zu entscheiden, in eigener Verantwortung zu handeln; enthält den Hinweis auf die Eigenständigkeit, nicht aber wie „Freiheit" die subjektive Empfindung, die durch die Opposition zu „Unfreiheit" sichtbar wird. **Ungebundenheit,** die: Zustand, der jmdm. die Möglichkeit gibt, das zu tun, was er gern tun möchte, der keine Rücksicht auf jmdn. oder etwas zu nehmen braucht, der durch keine besonderen Pflichten oder Verpflichtungen im Handeln eingeschränkt ist; enthält die Nebenvorstellung der Unbekümmertheit und Sorglosigkeit: *in U. leben.*

freistellen, jmdm. etwas: jmdm. in einem bestimmten Fall ausdrücklich die Wahl zwischen mehreren Möglichkeiten lassen, ihn dabei in keiner Weise beeinflussen: *es ist Ihnen freigestellt, hierzubleiben oder abzureisen.* **überlassen,** jmdm. etwas: (in diesem Sinnbereich) jmdn. beurteilen oder entscheiden lassen, wie er sich in einem bestimmten Fall verhalten will, sich selbst dabei nicht einmischen: *es bleibt dir ü., ob du dich an der Wahl beteiligen willst.* **anheimstellen,** jmdm. etwas (geh.): eine bestimmte Entscheidung in einem besonderen Fall in jmds. Ermessen stellen; betont, wie die folgenden Wörter dieser Gruppe, im Unterschied zu den vorstehenden, daß es sich um die Entscheidung in einer persönlichen [wichtigen] Angelegenheit handelt, und bringt ein Vertrauensverhältnis zum Ausdruck. **anheimgeben,** jmdm. etwas (geh.): (in diesem Sinnbereich) i. S. v. anheimstellen; betont unter Umständen stärker die völlige Übertragung der Entscheidung: *wir werden alles andere dem Schicksal a.* **in jmds. Hände legen,** etwas: (in diesem Sinnbereich) die Entscheidung in einer wichtigen Sache jmds. Ermessen anvertrauen; klingt etwas pathetisch und wird zumeist nur bei bedeutenden Angelegenheiten gebraucht.

freiwillig (Ggs. gezwungenermaßen): aus eigenem freiem Willen, unter keinem Zwang stehend: *sie macht das f.* **aus freiem Willen:** auf Grund einer freien Entscheidung; betont die Freiwilligkeit einer ungewöhnlichen Handlung: *er wurde aus freiem Willen getauft.* **von sich aus; aus freien Stücken** (ugs.): ohne daß jmd. dazu aufgefordert oder es veranlaßt hat; betont, daß die Initiative von dem Ausführenden selbst ausgeht: *er hat seiner Mutter aus freien Stücken geholfen;* ↑unaufgefordert.

fremd (Ggs. bekannt ↑namhaft): (in diesem Sinnbereich) nicht bekannt oder vertraut; wird auf etwas bezogen, was man nicht kennt, oder auf jmdn., dem man noch niemals begegnet ist; ist gegenüber „unbekannt" vorwiegend eine Feststellung, die das Gefühl betrifft in bezug auf jmdn. oder etwas: *ein fremder Laut drang an sein Ohr; ein fremder Mensch.* **wildfremd** (emotional verstärkend): gänzlich unbekannt und unvertraut; wird im allgemeinen nur attributiv gebraucht: *wir kamen durch eine wildfremde Gegend; wildfremde Menschen.* **unbekannt:** keine Kenntnis von etwas habend; dem eigenen Erfahrungsbereich nicht angehörend; wird meist sachlich feststellend verwendet, wenn man jmdn. oder etwas nicht kennt: *diese Zusammenhänge waren mir bisher u.; die ihm unbekannten Personen.*

Fremde, der (Ggs. ↑Einheimischer): ein Mensch, der an dem Ort, an dem er sich aufhält, nicht beheimatet ist, der aus einem anderen Ort oder aus einem anderen Land kommt: *der F. versteht kein Wort Deutsch.* **Fremdling,** der (dichter.): i. S. v. Fremder; betont mehr die innere Fremdheit eines Menschen, sein fehlendes Verhältnis zu der Umgebung, in der er sich bewegt oder aufhält: *wenn man diese Läden betritt, hat man sogleich das Gefühl, daß man als F. erscheint.* **Ausländer,** der: Angehöriger eines fremden Volkes oder Landes: *dieses Hotel wird besonders von Ausländern aufgesucht.*

fressen: (in diesem Sinnbereich) Nahrung zu sich nehmen; wird von Tieren allgemein gesagt: *der Hund hat die Wurst gefressen;* vgl. fressen ↑[1]essen, ↑[2]essen. **äsen** [sich]: (vom Rotwild) Nahrung aufnehmen: *er sah, wie [sich] zwei Rehe auf der Lichtung ästen.* **weiden:** Pflanzen auf der Weide, auf einer mit Gras bewachsenen Fläche als Nahrung suchen und zu sich nehmen; wird vom Vieh gesagt: *das Vieh weidet auf dem Anger.* **grasen:** das Gras auf einer Weide als Nahrung abfressen; wird von weidendem Vieh gesagt: *die Schafe grasen auf der Wiese; grasende Kühe.*

[1]**Freude,** die (ohne Plural): (in diesem Sinn-

bereich) hochgestimmter Gemütszustand; Erfülltsein von einem beglückenden, begeisterten Gefühl, das meist einen bestimmten Anlaß hat, sich auf einen bestimmten äußeren Gegenstand, eine Person richtet oder einen erhebenden Gedanken, eine angenehme Vorstellung o. ä. begleitet und das in Verhalten und Äußerungen eines Menschen zum Ausdruck kommt; wird wie „Entzücken" meist in irgendeiner Weise, die den Anlaß oder die Art der Freude bezeichnet, näher bestimmt: *die F. des Wiedersehens.* **Entzücken,** das (ohne Plural): Gefühl inniger, hoher Freude und Begeisterung, das jmds. Gemüt ergreift und ganz erfüllt; meint im Unterschied zu „Freude" die gesteigerte Gemütsbewegung, das sich lebhaft an etwas entzündende und äußerlich auch überschwenglicher zum Ausdruck kommende Gefühl des Augenblicks: *sie trug zu seinem heimlichen E. das neue lila Kleid;* vgl. entzücken ↑[1]freuen.

[2]**Freude,** die (ohne Plural): (in diesem Sinnbereich) lebhaftes und frohes Gefühl, Begeisterung, mit der man an etwas Anteil nimmt, sich einem Unternehmen, einem Tätigkeitsgebiet o. ä. widmet; lebhafte innere Befriedigung und Genugtuung, die einem eine Sache, ein Besitz, ein Verhältnis zu anderen Menschen o. ä. gewährt und durch die man sich in seinem Selbstgefühl bestätigt sieht: *die F. an neuen Ideen.* **Vergnügen,** das (ohne Plural): (in diesem Sinnbereich) inneres Wohlbehagen, Befriedigung, mit der man sich einer Sache widmet, die einem am Herzen liegt; Genuß, den einem die Teilnahme an etwas, der Anblick von etwas Schönem o. ä. gewährt; betont gegenüber „Freude" eine mehr passive Gemütslage und legt das Gewicht mehr auf das sinnliche Behagen: *das V., das jeder an diesem Anblick hatte.* **Spaß,** der (ohne Plural): (in diesem Sinnbereich) heiteres, lebhaftes Vergnügen, fröhliches, belustigtes Behagen an einer Sache, einer Tätigkeit, der man sich mehr zum Spiel oder Zeitvertreib widmet oder die man nicht ganz ernst, sondern mehr von der scherzhaften Seite nimmt; stellt eine oberflächlichere Empfindung als „Freude" dar, setzt aber gegenüber „Vergnügen" im allgemeinen ein aktiveres Beteiligtsein voraus: *die Mutter selbst hatte ihren S. an seinen drolligen Grimassen.*

freudig: (in diesem Sinnbereich) Freude auslösend: *ein freudiges Wiedersehen.* **froh:** (in diesem Sinnbereich) in eine glückliche Stimmung versetzend: *die frohe Nachricht von der Geburt seines Enkels hat ihn im Krankenhaus erreicht;* vgl. froh ↑erleichtert, ↑glücklich; ↑munter.

[1]**freuen,** etwas freut jmdn.: etwas erfüllt jmdn. mit Freude oder Genugtuung über etwas; wird von Dingen und Ereignissen gesagt: *es freut mich, daß diese Sache nun bereinigt ist;* vgl. freuen ↑[1]frohlocken. **erfreuen,** etwas erfreut jmdn.: etwas versetzt jmdn. in frohe, heitere Stimmung, bereitet ihm Freude; wird im allgemeinen von Dingen und Ereignissen gesagt; „freuen" und „erfreuen" sind inhaltlich zwar fast identisch; der Unterschied liegt darin, daß in „erfreuen" der Übergang in diesen Zustand, den „freuen" ausdrückt, mit enthält: *ich muß gestehen, daß mich das Ergebnis meiner Nachforschungen zugleich betrübte und erfreute;* ↑erfreulich. **beglücken,** etwas beglückt jmdn.: etwas macht jmdn. glücklich, erfüllt sein Herz mit stiller, ungetrübter Freude; wird im allgemeinen von Dingen und Ereignissen gesagt: *diese Gewißheit beglückte ihn tief;* ↑[1]Glück; ↑glücklich. **entzücken,** etwas entzückt jmdn.: etwas erregt [plötzlich] jmds. Begeisterung, Wohlgefallen: *dieser Blick über die Dächer der Altstadt im Morgenlicht entzückte uns.* **beseligen,** etwas beseligt jmdn. (geh.): etwas versetzt jmdn. in Glückseligkeit, erregt überschwenglich glückliche Gefühle in jmdn.; bezieht sich im allgemeinen auf eine Empfindung, eine gedankliche Vorstellung oder auf ein Ereignis oder eine Sache, die solche Gedanken oder Empfindungen hervorruft: *dieser Blick beseligte ihn unaussprechlich.*

[2]**freuen,** sich auf etwas: im voraus Freude empfinden in Erwartung von etwas, was noch in der Zukunft liegt: *Klaus-Rainer hatte sich so auf seine Reise gefreut.* **kaum/** (auch:) **gar nicht erwarten können,** etwas: (in diesem Sinnbereich) sich in freudiger Ungeduld, die sich auf etwas, was in der Zukunft liegt, bezieht und sehr herbeigewünscht wird, befinden: *er kann den Urlaub kaum erwarten.*

[3]**freuen,** sich für jmdn.: Freude empfinden über den Erfolg, das Glück eines anderen: *ich freue mich für Sie, daß Sie diese Stellung bekommen haben.* **gönnen,** jmdm. etwas: jmdm. etwas wohlwollend, neidlos zugestehen; Glück und Erfolg eines anderen gern und ohne Neid sehen, weil man der Meinung ist, daß der Betreffende es braucht oder verdient hat: *er gönnte dem anderen nicht den Erfolg.* **vergönnen,** jmdm. etwas (landsch.): (in diesem Sinnbereich) i. S. v. gönnen: *v. wir ihm die Entspannung.*

[4]**freuen,** sich [über etwas]: (in diesem Sinnbereich) voller Freude [und Fröhlichkeit] sein [über etwas]: *er freute sich über seinen pädagogischen Erfolg;* vgl. freuen, sich [über etwas] ↑frohlocken. **Freude empfinden,** über

etwas: i. S. v. freuen; klingt im Unterschied zu diesem jedoch gemessener und enthält nicht mehr die unmittelbare Gefühlsbeteiligung: *sie empfand große Freude über seinen beruflichen Aufstieg;* vgl. empfinden ↑fühlen, ↑¹spüren, ↑²spüren. **strahlen** (fam.): sich so freuen, daß andere die Freude über etwas, was den Betreffenden innerlich ganz erfüllt und beglückt, auf dem lachenden Gesicht und am Glanz der Augen ablesen können: *als er zu Weihnachten eine elektrische Eisenbahn bekam, strahlte er;* ↑frohlokken.

⁵freuen, sich an jmdm./etwas: im Inneren Freude empfinden an jmds. Anblick oder an dem Besitz von etwas: *ich freue mich immer an netten, jungen Menschen.* **Freude haben,** an jmdm./etwas: durch jmdn./etwas Freude empfinden; ist konkreter als „sich an jmdn./etwas freuen", was sich auch in den Verwendungsweisen zeigt: *an dieser Arbeit wirst du viel, keine Freude haben; er hat viel Freude an seinen Kindern.* **seine [helle] Freude haben,** an jmdm./etwas (ugs.): Freude und Lust empfinden, weil etwas oder jmd. so ist, wie man es sich wünscht und wie es sein sollte; drückt spontane Zustimmung, Bejahung und Begeisterung aus: *an ihm habe ich meine helle Freude.* **[sein] Wohlgefallen haben,** an jmdm. (dichter.): besonderes Gefallen an jmdm. haben; drückt im allgemeinen eine zustimmende innere Freude an einem Menschen, seinem Aussehen, Verhalten o. ä. und den angenehmen Eindruck, den er auf den Betrachter macht, aus; ↑Liebe; ↑¹lieben. **Gefallen finden,** an etwas: an etwas persönliche Freude haben, Behagen empfinden; kann sich auch auf etwas beziehen, was von anderen als verwerflich o. ä. angesehen wird: *an den Darbietungen Gefallen finden; er findet am Quälen von Tieren Gefallen;* vgl. Gefallen finden an jmdm. ↑¹lieben. **ergötzen,** sich an etwas (geh.): stilles, heiteres Vergnügen an einer Sache, am Anblick von etwas haben: *sich an jmds. Anblick e.* **delektieren,** sich an etwas (bildungsspr.): sich genießerisch an etwas erfreuen.

freundlich (Ggs. ↑unfreundlich): (in diesem Sinnbereich) im Umgang mit anderen aufmerksam und entgegenkommend oder von einer solchen Haltung zeugend: *ein sehr freundlicher Verkäufer.* **liebenswürdig:** freundlich und zuvorkommend; drückt stärker als „freundlich" das bewußte Bemühen um ein freundliches, aufmerksames Verhalten aus oder zeugt von einem solchen: *ein liebenswürdiger Mensch.* **nett:** (in diesem Sinnbereich) freundlich und liebenswert; enthält mehr ein oberflächliches Urteil über jmdn., zu dem man im allgemeinen keine persönlichen Beziehungen hat, dessen Wesen man aber als angenehm empfindet: *ein netter Kerl, etwas schüchtern, aber sonst in Ordnung.* **verbindlich:** freundlich entgegenkommend; von einer solchen Haltung zeugend; ↑höflich, ↑gewandt, ↑untadelig; ↑Höflichkeit, ↑Takt, ↑Weltmann.

Friede[n], der (ohne Plural; Ggs. Krieg): Zustand des friedlichen Nebeneinanderlebens von Völkern, Parteien, einzelnen Menschen; Fehlen von Bedrohung untereinander oder von dritter Seite; auch in der belebten Natur, besonders im Tierreich, anwendbar; vgl. Friede[n] ↑²Ruhe. **Eintracht,** die (ohne Plural; Ggs. Zwietracht; vgl. Zwietracht säen ↑aufwiegeln): Zustand ungetrübter freundnachbarlicher Beziehungen zwischen nahe beieinander lebenden Menschen; auch im Tier- und Pflanzenreich anwendbar. **Harmonie,** die (ohne Plural): (in diesem Sinnbereich) seelisch-geistiges, ganzheitliches Zusammenstimmen von Menschen untereinander; im allgemeinen auf kleinere Menschengruppen bezogen, häufig auf zwei einzelne Menschen.

friedfertig (geh.): allem Streit abgeneigt, nicht händelsüchtig; bestrebt, Konflikte auf friedlichem Wege zu lösen, ihnen aus dem Wege zu gehen oder Konfliktsituationen überhaupt nicht entstehen zu lassen: *die friedfertige Frau.* **verträglich:** nicht leicht streitend oder in Streit geratend; wird von jmdm. gesagt, mit dem gut auszukommen ist, der im Umgang mit anderen immer zu Zugeständnissen bereit ist. **friedlich:** (in diesem Sinnbereich) von ruhiger und gelassener Wesensart, im Umgang mit anderen Menschen keinen Anlaß zu Streitigkeiten gebend: *wenn du doch bloß mal f. sein wolltest!* **friedliebend:** den Frieden liebend, gern in Frieden lebend, keinen Unfrieden wollend und darauf bedacht, daß kein Konflikt entsteht.

Friedhof, der: [umfriedete] Begräbnisstätte; Gelände, auf dem die Toten einer Stadt oder eines Dorfes bestattet werden. **Kirchhof,** der (landsch.): i. S. v. Friedhof; dabei kommt noch die [frühere] Nachbarschaft des Friedhofes zur Kirche zum Ausdruck. **Gottesakker,** der (veraltet): i. S. v. Friedhof; hauptsächlich auf dem Lande, wo mit Tod und Begräbnis noch stärker religiöse Vorstellungen verbunden sind. **Totenacker,** der (dichter.): i. S. v. Friedhof. **Gräberfeld,** das: Stätte, wo sich viele Gräber befinden; oft ist damit eine Bestattungsstätte der Vorzeit gemeint, es kann sich aber auch um eine sonstige Gräberansammlung handeln, der die übliche Ordnung und die strenge Eingrenzung eines Friedhofes fehlt. **Nekropole,**

die (bildungsspr.): größeres Gräberfeld aus dem Altertum. **Soldatenfriedhof,** der: meist große, einheitlich angelegte Begräbnisstätte, auf der die Gefallenen eines Krieges beigesetzt sind; befindet sich im allgemeinen in dem Land, in dem die kriegerische Auseinandersetzung stattgefunden hat, und ist häufig für alle im Kampf gefallenen Soldaten der verschiedenen Völker bestimmt.

frieren: (in diesem Sinnbereich) Mangel an fühlbarer Wärme empfinden und darauf reagieren; sagt aber weder etwas aus über die Intensität der Kälteempfindung noch über die Art einer Reaktion auf die Kälteempfindung; wird auf Körperteile, Menschen und Tiere bezogen; wird auch unpersönlich gebraucht: *mich friert; während des langen Wartens froren wir erbärmlich.* **Stein und Bein frieren** (emotional verstärkend); **wie ein Schneider frieren** (ugs.; scherzh.): sehr stark frieren; wird im allgemeinen nur auf Menschen bezogen. **frösteln:** einen leichten Mangel an fühlbarer Wärme empfinden, und zwar unvermittelt und gewöhnlich speziell in der Rücken- und Schultergegend oder von innen heraus, so daß man zittert oder sich schüttelt; wird auf Menschen bezogen und auch unpersönlich gebraucht: *mich fröstelt; sie fröstelten.* **schaudern** (geh.), **schauern:** (in diesem Sinnbereich) plötzlich aus einem Mangel an fühlbarer Wärme, gewöhnlich speziell in der Rückengegend, zittern oder sich schütteln; beide Verben werden im allgemeinen auf Körperteile und Menschen bezogen und werden vielfach auch unpersönlich gebraucht. **bibbern** (ugs.): aus anhaltendem Mangel an fühlbarer Wärme zittern, mit den Lippen beben und mit den Zähnen klappern; wird nur auf Menschen bezogen: *er bibberte, als er aus dem Wasser kam.* **schlottern:** (in diesem Sinnbereich) aus einem starken Mangel an fühlbarer Wärme [am ganzen Körper] heftig zittern; wird auf einzelne Körperteile und Menschen bezogen. **kalt sein,** jmdm. ist kalt: jmd. empfindet einen Mangel an fühlbarer Wärme; wird auf Menschen und Tiere bezogen.

[1]**Frist,** die: (in diesem Sinnbereich) festgesetzte Zeitspanne, innerhalb deren etwas Bestimmtes erfolgen, durchgeführt oder eine Forderung erfüllt werden soll; wird, wie die übrigen Wörter dieser Gruppe, häufig mit der genauen Angabe des Zeitraumes verbunden: *Sie müssen die auf dem Formular angegebene F. zur Einreichung Ihres Antrages unbedingt einhalten;* ↑[2]Frist, ↑[2]Zeitpunkt. **Zeit,** die (ohne Plural): (in diesem Sinnbereich) i. S. v. Frist; lenkt im Unterschied zu „Frist" den Blick weniger auf die auferlegte Verpflichtung, eine bestimmte Forderung bis zu dem betreffenden Zeitpunkt zu erfüllen, als darauf, daß die bezeichnete Zeitspanne jmdm. zur Verfügung steht, gewährt oder eingeräumt wird: *die amtliche Verrechnungsstelle schickte den säumigen Steuerzahlern eine kostenpflichtige Mahnung, weil es schon drei Tage über die Z. war.* **Ziel,** das (ohne Plural; kaufm.): die [durch Vertrag oder Verabredung] festgelegte Frist, die jmdm. eingeräumt wird, damit er in dieser Zeitspanne seinen geldlichen Verpflichtungen nachkommen oder seine Geschäfte erledigen kann: *die Firma gewährte uns beim Einkauf der Ware fünf Monate Z.*

[2]**Frist,** die: (in diesem Sinnbereich) festgesetzte Zeitspanne, um die ein bereits fällig gewordener Termin, zu dem jmd. eine bestimmte Forderung erfüllen oder einer Verpflichtung nachkommen sollte, in die Zukunft hinausgeschoben wird; betont im Unterschied zu den folgenden Wörtern dieser Gruppe, daß es sich um einen Aufschub von begrenzter, festgelegter Dauer handelt, der jmdm. gewährt wird: *als wir seinen guten Willen zur Begleichung seiner Schulden sahen, gewährten wir ihm eine F. von 8 Tagen.* **Aufschub,** der (Plural ungebräuchlich): (in diesem Sinnbereich) Verlängerung eines Fälligkeitstermins; legt das Gewicht im Unterschied zu „Frist" weniger darauf, daß man seiner Verpflichtung o. ä. bis zu einem bestimmten späteren Zeitpunkt nachzukommen hat, als mehr darauf, daß man zum gegenwärtigen Zeitpunkt von der betreffenden Leistung befreit ist. **Stundung,** die (Plural ungebräuchlich; Fachspr.): einstweiliger Aufschub einer Forderung; Verschiebung einer Leistung auf einen späteren Zeitpunkt; stellt wie „Aufschub" die Tatsache in den Vordergrund, daß man einer Verpflichtung o. ä. nicht sofort nachzukommen braucht, betont aber mehr, daß eine Verbindlichkeit einstweilen ruht, und verbindet sich im allgemeinen nicht mit Angaben über die Länge des Aufschubs: *obwohl er fleißig arbeitete, mußte er doch schließlich um S. seiner Schulden bitten.* **Moratorium,** das (Fachspr.): der durch Vertrag oder Gesetz festgelegte befristete Aufschub für die Zahlung fälliger Verbindlichkeiten: *man kam überein, der Firma ein M. einzuräumen.*

frohlocken [über etwas]: (in diesem Sinnbereich) Freude über den Schaden, das Unglück eines anderen zeigen und sie [laut] zum Ausdruck bringen: *als er vom Mißgeschick seines Nebenbuhlers erfuhr, frohlockte er.* **freuen,** sich [über etwas]: (in diesem Sinnbereich) Schadenfreude empfinden [über etwas]: *er freut sich im stillen über das Pech seines Nachbarn;* ↑[4]freuen, sich [über etwas]. **triumphieren:** (in diesem Sinnbereich) eine besonders große Freude über etwas (über Schaden, Unglück, Nachteil usw. eines anderen) wie einen Triumph, Sieg empfinden: *er wird t., wenn er erfährt, daß du die Stelle nicht bekommen hast.* **lachen:** (in diesem Sinnbereich) über jmds. Schaden Freude zeigen: *als er stolperte, lachten die Kinder;* ↑lachen; vgl. lachen ↑lächeln. **ins Fäustchen lachen,** sich (Dativ) (ugs.): eine heimliche Freude über jmds. Schaden [den man selbst oder irgendein anderer beabsichtigt hat] empfinden: *sie lachten sich ins Fäustchen, als sie hörten, daß der Chef übers Ohr gehauen worden war.* **die Hände reiben,** sich (Dativ): (in diesem Sinnbereich) vergnügt sein über etwas, was einem anderen unangenehm, abträglich usw. ist, wobei die entsprechende Geste die [Schaden]freude ausdrückt.

früh (Ggs. spät): (in diesem Sinnbereich) am Anfang eines Zeitabschnittes [stehend, vorkommend], in die erste Phase eines Zeitabschnittes fallend; der Zeitabschnitt geht, wie bei den folgenden Wörtern dieser Gruppe, aus dem zugehörigen Verbum oder Substantiv hervor; stellt rein sachlich den Zeitpunkt fest: *ich bin gestern f. aufgestanden.* **zeitig:** (in diesem Sinnbereich) schon früh; früh und genügend Zeit und Muße für etwas lassend; im Unterschied zu „früh", das nur einen Zeitpunkt in einem Zeitabschnitt bezeichnet, wird „zeitig" immer in der Spannung zu einem anderen bestimmten, später liegenden Zeitpunkt gesehen und rückt auf diese Weise den unmittelbar folgenden Zeitraum mit ins Blickfeld, den man ohne Zeitbedrängnis in aller Ruhe verbringen kann: *er stand z. auf.* **frühzeitig:** (in diesem Sinnbereich) besonders früh; recht früh, früher als üblich oder nötig; wird nur prädikatbezogen gebraucht: *Erdbeeren kamen in diesem Jahr f. auf den Markt;* ↑rechtzeitig.

früher (Ggs. ↑jetzt, ↑heutzutage): zu einer Zeit in der entfernteren, meist um mehrere Jahre zurückliegenden Vergangenheit, ohne daß ein bestimmter Zeitpunkt fixiert wird: *f. hatte er sich niemals politisch engagiert.* **einst, einstens** (veraltend): i. S. v. früher; wird jedoch im allgemeinen auf einen fester umrissenen Zeitabschnitt bezogen: *Turnlehrer Klaus Balzer war einst einer der besten Sprinter in der DDR.* **einmal:** in einer unbestimmten Zeit einer schon weiter zurückliegenden Vergangenheit, an die man sich aber noch erinnert: *ich wollte die Schule sehen, in der ich e. Schüler gewesen bin;* vgl. einmal ↑einst. **ehemals, einstmals** (selten): vor langer Zeit; betont den vom Sprecher/Schreiber persönlich empfundenen Abstand von der Gegenwart. **vordem** (mit Akzent auf der 2. Silbe; selten); **vormals** (veraltet): zu einer Zeit, die weiter zurückliegt; besagt oft, daß etwas vor einem bestimmten Ereignis anders war: *vormals war Berlin die Hauptstadt des Deutschen Reiches.* **ehedem** (geh.): lange vor dieser im Augenblick ablaufenden Zeit: *die Gasthöfe liegen genauso friedlich da wie e.; aus dem heiteren Kind von e. ist eine stille Frau geworden.* **weiland** (heute in altertümelnder Sprache [als Stilmittel]): in vergangener Zeit; wird häufig im Zusammenhang mit Personen gesagt: *er handelte wie w. Bismarck.* **vor Zeiten** (veraltet); **vor alters** (veraltet): vor sehr langer Zeit, weit entfernt in der Vergangenheit; bezieht sich mehr auf weite Zeiträume in der Geschichte als auf die Vergangenheit im Leben eines einzelnen Menschen: *vor Zeiten huldigten die Könige Europas dem deutschen Kaiser;* ↑damals.

Frühjahr, das (Plural ungebräuchlich): die auf den Winter folgende Jahreszeit; wird im allgemeinen in sachlich-nüchterner Redeweise verwendet, vor allem in der Landwirtschaft. **Frühling,** der (Plural ungebräuchlich): die Jahreszeit, die sich kalendarisch über die Zeit vom 21. März bis zum 22. Juni erstreckt und in der die Natur wieder mit Leben erfüllt wird; mit „Frühling" verbindet sich die Vorstellung des Angenehmen, Schönen, daher wird „Frühling" auch übertragen gebraucht: *der F. des Lebens; jmd. ist im zweiten F.* (er erlebt im reiferen Alter noch einmal die Zeit der Verliebtheit). **Lenz,** der (Plural ungebräuchlich; dichter.; veraltet): i. S. v. Frühling; wird nur dann gebraucht, wenn man die Schönheit der Natur in dieser Jahreszeit betonen will, enthält die persönliche und gefühlsbetonte Teilnahme des Sprechers/Schreibers.

frühstücken: das Frühstück, eine Morgen- oder Vormittagsmahlzeit einnehmen. **Kaffee trinken** (ugs.): (in diesem Sinnbereich) morgens nach dem Aufstehen die erste Mahlzeit zu sich nehmen und dazu Kaffee trinken; die Wendung ist so fest geworden, daß sie einfach bedeutet „die Morgenmahlzeit einnehmen", wobei unter Umständen gar kein Kaffee getrunken zu werden braucht; ↑Zwischenmahlzeit.

fühlen, etwas: (in diesem Sinnbereich) einer Person, Sache oder Situation gegenüber sich einer bestimmten Gemütsbewegung oder -verfassung bewußt sein oder werden; betont gegenüber „empfinden", daß man von einer Empfindung nicht nur oberflächlich berührt wird, sondern [längere Zeit] ganz von ihr durchdrungen ist; zugleich stellt „fühlen“ den schlichteren, gedanklich weniger reflektierten Vorgang oder Zustand dar und offenbart das Innere rückhaltloser: *er fühlte wirkliche Freundschaft und Achtung für ihn;* vgl. fühlen ↑[1]spüren, ↑[2]spüren. **empfinden,** etwas (geh.): (in diesem Sinnbereich) i. S. v. fühlen; das Wort betont, wo es auf elementare Gemütszustände bezogen wird, die gedankliche Bewußtheit, mit der sie erlebt werden: *Freude, Trauer, Haß e.; sie empfindet Mitleid mit ihm;* vgl. empfinden ↑[1]spüren, ↑[2]spüren. **spüren,** etwas: (in diesem Sinnbereich) einen Gemütszustand, eine Empfindung in beginnenden Anzeichen, aber deutlich und bewußt in sich wahrnehmen; bezieht sich im allgemeinen auf etwas Unerwartetes oder plötzlich Empfundenes: *sie spürte Heimweh nach dem Rhein;* ↑[1]spüren, ↑[2]spüren; vgl. spüren ↑[1]ahnen. **verspüren,** etwas: (in diesem Sinnbereich) i. S. v. spüren; die Vorsilbe ver- wirkt intensivierend: *ich verspüre keine Lust dazu; er verspürte eine dumpfe Angst;* vgl. verspüren ↑[1]spüren, ↑[2]spüren. **ergriffen werden,** von etwas: eine Empfindung, Gemütsbewegung [plötzlich] in sich aufsteigen fühlen; betont stärker als „empfinden“ das plötzliche Bewußtwerden eines Gefühls; drückt aus, daß das ganze Gemüt davon erfüllt wird, und stellt es im Unterschied zu den übrigen Wörtern nicht so sehr als einen Zustand, sondern eher als ein Geschehen dar, dem man unterworfen ist: *er wurde von einer großen Sehnsucht ergriffen;* vgl. ergriffen ↑bewegt.

[1]**führen,** jmdn.: (in diesem Sinnbereich) mit jmdm. gehen und ihm auf diese Weise den Weg weisen: *einen Blinden [über die Straße] f.; der Verwalter ließ das Pferd in die Stallungen f.;* ↑[2]führen. **leiten,** jmdn. + Raumangabe: (in diesem Sinnbereich) jmdn., indem man ihm [in ständigem Kontakt] genau den Weg zeigt, zu einem Ziel bringen, die Richtung seines Gehens bestimmen; enthält als Nebenvorstellung, daß der Betroffene dadurch vor Gefahren o. ä. gesichert werden soll, daß er Hilfe bei einer Schwierigkeit erhält: *sie nahm seine Hand und leitete ihn durch den dunklen Gang ins Freie;* vgl. leiten ↑[2]führen. **bringen,** jmdn.: (in diesem Sinnbereich) jmdn., indem man ihn begleitet und seine Bewegungsrichtung oder seinen Weg bestimmt, zu einem Ziel gelangen lassen: *der Polizist brachte den Blinden über die Straße;* ↑[1]bringen; vgl. bringen ↑begleiten, ↑lenken.

[2]**führen,** jmdn./etwas: (in diesem Sinnbereich) [im militärischen, politischen, pädagogischen Bereich] das Haupt einer Gruppe von Menschen sein, mit denen man ein gemeinsames Ziel verfolgt, wobei dem Führenden die Verantwortung, den Geführten Unterordnung auferlegt ist; die höchste, verantwortliche Stellung in einem Unternehmen innehaben: *eine Kompanie f.* **leiten,** etwas: die Verwaltung, meist eines größeren Unternehmens oder eines Instituts, innehaben; für die Durchführung von etwas, z. B. einer größeren gemeinschaftlichen Arbeit oder Unternehmung, sorgen; im Unterschied zu „führen“ wird „leiten“ nicht nur bei unmittelbarer, sondern auch bei mittelbarer Einflußnahme verwendet: *ein Major leitete diesen Einsatz.* **vorstehen,** einer Sache (Dat.; geh.): ein Institut, ein Unternehmen, das einem untersteht, nach außen hin vertreten, für die Interessen und Verpflichtungen einer privaten oder öffentlichen Gemeinschaft oder Einrichtung verantwortlich sein: *einem Amte v.* **anführen,** jmdn./etwas: an der Spitze eines Zuges gehen, als erster oder Führer einer Gruppe auftreten, die z. B. zu ernster, freundschaftlicher oder feierlicher Begegnung, Auseinandersetzung oder Darbietung versammelt ist: *der apostolische Nuntius führt das diplomatische Korps an.*

[1]**funktionieren,** etwas funktioniert + Angabe der Art oder des Grundes: (in diesem Sinnbereich) etwas erfüllt mit Hilfe bestimmter technischer Vorgänge den Zweck, zu dem es konstruiert worden ist, bringt bestimmten physikalischen, chemischen o. ä. Gesetzmäßigkeiten gemäß eine bestimmte Wirkung zustande; wird im allgemeinen von Maschinen, Geräten, Produktionsvorgängen o. ä. gesagt und bezieht sich auf die Art und Weise eines Vorganges, steht daher meist als Frage oder im Zusammenhang mit einer [eingehenden] Erläuterung der Funktion: *wie funktioniert das?;* ↑[2]funktionieren. **arbeiten,** etwas arbeitet + Angabe der Art oder des Grundes: (in diesem Sinnbereich) etwas erfüllt mit Hilfe von physikalischen oder chemischen Gesetzmäßigkeiten, bestimmten Kraftquellen oder technischen Vorrichtungen seine Funktion; bezieht sich im Unterschied zu „funktionieren“ nicht nur auf die allgemeine Art und Weise der Funktion, sondern häufig auch auf bestimmte Einzelheiten, Energiequellen o. ä.: *wie arbeitet der Wankelmotor eigentlich?;* vgl. arbeiten ↑Betrieb (in Betrieb sein), in; ↑[2]funktionieren. **gehen,** etwas geht + Angabe der Art oder des Grundes (ugs.): etwas geht in einer bestimmten Weise technisch vor sich, kommt als Wirkung [eines Gerätes, eines Arbeitsvorganges o. ä.] zustande oder bringt eine solche Wirkung, Leistung hervor; bezieht sich im Unterschied zu den übrigen Wörtern dieser Gruppe seltener auf ein in diesem Zusammenhang näher bezeichnetes

Gerät als auf einen in der Anwesenheit des Sprechers/Schreibers stattfindenden oder durch die Sprechsituation erklärten Vorgang o. ä., auf den mit dem Demonstrativpronomen hingewiesen wird: *wie geht denn das eigentlich?*

[2]**funktionieren,** etwas funktioniert: (in diesem Sinnbereich) etwas ist nicht beschädigt, nicht in seiner Funktion gestört, sondern ist ordnungsgemäß und störungsfrei in Gang, in Betrieb oder kann wie vorgesehen in Betrieb genommen werden und verrichtet die erforderliche Arbeit; wird von Maschinen, Geräten, technischen Anlagen o. ä. gesagt und betont im Unterschied zu den folgenden Wörtern dieser Gruppe meist das störungsfreie Zusammenwirken komplizierterer technischer Elemente; stellt, wie die übrigen Wörter dieser Gruppe, die Tatsache der ordnungsgemäßen, mangelhaften o. ä. Funktion fest: *funktioniert Ihre Waschmaschine jetzt wieder?;* ↑[1]funktionieren. **gehen,** etwas geht: (in diesem Sinnbereich) etwas ist in Ordnung, kann in Gang gesetzt werden und läuft einwandfrei; wird von einfacheren oder kleineren Mechanismen gesagt und bezieht sich im Unterschied zu „funktionieren" im allgemeinen nur auf eine selbsttätige, längere Zeit andauernde Bewegungsfunktion: *Großvaters Taschenuhr geht leider nicht mehr.* **tun,** etwas tut es (fam.; landsch.): etwas ist nicht kaputt, sondern funktioniert wie gewünscht; bezieht sich auf Vorrichtungen, Geräte o. ä. des häuslichen Bereiches: *die Kehrmaschine tut es nicht mehr; der Lichtschalter tut es wieder.* **laufen,** etwas läuft: (in diesem Sinnbereich) i. S. v. gehen; wird jedoch im allgemeinen nur von größeren Maschinen oder Apparaturen gesagt, die bei der Arbeit stetige, [ununterbrochene] kraftabgebende Drehbewegungen von größerer Geschwindigkeit ausführen, wie z. B. Antriebsmaschinen o. ä.: *die Dieselmotoren laufen nicht mehr richtig.* **arbeiten,** etwas arbeitet + Artangabe: (in diesem Sinnbereich) die Arbeitsweise von etwas vollzieht sich in einer bestimmten Qualität o. ä.: *der Motor arbeitet leise, ruhig, gleichmäßig; die Pumpe arbeitet einwandfrei;* vgl. arbeiten ↑Betrieb (in Betrieb sein); ↑[1]funktionieren.

[1]**fürchten,** jmdn./etwas: vor jmdm./etwas Furcht haben, weil man sich von ihm bedroht fühlt oder etwas Übles, Unangenehmes von ihm erwartet: *die Zukunft, den Tod f.;* vgl. Furcht ↑Angst. **scheuen,** jmdn./etwas (geh.): sich aus Furcht oder Abscheu vor jmdm./etwas fernhalten, ihm aus dem Wege gehen: *gebranntes Kind scheut das Feuer;* ↑meiden, ↑scheuen (sich); ↑Scheu.

[2]**fürchten,** sich [vor jmdm./etwas]: Furcht [vor jmdm./etwas] empfinden, weil man glaubt, daß man etwas Übles oder Unangenehmes [von ihm] erleiden könne: *unsere Kleine fürchtet sich im Dunkeln;* vgl. Furcht ↑Angst; ↑[1]fürchten. **ängstigen,** sich [vor jmdm./etwas]: in Angst geraten, Beklemmung empfinden, weil man sich bedroht glaubt oder etwas Übles erwartet: *Kinder ängstigen sich leicht.* **grauen,** es graut jmdm. [vor jmdm./etwas]: jmd. empfindet etwas, was als etwas Zukünftiges und Unheimliches o. ä. vor ihm liegt: *uns graut vor den Schrecken eines neuen Krieges;* vgl. Grauen ↑Angst. **grausen,** es graust jmdm. [vor jmdm./etwas]: jmd. empfindet ein starkes Gefühl schaudernden Entsetzens oder Abscheus, grauenvoller Angst [vor jmdm./etwas], weil er sich unmittelbar bedroht sieht oder glaubt: *er sprach von der Metzgerei, vor deren Erlernung ihm grauste;* vgl. Grausen ↑Angst. **graulen,** sich [vor jmdm./etwas] (fam.): i. S. v. fürchten, sich; wird meist von Kindern gesagt: *sich im dunklen Wald g.*

füsilieren, jmdn.: jmdn. mit der Schußwaffe hinrichten, durch ein Erschießungskommando hinrichten lassen; bezeichnet, wie die übrigen Wörter dieser Gruppe, die Vollstreckung der Todesstrafe nach Kriegs- oder Ausnahmerecht. **standrechtlich erschießen,** jmdn.: während eines Ausnahmezustandes jmdn. auf Grund eines verschärften Strafrechts und eines vereinfachten Strafverfahrens erschießen. **erschießen,** jmdn.: (in diesem Sinnbereich) jmdn. mit der Schußwaffe hinrichten; ↑erschießen. **an die Wand stellen,** jmdn. (salopp): jmdn. [wegen eines Verbrechens in Kriegs- oder Notzeiten] mit dem Tode durch standrechtliches Erschießen bestrafen; betont die rasche, mitleidslose Vollstreckung der Strafe [ohne ordentliches Gerichtsverfahren]; ↑[1]töten, ↑[2]töten.

füttern, ein Tier: (in diesem Sinnbereich) Tieren zu fressen geben; betont im Unterschied zu „Futter geben", daß das Futter sofort gefressen wird, läßt offen, ob man damit für ein Tier sorgt, das man in seiner Obhut hat, oder ob es sich um Wildtiere, freilebende Tiere o. ä. handelt, denen man Futter hinwirft; vgl. füttern ↑atzen, ↑[3]essen. **Futter geben,** einem Tier: ein Haustier, ein Tier, das man in seiner Obhut hat, mit Futter versorgen; bezieht sich im Unterschied zu „füttern" meist auf die regelmäßig wiederkehrende Handlung, die zur Tierhaltung gehört. **Futter streuen,** einem Tier: freilebenden Vögeln [Körner]futter hinwerfen; betont gegenüber „füttern" mehr, daß man sich ihrer [während der ungünstigen Jahreszeit] aus Tierliebe annimmt.

G

Gabe, die (geh.): (in diesem Sinnbereich) ein kleineres Geschenk, das man einem Bedürftigen macht; allgemeiner und neutraler als Almosen: *die Armen empfingen die Gaben mit großer Dankbarkeit;* vgl. Gabe ↑Geschenk. **Almosen,** das: die einem Bedürftigen aus Mitleid gewährte kleine Gabe; leicht abwertend: *von Almosen leben.* **Spende,** die: bei Sammlungen für gemeinnützige Zwecke aus Freigebigkeit gewährte Gabe in Form von Kleidungsstücken, Nahrungsmitteln oder Geld.

[1]**ganz:** (in diesem Sinnbereich) derart, daß etwas in seiner gesamten Menge umfaßt oder ausgeschöpft wird: *ich habe das Buch g. gelesen.* **vollständig:** lückenlos vorhanden; derart, daß nichts fehlt oder außer acht gelassen wurde: *wir haben das Gelände v. abgesucht.* **restlos** (ugs.): so gründlich, daß etwas ohne [die geringste] Ausnahme erfaßt ist; derart, daß nichts übrig, unberücksichtigt bleibt; betont auf emotionale Weise, daß man in hohem Maße von etwas durchdrungen, angesprochen oder abgestoßen wird: *die Stadt wurde r. zerstört; den Weiberkram hatte er r. satt.* **total** (ugs.): so nachhaltig und gründlich, daß etwas in allen Einzelheiten, in jedem einzelnen Punkt erfaßt ist, einer Gewalt unterworfen ist; bezieht sich im allgemeinen auf etwas Negatives, üble Wirkungen oder Gewaltanwendung; wird auch häufig emotional gebraucht: *die kostbaren Bestände sind t. vernichtet worden;* ↑über (und über).

[2]**ganz:** (in diesem Sinnbereich) derart, daß etwas als Ganzes [in seinem Wesen, seiner Gestalt] bestimmt, erfaßt wird oder gekennzeichnet ist: *er geht g. in seiner Arbeit auf;* vgl. ganz ↑sehr. **gänzlich:** i. S. v. ganz; betont jedoch stärker, daß etwas Behauptetes ohne Einschränkung oder ohne Ausnahme zutrifft, und steht meist in Sätzen mit verneinendem Sinn: *er blieb g. unbeeindruckt.* **ganz und gar:** i. S. v. ganz; verstärkend: *seine Freunde haben ihn ganz und gar verdorben.* **völlig:** so stark, so ausschließlich, daß etwas in allen Einzelheiten dadurch bestimmt, geprägt wird oder in einer bestimmten Weise beschaffen ist; drückt häufig aus, daß man mit etwas, einem Sachverhalt außerordentlich zufrieden ist oder ihn für unabänderlich hält: *das ist v. ausgeschlossen.* **voll und ganz:** ohne jede Einschränkung, Bedingung in einer bestimmten Weise geartet; drückt aus, daß der Sprecher/Schreiber etwas mit voller Überzeugung ausspricht, etwas als außerordentlich befriedigend empfindet: *ich stehe voll und ganz auf deiner Seite.* **vollkommen** (ugs.): in seiner ganzen Art, in allen Einzelheiten von einer bestimmten Beschaffenheit, so daß man weder im positiven noch im negativen Sinn etwas daran ändern kann oder will: *Sie haben v. recht.* **von Grund auf/**(auch:) **aus:** von seinem Anfang bis zu seiner Vollendung; in seiner ganzen Gestalt, seinem ganzen Aufbau; wirkt besonders nachdrücklich und betont im Unterschied zu den übrigen Wörtern, daß aus einem Tun, einer Bemühung etwas Ganzes erwächst, daß etwas schließlich als Ganzes vorhanden ist (also nicht: von Grund auf zerstören, vernichten, sondern: von Grund auf wieder aufbauen, erneuern o. ä.): *er mußte es von Grund auf lernen; von nun an änderte sich unser Verhältnis von Grund auf;* ↑über (und über).

Gartenhaus, das: ein im allgemeinen kleineres Haus in einem Garten oder einer parkähnlichen Anlage, das aus Holz oder anderen festen Baumaterialien errichtet sein kann und das entweder für einen zeitweiligen [kürzeren] Aufenthalt von Menschen wohnlich eingerichtet oder auch ganz einfach ausgestattet ist und dann zur Aufbewahrung von Geräten oder Lagerung von Materialien verwendet wird. **Laube,** die: kleines, einfaches Gartenhaus; meist in einer Kleingartensiedlung; hat im Unterschied zu „Gartenhaus" einen leicht abwertenden Beiklang. **Datsche,** die (DDR, ugs.): kleines Holzhaus, Wochenendhäuschen auf einem Grundstück. **Pavillon,** der: (in diesem Sinnbereich) kleines, rund oder eckig angelegtes, aus Holz, Stein oder ähnlich festem Material errichtetes Gebäude in einem Park, das im allgemeinen frei und gesondert steht und nach der vorderen Seite oder den Seiten überhaupt offen ist; wird im allgemeinen zu kurzem Aufenthalt benutzt; dient oft auch der Verschönerung einer Anlage; ↑Gebäude, ↑Hochhaus, ↑Wohnhaus.

Gast, der: **a)** eine nicht zu einem geschlossenen Kreis, zu einer Familie, einem Haushalt gehörende Person, der man [bei geselligem Anlaß] Aufnahme, Bewirtung, unter Umständen auch Nachtquartier anbietet, gewährt: *ein gern gesehener G.;* **b)** der Besucher eines Lokals oder jmd., der in einem Hotel wohnt: *wir waren die letzten Gäste.* **Besuch,** der (Plural ungebräuchlich; fam.): (in diesem Sinnbereich) eine oder mehrere Personen, die sich vorübergehend [auf eine Einladung hin] bei Bekannten oder Freunden aufhalten: *alle Türen standen auf wie für erwarteten B.* **Besucher,** der: jmd., der sich aus einem persönlichen Interesse, aus einem bestimmten Anlaß an einen bestimmten, allgemein zugänglichen Ort begibt, beispielsweise zu einer Veranstaltung, ins Theater, zu einer Ausstellung oder zu einer Sehenswürdigkeit (Stadt, Gebäude o.ä.): *die B. der Ausstellung kamen nicht auf ihre Kosten.*

gastfrei: gern bereit, Gäste unentgeltlich zu bewirten und auch zu beherbergen, oder von dieser freundlichen Bereitschaft zeugend: *g. nahmen sie uns auf.* **gastfreundlich:** i.S.v. gastfrei; hebt das liebenswürdige Entgegenkommen hervor, mit dem der Gast oder die Gäste aufgenommen werden: *seine gastfreundliche Art zog viele Gäste an.* **gastlich:** i.S.v. gastfrei; betont das Bemühtsein um den Gast, der sich wohl fühlen soll: *ein gastliches Haus; gastliche Aufnahme finden.*

Gasthaus, das: Haus, in dem Gästen gegen Bezahlung Bewirtung und in den meisten Fällen auch Unterkunft geboten wird. **Gasthof,** der (veraltend): i.S.v. Gasthaus. **Hotel,** das: als Gewerbebetrieb geführtes [größeres] Haus [in einer Stadt], das meist über einigen Komfort verfügt und höheren Ansprüchen in bezug auf Gediegenheit und Bequemlichkeit genügt. **Hotel garni,** das: Hotel, in dem man nur Frühstück, aber keine warmen Mahlzeiten erhalten kann. **Pension,** die; **Fremdenheim,** das (selten): kleinerer Betrieb zur vorübergehenden Beherbergung [und Beköstigung] von Gästen; ist im Gegensatz zum Hotel von privaterem Charakter. **Hospiz,** das: Gasthaus oder Hotel [in einer Stadt], das auf Grund seiner christlichen Hausordnung von der Kirche die Erlaubnis erhält, diese Bezeichnung zu führen. **Motel,** das: Hotel an großen Autostraßen mit Parkplätzen und Garagen, das für die Unterbringung und Verpflegung von motorisierten Reisenden bestimmt ist. **Raststätte,** die: kleinerer Gaststättenbetrieb, besonders an Autobahnen, mit und ohne Übernachtungsmöglichkeit. **Hütte,** die: bewirtschaftete oder unbewirtschaftete Unterkunftsstätte für Wanderer und Skifahrer im Gebirge. **Jugendherberge,** die: Haus, in dem wandernde und reisende Jugendliche gegen geringes Entgelt Unterkunft finden; untersteht der Leitung eines Herbergsvaters/einer Herbergsmutter, die die Einhaltung der Hausordnung überwachen; ↑Gaststätte.

Gaststätte, die: allgemeinste und amtliche Bezeichnung für Unternehmen, in dem Gäste gegen Bezahlung Mahlzeiten und Getränke erhalten können. **Lokal,** das: Raum oder Örtlichkeit, wo man gegen Bezahlung Speisen und Getränke bekommen kann; umfaßt gewöhnlich nicht Cafés, sondern nur Speisehäuser und Schankwirtschaften. **Restaurant,** das: meist besseres und gut geführtes Lokal, das im allgemeinen modern eingerichtet ist und allen Ansprüchen in bezug auf Bequemlichkeit genügt und in dem Gästen Speisen und Getränke geboten werden; klingt gewählter als „Lokal". **Speisehaus,** das (selten): Gaststätte, in der Gäste gegen Bezahlung vor allem Mittag- und Abendessen, aber auch Getränke aller Art erhalten können. **Speisewagen,** der: in Fernzügen mitgeführter Restaurationswagen, in dem Speisen und Getränke angeboten werden. **Mensa,** die: Speiseraum für Studenten an Hochschulen, wo verbilligt Mittag- und Abendessen ausgegeben werden. **Kantine,** die: [einfacher] Speiseraum für die Angestellten eines Werkes oder die Soldaten in einer Kaserne. **Schnellgaststätte,** die; **Schnellbüffett,** das (österr.): Gaststätte oder Raum, in dem die Mahlzeiten und Getränke für die Gäste zur Selbstbedienung fertig zubereitet in Automaten stehen; meist fehlt jede Bestuhlung, und man ißt an Stehtischen. **Imbißstube,** die: kleineres Lokal, vielfach mit einfacher Ausstattung, ohne Tische und Stühle und ohne Bedienung, wo man aber sehr billig und rasch kleine Mahlzeiten und leichte Getränke erhalten kann. **Fast-food-Laden** [fastfut...], der: Räumlichkeit, wo man schnell und billig essen kann. **Gastwirtschaft,** die; **Wirtschaft,** die (landsch.): einfache Gaststätte, gewöhnlich in ländlichen Gebieten, wo Gästen volle Tagesmahlzeiten und Getränke gegeben werden. **Wirtshaus,** das: Gaststätte einfacher Art [auf dem Lande], in der man essen und trinken kann. **Krug,** der (niederd.); **Kretscham,** der (ostmitteld.): kleines, bescheidenes Wirtshaus in einem Dorfe, in dem vornehmlich alkoholische Getränke ausgeschenkt werden.

Weinstube, die: meist kleines [gemütliches] Lokal, in dem Weine, aber auch andere alkoholische Getränke ausgeschenkt werden; gewöhnlich kann man hier aber keine größeren Mahlzeiten erhalten. **Trinkstube,** die: verhältnismäßig anspruchsloser und in der Ausstattung bescheidener Raum; es werden hier außer Getränken nur einfache Speisen und kleine Gedecke abgegeben. **Schenke,** die: meist nicht sehr große und verhältnismäßig einfach eingerichtete Schankwirtschaft in ländlichen Gegenden, in der man alkoholische Getränke und [kleine] Mahlzeiten erhalten kann. **Straußwirtschaft,** die (landsch.): durch ausgehängten Strauß, durch Zweige oder durch einen Kranz kenntlich gemachte, meist kleinere und bescheidene Weinwirtschaft, in der zeitweise eigener [neuer] Wein ausgeschenkt wird. **Stehbierhalle,** die: kleiner Raum [ohne Sitzgelegenheiten], in dem Gäste rasch und billig eine leichte Mahlzeit und Getränke erhalten können. **Taverne,** die; **Taberne,** die: kleine gemütliche Weinschenke im italienischen Stil. **Kaschemme,** die (salopp; verächtlich): (im Urteil des Sprechers/Schreibers) heruntergekommenes, verrufenes Lokal. **Schwemme,** die (ugs.; abwertend): sehr einfach und bescheiden eingerichteter Schankraum, der vielfach ein wenig vernachlässigt wirkt und in dem hauptsächlich Bier ausgeschenkt wird, der häufig als gesonderter Raum zur Beköstigung eingerichtet ist [und von anspruchslosen Gästen besucht wird]. **Pinte,** die (schweiz.): meist kleines Wirtshaus oder gewöhnliche Schenke, in der ausschließlich Getränke ausgeschenkt werden dürfen. **Stampe,** die (ugs.; abwertend): meist sehr einfach und schlicht eingerichtetes, kleineres Lokal, in dem man vor allem alkoholische Getränke erhalten kann. **Kneipe,** die (salopp): einfach eingerichtetes kleineres, oft wenig ansprechendes Lokal; auch abwertend gebraucht. **Spelunke,** die (salopp; abwertend): armselig ausgestattetes, einfaches und gewöhnlich kleines Lokal mit schlechtem Ruf. **Speiserestaurant,** das: [gepflegtes] Restaurant, das vor allem auf Gäste eingestellt ist, die warme Mahlzeiten wünschen. **Rotisserie,** die: Restaurant, in dem bestimmte Fleischgerichte auf einem Grill vor den Augen des Gastes zubereitet werden. **Grillroom** [grilrum], der: Restaurant, in dem hauptsächlich Gerichte vom Grill serviert werden. **Steakhaus** [ßtek...], das: Gaststätte, die vor allem Steaks in verschiedenster Zubereitung anbietet. **Spezialitätenrestaurant,** das: Restaurant, das vor allem Spezialitäten anbietet. **Drugstore** [drakßtor], der: mit einer Schnellgaststätte eingerichtetes Geschäft, in dem bestimmte Waren zum Verkauf angeboten werden; Gemischtwarengeschäft mit Imbißraum. **Rasthaus,** das: [an der Straße, am Wege gelegene] Gaststätte, in der man auf einer Fahrt, einer Wanderung einkehren kann. **Pizzeria,** die: [italienisches] Lokal, in dem hauptsächlich Pizzas verschiedenartiger Zubereitung angeboten werden. **Chinarestaurant,** das: im chinesischen Stil eingerichtetes Restaurant, in dem vor allem chinesische Gerichte angeboten werden. **Snackbar** [ßnäk...], die: i. S. v. Imbißstube. **Cafeteria,** die: Restaurant mit Selbstbedienung; Imbißstube. **Bistro,** das: kleine [Wein]schenke. **Beisel,** das (südd., österr.): i. S. v. Gastwirtschaft. **Beiz,** die (schweiz.): [Dorf]schenke, Wirtshaus. **Beize,** die (landsch.): einfaches Wirtshaus. **Destille,** die (landsch., abwertend, veraltend): kleinere Gastwirtschaft, in der vor allem Bier und Branntwein ausgeschenkt werden. **Bar,** die: kleineres, intimes [Nacht]lokal, für das charakteristisch ist, daß man an einer erhöhten Theke, auf entsprechenden Hockern sitzend, [alkoholische] Getränke trinken kann. **Pub** [pap], das: [barähnliches] Lokal im englischen Stil. **American Bar** [ᵉmärikᵉn...], die: schon am Vormittag geöffnete Hotelbar in zwanglos-einfachem Stil mit nur wenigen Tischen und Stühlen. **Tanzlokal,** das: Gaststätte, in der Tanz ist. **Tanzdiele,** die: kleineres und einfacheres Lokal, in dem Tanz ist. **Tanzcafé,** das: Café, in dem auch Tanz ist. **Tanzbar,** die: Bar, in der Tanz ist. **Diskothek,** die: [Tanz]lokal [für Jugendliche], in dem Musik von Schallplatten gespielt wird. **Beatschuppen** [bit...] der (Jargon): Tanzlokal mit Beatmusik. **Dancing** [danßing], das: i. S. v. Tanzbar. **Bumslokal,** das (ugs., abwertend): zweitklassiges Lokal mit Tanz. **Café,** das: Gaststätte, in der in erster Linie Kaffee und Kuchen angeboten werden. **Kaffeehaus,** das (österr.): Café, in dem sich die Gäste gesellig zusammenfinden und sich mit Billard-, Schach- und Kartenspiel unterhalten oder Zeitung lesen können. **Konditorei,** die: (in diesem Sinnbereich) Betrieb, der feines Gebäck herstellt und verkauft und dem ein Café angegliedert ist. **Tea-Room** [tirum], der (bes. schweiz.): eine Art Café, in dem alkoholfreie Getränke angeboten werden. **Milchbar,** die: kleinere Gaststätte, in der vor allem Milch, Milchmixgetränke und Speiseeis angeboten werden. **Eisdiele,** die: eine Art Laden, in dem vor allem Speiseeis angeboten wird; ↑Gasthaus.

Gebärde, die: Ausdrucksbewegung für ein seelisches Geschehen; eine Haltung oder Bewegung des Körpers, in der etwas Geistiges oder Seelisches, eine Empfindung oder Emotion mehr oder weniger spontan und unwillkürlich zum Ausdruck kommt: *er zuckte die Achseln, und seine Hände fanden die leere G. der Resignation.* **Instinktgebärde,** die: angeborene, artspezifische Körperbewegung und -haltung, die der Kommunikation untereinander dient und instinktiv auch von den Artgenossen verstanden wird (Demuts-, Drohgebärde). **Geste,** die: zielgerichtete Ausdrucksbewegung des Körpers, besonders der Hände und des Kopfes im Unterschied zur Ausdrucksbewegung des Gesichts (Mimik); wird vielfach zur Begleitung und Unterstützung der sprachlichen Kommunikation benutzt, kann aber auch die Sprache ersetzen: *mit eindringlichen Gesten unterstützte er seine Rede.* **Mimik,** die: das Gesamt der Ausdrucksbewegungen des menschlichen Gesichts; insbesondere das Gebärden- und Mienenspiel des Schauspielers, der durch Mimik seelische Zustände darzustellen versucht; Wechsel im Ausdruck des Gesichts und in den Gebärden als Nachahmung fremden oder als Ausdruck eigenen Erlebens. **Mienenspiel,** das: das Sichwiderspiegeln von Gedanken und Gefühlen o. ä. in der Mimik; [lebhafter] Wechsel des Gesichtsausdrucks.

gebären [jmdn.] (geh.): ein Kind durch Geburt aus dem Mutterleib bringen; das Wort betont zwar den Vorgang einer Geburt, wird jedoch öfter auch gebraucht, um die bloße Tatsache, daß ein Kind zur Welt gebracht wurde, auszudrücken; ist das allgemeinste Wort dieser Gruppe, wird jedoch – wie alle hochsprachlichen Wörter dieser Gruppe – verhältnismäßig selten gebraucht: *sie gebar einen Jungen.* **zur Welt bringen,** jmdn. (geh.): i. S. v. gebären; klingt gewichtiger, oft auch feierlicher und weniger sachlich als „gebären"; wird meist nur in Verbindung mit bestimmten Personen, im Hinblick auf eine bestimmte [schon zurückliegende] Geburt gebraucht. **niederkommen** [mit jmdm.] (geh.): i. S. v. gebären; betont jedoch immer den eigentlichen natürlich-zwanghaften Vorgang der Geburt [vom Einsatz der Wehen an] und wird weniger im Hinblick auf das neugeborene Kind gesagt: *meine Frau wird in den nächsten Tagen n.* **entbunden werden** [von jmdm.]: mit ärztlicher Hilfe gebären; wird vorwiegend im medizinischen Bereich verwendet: *sie wurde von einem kräftigen neunpfündigen Jungen entbunden.* **entbinden:** i. S. v. gebären; steht immer ohne Objekt und wird im Hinblick auf die Mutter und auf das Ende der Schwangerschaft und weniger im Hinblick auf das zur Welt kommende Kind gesagt: *wird Ihre Frau zu Hause oder im Krankenhaus e.?* **genesen,** jmds. (dichter.): ein Kind zur Welt bringen; steht meist in Zusammenhängen, in welchen der Geburtsvorgang selbst nicht so sehr im Mittelpunkt steht, sondern mehr Wert darauf gelegt wird, die Tatsache der Geburt des Kindes zur Kenntnis zu bringen: *der Bote brachte dem König die Nachricht, daß seine Gemahlin eines kräftigen Knaben genesen sei;* ↑geboren [werden], ↑schwanger.

Gebäude, das: größeres, aus Steinen, seltener aus Holz errichtetes Haus, das dem Menschen zur Wohnung oder zum zeitweiligen Aufenthalt dient, zur Aufnahme von Verwaltungsbehörden u. ä. oder auch zur Unterbringung von besonderen Einrichtungen, Fabriken usw. verwendet wird; im Unterschied zu einem Haus gewöhnlicher Bauart handelt es sich hier um etwas verhältnismäßig Großes, Weitläufiges oder Hohes, das aber zugleich als eine umfassende Einheit gesehen und verstanden werden kann und das oft gerade durch seine Ausmaße oder seine architektonische Ausführung beeindruckt; wird vielfach gebraucht, um ein Haus zu bezeichnen, das der Öffentlichkeit dient. **Bau,** der: (in diesem Sinnbereich) meist verhältnismäßig großes und stattliches Gebäude, das im allgemeinen aus Stein oder auch aus Beton besteht und in dem Wohnungen, Verwaltungseinrichtungen, Speicher usw. untergebracht sein können; im Unterschied zu „Gebäude" will damit der Sprecher/Schreiber ein großes Haus bezeichnen, das ihn durch seine besondere Bauweise, die Art seiner Gestaltung oder seiner Einrichtung beeindruckt; wird im Singular manchmal im abschätzigen Sinne gebraucht: *die Kaserne war ein großer plumper B.; riesige Bauten;* vgl. Bau ↑Strafanstalt. **Bauwerk,** das: (in diesem Sinnbereich) größeres, aus festen Materialien errichtetes Gebäude, das der Unterbringung von Menschen, Tieren oder irgendwelchen Einrichtungen oder Gegenständen dient; wird in erster Linie gebraucht, um einen stattlichen und ansehnlichen Bau zu bezeichnen, der den Sprecher/Schreiber durch seine besonders kunstvolle Bauweise und äußere Gestaltung beeindruckt: *die noblen älteren Bauwerke, die hohen, schlanken Wohnhäuser.* **Baulichkeit,** die (meist Plural): verhältnismäßig großes und ausgedehntes Gebäude, das den verschiedensten Zwecken dienen kann; das Wort bezeichnet vielfach eine größere Einheit, alle Bauten, die sich auf einem Grundstück oder innerhalb eines bestimmten Bereiches befinden; wird gern in förmlicher

Redeweise benutzt: *voll Stolz zeigte uns der Fremdenführer die noch immer recht gut erhaltenen Baulichkeiten.* **Kasten,** der (salopp; abwertend): langgestrecktes, in nüchterner Bauweise errichtetes Gebäude, das schmucklos und in seiner ganzen Gestaltung wenig ansprechend und schön ist; häufig mit einem flachen Dach versehen, was – zusammen mit seinem häßlichen, primitiven Äußeren und seinen eckigen, wenig gefälligen Formen – an ein Behältnis denken läßt: *das Gymnasium ist ein scheußlicher, alter K.;* ↑Gartenhaus, ↑Hochhaus, ↑Wohnhaus, ↑Zimmer.

[1]**geben,** jmdm. etwas: (in diesem Sinnbereich) einen Gegenstand aus seiner eigenen Hand in die Hand eines anderen gelangen lassen: *er gab mir den Hörer.* **reichen,** jmdm. etwas (geh.): jmdm. etwas hinhalten, was der Betreffende an sich nehmen soll, wobei man jedoch nicht völlig sicher sein kann, daß er es ergreifen wird; wirkt bei Aufforderungen im Unterschied zu „geben" höflicher: *sie reichte dem Schaffner den Fahrschein.* **darreichen,** jmdm. etwas (geh.): (in diesem Sinnbereich) jmdm. etwas [Wertvolles] mit einer gewissen Zeremonie reichen: *auf dem Bild des rechten Altarflügels reichen die Weisen aus dem Morgenland ihre Gaben dar.* **langen,** jmdm. etwas (ugs.): jmdm. etwas über einen gewissen Abstand hin geben [weil er etwas haben möchte], wobei man meist den Arm ausstrecken muß: *du stehst gerade auf der Trittleiter, lange mir doch bitte das dritte Buch aus dem oberen Regal.*

[2]**geben,** es gibt etwas: (in diesem Sinnbereich) etwas ist wirklich, d.h. in Übereinstimmung mit oder im Gegensatz zum Erwarteten oder Erwünschten, vorhanden; bezieht sich auf [konkrete oder abstrakte] Dinge, deren Vorhanden- oder Nichtvorhandensein in Frage steht: *ein Torweg führte hinaus in einen zweiten Hof, und einen dritten Hof gab es auch noch.* **existieren,** etwas existiert (ugs.): (in diesem Sinnbereich) etwas ist nicht nur in der Vorstellung, der Phantasie, als Wunsch vorhanden, sondern etwas stellt eine Realität dar, ist in bestimmter Weise Wirklichkeit; wird im allgemeinen auf Gegenstände, Sachverhalte o.ä. bezogen, die der Sprecher/Schreiber als bedeutsam, wichtig darstellen will, und erhält, auf Gegenstände des Alltags bezogen, komisch übertreibenden Nachdruck: *das alte Haus, in dem sich dieses Ereignis abspielte, existiert noch; sagt mal, existiert hier keine Badewanne?* **bestehen,** etwas besteht: (in diesem Sinnbereich) i.S.v. existieren; wird jedoch im allgemeinen nur gebraucht, wenn es sich um einen komplexen Sachverhalt, ein aus Einzelheiten bestehendes, gegliedertes Ganzes handelt: *das Vermögen bestand nur in seiner Phantasie.* **vorhanden sein,** etwas ist vorhanden: (in diesem Sinnbereich) etwas ist [in der gedachten oder geschilderten Weise] als existierend feststellbar; stellt im Unterschied zu den übrigen Wörtern lediglich die materielle Existenz von etwas, meist von Gegenständen des täglichen Lebens, fest oder betont mehr, daß die Existenz von etwas als zweifelsfrei nachweisbar angesehen wird: *die Bescheinigungen sind nicht mehr vorhanden.*

[3]**geben,** es gibt jmdn./etwas: (in diesem Sinnbereich) jmd./etwas ist innerhalb eines zeitlichen oder räumlichen Bereiches vertreten; wird, wie die anderen Wörter dieser Gruppe, auf die Dinge und Lebewesen als Vertreter oder Beispiele ihrer Art bezogen: *es gibt jetzt bedeutend mehr verheiratete Studenten als früher.* **vorkommen,** etwas kommt vor: (in diesem Sinnbereich) etwas ist innerhalb eines zeitlichen oder räumlichen Bereiches vereinzelt vertreten; der Ausdruck wird im Gegensatz zu „geben" entweder in wissenschaftlichen Feststellungen gebraucht oder bei Erwähnung von etwas Seltenem, Rarem, Ungewöhnlichem: *diese Pflanzen kommen dort nicht vor; ein Glück, wie es sonst auf Erden kaum vorkommt.* **existieren,** etwas existiert: (in diesem Sinnbereich) i.S.v. geben, vorkommen; bezieht sich zum Unterschied von diesen nur auf seltene oder ungesicherte Fälle oder steht bei absoluter Verneinung irgendeines Vorkommens: *es ist nicht ausgeschlossen, daß auf diesem Planeten irgendeine Form von Leben existiert.*

gebildet: reiches, umfassendes Wissen habend [und dabei eine verfeinerte Lebensform zeigend]; bezieht sich, wie die folgenden Wörter dieser Gruppe, auf die geistige [Aus]bildung und geistigen Qualitäten eines Menschen, rückt aber darüber hinaus nicht selten deren harmonische Verbindung mit den gepflegten Umgangsformen in das Blickfeld: *humanistisch gebildete Leute;* vgl. Bildung ↑Ausbildung. **studiert** (ugs.): das Studium an einer Hochschule absolviert habend und daher wissenschaftlich [aus]gebildet; rückt stärker das Studium und die wissenschaftliche Ausbildung und die damit gegebene Zugehörigkeit zu dem bestimmten Stand in den Vordergrund und drückt nicht selten Respekt des Sprechers/Schreibers aus: *wir fragen den Arzt, der ist ein studierter Mann und muß das wissen.* **gelehrt:** gründlich und umfassend wissenschaftlich gebildet; rückt weniger als „studiert" die Ausbildung, das Studium in den

Vordergrund als vielmehr den Habitus umfassender Gelehrsamkeit; enthält mitunter eine ironisierende Kritik an der [vermeintlichen] Weltfremdheit der gelehrt genannten Personen: *ich möchte kein gelehrter Mann werden, aber ein wohlunterrichteter;* vgl. Gelehrtheit ↑Ausbildung. **kenntnisreich:** viel Wissen und Erfahrung habend; ist nüchterner als die vorstehenden Wörter dieser Gruppe und stellt eher sachlich das Vorhandensein von Wissen usw. fest: *ich schätze ihn, denn er ist ein kenntnisreicher Mann.*

gebogen: a) nicht geradlinig; von der Form einer [regelmäßigen] Kurve oder eines Bogens, wobei sich die Enden einander nähern; wird von Linien, Kanten oder dünnen, langgestreckten Körpern gesagt, die eine solche Form haben oder die in diese Form gebracht worden sind: *die Stäbe des Gitters sind oben leicht g. und laufen in Spitzen aus;* **b)** an einer bestimmten Stelle eine Biegung aufweisend, in seinem Verlauf von der geraden Linie abweichend; steht im allgemeinen mit Adverb: *die Beine des Stuhles sind etwas einwärts g.* **krumm** (selten): (in diesem Sinnbereich) i. S. v. gebogen a); betont, daß der betreffende Gegenstand [abweichend von der Norm] nicht geradlinig ist: *ein krummer Säbel.* **geschwungen:** von ausdrucksvollem, ästhetisch ausgewogenem, bogenförmigem Verlauf: *eine sanft geschwungene Linie, Kurve.* **geschweift:** mit ausladendem Schwung und dabei annähernd S-förmig verlaufend; zum Ende hin im Gegensinn gebogen: *geschweifte Schlittenkufen.* **halbrund:** mit seiner Kante, seinen Begrenzungslinien einen regelmäßigen Halbkreis bildend, so daß die [wirklich oder in Gedanken] verlängerten Enden des Bogens einander parallel stehen: *der Vorbau ist annähernd h.*

geboren: geboren werden: durch Geburt Leben erhalten, zur Welt gebracht werden; wird häufig in Lebensberichten, Lebensläufen u. ä. verwendet, um die Tatsache oder auch die näheren Bestimmungen einer Geburt festzulegen: *sie wurde am 17. April 1923 als zweites Kind eines Lehrers geboren.* **zur Welt/**(auch:) **auf die Welt kommen:** geboren werden und damit zu leben beginnen; ist weniger sachlich und neutral als „geboren werden"; wird meist dann gebraucht, wenn bei einer Geburt von den Umständen der Zeit, des Ortes usw. gesprochen wird. **das Licht der Welt erblicken** (dichter.): i. S. v. geboren werden: *er erblickte in einem einsamen Forsthaus das Licht der Welt;* ↑gebären, ↑schwanger.

Gedächtnis, das (ohne Plural): (in diesem Sinnbereich) das die Erinnerung an einen Verstorbenen, an ein denkwürdiges Ereignis über den Augenblick hinaus bewahrende Denken: *zum G. dieses würdigen Festes wird in den nächsten Tagen eine eigene Gedenkmünze geschlagen.* **Gedenken,** das (ohne Plural): das von den Gefühlen der Trauer, der Ehrfurcht erfüllte Denken an Verstorbene, an ein besonders trauervolles, schmerzliches Ereignis, das nicht der Vergessenheit anheimfallen soll; meist an ein bestimmtes Datum, einen besonderen Gedenktag gebunden: *das G. an die Toten des Weltkrieges.* **Andenken,** das (ohne Plural): (in diesem Sinnbereich) das dem Gefühl der Liebe, der Dankbarkeit, der Ehrerbietung entspringende Erinnern, das Bewahren eines Erinnerungsbildes an einen Verstorbenen: *sein A. in Ehren halten.* **Angedenken,** das (ohne Plural; geh.): die Erinnerung an eine bestimmte zurückliegende Situation, an ein Geschehen, ein Erlebnis, an einen Menschen, der einem unvergeßlich ist: *sie bewahrte jenem Stündchen ein süßes A.*

gedankenvoll: mit seinen Gedanken beschäftigt, diesen Zustand kennzeichnend. **nachdenklich:** mit etwas Bestimmtem [das den Betreffenden mit Unruhe, Zweifel, Sorge u. ä. erfüllt] in Gedanken beschäftigt; in Gedanken versunken; diesen Zustand anzeigend. **versonnen:** seinen Gedanken nachhängend und die Umwelt vergessend, diesen Zustand anzeigend. **[in Gedanken] versunken:** seinen Gedanken hingegeben und entrückt, diesen Zustand anzeigend: *er saß im Garten, gleichsam in Gedanken versunken.* **gedankenverloren; in Gedanken verloren:** seinen Gedanken hingegeben und der Gegenwart entrückt, diesen Zustand anzeigend: *er spielte gedankenverloren mit dem türkischen Messer.* **geistesabwesend:** die Wirklichkeit um sich herum gar nicht wahrnehmend. **geistig weggetreten** (ugs.): nicht bei der Sache und daher nicht oder falsch auf etwas reagierend. **zerstreut:** sich nicht konzentrieren könnend; mit den Gedanken nicht bei der Sache, an anderes denkend; seine Denkkraft, Aufmerksamkeit gleichzeitig auf verschiedene Dinge und nicht auf das richtend, worauf sie gerichtet sein sollte; mit den Gedanken umherschweifend; während „gedankenverloren" nicht negativ bewertet ist, verbindet sich mit „zerstreut" eine kritische Stellungnahme: *er war ganz z.* **unkonzentriert:** sich nicht auf das gerade Nötige konzentrierend, es an der nötigen Konzentration fehlen lassend; enthält die Vorstellung, daß der Betreffende abgelenkt ist, was auch in Zusammenhang mit seiner psychischen Befindlichkeit gebracht wird. **unaufmerksam:** nicht aufpassend, die Aufmerksamkeit nicht auf das gerade Nötige gerichtet habend: *ein unaufmerksamer Schüler;* ↑wortkarg.

Geduld, die (ohne Plural): (in diesem Sinnbereich) beherrschtes und ruhiges Ertragen von etwas, was irgendwelcher unangenehmen Eigenschaften wegen Verdruß und Unwillen erregen kann: *G. ist die Tugend des Revolutionärs* (Rosa Luxemburg). **Nachsicht,** die (ohne Plural): verzeihendes Verständnis für die Schwächen und Unvollkommenheiten anderer. **Langmut,** die (ohne Plural): Geduld, die nicht erschöpft wird, auch wenn sie immer wieder auf die Probe gestellt wird. **Lammsgeduld,** die (ugs.): bewundernswerte Geduld [trotz wiederholter Störungen, Belästigungen]; bringt zum Ausdruck, daß der Betreffende längst hätte ungeduldig oder ärgerlich werden können; ↑Ausdauer.

gefährlich (Ggs. ↑ungefährlich): (in diesem Sinnbereich) mit Gefahren verbunden hinsichtlich der Folgen einer Verhaltens- oder Handlungsweise: *sich nicht auf gefährliche Abenteuer einlassen.* **gewagt:** nicht sicher, sondern unter Umständen verlustbringend und den Einsatz bei einem Verhalten oder einer Handlung nicht lohnend oder rechtfertigend; wird nicht prädikatbezogen gebraucht: *ein gewagter Schritt.* **riskant:** mit einem Wagnis verbunden, so daß man bei einer entsprechenden Unternehmung manchmal leichtsinnig etwas aufs Spiel setzt; wird nicht prädikatbezogen gebraucht: *er liebt riskante Geschäfte;* ↑kühn, ↑mutig.

gefallen, jmdm.: jmds. Wohlgefallen finden; jmds. Geschmack, Vorstellung, Erwartung entsprechen; auf Grund des Aussehens, der Eigenschaften, des Wesens jmdm. angenehm sein; wird sowohl von Personen, ihrem Verhalten, Handeln usw. als auch von Dingen gesagt; bezeichnet meist eine Stellungnahme, die auf äußeren Sinneseindrükken (Augen, Ohren) beruht, wobei es sich sowohl um einen oberflächlichen optischen Eindruck als auch um ein objektives und vernunftmäßiges Abschätzen handeln kann; läßt, sofern von Personen die Rede ist, unter Umständen auch eine subjektive [gefühlsbetonte] Einstellung erkennen, wobei persönliche Wertschätzung und Sympathie mitsprechen und nicht nur der persönliche Sinneseindruck entscheidet: *deine neue Frisur gefällt mir gut.* **zusagen,** jmdm.: jmds. Vorstellung von etwas, seinem Geschmack entsprechen; dabei steht mehr als bei „gefallen" die verstandesmäßig-kritische Einstellung im Vordergrund und weniger nur eine Beurteilung, die sich nach ästhetischen Gesichtspunkten richtet; wird in bezug auf Personen nur dann angewandt, wenn diese ganz unpersönlich in einer zweckhaften Funktion gesehen werden: *warum sagt Ihnen mein Angebot nicht zu?* **behagen,** jmdm. (geh.): bei jmdm. eine wohltuende, angenehme Empfindung oder ein Gefühl der Zufriedenheit auslösen, da es seinen Wünschen entgegenkommt; bezeichnet weniger eine verstandesmäßige Stellungnahme und wird öfter in bezug auf Sachverhalte, auf Wesenszüge, Eigenschaften, Verhaltensweisen bestimmter Personen gesagt und weniger auf Personen selbst bezogen: *sein Vorhaben will mir nicht so recht behagen.* **sympathisch sein,** jmdm.: **a)** auf Grund seines ansprechenden, liebenswerten Wesens oder seines Aussehens einem anderen angenehm sein; jmdm. gefallen, weil man die Art, die Eigenheiten oder Vorlieben des anderen [unbewußt] anspricht: *du scheinst ihm sympathisch zu sein;* **b)** etwas ist jmdm. sympathisch (ugs.): etwas kommt jmds. Wünschen, Vorstellungen entgegen; wird auf Dinge, Vorgänge usw. bezogen und häufig in verneinendem Zusammenhang gebraucht: *der Plan ist mir ganz und gar nicht sympathisch;* ↑sympathisch. **angetan haben,** es jmdm. angetan haben: jmdn. für sich eingenommen haben; jmdn. durch seine Art oder Beschaffenheit angenehm berühren, entzücken; läßt eine rein subjektive Einstellung erkennen und wird oft dann gebraucht, wenn eine gefühlsmäßige [spontane] Reaktion erfolgte [deren Ursache man nicht näher begründen kann]; wird von Sachen, Personen, deren Aussehen, Verhalten, Wesen gesagt: *ihre schönen Augen haben es ihm angetan.*

gefangenhalten, jmdn.: jmdn., den man auf irgendeine Weise in seine Gewalt bekommen hat, in einen Raum schließen und ihn dort mehr oder weniger lange Zeit festhalten; vielfach schwingt dabei die Vorstellung mit, daß dies ohne rechtliche Befugnis und willkürlich geschieht. **in Arrest halten,** jmdn.: jmdn. auf Grund eines gerichtlichen Beschlusses, eines Urteils oder einer polizeilichen Verfügung aus Sicherheitsgründen, meist zur Sicherung von Geldforderungen, für eine bestimmte [einem angeordneten Strafmaß entsprechende] Zeit eingesperrt halten. **in Haft halten,** jmdn.: jmdn. auf Beschluß eines Gerichtes hin für eine meist kürzere Zeit zur Erzwingung rechtlich gebotener Handlungen oder zur Sicherheit inhaftieren und festhalten; so z. B. im Falle des Fluchtverdachtes, der Verdunkelungsgefahr, der Beugehaft; ↑einsperren, ↑gefangensitzen; ↑Strafanstalt.

gefangensitzen: seiner Freiheit beraubt und in einem Raum eingesperrt sein; läßt unter Umständen auf eine gewaltsame und widerrechtliche Handlungsweise schließen. **im Gefängnis sitzen:** auf ein gerichtliches Urteil hin in einem zur Gefangenhaltung von Häftlingen bestimmten Gebäude und unter Abschluß von der Außenwelt eine Freiheitsstrafe verbüßen; dabei kann die Strafe auch auf eine widerrechtlich erfolgte Verurteilung zurückgehen; vgl. Gefängnis ↑Strafanstalt. **in Haft sitzen:** wegen eines meist leichten Verstoßes vorübergehend oder bis zur Feststellung des Tatbestandes festgehalten und eingesperrt sein. **im Zuchthaus sitzen** (veraltet): sich zur Verbüßung einer besonders strengen und harten Freiheitsstrafe in einer Strafanstalt befinden. **im Kerker liegen** (veraltet; aber noch österr.); **im Kerker schmachten** (pathetisch): eine meist längere Freiheitsstrafe unter besonders harten und unmenschlichen Bedingungen verbüßen; die Wendungen sind emotional gefärbt und wollen die körperliche und seelische Pein, die der Gefangene dabei aussteht, betonen. **sitzen** (ugs.): i. S. v. im Gefängnis sitzen. **brummen** (ugs.): eine Freiheitsstrafe in einer Strafanstalt oder bei geringeren Vergehen in einem beliebigen, aber abschließbaren Raum verbüßen. **bei Wasser und Brot sitzen** (ugs.); **hinter schwedischen Gardinen sitzen** (ugs.): i. S. v. im Gefängnis sitzen; mit diesen Redewendungen, die sich auf die schmale Kost des Häftlings bzw. auf die festen Gitter vor dem Zellenfenster beziehen, sucht man die Tatsache des Eingesperrtseins abzuschwächen, zu verharmlosen oder zu verhüllen. **hinter Schloß und Riegel sitzen** (ugs.); **hinter Gittern sitzen** (ugs.): i. S. v. im Gefängnis sitzen; betont, daß der Häftling in einem Raum fest eingeschlossen und seiner Freiheit beraubt ist. **auf Nummer Sicher sitzen** (ugs.): i. S. v. im Gefängnis sitzen; betont dabei, daß der Häftling nun nichts mehr anrichten kann und andere vor ihm sicher sind; ↑einsperren, ↑gefangenhalten; ↑Strafanstalt.

Gefecht, das: kurzer, bewaffneter Zusammenstoß zweier oder mehrerer einander feindlich gesinnter, kleinerer militärischer Einheiten, Gruppen. **Treffen,** das: (in diesem Sinnbereich) i. S. v. Gefecht; meist auf einen ganz bestimmten Ort und verhältnismäßig eng begrenzten Raum beschränkt, aber mit einer größeren Zahl von kämpfenden Soldaten; oft kommt der militärische Zusammenstoß für beide feindliche Seiten unerwartet: *es kam zu einem für alle Teile blutigen T.* **Schlacht,** die: schwerer, blutiger Kampf einer verhältnismäßig großen Zahl von einander feindlich gegenüberstehenden Heeren, Kampfeinheiten, der meist in seinem voraussichtlichen Verlauf genau vorgeplant und über einen größeren Bereich ausgedehnt und von längerer Dauer ist; der Ausgang ist dabei vielfach für den weiteren Verlauf des Krieges von wesentlicher Bedeutung: *die S. gewinnen.* **Scharmützel,** das: kleines Feuergefecht; bezeichnet einen kurzen, auf kleinen Raum beschränkten Zusammenstoß, der keine große Bedeutung für eine Auseinandersetzung hat und an dem nur wenige beteiligt sind. **Geplänkel,** das; **Plänkelei,** die: leichtes und für den Gesamtverlauf einer Auseinandersetzung verhältnismäßig unbedeutendes Gefecht zwischen einzelnen [umherschwärmenden] Trupps, die sich jeweils vom Hauptteil des Heeres losgelöst haben, wobei sie entweder einander oder Teile des großen Heeres schnell, überraschend und wiederholt angreifen, um sich nach kurzem Kampf wieder zurückzuziehen; ↑Streich.

gefräßig (abwertend): unmäßig im Essen; in einer Art, die sich für den Menschen nicht ziemt, große Mengen vertilgend: *für so g. hätte ich dich nicht gehalten, daß du nun auch noch die halbe Torte verschlingst.* **verfressen** (salopp; abwertend): aufs Essen derart erpicht, daß man jede Gelegenheit, die sich dazu bietet, ausnutzt; vgl. fressen ↑²essen. **unersättlich:** (in diesem Sinnbereich) beim Essen nicht genug bekommen könnend.

gefühlsmäßig: einem [richtigen inneren] Gefühl entspringend, diesem Gefühl folgend; wird von Urteilen oder Einsichten gesagt, die nicht durch denkendes Erfassen, sondern durch Fühlen oder Empfinden zustande kommen: *ich habe gegen ihn eine gefühlsmäßige Abneigung.* **intuitiv** (bildungsspr.): auf Intuition, Eingebung beruhend; geistig-gefühlsmäßig etwas spontan erfassend; aus einem sicheren Wissen heraus [handelnd], das nicht aus Erfahrung oder verstandesmäßiger Überlegung hervorgegangen ist; bezieht sich auf Einsichten, Urteile, die das Wesen einer Sache unmittelbar und sicher erfassen; im allgemeinen nicht subjektbezogen gebraucht: *etwas i. erkennen.* **instinktiv:** von einem sicheren inneren Antrieb gelenkt, der unbewußt ein richtiges Handeln oder Urteilen zur Folge hat oder bewirkt: *i. scheut er vor diesem Menschen zurück.* ↑Instinkt.

Gegebenheit, die (meist Plural; geh.): ein Faktor der Wirklichkeit, dem man Rechnung zu tragen hat und der dem Leben oder Handeln bestimmte Gesetze vorschreibt; steht im Unterschied zu „Tatsache" gewöhnlich mit einer Bezeichnung des

Bereichs, innerhalb dessen die Gegebenheiten gelten: *die natürlichen Gegebenheiten einer Landschaft, eines Lebensalters berücksichtigen.* **Tatsache,** die (meist Plural): (in diesem Sinnbereich) das Wirkliche, das so und nicht anders ist; steht hier wie „Gegebenheit" meist in Verbindung mit einem Ausdruck für die Unumgänglichkeit der jeweiligen Tatsachen: *sich mit den Tatsachen abfinden müssen.* **Faktum,** das: etwas, was tatsächlich, nachweisbar vorhanden, geschehen ist; Tatbestand, Ereignis, mit dem man sich abfinden muß; [unumgängliche] Tatsache. **Fakt,** der (auch: das): i. S. v. Faktum; richtet sich mehr auf eine bestimmte, einzelne Gegebenheit. **Fact** [fäkt], der (bildungsspr.): Tatsache, Tatsachenmaterial; ↑Sachlage.

Gegend, die: bestimmter Teil der Erdoberfläche mit dem, was sich darauf befindet, jedoch ohne genaue Bezeichnung der Begrenzung, von unbestimmter Größe: *eine einsame, menschenleere, öde, gebirgige, hübsche, scheußliche, katholische G.; in der G. von Berlin;* in salopper Ausdrucksweise: *er grinst, spuckt in die G.; er fährt wie ein Wilder durch die G.;* auch in engerer Bedeutung in bezug auf eine Stadt: *in welcher G. von Berlin wohnt er?; sie wohnt in einer vornehmen G.* **Landstrich,** der: ein bestimmter, ausgedehnterer, nicht genau begrenzter breiterer Streifen innerhalb eines größeren Gebietes, einer Landschaft: *ein schöner, bewaldeter L.; auf einer romantischen Weserkreuzfahrt bekommen die Urlauber einen guten Eindruck von der Vielfalt dieses deutschen Landstrichs; in Polen gibt es Landstriche, wo man weit und breit keinen Menschen trifft; die Luft ganzer Landstriche ist inzwischen verpestet.* **Landschaft,** die: hinsichtlich des äußeren Erscheinungsbildes (der Gestalt des Bodens, des Bewuchses, der Besiedelung) in bestimmter Weise geprägter Bereich der Erdoberfläche; größeres Gebiet, das durch natürliche und von Menschen geschaffene Gegebenheiten ein als Einheit sich darstellendes spezifisches Gepräge zeigt; vor allem mit positiven Attributen; wenn negative Charakterisierungen auftreten, werden sie gern durch negierte positive Attribute (eine nicht sehr schöne L.) vorgenommen: *eine malerische, schöne, unberührte, fruchtbare, gebirgige, schwermütige, karge L.; im Herbst durch die L. fahren; die Fabrik verschandelt die ganze L.; die Zerstörung ganzer Landschaften durch Gifte; Tänze aus den Landschaften von Ungarn bis Pommern;* in salopper Ausdrucksweise: *er kippte den ganzen Müll in die L.* **Land,** das (veraltet; geh.): (in diesem Sinnbereich) nicht näher abgegrenztes Gebiet: *sie fahren durch blühendes, dünnbesiedeltes L.* **ein schönes/herrliches Fleckchen [Erde]:** Gegend, die in emotionaler Weise vom Sprecher/Schreiber als landschaftlich recht reizvoll angesehen wird: *das ist ein schönes/herrliches Fleckchen [Erde].* **Natur,** die (ohne Plural): (in diesem Sinnbereich) Dinge und Erscheinungen der Pflanzen- und Tierwelt in ihrer Gesamtheit als Teil der Erdoberfläche oder eines bestimmten Gebietes, besonders in der freien, von Eingriffen der Menschen nicht oder nur geringfügig beeinträchtigten Landschaft: *die erwachende, blühende, lebendige N.; hier haben wir noch ein Stück unberührter, unverfälschter N.; die N. genießen; in die N. hinauswandern; Spaziergänge in der freien N.; Angebot: Großes Haus auf dem Lande mit viel N.* **Gebiet,** das: (in diesem Sinnbereich) durch bestimmte natürliche Gegebenheiten geprägter Teil der Erdoberfläche; unter bestimmten Gesichtspunkten in sich geschlossen wirkender räumlicher Bereich von größerer Ausdehnung: *ein fruchtbares, ökologisch noch intaktes, sumpfiges G.; die besetzten Gebiete nach dem Kriege; die Nomaden zogen in klimatisch günstigere Gebiete; weite Gebiete sind unbewohnt.* **Bereich,** der: (in diesem Sinnbereich) durch das Vorhandensein von etwas bestimmtes Gebiet; abgegrenzter kleinerer Teil der Erdoberfläche: *das Grundstück liegt im B. der Stadt.* **Bezirk,** der: bestimmtes, kleineres Gebiet innerhalb einer größeren festgelegten räumlichen Gliederung, das eine für sich bestehende Einheit darstellt, in dem sich etwas vollzieht o. ä.: *jeder Vertreter bereist seinen B.* **Umgebung,** die (Plural ungebräuchlich): alles das (z. B. Landschaft, Bauwerke, Straßen), was einen Ort, ein Haus o. ä. umgibt: *die Stadt hat eine reizvolle U.; in der weiteren U. von Berlin; gibt es hier in der U. ein Freibad?* **Umwelt,** die (ohne Plural): (in diesem Sinnbereich) Gesamtheit der natürlichen und vom Menschen geschaffenen Gegebenheiten, unter denen Menschen, Tiere, Pflanzen existieren: *die Verschmutzung der U. bekämpfen.* **Umkreis,** der: Gebiet von nicht genau bestimmter Ausdehnung um einen bestimmten Punkt, Ort herum: *die Flugzeugtrümmer lagen im U. von 10 Kilometern verstreut; es gibt zahlreiche Seen im U. von Berlin.* **Revier,** das: Gebiet, das eine bestimmte Ausdehnung hat und von anderen abgegrenzt ist; in bezug auf Personen oder Tiere, die dort dominieren o. ä.: *jeder Ober hat sein R.; die Küche war früher allein ihr R.; das ist mein R.; der Förster streifte durch sein R.* **Viertel,** das: von anderen in bestimmter Weise unterschiedener Teil einer Stadt: *er wohnt in einem anderen V. [der Stadt]; das ist ein ruhiges, schlimmes V.* **Territorium,** das: größeres geographisches Gebiet der Erdoberfläche: *ein riesiges, unbesiedeltes T.; fremdes T.* (Hoheitsgebiet) *überfliegen.* **Hoheitsgebiet,** das: Gebiet, das der Staatsgewalt, Souveränität eines bestimmten Staates untersteht. **Areal,** das: Bodenfläche; begrenzteres, flächenhaft sich erstreckendes Gebiet: *auf diesem A. entsteht eine Windenergieanlage.* **Gelände,** das (Plural ungebräuchlich): Teil der Landschaft, eines Gebietes in seiner natürlichen Beschaffenheit, besonders in bezug auf die Gestalt des Bodens und auf die Benutzbarkeit für bestimmte Zwecke: *ein hügeliges, sumpfiges G.; das G. erkunden; auf dem G. üben;* in salopper Ausdrucksweise: *im G. herumstehen.*

gegensätzlich: formal oder inhaltlich unvereinbar, einander widerstreitend; wird attributiv von Aussagen, Meinungen, Begriffen o. ä., seltener von konkreten, irgendwie zusammengehörenden Dingen gebraucht und bezieht sich entweder auf beide Begriffe oder auf den einen im Unterschied zum anderen: *wir sind gegensätzlicher Meinung.* **widersprüchlich:** im logischen Sinne sich ausschließend; wird im allgemeinen nur von Aussagen, Begriffen o. ä. gebraucht: *sie äußern sich w.* **entgegengesetzt:** [sachlich] Gegenpole zueinander bildend: *entgegengesetzte Auffassungen.* **konträr:** inhaltlich einer Sache widerstreitend; das Gegenteil als richtig behauptend oder etwas Gegenteiliges beinhaltend: *unsere Auffassungen in diesem Punkte sind k.* **polar** (bildungsspr.): entgegengesetzte Endpunkte bildend, darstellend; nur im Verhältnis zu seinem Gegenpol denkbar: *weiß und schwarz sind polare Gegensätze.* **kontradiktorisch** (bildungsspr.): widersprechend; formal die Verneinung einer Sache aussagend; sich gegenseitig aufhebend: *eine kontradiktorische Aussage wäre es, zu behaupten, daß eine Sache nicht mit sich selbst identisch sei: A sei nicht A oder A sei B.* **komplementär** (bildungsspr.): aus selbständigen und sich ergänzenden Gegensätzen, Gegenstücken bestehend; in Beziehung zueinander stehend, sich zu einer höheren Einheit ergänzend: *komplementäre Farben sind solche, die sich in der additiven Farbmischung zu Weiß ergänzen.* **korrelativ** (bildungsspr.): in Wechselbeziehung zueinander stehend; sich gegenseitig bedingend: *Angebot und Nachfrage sind korrelative Begriffe.* **antithetisch** (bildungsspr.): einer Aussage, einem Begriffsinhalt gegenüber das Gegenteil als richtig, als ebenso berechtigt oder wahrscheinlich hinstellend. **antinomisch** (bildungsspr.): im begrifflichen Widerspruch zueinander stehend; jeweils für sich gültig und damit die Gültigkeit des anderen ausschließend; betont im Unterschied zu „widersprüchlich", daß zwei Wahrheiten, zwei an sich gültige Begriffe miteinander unvereinbar sind, der Widerspruch also grundsätzlicher Art und unaufhebbar ist: *Freiheit und Bindung sind im Grunde antinomische Begriffe.* **adversativ** (Fachspr.): gegensätzliche Sachverhalte einander gegenüberstellend; gegensätzliche Bedeutungen tragend; wird von grammatischen Begriffen, Wortbedeutungen o. ä. gesagt: *Sätze und Satzglieder sind einander a. beigeordnet, wenn ihre Aussagen zwar einer und derselben Kategorie zugehören, in dieser aber zueinander einen Gegensatz bilden: er ist arm, aber redlich.* **antagonistisch** (bildungsspr.): in Anlagen und Antriebsrichtungen in unvereinbarer, nicht auszugleichender Weise entgegengesetzt, widerstreitend; in sich Dinge enthaltend, die dem Wesen dessen, mit dem es in Beziehung gesetzt wird, widersprechen, mit ihm unvereinbar sind; gegeneinander gerichtet: *antagonistische Formen gesellschaftlicher Produktionsprozesse.*

Gehalt, das: bestimmter Geldbetrag, der Beamten und Angestellten regelmäßig (monatlich) für ihre Arbeit gezahlt wird. **Lohn,** der: Geld für [in einem bestimmten Zeitraum] geleistete Arbeit [das dem Arbeiter täglich, wöchentlich oder monatlich gezahlt wird]: *Die Dreher – sagte der Direktor – müßten eigentlich Gage statt L. bekommen, denn nur „Künstler" könnten mit den alten Maschinen noch produzieren.* **Salär,** das (schweiz.): Gehalt, Honorar, Lohn: *Haustochter gesucht, gutes S.* **Wehrsold,** der; **Löhnung,** die (veraltend): Geldbetrag, der den Wehrdienst leistenden Soldaten [monatlich] gezahlt wird. **Sold,** der: **a)** i. S. v. Wehrsold; **b)** (veraltend) Lohn, Entgelt für Kriegsdienste; übertragen (abwertend): *er stand im S. mehrerer Geheimdienste.* **Heuer,** die: Lohn eines zur Schiffsbesatzung gehörenden Seemannes für geleisteten Dienst an Bord. **Verdienst,** der (Plural ungebräuchlich): Betrag, den man sich durch seine Arbeit erwirbt und in Gestalt des Arbeitslohnes erhält. **Einkommen,** das: Gesamtsumme, die jmd. in einem bestimmten Zeitraum eingenommen hat oder regelmäßig einnimmt: *wie hoch ist Ihr E.?* **Einkünfte,** die (Plural): das, was (in einem bestimmten Zeitraum) an Geld und anderen Werten (z. B. Dividenden) einkommt: *E. aus Hausbesitz.* **Einnahmen,** die (Plural): eingenommene Gelder: *im Som-*

merschlußverkauf hatten wir gute E.; ↑Honorar; ↑vergüten.

geheimhalten, etwas [vor jmdm.]: etwas nicht über einen bestimmten Personenkreis Eingeweihter, Zuständiger hinaus bekannt werden lassen: *seine Verhaftung wurde bewußt geheimgehalten.* **verheimlichen,** [jmdm.] etwas; **verhehlen,** [jmdm.] etwas (geh.): jmdn. bewußt von etwas nicht in Kenntnis setzen; betrifft mehr den persönlichen Bereich eines Menschen, ist weniger offiziell als „geheimhalten“: *der Arzt verheimlichte ihr, wie schlecht es um ihren Mann stand.* **verbergen,** etwas [vor jmdm.]: (in diesem Sinnbereich) jmdn. aus irgendeinem Grunde etwas nicht wissen lassen, es ihm vorenthalten: *ich habe das Gefühl, du verbirgst mit etwas.* **verschweigen,** [jmdm.] etwas: etwas bewußt nicht erwähnen; setzt einen Partner voraus, dem man etwas verheimlichen will: *er verschwieg ihr, daß er vorbestraft war.* **für sich behalten,** etwas: die Kenntnis von etwas sorgfältig hüten und niemanden daran teilnehmen lassen: *du hast durch Zufall sein Geheimnis erfahren, bitte behalte es für dich!* **totschweigen,** etwas: etwas, von dem man weiß, daß es vorhanden oder geschehen ist, nicht erwähnen, mit Schweigen darüber hinweggehen, um dadurch den Eindruck zu erwecken, es sei gar nicht vorhanden oder geschehen; wird vor allem gebraucht, wenn vorsätzlich aus politischen o.ä. Gründen vor der Öffentlichkeit Tatsachen verheimlicht werden, die irgendwelchen mächtigen Gruppen unangenehm sind, auch wenn es sich um positive Tatsachen handelt: *der zeitkritische Roman von X wurde totgeschwiegen.* **unterschlagen,** etwas (ugs.): (in diesem Sinnbereich) etwas absichtlich nicht erwähnen, obwohl man dazu verpflichtet wäre: *in seinem Lebenslauf hat er unterschlagen, daß er früher Mitglied der NSDAP war;* ↑[3]bringen (zum Schweigen bringen), ↑[2]schweigen.

geheimnisvoll: nicht näher zu ermitteln oder aufzuschlüsseln; von Vermutungen umwittert, während die Sache selbst sich dem verstandesmäßigen Zugriff entzieht: *die letzten Ereignisse schienen g. miteinander verknüpft zu sein.* **mysteriös:** nicht zu durchschauen oder genau zu verfolgen; nicht in Einklang mit der Logik oder Erfahrung zu bringen oder in irgendwelche Zusammenhänge einzuordnen; wird meist von Angelegenheiten, Vorgängen, Ereignissen gesagt; wird selten prädikatbezogen gebraucht: *unter mysteriösen Umständen kam letzte Nacht ein Radfahrer bei Schaffhausen ums Leben.* **mystisch** (ugs.): (in diesem Sinnbereich) nicht faßlich; für einen Uneingeweihten nicht verständlich: *das ist ja eine etwas fragwürdige, mystische Angelegenheit;* vgl. undurchschaubar ↑[2]dunkel; ↑unerklärlich, ↑unfaßbar.

[1]**gehen:** sich (in aufrechter Haltung) in normaler Gangart fortbewegen; ist das allgemeinste Wort dieser Gruppe; oft mit Raumangabe: *er ging eben über die Straße.* **laufen:** (in diesem Sinnbereich) **a)** zu Fuß gehen; wird als Gegenwort zu Verben einer anderen Art der Fortbewegung verwendet: *wir wollen l. und nicht fahren; vier Stunden durch die Straßen l.;* **b)** (landsch.): in bestimmter Absicht, ohne zu säumen irgendwohin gehen; wird oft gesagt, wenn man mit dieser Art des Gehens die schnelle Erledigung von etwas bezweckt; muß im allgemeinen mit einer Richtungsangabe verbunden werden: *lauf doch zum Bäcker und hol Kuchen!;* **c)** die Fähigkeit haben, sich gehend fortzubewegen: *das Kind lief im Alter von anderthalb Jahren noch nicht;* ↑[1]laufen, ↑[2]laufen. **springen** (landsch.): [recht schnell] irgendwohin gehen; muß im allgemeinen mit einer Richtungsangabe verwendet werden: *spring mal schnell an die Haustür und sieh, ob Post im Briefkasten liegt!;* vgl. springen ↑[1]laufen. **schreiten:** würdevoll und feierlich mit sicheren, abgemessenen Schritten aufrecht gehen; steht im allgemeinen mit einer Richtungsangabe: *sie schritten zum Altar.* **wandeln** (geh.): gemächlich und mit einer gewissen Unbeschwertheit und Leichtigkeit, im allgemeinen in einer kultivierten Landschaft oder in großen Räumen hin und her gehen: *ich sah ihn schon im Schatten der Lorbeerbäume w.* **wallen** (geh.): (in diesem Sinnbereich) zu mehreren dahinziehen, so daß durch die Menge ein Eindruck wogender, wellenförmiger Bewegung entsteht: *Gruppen von Tänzern und Tänzerinnen wallten in buntdurchwirkten Gazeschleiern dichtgedrängt über das Feld der Arena.* **marschieren:** (in diesem Sinnbereich) im Marschrhythmus gehen; wird im allgemeinen auf eine Gruppe bezogen: *die Kolonne marschierte;* vgl. marschieren ↑wandern. **schleichen** (ugs.): (in diesem Sinnbereich) langsam und schleppend gehen, weil man kraftlos und erschöpft ist: *sie konnte nach der Massage nur noch [nach Hause] s.* **schlappen** + Raumangabe (salopp): (in diesem Sinnbereich) i.S.v. gehen: *jetzt wollen wir wieder nach Hause schlappen;* vgl. schlappen ↑trotten; ↑herumtreiben, sich; ↑laufen, ↑reisen, ↑spazierengehen, ↑trippeln, ↑wandern.

[2]**gehen: mit jmdm. gehen** (ugs.): mit einem Partner des anderen Geschlechts gut und eng befreundet sein und mit ihm zusammen öfter [auf der Straße] gesehen werden, so daß beide als Liebespaar betrachtet werden;

wird fast nur auf jüngere Leute bezogen und nur auf solche, die nicht [mit einem anderen Partner] verlobt oder verheiratet sind; die Betreffenden sagen es von sich selbst im allgemeinen selten, höchstens rückblickend: *er geht mal mit dieser, mal mit jener; sie gingen immerhin schon drei Jahre miteinander, bevor sie sich verlobten.* **liiert sein** [mit jmdm.] (ugs.): (in diesem Sinnbereich) mit einem Partner, einer Partnerin als ein Paar verbunden sein, ohne daß dieses Verhältnis einen offiziellen Charakter trägt; sagt der Betreffende im allgemeinen nicht von sich selbst: *sein Bruder, der mit einer Französin liiert ist, fährt morgen nach Paris.* **ein Verhältnis haben** [mit jmdm.] (ugs.): zu jmdm. – oft heimliche – Liebesbeziehungen haben; läßt auf eine festere, oft auch illegale Bindung schließen: *es wurde ihm zugetragen, daß seine Frau ein Verhältnis [mit einem Ausländer] habe.* **ein Verhältnis unterhalten** [mit jmdm.]: mit jmdm. Liebesbeziehungen pflegen und dafür sorgen, daß sie [für eine gewisse Zeit] aufrechterhalten bleiben; bezieht sich oft auf heimliche Liebesverbindungen: *er unterhielt längere Zeit ein Verhältnis [mit einer Schauspielerin].* **eine Liebschaft haben** [mit jmdm.] (ugs.; veraltend): mit jmdm. ein Liebesverhältnis haben; weist meist auf eine weniger ernste Liebesverbindung hin, die von anderen oft abwertend beurteilt wird: *er hat eine Liebschaft.* **eine Liebschaft unterhalten** [mit jmdm.]: mit jmdm. in einer [heimlichen] von anderen oft abschätzig beurteilten Liebesverbindung stehen, die nicht fest zu sein braucht, um deren Fortbestand man aber bemüht ist: *daß er mit seiner Sekretärin eine Liebschaft unterhält, weiß doch der ganze Betrieb.* **eine Poussage haben** [mit jmdm.] (salopp; veraltend): mit jmdm. ein meist schnell vorübergehendes, lockeres Liebesverhältnis haben; bezieht sich namentlich auf Schülerliebschaften. **ein Techtelmechtel haben** [mit jmdm.] (salopp): mit jmdm. [insgeheim und nur für kurze Zeit] ein nicht recht durchschaubares, meist nicht allzu festes Liebesverhältnis haben: *sie hatte ein Techtelmechtel mit einem Besatzungsoffizier.* **etwas mit jmdm. haben** (ugs.): zu jmdm. [oberflächliche] Liebesbeziehungen pflegen, über die zwar nichts Genaues bekannt ist, die man aber – oft nur auf Grund von Vermutungen – annimmt: *du kannst sagen, was du willst, er hat etwas mit ihr.* **es mit jmdm. haben** (ugs.; verhüllend): (in diesem Sinnbereich) mit jmdm. intime, meist heimliche Liebesbeziehungen unterhalten: *hast du es mit ihr oder nicht?;* ↑anbändeln, ↑flirten, ↑[1]lieben, ↑verlieben.

[3]**gehen: zu weit gehen:** über das Zumutbare hinausgehen, zuviel wagen, sich zuviel erlauben: *du bist ihm gegenüber wirklich zu weit gegangen.* **übers Ziel hinausschießen:** verführt durch sein Temperament oder im Affekt in einem bestimmten Fall mehr sagen oder tun als angebracht oder schicklich ist: *du bist immer sehr unvorsichtig und schießt deshalb leicht übers Ziel hinaus;* ↑erlauben, ↑wagen.

[4]**gehen:** zu Ende gehen, etwas geht zu Ende: (in diesem Sinnbereich) etwas ist dem Zeitpunkt nahe, erreicht den Punkt, an welchem es aufhört; bezieht sich auf bestimmte, größere oder kleinere Zeitabschnitte, die in ihrer Art oder Dauer oft näher gekennzeichnet sind, oder auf Geschehen von bestimmter Dauer, die im Hinblick auf ihren zeitlichen Ablauf gesehen werden; drückt den Sachverhalt am allgemeinsten und neutralsten aus und dient oft der sachlichen Feststellung: *die Demonstration ging ohne weiteren Zwischenfall zu Ende; auch die längsten Ferien gehen einmal zu Ende;* vgl. zu Ende gehen ↑ausgehen. **zur Neige/**(dichter. auch:) **Rüste gehen,** etwas geht zur Neige/Rüste: (in diesem Sinnbereich) i. S. v. zu Ende gehen; bezieht sich nur auf Zeitabschnitte, die dem natürlichen Ablauf gemäß zu ihrem Ende und Abschluß gelangen; betont mehr den Übergang, das Abnehmen und hebt weniger das Ende selbst hervor; wird oft auch gebraucht, wenn von einem Zeitabschnitt die Rede ist, dessen Dahinschwinden man mit einem gewissen Bedauern feststellt: *das Jahr geht zur Rüste, und der Krieg währt immer noch;* vgl. zur Neige gehen ↑ausgehen. **dem Ende zuneigen,** sich; etwas neigt sich dem Ende zu (geh.): etwas nähert sich langsam, jedoch unaufhaltsam dem Zeitpunkt, an dem es ausklingt; bezieht sich auf Zeitabschnitte von einer gewissen Dauer, die in bestimmter Hinsicht als ein Ganzes, eine Einheit betrachtet werden; oft auch auf solche, die man mit Bedauern schwinden sieht: *sie gelangten erst zur Hütte, als sich der Tag dem Ende zuneigte.*

[5]**gehen: wider/**(auch:) **gegen den Strich gehen,** etwas geht jmdm. wider/gegen den Strich (ugs.): etwas entspricht nicht jmds. Einstellung und ist ihm deshalb sehr unangenehm; bezieht sich auf etwas, was jmdn. persönlich angeht, was man von ihm verlangt: *es geht mir gegen den Strich, daß ich gegen meinen eigenen Vater prozessieren soll.* **nicht passen,** etwas paßt jmdm. nicht: (in diesem Sinnbereich) jmd. ist mit etwas nicht einverstanden; jmd. billigt etwas, meist aus ganz persönlichen Gründen, die sich nicht immer eindeutig darstellen und begreifen lassen,

nicht; bringt Unbehagen oder Mißfallen zum Ausdruck: *es paßt mir nicht, daß ich hier den Aufpasser spielen soll.*

Gehör: Gehör schenken, jmdm./einer Sache: sich aufgeschlossen zeigen für etwas, was ein anderer vorbringt, seien es dessen eigene Anliegen oder irgendwelche anderen Dinge: *ihren Bitten Gehör schenken.* **ein/**(auch:) **sein Ohr leihen,** jmdm. (geh.): jmdm. bereitwillig zuhören. **ein offenes/**(auch:) **williges Ohr haben,** für jmdn./etwas: jmds. Bitten, Wünschen zugänglich sein: *die Betriebsleitung hatte ein offenes Ohr für seine Urlaubswünsche.* **anhören,** jmdn.: sich für jmdn. Zeit nehmen, ihm aufmerksam und geduldig [und mit Wohlwollen] zuhören; wird im allgemeinen auf eine sozial höhergestellte Person bezogen, der ein Anliegen vorgetragen wird; schließt oft Entgegenkommen oder Zustimmung mit ein: *ich glaube kaum, daß er mich anhören wird, wenn ich ihm schon wieder mit derselben Sache komme.*

gehorchen [jmdm.]: sich dem Willen, der Gewalt einer [höhergestellten] Person oder Autorität unterordnen und das tun, was sie bestimmt oder befiehlt: *er gehorchte seinen Weisungen.* **gehorsam sein:** sich jmds. Weisungen oder Befehlen gegenüber willig zeigen und ihnen bereitwillig nachkommen: *er sollte bestraft werden, weil er nicht gehorsam gewesen war;* ↑gehorsam. **folgen,** jmdm. (fam.): (in diesem Sinnbereich) das tun, was jmd. rät oder bestimmt; wird hauptsächlich auf Kinder bezogen: *die Mutter ermahnte ihre beiden Töchter, der Großmutter in allem zu f.* **hören** [auf jmdn.] (fam.): auf das hören, was ein anderer sagt, und seinen Rat befolgen, seinen Weisungen nachkommen; das tun, was jmd. als Rat oder Weisung ausspricht: *der Junge hörte nicht auf seinen Bruder und betrat das Eis.* **spuren** (salopp): sich fügend genau das tun, was jmd. bestimmt oder befiehlt: *der Kompaniechef war fest davon überzeugt, daß in wenigen Wochen auch der dritte Zug spuren würde.* **parieren** (ugs.): (in diesem Sinnbereich) unbedingt, ohne jedes Aufbegehren und ohne jeden Widerspruch gehorchen: *er wird schon lernen zu p.* **nach jmds. Pfeife tanzen** (ugs.): gleichsam ohne eigenen Willen gehorchen, alles tun, was ein anderer verlangt; schließt immer etwas Unwürdiges mit ein: *alles muß nach seiner Pfeife tanzen;* vgl. hörig ↑verfallen.

gehören, etwas gehört jmdm.: (in diesem Sinnbereich) etwas ist jmds. Eigentum; betont vor allem, daß letztlich alle Rechte an der Sache in der Hand des Betreffenden liegen: *seinem Vater gehörten alle Textilfabriken in der näheren Umgebung.* **in jmds. Besitz sein/**(geh. auch:) **stehen/**(auch:) **sich befinden,** etwas ist/steht/befindet sich in jmds. Besitz; jmd. ist Besitzer von etwas; etwas steht hinsichtlich des Gebrauches, der Nutzung und bestimmter Rechte, die sich aus der Sache ergeben, zu jmds. Verfügung; betont vor allem, daß etwas [zeitweilig] in der Verfügungsgewalt von jmdm. steht, ohne dabei auszuschließen, daß es zugleich auch das Eigentum des Betreffenden sein kann: *das große Weingut stand seit Generationen im Besitz der Familie Panez;* ↑[1]Besitz. **sein,** etwas ist jmdm. (ugs.; landsch.): i. S. v. gehören: *wem gehört dieses Buch? Das [Buch] ist mir.*

gehorsam: irgendwelchen Anordnungen und Befehlen Folge leistend; wird selten auch auf Tiere bezogen; ↑gehorchen. **fügsam:** sich in seinem Handeln und Verhalten leicht und ohne Widerstreben einer Autorität unterordnend, sich ihr anpassend: *der Arzt kommt zu Menschen, die von ihm Hilfe erwarten und sie f. entgegennehmen.* **angepaßt** (abwertend): sich in seinem Verhalten nach der allgemein herrschenden Meinung, nach den Wünschen und Vorstellungen von Vorgesetzten usw. richtend. **konformistisch** (Ggs. nonkonformistisch; bildungsspr.): i. S. v. angepaßt; jedoch ohne die deutlich anklingende Kritik, die sich mit „angepaßt" verbindet.

geil: sexuell erregt und starkes, drängendes Verlangen nach geschlechtlicher Befriedigung habend und davon zeugend; wird bei sexualfeindlicher Einstellung abwertend gebraucht: *ihr Anblick machte ihn g.; er wurde g. bei seiner Berührung; ihre geile Zudringlichkeit stieß ihn ab.* **scharf** (salopp): i. S. v. geil; meist mit der Nebenvorstellung des Leidenschaftlichen; wird meist subjektbezogen gebraucht. **wollüstig** (geh.): (in diesem Sinnbereich) von Wollust, von geschlechtlicher Begierde erfüllt; im allgemeinen nur momentan, in einer bestimmten Situation; enthält keine moralische Wertung; wird wegen seiner unverhüllten Aussage gemieden: *w. legte sie ihre Arme um seinen Hals und zog ihn zu sich.* **spitz** (ugs.): geschlechtlich erregt; vor allem subjektbezogen: *wenn er das sieht, wird er ganz s.* **lüstern:** (in diesem Sinnbereich) ein auf geschlechtliche Lust, sinnliche Liebe gerichtetes Verlangen verspürend und ein wenig geschlechtlich erregt, von geschlechtlicher Begierde erfüllt, dabei aber seine Begierde zügelnd oder nur auf versteckte Weise andeutend oder sichtbar werden lassend: *die alte Basoni streichelte l. das Knie ihres Tischnachbarn.* **lasziv** (bildungsspr.): in auffälliger, deutlicher Weise [als anstößig empfundene] Sinnlichkeit, sinnliche Begierde ausdrückend: *sie drängte sich beim Tanzen l. an ihn heran;* ↑begierig; ↑gierig; ↑Begierde.

Geist, der (ohne Plural): (in diesem Sinnbereich) die vom Körperlichen unabhängige und über das Körperliche hinausführende Bewußtseins- und Denkkraft des Menschen; der Begriff umfaßt in wechselndem Grade die verschiedenen, auch gesondert benannten Geisteskräfte (z. B. auch „Verstand" und „Vernunft"): *ihr G. ist im Leiden stark und elastisch geworden.* **Verstand,** der (ohne Plural): die Kraft des Menschen, das Wahrgenommene sinngemäß aufzufassen und es zu begreifen, seine Fähigkeit, mit Begriffen umzugehen: *er durchdringt alles mit messerscharfem Verstande.* **Grütze,** die (ohne Plural; salopp): i. S. v. Verstand; ist, wie auch das folgende „Grips", nur in Fällen mit „Verstand" austauschbar, in denen festgestellt wird, daß ein einzelner Mensch [genügend, wenig, keinen o. ä.] Verstand hat, und verbindet sich nicht mit Attributen, die die besondere Art des Verstandes kennzeichnen, wie z. B. „scharf", „zersetzend" u. ä.: *er ist ein liebes Kind, aber er ist nicht sehr pfiffig und hat keine G. im Kopf.* **Grips,** der (ohne Plural; salopp): i. S. v. Verstand: *sein G. reicht nicht aus, das zu verstehen.* **Köpfchen,** das (ohne Plural; ugs.): i. S. v. Verstand; wird im allgemeinen nur als Bezeichnung für einen guten, gewitzten Verstand verwendet: *wer „Köpfchen" hat, bringt es weiter.* **Vernunft,** die (ohne Plural): (in diesem Sinnbereich) die Fähigkeit, das, was man weiß, sinnvoll einzuordnen, die Rangordnung der gegebenen Werte zu erkennen: *es ist nicht gut, wenn die Menschheit den Verstand überanstrengt und Dinge mit Hilfe der V. zu ordnen sucht, die der V. noch gar nicht zugänglich sind.* **Intellekt,** der (ohne Plural): scharfer, von Gefühlsregungen nicht beeinflußter Verstand; bezeichnet im Unterschied zu „Verstand", meist wertend, die besonders ausgeprägte oder einseitige verstandesmäßige Denkkraft: *er hat einen scharfen I.*

geistesgestört: krankhaft wirr im Denken und Handeln; [zeitweise] nicht über seine [volle] geistige Kraft verfügend und daher den einfachsten Lebensanforderungen nicht gewachsen: *er ist g. und muß in eine Anstalt gebracht werden.* **geisteskrank:** auf Grund einer Gehirnerkrankung oder bestimmter körperlicher Grundleiden nicht mehr imstande, normal, vernünftig zu denken, zu reagieren und zu handeln; an einer Psychose leidend. **wahnsinnig:** (in diesem Sinnbereich) von zerrüttetem Verstand; im [dauernden] Zustand geistiger Verwirrung befindlich und unter bestimmten Zwangsvorstellungen leidend, häufig infolge schrecklicher Erlebnisse oder schwerer Schicksalsschläge; bezeichnet meist einen stärkeren Grad geistiger Zerrüttung als „geistesgestört" und „geisteskrank" und wird seltener gebraucht als diese. **umnachtet** (dichter.; verhüllend): im Zustande geistiger Verwirrung oder Zerrüttung; dem Wort wird oft „geistig" vorangestellt, oder es wird gebraucht, wenn stellvertretend vom „Geist" der betreffenden Person die Rede ist, wobei es sich meist um einen Menschen handelt, der auf Grund übergroßer Sensibilität oder übersteigerter Geistigkeit dem Wahnsinn verfallen ist: *sein umnachteter Geist gaukelt ihm die schrecklichsten Phantasiebilder vor.* **irrsinnig, irr[e]** (selten): (in diesem Sinnbereich) i. S. v. geistesgestört. **verrückt** (salopp): (in diesem Sinnbereich) i. S. v. geistesgestört; das Wort läßt, da es sich auf einen wirklich Geisteskranken bezieht, eine lieblose Einstellung erkennen: *seit ihrem Unfall ist sie v.*

geistig: a) auf den menschlichen Geist, das Denkvermögen, seine Verstandeskräfte, seine Fähigkeit, Dinge zu durchdenken und zu beurteilen, bezogen; im Unterschied zu „mental" kennzeichnet „geistig" nicht nur die Zugehörigkeit, sondern auch eine Eigenschaft, die noch dazu einen Wert darstellt und in Opposition zu „materiell", „körperlich" und „leiblich" steht: *g. träge, rege; geistige Berufe, Interessen, Fähigkeiten; er war der geistige Vater dieses Plans;* **b)** besonders scharfen Verstand, ausgeprägtes Denkvermögen besitzend, sich mit den Dingen des Geistes beschäftigend, Verstand habend und davon zeugend: *er ist ein ausgesprochen geistiger Mensch, Typ.* **mental** (bildungsspr.): den Bereich des Verstandes, des Bewußtseins betreffend, sich von ihm herleitend; im Unterschied zu „geistig", das auf Tätigkeit und Wirken hindeutet, gibt „mental" mehr die bloße Zugehörigkeit zu diesem Bereich an, zeigt, wo etwas zu lokalisieren ist; „mental" kann in diesem Sinnbereich üblicherweise durch „geistig" zwar ersetzt werden, kann aber insofern die Aussage nuancieren, als „mental" eine sachliche Feststellung ist und keine zusätzliche Assoziation auslöst, wie es bei „geistig" möglich wäre: *mentale Störungen; ein mentaler Irrtum; eine mentale Konzeption; die Patienten sind m. in Ordnung.* **intellektuell** (bildungsspr.): (in diesem Sinnbereich) von Intellekt, Verstand, Denkvermögen zeugend: *er ist ein sehr intellektueller Mensch;* ↑geistreich, ↑klug.

geistreich: von Geist und Witz zeugend, besonders wenn er sich in hervortretenden

Einzelheiten kundtut; die Gabe habend, [witzige] treffende Gedanken zu äußern, wobei nicht immer die Tiefe des Gedankenganges entscheidend ist, sondern oft eine Art des Denkens und Redens, die vor allem nach außen hin glänzend wirkt; bezieht sich sowohl unmittelbar auf den Menschen als auch auf seine Äußerungen, seine Art zu wirken: *ein geistreicher Mann; eine geistreiche Unterhaltung.* **geistvoll:** klug, durch Originalität und meist auch Tiefe der Gedanken auffallend; bezieht sich auf den Menschen, häufiger auf seine Art, sich zu äußern: *sie plauderte leicht und g., oft ein wenig spottlustig.* **witzig:** (in diesem Sinnbereich) die Gabe besitzend, [in bestimmten Situationen] durch überraschende [scherzhaft] treffende, oft schlagfertige Äußerungen, durch spaßige Verknüpfungen einzelner Tatsachen andere zu unterhalten oder zum Lachen zu bringen; von dieser Gabe zeugend; bezieht sich auf den Menschen und seine Äußerungen: *sein Vortrag war recht w.; eine w. formulierte Kritik.* **einfallsreich:** eine Vielzahl von Ideen, augenblicklichen Eingebungen habend; so veranlagt, daß man im gegebenen Augenblick den richtigen Gedanken hat; bezieht sich im allgemeinen nur auf den Menschen selbst; wird meist attributiv oder subjektbezogen gebraucht. **schlagfertig:** die Fähigkeit besitzend, in bestimmten Situationen mit einer treffenden Äußerung rasch, dabei oft witzig zu reagieren [und dadurch einen Angriff abzuwehren]; von einer solchen Fähigkeit zeugend; bezieht sich auf den Menschen und seine Äußerungen; ↑geistig, ↑klug.

[1]**geizig** (Ggs. ↑freigebig): nicht gern von seinem Besitz etwas abgebend; ängstlich darauf bedacht, daß sich der Besitz nicht verringert; wird als negativ empfunden. **sparsam:** (in diesem Sinnbereich) im Geldausgeben sehr zurückhaltend, nicht viel Geld ausgebend, unter Umständen sogar kleinlich, wenig großzügig, nicht ↑verschwenderisch: *er ist immer sehr s.* **preisbewußt:** (beim Kaufen) auf den Preis achtend, nicht jeden – vor allem keinen zu hohen Preis – zahlend; kann auch verhüllend soviel bedeuten wie „aus Mangel an Geld sparsam". **filzig** (ugs.; abwertend): in besonders unangenehmer und kleinlicher Weise geizig. **knauserig** (fam.; abwertend): selbst in kleinen, unbedeutenden Dingen geizig, bestrebt, überall etwas einzusparen; steht meist im Zusammenhang mit Sachwerten: *sie ist zu k., um uns eine kleine Erfrischung anzubieten.* **knick[e]rig** (fam.), **knickig** (landsch.), **kniepig** (landsch.): in Geldangelegenheiten ohne jede Großzügigkeit; nur ungern und möglichst wenig Geld hergebend. **schäbig** (abwertend), **schofel** (ugs.; abwertend) in beschämender Weise geizig, selbst dann nichts oder nur wenig hergebend, wenn es wirklich angebracht und erforderlich wäre: *es war sehr s. von dem Fabrikdirektor, seinem langjährigen Chauffeur keine Altersversorgung zu geben;* vgl. schäbig ↑gemein. **netig** (landsch.): sehr genau und übertrieben sparsam, geizig und nur auf seinen Vorteil bedacht: *dieser netige Bauer rückt nichts raus.* **gnietschig** (landsch.): nichts, auch nicht das geringste von seinem Besitz gern, sondern nur widerwillig und mürrisch gebend: *sie ist sehr g.* **hartleibig** (veraltend): auf eine Aufforderung oder Bitte hin nichts oder nur ungern etwas hergebend: *er wollte von seinem Vater 5 Mark haben, doch der zeigte sich h.;* ↑habgierig.

[2]**geizig: geizig sein** (Ggs. freigebig sein): in unangenehmer Weise bestrebt sein, von seinem Besitz nichts abzugeben; ängstlich darauf bedacht sein, daß sich der eigene Besitz nicht verringert: *sie ist viel zu geizig, um ein so teures Kleid zu kaufen.* **den Pfennig dreimal/**(auch:) **zehnmal [her]umdrehen** (ugs.; abwertend): aus großer Sparsamkeit mit jeder Geldausgabe lange zögern und überlegen, ob sie sich nicht vermeiden läßt. **am Geld kleben** (salopp; abwertend); **am Geld hängen** (ugs.; abwertend): sich nicht von seinem Geld trennen können. **auf dem/**(auch:) **seinem Geld sitzen** (salopp; abwertend): genügend Geld haben und dennoch nichts davon hergeben, ausgeben wollen; sich nicht so leicht zum Geldausgeben bereit finden; diese Wendungen enthalten eine Kritik des Sprechers/Schreibers. **die Hand auf die/**(auch:) **der Tasche/**(auch:) **auf den/**(auch:) **dem Beutel halten** (ugs.): nicht so leicht zum Geldgeben bereit sein und in allen Geldangelegenheiten keinerlei Freigebigkeit zeigen. **den Daumen auf etw. haben/halten** (ugs.): nach Möglichkeit verhindern, daß von Geld o. ä. etwas verschenkt oder ausgegeben wird, nur zögernd davon abgeben, etwas weggeben: *sie hielt den Daumen auf das Vermögen, auf den Geldbeutel, auf die Vorräte;* ↑habgierig.

gekränkt: sich durch jmds. Worte o. ä. in seinem Selbstgefühl angegriffen fühlend und in sich zurückgezogen; wird auf den Menschen, aber auch auf seinen Gesichtsausdruck angewandt: *als ich ihm Vorwürfe machte, war er sehr g.;* ↑kränken. **beleidigt:** durch das Verhalten eines anderen so in seinem Ehrgefühl oder in seiner Eitelkeit getroffen, daß man sich von dem anderen – gewöhnlich vorübergehend – abwendet und sich ihm gegenüber abweisend verhält [und es zum Ausdruck bringt]; oft auch, weil man sich ungerecht behandelt fühlt. Die Folge ist meist, daß der Beleidigte schweigt [und seinen Unmut nicht verbirgt]: *er war ernstlich b.; beleidigter Stolz;* ↑beleidigen; ↑Beleidigung. **verletzt:** durch jmds. Art oder Äußerung empfindlich getroffen, wodurch im Verhältnis zu dem anderen eine kühle Distanz geschaffen wird: *durch diese Frage war sie v.;* vgl. verletzen ↑kränken. **verschnupft** (ugs.; ironisch): durch jmds. Äußerung, Handlung oder Benehmen leicht beleidigt, auf Grund dessen dem anderen gegenüber von ablehnender Zurückhaltung und ihm nicht sehr freundlich gesinnt: *das hättest du nicht sagen sollen, nun ist sie v.* **pikiert:** aus Überempfindlichkeit über jmds. Äußerung, Handlung, Benehmen leicht gereizt, verärgert und beleidigt; der Sprecher/Schreiber stellt damit die Reaktion des Betroffenen in abschätzig-ironischer Weise dar: *p. saß sie in der Ecke.* **verstimmt:** in der seelischen Stimmung herabgemindert, weil sich jmd. anders, als man es wünschte, verhalten hat; oft auch, wenn man sich zurückgesetzt fühlt. **eingeschnappt** (salopp; abwertend): i. S. v. beleidigt; wird gesagt, wenn jmd. schnell etwas übelnimmt und wenn ausgedrückt werden soll, daß der Betroffene eigentlich aus nichtigem Anlaß gekränkt ist: *die ist auch immer gleich e.*

gelähmt: infolge einer Nerven- oder Muskelerkrankung unfähig, sich fortzubewegen oder Körperbewegungen auszuführen; wird im allgemeinen nicht prädikatbezogen gebraucht und von Personen und ihren Gliedmaßen gesagt. **lahm** (ugs.): i. S. v. gelähmt; bedeutet jedoch auf Personen bezogen, daß jmd. nicht vollständig bewegungsunfähig ist, sondern nur eine Lähmung oder einen Körperschaden an der Hüfte oder am Bein hat, hinkt: *ein lahmes Bein haben;* ↑lahm. **gehbehindert** (Verwaltungsspr.): durch irgendein Gebrechen an Bein oder Hüfte in der Fortbewegung behindert: *gebrechliche und gehbehinderte Personen bitte den Aufzug benutzen!*

gelassen: durch etwas Erfreuliches oder Unangenehmes nicht aus dem seelischen Gleichgewicht zu bringen, in ruhiger Gemütsstimmung bleibend, sich befindend, keine – wie vielleicht zu erwarten – Äußerungen der Empfindung von sich gebend oder von einer entsprechenden Haltung zeugend; kennzeichnet die Haltung eines Menschen, der zwar nicht gleichgültig oder stumpf ist, aber sich im Innersten nicht von etwas, was auf ihn zukommt oder ihm zuteil wird, beeindrucken läßt und auch nichts über Gebühr wichtig nimmt; vgl. Gelassenheit ↑Fassung. **gleichmütig:** durch irgendwelche Störungen, Vorfälle oder Verdruß sich nicht in seiner gewohnten, alltäglichen Haltung und Beschäftigung hindern lassend; von gleichbleibender, nicht aus dem Gleichgewicht zu bringender Gemütsverfassung, die sowohl Ausdruck geistiger Reife als auch einer gewissen Stumpfheit, Empfindungslosigkeit sein kann: *er nahm die Nachricht vom Sturz der Aktien g. auf.* **gefaßt:** einem Schicksalsschlag gegenüber Haltung bewahrend oder erkennen lassend; drückt aus, daß man sich äußerlich beherrscht und sich die innere Bewegung nicht anmerken läßt: *g. hörte er die Verlesung des Gerichtsurteils;* vgl. Gefaßtheit ↑Fassung. **kaltblütig:** (in diesem Sinnbereich) in einer kritischen Lage fähig, sich von Verwirrung und Unsachlichkeit freizuhalten und das Richtige zu tun; von einer entsprechenden Haltung zeugend; bezeichnet einen speziell männlichen, soldatischen oder politischen Vorzug; wird in bezug auf Menschen und deren Handlungen verwendet, mit denen sie einer Gefahr trotzen: *k. stellte er sich dem Einbrecher in den Weg;* vgl. kaltblütig ↑brutal; ↑gleichgültig, ↑gutmütig, ↑ruhig, ↑unerschrocken.

[1]**Geld,** das: **a)** (Plural ungebräuchlich): (in diesem Sinnbereich) benötigter oder vorhandener Geldbetrag bestimmter Höhe, der für eine bestimmte Verwendung vorgesehen ist; steht im allgemeinen nur in der Beziehung zu seinem Verwendungszweck: *das G. für die Reise, für eine Anschaffung;* ↑[2]Geld, ↑[3]Geld; **b)** im Plural: (in diesem Sinnbereich) verfügbare Beträge oder Geldsummen, die von einer verwaltenden [öffentlichen oder privaten] Hand bestimmten Zwecken zugeführt werden: *die paar Gelder, die dem technischen Geschäft zuflossen, wurden sogleich von der Hausfrau in Empfang genommen. Brot, Milch und Fleisch wollten doch täglich bezahlt sein.* **Mittel,** die (Plural): (in diesem Sinnbereich) Gelder, die einer öffentlichen Stelle die Wahrnehmung ihrer Pflichten und Interessen ermöglichen: *die meisten Institutionen und Gruppen mit einer gesellschaftsdienenden Mission sind gezwungen, ihre M. für die dringenden Erfordernisse des Tages in Anspruch zu nehmen;* vgl. Mittel ↑[2]Geld. **Staatsknete,** die (salopp; ohne Plural): vom Staat zur Verfügung gestelltes Geld. **Geldmittel,** die (Plural; selten): i. S. v. Mittel; wird zum Unterschied von diesem angewandt, um Verwechslung mit irgendwelchen anderen als geldlichen Mitteln zu vermeiden: *sie könnten die meisten Verbrechen verhindern, wenn sie nur die dazu benötigten G. aufwenden wollten;* ↑Zahlungsmittel.

[2]Geld, das (ohne Plural): (in diesem Sinnbereich) die für die Lebenshaltung erforderlichen geldlichen Mittel: *offenbar hat er das nötige G. für ein so kostspieliges Hobby;* ↑[1]Geld, ↑[3]Geld. **Mittel,** die (Plural): (in diesem Sinnbereich) für besondere Bedürfnisse, einen besonderen [extravaganten] Lebensstandard ausreichendes Vermögen, das dem Besitzer weitgehende Bewegungsfreiheit gewährt, seinen Neigungen nachzugehen oder einen gewissen Aufwand zu treiben: *zu Mitteln kommen; wenn man die nötigen M. hat, ist das Reisen kein Problem;* vgl. Mittel ↑[1]Geld. **Kleingeld,** das (ohne Plural; ugs.; scherzh.): (in diesem Sinnbereich) größerer Geldbetrag; reichlich vorhandene Geldmittel, die es dem Besitzer gestatten, größeren Aufwand zu treiben oder kostspieligen Interessen nachzugehen, ohne die finanzielle Belastung zu spüren: *für solche Anschaffungen fehlt uns das nötige K.;* vgl. Kleingeld ↑Zahlungsmittel. **Marie,** die (ohne Plural; salopp): reichlich Geldmittel: *wir haben nicht die M., die Sie sich einreden. Wir sind bettelarme Leute.* **Pinke[pinke],** die (ohne Plural; fam.; scherzh.): genügend oder reichlich Geld; wird wie „Kleingeld" oft in verhüllender Weise oder in verharmlosender Absicht gesagt: *wir müssen sehen, wie wir mit dem, was noch übrig ist, auskommen. Wir haben fast keine Pinke mehr.* **Kies,** der (ohne Plural; salopp): [Bar]geld in großer Menge, meist in bezug auf jmds. Besitz: *sein Vater hat [eine Menge] K.* **Zaster,** der (ohne Plural; salopp): Geld, das man braucht, das man haben möchte; drückt im Unterschied zu „Pinke" usw. unverhüllt [kaltschnäuzig, höhnisch oder grimmig] jmds. Abhängigkeit davon aus: *ohne Z. läßt sich nicht leben; die Chose bringt Z.* **Moneten,** die (Plural; salopp); **Kapitalien,** die (Plural; scherzh.): Geld, das man [für eine besondere Ausgabe, eine Vergnügung o.ä.] zur Hand hat oder flüssig machen kann; wird meist von kleineren Barsummen oder von der Barschaft, die jmd. bei sich trägt, gesagt: *meine Moneten sind alle.* **Moos,** das (ohne Plural; salopp; scherzh.); **Blech,** das (ohne Plural; scherzh.); **Zwirn,** der (ohne Plural; scherzh.); **Penunzen,** die (Plural; salopp; scherzh.); **Pinunse,** die (meist Plural; salopp; landsch.; scherzh.); **Draht,** der (ohne Plural; salopp); **Schotter,** der (ohne Plural; salopp): das nötige Kleingeld, das man täglich braucht, ohne das man nicht leben kann: *Brauchst du Pinunse?* **Mücken,** die (Plural; salopp; scherzh.); **Kröten,** die (Plural; salopp; scherzh.); **Zechinen,** die (Plural; ugs.); **Pulver,** das (ohne Plural; salopp; scherzh.): Geldmittel, mit denen man sich, je nach ihrer Höhe, bestimmte kleinere oder auch größere luxuriöse Wünsche erfüllen kann; die Ausdrücke dienen als verharmlosende Umschreibung, mit denen der Sprecher/Schreiber die Bescheidenheit seines Barbesitzes andeuten oder ein beträchtliches Kapital als eine Kleinigkeit darstellen will: *ich habe wieder etliche Mücken verdient.* **Kohle,** die (ohne Plural; salopp): i.S.v. Geld: *das bringt K.* **Knete,** die (ohne Plural; salopp): i.S.v. Geld: *ohne K. machen wir das nicht.* **Eier,** die (Plural; salopp); **Piepen,** die (Plural; salopp); **Kohlen,** die (Plural; salopp): Geld in größerer Menge; Geldbeträge, mit denen man sich als wohlhabender Mann zu erkennen gibt: *Hauptsache, die Kohlen stimmen!* **Mammon,** der (ohne Plural): die für irgendeinen Zweck, für luxuriöse Bedürfnisse o.ä. notwendigen unentbehrlichen Geldmittel; stellt das Geld als die leidige, aber unumgängliche materielle Voraussetzung für etwas hin; meist abwertend: *ich hänge nicht am schnöden M.;* ↑Zahlungsmittel.

[3]Geld, das: (in diesem Sinnbereich) Kapital oder Vermögen, über das man verfügt, wovon man lebt, auf dessen Sicherung und Mehrung man bedacht ist; das Wort steht hier im Unterschied zu [1]Geld, [2]Geld in Verbindungen, die den Besitz in irgendeiner Form anzeigen [am häufigsten mit besitzanzeigendem Fürwort]: **a)** (im Singular): *sie ermahnen ihn, sein G. auf die Sparkasse zu tragen;* **b)** (im Plural): bezieht sich auf Vermögensbeträge, die entweder verschiedenen Einnahmequellen entstammen oder verschiedenen Besitzern gehören: *sie hält ihre Gelder streng beisammen.* **Kapital,** das: (in diesem Sinnbereich) verfügbare Geldsumme, die bei entsprechendem Einsatz geeignet ist, dem Besitzer oder Nutznießer nennenswerten Gewinn zu bringen oder als finanzielle Grundlage eines Unternehmens zu dienen: *sein K. gut, schlecht anlegen; von seinem K. leben.* **Vermögen,** das: (in diesem Sinnbereich) größerer persönlicher Besitz in Geld und Geldeswerten, der einen beträchtlichen finanziellen Rückhalt neben den laufenden Einkünften bildet: *er hat ein nettes kleines V. geerbt; sein V. zusammenhalten;* vgl. Vermögen ↑[1]Besitz. **Reichtum,** der: (in diesem Sinnbereich) großes, bedeutendes Vermögen; überdurchschnittliche Ansammlung von Geld und anderen Vermögenswerten, die Wohlhabenheit und Macht bedeuten: *keine Reichtümer besitzen; R. anhäufen.* **Millionen,** die (Plural; ugs.): (in diesem Sinnbereich) jmds. nach Millionen zählendes Vermögen: *er deponierte seine M. in der Schweiz.* **Groschen,** die (Plural; ugs.;

scherzh.): geldlicher Besitz [begrenzter Höhe], auf den man angewiesen ist, den man [mühsam] zusammengetragen hat: *„Fahre nur so fort!" hatte er gesagt. „Dann werden deine G. rasch vertan sein";* ↑Zahlungsmittel.

[1]**gelegen:** [als Zeitpunkt] für einen Zweck, den man im Auge hat, besonders geeignet; betont im Unterschied zu folgendem „passend" mehr, daß sich ein solcher Zeitpunkt [zufällig] selbst darbietet und wahrgenommen werden kann oder muß, weniger, daß man ihn berechnen oder wählen kann, und steht selten prädikat- oder subjektbezogen: *ich werde ihn zu gelegener Zeit fragen;* ↑[2]gelegen. **passend:** (in diesem Sinnbereich) für eine Unternehmung die geeigneten Bedingungen bietend; dabei wird nicht gesagt, ob es sich um einen zufällig günstigen oder um einen vorausberechneten Zeitpunkt handelt; steht im allgemeinen attributiv: *der passende Augenblick ist noch nicht gekommen;* ↑passend. **günstig:** einem Vorhaben Erfolg versprechend; im Verhältnis zu anderen Zeitpunkten besonders aussichtsreich; betont mehr das zufällige Zusammentreffen von dem Zweck entsprechenden Umständen, jedoch im Unterschied zu „gelegen" weniger, daß es sich um eine besondere [einmalige] Gelegenheit handelt, und drückt stärker die Anteilnahme, die Hoffnung oder den Wunsch des Sprechers/Schreibers aus: *im günstigen Moment zugreifen; die Stunde war nicht g. gewählt.* **angemessen:** (in diesem Sinnbereich) für ein Vorhaben, einen Zweck richtig gewählt; der Art oder Bedeutung dessen, was man beabsichtigt, entsprechend: *wir werden ihn zu angemessener Zeit darüber aufklären;* ↑angemessen. **gegeben:** (in diesem Sinnbereich) i. S. v. angemessen; besagt jedoch, daß auch die objektiven Verhältnisse günstig sind und es ratsam erscheinen lassen, mit einem Vorhaben, mit etwas, was man durchsetzen will, gerade jetzt hervorzutreten: *ich werde ihn zu gegebener Stunde darauf aufmerksam machen; er hielt den Augenblick für g.;* vgl. gegeben ↑ideal.

[2]**gelegen: gelegen kommen,** etwas kommt jmdm. gelegen: etwas kommt zu einem für jmdn. günstigen Zeitpunkt, so daß sich daraus für ihn keine Schwierigkeiten oder Ungelegenheiten ergeben: *es kommt mir sehr gelegen, daß die Handwerker noch vor dem Mittagessen die Leitungen verlegen wollen.* **passen,** etwas paßt jmdm. (ugs.): (in diesem Sinnbereich) etwas ist für jmdn. nicht störend oder unangenehm, da es sich in seine Zeiteinteilung einfügt: *es paßt mir sehr gut, wenn Sie erst gegen Abend kommen.*

gelingen, etwas gelingt [jmdm.] (Ggs. mißlingen ↑scheitern): (in diesem Sinnbereich) etwas erfolgt seinen Bemühungen oder seiner Absicht gemäß, hat durch seine Planungen, Bemühungen und Anstrengungen bei günstigen äußeren Umständen einen guten Erfolg; betont im Unterschied zum folgenden „glücken" stärker jmds. Bemühen: *durch Fleiß und Verstand gelang es ihr, sich selbständig zu machen; nur mit Mühe gelang es ihm zu verbergen, wie betrübt er war.* **glükken,** etwas glückt [jmdm.] (Ggs. mißglücken ↑scheitern): etwas gelingt durch die Gunst der Umstände seinen Bemühungen, seiner Absicht gemäß und hat einen gewünschten Effekt, ein erstrebtes Ergebnis, einen guten Erfolg: *es glückte ihm, noch eine Theaterkarte zu bekommen; mit einemmal glückt alles, auch das Unwahrscheinlichste;* vgl. flecken ↑Fortschritt.

gemein: (in diesem Sinnbereich) scham-, gefühl-, charakterlos und von rücksichtsloser, übelwollender Gesinnung oder Absicht; wird von Personen, ihrem Verhalten oder ihren Handlungen gesagt: *eine gemeine Handlungsweise; er hat sich g. benommen;* vgl. gemein ↑[1]gewöhnlich, ↑[2]gewöhnlich. **niedrig:** moralisch, sittlich tiefstehend; wird von einer menschlichen Gesinnung oder von einem Handlungsantrieb gesagt und steht meist attributiv: *der Angeklagte hat die Tat aus niedrigen, egoistischen Motiven begangen.* **schäbig** (abwertend): (im Urteil des Sprechers/Schreibers) ehrlos, erbärmlich und verächtlich; wird von Gesinnungen und Handlungen oder Handlungsantrieben, seltener von Personen gesagt: *eine schäbige Handlungsweise;* vgl. schäbig ↑[1]geizig. **schmutzig** (geh.): (in diesem Sinnbereich) (im Urteil des Sprechers/Schreibers) übel, verabscheuungswürdig; wird im allgemeinen nur auf eine Handlung oder die Motive zu einer Handlung bezogen: *aus schmutziger Selbstsucht hinterging er seine Kameraden.* **feig[e]:** (in diesem Sinnbereich) auf heimtükkische Weise gemein und ehrlos [handelnd]; bezeichnet Personen, ihre Gesinnungen oder Handlungen, wenn sich deren Gemeinheit oder Niedrigkeit besonders [einem] wehr- oder arglosen Menschen gegenüber äußert: *feiger Verräter, Mörder; sie haben uns f. im Stich gelassen;* ↑feige; ↑[2]abscheulich, ↑böse, ↑hinterlistig, ↑niederträchtig, ↑verabscheuenswert.

gemütlich: (in diesem Sinnbereich) auf Grund der gegebenen räumlichen Atmosphäre, der allgemeinen Beschaffenheit von etwas angenehm auf das geistig-seelische Befinden eines Menschen zurückwirkend; durch Bequemlichkeit und Ruhe von angenehmer Wirkung auf Sinne und Gemüt; von freundlicher Intimität und Ungezwungenheit: *das Zimmer ist wirklich g.* **behaglich:** (in diesem Sinnbereich) Wärme und Geborgenheit, Entspannung und Wohlbehagen vermittelnd; charakterisiert vor allem die Atmosphäre häuslicher Bequemlichkeit; im Unterschied zu „gemütlich" bezieht sich „behaglich" deutlicher auf das körperliche Wohlbefinden: *das Zimmer war b. eingerichtet.* **heimelig:** nicht fremd, sondern vertraut; wird gesagt, wenn man sich an einem unbekannten Orte wohl fühlt, wenn es dort traulich ist und man sich geborgen fühlt: *er liebte den stillen, heimeligen Ort.* **anheimelnd:** eine Atmosphäre der Vertrautheit und Behaglichkeit ausströmend; vor allem auf einen Ort bezogen, an dem man nicht zu Hause ist, aber an dem man sich zu Hause fühlt; wird im allgemeinen nicht prädikatbezogen gebraucht: *unser Quartier war sehr a.;* ↑lauschig.

Gemütsart, die (Plural ungebräuchlich): seelische Veranlagung, die sich in einer bestimmten Form, in charakteristischen Gefühlen oder Eigenschaften äußert: *eine freundliche G.* **Sinnesart,** die (Plural ungebräuchlich; geh.): (in diesem Sinnbereich) ein der Veranlagung entsprechendes Verhalten im Hinblick auf die Gefühlsregungen; steht im Unterschied zu „Gemütsart" zugleich stärker mit dem Denken in Verbindung und schließt oft ein bewußtes, absichtliches Handeln ein, das sich gegen jmdn. richtet: *die ungebärdige S. eines noch nicht zu freiwilliger Unterordnung erzogenen Volkes.*

genehmigen, [jmdm.] etwas (Ggs. ↑²ablehnen): dem Plan, der Absicht eines anderen, die dieser als Antrag, als Gesuch u. ä. vorgebracht hat, zustimmen und mit amtlicher Erlaubnis die Durchführung, die Verwirklichung gestatten; setzt, wie alle Wörter dieser Gruppe, jmds. Zuständigkeit für die jeweilige Angelegenheit voraus und wird im amtlichen Bereich verwendet: *die Baubehörde hat den Bau der Garage genehmigt.* **Genehmigung geben,** jmdm. für/(auch:) zu etwas (nachdrücklich): i. S. v. genehmigen; rückt wie die folgende Wendung stärker die Person, das Gegenüber in das Blickfeld; ist förmlicher und offizieller als „genehmigen". **Genehmigung erteilen,** jmdm. für/(auch:) zu etwas (nachdrücklich): i. S. v. genehmigen; wirkt in dieser Gruppe am förmlichsten und betont am stärksten die besondere Machtbefugnis des Betreffenden.

genießerisch: nach der Art eines Genießers, dem es auf Genuß ankommt, den er bewußt zu genießen versteht: *Rudolf lehnte sich g. zurück und trank seine Tasse leer.* **genüßlich:** nicht naiv hingegeben, sondern bewußt und mit einer gewissen Raffinesse einen Genuß voll auskostend. **genußvoll:** mit Genuß: *er ließ den Nachtisch g. auf seiner Zunge zergehen.*

genug: a) in solchem Maß, solcher Menge, wie es einem bestimmten Zweck oder einer bestimmten Forderung entspricht, daß man damit zufrieden sein kann: *er hat g. Geld; es ist g. Platz vorhanden;* **b)** eine bestimmte Grenze, ein bestimmtes Ausmaß erreicht habend, das man nicht überschritten sehen möchte; bezieht sich auf negativ gewertete, unangenehme oder lästige Dinge: *jetzt habt ihr g. Lärm gemacht; du bist lange g. untätig gewesen.* **genügend:** der Menge, dem Umfang nach einem bestimmten Bedarf, einem bestimmten Zweck [wohl] entsprechend; vertritt „genug" in attributiver Stellung oder sieht das Ausmaß von etwas mehr in seinem Bezug auf den bestimmten Zweck, dem es angemessen sein soll: *es sind g. Exemplare am Lager; wir haben Nahrungsmittel in genügender Menge eingekauft.* **ausreichend:** in einem Maß, einer Menge vorhanden, die für etwas reicht; besagt, daß etwas nicht hinter dem erforderlichen Grad, der erforderten Quantität zurückbleibt, wobei nicht gesagt wird, ob ein Mehr nicht wünschenswert wäre: *wir halten diese Sicherheitsvorkehrungen im Ernstfall nicht für a.; man zahlt ihm ein ausreichendes Gehalt.* **hinreichend:** [nicht zuviel und] nicht zuwenig für einen bestimmten Zweck, ein bestimmtes Erfordernis; lenkt im Unterschied zu „ausreichend" den Blick mehr auf das Mindestmaß, das erfüllt sein muß, wobei ein Mehr jedoch im allgemeinen nicht nötig ist: *eine hinreichende Antwort.* **hinlänglich:** gerade soviel wie unbedingt nötig; eben reichend: *wir haben h. zu leben.*

genügsam: sich mit wenigem begnügend: *er ist sehr g.* **bedürfnislos:** ohne besondere Bedürfnisse, mit wenigem, dem Notwendigsten sich zufriedengebend: *die Bewohner dieser Insel sind nach unseren Begriffen b.* **anspruchslos:** in materiellen Dingen, in Lebensweise und Kleidung keine besonderen Ansprüche stellend. **bescheiden:** in seinen Wünschen genügsam, mäßig, sich zurückhaltend: *Wolfgang war ein stiller und bescheidener Junge;* vgl. bescheiden ↑²kümmerlich, ↑³schlicht; ↑einschränken, ↑haushalten, ↑sparen.

gerade[n]wegs: (in diesem Sinnbereich) ganz direkt [auf etwas zu sprechen kommend]: *er sagte g. seine Meinung.* **ohne Umschweife:** [beim Verhandeln] ohne sich bei vorbereitenden oder hinauszögernden Schritten aufzuhalten: *sagen Sie ohne Umschweife, ob Sie Lust haben oder nicht!* **geradezu:** (in diesem Sinnbereich) rückhaltlos offen: *sie ist immer sehr g.* **frisch/**(auch:) **frei von der Leber weg** (ugs.): ohne langes Überdenken und sorgfältiges Formulieren dessen, was man auf dem Herzen hat; steht, wie „geradezu" und die folgenden Ausdrücke, immer als Artangabe bei Verben des Redens, Urteilens: *reden Sie nur frisch von der Leber weg!* **freiweg:** unbekümmert, ohne auf die Wirkung oder Folgen seiner Äußerung Rücksicht zu nehmen: *er erklärt f., daß er nun genug habe.* **geradeheraus, freiheraus:** i. S. v. freiweg: *sag doch geradeheraus, was du denkst!; er ist, freiheraus gesagt, ein Feigling.* **rundheraus:** ohne mit seiner Meinung, die den anderen überrascht oder die dem anderen unangenehm ist, zurückzuhalten: *er hat mir r. erklärt, er lehne jede Verantwortung ab.* **direkt:** (in diesem Sinnbereich) rückhaltlos und unmißverständlich: *ich hätte ihr das auf keinen Fall so d. gesagt;* ↑unmißverständlich, ↑unverblümt.

g[e]radestehen, für jmdn./etwas (ugs.): für eine fehlerhafte, unredliche, unrechte Handlung, die man selbst oder ein anderer begangen hat, [gezwungenermaßen] die Verantwortung übernehmen: *du hast das getan, also mußt du auch dafür g.* **herhalten müssen,** für jmdn. (ugs.): dazu herangezogen werden, an eines anderen, des eigentlich Verantwortlichen, Stelle, etwas zu tun oder zu erleiden: *wenn etwas schiefgeht, muß er immer herhalten.* **den Kopf hinhalten [müssen],** für jmdn. (ugs.): meist gezwungenermaßen, unter Umständen auf Grund einer verantwortlichen Position, für andere Menschen, für eine Handlung, einen Vorgang mit seiner Person haften, alle Folgen auf sich nehmen [müssen]: *er wird wieder seinen Kopf hinhalten müssen.* **ausbaden,** etwas [für jmdn.] (ugs.): für etwas, was man selbst oder häufiger ein anderer angerichtet hat, zur Verantwortung gezogen werden und die unangenehmen Folgen zu tragen haben; enthält einen Vorwurf des Sprechers/Schreibers: *du hast die Warnungen nicht hören wollen, jetzt mußt du die Sache a.* **büßen,** für etwas: für etwas (ein Vergehen) Strafe erleiden oder auf sich nehmen: *für seine Untaten b.;* ↑bezahlen, ↑einstehen, ↑entschädigen, ↑ersetzen, ↑sühnen, ↑verantworten.

geraten: gut ausfallen, die gewünschten Eigenschaften bekommen; von dem Ergebnis einer Herstellung gesagt, dessen Fehlerlosigkeit nicht allein von dem Herstellenden selbst, sondern außerdem von einem Entwicklungs-, Reifungsvorgang abhängt, den der Gegenstand zu durchlaufen hat; vorwiegend verneint oder fragend angewandt: *ob [uns] der Most in diesem Jahr gerät?;* vgl. geraten ↑ausfallen. **werden** (ugs.): i. S. v. geraten: *ist der Kuchen geworden?;* vgl. werden ↑ausfallen.

Gerede, das (abwertend; ohne Plural); **Rederei,** die (abwertend): etwas, was man [an Nachteiligem] über jmdn./etwas einander weitererzählt; betont, wie alle Wörter dieser Gruppe, daß das Weitererzählte letztlich von niemandem verantwortet wird und daß der Wahrheitsgehalt nur schwer zu fassen ist; bezieht sich stärker auf den Vorgang des Redens: *das Gerede der Leute.* **Geraune,** das (ohne Plural): (in diesem Sinnbereich) Andeutungen über jmdn./etwas, die man in aller Heimlichkeit, unter der Hand weitererzählt; betont stärker das Verbergen und Flüstern beim Erzählen. **Gemunkel,** das (ohne Plural): dunkle, verschwommene Andeutungen über jmdn./etwas, die man in aller Heimlichkeit, unter der Hand weitererzählt; betont stärker die Unbestimmtheit und Verschwommenheit des tuschelnden Redens. **Klatsch,** der (ohne Plural; abwertend): [lieblos-gehässiges] Reden über die [angeblichen] Fehler der Nächsten; betont stärker die Belanglosigkeit des Erzählten [und die übelwollende Einstellung]. **Tratsch,** der (ohne Plural; ugs.; abwertend): ausführlich-breites Reden, zumeist Nachteiliges, über private Angelegenheiten anderer; betont neben der Belanglosigkeit auch die Ausführlichkeit, mit der etwas erzählt wird; ↑Gerücht.

geringfügig: sehr klein, ohne besondere Bedeutung und deshalb kaum der Erwähnung wert: *er war nur g. verletzt.* **unerheblich:** so klein, daß es sich nicht lohnt, davon Aufhebens zu machen: *es entstand zum Glück nur unerheblicher Sachschaden.* **unbedeutend:** (in diesem Sinnbereich) sehr klein, kaum der Rede wert: *ich bin mit ein paar unbedeutenden Schrammen davongekommen.* **unbeträchtlich:** so wenig, daß es nicht ins Gewicht fällt: *ich habe gespielt und nur eine unbeträchtliche Summe verloren.* **lächerlich:** (in diesem Sinnbereich) (im emotionalen Urteil des Sprechers/Schreibers) so geringfügig, daß man es weiter nicht zu beachten, sich darum nicht zu kümmern, es gar nicht zu erwähnen braucht: *so ein lächerlicher Kratzer! Kleb ein Pflaster drauf!* **klein:** (in diesem Sinnbereich) von geringer Bedeutung, von geringem Ausmaß; wird im allgemeinen attributiv oder subjektbezogen verwendet: *er bemerkte jedes noch so kleine Versehen.* **winzig:** (in diesem Sinnbereich) so klein, daß es kaum sichtbar ist und deshalb gar nicht erst ins Gewicht fällt; wird im allgemeinen attributiv oder subjektbezogen verwendet: *eine winzige Abweichung vom Original.*

gerissen (ugs.): in unangenehmer Weise schlau und auf seinen Vorteil bedacht; durch Erfahrung genau wissend, wie man mit entsprechenden Tricks o. ä. etwas erreichen kann: *er ist ein gerissener Spieler.* **verschlagen** (ugs.): unaufrichtig und schlau; seine [bösen] Absichten vor anderen versteckend, um sich einen Vorteil zu verschaffen; nicht mit offenen Karten spielend, nie seine wahre Meinung äußernd, andere überlistend: *der Märchenheld ist ein Faulpelz, außerdem listig und v.* **ausgekocht** (salopp; abwertend): jeden Trick durchschauend, durch viele Erfahrungen gewitzt und diese Erfahrung auf schlaue, oft rücksichtslose Weise zum eigenen Vorteil ausnutzend. **abgefeimt, ausgefeimt** (landsch.): in allen Schlechtigkeiten, Bubenstücken erfahren; wird grundsätzlich von schlechten Menschen oder von ihrer Handlungsweise gesagt: *diese abgefeimten Lumpen!* **raffiniert:** nach einem ausgeklügelten Plan geschickt und schlau zu Werke gehend, und zwar so, daß der Partner die wahren Absichten nicht durchschaut und sich irreführen läßt; dabei auf seinen Vorteil bedacht: *eine raffiniertere Methode anwenden.* **gerieben** (salopp): etwas zum eigenen Nutzen und Vorteil werden lassend, indem man die Dinge und die eigene Haltung richtig dreht und wendet; seine Absichten auf schlaue, nicht immer rechtmäßige Art durchsetzend, andere übervorteilend: *ein geriebener Geschäftsmann.* **durchtrieben:** überaus erfahren in Kniffen und Dingen, die zum eigenen Nutzen dienen können und die man sowohl erfindet als auch ausführt; in allen Listen erfahren; „durchtrieben" drückt außer der Kritik am Charakter des Betreffenden auch Ablehnung aus; wird vor allem auf jüngere Leute bezogen, die derartige praktische Lebenserfahrungen eigentlich sonst noch gar nicht haben: *dieses Mädchen ist ganz d.* **ausgebufft** (salopp; berlin.; abwertend): auf recht grobe und unangenehm auffallende Weise seinen Vorteil wahrnehmend; bezieht sich auf den Charakter eines Menschen, der im Laufe der Zeit durch Erfahrungen und Gewohnheiten keine Hemmungen mehr hat, unbekümmert und recht skrupellos seine Pläne durchzusetzen. **geschäftstüchtig:** so geartet, daß der Betreffende es versteht, bei Geschäften Gewinne zu machen, wobei er sich unter Umständen auch nicht scheut, nicht ganz lautere Mittel anzuwenden, immer auf seinen Vorteil bedacht. **smart:** in geschickter, glatter Art geschäftstüchtig: *der smarte Kurdirektor; ein smarter Geschäftsmann.* **ausgefuchst** (ugs.): schlau und listenreich. **mit allen Wassern gewaschen** (ugs.): auf Grund von bestimmten praktischen Erfahrungen Überlegenheit habend, die bewirkt, daß der Betreffende nicht oder nicht so leicht überrumpelt oder überrascht werden kann; die bestimmten praktischen Erfahrungen für sich und seine Ziele schlau ausnutzend. **mit allen Hunden gehetzt** (ugs.): auf Grund bestimmter Erfahrungen überaus listig und schlau und daher in der Lage, Nachstellungen und Fallstricken weitgehend zu entgehen; ↑schlau.

Geruch, der: Ausdünstung, die mit dem Geruchsorgan, der Nase, wahrgenommen und sowohl angenehm als auch unangenehm empfunden werden kann. **Duft,** der: angenehmer, auch bei größerer Intensität meist feiner Geruch, der sich leicht verflüchtigen kann: *ein köstlicher, süßer, würziger D.; ein feuchter D. von Erde lag in dem kleinen Laden;* (auch ironisch): *die Düfte gelangten bis zu uns. Man sollte nicht erlauben, daß hier Knoblauch gegessen wird.* **Wohlgeruch,** der (geh.): besonders guter Duft: *himmlische Wohlgerüche.* **Gestank,** der (ohne Plural; abwertend): übler, durchdringender Geruch; enthält eine emotionale Anteilnahme des Sprechers/Schreibers.

Gerücht, das: etwas, was allgemein zugesagt, als Vermutung [weiter]erzählt wird: *ein G. kursiert; ein G. in Umlauf bringen.* **Fama,** die (ohne Plural; bildungsspr.); **Sage,** die (Plural ungebräuchlich): (in diesem Sinnbereich) i. S. v. Gerücht; wird jedoch im Unterschied zu „Gerücht" ausschließlich mit Verben verbunden, die einen vom Menschen unabhängigen und unbeeinflußten Vorgang nennen: *es entstand die Fama, er habe einen reichen Onkel beerbt; es ging die Sage, daß er sich eine Uniform mit einem Goldkragen habe machen lassen;* ↑Gerede.

Gesäß, das: Körperteil (hintere Beckengegend), auf dem der Mensch sitzt; es ist das allgemeinste und sachlichste Wort dieser Gruppe. **Hintern,** der (salopp); **Hintere,** der (salopp); **Hinterste,** der (ugs.; landsch.); **Achterste,** der (ugs.; landsch.); **Hinterteil,** das (ugs.): i. S. v. Gesäß; betont weniger die Funktion des Sitzens als vielmehr die hintere Lage: *er hat einen knackigen Hintern.* **Achtersteven,** der (landsch.; scherzh.): i. S. v. Gesäß; betont die hintere Lage; vor allem in Seemannskreisen verwendet. **Posteriora,** die (Plural; bildungsspr., veraltet; verhüllend): i. S. v. Gesäß; derbere Ausdrücke für diesen Körperteil bewußt umgehende Benennungsweise. **Allerwerteste,** der (Plural ungebräuchlich; scherzh.): i. S. v. Gesäß. **Arsch,** der (derb); **Mors,** der (derb; mdal.); **Mäse,** die (derb; mdal.): i. S. v. Gesäß: *auf den*

Arsch fallen; die hat einen schönen Arsch. **Bierarsch,** der (vulgär; emotional verstärkend): breites Gesäß; nur auf, zumeist männliche, Erwachsene bezogen. **Kiste,** die (salopp; scherzh.): breites Gesäß. **Podex,** der (fam.); **Pöker,** der (fam.; landsch.); **Pöks,** der (fam.; landsch.); **Popo,** der (fam.); **Po,** der (fam.); **Tokus,** der (fam.): [kleineres] Gesäß; häufig, aber nicht ausschließlich auf das Gesäß von Kindern bezogen. **verlängerte Rücken,** der (ugs.; scherzh.; verhüllend); **wo der Rücken zu Ende ist** (ugs.; scherzh.; verhüllend); **wo der Rücken seinen anständigen/ehrlichen Namen verliert** (ugs.; scherzh.; verhüllend): i. S. v. Gesäß; derbere oder als derb empfundene Ausdrücke bewußt umgehende und umschreibende Benennung; ↑After.

Geschäft, das: (in diesem Sinnbereich) Räumlichkeit, in der Waren zum Verkauf angeboten werden; Verkaufseinrichtung des Einzelhandels; gilt im Vergleich zu „Laden" als gewähltere Bezeichnung: *ein G. für Haushaltsartikel; das G. ist morgen geschlossen; sie hat ein großes, gutgehendes G.* **Laden,** der: [kleineres] Geschäft; ist im Unterschied zu „Geschäft" stärker mit der Vorstellung der Räumlichkeit (z. B. in bezug auf die Stellfläche) an sich verbunden: *ein kleiner L.; wir ziehen in einen größeren L. um; in dem L. gibt es auch Zeitungen und Brötchen.* **Selbstbedienungsladen,** der; **Selbstbedienungsgeschäft,** das: Geschäft mit Selbstbedienung. **Supermarkt,** der: großer Selbstbedienungsladen (von mindestens 400 m^2 Verkaufsfläche), wo ein umfangreiches Sortiment [zu niedrigeren Preisen] angeboten wird; meist im Inneren der Städte. **Discountgeschäft** [dißkaunt...], das; **Discountladen,** der: Einzelhandelsgeschäft, in dem nicht preisgebundene Waren bei Wegfall der Bedienung mit höheren Preisnachlässen verkauft werden. **Lebensmittelfachgeschäft,** das: Einzelhandelsbetrieb, der ein zusammenhängendes Lebensmittelsortiment in großer Auswahl und in unterschiedlichen Qualitäten und Preislagen mit ergänzenden Dienstleistungen (Kundenberatung) anbietet. **Verbrauchermarkt,** der: großflächiger Einzelhandelsbetrieb (mit mindestens 1 000 m^2 Verkaufsfläche), der vor allem Nahrungs- und Genußmittel, darunter auch Frischwaren, anbietet und ergänzend als Randsortiment Waren anderer Branchen (Non-food) führt, die für Selbstbedienung geeignet sind und schnell umgesetzt werden; mit überdurchschnittlich vielen Sonderangeboten; meist in Stadtrandlage und mit Kundenparkplätzen; in der Regel ohne Kundendienstleistungen (z. B. ohne intensive Beratung). **SB-Center,** das: Einzelhandelsgeschäft, das überwiegend in Selbstbedienung Güter des kurz- und mittelfristigen Bedarfs anbietet (wobei nicht mehr als 50 Prozent der Verkaufsraumfläche auf den Lebensmittelbereich entfallen; normalerweise eine Verkaufsfläche von 1 500 und mehr m^2 und Servicebetriebe [Tankstelle, Schuhreparatur usw.] und Kundenparkplätze). **SB-Warenhaus,** das: überdimensionales SB-Center (mit einer Verkaufsfläche ab 3 000 m^2) mit warenhausähnlichem Sortiment, sofern es für die Selbstbedienung geeignet ist; meist in Stadtrandlage und mit weiträumigen Kundenparkplätzen. **Warenhaus,** das: Einzelhandelsgroßbetrieb, der in verkehrsgünstiger Geschäftslage, meist im Zentrum der Innenstadt, Waren aus zahlreichen Branchen (besonders Bekleidung, Textilien, Hausrat, Wohnbedarf, Nahrungs- und Genußmittel) anbietet. Dabei wird sowohl mit Bedienung verkauft (z. B. im Textilbereich) als auch in Selbstbedienung (z. B. bei den Lebensmitteln). **Filialunternehmen,** das; **Filialbetrieb,** der: Unternehmen mit mindestens fünf standortlich getrennten, aber unter einheitlicher Leitung stehenden Verkaufsstellen. **Einkaufszentrum,** das; **Shopping-Center,** das; **Shopping mall,** das: gewachsene oder auf Grund einer Planung entstandene Konzentration verschiedener Einzelhandels- und Dienstleistungsbetriebe unterschiedlicher Art und Größe. **Cash-and-Carry-Betrieb** [käschᵉndkäṛi...], der: Großhandelsbetrieb, der Einzelhändlern und gewerblichen Verbrauchern in seinem Lager ein breites Sortiment an Nahrungs- und Genußmitteln sowie Gebrauchsartikel zum Weiterverkauf oder zur Verwendung im eigenen Betrieb zu Selbstabholung (carry) und gegen Barzahlung (cash) anbietet.

geschäftig: unentwegt tätig; sich mit viel Aufwand an Bewegung unausgesetzt mehr oder weniger sinnvoll beschäftigend. **betriebsam:** durch auffallend hastiges, lautes oder geschäftiges Gebaren den Anschein von großer Arbeitsamkeit erweckend; enthält meist eine leichte Kritik des Sprechers/Schreibers: *ein betriebsamer junger Mann.*

geschehen, etwas geschieht: etwas tritt als in irgendeiner Weise Bemerkenswertes, aus dem normalen Ablauf Herausfallendes in eine bestimmte Situation ein und durchläuft eine entsprechende Zeitspanne; bezieht sich auf den Ablauf vom Beginn bis zum Ende, ohne einen Punkt, eine Phase besonders hervorzuheben: *es geschieht etwas Unheimliches, das tragende Gebälk stürzt zusammen.* **ereignen,** etwas ereignet sich: etwas ist ein Ereignis, etwas Bedeutendes, etwas, was wichtig, von einer gewissen Bedeutung ist: *es ereignete sich ein kleiner Zwischenfall.* **zutragen,** etwas trägt sich zu: etwas geschieht in unvorhergesehener, unerwarteter Weise: *es hat sich Seltsames zugetragen.* **begeben,** etwas begibt sich (geh.): etwas ereignet sich [als etwas Wichtiges] in einer bestimmten Situation; drückt oft eine feierliche Gestimmtheit aus; üblicherweise von etwas gesagt, was bereits in der Vergangenheit liegt: *es begab sich etwas so Erstaunliches, daß es mit dem Verstande kaum zu fassen ist.* **vorgehen,** etwas geht vor: etwas ereignet sich [als Außergewöhnliches] in einer bestimmten Situation; bezieht sich stärker auf den Verlauf von [undurchschaubaren] Vorgängen: *er ahnt nur, daß etwas Ungeheuerliches vorgeht.* **abspielen,** etwas spielt sich ab: etwas läuft [als weniger bedeutsamer Vorgang] in einer bestimmten Situation ab; bezieht sich stärker auf den Verlauf: *er hat uns den Vorgang erzählt, der sich dort abgespielt hatte.* **vorfallen,** etwas fällt vor: etwas tritt als ein Vorfall in Erscheinung, als etwas, was plötzlich kommt und als etwas Bemerkenswertes – oft als etwas für die Beteiligten Unangenehm-Störendes – hervortritt: *irgend etwas Ungewöhnliches war vorgefallen.* **passieren,** etwas passiert (ugs.): etwas ereignet sich [als Unangenehm-Unheilvolles]: *hätte er guten Willen gezeigt, so wäre das Unglück nicht passiert; was passiert, wenn was passiert?; solange nichts passiert, geschieht nichts.*

Geschenk, das: etwas, was jmd. jmdm. schenkt oder was jmd. geschenkt bekommen hat: *das ist mein G. für dich; das ist ein G. von meinem Freund;* ↑schenken. **Gabe,** die (geh.): (in diesem Sinnbereich) Gegenstand, den man jmdm. überreicht, gibt, um ihm eine Freude zu machen oder als Aufmerksamkeit; im Unterschied zu „Geschenk", das in erster Linie den Gegenstand benennt, weist „Gabe" stets noch direkt auf die zugrunde liegende Handlung und die das Geschenk entgegennehmende Person hin: *die Opfer, die man den Göttern bringt, sind nicht Gaben der Liebe, sondern der Bestechung, meinte er.* **Präsent,** das (bildungsspr.): i. S. v. Geschenk: *ich habe dir ein kleines P. mitgebracht.* **Angebinde,** das: kleineres Geschenk als Geste der Zuneigung, als eine Aufmerksamkeit; klingt leicht gespreizt. **Aufmerksamkeit,** die: (in diesem Sinnbereich) kleineres Geschenk, das man überreicht, um der Form zu genügen, zuweilen aber auch, um jmdm. unerwartet eine Freude zu bereiten: *das sollte nur eine kleine A. sein.* **Mitbringsel,** das (fam.): kleines Geschenk, das man nach kürzerer oder längerer Abwesenheit, z. B. von einer Reise, mitbringt; vgl. Souvenir ↑Andenken.

geschmacklos: (in diesem Sinnbereich) davon zeugend, daß dem indirekt Betroffenen die Fähigkeit fehlt, zwischen schön und nicht schön zu unterscheiden; ästhetische Grundsätze verletzend: *g. gekleidet sein; eine geschmacklose Krawatte.* **stillos:** einen Verstoß gegen den Stil, das Stilgefühl bedeutend: *Wein aus Biergläsern zu trinken ist s.* **kitschig** (abwertend): auf geschmacklos empfundene Weise gestaltet, einen künstlerischen Wert vortäuschend: *kitschige Farben; ein kitschiges Souvenir; kitschige Filme.*

geschmeidig: (in diesem Sinnbereich) leicht und wendig, schmiegsam und glatt, dabei nicht allzu weich, sondern eher kraftvoll gewandt und anmutig wirkend; kennzeichnet die Bewegungen eines Menschen, die sich nicht abrupt und ruckhaft, sondern mit fließenden Übergängen vollziehen, wird jedoch auch unmittelbar auf den Menschen, mitunter auch auf einzelne Körperteile bezogen: *g. wie eine Katze glitt er durch die kleine Fensteröffnung.* **gelenkig:** leicht beweglich und sehr wendig; von auffallend leichter Beweglichkeit in den Gelenken, und zwar in bezug auf die Ausführung einer Übung oder im Hinblick auf die Bewältigung einer mit Hindernissen o. ä. verbundenen körperlichen Aufgabe; betont gegenüber „geschmeidig" weniger die Anmut, den ästhetischen Reiz als vielmehr die Fähigkeit, bestimmte Bewegungen ausführen zu können: *er ist g. wie ein Akrobat.* **elastisch:** (nicht schwerfällig und plump, sondern) federnd und zugleich kraftvoll gespannt; von Spannkraft und Geschmeidigkeit zeugend; kennzeichnet besonders die Bewegungen eines Menschen und seine Gestalt: *er ging mit raschen, elastischen Schritten auf sie zu.* **agil** (bildungsspr.): behend und lebhaft agierend, seine Unternehmungen ausführend, wendig. **graziös:** voll Geschmeidigkeit, Anmut und ästhetisches Wohlgefallen auslösend; ↑wendig.

Geschwulst, die: im weiteren Sinne jede örtlich begrenzte Schwellung, auch solche mit entzündlichem Ursprung; im engeren Sinne autonome Neubildung (Krebsgeschwulst), die sich in der Regel nicht von allein zurückbildet. **Tumor,** der (Plural: Tumoren, ugs. auch Tumore; Med.): i. S. v. Geschwulst. **Geschwür,** das: mit einer Schwellung einhergehende [eiternde] Entzündung der [Schleim]haut. **Ulkus,** das (Plural: Ulzera; Med.): i. S. v. Geschwür. **Schwellung,** die: angeschwollene Stelle: *eine S. am Knie.*

gesellig (Ggs. ↑ungesellig): mit der Fähigkeit und der Neigung ausgestattet, sich leicht anderen anzuschließen und mit ihnen gesellschaftlichen Umgang zu pflegen; ist meist kennzeichnend für eine positive Einstellung des Sprechers/Schreibers zu der Eigenschaft des Betreffenden: *g. war dieser Mann nicht.* **soziabel** (Soziologie): mit der Neigung und der Fähigkeit ausgestattet, sich gesellschaftlich an- und einzupassen; ↑gehorsam, ↑kontaktfähig.

Gesetz, das: (in diesem Sinnbereich) vom Staat erlassene Vorschrift; allgemein Festgesetztes, was meist mit einer gewissen Notwendigkeit fordert, daß sich danach das menschliche Verhalten richte, vor allem, daß der Staatsbürger und die Behörden eines Landes sich dem Wortlaut entsprechend verhalten und ihr Handeln danach einrichten, wobei die Nichtbeachtung vielfach unter Strafe steht; es kann sich dabei um einen schriftlich niedergelegten und gesetzten Willensakt der Staatsgewalt handeln, der verbindlich ist und zwingende Kraft besitzt, oder es handelt sich im formellen Sinne um einen Verwaltungsakt in bestimmter Form; ↑Befehl. **Vorschrift,** die: (in diesem Sinnbereich) das von einer dazu befugten Gewalt in schriftlicher, selten mündlicher Form Festgelegte, das das menschliche Verhalten in einer besonderen Situation bestimmt und verbindlichen Charakter hat: *ich habe meine Vorschriften.* **Mußvorschrift,** die: die für ganz bestimmte Situationen geltende Vorschrift mit Gesetzescharakter, deren genaue Einhaltung und Befolgung zur Pflicht gemacht ist. **Kannvorschrift,** die: das von einer meist höhergestellten Gewalt in schriftlicher Form Festgesetzte, das wohl Gesetzescharakter trägt, aber das es dennoch dem freien Ermessen des einzelnen überläßt, ob er es in seinem Handeln und Verhalten befolgen will. **Verordnung,** die: der in schriftlicher oder mündlicher Form von einer höhergestellten Gewalt oder Instanz ausgehende Willensakt, der zu bestimmten, allgemein gültigen Verhaltensweisen in besonderen Situationen oder zum Handeln im Sinne der menschlichen Gemeinschaft und ihres harmonischen Zusammenlebens auffordert und anhält; diese amtliche Willensbekundung hat allgemeinen Inhalt und besitzt meist verbindlichen Charakter; vielfach handelt es sich dabei um einen Verwaltungsakt und um Vorschriften über die Ausführung und Handhabung eines Gesetzes: *eine V. erlassen.* **Anordnung,** die: (in diesem Sinnbereich) die von einer höheren Instanz in schriftlicher oder mündlicher Form erlassene Verordnung, die gewöhnlich in ganz bestimmten Fällen Verhaltensmaßregeln oder in der Gesetzgebung Ausführungsvorschriften in verbindlicher Weise vorschreibt; vielfach ist dabei die zeitliche Dauer begrenzt und der Anwendungsbereich eingeschränkt: *eine dienstliche, polizeiliche A.;* vgl. Anordnung ↑Befehl. **Edikt,** das (veraltet): obrigkeitliche Anordnung, die bindende Kraft besitzt: *der Kaiser erließ ein E.* **Erlaß,** der: die von einer höheren Stelle oder hochgestellten Persönlichkeit erlassene Anordnung mit bindender Kraft; sie trägt häufig den Charakter einer Anweisung für die Verwaltungsbehörde: *amtliche Erlasse.* **Bestimmung,** die: eine genaue und ins einzelne gehende Verordnung innerhalb einer umfassenderen Gesetzessammlung, die die Ausführung von etwas vorschreibt. **Mußbestimmung,** die: einzelne, genau festgelegte Bestimmung innerhalb einer ganzen Gesetzessammlung, die allgemeine und verbindliche Geltungskraft besitzt und darum eingehalten und beachtet werden muß. **Sollbestimmung,** die: einzelne Bestimmung innerhalb eines größeren Gesetzes, an die man sich halten soll. **Kannbestimmung,** die: einzelne Bestimmung innerhalb eines umfassenderen Gesetzes, an die man sich halten kann, zu deren Beachtung man aber nicht gezwungen wird; ihre Befolgung wird in das freie Ermessen des einzelnen gestellt. **Verfügung,** die; **Dekret,** das: die von einer Behörde oder einem Gericht ergehende Anordnung, die sich im allgemeinen auf einen bestimmten Einzelfall bezieht und häufig als Anweisung für die Verfahrensweise einer Verwaltungseinrichtung erlassen wird.

Gesicht, das: die vordere Seite des menschlichen Kopfes. **Angesicht,** das (Plural ungebräuchlich; geh.): das Gesicht als Wesensausdruck des Menschen. **Antlitz,** das (Plural ungebräuchlich; dichter.): das menschliche Gesicht mit dem Ausdruck des Erhabenen. **Physiognomie,** die (bildungsspr.): Gesichtsausdruck; das Gesicht als Spiegel der Denkungsart oder Gesinnung eines Menschen; wird meist dann gebraucht, wenn man auf Grund der Gesichtszüge auf besondere [negative] Eigenschaften schließt: *er hat eine undurchdringliche P.* **Visage,** die (verächtlich): i. S. v. Gesicht; wird gebraucht, wenn der Sprecher/Schreiber das Gesicht als abstoßend oder widerwärtig empfindet, und dient gleichzeitig zur Abwertung des ganzen Menschen: *er hat eine widerliche V.* **Fratze,** die (abwertend): Gesicht, das als häßlich, verzerrt usw. angesehen oder bezeichnet wird; enthält emotional gefärbt die innere Abneigung des Sprechers/Schreibers: *er hat eine scheußliche F.* **Fresse,** die (derb; verächtlich): i. S. v. Gesicht: *wenn ich die F. von dem schon sehe!* **Backpfeifengesicht,** das (abwertend): Gesicht, dessen Physiognomie andere aggressiv macht, Aggressionen hervorruft. **Vollmondgesicht,** das (salopp; scherzh.); **Mondgesicht,** das (salopp; scherzh.): rundes, volles Gesicht. **Arsch mit Ohren,** der (derb): feistes Gesicht.

Gesichtspunkt, der: die Sicht, aus der heraus eine Sache dem Betrachter erscheint, der gedankliche, geistige Standort, von dem aus er etwas anfaßt oder beurteilt: *deinen G. verstehe ich nicht.* **Aspekt,** der (bildungsspr.): Art und Weise, in der einem etwas erscheint oder in der man etwas ansieht, erfaßt, beurteilt; während „Gesichtspunkt" und die anderen Wörter dieser Gruppe den Betrachterstandpunkt einnehmen und von ihm ausgehen, handelt es sich bei „Aspekt" auch um die jeweilige Angelegenheit selbst, die sich in einer bestimmten Weise darstellt, wo auch mehrere Aspekte miteinander im Zusammenhang gesehen werden: *etwas unter verschiedenen Aspekten betrachten; diese Sache hat verschiedene Aspekte; dadurch bekommt die Sache einen politischen A.* **Blickwinkel,** der; **Blickrichtung,** die; **Blickpunkt,** der; **Betrachtungsweise,** die: i. S. v. Gesichtspunkt: *aus meinem Blickwinkel heraus sieht das ganz anders aus.*

Gesindel, das (ohne Plural; verächtlich): (im Urteil des Sprechers/Schreibers) heruntergekommene Menschen mit fragwürdiger Existenz. **Pack,** das (ohne Plural; verächtlich): i. S. v. Gesindel; im Unterschied zu „Gesindel" erweckt „Pack" stärker die Vorstellung, daß es sich um eine irgendwie zusammengehörende Gruppe handelt, mit der man meist auch schon auf irgendeine Weise Bekanntschaft gemacht hat: *Der Autonome sagte: „Wer sich mit der Polizei solidarisiert hat, das waren Architekten, Lehrer, das ganze Pack."* **Bagage** [bagasch[e]], die (ohne Plural; abwertend): Gruppe von Menschen, über die sich der Sprecher/Schreiber ärgert. **Gelichter,** das (ohne Plural; verächtlich): i. S. v. Gesindel. **Brut,** die (ohne Plural; verächtlich): (in diesem Sinnbereich) i. S. v. Bagage. **Geschmeiß,** das (ohne Plural; verächtlich): (im Urteil des Sprechers/Schreibers) widerliche, verabscheuungswürdige Menschen (als Abschaum, Auswurf der Menschheit). **Sippschaft,** die (Plural ungebräuchlich; abwertend): (in diesem Sinnbereich) i. S. v. Bagage. **Gesocks,** das (ohne Plural; salopp; verächtlich): i. S. v. Gesindel. **Grobzeug,** das (ohne Plural; verächtlich); **Kroppzeug,** das (ohne Plural; niederd.; verächtlich): (in diesem Sinnbereich) (im Urteil des Sprechers/Schreibers) Menschen, die weit unter einem stehen, minderwertig sind und keine Beachtung verdienen. **Kanaille** [kanalj[e]], die (Plural ungebräuchlich; veraltend; verächtlich): (in diesem Sinnbereich) (im Urteil des Sprechers/Schreibers) bösartige, gemeine und ehrlose Menschen, die es darauf abgesehen haben, anderen zu schaden; ↑Pöbel.

Gesinnung, die (Plural ungebräuchlich): weltanschaulich-politische, aber auch ethische und religiöse Grundeinstellung eines Menschen: *sie sprach ihm jede vornehme G. ab.* **Einstellung,** die (Plural ungebräuchlich): (in diesem Sinnbereich) die Art, wie man grundsätzlich über jmdn. oder etwas denkt; Stellung, die man mit seiner Meinung, Anschauung oder Überzeugung jmdm. oder einer Sache gegenüber bezieht und die sich in der Handlungsweise zu erkennen gibt; wird oft im politischen Bereich verwendet: *jmds. politische E.*

Gespräch, das: mündlicher, über einige Zeit sich erstreckender, in Rede und Gegenrede sich vollziehender Gedankenaustausch zweier oder mehrerer Personen. **Unterhaltung,** die: (in diesem Sinnbereich) ein [zwangloses] oft nicht sehr tiefschürfendes Gespräch, meist über irgendwelche naheliegenden oder gerade interessierenden Dinge [in geselligem Kreis]. **Konversation,** die (Plural ungebräuchlich; bildungsspr.): gewandtes, häufig konventionelles, oberflächliches und unverbindliches Gespräch in Gesellschaft, das meist aus Höflichkeit ohne innere Beteiligung der Partner geführt wird. **Geplauder,** das (ohne Plural): leichte, ungezwungene Unterhaltung unter Bekannten, meist über Dinge, die einem gerade einfallen; betont, besonders gegenüber „Plauderei", den Vorgang des Sprechens, des Sichunterhaltens. **Plauderei,** die: (in diesem Sinnbereich) unterhaltsames, anregendes Gespräch, das meist um ein bestimmtes Thema kreist und das, im Gegensatz zu „Geplauder", mitunter auch von etwas ernsthafterer Art sein kann; betont weniger den Vorgang des Sprechens, zielt stärker auf den Inhalt eines Gespräches und hat begrenztere Anwendungsmöglichkeiten. **Small talk** [ßmål tåk], der (auch: das) (bildungsspr.): Konversation ohne Tiefe; bloßes Geplauder; ↑unterhalten.

gesprächig (Ggs. einsilbig ↑wortkarg): zum Reden, zum Erzählen aufgelegt; sich gern in ein Gespräch einlassend; kennzeichnet weniger eine Charaktereigenschaft als eine zeitweilig in Erscheinung tretende Neigung: *meine Wirtin ist heute gar nicht g.* **mitteilsam:** von großem Mitteilungsbedürfnis; seine Gedanken und Erlebnisse gern an andere weitergebend; enthält meist eine indirekte Kritik des Sprechers/Schreibers: *sie ist viel zu m.* **redselig:** zu langen Gesprächen und ausführlichen Schilderungen neigend; kennzeichnet ein etwas dumm-vertrauliches oder naives Wesen und wird meist abwertend verwendet. **geschwätzig** (abwertend): in besonderer und als unangenehm empfundener Weise gesprächig: *er ist g.; geschwätzige Vertraulichkeit.* **schwatzhaft:** zum Schwatzen, d.h. zu vielem unnötigem Reden neigend [und nichts für sich behalten könnend]; kennzeichnet die Veranlagung.

gespreizt: (in diesem Sinnbereich) unnötig umständlich, oft auch schwülstig und aufgeblasen, dabei meist unfreiwillig komisch; kennzeichnet eine unnatürliche, etwas verstiegene Rede- und Schreibweise, die auf andere meist lächerlich wirkt: *sie spricht immer furchtbar g.;* vgl. gespreizt ↑affektiert. **gestelzt:** hochtrabend und umständlich; aus einer gewissen Eitelkeit heraus unnatürlich, steif, gewollt und dabei lächerlich wirkend; bezieht sich auf Rede- oder Schreibweise eines Menschen: *wenn er sich doch nur nicht immer so g. ausdrücken wollte!* **geschraubt:** nicht natürlich und schlicht, sondern gewunden und umständlich, dadurch oft unverständlich und schwülstig wirkend; bezieht sich auf Rede- und Schreibweise eines Menschen. **geschwollen** (abwertend): hochtrabend und wichtigtuerisch und mit überflüssig komplizierten, vielfach dem einfachen Gegenstand nicht angemessenen Ausdrücken durchsetzt; Eitelkeit verratend; kennzeichnet oft die Rede- oder Schreibweise eines Menschen, der andere gern beeindrucken möchte, dadurch jedoch meist lächerlich wirkt. **geziert:** (in diesem Sinnbereich) affektiert und gekünstelt, nicht frei und natürlich; oft durch floskelhafte Zusätze ausgeschmückt; kennzeichnet eine leicht gewundene, oft verkrampft und unecht wirkende Rede- und Schreibweise; vgl. geziert ↑affektiert. **manieriert** (bildungsspr.): (in diesem Sinnbereich) in einer bestimmten Weise stilisiert, gekünstelt und floskelhaft und dadurch veräußerlicht wirkend; kennzeichnet vor allem die Schreibweise, seltener auch die Redeweise eines Menschen, der besonders auf die kunstvolle Ausformung der Ausdrücke bedacht ist und dabei, oft im allzu großen Bemühen um äußere Wirkung, auf das Gemachte und Gekünstelte verfällt; ↑gewählt.

Gestalt, die (Plural ungebräuchlich): (in diesem Sinnbereich) sichtbare äußere Erscheinung des Menschen, die zugleich Wesensausdruck ist: *äußerlich betrachtet hatten diese Offiziere fast alle die gleiche G.* **Figur,** die (Plural ungebräuchlich): der menschliche Körper in seiner äußeren Beschaffenheit, seinen Proportionen, seinem Aussehen: *er hatte eine schmale, elastische F.* **Wuchs,** der (ohne Plural): die Art des Gewachsenseins, der Körper in seiner Größe und seinen Proportionen: *er war von kleinem W.* **Statur,** die (Plural ungebräuchlich): der im allgemeinen kräftige Körperbau eines Menschen, das körperliche Erscheinungsbild: *ein Dreißiger von stattlicher S.*

gestehen [jmdm. etwas]: Gefühle, die man hegt oder Taten, die man begangen hat, jmdm. mitteilen; den direkten Zusammenhang zwischen der eigenen Person und einem bestimmten Geschehen nicht mehr bestreiten: *[jmdm.] seine Liebe, seine Schuld g.* **bekennen** [etwas]: (in diesem Sinnbereich) etwas, wodurch man sich schuldig fühlt, [jmdm.] zur Kenntnis bringen: *seine Sünden b.* **beichten** [jmdm. etwas]: **a)** dem Seelsorger seine Sünden bekennen: *er hat am letzten Sonntag gebeichtet;* **b)** (ugs.): weil man kein gutes Gewissen hat, erst nach einiger Überwindung einem anderen sagen, daß man etwas gemacht hat, was den anderen kränkt oder ihm nicht recht ist; wird von weniger schwerwiegenden Taten usw. und mehr scherzhaft gesagt: *beichte einmal! Wo bist du gestern abend gewesen?* **eine Beichte ablegen** (nachdrücklich): i. S. v. beichten a); hebt das Ergebnis im Substantiv besonders hervor und betont stärker, daß der Handelnde sich verpflichtet oder getrieben fühlt, etwas zu bekennen: *kurz vor seinem Tode legte er eine B. ab.* **ein Geständnis ablegen** (nachdrücklich): eine Tat, mit der man wissentlich gegen Gesetze, Anordnungen usw. verstoßen hat, jmdm., oft in offiziellem Rahmen, eingestehen und ausführlicher darstellen: *der Mörder legte ein umfassendes Geständnis ab.* **ein Geständnis machen** [jmdm.] (nachdrücklich): [freiwillig] jmdm. etwas, worin man schuldig geworden ist oder wodurch man sich schuldig fühlt, mitteilen; klingt weniger offiziell als „ein Geständnis ablegen“: *er machte mir gestern ein Geständnis, das mich sehr in Erstaunen versetzte.*

Gesuch, das: Schreiben, das eine Privatperson an eine Behörde oder an jmdm. mit entsprechender Befugnis richtet, um in einem bestimmten Fall eine Bewilligung oder Genehmigung zu erhalten. **Antrag,** der: formloses Schreiben oder ausgefülltes Formular, das eine Privatperson einer Behörde einreicht [in der Überzeugung, einen Rechtsanspruch geltend machen zu können]. **Eingabe,** die: schriftlich geäußerte Bitte oder Beschwerde, die eine Privatperson an eine Behörde oder an eine Amtsperson richtet mit dem Ziel, in einer bestimmten Angelegenheit eine Änderung herbeizuführen. **Petition,** die (bildungsspr.): Gesuch, das eine Privatperson oder eine Interessengruppe einer Behörde, einem dafür bestimmten Ausschuß oder einer hohen Amtsperson einreicht; wird bei gewichtigeren Anlässen verwendet und wirkt sehr formell. **Bittschrift,** die (veraltend): ein von einer Privatperson oder einer Gruppe an eine hochgestellte Person gerichtetes Schreiben, in dem eine Bitte, ein besonderes Anliegen vorgetragen wird.

[1]**gesund: gesund sein** (Ggs. ↑[2]krank): (in diesem Sinnbereich) ohne Störung im körperlichen Wohlbefinden, mit keiner Krankheit behaftet sein. **wohlauf sein:** sich im Zustand körperlicher Frische, körperlichen Wohlseins befinden; ist Ausdruck der Zufriedenheit in bezug auf gute körperliche Verfassung: *seinen Eltern geht es gut, sie sind wohlauf.* **kerngesund/**(österr.:) **pumperlgesund sein** (emotional verstärkend): über einen gesunden, kräftigen Körper verfügen, von keinerlei körperlichen Übeln oder Gebrechen beeinträchtigt sein; wird von jmdm. gesagt, dessen gute gesundheitliche Verfassung augenfällig ist, der zu großen körperlichen Leistungen imstande ist. **gesundheitlich gut gehen,** jmdm. geht es gesundheitlich gut: jmd. befindet sich in einem körperlichen Zustand, der zu keiner Klage über Krankheit oder irgendein Unwohlsein Anlaß gibt; wird oft gebraucht in der Beantwortung der Frage nach dem Wohlbefinden.

[2]**gesund: gesund werden:** wieder voll leistungsfähig und von einer körperlichen oder seelischen Krankheit oder einem schweren Leiden befreit werden. **genesen** (geh.): i. S. v. gesund werden; während bei „gesund werden“ der wiedererlangte Zustand der Gesundheit hervorgehoben wird, lenkt „genesen“ den Blick auf den überstandenen früheren Zustand einer meist schwereren Krankheit, von der der Betreffende befreit wird. **gesunden** (geh.): i. S. v. gesund werden: *in der kräftigen und würzigen Bergluft gesundet der überanstrengte und erschöpfte Mensch verhältnismäßig rasch.* **aufkommen** (ugs.): (in diesem Sinnbereich) allmählich wieder gesund und von einer schweren Verletzung, einem langen Leiden oder einer heftigen Krankheit befreit werden, die den Kranken meist für einen längeren Zeitraum an das Bett gefesselt oder zumindest stark behindert hat; häufig weist das Wort auf ein besonders schweres und gefährliches Leiden hin, das man überwindet: *es ist fraglich, ob er noch einmal aufkommt.* **wieder auf die Beine kommen** (ugs.); **wieder auf den Damm kommen** (ugs.): nach einer längeren Krankheit, die jmdn. bettlägerig machte, wobei Erschöpfung und Schwäche besondere Kennzeichen waren, wieder aufstehen können und allmählich gesund werden. **auf dem Wege der Besserung sein; sich auf dem Wege der Besserung befinden** (geh.): von einer längeren körperlichen oder seelischen Krankheit oder einem schweren Leiden ganz allmählich genesen und im Begriffe sein, wieder den früheren Zustand der Gesundheit zu erreichen; das Wort bezeichnet den Beginn des Gesundungsprozesses, der sich über einen längeren Zeitraum hinziehen kann: *er wurde vor einigen Wochen operiert und ist jetzt auf dem Wege der Besserung.* **aufrappeln,** sich (ugs.): (in diesem Sinnbereich) nach längerer Krankheit [durch ärztliche Hilfe und vor allem durch das eigene Bemühen] wieder gesund werden; setzt meist beim Kranken den Willen und die Anspannung seiner Kräfte zur Gesundung voraus; vgl. aufrappeln, sich ↑aufraffen, sich.

Getränk, das: Flüssigkeit zum Trinken; bezeichnet, wie alle Wörter dieser Gruppe, zumeist hergestellte, bereitete, nicht natürliche Flüssigkeiten, wie z. B. Wasser; ist das sachlichste und am häufigsten gebrauchte Wort dieser Gruppe und sagt erst in Verbindung mit näheren Bestimmungen etwas über Art oder Qualität der Flüssigkeit aus: *alkoholische Getränke.* **Trank,** der (Plural ungebräuchlich; geh.): Flüssigkeit, die (unmittelbar) getrunken wird (um den Durst zu stillen oder um zum Beispiel als Medizin eine bestimmte Wirkung zu erzielen; der Unterschied zu „Getränk“ besteht darin, daß ein Getränk zum Trinken zubereitete Flüssigkeit ist, die man beispielsweise auch auf Vorrat haben kann; man kann sagen „ich habe viele, verschiedene Getränke im Haus“; man sagt das aber nicht von Trank: *ein bitterer, köstlicher, heilender T.; er rührte weder Speise noch T. an.* **Trunk,** der (Plural ungebräuchlich; geh.): Getränk, das man bei einer bestimmten oder ganz besonderen Gelegenheit trinkt, was man auf einmal trinkt; im Unterschied zu „Trank“, das eine zu trinkende Flüssigkeit allgemeiner bezeichnet, enthält „Trunk“ auch die Vorstellung des Trinkens als Handlung; man flößt jmdm. einen Trank, nicht aber einen Trunk ein. **Trinkbares** (ugs.): etwas, was getrunken werden kann; bezieht sich auf ein Getränk beliebiger, unbestimmter Art, das gewünscht wird, um den Durst zu löschen: *Hast du nichts Trinkbares im Haus?* **Gesöff,** das (Plural ungebräuchlich; derb): **a)** (abwertend): (im Urteil des Sprechers/

Schreibers) minderwertiges, schlechtes Getränk; bezieht sich wie auch „Gesöff" b) zumeist auf alkoholische Getränke; drückt stark emotional gefärbte Ablehnung aus: *was ist denn das für ein G.? Widerlich!;* **b)** i.S.v. Getränk; die Derbheit der Rede dient hier zumeist dem Ausdruck innerster Zufriedenheit mit dem Getränk: *Mensch, Meier, ist das aber ein G.! Faßt nach, Freunde!* **Gebräu,** das (Plural ungebräuchlich): aus mancherlei Zutaten zusammengebrautes [schlechtes] Getränk [gegen das man einige Vorbehalte hat]; rückt im Unterschied zu den anderen Wörtern dieser Gruppe die Art der Herstellung in das Blickfeld; drückt häufig einen Widerwillen gegen das in der Zusammenstellung undurchschaubare, undefinierbare Getränk aus. **Plörre,** die (Plural ungebräuchlich; salopp; abwertend): dünnes, gehaltloses, fades Getränk; wird häufig auf Kaffee, Tee u.ä. bezogen und drückt eine starke Ablehnung des Sprechers/Schreibers aus. **Plempe,** die (Plural ungebräuchlich; salopp; abwertend): i.S.v. Plörre. **Lorke,** die (Plural ungebräuchlich; salopp; abwertend): dünnes, schlecht schmeckendes Getränk, meist dünner Kaffee. **Brühe,** die (Plural ungebräuchlich; salopp; abwertend): (in diesem Sinnbereich) dünnes, gehaltloses, schlecht schmeckendes Getränk, das gebrüht oder gekocht worden ist; meist Kaffee oder Tee.

gewählt: mit Bedacht und Geschmack, im Ausdruck abgewogen; kennzeichnet die Rede- oder Schreibweise eines Menschen, der sich um treffende Formulierungen bemüht [und dabei das schmückende Wort liebt]: *er drückt sich sehr g. aus.* **gepflegt:** (in diesem Sinnbereich) besonders gut und sorgfältig, sprachliche Meisterschaft verratend; wird von der sorgsamen, leicht gehobenen Rede- oder Schreibweise eines im sprachlichen Ausdruck geschulten Menschen gesagt: *ein gepflegter Briefstil.* **gesucht:** gekünstelt, auffallend geziert oder ausgeschmückt; bewußt ausgefallen im Ausdruck; ↑gespreizt.

gewähren, jmdm. etwas: (in diesem Sinnbereich) jmdm. etwas, was er erbittet, wünscht, großzügigerweise geben; der Bitte, dem Wunsch eines anderen nachkommen; betont die überlegene Stellung, die Machtfülle des Gebenden und die Freiwilligkeit seines Entgegenkommens: *jmdm. eine Bitte, einen Kredit, eine Audienz g.* **bewilligen,** jmdm. etwas: jmdm. etwas Erbetenes, Beantragtes [von Amts wegen] zubilligen; einer [als Antrag, Gesuch formulierten] Bitte, Forderung entsprechen; wird häufig im amtlichen Bereich gebraucht; betont, daß der Handelnde auf ein vorangegangenes Ersuchen reagiert: *einen Antrag b.* **erfüllen,** jmdm. etwas: (in diesem Sinnbereich) der Bitte, dem Wunsch eines anderen nachkommen; wird vor allem im persönlichen Bereich gebraucht: *jmdm. eine Bitte, einen Wunsch e.* **stattgeben,** einer Sache (Dativ; papierd.): einer als Antrag, Gesuch u.ä. formulierten Bitte, Forderung von Amts wegen entsprechen; wird vor allem im amtlichen Bereich verwendet: *dem Gnadengesuch s.*

gewaltig: (in diesem Sinnbereich) **a)** von außerordentlicher Größe oder Stärke; den Eindruck übergroßer Kraft oder Wucht erweckend: *ein gewaltiges Bauwerk;* **b)** (ugs.): wird als emotional übertreibende Steigerung gebraucht, um den sehr hohen Grad oder das übergroße Maß von etwas auszudrücken: *ich habe gewaltigen Hunger.* **mächtig: a)** außergewöhnlich groß und massig; den Eindruck lastender Schwere oder majestätischer Größe erweckend: *ein mächtiger Balken;* **b)** (ugs.): drückt emotional übertreibend Bewunderung aus oder besagt, daß etwas als sehr beeindruckend empfunden wird: *er hat sich m. Mühe gegeben.* **enorm** (ugs.): in Größe, Ausmaß, Kraft o.ä. über alles Gewohnte oder Erwartete hinausgehend: *enormer Aufwand; e. lustig.* **ungeheuer: a)** von kaum faßbarer, unheimlicher Größe oder Gewalt; wird im allgemeinen von etwas Bedrohlichem, von einer [bis zur Zerstörung, Vernichtung] schädigenden Wirkung von etwas gesagt: *der Wagen prallte mit ungeheurer Wucht auf;* **b)** (ugs.): deutet emotional übertreibend das erstaunliche Ausmaß von etwas an: *das Aufsehen war u.* **kolossal: a)** von riesenhafter Größe und beeindruckender Wucht; bezieht sich im allgemeinen auf den Eindruck, den man von der räumlichen Größe eines Gegenstandes hat: *ein kolossales Bauwerk;* **b)** (ugs.): dient zur emphatischen Verstärkung einer Behauptung oder eines Ausrufs: *er hat k. viel Geld verdient.* **kolossalisch** (selten): i.S.v. kolossal a); wird in bezug auf die großen, wuchtigen Ausmaße aber mehr feststellend als wertend (wie „kolossal") gebraucht: *Silberpappeln von kolossalischen Ausmaßen.* **riesig: a)** von außerordentlich großem Umfang, von kaum zu überblickender Ausdehnung: *eine riesige Anlage;* **b)** (ugs.): übertreibend die Größe oder Stärke von etwas angebend: *ich habe riesigen Hunger.* **gigantisch: a)** durch seine ungeheure Größe überwältigend, Bewunderung und Staunen erweckend: *eine gigantische Leistung;* **b)** drückt emotional übertreibend Erstaunen, Überraschung aus: *eine gigantische Unordnung.*

gewandt: in Benehmen und Auftreten, vor allem im gesellschaftlichen Umgang mit anderen Menschen, sicher und geschickt; von dieser Sicherheit und Geschicklichkeit zeugend; ist das allgemeinste Wort dieser Gruppe; bezieht sich auf den Menschen, seine Art, sich zu äußern und zu handeln: *er ist sehr g. und weiß mit Menschen umzugehen.* **weltgewandt:** lebenserfahren, aufgeschlossen, geschickt im Umgang mit den Menschen und dabei in der Lage, sich überall sehr gut, formvollendet und sicher zu bewegen, aufzutreten; charakterisiert in seiner Art wie „weltläufig" im Gegensatz zu „gewandt" meist nur unmittelbar den Menschen selbst und wird im allgemeinen nicht prädikatbezogen gebraucht. **weltläufig** (geh.): (in diesem Sinnbereich) (nicht philisterhaft beschränkt oder borniert, sondern) durch eine gewisse Weltoffenheit und Erfahrung sicher im Auftreten und geschickt in der Behandlung der Dinge des praktischen, besonders des gesellschaftlichen Lebens. **weltmännisch:** [auf Grund großer Weltkenntnis] in seiner Haltung und in seinem ganzen Auftreten sehr sicher und überlegen und dadurch allen möglichen Lebenslagen gewachsen; von verbindlicher, umgänglicher Art, taktvoll und anpassungsfähig; durch formvollendete, elegant-geschmeidige Art und Weise des gesellschaftlichen Auftretens, durch geschicktes Verhalten und Handeln bestechend, davon zeugend; bezieht sich, im Gegensatz zu „weltgewandt" und „weltläufig", nicht nur unmittelbar auf den Menschen, sondern auch auf sein Verhalten, seine Art, sein Handeln oder auch auf bestimmte, einen Weltmann charakterisierende Eigenschaften. **urban** (bildungsspr.): von überlegen-vornehmer Lebensart zeugend; gebildet und geistreich, dabei sicher im Auftreten und höflich im Umgang mit anderen Menschen; kennzeichnet einen Menschen, der sich in der Gesellschaft zu bewegen weiß, sein Verhalten und Handeln: *urbanes Gebaren.* **geschliffen:** in der Form vollendet; überzeugend kultiviert wirkend; bezieht sich im Gegensatz zu den übrigen Wörtern dieser Gruppe im allgemeinen nicht auf den Menschen selbst, sondern kennzeichnet das vorbildliche Verhalten und Handeln eines Menschen im gesellschaftlichen Verkehr mit anderen; wird vorwiegend attributiv verwendet: *geschliffene Manieren;* ↑freundlich, ↑höflich, ↑untadelig; ↑Höflichkeit, ↑Takt, ↑Weltmann.

Gewässer, das: **a)** [größere] Ansammlung stehenden, seltener fließenden Wassers im Binnenland; meint häufig gegenüber „See" u. ä. eine in ihrer Ausdehnung nicht klar abgegrenzte [in Sumpfland übergehende] Wasserfläche: *verschilftes G.;* **b)** (stets Plural): zusammenfassende Bezeichnung für Wasserläufe und Seen einer Landschaft: *stehende und fließende G.; die G. Nordschwedens sind sehr fischreich.* **Wasser,** das (selten): (in diesem Sinnbereich) See oder Fluß, über dessen Größe oder Ausdehnung man nichts Genaues sagen kann, dessen Namen man nicht kennt oder den man nur als vorhanden erwähnen will: *vielleicht war weiter nördlich ein W., zu dem die Wildgänse hinzogen;* ↑Fluß, ↑Meer, ↑See.

gewinnen, jmdn. [für etwas]: jmdn. durch Reden dazu bringen, sich an etwas zu beteiligen oder sich für etwas einzusetzen, was man beabsichtigt oder wünscht; bezieht sich besonders auf den Vorgang eines erfolgreichen Überzeugens: *er war für die Verschwörung nicht zu g.* **ködern,** jmdn. [für etwas] (ugs.): jmdn. mit Versprechungen oder anderen Mitteln locken und erreichen, daß er sich für ein Vorhaben des anderen bereitwillig zur Verfügung stellt, wobei man oft eine List anwendet; stellt die Verwendung von bestimmten Lockmitteln in den Vordergrund: *hast du gemerkt, daß man dich damit k. wollte?;* vgl. ködern ↑locken; ↑überreden.

Gewohnheit, die: (in diesem Sinnbereich) im Ablauf des täglichen Lebens durch häufige und stete Wiederholung meist selbstverständlich Gewordenes, oft nur noch mechanisch oder unbewußt Ausgeführtes; kann je nach Art der Handlungsweise von anderen oder vom Ausführenden selbst als angenehm oder als lästig empfunden oder beurteilt werden: *bestimmte Gewohnheiten annehmen.* **Gepflogenheit,** die (geh.): durch häufige Wiederholung zur – stets als angenehm empfundenen – Gewohnheit gewordene Handlung, die man bewußt kultiviert und pflegt und die oft der Regelung des Alltagslebens dient. **Brauch,** der: (in diesem Sinnbereich) Handlungsweise, die sich durch häufige Wiederholung in einer bestimmten Gemeinschaft allmählich eingebürgert hat, üblich oder auch zur festen Form geworden ist, die für das Verhalten in bestimmten Situationen kennzeichnend ist und die man beachtet: *alte Bräuche.* **Sitte,** die: (in diesem Sinnbereich) Art des Handelns, die sich durch Gewohnheit in einem kleineren oder größeren Personenkreis gebildet und durchgesetzt hat und die oft zur Verbindlichkeit geworden ist.

[1]**gewöhnlich** (Ggs. ungewöhnlich ↑außergewöhnlich): (in diesem Sinnbereich) in seiner Art mittelmäßig und durchschnittlich, ohne hervorragende Kennzeichen und Besonder-

heiten, daher oft leicht abwertend; wird, wie die übrigen Wörter dieser Gruppe, sowohl auf den Menschen wie auf Sachen und Sachverhalte bezogen: *das Verlangen, auf eine gewöhnliche Weise zu leben, wie alle anderen es auch tun.* **alltäglich:** so, wie es einem täglich begegnet; unbedeutend, weder durch negative noch durch positive Eigenschaften auffallend: *ein alltäglicher Mensch; ein alltägliches Ereignis.* **gemein** (veraltet): ohne Rang und Ansehen, ohne Bildung, ohne Höhepunkte und Besonderheiten; soll vor allem den Gegensatz zum Außerordentlichen oder sogar zum Erhabenen kennzeichnen: wird attributiv und nur noch in bestimmten Verbindungen gebraucht: *der gemeine Mann, Soldat; das gemeine Volk;* vgl. gemein ↑[2]gewöhnlich; ↑gemein.

[2]gewöhnlich (abwertend): (in diesem Sinnbereich) in seiner Art, seinem Erscheinen oder Auftreten ein niedriges Niveau verratend; von schlechtem Benehmen, ohne Bildung und Geschmack; bezieht sich, wie die übrigen Wörter dieser Gruppe, auf Personen, ihre Handlungen und Äußerungen oder auf Dinge, mit denen sie sich abgeben: *sie sieht so g. aus.* **gemein** (abwertend): (in diesem Sinnbereich) roh und primitiv im Wesen und Äußeren; einen triebhaften Charakter, eine niedrige, unedle Denkweise verratend: *gemeine Redensarten; er lachte g.;* vgl. gemein ↑gewöhnlich, ↑gemein. **ordinär** (abwertend): in Benehmen und Ausdrucksweise sehr unfein; die Grenzen des Schicklichen mißachtend; von schlechtem, billigem Geschmack: *diese Frau ist einfach o., benimmt sich o.* **vulgär** (abwertend): auf derbe Art unanständig; in Benehmen und Denkweise, Behagen am Schmutzigen, Unsittlichen erkennen lassend: *er ist in seiner Ausdrucksweise v.* **obszön** (bildungssp r.): **a)** die sexuellen Tabus, das Schamgefühl verletzend und daher als anstößig empfunden: *obszöne Bilder;* **b)** von einer Art, die ethische Entrüstung hervorruft; in bezug auf Krieg, Waffen usw.; als Kritik: *Krieg ist o.* **zotenhaft, zotig:** auf derb-unanständige Art witzig und damit gegen den guten Geschmack oder was als solcher gehalten wird, verstoßend. **anstößig:** unschicklich und daher Anstoß erregend. **unzüchtig:** nicht züchtig, der Vorstellung von Sittlichkeit widersprechend: *unzüchtige Lieder, Verse;* vgl. schamlos ↑dreist; ↑unanständig, ↑ungehörig, ↑ungezwungen; vgl. Zote ↑Witz.

geziemend: derart, in solcher Form oder solchem Maß, wie es Takt, Höflichkeit oder die Rücksicht auf die persönliche Würde der beteiligten Personen verlangen; wird, wie die übrigen Wörter dieser Gruppe, von jmds. Verhalten gegenüber einem anderen oder in einer [gesellschaftlichen] Situation oder von jmds. Gesinnung oder Äußerung gesagt und steht im allgemeinen nicht subjektbezogen: *mit geziemender Zurückhaltung.* **gebührend:** (in diesem Sinnbereich) jmds. Bedeutung, Stellung oder Verpflichtung [in einer gesellschaftlichen Situation, einem anderen gegenüber] angemessen; richtet im Unterschied zu „geziemend" den Blick weniger auf das, was die Etikette [ohne Ansehen der Person] erfordert, sondern mehr auf das, was jmdm. auf Grund seiner übergeordneten oder untergeordneten Stellung zukommt: *jmdm. die gebührende Achtung, Aufmerksamkeit erweisen.* **gehörig:** (in diesem Sinnbereich) einer [vorgesetzten, ehrwürdigen] Person gegenüber in solcher Form oder solchem Maß, wie es Anstand oder Ehrfurcht gebieten; betont im Unterschied zu „gebührend" weniger das Angemessensein eines Verhaltens [das sowohl das „Zuviel" wie das „Zuwenig" meidet] als den inneren Zwang zur Aufmerksamkeit, Ehrerbietung o. ä., die man jmdm. schuldig ist: *jmdm. mit dem gehörigen Respekt begegnen;* vgl. gehörig ↑angemessen. **schuldig:** wie man es gegenüber einer vorgesetzten oder ehrwürdigen Persönlichkeit zu tun verpflichtet ist; betont im Unterschied zu „gehörig" mehr die sittlichen, menschlichen oder gesellschaftlichen als die persönlichen Gründe für ein bestimmtes Verhalten, eine bestimmte Gesinnung o. ä.; steht im allgemeinen nur attributiv: *die schuldige Achtung vor dem Alter.*

gierig: mit Gier; oft mit der Nebenvorstellung des Tierisch-Rohen und dann leicht abschätzig; wird auf Personen, ihre Äußerungen, Handlungen o. ä. bezogen: *das g. runtergeschlungene Essen.* **begierig:** von einem heftigen oder übermäßigen Verlangen nach etwas erfüllt; wird nicht auf Personen selbst, sondern nur auf ihre Äußerungen, Handlungen o. ä. bezogen; während „gierig" soviel wie „Gier habend" bedeutet, also den Zustand charakterisiert, schließt „begierig" durch die Vorsilbe be- auch den Gegenstand des Verlangens mit ein: *er stieg aus dem Wagen und atmete b. die kalte Winterluft ein.* **begehrlich:** beim Anblick von etwas das Verlangen in sich verspürend, es in seinen Besitz zu bringen oder in den Genuß davon zu kommen, was sich im allgemeinen in den Augen ausdrückt; von einem auf Besitz, Genuß, Lust gerichteten Verlangen erfüllt: *Andrea blickte b. auf den Schmuck in der Vitrine.* **lüstern:** das Verlangen in sich verspürend, etwas in seinen Besitz zu bringen, in den Genuß von etwas zu kommen, dabei aber das Verlangen nach außen nicht deutlich zu erkennen gebend, weil das Gelüsten mit der Vernunft, der sittlichen Vorstellung o. ä. nicht ganz in Einklang steht oder so empfunden wird; von einem auf Besitz, Genuß, Lust gerichteten Verlangen erfüllt und dabei verhalten erregt; wird auf Personen, ihre Äußerungen, Handlungen o. ä. bezogen: *mit lüsternen Blicken betrachtete Bettina die Auslagen.* **gieprig** (landsch.), **jieprig** (berlin.), **gelüstig** (landsch.): i. S. v. lüstern; enthalten aber im allgemeinen keinen Tadel und werden gewöhnlich nur verwendet, wenn sich das Verlangen auf leibliche Genüsse richtet; ↑geil; ↑Begierde.

glänzen, etwas glänzt: etwas wirft Lichtschein zurück, spiegelt wider; etwas ist so blank und glatt oder ist auf der Oberfläche so beschaffen oder in einem solchen Zustand, daß auffallendes Licht mehr oder weniger stark reflektiert wird; ist das allgemeinste und neutralste Wort dieser Gruppe, sagt ohne weitere Zusätze nichts über die Art oder den Stärkegrad aus, kennzeichnet jedoch ohne nähere Bestimmung meist einen ruhigen, nicht allzu lebhaften Glanz, dessen Herkunft oder Entstehung oft durch erläuternde Zusätze angegeben wird: *Gold glänzt.* **leuchten,** etwas leuchtet: (in diesem Sinnbereich) etwas reflektiert einen Lichtschein mit ruhigem Glanz; etwas erstrahlt in hellem, ruhigem Glanz; etwas glänzt so, als verbreite sich ein selbständiges, nicht reflektiertes Licht; kennzeichnet häufig das Glänzen von etwas aus einer dunkleren Umgebung heraus: *die goldene Statue leuchtete durch das Dunkel des Raumes;* ↑leuchten. **gleißen,** etwas gleißt (dichter.): etwas glänzt besonders stark und spiegelnd, fällt durch besonderen Glanz auf; bezieht sich meist auf Metalle oder auf Dinge, die wie Metall glänzen, wenn sie unter Lichteinwirkung einen gleichmäßigen, meist nicht unruhigen, sondern in der Bewegung gleichsam geschmeidig fließenden, oft blendenden Glanz verbreiten; wird meist nur noch in der Form des ersten Partizips verwendet: *sie war reich behangen mit gleißendem Geschmeide.* **blenden,** etwas blendet: etwas reflektiert in [so greller] sehr heller Weise Licht [daß es jmds. Sehvermögen stark einschränkt]: *zwischen den Häusern und Uferbäumen blendete der See.* **blinken,** etwas blinkt: etwas ist so blank, daß unter Lichteinwirkung starke, ruhige oder bewegliche Lichtreflexe entstehen; bezieht sich meist auf harte, oft metallisch glänzende, mit einer Glasur versehene oder sonst irgendwie entsprechend bearbeitete Dinge: *in den barocken Glasspinden blinkte das Geschirr.* **blitzen,** etwas blitzt: etwas entsendet unter Lichteinwirkung hell aufleuchtende, scharfe, oft grell in die Augen stechende, bewegte Lichtreflexe [die als einzelne, kleine Strahlen zu erkennen sind]; bezieht sich meist auf sehr harte, oft geschliffene, stark polierte, glasierte oder auf ähnliche Weise bearbeitete Dinge. **funkeln,** etwas funkelt: etwas erhält im Licht einen feurig-intensiven und unruhig-bewegten, aus rasch wechselnden Lichtreflexen bestehenden Glanz, der durch die unterschiedliche Brechung der Lichtstrahlen an oder in sehr harten, oft geschliffenen [durchsichtigen] Gegenständen oder auch in bestimmten Flüssigkeiten entsteht; enthält oft die Nebenvorstellung des Kostbaren: *das Brillantarmband funkelte.* **glitzern,** etwas glitzert: etwas blitzt im Licht immer wieder in kleinen, aber kräftigen, silbrigen Lichtreflexen vielfältig auf; kennzeichnet meist den Glanz von etwas, was aus vielen kleinen, das Licht stark reflektierenden, bei Bewegung in schnellem Wechsel aufleuchtenden Einzelteilchen zusammengesetzt ist: *die Eiskristalle in seinem Bart glitzerten.* **flimmern,** etwas flimmert: (in diesem Sinnbereich) etwas wirft Licht in vielen winzigen, unruhig zitternden, vielfältig wechselnden [silbrigen] Reflexen zurück; kennzeichnet oft den Glanz einer vielfach in sich gebrochenen Fläche und läßt weniger als „funkeln“ oder „glitzern“ an die einzelnen aufleuchtenden Lichtfunken denken: *ihr Hals, geschmückt mit einem Atlasband, an dem Brillanten flimmerten;* vgl. flimmern ↑leuchten; vgl. Geflimmer ↑²Schein. **schimmern,** etwas schimmert: (in diesem Sinnbereich) etwas hat bei einer bestimmten Beleuchtung einen matten, nicht aufdringlichen, [seidig schillernden] lichten [flächenhaften] Glanz; kennzeichnet oft den sanften, als angenehm empfundenen Glanz kostbarer Dinge: *ihre Haut schimmerte wie matter Samt;* vgl. schimmern ↑leuchten. **schillern,** etwas schillert: etwas glänzt in verschiedener Stärke, in wechselnden Farben, je nachdem, wie das Licht darauf fällt: *das auf dem Wasser schwimmende Öl schillerte regenbogenbunt; das Wasser schillert im Mondlicht.*

Glas, das: (in diesem Sinnbereich) aus Glas hergestelltes Trinkgefäß, das eine ganz allgemeine Verwendung finden kann. **Becher,** der: Trinkgefäß, oft aus Metall, Kunststoff, sowohl in der Gestalt eines abgestumpften Kegels als auch zylindrisch. **Kelch,** der: Trinkgefäß, das oben weiter als unten und das mit einem Fuß versehen ist; wird vor allem bei festlichen Anlässen verwendet. **Pokal,** der: größeres, auch wuchtigeres Trinkgefäß; heute meist als Ehrengabe; früher im allgemeinen mit einem Deckel. **Humpen,** der: zylindrisches, reich verziertes Trinkgefäß für Bier [aus Steingut] von beachtlicher Größe und mit einem Deckel aus Zinn. **[Bier]seidel,** das: zylindrischer Bierkrug [aus Steingut] mit oder ohne Deckel [aus Zinn].

glatt: (in diesem Sinnbereich) an der Oberfläche so beschaffen, daß man leicht darauf ausgleitet; setzt im Unterschied zu den anderen Wörtern dieser Gruppe stets einen festeren Untergrund voraus: *ist es heute g. draußen?* **rutschig** (fam.; landsch.): von glattem oder schlüpfrigem Untergrund, auf dem man leicht den festen Halt oder den sicheren Stand verlieren kann; vgl. rutschen ↑gleiten, ↑ausrutschen. **schlüpfrig:** von so schmierig glatter Beschaffenheit, daß man keinen Halt findet. **glitschig** (fam.): i. S. v. schlüpfrig; vgl. ausglitschen ↑ausrutschen.

gleichen, jmdm./sich/einer Sache: in einzelnen Merkmalen oder völlig mit einem anderen übereinstimmen, gemeinsame Eigenschaften aufweisen; wird von Personen und Sachen gesagt: *Vater und Tochter gleichen sich/einander sehr.* **ähneln,** jmdm./sich/einer Sache: verwandte oder übereinstimmende Merkmale erkennen lassen, die die verglichenen Personen, Dinge, Fakten in eine gewisse Beziehung zu setzen erlauben; bringt eine geringere oder äußerlichere Art von Übereinstimmung zum Ausdruck als „gleichen“: *die Geschwister ähneln sich/einander gar nicht.* **ähnlich sein,** jmdm./sich/einer Sache: i. S. v. ähneln; bezieht sich im allgemeinen auf Wesenszüge, auf etwas, was weniger das Äußere als die Eigenart von zwei oder mehreren Menschen, seltener Sachen betrifft: *er ist seinem Vater sehr ähnlich.* **ähnlich sehen,** jmdm./sich/einer Sache: im Äußeren jmdm./einer Sache ähneln; wird im allgemeinen nur auf Merkmale bezogen, die sich mit den Augen wahrnehmen lassen; kann aber auch im übertragenen Sinne auf Sachverhalte bezogen werden, von denen man ein bestimmtes Bild hat, mit denen man eine bestimmte Vorstellung verknüpft: *Vater und Sohn sehen sich sehr ähnlich.*

gleichgültig: gleichgültig sein, jmdm. ist etwas gleichgültig: jmd. mißt einer Sache, einem Umstand keinerlei Bedeutung bei, ist daran uninteressiert, nicht davon berührt: *es ist mir völlig gleichgültig, was aus dieser Sache wird.* **egal/gleich sein,** jmdm. ist etwas egal/gleich (ugs.): i. S. v. gleichgültig sein. **einerlei sein,** jmdm. ist etwas einerlei: i. S. v. gleichgültig sein; bringt einen noch stärkeren Grad von Indifferenz einem Tun, einem Sachverhalt gegenüber zum Ausdruck: *es ist mir einerlei, wohin ihr geht.* **Wurst/**(auch:) **Wurscht/wurschtegal/schnuppe/piepe/piepegal/schnurz/schnurzpiepe** (salopp)/**scheißegal** (derb) **sein,** jmdm. ist etwas Wurst usw.: jmd. ist an einer Sache völlig desinteressiert, ist ihr gegenüber ganz gleichgültig, läßt sich von etwas gar nicht beindrucken; betont auf emotionale Art besonders die Gleichgültigkeit.

gleiten: (in diesem Sinnbereich) sich wie von selbst, gleichmäßig über eine glatte oder schlüpfrige Fläche hin entlang bewegen, ohne sich vom Untergrund zu lösen, oder sich so nach unten bewegen: *der Schlitten machte sich selbständig und begann zu Tal zu g.;* vgl. gleiten ↑schlittern. **rutschen:** i. S. v. gleiten; im Unterschied zu „gleiten“ assoziiert man bei „rutschen“ eher noch ein [schlorrendes] Geräusch; bei „gleiten“ ist die Fläche glatter und bewirkt so weniger Reibung: *er rutschte auf dem Hosenboden über den Flur; er ist mit dem Auto in den Graben gerutscht;* vgl. rutschen ↑schlittern; vgl. rutschig ↑glatt.

Glocke, die: meist größeres, aus gegossenem Metall bestehendes Gerät, das die Form eines hohlen, sich nach unten verbreiternden Kegels besitzt und innen mit einem Klöppel versehen ist und beim Anschlagen oder Läuten einen laut schallenden Ton von sich gibt. **Klingel,** die: **a)** kleine hell tönende Glocke, die man zum Klingen bringt, indem man sie mit der Hand hin und her bewegt; **b)** Signalvorrichtung, -anlage mit einem Läutwerk: *er hatte es sehr eilig und ließ die K. nicht mehr los, bis ich die Tür öffnete;* vgl. klingeln ↑läuten. **Schelle,** die (landsch.): **a)** verhältnismäßig kleine Glocke, die auch jmdm. an einem Band umgehängt werden kann; **b)** i. S. v. Klingel b); vgl. schellen ↑läuten. **Bimmel,** die (ugs.): **a)** Glöckchen, das hell und dünn tönt, wenn es angeschlagen wird; drückt gleichzeitig die persönliche Einstellung des Sprechers/Schreibers aus, die oft eine gewisse Geringschätzung erkennen läßt: *jeden Morgen höre ich die B., die zur Messe ruft;* **b)** i. S. v. Klingel b); wird emotional-abwertend gebraucht: *die B. geht heute auch den ganzen Tag;* vgl. bimmeln ↑läuten.

[1]**Glück,** das (ohne Plural): angenehmer und freudiger seelischer Zustand, in dem man sich befindet, wenn man in den Besitz oder Genuß gewünschter ideeller oder materieller Güter gelangt ist; vgl. beglücken ↑[1]freuen; ↑glücklich. **Seligkeit,** die: hoher Grad eines überschwenglich glücklichen

Seelenzustandes; vgl. selig ↑glücklich. **Glückseligkeit,** die: höchstes, kaum vorstellbares Glück. **Wonne,** die: hoher Grad der Freude und des Vergnügens, Zustand seelischer Beglückung. **Freude,** die (ohne Plural): (in diesem Sinnbereich) lebhafter, beseligender Gemütszustand; heiteres, überströmendes Glücklichsein; betont im Unterschied zu den übrigen Wörtern dieser Gruppe, daß der seelische Zustand maßvoller, bewußter ist, aber deutlicher im aktiven Verhalten des Betreffenden zum Ausdruck kommt.

[2]**Glück: Glück haben** (Ggs. Pech haben): in einer bestimmten Situation, die man nicht selbst beeinflussen kann, durch einen besonderen Zufall begünstigt werden; ohne eigenes Verdienst eine glückliche Wendung der Dinge erleben: *er hat in seinem Leben immer viel Glück gehabt; du hast Glück gehabt, daß du dir bei diesem Sturz nichts gebrochen hast.* **Schwein haben** (salopp): i.S.v. Glück haben; ist oft emotional gefärbt, wenn der Sprecher/Schreiber das [unverdiente] Glück von jmdm. betonen will. **Dusel/**(auch:) **Massel haben** (salopp): vom Glück unvermutet oder unverdient begünstigt werden, so daß einem etwas Gutes widerfährt oder etwas Unangenehmes, Gefährliches o.ä. an einem [gerade noch] vorübergeht: *Mensch, wir haben Dusel gehabt, daß uns die Polizei nicht erwischt hat!*

glücklich: (in diesem Sinnbereich) von einer tiefen, ungetrübten Freude erfüllt, weil alle oder bestimmte Wünsche vollkommen befriedigt oder Ziele, die man sich gesetzt hat, erreicht sind; charakterisiert einen Menschen oder etwas, was durch diese seelische Gestimmtheit geprägt wird; bezieht sich auf einen Zeitabschnitt, in dem man sich in einer entsprechenden Gemütsverfassung befindet: *sie lächelte g.;* ↑[1]Glück; vgl. beglücken ↑[1]freuen. **froh:** (in diesem Sinnbereich) von einem Gefühl der Freude durchdrungen; ist im Unterschied zu „glücklich" weniger ausdrucksstark; charakterisiert sowohl den Menschen als auch Ausdrucksformen seines Seelenlebens und kann sich außerdem auf bestimmte Zeitabschnitte beziehen: *sie zeigt selten ein frohes Gesicht;* vgl. froh ↑erleichtert, ↑freudig. **selig:** (in diesem Sinnbereich) spontan und unreflektiert einem Glücksgefühl hingegeben und darüber alles andere vergessend; charakterisiert den Menschen oder etwas, was durch seine seelische Gestimmtheit geprägt wird; bezieht sich auch auf Zeitabschnitte; wird in bezug auf Personen im allgemeinen nicht attributiv verwendet: *dieses selige Nichtstun und Nichtsdenken;* vgl. Seligkeit ↑[1]Glück. **glückselig:** von tiefem Glück erfüllt; in hohem Maße von innen heraus glücklich; überglücklich, wobei der Anlaß seelisch bedingt ist; wirkt oft etwas schwärmerisch; wird nur auf Personen oder deren Zustand oder Äußerung bezogen; wird in bezug auf Personen im allgemeinen nicht attributiv verwendet: *sie lächelte g. über das Geschenk.* **euphorisch: a)** (Medizin): sich trotz schwerer Krankheit subjektiv wohl fühlend, in besonders heiterer Stimmung; **b)** (bildungsspr.): heiter-zuversichtlich und optimistisch gestimmt. **high** [hai] (Jargon): sich nach dem Genuß von Rauschgift oder Rauschmitteln in einem Rauschzustand, in einem euphorieähnlichen Zustand befindend; nicht attributiv: *er ist h.* **zufrieden:** (in diesem Sinnbereich) innerlich ausgeglichen und so gestimmt, daß man nicht mehr und nichts anderes verlangt, als man hat: *sie leben z.* **heiter:** durch Frohsinn, Unbeschwertheit und meist auch durch innere Ausgeglichenheit gekennzeichnet; wird seltener auf den Menschen selbst als auf die Ausdrucksformen seiner seelischen Gestimmtheit angewandt: *er war in heiterer Laune;* ↑Heiterkeit. **vergnügt:** in guter Laune; von einer nach außen hin sichtbaren heiteren und zufriedenen Stimmung erfüllt: *er lächelte v. vor sich hin.* **stillvergnügt:** innerlich vergnügt; in einer nach außen hin kaum sichtbaren Weise vergnügt, belustigt; ↑freudig, ↑lustig, ↑munter, ↑sorgenfrei.

gratulieren [jmdm. zu etwas]: **a)** jmdm. zu einem Erfolg, einer Leistung, zu einem freudigen Ereignis seine freudige Teilnahme oder Anerkennung ausdrücken; ohne nähere Bestimmung kann das Wort einen burschikosen oder familiären Charakter haben: *du hast großartig gespielt: ich gratuliere;* **b)** jmdm. zu einem persönlichen Festtag schriftlich oder mündlich Glückwünsche aussprechen: *wir gratulieren herzlich zum Geburtstag.* **beglückwünschen,** jmdn. [zu etwas]: i.S.v. gratulieren a) und b); kann jedoch im Unterschied zu „gratulieren" nicht ohne personales Objekt gebraucht werden: *er beglückwünschte sie zu ihrem Erfolg.* **Glück wünschen,** jmdm. (geh.): (in diesem Sinnbereich) jmdm. zu einem freudigen Ereignis, einem Erfolg – im allgemeinen mündlich – wünschen, daß weiterhin alles gut verläuft: *jmdm. von Herzen Glück wünschen.* **[seine] Glückwünsche übermitteln** [jmdm.]: jmdm. bei einem entsprechenden Anlaß schriftlich, durch Brief, Telegramm o.ä. gratulieren: *wir übermittelten ihm telegraphisch unsere Glückwünsche.* **die Glückwünsche überbringen,** jmdm.: als dazu Beauftragter stellvertretend die Glückwünsche eines anderen aussprechen. **seine Glückwünsche darbringen,** jmdm. (geh.): [etwas formell und feierlich] jmdm. seine Glückwünsche aussprechen.

greifen, nach etwas: nach etwas [was man zu haben wünscht] seine Arme ausstrecken, um es zu erlangen: *er griff nach der Hand des Vaters.* **grapschen,** nach etwas (ugs.; abwertend): nach etwas hastig und begierig greifen, weil man es haben will: *er grapschte nach dem größten Stück.* **angeln,** nach etwas (ugs.): sich bemühen, etwas, was sich in gewisser Entfernung befindet und daher nicht ohne weiteres erreichbar ist, meist mit ausgestrecktem Arm oder auch mit einem längeren Gegenstand zu erreichen und zu sich heranzuziehen: *er angelte nach dem Spielzeug auf dem Schrank.*

grell: (in diesem Sinnbereich) von so intensiver Leuchtkraft, daß es [in unangenehmer Weise] blendet (von Farben): *die Farben des Bildes wirkten zu g.* **knallig** (ugs.; abwertend): von einer als zu intensiv und aggressiv empfundenen Leuchtkraft; drückt oft die Ablehnung des Sprechers/Schreibers aus: *die Farben der Krawatte waren ausgesprochen k.* **schreiend** (abwertend): so grell und auffällig, daß es den Farbensinn verletzt; wird im allgemeinen nicht prädikatbezogen gebraucht: *sie hatte eine Vorliebe für schreiende Farben.* **auffallend:** so, daß es auffällt, in die Augen fällt, stark in Erscheinung tritt. **auffällig:** die Aufmerksamkeit auf sich ziehend: *er ist immer sehr a. gekleidet;* ↑bunt, ↑eindrucksvoll, ↑leuchtend, ↑seltsam.

Griff, der: (in diesem Sinnbereich) der mit einem Gegenstand fest verbundene Teil, an dem man etwas anfaßt oder trägt; kann aus verschiedenartigem, festem Material (Metall, Holz, Porzellan usw.) bestehen, wobei die Form je nach Gegenstand und Verwendung sehr verschieden (länglich, gerundet, oval, gebogen, gekreuzt und vielfach besonders handgerecht geformt) ist: *am G. der Aktentasche hing ein kleines Schildchen.* **Stiel,** der: [längeres] meist stab- oder stangenförmiges Teil aus Holz, Metall o.ä. an einem Haushaltsgerät oder Werkzeug, an dem man es anfaßt: *der S. eines Besens, einer Axt, einer Pfanne;* vgl. Stock ↑Stange. **Heft,** das: Griff einer Stichwaffe, seltener eines Werkzeugs: *das H. des Messers, der Sichel.* **Handgriff,** der: der an einem Gegenstand befestigte längliche oder handgerecht geformte Teil aus Holz, Metall usw., an dem man etwas anfassen oder tragen kann: *der H. des Koffers.* **Henkel,** der: seitlich an einem Behältnis oder über der Öffnung eines Behältnisses sich befindender, meist schlaufenförmig gebogener Teil, der dazu dient, das Behältnis anzufassen oder aufzuhängen: *ein Korb mit zwei Henkeln; vorsichtig ergriff er die heiße Tasse am H.*

Grille, die (meist Plural): **a)** wunderlicher Einfall oder Wunsch, auf dessen Ausführung mit einem gewissen Eigensinn bestanden wird; **b)** grundlos trübe Gedanken, Wunderlichkeit. **Laune,** die (meist Plural): (in diesem Sinnbereich) unberechenbare Veränderung der Stimmung, wodurch ein Mensch seiner Umwelt lästig fallen kann. **Mucke,** die (ugs.; meist Plural): unangenehme Eigenheit oder Eigenschaft, Eigensinnigkeit, die oft durch mürrisches Verhalten oder abweisendes Stillschweigen gekennzeichnet ist und von anderen im Verkehr mit dem Betreffenden als unbequem oder unangenehm empfunden wird; ↑Spleen.

[1]**groß:** eine ansehnliche Fläche einnehmend; ist das allgemeinste Wort in dieser Gruppe: *das Flugzeug flog über große Wälder.* **weit:** sich über eine große Fläche hin erstreckend; im Unterschied zu „groß" weist „weit" noch auf die Ausdehnung, auf die Erstreckung in die verschiedenen Richtungen hin: *wir fuhren an den weiten Feldern vorbei.* **ausgedehnt:** [von einer bestimmten Stelle aus] sich über eine größere Fläche hin erstreckend: *Graf X besaß in dem Kreis ausgedehnte Ländereien.*

[2]**groß** (Ggs. ↑[1]klein): beachtliche räumliche Ausmaße habend: *das Haus ist sehr g.* **geräumig:** viel Platz, Raum [zum Unterbringen, Aufstellen von Möbeln usw.] bietend: *ein geräumiges Arbeitszimmer.*

[3]**groß** (Ggs. klein): (in diesem Sinnbereich) von mehr als durchschnittlicher Körpergröße: *er ist sehr g. für sein Alter; ein großer, dicker Mann.* **hochgewachsen; von hohem Wuchs** (geh.): von großer [und schlanker], wohlproportionierter Gestalt; bringt ein ästhetisches Wohlgefallen des Sprechers/Schreibers zum Aussdruck; wird im allgemeinen wie die folgenden Wörter nicht prädikatbezogen gebraucht: *er war blond und hochgewachsen.* **stattlich:** von großer und zugleich kräftiger Statur; wird meist auf Männer bezogen. **hochaufgeschossen:** sehr groß und zugleich schmal; wird im allgemeinen nur von Jugendlichen gesagt, die sehr schnell gewachsen sind und für ihr Alter eine ungewöhnliche Größe haben. **lang** (ugs.): von beachtlicher Körperlänge, meist zugleich schmalwüchsig oder sehnig, im ganzen leicht unproportioniert wirkend. **baumgroß** (selten; emotional übertreibend): sehr groß gewachsen. **baumlang** (ugs.; emotional übertreibend): ungewöhnlich, übermäßig groß, zugleich breit gebaut und kräf-

tig: *ein baumlanger Mensch.* **riesenhaft** (ugs.; emotional übertreibend), **riesig** (emotional übertreibend): in seiner Körpergröße über das normale Maß, über seine Umgebung beträchtlich hinausragend. **hünenhaft** (emotional übertreibend): ungewöhnlich groß und von einer breiten, kräftigen Statur, die zugleich den Eindruck von besonderer Stärke erweckt; wird seltener subjektbezogen gebraucht.

großartig: durch seine ungewöhnliche, bedeutende Art beeindruckend; in Wesen oder Vermögen groß erscheinend; wird häufig als Ausdruck oft oberflächlicher Anerkennung gebraucht und von Personen und Sachen gesagt: *das ist eine großartige Leistung.* **grandios:** durch großartige, prächtige Erscheinung beeindruckend; durch seine überwältigende räumliche oder wesenhafte Größe von eindrucksvoller Wirkung: *das ist ja g.!*

großziehen, jmdn.: ein Kind oder ein junges Tier ernähren und mit seiner Fürsorge umgeben, in der es heranwachsen kann: *sie hat drei Kinder großgezogen.* **aufziehen,** jmdn.: (in diesem Sinnbereich) i. S. v. großziehen; wird oft dann gebraucht, wenn es sich nicht um eigene Kinder handelt oder um Tiere, mit deren Aufzucht man sich befaßt, die man als Jungtiere erwirbt, um sie selbst großzuziehen: *sie hat die Kinder ihrer Schwester unter Opfern aufgezogen.* **hochpäppeln,** jmdn. (fam.): schwächliche Kinder, junge Tiere besonders sorgsam pflegen und ernähren, damit sie kräftig[er] werden: *die jungen Tiere wurden mit der Flasche hochgepäppelt.* **aufpäppeln,** jmdn. (fam.): jmdn., oft schwächliche Kinder oder durch Krankheit geschwächte Personen, über einen längeren Zeitraum hin mit besonderer Sorgfalt ernähren, um sie [wieder] zu Kräften zu bringen: *ein Kind, eine Kranke a.*

grübeln [über etwas]: sich längere Zeit mit schweren, oft unnützen oder unfruchtbaren Gedanken plagen; über etwas nachsinnen mit dem Wunsch, in einer bestimmten Sache zu einem Ergebnis, zu einer Klärung zu kommen; sich mit oft vergeblichem Nachdenken über ein Problem oder eine Sache abquälen, die meist nicht zu ändern ist: *ich habe lange über dieses Problem gegrübelt.* **nachgrübeln,** über etwas: über ein schwieriges Problem unablässig, intensiv grübeln: *über das Problem habe ich schon oft nachgegrübelt.* **den Kopf zerbrechen,** sich [über etwas] (ugs.): längere Zeit intensiv und angestrengt nachdenken, um eine Erklärung für etwas Unbekanntes oder die Lösung eines Problems zu finden. **rätseln:** über etwas Unbekanntes längere Zeit Überlegungen und Vermutungen anstellen, ohne es zweifelsfrei klären zu können; steht meist mit indirektem Fragesatz: *man rätselte, ob das Zusammentreffen der beiden Politiker an diesem Ort ein Zufall gewesen sei.* **herumrätseln** [an etwas] (ugs.): i. S. v. rätseln; betont jedoch mehr, daß man einer unverständlichen Sache von verschiedenen Seiten beizukommen sucht; ↑ausdenken, ↑erwägen, ↑überlegen.

Grundsatz, der: (in diesem Sinnbereich) fester allgemeiner Richtsatz: *das ist ein G. von ihm; Grundsätze der Moral.* **Maxime,** die (bildungsspr.): oberster Grundsatz, den man sich als Lebensregel und als Richtsatz für das eigene Wollen, Verhalten und Handeln bestimmt, indem man versucht, ihn in seinem Leben durch die Tat zu verwirklichen: *seine M. war: überzeugen, nicht überreden.* **Prinzip,** das: (in diesem Sinnbereich) Grundsatz, den man seinem Handeln und Verhalten zugrunde legt und den man als unabdinglich, selbstverständlich und nicht der Notwendigkeit eines Beweises unterliegend ansieht; man bezeichnet damit vor allem die Art des eigenen Handelns, wie man etwas tut oder durchführt: *auf seinen Prinzipien beharren; auf solche Vorschläge geht er aus P. nicht ein;* ↑Leitsatz.

Grundstück, das: abgegrenztes Stück Land (das jmds. Eigentum ist): *ein G. kaufen, verpachten; das G. liegt direkt am See.* **Grundbesitz,** der: Boden, größeres Stück Land, das jmd. besitzt. **Landbesitz,** der: i. S. v. Grundbesitz; aber seltener. **Grund und Boden,** der: i. S. v. Grundbesitz. **Länderei,** die: ausgedehnter privater Grundbesitz; meist im Plural: zusammengehörige Gebiete anbaufähigen Bodens. **Parzelle,** die: (vermessenes) kleineres Grundstück; kleinste Einheit vermessenen [Bau]landes: *Otto hatte sich eine P. in Bergfelde gekauft.*

Gruppe, die: eine nicht zu große Anzahl von Menschen, die beieinander stehen oder nebeneinander gehen und oft als eine gewisse geordnete Einheit erscheinen: *überall standen noch Gruppen herum.* **Ansammlung,** die: eine größere Anzahl von Menschen, die sich an einer bestimmten Stelle befinden und im allgemeinen aus einem bestimmten Anlaß zusammengekommen sind; wird vor allem in sachlich-beschreibender Darstellung gebraucht: *eine A. lärmender und vergnügter Jugendlicher.* **Haufen,** der; **Haufe,** der (selten): eine ungeordnete größere Gruppe von Menschen [die sich in Bewegung befindet]: *da schlagen plötzlich Granaten in den verwirrten Haufen der Fliehenden.* **Schar,** die: eine größere [in Bewegung befindliche] Anzahl von Menschen; wird im allgemeinen mit Attribut gebraucht: *eine S. von Flüchtlingen;* vgl. Schar ↑Abteilung; ↑Abteilung, ↑Bande, ↑Herde.

grüßen [jmdn.]: jmdm., dem man begegnet, im Vorbeigehen [aus der Entfernung], ohne bei ihm zu verweilen, mit einer [höflichen, freundlichen] Gebärde (Neigen des Kopfes, Verbeugen, Zuwinken, Zulächeln, Lüften des Hutes o. dergl.) einen Gruß zurufen oder auch ihm wortlos zunicken: *er grüßte höflich.* **die Zeit bieten,** jmdm. (veraltend); **die Tageszeit [ent]bieten,** [jmdm.] (veraltet): i. S. v. grüßen; wird im allgemeinen mit einem charakterisierenden Zusatz oder verneint gebraucht; ↑begrüßen, ↑²Hand (die Hand geben).

gut: (in diesem Sinnbereich) [in seiner Wesensart] durch Güte geprägt und bestimmt; wird vorwiegend attributiv gebraucht: *seine Mutter war eine einfache gute Frau.* **seelengut** (emotional verstärkend): von uneingeschränkter Güte und Freundlichkeit anderen gegenüber; wird immer mit großer Hochachtung oder Anerkennung von einem Menschen gesagt, dessen Einstellung gegenüber seinen Mitmenschen von großer Opferbereitschaft, Wärme und Liebe bestimmt ist. **herzensgut** (emotional verstärkend): von herzlicher, gutmütiger Art, die sich anderen gegenüber in uneingeschränktem Wohlwollen kundgibt; drückt oft auch aus, daß der Betreffende in seiner Güte zu unkritisch ist und sich von anderen leicht ausnutzen läßt; ↑barmherzig, ↑gütig, ↑gutmütig, ↑menschlich, ↑tolerant.

gutgläubig: (in diesem Sinnbereich) anderen nichts Böses zutrauend; bei anderen die gleiche Aufrichtigkeit, den gleichen ehrlichen Willen voraussetzend, den man selbst hat, und ihnen [unvorsichtigerweise] ohne Mißtrauen begegnend oder blindlings Glauben schenkend: *die gutgläubige Frau ließ jeden Bettler in die Küche.* **vertrauensselig:** leicht geneigt, anderen vorschnell oder arglos zu vertrauen oder sich ihnen anzuvertrauen und dadurch Gefahr laufend, hintergangen oder betrogen zu werden; sich ohne weiteres auf die Ehrlichkeit, Verschwiegenheit anderer verlassend; wird mit einem gewissen Tadel von einem Menschen gesagt, dessen Vertrauen bei einem bestimmten Vorfall mißbraucht worden ist oder beinahe mißbraucht worden wäre. **naiv:** (in diesem Sinnbereich) aus Unerfahrenheit, Mangel an Menschenkenntnis zu vertrauensvoll, gutgläubig; enthält im Unterschied zu „vertrauensselig" meist deutliche Kritik: *ich war leider n. genug, ihren Beteuerungen Glauben zu schenken.* **leichtgläubig:** ohne eine eigentlich nötige Skepsis; zu schnell, leicht einer Aussage Glauben schenkend, so daß der Betreffende hinters Licht geführt werden kann; enthält leichten Vorwurf. **dumm:** (in diesem Sinnbereich) allzu vertrauensselig, so daß man erst durch schlechte Erfahrungen eines Besseren belehrt wird; wird meist rückblickend von jmdm., seinem Verhalten o. ä. gesagt oder betont, daß jmd. Gefahr läuft, sich durch sein Vertrauen unangenehmen Folgen auszusetzen: *sie war d. genug, ihm seine Angaben zu glauben;* ↑naiv, ↑voreingenommen; ↑hereinfallen, ↑täuschen.

gütig: anderen mit Wohlwollen und Freundlichkeit begegnend, ihnen hilfreich zugetan; bezeichnet einen Wesenszug, der alles Denken und Tun eines so gearteten Menschen bestimmt und der in seinem Verhalten zum Ausdruck kommt: *gütiges Lächeln; ein gütiger Mensch.* **grundgütig** (emotional verstärkend): sehr gütig; im innersten Wesen von Güte geprägt; bringt eine große Hochachtung des Sprechers/Schreibers zum Ausdruck. **herzlich:** (in diesem Sinnbereich) von einer von Herzen kommenden Freundlichkeit und von großem, tiefem Mitgefühl; wird von einem Wesenszug gesagt, der, wie bei den übrigen Wörtern dieser Gruppe, im Umgang mit anderen, im Verhalten anderen gegenüber sichtbar wird und zum Ausdruck kommt und der in den Zügen eines Menschen sichtbar ausgeprägt sein, sich darin widerspiegeln kann: *herzliche Freundlichkeit; er hatte ein gutmütiges, herzliches Wesen.* **warmherzig:** von einem warmen, herzlichen, auf andere überströmenden [Mit]gefühl beherrscht, das sich besonders in einem verständnisvollen, hilfsbereiten, wohlmeinenden Verhalten anderen gegenüber zeigt: *warmherziges Verständnis für die Menschen;* ↑barmherzig, ↑gut, ↑gutmütig, ↑menschlich, ↑tolerant.

gutmütig: seinem Wesen nach freundlich-hilfsbereit und geduldig; von solchem Wesen zeugend; wohlwollend, entgegenkommend, nicht bösartig, sondern gern bereit zu verzeihen; nicht auf den eigenen Vorteil, sondern eher darauf bedacht, anderen nicht zu schaden; oft auch mit dem Nebensinn des Naiven, Einfältigen und der Arglosigkeit; bezieht sich auf den Menschen, seine Art, sich zu verhalten und zu handeln, oft auch auf sein Aussehen, seinen Gesichtsausdruck; kennzeichnet jedoch öfter eine grundsätzliche menschliche Veranlagung, seltener eine zeitweilige oder auch einmalige Verhaltensweise: *gutmütige Augen.* **gutherzig:** von weicher Gemütsart, so daß man anderen gern zu helfen bereit ist, ihnen nichts abschlagen kann; anderen gegenüber wohlwollend und freundlich gesinnt; hat gegenüber „gutmütig" eine geringere Anwendungsbreite, weil es meist nur unmittelbar auf den Menschen und seine Wesensart bezogen wird: *er wohnte längere Zeit bei einer älteren gutherzigen Wirtin in Untermiete.* **weichherzig** (Ggs. hartherzig): auf Grund seiner gemütvollen Veranlagung sehr leicht dazu neigend, das Leid anderer mitzufühlen und daher bereit, anderen zu helfen, sich mitleidvoll ihrer anzunehmen; bezieht sich meist unmittelbar auf den Menschen selbst, seltener auf seine Veranlagung oder seine Verhaltensweise in bestimmten Situationen; wird im allgemeinen nur attributiv und subjektbezogen gebraucht: *sie war sehr w. und konnte niemanden leiden sehen.* **nachgiebig:** zum Nachgeben bereit; dem Willen eines anderen keinen Widerstand entgegensetzend; so veranlagt, daß man leicht geneigt ist, sich dem Willen anderer anzupassen, sich bereitwillig den Wünschen anderer unterzuordnen und seine eigenen Interessen zurückzustellen; bezieht sich auf den Menschen und seine Gesamtveranlagung, die ihn in der jeweiligen Situation dazu bringt, anderen ihren Willen zu lassen; wird meist attributiv und subjektbezogen gebraucht. **geduldig:** Geduld zeigend, habend; bei etwas, was Ärger, Unwillen, Verdruß zu erregen geeignet ist, von ruhig abwartender Gemütsstimmung. **nachsichtig:** voller Nachsicht; voll rücksichtsvoller Schonung in bezug auf etwas, was nicht so ist, wie man es eigentlich verlangen könnte: *ein nachsichtiger Vater, Lehrer.* **langmütig:** auch auf längere Zeit hin voller Nachsicht, Geduld, Toleranz; ↑barmherzig, ↑gut, ↑gütig, ↑menschlich, ↑tolerant; ↑Geduld.

H

haben, etwas: (in diesem Sinnbereich) mit einer bestimmten Eigenschaft, einem [Wesens]merkmal versehen sein; wird von etwas gesagt, was jmdm. oder einer Sache von selbst, von Natur aus eigen ist: *das gleichseitige Dreieck hat drei gleiche Winkel; er hat viel Mut;* vgl. haben ↑versehen. **besitzen,** etwas: mit einem besonderen [ausgeprägten] Merkmal, einer [hervorstechenden] positiv oder negativ bewerteten Eigenschaft versehen sein; hebt im Unterschied zu „haben" das Objekt stärker hervor und wirkt, wenn diese Hervorhebung unbegründet ist, leicht gespreizt: *diese Hunderasse besitzt ein besonders feines Gehör; das Haus besaß ein auffällig hohes Dach; er besitzt ein unerschütterliches Selbstvertrauen;* ↑besitzen. **sein eigen nennen,** etwas: (in diesem Sinnbereich) eine besonders wertvolle körperliche oder geistige Eigenschaft oder Fähigkeit besitzen, die man als eine Art Kapital empfindet; klingt leicht gespreizt: *einen gesunden Leib sein eigen nennen.*

habgierig (abwertend): sein ganzes Streben und Handeln darauf richtend, seinen Besitz zu vergrößern; kann sich nur auf jmdn. beziehen, der bereits etwas besitzt und der von der Gier nach Steigerung seines Besitzes so besessen ist, daß er dieses Ziel mit allen Mitteln zu erreichen sucht; tritt in einzelnen Situationen zutage, wobei es sich auch manchmal um kleinere Dinge handeln kann. **habsüchtig** (abwertend): in seinem Charakter so veranlagt, daß man die Sucht hat, seinen Besitz ständig zu erweitern, wobei dieses Bestreben im Unterschied zu „habgierig" weniger kraß hervortritt und sich meist planvoll, mit Überlegung auf größere Objekte richtet. **raffgierig** (abwertend), **raffig** (landsch.; abwertend): bestrebt, möglichst viel Geld und Güter an sich zu reißen; bezeichnet besonders deutlich die gierige Art, mit der ein Mensch zu Reichtum gelangen möchte oder seinen Reichtum erweitern will. **gewinnsüchtig** (abwertend): mit allen Mitteln überall auf den größtmöglichen Gewinn bedacht. **geldgierig** (abwertend): versessen auf Geld oder Geldeswert; ↑[1]geizig, ↑[2]geizig.

halbdunkel: nicht mehr ganz hell, aber doch auch noch nicht ganz dunkel und lichtlos; wird gebraucht, um in bezug auf die Beleuchtung durch eine beliebige Lichtquelle die Zwischenstufe anzugeben, bei der das Dunkel bereits vorherrscht oder der Übergang zum Dunkel unmittelbar bevorsteht. **zwielichtig** (selten): (in diesem Sinnbereich) weder richtig hell noch völlig dunkel; es herrscht dabei aber doch die Helligkeit noch oder schon so weit vor, daß man einzelne Gegenstände voneinander unterscheiden kann. **dämm[e]rig:** weder richtig hell noch dunkel; bezeichnet die eigenartige Beleuchtung beim Übergang von der Helle des Tages zum Dunkel der Nacht oder von der Finsternis zur Helligkeit des Morgens; der Ausdruck wird verwendet, um ein gedämpftes, mattes Licht zu kennzeichnen; steht im allgemeinen attributiv und subjektbezogen. **schumm[e]rig** (ugs.; landsch.): i. S. v. dämmrig; bezeichnet zugleich aber auch das Halbdunkel eines Raumes oder das schwache Licht, in dem die Umrisse eines Körpers oder Gegenstandes nur undeutlich und ineinander verschwimmend zu erkennen sind; das Wort hat einen heimelig-gemütlichen Beiklang, wird aber im Unterschied zu „dämmrig" nur auf den Übergang vom Hellen zum Dunklen angewandt; ↑ [1]dunkel.

Hals, der: Körperteil zwischen Kopf und Rumpf beim Menschen und bei manchen Tieren, mit dessen Hilfe der Kopf bewegt wird: *ein hagerer, steifer, kurzer H.;* vgl. Hals ↑ Rachen. **Gurgel,** die: (in diesem Sinnbereich) Stelle außen am Vorderteil des Halses unter dem Kinn mit Kehlkopf; vgl. Gurgel ↑ Rachen. **Kehle,** die: (in diesem Sinnbereich) der obere, vordere Teil des Halses unter dem Kinn: *jmdm. die K. zuhalten, durchschneiden;* vgl. Kehle ↑ Rachen. **Nakken,** der: der hintere, äußere Teil des Halses, besonders beim menschlichen Körper. **Genick,** das: der hintere Teil des Halses; bezieht sich jedoch immer gleichzeitig auf das bewegliche Gelenk zwischen dem ersten und zweiten Wirbel; da mit „Nacken" lediglich die äußere Stelle gemeint ist, lassen sich „Genick" und „Nacken" nur dann austauschen, wenn nicht besonders auf das Gelenk hingewiesen werden soll: *jmdm. das G.* (nicht: den Nacken) *umdrehen; ein Schlag ins G.* **Anke[l],** die (landsch.): i. S. v. Nacken, Genick; insbesondere beim Menschen.

[1]**halten,** etwas/jmdn. für etwas/jmdn. (ugs.): von einer Person oder einer Sache eine bestimmte Meinung haben, die darin besteht, daß man ihr eine bestimmte Art, Bedeutung oder Beschaffenheit zuschreibt [und damit zugleich ein Werturteil über sie ausdrückt]: *ich halte ihn für sehr begabt.* **ansehen,** etwas/jmdn. als/(auch:) für etwas/ jmdn.: von einer Person oder Sache glauben oder erwarten, daß sie in bestimmter Weise geartet oder beschaffen ist; kennzeichnet zum Unterschied von „etwas/jmdn. halten für" eine mehr vorläufige oder subjektive Meinung über jmdn. oder etwas: *jmdn. als seinen Freund a.; etwas als seine Pflicht a.; einen Brief als eilig a.; jmdn. für einen Ausländer a.* **betrachten,** etwas/jmdn. als etwas/jmdn.: in bezug auf Art und Bedeutung über jmdn./etwas einer bestimmten Meinung sein: *das muß man als Zufall b.* **erachten,** etwas für etwas (geh.): auf Grund einer Überlegung oder auf Grund seiner Autorität entscheiden, daß einer Sache bestimmte Eigenschaften oder eine bestimmte Bedeutung zukommt: *ich erachte es für undurchführbar; der Chef erachtet diese Maßnahme für absolut notwendig.* **beurteilen,** etwas als etwas: sich über eine Sache ein Urteil gebildet haben und ihr daraufhin eine bestimmte Art oder bestimmte Eigenschaften zuerkennen: *er – wie auch seine Kollegen – beurteilt unseren Plan als sehr aussichtsreich.* **auffassen,** etwas als etwas: einer Sache [die einen persönlich betrifft oder berührt] einen bestimmten Sinn oder eine bestimmte Bedeutung zuschreiben: *das brauchen Sie nicht als Kränkung aufzufassen;* vgl. Auffassung ↑ Meinung. **nehmen,** etwas für/als etwas: einer Sache/einem Sachverhalt einen bestimmten [positiven] Charakter zuschreiben, der für den Betreffenden in der Weise gilt: *etwas als Entschuldigung n.; etwas unter gewissen Umständen für ein gutes Zeichen n.* **sehen/**(geh. auch:) **erblicken,** etwas in jmdm./etwas: etwas in jmdm./etwas zu erkennen glauben; sich eine bestimmte [selbständige] Auffassung von jmdm./etwas zu eigen gemacht haben: *ich kann darin nichts Heldenhaftes sehen.* **verstehen,** etwas als etwas (geh.): in einer Sache eine bestimmte Absicht oder einen bestimmten Sinn erkennen oder zu erkennen glauben: *er verstand diese Höflichkeitsphrase als Aufforderung, noch länger zu bleiben.* **empfinden,** etwas als etwas: einer Sache auf Grund einer gefühlsbetonten Vorstellung, einer Empfindung oder eines Eindrucks eine persönliche Bedeutung oder Eigenart zuschreiben: *ich empfinde das als Schmach, als Beleidigung.*

[2]**halten: a)** ein in Bewegung befindliches Fahrzeug [an einer vorgesehenen Stelle] zum Stillstand bringen: *er hielt genau vor seinem Haus;* **b)** etwas hält: etwas fährt nicht mehr weiter, sondern kommt zum Stillstand: *der Zug hat nicht gehalten.* **anhalten: a)** ein Fahrzeug aus der fahrenden Bewegung [plötzlich] zum Stillstand bringen; **b)** etwas hält an: etwas stellt die Fortbewegung [vorübergehend] ein; legt den Nachdruck stärker als „halten" auf die Veränderung des Zustandes, auf den unmittelbaren Übergang

von der Bewegung zur Ruhe. **stoppen: a)** ein Fahrzeug sehr schnell und plötzlich zum Halten bringen, meist deshalb, weil etwas Unvorhergesehenes eingetreten ist, man sich dazu gezwungen sieht; **b)** etwas stoppt: etwas kommt aus einer [raschen] Fortbewegung heraus plötzlich und ruckartig zum Stehen; kennzeichnet besonders das Anhalten von Motorfahrzeugen, die durch heftiges Abbremsen oder durch Abstellen der Maschine schnell zum Stillstand gebracht werden können. **stehenbleiben,** etwas bleibt stehen: (in diesem Sinnbereich) etwas bewegt sich nicht weiter fort, sondern kommt [auf Grund eines Defektes oder mangelnder Antriebskraft] zum Stillstand: *der Wagen blieb plötzlich stehen.*

haltlos: (in diesem Sinnbereich) keinen Anhaltspunkt für die wahrheitsgemäße Begründung einer Behauptung bietend; bezieht sich im allgemeinen auf Anschuldigungen oder Vorwürfe, die auf Grund ihrer Unrichtigkeit nicht aufrechtzuerhalten sind und durch Gegenargumente entkräftet werden können: *diese Beschuldigungen haben sich als völlig h. erwiesen.* **unbegründet:** ohne daß für das Genannte ein Grund, Anlaß vorhanden ist [und daher zu Unrecht bestehend]; zielt auf die Korrektur einer Meinung o. ä. ab: *dein Mißtrauen ist ganz u.* **grundlos:** ohne [erkennbaren] Grund, ohne konkreten Anhaltspunkt für das Genannte [bestehend]: *g. weinen, toben; grundlose Furcht.*

[1]**Hand,** die: von Handwurzel, Mittelhand und fünf Fingern gebildeter unterster Teil des Armes, der die Funktionen des Haltens, Greifens usw. hat. **Patschhand,** die (fam.); **Patsche,** die (fam.): kleine Kinderhand. **Pfote,** die (derb); **Flosse,** die (derb): i. S. v. Hand; wird burschikos oder abwertend gesagt. **Pranke,** die (derb); **Pratze,** die (derb); **Tatze,** die (derb): breite, kräftige, grobe Hand; wird jedoch oft lediglich abwertend für „Hand" gebraucht, z. B. wenn man seinem Unwillen Ausdruck geben will. **Klaue,** die (meist Plural; derb; abwertend): i. S. v. Hand; drückt das feste Zupacken oder das Festhalten an den ergriffenen Gegenständen aus.

[2]**Hand: die Hand geben,** jmdm.: jmdm. zur Begrüßung die [rechte] Hand entgegenstrekken, die der andere mit der gleichen entgegenkommenden Gebärde ergreift: *wenn er kommt, gibt er allen Leuten die Hand.* **die Hand reichen,** jmdm. (geh.): i. S. v. die Hand geben; bezeichnet ein besonders gemessenes Verhalten bei der Begrüßung oder Verabschiedung. **die Hand schütteln,** jmdm.: zur Begrüßung oder Verabschiedung, im allgemeinen unter Freunden oder Bekannten, jmds. dargebotene Hand ergreifen und lebhaft, temperamentvoll, mit Herzlichkeit auf- und niederbewegen. **mit Handschlag begrüßen/**(auch:) **verabschieden,** jmdn.: jmdn. mit einem kräftigen Händedruck [betont freundlich oder jovial] begrüßen oder verabschieden; ↑begrüßen, ↑grüßen.

[1]**Handel,** der: (in diesem Sinnbereich) im größeren Maßstab sich vollziehender Kauf und Verkauf von Waren: *der H. floriert; er treibt einen schwunghaften H. mit Schweizer Uhren.* **Deal** [dil], der: geschäftliche Aktivitäten, die vor allem verbotene oder strenger Kontrolle unterliegende Güter zum Gegenstand haben; [zweifelhafter] Handel: *an diesem D. war die Firma X beteiligt; mit jmdm. einen D. machen.* **Transaktion,** die: größere [riskante] finanzielle Unternehmung (z. B. von Banken). **Geschäft,** das: (in diesem Sinnbereich) auf Gewinne abzielende kommerzielle Aktivität, besonders der Abschluß eines [gewinnbringenden] Handels: *mit diesem Verkauf hat er ein gutes G. gemacht; die Geschäfte gehen gut; zweifelhafte, dunkle Geschäfte machen; ein G. wittern.* **Verkauf,** der (Ggs. Kauf): das Überlassen einer Ware gegen Bezahlung an einen anderen als dessen Eigentum: *der V. des Hauses, von Theaterkarten;* ↑Abmachung; ↑kaufen.

[2]**Handel: Handel treiben,** mit jmdm.: (in diesem Sinnbereich) zu jmdm., meist einem Staat oder Land, [ausgedehnte] geschäftliche, wirtschaftliche Beziehungen unterhalten, die hauptsächlich in einem Austausch der jeweiligen Landesprodukte bestehen; vgl. Handel treiben ↑handeln. **in Handelsbeziehung stehen,** mit jmdm.; **Handelsbeziehungen unterhalten,** zu jmdm.: i. S. v. Handel treiben; betont jedoch mehr die Gegenseitigkeit der Handelstätigkeit. **Geschäfte machen,** mit jmdm. (ugs.): (in diesem Sinnbereich) zu einer Firma oder einem Staat gewinnbringende Geschäfts- oder Handelsbeziehungen unterhalten, einträgliche Geschäfte abschließen; hat oft abwertenden Klang und besagt, daß man moralische, nationale o. ä. Rücksichten hinter die privaten, geschäftlichen Interessen zurückstellt.

handeln, mit etwas: (in diesem Sinnbereich) bestimmte Waren oder Warensorten kaufen und wieder verkaufen; wird von jmdm. gesagt, der selbständig als Kaufmann tätig ist; weist besonders auf die Art der Geschäfte, die er betreibt: *er hatte mit Vieh gehandelt.* **Handel treiben** [mit etwas]: (in diesem Sinnbereich) sich mit dem Kauf und Verkauf bestimmter Waren und Güter befassen und dies zu seinem Broterwerb machen; legt das Gewicht im Unterschied zu „handeln“ entweder mehr auf die Tatsache, daß jmd. überhaupt kaufmännisch als Händler tätig ist, als auf die bestimmte Art der Geschäfte, die er betreibt, oder drückt aus, daß die Handelstätigkeit besonders ungewöhnlichen, auffälligen oder auch anrüchigen Objekten gilt oder in sonst irgendeiner Weise bemerkenswert ist: *Handel mit Gold treiben;* vgl. Handel treiben ↑Handel. **dealen** [di̲len] (Jargon): (mit Rauschgift) handeln: *er wurde beim Dealen beobachtet.* **verkaufen,** etwas: (in diesem Sinnbereich) bestimmte Waren oder Güter an Kunden, Verbraucher vermitteln; stellt im Unterschied zu „handeln“ den Absatz der Güter, bei denen es sich im allgemeinen um Fertigprodukte, industrielle oder landwirtschaftliche Erzeugnisse o. ä. handelt, in den Vordergrund: *er verkauft im Sommer Eis, im Winter Pelze;* ↑[1]verkaufen. **vertreiben,** etwas: (in diesem Sinnbereich) bestimmte Waren, Massenartikel o. ä. im großen verkaufen, sich um ihren Absatz bemühen; bezieht sich im Unterschied zu „verkaufen“ weniger auf das unmittelbare Geschäft mit dem Kunden, sondern besagt allgemein, daß jmds. geschäftliche Tätigkeit dem Absatz bestimmter Erzeugnisse gilt, die im Zusammenhang mit „vertreiben“ im allgemeinen nicht im einzelnen genannt, sondern nur als Warengruppen, Warensorten angesprochen oder mit einer verallgemeinernden Bezeichnung umschrieben werden: *er vertreibt jetzt Seifenartikel für eine große Firma.* **machen,** in etwas (salopp): um seinen Lebensunterhalt zu verdienen, vorübergehend oder für eine bestimmte Zeit mit etwas in oft nicht sehr seriöser Weise handeln; wird häufig scherzhaft, mitunter auch leicht abwertend gebraucht: *ich weiß nicht, welchen Beruf er eigentlich erlernt hat, augenblicklich jedenfalls macht er in Damenstrümpfen.*

[1]**hängen,** jmdn.; **durch den Strang hinrichten,** jmdn.: jmdn. töten, indem man ihm einen Strick um den Hals legt und ihn daran aufhängt. **henken,** jmdn. (veraltend): jmdn. durch den Strang hinrichten: *die Anführer des Putsches wurden im Hof des Staatsgefängnisses gehenkt.* **erhängen,** jmdn.: i. S. v. hängen; die Vorsilbe er- drückt das Resultat, den Abschluß aus: *er gab an, daß man seinen Vater in den letzten Kriegstagen erhängt habe;* vgl. erhängen, sich ↑[2]Selbstmord. **aufhängen,** jmdn.: i. S. v. hängen; wird aber häufig emotional gefärbt verwendet und als unverhüllter, herzloser Ausdruck empfunden: *den hatten die Landarbeiter aufgehängt;* vgl. aufhängen, sich ↑[2]Selbstmord. **aufbaumeln,** jmdn. (salopp; landsch.); **aufbammeln,** jmdn. (salopp; landsch.): i. S. v. hängen; vgl. aufbammeln, aufbaumeln, sich ↑[2]Selbstmord. **aufknüpfen,** jmdn. (ugs.): i. S. v. hängen; häufig aber mit der Nebenvorstellung des Spontanen, d. h. ohne vorausgehende Gerichtsverhandlung, einer plötzlichen Eingebung folgend, ohne lange zu zögern; vgl. aufknüpfen, sich ↑[2]Selbstmord; ↑beseitigen, ↑ermorden, ↑erschießen, ↑erschlagen, ↑erstechen, ↑ersticken, ↑hinrichten, ↑liquidieren, ↑niedermachen, ↑[1]sterben, ↑[2]töten.

[2]**hängen, hangen** (veraltet): (in diesem Sinnbereich) [mit dem oberen Ende] auf irgendeine Weise an einer bestimmten Stelle [beweglich] befestigt sein und nach unten hin [frei in der Luft] schweben; sich auf irgendeine Weise, oft indem man sich an etwas festhält, in einer Lage befinden, in der man von unten her keinen Halt hat; wird, wie auch die übrigen Wörter dieser Gruppe, im allgemeinen in Verbindung mit einer näheren Bestimmung gebraucht: *sein Badeanzug hing zum Trocknen am Fensterkreuz.* **baumeln** (ugs.): (in diesem Sinnbereich) an einer bestimmten, oft ungewöhnlichen, unpassenden oder falschen Stelle [in unordentlicher, nicht ganz ordnungsgemäßer Weise] so hängen, daß ein leichtes Hinundherbewegen oder -schwingen möglich ist; läßt meist darauf schließen, daß etwas durch die Art des Aufgehängtseins, Herunterhängens auffällt oder daß sich jemand in einer ungewöhnlichen, nicht alltäglichen Lage befindet, in welcher er keinen festen Halt von unten her hat, und wird dann, je nach Situation, entweder belustigt oder mit leichter Abwertung gesagt: *ein Pappschild baumelte vor der Tür.* **bammeln** (salopp), **bambeln** (salopp; landsch.): i. S. v. baumeln; wird jedoch im allgemeinen nicht auf Personen, sondern nur auf kleinere, wegen ihres geringen Gewichts leicht in eine schlenkernde Bewegung geratende Gegenstände bezogen, die nur lose an einem bestimmten Punkt befestigt sind: *du mußt den Knopf annähen, er bammelt ja nur noch an einem Faden.*

[1]**hart** (Ggs. ↑weich): einem Druck kaum oder gar nicht nachgebend; so beschaffen, daß das Eindringen eines anderen Körpers nur schwer oder gar nicht möglich und zur Veränderung der Gestalt ein größerer Kraftaufwand nötig ist: *er bearbeitete das harte Gestein mit einem schweren Meißel.* **fest:** in seinen Bestandteilen eng zusammenhängend und dadurch eine gewisse Härte oder Festigkeit bildend, die einem Druck Widerstand bietet: *festes Gestein.* **steinhart** (emotional übertreibend), **knochenhart** (emotional übertreibend): sehr hart [geworden];

wird vor allem von Dingen gesagt, die ursprünglich weich, weniger hart oder fest waren: *das Brot ist knochenhart.* **glashart:** durch Kälte oder sonstige Einwirkung zu glasähnlicher Härte erstarrt und oft sehr scharf und auch spröde; emotional gefärbt: *die Eiszapfen sind g.*

²**hart:** (in diesem Sinnbereich) in Entscheidungen und im Verhalten gegen sich und andere nicht durch Mitgefühl beeinflußt oder jedes Mitgefühl unterdrückend; ist eine Wertung innerhalb des Gefühlsbereichs; kann sich auf Menschen oder auf ihre Äußerungen und Handlungen beziehen: *ein harter Vater, Richter; h. über jmdn. urteilen.* **knallhart** (emotional verstärkend): (in diesem Sinnbereich) überaus, in schonungsloser Weise hart; wird auf Äußerungen o. ä. bezogen: *sein Urteil über ihn formulierte er k.* **streng:** (in diesem Sinnbereich) ohne Nachsicht, nicht bereit, ein Abweichen von einer festgesetzten Norm zu gestatten oder Konzessionen zu machen; kann sich auf Menschen oder auf ihre Äußerungen und Handlungen beziehen: *ein strenger Lehrer; ein strenges, aber gerechtes Urteil.* **gestreng** (veraltet): (in diesem Sinnbereich) sehr streng; wird nur auf Personen angewandt und verbindet sich meist mit der Vorstellung von innerer Distanz zu dem Betreffenden oder der Furcht vor ihm: *gestrenge Herren regieren nicht lange.* **scharf:** (in diesem Sinnbereich) energisch und durchgreifend; besonders streng: *ein scharfer Polizist; scharfe Kontrollen;* ↑fest.

Hausangestellte, die: weibliche Person, die in einem Haushalt angestellt ist, um die Hausfrau bei der Hausarbeit zu unterstützen oder die anfallenden Arbeiten, wie Putzen, Waschen, Kochen usw., selbständig zu erledigen; ist die sachlich-amtliche Bezeichnung für die Betreffende. **Dienstmädchen,** das (veraltet); **Hausmädchen,** das; **Mädchen,** das (ugs.): junges Mädchen, das gegen festen Lohn zur Verrichtung der Hausarbeit angestellt ist. **Haushilfe,** die: junges Mädchen oder Frau, die zur Unterstützung der Hausfrau angestellt ist und bei der Erledigung der Arbeiten im Haus mithilft. **Au-pair-Mädchen,** das: Mädchen, meist Schülerin oder Studentin, die in einem Haushalt im Ausland au pair, d.h. ohne Bezahlung, nur gegen Unterkunft, Verpflegung und Taschengeld, arbeitet, um die Sprache des Landes zu lernen. **Bedienerin,** die (österr.): eine [meist ältere] Frau, die als Hilfe regelmäßig für einige Stunden in das Haus kommt, um die anfallenden Arbeiten zu erledigen. **Stütze,** die (ugs.): (in diesem Sinnbereich) eine fleißige und verläßliche Hilfe bei der Arbeit im Hause, die das Vertrauen der Hausfrau genießt und darum viele häusliche Arbeiten selbständig erledigt; drückt die Zufriedenheit des Sprechers/Schreibers aus. **dienstbare Geist,** der (scherzh.): eine weibliche oder männliche Hilfe im Haus, die man um ihres Fleißes und ihrer Zuverlässigkeit willen schätzt. **Perle,** die (scherzh.): eine meist ältere und erfahrene Haushilfe, die man besonders schätzt, weil sie fleißig, klug, umsichtig usw. ist; drückt Anerkennung und Zufriedenheit des Sprechers/Schreibers aus; wird manchmal auch mit einem spöttischen Unterton gebraucht. **Minna,** die (ugs.; scherzh.); **Donna,** die (ugs.; scherzh.): allgemeine burschikose Bezeichnung für eine meist ältere und treue Hausangestellte, die man ihrer guten Eigenschaften wegen schätzt. **Dienstspritze,** die (salopp; verächtlich): jüngere Hausangestellte; man bezeichnet damit in abschätziger Weise ein Hausmädchen, das in seinem Benehmen und seiner Aufmachung seine einfache Art nicht verleugnen kann. **Dienstbolzen,** der (salopp; verächtlich; veraltet): i. S. v. Dienstmädchen; wird im allgemeinen dann gebraucht, wenn auf die niedrige soziale Stellung angespielt werden soll; ↑Diener, ↑Putzfrau.

haushalten: mit seinem Gelde, mit irgendwelchen Verbrauchsgütern sparsam umgehen und wirtschaften: *wenn du nicht mit den Vorräten haushältst, reichen sie nicht für diesen Monat;* vgl. haushälterisch ↑sparsam. **sparen:** (in diesem Sinnbereich) sehr sparsam und bescheiden leben [obwohl man die Mittel hätte, sich mehr Annehmlichkeiten zu leisten]; wird leicht mit einem Unterton der Kritik gesagt, wenn es sich um eine dem Geiz verwandte Form der Sparsamkeit handelt: *diese Leute sparen, sie könnten ein viel großzügigeres Haus führen;* ↑sparsam. **knapsen** (ugs.): den Verbrauch, Geldausgaben so weit wie möglich verringern, gering halten, so daß der Bedarf nur ganz knapp befriedigt werden kann: *in diesem Monat müssen wir sehr k.; mit der Butter k.* **knausern** [mit etwas] (ugs.; abwertend): mit etwas übertrieben sparsam umgehen. **sein Geld zusammenhalten** (ugs.): sparsam und haushälterisch mit seinem Gelde umgehen, keinerlei unnötige Ausgaben machen; wird eher von jmdm. gesagt, der zur Sparsamkeit neigt, als von jmdm., der zur Sparsamkeit gezwungen ist. **bescheiden leben:** genügsam und anspruchslos leben, seinen Lebensunterhalt mit wenig Mitteln bestreiten; ↑einschränken, ↑sparen; ↑genügsam.

heikel: (in diesem Sinnbereich) gefährlich, weil möglicherweise von unangenehmen

Folgen begleitet; bezieht sich auf Sachverhalte oder Themen und Vorhaben, die man wegen ihrer Gefährlichkeit oder weil sie nicht gesellschaftsfähig sind, zu meiden oder aufzuschieben sucht: *eine heikle Angelegenheit.* **kitzlig** (ugs.): sehr bedenklich, da die betreffende Sache, Angelegenheit, Frage usw. die Empfindlichkeit des anderen leicht verletzen, ein entsprechendes Vorhaben mißdeutet werden könnte oder man sich bei einer Sache in einer Situation selbst nicht wohl fühlt; ↑schwierig.

heilen [jmdn./etwas; jmdn. von etwas]: (in diesem Sinnbereich) einen Kranken durch eine besondere Behandlung und die fachkundige Hilfe eines Arztes von einer Verletzung, einer Krankheit, einem schweren Leiden körperlicher oder seelischer Art befreien. **kurieren,** jmdn. (ugs.): jmdn. [auf eine drastische und vielfach unfachmännische Art] heilen; im Unterschied zu „heilen" wird hier der Blick weniger auf das Gesundwerden als auf die Behandlung selbst, auf die angewandten Mittel gelenkt. **wiederherstellen,** jmdn.: einem Kranken die fehlende Gesundheit wiedergeben; wird vom Wirken eines Arztes gesagt, der durch seine Kenntnisse den Patienten wieder in seinen früheren gesunden Zustand zurückbringt: *er war soweit wiederhergestellt, daß er seiner Arbeit nachgehen konnte.* **gesund machen,** jmdn. (ugs.): jmdn. durch ärztliche Hilfe von Krankheiten oder gesundheitlichen Schädigungen befreien und die Leistungsfähigkeit und das frühere Wohlbefinden eines Kranken wiederherstellen. **wieder auf die Beine bringen,** jmdn. (ugs.): (in diesem Sinnbereich) einen bettlägerigen, schwachen Kranken heilen und ihm seine Leistungsfähigkeit wieder zurückgeben. **helfen,** jmdm. (ugs.); **aufhelfen,** jmdm.: (in diesem Sinnbereich) einen Kranken durch ärztliche Hilfe, fachkundige Behandlung und besondere Anweisungen von seiner Krankheit oder seinem Leiden befreien und ihm wieder zu seiner Gesundheit verhelfen; im Unterschied zu „helfen" drückt „aufhelfen" auch besonders aus, daß jemand, der schwach und nicht mehr richtig leistungsfähig war, wieder zu Kräften kommt. **retten,** jmdn. (ugs.): (in diesem Sinnbereich) einen schwer leidenden Menschen, der sich in einem kritischen Stadium seiner Krankheit befindet, durch ärztliche Bemühungen vor dem Tode bewahren und heilen: *dieser Doktor hat mich damals gerade noch einmal gerettet.*

heimlich: (in diesem Sinnbereich) vor anderen verborgen; so unauffällig, daß andere nicht merken, was geschieht; bezieht sich auf ein Tun, auf die Ausführung einer Absicht, deren Entdeckung man [aus Scheu vor Bloßstellung] vermeiden will, oft auf das Umgehen eines Verbotes o. ä., bei dem man nicht ertappt oder gesehen werden will: *sich mit jmdm. h. treffen.* **verstohlen:** vorsichtig oder auf scheue, zurückhaltende Weise, so daß oder damit es unbemerkt, anderen verborgen bleibt; bezieht sich im Unterschied zu „heimlich" mehr auf ein Tun, das man anderen gegenüber nicht einzugestehen wagt, vor anderen nicht wahrhaben will oder aus Scheu nicht unverhüllt, öffentlich ausführt: *er musterte seine neue Kollegin v.* **klammheimlich** (fam.): auf ganz heimliche, unbemerkte, geschickt-unauffällige Weise [etwas ausführend], so daß niemand etwas davon merkt, niemand weiß, wie es zugegangen ist; drückt die scherzhafte oder spöttische Verwunderung des Sprechers/Schreibers über jmds. Gewandtheit oder heimliches Handeln aus und wird im allgemeinen nur prädikatbezogen von einem [überraschenden] Tun gesagt: *er ist k. verschwunden.*

heiraten [jmdn.]: mit jmdm. eine Ehe schließen [und einen Hausstand gründen]; wird auf Personen sowohl des weiblichen als auch des männlichen Geschlechts angewandt. **verheiraten,** sich [mit jmdm.]: eine eheliche Verbindung eingehen; bezeichnet weniger den Akt der Eheschließung als das Eintreten in den neuen Personenstand; betont mehr die eigene Initiative und die gegenseitige Bindung: *er hat sich endlich mit ihr verheiratet; hat er sich verheiratet oder ist er immer noch ledig?* **ehelichen,** jmdn.: i. S. v. heiraten; klingt unpersönlich; bezeichnet mehr das Eingehen einer ehelichen Verbindung durch förmlichen Vertrag: *Justinian ehelichte die Prinzessin Antonia.* **verehelichen,** sich [mit jmdm.] (gespreizt): i. S. v. verheiraten; ist jedoch ungebräuchlicher; klingt in der Normalsprache sehr förmlich: *ich gedenke mich in den nächsten zwei Jahren noch nicht zu v.* **vermählen,** sich [mit jmdm.] (geh.): mit jmdm. den Bund der Ehe eingehen; wird nur in feierlichem Text gesagt und ist im wesentlichen nur noch Schriftwort; klingt in der gesprochenen Sprache [besonders auf eigene Familienmitglieder bezogen] gespreizt; wird öfter in Heiratsanzeigen verwendet: *wir haben uns vermählt.* **freien,** jmdn. (veraltet; aber oft noch landsch.): (in diesem Sinnbereich) ein Mädchen heiraten; läßt noch die vorausgegangene Werbung mit anklingen; wird heute selten gebraucht und dann nur noch vom Mann gesagt: *er hatte sie gefreit;* vgl. freien [um] ↑werben um. **heimführen,** jmdn. (dichter.): ein Mädchen heiraten und als Braut [feierlich] in das neue Hauswesen geleiten, um mit ihm gemeinsam den neuen Hausstand zu begründen; wirkt in der Alltagssprache ironisierend oder pathetisch: *so konnte der König doch noch die schöne Prinzessin h.* **beweiben,** sich (scherzh.): sich eine Frau nehmen: *für ihn wird es auch langsam Zeit, sich zu b.* **unter die Haube kommen** (ugs.; scherzh.): einen Mann heiraten [und dadurch versorgt sein]: *für sie war es höchste Zeit, daß sie unter die Haube kam.* **in den Ehestand treten** (Amtsdt.): eine eheliche Gemeinschaft begründen; wird oft dann gebraucht, wenn von einer Vielzahl von Personen gesprochen wird, die heiraten wollen oder [kürzlich] geheiratet haben: *in unserer Stadt traten im letzten Jahr 150 Personen in den Ehestand.* **eine Ehe eingehen** [mit jmdm.] (geh.): mit jmdm. eine eheliche Verbindung eingehen; kann zum Ausdruck bringen, daß ein gewisses Wagnis damit verbunden ist oder ein gewisser Zwang dabei herrscht: *er ging spät noch eine zweite Ehe ein.* **im Hafen der Ehe landen** (scherzh.); **in den Hafen der Ehe einlaufen** (scherzh.): [schließlich doch noch] heiraten und damit einen neuen [vermutlich gesicherten bürgerlichen] Lebensabschnitt beginnen; wird öfter mit gutmütigem Spott gesagt und unter Umständen dann gebraucht, wenn vor der Eheschließung irgendwelche Schwierigkeiten bestanden: *nun ist der alte Hagestolz doch noch im Hafen der Ehe gelandet.* **den Bund fürs Leben schließen** [mit jmdm.] (geh.): mit jmdm. eine Ehe beginnen; wird oft bei besonderen Anlässen verwendet; klingt meist pathetisch und betont die ernst zu nehmende Tatsache einer Eheschließung; wird gelegentlich auch in Heiratsanzeigen gebraucht. **Hochzeit machen:** i. S. v. heiraten; bezieht sich namentlich auf den Tag der Eheschließung; wird meist in ungezwungener Rede gebraucht: *wann wollt ihr denn endlich Hochzeit machen?* **Hochzeit halten** (nachdrücklich): den Beginn der ehelichen Verbindung mit einem Fest begehen. **Hochzeit feiern:** die Eheschließung [unter gewissen herkömmlichen Gebräuchen, im Kreise der Familie und Freunde] mit einer Feier begehen: *wir feierten [ganz allein] Hochzeit in einem kleinen Gebirgsdorf.* **trauen lassen,** sich (geh.); **getraut werden** (geh.): vor dem Altar oder auf dem Standesamt [feierlich] den Bund der Ehe schließen: *sie haben sich nur standesamtlich trauen lassen; wir werden in Berlin getraut.* **in den heiligen Stand der Ehe treten** (geh.): vor dem Altar die Ehe schließen; ist die Ausdrucksweise des Pfarrers bei der kirchlichen Trauung: *wollt ihr in den heiligen Stand der Ehe treten?* **zum Altar führen,** jmdn. (geh.): ein Mädchen heiraten, mit ihm in der Kirche den Bund fürs Leben schließen; wirkt in der gesprochenen Sprache gespreizt: *wann wirst du denn deine Braut zum Altar führen?* **die Ringe tauschen/**(auch:) **wechseln** (selten): i. S. v. heiraten; klingt leicht gespreizt: *als ihr damals die Ringe getauscht habt, hätte sich das niemand träumen lassen.* **eine [Frau]/**(auch:) **einen [Mann] nehmen** [sich (Dativ)] (ugs.): einen Partner des anderen Geschlechtes, den man sich gesucht, erwählt hat, heiraten; hebt die Initiative, den Entschluß zum Heiraten hervor: *ich werde mir nur eine [Frau] nehmen, die Gemüt und Geist hat.* **kriegen,** sich/jmdn. (salopp; scherzh.): [nach Überwindung von Schwierigkeiten doch] ein Paar werden, heiraten; wird öfter angewandt, wenn die entsprechenden Partner unbedingt heiraten wollen und aus irgendwelchen Gründen [zunächst] daran gehindert worden sind: *schließlich hat sie ihn doch gekriegt.* **in das Ehejoch beugen,** sich (scherzh.): i. S. v. heiraten; wird in scherzhaft-übertreibender Weise aus der Einstellung eines Mannes heraus gesagt, der sich in der Ehe unterdrückt und gefesselt fühlt: *unter diesen Umständen wird mir nichts anderes übrigbleiben, als mich in das Ehejoch zu beugen.*

Heiterkeit, die (ohne Plural): (in diesem Sinnbereich) fröhlicher und freudig erhöhter, dabei abgeklärter, besinnlicher Zustand des Gemütes, der sich in einer gelassenen, zuversichtlichen Einstellung zu den Dingen und Ereignissen des täglichen Lebens äußert; [maßvoll] fröhliche Stimmung, in der man sich befindet und in der man sich innerlich gelöst und frei [von Kummer oder Beschwernissen] fühlt: *er suchte in der unbekümmerten H. eines Mädchens Vergessen.* **Fröhlichkeit,** die (ohne Plural): (in diesem Sinnbereich) lebhaft heitere, unbeschwerte und sich unbekümmert äußernde Gemütsstimmung, von der man ergriffen wird oder die einem Menschen wesenseigentümlich ist; betont im Unterschied zu „Heiterkeit" weniger die freudige Klarheit und Harmonie des Gemütes als mehr die sich äußerlich deutlich zeigende gute Laune, die einen überkommt oder die im Temperament des Betreffenden begründet ist. **Frohsinn,** der (ohne Plural; geh.): maßvoll-besinnliche, fröhliche Gestimmtheit, von der man in unbeschwerten Augenblicken erfaßt ist; die Äußerung eines frohen, heiteren Gemütes, das jmdm. wesenseigentümlich ist: *ein stiller F. lag über ihrem Wesen und ihrem Wirken.* **Freude,** die (ohne Plural): (in diesem Sinnbereich) lebhafte, frohe Stimmung des Gemütes; von Herzen kommende Heiterkeit, die etwas Elementares hat und sich deutlich in jmds. Verhalten und Äußerungen zeigt: *eine fast kindliche F.* **Vergnügtheit,** die (ohne Plural): behagliche, gelöste Stimmung, in der man sich von nichts bedrängt fühlt und auf eine stille Art fröhlich und mit sich und der Welt zufrieden ist; bezieht sich im Unterschied zu „Heiterkeit" mehr auf eine oberflächliche Gemütsverfassung als auf eine elementare seelische Lage. **gute Laune** (ohne Plural): heiteres, zuversichtliches Gestimmtsein, innere Ausgeglichenheit, die sich in einer positiven Einstellung zu den Dingen und Ereignissen des Alltags, im Aufgelegtsein zu irgendwelchen, auch schwierigen oder umständlichen Tätigkeiten, Unternehmungen o. ä. äußert; kennzeichnet entweder ein mehr oberflächliches Fröhlichsein oder betont mehr die Abwesenheit von Kummer, Gedrücktheit o. ä. als die besondere, gehobene Seelenlage: *Wenn du zur Party kommst, bring gute Laune mit!* **strahlende/**(auch:) **blendende Laune** (ohne Plural): glückliche, überströmende Stimmung des Gemütes, die durch einen besonderen Anlaß, z. B. durch die Freude oder Befriedigung über einen Erfolg, hervorgerufen wird und sich im Verhalten des Betreffenden äußert: *er war strahlender Laune.* **Lustigkeit,** die (ohne Plural): sich lebhaft äußernde Fröhlichkeit mehr äußerlicher, an den Augenblick gebundener Art; kennzeichnet weniger eine zum Wesen des Gemütes gehörende als eine [bei einem bestimmten Anlaß] den Menschen vorübergehend ergreifende Stimmung, die sich durch Lachen, fröhliches Gebaren äußert [und andere ansteckt]: *sie konnte ganz plötzlich vom tiefsten Ernst zur drolligsten L. übergehen.* **Ausgelassenheit,** die (ohne Plural): (in diesem Sinnbereich) überschäumende, übermütige Fröhlichkeit und Lustigkeit, die sich ungehemmt und ohne Zwang kundgibt; bezieht sich weniger auf die Gemütsstimmung selbst als auf ihre Äußerung: *seine A. riß mich mit.*

helfen, jmdm.: jmdm. durch tatkräftiges Eingreifen, durch Handreichungen oder körperliche Hilfestellung, durch irgendwelche Mittel oder den Einsatz seiner Persönlichkeit ermöglichen, [schneller und leichter] ein bestimmtes Ziel oder eine Absicht zu erreichen: *die Nachbarn hatten bereitwillig geholfen.* **beistehen,** jmdm.: jmdn., der in einer bestimmten Situation Hilfe braucht, stärken, aufrichten, stützen, durch sein Verhalten, mit Worten oder Taten ihm die Möglichkeit geben, eine Krise zu überwinden; betont die Verbundenheit des Handelnden mit der in Not geratenen Person: *jmdm. mit Rat und Tat, nach Kräften b.* **Beistand leisten,** jmdm. (nachdrücklich): jmdm., der es gerade nötig hat, dessen Situation es erfordert, unmittelbar durch eine bestimmte Tat, oft auf Grund einer Verpflichtung, helfen. **zur Seite stehen,** jmdm. (geh.): mit Rat und Tat jmdm. zur Verfügung stehen [ihn anderen gegenüber verteidigen] und dadurch seine Verbundenheit mit ihm deutlich zum Ausdruck bringen: *er stand mir in allem Unglück treu zur Seite.* **unterstützen,** jmdn.: jmdm., der sich in einer üblen oder schwierigen Lage befindet, irgendwelche Zuwendungen machen, ihm in einer schwierigen Lage oder bei einem Vorhaben weiterhelfen oder ihn in seiner Überzeugung bestärken. **unter die Arme greifen,** jmdm. (ugs.): jmdn., der sich in einer Notlage befindet, wohlwollend [finanziell] unterstützen. **behilflich sein,** jmdm.: jmdm., der sich offensichtlich mit etwas abmüht, helfen, um ihm seine Tätigkeit, Arbeit oder Aufgabe zu erleichtern: *er war der alten Frau beim Verstauen des Gepäcks behilflich.* **Hilfe leisten,** jmdm. (nachdrücklich): jmdm., der Schaden erlitten hat oder dem Schaden oder Gefahr droht, helfen, womit man meist eine Verpflichtung erfüllt: *man kann sehr rasch einmal in die Lage kommen, einem Verletzten Hilfe leisten zu müssen.* **Hilfe bringen,** jmdm. (nachdrücklich): jmdm., der zu Schaden gekommen ist, einem Verletzten oder jmdm., dem Gefahr droht und der sich nicht daraus befreien kann, der körperlich hilflos ist, wirksam und erfolgreich helfen, ihm eine spürbare Erleichterung verschaffen oder ihn aus seiner Lage befreien: *man konnte dem Verunglückten noch rechtzeitig Hilfe bringen.* **zu Hilfe kommen/**(geh. auch:) **eilen,** jmdm.: jmdm., der offensichtlich der Hilfe oder Unterstützung bedarf, [noch im rechten Augenblick] mehr oder weniger schnell Hilfe bringen. **zur/**(auch:) **an die Hand gehen,** jmdm.: jmdm. durch kleine Hilfeleistungen eine Arbeit erleichtern oder sie ihm teilweise abnehmen: *er ging ihr beim Einkochen von Pflaumen zur Hand.* **Hand anlegen** [bei etwas]: sich nützlich machen, anderen helfen, indem man sich bei einer bestimmten Arbeit ebenfalls betätigt: *in der Unglücksnacht hatten viele Hand angelegt;* ↑²bevorzugen, ↑²fördern, ↑verwenden, sich.

hell (Ggs. ↑¹dunkel): voll Licht und deshalb Helligkeit verbreitend, die Dunkelheit verdrängend: *bald wird es heller Tag sein; diese Lampe wäre mir zu h.* **licht** (geh.): voll freundlicher Helligkeit, ein angenehmes Licht ausstrahlend: *die Räume waren l. und freundlich;* ↑²Schein.

hemmen, etwas: (in diesem Sinnbereich) einen Vorgang in seinem Ablauf durch

Widerstand oder geeignete Maßnahmen verlangsamen; ein Vorhaben durch Schwierigkeiten verzögern; wird wie die übrigen Wörter von Personen und Sachen gesagt und bezieht sich im allgemeinen nur auf ein bereits ablaufendes Geschehen; vgl. hemmen ↑[1]anhalten. **bremsen,** etwas (ugs.): ein Geschehen, eine Entwicklung in seiner, ihrer Geschwindigkeit oder durch geeigneten Widerstand langsam, stetig verzögern: *mit dieser Maßnahme suchte die Regierung den Kapitalexport zu b.* **abbremsen,** etwas (ugs.): i. S. v. bremsen; drückt jedoch aus, daß ein Geschehen in seinem Ablauf stark gehemmt wird oder zum Stillstand kommt; die Vorsilbe ab- intensiviert das Verb: *es gelang uns, diese gefährliche Entwicklung noch rechtzeitig abzubremsen.* **aufhalten,** etwas: in einen Prozeß eingreifen und machen, daß er zum Stillstand kommt, ihm Einhalt gebieten: *den Verfall nicht mehr a. können;* ↑[1]anhalten, ↑eindämmen, ↑hindern, ↑unterbinden.

herabsetzen, etwas: etwas zahlenmäßig kleiner machen: *die Unkosten h.* **reduzieren,** etwas (bildungsspr.): etwas notwendigerweise oder unter einem gewissen Zwang auf einen niedrigeren Stand bringen: *die Ausgaben auf ein Mindestmaß r.* **kürzen,** etwas: zu einem bestimmten Zweck ausgesetzte Geldbeträge plötzlich niedriger halten als ursprünglich vorgesehen war: *die Rente, den Etat k.*

herausfließen, etwas fließt heraus: etwas kommt als Flüssigkeit ziemlich gleichmäßig, meist in einem mehr oder weniger starken Strahl, aus einer Öffnung heraus, verläßt einen Behälter oder eine sonstige umschließende Hülle und fließt weiter: *der Kessel scheint undicht zu sein, denn es fließt unten Wasser heraus.* **herauslaufen,** etwas läuft heraus: etwas tritt in stetigem Fluß aus einer Gefäßöffnung aus: *das Kochgeschirr hat ein Loch, die Hälfte der Suppe ist mir unterwegs herausgelaufen.* **herausquellen,** etwas quillt heraus: i. S. v. herausfließen; nur fehlt dabei die Vorstellung eines regelmäßig fließenden Strahls, vielmehr sucht sich die Flüssigkeit, bald unter schwächerem, bald unter stärkerem Druck stehend, ihren Weg nach außen: *wir hatten die undichte Leitung mit Lappen abgedichtet, aber nach kurzer Zeit quoll schon wieder Wasser heraus.* **heraussprudeln,** etwas sprudelt heraus: etwas kommt als Flüssigkeit unter kräftigem Druck in lebhafter Bewegung aus einer Öffnung heraus, wobei oft ein leichtes Plätschern zu hören ist: *die Quelle sprudelt aus dem Fels heraus.* **herausströmen,** etwas strömt heraus: etwas kommt als Flüssigkeit in starkem und gleichmäßigem, meist breitem Strahl aus einer Öffnung heraus: *hier ist gestern bei dem Rohrbruch das Wasser an mehreren Stellen herausgeströmt.* **herausschießen,** etwas schießt heraus: etwas kommt als Flüssigkeit in breitem Schwall unter sehr starkem Druck schnell aus einer Öffnung heraus; ist emotional gefärbt: *der Tankwagen war umgefallen, und das Benzin schoß aus einem großen Loch heraus.* **herausrinnen,** etwas rinnt heraus: etwas fließt [als Flüssigkeit] ziemlich spärlich und langsam, aber doch mit einer bestimmten Gleichmäßigkeit aus etwas heraus: *aus dem schadhaften Gefäß rann die kostbare Flüssigkeit unaufhaltsam heraus.* **heraustropfen,** etwas tropft heraus: etwas dringt [als Flüssigkeit] tropfenweise mehr oder weniger schnell aus etwas heraus: *der Tank scheint undicht zu sein, siehst du, wie das Benzin heraustropft?*

herausgeben, etwas: (in diesem Sinnbereich) ein gedrucktes Werk oder eine Sammlung von Einzelarbeiten, Aufsätzen, Abhandlungen usw. meist verschiedener Verfasser, die eine oder mehrere Personen als Herausgeber und Verantwortliche ausgewählt und zusammengestellt haben, in Buchform veröffentlichen; eine Zeitung oder eine Zeitschrift erscheinen lassen: *diese Zeitschrift wurde damals von ihm herausgegeben.* **herausbringen,** etwas (ugs.): ein verhältnismäßig umfangreiches Buch oder eine Zeitschrift [meist zum ersten Mal] auf den Markt bringen; wird von einem gedruckten Werk gesagt, das gewöhnlich durch einen für den Vertrieb und die Herstellung verantwortlichen Verlag veröffentlicht wird: *eine vollständige Ausgabe von Goethes Werken h.* **verlegen,** etwas (Fachspr.): ein Buch oder eine Zeitschrift in einem Verlag herausgeben, wobei der Verlag die Verlagsrechte erwirbt, das Werk oder die Abhandlung auf seine Kosten druckt und dann die fertige Druckschrift verkauft: *diese Zeitschrift wird in einem Verlag in München verlegt.* **edieren,** etwas (bildungsspr.): ein Buch herausgeben; im wissenschaftlichen Sprachgebrauch auf die kritische Neuausgabe eines älteren Werkes durch einen Herausgeber angewandt: *Herr Professor Maier hat Shakespeares Werke ediert.*

heraushalten, sich aus etwas (ugs.): aus Vorsicht bei einem bestimmten Vorhaben nicht mitmachen, weil man das Gefühl hat, es könnte sich dabei um etwas Schlechtes handeln oder weil man nachteilige Folgen für sich fürchtet: *er war schlau und hat sich von Anfang an aus der Sache herausgehalten.* **nichts zu tun haben wollen,** mit etwas: bei einer bestimmten Angelegenheit unbeteiligt bleiben wollen, sich von ihr distanzieren, weil man sie aus irgendwelchen Gründen ablehnt oder weil sie gegen das Recht verstößt. **die Finger lassen,** von etwas (ugs.): sich in eine bestimmte Sache nicht einlassen, weil man ihr nicht traut und sie für nicht zuträglich oder gar für gefährlich hält. **sich die Finger nicht schmutzig machen,** mit etwas (ugs.): es vermeiden oder ablehnen, sich bei einer bestimmten [zweifelhaften oder unehrenhaften] Sache aktiv zu beteiligen: *wenn ihr wollt, könnt ihr das ja tun, ich mache mir die Finger mit so einer Sache nicht schmutzig.*

herauskommen, etwas kommt bei einer Sache [für jmdm.] heraus (ugs.): etwas ergibt sich als [begleitender] ideeller Erfolg oder materieller Gewinn bei einem Unternehmen, einer Arbeit, einer Tätigkeit u. ä. für jmdn.; rückt häufig die aufgewandte Mühe und Anstrengung in den Vordergrund, die zu einem guten oder aber enttäuschend schlechten Ergebnis geführt hat: *damit war die Audienz beendet, und es war nichts Gutes dabei herausgekommen.* **herausschauen,** etwas schaut bei einer Sache [für jmdn.] heraus (ugs.; landsch.): etwas zeigt sich als [Erfolg oder] Gewinn bei einem Unternehmen, Geschäft u. ä. für jmdn.: *bei jedem Kaufabschluß schaut für mich ein schöner Gewinn heraus.* **herausspringen,** etwas springt bei/aus einer Sache [für jmdn.] heraus (salopp): etwas wird als [wichtiger] Erfolg oder [beträchtlicher] Gewinn bei/aus einer Tätigkeit, Arbeit, einem Unternehmen u. ä. für jmdn. erzielt: *bei der Vermittlung dieses Objekts springt eine schöne Summe für dich heraus;* ↑lohnen.

herb: (in diesem Sinnbereich) durch fehlenden Zuckergehalt leicht bitter im Geschmack; wird unter Umständen als unangenehm empfunden: *diese Schokolade ist mir zu h.* **bitter:** einen Bitterstoff enthaltend und deshalb den Geschmackssinn durch unangenehme Schärfe verletzend: *das Kind will die bittere Arznei nicht schlucken.* **galle[n]bitter** (emotional übertreibend): sehr bitter. **streng:** (in diesem Sinnbereich) [leicht] herb und zugleich von einer gewissen vorschmeckenden aufdringlichen Schärfe im Geschmack, die zumeist als unangenehm empfunden wird: *keiner mochte das Kaninchenfleisch, weil es so s. schmeckte;* ↑sauer.

Herde, die: eine verschieden große, zusammengehörende Menge von zahmen oder wilden Tieren der gleichen Art, die sich im allgemeinen unter der Führung eines Einzelwesens (Hirte, Leittier) bewegt und in einer relativ geordneten Einheit in Erscheinung tritt; wird, wie auch die übrigen Wörter dieser Gruppe, häufig mit Attribut gebraucht: *eine H. ängstlicher Schafe; eine H. von Elefanten.* **Rudel,** das: eine kleine, zahlenmäßig meist überschaubare Herde wildlebender Säugetiere, die sich, meist unter Führung eines Leittieres, für eine bestimmte Zeit zu einem engeren Verband zusammenschließt: *ein R. von Hirschen; ein R. scheuer Gemsen.* **Meute,** die (Plural ungebräuchlich): **a)** Gesamtheit einer zur Hetzjagd gehaltenen Schar von Jagdhunden; auch auf andere Hundearten und Wölfe anwendbar; meist ist mit Meute eine Verfolgersituation gekennzeichnet: *die M. [Hunde] wurde zur Jagd losgekoppelt;* **b)** eine Gruppe von [lärmenden] aufgebrachten Menschen, die sich zusammengerottet haben, meist um ein bestimmtes Ziel zu verfolgen; wird im allgemeinen abschätzig gebraucht: *die M. seiner Verfolger wurde immer größer.* **Schwarm,** der: **a)** ein wild und schwirrend sich durcheinanderbewegendes, dichtes Gewimmel von meist kleineren [fliegenden] Tieren gleicher Art, z. B. Insekten oder Vögeln; gelegentlich auch auf Fische anwendbar: *ein S. grauer Tauben; ein S. von Heringen;* **b)** eine lebhaft bewegte unbestimmte Anzahl von in gewisser Beziehung zusammengehörenden Menschen: *das Schulhaus entließ zur Mittagszeit immer einen riesigen S. lärmender Kinder;* ↑Abteilung, ↑Bande, ↑Gruppe.

hereinfallen, auf jmdn./etwas (ugs.): aus Gutgläubigkeit oder Dummheit auf jmdn., dessen Vorschläge oder Äußerungen, die keine solide Grundlage haben, eingehen und dadurch einer Täuschung zum Opfer fallen: *auf diesen Hochstapler sind sicher viele hereingefallen.* **hereinfliegen,** auf jmdn./etwas (salopp): i. S. v. hereinfallen; ist stärker in der Aussage. **auf den Leim gehen/** (auch:) **kriechen** [jmdm.] (salopp): sich von jmdm., der mit etwas bestimmte Absichten verfolgt, verleiten lassen, ihm zu glauben, und betrogen werden; wird oft mit etwas Spott und Schadenfreude von anderen festgestellt, während der Betroffene es von sich selbst mehr mit Humor sagt. **in die Falle gehen,** jmdm. (ugs.): jmds. [hinterlistigen] auf Täuschung abgezielten Plan nicht durchschauen und sich überlisten lassen, so daß man dadurch dem anderen ausgeliefert ist. **ins Garn/**(auch:) **Netz gehen,** jmdm. (ugs.): [durch ausgeklügelte Raffinesse] ohne daß man es merkt, sich in jmds. Einflußbereich ziehen lassen, wobei man die Täuschung unter Umständen niemals erkennt; wird hauptsächlich von anderen über einen Dritten gesagt; im erotischen Bereich auf den Mann bezogen: *einer Frau ins Netz gehen;* ↑täuschen; ↑gutgläubig.

hereinkommen: sich [zu jmdm.] in ein Gebäude, einen Raum o. ä. begeben; wird vom Standpunkt einer Person aus gesagt, die sich in diesem Raum befindet: *kommen Sie bitte herein!* **eintreten:** (in diesem Sinnbereich) i. S. v. hereinkommen; betont jedoch punktuell das unmittelbare Stattfinden des Vorganges: *darf ich e.?;* vgl. eintreten ↑hineingehen. **hereintreten** (selten): zu jmdm. ins Zimmer, in einen Raum treten: *als der Lärm am größten war, trat plötzlich der Lehrer herein.*

hergeben, etwas: etwas, was einem selbst gehört, aus Freigebigkeit oder Freundlichkeit an andere, die meist nicht näher genannt werden, geben: *er wird noch sein letztes Hemd h.* **weggeben,** etwas: etwas, was man nicht mehr behalten möchte, anderen geben: *sie gaben das Kinderbett weg.* **verschenken,** etwas: etwas ohne einen besonderen Anlaß aus Freundlichkeit und Großzügigkeit irgend jemandem unentgeltlich überlassen: *aus Mitleid mit den Armen seine Habe v.* **herschenken,** etwas (ugs.): etwas, meist kleinere Dinge, ohne große Überlegung, leichthin jmdm. schenken: *er schenkte alles, was er hatte, her.* **wegschenken,** etwas (ugs.): etwas, was man selbst nicht mehr nötig hat, worauf man gern verzichtet, anderen schenken: *der alte Kinderwagen steht uns nur im Weg, wir sollten ihn w.*

herkömmlich: nicht von der überkommenen Art abweichend; keine Neuerungen aufweisend: *die Möbel zeigten die herkömmliche Form.* **althergebracht:** seit langem üblich, überliefert, gewohnt: *sie wurden zu Verkündern einer Lebensauffassung, die sich von der althergebrachten erkennbar abhob.* **traditionell:** zur Tradition geworden; aus früheren Zeiten übernommen und aus bestimmten Gründen (z. B. der Wertschätzung oder der Pietät) beibehalten: *die traditionelle Baukunst; die traditionelle Höflichkeit des Pariser Kellners.* **konventionell:** in der herkömmlichen Form; so, wie es bisher immer üblich gewesen ist, also nichts Neues bietend, vom Alten nicht abweichend: *in konventionellen Begriffen denken;* vgl. konventionell ↑formell; ↑überliefert; ↑Tradition.

herrschen, über jmdn./etwas: Macht über jmdn./etwas ausüben, über jmdn. haben: *über alle herrschte er unbeschränkt.* **beherrschen,** jmdn./etwas: **a)** i. S. v. herrschen; die Vorsilbe be- gibt den Zielzustand an, während „herrschen" das Ausüben der Tätigkeit bezeichnet: *er beherrschte das Land, ein großes Volk;* **b)** etwas beherrschen: über eine große [wirtschaftliche] Macht verfügen und alle anderen bei weitem übertreffen und daher den Ton angeben: *die Monopole beherrschen den kapitalistischen Markt.* **kontrollieren,** etwas: i. S. v. beherrschen b): *die USA kontrollieren das Mittelmeer.* **beeinflussen,** jmdn./etwas: auf jmdn./etwas einen Einfluß (mit bestimmten Wirkungen) ausüben: *sie hat ihn immer sehr beeinflußt; dieses Ereignis beeinflußte die Verhandlungen.* **Einfluß nehmen,** auf jmdn./etwas (nachdrücklich): direkt beeinflussen, den Willen darauf richten: *er konnte auf den Lauf der Dinge keinen Einfluß nehmen.* **dominieren,** jmdn./etwas: jmdn./etwas in seinem Verhalten bestimmen, bestimmenden Einfluß auf ihn/es ausüben: **a)** jmd. dominiert jmdn.: der Vater dominiert den Sohn; **b)** jmd. dominiert etwas: *Bauern und Soldaten, die seit der Kulturrevolution die literarische Szene dominiert hatten;* **c)** etwas dominiert etwas: *ein Charakterzug dominierte alle anderen;* ↑beherrschen, sich; ↑maßhalten.

herumtreiben, sich (ugs.; abwertend): kein geordnetes Leben führen, sondern sich meist ohne Beschäftigung bald hier, bald dort aufhalten; drückt starke Mißbilligung über diese Lebensweise aus: *er hat seine Lehrstelle aufgegeben und treibt sich jetzt nur noch herum.* **umherstreifen, herumstreifen** (ugs.), **umherschweifen:** ohne festes Ziel in unbestimmter Richtung durch eine Gegend, durch ein Gebiet, von einem Ort zum anderen gehen und sich nirgends längere Zeit aufhalten. **herumstreichen** (abwertend): meist in bestimmter [böser] Absicht umherlaufen, ohne sich irgendwo für längere Zeit aufzuhalten. **gammeln** (ugs.): als Gammler leben, (als Jugendlicher) aus Abneigung gegen bürgerliche Lebens- und Arbeitsweise keiner geregelten Beschäftigung nachgehen und in den Tag hineinleben. **herumstrolchen** (ugs.; abwertend), **umherstrolchen** (selten; abwertend): ohne besonderes Ziel durch die Gegend ziehen [nichts Gutes im Sinne haben und auf eine günstige Gelegenheit warten, um etwas Strafbares, Verwerfliches ausführen zu können]: *in dieser Gegend möchte ich nicht wohnen, man sieht dort so viele verdächtige Gestalten herumstrolchen.* **herumstromern** (salopp): sich wie ein Landstreicher herumtreiben; hat einen etwas harmloseren Klang als „herumstrolchen": *in der Nachkriegszeit sind viele heimatlose Jugendliche herumgestromert.* **[herum-/** (auch:) **umher]streunen:** sich herumtreiben, möglicherweise mit bösen Absichten; wird hauptsächlich von herrenlos herumziehenden Hunden gesagt, kann aber auch auf Menschen angewandt werden: *streunende Hunde werden erschossen.* **[herum]vagabundieren** (abwertend): nicht seßhaft sein, sondern ohne feste Bleibe im Land umherziehen: *er hat es nie lange an einem Ort ausgehalten und ist dann lieber wieder herumvagabundiert.* **[herum]zigeunern** (salopp; abwertend): immer umherziehen, ohne festen Wohnort [und richtigen Beruf] sein und ein ungeordnetes, unruhig-unsolides Leben führen: *er hat keinen Beruf gelernt, sondern zigeunert lieber durch die Welt;* ↑[1]gehen, ↑laufen, ↑reisen, ↑spazierengehen, ↑trippeln, ↑trotten, ↑wandern.

hervorragend: durch Begabung, Können oder Qualität hervorstechend; wird von Personen und Dingen gesagt: *ein hervorragender Redner, Fachmann auf seinem Gebiet; eine hervorragende Leistung.* **herausragend:** unter mehreren durch die vergleichsweise größere Begabung o.ä. auffallend, die anderen übertreffend; überdurchschnittlich: *ein herausragender Wissenschaftler; ein Werk von herausragender Bedeutung.* **ausgezeichnet:** in Begabung oder Leistung von hohem Niveau; durch seine Qualität in hohem Maße befriedigend: *ein ausgezeichneter Lehrer, Kenner der Verhältnisse.* **vorzüglich:** in seiner Art oder Qualität besonders gut [so daß man es anderem vorzieht]; betont in bezug auf Personen mehr eine spezielle, auf ein [engeres] Fachgebiet beschränkte Begabung oder Leistung: *er ist ein vorzüglicher Mathematiker; vorzügliche Weine; wir haben v. gespeist.* **vortrefflich, erstklassig:** auf einem bestimmten Gebiet durch besonderes Wissen oder Können, besonderes Geschick oder besondere Kunstfertigkeit hervorstechend; besonders schätzenswerte Vorzüge besitzend: *ein vortrefflicher Schütze; dieses Mittel ist zur Möbelpflege v. geeignet.* **trefflich:** auf treffende Weise; zur Erfüllung einer Aufgabe o.ä. passend, ausgezeichnet geeignet; läßt die Emotion des Sprechers/Schreibers und seine persönliche Bewunderung mit anklingen. Während ein vortrefflicher Einfall ein sehr guter und ausgezeichneter ist, ist ein trefflicher Einfall sowohl gut als auch passend, er trifft das Richtige. „Trefflich" richtet sich auf ein Ziel, stellt eine Beziehung her zwischen Sache oder Person und einer Aufgabe o.ä.; „vortrefflich" bezeichnet die Beschaffenheit, die Qualität, die Güte: *eine treffliche Beobachtung, Bemerkung.* **gut:** (in diesem Sinnbereich) lobenswert, von zufriedenstellender Leistung oder Qualität: *ein guter Redner, Maler; das ist ein gutes Mittel.* **ideal** (ugs.): (in diesem Sinnbereich) in allem den Vorstellungen und Wünschen entsprechend, die man von jmdm./etwas hegt: *ein idealer Ferienort.* **prima** (ugs.), **Ia** (eins a) (ugs.): sehr gut; in seiner Qualität, seinen Eigenschaften oder Fähigkeiten sehr lobenswert; dient im allgemeinen zur [übertreibend] lobenden Hervorhebung oder Anpreisung eines Menschen, häufiger einer Sache: *Ia Qualität; sein Zeugnis ist prima.* **herrlich:** in einem hohen Maße, Grade als gut, schön empfunden; enthält die emotionale Beteiligung des Sprechers/Schreibers: *eine herrliche Landschaft; eine herrliche Frau.* **exzellent** (bildungsspr.): von hervorragender Kennerschaft; ausgezeichnete Befähigung, Eignung zu etwas besitzend; wird meist von Personen, ihrem Können oder Wissen gesagt: *er ist ein exzellenter Fachmann, Redner; er hat e. gesprochen; seine Kenntnisse sind e.* **picobello** (ugs.): so zufriedenstellend, daß nichts auszusetzen ist; drückt die Befriedigung, das Gefallen an einer beliebigen Sache [auf die man sich etwas zugute tut] aus: *der Wein ist p.*

Herzklopfen: Herzklopfen haben: (in diesem Sinnbereich) vor einem Ereignis, an dem man persönlich beteiligt ist, stark erregt und voll angespannter Erwartung oder stark von einem bestimmten Gefühl erfüllt sein; im Unterschied zu „Lampenfieber haben" meist näher bestimmt: *vor Angst, vor Freude Herzklopfen haben.* **aufgeregt sein:** sich in unruhiger Erwartung befinden: *morgen wollen wir verreisen, die Kinder sind schon ganz aufgeregt vor Freude; ich bin vor Prüfungen immer fürchterlich aufgeregt;* ↑aufgeregt; ↑Aufregung. **Lampenfieber haben** (ugs.): vor einer unmittelbar bevorstehenden Situation, in der man sich zu bewähren hat oder von deren Verlauf viel für einen abhängt, z.B. bei einem öffentlichen Auftreten, von starker Erregung und plötzlicher Angst ergriffen sein. **flattern** (ugs.); **einen Flattermann haben** (salopp): sich vor Aufregung und innerer Unruhe in einer Situation, in der man sich öffentlich produzieren o.ä. muß, in sichtbarer Weise nervös verhalten: *bei dem Interview hatte er einen F.;* ↑Angst [haben]; ↑bang.

heute (Ggs. gestern, morgen): an diesem gegenwärtigen, zwischen gestern und morgen liegenden Tag: *h. habe ich keine Lust mehr zu arbeiten;* vgl. heute ↑heutzutage. **am heutigen Tage** (nachdrücklich): i.S.v. heute; wird gesagt, wenn man auf den besonderen Anlaß oder die Bedeutung dieses Tages hinweisen will: *am heutigen Tage gedenkt man der Gefallenen der beiden Weltkriege.*

heutzutage (Ggs. ↑früher): in der Zeit, in der man [als Zeitgenosse] lebt; wird in Opposition zu „früher" gestellt, wobei das Frühere oft als das Bessere betrachtet wird, und wird meist in allgemeineren Aussagen verwendet; hat leicht einen resignierenden Beiklang: *h. kann man die Kinder nicht mehr* *ohne Angst auf der Straße spielen lassen.* **heute:** (in diesem Sinnbereich) in dem gegenwärtigen Abschnitt seines Lebens oder in der Zeit, in der man als Zeitgenosse lebt; bringt im letzteren Falle oft eine positive, bejahende Einstellung zum Ausdruck: *h. hat die Technik vieles leichter gemacht!;* ↑heute. **heutigentags** (veraltend): i. S. v. heute; läßt aber nicht die Einstellung oder das Verhältnis des Sprechers/Schreibers zu der gegenwärtigen Epoche erkennen; betont die Aussage auf bedächtig-schwerfällige Weise: *h. könnte mir das wohl nicht mehr passieren.*

hilfsbereit: bereit, anderen, die sich in einer Schwierigkeit befinden, zu helfen. **gefällig:** anderen gern einen Gefallen erweisend; gern behilflich [in kleinen Angelegenheiten]; dazu bereit, jmdm., der einen darum angeht, mit einer Hilfeleistung, einem Rat, einer Auskunft o. ä. zur Verfügung zu stehen; im Unterschied zu den beiden anderen Wörtern dieser Gruppe deutet das Wort weniger auf Güte als auf freundliches, höfliches oder dienstbereites Entgegenkommen. **hilfreich** (veraltet): bereit, Bedürftigen zu helfen; anderen Hilfe gebend.

hinausziehen, etwas: einen gegenwärtigen Zustand oder ein laufendes Unternehmen über den vorgesehenen Zeitpunkt, zu dem es beendet sein sollte, hinaus ausdehnen; ein fremdes Vorhaben [unabsichtlich] an seinem Abschluß hindern oder die Erledigung eines eigenen Vorhabens hinauszögern; Subjekt können sowohl Personen als auch besondere Umstände sein. **in die Länge ziehen,** etwas: infolge [unvorhergesehener] Schwierigkeiten bewirken oder es darauf anlegen, daß ein nur als kurzfristig oder vorübergehend gedachter [unangenehmer] Zustand oder ein Vorhaben nicht zum vorgesehenen Zeitpunkt beendet wird, sondern [über Gebühr] andauert. **verschleppen,** etwas: die Entscheidung in einer wichtigen Angelegenheit oder den Abschluß eines Unternehmens durch eine umständliche Verfahrensweise oder dadurch, daß man Hindernisse in den Weg legt, immer wieder hinauszögern; Subjekt ist im allgemeinen eine Person: *einen Prozeß, Verhandlungen v.* **hinauszögern,** etwas: eine Entscheidung, das Zustandekommen einer Sache oder die Verwirklichung eines Vorhabens absichtlich oder unabsichtlich durch Hemmnisse oder Erschwerungen auf [unbestimmte] längere Zeit verhindern oder eine eigene Handlung oder Angelegenheit [um Zeit zu gewinnen] aufschieben: *eine Antwort, eine endgültige Entscheidung h.* **verzögern,** etwas: durch [unvorhergesehene] Hindernisse bewirken, daß etwas, ein Vorhaben, ein Ereignis, nicht zum vorgesehenen oder erwarteten Zeitpunkt, sondern erst später verwirklicht werden kann oder zustande kommt: *seine Reise wurde durch unvorhergesehene Umstände verzögert.* **auf die lange Bank schieben,** etwas (ugs.): mit der Erledigung von etwas noch ein Weilchen warten, einen weiter in der Zukunft liegenden Zeitpunkt dafür vorsehen, weil es sich um etwas Unangenehmes, Schwieriges oder Uninteressantes handelt: *sie wollte die Angelegenheit sofort klären; er aber möchte es gern auf die lange Bank schieben;* ↑verschieben.

hindern, jmdn. [an etwas]: (in diesem Sinnbereich) jmdm. absichtlich oder unabsichtlich das Ausüben einer Tätigkeit, die Verfolgung eines Vorhabens o. ä. durch starken Widerstand oder Hindernisse unmöglich machen: *seine Bedenken hinderten ihn [daran], energisch durchzugreifen; daran kann ich dich nicht h.;* vgl. hindern ↑abwehren, ↑behindern. **verhindern,** etwas: (in diesem Sinnbereich) bewirken, daß jmd. eine Tätigkeit nicht ausüben oder eine Absicht nicht verwirklichen kann; wird im Unterschied zu „hindern" weniger von [absichtlichem] Widerstand als von widrigen Umständen gesagt und betont mehr, daß jmd. nicht in der Lage ist, etwas Beabsichtigtes zu tun: *der Dienst hat ihn verhindert zu kommen.* **abhalten,** jmdn. [von etwas]: (in diesem Sinnbereich) jmdn. durch [ständige] Störung, Ablenkung oder dadurch, daß man ihn anderweitig beansprucht, daran hindern, etwas Beabsichtigtes zu tun: *jmdn. von der Arbeit, vom Lesen a.; dringende Geschäfte haben mich leider abgehalten, der Feier beizuwohnen.* **verwehren,** jmdm. etwas (geh.): bewirken, daß jmd. [physisch] unfähig ist, etwas Bestimmtes zu tun, oder ihn mit Gewalt durch seine Macht daran hindern: *sein hohes Alter verwehrte es ihm, sich diesen Strapazen zu unterziehen;* ↑anhalten, ↑eindämmen, ↑hemmen, ↑unterbinden.

hineingehen, in etwas: sich in ein Gebäude, einen Raum oder irgendeinen umschlossenen Bezirk begeben, zu dem der Zutritt ohne weiteres möglich und gestattet ist: *ich sah ihn ins Haus h.* **eintreten,** in etwas: (in diesem Sinnbereich) einen Raum, einen Bezirk, seltener ein Gebäude durch eine Tür betreten; betont im Unterschied zu „hineingehen" mehr, daß man unmittelbar im Begriff ist, in einen Raum o. ä. hineinzugehen oder dies gerade tut: *ungewiß, ob mein Klopfen etwa überhört worden sei, trat ich ein.* **betreten,** etwas: (in diesem Sinnbereich) i. S. v. eintreten; während „hineingehen" und „eintreten" die Richtung des Vorganges betonen, wird in „betreten" die Bewegung auf den Raum selbst bezogen: *sie betrat in diesem Augenblick das Zimmer.* **eindringen,** in etwas: (in diesem Sinnbereich) sich zu einem Gebäude, einem Raum, einem Bezirk gewaltsam Zutritt verschaffen: *endlich gelang es der Feuerwehr, in den verschlossenen Raum einzudringen;* ↑hereinkommen, ↑hineinkommen.

hineinkommen, in etwas: (in diesem Sinnbereich) die Möglichkeit eines Zuganges zu einem Gebäude, Raum o. ä. finden: *es gelang ihm, durch das Fenster in das brennende Zimmer hineinzukommen.* **hineingelangen,** in etwas: es auf irgendeine Weise fertigbringen, in einen verschlossenen, unzugänglichen Raum, ein Gebäude oder einen abgeschlossenen Bereich hineinzukommen: *mit Hilfe eines alten Schlüssels gelangten wir in das Gemach hinein;* ↑hineingehen.

hinfällig: (in diesem Sinnbereich) durch mannigfache Beschwerden [des Alters] geschwächt: *er ist in letzter Zeit sehr h. geworden.* **kachektisch** (Med.): an starkem Kräfteverfall leidend und hinfällig infolge einer schweren chronischen Krankheit, z. B. bei Krebs, Tuberkulose. **gebrechlich:** mit den Gebrechen des Alters behaftet: *seit ich sie zum letzten Mal gesehen habe, ist sie alt und g. geworden;* vgl. Gebrechen, ↑Krankheit. **altersschwach:** schwach vor Alter, vom Alter geschwächt. **klapp[e]rig** (fam.): i. S. v. gebrechlich; drückt aus, daß man jmds. äußeren sichtbaren körperlichen Verfall, der sich z. B. in der Kraftlosigkeit der Bewegungen äußern kann, feststellt: *seine Mutter ist in letzter Zeit sehr k. geworden;* ↑[2]krank [sein]; ↑kränklich, ↑schwach.

hinken: a) von Menschen: infolge eines Gebrechens, einer Verletzung an Bein oder Hüfte vorübergehend oder dauernd in der Fortbewegung behindert sein und daher ungleichmäßig, in der Hüfte einknickend oder ein Bein nachziehend, gehen; wird vielfach als unverhüllter Ausdruck empfunden und daher gemieden: *nun muß ich mit einem steifen Bein durchs Leben h.;* **b)** von Tieren: ein lahmes oder verletztes Bein nachziehend oder nicht richtig damit auftretend gehen: *als er feststellte, daß das Pferd hinkte, ließ er es wieder in den Stall zurückführen.* **gehbehindert sein; ein Bein nachziehen:** i. S. v. hinken a). **lahmen:** i. S. v. hinken: **a)** (selten): von Menschen gesagt: *sie habe es nicht nötig, einen ollen Knacker, der auch noch lahme, zu heiraten, erklärte Marie;* **b)** von Tieren gesagt: *das Rennpferd lahmt.* **humpeln** (ugs.): ein wenig hinken, ungleichmäßig und mühsam, gewöhnlich mit einem Fuß nicht richtig auftretend gehen, gleichgültig, ob infolge eines Gebrechens, einer Verletzung, einer Behinderung durch das Schuhwerk oder dgl.; wird vielfach als milderer Ausdruck für „hinken" verwendet; während „hinken" mit der Vorstellung verbunden ist, daß der Körper beim Gehen auf einer Seite etwas tiefer sinkt, verbindet sich mit „humpeln" die Vorstellung des Hüpfenden, Zappelnden.

hinnehmen, etwas: (in diesem Sinnbereich) etwas für einen selbst Kränkendes, Zurücksetzendes oder Abträgliches ohne Widerspruch geschehen lassen: *dies Verhalten darf man nicht einfach so h.!* **gefallen lassen,** sich (Dativ) etwas (ugs.): i. S. v. hinnehmen; jedoch weniger gewichtig und stärker an den Augenblick gebunden; sich etwas Unangenehmes zumuten oder zufügen lassen, ohne sich zu wehren, sich dagegen zu verwahren: *ich lasse mir so etwas nicht gefallen!* **über sich ergehen lassen,** etwas: etwas, was einem an Gutem oder Bösem zugedacht ist, mit sich geschehen lassen, obwohl man es als unangenehm empfindet: *was mußte er da alles an Vorwürfen, Lobessprüchen über sich ergehen lassen!* **einstecken,** etwas (ugs.): nicht ganz unverdiente Vorwürfe, Schmähworte, Tadel, gegen die man im Augenblick wehrlos ist, ohne Erwiderung anhören, ertragen: *er mußte manchen spöttischen Zwischenruf e.* **schlucken,** etwas (ugs.): (in diesem Sinnbereich) eine unangenehme Mitteilung, Wahrheit zur Kenntnis nehmen [ohne sie von sich weisen oder entkräften zu können]: *wie hat er die Neuigkeit geschluckt?* **hinunterwürgen,** etwas (salopp): eine schwerwiegende oder schonungslose Mitteilung, eine starke Zumutung [und zugleich das Aufbegehren dagegen] mühsam bewältigen. **bieten lassen,** sich (Dativ) etwas: sich etwas Beleidigendes oder Ungehöriges widerspruchslos sagen lassen, ohne dagegen aufzubegehren oder sich dagegen zu verwahren: *ich kann nur staunen, was du dir von deinem Chef alles bieten läßt!*

hinrichten, jmdn.: jmdn., den man für des Todes schuldig befindet, töten; die Todesstrafe an jmdm. vollziehen: *nicht wenige wurden hingerichtet;* vgl. durch das Beil hinrichten ↑enthaupten. **exekutieren,** jmdn.: einen zum Tode Verurteilten [durch Erschießen] hinrichten; bezieht sich im allgemeinen auf Hinrichtungen nach Kriegs- oder Ausnahmerecht und betont nicht so sehr die Tatsache der Hinrichtung als solche, sondern bezeichnet mehr den konkreten Tötungsakt: *die Plünderer wurden im Morgengrauen hinter dem Dorf exekutiert.* **vom Leben zum Tode bringen/**(auch:) **befördern,** jmdn. (selten): das Todesurteil an jmdm., meist in einem feierlichen [öffentlichen] Akt vollstrecken; klingt umständlich; ↑enthaupten, ↑[1]töten, ↑[2]töten.

hinterbringen, jmdm. etwas: jmdn. heimlich und unauffällig über einen Vorfall, der ihm eigentlich nicht bekanntwerden sollte, in Kenntnis setzen: *ich weiß schon Bescheid, man hat mir die Sache bereits hinterbracht.* **zutragen,** jmdm. etwas: Nachrichten, Neuigkeiten, Klatsch einem anderen, weniger genau Unterrichteten, heimlich und eilfertig zur Kenntnis bringen: *sie trägt ihm alles zu, was sie hört.* **kolportieren,** etwas (bildungsspr.): (in diesem Sinnbereich) Neuigkeiten, Gerüchte oder Klatsch allen möglichen Leuten weitererzählen, etwas herumtragen; drückt eine ablehnende Einstellung des Sprechers/Schreibers dazu aus: *es ist nicht bekannt, wer diese Sache kolportiert hat; es wurde kolportiert, er habe ...*

Hinterlassenschaft, die (Plural ungebräuchlich): die Gesamtheit der Güter und Verpflichtungen, die jmd. bei seinem Tode hinterläßt: *seine H. ging an seinen einzigen Sohn über.* **Nachlaß,** der (Plural ungebräuchlich): alles, was ein Verstorbener an Gütern [und Verpflichtungen] hinterläßt; bei Künstlern häufig auf deren [unvollendete] Werke bezogen: *den N. verwalten.* **Vermächtnis,** das (Plural ungebräuchlich): (in diesem Sinnbereich) etwas, was jmd. von seinem Vermögen durch eine letztwillige Verfügung in den Besitz einer nicht erbberechtigten Person kommen läßt, ohne daß diese sich an die Nachlaßverbindlichkeiten zu halten braucht. **Legat,** das (Fachspr.): i. S. v. Vermächtnis; wird im Unterschied dazu im allgemeinen verwendet, wenn der Vermächtnisnehmer dem Erblasser ferner steht, und bezieht weniger dessen Person mit ein, als daß es die Sache selbst ausdrückt.

hinterlistig: bestrebt, jmdm. hinter dessen Rücken zu schaden; von diesem Bestreben zeugend: *ein hinterlistiger Betrug.* **hinterhältig:** mit einem anscheinend harmlosen Verhalten einen bösen Zweck verfolgend, wobei man sich des gewünschten Erfolges ziemlich sicher ist; von solchem Verhalten, Handeln zeugend: *ein hinterhältiges Lachen.* **arglistig:** in böser Absicht oder um sich einen Vorteil zu verschaffen, etwas verbergend, wobei andere diese Absicht zunächst nicht erkennen; von dieser Absicht zeugend: *ein arglistiger Rat.* **tückisch:** dem Wesen nach bösartig, ohne daß es nach außen hin zu merken ist, und deshalb besonders gefährlich, weil die Bösartigkeit völlig unerwartet auftritt: *ein tückischer Bursche.* **heimtückisch:** i. S. v. „tückisch"; aber die Verborgenheit der bösen Absichten wird noch stärker betont: *ein heimtückisches Bubenstück;* ↑[2]abscheulich, ↑böse, ↑gemein, ↑niederträchtig, ↑verabscheuenswert.

Hochhaus, das: ein im allgemeinen sehr hohes Bauwerk, das mehr als sechs Stockwerke hat und in dem Wohnungen, Hotels, Krankenhäuser, Geschäfte oder Verwaltungsbehörden untergebracht sein können; vorzugsweise findet sich ein solches aus Steinen, Beton oder Stahlbeton erbautes Haus in oder nahe bei einer Großstadt. **Wohnsilo,** das (abwertend): i. S. v. Hochhaus. **Wolkenkratzer,** der (ugs.): **Turmhaus,** das: besonders hohes Bauwerk in großen Städten, wird im allgemeinen aus Stahlbeton errichtet und dient dazu, Verwaltungsbehörden, Büros oder Wohnungen aufzunehmen; im Unterschied zum Hochhaus ist ein solches Gebäude höher und hat manchmal bis zu einhundert Stockwerke oder mehr; ↑Gartenhaus, ↑Gebäude, ↑Wohnhaus, ↑Wohnung.

Hochschule, die: wissenschaftliche Lehr- [und Forschungs]anstalt. **Universität,** die: in mehrere Fakultäten gegliederte [die Gesamtheit der Wissenschaften umfassende] Anstalt für wissenschaftliche Ausbildung und Forschung. **Uni,** die (Jargon): kurz für ↑Universität. **Gesamthochschule,** die: inhaltliche und organisatorische Verbindung einer wissenschaftlichen und einer pädagogischen Hochschule sowie unterschiedlicher Fachhochschulen (mit dem Ziel größerer Durchlässigkeit der Studiengänge, der Förderung interdisziplinärer Arbeit und der Rationalisierung der Verwaltung). **Musikhochschule,** die: [Fach]hochschule für die musikalische Ausbildung. **Fachhochschule,** die: [staatliche] Hochschule, an der man ein [technisches, künstlerisches] Fachstudium absolvieren kann; ↑Lehrer, ↑Schule, ↑Schüler.

Hoden, die (Plural): im Hodensack paarweise angelegte, eiförmige Organe, in denen die Samenfäden für die Zeugung gebildet werden. **Testikel,** die (Med.; Plural); **Klöten,** die (derb; Plural); **Eier,** die (derb; Plural): i. S. v. Hoden.

Hodensack, der: die schlaffe, faltige, sackartige Haut, die die Hoden umschließt. **Skrotum,** der (Med.); **Sack,** der (derb): i. S. v. Hodensack.

hofieren, jmdn.: sich um die Gunst eines anderen, meist eines Höhergestellten, bei dem man etwas (z. B. Fürsprache, Hilfe) erreichen will, durch leicht unterwürfige Höflichkeit bemühen: *ich mag es nicht, wenn der ihn immer so untertänig hofiert.* **poussieren,** jmdn. (veraltend): (in diesem Sinnbereich) ausnehmend freundlich und zuvorkommend zu jmdm. sein und sich eifrig um ihn bemühen, um den Betreffenden günstig für sich und seine eigenen Pläne und Wünsche zu stimmen: *er poussiert eifrig seinen Chef.* **zu Gefallen reden,** jmdm.; **nach dem Munde reden,** jmdm.: jmdm. das sagen, was er gerne hören möchte, um ihn dadurch freundlich zu stimmen oder ihn für sich zu gewinnen. **um den Bart gehen,** jmdm.: zu jmdm. ausnehmend freundlich sein und ihm [auffällig] schmeicheln, um von ihm etwas Bestimmtes zu erreichen. **Brei/**(auch:) **Honig um den Mund/**(derb auch:) **ums Maul schmieren,** jmdm. (salopp): jmdm. auf besonders auffällige Weise schmeicheln und zu Gefallen reden, um etwas Bestimmtes bei ihm zu erreichen; ↑einschmeicheln, ↑[2]kriechen, ↑schmeicheln; ↑unterwürfig.

höflich (Ggs. ↑unhöflich): anderen Menschen den gesellschaftlichen Umgangsformen gemäß mit Achtung und Freundlichkeit begegnend; von einer solchen Haltung zeugend: *er hörte ihr h. zu;* ↑Höflichkeit. **ritterlich:** dienst- und hilfsbereit gegenüber Frauen: *r. reichte er ihr den Arm;* vgl. Ritterlichkeit ↑Höflichkeit. **galant:** betont höflich Frauen gegenüber; bezeichnet im Unterschied zu „ritterlich" mehr eine rein äußerliche Form, die nicht auf einer bestimmten Haltung beruht: *er reichte ihr g. die Hand.* **artig** (veraltet): höflich und zuvorkommend; meist etwas geziert und förmlich: *er half ihr a. in den Mantel;* vgl. Artigkeit ↑Höflichkeit. **aufmerksam:** (in diesem Sinnbereich) im gesellschaftlichen Umgang höflich und dienstbereit: *a. hielt er ihr die Tür auf;* vgl. Aufmerksamkeit ↑Höflichkeit. **zuvorkommend:** höflich, liebenswürdig und hilfsbereit andern kleine Gefälligkeiten erweisend: *er hat ein zuvorkommendes Wesen;* vgl. Zuvorkommenheit ↑Höflichkeit; ↑Takt, ↑Weltmann; ↑freundlich, ↑gewandt, ↑untadelig.

Höflichkeit, die (ohne Plural): das den gesellschaftlichen Formen entsprechende aufmerksame, zuvorkommende Benehmen im Umgang mit anderen; ist unabhängig von der persönlichen Einstellung gegenüber dem anderen: *er begegnet ihnen mit schuldiger H.;* ↑höflich. **Ritterlichkeit,** die (ohne Plural): das hilfsbereite Verhalten des Mannes gegenüber der Frau oder allgemein die Behandlung, die man einem Schwächeren, Hilfebedürftigen zuteil werden läßt; im Unterschied zu „Höflichkeit" verlangt dieses Verhalten Einsatz und persönliche Beteiligung; vgl. ritterlich ↑höflich. **Zuvorkommenheit,** die (ohne Plural): die dienstbereite Haltung, mit der man bemüht ist, jmds. Ansprüche oder Wünsche ohne Zögern oder sogar im voraus zu erfüllen: *man bediente mich mit großer Z.;* vgl. zuvorkommend ↑höflich. **Artigkeit,** die (ohne Plural; veraltet); das besonders höfliche, von besonderer Wohlerzogenheit zeugende Verhalten einem anderen gegenüber; weniger auf Handlungen als auf das Benehmen bezogen: *manchmal machte er ihr mit ausgesuchter A. den Hof;* vgl. artig ↑höflich. **Aufmerksamkeit,** die (ohne Plural): (in diesem Sinnbereich) das aufmerksame Verhalten einem anderen gegenüber, das sich auch darin zeigt, daß man sich ihm in irgendeiner Weise widmet; vgl. aufmerksam ↑höflich; ↑freundlich, ↑gewandt, ↑untadelig; ↑Takt, ↑Weltmann.

Höhe: nicht auf der Höhe sein (ugs.): sich nicht ganz wohl fühlen und nicht über die gewohnte Energie, Kraft verfügen: *er ist schon seit gestern nicht ganz auf der Höhe.* **nicht in Ordnung sein** (ugs.): in seinem körperlichen Wohlbefinden [leicht] gestört sein, ohne daß sich die Ursache davon immer eindeutig feststellen ließe: *es kommt mir so vor, als ob die Kinder heute alle nicht in Ordnung sind.* **nicht auf dem Posten sein** (ugs.): sich nicht wohl fühlen und dadurch arbeitsunlustig oder -unfähig sein: *sie ist schon wieder nicht auf dem Posten.* **nicht auf dem Damm sein** (ugs.): nicht gesund und leistungsfähig sein: *es tut mir leid, daß ich nicht weitergekommen bin, aber ich bin seit einiger Zeit nicht auf dem Damm;* ↑krank.

holen, jmdm. etwas: sich zu einer Stelle hinbegeben, um von dort etwas herzubringen, d. h. zu der Stelle zu bringen, von der man sich zuvor entfernt hat oder an der sich derjenige, der etwas benötigt oder haben möchte, befindet oder befinden wird: *die Schwester holte dem Kranken ein Glas Wasser.* **bringen,** jmdm. etwas: (in diesem Sinnbereich) etwas, was sich an einer anderen Stelle befindet, hertragen [und jmdm. übergeben], d. h. zu der Stelle tragen, von der man sich zuvor entfernt hat oder an der sich derjenige, der etwas benötigt oder haben möchte, befindet oder befinden wird; betont den Abschluß der Handlung und drückt im Gegensatz zu „holen" nicht die Hinbewegung zu der Stelle, an der sich etwas befindet, aus: *er bat seine Frau, ihm ein Glas Wasser zu b.;* ↑[1]bringen; vgl. bringen ↑liefern. **herbeischaffen,** jmdm. etwas (ugs.): etwas, was sich an einer anderen Stelle befindet [und dessen Besorgung oder Beförderung mit Schwierigkeiten oder Mühen verbunden ist], herbringen; wird häufig emotional gefärbt oder nachdrücklich verwendet: *er versprach hoch und heilig, ihm die Ware sofort herbeizuschaffen.*

Homosexualität, die (Ggs. Heterosexualität): sich auf das eigene Geschlecht richtendes sexuelles Empfinden und Verhalten: *H. bei Männern, Frauen.* **Homophilie,** die (bildungsspr.): Liebesbeziehung, erotische Kontakte zwischen gleichgeschlechtlichen Partnern; verhüllend für: Homosexualität. **Homotropie,** die (bildungsspr.): das homoerotische, homosexuelle Hingewendetsein zum eigenen Geschlecht. **Homoerotik,** die (bildungsspr.): auf das eigene Geschlecht gerichtete Erotik; verhüllend für: Homosexualität. **Inversion,** die (Fachspr.): Umkehrung des Geschlechtstriebes; Homosexualität. **Männerliebe,** die: Liebe zwischen Männern: *was heute Indiz für M. wäre, könnte in schwärmerischen Zeiten der übliche Ton zwischen Freunden gewesen sein.* **Schwulsein,** das (ugs.; ohne Plural); **Schwulität,** die (ugs.; ohne Plural; in diesem Sinnbereich): homosexuelle Veranlagung; ↑Homosexuelle, der; ↑homosexuell.

homosexuell (Ggs. heterosexuell): **a)** ein auf Menschen gleichen Geschlechts gerichtetes Sexualempfinden habend und daher gleichgeschlechtliche Beziehungen suchend oder unterhaltend; wird in der [medizin.] Fachsprache auf Männer und Frauen bezogen, in der Alltagssprache dagegen nur auf Männer; **b)** für Homosexuelle: *eine homosexuelle Zeitschrift, Bar.* **invertiert** (Medizin): i. S. v. homosexuell a). **homophil: a)** von einem Menschen gleichen Geschlechts sexuell angezogen; **b)** (verhüllend) i. S. v. homosexuell a). **homoerotisch: a)** sich zum gleichen Geschlecht auf Grund sinnlich-ästhetischer Reize hingezogen fühlend: *jede Freundschaft zwischen Individuen des gleichen Geschlechts hat einen homoerotischen Charakter, oder anders ausgedrückt, lebt von der latenten Homosexualität;* **b)** (verhüllend) i. S. v. homosexuell a). **gleichgeschlechtlich veranlagt:** i. S. v. homosexuell a); wird sowohl auf Männer als auch auf Frauen bezogen. **schwul:** (von Jungen, Männern) homosexuell; früher abwertend; heute von den Betroffenen selbst und selbstbewußt verwendet: *wir sind s.; die schwulen Freunde standen an der Bar und küßten sich.* **gay** (Jargon): i. S. v. schwul; nicht attributiv: *er ist g.* **rosa** (Jargon): für Homosexuelle, Homosexuelle betreffend; attributiv: *r. Kalender; r. Winkel* (Kennzeichen für die Homosexuellen im Konzentrationslager). **andersherum/**(auch:) **anders[rum]** (salopp), **verkehrtherum/**(auch:) **verkehrt[rum]**(salopp); **homo** (ugs.); **am 17. 5./**(auch:) **17. Mai geboren** (scherzh. oder verhüllend; veraltet); **von der anderen Fakultät/Feldpostnummer** (scherzh., verhüllend); **vom anderen Ufer** (scherzh., verhüllend): ein auf Männer gerichtetes gleichgeschlechtliches Sexualempfinden habend und daher geschlechtliche Beziehungen zu ihnen suchend oder unterhaltend: *der Wirt schien andersrum zu sein.* **warm** (ugs.): i. S. v. homosexuell a). **lesbisch:** ein auf Frauen gerichtetes gleichgeschlechtliches Sexualempfinden habend und daher geschlechtliche Beziehungen zu ihnen suchend oder unterhaltend. **sapphisch** (bildungsspr.): i. S. v. lesbisch: *sapphische Liebe.* **bisexuell, bi** (ugs.): ein sowohl auf Personen des anderen als auch auf Personen des gleichen Geschlechts gerichtetes Sexualempfinden, sexuelles Verlangen habend.

Homosexuelle, der (Ggs. Heterosexuelle, der): Mann, der ein gleichgeschlechtliches Sexualempfinden hat und daher geschlechtliche Beziehungen zu Männern sucht oder unterhält. **Schwester,** die (im Jargon der Homosexuellen); **Invertierte,** der (verhüllend); **Gay** [ge̲ⁱ], der (Jargon): i. S. v. Homosexueller: *eine Zeitschrift für Gays.* **Päderast,** der (bildungsspr.); **Ephebophile,** der (bildungsspr.); **Knabenschänder,** der (abwertend, veraltet): [älterer, maskulin empfindender] Mann, der ein gleichgeschlechtliches, aber speziell auf Jugendliche gerichtetes Sexualempfinden hat und daher geschlechtliche Beziehungen zu Jugendlichen sucht oder unterhält. **Androphile,** der: [feminin empfindender] Homosexueller, der als Partner reifere Männer wählt. **Hundertfünfundsiebziger,** der (scherzh.; verhüllend; veraltet); **Hinterpommer,** der (derb; scherzh.; verhüllend); **Hinterlader,** der (derb; scherzh.; verhüllend); **Homo,** der (Ggs. Hetero) (ugs.): i. S. v. Homosexueller. **Arschficker,** der (vulgär): i. S. v. Homosexueller; im Hinblick auf den Analverkehr, d. h. auf den Geschlechtsverkehr, bei dem der Penis in den After eingeführt wird. **warme Bruder,** der (salopp; abwertend). **Schwule,** der; **Schwuli,** der (ugs.): i. S. v. Homosexueller. **Halbseidene,** der (abwertend): Homosexueller mit weichlich-weiblichem Gebaren. **Tunte,** die (salopp; abwertend); **Schwuchtel,** die (salopp, abwertend); **Fummeltrine** (salopp; abwertend); **Tucke,** die (salopp; abwertend): Homosexueller mit femininem Gebaren; passiver „weiblicher" Homosexuellentyp; ↑Lesbierin.

Honorar, das: Geldbetrag, den Angehörige der freien Berufe für wissenschaftliche oder künstlerische Arbeit, für einzelne Leistungen erhalten: *der Arzt forderte ein hohes H.* **Gage,** die: (in diesem Sinnbereich) Geldbetrag, den ein Künstler [der nicht für längere Zeit in einem Vertrag steht] für eine Einzelleistung erhält: *für ihren letzten Film erhielt sie eine G. von einer halben Million Mark.*

Vergütung, die: Geldbetrag, mit dem man eine Arbeit oder aufgewandte Mühe eines anderen entschädigt. **Bezahlung,** die: Geldbetrag, den man für eine einzelne handwerkliche, geistige oder künstlerische Arbeitsleistung erhält. **Entgelt,** das (ohne Plural): die für eine Arbeit oder aufgewandte Mühe gezahlte Entschädigung, bei der es sich im allgemeinen nur um das gerade Notwendige handelt; ↑Gehalt; ↑vergüten.

hörbar (Ggs. unhörbar): für das Ohr deutlich wahrnehmbar; als Geräusch oder als Stimme ans Ohr dringend: *ein kaum hörbarer Ton.* **vernehmbar:** so, daß es vernommen, gehört werden kann, daß es durch Hören festgestellt werden kann; von einer Lautstärke, die etwas [gerade] hörbar macht; bezieht sich auf Laute oder Geräusche, die nicht so sehr durch besondere Lautstärke als durch Identifizierbarkeit, Erkennbarkeit charakterisiert sind: *noch gedämpft war der Lärm v.* **vernehmlich:** laut und deutlich, zugleich nachdrücklich; wird meist auf die menschliche Stimme bezogen: *er fragte v.: „Bist du das gewesen?"* **laut:** (in diesem Sinnbereich) gut hörbar; von einer Lautstärke, die ohne Mühe gehört werden kann; ist im Gegensatz zu „hörbar" mehr von dem verursachenden Subjekt her gesehen als von dem, der das Geräusch aufnimmt: *alle Geräusche waren doppelt und dreimal so l. wie bei Tage; er fluchte l. vor sich hin.* **unüberhörbar:** so nachdrücklich geäußert, daß es gehört, vernommen werden muß: *ihr ungeduldiges Räuspern war u.*

horchen: mit großer Aufmerksamkeit versuchen, etwas zu hören: *wir horchten, ob sich Schritte näherten;* oft mit der Bedeutung: bestrebt sein, etwas heimlich mitanzuhören: *er horchte an der dünnen Wand.* **lauschen** (geh.): i. S. v. horchen; betont oft noch stärker die Heimlichkeit: *wir lauschten gespannt, ob uns das Gespräch im Nebenzimmer noch mehr verraten würde.* **hören** (ugs.): (in diesem Sinnbereich) sich sehr bemühen, mit seinem Gehör etwas wahrzunehmen, was einen interessiert, was aber nicht ohne weiteres akustisch zu verstehen ist: *sei mal still! Ich will doch h., was die da drüben erzählen;* ↑hören; vgl. hören ↑zuhören. **die Ohren spitzen** (ugs.): sehr aufmerksam hinhören; plötzlich aufhorchen [und aufmerksam etwas mithören, was für den Zuhörenden von Interesse ist]: *er spitzte die Ohren, um den Wortwechsel nebenan verstehen zu können.*

hören, etwas: mit dem Gehör Geräusche, Laute, ein gesprochenes Wort registrieren, akustisch wahrnehmen: *sie hörten deutlich Detonationen.* **vernehmen,** etwas (geh.): Geräusche, Laute, Worte bewußt aufnehmen und als etwas Bestimmtes registrieren, erkennen: *er vernahm ein Geräusch.* **verstehen,** etwas: (in diesem Sinnbereich) etwas, was gesprochen worden ist, hören und als Aussage erfassen: *ich kann nichts v. bei dem Krach; man konnte jedes Wort v.*

Hund, der: [dem Wolf verwandtes] Haustier. **Köter,** der: Hund, dessen Verhaltensweise als ärgerlich empfunden wird; drückt die Ablehnung des Sprechers/Schreibers aus: *ständig kläfft dieser K.* **Promenadenmischung,** die (ugs.; scherzh.; abwertend): Hund ohne bestimmbaren Stammbaum. **Rüde,** der: **a)** männlicher Hund; **b)** (Jägerspr.) Hetzhund, der besonders auf Sauen angesetzt wird. **Töle,** die (derb; landsch.; verächtlich): i. S. v. Köter. **Kläffer,** der (ugs.; abwertend): [kleiner] Hund, der viel, unbegründet und in hellen, abgerissenen Tönen bellt. **Wauwau,** der (Kinderspr.): Hund; wird besonders von Kindern und in Gesprächen mit Kindern gebraucht. **Bello,** der; **Fiffi,** der: umgangssprachliche Bezeichnungen für: Hund. **Vierbeiner,** der (scherzh.): i. S. v. Hund: *er führte seinen V. aus.* **Mops,** der: kleiner kurzhaariger Hund mit gedrungenem Körper und rundlichem Kopf mit kurzen Hängeohren. **Moppel,** der (ugs.): i. S. v. Mops. **Welpe,** der: junger Hund.

[1]**Hunger,** der (ohne Plural): **a)** durch das Bedürfnis, Nahrung aufzunehmen, hervorgerufenes Gefühl; das Verlangen zu essen: *den H. stillen;* **b)** (ugs.): [große] Lust, etwas Bestimmtes zu essen; oft in Verbindung mit der Präposition „auf": *plötzlich verspürte er großen H. auf ein Schnitzel;* ↑[2]Hunger. **Appetit,** der (ohne Plural): Lust, etwas zu essen; ist ein von angenehmen Vorstellungen begleitetes Verlangen, das man auch haben kann, wenn man gesättigt ist; wird häufig in Verbindung mit der Präposition „auf" verwendet: *er aß ohne A.; ich habe A. auf Marzipan.* **Eßlust,** die (ohne Plural; selten): i. S. v. Appetit, ohne daß sich das Verlangen auf eine bestimmte Speise richtet; trifft nur eine allgemeine Feststellung. **Bärenhunger,** der (ohne Plural; emotional übertreibend): übermäßig großes Hungergefühl. **Wolfshunger,** der (ohne Plural; emotional übertreibend); **Mordshunger,** der (ohne Plural; emotional verstärkend); **Riesenhunger,** der (ohne Plural; emotional verstärkend): i. S. v. Bärenhunger. **Heißhunger,** der (ohne Plural): besonders großes, gieriges Verlangen nach etwas, was man gern ißt: *mit wahrem H. fiel er über den Erbseneintopf her.* **Kohldampf,** der (ohne Plural; salopp): i. S. v. Hunger a); drückt oft das lange Wartenmüs-

sen auf das Essen mit aus: *unser K. war ungeheuer;* vgl. Kohldampf haben ↑[2]Hunger.

[2]**Hunger: Hunger haben:** [im Magen ein Gefühl der Leere und] das Bedürfnis, Nahrung aufzunehmen, verspüren; kann auf Menschen und auf Tiere bezogen werden; ↑[1]Hunger. **hungrig sein:** sich im Zustand des Hungerns befinden; ist im Unterschied zu „Hunger haben" u. U. nicht so unmittelbar und akut und drückt aus, daß das entsprechende Gefühl eine gewisse Zeit andauert; kann sowohl auf Menschen als auch auf Tiere bezogen werden: *ich hatte gar nicht gedacht, daß ihr schon hungrig seid.* **hungern,** jmdn. hungert [es] (geh.): jmd. empfindet Hunger; wird nur auf Menschen bezogen; bedeutet eine nachdrückliche Feststellung eines zugleich zurückhaltend geäußerten Elementarbedürfnisses: *er gab zu verstehen, daß ihn hungere;* ↑hungern. **Kohldampf haben** (salopp): ein starkes Hungergefühl verspüren und dringend auf Essen warten; dabei ist die betreffende Person meist etwas ungeduldig; wird nur auf Menschen bezogen; vgl. Kohldampf ↑[1]Hunger. **flau [im Magen] sein,** jmdm. ist es flau [im Magen]: (in diesem Sinnbereich) jmd. fühlt sich schwach und elend, weil er schon lange nichts mehr gegessen hat.

hungern: (in diesem Sinnbereich) [längere Zeit] keine Nahrung zu sich nehmen, wodurch der physische Zustand des Betreffenden beeinträchtigt wird; läßt im Unterschied zu den folgenden Wörtern offen, ob das Hungern aus Not geschieht oder freiwillige Enthaltung von Nahrungsmitteln ist: *sie hungerten während des Krieges;* vgl. hungern ↑[2]Hunger [haben]. **Hunger leiden** (geh.; nachdrücklich): aus Not, Mangel an Nahrungsmitteln längere Zeit hungern, ohne ausreichende Nahrung sein, bleiben; bezieht sich im Unterschied zu „hungern" mehr auf den Zustand der Entbehrung, weniger auf den Vorgang des Hungerns: *ein großer Teil der Menschheit leidet Hunger, während andere Völker im Überfluß leben.* **am Hungertuch nagen** (fam.): nicht genügend Geld und daher auch nicht genug zu essen haben; bezieht sich im Unterschied zu „Hunger leiden" weniger auf einen vorübergehenden Zustand als auf die schlechten Lebensbedingungen und Umstände, unter denen man lebt; heute meist scherzhaft übertreibend gebraucht, wenn man sich einschränken muß: *von Onkel Otto werden wir nichts erben, er nagt selber am Hungertuch.* **nichts zu essen haben; nichts/**(auch:) **wenig zu brechen und zu beißen haben** (ugs.): aus Not, Armut hungern müssen, den Hunger nicht stillen können; betont mehr die unmittelbare, sinnfällige Notlage: *wir hatten in diesem Kriegswinter oft tagelang nichts zu essen.* **darben** (geh.): (in diesem Sinnbereich) Mangel an Nahrung leiden, Entbehrungen dulden; betont im Unterschied zu „hungern" mehr das passive Entbehren der Nahrung, den bedürftigen Zustand, das Verzichtenmüssen: *er und seine Töchter mußten d.* **fasten:** sich freiwillig [längere Zeit] jeglicher Nahrung oder bestimmter Speisen enthalten, um eine religiöse Vorschrift zu befolgen; auch auf das Befolgen einer auferlegten Diät, auf eine freiwillige oder erzwungene Einschränkung im Essen bezogen: *der Arzt hat ihm geraten, aus gesundheitlichen Gründen einige Wochen zu f.*

hungrig: (in diesem Sinnbereich) ein Hungergefühl verspürend: *wir gingen h. zu Bett;* vgl. hungrig sein ↑[2]Hunger. **ausgehungert:** (in diesem Sinnbereich) längere Zeit keine Nahrung zu sich genommen habend und starken Hunger verspürend; ist oft emotional gefärbt: *a. wie Wölfe kehrten wir mittags heim.*

husten: eingeatmete Luft, gewöhnlich infolge eines Reizes der Atmungswege, stoßweise und mehr oder weniger laut auspressen. **hüsteln:** ein wenig oder ganz schwach husten, gewöhnlich mehrmals hintereinander. **bellen** (ugs.): (in diesem Sinnbereich) heftig, mit weiter geöffnetem Munde mehrmals hintereinander laut husten. **krächzen** (salopp): (in diesem Sinnbereich) heiser, rauh und mehrmals hintereinander husten; ↑krächzen.

I

ideal [für etwas/jmdn.] (ugs.): (in diesem Sinnbereich) vortrefflich geeignet für einen Zweck, eine Aufgabe infolge seiner besonderen Eigenschaften oder Fähigkeiten; alle Erwartungen, die jmd. in die betreffende Person oder Sache setzt, völlig befriedigend und keine Wünsche offenlassend; wird meist lobend oder anpreisend, oft emotional verstärkend gebraucht: *das ist der ideale Ferienort für uns.* **wie geschaffen,** für etwas/jmdn.: besonders brauchbar, da der oder das Betreffende alle Voraussetzungen, alle gewünschten und nötigen Fähigkeiten für eine [schwierige] Aufgabe, ein [heikles, Hingabe erforderndes] Amt mitbringt oder die besonderen Ansprüche jmds. befriedigt; betont gegenüber „ideal" mehr das günstige Zusammentreffen sonst nicht alltäglicher Fähigkeiten oder Eigenschaften und steht im allgemeinen subjektbezogen: *für diese diplomatische Mission war er wie geschaffen.* **berufen** [für etwas]: (in diesem Sinnbereich) wie für das Genannte von vornherein bestimmt; infolge seiner Fähigkeiten, seiner Kenntnisse, seines Geschicks vorbildlich geeignet, eine bestimmte Aufgabe durchzuführen oder ein Amt wahrzunehmen; wird im allgemeinen nur von Personen gesagt und steht nur attributiv, meist mit dem bestimmten Artikel: *er war der berufene Mann, diese Verhältnisse zu ordnen;* vgl. berufen ↑auserkoren. **prädestiniert,** für etwas (bildungsspr.): für etwas im vorhinein ausersehen; für etwas geeignet, die richtigen Fähigkeiten usw. dafür mitbringend: *ein für diese schwierige Aufgabe geradezu prädestinierter Politiker.* **gegeben** [für etwas] (ugs.): mit seinen Fähigkeiten, seinen Eigenschaften einer Aufgabe, einer besonderen Situation am besten gewachsen; völlig die in ihn oder es gesetzten Erwartungen befriedigend; wird im Unterschied zu den übrigen Wörtern weniger im anpreisenden Sinne gebraucht, sondern drückt mehr die Zufriedenheit über die Zweckmäßigkeit einer Sache oder die Eignung einer Person aus und steht im allgemeinen nur attributiv mit dem bestimmten Artikel: *mit seinen Erfahrungen ist er die gegebene Persönlichkeit für diesen Posten.* **richtig** [für etwas/jmdn.]: (in diesem Sinnbereich) mit seinen Fähigkeiten genau dem entsprechend, was außerordentliche Umstände, eine heikle Aufgabe o. ä. erfordern; allen Schwierigkeiten gewachsen; wird im allgemeinen nur attributiv und mit dem bestimmten Artikel von Personen gesagt: *er war der richtige Mann, des Aufruhrs Herr zu werden.* **recht** [für etwas/jmdn.]: i. S. v. richtig; steht jedoch auch mit dem unbestimmten Artikel: *er hat den rechten Mann für den Angriff gewählt.*

ignorieren, jmdn. (bildungsspr.): (in diesem Sinnbereich) jmdn., den man nicht leiden mag oder dem man seine Nichtachtung zeigen will, bei einem Zusammentreffen nicht kennen wollen, so tun, als ob er nicht vorhanden wäre: *mein Konkurrent war auch auf der Versammlung, aber er hat sein möglichstes getan, mich zu i.* **nicht beachten,** jmdn.: jmdn., den man zwar kennt, mit dem man aber nichts zu schaffen haben will, in kränkender Absicht und in unmißverständlicher Weise als nicht vorhanden behandeln: *wenn wir uns begegnen sollten, werde ich ihn überhaupt nicht beachten.* **keine Beachtung schenken/**(auch:) **zuwenden,** jmdm. (nachdrücklich): i. S. v. nicht beachten; während in der Wendung „keine Beachtung schenken" die freiwillige, persönliche Zuwendung, das Interesse und die Teilnahme an dem anderen deutlich verneint wird, negiert die Wendung „keine Beachtung zuwenden" nur rein feststellend den Vollzug. **wie/**(selten auch:) **als Luft behandeln,** jmdn. (ugs.): jmdm. seine Verachtung zeigen, indem man dessen Gegenwart in herausfordernd unhöflicher und verletzender Weise nicht beachtet. **übersehen,** jmdn.; **hinwegsehen,** über jmdn.: jmdn. dadurch brüskieren, daß man bei einer Begegnung so tut, als sähe man ihn nicht oder als sei er nicht vorhanden. **keines Blickes würdigen,** jmdn. (geh.): jmdn. nicht ansehen und von seiner Gegenwart keine Kenntnis nehmen, um ihn durch Nichtachtung zu strafen. **schneiden,** jmdn. (ugs.): jmdn. bei einer Begegnung nicht beachten, nicht grüßen und sich betont von ihm abwenden; ihm damit zu verstehen geben, daß man nichts mit ihm zu tun haben möchte. **links liegenlassen,** jmdn. (ugs.): jmdm. durch betontes Nichtbeachten [und verächtliche Miene] seine Geringschätzung zu verstehen geben. **nicht [mehr] ansehen,** jmdn. (ugs.); **nicht [mehr] anschauen,** jmdn. (ugs.; landsch.); **nicht [mehr] angucken/**(bes. nordd.) **ankucken,** jmdn. (fam.): mit jmdm., über den man verärgert ist oder der einen beleidigt hat, nicht [mehr] sprechen oder verkehren, ihm kein freundliches Wort mehr gönnen; betont, daß nach einem früheren vertrauten Umgang eine Entfremdung oder Feindschaft eingetreten ist. **die kalte Schulter zeigen,** jmdm. (ugs.): (in diesem Sinnbereich) sich von jmdm. [der einen kompromittiert hat] gesellschaftlich zurückziehen, den Verkehr mit ihm meiden und sich bei einer Begegnung kühl und distanziert verhalten; vgl. die kalte Schulter zeigen ↑abweisen.

immer: ununterbrochen [fortbestehend]; in allen vorkommenden Fällen und Gelegenheiten: *er hatte i. irgendwelche Hintergedanken; i. spricht er davon.* **ständig:** sich häufig wiederholend, regelmäßig wiederkehrend [so daß es als (unangenehme) Gewohnheit empfunden wird]; enthält die Emotion des Sprechers/Schreibers: *seine Mutter hatte s. an ihm etwas auszusetzen.* **beständig** (selten): i. S. v. ständig; meist von unangenehmen Dingen: *er klagte b. über Schmerzen.* **jederzeit:** zu jeder Zeit, immer (in bezug auf Zukünftiges): *er ist j. ein gern gesehener Gast; sie war j. darauf gefaßt, überfallen zu werden.* **stets:** i. S. v. immer; bezieht sich aber in der Regel auf Handlungen, Verhaltensweisen von Personen: *er bringt s. Blumen mit; er kommt s. zu spät; sie waren s. höflich und hilfsbereit.* **dauernd, immerzu, fortwährend** (geh.): i. S. v. ständig; wird oft verwendet, um Verwunderung oder Unzufriedenheit über die Häufigkeit des Geschehens auszudrücken: *er ist dauernd unterwegs; die Leitung ist dauernd besetzt.* **andauernd:** sich so oft wiederholend, daß darüber Mißfallen empfunden wird: *er erzählte a. diese dummen Geschichten; er belästigt uns a. mit seinen Angeboten.* **egal** (ugs.; landsch.; meist mit dem Akzent auf der ersten Silbe): immer [wieder/noch]; drückt Mißfallen aus: *es schneit e.; der hat auch e. etwas an mir auszusetzen!;* ↑oft, ↑ununterbrochen.

Impuls, der: belebende Kraft, die eine geistige oder seelische Bewegung bewirkt; kann als Einwirkung von außen oder auch als selbständige Regung im Innern verstanden werden: *von ihnen gehen frische Impulse aus.* **Antrieb,** der: vorwiegend aus dem eigenen Innern, aber auch von außen her wirkende Kraft, die jmdn. zu einer Handlung oder einem Verhalten treibt und ihn in Bewegung hält: *politische Antriebe.* **Anstoß,** der: (in diesem Sinnbereich) unmittelbare erste Auslösung einer geistigen Bewegung in Form einer äußeren, oft von unbedeutenden Dingen ausgehenden Einwirkung: *es bedurfte nur eines geringfügigen Anstoßes.* **Anregung,** die: beabsichtigte oder unbeabsichtigte Einwirkung von außen auf jmds. Handeln oder Verhalten, wobei der Charakter des Unverbindlichen gewahrt bleibt; hat meist die Bedeutung einer geistigen Bereicherung: *ich verdanke ihr wertvolle Anregungen.* **Denkanstoß,** der: Anregung, sich zu einer bestimmten Frage Gedanken zu machen; vgl. Denkpause ↑Pause; ↑inspirieren.

Information, die: (in diesem Sinnbereich) Äußerung oder Hinweis, mit dem jmd. von einer [wichtigen] Sache [offizieller, politischer Art] in Kenntnis gesetzt wird: *Informationen sammeln und auswerten;* vgl. Information ↑Auskunft. **Mitteilung,** die: (in diesem Sinnbereich) Äußerung, die jmdn. über einen Sachverhalt [von allgemeiner Bedeutung] unterrichtet und die von einer bestimmten Person ausgeht: *sie erwartete diese M., um sie an ihn weiterzugeben;* vgl. Mitteilung ↑Nachricht. **Nachricht,** die: (in diesem Sinnbereich) etwas Mitteilenswertes, Wichtiges enthaltende Äußerung oder Hinweis, der weitergegeben, an einen bestimmten Empfänger gelangen soll; betont im Unterschied zu „Information" mehr, daß jmd. nicht mehr oder minder beiläufig von etwas in Kenntnis gesetzt, sondern daß ihm eine bestimmte Tatsache direkt mitgeteilt wird: *verläßliche Nachrichten lagen noch nicht vor;* ↑Nachricht.

informieren, sich: sich, meist im eigenen Interesse und zu einem bestimmten Zweck, von einem allgemein zugänglichen oder verbindlichen Sachverhalt Kenntnis verschaffen: *ich werde mich sofort über den Spielplan des hiesigen Theaters i.* **orientieren,** sich: (in diesem Sinnbereich) sich einen Überblick verschaffen in einem Bereich, der einem nicht vertraut ist: *ich muß mich erst o. über die Gegebenheiten, mit denen ich zu rechnen habe.* **unterrichten,** sich: i. S. v. sich informieren; betont mehr das Interesse an einer bestimmten Sache und betrifft meist einen weitläufigeren Sachverhalt, von dem sich jmd. Kenntnis zu verschaffen sucht: *der Schulrat wird kommen, um sich über die Verhältnisse, die in der Schule herrschen, zu unterrichten.*

Inhalt, der: sowohl etwas, was in einem Gefäß, Behälter o. ä. enthalten ist, was sich darin befindet *(der I. einer Flasche)* als auch in bezug auf Geistiges, was der Sache, dem Stoff nach (z. B. in einer Rede, einer Schrift, einem Buch) enthalten ist: *er erzählte mir den I. der Geschichte.* **Gehalt,** der: sowohl der Anteil eines bestimmten Stoffes in einer Mischung (der G. an Sauerstoff im Wasser) als auch in bezug auf Geistiges der wesentliche Gedankeninhalt, der eigentliche und innere Wert von etwas, unabhängig von der äußeren Gestalt und vom Aussehen; der wesentliche, Wert verleihende Inhalt von etwas; wenn man vom Inhalt eines Buches spricht, dann meint man das Thema, die Handlung usw.; wenn man vom Gehalt eines Buches spricht, meint man den geistigen, den gedanklichen Wert des Buches. Den Inhalt eines Buches kann man erzählen; den Gehalt eines Buches kann man nicht erzählen, man kann ihn feststellen, bestimmen: *der sittliche G. eines Dramas; der G. an Realität.* **Botschaft,** die: (in diesem Sinnbereich) das, was jmd. als Erkenntnis anderen zu sagen, zu vermitteln hat, bzw. das, was etwas (z. B. ein Kunstwerk) aussagt oder aussagen soll: *Kunst statt Krieg – das ist seine B.* **Message** [mäßidsch] die (Jargon): i. S. v. Botschaft; vgl. These ↑Behauptung; vgl. Botschaft ↑Nachricht; ↑Sendung; vgl. beinhalten ↑besagen.

innehaben, etwas: (in diesen Sinnbereich) eine bestimmte [gesellschaftliche] Position, eine Stelle in einer [wirklichen oder gedachten] Rangordnung ausfüllen, die einem durch Anrecht oder Berufung zugefallen ist; wird im allgemeinen nur von Personen gesagt: *nur die vornehmen Familien hatten die Senatssitze inne.* **einnehmen,** etwas: eine bestimmte Position ausfüllen, eine bestimmte [wirkliche oder ideelle] Rolle spielen, weil man [auf Grund seiner Bedeutung] Anspruch darauf hat oder diesen Anspruch stellt; wird von Personen, personifizierten Begriffen o. ä. gesagt: *die erste Stelle e.* **bekleiden,** etwas (geh.): eine Position, ein Amt innehaben, zu dem man berufen wurde und das mit einer öffentlichen Funktion verbunden ist; wird nur von Personen gesagt: *er bekleidet viele wichtige Ämter; eine Stelle, einen Posten, Rang, die Bischofswürde b.*

Insel, die: rings von Wasser umgebenes Land von unterschiedlicher Größe und Höhe. **Eiland,** das (dichter.): eine verhältnismäßig kleine und sich im allgemeinen nicht sehr hoch über die Meeresoberfläche erhebende, einsam gelegene Insel. **Atoll,** das: kleinere, ringförmige Insel mit spärlichem Bewuchs, die sich aus Korallen aufbaut. **Hallig,** die (meist Plural): kleine Insel im Wattenmeer der Nordsee, die verhältnismäßig niedrig und nicht eingedeicht ist und darum häufig bei Sturm überflutet wird. **Holm,** der (niederd.): kleine und nicht sehr hoch über die Wasseroberfläche aufragende Insel in der Nähe der Küste oder in Binnengewässern, die vielfach unbewohnt ist. **Schäre,** die (meist Plural): kleine Felseninsel, die ohne Bewuchs und nicht bewohnt ist; sie erhebt sich manchmal nur wenig über die Oberfläche des Wassers, ist von unterschiedlicher Größe und hat eine teils zerklüftete, teils flache und abgerundete Form; gewöhnlich bilden mehrere von diesen Inseln vor den Küsten der skandinavischen Länder kleine Inselgruppen. **Werder,** der; **Wört[h],** der (oberd.); **Au[e],** die (landsch.): eine meist nicht sehr große Insel, die von einem Fluß umströmt wird [oder in einem See liegt]; vielfach handelt es sich um grüne, fruchtbare Inseln, die durch Anschwemmung entstanden sind; im allgemeinen sind sie nicht sehr hoch und werden darum häufig überschwemmt. **Klippe,** die: ein der Küste vorgelagerter Felsen, der unter der Wasseroberfläche liegen oder diese überragen kann und dadurch für die Schiffahrt sehr gefährlich ist. **Riff,** das: lange und schmale Gesteinsbank im Meer oder kettenförmig hintereinanderliegende oder kammartig zusammenhängende Klippen, die meist mit der nahen Küste in einem Zusammenhang stehen; findet sich als Bodenschwelle oder Korallenbank über oder unter der Oberfläche des Wassers und bildet eine große Gefahr für die Schiffahrt.

insgesamt: alles zusammen[genommen]; steht meist mit Zahlenangaben: *die Kosten betragen i. 30 000 Mark.* **alles in allem** (ugs.): wenn man alles mitrechnet; steht im allgemeinen bei ungefähren Zahlenangaben und betont, daß man eine Summe geschätzt oder veranschlagt hat: *das Buch wird alles in allem 800 Seiten stark.*

inspirieren, jmdn. [zu etwas] (bildungsspr.): jmdm. schöpferische Einfälle oder Ideen eingeben; den Geist eines Menschen [zu künstlerischem Tun] befruchten: *jmdn. künstlerisch, musikalisch i.;* vgl. Inspiration ↑Einfall. **anregen,** jmdn. [zu etwas]: (in diesem Sinnbereich) einen belebenden Reiz auf den Geist eines Menschen ausüben: jmds. Vorstellungskraft beflügeln und dadurch den Anstoß zu einem [schöpferischen] Tun geben; wird nur von Dingen oder Ereignissen gesagt: *unsere Unterhaltung hat mich zur Lektüre dieses Buches angeregt;* vgl. anregen ↑beleben, ↑veranlassen. **animieren,** jmdn.

[zu etwas] (bildungsspr.): bei jmdm. die Lust zu etwas wecken, ihn zu etwas ermuntern. **stimulieren,** jmdn. [zu etwas] (bildungsspr.): bei jmdm. ein bestimmtes Handeln durch einen Stimulus, einen Reiz, ein anstachelndes Ereignis o. ä., hervorrufen. **anmachen,** jmdn. (salopp): auf jmdn. in irgendeiner Weise einwirken und ihn in einen bestimmten emotionalen Zustand bringen oder ihn zum Mitmachen anregen: *das Publikum durch Klatschen a.* **begeistern,** jmdn. [zu etwas]: jmdn. mit Freude und Unternehmungslust erfüllen, schöpferische Gedanken und Schaffensdrang in ihm wachrufen: *sie hat den Künstler zu den herrlichsten Leistungen begeistert;* ↑[1]begeistern, ↑[2]begeistern, ↑ermutigen; ↑Impuls.

inspizieren, etwas (bildungsspr.): ein Unternehmen, einen Sachverhalt als Verantwortlicher in amtlicher Eigenschaft überprüfen, in seinen Einzelheiten kontrollieren, indem man sich an Ort und Stelle begibt und es in Augenschein nimmt: *eine Kesselanlage, die Feueralarmanlagen i.* **besichtigen,** etwas: (in diesem Sinnbereich) sich als Sachverständiger, als Amtsperson oder Vorgesetzter ein Unternehmen, einen Sachverhalt oder seine näheren Umstände an Ort und Stelle ansehen, um sich durch eigene Anschauung ein Urteil bilden zu können: *der Kommandeur besichtigte das Regiment;* vgl. besichtigen ↑ansehen.

Instinkt, der: (in diesem Sinnbereich) innerer Impuls, der den Menschen antreibt, in bestimmten Situationen unbewußt das zu tun, was zweckmäßig und richtig ist. **Gefühl,** das (Plural ungebräuchlich): (in diesem Sinnbereich) innere Stimme, Anlage, die den Menschen befähigt, in einer Sache, die dem Verstand kaum zugänglich ist, richtig zu entscheiden; im Unterschied zu der instinktiv vollzogenen Handlung geschieht die Handlung, die durch das Gefühl gelenkt wird, bewußter: *sein G. sagte ihm, daß ...* **Gespür,** das: die besondere Begabung, etwas gefühlsmäßig zu erfassen, besonders wenn es sich um die Aufklärung verwickelter oder um die Entdeckung bisher verborgener Sachverhalte handelt: *sie hat ein gutes G. dafür, wie man diese Dinge anfassen muß.* **Riecher,** der (salopp): das sichere Gefühl, mit dem man etwas errät oder mit dem man die in bestimmten Situationen sich ergebenden Möglichkeiten erfaßt, seine Vorteile wahrzunehmen und Unannehmlichkeiten aus dem Wege zu gehen; wird meist in der Wendung gebraucht „einen [guten, richtigen] Riecher haben": *sie hat einen ausgesprochenen R. dafür, wo man preiswert einkauft.*

instruktiv (bildungsspr.): unterrichtend und belehrend; bezieht sich auf mündliche oder schriftliche Ausführungen über einen Gegenstand, der jmdn. lebhaft interessiert; wird, wie die übrigen Wörter der Gruppe, im allgemeinen attributiv und subjektbezogen gebraucht: *sein Vortrag, seine Ausführungen waren sehr i. für uns; ein instruktiver Aufsatz.* **lehrreich:** so beschaffen, daß man daraus viel lernen, viel an Erfahrung und Wissen gewinnen kann; [durch anschauliche, sinnfällige Darstellung] Belehrung über einen bestimmten Gegenstand vermittelnd: *eine lehrreiche Abhandlung über die einheimische Fauna.* **aufschlußreich:** Einblick gewährend im Hinblick auf bestimmte, jmdm. bis dahin gar nicht oder nur unzureichend bekannte Sachzusammenhänge: *ein aufschlußreiches Gespräch.* **interessant:** die Aufmerksamkeit, das Interesse auf sich ziehend.

Interessen, die (Plural): (in diesem Sinnbereich) all das, woran jmdm. sehr gelegen ist, was für jmdn. oder für etwas wichtig und nützlich ist: *ich werde einen Rechtsanwalt mit der Wahrnehmung meiner I. beauftragen.* **Belange,** die (Plural): all das, was jmdn. oder etwas angeht, was für jmdn. oder für etwas wichtig ist; setzt im Gegensatz zu „Interessen" keine Anteilnahme oder persönlichen Bindungen voraus: *der neue Intendant wollte sich stärker um die künstlerischen B. des Theaters kümmern.* **Angelegenheiten,** die (Plural): (in diesem Sinnbereich) Belange, die unter die Zuständigkeit einer Behörde, einer Gemeinde, eines Landes oder dgl. fallen: *er wollte die amerikanischen A. ins reine bringen;* ↑[1]Angelegenheit; ↑[2]Angelegenheit.

Interview [interwju], das: Unterredung zwischen einem Vertreter der Presse, des Rundfunks, des Fernsehens oder anderer Kommunikationsmittel mit einer bestimmten Person, meist einer Persönlichkeit des öffentlichen Lebens, die dazu dient, die Öffentlichkeit über den von der betreffenden Person vertretenen Standpunkt in einer Frage [von allgemeiner Bedeutung], über dessen Erfahrung, Meinung, Überzeugung, Motive, Erkenntnisse zu informieren: *das Fernsehen bringt ein I. mit dem kongolesischen Staatschef; das war kein I. mehr, das war schon ein Verhör;* vgl. interviewen ↑befragen. **Gespräch,** das: (in diesem Sinnbereich) Unterhaltung eines Journalisten mit einer Persönlichkeit des öffentlichen Lebens, das nicht so sehr über die von dieser Persönlichkeit vertretenen Standpunkte informieren soll, sondern mehr den Charakter einer [inoffiziellen] Diskussion hat: *zwei Formen journalistischer Fragetechnik: G. und Interview;* ↑Gespräch.

Intrige, die: hinterlistiges Betreiben einer Absicht; heimlich angelegter, auf Umwegen oder über Dritte verfolgter Plan, jmdm. zu schaden, seine Absichten zu vereiteln oder ihn [gegenüber Dritten] in Mißkredit zu bringen. **Ränke,** die (Plural; veraltet); **Ränkespiel,** das (geh.): heimtückische, aus niederen Motiven eingefädelte Intrige, mit der man einem [arglosen] Menschen zu schaden sucht; betont im Unterschied zu „Intrige" nicht so sehr, daß ein heimliches Betreiben mit Schläue und Geschick verfolgt wird, sondern mehr das moralisch Verwerfliche dieses Betreibens. **Kabale,** die (veraltet): umfangreiche, weitere Kreise ziehende Intrige, deren Ziel es ist, jmdm. hinter dessen Rücken [gesellschaftlich] zu schaden, um dadurch Vorteile für sich selbst zu erlangen; betont im Unterschied zu „Intrige" mehr das eigennützige Interesse und meist das hinterlistige, verschwörerische Betreiben mehrerer Personen; ↑Finte, ↑Kniff, ↑List, ↑Machenschaft, ↑Praktik.

inzwischen: a) in einer zwischen zwei festen Zeitpunkten liegenden Zeitspanne: *ich gehe i. einkaufen;* **b)** innerhalb einer nach einem bestimmten Zeitpunkt abgelaufenen Zeitspanne: *i. haben wir eine neue Wohnung bezogen; i. ist bekanntgeworden, daß er ein Betrüger war.* **in der Zwischenzeit:** i. S. v. inzwischen; hebt aber stärker den Zeitraum, die Zeitdauer hervor, innerhalb deren etwas Bestimmtes geschieht: *was hast du in der Zwischenzeit gemacht?; in der Zwischenzeit hat sich sein Zustand sehr verschlechtert.* **indessen:** (in diesem Sinnbereich) gleichzeitig neben einer anderen Handlung, neben einem anderen Geschehen, wobei die mit „indessen" eingeleitete Handlung oder der Vorgang etwas kürzer ist: *ich werde mich jetzt fertigmachen, du kannst i. die Koffer zur Bahn bringen.* **währenddessen:** während dieser Zeit, zur gleichen Zeit; betont mehr die Dauer, während deren etwas geschieht: *ich muß jetzt meine Arbeit zu Ende bringen, w. müßt ihr euch allein beschäftigen.* **währenddem** (ugs.): i. S. v. währenddessen: *das Gespräch dauerte nur fünf Minuten; w. wurde bei ihm eingebrochen.* **unterdessen:** i. S. v. indessen; drückt aus, daß etwas kürzere Zeit in Anspruch Nehmendes getan wird oder geschieht, während ein anderer Vorgang gleichzeitig abläuft: *wir zogen unsere Regenmäntel an, er rief u. ein Taxi.* **mittlerweile** (ugs.): im Verlauf oder nach Ablauf einer nicht genau abgegrenzten kürzeren oder längeren Zeitspanne: *m. ist es sehr spät geworden; m. hat er sich die Sache anders überlegt.* **einstweilen: a)** in der Zwischenzeit: *ich habe e. die nötigen Vorkehrungen getroffen;* **b)** vorläufig, für eine bestimmte vorübergehende Zeit: *wir müssen e. mit der behelfsmäßigen Wohnung vorliebnehmen.* **zwischenzeitlich** (ugs.): **a)** i. S. v. in der Zwischenzeit; **b)** i. S. v. einstweilen b).

Ironie, die (ohne Plural): Geisteshaltung, die sich in feinem und verdecktem Spott äußert; sucht das Hohle, Unwahre und Nichtige – oder das so Scheinende – einer Sache, Handlung oder Meinung dadurch zu treffen, daß sie es unter dem Schein der eigenen Billigung lächerlich macht, wodurch ein Widerspruch zwischen der eigenen Ansicht einerseits und der wirklichen Aussage andererseits entsteht; ist die Form der Aussage, die das Gegenteil von dem meint, was sie ausspricht, die z. B. tadelt, indem sie scheinbar lobt; wirkt nicht versöhnlich, sondern ist ihrem Wesen nach kritisch; wird auch als ein Mittel der Selbsterhaltung verwendet, mit dem man zur Tragik des Daseins eine schützende Distanz schafft. **Spott,** der (ohne Plural): Haltung, in der man über die Fehler oder Unzulänglichkeiten eines anderen frohlockt, Schadenfreude empfindet, seiner Verachtung Ausdruck gibt oder sich über Gefühle eines anderen lustig macht. **Hohn,** der (ohne Plural): mit [lautem] Spott verbundene, unverhohlene Äußerung der Verachtung; ist gleichzeitig Ausdruck eigenen Überlegenheitsgefühls. **Sarkasmus,** der (ohne Plural): hoher Grad bitterer Ironie, ätzender Spott, der sich gegen einen Menschen, seine Art oder Handlungsweise richtet, wenn sie verachtenswert zu sein scheinen; ist meist Kennzeichen des Hasses und dient der Absicht, andere zu verletzen; durch ihn wird Kleinliches, Unwürdiges gegeißelt und der Lächerlichkeit preisgegeben. **Zynismus,** der (ohne Plural): Art oder Verhaltensweise, Äußerung, die in einer Situation, Sache geradezu als konträr, paradox und daher um so mehr als Verletzung und Verachtung von Gefühlen anderer empfunden wird; während die mit der Ironie verbundene Kritik auf Änderungen der Verhältnisse abzielt, hat der Zynismus eine Änderung nicht zum Ziel, sondern er genießt geradezu diese Situation; beißender, grausamer und den Anstand beleidigender Spott, der in gemeiner oder schamloser Weise die Gefühle anderer stark verletzt; ↑auslachen.

irren, sich: etwas fälschlich für wahr oder richtig halten, eine falsche Meinung von irgend etwas haben: *wenn du glaubst, es würde bald besser, so irrst du dich.* **täuschen,** sich: **a)** i. S. v. sich irren; bezieht sich mehr auf eine falsche Vorstellung, die man von etwas hat, einen [optischen] Eindruck, der mit der Wirklichkeit nicht übereinstimmt: *wenn du meinst, die Leiter sei stabil, so täuschst du dich;* **b)** sich täuschen in jmdm.: jmdn. falsch einschätzen, etwas anderes in ihm vermuten: *in diesem Menschen habe ich mich sehr getäuscht;* **c)** sich täuschen über etwas: einen Sachverhalt falsch beurteilen: *du täuschst dich über den Schwierigkeitsgrad der Sache.* **verrechnen,** sich (ugs.): (in diesem Sinnbereich) bei der Einschätzung eines Menschen, bei der Planung einer Sache von unrichtigen, unzutreffenden Voraussetzungen ausgehen und daher einen falschen Schluß ziehen, zu einem falschen Ergebnis kommen; wird im allgemeinen im Perfekt gebraucht: *in diesem Menschen habe ich mich sehr verrechnet; da hast du dich gewaltig verrechnet.* **auf dem Holzweg sein** (salopp): mit der Art und Weise, die man für etwas gewählt hat, nicht zum Ziel kommen [können]; in der Annahme von etwas fehlgehen: *wenn du glaubst, daß du mit Sturheit zum Ziel gelangst, so bist du auf dem Holzweg;* ↑lügen.

Irrtum, der: aus Mangel an Urteilskraft oder Konzentration oder aus sonstigen Gründen fälschlich für richtig gehaltener Gedanke; falsche Vorstellung von etwas, falsche Handlungsweise. **Versehen,** das: Unachtsamkeit, die sowohl geringfügige als auch schwere Folgen haben kann: *ein grobes V.;* ↑Faux pas, ↑[1]Fehler; ↑Meinung, ↑Vorurteil.

J

jämmerlich: (in diesem Sinnbereich) **a)** so mitleiderregend und beklagenswert, daß es beschämend für den Verantwortlichen, niederdrückend für den schuldlos Betroffenen ist; wird auf den schlechten Zustand, das traurige Geschick von etwas oder jmdm. bezogen, in dem sich entweder ein Unrecht oder Unvermögen verrät: *sie schämt sich jetzt der jämmerlichen Verhältnisse, in die sie hineingeheiratet hat;* **b)** (im Urteil des Sprechers/Schreibers) so minderwertig oder so unvermögend, daß man nur verächtliches Bedauern dafür übrig hat: *ein jämmerlicher Kerl;* **c)** von großem Jammer ergriffen oder ihm Ausdruck gebend: *das Kind erhob ein jämmerliches Gebrüll.* **kläglich: a)** unter so unrühmlichen Umständen unglücklich oder erfolglos, daß man den Betroffenen nicht ohne Unwillen oder Verachtung oder aber mit Empörung über das ihm angetane Unrecht bedauert: *bei allem guten Willen der Beteiligten scheitern die Verhandlungen k.;* **b)** (im Urteil des Sprechers/Schreibers) minderwertig und verächtlich; auf das unrühmliche Unvermögen oder Versagen des Beteiligten hindeutend: *diese Leistung ist k.;* **c)** hilflosen Jammer, hilflose Angst oder Niedergeschlagenheit empfindend oder ausdrückend: *das klägliche Geblöke der verirrten Tiere.* **erbärmlich: a)** heruntergekommen und armselig [so daß man lebhaftes Mitgefühl mit dem Betroffenen hat]: *er soll jetzt in ganz erbärmlichen Verhältnissen leben;* **b)** (im Urteil des Sprechers/Schreibers) so minderwertig und dabei oft unverschämt, daß es einen anwidert; moralisch verachtenswert: *ein erbärmlicher Lump;* **c)** sehr unglücklich; in weinerlich gedrückter Stimmung, voller Minderwertigkeitsgefühle oder bei anderen Erbarmen erweckend: *ihm war e. zumute.* **elend:** (in diesem Sinnbereich) **a)** so bedrückt von Qual, Sorge und Hoffnungslosigkeit, daß es wertlos oder unwürdig ist; wird auf menschliche Verhältnisse oder Schicksale bezogen: *ein elendes Dasein führen;* **b)** (im Urteil des Sprechers/Schreibers) sehr minderwertig, niedrig und dabei dürftig oder schäbig: *ein elender Stümper, Lügner.* **traurig: a)** so trostlos oder hoffnungslos, daß man dem Betroffenen seine Lage nachfühlen kann: *das sind traurige Zustände;* **b)** (im Urteil des Sprechers/Schreibers) so minderwertig, unrühmlich oder würdelos, daß es jmdm. zur Schande gereicht: *ein trauriger Geselle, Feigling; sich t. aufführen.* **beklagenswert:** so unerfreulich, sich in solch einer unerfreulichen Situation befindend, daß Äußerungen der Anteilnahme oder des Schmerzes darüber angebracht sind: *ein beklagenswerter Mensch; beklagenswerte Zustände.* **bedauernswert:** so unerfreulich, sich in solch einer Situation befindend, daß es angebracht ist, daß man sie bedauert: *ein bedauernswerter Mensch.*

bemitleidenswert: in solch einer Lage, daß man Mitleid haben muß: *er ist b.* **belemmert** (ugs.): (in bezug auf eine Situation usw.) so scheußlich, schlecht, daß es zum Verzweifeln ist: *ein belemmertes Wetter;* ↑[1]abscheulich, ↑[2]abscheulich.

jetzt (Ggs. ↑früher, ↑vorher; vorhin ↑[2]kurz, ↑nachher): unmittelbar in der Gegenwart, die von kürzester oder etwas längerer Dauer sein kann und bei der es gleichgültig ist, ob es sich um die Gegenwart des Sprechers/ Schreibers oder eine von ihm als Gegenwart gesetzte Zeit handelt; kennzeichnet einen Neubeginn und hebt sich sowohl von der Vergangenheit als auch von der Zukunft ab: *wir dreschen j. einen anständigen Skat, und danach essen wir ausgiebig.* **gegenwärtig** (selten): während der gerade ablaufenden Zeit; umfaßt einen längeren Zeitraum und betont im Unterschied zu „jetzt" nicht den Beginn einer Handlung oder eines Vorgangs, sondern drückt ihren Verlauf aus; bezieht sich nur auf die Gegenwart des Sprechers/ Schreibers: *g. arbeitet er an einer Biographie.* **zur Zeit:** i. S. v. gegenwärtig; betont stärker als „gegenwärtig", daß etwas als vorübergehend oder nur vorläufig empfunden wird: *zur Zeit lebt der Komponist in Rom.* **im Augenblick; im Moment** (ugs.); **momentan** (ugs.): im gegenwärtigen Zeitpunkt; betont die Abgrenzung gegen Vergangenheit und Zukunft und drückt aus, daß etwas nicht endgültig ist: *im Augenblick bin ich noch anderweitig beschäftigt; er ist im Moment abwesend; momentan sind die Straßenbahnen wieder überfüllt.* **augenblicklich:** i. S. v. im Augenblick; betont aber mehr die Unsicherheit der Zukunft gegenüber: *a. geht es ihm etwas besser.* **nun:** i. S. v. jetzt; hebt sich im allgemeinen gegen etwas Vergangenes ab: *n. kam er wieder auf das alte Problem zu sprechen; n. muß ich mich aber an die Arbeit machen.* **nunmehr** (nachdrücklich): von jetzt an; bezeichnet den Beginn von etwas Neuem, was im allgemeinen aus etwas Vorangegangenem oder Vorhergenanntem resultiert und was länger andauert: *wir wollen n. in Frieden leben; es ist n. an der Zeit, daß ...*

jubeln, jubilieren (veraltet): seine Freude über etwas laut und stürmisch äußern: *der kleine Tilo jubelte, als er den Teddy auf dem Weihnachtstisch sah;* vgl. Jubel ↑Freude. **jauchzen:** seine große Freude durch laute Freudenrufe zeigen: *„Toll", jauchzt er voller Stolz.* **juchzen** (fam.): laute Ausrufe der Freude [in kurzen Abständen] von sich geben: *der kleine Junge im Körbchen juchzte.*

jung (Ggs. ↑alt): (in diesem Sinnbereich) von geringem Lebensalter, ein jugendliches Alter habend: *er ist noch j., vielleicht vierundzwanzig Jahre; wie alt man geworden ist, sieht man an den Gesichtern derer, die man j. gekannt hat.* **jung an Jahren** (ugs.): noch recht jung; enthält die persönliche Anteilnahme des Sprechers/Schreibers, der die Jugendlichkeit besonders betonen will; wird nur subjektbezogen gebraucht: *wer so jung an Jahren ist, dem steht die Welt offen.* **blutjung** (emotional verstärkend): sehr, außerordentlich jung; häufig mit der Nebenvorstellung zarter, fast kindhafter Jugend; drückt aus, daß der Betreffende für die genannte Tätigkeit o. ä. noch erstaunlich jung ist: *blutjunge Offiziere, Verführerinnen.* **jünger:** noch nicht alt; im guten mittleren Lebensalter stehend; wird im allgemeinen attributiv verwendet: *der neue Direktor war ein jüngerer Herr.*

Junge, der (Ggs. ↑Mädchen): männliches Kind bis ungefähr zum 14. Lebensjahr; wird im nördlichen und mittleren Deutschland gebraucht; der Plural „die Jungen" ist gehoben, die anderen Formen „die Jungens, die Jungs" sind familiär und umgangssprachlich. **Knabe,** der (geh.): i. S. v. Junge. **Bub,** der: i. S. v. Junge; ist im allgemeinen im südlichen Teil Deutschlands üblich; wenn Norddeutsche das Wort verwenden, so verbinden sie damit weitgehend positiven Inhalt. **Bubi,** der; **Bübchen,** das; **Jungchen,** das (landsch.): Koseformen für: [kleiner] Junge; vgl. Bubi ↑Jüngling. **Bengel,** der: (in diesem Sinnbereich) **a)** [kleiner] Junge; in dieser Bedeutung im allgemeinen mit einem adjektivischen Attribut positiven Inhalts: *dieser Dreizehnjährige ist wirklich ein hübscher B.;* **b)** (abwertend): unartiger, ungezogener Junge: *ein frecher B.; dieser B. bringt mich allmählich in Wut.* **Kerlchen,** das: (in diesem Sinnbereich) kleiner oder kleinerer Junge; drückt immer ein gewisses Wohlwollen und persönliche Anteilnahme aus und wird überwiegend mit Beiwörtern gebraucht: *Tim ist ein liebes K.;* vgl. Kerlchen ↑Jüngling. **Rüpel,** der: (in diesem Sinnbereich) kleinerer niedlicher, frecher Junge; wird wohlwollend gesagt: *das ist vielleicht ein R., kann ich dir sagen!;* vgl. Rüpel ↑Flegel.

Junggeselle, der: ein Mann, der sich schon längere Zeit im heiratsfähigen Alter befindet, aber [noch] nicht verheiratet ist. **Hagestolz,** der: älterer [eingefleischter] Junggeselle; ein über das gewöhnliche Heiratsalter hinaus ledig gebliebener, oft etwas sonderlich gewordener [eigenwilliger] Mann, der meist eine Ehe nicht eingehen will; der Betreffende sagt es im allgemeinen nicht von sich selbst. **Einspänner,** der (scherzh.):

(in diesem Sinnbereich) ein Mann, der ohne Ehefrau allein durchs Leben geht; wird oft von einem Junggesellen gesagt, der sich ungesellig von anderen absondert. **Weiberfeind,** der; **Misogyn,** der (Med., Psychol.): ein Mann, der sich aus Abneigung oder Verachtung von den Frauen fernhält, sich [auf Grund schlechter Erfahrungen] von ihnen zurückzieht; ein Gegner des weiblichen Geschlechtes.

Jüngling, der (geh.): **a)** junger Mann zwischen Knaben- und Mannesalter: *ein stürmischer J.;* **b)** (ironisch-abwertend): junger Mann, den man nicht für voll nimmt: *da kam dieser [seltsame] J. und forderte mich zum Tanzen auf.* **Bursch,** der (landsch.); **Bursche,** der: größerer und älterer [kräftiger] Junge; Halbwüchsiger; heranwachsender junger Mann; „Bursche" steht in diesem Sinnbereich jedoch meist mit einem adjektivischen Attribut positiven Inhalts: *ein munterer Bursch; er war ein hübscher Bursche;* ↑Bursche. **Twen,** der: junger Mann in den Zwanzigern [der sich allem zuwendet, was als modern gilt, und mit der Zeit geht]; der junge Mann von heute; dieses Wort ist überwiegend in der Werbesprache [der Textilindustrie] und in Zeitungsberichten usw. zu finden: *Anzüge, Zeitschriften für Twens.* **Jugendliche,** der: junger Mensch im Alter vom 14. bis ungefähr 18. Lebensjahr. Das Wort wird überwiegend in amtlichen Texten verwendet und oft im Plural gebraucht: *dieser Film ist für J. unter 18 Jahren nicht freigegeben.* **Kid,** das (Jargon; üblich im Plural): Jugendlicher; unter dem Aspekt der Verbindung zu den elterlichen Erwachsenen, als ihr Kind; enthält ein gewisses Wohlwollen: *die Kids strömten zum Popkonzert; das sind unsere Kids;* vgl. Kid ↑Mädchen. **Minderjährige,** der: männlicher Jugendlicher unter 18 Jahren; wird in Verbindung mit rechtlichen Dingen gebraucht. **Halbstarke,** der (abwertend): sich laut aufführender, in seiner Kleidung auffallender junger Mann: *Halbstarke mit Niethosen rasten auf ihren Mopeds durch die Straßen;* ↑Rowdy. **Rocker,** der (oft abwertend): Angehöriger einer lose organisierten jugendlichen Gruppe, für die Lederkleidung und Motorrad charakteristische Statussymbole sind. **Exi,** der (im Sprachgebrauch der Rocker): Jugendlicher, der kein Rocker ist, sondern auf übliche bürgerliche Weise lebt. **Skinhead** [ßkịnhäd], der: (in einer Clique organisierter) gewalttätiger Jugendlicher mit kurz- oder kahlgeschorenem Kopf. **Punker** [pạnker], der; **Punk** [pạnk], der: Jugendlicher mit bewußt rüdem, exaltiertem Auftreten (als Zeichen des gesellschaftlichen Protests). **Popper,** der: Jugendlicher, der sich durch gepflegtes Äußeres und modische Kleidung bewußt von einem Punker abheben will. **Halbwüchsige,** der: der nicht voll erwachsene, noch nicht fertige junge Mann; meist etwas abwertend: *ein Halbwüchsiger mit einer Zigarette im Mund.* **junge Mensch,** der: (in diesem Sinnbereich) männlicher Jugendlicher, der sich schon fast wie ein Erwachsener benimmt, auf den die Bezeichnung „junger Mann" aber noch nicht recht paßt; drückt eine gewisse Distanz des Sprechers/ Schreibers zu der Person aus. **Bubi,** der (abwertend): größerer und älterer Junge oder junger Mann, der sich geziert benimmt oder den man für verweichlicht und unreif hält: *diesen B. kann ich nicht ausstehen;* vgl. Bubi ↑Junge. **Bübchen,** das (abwertend): i. S. v. Bubi; enthält noch stärker mitleidig-herablassende Verachtung: *was will denn dieses B.?;* vgl. Bübchen ↑Junge. **Bürschchen,** das: schmächtiger junger Mann, den man für unreif und wenig kräftig hält und den man noch nicht für voll ansieht; enthält meist Verachtung: *ein junges B., das knapp achtzehn ist.* **Jüngelchen,** das (abwertend); **Kerlchen,** das (abwertend): i. S. v. Bürschchen; enthält Spott und Verachtung: *dieses Jüngelchen soll mal kommen!;* vgl. Kerlchen ↑Junge.

K

Kabel, das: biegsame, isolierte elektrische Leitung (meist aus mehreren, bis zu 1 000 gegeneinander isolierten Drähten): *dieses K. führt durch den Atlantik; ein K. verlegen; ein K. an ein Gerät anschließen.* **Schnur,** die: (in diesem Sinnbereich) (im Haushalt verwendetes) elektrisches Kabel (an elektrischen Geräten): *die S. der Lampe, des Bügeleisens, des Telefons ist entzwei.* **Strippe,** die (ugs.): (in diesem Sinnbereich) Leitungsdraht (beim Telefon): *die S. reicht vom Flur bis zum Wohnzimmer;* ↑Schnur.

Kaffee, der (Plural ungebräuchlich): (in diesem Sinnbereich) das aus der Frucht des Kaffeebaums bereitete Getränk; ist das allgemeinste Wort dieser Gruppe und sagt nichts über Güte oder Stärke aus. **Mokka,** der (Plural ungebräuchlich); **Türkische,** der (Plural ungebräuchlich; österr.): starkes Kaffeegetränk. **Kapuziner,** der (Plural ungebräuchlich; österr.): dunkler Milchkaffee; Kaffee mit wenig Milch. **Cappuccino,** der: heißes Kaffeegetränk, das mit geschlagener Sahne und ein wenig Kakaopulver serviert wird. **Espresso,** der (Plural ungebräuchlich): starkes, in der Maschine bereitetes Kaffeegetränk. **Café crème,** der (schweiz.): Kaffee mit Sahne. **Eiskaffee,** der: Kaffee mit Speiseeis und Sahne. **Irish coffee** [airisch kofi], der: besonders zubereitetes Kaffeegetränk mit Whisky und geschlagener Sahne. **Kaffee verkehrt,** der; **Melange** [melangsch], die (österr.): Kaffeegetränk mit viel Milch oder Sahne. **Pharisäer,** der: heißer Kaffee mit einem Schuß Rum, darauf ein Häubchen Schlagsahne. **Muckefuck,** der (Plural ungebräuchlich; salopp; abwertend); **Lorke,** die (salopp; abwertend); **Plörre,** die (salopp; abwertend): aus gebranntem Korn bereiteter Kaffee oder auch dünner Bohnenkaffee. **Blümchenkaffee,** der (Plural ungebräuchlich; landsch.; scherzh.; abwertend): wenig starker, sehr dünner Kaffee ohne den eigentlichen Kaffeegeschmack. **Negerschweiß,** der (ohne Plural; scherzh.): i. S. v. Kaffee.

Käfig, der: (in diesem Sinnbereich) **a)** Verschlag, Raum für gefangengehaltene größere Tiere, an dessen offenen Seiten Gitterstäbe, Drahtgitter o. ä. angebracht sind: *der Löwe im K.;* **b)** häuschenartiger Gegenstand mit festem Boden und rundherum Gitterstäben oder Drahtgitter, in dem man kleinere Tiere, besonders Vögel, im Haus halten kann. **Bauer,** das (selten auch: der): Vogelkäfig. **Voliere,** die (bildungsspr.): größerer Vogelkäfig, in dem die Vögel fliegen können.

Kajüte, die: Wohnraum auf Schiffen für den Kapitän oder die einzelnen Offiziere; auch Einzelraum für Fahrgäste, besonders auf Handelsschiffen. **Kabine,** die: Wohnraum für die Passagiere auf größeren [Fahrgast]schiffen. **Kammer,** die (Fachspr.): (in diesem Sinnbereich) Kajüte, Kabine. **Logis** [losehi], das: (in diesem Sinnbereich) [Gemeinschafts]wohnraum auf Schiffen für die Mannschaft und die niedrigen Dienstgrade.

kalt (Ggs. ↑warm): eine – in Relation zur Umgebung – niedrige Temperatur habend; sagt nichts darüber aus, ob der Empfindungseindruck angenehm oder unangenehm ist: *kalte Winde;* vgl. kalt sein ↑frieren. **kühl:** ein wenig kalt, mäßig warm, mehr kalt als warm; drückt einen geringeren Grad des Wärmemangels aus als „kalt"; verbindet sich, wenn der Empfindungseindruck angenehm ist, häufig mit der Nebenvorstellung des Erfrischenden; wenn der Empfindungseindruck unangenehm ist, häufig mit der Nebenvorstellung des Unbehaglichen: *eine kühle Mondnacht.* **frisch:** (in diesem Sinnbereich) recht kühl; so kühl, daß man fröstelt; wird nur auf Wind und Witterung bezogen: *der Wind ist ziemlich f.* **frostig** (selten): kalt unter dem Gefrierpunkt (in bezug auf die Außentemperatur): *frostige Luft.* **eiskalt** (emotional übertreibend): sehr kalt: *der Wind, der ihnen entgegenpfiff, war e.* **eisig** (emotional übertreibend): äußerst kalt; so kalt, daß es brennt, schneidet, schmerzt; drückt einen stärkeren Grad des Wärmemangels aus als „eiskalt": *eisige Luft.* **bitterkalt** (emotional verstärkend), **hundekalt** (salopp; emotional verstärkend), **lausekalt**

(salopp; emotional verstärkend), **saukalt** (derb; emotional verstärkend): sehr kalt; werden verwendet, wenn der Empfindungseindruck unangenehm ist, und drücken das Mißbehagen des Sprechers/Schreibers aus: *die Heizung war kaputt, und es war hundekalt.*

Kälte, die (Ggs. ↑Wärme; ohne Plural): (in diesem Sinnbereich) (relativ zur Umgebung) niedrige [Außen]temperatur, bei der man einen starken Mangel an Wärme empfindet. **Kühle,** die (ohne Plural; geh.): mäßig hohe [Außen]temperatur, bei der man einen geringen Mangel an spürbarer Wärme empfindet; verbindet sich, wenn der Empfindungseindruck angenehm ist, häufig mit der Nebenvorstellung des Erfrischenden; wenn der Empfindungseindruck unangenehm ist, häufig mit der Nebenvorstellung des Unbehaglichen. **Frost,** der: Außentemperatur unter dem Gefrierpunkt. **Hundekälte,** die (ohne Plural; salopp; emotional verstärkend); **Lausekälte,** die (ohne Plural; salopp; emotional verstärkend); **Saukälte,** die (ohne Plural; derb; emotional verstärkend): strenge Kälte; werden verwendet, wenn der Empfindungseindruck unangenehm ist, und drücken das Mißbehagen des Sprechers/Schreibers aus.

Kamerad, der: jmd., mit dem man durch die Gemeinsamkeit der Arbeit, des Schulbesuches, des Spieles verbunden ist, besonders auch jmd., mit dem man zusammen beim Militär dient; setzt nicht unbedingt ein Gefühl der Zuneigung oder der freundschaftlichen Verbundenheit voraus. **Freund,** der (Ggs. Freundin): jmd., der sich (gesehen im Zusammenhang mit dem dazugehörigen Partner) zu einem anderen auf Grund großer Gemeinsamkeiten, meist in Übereinstimmung der Gefühle und Gesinnungen hingezogen fühlt, ihm durch geistig-seelische Gemeinschaft und herzliche Zuneigung (in wechselseitiger Beziehung) verbunden ist, so daß dieser auch in schwierigen Lebenslagen auf ihn zählen kann; vgl. Freund ↑Liebhaber. **Gefährte,** der (geh.): jmd., mit dem man gemeinsam etwas unternimmt, der einen bei irgendwelchen Unternehmungen, meist von längerer Dauer, begleitet oder mit dem man sich gemeinsam auf einer [längeren] Reise befindet; kann eine gefühlsmäßige Bindung einschließen. **Genosse,** der: **a)** (veraltend) jmd., der mit einem oder mehreren anderen gemeinsam an irgendwelchen Taten und Unternehmungen teilnimmt: *er blieb im Leben sein treuer G.;* **b)** (Ggs. Genossin) Anhänger der gleichen linksgerichteten politischen Weltanschauung; besonders als Anrede für einen Parteifreund. **Parteifreund,** der: jmd., der in derselben Partei ist. **Kumpan,** der (salopp): jmd., der sich gemeinsam mit einem oder mehreren anderen an etwas – oft an Unternehmungen zweifelhafter Art – beteiligt, wodurch eine gewisse kameradschaftliche Verbundenheit entsteht; wird öfter scherzhaft gebraucht. **Kumpel,** der (salopp): jmd., mit dem man gemeinsam an der gleichen Arbeitsstelle beschäftigt ist oder mit dem man gemeinsam etwas unternimmt und mit dem man sich auf diese Weise irgendwie verbunden fühlt; wird häufig in Arbeiterkreisen oder unter Jugendlichen gesagt. **Duzbruder,** der; **Duzfreund,** der: guter, befreundeter Bekannter, mit dem man sich duzt.

kämpfen: a) seine Kräfte im Kampf gegen einen militärischen Gegner einsetzen mit dem Ziel, diesen zu überwinden; betont wie streiten a) den Einsatz der Kraft, ohne über Verwendung und Art von Waffen etwas auszusagen: *der Russe kämpft hart und verbissen;* **b)** seine Kräfte für etwas einsetzen, um etwas zu erhalten oder zu verwirklichen: *um Verbesserungen k.* **streiten** (geh.): **a)** i. S. v. kämpfen a): *die Soldaten stritten gegen die feindliche Übermacht;* **b)** i. S. v. kämpfen b): *die Kirche glaubte, unerbittlich für ihre Wahrheit s. zu müssen.* **ringen: a)** unter großem Kraftaufwand verbissen gegen einen militärischen Gegner kämpfen: *die Heere rangen drei Tage in offener Feldschlacht, bevor sich ein Sieg abzeichnete;* **b)** gleichzeitig mit einem anderen mit großer Zähigkeit nach etwas streben und die Oberhand über den anderen zu gewinnen suchen: *die Großmächte ringen um die Vorherrschaft.*

[1]**karg:** (in diesem Sinnbereich) ohne jeden Reichtum; das zum Leben Notwendigste gerade noch, nur knapp habend, bietend; wird, wie alle Wörter dieser Gruppe, auf die Lebensverhältnisse, auf jmds. Lebensbereich oder Lebenszuschnitt bezogen; ist das sachlichste Wort dieser Gruppe: *es sind halt karge Zeiten;* ↑[2]karg. **kärglich:** (in diesem Sinnbereich) i. S. v. karg; ist weniger nüchtern, sondern gefühlsbetonter als „karg" und drückt häufig Bedauern des Sprechers/Schreibers aus [der etwas nicht seinen Wünschen oder Erwartungen entsprechend findet]: *er wurde in kärglichen Verhältnissen geboren;* vgl. kärglich ↑[2]karg. **dürftig:** (in diesem Sinnbereich) recht ungenügend: *dürftige Verhältnisse;* vgl. dürftig ↑[2]kümmerlich. **ärmlich:** von Armut, vom Mangel an allem Lebensnotwendigen zeugend: *ärmliche Hinterhäuser.* **armselig:** (in diesem Sinnbereich) in Mitleid erregender Weise dürftig; drückt Anteilnahme des Sprechers/

Schreibers aus: *die Verhältnisse, in denen sie nach diesem Ereignis leben mußten, waren so a., daß es einen Hund jammern konnte;* vgl. armselig ↑[2]kümmerlich.

[2]karg (Ggs. reichlich): (in diesem Sinnbereich) sehr gering bemessen; bezieht sich, wie die folgenden Wörter dieser Gruppe, auf die [zu] geringe Menge von etwas: *karger Lohn;* ↑[1]karg. **kärglich:** i. S. v. karg; wird jedoch nicht wie „karg" sachlich feststellend gebraucht, sondern ist stärker gefühlsbetont und drückt häufig ein starkes Bedauern des Sprechers/Schreibers aus: *kärgliche Mahlzeiten;* vgl. kärglich ↑[1]karg. **spärlich:** (in diesem Sinnbereich) nur in geringer Menge vorkommend und verfügbar, daß es kaum zur Befriedigung der bescheidensten Ansprüche hinreicht: *er hatte nur spärliche Einnahmen;* ↑spärlich. **schmal:** so gering bemessen, daß es nur mit knapper Not für das Nötigste hinreicht: *schmales Gehalt.* **knapp:** (in diesem Sinnbereich) kaum ausreichend: *eine knappe Zuteilung.*

kaufen, etwas (Ggs. ↑verkaufen): durch Zahlung eines bestimmten Geldbetrages etwas erwerben. **erstehen,** etwas (gespreizt): etwas [mit Mühe oder Glück] käuflich erwerben; drückt oft ein Gelingen aus und wird meist im Rückblick gesagt: *Maria erstand für den Rest des Geldes einen Regenmantel.* **anschaffen,** sich (Dativ) etwas: [größere] Gegenstände, die meist von praktischem Nutzen und längerem Bestand sind, käuflich erwerben: *sie wollte sich im nächsten Monat eine Waschmaschine a.* **[käuflich] erwerben,** etwas: durch Kauf etwas in seinen Besitz bringen; wird meist gebraucht, um den [ausgesprochenen] Gegensatz zu den anderen Möglichkeiten der Besitzerwerbung – z. B. erben, etwas als Geschenk oder Schenkung erhalten – auszudrücken: *ein Bild günstig e.* **einen Kauf tätigen** (gespreizt): i. S. v. kaufen; wird fast nur gebraucht, um den Kaufakt als solchen zu bezeichnen, ohne Rücksicht auf den entsprechenden Gegenstand. **zulegen,** sich (Dativ) etwas (ugs.): (in diesem Sinnbereich) kleinere oder größere Gegenstände kaufen; wird vor allem gebraucht, um auszudrücken, daß jmd. auf seinen Besitz stolz ist oder wegen dieses Besitzes bewundert wird: *sich einen neuen Wagen z.* **mitnehmen,** etwas (ugs.): etwas Kleineres, im Verhältnis zu etwas anderem jedenfalls Geringfügigeres, kaufen, weil es gerade preiswert ist oder weil sich eine günstige Gelegenheit bietet: *die Hausschuhe kosteten nur zwei Mark, dafür konnte man sie m.* **holen: a)** sich (Dativ) etwas holen (ugs.): i. S. v. kaufen; wird besonders in der Werbesprache gebraucht; durch dieses Wort wird die Tatsache des Geldausgebens verdeckt und auf familiäre Weise für den Kauf geworben, so als ob es gar nichts koste und man nur hinzugehen brauche: *holen Sie sich das neue Spülmittel!;* **b)** etwas holen (fam.): sich auf den Weg machen, um etwas einzukaufen und dann nach Hause zu bringen: *Milch, die Zeitung h.*

Käufer, der (Ggs. Verkäufer); **Käuferin,** die (Ggs. Verkäuferin): männliche bzw. weibliche Person, die eine Sache (z. B. eine Ware, ein Grundstück) kauft oder gekauft hat; wird als allgemeinste Bezeichnung verwendet: *für das Haus in der Seestraße sucht sie einen solventen Käufer.* **Kunde,** der; **Kundin,** die: männliche bzw. weibliche Person, die (regelmäßig) in einem Geschäft, einer Verkaufseinrichtung etwas kauft, bei jmdm. oder einer Firma etwas in Auftrag gibt oder eine Dienstleistung in Anspruch nimmt. **Stammkunde,** der; **Stammkundin,** die: männliche bzw. weibliche Person, die in einem Geschäft, bei einer Firma oder dgl. ständig oder regelmäßig [bestimmte] Waren kauft und daher gut bekannt ist. **Laufkunde,** der; **Laufkundin,** die: männliche bzw. weibliche Person, die in einem bestimmten Geschäft zufällig oder gelegentlich [weil er/sie gerade vorbeikommt] eine Ware kauft und nicht oder nur flüchtig bekannt ist. **Abnehmer,** der; **Abnehmerin,** die: männliche bzw. weibliche Person, die [als Zwischenhändler/Zwischenhändlerin] eine Ware oder eine Warenmenge kauft, bezieht: *er beteuerte, die Namen der Abnehmer des Rauschgiftes nicht zu kennen.* **Interessent,** der; **Interessentin,** die: männliche bzw. weibliche Person, die eine Sache (z. B. eine Ware, ein Grundstück) zu kaufen sucht.

keck: nicht schüchtern in Benehmen und Auftreten und sich daher auf eine lebhafte, muntere Weise, unbekümmert allerlei Freiheiten herausnehmend, ohne daß man es dem Betreffenden übelnimmt; wird von einer Person, ihrer Art und ihrem Tun gesagt: *eine kecke Antwort.* **frech:** (in diesem Sinnbereich) recht frei in der Art, wie man sein Ziel zu erreichen sucht; auf liebenswerte Weise respektlos und draufgängerisch, so daß man dem Betreffenden nicht böse sein kann: *schelmisch und f. sah er mich dabei an;* ↑frech. **dreist:** (in diesem Sinnbereich) recht ungeniert und ohne Hemmungen in seiner Art; sich unbefangen etwas herausnehmend, was man anderen als taktlos oder anmaßend anrechnen würde; ↑dreist. **keß** (ugs.): munter und selbstsicher in seiner Unbekümmertheit, seiner charmanten Frechheit, so daß dies eher schmunzelnde Bewunderung als Entrüstung hervorruft: *du bist ziemlich k.!* **kühn:** (in diesem Sinnbereich) von unwiderstehlicher, wagemutiger Dreistigkeit und Verwegenheit im Durchsetzen seiner Wünsche: *ein kühner Liebhaber;* ↑kühn. **kiebig** (ugs.; landsch.): in vorwitziger Weise keck und sich einiges herausnehmend; enthält zwar keinen Vorwurf, aber doch eine gewisse Verwunderung: *der Junge ist ganz schön k. geworden;* ↑vorlaut.

Kellner, der; **Kellnerin,** die: männliche bzw. weibliche Person, die in einer Gaststätte die Gäste bedient, Bestellungen entgegennimmt und die gewünschten Mahlzeiten und Getränke serviert. **Oberkellner,** der: Kellner, der für die Abrechnung zuständig ist. **Ober,** der (ugs.): ein in einer Gaststätte beschäftigter Kellner; wird auch in der Anrede verwendet und gilt da nicht als umgangssprachlich. **Zahlkellner,** der: Kellner, der [allein] berechtigt ist, von den Gästen das Geld entgegenzunehmen. **Steward** [ßtju^{e}rt], der: Betreuer der Passagiere an Bord von Schiffen und Flugzeugen. **Stewardeß** [ßtju^{e}rdäß, auch: ...dạß], die: Flugbegleiterin, die die Passagiere betreut. **Ganymed,** der (bildungsspr.; scherzh.): junger Kellner, der in einem Lokal die Gäste bedient. **Pikkolo,** der: Kellnerlehrling; junger Kellnergehilfe, der sich noch in der Ausbildung befindet.

[1]**kennen,** etwas: (in diesem Sinnbereich) mit etwas vertraut sein, nachdem man sich eingehend damit befaßt hat; drückt aus, daß man gewisse Fähigkeiten oder Fertigkeiten auf einem Gebiet erworben hat: *sie kannte die französische Literatur besonders gut.* **auskennen,** sich mit/in etwas: sich auf einem Gebiet durch seine Erfahrung mit einer gewissen Selbstverständlichkeit zurechtfinden: *er war beim Sägewerk und kennt sich aus mit Maschinen.* **in- und auswendig kennen,** etwas (ugs.): etwas durch häufige [sich zufällig ergebende] Beschäftigung, durch wiederholtes Sehen, Hören usw. genauestens kennen; drückt ein emotionales Beteiligtsein des Sprechers/Schreibers, oft einen gewissen Überdruß aus: *ich habe das Weihnachtsoratorium mittlerweile so oft gehört, daß ich es in- und auswendig kenne.* **Bescheid wissen** [in etwas]: (in diesem Sinnbereich) sich auf einem Gebiet besonders gut auskennen, selbständig mit etwas umgehen können: *man konnte es kaum für möglich halten, daß er als Laie in der Radiotechnik so gut Bescheid wußte;* vgl. Bescheid wissen ↑wissen.

[2]**kennen,** jmdn.: (in diesem Sinnbereich) jmdn. nach seiner äußeren Erscheinung von anderen unterscheiden können [und seinen Namen wissen]: *er kannte ihn vom Fußball her; sie kannte ihn noch nicht mit Namen.* **bekannt sein,** jmd. ist jmdm. bekannt: jmd. ist einem anderen in seiner äußeren Erscheinung vertraut, so daß dieser ihn von anderen Personen unterscheiden kann oder auch mit Namen kennt; drückt im Unterschied zu „jmdn. kennen" stärker den Abstand zum anderen aus; wirkt formell, wenn es nicht nachdrücklich gebraucht wird: *ist Ihnen die beschriebene Person bekannt?; ich müßte ihm doch bekannt sein!*

[3]**kennen,** sich: die Bekanntschaft mit jmdm. bereits gemacht haben, wobei die Bekanntschaft auf Grund einer Vorstellung zustande gekommen sein, aber auch von öfteren Begegnungen herrühren kann: *sie glaubten sich von früher zu k.* **bekannt sein,** mit jmdm.: jmdn. näher kennen; setzt schon ein engeres oder persönlicheres Verhältnis zwischen den Betreffenden im Unterschied zu „kennen" voraus, das darüber nichts aussagt: *sind Sie mit dem Schauspieler bekannt?* **befreundet sein,** mit jmdm.: gut bekannt sein mit jmdm., mit jmdm. in besonders gutem, persönlichen Einvernehmen stehen [so daß einer als der Freund des anderen gelten kann]; im Unterschied zu „bekannt sein", das über die innere Einstellung der Betreffenden zueinander nichts Näheres sagt, spielen bei „befreundet sein" Sympathie usw. noch mit hinein: *die beiden sind dick [miteinander] befreundet.*

kentern, etwas kentert (Seemannsspr.): etwas gerät sich seitwärts neigend aus der normalen Lage und kommt auf die Seite oder kieloben zu liegen (von Wasserfahrzeugen). **umkippen,** etwas kippt um (ugs.): (in diesem Sinnbereich) i. S. v. kentern; wird aber im allgemeinen nur auf kleinere Wasserfahrzeuge bezogen; vgl. umkippen ↑umfallen. **umschlagen,** etwas schlägt um: (in diesem Sinnbereich) etwas kentert plötzlich oder schnell; wird im allgemeinen nur auf kleinere Wasserfahrzeuge bezogen; vgl. umschlagen ↑umfallen.

[1]**Kind,** das: der Nichterwachsene; der Mensch zwischen Geburt und beginnender Geschlechtsreife; allgemeinstes Wort für einen nichterwachsenen Menschen beiderlei Geschlechts: *ein braves, ein verwöhntes, ein unausstehliches K.; Tim ist ein niedliches K.* **Neugeborene,** das: Kind von der Geburt bis zum 10. Lebenstag. **Säugling,** der: Kind vom elften Lebenstag bis zum zwölften Lebensmonat. **Baby** [bebi], das: Kind im ersten Lebensjahr. **Kleinstkind,** das: Kind im zweiten Lebensjahr. **Kleinkind,** das: Kind vom zweiten bis zum sechsten Lebensjahr. **Spielkind,** das: i. S. v. Kleinkind. **Schulkind,** das: Kind vom siebenten bis zum vierzehn-

ten Lebensjahr. **Kleine,** das (fam.): kleines Kind; häufig im Plural gebraucht: *wenn die Kleinen schlafen, können wir uns in Ruhe unterhalten.* **Gör,** das; **Göre/**(berlin. auch:) **Jöre,** die (im Norddeutschen gebräuchlich): **a)** Kind; in dieser allgemeinen Bedeutung in der Regel in Verbindung mit einem inhaltlich positiven Attribut: *Saskia ist ja ein niedliches Gör;* **b)** Kind, über das sich der Sprecher/Schreiber ärgert, das er aus irgendeinem Grunde ablehnt: *diese Gören haben mir schon wieder den ganzen Garten zertrampelt.* **Range,** die (geh.): lautes, wildes, tobend-lärmendes Kind, dem man aber immer noch einiges Wohlwollen entgegenbringt; wird häufig im Plural gebraucht: *diesen Rangen sollte man die Ohren lang ziehen.* **Wildfang,** der (geh.; veraltend): wildes, herumtollendes Kind; wird öfter auf ein [kleines] Mädchen angewandt, das sich wie ein Junge benimmt und sich an Knabenstreichen beteiligt; wird meist mit einem gewissen Wohlwollen gesagt: *unser kleiner W. hat heute genug getobt und muß jetzt ins Bettchen.* **Blag,** das (landsch.; abwertend); **Blage,** die (landsch.; abwertend); **Balg,** das (auch: der) (salopp; abwertend): Kind [das lästig, zuwider oder unerwünscht ist]: *die hungrigen Bälger schrien mächtig.* **Wurm,** das (ugs.): kleines, unbeholfenes Kind [das sich in einem bemitleidenswerten Zustand befindet und das man wegen seiner Armseligkeit oder Hilflosigkeit bedauert]: *das arme W. ist ja völlig abgemagert.* **Hemdenmatz,** der (fam.): kleines Kind [das gerade nur im Hemdchen umherspringt]; vgl. Hosenmatz ↑Dreikäsehoch; ↑Jugendliche, der; ↑²Kind, ↑Schüler.

²Kind, das: (in diesem Sinnbereich) menschliches Individuum noch vor der Geburt, wobei es unterschiedliche Auffassungen gibt, ab wann man von einem ungeborenen Kind sprechen kann, ob von der Empfängnis an oder erst nach der Nidation, das ist die Einnistung des befruchteten Eies in die Gebärmutterschleimhaut (sieben bis acht Tage nach der Verschmelzung der Keimzellen); nach Thomas von Aquino schenkt Gott dem männlichen Fötus am 40. Tage, dem weiblichen erst am 80. Tage nach der Befruchtung die Seele: *er trat für den Schutz der ungeborenen Kinder ein.* **Embryo,** der: Frucht in der Gebärmutter während der Zeit der Organentwicklung, also während der ersten drei Schwangerschaftsmonate. **Fetus,** der; **Fötus,** der: Frucht im Mutterleib nach dem dritten Schwangerschaftsmonat bis zum Ende der Schwangerschaft.

Kirche, die: Bauwerk, das für den christlichen Gemeindegottesdienst bestimmt ist; es kann sich hier sowohl um kleine Kirchen auf dem Dorfe als auch um große in der Stadt, wie z. B. die Peterskirche in Rom handeln: *eine gotische K.* **Gotteshaus,** das (geh.): allgemeine Bezeichnung für ein Bauwerk, das der Gottesverehrung dient; hierbei kann es sich sowohl um christliche als auch um nichtchristliche Kultbauten handeln. Im Unterschied zu der rein sachlichen Bezeichnung „Kirche“ verbindet sich mit „Gotteshaus“ immer auch die Vorstellung von Weihe, Würde und Feierlichkeit: *in dieses G. kommen viele Gläubige zur stillen Andacht.* **Dom,** der: Haupt-, Bischofskirche; ursprünglich Kirche eines Stifts; kunstvolle große und alte Kirche mit großem Chor, in der sich die Gemeinde zum Gottesdienst zusammenfindet; dieses Wort hat heute schon Namencharakter: *der Kölner, Berliner D.* **Münster,** das (selten auch: der): große und alte, besonders kunstvoll gebaute [Stifts]kirche; auch dieses Wort hat heute bereits Namencharakter: *das Ulmer, Freiburger, Straßburger M.* **Kathedrale,** die: eigentlich [erz]bischöfliche Hauptkirche; besonders in Frankreich, England und Spanien, jedoch nicht in Deutschland übliche Bezeichnung für eine große und alte künstlerisch schöne Kirche; dieses Wort hat heute ebenfalls Namencharakter: *die K. von Reims.* **Basilika,** die: frühchristliche Kirche; auch Ehrentitel für besonders bevorrechtete Kirche im liturgischen Gebrauch der katholischen Kirche; in der Kunstgeschichte Bezeichnung für eine Kirche, deren langgestrecktes Mittelschiff die Seitenschiffe [beträchtlich] überragt und das durch hoch oben unter der Decke eingelassene Seitenfenster Licht erhält. **Kapelle,** die: kleineres, einfaches und schmuckloses, meist nur für Andacht und nicht für regelmäßige Pfarrgottesdienste bestimmtes Gotteshaus, das oft abseits gelegen ist: *eine kleine K. am Wege.* **Synagoge,** die: jüdisches Gotteshaus, in dem sich die Gemeinde versammelt. **Tempel,** der: nichtchristliches kultisches Gebäude, in dem auch mehrere Gottheiten verehrt werden können; bei den Griechen und Römern war der Tempel nur das Wohnhaus der Gottheit, nicht aber Versammlungsraum. **Moschee,** die: mohammedanisches Gotteshaus meist kleineren Ausmaßes. **Pagode,** die: turmartiger Tempel in Indien, China, Japan.

klagen: seinem Schmerz und Kummer Ausdruck geben, meist, um gleichzeitig das Mitgefühl anderer zu erregen: *immer klagst du.* **wehklagen** (geh.): einen seelischen Schmerz durch laute Ausrufe äußern: *sie wehklagte an der Bahre ihres Gemahls.* **lamentieren**

(abwertend): laut und unaufhörlich, auch über unerhebliche Dinge, in einer Weise klagen, die eher dazu angetan ist, die Geduld der Mitmenschen zu erschöpfen, als ihr Mitleid zu erregen. **jammern:** unter Seufzen und Stöhnen anderen seinen Kummer mitteilen, oft einfach aus dem Bedürfnis, Interesse und Teilnahme des Zuhörers für die eigene Person zu wecken: *die alte Dame jammerte, weil ihr Hund angefahren worden war;* ↑stöhnen.

klar (Ggs. ↑unklar): fest umrissen, eindeutig, für jedermann übersichtlich und verständlich: *eine klare Antwort; ein klares Ja oder Nein wollte er hören.* **genau** (Ggs. ungenau): nicht von der Wirklichkeit abweichend; eindeutig festgelegt: *sich an etwas g. erinnern können.* **bestimmt** (Ggs. ↑unbestimmt): inhaltlich genau festgelegt, umrissen: *er hat keine bestimmten Angaben gemacht.* **exakt:** (in diesem Sinnbereich) etwas genau und zutreffend wiedergebend: *er ist nicht in der Lage, mir e. zu antworten.* **präzise:** (in diesem Sinnbereich) genau, eindeutig und klar [formuliert]: *eine p. Auskunft.*

klatschen [über jmdn.] (ugs.; abwertend): über unwichtige Dinge viel reden, Neuigkeiten verbreiten, wobei man meist die [angeblichen] Fehler der anderen nachteilig beurteilt, oft in gehässiger, liebloser Weise beredet und das von anderen übernommene Gerede weiterträgt: *sie klatscht sehr viel; über wen die beiden wohl wieder die ganze Zeit k.?* **tratschen** [über jmdn.] (ugs.; abwertend): private Angelegenheiten anderer breit und ausführlich mit einer gewissen Freude am Weitererzählen bereden, wobei man meist Nachteiliges über Abwesende mit einfließen läßt: *jedesmal, wenn sie sich treffen, tratschen sie stundenlang über die Nachbarn.* **ratschen** [über jmdm./etwas] (ugs.; abwertend); **rätschen** [über jmdn./etwas] (landsch.; abwertend): recht eingehend und meist mißgünstig über Personen oder Dinge reden, die einen eigentlich nichts angehen: *laß sie ratschen, und kümmere dich nicht darum.* **lästern,** über jmdn.: (in diesem Sinnbereich) sich über jmds. Eigenschaften, Gewohnheiten, Handlungsweise usw. in dessen Abwesenheit abfällig, mißgünstig äußern, ihn in liebloser, oft gehässiger Weise kritisieren und allerlei Klatsch über ihn verbreiten: *ich mag es nicht, wenn man über einen anderen lästert;* wird mitunter auch mit weniger negativem Sinn in leicht scherzhaftem Ton gesagt, meist dann, wenn man dem Betreffenden gegenüber zugibt, in seiner Abwesenheit über ihn geredet zu haben: *nimm es uns nicht übel, aber wir haben vorhin über dich gelästert.* **herziehen,** über jmdn. (ugs.): (in diesem Sinnbereich) über einen Abwesenden schlecht, in gehässiger Weise reden, indem man besonders dessen [angebliche] Fehler und Schwächen hervorhebt und sie im einzelnen schonungslos darlegt: *es macht ihr regelrecht Freude, über andere tüchtig herzuziehen.*

Kleidung, die (ohne Plural): Gesamtheit dessen, womit jmd. bekleidet ist; kann wie „Kluft" und „Kledasche" auch die Bekleidung des Kopfes, der Füße und der Hände einbegreifen und wird wie diese meist – in Verbindung mit einem beschreibenden Attribut – zur Charakterisierung des äußeren Auftretens einer Person gebraucht: *ein alter Mann in abgerissener K.* **Kleider,** die (Plural; geh.): die obere Bekleidung, die jmd. über der Wäsche trägt; wird häufiger bei Männern als bei Frauen gesagt und tritt meist dann auf, wenn von der Verfassung des Menschen in seinen Kleidern die Rede ist: *als ich aufwachte, in zerknitterten Kleidern, war ich zerschlagen, müde.* **Dreß,** der: Kleidung für einen besonderen Anlaß, z. B. Sportkleidung. **Habit,** der (auch: das): **a)** Amtskleidung, Ordenstracht; **b)** (ironisch) eigenartige Kleidung [die man bei dem Betreffenden oder in der Gesellschaft nicht erwartet hat]; drückt mit leichter Ablehnung verbundene Verwunderung oder Überraschung aus. **Tenü** [t^enü], das (schweiz.): **a)** Anzug; **b)** Uniform; **c)** Art und Weise, wie jemand gekleidet ist. **Aufzug,** der (abwertend): nachlässige, nicht besonders gepflegte Kleidung, die in einem bestimmten Zusammenhang als unpassend angesehen wird: *in diesem A. kannst du dort nicht hingehen.* **Räuberzivil,** das (scherzh.): saloppe Kleidung, wie man sie ungezwungenerweise in der Freizeit trägt: *entschuldigen Sie mein R., aber mit Besuch hatte ich nicht gerechnet.* **Kluft,** die (Plural ungebräuchlich; salopp): i. S. v. Kleidung; wird meist dann gebraucht, wenn Kritik an der Kleidung einer Person geübt wird: *was hast du denn heute für eine K. an!* **Sachen,** die (Plural; ugs.): i. S. v. Kleidung; wird jedoch im Unterschied zu dieser meist dann gebraucht, wenn vom Tragen oder von der Behandlung der Kleidung die Rede ist: *einen Kittel bei der Arbeit tragen, um seine S. zu schonen.* **Zeug,** das (ohne Plural; ugs.; landsch.): (in diesem Sinnbereich) die mehr oder weniger guten Kleidungsstücke, die man anhat, anzieht; wird meist in Zusammenhängen gebraucht, in denen von der Sorge für den Zustand der Sachen die Rede ist: *absichtlich sein ältestes Z. anziehen; frisches Z. anziehen.* **Kledasche,** die (ohne Plural; salopp; landsch.; abwertend): i. S. v.

Kluft: *in einer unglaublichen K. stand er da: Hosen aus Flicken, eine Weste, die so kurz war, daß zwischen Hosen- und Westenrand eine Handbreit Hemd hervorsah.* **Tracht,** die (ugs.): (in diesem Sinnbereich) das, was jmd. als Kleidung zu tragen pflegt: *ich glaube, Rock und Bluse ist nicht die richtige T. für mich.* **Gewandung,** die (geh.): die besondere Kleidung, die jmd. für einen bestimmten Zweck anlegt: *in festlicher G. erscheinen.*

[1]klein (Ggs. ↑[2]groß): (in diesem Sinnbereich) in Ausdehnung oder Umfang unter dem Durchschnitt oder einem Vergleichswert liegend; von geringer Größe: *eine kleine Handtasche; unser Garten ist hübsch, aber sehr k.* **winzig:** (in diesem Sinnbereich) besonders klein, von auffallend geringer Größe; kennzeichnet das emotionale Beteiligtsein des Sprechers/Schreibers: *durch das winzige Fenster kommt kaum Licht herein; wir dürfen nur einen winzigen Teil des Kellers benutzen.*

[2]klein: klein beigeben (ugs.): bei energischem oder beharrlichem Widerstand eine bestimmte Meinung oder Forderung nicht länger aufrechterhalten, sondern nachgeben [was für den Betreffenden immer etwas beschämend ist]: *verlaß dich drauf, er wird schon klein beigeben.* **den Schwanz einziehen** (salopp): sich durch entschiedenes Auftreten oder durch die Machtstellung eines anderen einschüchtern lassen und seine vorher oft großsprecherisch geäußerte Meinung nicht mehr vertreten oder auf seine zu hohen Ansprüche verzichten: *er glaubte, er könnte sich hier aufspielen – er hat aber schnell den Schwanz einziehen müssen;* ↑nachgeben, ↑resignieren, ↑[2]setzen (unter Druck), ↑zurückstecken.

kleinlich (abwertend): (in diesem Sinnbereich) Kleinigkeiten übertrieben wichtig nehmend; über Kleinigkeiten, die den eigenen Prinzipien zuwiderlaufen, nicht hinwegsehen könnend oder von einer solchen Haltung zeugend: *er ist sehr k.; ein kleinlicher Charakter.* **pedantisch** (bildungsspr.): in unangenehmer und übertriebener Weise genau, auch auf Kleinigkeiten sorgfältig achtend, von anderen diese Sorgfalt ebenfalls fordernd: *mit pedantischer Genauigkeit alles prüfen.* **oberlehrerhaft:** kleinlich krittelnd und belehrend. **engherzig:** i. S. v. kleinlich; deutet mehr auf die persönliche Eingeengtheit hin, die keine Großzügigkeit zuläßt. **kleinkariert** (abwertend): sehr kleinlich; drückt Ärger, leichte Verachtung aus hinsichtlich des engen, unaufgeschlossenen Verhaltens: *kleinkarierte Leute; eine kleinkarierte Lebensanschauung.* **spießbürgerlich** (abwertend): in der Art wie ein Spießbürger, der sich an den engen Konventionen der Gesellschaft und an dem Urteil bzw. Vorurteil der anderen orientiert. **ping[e]lig** (ugs.): im allgemeinen oder nur bei bestimmten Dingen in pedantischer Weise Wert auf größtmögliche Genauigkeit und Richtigkeit legend: *er ist so p., man kann ihm nichts recht machen.* **pins[e]lig** (ugs.): bei der Ausführung einer Sache übertrieben genau: *auf seinem Schreibtisch muß Ordnung herrschen, in dieser Beziehung ist er sehr p.* **schulmeisterlich** (abwertend): andere [oft bei geringfügigen Anlässen] in kleinlicher Weise belehrend und zurechtweisend: *seine schulmeisterliche Art geht mir auf die Nerven;* ↑borniert; ↑Vorurteil.

Klient, der (in diesem Sinnbereich) Beratung Suchender, z. B. bei einem Psychotherapeuten; besonders jemand, der früher einmal Mandant eines Rechtsanwalts war und um dessen Belange sich dieser auch ohne speziellen Auftrag kümmert; jmd., der in einer Rechtssache gegen entsprechendes Entgelt den Rat und die Hilfe eines Rechtsanwaltes in Anspruch nimmt oder seinen Rechtsbeistand mit der Wahrnehmung seiner Interessen in einem Rechtsstreit und besonders auch in der Verhandlung vor Gericht beauftragt. **Mandant,** der: jmd., der einen Rechtsanwalt in einer Rechtssache beauftragt, seine Interessen wahrzunehmen, und ihm dazu durch eine Vollmacht [volle] Handlungsfreiheit gibt; häufig bei Rechtsstreitigkeiten [vor Gericht] oder bei solchen Rechtsangelegenheiten, bei welchen die Notwendigkeit einer fachkundigen Beratung und des juristischen Beistandes jmdn. veranlaßt, einen Rechtsanwalt zu Hilfe zu nehmen und ihn mit seiner Vertretung zu betrauen. **Klientel,** die: Gesamtheit der Klienten, z. B. eines Rechtsanwalts; Kunde ↑Käufer; Patient ↑Kranke, der.

klug (Ggs. ↑dumm): mit Verstand, mit scharfem Denkvermögen begabt; wird, wie auch die anderen Wörter in dieser Gruppe, auf Menschen und deren Handlungen und Äußerungen bezogen: *sie ist eine sehr kluge Frau;* vgl. klug ↑schlau. **gescheit:** über einen guten Verstand verfügend und sich dessen bedienend, klug handelnd, in seinen Handlungen einen guten Verstand und ein scharfes Urteilsvermögen erkennen lassend: *sie hatte einen recht gescheiten Einfall.* **intelligent:** über eine rasche Auffassungsgabe und ein scharfes Urteilsvermögen verfügend, zu theoretischem Denken befähigt: *er war ungewöhnlich i.; eine intelligente Antwort.* **aufgeweckt:** für sein Alter von erstaunlich rascher Auffassungsgabe, gutem Urteilsvermögen und geistiger Beweglichkeit: *der Lehrer hatte seine Freude an dem aufgeweckten*

Jungen; ↑geistig, ↑geistreich, ↑hervorragend.

knien: sich mit einem oder beiden Knien auf dem Boden befinden; bedeutet im religiösen Bereich eine Haltung der Demut: *die Gläubigen knieten am Altar.* **auf den Knien liegen:** sich mit den Knien auf dem Boden befinden [und den Oberkörper vor- oder zur Erde neigen]: *der Liebhaber lag vor ihr auf den Knien.*

Kniff, der: (in diesem Sinnbereich) bestimmte Besonderheit einer Methode, praktischer Handgriff, den man kennen muß, um sich eine Arbeit zu erleichtern oder um sie geschickt auszuführen: *man kann sich diese Arbeit mit einem K. erleichtern.* **Trick,** der: (in diesem Sinnbereich) geistreiche und dabei besonders einfache Methode, mit der man etwas zustande bringt oder sich eine schwierige Arbeit erleichtert; betont gegenüber „Kniff" mehr, daß man nicht so leicht darauf verfällt oder daß sie weniger durch Überlegung als durch einen glücklichen Einfall gefunden wurde. **Kunstgriff,** der: Übung, Erfahrung voraussetzender, bei richtiger Anwendung besonders wirksamer und vorteilhafter Handgriff oder Fingerfertigkeit: *durch einen kleinen K. hat er sein Aussehen verändert;* ↑Finte, ↑Intrige, ↑List, ↑Machenschaft, ↑Praktik.

knistern, etwas knistert: etwas (Papier o. ä.) gibt ein helles, kurzes, leises Geräusch von sich, das durch Benutzung, Handhabung entsteht: *das Bonbonpapier knisterte störend im Konzert.* **knirschen,** etwas knirscht: **a)** etwas (z. B. Schnee) gibt ein hartes, mahlendes, reibendes Geräusch von sich: *unter den Schuhen knirscht der Schnee;* **b)** etwas verursacht ein hartes, mahlendes Geräusch: *er knirscht nachts mit den Zähnen.* **rascheln:** **a)** etwas raschelt: etwas gibt ein Geräusch von sich wie von bewegtem trockenem Laub: *das Stroh raschelt bei jedem Schritt;* **b)** ein raschelndes Geräusch verursachen: *mit der Zeitung r.; eine Maus raschelt im Stroh;* ↑tosen.

kochen, etwas kocht: (in diesem Sinnbereich) **a)** etwas ist bis zum Siedepunkt erhitzt und in wallender Bewegung [und entwickelt dabei Dampfblasen]; wird von flüssigen oder mit Flüssigkeit vermischten Stoffen gesagt: *Wasser kocht; der Kaffee kocht;* **b)** [zum Zwecke des Garwerdens] in kochendem Wasser liegen; wird unmittelbar von festen Stoffen, vor allem Speisen gesagt: *die Eier k.; der Fisch, das Fleisch kocht.* **sieden,** etwas siedet (geh.): **a)** heftig wallend kochen; geschieht bei größerer Wärmezufuhr, kann nur von flüssigen Stoffen gesagt werden: *das Kaffeewasser siedet; das Öl siedet im Topf;* **b)** i. S. v. kochen b); sagt aus, daß der Kochvorgang unter heftigem Aufwallen der Flüssigkeit vor sich geht: *die Eier sieden auf dem Feuer.*

koitieren [mit jmdm.; jmdn.] (bildungsspr.): [jmdn.] körperlich-geschlechtlich lieben; [mit jmdm.] Geschlechtsverkehr haben; an jmdm. sein sexuelles Begehren befriedigen [und dem anderen auch sexuelle Befriedigung verschaffen]: *oft k.; mit jmdm. k.; er hat sie koitiert.* **lieben,** jmdn.: (in diesem Sinnbereich) i. S. v. koitieren: *er liebte sie mehrmals in einer Nacht.* **Liebe machen** (ugs.): i. S. v. koitieren: *mach Liebe und nicht Krieg!* **[Geschlechts]verkehr haben:** i. S. v. koitieren. **intim sein,** mit jmdm. (verhüllend); **schlafen,** mit jmdm. (ugs.): i. S. v. koitieren: *sie ist mit ihm intim; er hat schon öfter mit ihr geschlafen; sie wollte gern mit ihm schlafen.* **beschlafen,** jmdn. (ugs.): i. S. v. koitieren. **nicht verweigern,** sich jmdm. (geh.; verhüllend): sich dem Wunsch des Partners nach Geschlechtsverkehr nicht verschließen, ihm den Wunsch erfüllen; wird vor allem in bezug auf die Frau gesagt: *sie hat sich ihm nicht verweigert.* **hingeben,** sich [jmdm.] (geh.; verhüllend): (von einer Frau) sich in Liebe ganz der Liebe eines anderen überlassen. **bumsen** [jmdn.; mit jmdm.] (salopp); **bürsten** [jmdn.] (derb): i. S. v. koitieren: *er hat mit ihr gebumst; er hat sie gebürstet; er hat sie gebumst.* **ficken** [jmdn.; mit jmdm.] (derb); **pimpern** [jmdn.; mit jmdm.] (salopp); **vögeln** [jmdn.; mit jmdm.] (derb): i. S. v. koitieren: *er hat im Stehen gefickt.* **stoßen,** jmdn. (derb): i. S. v. koitieren. **pudern** [jmdn.] (salopp); **pütern:** i. S. v. koitieren. **treiben,** es mit jmdm. (ugs.); **ins Bett gehen,** mit jmdm. (ugs.): i. S. v. koitieren. **eine Nummer machen/schieben** (derb): i. S. v. koitieren. **vernaschen,** jmdn. (ugs.): mit jmdm. ein sexuell-erotisches Abenteuer haben: *er hat schon so manches Mädchen vernascht; sie hat ihn vernascht;* ↑onanieren; ↑Liebesspiel.

[1]**kommen** (Ggs. gehen ↑weggehen): sich an einen bestimmten Ort begeben; kann sowohl der sagen, der sich zu einem bestimmten Ort hinbewegt (ich komme) als auch der, auf den sich ein anderer zubewegt (er kommt), wobei der Vorgang jedoch jedesmal von dem Standort aus betrachtet wird, der erreicht werden soll: *am Abend kam mein Vetter; ich komme morgen; Kommen Sie heute zur Aufnahme?* **einstellen,** sich: sich einer Verabredung gemäß oder auf eine Aufforderung hin zu einem festgelegten Zeitpunkt an einen bestimmten Ort begeben: *wir werden uns heute abend bei Ihnen e.; er stellte sich pünktlich bei uns ein.* **einfinden,** sich: [zwanglos, ohne an einen

festen Zeitpunkt gebunden zu sein] aus einem besonderen Anlaß an einen bestimmten Ort kommen: *eine stattliche Menschenmenge hatte sich vor der Kirche eingefunden; Sie werden hiermit aufgefordert, sich alsbaldigst beim Amtsgericht einzufinden.* **erscheinen:** (in diesem Sinnbereich) sich auf eine Aufforderung hin oder freiwillig irgendwo einstellen, wo man erwartet wird oder wo von jmds. Erscheinen besondere Notiz genommen wird: *bitte erscheinen Sie heute abend pünktlich zu unserer Versammlung; es erschienen weit mehr Leute zu dem Vortrag, als wir angenommen hatten; sie war in einem neuen Kleid zum Abendessen erschienen.* **antanzen** (salopp): sich auf den Befehl eines anderen hin [unverzüglich und widerspruchslos] zu ihm hinbegeben, vor ihm erscheinen: *das wäre noch schöner, den lassen wir sofort einmal a.!; ich muß morgen abend bei ihm a.* **zur Stelle sein:** sich [pünktlich] an einem bestimmten Ort einfinden [an dem man erwartet wird]: *Sie können sich auf uns verlassen, wir sind pünktlich zur Stelle.* **antraben** (salopp): (in diesem Sinnbereich) i. S. v. antanzen: *er ließ alle, die diese Resolution unterschrieben hatten, antraben.*

[2]**kommen: zur/**(auch:) **an die Macht kommen/**(auch:) **gelangen:** [auf unrechtmäßigem Wege] die höchste Machtposition im Staat erlangen, unter Umständen an sich reißen; wird meist negativ bewertet; kann von einer Einzelperson oder einer Partei oder Clique gesagt werden: *als die Guelfen wieder an die Macht gelangten, wurden die Gibellinen aus Florenz verbannt.* **ans Ruder kommen** (ugs.): durch eigene Anstrengung, die Gewaltanwendung nicht ausschließt, oder durch besondere Umstände die Führung im Staat erlangen; wird allgemein negativ bewertet; wird in bezug auf Einzelpersonen oder auf eine politische Gruppe gebraucht: *man weiß noch nicht, welche Partei ans Ruder kommen wird.* **zur Herrschaft gelangen/**(auch:) **kommen:** die Regierungsnachfolge antreten; „zur Herrschaft gelangen" enthält unter Umständen die Vorstellung, daß die betreffende Person oder das Herrscherhaus bestimmte Anstrengungen gemacht hat, um diese Position zu erlangen: *nach den Saliern gelangten die Hohenstaufen zur Herrschaft.*

[3]**kommen: zu kurz kommen** (ugs.): von etwas nicht den Teil erhalten, den man eigentlich erwarten durfte, nicht in genügendem Maße bedacht werden: *Sie werden sehen, daß niemand zu kurz kommt.* **schlecht wegkommen** (ugs.): bei einer Sache weniger erhalten, als man erwartet hat, und dadurch benachteiligt sein: *die Bauern meinen auch in guten Erntejahren, schlecht weggekommen zu sein.*

kompliziert: (in diesem Sinnbereich) vielschichtig; aus vielen verschiedenen Einzelheiten bestehend und zusammengesetzt und daher nicht [auf den ersten Blick] überschaubar und nur schwer zu verstehen, zu beurteilen, zu erklären u. ä.; bezieht sich, wie alle Wörter dieser Gruppe, häufig auf abstrakte Begriffe, auf Handlungen, Vorgänge und Zustände u. ä.: *auch dieser Fall ist ungemein k.; die komplizierten Zusammenhänge sind für einen Außenstehenden unüberschaubar.* **verwickelt:** ineinander verschlungen und verflochten, kaum zu durchdringen und daher schwer zu verstehen, zu beurteilen, zu erklären u. ä.: *eine verwickelte Angelegenheit; der Fall liegt recht v.* **verzwickt** (ugs.): in verwirrender, Ratlosigkeit hervorrufender Weise verwickelt und daher schwer zu erkennen, zu lösen, zu bewältigen u. ä.; drückt häufig Unbehagen des Sprechers/Schreibers aus: *das ist eine sehr verzwickte Angelegenheit.* **vertrackt** (ugs.): besonders schwierig zu bewältigen [und kaum lösbar erscheinend] und daher höchst unangenehm und ärgerlich; drückt oft Ärger und Unwillen des Sprechers/Schreibers aus: *er wolle mit dieser vertrackten Geschichte nichts zu tun haben.*

kondolieren [jmdm.] (bildungsspr.): jmdm. förmlich durch Worte, schriftlich oder mündlich, seine Anteilnahme an dem Verlust eines Angehörigen ausdrücken; bezeichnet den Vorgang und wird im allgemeinen nicht dem Trauernden gegenüber verwendet: *ich muß ihm auch noch k.; er kondolierte ihr nach der Beisetzung.* **sein Beileid ausdrücken** [jmdm.]: seiner Anteilnahme an jmds. Trauer durch Worte – schriftlich oder mündlich – Ausdruck geben: *er hatte sein Beileid in einem Brief ausgedrückt.* **sein Beileid aussprechen** [jmdm.]: jmdm. seine Anteilnahme am Tod eines nahestehenden Menschen in Worten kundtun; wird meist direkt zum Trauernden gesagt: *ich möchte Ihnen mein herzlichstes Beileid aussprechen.* **sein Beileid bezeigen,** jmdm. (geh.): einem Trauernden mündlich seine Teilnahme an seinem Verlust aussprechen, ihm seine Teilnahme zu erkennen geben: *er bezeigte der Familie sein Beileid.*

konfrontieren, jmdn. mit jmdm./etwas oder: jmdm./einer Sache (bildungsspr.): **a)** zwei Personen einander gegenüberstellen, besonders vor Gericht, z. B. um Widersprüche in ihren Aussagen aufzuklären: *der Zeuge wurde [mit] dem Angeklagten konfrontiert;* **b)** jmdn. einer Sache, einem Sachverhalt gegenüberstellen; oft mit der Absicht, ihn damit einem bestimmten Einfluß auszusetzen oder ihn sich einer Sache gegenüber bewähren zu lassen: *er ist noch nie mit den Tatsachen, der Wirklichkeit konfrontiert worden;* **c)** Sachverhalte einander gegenüberstellen: *Ideen, Lehrmeinungen miteinander k.; das Verhalten des Vaters und der Mutter werden konfrontiert.* **gegenüberstellen,** jmdn. jmdm., eine Sache einer Sache: Personen, Sachen oder Begriffe zueinander in Beziehung bringen, um Unterschiede sichtbar zu machen: *du kannst ja die beiden einmal einander g., um festzustellen, ob sie Gemeinsamkeiten haben.*

können: (in diesem Sinnbereich) über eine bestimmte Fähigkeit, Kraft verfügen; auf Grund der Umstände und Verhältnisse die Möglichkeit haben, etwas zu tun; ist das allgemeinste Wort dieser Gruppe: *das Wasser kann hier eindringen; er konnte gut schwimmen.* **vermögen** (geh.): die nötige Kraft aufbringen, die Fähigkeit haben, etwas [unter Aufbietung aller Kräfte] zu tun, zu bewerkstelligen; betont häufig stärker den mühevollen Einsatz: *das Wasser brach ein, so daß nur wenige sich ans Tageslicht zurückzuretten vermochten; Sie beweisen mir mit jedem Ihrer Worte, daß Sie nicht demokratisch zu denken v.* **imstande sein** [zu etwas]: (in diesem Sinnbereich) eine bestimmte Fähigkeit, Kraft haben, etwas zu tun, zu leisten: *er war nicht gleich imstande, zu erfassen, was die Flamme bedeutete; man war zu einer klaren Beurteilung kaum imstande.* **in der Lage sein** [zu etwas]: auf Grund der Umstände und Verhältnisse, der jeweiligen Situation [und der eigenen Fähigkeiten] die Möglichkeit haben, etwas zu tun: *er war nicht in der Lage, meine Frage zu beantworten.* **fähig sein** [zu etwas/(geh. auch mit Genitiv:) einer Sache]: auf Grund der persönlichen Eignung, Veranlagung, Tauglichkeit, der eigenen Fähigkeiten etwas leisten können: *er ist nicht fähig zu antworten; er war zu dieser bedeutsamen Tat fähig.*

kontaktarm (Psychol.): ohne die als normal empfundene Fähigkeit, mit anderen Menschen leicht und von sich aus in [engere] Verbindung zu treten; stellt im allgemeinen Wortgebrauch eher sachlich das Fehlen bestimmter, zwischenmenschliche Beziehungen fördernder Eigenschaften fest: *er sei in seiner Jugend k. gewesen, habe zu wenig mit anderen Kindern gespielt.* **kontaktschwach** (Psychol.): mit nur gering entwickelter Fähigkeit ausgestattet, mit anderen Menschen in Verbindung zu treten; kennzeichnet den Mangel an bestimmten Eigenschaften mitunter mehr als eine [vom Betreffenden aus zu verantwortende] Schwäche [des eigenen Wollens]. **introvertiert** (Ggs. extravertiert ↑kontaktfähig) (bildungsspr.): nach innen gekehrt, der Umwelt gegenüber zurückhaltend; charakterisiert die Grundeinstellung eines Menschen, der anderen gegenüber reserviert, verschlossen, mißtrauisch ist im Unterschied zum Extravertierten, der vertrauensvoll und anpassungswillig ist. **menschenscheu:** im Verkehr mit anderen gehemmt und daher darauf bedacht, jegliche Begegnung und jeden Umgang nach Möglichkeit zu vermeiden; oft aus der zwanghaften Vorstellung heraus, mit anderen Menschen in persönliche oder gesellschaftliche Beziehung treten zu müssen; rückt stärker die Abwendung von der Umwelt in den Vordergrund; ↑allein, ↑distanziert, ↑ungesellig, ↑verschlossen, ↑zurückgezogen.

kontaktfähig (Psychol.): mit dem Vermögen ausgestattet, zu anderen Menschen leicht Beziehungen aufzunehmen; stellt eher sachlich das Vorhandensein dieser positiven Eigenschaft fest. **kontaktfreudig** (Psychol.): mit der Fähigkeit und der starken Neigung und Bereitschaft ausgestattet, zu anderen Menschen leicht und schnell Beziehungen aufzunehmen; drückt beim Sprecher/Schreiber oft eine starke Anerkennung der [willensmäßigen] Bereitschaft des Betreffenden aus. **extravertiert, extrovertiert** (Ggs. introvertiert ↑kontaktarm) (bildungsspr.): der Umwelt und äußeren Reizen gegenüber aufgeschlossen; charakterisiert die Grundeinstellung eines Menschen, der sich an seiner Umwelt orientiert; ↑gesellig.

konvertieren (Rel.): von einem Glaubensbekenntnis zu einem anderen, besonders zur katholischen Kirche überwechseln: *er hat konvertiert.* **bekehren,** sich: (in diesem Sinnbereich) seine religiöse Anschauung wandeln; sich von einer für falsch angesehenen Lehre abwenden und sich statt dessen zu einer für wahr gehaltenen bekennen: *viele bekehrten sich und ließen sich taufen.* **übertreten:** i. S. v. konvertieren; aber stets mit Angabe der Glaubensgemeinschaft, zu der sich der Betreffende jetzt bekennen will: *zur evangelischen Kirche ü.*

Konzentration, die (ohne Plural): (in diesem Sinnbereich) eine anhaltende Anspannung der geistigen Kräfte während einer bestimmten Tätigkeit oder die unmittelbare Vorbereitung darauf: *ein Mensch ohne Fähigkeit zur K.* **Sammlung,** die (ohne Plural; geh.): eine Zusammenfassung der geistig-seelischen Kräfte und ihre Hinordnung auf ein Ziel, wozu oft Stille und Muße Voraussetzung sind: *S. zum Gebet.* **Andacht,** die (ohne Plural): (in diesem Sinnbereich) Ruhe, die man für eine bestimmte Tätigkeit benötigt: *ich habe dafür jetzt keine rechte A.*

[1]**Kopf,** der: durch den Hals vom Rumpf abgegliederter Körperteil; Sitz des Verstandes, Gehirns; vorderster Körperteil der Wirbeltiere; verbindet sich mit Adjektiven, die die Form oder Beschaffenheit charakterisieren, und mit Verben, die eine horizontale oder vertikale Bewegung beinhalten, oder ist als Teil einer Adverbialbestimmung mit lokalen und instrumentalen Präpositionen verbunden: *ein runder, eckiger, großer, kahler K.; der K. dreht sich; den K. wenden, senken, neigen; jmdm. den K. abschlagen; mit dem K. nicken; auf dem K. etwas tragen; er hat keine Grütze im K.; er kraulte Tim den Kopf.* **Haupt,** das (geh.): i. S. v. Kopf; wird jedoch nur dann gebraucht, wenn man diesen Körperteil als obersten Teil des ganzen Körpers sieht; wird im Unterschied zu „Kopf" im allgemeinen nicht im Hinblick auf den inneren Zustand und auf die geistigen Fähigkeiten verwendet, deren Sitz man in den Kopf, in den Schädel verlegt; wird der Stilschicht entsprechend oft bei feierlichen Gelegenheiten angewandt und betont häufig auch das Bedeutende, Ehrwürdige; verbindet sich wie „Kopf" mit Adjektiven, die Form, Beschaffenheit oder eine ästhetische bzw. ethische Wertung zum Inhalt haben, und mit Verben der Bewegung wie für „Kopf"; wird im Unterschied zu „Kopf" seltener als Genitivattribut oder mit Genitivattribut verwendet: *ein greises, weises H.; das H. verhüllen; gesenkten Hauptes, erhobenen Hauptes; ihm wurde das H. abgeschlagen.* **Schädel,** der (salopp): (in diesem Sinnbereich) obere Partie des Kopfes, aber auch für den Kopf insgesamt; austauschbar mit „Kopf" in der Verbindung mit Adjektiven, die Form oder Beschaffenheit bezeichnen; nicht selten in Verbindung mit Verben, die eine Beschädigung beinhalten; oft enthält das Wort eine gewisse Schärfe, die Vorwurf oder Abwertung enthält: *ich setze voraus, daß Sie als Offiziersanwärter genügend Grips im S. haben, um für den Infanteriedienst das nötige Verständnis aufzubringen; ein schmaler, langer, eiförmiger, harter S.; jmdm. den S. einschlagen, zertrümmern.* **Dez,** der (salopp): i. S. v. Kopf; wird aber kaum mit Attributen gebraucht; ist selten Subjekt oder Objekt von Verben, sondern vorwiegend Teil einer Adverbialbestimmung: *jmdm. eins auf, über, vor den D. geben; eins vor den D. kriegen; das will in seinen D. nicht hinein.* **Birne,** die (Plural ungebräuchlich; salopp); **[Kohl]rübe,** die (Plural ungebräuchlich; salopp; auch scherzh.); **Kürbis,** der (Plural ungebräuchlich; salopp); **Nischel/**(auch:) **Nüschel,** der (Plural ungebräuchlich; salopp): i. S. v. Kopf; werden entsprechend ihrer Stillage nur in bestimmter Situation verwendet und werden im allgemeinen mit der Form des Kopfes in Verbindung gebracht: *mehr als eins auf die Birne kriegen, kann er auch nicht.* **Dach,** das (ohne Plural; salopp): i. S. v. Kopf: *gleich kriegst du eins aufs D.* **Oberstübchen,** das (ugs.): i. S. v. Kopf; wird nur im Hinblick auf die geistigen Fähigkeiten verwendet: *bei dem ist es seit langem nicht ganz richtig im O.* **Verstandskasten,** der (ugs.; scherzh.): i. S. v. Kopf; als Sitz des Verstandes: *du mußt mal deinen V. anstrengen.*

[2]**Kopf: den Kopf/**(auch) **die Nerven verlieren:** vor Schreck, Angst o. ä. jede Besonnenheit verlieren, ohne Vernunft und Überlegung handeln, gar nicht mehr in der Lage sein, seine Handlungen zu kontrollieren: *gerade in einer gefährlichen Situation darf man nicht den K. verlieren.* **durchdrehen** (ugs.): durch irgendeine körperliche oder geistige Anspannung überfordert werden, den Schwierigkeiten nicht mehr gewachsen sein und diesen Zusammenbruch durch unsinnige Äußerungen oder Handlungen deutlich werden lassen: *als er von seiner Entlassung hörte, hat er durchgedreht.* **ausrasten** (ugs.): die Beherrschung verlieren auf Grund eines Ereignisses o. ä., das den Betreffenden aus dem seelischen Gleichgewicht gebracht hat: *wenn du mit Pfennigen bezahlst, rastet der aus; ich ahnte schon, daß sie ausrastet, wenn sie das erfährt.* **ausflippen** (ugs.): (in diesem Sinnbereich) i. S. v. ausrasten: *als er mir Nachlässigkeit vorwarf, bin ich ausgeflippt.* **rotieren** (ugs.): (in diesem Sinnbereich) über etwas aus der Fassung geraten, sich über etwas erregen und in hektisch-nervöse Aktivität verfallen: *als er hörte, daß er diesen Auftrag nicht bekommen sollte, begann er zu r.;* vgl. kopflos ↑übereilt; ↑kribb[e]lig.

Kopie, die: (in diesem Sinnbereich) Abbild eines Kunstgegenstandes oder eines urkundlichen Schriftstückes, das seiner Vorlage in Maßstab, Material oder Machart weitgehend gleicht: *dieses Bild ist eine recht gute K. eines Velazquez.* **Nachahmung,** die: (in diesem Sinnbereich) freiere Nachgestaltung eines Kunstgegenstandes; oft vergröbert, wenig wertvoll: *den Hügel krönte die N. eines griechischen Rundtempels.* **Nachbildung,** die: Abbild eines Kunstwerkes, Kunstgegenstandes, das im Unterschied zu „Kopie" und „Nachahmung" nicht unbedingt maßstabgetreu oder materialgerecht sein muß: *man sah sogar eine N. des Kölner Doms aus Zuckerguß.* **Imitation,** die: (in diesem Sinnbereich) [billige] Nachbildung, die einen aus wertvollerem Material hergestellten Originalgegenstand vortäuschen soll:

dieser Schmuck ist nur eine I. **Reproduktion,** die: vorlagengetreue Abbildung eines Werkes der Malerei oder Graphik, mechanisch durch Druck oder Fotografie hergestellt und vervielfältigt. **Replik,** die (Kunstwissenschaft): Nachbildung, mit der ein Künstler ein von ihm schon einmal geschaffenes Kunstwerk ein weiteres Mal produziert.

kopieren, etwas: eine Kopie von etwas herstellen. **fotokopieren,** etwas; **ablichten,** etwas: ein Schriftstück o.ä. mit Hilfe eines Fotokopiergerätes vervielfältigen. **fernkopieren,** etwas; **telefaxen,** etwas; **faxen,** etwas: mit Hilfe eines Fernkopierers/eines Telefaxgerätes die Kopie eines Textes oder einer bildlichen Darstellung herstellen, wobei das Kopiergerät an das Fernsprechnetz angeschlossen ist: Der Absender gibt seine Vorlage in sein Gerät ein, und der Empfänger bekommt in seinem Gerät davon eine Fotokopie. **pausen,** etwas: eine Pause anfertigen, d.h. mit Hilfe von Pauspapier oder auf fotomechanischem Wege die Kopie eines Schriftstücks o.ä. herstellen. **faksimilieren,** etwas; **ein Faksimile herstellen:** eine Nachbildung, besonders als fotografische Reproduktion, herstellen, die mit dem Original in Größe und Ausführung genau übereinstimmt. **nachmachen,** etwas; **imitieren,** etwas (bildungsspr.): etwas ganz genauso machen, wie die Vorlage ist: *er hat die Unterschrift des Lehrers nachgemacht;* vgl. nachmachen ↑nachahmen. **nachbilden,** etwas: etwas nach einem Muster, Vorbild gestalten, etwas in seiner Form und Gestalt nachschaffen: *der Kopf des Dichters ist vom Künstler naturgetreu nachgebildet worden;* ↑Kopie, ↑Zweitschrift.

Körper, der (Ggs. ↑Geist): die menschliche Gestalt als physische Erscheinung: *ich lernte meinen K. beherrschen; das Wohlgefallen an einem schönen K.* **Leib,** der (Ggs. ↑Seele): (in diesem Sinnbereich) der beseelte menschliche Körper als Träger des Lebens: *der L. ist das Gefängnis der Seele.* **Korpus,** der (Plural ungebräuchlich; scherzh. oder ironisch): i.S.v. Körper: *er sagte mir, wenn ich solch einen K. hätte wie Sie, ginge ich nicht unter Menschen.* **Kadaver,** der (salopp; scherzh. oder abwertend): (in diesem Sinnbereich) menschlicher Körper; drückt immer eine gewisse Nichtachtung aus und soll Wertlosigkeit oder Untauglichkeit kennzeichnen; vgl. Kadaver ↑Leiche.

Korridor: [schmaler und langer] Verbindungsgang in einer Wohnung, einem Gebäude, von dem aus Türen in die verschiedenen Zimmer führen: *sie ging über den Korridor zum Schlafzimmer.* **Flur,** der (landsch.): i.S.v. Korridor; in Wohnungen auch Garderobe umfassend; in Gegenden, in denen beide Wörter gebraucht werden, wird dem „Flur" eine wohnlichere Atmosphäre im Unterschied zum meist nüchternen „Korridor" zugeschrieben: *ihre Arbeitsräume lagen am gleichen F.* **Gang,** der: (in diesem Sinnbereich) nur als Zugang zu den Zimmern oder Räumen dienender Korridor: *ich ging durch den hallenden G.*

korrigieren, etwas: von der ursprünglichen Form oder der eigentlich vorgesehenen Art der Ausführung von etwas abgehen und sie durch eine andere ersetzen, wobei man die betreffende Sache, z.B. Ansichten, Pläne, ein Vorhaben, ein Verhalten nach etwas ausrichtet und mit bestimmten Richtlinien oder Maßstäben in Einklang bringt: *er korrigiert seine Pläne.* **ändern,** etwas: etwas, z.B. Pläne, Vorstellungen, sein Verhalten, anders machen, als es vorher war: *sie änderte so viel an dem Entwurf, daß die ursprüngliche Konzeption gar nicht mehr zu erkennen war;* ↑[1]ändern.

kosten [etwas/(auch:) von etwas]: von einer Speise oder von einem Getränk ein wenig zu sich nehmen und dabei prüfend den Geschmack oder das Aroma feststellen, um zu erfahren, wie das Genossene schmeckt, um beurteilen zu können, ob es den eigenen Vorstellungen oder Wünschen entspricht, oder um sich zu vergewissern, ob es [schon] die gewünschte Geschmacksrichtung hat: *er kostete mehrmals von dem Wein und lobte ihn sehr.* **eine Kostprobe nehmen** [von etwas]: von einer bestimmten Speise oder von einem bestimmten Getränk eine kleine, oft zu diesem Zwecke vorgerichtete Portion essen, mit der Absicht, den Geschmack von etwas festzustellen, oft in der Erwartung, daß einem das Genossene gut schmecken wird; läßt meist erkennen, daß der Betreffende mit einem gewissen Interesse von etwas kostet: *ich habe bereits eine Kostprobe von deinem Kuchen genommen, er ist vorzüglich.* **versuchen** [etwas]: den Geschmack von etwas Eß- oder Trinkbarem dadurch feststellen, daß man davon eine Kleinigkeit zu sich nimmt; betont gegenüber „kosten" weniger das unmittelbare Schmecken als das Prüfen des Geschmacks oder der Genießbarkeit von etwas, und zwar unter Umständen mit einer gewissen Vorsicht oder Skepsis; ist neben „probieren" das am häufigsten gebrauchte Wort dieser Gruppe, klingt jedoch meist etwas familiär: *versuche doch den Spinat wenigstens einmal, du brauchst ihn ja nicht zu essen, wenn er dir nicht schmeckt!* **probieren** [etwas]: i.S.v. versuchen; drückt oft noch stärker die Absicht aus, durch eine Kostprobe den Geschmack von etwas zu prüfen, bevor man mehr davon ißt oder trinkt: *diesen Wein mußt du einmal p., er schmeckt dir sicherlich auch.* **verkosten,** etwas (selten): etwas, von dem man meist annimmt, daß es einem gut schmecken wird, [genießerisch] prüfen, indem man eine oder mehrere Kostproben davon nimmt: *wollen wir nicht einmal den Geflügelsalat v.?* **schmecken** [etwas] (ugs.; landsch.): (in diesem Sinnbereich) i. S. v. kosten; wird oft in Aufforderungen gebraucht, meist wenn man möchte, daß der Aufgeforderte sogleich von einer Speise oder einem Getränk kostet: *die Soße ist mir, glaube ich, ganz gut geglückt, schmecke doch mal!*

kostenlos: ohne daß für etwas Kosten entstehen oder entrichtet werden müssen; wird von etwas gesagt, was jmdm. ohne Bezahlung gegeben, gewährt wird: *kostenlose Übernachtung, Verpflegung; die Teilnahme an den Lehrgängen ist k.* **gratis:** ohne daß es bezahlt zu werden braucht; wird von etwas gesagt, was jmdm. zum Geschenk gemacht, als Probe, als Muster [zum Zwecke der Werbung] angeboten wird: *die kleinen Seifenstücke bekamen wir in der Drogerie g.* **gratis und franko** (ugs.; veraltend): i. S. v. kostenlos; wird ganz allgemein von etwas Geringfügigem gesagt, was nicht bezahlt zu werden braucht, was jmd. unerwartet bekommt, jmdm. geschenkt wird: *das gebe ich dir gratis und franko.* **umsonst:** (in diesem Sinnbereich) ohne Bezahlung oder Vergütung; ohne eine Gegenleistung für etwas zu fordern; wird von einer Sache, einer Tätigkeit gesagt, die normalerweise bezahlt werden muß: *wir durften u. mitfahren; er hat die Arbeit u. gemacht, er hat nichts dafür verlangt.* **ehrenamtlich:** (in bezug auf ein Amt, eine Tätigkeit) ohne daß der Betreffende dafür etwas bezahlt bekommt, ohne Entgelt, als Ehrenamt [ausgeübt]: *das macht sie e.* **unentgeltlich:** ohne daß für etwas bezahlt zu werden braucht; wird besonders von einer Verrichtung, einer Tätigkeit gesagt, für die der Ausführende kein Entgelt verlangt: *ich mache das u.; er übt diese Tätigkeit u. aus;* vgl. Entgelt ↑ Honorar. **frei:** (in diesem Sinnbereich) **a)** unberechnet; ohne daß für etwas, was einem anderen geboten, zur Verfügung gestellt wird, Geld gefordert wird: *freier Eintritt, freie Station, Wohnung, Unterkunft; der Eintritt ist f.;* **b)** (kaufm.): [die Kosten für eine Sache sind bereits] bezahlt: *die Postsendung ist f.;* **c)** (kaufm.): ohne zusätzliche Kosten [für etwas, was irgendwohin geliefert wird]; steht mit Angabe des Ortes, wohin das Betreffende gebracht wird: *die Lieferung erfolgt f. Haus, f. Keller.*

Kot, der (Plural ungebräuchlich; geh.): aus dem Darm durch den After ausgeschiedene Nahrungsreste und Verdauungsrückstände; wird sachlich feststellend und als allgemeinste Bezeichnung verwendet: *es roch nach Urin und Kot.* **Aa,** das (Plural ungebräuchlich; fam.); **Kacke,** die (Plural ungebräuchlich; vulgär); **Scheiße,** die (Plural ungebräuchlich; vulgär); **Schiet,** der (derb; landsch.); **Fäzes/**(auch:) **Faeces,** die (Plural; Medizin); **Fäkalien,** die (Plural; bildungsspr.); **Exkrement,** das (meist Plural; bildungsspr.): i. S. v. Kot. **Dreck,** der (ohne Plural; derb; selten): (in diesem Sinnbereich) i. S. v. Kot; wird aber gewöhnlich nur auf umherliegende Ausscheidungen bezogen: *er fiel hintenüber in seinen eigenen D.* **Schmutz,** der (ohne Plural; geh.; verhüllend; selten) i. S. v. Dreck: *der Platz war voll von menschlichem S.* **Stuhl,** der (geh.); **Stuhlgang,** der (Plural ungebräuchlich; geh.): die bei einer Entleerung des Darmes durch den After ausgeschiedenen Nahrungsreste und Verdauungsrückstände in fester oder flüssiger Form; wird im allgemeinen nur verwendet, wenn die Ausscheidung in die Toilette oder in ein für die Ausscheidung bestimmtes Gefäß erfolgt; wird speziell im Hinblick auf die menschliche Verdauungstätigkeit und daher vorwiegend im ärztlichen Bereich gebraucht: *bei Gelbsucht ist der Stuhl des Kranken lehmfarben.* **Milchstuhl,** der (Medizin): goldgelb gefärbter Stuhl eines Säuglings. **Haufen,** der (derb): (in diesem Sinnbereich) die bei einer Entleerung des Darmes durch den After haufenförmig ausgeschiedenen Nahrungsreste und Verdauungsrückstände; ↑ Notdurft, ↑ Urin; ↑ urinieren.

krächzen: heisere, rauhe, mitunter auch schnarrende Töne hervorbringen; wird von einigen größeren Vogelarten gesagt: *die Raben, Krähen, Dohlen krächzten und schrien wild durcheinander.* **schnarren:** (in diesem Sinnbereich) einen trocken rasselnden, rollenden, eigentümlich klanglos oder hölzern knarrenden Ton von sich geben; wird von verschiedenen Vogelarten gesagt: *hast du schon einmal gehört, wie die Misteldrossel schnarrt?* **gackern:** spröd und hell tönende, kurz abbrechende Laute in rascher Folge ausstoßen; wird im allgemeinen nur von Hühnern gesagt, die diese Töne in besonderer Weise nach dem Eierlegen von sich geben. **gluck[s]en:** (in diesem Sinnbereich) weiche lockende, kehlig dumpfe Töne in kürzeren Abständen hören lassen; bezieht sich auf die eigentümlichen Laute der Henne, wenn sie brütet oder ihre Küken führt. **krähen:** einen hell gellenden, weithin tönenden Schrei in mehrfach abgesetzten, verschieden langen Stößen erschallen lassen; bezieht sich auf den dem Haushahn eigentümlichen, für ihn charakteristischen Schrei. **schnattern:** schnell aufeinanderfolgende, hell tönende, spröde, knarrende Laute hervorbringen, so daß es oft wie Plappern oder Geschwätz klingt; wird besonders von Gänsen und Enten gesagt. **kollern:** eigentümlich rollende, kullernde, gurgelnde, mitunter recht kräftige, grelle Laute ausstoßen; bezieht sich meist auf den Schrei des Truthahns: *als sie sich dem Puter nähern wollte, kollerte er voll Wut.* **rucksen, gurren:** kehlige, dumpfe, weich rollende, gurgelnde, fast zärtlich oder klagend klingende, langgezogene Töne in bestimmten Abständen hören lassen; bezieht sich auf den Ruf der Taube; ↑bellen, ↑schreien, ↑[2]singen.

[1]**Kraft,** die (Plural ungebräuchlich): (in diesem Sinnbereich) Eigenschaft oder Beschaffenheit, die dazu befähigt, Beabsichtigtes zu tun, den Anforderungen an die Stärke zu genügen; wird von Menschen, von anderen Lebewesen und von Naturelementen gesagt: *die Sonne hat im Februar noch keine K.; das übersteigt meine K.;* ↑[2]Kraft. **Stärke,** die (Ggs. Schwäche): das Potential für die Ausführung von etwas; höherer Grad von Kraft. **Power** [pau^e r], die (Jargon): deutlich sich äußernde Stärke in bezug auf ein Handeln, Tun. **Energie,** die: besondere körperliche und geistige Spannkraft; das Vermögen, kraftvoll tätig zu sein: *mit großer E. ging er ans Werk; sie hat E.* **Wucht,** die: durch besondere Kraft erzeugte Heftigkeit, mit der sich etwas äußert: *eine ungeheure W. steckte hinter seinen Schlägen.* **Macht,** die (ohne Plural): (in diesem Sinnbereich) die Gesamtheit der Kräfte und Mittel, die jmdm. oder etwas gegenüber Lebewesen oder Dingen zur Verfügung stehen: *ein Zauberer, der seine M. über die Herzen rücksichtslos gebraucht.* **Gewalt,** die (ohne Plural): (in diesem Sinnbereich) die strenge und unwiderstehliche Macht, die jmd. oder etwas auf jmdn. oder etwas ausübt: *das Böse hat eine dunkle, gefährliche G.;* ↑stark.

[2]**Kraft,** die (meist Plural; geh.): etwas, was eine Wirkung ausstrahlt, ausübt oder auszuüben vermag, von dem eine Wirkung ausgeht; wird von Naturerscheinungen oder -elementen, von menschlichen und vom Menschen unabhängigen geistigen Wirkungskräften gesagt: *er begriff nichts von den anonymen Kräften, die sich im entscheidenden Augenblick gegen ihn erhoben;* ↑[1]Kraft. **Macht,** die (geh.): (in diesem Sinnbereich) eine Wesenheit, Person oder Institution, deren Wirkung oder Gebot man sich nicht entziehen kann: *die geistbildende M. der griechischen Sprache.* **Gewalten,** die (Plural; geh.): überpersönliche oder elementare Kräfte von zwingender Wirkung: *den G. des Unwetters ausgeliefert.*

[1]**krank** (Ggs. ↑gesund): (in diesem Sinnbereich) eingeschränkt, gestört in den normalen organischen Funktionen des Organismus oder in den spezifisch-menschlichen psychischen Leistungen; sich in einem Zustand befindend, in dem man sich körperlich oder seelisch nicht wohl fühlt, leidet; durch etwas innerlich auf den Organismus Einwirkendes aus dem Zustand des ungestörten und richtigen Vonstattengehens der zum Leben gehörenden Verrichtungen herausgebracht: *sich k. fühlen.* **unwohl:** sich körperlich nicht ganz wohl, sondern leicht krank, gar nicht leistungsfähig fühlend; wird meist in der Wendung „sich unwohl fühlen" verwendet: *schon seit gestern abend fühle ich mich u.* **unpäßlich** (gespreizt): sich körperlich nicht ganz wohl und munter befindend, unter leichtem Unwohlsein leidend; wird nicht attributiv verwendet: *ich bin, ich fühle mich heute u.* **fiebrig:** an einer mit Fieber verbundenen Erkrankung leidend: *das Kind lag f. im Bett.* **todkrank:** so schwer krank, daß die Krankheit aller Voraussicht nach tödlich verlaufen wird; drückt die Emotion des Sprechers/Schreibers aus: *man sah es ihr an, daß sie t. war.* **sterbenskrank:** sich körperlich so elend fühlend, daß man fast glaubt, sterben zu müssen; wird oft auf sich selbst bezogen angewandt, wobei man sich der Übertreibung bewußt ist: *ich fühle mich s.* **siech** (veraltet): schon über eine längere Zeit hin krank und ohne Aussicht auf Besserung: *er ist s.;* ↑kränklich; ↑Höhe (nicht auf der Höhe sein).

[2]**krank: krank sein** (Ggs. ↑gesund sein): in seiner Gesundheit [erheblich] gestört sein; an einer Krankheit leiden: *ich kann es mir nicht leisten, krank zu sein.* **daniederliegen** (geh.): von einer Krankheit schwer mitgenommen sein und im Bett liegen; weist auf den leidenden Zustand des Kranken hin: *nun lag sie todkrank danieder.* **dahinsiechen** (geh.): an einer schleichenden, unheilbaren Krankheit leiden, an der der Betroffene schließlich sterben wird: *von nun an siechte er dahin.* **bettlägerig sein** (geh.): durch eine Krankheit oder durch Altersschwäche ans Bett gefesselt sein, nicht [mehr] aufstehen können: *er ist seit Jahren bettlägerig.* **kränkeln:** nie so recht gesund und leistungsfähig, sondern über längere Zeit hin ständig ein wenig krank sein: *das Kind kränkelte, seit es seine Mutter verloren hatte;* ↑hinfällig.

Kranke, der und die: männliche bzw. weibliche Person, die nicht gesund und körperlich oder seelisch krank oder leidend ist; wird im allgemeinen auf eine Person angewandt, deren Krankheit [von einem Arzt] festgestellt wurde: *es gibt viele Kranke.* **Patient,** der und **Patientin,** die: männliche bzw. weibliche Person, die vom Arzt oder von Vertretern anderer Heilberufe betreut oder behandelt wird; wird dann angewandt, wenn der Sprecher/Schreiber selbst den Kranken behandelt oder pflegt oder wenn jmd. aus dieser Perspektive heraus spricht: *der Arzt verschrieb dem Patienten ein Schlafmittel; einige Patienten kamen zur Vorsorgeuntersuchung; die schwangeren Patientinnen kamen zur Schwangerschaftsuntersuchung.*

kränken, jmdn.: jmdn. [dem man nahesteht] mit einer Äußerung oder einer Tat, durch die er sich zurückgesetzt, gedemütigt oder in seiner guten Absicht verkannt fühlt, in seinem Selbstgefühl treffen; betont, wie die übrigen Wörter dieser Gruppe, weniger die Handlung als deren eingetretene Wirkung: *weil er nicht um seine Meinung gefragt worden war, war er gekränkt; seine Verstocktheit kränkte sie tief;* ↑gekränkt. **beleidigen,** jmdn.: (in diesem Sinnbereich) jmdn., dem man nahesteht, durch eine [unbedachte] Äußerung oder Tat, die er als Geringschätzung, Zurücksetzung oder als Undank auffaßt, ernstlich in seinem Selbstgefühl treffen, ihn vor den Kopf stoßen; betont im Unterschied zu „kränken" stärker die Reaktion des anderen und setzt weniger eine ernsthafte Ursache des Gekränktseins als eine gewisse Empfindlichkeit voraus: *du beleidigst deine Tante, wenn du ihr Angebot, zu ihr zu ziehen, ausschlägst;* ↑beleidigen; vgl. beleidigt ↑gekränkt; ↑Beleidigung. **verletzen,** jmdn. (geh.): (in diesem Sinnbereich) jmdn. durch Äußerungen, Angriffe auf dessen Person, die er als böswillig oder ungerechtfertigt auffaßt, oder dadurch, daß man ihm eine gute Absicht oder Tat übel lohnt, in seinem Stolz treffen; drückt im Unterschied zu „kränken" deutlicher einen Vorwurf gegenüber dem Urheber der Kränkung und seiner Handlungsweise und im allgemeinen eine tiefer gehende Wirkung auf den Betroffenen aus: *unsere Worte hatten ihn verletzt.* **verwunden,** etwas verwundet jmdn. (geh.): (in diesem Sinnbereich) etwas fügt jmdm. eine schmerzliche Kränkung zu; betont die Wirkung eines beleidigenden, kränkenden Verhaltens und wird im allgemeinen nicht von Personen selbst, sondern von ihren Äußerungen, Taten oder ihrer Handlungsweise gesagt: *dieses so deutlich geäußerte Mißtrauen verwundete ihn.* **treffen,** jmdn.: (in diesem Sinnbereich) jmdn. durch eine Tat, durch Äußerungen oder Vorwürfe, die er auf sein Verhalten, seine guten Absichten hin nicht erwartete und die er als ungerecht empfindet, in seinem Stolz verletzen und in seinem Vertrauen enttäuschen; bezieht sich wie „verwunden" auf die eingetretene Wirkung einer Handlungsweise oder Äußerung und wird im allgemeinen nur in der Vergangenheit gebraucht: *diese massiven Vorwürfe trafen ihn schwer.* **auf den Schlips treten,** jmdm. (salopp): jmdn. [der empfindlich oder leicht verletzbar ist] durch eine unbedachte Äußerung kränken; drückt meist aus, daß der Sprecher/Schreiber die Reaktion des Betroffenen nicht sehr ernst nimmt und sie bagatellisiert; wird meist in der Vergangenheit gebraucht: *ich fürchte, ich habe ihm eben auf den Schlips getreten.*

Krankenhaus, das: größeres Gebäude, in dem körperlich Kranke zur Behandlung aufgenommen werden. **Krankenanstalt,** die (selten): großes Gebäude mit Anstaltsbetrieb, das der ärztlichen Behandlung und Pflege von körperlich oder geistig Kranken durch ausgebildetes Personal dient. **Klinik,** die: öffentliche oder private Anstalt, in der meist bettlägerige Kranke behandelt und versorgt werden; Krankenhaus [das auf die Behandlung bestimmter Erkrankungen spezialisiert ist]. **Klinikum,** das: Zusammenschluß mehrerer [Universitäts]kliniken unter einheitlicher Leitung. **Poliklinik,** die: meist an ein Krankenhaus angeschlossene medizinische Einrichtung mit einer oder mehreren Fachabteilungen für die ambulante Behandlung von Patienten. **Hospital,** das (veraltend); **Spital,** das (landsch.): (in diesem Sinnbereich) Anstalt, in der kranke Personen, deren Zustand die ärztliche Behandlung notwendig macht, Aufnahme und entsprechende Pflege finden. **Lazarett,** das: Militärkrankenhaus, das der Aufnahme, ärztlichen Behandlung und Pflege der kranken oder verwundeten Soldaten dient; findet sich als ortsfeste, aber auch in Autos, Eisenbahnzügen oder Schiffen eingerichtete Anstalt. **Heilanstalt,** die: Anstalt, in der solche Kranke aufgenommen werden, deren Behandlung und Pflege in einer besonderen Weise und über einen längeren Zeitraum hin erfolgen muß; meistens handelt es sich um eine Einrichtung zur Behandlung einzelner, ganz bestimmter Krankheiten. **Nervenheilanstalt,** die: psychiatrische Klinik; Klinik, in der Geisteskrankheiten oder seelische Störungen behandelt werden. **Nervenklinik,** die: **a)** Klinik für Erkrankungen des Nervensystems; **b)** i. S. v. Nervenheilanstalt. **Sanatorium,** das: Heilstätte, häufig privaten Charakters, in der chronisch erkrankte Personen oder Genesende ärztlich behandelt und meist auf besondere Art gepflegt werden.

Heilstätte, die: Genesungs- oder Heilanstalt in klimatisch günstiger Lage, die besonders schwer Erkrankte zur Behandlung und Pflege aufnimmt. **Siechenhaus,** das (veraltet): (in diesem Sinnbereich) Anstalt für Kranke mit einem Leiden, das einen dauernden Krankenhausaufenthalt erfordert, weil sie ständig hilfsbedürftig oder bettlägerig sind oder eine unheilbare Krankheit haben, die bleibende Pflege und ärztliche Behandlung verlangt. **Irrenanstalt,** die; **Irrenhaus,** das (ugs.): Krankenhaus, das geistesgestörte Kranke zur Pflege, Behandlung und Heilung aufnimmt.

krankhaft: allen gesunden Maßstäben widersprechend und nicht mehr normal; wird nicht von Menschen selbst, sondern von ihren Bestrebungen oder bestimmten Äußerungen ihrer Eigenschaften gesagt: *sie hat sehr unter seiner krankhaften Eifersucht zu leiden; ein krankhaftes Geltungsbedürfnis.* **pathologisch** (Medizin): sich wie eine Krankheit, als etwas Krankhaftes darstellend; in krankhafter Weise gesteigert, verändert: *sein Geiz kann schon fast p. genannt werden.*

Krankheit, die: **a)** körperliche Störung mehr oder weniger schwerwiegender Art, die an bestimmten Symptomen erkennbar ist: *sie starb an einer infektiösen K.;* **b)** (ohne Plural) (Ggs. Gesundheit): Zustand des Krankseins: *ich habe einmal Bildhauerin werden wollen, aber meine K. begann ja dann bei den Händen; wir wollen hoffen, daß wir von K. verschont bleiben.* **Leiden,** das: Krankheit, mit der jmd. für lange Zeit oder dauernd behaftet ist: *ein junger Mensch – offenbar mit einem L.; sein L. machte ihm sehr zu schaffen.* **Übel,** das (geh.): eine mehr oder weniger schwere, langwierige oder chronische [dabei schmerzhafte] Erkrankung, die als besonders unangenehm oder lästig empfunden wird: *er erkrankte. Erst sah es nicht nach einem ernsten Ü. aus, dann aber verschlimmerte sich der Zustand.* **Erkrankung,** die: Zustand, in dem man an einer bestimmten körperlichen Störung leidet: *es gibt Naturen, die bei der kleinsten E. zu Fieber neigen.* **Siechtum,** das (ohne Plural): langwieriger, mit einem allmählichen Verfall des Körpers verbundener Krankheitszustand: *oft geht dem Tode ein langes, schmerzensreiches S. voraus.* **Bresthaftigkeit,** die (ohne Plural; veraltet): körperliche Schwäche und Hilflosigkeit infolge Krankheit oder Alters: *ihre B. nimmt immer mehr zu.* **Gebrechen,** das; **Gebrest[en],** das (veraltet): dauerndes, sichtbares, meist verunstaltendes oder die Bewegung behinderndes körperliches Leiden: *Unbehaglichkeit befällt die Menschen bei der Entdeckung eines Gebrechens in ihrer Nähe; er ging in den Vorraum, wo eine gelähmte alte Frau über ihre Gebreste klagte.* **Unpäßlichkeit,** die; **Unwohlsein,** das (ohne Plural): leichte und vorübergehende Störung des körperlichen Wohlbefindens: *wegen einer Unpäßlichkeit mußte sie ihren Vortrag verschieben; sie hat öfter unter Unwohlsein zu leiden;* ↑Seuche.

Krankheitserreger, der: etwas, was Krankheiten verursacht (z. B. Bakterien, Viren). **Bakterie,** die (meist Plural): einzelliges Lebewesen, das u. a. als Erreger von Krankheiten, Gärungs- und Fäulnisvorgängen große Bedeutung besitzt. **Spaltpilz,** der (veraltet): i. S. v. Bakterie. **Bazillus,** der: oft als Krankheitserreger wirkende stäbchenförmige Bakterie; wenn die Bakterien Sporen ausbilden können, nennt man sie Bazillen. **Bazille,** die (ugs.): i. S. v. Bazillus. **Virus,** das/(außerhalb der Fachsprache auch:) der: kleinstes [krankheitserregendes] Partikel, das nur auf lebendem Gewebe gedeiht; Erreger von Infektionskrankheiten, auch von Geschwülsten; ↑Krankheit; ↑krank.

kränklich: von schwacher Gesundheit; gegenüber Krankheiten sehr anfällig und wenig widerstandsfähig; oft unter Krankheit oder Unwohlsein zu leiden habend: *schon als junges Mädchen war sie k.* **kränkelnd:** dauernd mit irgendeinem körperlichen Unwohlsein, irgendwelchen leichteren Beschwerden behaftet, die jmdn. in seiner Leistungsfähigkeit beeinträchtigen; wird meist attributiv gebraucht: *sie ist mit einem ewig kränkelnden Mann verheiratet.* **leidend:** mit einer sehr langwierigen oder einer chronischen Krankheit behaftet, bei der kaum noch eine Besserung eintreten kann: *sie ist schon lange l.* **bettlägerig:** durch eine [schwere] Krankheit oder durch Altersschwäche vorübergehend oder für immer ans Bett gefesselt; klingt leicht gespreizt: *man sieht ihr heute nicht mehr an, daß sie jahrelang b. war;* ↑hinfällig, ↑krank.

Kratzer, der: mehr oder weniger große und tiefe strichartige Vertiefung oder Verletzung auf einer sonst glatten Oberfläche [die durch einen harten Gegenstand hervorgerufen wurde]: *die Schreibtischplatte hat seit gestern mehrere K., wie ist das passiert?* **Schramme,** die: von einem [vorbeistreifenden] spitzen oder rauhen Gegenstand durch Abschürfen hervorgerufene Beschädigung oder Verletzung der glatten Oberfläche von etwas: *das Auto hat eine S. bekommen.*

kribb[e]lig (ugs.): unruhig, erregt durch die Befürchtung, daß ein bestimmtes Ereignis nicht eintritt oder ein Vorhaben nicht oder nicht zufriedenstellend ausgeführt werden kann; wird nur auf den Menschen angewandt und meist subjektbezogen gebraucht: *der Schüler war ganz k., als er keine Lösung der Aufgabe fand.* **nervös:** (in diesem Sinnbereich) i. S. v. kribblig; wird auf den Menschen oder dessen Äußerungen angewendet: *diese Fahrt macht mich ganz n.;* vgl. nervös ↑fahrig. **gereizt:** sich seelisch in einem Zustand befindend, in dem der Betreffende auf etwas, was ihm nicht paßt o. ä., gleich nervös-empfindlich, böse und ärgerlich reagiert: *er war durch das lange Warten im Vorzimmer sehr g.* **reizbar:** empfindlich, leicht zu reizen: *der Chef ist heute sehr r.* **zapp[e]lig** (fam.): (in diesem Sinnbereich) vor Angst oder Erwartung innerlich und äußerlich unruhig: *er war ganz z. vor Erwartung;* vgl. zapplig ↑fahrig; ↑[2]Kopf (den Kopf verlieren); ↑aufgeregt, ↑fahrig, ↑ruhelos; ↑spinnen, ↑überschnappen.

[1]**kriechen:** (in diesem Sinnbereich) sich am Boden hin auf dem Bauch liegend, auf allen vieren oder geduckt fortbewegen; häufig mit der Nebenvorstellung des Langsamen oder Mühsamen: *er kroch auf Händen und Füßen zum offenen Fenster.* **krauchen** (ugs.; landsch.): i. S. v. kriechen: *der Vater erwischte seinen Jüngsten, als er gerade unter das Bett k. wollte.* **krabbeln:** sich am Boden hin auf allen vieren, Arme und Beine hastig bewegend, fortbewegen: *er krabbelte auf allen vieren und stieß heisere Tierschreie aus.* **robben:** sich am Boden hin, flach auf dem Bauch liegend, mit den Ellenbogen fortbewegen: *sie jagten die Rekruten über die Eskaladierwand und ließen sie r.*

[2]**kriechen,** vor jmdm. (abwertend): einem Höhergestellten gegenüber unterwürfig sein, um dadurch Vorteile zu erreichen: *er kriecht vor seinen Vorgesetzten.* **liebedienern** (abwertend): schmeichlerische Dienstfertigkeit zeigen, um dadurch die Gunst Höhergestellter zu erlangen: *bei den Reichen l.* **herumschwänzeln** [um jmdn.] (ugs.; abwertend): sich ständig in der Nähe eines Höhergestellten aufhalten und sich durch geschäftiges Dienern und Nach-dem-Munde-Reden bei ihm beliebt zu machen suchen: *er schwänzelte um den Direktor herum.* **herumscharwenzeln** [um jmdn.] (ugs.; abwertend): sich in jmds. Nähe zu schaffen machen und dabei immer bereit, übertrieben geschäftig und eilfertig seine Dienste anzubieten, um sich dadurch einzuschmeicheln; enthält keine sehr starke Verurteilung durch den Sprecher/Schreiber: *um die Dame des Hauses h.* **radfahren** (ugs.; abwertend): gegenüber Vorgesetzten unterwürfig sein und liebedienern [jedoch gegenüber Untergebenen unfreundlich sein und sie schikanieren]: *diesen schleimigen Kerl kann ich nicht leiden, der fährt immer Rad und will sich beim Chef lieb Kind machen.* **in den Hintern/**(vulgär auch:) **Arsch kriechen,** jmdm. (derb): Höhergestellten gegenüber in erniedrigender Weise unterwürfig sein: *du kriechst ja den Vorgesetzten in den Hintern;* ↑einschmeicheln, ↑hofieren, ↑schmeicheln; ↑unterwürfig.

krumm (Ggs. gerade): (in diesem Sinnbereich) nicht gerade, nicht aufrecht gewachsen; durch knorrigen, unregelmäßigen oder schiefen Wuchs, schiefe Haltung von der Symmetrie der Gestalt abweichend oder in seiner Längsrichtung eine Krümmung, Durchbiegung aufweisend; wird, wie die übrigen Wörter, von organischen Körpern, Gliedmaßen o. ä. gesagt und bezieht sich wie „gekrümmt" sowohl auf bleibende Gestaltveränderungen als auch auf eine vorübergehend eingenommene Lage: *krumme Äste, krumme Beine; die Tanne ist k. gewachsen;* vgl. krumm ↑gebogen, ↑verbogen. **gekrümmt:** in Wuchs oder Haltung stark von seiner Symmetrieachse abweichend; nach einer Seite hin stark durchgebogen; entweder als Folge anomalen Wachstums oder als [willkürlich] eingenommene Haltung: *der gekrümmte Rücken der sprungbereiten Katze; ihre Finger waren von Gicht g.* **verkrümmt:** in [regellosen] Krümmungen gewachsen; in Lage oder Haltung zusammengekrümmt oder [unnatürlich] verdreht; kennzeichnet im Unterschied zu den übrigen Wörtern eine bleibende Gestaltanomalie: *der Finger ist v.*

kühn: Mut zeigend, beweisend; zu Taten bereit trotz des Bewußtseins der Gefahr, voll Selbstvertrauen die Gefahr verachtend: *ein kühner Bergsteiger; eine kühne Tat;* vgl. kühn ↑keck. **wagemutig:** im Hinblick auf ein Unternehmen Gefahren [leichtsinnig] mißachtend und auf einen guten Ausgang hoffend; vor einem Risiko nicht zurückschrekkend; wird nur von Personen gesagt und enthält Anerkennung: *er ist immer sehr w.* **risikobereit:** bereit, für etwas ein Risiko einzugehen. **risikofreudig:** gern ein Risiko in Kauf nehmend für etwas, was man unternehmen, erreichen möchte; ist in gewisser Weise ein positiv-verhüllendes Adjektiv in bezug auf das Riskante, die Gefährlichkeit, die dem Ganzen innewohnt, und in bezug auf den eventuellen negativen Ausgang. **waghalsig:** sich in leichtsinniger Weise einer großen Gefahr aussetzend, um etwas zu erreichen; während „wagemutig" eine positive Einstellung des Sprechers/Schreibers ausdrückt, enthält „waghalsig" eine Kritik am Leichtsinn: *w. kletterte er auf den Felsvorsprung, um ein Edelweiß zu pflücken;* vgl. leichtsinnig ↑leichtlebig; ↑leichtsinnig. **ver-**

wegen: sich draufgängerisch, oft in Überschätzung der eigenen Kräfte, in eine Gefahr stürzend: *v. griff er die Übermacht an.* **draufgängerisch:** unerschrocken und mit Begeisterung, Elan sich für etwas einsetzend, ohne zu zögern; möglicher Gefahren nicht achtend: *ein draufgängerischer Kerl.* **tollkühn:** sich blindlings in die größte Gefahr stürzend; nicht vom Bewußtsein der Gefährlichkeit der Situation durchdrungen, sondern von dem Willen beseelt, sie zu meistern, so unmöglich das auch zu sein scheint: *t. wagte er den Sprung von der Mauer.* **vermessen:** sich übermäßig auf die eigenen Kräfte oder auf das Glück verlassend; die Gefahr oder die Möglichkeit eines Mißerfolgs in überheblicher Weise mißachtend: *ein vermessener Wunsch.* **gewagt:** mit Gefahr verbunden, nicht ungefährlich; in bezug auf ein Unternehmen o. ä., dessen Ausgang ungewiß ist, Nachteile bringen oder fehlschlagen kann; drückt Skepsis aus: *gewagte Chansons; diese Reise ist eine recht gewagte Sache;* vgl. unternehmungslustig ↑rührig; ↑couragiert, ↑mutig, ↑unerschrokken; ↑Mut.

Kummer, der (ohne Plural): **a)** (geh.): trauriger, niedergedrückter Gemütszustand; Betrübnis über ein schweres Geschick oder ein Leid, das einen betroffen hat: *von K. gebeugt;* **b)** (ugs.): Niedergeschlagenheit über einen Mißerfolg oder eine Schwierigkeit, mit der man nicht fertig wird: *was hast du denn für K.?* **Kümmernis,** die (meist Plural): kleiner, meist durch äußere Schwierigkeiten hervorgerufener Kummer; drückt aus, daß der Sprecher/Schreiber diese Bedrücktheit nicht sehr schwernimmt: *jmdm. seine Kümmernisse erzählen.* **Sorge,** die (meist Plural): bedrückendes Gefühl der Unruhe und Angst, das aus einer eigenen oder fremden Notlage erwächst; im Unterschied zu „Kummer" mehr auf schwierige äußere Verhältnisse oder auf die Zukunft bezogen: *große Sorgen haben; familiäre, finanzielle Sorgen;* ↑Sorge; vgl. versorgt ↑verhärmt. **Betrübnis,** die: Gemütsempfindung, bei der wegen schlechter Nachrichten, Entwicklungen o. ä. die Stimmung trübe und unfroh ist; vgl. betrübt ↑traurig. **Chagrin** [schagrä̲n̶g̶], der (ohne Plural; selten): (in diesem Sinnbereich) nagender Kummer: *ihre Kinder machen ihr sehr viel C.;* vgl. Chagrin ↑Ärger. **Gram,** der (ohne Plural; geh.): anhaltender, nagender, düsterer Kummer, der jmdn. quält und der an jmdm. zehrt: *sie starb aus G. über den Tod ihres Mannes;* vgl. vergrämt ↑verhärmt. **Harm,** der (ohne Plural; dichter.): tiefer innerlicher Schmerz und Kummer: *vor H. vergehen;* ↑verhärmt. **Herzeleid,** das (ohne Plural; dichter.; selten): Trauer über ein schweres Geschick (Tod, Krankheit, erlittenes Unrecht); ist stark gefühlsbetont: *sie trug viel H.;* ↑Trauer.

[1]**kümmerlich:** (in diesem Sinnbereich) klein und schwächlich; im Wachstum, in der Entwicklung zurückgeblieben; wird, wie alle Wörter dieser Gruppe, auf Menschen, Tiere und Pflanzen angewandt; betont das Abweichen vom Normalen und drückt starkes Bedauern oder Verachtung des Sprechers/Schreibers aus. **verkümmert, vermickert/** (auch:) **vermückert, vermiekert, vermükert** (ugs.; landsch.; abwertend): klein und schwächlich geworden oder geblieben; in der Entwicklung stehengeblieben, keine Entwicklungsmöglichkeiten mehr habend; kennzeichnen im Unterschied zu den anderen Wörtern dieser Gruppe den Zustand als einen gewordenen und betonen die Endgültigkeit: *vermiekert aussehen.* **murklig** (fam.; landsch.; abwertend): von sehr kleiner und schwächlicher Gestalt und nicht sehr ansehnlich: *er ist klein und m.* **mick[e]rig/** (auch:) **mück[e]rig, miek[e]rig, mük[e]rig** (fam.; landsch.; abwertend): klein und schwächlich; im Wachstum zurückgeblieben und dabei kränklich und schlecht aussehend.

[2]**kümmerlich:** (in diesem Sinnbereich) so unbeträchtlich, so geringe Möglichkeiten bietend, daß man wenig damit anfangen, nichts davon erhoffen kann; wird im allgemeinen etwas geringschätzig von Bestrebungen und Versuchen gesagt, die in den ersten Ansätzen steckenbleiben, in der Entfaltung gehindert sind; ferner auf Überreste bezogen: *die Bibliothek des Ortes ist k.; die Frau lebt von ihrer kümmerlichen Rente.* **bescheiden:** (in diesem Sinnbereich) in quantitativer, qualitativer Hinsicht nur mäßig, eigentlich weniger als man sich wünscht; bezieht sich auf Lebensumstände, Mittel, Fähigkeiten; wird geringschätzig und betont verhüllend angewandt, um anzudeuten, daß man selbst Besseres aufzuweisen oder zu verlangen hätte: *seine Leistungen, Einkünfte sind [äußerst] b.;* vgl. bescheiden ↑genügsam, ↑[3]schlicht. **dürftig:** (in diesem Sinnbereich) auf klägliche oder peinliche Weise unergiebig und ohne rechten Wert; wird auf Fähigkeiten, Leistungen, Ergebnisse bezogen und bemängelt besonders das Mißverhältnis zwischen dem Gebotenen und dem, was man eigentlich erwartet oder erhofft hat: *seine Gestaltungskraft ist d.* **armselig:** (in diesem Sinnbereich) mit so unzulänglichen Mitteln um Bestehen oder Wirkung bemüht, daß es Mitleid oder Verachtung hervorruft; wird mit Bezug auf Personen, ihre Mittel

und Leistungen gebraucht, deren Wirkung oder Kraft nicht entfernt an das heranreicht, was sie darstellen sollen oder wollen: *ein staubiger Kinderspielplatz mit ein paar armseligen Bäumchen.*

kündigen, jmdm.: (in diesem Sinnbereich) als Arbeitgeber einen Arbeitsvertrag, ein Dienstverhältnis durch schriftliche oder mündliche Erklärung lösen: *man hat ihm zum nächsten Ersten gekündigt.* **entlassen,** jmdn. (Ggs. ↑einstellen): jmdn. nicht weiter beschäftigen oder nicht in seinen Diensten behalten, weil man ihn, d. h. seine Arbeitskraft, nicht mehr braucht oder weil er sich für seine Stellung, ein Amt, eine bestimmte Arbeit als nicht tauglich erwiesen hat: *die Fabrik hat viele Arbeiter entlassen, weil sie nicht genügend Aufträge hat.* **ablösen,** jmdn.: jmdn. aus seinem Amt entfernen, weil er in seiner Tätigkeit nicht den Erwartungen entspricht. **seinen Schreibtisch räumen müssen:** weil man jmdm. nicht paßt oder wegen kritischer Verhaltensweise seine Stellung nicht mehr weiter behalten: *nach der Wende mußte er seinen Schreibtisch im Ministerium räumen.* **in die Wüste schicken,** jmdn.: jmdn., der eine mehr oder weniger exponierte oder selbständige Position innehat, entlassen, weil man mit ihm nicht zufrieden oder mit seinen Handlungen o. ä. nicht einverstanden ist: *der Kanzler schickte den Minister in die Wüste.* **suspendieren,** jmdn. (bildungsspr.): jmdn. einstweilen des Dienstes entheben, bis auf weiteres von seinen Dienstobliegenheiten entbinden, weil schwerwiegende Vorwürfe gegen ihn erhoben worden sind, die noch geprüft werden müssen. **fristlos entlassen,** jmdn.: jmdn. auf Grund einer schwerwiegenden Verfehlung irgendwelcher Art ohne Einhaltung der sonst üblichen Kündigungsfrist aus seinem Dienst entlassen: *sie haben drei Angestellte fristlos entlassen, als ihre Zugehörigkeit zu einem Spionagering bekanntgeworden war.* **den Laufpaß geben,** jmdm.: (in diesem Sinnbereich) sich von jmdm., den man längere Zeit bei sich beschäftigt hatte, trennen, ihn wegschicken, entlassen. **den Stuhl vor die Tür setzen,** jmdm.: jmdn. nicht mehr länger bei sich beschäftigen, ihn überraschend schnell entlassen. **auf die Straße setzen,** jmdn.: jmdn. nicht mehr weiterbeschäftigen, ihn entlassen; enthält Kritik, bes. im Hinblick auf die nicht gesicherte Existenz des Betroffenen. **fortschicken,** jmdn.: jmdn., weil man ihn nicht mehr braucht oder weil er für eine bestimmte Arbeit nicht taugt, ohne Formalitäten [mehr oder weniger willkürlich] aus seinen Diensten entlassen; wird nur da gesagt, wo es sich um ein lockeres, nicht schriftlich vereinbartes Arbeitsverhältnis handelt: *sie haben ihre Putzhilfe fortgeschickt.* **fortjagen,** jmdn.; **davonjagen,** jmdn.: jmdn. in einer Regung von Zorn oder Ärger [zu der er Anlaß gegeben hat] aus dem [Haus und] Dienst jagen; ist emotional gefärbt: *der Bauer hat seinen Knecht fortgejagt.* **feuern,** jmdn. (salopp): jmdn. entlassen, weil er sich etwas hat zuschulden kommen lassen oder weil man mit ihm und seinen Leistungen unzufrieden o. ä. ist; ist emotional gefärbt und kennzeichnet die Mentalität des Sprechers/Schreibers, der dem Betroffenen gegenüber gleichgültig ist oder die Entlassung sogar positiv bewertet. **schassen,** jmdn. (ugs.): jmdn. schimpflich aus seinem Amt entlassen, davonjagen. **rauswerfen,** jmdn. (ugs.): (in diesem Sinnbereich) jmdn., der durch sein Verhalten dazu Anlaß gegeben hat, aus Verärgerung [sofort] entlassen; ist emotional gefärbt: *sie werden dich bald r., wenn du so unpünktlich kommst.* **rausschmeißen,** jmdn. (salopp); **rausfeuern,** jmdn. (salopp); **rauspfeffern,** jmdn. (salopp): i. S. v. rauswerfen; ist stark emotional gefärbt: *er hatte sich so viel zuschulden kommen lassen, daß man ihn schließlich rausgeschmissen hat;* ↑[1]absetzen, ↑ausscheiden.

künftig: (Ggs. gegenwärtig, früher): **a)** zu einem Zeitpunkt irgendwann in der kommenden Zeit eintretend; der kommenden Zeit angehörend, noch bevorstehend oder herannahend; „künftig" ist manchmal eine so vage Bestimmung, daß nicht nur der Zeitpunkt eines Ereignisses, sondern auch die Wahrscheinlichkeit des Eintretens in Frage gestellt bleibt: *er besieht seinen künftigen Schwiegersohn mit eingekniffenen Augen; künftige Generationen;* **b)** (geh.): vom gegenwärtigen Zeitpunkt an; in der kommenden Zeit (vom gegenwärtigen Zeitpunkt aus gesehen): *er versprach, k. besser aufzupassen; ganz offensichtlich wollte er bestimmen, was k. getan werden sollte.* **zukünftig: a)** zu einem Zeitpunkt irgendwann in der kommenden Zeit mit Bestimmtheit eintretend: *wohlgefällig betrachtete die Mutter ihre zukünftige Schwiegertochter; für zukünftige Eventualitäten;* **b)** i. S. v. künftig b); verleiht der Aussage einen gewissen Nachdruck: *z. erwarte er von ihm Pünktlichkeit.* **in Zukunft:** i. S. v. „künftig" b); drückt oft aus, daß man bewußt, aus bestimmten Gründen oder weil man aus der Vergangenheit gelernt hat, etwas Bestimmtes tut oder unterläßt; gibt der Aussage besonderen Nachdruck: *wir werden uns in Zukunft mit genügend Kohlen eindecken müssen, damit es uns nicht wieder so geht wie im letzten Winter; in Zukunft unterrichten Sie mich bitte früher, wann Sie in Urlaub gehen* *wollen.* **kommend:** herannahend, in absehbarer Zeit, in der näheren Zukunft eintretend: *kommende Generationen;* vgl. kommend ↑nächst. **fortan, fortab** (selten), **hinfort** (selten), **fürder[hin]** (veraltet): i. S. v. künftig b); beziehen sich von der Gegenwart oder von einem bestimmten Zeitpunkt in der Vergangenheit aus auf etwas Zukünftiges; deuten im allgemeinen einen Wechsel an gegenüber dem, was vorher geschah: *fortan wollte er selbst für Ordnung sorgen.* **weiterhin:** so wie bisher auch in Zukunft: *trotzdem erhielt er w. die Beziehungen zu ihnen aufrecht.* **später: a)** nach unbestimmter Zeit irgendwann eintretend, nachfolgend; von der Gegenwart oder der Vergangenheit aus gesehen: *spätere Generationen werden die Leistungen dieses Mannes würdigen;* **b)** (Ggs. ↑jetzt): nach einer gewissen, nicht genau bestimmten Zeit; wird von der Gegenwart aus gesagt: *das mache ich jetzt noch nicht, sondern s.; s. kaufe ich mir ein Auto;* **c)** (Ggs. ↑vorher): i. S. v. später b); wird gesagt, wenn das Geschehen in der Vorzeitigkeit oder in der Zukunft abläuft: *in meiner Jugend bin ich viel gereist, s. hatte ich dazu keine Gelegenheit mehr.* **späterhin:** zu einem späteren Zeitpunkt; ist unverbindlicher als „später" und schiebt meist etwas auf unbestimmte Zeit hinaus, wobei dann gemeint ist, daß vorher erst noch anderes getan werden muß: *s. werden wir noch anbauen; er hat mich auf s. vertröstet.* **in spe** (bildungsspr.): zukünftig; gibt an, was für eine verwandtschaftliche oder berufliche Stellung jmd. in absehbarer Zeit einnehmen wird; wird nur nachgestellt verwendet und hat meist einen freundlich-familiären Beiklang: *das ist ihr Verlobter in spe; Herr Amtsgerichtsrat in spe.* **bald, demnächst, in kurzer Zeit:** nach nicht langer Zeit: *er wird bald hier sein; demnächst in diesem Theater.*

[1]**kurz** (Ggs. ↑ausführlich): (in diesem Sinnbereich) nicht sehr ausführlich und umfangreich: *ein kurzer Bericht.* **knapp:** sehr kurz gefaßt, auf das Wesentlichste beschränkt: *eine knappe Darstellung, Ausdrucksweise.* **gedrängt:** kurz zusammengefaßt, in Stichworten, wobei viel auf einem kleinen und begrenzten Raum untergebracht ist [weil besondere Gründe dazu gezwungen haben]: *eine gedrängte Übersicht, Darstellung.* **kurz und bündig:** ohne überflüssige Worte; ohne Umschweife: *er sagte kurz und bündig, was er wollte.*

[2]**kurz: vor kurzem:** vor gar nicht langer Zeit; wird verwendet, wenn die Zeitspanne wenigstens einige Stunden, im allgemeinen aber wenigstens einige Tage oder Wochen umfaßt: *das Buch war erst vor kurzem erschienen.* **kürzlich:** vor gar nicht langer Zeit; irgendwann zu einem Zeitpunkt, der nicht lange vor dem gegenwärtigen liegt; irgendwann in letzter Zeit; wird verwendet, wenn etwas wenigstens Tage oder Wochen zurückliegt: *k. ist auch eine Dünndruckausgabe seiner Werke erschienen.* **neulich, neuerlich:** i. S. v. kürzlich; stellt aber im Gegensatz zu „kürzlich" nicht nur einen Zeitbezug her, sondern bringt die enge assoziative Beziehung zum Ausdruck; betont, daß etwas noch lebhaft in Erinnerung oder in Beziehung zu etwas von Wichtigkeit ist: *erst neuerlich hat er wieder geschrieben; Renate sagte, sie könne das Kleid nicht anziehen, weil sie es neulich schon angehabt habe;* vgl. neuerlich ↑wieder. **letztens:** i. S. v. kürzlich; wird häufig verwendet, wenn ein Anknüpfungspunkt für die Gegenwart besteht: *l. las ich in der Zeitung einen Bericht über neue Ergebnisse auf dem Gebiet der Krebsforschung.* **jüngst** (dichter.): i. S. v. kürzlich; aber speziell im Gegensatz zur entfernteren Vergangenheit: *das Buch ist j. in München erschienen.* **unlängst:** vor noch gar nicht langer Zeit, erst kürzlich; es ist noch gar nicht lange her: *er sagte, auch er sei u. in einen Verkehrsunfall verwickelt worden.* **vor einer Weile** (ugs.): kurze Zeit vor dem gegenwärtigen Zeitpunkt; wird verwendet, wenn die Zeitspanne wenigstens einige Minuten und höchstens einige Stunden umfaßt: *sein Vater sagte ihm, daß vor einer Weile zwei Männer nach ihm gefragt hätten.* **vorhin** (Ggs. ↑jetzt): gerade eben noch, vor wenigen Augenblicken, Minuten oder Stunden: *v. vor der Prüfung hatte ich Angst.*

kurzerhand: rasch und ohne lange zu überlegen; bezieht sich öfter als folgendes „kurz entschlossen" auch auf ein Handeln, das eigentlich eine längere oder gründlichere Überlegung erfordert hätte: *er war der Stärkere und warf ihn k. in ein dunkles Gemach.* **kurz entschlossen:** aus einem rasch gefaßten Entschluß heraus; ohne noch lange zu zögern; wird oft dann gebraucht, wenn eine bestimmte Situation eine schnelle Entscheidung von jmdm. fordert oder wenn zu einer Handlung eine gewisse Überwindung nötig ist: *als der Krieg ausbrach, packte sie kurz entschlossen ihre Habe zusammen und ging ins Ausland;* ↑eilig, ↑schnell.

küssen [jmdn.]: seine Lippen auf jmds. Mund oder auch Wange drücken; ist nicht der Kuß auf Mund oder Wange gemeint, so wird stets angegeben, wohin man jmdn. küßt; läßt offen, ob es sich dabei um einen oder um mehrere Küsse handelt, ob sie aus Liebe, Überschwang, zum Zeichen der Verehrung oder zur Begrüßung gegeben werden; ist das allgemeinste Wort dieser Gruppe: *bei der Begrüßung auf dem Bahnhof umarmte und küßte er ihn nach östlicher Sitte; sie rannte auf ihn zu und küßte ihn; Elke und Mark saßen an der Bar und küßten sich.* **einen Kuß geben,** jmdm.: jmdn. einmal auf Mund oder Wange küssen; kennzeichnet die einzelne abgeschlossene Handlung; klingt familiärer, weist im allgemeinen auf eine weniger heftige, oft unverbindlichere Art hin als „küssen" und wird weniger gebraucht, wenn es sich um leidenschaftliche Liebesbezeigungen im erotischen Bereich handelt: *er legte seine Ärmchen um den Hals der Mutter und gab ihr einen Kuß.* **einen aufdrücken,** jmdm. (salopp; landsch.): jmdm. [unvermittelt, aus einem Gefühl des Überschwangs, aus fröhlicher Unbekümmertheit] einen herzhaften Kuß geben; kennzeichnet meist eine spontane Handlungsweise und wird im Unterschied zu „einen Kuß geben" nicht in bezug auf Kinder angewandt: *als er sie nach dem Tanz zu ihrem Platz zurückgeführt hatte, drückte er ihr rasch einen auf.* **abküssen,** jmdn.: jmdn. mehrmals und heftig küssen; bezieht sich im allgemeinen nicht auf Liebkosungen intimerer Art; kennzeichnet meist eine Handlungsweise, die von Herzlichkeit, oft auch von einem spontanen Gefühl der Freude und des Glücks zeugt: *sie küßte ihn bei seiner Ankunft auf dem Bahnsteig vor allen Leuten ab, daß es seine Art hatte.* **abschmatzen,** jmdn. (salopp; landsch.): jmdn. aus liebevollem Überschwang geräuschvoll abküssen; wird öfter mit leicht abwertendem Ton gesagt: *sie schmatzten sich ab und schienen nicht genug kriegen zu können.* **busseln** [jmdn.] (landsch.): jmdn. in liebkosender, oft nur in harmlos neckender, unverbindlicher Weise auf den Mund küssen: *ich habe mir einen Korb geholt, nicht einmal b. ließ sie sich.* **schnäbeln** (scherzh.): sich als Liebespaar wiederholt und zärtlich auf den Mund küssen; steht im Unterschied zu den übrigen Wörtern dieser Gruppe ohne Objekt und setzt immer die aktive Beteiligung zweier Personen voraus; wird meist mit einem gewissen Wohlwollen gesagt: *laß sie s., wir waren auch einmal jung.* **knutschen** (salopp): (in diesem Sinnbereich) sich unter Umarmungen heftig küssen; setzt die aktive Beteiligung zweier Personen voraus und bezieht sich wie „abknutschen" auf den sinnlich-erotischen Bereich; wird oft abwertend von Dritten gebraucht: *„Ich habe genau gesehen, wie sie im Park knutschten", bemerkte sie scharf.* **abknutschen,** jmdn. (salopp): (in diesem Sinnbereich) jmdn. unter Umarmungen heftig und fortgesetzt küssen; die Vorsilbe ab- besagt, daß sich das verbale Tun ganz und gar und intensiv vollzieht; wird oft mit noch stärkerer Abwertung gesagt als „knutschen": *er knutschte sie beim Tanzen derart ab, daß sich die Leute darüber mächtig aufregten.*

L

lächeln: (ohne einen Laut von sich zu geben) ein wenig lachen, wobei die Gesichtsmuskeln nur leicht angezogen werden; es kann sowohl Erheiterung, Verbindlichkeit und Freundlichkeit als auch Spott ausdrücken: *er lächelte freundlich, spöttisch, als sie ihren Wunsch vortrug.* **lachen:** (in diesem Sinnbereich) einem Gefühl der Heiterkeit lautlos Ausdruck geben, indem man die Gesichtsmuskeln ein wenig so zusammenzieht, daß man die Freude in den Augen und auf dem Gesicht erkennen kann, wobei man oft auch die Lippen öffnet und die Zähne sehen läßt: *auf allen Bildern sieht man ihn l.;* ↑lachen; vgl. lachen ↑frohlocken. **schmunzeln:** mit Wohlgefallen, gutmütig, belustigt [in sich hinein] lächeln; setzt Verständnis und Einblick in Vorgänge und Zusammenhänge voraus und kann deshalb nicht von kleineren Kindern gesagt werden: *freundlich, belustigt s.* **grinsen:** breit, aber auch dumm, verlegen oder schadenfroh lächeln: *er grinste verständnisvoll, höhnisch.* **grienen** (landsch.): verschmitzt oder verstohlen lächeln: *er griente nur, als er das hörte.* **feixen** (ugs.): den Mund breit oder hämisch lächelnd verziehen, ohne jedoch einen Laut dabei von sich zu geben; drückt eine gewisse Schadenfreude und Boshaftigkeit aus und setzt eine bestimmte Bewußtheit und Erkenntnisfähigkeit voraus; gern wird es von Jugendlichen gesagt, von kleinen Kindern und älteren Leuten dagegen selten, weil dieses Wort mit der naiven Welterfassung des Kindes oder mit der Würde des Alters als unvereinbar angesehen wird: *die Schüler feixten.*

lachen (Ggs. ↑weinen): einem Gefühl der Fröhlichkeit oder des Spottes, das durch jmdn./etwas hervorgerufen wird, laut Ausdruck verleihen, wobei der Atem schallend und in kurz aufeinanderfolgenden Abständen ausgestoßen wird und die Gesichtsmuskeln zusammengezogen werden: *er lachte, daß ihm die Tränen kamen;* vgl. lachen ↑frohlocken, ↑lächeln. **auflachen:** ein kurzes lautes Lachen hören lassen; drückt oft Ironie oder Bitterkeit aus und bezieht sich auch häufig auf etwas, was man für grotesk oder absurd hält: *er lachte gezwungen auf, lachte auf bei diesem Gedanken.* **herausplatzen** (ugs.), **losplatzen** (ugs.), **[los]prusten** (ugs.), **[los]brüllen** (ugs.): das Lachen nicht mehr zurückhalten können, so daß es plötzlich laut hörbar hervorbricht: *er platzte lärmend los: „O Gott, ich kann nicht mehr. Wie das komisch ist."; als der Angeklagte den Vorgang so anschaulich schilderte, brüllte das Publikum, und auch das hohe Gericht lachte.* **kichern, kickern** (landsch.), **gickeln** (landsch.), **gicksen** (landsch.): leise, unterdrückt, gedämpft und mit hoher Stimme vor sich hin lachen; wird meist von Mädchen und Frauen gesagt: *die Mädchen kicherten.* **gackern** (ugs.): halblaut, nicht in hellem Ton, in kurz aufeinanderfolgenden Abständen und leicht verhalten lachen; wird meist von Mädchen gesagt: *die beiden Mädchen gackerten in einem fort.* **wiehern** (salopp): sehr laut und in derber, unfeiner Weise über etwas [was man als komisch empfindet, oder über jmds. Schaden, Mißgeschick oder Ungeschicklichkeit] lachen; wird im allgemeinen nur von Jungen oder Männern gesagt: *er zeichnete ihn von vorne, und die andern begannen zu w.* **sich vor Lachen kugeln/**(auch:) **krümmen** (ugs.; emotional übertreibend): über etwas Komisches, Lustiges so stark lachen müssen, daß man sich nicht mehr zu halten weiß und der ganze Körper in Bewegung gerät: *ich kugelte mich vor Lachen.* **in [ein] Gelächter ausbrechen:** über etwas sehr laut und heftig zu lachen beginnen: *er brach in ein wieherndes, krankes, hohes Gelächter aus.* **Tränen lachen:** so sehr und herzlich lachen, daß einem die Tränen kommen: *ich habe Tränen gelacht, als er mir erzählte, wie er die Unteroffiziere überlistet hatte.* **sich krumm und schief lachen** (salopp; emotional übertreibend); **sich krumm-/**(auch:) **schieflachen** (salopp; emotional übertreibend): über etwas sehr, heftig lachen müssen. **aus vollem Halse lachen:** über etwas, was einen belustigt, überaus laut und rückhaltlos lachen. **sich [halb] totlachen** (ugs.; emotional übertreibend): über etwas sehr Komisches, Lustiges überaus heftig [und anhaltend] lachen. **sich ausschütten vor Lachen** (ugs.): über einen besonders komischen, lustigen Anlaß viel lachen und sich gar nicht beruhigen können. **scheckig lachen,** sich (salopp); **einen Ast lachen,** sich (Dativ) (salopp): überaus belustigt sein durch etwas und sehr darüber lachen.

lächerlich: (als Gegenständliches) in einer äußerlich als unangemessen, unpassend oder – wie „lachhaft" – in einer in seiner gedanklichen Aussage als widersinnig empfundenen Weise, die zu verächtlich-herablassendem oder zu nachsichtig-herablassendem Lachen als Ausdruck der Ablehnung, Zurückweisung reizt: *mit diesem lächerlichen* (nicht: lachhaften) *Hut kannst du nicht zu ihm gehen; er wirkt in diesem Aufzug l.* (nicht: lachhaft); *deine Ausrede ist l.* (auch: lachhaft); *dieses Argument ist eher l. als gefährlich; er kam in einem lächerlichen* (nicht: lachhaften) *Kostüm;* in der Wendung: sich l. (nicht: lachhaft) machen: *machen Sie sich doch nicht l.!* **lachhaft:** in der dargebotenen, dargelegten, als widersinnig betrachteten Weise nur empörte, zu verächtlichem Lachen reizende Ablehnung, Zurückweisung hervorrufend; bezieht sich auf abstrakte Substantive, die Gedankliches ausdrücken, vor allem auf gedankliche Aussagen wie Ansichten, Argumente, Ausreden, Behauptungen, Einwände, Entschuldigungen, Gründe, Verhalten usw.; wird im allgemeinen nur subjektbezogen verwendet und gehört mehr der Sprechsprache an; ist weniger häufig als „lächerlich", qualifiziert aber in schärferer Weise ab: *diese Ausrede ist einfach l.; es ist geradezu l., daß du noch immer nicht gemerkt hast, was hier gespielt wird.* **grotesk** (bildungsspr.): (in diesem Sinnbereich) durch eine Übersteigerung, Verzerrung oder die Umkehrung bestimmter Ordnungen komisch und unsinnig wirkend; durch verzerrende Übertreibung sonderbar wirkend; ins Verzerrte gesteigert; enthält eine gefühlsmäßige Ablehnung wie „lachhaft": *es ist g., wie sich diese Eltern von ihren Kindern tyrannisieren lassen.* **absurd** (bildungsspr.): der Vernunft widersprechend, entgegenstehend; vom Vernünftigen abweichend in einer Weise, die ins Gegenteil, in Unvernunft ausschlägt, übergeht; ist im Unterschied zu „lachhaft" weniger vom Gefühlsmäßigen als vom Verstand her bestimmt: *was du sagst, ist a.; eine absurde*

Idee; ein absurdes Geschwätz. **widersinnig:** gegen jeden Sinn, jede Vernünftigkeit: *widersinnige Anordnungen; etwas erscheint w.; etwas w. finden.* **unsinnig:** von Unsinn, törichtem Verhalten zeugend, ohne Logik: *ein unsinniges Gerede; eine unsinnige Behauptung, Forderung; er verlangte die unsinnigsten Dinge; sie suchten an den unsinnigsten Stellen.* **sinnlos:** ohne Sinn, keinen Sinn ergebend, keine Logik habend, enthaltend: *ein sinnloser Versuch, Satz; jeder Widerstand war s.; er gab s. Geld aus; es ist s., sich darüber aufzuregen;* ↑töricht, ↑nutzlos.

laden, etwas: (in diesem Sinnbereich) einen zum Transport bestimmten Gegenstand in oder auf ein Fahrzeug bringen: *sie haben alle Möbel auf das Auto geladen.* **beladen,** etwas (Ggs. entladen): (in diesem Sinnbereich) ein Fahrzeug mit einer [schweren] Last versehen: *einen Wagen b.* **volladen,** etwas: ein Fahrzeug bis zur Grenze seines Fassungsvermögens und seiner Tragfähigkeit mit irgendwelchen Gegenständen oder Personen beladen: *sie haben alle Schiffe mit Getreide vollgeladen.* **befrachten,** etwas (kaufm.): ein Fahrzeug mit Gütern oder Waren, die zum Versand bestimmt sind, beladen: *einen ganzen Güterzug mit Reis b.; ein Schiff b.* **einladen,** etwas: eine Ladung, Fracht o. ä. in ein Transportfahrzeug befördern, schaffen [und dort entsprechend unterbringen]: *Säcke [in den Waggon] e.*

lahm: (in diesem Sinnbereich) durch anstrengende [ungewohnte] Haltung, einseitige Beanspruchung der Muskeln körperlich ermüdet und kraftlos; wird wie „steif" von Personen (dann nicht attributiv) und von menschlichen Gliedmaßen o. ä. gesagt: *müde und l. von der ungewohnten Arbeit kehrten sie zurück; meine Arme sind ganz l. vom Koffertragen;* vgl. lahm ↑gelähmt. **steif:** (in diesem Sinnbereich) in den Muskeln [durch zu langes Verharren in unbequemer Stellung, durch Kälte o. ä.] verkrampft oder unbeweglich: *ich bin vom Hocken ganz s.; ich habe ganz steife Finger vor Kälte.*

Lampe, die: Beleuchtungsgerät, dessen Beschaffenheit sowohl hinsichtlich der äußeren Form als auch der Lichtquelle (meist elektrische Glühbirne oder auch Petroleum-, Öl-, Gasflamme) sehr verschiedenartig sein kann und das je nach Verwendungszweck irgendwo angebracht oder aufgestellt werden kann. **Leuchte,** die (Fachspr.): mit einer oder mehreren Glühbirnen oder Leuchtröhren versehener elektrischer Beleuchtungskörper. **Funzel,** die (salopp; abwertend): schlecht brennende Lampe, die nur trübes, als mangelhaft empfundenes Licht verbreitet; wird mitunter, meist in ärgerlichem Ton, auch allgemein abwertend für „Lampe" gebraucht. **Laterne,** die: Beleuchtungsgerät, dessen von Petroleum, Öl, Strom, Gas gespeiste Lichtquelle durch ein meist kantiges [Glas]gehäuse geschützt ist und das je nach seiner Bestimmung getragen, aufgehängt oder aufgestellt werden kann. **Lampion,** der: bunte, mit einer Aufhängevorrichtung und einer Kerze oder Glühbirne versehene zylindrische oder kugelförmige Papierlaterne, die bei bestimmten Festlichkeiten zur stimmungsvollen Illumination verwendet wird.

landläufig: weit verbreitet [und allgemein üblich und anerkannt]: *das ist „Demut vor der Natur" und was so landläufige Sprüche sind; er hypnotisierte ihn nicht nach dieser landläufigen Art.* **gebräuchlich:** in Gebrauch; allgemein verwendet; bezieht sich vor allem auf Wörter und Redewendungen: *eine gebräuchliche Redensart; dieses Wort ist noch sehr g.* **gängig:** (in diesem Sinnbereich) sich im Umlauf befindend, allgemein als gültig anerkannt: *eine gängige Meinung.* **gang und gäbe:** häufig vorkommend, an der Tagesordnung; wird von Verhaltensweisen und Handlungen gesagt, die bei einem Außenstehenden leicht Verwunderung oder Befremden erregen: *solche Ausdrücke sind hier gang und gäbe;* ↑üblich.

lange (ugs.): (in diesem Sinnbereich) schon seit einiger Zeit; vor einer geraumen, beträchtlichen Zeit: *das Geschäft haben sie l. aufgegeben; er ist l. wieder auf den Beinen.* **lange vorher:** vor längerer Zeit, und zwar von einem Zeitpunkt in der Vergangenheit aus gerechnet; schließt im Unterschied zu den anderen Wörtern dieser Gruppe aus, daß etwas andauert, und bezieht sich auf etwas, was in der Vergangenheit abgeschlossen ist: *ich war den ganzen Nachmittag in der Stadt, meine Arbeit hatte ich lange vorher erledigt; ich hatte ihn lange vorher gesehen.* **seit langem:** seit längerer Zeit; wobei es sich mindestens um Wochen handelt; betont besonders, daß etwas noch andauert: *das stand für mich seit langem fest.* **längst:** vor oder seit verhältnismäßig [sehr] langer Zeit; drückt oft mit emotionaler Steigerung den zeitlichen Abstand des Sprechers/Schreibers vom Geschehen aus: *er ist l. pensioniert.* **von langer Hand:** seit längerer Zeit; wobei es sich im allgemeinen mindestens um Wochen oder Monate handelt; wird in bezug auf Vorbereitungen, die oft in böser Absicht geschehen, verwendet: *es war klar, daß es sich um einen von langer Hand vorbereiteten Anschlag handelte.*

[1]**langweilen,** jmdn.: für jmdn. uninteressant, reizlos, eintönig sein und dadurch bei dem

Betreffenden ein Gefühl des Unbehagens, des Unbefriedigtseins, des Überdrusses, mitunter auch der Ungeduld hervorrufen: *seine Rede langweilte alle;* ↑[2]langweilen. **anöden,** jmdn. (ugs.; abwertend): in jmdm. durch ständiges Wiederholen von etwas oder durch etwas, was nicht interessiert, usw. ein Gefühl der Langeweile und der Abneigung hervorrufen: *du ödest mich an; dieses ewige Geschwätz ödet mich an;* ↑überdrüssig.

[2]langweilen, sich: die augenblickliche Situation, das im Augenblick Geschehende nicht als interessant, unterhaltsam, als anregend oder abwechslungsreich, sondern als sehr eintönig empfinden; bei etwas, was um einen vorgeht, unbeteiligt bleiben, weil man sich innerlich nicht angesprochen fühlt, dabei das Gefühl des Unbehagens und des Unbefriedigtseins haben: *ich langweilte mich schrecklich in dieser Gesellschaft;* ↑[1]langweilen. **Langeweile haben:** unbeschäftigt sein und nicht wissen, was man tun soll; das Nichtbeschäftigtsein als unangenehm empfinden und sich danach sehnen, daß etwas geschieht. **mopsen,** sich (ugs.; landsch.): sich in einer bestimmten Situation aus Desinteresse langweilen, verdrießlich sein; meist bedingt durch jmds. Gegenwart, dessen Anwesenheit man als wenig unterhaltsam empfindet: *beim Spaziergang mit den beiden alten Damen hat er sich furchtbar gemopst.*

Lärm, der (Ggs. Ruhe ↑Stille): (ohne Plural) als störend oder unerträglich empfundenes Lautgewirr, das die verschiedensten, oft mehrere Quellen zugleich haben kann: *von weither näherte sich Getümmel, Getöse, ein Gemisch von L.: Rasseln, Schmettern und dumpfes Donnern.* **Getöse,** das (ohne Plural): ein brausender, wogender oder hallender Lärm, der sich meist aus vielen einzelnen, aufeinanderfolgenden Geräuschen zusammensetzt: *mit großem G. stürzte das Haus zusammen.* **Krach,** der (ohne Plural; abwertend): (in diesem Sinnbereich) lautes, polterndes Geräusch; besonders störender, ärgerniserregender Lärm, der, soweit er von Menschen verursacht ist, oft auf ein rücksichtsloses Verhalten zurückzuführen ist: *sie machen mit ihren Motorrädern furchtbaren K. auf der Straße.* **Radau,** der (ohne Plural; ugs.; abwertend): oft absichtlich, aus Übermut [rücksichtslos] verursachter Lärm: *die Kinder auf dem Spielplatz machen einen furchtbaren R.* **Geschrei,** das (abwertend): (in diesem Sinnbereich) anhaltendes und meist von mehreren Stimmen herrührendes Schreien, lautes Rufen; vgl. Geräusch, Laut ↑Schall.

Last, die: **a)** etwas, was durch sein Gewicht Druck auf einen darunter befindlichen Körper oder auf ein Fahrzeug ausübt: *das kleine Auto fuhr mit seiner L. von zehn Zentnern Kohlen davon;* **b)** etwas, was als Aufgabe schwer auf jmds. Seele liegt oder ihn bedrückt: *die L. der Erinnerungen lag ihm auf der Brust.* **Bürde,** die: **a)** (geh.): Last, die dem Körper des Menschen, einem Tier aufgelegt werden kann; drückt im Unterschied zu „Last" a) die emotionale Anteilnahme des Sprechers/Schreibers aus: *die alte Frau setzte ihre B. ab;* **b)** Last in Form einer Aufgabe oder Verpflichtung, die dem Menschen zugemutet wird und ihm oft aus seiner Würde erwächst: *der Mensch weiß, daß ihn Gott nach seinem Ebenbild geschaffen hat, und er trägt mitunter schwer an dieser B.*

lasterhaft (Ggs. tugendhaft ↑[1]anständig) (abwertend): einem, dem Laster verfallen: *ein lasterhafter Mensch; eine lasterhafte Stadt.* **ausschweifend:** einem unmäßigen Genießen hingegeben, sittliche Grundsätze dabei außer acht lassend: *ein ausschweifender Lebenswandel; er lebt a.* **wüst** (abwertend): maßlos ausschweifend; betont das nicht Alltägliche oder verurteilt das Unsittliche: *ein wüster Mensch; bei ihnen ging es w. zu.* **liederlich** (abwertend): (in diesem Sinnbereich) von lockeren Sitten, von unordentlichem Lebenswandel: *ein liederliches Weibsstück; er lebt sehr l.*

lästig: jmdn. in [aufdringlich] unangenehmer Weise [ständig] beanspruchend oder in seinem Tun oder seinen Lebensgewohnheiten hindernd und ihm zur Last werdend; durch seine [ständige] Gegenwart beschwerlich werdend: *ein lästiger Bittsteller; eine lästige Verpflichtung.* **unbequem:** jmdn. durch seine Gegenwart, sein Tun oder seine Ansprüche in seiner Ruhe, Bequemlichkeit oder in einem Vorhaben störend; drückt oft aus, daß man durch jmdn./etwas beunruhigt oder an Dinge gemahnt wird, von denen man lieber nichts hören möchte: *ein unbequemer Konkurrent; jmdm. u. sein.* **störend:** eine unliebsame Unterbrechung, Ablenkung verursachend; jmdn. in seinem Tun behindernd: *ein störender Besuch;* ↑unwillkommen; ↑[2]ungelegen kommen.

latent (bildungsspr.): (in diesem Sinnbereich) noch nicht akut geworden, sich noch nicht [sichtbar] auswirkend, aber als geheime Gefahr, Bedrohung vorhanden, auf verborgene Weise schädigend; bezieht sich, wie die übrigen Wörter dieser Gruppe, auf etwas, was zur Ursache eines Übels wird oder werden könnte: *latente Spannungen.* **verborgen:** (in diesem Sinnbereich) noch nicht erkennbar, noch nicht hervorgetreten, doch als geheime Bedrohung spürbar; betont gegenüber dem sachlicheren „latent“ mehr, daß man die ungewisse Ahnung einer drohenden Gefahr hat und Furcht vor ihr hegt: *überall lauern verborgene Gefahren; ein verborgener Krankheitsherd.* **versteckt** (selten): im verborgenen lauernd; bezieht sich im Unterschied zu „verborgen“ mehr auf die [deutliche] Empfindung einer heimtückischen, gegen den Betreffenden selbst gerichteten Bedrohung und weniger auf etwas, was für die Allgemeinheit gefährlich ist: *das Gefühl einer versteckten Gefahr.*

Laufbahn, die (Plural ungebräuchlich): berufliche Entwicklung; die Aufstiegsmöglichkeiten in bestimmten Berufen, wie auch der Ausbau der beruflichen Stellung auf Grund eigener Initiative: *welche L. wollen Sie einschlagen?* **Karriere,** die (Plural ungebräuchlich): [besonders rascher oder glänzender] beruflicher Aufstieg: *ich möchte mir durch diese dumme Geschichte nicht die K. verderben lassen.* **Werdegang,** der (Plural ungebräuchlich): die einzelnen Stufen der Ausbildung und des Berufes, die unter Umständen auch Stufen der geistigen Entwicklung sein können und die zu der jetzt erreichten Stellung geführt haben: *er verkehrte auch mit Schulfreunden, deren W. er beobachtete;* ↑Lebenslauf.

laufen: (in diesem Sinnbereich) sich sehr schnell auf den Füßen fortbewegen, und zwar so, daß nie beide Füße gleichzeitig den Boden berühren; die Arme hängen dabei nicht wie beim Gehen herab, sondern sind angewinkelt: *keuchend lief er über das Stoppelfeld.* **rennen:** i. S. v. laufen; drückt im allgemeinen eine größere Geschwindigkeit und einen intensiveren Kräfteeinsatz aus: *er rannte mehr, als er ging.* **rasen** (ugs.): sehr schnell laufen, ohne auf etwas zu achten, oft, wenn man sich in einer Gefahr befindet; drückt eine emotionale Beteiligung des Sprechers/Schreibers aus: *sie raste in die Telefonzelle, um die Polizei zu alarmieren.* **düsen** (ugs.): (in diesem Sinnbereich) ganz schnell laufen: *durch das Haus, um die Ecke d.* **pesen** (ugs.): sehr schnell rennen; drückt eine emotionale Beteiligung des Sprechers/Schreibers aus: *da sind wir schön gepest!* **wetzen** (ugs.): i. S. v. rennen; enthält eine emotionale Beteiligung des Sprechers/Schreibers; wird im allgemeinen ohne Raumangabe gebraucht: *als er den Polizisten sah, ist er ganz schön gewetzt.* **sausen** (ugs.), **fegen** (ugs.): sehr schnell – wie der Wind – laufen und dabei auf nichts achten; enthält eine emotionale Beteiligung des Sprechers/Schreibers: *er sauste über den Platz; ich sah sie um die Ecke fegen.* **stieben** (geh.): sich stürmisch fortbewegen; wird meist auf mehrere Individuen bezogen, die sich von einem gemeinsamen Ort schnell in alle Richtungen hin wie ein vom Wind aufgewirbelter Staub verteilen; wird mit einer Raumangabe gebraucht: *als es zur Pause klingelte, stoben die Schüler aus der Klasse.* **stürmen:** mit großer Geschwindigkeit laufen, den Blick nur auf sein Ziel gerichtet, ohne etwaige Hindernisse zu beachten; wird mit Raumangabe gebraucht: *sie stürmten zur Brandstelle.* **stürzen:** plötzlich und ungestüm eine kurze Strecke auf etwas zulaufen oder von etwas wegeilen; wird mit Raumangabe gebraucht: *er stürzt verzweifelt aus dem Saal.* **spritzen** (ugs.): mit Leichtigkeit [eine kleine Strecke] schnell laufen; wird oft mit dem Ton der Anerkennung oder Bewunderung gesagt: *da hättest du sehen sollen, wie der gespritzt ist!* **flitzen** (ugs.): sich blitzschnell fortbewegen; enthält neben dem Bild des Pfeiles die Vorstellung der Leichtigkeit und kann daher nicht auf schwere Körper bezogen werden; drückt oft zugleich eine gewisse Anerkennung oder Bewunderung aus: *er flitzte aufs Kajütendach.* **huschen:** sich lautlos und flink, fast schwerelos fortbewegen, so daß man nur flüchtig gesehen wird; wird mit Raumangabe gebraucht: *sie huscht ins Schlafzimmer.* **hasten:** eilig gehen, wobei man eine innere Unruhe verrät; wird mit Raumangabe gebraucht: *er hastete zur Saaltür.* **jagen:** schnell und wie gehetzt laufen; drückt die emotionale Beteiligung des Sprechers/Schreibers aus; wird mit Raumangabe gebraucht: *sie jagte über die Straße, um einen Arzt anzurufen.* **eilen** (geh.): sich zur Erreichung einer Absicht oder weil es notwendig ist, schnell irgendwohin begeben; kann mit oder ohne Raumangabe gebraucht werden: *sie eilt fliegenden Fußes zu ihrer Freundin.* **springen** (ugs.): schnell, mit leichten Bewegungen zu einer nicht weit entfernten Stelle laufen: *sie sprang an den Zug, als sie von weitem ihre Tante an einem Fenster erkannte;* vgl. springen ↑[1]gehen. **die Beine in die Hand nehmen** (salopp; scherzh.): aus irgendeinem Grund sich beeilen müssen und sich daher sehr eilig fortbegeben; wird ohne Raumangabe gebraucht: *es blieb mir nichts anderes übrig, als die Beine in die Hand zu nehmen, wenn ich den Zug nicht verpassen wollte.* **spurten: a)** (Sport) (bei einem Lauf) ein Stück einer Strecke, besonders das letzte Stück vor dem Ziel, mit stark beschleunigtem Tempo zurücklegen; **b)** (ugs.) schnell laufen: *wir sind ganz schön gespurtet, um pünktlich zu kommen.* **sprinten: a)** (Sport) eine kurze Strecke mit größtmöglicher Geschwindigkeit zurücklegen: *er sprintete* *die Strecke in 11 Sekunden;* **b)** (ugs.) schnell laufen: *er sprintete über die Straße;* ↑[1]gehen, ↑herumtreiben, sich; ↑reisen, ↑spazierengehen, ↑trippeln, ↑trotten, ↑wandern.

launisch: jäh wechselnden Stimmungen unterworfen, ihnen unbeherrscht nachgebend und dadurch andere Personen vor den Kopf stoßend; wird, wie die übrigen Wörter dieser Gruppe, von Personen, ihrem Wesen oder ihren Gemütszuständen, oft auch von personifizierten Abstrakta gesagt: *sie ist schrecklich l.; ein launisches Geschick.* **launenhaft:** i. S. v. launisch; wird im Unterschied zu „launisch" weitgehend nur auf Personen angewandt, weil mit „launenhaft" noch deutlicher „die Laune" als augenblickliche, leicht wechselnde Stimmung eines Menschen assoziiert wird, während „launisch" allgemeiner charakterisiert; in „das Glück ist launisch" wird das Glück charakterisiert als etwas, worauf man sich nicht verlassen kann, während in „das Glück ist launenhaft" das Glück personifiziert erscheint: *sie ist l. wie eine Diva.* **wetterwendisch:** in seinen Zuneigungen oder Anschauungen jäh wechselnd und darum unzuverlässig; sich je nach Laune freundschaftlich zeigend oder jmdm. den Rücken kehrend: *das Glück erwies sich als w.* **unberechenbar:** in seinem Denken und Empfinden sprunghaft, von gegensätzlichen Gefühlen bestimmt und dadurch zu unvorhersehbaren Reaktionen oder Handlungen neigend: *ein unberechenbarer Mensch.*

lauschig: traulich und halb versteckt; kennzeichnet einen stillen Platz im Innern eines Hauses oder in freier Natur; wird nicht prädikatbezogen gebraucht: *ein lauschiges Plätzchen.* **idyllisch:** den Eindruck einer friedlichen, glücklichen Stimmung erweckend; sich in einem Zustand befindend, der Harmonie, Ruhe und Zufriedenheit ausstrahlt, und den Anblick solch eines Zustandes bietend; bezieht sich meist auf eine ländlich-einfache, in sich abgeschlossene Szenerie: *ein idyllisches Tal.* **romantisch:** von einer das Gemüt ansprechenden [gefühlvollen] Stimmung: *eine romantische Gegend, Landschaft; ein romantischer Ort; ein romantisches Tal.* **malerisch:** zum Malen schön, auffordernd; so beschaffen, daß es gemalt oder auf einem Gemälde von Effekt sein würde: *ein malerischer Anblick; der Ort liegt m. am Berghang.* **pittoresk** (bildungsspr.): i. S. v. malerisch: *eine pittoreske Stadt; pittoreske Trachten; das Panorama ist p.;* ↑gemütlich.

[1]laut (Ggs. leise): (in diesem Sinnbereich) kräftig im Ton, weithin hörbar; stark schallend, so daß es als störend empfunden wird: *bei euch ist es mir zu l.* **lautstark:** recht laut [und zugleich affektgeladen]; wird im allgemeinen nur auf die menschliche Stimme bezogen und drückt Unmut oder Kritik des Sprechers/Schreibers aus: *eine lautstarke Unterhaltung, Debatte; sie unterhielten sich sehr l.* **überlaut:** von übermäßiger Lautstärke; lauter als nötig wäre; wird öfter mit Kritik gesagt: *er sprach mit überlauter Stimme.* **ohrenbetäubend** (emotional übertreibend): unerträglich laut; wird von Geräusch, Lärm gesagt, der die Nerven besonders angreift und kaum erträglich ist: *ein ohrenbetäubender Lärm.*

[2]laut (Amtsdt.): in Übereinstimmung mit einer im Wortlaut vorliegenden, meist offiziellen, amtlichen oder in irgendeiner Form verbindlichen Feststellung, Abmachung; Präposition, deren abhängige Substantive im Genitiv, Dativ oder flexionslos stehen können, je nach Text: Im Genitiv stehen singularische und pluralische Substantive mit Artikel/Pronomen *(laut des amtlichen Gutachtens; laut der ärztlichen Gutachten);* im Dativ stehen alleinstehende, pluralische Substantive *(laut Nachweisen);* im Dativ, seltener im Genitiv stehen singularische Substantive, die keinen Artikel bzw. kein Pronomen, aber ein Attribut haben *(laut ärztlichem Gutachten);* flexionslos, seltener im Genitiv stehen alleinstehende singularische Substantive *(laut Brief).* **gemäß** (Amtsdt.): entsprechend einer Sache, die als Maß oder Richtschnur vorgegeben ist; wird dem im Dativ stehenden Substantiv meist nach-, seltener vorangestellt: *dem Wunsche g.; g. dem Auftrag.* **nach:** (in diesem Sinnbereich) Bezug nehmend auf ein Vorhandensein, auf das es sich als Rechtfertigung, logische Folge oder als Ursprung bezieht; kann vor- oder nachgestellt werden: *n. dem Gesetz; dem Gesetz n.*

läuten: **a)** eine Glocke in Schwingung versetzen, wobei der Klöppel in einer Pendelbewegung an die Ränder der Glocke schlägt: *könntest du heute bitte den Küster vertreten und l.?;* **b)** (geh.): an der Eingangstür eine Glocke oder einen Klingelknopf bedienen, um eingelassen zu werden oder um jmdn. zu sich zu rufen: *bitte dreimal l.* **klingeln:** **a)** [auf der Straße] eine Handglocke tönen lassen; der Ton ist nicht so voll wie beim Läuten: *hörst du den Milchmann schon k.?;* **b)** durch Drücken eines bestimmten Knopfes an der Eingangstür oder im Zimmer ein Zeichen geben, wodurch man Einlaß begehrt oder jmdn. zu sich bittet: *ich habe schon mehrmals geklingelt, ohne daß die Krankenschwester kommt;* vgl. Klingel ↑Glocke. **schellen** (landsch.): **a)** eine kleine Glocke mit der

Hand zum Läuten bringen; **b)** einen Klingelknopf betätigen: *ich schellte wiederholt in längeren Abständen;* vgl. Schelle ↑Glocke. **bimmeln** (ugs.): **a)** [einige Zeit] in hellen Tönen eine kleine Glocke läuten lassen: *jetzt bimmelt gerade der Eismann;* auch abwertend für läuten: *allmählich kann ich es nicht mehr ertragen, die Glocken ständig b. zu hören;* **b)** (abwertend): i. S. v. klingeln b): *heute hat es aber wirklich den ganzen Tag gebimmelt;* vgl. Bimmel ↑Glocke.

[1]**leben:** (in diesem Sinnbereich) sein Leben erhalten und zugleich menschenwürdig gestalten; der Ausdruck wird wie „existieren" im allgemeinen mit einem Hinweis auf die verfügbaren oder nicht verfügbaren Mittel oder auf die Möglichkeit [Notwendigkeit], davon zu leben, gebraucht: *glaubst du, daß du von diesem Geld eine Zeitlang wirst l. können?* **existieren** [von etwas] (geh.): (in diesem Sinnbereich) von einem [nicht sehr reichlich zur Verfügung stehenden] Geldbetrag leben, damit auskommen: *das Geschäft wirft genug ab, um davon e. zu können.* **sein Leben/**(auch:) **Dasein fristen** (geh.): (in diesem Sinnbereich) sich nur mit Mühe und unter Entbehrungen am Leben erhalten: *dieser Mann mußte sich vor der Polizei verborgen halten und hat jahrelang in einem Keller sein Dasein fristen müssen.* **vegetieren:** auf niedrigster Daseinsstufe und kümmerlich leben; nur gerade das Allernötigste zum Leben haben.

[2]**leben** (Ggs. gestorben/tot sein): (in diesem Sinnbereich) [noch] zu den Lebenden zählen; noch nicht tot sein; steht, wie die übrigen Wörter dieser Gruppe, meist in Verbindung mit „noch" oder „nicht mehr", daneben auch mit anderen Zeitangaben (z. B. der Lebensdauer): *l. deine Eltern noch?* **am Leben sein:** (in diesem Sinnbereich) i. S. v. [2]leben; wird meist dann gebraucht, wenn es sich um Menschen handelt, die nicht mehr leben: *wenn der noch am Leben wäre, dann ...; seine Freunde sind längst nicht mehr am Leben; ich träumte, meine Eltern seien noch am Leben und ich sollte zu ihnen reisen.* **unter den Lebenden weilen** (geh.): [zu einem bestimmten Zeitpunkt] noch nicht gestorben sein, sondern [aktiv] am Zeitgeschehen, am täglichen Leben teilnehmen: *wenn der berühmte Mann noch unter den Lebenden weilte, würde er über die Wirkung seiner Lehre erschrecken.* **unter uns weilen** (geh.): i. S. v. unter den Lebenden weilen; wird im allgemeinen jedoch nur von einem Zeitgenossen, einem dem Sprecher/Schreiber persönlich bekannten Menschen gesagt: *alte, liebe Freunde, die längst nicht mehr unter uns weilen.* **sein,** in der Wendung: nicht mehr sein: nicht mehr am Leben sein; soll den Sachverhalt verhüllen: *er ist nicht mehr;* ↑[1]sterben.

[3]**leben:** (in diesem Sinnbereich) als Persönlichkeit tatsächlich auf der Welt sein, der Wirklichkeit angehören: *ob Jesus von Nazareth tatsächlich gelebt hat?* **existieren:** (in diesem Sinnbereich) [nachweislich] als Person der [geschichtlichen] Wirklichkeit angehören, als Lebewesen dasein, auf der Welt sein: *diese Person existiert nur in seinen Träumen.* **geben,** es gibt jmdn.: jmd. existiert als Mensch wirklich, ist als Mensch auf der Welt: *Erinnern Sie sich an Rose, Yvette und Monique? – Es hat sie alle gegeben.* **sein:** (in diesem Sinnbereich) **a)** i. S. v. geben; bezieht sich jedoch im allgemeinen auf etwas, was für den Glauben, die religiöse Überzeugung existiert: *es ist ein Gott;* **b)** i. S. v. leben; wird aber nur in der Vergangenheit und im allgemeinen unpersönlich gebraucht und von Gestalten der Sage, des Märchens o. ä. gesagt: *es waren einmal ein König und eine Königin.*

[4]**leben** + Artangabe: (in diesem Sinnbereich) seine Tage in einer bestimmten Weise zubringen: *sie lebten ziemlich primitiv.* **ein schönes** o. ä. **Leben/Dasein führen:** auf bestimmte Weise sein Leben gestalten und verbringen: *er hätte gern geheiratet und ein bürgerliches Leben geführt; sie führt ein beneidenswertes Dasein; möchten Sie ein Dasein führen wie ein Filmstar?* **ein schönes** o. ä. **Leben haben:** auf Grund der materiellen Verhältnisse, in die man gestellt ist, gut oder schlecht leben: *ich fürchte, er hat dort ein recht unbequemes Leben.*

Lebenslauf, der: (in diesem Sinnbereich) Werde- und Bildungsgang eines Menschen; der individuelle Verlauf eines Lebens. **Curriculum vitae,** das (bildungsspr.; veraltet): i. S. v. Lebenslauf. **Lebensgeschichte,** die: Geschichte eines Lebens; das, was sich im Leben des Betreffenden zugetragen hat, seine Entwicklung usw. **Biographie,** die (bildungsspr.): (in diesem Sinnbereich) das Leben eines [bedeutenden, berühmten] Menschen in seinen einzelnen Stationen und Stadien, mit seinen Erlebnissen, die ihn geprägt haben: *wenn man die B. dieses Außenseiters kennt, kann man ihn verstehen; sie hat eine interessante B.;* ↑Laufbahn.

Lebensmittel, das (meist Plural): Produkt, das in unverarbeitetem oder zubereitetem Zustand zum Verzehr geeignet ist, gegessen oder getrunken wird und damit zum üblichen Lebensbedarf gehört oder für die Ernährung notwendig ist. **Nahrungsmittel,** das: i. S. v. Lebensmittel; in der Vollwertkost wird unterschieden zwischen „lebendigen" Lebensmitteln (rohes Obst und Gemüse;

Getreide; rohe Milch; Butter; kalt gepreßte Öle) und „toten" Nahrungsmitteln, die durch Erhitzung, Konservierung und Präparierung (gekochtes Obst und Gemüse; pasteurisierte Milch, Brot, Fabrikzucker und Fabrikfette) verändert sind und nicht mehr alle Vitalstoffe enthalten. **Genußmittel,** das: Lebensmittel, das nicht wegen seines Nährwertes, sondern wegen seiner anregenden, geschmacklichen o. ä. Eigenschaften verzehrt, genossen oder zur Zubereitung von Speisen verwendet wird: *zu den Genußmitteln zählen außer Kaffee, Tabak, Branntwein unter anderem auch die Gewürze.* **Viktualien,** die (Plural; veraltend): Nahrungsmittel, die dem täglichen Bedarf, dem unmittelbaren Verzehr dienen: *wir kauften auf dem Markt allerlei V. ein.*

lebhaft: munter, beweglich und rege [in den Lebensäußerungen]; wird öfter auch dann gebraucht, wenn eine Kritik an jmds. Art in verhüllender Weise ausgedrückt werden soll: *ein lebhaftes Kind; ein lebhafter Geist; eine lebhafte Phantasie.* **lebendig:** (in diesem Sinnbereich) voller Lebenskraft und diese sichtbar ausströmend: *ein lebendiges Kind.* **vital** (bildungsspr.): voll Schwung und Tätigkeitsdrang: *sie ist schon siebzig Jahre alt, aber dabei noch immer sehr v.* **dynamisch** (bildungsspr.): (in diesem Sinnbereich) voller Tatkraft und in der Lage, Schwierigkeiten zu meistern: *wir suchen für unseren Betrieb eine dynamische Persönlichkeit.* **unruhig:** voller Unrast und stets in Bewegung; enthält leichte Kritik: *ein unruhiger Mensch; dieses Kind ist sehr u.* **quecksilbrig:** lebhaft und von Unruhe erfüllt; nicht oder kaum in der Lage, sich ruhig zu verhalten; wird im allgemeinen auf Kinder angewandt; enthält keine Kritik, sondern Nachsicht und Wohlwollen des Sprechers/Schreibers: *ein quecksilbriges Kind.* **hektisch:** nervös-aufgeregt, übersteigert-betriebsam, in fieberhafter Eile: *er ist ein hektischer Typ; sie ist immer so h.;* ↑aufgeregt, ↑temperamentvoll, ↑übermütig, ↑unbändig, ↑ungestüm, ↑wendig.

[1]**lecken,** etwas leckt: (in diesem Sinnbereich) etwas läßt durch eine undichte Stelle oder ein [mehr oder weniger großes] Loch Flüssigkeit austreten; wird auf Gefäße oder Behälter bezogen, die zum Aufnehmen, Aufbewahren von Flüssigkeiten bestimmt sind: *der Topf leckt.* **laufen,** etwas läuft (ugs.; landsch.); **rinnen,** etwas rinnt (ugs.; landsch.): i. S. v. lecken; wird im allgemeinen nur auf kleinere Gefäße bezogen, die dadurch, daß sie an einer undichten oder löchrigen Stelle Wasser austreten lassen, unbrauchbar geworden sind: *die Gießkanne läuft, rinnt.*

[2]**lecken,** etwas leckt: (in diesem Sinnbereich) etwas läßt durch eine undichte Stelle, ein Loch Wasser eindringen; wird im allgemeinen nur von Schiffen gesagt, die eine Beschädigung des Schiffsrumpfes aufweisen, und bezeichnet im Unterschied zu den folgenden Wendungen den sichtbaren Vorgang: *das Schiff leckte nach dem Zusammenstoß.* **ein Leck haben,** etwas hat ein Leck: etwas hat eine schadhafte Stelle, durch die Wasser eindringen kann; wird von Schiffen wie auch von Behältern gesagt, die sich im Wasser befinden, auf dem Wasser schwimmen; weist im Unterschied zu „lecken" auf das Faktum der Beschädigung hin und nicht auf den Vorgang: *das Schiff hat ein Leck.* **leck sein,** etwas ist leck: etwas weist ein Loch oder eine undichte Stelle auf, die Wasser eindringen läßt; gibt feststellend den Zustand des Beschädigtseins und die Art der Beschädigung an; wird von Behältern, im allgemeinen aber nur von Schiffen gesagt: *das Schiff ist leck.*

lecker: besonders gut schmeckend oder von seinem Aussehen her auf besonderen Wohlgeschmack schließen lassend: *dieser Auflauf sieht aber l. aus!* **appetitlich:** [durch sein sauberes, frisches Aussehen, seinen Duft o. ä.] zum Essen verlockend: *appetitliche Wurstbrötchen.* **schnuddelig** (berlin.): besonders fein und lecker aussehend: *eine schnuddelige Torte.*

[1]**leer** (abwertend): (in diesem Sinnbereich) ohne Inhalt, nur aus Worten bestehend, die keine tiefere Bedeutung haben und zu nichts verpflichten: *leere Worte.* **hohl** (abwertend): (in diesem Sinnbereich) inhaltsarm, nur aus nichtssagenden Worten bestehend, die nicht von großer Klugheit des Sprechers/Schreibers zeugen: *hohle Phrasen.* **nichtssagend:** ohne Gehalt und Ausdruckskraft: *er hat mich mit ein paar nichtssagenden Worten abgespeist.* **inhaltslos:** ohne eigentlichen Inhalt, also ohne [gedankliche] Substanz: *solch ein Leben hält er für i.* **phrasenhaft** (abwertend): nur aus abgedroschenen Redensarten bestehend.

[2]**leer: leer ausgehen:** bei einer [Ver]teilung von etwas überhaupt nicht bedacht werden und dadurch anderen gegenüber im Nachteil sein: *einige Verwandte gingen bei der Erbschaft leer aus.* **das Nachsehen haben:** bei etwas zu spät kommen und daher nichts mehr erhalten; enthält eine emotionale Anteilnahme des Sprechers/Schreibers. **in den Mond gucken** (ugs.); **in die Röhre gucken** (ugs.): an etwas nicht teilhaben dürfen, von einer bestimmten Sache ausgeschlossen sein, so daß es einem unerreichbar ist.

legen: zur Last legen, jmdm. etwas: jmdm.

für etwas die Schuld geben, ihn als den Täter, den dafür Verantwortlichen bezeichnen: *jmdm. Sabotage zur Last legen.* **die Schuld in die Schuhe schieben,** jmdm. (ugs.): jmdm., der mit der zur Rede stehenden Angelegenheit nichts zu tun hat, dafür verantwortlich machen, ihm die Schuld geben, um sich selbst zu entlasten. **anlasten,** jmdm. etwas: jmdm. etwas als ein Vergehen o.ä. vorwerfen: *man hatte ihm angelastet, daß er nicht rechtzeitig eingeschritten war.*

lehren, [jmdn.] etwas: **a)** jmdn. mit den Grundregeln einer [vorwiegend praktischen] Tätigkeit bekannt machen [und ihn darin schulen, bis er sie beherrscht]: *Kinder lesen, schwimmen l.;* **b)** anderen Wissen und Kenntnisse [auf einem bestimmten Sachgebiet] vermitteln; meist nur von Hochschullehrern gesagt: *er lehrt Geschichte in Berlin.* **unterrichten** [jmdn. in etwas]: jmdn. planmäßig unter Anwendung bestimmter Methoden und in gemeinsamer geistiger Arbeit Kenntnisse auf einem bestimmten Sachgebiet beibringen; wird vorwiegend in bezug auf theoretische Kenntnisse gesagt: *er unterrichtet Geschichte am Gymnasium.* **Unterricht geben/erteilen** [jmdm. in etwas]: i.S.v. unterrichten; bezieht sich auf [praktische] Kenntnisse wie auf Fertigkeiten und legt im Unterschied zu „unterrichten", das die Tätigkeit allgemein bezeichnet, mehr Nachdruck auf den einzelnen Akt und auf die Person des Lehrers: *er gibt nebenbei noch Unterricht an der Abendakademie.* **beibringen,** jmdm. etwas (ugs.): jmdm. [mit Geduld und Mühe] die Grundregeln von etwas erklären oder zeigen, wie etwas zu machen ist, bis dieser die Sache beherrscht: *jmdm. das Tapezieren b.* **unterweisen,** jmdn. [in etwas] (geh.): jmdm. durch Anleitung oder Lehre Kenntnisse oder Fertigkeiten vermitteln, die nötig sind, um etwas zu beherrschen: *jmdn. in einer Sprache, im Klavierspiel u.;* ↑beibringen, ↑einprägen, ↑lernen.

Lehrer, der (Ggs. ↑Schüler): (in diesem Sinnbereich) jmd., dessen Beruf es ist, Schulunterricht zu erteilen. **Schullehrer,** der: Lehrer, der Elementarunterricht erteilt; das Bestimmungswort soll einerseits verdeutlichend wirken und andererseits den Lehrer in der Schule von anderen Lehrern abheben; wird nur in der Alltagssprache verwendet: *nächst dem Pfarrer ist der S. die wichtigste Persönlichkeit im Dorfe.* **Schulmann,** der: jmd., dessen Aufgabengebiet und Beruf die Schule ist; wird mit Bezug auf einen Lehrer gebraucht, und zwar wenn hervorgehoben werden soll, daß der Unterricht nicht das einzige ihn beschäftigende Gebiet seines Berufes ist, sondern daß vor allem die Erziehung oder auch Theorie, Kulturpolitik usw. zu seinem Aufgabenkreis gehören; betont im Unterschied zu „Pädagoge" mehr den Praktiker: *aus diesen Sätzen spricht deutlich der S.* **Pädagoge,** der: (in diesem Sinnbereich) Lehrer als Erzieher, Fachwissenschaftler; bezieht sich im allgemeinen mehr auf die grundsätzlichen, wissenschaftlichen Aspekte der Lehrtätigkeit oder dient als Standesbezeichnung: *die meisten Pädagogen stehen der geplanten Reform skeptisch gegenüber.* **Erzieher,** der: (in diesem Sinnbereich) Lehrer hinsichtlich seiner Aufgabe, junge Menschen persönlich, charakterlich zu formen, ihnen gültige Werte und Leitbilder zu vermitteln; wird meist in Stellungnahmen zu allgemeinen Problemen der Pädagogik, seltener im Zusammenhang mit der Lehrtätigkeit selbst gebraucht: *aus der Sicht des Erziehers urteilen.* **Lehrkraft,** die (Verwaltungsspr.): Lehrer[in] als Teil der Lehrerschaft einer Schule; sieht die betreffende Person mehr vom Standpunkt der Schulverwaltung aus auf die Aufgaben hin an, die sie zu erfüllen hat: *überall fehlt es an Lehrkräften.* **Lehrkörper,** der (Amtsspr.): Gesamtheit der Lehrenden einer Lehranstalt. **Schulmeister,** der (abwertend oder ironisch): (in diesem Sinnbereich) i.S.v. Lehrer; betont oft das Pedantische, allzu Schulgerechte und manchmal Weltfremde eines Lehrers, spielt auf die soziale Stellung des einfachen Lehrers an, auf dessen Arbeit man etwas verächtlich herabblickt, oder verrät die spöttische, ironische Einstellung des Sprechers/Schreibers gegenüber dem Lehrerberuf. **Pauker,** der (salopp; Schülerspr.; abwertend): i.S.v. Lehrer; ist kennzeichnend für die emotional gefärbte ablehnende Einstellung des Sprechers/Schreibers und drückt eine gewisse Geringschätzung aus. **Arschpauker,** der (derb; abwertend); **Steißtrommler,** der (salopp; scherzh.): i.S.v. Lehrer; bezieht sich im Unterschied zu „Pauker" seltener auf eine bestimmte Person und ihre Lehrtätigkeit, sondern charakterisiert mehr auf respektlose Weise den Berufsstand; heute im Veralten begriffen.

Lehrling, der: jmd., der eine Lehre macht: *sie, er ist L.* **Anlernling,** der: jmd., der angelernt wird, einen Anlernberuf ausübt, worunter man einen Beruf versteht, der keine Lehrzeit, sondern nur eine bestimmte Anlernzeit voraussetzt. **Auszubildende,** der und die (Amtsspr.): i.S.v. Lehrling, Anlernling. **Azubi,** der und die (ugs.): Kurzwort für: Auszubildende[r]; ↑Schüler.

Leiche, die: (in diesem Sinnbereich) Körper eines toten Menschen; erweckt entweder die Vorstellung eines gewaltsamen, nicht natürlichen Todes oder wird auf einen Verstorbenen angewandt, wenn der Sprecher/Schreiber in keiner Gefühlsbeziehung zu dem Toten steht oder eine solche nicht betonen will; besagt jedoch gegenüber „Leichnam", daß der Körper noch mehr in Beziehung zur lebenden Person gesehen wird: *auf der Straße lagen in zwei Reihen die Leichen.* **Leichnam,** der (geh.): der tote [starre] Körper eines Verstorbenen, Getöteten; legt im Unterschied zu „Leiche" mehr Gewicht darauf, daß das Leben aus dem Körper entflohen ist, daß der Sprecher/Schreiber ihn innerlich nicht mehr in Beziehung zur Persönlichkeit des Verstorbenen setzt; klingt pietätvoller als „Leiche". **sterbliche Hülle,** die (geh.; verhüllend); **sterblichen Überreste,** die (Plural; verhüllend): das, was von einem Verstorbenen auf Erden zurückbleibt, aufgebahrt und bestattet wird; drückt die pietätvolle Haltung des Sprechers/Schreibers gegenüber dem Leichnam eines [ihm bekannten oder verehrten] Menschen aus: *ein schlichtes Grab birgt die sterbliche Hülle des Dichters.* **Kadaver,** der (derb; abwertend): (in diesem Sinnbereich) i. S. v. Leiche; drückt die pietätlose Haltung, die Abgestumpftheit des Sprechers/Schreibers aus; vgl. Kadaver ↑Körper. **Tote,** der und die (in diesem Sinnbereich) Leiche eines bzw. einer Verstorbenen, in der der Sprecher/Schreiber noch die Persönlichkeit des Lebenden erblickt; betont die persönliche Beziehung des Sprechers/Schreibers zu dem Gestorbenen oder bringt mehr eine allgemeine pietätvolle Haltung zum Ausdruck: *er legte ein Tuch über die Tote;* ↑Tote, der. **Gebeine,** die (Plural; geh.): (in diesem Sinnbereich) i. S. v. sterbliche Überreste; bezieht sich jedoch im allgemeinen auf den Leichnam eines länger Verstorbenen und steht nur in Zusammenhängen, in denen vom Ort oder der Art und Weise seiner Bestattung die Rede ist: *seine G. ruhen in ungeweihter Erde.*

leicht (Ggs. schwer): (in diesem Sinnbereich) von geringem Gewicht: *der Sack ist l.* **federleicht** (emotional übertreibend): von einem ungewöhnlich geringen Gewicht: *die Tasche ist ja f.*

leichtlebig: das Leben nicht schwernehmend; sich über beschwerliche Dinge mit unbekümmerter Heiterkeit hinwegsetzend und keinen Anlaß, fröhlich zu sein oder Feste zu feiern, vorübergehen lassend; enthält leichte Kritik: *dieses leichtlebige Volk!* **leichtsinnig:** (in diesem Sinnbereich) das Leben mit einer gewissen Oberflächlichkeit genießend, sich keine Sorgen machend und nicht übermäßig auf Existenzsicherung bedacht; vgl. waghalsig ↑kühn. **lebenslustig:** das Leben froh genießend, bestrebt, ihm soviel wie nur möglich an Vergnügen und Genuß abzugewinnen; betont im Unterschied zu den übrigen Wörtern dieser Gruppe mehr das Genußfreudige, weniger die Unbekümmertheit der Lebensführung: *eine lebenslustige Frau;* ↑leichtsinnig.

leichtsinnig: a) ohne Verantwortungsgefühl, ohne die nötige Überlegung und Vorsicht und darum oft fahrlässig handelnd oder getan werdend; sorglos, unbekümmert um die Folgen seines Verhaltens oder Handelns seinen augenblicklichen Eingebungen nachgebend; enthält einen gewissen Tadel: *ein leichtsinniger Geschäftsmann;* **b)** seinem Charakter und seiner Lebenseinstellung nach oberflächlich und allzu sorglos: *sie ist viel zu l., um sich von diesem Unglück nachhaltig beeindrucken zu lassen;* vgl. leichtsinnig ↑unbedacht; vgl. waghalsig ↑kühn. **leichtfertig: a)** in seinen Entschlüssen und Äußerungen voreilig, in seinem Urteil vorschnell, nicht auf Grund reiflicher Überlegungen handelnd; drückt einen stärkeren Tadel aus als „leichtsinnig", weil es noch mehr die Verantwortungslosigkeit unüberlegten Handelns kennzeichnet: *nicht l. umgehen mit dem Geld;* **b)** alles zu leichtnehmend, es am nötigen Ernst, häufig auch an gewissen moralischen Grundsätzen fehlen lassend: *leichtfertige Liebschaften.* **kriminell** (ugs.): (in diesem Sinnbereich) sich so verhaltend, daß es eigentlich bestraft werden müßte, weil dieses Verhalten schlimme Folgen haben kann: *bei Rot über die Straße zu gehen ist ja k.;* vgl. leichtfertig ↑unbedacht; ↑leichtlebig, ↑sorglos.

[1]**leid: leid tun,** etwas tut jmdm. leid: etwas bewußt oder unbewußt Selbstverschuldetes (Gesagtes, Getanes o. ä.) erkennt jmd. als unrichtig, beklagt es und wünscht, daß er dasselbe ändern oder es (z. B. Gesagtes) zurücknehmen könnte; wird vorwiegend unpersönlich und häufig als bloße Höflichkeitsformel der Entschuldigung verwendet: *es tut mir leid, daß ich Sie enttäuscht habe; dieser Fauxpas tut mir leid;* ↑[2]leid. **reuen,** etwas reut jmdn.: jmd. erkennt, daß er sich mit einem Wort, einer Tat o. ä. schuldig gemacht hat, was ihm jetzt leid tut, was er bereut, oder daß ihm [durch eigene Veranlassung oder auch durch andere] etwas aufgebürdet worden ist (z. B. Kosten o. ä.), von dem er wünschen möchte, es ändern, beseitigen, ungeschehen machen zu können; in der Gewißheit über die Unabänderlichkeit des Bestehenden kommt gelegentlich ein Anflug von Ärger mit zum Ausdruck; auch mit Objekt, häufiger jedoch als unpersönliche

Formel gebraucht: *es reut ihn, daß er gestern so unfreundlich war.* **bedauern** [etwas]: (in diesem Sinnbereich) Betrübnis empfinden [und dieselbe aussprechen] über eine mündlich oder schriftlich getane Äußerung, eine Handlungs-, auch Verhaltensweise o. ä., die sich als nicht richtig oder als kränkend erwiesen hat, wobei der vorhandene Tatbestand jedoch als unabänderlich und ohne tiefere Teilnahme gesehen wird; unter Auslassung des Subjekts, häufig nur als bloße Höflichkeitsformel der Entschuldigung gebraucht: *er bedauerte diesen Vorfall;* vgl. bedauern ↑bereuen, ↑beklagen; ↑²leid.

²leid: leid tun, jmd. tut jmdm. leid: jmd. fühlt mit jmdm. mit und nimmt an seinem Leid, seinem beklagenswerten Schicksal teil: *er muß ihn notgedrungen entlassen, obwohl er ihm, menschlich gesehen, leid tut;* ↑¹leid. **bedauern,** jmdn.: (in diesem Sinnbereich) ein nicht allzu tiefgehendes Mitgefühl mit jmdm. empfinden oder äußern: *das mutterlose Kind ist wirklich zu b.;* vgl. bedauern ↑beklagen, ↑bereuen, ↑¹leid. **bemitleiden,** jmdn.: über die Notlage eines Menschen betrübt sein, des Betroffenen seelische Not nachempfinden, ihn bedauern und dies durch Blick, Geste oder Wort zum Ausdruck bringen, jedoch ohne die Absicht, helfen zu wollen: *den Hungernden ist wenig damit gedient, daß man sie bemitleidet.* **Mitleid haben/**(geh. auch:) **empfinden,** mit jmdm.: von Not und Leid eines Menschen innerlich gerührt und betroffen und von ehrlichem Mitgefühl mit dem Leidenden erfüllt sein; oft mit der Bereitschaft, helfen zu wollen; während „Mitleid haben“ den Zustand darstellt, weist „Mitleid empfinden“ auf die Gefühlsreaktion hin; vgl. empfinden ↑fühlen.

leiden: nicht leiden können, jmdn/etwas: jmdn. unsympathisch finden und keinerlei freundliche Gefühle für ihn aufbringen können; ein Gefühl der Abneigung gegen jmdn. etwas empfinden, das man meist nicht näher begründen kann. **nicht leiden mögen,** jmdn./etwas: jmdn./etwas auf Grund einer bestimmten Eigenschaft oder Handlungsweise nicht besonders sympathisch finden, ihm nicht wohlgesinnt sein; bezeichnet im allgemeinen einen schwächeren Grad der [gefühlsmäßigen] Ablehnung und wird meist aus einer weniger grundsätzlichen Haltung heraus gesagt als „nicht leiden können“: *er mochte sie wegen ihrer Neugier nicht leiden.* **nicht mögen,** jmdn./etwas: an jmdm. oder etwas kein besonderes Gefallen finden, da man dies und jenes zu bemängeln oder zu beanstanden hat; wird oft aus einer rein subjektiven Einstellung heraus gesagt; enthält einen stärkeren Gefühlsanteil des Sprechers/Schreibers und wird mehr im vertrauten, familiären Kreis verwendet: *sie mag diese anzüglichen Redensarten nicht.* **nicht ausstehen können,** jmdn./etwas: jmdn./etwas sehr unsympathisch finden, ihn oder es absolut nicht leiden können und daher nach Möglichkeit meiden; wird auch auf Sachverhalte, besonders auf Verhaltensweisen, Äußerungen eines Menschen angewandt und häufig mit verstärkenden Beiwörtern zusammen gebraucht: *ich kann ihn und vor allem sein dummes Gerede nicht ausstehen.* **nicht verknusen können,** jmdn./etwas (ugs.; landsch.): i. S. v. nicht ausstehen können; wird aus einer sehr persönlichen, emotionalen Einstellung heraus gesagt und wird meist auf Menschen oder deren Verhalten, Äußerungen usw. bezogen: *ich kann diesen schmierigen Kerl einfach nicht verknusen.* **nicht riechen können,** jmdn. (salopp): jmdn. unausstehlich, widerwärtig finden und nichts mit ihm zu tun haben wollen; wird meist auf Personen angewandt, mit denen man persönlich zu tun hat: *er hat den Verdacht nur auf ihn gelenkt, weil er ihn nicht riechen kann.* **gefressen haben,** jmdn. (salopp); **im Magen haben,** jmdn. (ugs.): jmdn. [über den man sich bei einer bestimmten Gelegenheit geärgert hat] nicht [mehr] leiden können, auf ihn zornig sein: *seitdem er sie neulich so blamierte, hat sie ihn gefressen.* **hassen: a)** jmdn./etwas hassen: jmdm. oder einer Sache gegenüber Haß, Feindseligkeit empfinden: *sie haßte ihren Vater;* **b)** (ugs.) etwas hassen: in hohem Maße Widerwillen, Abneigung gegen etwas empfinden: *dieses angeberische Betragen hasse ich wie die Pest;* ↑schikanieren.

leidlich: einigermaßen zufriedenstellend durch seine nicht unter, sondern eher über dem Durchschnitt liegende Qualität; besser als man [gemeinhin] erwartete oder [im besonderen Fall] zu hoffen wagte; wird auf Geleistetes, Dargebotenes, auf Allgemeinzustände, Fähigkeiten und Möglichkeiten bezogen: *das Wetter, sein Befinden war gestern [ganz] l.* **erträglich:** (in diesem Sinnbereich) nicht absolut schlecht oder übel, wenn auch nicht gerade besonders gut; noch auszuhalten; wird im allgemeinen in Geschmacks- oder Stimmungsurteilen gebraucht: *ein erträgliches Auskommen; es geht mir e.* **durchwachsen** (salopp): so leidlich, nicht so ganz schlecht, aber auch nicht besonders gut: *wie geht es dir? D.!* **mittelprächtig** (salopp; scherzh.): noch einigermaßen gut, so daß man [damit] nicht direkt unzufrieden zu sein braucht: *wie ist denn das Zeugnis ausgefallen? M.!;* vgl. mittelmäßig

↑mäßig. **annehmbar** (ugs.): (in diesem Sinnbereich) gut genug, um sich ohne Scheu sehen, hören usw. lassen zu können; steht hier im allgemeinen prädikatbezogen, in Urteilen über Aussehen oder Fähigkeiten anderer, oft unter einem gesellschaftlichen Blickwinkel: *sie sieht doch ganz a. aus!; er spielt recht a. Klavier, Tennis.* **passabel** (ugs.): der Kritik, den Ansprüchen anderer einigermaßen, bei einigem Wohlwollen standhaltend; bezieht sich auf jmds. Fähigkeiten, Leistungen: *ihre Zeugnisse sind ganz p.; er hat eine passable Handschrift.* **schlecht und recht** (ugs.): (in diesem Sinnbereich) so gut es bei einiger Mühe und gutem Willen geht: *er konnte sich bisher schlecht und recht durchschlagen;* vgl. schlecht und recht ↑provisorisch; ↑genug, ↑mäßig.

leihen, jmdm. etwas (Ggs. sich etwas leihen ↑mieten): (in diesem Sinnbereich) jmdm. Geld als Darlehen geben, einen beweglichen Gegenstand jmdm. unter der Bedingung der Rückgabe zu vorübergehendem Gebrauch – unter Umständen gegen ein Entgelt – zur Verfügung stellen: *die Nachbarin lieh ihr ein Paket Waschpulver; er hat ihm das Geld mit 3% Zinsen geliehen.* **borgen,** jmdm. etwas (Ggs. sich etwas borgen ↑mieten): i. S. v. leihen; bezieht sich meist auf kleinere, weniger wertvolle Dinge, kleinere Geldbeträge, die man [ohne Bedenken] vorübergehend hergibt, ohne sie zu entbehren; wird im privaten Bereich verwendet: *kannst du mir fünf Mark b.?* **pumpen,** jmdm. etwas (Ggs. sich etwas pumpen ↑mieten) (salopp): jmdm. [zu dem man in einem vertrauteren Verhältnis steht] Geld oder irgendwelche Gegenstände vorübergehend zur Verfügung stellen und ihm damit aushelfen: *er pumpt mir hoffentlich das Geld.* **vorstrecken,** [jmdm.] etwas (ugs.): jmdm., meist für kurze Zeit, einen kleineren oder größeren Geldbetrag geben, den der Betreffende für einen bestimmten Zweck braucht, ihm aus der Verlegenheit helfen: *wenn Ihr Geld nicht reicht, kann ich Ihnen etwas v.* **vorschießen,** [jmdm.] etwas (ugs.): jmdm. für kürzere oder längere Zeit eine ihm fehlende, meist größere Geldsumme für einen bestimmten Zweck leihen. **verleihen,** etwas (Ggs. sich etwas leihen ↑mieten; geh.): Geld oder einen Gegenstand [gegen Gebühr] vorübergehend weggeben, um die betreffende Sache einem anderen zur Verfügung zu stellen, zur Benutzung zu überlassen: *ich habe meinen Schirm verliehen.* **verborgen,** etwas (Ggs. sich etwas borgen ↑mieten): einen Gegenstand zur Benutzung an einen anderen vorübergehend weggeben; wird im allgemeinen im privaten Bereich verwendet und betrifft meist kleinere, weniger wertvolle Dinge. **verpumpen,** etwas (Ggs. sich etwas pumpen ↑mieten) (salopp): i. S. v. verleihen. **ausleihen,** [jmdm.] etwas (Ggs. sich etwas ausleihen ↑mieten): Geld verleihen, einen Gegenstand aus seinem Besitz einem anderen zu einem bestimmten, meist einmaligen Gebrauch [gegen eine Gebühr] überlassen; betont, daß man die betreffende Sache aus der Hand gibt: *Stefan hatte [ihm] den Magnus Hirschfeld ausgeliehen.* **ausborgen,** [jmdm.] etwas (Ggs. sich etwas ausborgen ↑mieten): i. S. v. ausleihen; wird im privaten Bereich angewandt; ↑[1]auslegen, ↑mieten, ↑vermieten.

Leine, die: eine Art dünneres Seil, an dem etwas festgemacht, befestigt werden kann: *Wäsche auf die L. hängen; den Hund an die L. nehmen.* **Seil,** das: aus Fasern, Drähten oder sonstigem festem Material zusammengedrehtes, einem Strick ähnliches, aber längeres Gebilde, das dicker als eine Leine und dünner als ein Tau ist, zum Beispiel zum Bewegen oder Hochziehen daran befestigter schwerer Lasten oder zum Anbinden größerer Tiere: *auf einem gespannten S. balancieren; etwas mit einem S. hochziehen; die Kinder springen über das S.; ein S. zur Absperrung spannen.* **Strick,** der: kräftiges, kurzes und meist grobes, dickeres Seil, an dem schwere Gegenstände befestigt werden können, auf das ein kräftiger Zug ausgeübt werden kann: *das Pferd war mit einem S. an den Baum gebunden;* vgl. Strick ↑Schnur. **Strang,** der: starkes Zugseil, das meist an dem zu ziehenden oder zu bewegenden Gegenstand fest angebracht ist: *die Glocke wird noch mit einem S. geläutet; Tod durch den S.* **Tau,** das: dickes Seil, besonders zum Festmachen von Schiffen o. ä.: *ein T. auswerfen; am Tau hochklettern; T. ziehen;* ↑Schnur.

[1]leisten, etwas: (in diesem Sinnbereich) mittels seiner Kräfte etwas erreichen oder hervorbringen, was Fähigkeit und Tüchtigkeit beweist; steht hier mit Objekten, die die Menge oder Qualität des Geleisteten bezeichnen: *auf seinem Posten viel, nichts l.;* ↑[2]leisten. **vollbringen,** etwas: (in diesem Sinnbereich) etwas Bedeutendes erreichen oder hervorbringen, was Bewunderung und Anerkennung verdient: *Ähnliches haben nach ihm nur Shakespeare und Goethe vollbracht.*

[2]leisten, etwas: (in diesem Sinnbereich) eine bestimmte, jmds. Kräfte [voll] beanspruchende Arbeit vollbringen; hat, wie die übrigen Wörter dieser Gruppe, „Arbeit" und Wörter mit ähnlichem Inhalt als Objekt bei sich: *die Hauptarbeit l.* **verrichten,** etwas: (in diesem Sinnbereich) eine Aufgabe ordnungsgemäß ausführen. **tun,** etwas (ugs.): eine Arbeit [mehr oder weniger beiläufig, ohne besonderes Interesse] ausführen. **machen,** etwas (ugs.): eine Arbeit ausführen: *er muß die dreckigsten Arbeiten m.*

Leitsatz, der: in einen Satz gekleideter Gedanke, durch den sich ein Mensch in seinem Handeln, seiner Lebensführung leiten läßt und der prägnant das zusammenfaßt und ausdrückt, was man aus seiner Verantwortung, seiner Vorstellung überpersönlicher Werte heraus als notwendig erkannt hat und in seinem Leben und Handeln verwirklichen will. **Richtschnur,** die (Plural ungebräuchlich): die allgemeingültige Wertvorstellung, nach der man sich in seinem Handeln und Verhalten richtet und die im Unterschied zu „Leitsatz" weniger das Was als das Wie des Lebens und Handelns bestimmt: *Ehrlichkeit und Geradheit wurden ihm zur unbedingten R.* **Leitlinie,** die: [vorgezeichneter] Weg, Richtungsbestimmtheit des Handelns oder der Lebensführung, die nur das zu erreichende Ziel festlegt und gestattet, das praktische Verhalten den Gegebenheiten anzupassen; ↑Grundsatz, ↑Richtlinie.

lenken [etwas]: mit Hilfe der Zügel, der Steuerung bestimmen, welche Richtung ein Gespann, Fahrzeug nehmen soll: *er lenkte das Gefährt in den Torweg seines Hauses.* **steuern** [etwas]: die Fahrt, Richtung eines [Wasser]fahrzeugs mit Hilfe eines Steuers bestimmen: *er steuerte das Boot nach rechts.* **lotsen** [etwas] + Raumangabe (Seemannsspr.): ein Schiff durch schwierige Gewässer führen: *er lotste den Dampfer durch die Meerenge.* **fahren** [etwas]: (in diesem Sinnbereich) ein Kraftfahrzeug an einen bestimmten Ort oder in eine Richtung lenken: *sie fuhr den Wagen in die Garage.* **manövrieren,** etwas + Raumangabe (ugs.): (in diesem Sinnbereich) ein Fahrzeug unter Schwierigkeiten mit Geschick an einen bestimmten Ort bringen: *es dauerte einige Zeit, bis sie den Wagen in die Lücke manövriert hatte.*

lernen: (in diesem Sinnbereich) sich bemühen, einen Wissensstoff in sein Gedächtnis aufzunehmen, ihn zu behalten; sich mit einem Unterrichtspensum beschäftigen, es sich einprägen: *er lernt den ganzen Tag; Lernen ist wie Rudern gegen den Strom. Sobald man aufhört, treibt man zurück* (Benjamin Britten); vgl. lernen ↑erlernen. **pauken** (salopp): sich systematisch und angestrengt ein bestimmtes Wissensgebiet anzueignen streben; wird häufig im Zusammenhang mit Prüfungsvorbereitungen verwendet. **büffeln** (salopp): mit großem Eifer und großer Anstrengung lernen. **ochsen** (salopp): mit viel Fleiß, Zähigkeit und Ausdauer, aber oft auch mit Sturheit lernen. **schanzen** (landsch.; Schülerspr.): i.S.v. büffeln; betont das Streberhafte; ↑lehren.

Lesbierin, die (bildungsspr.): Frau, die ein gleichgeschlechtliches Sexualempfinden hat und daher geschlechtliche Beziehungen zu Frauen sucht oder unterhält. **Lesbe,** die (Jargon): i.S.v. Lesbierin. **kesser Vater,** der (Jargon): lesbische Frau, die die Rolle des aktiven männlichen Partners übernimmt [und sich auch äußerlich entsprechend darstellt]; ↑Homosexuelle, der.

[1]lesen, etwas: (in diesem Sinnbereich) einen Text mit den Augen und dem Verstand erfassen; es ist das allgemeinste Wort in dieser Gruppe: *du kannst den Brief l.; das Buch habe ich früher einmal gelesen;* ↑[2]lesen. **durchlesen,** etwas: einen Text bis zu Ende lesen; setzt voraus, daß es sich um einen etwas längeren, aber auch nicht zu langen Text handelt: *ich habe mir das Schreiben noch einmal durchgelesen.* **studieren,** etwas (ugs.): (in diesem Sinnbereich) etwas genau und gründlich lesen und durchdenken: *er hatte den neuen Aufsatz von ihm aufmerksam studiert;* vgl. studieren ↑[2]ansehen, ↑lernen. **überlesen,** etwas: einen Text schnell und etwas oberflächlich lesen, um den Inhalt erst einmal ganz allgemein beurteilen zu können; wird oft dann angewandt, wenn es sich um Texte handelt, die noch weitergeleitet werden sollen: *ich habe das Manuskript ü., fand aber nichts zu beanstanden.* **überfliegen,** etwas: einen Text flüchtig, in Eile lesen, mit den Augen schnell darüber hingehen und dabei bestrebt sein, das Wesentliche des Inhalts zu erfassen: *ich habe den Brief nur ü. können, ich lese ihn nachher in Ruhe noch einmal.* **diagonal lesen,** etwas (ugs.): ein Buch sehr flüchtig, nur hier und da, nur einige Stellen lesen, um sich schnell einen allgemeinen Eindruck zu verschaffen: *zum Examen hat er viele Bücher nur diagonal gelesen.* **auslesen,** etwas; **zu Ende lesen,** etwas: [ein Buch] von Anfang bis Ende lesen; im Unterschied zu „lesen" wandelt „auslesen" das Geschehen ab und weist wie „zu Ende lesen" auf den Abschluß des Prozesses hin: *ich hatte diesen tausendseitigen Roman in drei Tagen ausgelesen.* **verschlingen,** etwas: (in diesem Sinnbereich) ein Buch, eine Geschichte voller Spannung schnell durchlesen; ist emotional gefärbt: *Heidi hatte ihre neuen Bücher in wenigen Tagen verschlungen.*

[2]lesen: (in diesem Sinnbereich) sich mit einer Lektüre (z. B. Buch, Zeitschrift, Zeitung) beschäftigen; bezeichnet die Beschäftigung ganz allgemein und kann daher im Unterschied zu „schmökern" mit näheren Bestimmungen, die sich auf die Art und Weise beziehen, verbunden werden: *sie las gedankenlos, ohne recht zu wissen, was;* ↑[1]lesen. **schmökern** (fam.): längere Zeit eine Lektüre, meist ein Buch, von dem man sich besonders angezogen fühlt, gemütlich-selbstvergessen lesen: *ich schmökerte früher oft, doch komme ich jetzt gar nicht mehr dazu;* vgl. Schmöker ↑Buch.

leuchten, etwas leuchtet: (in diesem Sinnbereich) etwas gibt aus eigener Kraft [ein ruhiges, nicht zu stark glänzendes] Licht von sich, verbreitet es; bezieht sich vorwiegend auf künstliche Lichtquellen, die der notwendigen Beleuchtung im täglichen Leben dienen, seltener auch auf die Himmelsgestirne; steht häufig mit näheren Bestimmungen, die den Stärkegrad oder die Art des Lichtes kennzeichnen: *an jenem Tag leuchtete die Sonne am strahlend blauen Himmel;* vgl. leuchten ↑glänzen. **scheinen,** etwas scheint: etwas verbreitet Helligkeit, strahlt Licht aus; betont gegenüber „leuchten" nicht so sehr die Tatsache, daß ein Körper an sich Leuchtkraft besitzt, sondern hebt mehr hervor, daß das dem betreffenden Körper eigene Licht ausgesendet, abgegeben wird, und steht häufig mit der Angabe des Ortes, auf den das betreffende Licht fällt; bezieht sich vor allem auf die Himmelsgestirne, seltener auch auf künstliche Beleuchtungskörper: *die Lampe schien mir mitten ins Gesicht.* **strahlen,** etwas strahlt: etwas sendet besonders helles Licht aus, das sich nach allen Seiten verbreiten oder in einem einzelnen [starken] Strahl in eine bestimmte Richtung fallen kann; bezieht sich in gleicher Weise sowohl auf künstliche Lichtquellen als auch auf die Himmelsgestirne; steht wie „blenden" häufig mit näheren Bestimmungen, die die Helligkeit des Lichtes noch hervorheben: *in Spanien strahlte die Sonne wochenlang vom blauen, wolkenlosen Himmel.* **blenden,** etwas blendet: (in diesem Sinnbereich) etwas scheint so hell oder strahlt so, daß es als störend empfunden wird, daß das Sehvermögen beeinträchtigt wird: *das flakkernde Licht, das ihm in die Augen blendete.* **schimmern,** etwas schimmert: (in diesem Sinnbereich) etwas sendet ein zartes, meist als angenehm empfundenes Licht aus, verbreitet es; kennzeichnet wie „flimmern" häufig auch den Lichtschein, der von einer weiter entfernten Lichtquelle ausgeht und deshalb nicht mehr als sehr stark empfunden wird: *das Licht der Laterne schimmerte;* vgl. schimmern ↑glänzen. **flimmern,** etwas flimmert: (in diesem Sinnbereich) etwas sendet ein unruhig zitterndes [diffuses], meist nicht sehr starkes Licht aus; bezieht sich häufig auf ein Licht, das aus weiter Entfernung [bei behinderter Sicht] als unruhig empfunden wird: *nun flimmerte ein erster Stern aus dem ungewissen Licht zwischen Abend und Nacht;* vgl. flimmern ↑glänzen.

leuchtend: (in diesem Sinnbereich) von besonders intensiver, nicht stumpfer, sondern strahlender, deshalb sofort ins Auge fallender und unter Umständen weithin sichtbarer Farbe; wird nicht prädikatbezogen verwendet: *sie trug eine l. rote Bluse.* **lebhaft:** (in diesem Sinnbereich) von nicht gedeckter, sondern ausdrucksvoller und unter Umständen auch auffallender Farbe; wird nicht prädikatbezogen verwendet: *sie bevorzugt lebhafte Farben.* **kräftig:** (in diesem Sinnbereich) von nicht zarter, sondern sehr ausgeprägter, starker Farbe; wird nicht prädikatbezogen verwendet: *der Maler bevorzugt in seinen Bildern ein kräftiges Blau.* **satt:** (in diesem Sinnbereich) von besonders tiefer und kräftiger, in sich ruhig wirkender Farbe; wird nicht prädikatbezogen verwendet: *ein Halstuch von sattem Rot;* ↑bunt, ↑grell.

leugnen, etwas: (in diesem Sinnbereich) etwas bewiesenermaßen Wahres, eine offenkundige Tatsache wider bessere Einsicht und besseres Wissen für unwahr oder für nicht vorhanden erklären und nicht gelten lassen; wird wie „ableugnen" im allgemeinen nur auf andere bezogen gebraucht und enthält in dem Vorwurf der Unaufrichtigkeit und Verstocktheit eine stark abwertende Kritik des Sprechers/Schreibers: *er rettet sich, indem er feige alle Mitschuld leugnet;* vgl. leugnen ↑abstreiten, ↑[2]bestreiten. **ableugnen,** [selten: jmdm.] etwas: i. S. v. leugnen; betont mehr als „leugnen", daß die Sachverhalte den Betreffenden unmittelbar angehen und stärker berühren. Während mit „leugnen" lediglich etwas verneint wird, drückt die Vorsilbe ab- aus, daß etwas von sich gewiesen wird: *er hat alles abgeleugnet;* ↑lügen.

Liebe, die (ohne Plural): (in diesem Sinnbereich) starkes, tiefes Gefühl des Hingezogenseins zu einem anderen Menschen, verbunden mit dem Willen und dem Bedürfnis, alles für den anderen zu tun, für ihn und mit ihm zu leben; kennzeichnet besonders die [opferbereite] nach Besitz und Hingabe strebende Gefühlsbindung im Bereich des Erotischen; kann jedoch auch die verschiedenartigsten Abstufungen und Arten gefühlsmäßiger Neigung zu einem Menschen kennzeichnen: *sie sagte, L. sei kein Gefühl, sondern allenfalls das Ergebnis ständiger Bemühungen;* ↑Sexualität. **Verliebtheit,** die: beschwingter, geistig-seelischer Zustand bei einer plötzlich entstehenden [leidenschaftlichen] Liebe zu jmdm. [den man gerade erblickt hat], von dem man [körperlich] fasziniert ist. **Zuneigung,** die (ohne Plural): (in diesem Sinnbereich) herzliches Gefühl des Hingezogenseins zu einem anderen Menschen, das jmdn. dazu veranlaßt, dem anderen mit Wohlwollen, mit freundschaftlichem Entgegenkommen oder mit Zärtlichkeit zu begegnen; kennzeichnet ohne nähere Bestimmungen im allgemeinen eine weniger leidenschaftliche als innige Gefühlsregung, die im erotischen Bereich jedoch häufig eine Art Vorstufe und Übergang zur heftigeren und stärkeren Gefühlsbindung der Liebe oder der Leidenschaft darstellt; vgl. Zuneigung ↑Sympathie; vgl. sein Wohlgefallen haben ↑[5]freuen. **Leidenschaft,** die (ohne Plural): (in diesem Sinnbereich) heftige, intensive, ungestüm aufwallende Liebe zu einem anderen Menschen, nach dessen Besitz man unbändig und stürmisch verlangt; kennzeichnet im Gegensatz zu den beiden übrigen Wörtern dieser Gruppe nur eine Gefühlsbindung im sinnlich-erotischen Bereich; vgl. Leidenschaft ↑Begeisterung; ↑geil.

[1]**lieben,** jmdn./etwas (Ggs. hassen ↑leiden: nicht leiden können): (in diesem Sinnbereich) innige Zuneigung zu jmdm./etwas empfinden; ein starkes, tiefes Gefühl des Hingezogenseins zu einem anderen Menschen verspüren; bezieht sich im besonderen auf die leidenschaftlichen, nach Besitz und Hingabe strebenden Gefühlsregungen im Bereich des Erotischen; kann die verschiedenartigsten Abstufungen der gefühlsmäßigen Neigung zu einem Menschen ausdrücken und wird häufig mit entsprechenden, die Art und den Grad der Gefühlsempfindung angebenden Beiwörtern in Verbindung gebracht; das Wort wird im vertraulichen Umgang oft als zu gewählt oder theatralisch empfunden und daher häufig durch „liebhaben" o. ä. ersetzt; kann im Gegensatz zu den anderen Wörtern dieser Gruppe auch ohne Objekt gebraucht werden: *sie liebte diesen Mann sehr; Thema der Sendung: Wenn der Sohn einen Freund liebt; Männer, die Männer lieben, die Männer lieben;* ↑[2]lieben. **gern haben,** jmdn./etwas (fam.): zu jmdm. [herzliche] Zuneigung oder etwas als angenehm empfinden; drückt oft ein Gefühl aus, das auf Sympathie beruht, wird jedoch auch für die verschiedenartigsten Abstufungen im Bereich stärkerer gefühlsmäßiger Bindungen gebraucht und ersetzt im Umgangston häufig „lieben": *sie hat ihn nun einmal gern und wird ihn auch heiraten;* vgl. gern haben ↑[2]lieben. **liebhaben,** jmdn. (fam.): jmdm. von Herzen, innig zugetan sein; kann u. U. als Steigerung zu „gern haben" empfunden werden; wird in vertraulichem, herzlichem Ton aus einer persönlichen, gefühlsbetonten Einstellung heraus gesagt, die ein inniges oder intimes Verhältnis voraussetzt: *den kleinen Peter muß man einfach l.; ich habe dich sehr lieb.* **stehen,** auf jmdn./etwas (ugs.): jmdn./etwas ganz besonders gern mögen, weil man von ihm stark angezogen wird; für jmdn. oder etwas eine ganz besondere Vorliebe haben, ihn oder es vor anderen auswählen, bevorzugen. **gut sein,** jmdm. (fam.; landsch.): i. S. v. gern haben; wird vorwiegend aus einer naiven Sprechhaltung heraus, meist im vertraulichen Umgang zweier Liebender gesagt, oft ohne weitere, die verschiedenartigen Abstufungen der Gefühlsregung kennzeichnende Beiwörter; steht im allgemeinen nicht in verneinten Sätzen: *ich bin dir gut und werde es immer sein.* **hängen,** an jmdm./etwas: jmdn./etwas so gern haben, daß man sich nicht von ihm trennen möchte, sich innerlich nicht von ihm lösen kann; wird häufig durch erläuternde Umstandsangaben näher bestimmt: *sie hängt sehr an ihrem Kind.* **zugetan sein,** jmdm. (geh.): zu jmdm. gefühlsmäßig hingeneigt sein, ihm mit Wohlwollen, Anhänglichkeit und Liebe zugewendet sein; steht oft mit einer den Grad oder die Art der Gefühlsregung kennzeichnenden Angabe: *sie ist ihm seit langem von Herzen zugetan.* **angetan sein,** von jmdm./etwas: von jmdm./etwas angenehm berührt, entzückt sein: *er war von ihr ganz angetan; sie war angetan von dem Gedanken, mit ihr gemeinsam verreisen zu können.* **mögen,** jmdn.: (in diesem Sinnbereich) **a)** jmdn. sympathisch finden und Gefallen an ihm haben: *ihn habe ich schon von jeher gemocht;* heute wird dem Wort „mögen" bei nicht verneinten Sätzen im Umgangston häufig „gern" hinzugefügt: *sie mag den Alten gern;* in verneinten Sätzen, die eine Abneigung oder ein Mißfallen ausdrücken, steht „mögen" meist ohne „gern", denn diese Hinzufügung würde hier eher abschwächend wirken: *ich mag ihn nicht [gern];* **b)** (landsch.): jmdn. von Herzen lieben, ihn gern haben; bezieht sich auf die Gefühlsregung zweier Liebender und wird meist nur in vertraulichem Ton gesagt: *magst du ihn überhaupt?;* vgl. mögen ↑[2]lieben; vgl. sein Wohlgefallen haben, Gefallen finden ↑[5]freuen. **leiden können/**(auch:) **mögen,** jmdn.: jmdn. nicht unsympathisch finden; wird meist von einem objektiv betrachtenden Standpunkt aus gesagt, oft jedoch ohne die vorhandene Gefühlsregung

näher begründen zu können; zu „leiden können" tritt oft „gut" hinzu, „leiden mögen" wird häufig durch „gern", seltener durch „gut" erweitert: *ich kann ihn recht gut leiden.* **etwas/**(auch:) **viel übrig haben,** für jmdn.: jmdn. recht, sehr sympathisch finden und ihm mit Wohlwollen zugetan sein, ihn gern haben: *er hatte schon immer etwas übrig für den netten Jungen und hat ihn dementsprechend auch gefördert.* **Gefallen finden,** an jmdm./etwas: jmdn./etwas mögen; jmdn. so liebenswert oder sympathisch finden, daß man sich zu ihm hingezogen fühlt, Wohlgefallen an ihm findet; wird nicht gebraucht, um eine spontane Gefühlsregung zu kennzeichnen, sondern weist auf den Beginn dieser Gefühlsregung hin, die meist erst nach einer gewissen Zeit des näheren Kennenlernens eintritt: *ich finde allmählich Gefallen an dieser Tätigkeit; sie hatte Gefallen gefunden an ihm;* vgl. Gefallen finden ↑[5]freuen. **ins Herz geschlossen haben,** jmdn. (fam.): jmdm. mit seiner [ganzen] Liebe zugewendet sein; bezeichnet ein besonders inniges, herzliches Gefühl, das man für jmdn. empfindet, jmdm. entgegenbringt: *die beiden Kinder ihres Sohnes hat sie besonders ins Herz geschlossen.* **sein Herz schenken,** jmdm. (dichter.): jmdm., ausschließlich einer bestimmten Person, seine ganze Liebe zuwenden, jmdn. von ganzem Herzen lieben; der gefühlvolle Ausdruck wird meist als zu überschwenglich empfunden. **sein Herz hängen,** an jmdn./etwas: jmdm. oder einer Sache seine ganze Liebe schenken und dadurch gefühlsmäßig so gebunden sein, daß man sich durch nichts beirren läßt; wird oft dann gebraucht, wenn die Person, der die Gefühle entgegengebracht werden, dieser Gefühle unwürdig ist, man sie deren nicht für wert hält oder wenn man seinem Erstaunen darüber Ausdruck verleiht, daß jmds. Gefühle ausgerechnet auf eine Person gerichtet sind, der man nicht zugetraut hätte, daß sie solche Gefühle hervorruft: *warum hängt sie ihr Herz an einen solchen Taugenichts?* **jmds. Herz hängt an jmdm./etwas:** jmd. ist von ganzem Herzen jmdm. oder einer Sache zugetan, liebt jmdn. rückhaltlos; ↑anbändeln, ↑flirten, ↑gefallen, ↑[2]gehen (mit jmdm.), ↑verlieben.

[2]lieben, jmdn./etwas (geh.): (in diesem Sinnbereich) um einer bestimmten Eigenschaft willen an einer Sache, einem bestimmten Menschentyp, einer Tätigkeit großes Gefallen finden, eine besondere Vorliebe für sie hegen: *er liebte Wein, Weib und Gesang;* ↑[1]lieben. **mögen/**(auch:) **gern mögen,** jmdn./etwas (fam.): (in diesem Sinnbereich) eine Sache, einen Menschentyp nach seinem Geschmack finden, z. B. wegen bestimmter Eigenschaften oder wegen seiner Beschaffenheit: *mögen Sie Jazz?; er mag große, schlanke Frauen.* **gern haben,** etwas (fam.): (in diesem Sinnbereich) an etwas Wohlgefallen haben, Behagen finden; steht meist im Gliedsatz, landschaftlich oder familiär oft auch mit Objekt: *ich habe es gern, wenn das Radio leise spielt; er hat es augenscheinlich gern, so umsorgt zu werden.* **schätzen,** etwas/jmdn.: einer Sache/jmdm. besondere Wertschätzung entgegenbringen; einer Sache großen Wert beimessen oder eine Vorliebe für eine Sache oder einen Menschen hegen, weil sie oder er einem besonders angenehm oder anziehend erscheint: *er wußte diesen Wein zu schätzen; er schätzte ihn wegen seiner Offenheit;* vgl. schätzen ↑[1]achten.

Liebesspiel, das: wechselseitige Zärtlichkeiten, die sexuelle Erregung auslösen und verstärken, sexuelle Lustgefühle verlängern und steigern. **Vorspiel,** das: dem eigentlichen Geschlechtsakt vorausgehender, ihn vorbereitender Austausch von Zärtlichkeiten (Streicheln, Küssen, Blasen, Saugen, Lecken verschiedener Teile des unbekleideten Körpers). **Geschlechtsverkehr,** der (besonders Amtssprache): sexueller, besonders genitaler Kontakt mit einem Partner. **Verkehr,** der (verhüllend): i. S. v. Geschlechtsverkehr: *vorehelichen, außerehelichen V. mit jmdm. haben.* **Sex,** der: i. S. v. Geschlechtsverkehr; im Unterschied zu „Geschlechtsverkehr" verbindet sich mit „Sex" die Vorstellung von Lust und Sinnlichkeit: *er will jeden Tag S.* **Geschlechtsakt,** der: i. S. v. Koitus a) und b). **Beischlaf,** der (geh.; Rechtsw.): i. S. v. Koitus a): *den B. vollziehen, ausüben.* **Koitus,** der (bildungsspr.): **a)** Vereinigung der Geschlechtsorgane zweier verschiedengeschlechtlicher Partner zum Zwecke der Fortpflanzung oder/und des Lustgewinns; genitale Vereinigung durch Einführen des steifen Penis in die Vagina (Scheide) und rhythmisches Hin- und Herbewegen des Penis in der Vagina; **b)** genital-sexueller Kontakt in verschiedener Form zwischen verschieden- oder gleichgeschlechtlichen Partnern. **Kohabitation,** die (bildungsspr.): i. S. v. Geschlechtsverkehr. **Kopulation,** die (bildungsspr.): i. S. v. Koitus a). **Petting,** das: das Berühren und Reizen der Geschlechtsorgane des Partners mit der Hand, wodurch Lustgefühle bis hin zum Orgasmus ausgelöst werden. **Necking,** das: erotisch-sexuelle Reizung durch körperlichen Kontakt, bei dem – im Unterschied zum Petting – die Genitalien nicht berührt werden. **Cunnilingus,** der

(Fachspr.): (als oral-genitaler Sexualkontakt) das Reizen der äußeren weiblichen Geschlechtsorgane mit Mund, Zähnen, Zunge. **Fellatio,** die (Fachspr.): (als oral-genitaler Sexualkontakt) Praktik sexueller Betätigung, bei der das Glied des Geschlechtspartners in den Mund genommen und mit Lippen, Zähnen und Zunge [bis hin zum Orgasmus] gereizt wird. **Blasen,** das (Jargon): i. S. v. Fellatio. **Analverkehr,** der (Fachspr.): Geschlechtsverkehr, bei dem der Penis in den After eingeführt wird. **Oralverkehr,** der (Fachspr.): oraler, d. h. mit dem Mund vorgenommener Geschlechtsverkehr (Fellatio, Cunnilingus). **Schenkelverkehr,** der; **interfemorale Koitus,** der (Fachspr.): Geschlechtsverkehr, bei dem der Penis eines Partners durch Bewegungen zwischen den Schenkeln des anderen gereizt wird. **Tribadismus,** der (ohne Plural): lesbische Praktik des Geschlechtsverkehrs, bei dem eine Partnerin auf der anderen liegt und beide sich zusammen bewegen, um die Klitoris der anderen zu reizen. **gegenseitige Masturbation,** die: Form der sexuellen Befriedigung, bei der der eine Partner den anderen mit der Hand zum Orgasmus bringt. **Missionarsstellung,** die; **Ehestellung,** die: Stellung beim Geschlechtsverkehr, bei der der Mann – Gesicht zu Gesicht – oben liegt. **Coitus a tergo,** der: Form des Koitus, bei der die Frau dem Mann den Rücken zuwendet; Geschlechtsverkehr von hinten. **Coitus interruptus,** der (Fachspr.): Form des Koitus, bei der der Penis vor dem Samenerguß aus der Scheide herausgezogen wird. **Coitus per anum,** der (Fachspr.): Geschlechtsverkehr durch Einführen des Penis in den After des Geschlechtspartners. **Coitus per os,** der (Fachspr.): i. S. v. Fellatio. **Coitus reservatus,** der (Fachspr.): Geschlechtsverkehr, bei dem der Samenerguß absichtlich über längere Zeit hin oder gänzlich unterdrückt wird. **Sixty-Nine** [ßixtinain], das (Jargon): (von zwei Personen ausgeübter) gleichzeitiger gegenseitiger oraler Geschlechtsverkehr (nach dem Bild einer liegenden Neunundsechzig: ♋). **Soixante-Neuf** [ßoaßangtnöf] das (Jargon): i. S. v. Sixty-Nine. **Neunundsechzig,** das (Jargon): i. S. v. Sixty-Nine; ↑Homosexuelle, der, ↑Lesbierin, ↑Orgasmus, ↑Penis, ↑Sexualität, ↑Vulva, ↑koitieren, ↑onanieren.

Liebhaber, der: (in diesem Sinnbereich) Mann in bezug auf eine Person, die er liebt; Mann als Sexualpartner: *sie hat schon wieder einen neuen L.; er war der L. von Jack Hudson.* **Lover** [law^{e}r], der (Jargon): Liebespartner: *sie wußten, daß Micha der L. von Günter war; sie kam mit ihrem L. in die Bar.* **Geliebte,** der (veraltend): **a)** Mann, gesehen im Zusammenhang mit der dazugehörigen Person, mit der er Liebesbeziehungen pflegt; **b)** (geh.) Mann, der die innige Zuneigung eines Mädchens oder einer Frau besitzt; wird meist nur von der Liebenden selbst [in der Anrede an den geliebten Mann] gebraucht. **Liebste,** der (veraltet; aber noch landsch.); **Schatz,** der (veraltet; aber noch landsch.): (in diesem Sinnbereich) geliebte männliche Person, gesehen vom Standpunkt des ihn liebenden Menschen; hat im allgemeinen positiven Inhalt und wird meist wohlwollend gesagt. **Freund,** der: (in diesem Sinnbereich) (junge) männliche Person, gesehen im Zusammenhang mit der dazugehörigen Partnerin bzw. dem dazugehörigen Partner, mit der bzw. dem er ein Liebesverhältnis unterhält: *sie hat mit ihren siebzehn Jahren schon einen festen F.; der Intendant hatte einen jüngeren F.;* vgl. Freund ↑Kamerad. **Bekannte,** der (ugs.): (in diesem Sinnbereich) Mann, gesehen im Zusammenhang mit der dazugehörigen Partnerin, mit der er eine Liebesbeziehung unterhält, die meist schon offizielleren Charakter trägt und allgemein bekannt ist; wirkt – im allgemeinen nur mit dem entsprechenden besitzanzeigenden Fürwort gebraucht – leicht verhüllend: *mein Bekannter ist gestern abgereist.* **Verehrer,** der (ugs.): Mann in bezug auf eine bestimmte Person, die er gern mag, die er bewundert, verehrt und um die er sich bemüht; wird öfter mit ironischem Unterton oder auch scherzhaft gesagt: *mit welchem V. gehst du denn heute abend aus?;* ↑verehren, ↑[1]achten. **Kavalier,** der: (in diesem Sinnbereich) ein meist elegant gekleideter, gegenüber einer Dame zuvorkommender Mann mit auffallend guten Umgangsformen; wird öfter mit gutmütigem Spott gesagt: *was hat sie denn da wieder für einen forschen K. bei sich?* **Galan,** der: [modisch-elegant gekleideter] Mann, der sich [in der Öffentlichkeit], meist nur für kürzere Zeit, übertrieben höflich und kavaliermäßig um seine Dame bemüht und ihr den Hof macht; wird meist abschätzig oder mit spöttischem Unterton gesagt. **Hausfreund,** der: Mann, gesehen im Zusammenhang mit einer verheirateten Frau, deren Liebhaber er ist. **ständige Begleiter,** der (verhüllend): Liebhaber einer Frau, die im Blickfeld eines bestimmten Publikums steht (z. B. einer Filmschauspielerin, einer Schlagersängerin, eines Mannequins) und die sich öfter mit ihm in der Öffentlichkeit zeigt. **Gspusi,** das (scherzh.): (in diesem Sinnbereich) Mann, gesehen im Zusammenhang mit einem Mädchen, seltener mit einer Frau, mit der er ein flüchtiges Liebesverhältnis unterhält. **Gigolo** [schi...], der: jüngerer Mann, der sich von Frauen aushalten läßt. **Papagallo,** der: auf erotische Abenteuer bei Touristinnen ausgehender [südländischer, besonders italienischer jüngerer] Mann.

Liebhaberei, die: eine bestimmte Tätigkeit, der jmd. seine Mußestunden widmet, die ihm Freude macht, der sein ganzes Interesse gehört, mit der er sich [als Autodidakt] gern beschäftigt: *zu seinen Liebhabereien gehört das Sammeln alter Münzen.* **Steckenpferd,** das (veraltend): eine seinen Neigungen entspringende, unter Umständen etwas abseitige oder skurrile, von Außenstehenden vielleicht als liebenswürdige Schrulle belächelte Lieblingsbeschäftigung, der sich jmd. mit großem Vergnügen in seiner freien Zeit hingibt. **Hobby,** das: als Ausgleich zu einer Tagesarbeit erwählte Beschäftigung, mit der jmd. seine Freizeit ausfüllt und die er mit einem gewissen Eifer [und Stolz] ausübt.

Lied, das: vertontes, gesungenes oder sangbares Gedicht, das entweder durchkomponiert ist oder aus gleichgebauten Strophen besteht, die immer derselben Melodie folgen. **Kirchenlied,** das: von der Gemeinde [unter Orgelbegleitung] gesungenes, in die Liturgie eingeflochtenes geistliches Lied mit ruhiger Melodieführung. **Choral,** der: Kirchenlied, das in Form eines mehrstimmigen Satzes häufig Bestandteil eines größeren geistlichen Musikwerkes, wie z. B. eines Oratoriums, einer Kantate ist. **Madrigal,** das: kunstvolles, meist fünfstimmig gesetztes, weltliches Chorlied [aus dem 16. Jh.]; thematisch häufig der Schäferdichtung zugehörig. **Kanzone,** die: leichtes, heiteres, meist empfindungsvolles, mehrstrophiges Lied italienischer Herkunft. **Arie,** die: Sologesangstück mit Instrumental-, vorwiegend Orchesterbegleitung, bei dem die eventuell vorhandene Strophenunterteilung des vertonten Textes zugunsten der sinngemäßen musikalischen Durcharbeitung und der Deklamation meist unberücksichtigt bleibt; sie ist meist Bestandteil eines größeren Musikwerkes, wie z. B. eines Oratoriums, einer Kantate, Oper oder Operette. **Arioso,** das: kleines liedhaftes Gesangstück in Oper, Oratorium und Kantate; auch melodischer Ruhepunkt im Sprechgesang. **Rezitativ,** das: eine in Tönen deklamierte, von stützenden Akkorden begleitete, vom Wort her bestimmte Gesangsart; Sprechgesang in Oratorium, Kantate und Oper. **Kunstlied,** das (Ggs. Volkslied): von einem [bekannten] Komponisten geschaffenes kunstvolles Lied, das straffer als das Volkslied gestaltet und meist strophisch gebaut ist. **Volkslied,** das (Ggs. Kunstlied): im Volk entstandenes und überliefertes, schlichtes, weit verbreitetes Lied in Strophenform. **Moritat,** die; **Moritatenlied,** das (früher): Lied, das ein Bänkelsänger zu einer auf einer Leinwand o. ä. abgebildeten, in einzelne Ereignisstadien aufgeteilten primitiven schrecklichen [Mord]geschichte in rührselig-schauriger Weise zur Leierkastenbegleitung vorträgt; gesungene Schauerballade. **Bänkellied,** das (früher): i. S. v. Moritat. **Chanson** [schangßong], das: witzig-freches [zeit- oder sozialkritisches] Lied [mit Kehrreim], was in der Art des Rezitativs, oft im Kabarett, vorgetragen wird. **Couplet** [kuple], das: [im Kabarett vorgetragenes] kleines Lied mit witzigem Kehrreim und satirischem oder pikantem Inhalt, der häufig auf aktuelle [politische] Ereignisse Bezug nimmt, wobei den Texten oft ältere, auch bekannte Melodien unterlegt sind. **Gassenhauer,** der (ugs.): viel gesungenes, schlagerähnliches Lied, das man eine Zeitlang überall hören kann; drückt heute eine gewisse persönliche Distanz und Abwertung im Hinblick auf Inhalt und Abgedroschenheit aus. Für den eigentlichen Gassenhauer in früherer Zeit war ein derb-humoristischer Ton charakteristisch. Wie beim Volkslied war auch beim Gassenhauer das Volk, insbesondere die Großstadtbevölkerung, produktiv beteiligt. Besondere, vor allem historische Geschehnisse hatten die Gassenhauer zum Thema und standen somit in engem Zusammenhang mit dem Leben. Gassenhauer entstanden in der Mehrzahl in der Weise, daß zu Märschen, Polkas, Rheinländern und Wiener Walzern entsprechende Texte geschrieben wurden, z. B. „Denkste denn, denkste denn, du Berliner Pflanze" zum Petersburger Marsch. **Schlager,** der: [international] sehr bekanntes, beliebtes und daher vorübergehend viel gesungenes oder gespieltes [Tanz]lied; auch aus einem Musical, einem Film oder einer Operette. **Schnulze,** die (abwertend): (in diesem Sinnbereich) in bezug auf Text und Musik sentimentales Schlagerlied; ↑ [1]singen. **Ohrwurm,** der: auf Grund von Melodie oder Rhythmus leicht eingängiger und beliebter Schlager, beliebtes Lied. **Hit,** der: besonders erfolgreicher Schlager; Schlager, der an der Spitze der Schlager in bezug auf die Beliebtheit steht. **Evergreen** [äwergrin], der: Schlager, der längere Zeit hindurch beliebt bleibt und daher immer wieder gespielt wird. **Song** [ßong], der: **a)** Schlager, Lied; **b)** stark rhythmisches, politisch-satirisches Lied in der Art eines Chansons oder des Bänkelsangs. **Protestsong** [...ßong], der: soziale, gesellschaftliche, politische Mißstände kritisierender Song. **[Negro] Spiritual** [nigro[u] ßpiritju[e]l], das (auch: der): geistliches Volkslied [der im Süden Nordamerikas lebenden afrikanischen Neger] mit schwermütiger Melodie und synkopenreicher Rhythmik. **Gospel,** der oder das; **Gospelsong** [...ßong], der: christlich-religiöses Lied der nordamerikanischen Neger; verstädterte, moderne Form des Negro Spirituals, bei der die jazzmäßigen Einflüsse zugunsten einer europäischen Musikalität zurückgedrängt sind; meist von Berufskünstlern komponiert und vorgetragen. **Blues** [blus], der: zur Kunstform entwikkeltes, schwermütiges Volkslied der nordamerikanischen Neger.

liefern, etwas: eine bestellte Ware [zu einem bestimmten Zeitpunkt] an einen vereinbarten Ort oder zu einer bestimmten Person bringen: *sie bekamen einen Posten Ware geliefert.* **anliefern,** etwas (kaufm.): eine bestellte Ware, speziell eine Warenmenge oder einen größeren Handelsgegenstand, [zu einem bestimmten Zeitpunkt] an einen vereinbarten Ort oder zu einer bestimmten Person schaffen, gewöhnlich mit einem Fahrzeug anfahren; bringt im Gegensatz zu „liefern" stärker das Heranschaffen zum Ausdruck: *die Firma übernahm es, das Baumaterial anzuliefern.* **zustellen,** [jmdm.] etwas (Verwaltungsspr.): etwas (eine Warensendung, eine Postsache, ein Schriftstück o. ä.) auf postalischem oder amtlichem Wege zum Empfänger bringen und ihm aushändigen: *er blieb dabei, daß ihm die Vorladung nicht zugestellt worden sei.* **bringen,** [jmdm.] etwas: (in diesem Sinnbereich) etwas an einen Ort oder zu jmdm. schaffen [und ihm übergeben]; wird, obwohl ganz allgemeiner Ausdruck, häufig im geschäftlichen oder amtlichen Bereich verwendet: *erst am späten Abend brachte ihm der Telegrammbote das Telegramm;* ↑[1]bringen; vgl. bringen ↑holen.

liegen, jmdm. liegt [etwas] an jmdm./etwas (ugs.): jmd./etwas ist für jmdn. wichtig; jmd. legt Wert auf jmds. Partnerschaft, Gegenwart, Mitwirkung, Unterstützung, auf etwas, was man behalten oder haben möchte: *kann man denn bei ihm wissen, ob ihm an dem Gelde liegt?* **anliegen,** etwas liegt jmdm. an (geh.): etwas Bestimmtes zu tun ist jmdm. besonders wichtig, liegt ihm am Herzen; wird meist mit Infinitivgruppe verwendet: *es liegt mir sehr an, ihm zu helfen;* vgl. Anliegen ↑Bitte. **interessiert sein,** an jmdm./etwas; **Interesse haben,** an jmdm./etwas: im Hinblick auf irgendein Ziel oder Vorhaben jmdm. Beachtung und Aufmerksamkeit schenken und ihn für die betreffende Sache zu gewinnen suchen; geneigt sein, etwas Bestimmtes zu erwerben oder sich an einer bestimmten Unternehmung zu beteiligen: *er war an unserem Grundstück interessiert.* **ein Interesse haben,** an jmdm./etwas: besonders geneigt sein, etwas Bestimmtes zu tun; besonderen Wert darauf legen, daß etwas Bestimmtes geschieht, oder sich aus einem entsprechenden Motiv jmdm. zuwenden: *was für ein Interesse könnte die Stadt daran haben, daß diese Straße ausgebaut wird?*

liquidieren, jmdn. (verhüllend): (in diesem Sinnbereich) jmdn. aus politischen o. ä. Gründen ermorden, hinrichten [lassen], weil seine Anschauungen, seine Wirksamkeit nicht genehm oder gefährlich sind: *er hat viele seiner politischen Gegner liquidiert.* **beseitigen,** jmdn.: (in diesem Sinnbereich) jmdn., durch den man seine politische Macht gefährdet glaubt, einen politischen Nebenbuhler oder Widersacher durch Mord oder Hinrichtung unschädlich machen: *Theoderich beseitigte Odoaker;* ↑beseitigen; vgl. beseitigen ↑abschaffen; ↑ermorden, ↑erschießen, ↑erschlagen, ↑erstechen, ↑ersticken, ↑[1]hängen, ↑niedermachen, ↑[1]sterben, ↑[2]töten; ↑[2]Selbstmord.

List, die: schlau, hinterlistig ausgeklügelter Plan und entsprechendes Vorgehen, um einen Gegner, einen Verfolger zu täuschen und sich dadurch in einer gefährlichen Situation zu retten oder um die Oberhand über jmdn. zu gewinnen, um etwas Bestimmtes zu erreichen. **Trick,** der: (in diesem Sinnbereich) geschicktes, meist improvisiertes Vorgehen, überraschend angewandter listiger Kunstgriff, mit dem man einen Gegner durch Täuschung überlisten will; bezieht sich im Unterschied zu „List" mehr auf eine augenblickliche Handlung, einen Einfall in einer bestimmten Situation; vgl. Trick ↑Kniff, ↑Praktik; ↑Finte, ↑Intrige, ↑List, ↑Machenschaft.

[1]**loben,** jmdn. (Ggs. ↑tadeln): (in diesem Sinnbereich) jmdn. um einer Arbeit, eines Verdienstes, einer Leistung o. ä. willen mit anerkennenden Worten ermuntern, bestätigen, beglückwünschen, über ihn ein günstiges Urteil sprechen; man gibt damit seiner Zufriedenheit, Freude und Bewunderung Ausdruck: *der Lehrer lobt den Schüler;* ↑[2]loben. **beloben,** jmdn. (geh.); **belobigen,** jmdn. (geh.; nachdrücklich): jmdn., im allgemeinen vor der Öffentlichkeit, loben, ihm eine [amtliche] Anerkennung [des Vorgesetzten, der übergeordneten Dienststelle o. ä.] zuteil werden lassen; zeugt im allgemeinen von mehr Distanz, von geringerer menschlich-persönlicher Anteilnahme des Lobenden an dem, der gelobt wird. **Lob erteilen,** jmdm.

(geh.); **Lob spenden,** jmdm. (geh.); **Lob zollen,** jmdm. (geh.): jmdm. für bestimmte, auffallend gute Leistungen o. ä. auf nachdrückliche Weise [öffentlich] eine verdiente Anerkennung aussprechen und ihm dafür Achtung und Bewunderung zollen. **mit Lob überschütten,** jmdn.: jmdn. wegen einer außerordentlichen Leistung o. ä. in spontaner Weise, wortreich und immer wieder mit lauten, begeisterten Worten loben; enthält eine emotionale Anteilnahme des Sprechers/Schreibers; wie alle folgenden Begriffe dieser Gruppe immer nur in berichtender Weise und meistens von anderen, nicht Beteiligten gebraucht. **jmds. Lob[lied] singen** (ugs.): jmdn./(selten:) etwas überschwenglich und immer von neuem lobend hervorheben, und zwar weniger um einer einzelnen Leistung o. ä. willen, sondern vielmehr wegen langbewährter und immer wieder erprobter Fähigkeit, Tüchtigkeit, Brauchbarkeit o. ä.; häufig mit der Absicht, dem Gelobten dadurch [verdiente] Vorteile zu verschaffen, auf ihn aufmerksam zu machen. **des Lobes voll sein,** über jmdn. (geh.); **sich in Lobeserhebungen ergehen,** über jmdn. (geh.): i. S. v. jmds. Lob[lied] singen; jedoch im allgemeinen mit keiner anderen Absicht als der, dem Betreffenden, der gelobt wird, die verdiente Anerkennung und Bewunderung zuteil werden zu lassen; die etwas hochtrabende Ausdrucksweise gibt häufig Anlaß, diese Begriffe mit leichtem Spott zu gebrauchen, um damit anzudeuten, daß man die betreffende Lobesäußerung für übertrieben hält. **über den grünen Klee loben,** jmdn. (ugs.): (in diesem Sinnbereich) jmdn. über alle Maßen loben; bringt die emotionale Stellungnahme eines Dritten zum Ausdruck, der damit sagen will, daß er die Art und Weise des Lobens im Verhältnis zum Gegenstand übertrieben findet; häufig mit kritischem Spott; vgl. über den grünen Klee loben ↑ [2]loben. **in den Himmel heben,** jmdn. (ugs.): jmdn. in übertriebener Weise loben, ihn höher als jeden anderen seinesgleichen preisen; drückt immer die emotionale Stellungnahme eines Dritten aus.

[2]loben, etwas (Ggs. ↑tadeln): (in diesem Sinnbereich) jmds. Arbeit, Verdienst, Leistung o. ä. in anerkennenden Worten hervorheben, seine gute Meinung darüber äußern; drückt jmds. Freude über etwas oder Zufriedenheit mit etwas, mit dem Geschaffenen oder Geleisteten aus, welches durchaus Anerkennung verdient: *er lobte diese Arbeit;* ↑ [1]loben. **über den grünen Klee loben,** etwas (ugs.): (in diesem Sinnbereich) etwas übermäßig, in übertreibender Weise loben; das Lob ist nicht ganz unbegründet, erscheint aber einem Dritten als überschwenglich, welcher nun seinerseits seine Skepsis und seine Meinung darüber emotional gefärbt und kritisch zum Ausdruck bringt: *der neue Autotyp wird überall über den grünen Klee gelobt;* vgl. über den grünen Klee loben ↑ [1]loben. **anerkennen,** etwas: jmds. Arbeit, Verdienst, Leistung o. ä. öffentlich als gut bewerten und hervorheben: *besonders seine Leistungen auf dem Gebiet der Sozialpolitik wurden anerkannt.* **würdigen,** etwas: jmds. Leistungen oder Verdienste schriftlich oder mündlich [in der Öffentlichkeit] lobend hervorheben und der betreffenden Person dadurch die ihr gebührende Ehre erweisen; häufig auf Verdienste o. ä. angewandt, die sich [kürzlich] Verstorbene zu ihren Lebzeiten erworben haben, oder auf etwas, was sie geleistet oder gewirkt haben: *er dankte dafür, daß der Nachruf die Leistungen seines Sohnes in so ehrenvoller Weise gewürdigt habe.*

lohnen, etwas lohnt [sich]: etwas ist in ideeller oder materieller Hinsicht von Nutzen: *diese Mühe lohnt sich [nicht]; es lohnt sich zuzuhören; es lohnt sich, sein Buch zu lesen;* vgl. lohnend ↑nützlich. **rentieren,** etwas rentiert [sich] (ugs.): etwas birgt erwartungsgemäß materiellen Nutzen in sich, bringt jmdm. den erhofften Profit: *das Unternehmen hofft, daß sich die neue Maschine rentiert.* **auszahlen,** etwas zahlt sich aus (ugs.): etwas lohnt die aufgewandte Mühe durch sichtbaren Erfolg: *die Investitionen werden sich wahrscheinlich nie a.* **bezahlt machen,** etwas macht sich bezahlt (ugs.): etwas lohnt den Aufwand, erweist sich eines besonders hohen Preises (materieller oder geistiger Art) durch entsprechende Qualität, durch entsprechenden Nutzen, Erfolg wert: *es hat sich bezahlt gemacht, daß wir keine Mühe gescheut haben.* **rechnen,** etwas rechnet sich: i. S. v. etwas lohnt sich; aber nicht in Verbindung mit einem Infinitiv mit „zu": *diese Mühe rechnet sich.*

lügen: etwas Unwahres bewußt als Wahres ausgeben, um jmdn. zu täuschen; wird zumeist, wie die übrigen Wörter dieser Gruppe, auf andere bezogen; enthält im allgemeinen in dem starken Vorwurf der Unaufrichtigkeit eine stark abwertende Kritik des Sprechers/Schreibers an der Haltung dessen, der lügt. **sohlen** (ugs.; landsch.): i. S. v. lügen; enthält eine stark abwertende Kritik des Sprechers/Schreibers. **kohlen** (ugs.; landsch.); **krücken** (landsch.): (in diesem Sinnbereich) in weniger wichtigen Dingen [aus Feigheit oder Angst vor Strafe] lügen; wird häufig auf das Lügen bei Kindern bezogen und von Kindern selbst gebraucht; vgl. kohlen, krücken ↑[2]aufschneiden. **schwindeln** (ugs.): (in diesem Sinnbereich) einer Sache [auf Fragen hin] einen anderen Anstrich geben und dabei [ein wenig] von der Wahrheit abweichen, um etwas Peinliches abzuschwächen oder um es überhaupt nicht eingestehen zu müssen; enthält eine nur leicht abwertende Kritik des Sprechers/Schreibers; vgl. schwindeln ↑[2]aufschneiden. **flunkern:** (in diesem Sinnbereich) [in weniger wichtigen Dingen] nicht ganz der Wahrheit entsprechend antworten oder berichten; die mit diesem Wort bezeichnete Handlung wird nicht selten als entschuldbar gewertet; spricht selten ein streng abwertendes Urteil aus; vgl. flunkern ↑[2]aufschneiden. **es mit der Wahrheit nicht so genau nehmen** (ugs.): in kleineren, mehr belanglosen Dingen nicht peinlich genau auf die Wahrheit achten; geschieht oft mehr aus Nachlässigkeit als aus bewußter Absicht heraus; enthält zumeist keine abwertende Kritik des Sprechers/Schreibers, sondern eher resigniert-wohlwollende Nachsicht. **nicht bei der Wahrheit bleiben:** in wichtigeren Dingen von der Wahrheit abweichen, um seinen Zuhörer zu täuschen; enthält in dem Vorwurf der Unaufrichtigkeit abwertende Kritik des Sprechers/Schreibers an der Haltung des Betreffenden. **die Unwahrheit sagen** (geh.): in entscheidenden Dingen etwas Unwahres bewußt als Wahres ausgeben, um jmdn. zu täuschen; enthält vom Sprecher/Schreiber aus einen starken Vorwurf wegen der Unaufrichtigkeit und eine [oft pathetisch vorgetragene] starke Abwertung der Haltung dessen, der die Unwahrheit gesagt hat: *er hat schon oft die Unwahrheit gesagt;* ↑leugnen, ↑verstellen.

lustig: frisch, munter und wohlgemut; zu Scherzen und Späßen aufgelegt, unter Umständen auch ausgelassen und eine etwas laute Fröhlichkeit zeigend. **fröhlich:** unbeschwert und froh und deshalb in guter Stimmung und von wohltuend heiterem Wesen: *fröhliche Kinder; er ist immer f., ausgelassen und heiter, witzig und munter;* ↑freudig, ↑glücklich, ↑munter.

Machenschaft, die (meist Plural; abwertend): unlauteres Betreiben einer Absicht; verborgene und meist anrüchige Mittel oder Unternehmungen, mit denen man einen Vorteil zu erlangen sucht: *dunkle Machenschaften.* **Schiebung,** die (ugs.; abwertend): (in diesem Sinnbereich) unrechtmäßiges [betrügerisches] Handeln, Vorgehen, mit dem man sich [unter Anwendung ungesetzlicher Mittel] in den Besitz einer erstrebten Sache setzt, wobei man den Schein der Legalität zu wahren sucht: *bei der Wahl sollen Schiebungen vorgekommen sein.* **Manipulation,** die (bildungsspr.): (in diesem Sinnbereich) listiges, geschicktes Vorgehen, mit dem man sich einen Vorteil verschafft, eine begehrte Sache gewinnt, wobei es für den Außenstehenden undurchschaubar oder zweifelhaft bleibt, ob dabei die Absicht redlich und der Erfolg rechtmäßig ist; betont im Unterschied zu „Schiebung" weniger, daß eindeutig ein Betrug vorliegt, sondern mehr, daß man einen solchen argwöhnt: *sich durch geschickte Manipulationen einen Vorteil verschaffen;* ↑Finte, ↑Intrige, ↑Kniff, ↑List, ↑Praktik.

mächtig: (in diesem Sinnbereich) Macht, das heißt, das stark hervortretende Vermögen, etwas in die Wirklichkeit oder ins Werk zu setzen, zu bewerkstelligen, besitzend; wird wie „gewaltig" von Personen und Sachen gesagt: *ein mächtiger Herrscher; Worte sind oft mächtiger als Handlungen.* **gewaltig:** über eine eindrucksvolle Machtfülle verfügend und sie unumschränkt ausübend; mit Gewalt, mit einer Macht, der man sich fügen muß, auf etwas einwirkend: *die Angst und der Neid sind die gewaltigsten Triebkräfte der Welt;* vgl. Macht, Gewalt ↑[1]Kraft.

machtlos: in einer bestimmten Situation nicht über die nötigen Mittel, über die nötige Macht oder Autorität verfügend, um etwas ausrichten zu können; ohne Macht und Einfluß: *die Saalordner und Polizisten standen den Krawallen m. gegenüber.* **ohnmächtig:** (in diesem Sinnbereich) in einer bestimmten Situation nicht über die nötigen Mittel, über die nötige Macht oder Autorität verfügend, um etwas ausrichten zu können, und darunter leidend oder darüber aufgebracht; dem Gefühl der Machtlosigkeit entspringend und nichts ausrichtend: *o. mußte er zusehen, wie man seine Angehörigen aus dem Haus schleppte.*

Mädchen, das (Ggs. ↑Junge): (in diesem Sinnbereich) jüngere unverheiratete weibliche Person: *ein schönes M.* **Mädel,** das (landsch.): i. S. v. Mädchen. **Maid,** die (veraltet; heute nur noch ironisch): i. S. v. Mädchen. **Mägdlein,** das (veraltet; aber noch landsch.): i. S. v. Mädchen; wird auch noch altertümelnd gebraucht. **Jungfrau,** die (veraltet): junges, unverheiratetes Mädchen [das noch keine geschlechtlichen Beziehungen gehabt hat]. **Backfisch,** der (veraltet): junges, halberwachsenes Mädchen etwa zwischen dem 14. und 17. Lebensjahr: *Vierzehn Jahre sieben Wochen ist der Backfisch ausgekrochen; siebzehn Jahre Wochen drei ist die Backfischzeit vorbei* (Merkreim). **Teenager** [tineidscher], der: junges Mädchen zwischen 13 und 19 Jahren. **Biene,** die (ugs.): flottes, hübsches Mädchen. **Käfer,** der (ugs.): hübsches junges Mädchen. **Wuchtbrumme,** die (salopp): flottes, attraktiv aufgemachtes Mädchen. **Ische,** die (Jugendspr., Jargon): Mädchen. **Mieze,** die (salopp): i. S. v. Mädchen; enthält oft eine gewisse Geringschätzung. **Pißnelke,** die (derb; abwertend): Mädchen, das den Betreffenden, der sie so bezeichnet, enttäuscht hat. **Minderjährige,** die: weibliche Jugendliche unter 18 Jahren; wird in Verbindung mit rechtlichen Dingen gebraucht. **Gör,** das (nordd.); **Göre,** die (nordd.): Mädchen, das im Urteil des Sprechers/Schreibers frech ist oder über das er sich ärgert; im wohlwollend-positiven Sinn nur, wenn ein entsprechendes Adjektivattribut hinzugefügt ist. **Teenie** [tini], der (Jargon; oft im Plural): jüngerer Teenager: *unsere Teenies waren ganz aus dem Häuschen.* **Kid,** das (Jargon; üblich im Plural): Jugendliche[r]; unter dem Aspekt der Verbindung zu den elterlichen Erwachsenen, als Kind; enthält ein gewisses Wohlwollen; vgl. Kid ↑Jüngling. **Tussi,** die (Jargon): Mädchen, Freundin. **Lolita,** die; **Kindfrau,** die: Mädchen, das noch fast ein Kind, körperlich aber schon entwickelt ist und zugleich unschuldig und raffiniert, naiv und verführerisch wirkt.

mager (Ggs. fett): (in diesem Sinnbereich) von einer gewissen Fett- und Fleischarmut, die sich am Körper und an den Gliedern zeigt; wird sowohl auf den Menschen, und zwar auf seinen Körper oder einzelne Körperteile, als auch auf Tiere angewandt; enthält oft eine vom Ästhetischen her abschätzige Kritik; kennzeichnet einen Mangel: *ein magerer Körper, Junge;* vgl. mager ↑[1]unfruchtbar. **hager:** mager, mit wenig Fleisch und Fett ausgestattet [und daher von strengem, asketischem Aussehen]; im allgemeinen nur auf den Menschen, und zwar auf seinen Körper oder einzelne Körperteile, angewandt; häufig verbunden mit der Vorstellung des Langaufgeschossenen und Sehnigen: *ein hagerer Alter; ein hageres Gesicht; hagere Waden.* **dürr:** (in diesem Sinnbereich) sehr mager und sehr schmal; auf den Körper oder einzelne Körperteile, seltener auf Tiere angewandt; zumeist emotional gefärbt und abwertend: *ein dürrer Körper; dürre Hände; dürre Waden;* vgl. dürr ↑[1]unfruchtbar, ↑[2]trocken. **spindeldürr** (ugs.; abwertend; emotional verstärkend); überaus dürr; im allgemeinen auf Menschen, und zwar auf den ganzen Körper, seltener auf einzelne Körperteile, angewandt: *ein spindeldürres Männchen; sie ist s.* **klapperdürr** (ugs.; abwertend; emotional verstärkend): so dürr, daß Knochen und Rippen deutlich zu sehen sind; wird im allgemeinen auf den ganzen Körper des Menschen und des Tieres angewandt. **knochig:** so mager, daß die einzelnen Knochen deutlich sichtbar hervortreten; bezieht sich sowohl auf den Menschen, und zwar auf den ganzen Körper oder einzelne Glieder, als auch auf Tiere: *die Hand war k. und ziemlich groß.* **spillerig** (ugs.; landsch.; abwertend); **spiekerig** (ugs.; landsch.; abwertend): mager und schmal; bezieht sich häufig auf jüngere Menschen, auf Kinder [vor allem Mädchen], die noch nicht voll ausgewachsen sind; ist emotional gefärbt.

malen [jmdn./etwas]: auf Leinwand, Papier o. ä. mit Pinsel, Stiften, Kreiden und flüssigen Farben o. ä. ein [farbiges] Bild herstellen. **zeichnen** [jmdn./etwas]: etwas auf einer Fläche [umrißhaft] durch Striche, Linien, Kurven darstellen. **pinseln** (ugs.): (in diesem Sinnbereich) (dilettantisch) malen. **klecksen** (ugs.): (in diesem Sinnbereich) (im Urteil des Sprechers/Schreibers) schlecht, dilettantisch malen: *das ist nicht gemalt, das ist gekleckst.*

manchmal: nicht immer, nicht regelmäßig [eintreffend oder der Fall], sondern je nach den Umständen unterschiedlich häufig, mehr oder weniger oft: *Kakteen blühen m.* **gelegentlich:** so oft, wie sich Gelegenheit dazu ergibt, wie die Umstände es erlauben oder mit sich bringen; deutet im Unterschied zu „manchmal" mehr auf einen bestimmten Vorsatz bei dem betreffenden Tun o. ä. oder auf die Abhängigkeit eines Vorganges, eines Zustandes von bestimmten

Einflüssen hin; wird in dieser Bedeutung nicht auf Zukünftiges bezogen. **zuzeiten** (geh.): zu gewissen Zeiten; jedesmal eine gewisse Zeitspanne hindurch; betont im Unterschied zu „manchmal" mehr, daß etwas in mehr oder weniger regelmäßigen Zeitabständen geschieht und dann von einer gewissen Dauer ist. **von Zeit zu Zeit:** in mehr oder weniger regelmäßigen Zeitabständen; immer dann, wenn es erforderlich erscheint oder sich so ergibt; legt das Gewicht mehr darauf, daß die Wiederkehr von etwas durch eine bestimmte Notwendigkeit, ein Bedürfnis oder eine Gesetzmäßigkeit o. ä. bestimmt wird: *von Zeit zu Zeit seh ich ihn gern.* **ab und zu:** so oft es nötig erscheint, sich gerade ergibt oder möglich ist; bezieht sich im Unterschied zu „von Zeit zu Zeit" im allgemeinen auf kürzere Zeitspannen und betont weniger die Regelmäßigkeit der Wiederkehr, als daß sie von einem bestimmten Zweck oder Bedürfnis bestimmt wird; ohne den Bezug auf einen bestimmten Zweck o. ä. gibt „ab und zu" den Eindruck einer relativen Häufigkeit wieder: *ab und zu geht sie schwimmen.* **ab und an** (landsch.): in kürzeren oder längeren Zeitabständen, wie sie sich gerade ergeben; betont mehr, daß die Wiederkehr von etwas, von den besonderen Gegebenheiten des Augenblicks abhängt: *ab und an übernahm ich das Ruder und steuerte.* **hin und wieder:** nicht besonders oft, aber doch so häufig, daß man es nicht außer acht lassen kann, irgendwie damit rechnen muß oder kann; bringt die zögernde Stellungnahme oder vorsichtige Schätzung des Sprechers/Schreibers zum Ausdruck: *hin und wieder besucht sie mich.* **dann und wann:** recht selten und meist unvermittelt, unerwartet kommend; bezieht sich auf etwas Wiederkehrendes, was mehr den Charakter einer Ausnahme, eines Sonderfalles hat. **zuweilen** (geh.): zu gewissen Zeiten durchaus vorkommend, der Fall; hebt im Unterschied zu „manchmal" oder „gelegentlich" mehr den Gegensatz hervor, der zwischen dem wiederkehrenden Zustand und den dazwischenliegenden Zeitspannen besteht. **mitunter** (geh.): i. S. v. zuweilen; bezieht sich jedoch weniger auf einen Zustand u. ä., der bei jeder Wiederkehr eine gewisse Zeit andauert, als vielmehr punktuell auf eine Handlung oder einen Vorgang: *der Mensch weiß, daß ihn Gott nach seinem Ebenbild geschaffen hat, und er trägt m. schwer an seiner Würde.* **bisweilen** (geh.): gelegentlich, wenn auch nicht allzu häufig vorkommend; mitunter etwas überraschend oder unerwartet in Erscheinung tretend: *b. war er ganz vergnügt.*

Mann, der (Ggs. ↑Frau): erwachsener Mensch männlichen Geschlechts jeden Alters und Standes; auch im Hinblick auf das Geschlechtsspezifische (so sind die Männer!); wenn in bezug auf Vollkraft und Reife gesagt, grenzt dieses am allgemeinsten gebrauchte Wort gegen Jüngling und Greis ab: *bei dem Unfall wurde ein M. verletzt.* **Herr,** der: **a)** männlicher Erwachsener von gepflegtem Äußeren, guten Umgangsformen; namentlich Angehöriger der besseren Gesellschaftsschichten; ist der entsprechende Gegenbegriff zu „Dame": *die Herren zogen sich ins Rauchzimmer zurück, die Damen tranken Kaffee;* **b)** höfliche Bezeichnung für „Mann"; wird wie „Dame" besonders häufig in der Anrede gebraucht und auf Angehörige aller Volksschichten angewandt; in Verbindung mit dem Namen, dem Titel oder der Berufsbezeichnung einer Person steht es in Entsprechung zu „Frau" oder zu dem heute aus feministisch-emanzipatorischen Gründen weniger gebräuchlichen „Fräulein": *meine Damen und Herren!; Herr und Frau Balzer sowie ihr Sohn Tim kamen zu Besuch.* **Mannsbild,** das (veraltet; aber noch landsch.): i. S. v. Mann; hebt besonders das Körperliche, das Äußere der männlichen Gestalt hervor: *kräftige Mannsbilder; dieses M. ist zu nichts zu gebrauchen!* **Mannsperson,** die (veraltet; aber noch landsch.): i. S. v. Mann; betont das Körperlich-Männliche: *nach dem zierlichen Mädchen betrat eine riesenhafte M. den Raum; da hat sie sich aber eine M. aufgegabelt!* **Kerl,** der (salopp): (in diesem Sinnbereich) i. S. v. Mann; enthält jedoch immer eine Wertung, die je nach Zusammenhang positiv oder negativ sein kann und sich meist auf körperliche Eigenschaften bezieht; ohne Adjektivattribut hat das Wort abwertenden Inhalt; zusammen mit entsprechenden negativen Beiwörtern wird es häufig auch als Schimpfwort verwendet: *er ist ein ganzer K.; drei kräftige, baumlange Kerle kamen auf uns zu; dieser grobe, ordinäre K. kann mir gestohlen bleiben!* **Greis,** der: alter und alt wirkender [körperlich hinfälliger] Mann. **Tattergreis,** der (ugs.; abwertend); **Tapergreis,** der (ugs.; abwertend): zittriger, seniler alter Mann. **alte Knacker,** der (salopp; abwertend): älterer Mann. **Mündungsschoner,** der (ugs.; scherzh.): recht kleiner Mann. **Riese,** der (ugs.): auffallend großer [kräftiger] Mann. **Lulatsch,** der (ugs.): hochaufgeschossener, schlaksiger [junger] Mann. **Sonnyboy,** der: [junger oder jüngerer] Mann, der eine unbeschwerte Fröhlichkeit ausstrahlt und Charme besitzt und dem deshalb Sympathie entgegengebracht wird. **Strahlemann,** der (ugs.): Mann, der immer strahlt, lächelt, für den das Lächeln typisch ist, wodurch er eine Art von Sympathieträger wird oder werden will. **Traummann,** der: gutaussehender Mann, den man sich als Partner erträumt. **Märchenprinz,** der: Mann, den sich jmd. als Partner ersehnt: *sie, er träumte von dem Märchenprinzen.* **Frauenheld,** der: Mann, der viel Erfolg bei Frauen hat und entsprechende Aktivitäten entwickelt. **Schürzenjäger,** der: Mann, der ständig den Frauen nachläuft und Liebschaften sucht. **Adonis,** der (bildungsspr.); **Apollo,** der (bildungsspr): schöner junger Mann. **Beau** [bo], der (meist spöttisch): schöner Mann. **Schönling,** der (abwertend): gutaussehender junger Mann, der sich auch entsprechend darstellt. **Narziß,** der (bildungsspr.): Mann, der in sich selbst verliebt ist, der im Grunde nur sich selbst liebt und sich selbst bewundert. **Softie,** der (Ggs. Macho; Jargon): jüngerer Mann von sanftem, zärtlichem, empfindungsfähigem Wesen. **Chauvinist** [schowi...], der (abwertend); **Chauvi** [schowi], der (ugs. abwertend): Mann mit selbstgefällig-überheblicher Einstellung auf Grund des Mannseins und mit Überlegenheitsgefühlen gegenüber den Frauen. **Sexist,** der: Mann, als Vertreter des Sexismus, womit eine Geisteshaltung bezeichnet wird, die Frauen diskriminiert und unterdrückt. **Macho,** der (Ggs. Softie; Jargon; meist abwertend): Mann, der sich so verhält und so auftritt, wie es als typisch für den Mann angesehen wird, dessen Männlichkeit sich in Dominanz, in Überlegenheitsgefühlen und Herrschaftsansprüchen gegenüber der Frau äußert; Mann, der seine Männlichkeit in Form von Kraft, Stärke, Erfolg, Härte, Brutalität, Skrupellosigkeit usw. sichtbar in seinem Verhalten zum Ausdruck bringt: *er ist ein M. – mit einem Hintern wie Apollo.* **Brutalo,** der (Jargon; abwertend): brutaler, rücksichtsloser Mann. **Feigling,** der: männliche Person, die im Urteil des Sprechers/Schreibers als feige angesehen wird; ↑Ehemann, ↑Junge, ↑Junggeselle, ↑Jüngling, ↑Kamerad, ↑Liebhaber, ↑Rowdy, ↑Weltmann.

männlich (Ggs. unmännlich): (in diesem Sinnbereich) bestimmte Eigenschaften, die als besonders typisch für das männliche Geschlecht gelten, in sehr ausgeprägter Weise besitzend; es kann sich dabei sowohl um das Aussehen als auch um Wesen oder Verhalten handeln; enthält auf Männer bezogen meist eine positive, in bezug auf Frauen jedoch im allgemeinen eine negative Wertung: *er ist ein dunkler Typ, der sehr m. wirkt; sie wirkt mit ihrer lauten Stimme und ihrem derben Wesen oft etwas m.* **maskulin** (Ggs. feminin ↑unmännlich, ↑weiblich) (bildungsspr.): [betont, auffallend] männlich in der äußeren Erscheinung oder Wirkung: *die Herrenmode ist dieses Jahr sehr m.; sie gibt sich so m. wie nur möglich und scheint ihren Spaß daran zu haben; die moderne Welt ist keine männliche, sondern eine maskuline Welt.*

maßgeblich: von wichtiger und entscheidender Art im Hinblick auf eine Sache oder Angelegenheit, für die Art und Weise, wie etwas geschieht; „maßgeblich" weist auf die Art hin, wie etwas beschaffen ist, während das folgende „maßgebend" stärker die Wirkung auf das [zukünftige] Handeln zum Inhalt hat: *er war an den Entwicklungsarbeiten in maßgeblicher Weise beteiligt.* **maßgebend:** als Richtschnur, Norm oder Maß für ein Handeln oder für ein Urteil dienend und so wirkend: *sein Beispiel ist für andere m. geworden; die hier maßgebende Meinung; der Erfolg ist m.;* vgl. maßgebend ↑zuständig. **bestimmend:** einen starken und bleibenden Einfluß auf eine Angelegenheit ausübend oder auf eine persönliche Haltung oder Einstellung so einwirkend, daß es sie besonders charakterisiert: *für die Entwicklung der französischen Nation war das Geschehen in und um Paris b.* **entscheidend:** auf eine persönliche Haltung oder eine Entwicklung so einwirkend, daß eine bestimmte Wende erfolgt: *entscheidenden Einfluß auf etwas haben.* **ausschlaggebend:** zwischen zwei oder mehr Dingen zu einer bleibenden festen Entscheidung kommend oder etwas oder jmdn. nach einer Zeit der Ungewißheit endlich und bestimmend in richtunggebender Weise beeinflussend. **richtungweisend:** durch einen besonderen Gedanken oder eine bedeutsame Handlung für eine Entwicklung im Denken oder Handeln wesentlich: *die Forschungen von Robert Koch waren auf dem Gebiet der Medizin r.* **richtunggebend:** i. S. v. richtungweisend; betont dabei aber, daß durch ein Vorbild ein bestimmender Einfluß ausgeübt oder eine maßgebende Entscheidung gefällt wird. **wegweisend:** i. S. v. richtungweisend; dabei sieht man im Denken, Handeln eines anderen Vorbild oder Anweisungen für seine eigene Gedankenwelt und sein persönliches Verhalten. **normativ:** zur Richtschnur dienend, wobei vor allem betont wird, daß etwas eine Regel oder einen Maßstab für etwas anderes abgibt: *die Entscheidungen des höchsten Gerichtshofes haben für die Rechtsprechung normative Bedeutung.*

maßhalten: in seinem Tun die rechte Mitte bewahren, sich vor einem Zuviel oder Zuwenig hüten. **mäßigen,** sich: etwas, worin man über das Maß hinausgegangen ist, abschwächen und zum rechten Maß zurückkehren: *er wollte sich in seinen Ansprüchen m.* **bezähmen,** sich: seinen Affekten, Trieben u.ä. nicht freien Lauf lassen, sie im Zaum halten, so daß sie nicht zum Ausbruch gelangen: *er mußte sich sehr b., um nicht unhöflich zu werden.* **beherrschen,** sich: Herr über sich bleiben, durch den Willen Affekte oder unmäßige Wünsche zügeln: *er beherrschte sich mühsam;* vgl. Beherrschung ↑Fassung. **zurückhalten,** sich: sich dazu zwingen, in gewissen Schranken zu bleiben: *er konnte sich nicht mehr z. und brüllte den Schalterbeamten an.* **an sich halten:** affektive Äußerungen (z.B. Zorn, Erregung) unterdrücken: *sie hielt nur mit Mühe an sich.*

mäßig (abwertend): nicht übermäßig gut; bei weitem nicht so gut, wie man denken könnte; wird auf Fähigkeiten, Darbietungen, Erzeugnisse bezogen, auf Personen nur, wenn sie wie bei „mittelmäßig" in ihrer [beruflichen oder gesellschaftlichen] Funktion genannt sind: *mäßig Begabte.* **mittelmäßig** (abwertend): so ohne besondere Qualitäten oder hervorstechende Merkmale, daß es langweilt oder doch kein rechtes Interesse erweckt; weist zum Unterschied von „mäßig", welches die gleiche Qualitätsstufe bezeichnen kann, auf die große Masse gleichwertiger oder ähnlich gearteter Leistungen, Anlagen, Befähigungen hin, die jederzeit und überall verfügbar sind: *seine Bilder, Einfälle, Ansichten sind [höchst] m.;* vgl. mittelprächtig ↑leidlich. **durchschnittlich:** (in diesem Sinnbereich) so gut oder schlecht wie der Durchschnitt, die undifferenzierte große Masse; **a)** wird wie b) ohne Zahlangabe oder Maßbegriff in bezug auf geistige oder körperliche Gaben oder Leistungen gebraucht; trifft im Unterschied zu „mittelmäßig" eine rein sachliche Feststellung: *ein Mensch von durchschnittlicher Intelligenz kann das schaffen;* **b)** (abwertend); enthält weniger Ablehnung als „mittelmäßig": *seine Leistungen, Einfälle, Ansichten waren recht, ganz, höchstens d.* **mittlere:** i.S.v. durchschnittlich a); steht hier nur attributiv bei bestimmten Bezeichnungen menschlicher Geistesgaben oder Vorzüge: *ein Schüler von mittlerer Intelligenz.* **mittel** (ugs.): i.S.v. mittelmäßig; in elliptischen Wendungen, in denen ein Zusammensetzungsglied ausgelassen scheint; wird nicht attributiv gebraucht: *der erste Sohn war entsetzlich dumm. Der zweite so m.;* ↑leidlich.

matt: (in diesem Sinnbereich) keinen oder nur sehr schwachen Glanz aufweisend; wird von der Oberfläche eines Gegenstandes gesagt, die durch die Eigenart des Materials oder durch die Bearbeitung ohne Glanz ist: *mattes, gediegenes Silber.* **glanzlos:** (in diesem Sinnbereich) nicht spiegelnd oder widerstrahlend, was mit der besonderen Beschaffenheit des Materials, seiner Zusammensetzung oder Bearbeitung zusammenhängen kann: *mit diesem Politurmittel können Sie den alten, glanzlosen Lack Ihres Wagens pflegen.* **stumpf:** (in diesem Sinnbereich) nicht glänzend, sondern matt wirkend; (in bezug auf die Oberfläche von etwas) leicht rauh; nicht glatt und ohne Glanz: *die Gartenmöbel sind ganz s. und grau geworden.*

Medikament, das; **Arzneimittel,** das (Fachspr.): Stoffe aus dem Mineral-, Pflanzen- oder Tierreich oder rein chemisch-synthetische Substanzen von bestimmter Wirkung, die in festgelegter Dosierung der Vorbeugung oder Heilung von Krankheiten dienen und im allgemeinen vom Arzt verschrieben werden; werden vor allem im Bereich der pharmazeutischen Industrie, des Apothekers und des Arztes verwendet. **Heilmittel,** das: jegliches Mittel und Verfahren, das man zur Heilung von Krankheiten und zur Behebung von Funktionsstörungen des Organismus verwendet; umfaßt neben den arzneilichen Heilmitteln aber auch diätetische, orthopädische u.ä. Mittel und rückt augenfällig den Zweck des Heilens in den Vordergrund; wird im allgemeinen nicht vom Arzt verwendet; dient, wie auch „Arzneimittel", der klassifizierenden Unterscheidung von anderen Mitteln und Waren, wie Stärkungsmittel, Lebensmittel u.ä. **Präparat,** das (Fachspr.): (in diesem Sinnbereich) wissenschaftlich erforschtes und hergestelltes Medikament; rückt stark den Gesichtspunkt der wissenschaftlichen Forschung und Entwicklung in das Blickfeld; wird vor allem im Bereich der pharmazeutischen Industrie, aber auch im Bereich des Apothekers und des Arztes gebraucht. **Medizin,** die (ugs.): ein [flüssiges] Medikament, das man zur Verhütung oder zur Beseitigung einer Krankheit einnimmt; wird im Unterschied zu den vorstehenden Wörtern und in Übereinstimmung mit „Arznei" b) und „Mittel" b) im Zusammenhang mit dem kranken Menschen gebraucht, der damit seine Krankheit bekämpft, oder von diesem Menschen selbst verwendet. **Arznei,** die: **a)** (Fachspr.): i.S.v. Arzneimittel: *die Preise für Arzneien und Leistungen;* **b)** (ugs.): i.S.v. Medizin: *mit Zuversicht im Herzen schluckt er seine A.* **Mittel,** das: **a)** (Fachspr.): i.S.v. Arzneimittel oder Heilmittel; wird der Einfachheit halber als verkürzte Form für „Arzneimittel" oder „Heilmittel" verwendet; **b)** i. S. v. Medizin: *dies M. hilft überhaupt nicht.* **Hausmittel,** das: natürliches, einfaches Heilmittel (Tee, Wickel), das gern zu Hause angewendet wird, wenn man bei leichterer Erkrankung nicht gleich einen Arzt konsultieren will. **Mittelchen,** das (ugs.; abwertend): Medikament, das dem Sprecher/Schreiber aus irgendeinem Grunde in Hinsicht auf die Zusammensetzung undefinierbar und im Hinblick auf die Heilwirkung fragwürdig erscheint. **Tablette,** die: eine meist in eine runde oder ovale, manchmal aber auch in eine eckige Form gepreßte feste Arzneimasse von unterschiedlicher Größe. **Pille,** die: **a)** Arzneimasse in Form einer Kugel: *diese Pillen lassen sich sehr leicht schlucken;* **b)** (ugs.): i. S. v. Tablette; aber mit leicht scherzhaftem oder verächtlichem Unterton: *sie glaubt, ohne ihre verschiedenen Pillen gar nicht leben zu können.* **Dragée,** das: mit Zucker oder Schokolade überzogene Arzneipille. **Kapsel,** die: Arzneimittel, dessen feste oder flüssige Bestandteile von einer Masse aus verdaulichem Stoff (z. B. Gelatine) umschlossen werden. **Pulver,** das: Arzneistoffe in pulverisierter Form. **Liquor,** der (Fachspr.): flüssiges Arzneimittel. **Tropfen,** die (Plural; ugs.): i. S. v. Liquor. **Suppositorium,** das (Fachspr.): Arzneimittel, das in einen kleinen, aus einer bei Körpertemperatur schmelzenden Grundmasse bestehenden Kegel eingebettet ist und in den Körper (z. B. in den After) eingeführt wird. **Zäpfchen,** das: i. S. v. Suppositorium. **Salbe,** die: Arzneimittel zum Aufstreichen auf die Haut. **Droge,** die: (in diesem Sinnbereich) Präparat pflanzlichen oder tierischen Ursprungs, das als Heilmittel dient.

Meer, das: die das Festland umgebenden salzhaltigen Wassermassen; die weite Fläche des salzhaltigen Wassers, das einen großen Teil der Erdoberfläche bedeckt; wird als allgemeinste und umfassendste Bezeichnung in dieser Gruppe verwendet; weil bei „Meer" die Vorstellung der Weite und der Ausdehnung besteht, wird es auch bildlich gebraucht: *ein Meer von Blumen, Farben, Tränen.* **See,** die (ohne Plural): i. S. v. Meer; wird aber häufig speziell im Hinblick auf die Beziehungen oder das innere Verhältnis des Menschen zum Meer verwendet, so vor allem im Hinblick auf die Schiffahrt; während bei „Meer" eine gedankliche Verbindung zum Land besteht (Meerenge, Meerbusen, meerumschlungen, Meeresküste), verbindet sich mit „See" stärker die Vorstellung des [bewegten] Wassers (Seemann, Seegang, Seemacht, Seemanöver, Seehandel, Seefahrt): *weit und breit um sie her wogte die graue S.* **Ozean,** der: das die Kontinente umgebende Weltmeer oder dessen Teile; das Meer in seiner gewaltigen Ausdehnung. **Weltmeer,** das: i. S. v. Ozean; beide Wörter klingen literarisch, sofern „Ozean" nicht Teil eines Namens (Indischer Ozean) ist.

meiden, jmdn./etwas (geh.): bestrebt sein, mit einer als unangenehm empfundenen Sache oder mit jmdm., dem man nicht begegnen möchte, nicht in Berührung zu kommen: *einen Ort, einen Menschen, schlechte Gesellschaft, die Sünde m.* **fliehen** (geh.): (in diesem Sinnbereich) sich von jmdm. oder etwas, vor dem man eine Scheu, tiefe Abneigung, einen Widerwillen empfindet, zurückziehen, ängstlich fernhalten: *die Stätte des Grauens, einen Menschen f.* **aus dem Wege gehen,** jmdm./einer Sache: aus Furcht oder Vorsicht jmdn. oder etwas, was als unangenehm empfunden wird, meiden: *einem Menschen, einer Schwierigkeit aus dem Wege gehen.* **ausweichen** [jmdm./einer Sache]: einer unangenehmen Sache, die auf jmdn. zukommt oder der man sich nähert, aus dem Wege gehen; vermeiden, mit jmdm./etwas zusammenzukommen und deshalb einen Umweg machen: *einem Stoß, einer Frage, einer Schwierigkeit a.* **einen [großen] Bogen machen,** um jmdn./etwas (ugs.): jmdn./etwas nicht Zusagendes oder Unangenehmes meiden: *um ihn, um die Arbeit macht er einen [großen] Bogen.* **scheuen,** jmdn./etwas: (in diesem Sinnbereich) aus Ängstlichkeit, mangelndem Selbstvertrauen vermeiden, mit einem Menschen, einer als unangenehm empfundenen Sache in Berührung zu kommen: *er mied alle Ausschweifungen, scheute als junger Mensch die Frauen;* ↑scheuen, sich; vgl. scheuen ↑fürchten.

Meinung, die: vorläufiges subjektives Urteil einer Person über eine Sache: *die Meinungen waren geteilt;* vgl. meinen ↑vermuten; vgl. die/seine Meinung sagen ↑Bescheid. **Ansicht,** die: **a)** persönliche Betrachtungsweise über einen bestimmten Gegenstand, von der der Betreffende zwar überzeugt ist, die aber für andere nicht hinreichend bewiesen erscheint: *nach seiner A.; das war seine unumstößliche A.;* **b)** (meist Plural): die Gesamtheit der Überzeugungen einer Person: *Männer in festen Stellungen, mit festen Ansichten.* **Anschauung,** die: Ansicht, grundsätzliche Meinung über eine bestimmte Frage, oft philosophischer Art; häufig im Plural gebraucht: *die Anschauungen der maßgebenden akademischen Kreise.* **Auffassung,** die: bestimmte Auslegung oder Betrachtungsweise eines komplizierten Sachverhalts; im Unterschied zu „Ansicht" und „Anschauung" immer auf einen bestimmten, näher bezeichneten Inhalt bezogen. **Überzeugung,** die: feste [durch Nachprüfen eines Sachverhalts, durch Erfahrung gewonnene] Meinung; das Überzeugtsein; innerliche Sicherheit in bezug auf Richtigkeit, Gültigkeit seiner Meinung. **Urteil,** das: auf die eigene Erkenntnis und auf die Einstellung zu etwas/jmdm. sich gründende geäußerte Überzeugung. **Stellungnahme,** die: zu etwas geäußerte Meinung, Ansicht; ↑Irrtum, ↑Vorurteil.

meist: a) fast alle, den größeren, überwiegenden Teil einer Menge oder Anzahl betreffend: *in dieser Straße stehen m. Einfamilienhäuser;* **b)** in fast allen Fällen, fast regelmäßig: *er ist m. betrunken.* **meistens:** in der Mehrzahl der vorkommenden Fälle, jedoch nicht ohne gelegentliche Ausnahmen: *er war oft in Kaisershausen – m. in den Sommerferien.* **in der Regel:** [erfahrungsgemäß] so häufig [vorkommend], daß Ausnahmen verhältnismäßig selten sind; regelmäßig, außer unter unvorhergesehenen Umständen: *auf die Vorträge folgt in der Regel eine Aussprache;* ↑[1]Regel, ↑[2]Regel. **zumeist** (geh.): sehr häufig; fast ohne Ausnahme, beinahe in seiner Gesamtheit zu etwas gehörend, unter eine Bestimmung fallend: *sie sind z. verheiratet.* **meistenteils** (ugs.): für die überwiegende Mehrheit [einer Anzahl] zutreffend; drückt im Unterschied zu „meist" ein abschließendes [summarisches] Urteil aus: *die Aufnahmen sind m. im Urlaub gemacht.* **zum größten Teil; in der Hauptsache; hauptsächlich:** in seiner Art, in seiner Menge oder Gesamtheit so weitgehend von etwas bestimmt, zu etwas gehörend, daß Abweichungen ohne größere Bedeutung sind: *dieser Aufschwung ist zum größten Teil auf die Produktionsumstellung zurückzuführen.* **in der Mehrzahl:** die größere, ausschlaggebende Zahl von einer Menge, einer Gruppe betreffend; wird meist auf eine Anzahl von Personen bezogen: *die Besucher sind in der Mehrzahl Ausländer.* **vorwiegend:** in seiner Art vorherrschend; mit dem [eindeutig] größeren Teil seiner Gesamtmenge [zu etwas gehörend, von einer bestimmten Beschaffenheit]; drückt im Unterschied zu den übrigen Wörtern aus, daß die Häufigkeit von etwas weniger eine bekannte oder erwartete Regel bestätigt, sondern in diesem Zusammenhang auffällig und beachtenswert ist: *man wendet heute v. die kombinierte Methode an.* **überwiegend; in erster Linie; vor allem:** infolge seiner Häufigkeit das Gesamtbild von etwas bestimmend, zu dem es gehört: *die Bevölkerung ist ü. protestantisch.*

meisterhaft, meisterlich: hervorragend in Können oder Wissen; die Kunstfertigkeit eines Meisters verratend; wird als Wertung von Personen und Sachen gesagt: *ein meisterhafter Schachspieler.* **vollendet:** (in diesem Sinnbereich) schlechthin vollkommen: *sein Geigenspiel ist v.;* vgl. vollendet ↑vollkommen. **perfekt:** etwas völlig beherrschend; wird von Personen und Sachen gesagt und drückt im Unterschied zu „meisterhaft", „vollendet" mehr sachliche Anerkennung, weniger Bewunderung aus: *er spricht p. französisch.*

Menge, die (ohne Plural): (in diesem Sinnbereich) eine große Anzahl von dicht beieinander befindlichen Menschen, die ein ungeordnetes Ganzes bilden; wird als allgemeinste und umfassendste Bezeichnung in dieser Gruppe verwendet: *die M. strömte durch die geöffneten Portale hinaus.* **Masse,** die: **a)** im Singular (abwertend): von gleichartigen Gefühlen und Trieben beherrschte Menschenmenge; betont im Gegensatz zu „Menge" nicht die große Anzahl der Menschen, sondern das ungeordnete Ganze, zu dem sie sich zusammengefunden haben und in dem die Menschen nur noch Teile des Ganzen sind: *eine mißgeleitete M.;* **b)** im Plural: große Mengen von Menschen; riesige Menschenmenge: *immer dichtere Massen strömten zu seinen Versammlungen.* **Volk,** das (ohne Plural): (in diesem Sinnbereich) eine größere Anzahl von Menschen, die an einer bestimmten Stelle [aus einem bestimmten Anlaß] zusammengeströmt sind; Leute, die etwas in größerer Anzahl bevölkern; wird häufig abschätzig verwendet: *das V. drängte sich und quoll bis auf den Platz hinaus;* vgl. Volk ↑Nation.

menschenleer: über [weite] Strecken hin ohne jeden Menschen und ohne jede menschliche Spur; bezieht sich auf [größere] Flächen, Gebiete, Gegenden und stellt fest, daß kein Mensch dort lebt oder sich befindet; das Wort ist emotional gefärbt und wird im allgemeinen nicht prädikatbezogen gebraucht: *eine menschenleere Gegend.* **einsam:** (in diesem Sinnbereich) derart, daß kein Mensch dort zu sehen ist; betont die Isoliertheit des einzelnen in den als einsam bezeichneten Gebieten, eine Isoliertheit, die entweder gesucht oder gemieden wird; wird im allgemeinen nicht prädikatbezogen gebraucht: *einsame Gegenden;* vgl. einsam ↑abgelegen. **öde** (abwertend): (in diesem Sinnbereich) unwirtlich und deshalb ohne jede [erhoffte] Spur eines Menschen; stellt häufig bei oft starker emotionaler Anteilnahme des Sprechers/Schreibers die entweder in der Kargheit oder in der Undurchdringlichkeit begründete Menschenfeindlichkeit der Gegend als Ursache der Menschenleere in den Vordergrund; wird im allgemeinen nicht prädikatbezogen gebraucht: *eine ö. Gegend;* ↑verlassen.

menschlich (Ggs. unmenschlich): (in diesem Sinnbereich) voll Verständnis und Güte auf andere eingehend, andere in solcher Weise behandelnd: *wir sind immer sehr m. behandelt worden.* **human** (Ggs. inhuman; bildungsspr.): dem Menschen, seinen berechtigten Ansprüchen auf angemessene Behandlung, seiner Würde entsprechend, angemessen; bezeichnet im allgemeinen die persönliche Haltung eines Menschen: *er war ein gerechter und humaner Herrscher.* **humanitär:** dem Wohle der Menschen dienend; wird im allgemeinen von Bestrebungen oder Einrichtungen gesagt, die den Menschen Erleichterung oder Hilfe bringen sollen: *humanitäre Verbesserungen.* **menschenfreundlich:** anderen gegenüber voll Wohlwollen und Fürsorge; wird häufig leicht ironisch verwendet. **philanthropisch** (bildungsspr.): auf das Wohl der Menschen bedacht, darin eine Aufgabe sehend und so [gemeinnützig] handelnd: *eine philanthropische Einrichtung;* ↑barmherzig, ↑gut, ↑gütig, ↑gutmütig, ↑tolerant.

Merkmal, das: ein Zeichen, woran man eine Sache erkennt; eine charakteristische Eigenheit; ein sicheres Erkennungszeichen für einen bestimmten Zustand: *sie sah die gutgewachsene Gestalt in ihrer lässigen Kraftfülle mit all den Merkmalen guter Rasse.* **Kennzeichen,** das: ein Zeichen, woran man eine Sache von anderen ihrer Art unterscheiden kann: *die Freigebigkeit der römischen Aristokratie – ein auffallendes K. des antiken Menschen.* **Symptom,** das: ein sicheres Zeichen, das, wie man aus Erfahrung weiß, auf etwas Bestimmtes (im allgemeinen auf etwas Negatives, z. B. auf eine bestimmte Krankheit) hinweist: *alle Symptome sprechen für Scharlach.* **Syndrom,** das (bildungsspr.): Gruppe von Faktoren, Symptomen, deren gemeinsames Auftreten einen bestimmten Zustand anzeigt, für etwas typisch ist; wird vor allem in der Medizin gebraucht. **Zeichen,** das: **a)** etwas Wahrnehmbares, was auf etwas Bestimmtes hinweist: *Nervosität ist oft ein Z. von Überarbeitung;* **b)** etwas Wahrnehmbares, was etwas Bestimmtes ankündigt: *ein Komet galt früher als ein schlechtes Z.* **Anzeichen,** das: Zeichen, das auf zukünftige Ereignisse hinweist, das sie ankündigt: *alle A. sprechen für einen strengen Winter.* **Charakteristikum,** das (bildungsspr.): bezeichnende Eigenschaft, hervorstechendes Merkmal.

mieten, [sich (Dativ)] etwas (Ggs. ↑vermieten): sich den Gebrauch einer Sache für eine gewisse Zeit gegen vertraglich vereinbarte Bezahlung verschaffen, besonders sofern man die Sache ohne weitere Bearbeitung gebraucht; einen bestimmten Preis bezahlen, um den Gebrauch eines Gegenstandes, die Benutzung einer Wohnung zu erlangen; etwas (das Eigentum eines anderen) gegen Entgelt nutzen und für eine bestimmte Zeit darüber vereinbarungsgemäß verfügen können: *eine Wohnung, ein Haus, ein Boot m.; er hatte für seinen Urlaub in Kanada dort ein Auto gemietet.* **chartern,** etwas: ein Beförderungsmittel (bes. Schiff, Flugzeug) gegen Bezahlung zum Transport von Personen oder Sachen für eine bestimmte kürzere Zeit zur Verfügung gestellt bekommen: *sie hatten für den Kongreß eine Maschine der Lufthansa gechartert; um sich einen Eindruck von der Stadt zu verschaffen, hatte er sich ein Taxi gechartert.* **leasen** [lisᵉn], etwas: etwas (z. B. technische Geräte, ein Auto) gegen Bezahlung (von einer Firma, einem Unternehmen) zur längerfristigen Benutzung zur Verfügung gestellt bekommen: *ein Fotokopiergerät l.; das ist ein geleaster Wagen.* **pachten,** etwas (Ggs. verpachten ↑vermieten): etwas (besonders Grund und Boden) zur Nutzung gegen eine mit dem Eigentümer vereinbarte Summe auf eine bestimmte Zeit überlassen bekommen, zur Nutzung übernehmen: *ein Grundstück, ein Lokal, die Jagdrechte p.* **in Pacht nehmen,** etwas (Ggs. in Pacht geben ↑vermieten): i. S. v. pachten; klingt offizieller. **leihen,** sich (Dativ) etwas [von jmdm.] (Ggs. verleihen und jmdm. etwas leihen ↑leihen): (in diesem Sinnbereich) sich etwas (bewegliche Dinge), was jemand anderem gehört, von diesem zum vorübergehenden Gebrauch gegen eine Gebühr oder unentgeltlich geben lassen, von diesem überlassen bekommen, um es nach einer gewissen, meist kürzeren Zeit dem Eigentümer zurückzugeben; bei „leihen" bleibt im Unterschied zu „mieten" usw. der Eigentümer auch weiterhin Herr über den entliehenen Gegenstand: *sich Bücher l.; ich habe mir bei/von ihm etwas Geld, ein Fahrrad für einige Stunden geliehen.* **borgen,** sich (Dativ) etwas [von jmdm.] (Ggs. verborgen und jmdm. etwas borgen ↑leihen) (ugs.): i. S. v. leihen; aber nur im persönlichen, nicht im geschäftlichen Bereich: *ich habe mir bei ihm Geld, von ihm einen Bleistift geborgt; der Frack war geborgt; Borgen macht Sorgen; geborgt ist nicht geschenkt.* **entleihen,** sich (Dativ) etwas (geh.): sich etwas (in der Regel Bücher aus einer Bibliothek) leihen; die Vorsilbe ent- betont, daß etwas aus etwas heraus und zu einer anderen Stelle hin gelangt: *er hatte sich alle Bände von Heine entliehen.* **pumpen,** sich

(Dativ) etwas [von jmdm.] (Ggs. verpumpen und jmdm. etwas pumpen ↑leihen) (salopp): (in diesem Sinnbereich) i. S. v. borgen: *kannst du mir 100 Mark p.?; sie hatte sich von/bei ihr einen Schirm gepumpt.* **ausleihen,** sich (Dativ) etwas [von jmdm.] (Ggs. jmdm. etwas ausleihen ↑leihen): (in diesem Sinnbereich) i. S. v. leihen; die Vorsilbe aus- weist – wie auch bei ausborgen – darauf hin, daß etwas aus einem Bestand herausgenommen wird: *[sich] ein Video a.; sie hatte sich die Skier bei der Ausleihstation ausgeliehen; sich einige Bücher a.* **ausborgen,** sich (Dativ) etwas [von jmdm.] (Ggs. jmdm. etwas ausborgen ↑leihen): i. S. v. ausleihen; ist nur im privaten Bereich, nicht im Geschäftsverkehr gebräuchlich: *ich habe mir ein Kleid für den Ball ausgeborgt.* **erborgen,** sich (Dativ) etwas (selten): sich etwas durch Borgen beschaffen; betont eher die Bedürftigkeit dessen, der um etwas bittet: *er mußte sich das Reisegeld e.* **dingen,** jmdn. (geh.): (in diesem Sinnbereich) sich jmdn. um Lohn zu einer bestimmten Dienstleistung verpflichten; mit Geld jmds. Bereitschaft erkaufen, ein Verbrechen im Auftrag des Geldgebers auszuführen; üblich nur im Infinitiv oder im Perfekt bzw. Plusquamperfekt: *er wollte einen Mörder d.; er war ein gedungener Killer;* ↑kaufen, ↑kündigen, ↑leihen.

minderwertig: nur von geringer Güte; nicht zufriedenstellend in der Ausführung; mit Mängeln behaftet, die die Brauchbarkeit in Frage stellen: *das ist minderwertige Ware.* **schlecht:** (in diesem Sinnbereich) in Qualität und Art nicht gut, nichts taugend; den üblichen Anforderungen hinsichtlich der Beschaffenheit, Verarbeitung oder Leistung nicht entsprechend: *schlechte Möbel.* **billig** (abwertend): (in diesem Sinnbereich) nicht von großem Wert; ohne Qualität hinsichtlich des Materials, der Verarbeitung, der Leistung; wird meist attributiv verwendet: *sie trug einen schwarzen Pullover mit Rollkragen, dazu eine Halskette aus gewöhnlichem Holz, alles ziemlich b.* **miserabel** (ugs.; abwertend): (in diesem Sinnbereich) erbärmlich schlecht; in Qualität, Ausführung oder Leistung so schlecht, daß man darüber empört ist: *die Verarbeitung des Anzuges ist ganz m.* **hundsmiserabel** (salopp; abwertend; emotional verstärkend): (in diesem Sinnbereich) äußerst schlecht in Qualität oder Ausführung: *der hat wieder h. gearbeitet.*

mischen, etwas: **a)** etwas [mit etwas] mischen: verschiedene Substanzen [in einem bestimmten Verhältnis] zusammenbringen und so durcheinanderrühren, -schütteln o. ä., daß eine [einheitliche] Masse, Substanz entsteht: *Wasser und Wein m.;* **b)** eine [kleine Menge einer] Substanz zu einer anderen hinzufügen und mit ihr vermischen: *Gift ins Essen m.* **vermischen,** etwas/etwas mit etwas: i. S. v. mischen a); betont jedoch stärker den Vorgang und die Sorgfalt und Gründlichkeit, die man bei der Tätigkeit anwendet: *das Mehl wird mit der Butter, etwas Salz und einem Ei vermischt und zu einem ausrollbaren Teig geknetet.* **mengen,** etwas: verschiedene Stoffe, von denen wenigstens einer eine trockene Substanz sein muß, miteinander vereinigen, wobei jedoch im Unterschied zu „mischen" a) die Verbindung weniger fest ist: *sie mengte die verschiedenen Ingredienzien in einem Topf.* **vermengen,** etwas/etwas mit etwas: i. S. v. mengen; betont jedoch stärker den Vorgang des Mischens: *nachdem sie die Zutaten sorgfältig miteinander vermengt hatte, ließ sie den Teig gehen.* **mixen,** etwas: **a)** etwas in einem dazu bestimmten Mixgerät gut mischen; wird in bezug auf Nahrungsmittel bei der Zubereitung von Speisen gesagt: *die Zutaten zum Kuchen werden in dieser Schüssel gemixt;* **b)** durch Vermischung verschiedener trinkbarer Flüssigkeiten ein Getränk herstellen: *sie mixte die Cocktails.*

mißbilligen, etwas (Ggs. ↑billigen): mit etwas nicht einverstanden sein, kein Verständnis dafür haben und seine Ablehnung deutlich zum Ausdruck bringen, obwohl man meist an den gegebenen Tatsachen nichts mehr ändern kann: *die ganze Familie hat diese Heirat mißbilligt.* **stoßen,** sich an etwas: etwas als unangebracht oder unangemessen empfinden [und Unwillen darüber verspüren]: *viele seiner Bekannten stoßen sich an seiner leichtfertigen Art.* **Anstoß nehmen,** an etwas: etwas [aus moralischen Gründen] verurteilen; sich herausgefordert oder verletzt fühlen, weil man Anstand und Schicklichkeit für mißachtet hält: *die Älteren nahmen an ihrer Kleidung Anstoß.* **stören,** sich an jmdm./etwas (ugs.): i. S. v. stoßen, sich: *er stört sich an seinem Äußeren.*

mißlich: Unannehmlichkeiten und Ärger verursachend; jmdn. in große Verlegenheit bringend; wird im allgemeinen attributiv verwendet: *eine mißliche Lage.* **unangenehm:** (in diesem Sinnbereich) peinliche Verwicklungen heraufbeschwörend oder Widerwärtigkeiten mit sich bringend: *eine unangenehme Geschichte;* vgl. unangenehm ↑peinlich. **fatal:** in so hohem Maße unangenehm, daß man es als verhängnisvoll empfindet: *das ist äußerst f.;* ↑unerfreulich.

Mißmut, der (ohne Plural; geh.): [länger] anhaltender verdrießlicher Gemütszustand, meist infolge einer Enttäuschung oder eines

Mißerfolges, in dem einem die gegenwärtige Lage in trübem Licht erscheint: *mit einem gewissen M. lätterte er die Zeitung durch;* vgl. mißmutig ↑mürrisch. **Verdrossenheit,** die (ohne Plural): mißgestimmter, freudeleerer Gemütszustand, in dem man ohne inneren Auftrieb und mit Widerwillen gegen die gegenwärtige Lage, gegen eine Sache oder eine Tätigkeit, mit der man sich befassen muß, erfüllt ist: *in dumpfer V. hörte er mir zu;* vgl. verdrossen ↑mürrisch. **Verbitterung,** die (ohne Plural): gereizte und haßvolle Stimmung, hervorgerufen durch einen bestimmten Anlaß oder eine bestimmte Person und genährt durch den ständigen Gedanken an diese Ursache oder deren ständige, als lästig empfundene Gegenwart: *sein Mißmut steigerte sich allmählich zur V.;* ↑Niedergeschlagenheit, ↑Zorn.

Mißstimmung, die (geh.): vorübergehende schlechte Laune infolge einer Enttäuschung oder eines Mißlingens, die einem die Lust an einer Tätigkeit nimmt: *man merkte ihm deutlich seine M. an;* vgl. mißgestimmt ↑mürrisch. **Verstimmung,** die: durch einen enttäuschenden Vorfall hervorgerufene ärgerliche Stimmung; das Gereizt- oder Gekränktsein als Reaktion auf ein bestimmtes Verhalten: *über diese Worte gerieten sie in merkliche V.* **Bitterkeit,** die (Plural ungebräuchlich): (in diesem Sinnbereich) schlechte Stimmung, die jmdn. beim Gedanken an eine Sache, die ihn enttäuscht hat, überkommt; von schmerzlicher Enttäuschung geprägte seelische Befindlichkeit, die Anklage und Vorwurf einschließt; bitterschmerzliches Gefühl: *B. ergriff ihn; er empfand B. darüber, daß seiner Arbeit der Erfolg versagt blieb;* vgl. Verbitterung, ↑Mißmut; vgl. verbittert ↑verhärmt.

Mißtrauen, das (ohne Plural): (in diesem Sinnbereich) kritische, das Augenfällige, Selbstverständliche grundsätzlich bezweifelnde Einstellung gegenüber einem Sachverhalt, den Plänen oder Absichten eines anderen; betont im Unterschied zu dem Wort „Skepsis“ mehr den gefühlsmäßigen, weniger den intellektuellen Vorbehalt gegen das, was man glauben oder als gegeben hinnehmen soll: *der vernünftige Mensch hat ein tief eingewurzeltes M. gegen ewige Wahrheiten;* vgl. Mißtrauen ↑[1]Argwohn. **Skepsis,** die (ohne Plural): auf Erfahrung, kritischem Sinn und Wissen beruhende Haltung des Zweifelns gegenüber dem, was andere als gegeben hinnehmen; bezeichnet wie „Mißtrauen“ sowohl die grundsätzliche Einstellung wie die Haltung einem bestimmten Sachverhalt gegenüber, kennzeichnet aber weniger den gefühlsmäßigen Vorbehalt als den Willen, nichts ungeprüft hinzunehmen: *eine S. gegenüber allen politischen Versprechungen.*

mitfühlen, etwas: an jmds. Leid, Not innerlich so teilnehmen, daß man sich in gleicher seelischer Grundstimmung befindet wie der andere; ↑Mitgefühl. **mitempfinden,** etwas: i. S. v. mitfühlen; im Unterschied zu „mitfühlen“, das mehr auf das innerliche Geschehen bezogen ist, kennzeichnet „mitempfinden“ stärker das Antworten auf von außen kommende Eindrücke und Erlebnisse: *ich habe deinen Schmerz über den plötzlichen Tod des Vaters lebhaft mitempfunden;* vgl. Mitempfinden ↑Mitgefühl. **Mitgefühl zeigen** [mit jmdm./etwas]: seine innere Anteilnahme an jmds. Geschick sichtbar werden lassen; zum Ausdruck bringen, daß man Leid, Not, Sorgen eines anderen Menschen mitfühlt; „zeigen“ deutet darauf hin, daß das Verhalten oder Tun von anderen wahrgenommen wird: *er zeigte wenig Mitgefühl mit der Not der Flüchtlinge;* ↑Mitgefühl. **teilnehmen,** an etwas (geh.): (in diesem Sinnbereich) an dem Ergehen eines anderen Menschen, den freudigen und traurigen Dingen, die ihm widerfahren, innerlich beteiligt sein: *er nimmt kaum teil an ihren täglichen Sorgen.* **Anteil nehmen,** an etwas (nachdrücklich): (in diesem Sinnbereich) i. S. v. teilnehmen; hebt noch mehr die Teilnahme hervor, die jmd. für einen anderen Menschen und dessen Lebensumstände aufbringt: *an jmds. Schicksal Anteil nehmen.* **Teilnahme zeigen** [an etwas] (nachdrücklich): zu erkennen geben, daß man an einem fremden Schicksal innerlich teilnimmt: *der alte Mann zeigte keine Teilnahme, als er von dem Tod des Bruders hörte;* ↑Teilnahme. **Teilnahme bezeigen** (geh.); **Anteilnahme bezeigen** (geh.): bei traurigen Anlässen, Todesfällen offiziell und förmlich, schriftlich oder mündlich den Betroffenen seines Mitgefühls versichern: *es ist üblich, bei einem Sterbefall den Angehörigen seine Teilnahme, Anteilnahme zu bezeigen.* **teilen,** etwas (geh.): (in diesem Sinnbereich) das Leid, den Kummer oder das Glück eines anderen gemeinsam mit ihm tragen, einen Schmerz oder eine Freude gemeinsam mit ihm empfinden; drückt am deutlichsten von allen Wörtern dieser Gruppe die innere Verbundenheit mit einem anderen aus, die über bloße Teilnahme hinausgeht, und bezieht sich im allgemeinen auf eine Empfindung oder seelische Verfassung, nicht auf einen Anlaß oder ein Ereignis: *er teilte ihr Entzükken;* ↑[2]teilen.

Mitgefühl, das (ohne Plural); **Mitempfinden,** das (ohne Plural): gefühlsmäßiges Verständnis für Nöte oder Unannehmlichkeiten eines anderen; „Mitgefühl" kennzeichnet das innere Geschehen, den inneren Zustand eines Menschen; „Mitempfinden" läßt deutlich werden, wie äußere Eindrücke von jmdm. aufgenommen werden; ↑mitfühlen. **Mitleid,** das (ohne Plural): (in diesem Sinnbereich) der Schmerz oder das Bedauern über Leid oder Benachteiligung eines Mitmenschen oder sonstigen Lebewesens und die zugleich empfundene innere Verbundenheit mit ihm oder Verpflichtung ihm gegenüber; vgl. Mitleid haben ↑[2]leid. **Erbarmen,** das (ohne Plural; veraltend): aus Mitleid geborenes Bedürfnis, jmdm. aus seiner Not zu helfen: *ich fühle E. mit ihm.*

mitmachen: an einer [gewagten] Unternehmung freiwillig teilnehmen; wird wie „mittun" und „mithalten" in diesem Sinnbereich nur in Wendungen gebraucht, die die Bereitschaft zum Mitmachen feststellen oder verneinen sollen oder die zum Mitmachen auffordern; steht, wie diese Wörter, nicht in Verbindung mit einer näheren Bestimmung, die angibt, woran jmd. teilnimmt: *keiner wollte dabei m.* **mittun** (landsch.): i. S. v. mitmachen. **mithalten** (ugs.): sich von einer gemeinschaftlichen Beschäftigung [die einige Tüchtigkeit erfordert] nicht ausschließen: *mit seinen Leistungen konnte keiner m.* **mit von der Partie sein** (fam.): sich bereitwillig an einer gemeinschaftlichen Unternehmung oder Beschäftigung beteiligen; meist in bezug auf eine gesellige Veranstaltung gesagt: *bist du mit von der Partie, wenn wir demonstrieren?*

Mittagbrot: Mittagbrot essen; Mittag essen (ugs.); **zu Mittag essen** (landsch.; aber nordd. geh.); **mittagmahlen** (österr.): bei Tisch sitzen und eine warme Mahlzeit in der Mittagszeit einnehmen. **lunchen** [lan(t)schen] (bildungsspr.): (in den angelsächsischen Ländern) kleinere, leichte Mahlzeit in der Mittagszeit einnehmen. **dinieren** (geh.): ein auserlesenes warmes Essen mit mehreren Gängen in der Mittagszeit [mit einem oder mehreren geladenen Gästen] in feierlicher Weise oder im festlichen Rahmen einnehmen; vgl. Diner ↑Mittagessen; ↑Abendbrot, ↑Zwischenmahlzeit.

Mittagessen, das; **Mittagsmahl,** das (geh.); **Mittagbrot,** das (landsch.); **Mittag,** das (fam.): Hauptmahlzeit, die um die Mittagszeit eingenommen wird und in der Regel aus warmen Speisen besteht; die Wörter bezeichnen sowohl den Vorgang der Mahlzeit als auch die dabei eingenommenen Speisen. **Diner** [dine], das (geh.): (in diesem Sinnbereich) festliche, mittägliche Mahlzeit, die aus besonderem Anlaß, mit besonderem Aufwand gehalten wird und bei der meist Gäste anwesend sind; vgl. Diner ↑Abendbrot; ↑Mittagbrot, ↑Zwischenmahlzeit.

mitteilen, jmdm. etwas: jmdm. von etwas Bestimmtem, von dem man möchte, daß der andere es erfährt, schriftlich oder mündlich, meist sachlich [und unpersönlich] Kenntnis geben: *er teilte den Plan dem Vater mit;* ↑Mitteilung. **erzählen,** jmdm. etwas: (in diesem Sinnbereich) jmdn. in vertraulicher Unterhaltung, im Plauderton von etwas, einer Neuigkeit, einem Erlebnis, einer persönlichen Angelegenheit in Kenntnis setzen; setzt im allgemeinen gegenüber „mitteilen" mehr persönliche innere Beteiligung des Erzählenden und ein gewisses Vertrauensverhältnis zu dem Gesprächspartner voraus: *er erzählte ihm, daß er sich entschlossen habe, das Elternhaus zu verlassen;* ↑erzählen. **anvertrauen,** jmdm. etwas: jmdm. etwas Persönliches, ein Geheimnis, eine Neuigkeit im Vertrauen [auf dessen Verschwiegenheit] mitteilen oder erzählen: *jmdm. Geheimnisse a.* **sagen,** jmdm. etwas: (in diesem Sinnbereich) i. S. v. mitteilen; setzt im Unterschied zu den übrigen Wörtern dieser Gruppe keine bestimmte Haltung voraus, in der eine Mitteilung gemacht wird: *er hat mir gesagt, er fühle sich nicht sehr wohl hier;* ↑erzählen, ↑verraten.

Mitteilung: Mitteilung machen, von etwas (nachdrücklich): jmdn. über eine bestimmte Angelegenheit, ein bevorstehendes oder früheres Ereignis förmlich [und offiziell], meist schriftlich in Kenntnis setzen; es wird mehr die Handlung des Mitteilens als der Inhalt der Mitteilung betont, deshalb steht „Mitteilung" hier ohne Artikel: *sie machten Mitteilung vom Tode ihres Onkels;* ↑mitteilen. **Kenntnis geben,** von etwas (geh.): die Öffentlichkeit oder Freunde und Bekannte betont förmlich von einem meist privaten Ereignis, einem Sachverhalt oder Vorhaben unterrichten: *wir werden ihm von unserem Vorhaben sofort Kenntnis geben;* ↑unterrichten; ↑Nachricht.

mitwirken: zu einem gemeinschaftlichen Werk beitragen; immer mit näherer Bestimmung dessen, woran, wobei, seltener worin jmd. mitwirkt: *bei der Aufklärung eines Verbrechens, beim Wiederaufbau tatkräftig m.* **mitarbeiten:** mit seiner Arbeit an einem Werk, Unternehmen helfend oder fördernd beteiligt sein; wird wie „mitwirken" mit näherer Bestimmung oder hinsichtlich einer bestimmten Aufgabe, eines bestimmten Arbeitsbereiches angewandt: *sie hat jahrelang im Geschäft ihrer Eltern, im Büro ihres Mannes mitgearbeitet.* **beteiligen,** sich [an etwas]: sich einer gemeinschaftlichen Handlung anschließen und sein Teil dazu beitragen; hierbei handelt es sich um einen aktiven [materiellen oder ideellen] Beitrag: *sich am Gespräch, an einer Geldsammlung, Spende, einer Abstimmung, Wahl b.* **mitmachen** (ugs.): an einer gemeinschaftlichen Unternehmung beteiligt sein; wird überwiegend auf gesellige oder sportliche Unternehmungen bezogen und deutet folglich, wo es sich auf ernsthafte Gelegenheiten oder Angelegenheiten bezieht, abwertend die mehr äußerliche oder verwerfliche Beteiligung an: *früher hat er bei allen unseren Streichen mitgemacht.*

Modenarr, der: jmd., der sehr großen Wert auf modische Kleidung legt, gern nach der neuesten Mode gekleidet ist. **Geck,** der (abwertend): eitler, sich übertrieben modisch kleidender Mann, dessen Äußeres und Benehmen man als „affig" empfindet. **Dandy** [dạndi], der: sich auffallend und extravagant kleidender Mann. **Schickimicki,** der: jmd., der sich betont modisch gibt, Wert auf modische Kleidung, modische Dinge legt; enthält spöttische Distanz. **Stutzer,** der (veraltend abwertend): geckenhaft wirkender, eitler, auf modische Kleidung Wert legender Mann.

Moderator, der: jmd. der im Fernsehen, Rundfunk eine Sendung moderiert, d. h. sie durch einführende Worte und verbindende Kommentare in ihrem Ablauf betreut: *Leute, die man früher als Conférenciers und heute als Moderatoren bezeichnet.* **Conférencier** [kongferangßie̱], der: jmd., der im Kabarett oder im Varieté witzig-unterhaltend die Ansage macht, der bei öffentlichen oder privaten Veranstaltungen mit entsprechenden Texten für Stimmung sorgen soll. **Showmaster** [scho̱ᵘ...], der: jmd., der eine Show arrangiert und präsentiert. **Entertainer** [ạntᵉrte̱ⁱnᵉr], der: jmd., dessen Beruf es ist, einem [größeren] Publikum leichte, heitere Unterhaltung zu bieten. **Alleinunterhalter,** der: Unterhaltungskünstler, der sein Programm allein bestreitet.

modern (Ggs. unmodern und ↑altmodisch): **a)** seinem Wesen nach den [praktischen und geistigen] Erfordernissen und Umständen der gegenwärtigen Zeit angemessen; zeitgemäß; bezieht sich vorwiegend auf so komplexe abstrakte Begriffe wie [Lebens]ansichten, [Welt]anschauung o. ä., deren Inhalte im allgemeinen zeitlich keinem schnellen Wandel – wie etwa die Mode – unterworfen sind, und auf die Menschen, die diese vertreten: *eine moderne Weltanschauung; eine moderne Frau;* **b)** seiner Erscheinung oder seinem Wesen nach den Erfordernissen sowie der herrschenden Geschmacks- und Stilrichtung der gegenwärtigen Zeit angepaßt; bezieht sich im allgemeinen auf Kleidung oder auf Gebrauchsgegenstände (Möbel, Fahrzeuge o. ä.): *moderne Stahlrohrsessel; ausgerüstet mit modernen Maschinen.* **hypermodern** (emotional verstärkend): moderner als modern; auf modernste Art und nicht mehr zu überbieten: *dein Kleid ist aber geradezu toll und h.* **modisch** (Ggs. unmodern ↑altmodisch): in seiner äußeren Erscheinung (z. B. Kleidung, Frisur) der gegenwärtigen Mode entsprechend; das Modische liegt in den besonderen Einzelheiten, die der augenblicklich herrschende Geschmack als üblich oder vorbildlich vorschreibt; wird nicht auf den Menschen selbst bezogen: *modische Kleidung; ein m. kurzgeschnittener Wuschelkopf.* **neumodisch:** bisher [in dieser Art] nicht üblich, neu eingeführt, der neuesten Mode entsprechend; drückt immer eine gewisse Ablehnung, eine innere Zurückhaltung diesem Neuen gegenüber aus: *neumodische Einrichtungen.* **der letzte Schrei,** (bildungsspr. auch:) **Dernier cri** [dạrni-e krị] (ironisch): der neuesten Mode entsprechend, überaus modern und nicht mehr zu überbieten; bezieht sich im allgemeinen auf Gegenständliches: *die Sackmode war einmal der letzte Schrei.* **up to date** [ạp tu de̱ⁱt] (bildungsspr.): auf der Höhe, auf dem neuesten Stand; subjektbezogen gebraucht: *er ist nicht up to date;* ↑Schwang (im Schwange sein); ↑eitel, ↑elegant.

mogeln (fam.): sich heimlich einen Vorteil verschaffen, indem man bewußt eine Ungenauigkeit, einen kleinen Betrug begeht, z. B. beim Spiel; wird nicht so ernst genommen: *du hast gemogelt!* **schummeln** (fam.): beim Spiel betrügen: *beim Kartenspiel schummelt er oft;* ↑betrügen, ↑täuschen.

[1]**müde:** (in diesem Sinnbereich) nach Schlaf verlangend: *er war sehr m. und ging gleich ins Bett.* **schlafbedürftig:** sehr müde und dringend des Schlafes bedürftig; wird im allgemeinen nur subjektbezogen verwendet: *die besorgten Eltern hatten die ganze Nacht über am Bett des kranken Kindes gewacht und waren jetzt sehr s.* **schläfrig:** zum Schlafen geneigt; bezeichnet den schlafbedürftigen Zustand eines Menschen, wobei im Unterschied zu „müde", das oft eine natürliche Folge der täglichen Arbeit ist, meist nicht Anstrengung, Überarbeitung, Erschöpfung oder Kraftlosigkeit den Anlaß des Schlafbedürfnisses bilden: *der junge Mann machte einen schläfrigen Eindruck.* **bettreif** (fam.): so müde, daß man ins Bett gehen muß; wird im allgemeinen subjektbezogen verwendet: *ich habe die halbe Nacht gelernt und bin jetzt b.* **hundemüde** (fam.; emotional verstär-

kend): [nach anstrengender Arbeit] sehr müde und den Wunsch zu schlafen habend; gewöhnlich nicht in attributiver Verwendung: *h. ins Bett sinken; h. sein.* **saumüde** (derb; emotional verstärkend): sehr müde und dringend des Schlafes bedürfend; gewöhnlich nicht in attributiver Verwendung: *ich bin s.* **übermüde:** sehr müde und darum dringend des Schlafes bedürftig; bezeichnet den Zustand eines Menschen, der allzulange wach bleiben mußte: *nach solchen ereignisreichen und anstrengenden Tagesreisen sanken wir ü. in unsere Betten.* **zum Umfallen müde** (ugs.; emotional übertreibend); **zum Umsinken müde** (ugs.; emotional übertreibend): sehr müde und erschöpft; wird gesagt, um den Zustand eines Menschen zu kennzeichnen, der sich vor Müdigkeit kaum noch auf den Beinen halten kann; beide Wendungen werden im allgemeinen nur subjektbezogen verwendet: *ich würde gerne mit dir kommen, aber abends bin ich immer zum Umfallen müde;* ↑übermüdet, ↑verschlafen.

[2]**müde:** von einer Anstrengung erschöpft und daher ruhebedürftig: *m. stieg sie die Treppen hinauf.* **ermüdet:** nach einer körperlichen oder geistigen Anstrengung müde geworden: *e. sein; die ermüdeten Zuhörer.* **ruhebedürftig:** aus einem bestimmten Grund Ruhe nötig habend: *er war lange unterwegs und ist nun r.* **todmüde** (fam.; emotional verstärkend): sehr müde und zugleich stark erschöpft, ermattet: *ging die Tagesarbeit ihrem Ende zu, sackte man t. zusammen.* **marode** (veraltet; aber noch landsch.): (in diesem Sinnbereich) von einer großen und sich im allgemeinen über eine längere Zeit hin ausdehnenden Anstrengung ermattet, müde und erschöpft; wird im allgemeinen nicht attributiv gebraucht: *wir wanderten an jenem Tag mehr als vierzig Kilometer durch den Schwarzwald und kamen gänzlich m. in Villingen an;* ↑übermüdet, ↑verschlafen.

Mühe, die: (in diesem Sinnbereich) mit Schwierigkeiten, Belastungen verbundene Anstrengung; betont gegenüber „Arbeit" stärker die Belastung, den Aufwand, die Umstände, die bei der Ausführung bestimmter Tätigkeiten entstehen und zielt weniger auf die Tätigkeit selbst: *meine M. war nicht umsonst gewesen. Ich hatte die gesuchte Spur gefunden.* **Arbeit,** die (ohne Plural): (in diesem Sinnbereich) das Tätigsein (als Bemühung, Mühe): *wir hatten uns unnötige A. gemacht.* **Anstrengung,** die: Tätigkeit, bei der man sich mit allen Kräften einsetzt, bei der man sich große Mühe gibt. **Kraftaufwand,** der: Aufwand an Kraft für eine bestimmte Arbeit. **Einsatz,** der: Aktivität, bei der man sich mit seinen körperlichen und/oder geistigen Kräften für etwas einsetzt. **Beschwerlichkeiten,** die (Plural): Anstrengungen, die mühsam gewesen und dem Betreffenden schwergefallen sind; ↑anstrengen, ↑plagen; ↑beschwerlich.

mühelos: ohne spürbaren Kräfteaufwand [zu bewältigen]: *er hob den schweren Koffer m. auf seine breiten Schultern.* **leicht:** schnell und ohne Schwierigkeit [zu erledigen]: *er ist l. zu besänftigen; eine leichte Aufgabe.* **einfach:** leicht verständlich, leicht zu durchschauen, ohne daß es besonderes Geschick erfordert: *die Sache ist ganz e.; das ist e. zu finden; das geht ganz e.* **bequem** (ugs.): ohne Anstrengung; enthält den Gedanken, daß genügend Zeit oder Raum für etwas vorhanden ist: *man kann den Bahnhof b. in zehn Minuten erreichen; in dem Wagen kann man sein ganzes Reisegepäck b. unterbringen.* **unschwer** (geh.): ohne besondere Mühe; ohne große Anstrengung; wird angewandt, wenn das echte Oppositionswort „leicht" abgeschwächt werden soll: *es war u. zu erraten.* **spielend** (ugs.): leicht und selbstverständlich, wie im Spiel, ohne größere Anstrengung, ohne jede Schwierigkeit: *jmdn. s. überholen; er lernt s.*

mühevoll: große Mühe und Anstrengung erfordernd; kennzeichnet Tätigkeiten, die besondere Geduld und Ausdauer verlangen, bei denen viele Schwierigkeiten [in beschwerlicher Kleinarbeit] bewältigt werden müssen; wird nicht prädikatbezogen gebraucht: *nach mühevollen Vorbereitungen können wir jetzt das Werk beginnen.* **mühsam:** (in diesem Sinnbereich) mit großer Mühe verbunden; während „mühevoll" ausdrückt, daß eine bestimmte Tätigkeit bei ihrer Ausführung besondere Mühe bereitet und Ausdauer voraussetzt, weist „mühsam" auf die persönliche Anstrengung hin, die, gleichgültig aus welchen Gründen, für jmdn. mit einer Tätigkeit verbunden ist: *nur m. fand er eine Gliederung für das Schlußkapitel seiner Arbeit.* **mühselig:** beschwerlich und mit so viel Mühe verbunden, daß die betreffende Tätigkeit zu einer Geduldsprobe wird und unter Umständen als Plage und Last empfunden wird; oft wird bei der Verwendung von „mühselig" an zeitraubende Kleinarbeit gedacht, die sich nicht so recht lohnt; wird selten prädikatbezogen gebraucht: *du kannst dir nicht denken, wie m. es war, diese Kartei anzulegen.*

[1]**Mund,** der: (in diesem Sinnbereich) die von den Lippen gebildete, von Kinn, Wangen und Backenknochen begrenzte Partie des menschlichen Gesichtes als charakteristischer Teil der Gesichtszüge, des Gesichts-

ausdrucks; betont im Unterschied zu „Lippen“, daß man die Mundpartie besonders auf ihren seelischen, Gefühle, Absichten und Wesensart verratenden Ausdruck hin betrachtet: *ihr schmalgeschnittener M.; die etwas zu große Nase über dem streng gezeichneten M.; er küßte sie, ihn auf den M.* **Lippen,** die (Plural): (in diesem Sinnbereich) Mund in seinem Umriß, in seiner charakteristischen Gestalt; wird verwendet, wenn weniger der seelische als der rein physiognomische Ausdruck, das Mienenspiel in seiner Veränderlichkeit hervorgehoben werden soll: *seine L. flüsterten.* **Maul,** das (derb): (in diesem Sinnbereich) **a)** häßlicher, grob gebildeter oder unschön klaffender Mund; bezieht sich auf den Gesamteindruck: *sein breites M. verzog sich zu einem bösartigen Grinsen;* **b)** i. S. v. Mund; vgl. Maul ↑²Mund. **Schnute,** die (landsch.): (in diesem Sinnbereich) [verdrießlich, schmollend o. ä. verzogener] Mund: *eine S. machen, ziehen; eine süße S.* **Gosche,** die (fam.; landsch.); **Gusche,** die (fam.; landsch.); **Fotze,** die (bayrisch, österr.; derb): i. S. v. Mund.

²Mund, der: (in diesem Sinnbereich) durch Unter- und Oberkiefer gebildete Höhlung des menschlichen Schädels; kommt in dieser Gruppe hauptsächlich hinsichtlich seiner verschiedenen physiologischen Funktionen wie Nahrungsaufnahme, Atmung o. ä. in Betracht: *mit vollem M. sprechen; sie hatte einen Bonbon im M.* **Maul,** das: (in diesem Sinnbereich) **a)** (derb): [geöffneter, aufgerissener] Mund; bezieht sich auf die rein animalisch gewerteten Funktionen des Mundes, hauptsächlich im Zusammenhang mit dem Essen: *er kann auch das M. nicht voll genug kriegen;* **b)** (fam.; südd.): i. S. v. Mund; jedoch im allgemeinen nur in vertraulicher, meist mundartlich gefärbter Rede: *ich hab' bald keinen Zahn mehr im M.;* vgl. Maul ↑¹Mund. **Schnabel,** der (fam.): (in diesem Sinnbereich) [aufgesperrter] Mund; wird im allgemeinen nur Kindern gegenüber gebraucht und in bezug auf das Öffnen oder Schließen des Mundes, seltener in bezug auf Essen, Trinken o. ä. verwendet: *sperr mal deinen S. auf, wo sitzt denn der kranke Zahn?* **Futterluke,** die (fam.; scherzh.): i. S. v. Mund; im allgemeinen nur im Zusammenhang mit dem Essen gebraucht, vor allem wenn [bei Kindern] lebhafter Appetit, erwartungsvolles Verlangen nach Nahrung o. ä. bezeichnet werden sollen: *wenn unsere Kleine wach wird, sperrt sie als erstes für das Fläschchen die F. auf.*

Mundwerk, das (ohne Plural): Redefreudigkeit, Redegewandtheit, Fähigkeit zu vorwitzigen, schlagfertigen Reden oder Hang zu Geschwätzigkeit und deren Äußerung als Redefluß; wird ohne nähere Bestimmung oft leicht tadelnd von der Neigung zu vorlauten, respektlosen Äußerungen gebraucht; wird, wie die übrigen Wörter dieser Gruppe, im allgemeinen nur auf andere Personen bezogen und läßt die emotionale Einstellung des Sprechers/Schreibers erkennen: *sie hat ein flinkes, gefährliches M. und bleibt keine Antwort schuldig.* **Mund,** der (ohne Plural): (in diesem Sinnbereich) unbekümmerte und flüssige, nie um die treffenden Worte verlegene Rede; charakterisiert oft tadelnd die besondere Redegabe eines Menschen oder – meist mit näherer Bestimmung – die Art seiner Äußerungen: *sie hat einen frechen, losen M.;* ↑¹Mund, ↑²Mund. **Gosche,** die (Plural ungebräuchlich; salopp; landsch.; abwertend); **Gusche,** die (Plural ungebräuchlich; salopp; landsch.; abwertend): (in diesem Sinnbereich) i. S. v. Mundwerk: *dieses Marktweib hat eine in der ganzen Stadt gefürchtete Gosche;* vgl. Gosche ↑Mund. **Schnauze,** die (Plural ungebräuchlich; derb; abwertend): (in diesem Sinnbereich) schnodderige, respektlose Redeweise: *eine S. hat der Kerl, den solltest du mal reden hören.* **Schandmaul,** das (Plural ungebräuchlich; verächtlich): unverschämtes Mundwerk, das nichts mit seinen giftigen Reden verschont, an keinem ein gutes Haar läßt; gibt [emotional verstärkend] den Abscheu oder die Empörung des Sprechers/Schreibers zu erkennen: *sie hat ein fürchterliches S.* **Dreckschleuder,** die (Plural ungebräuchlich; derb; verächtlich): freches Mundwerk mit dem Hang zu maßlosem [unflätigem] Schimpfen oder zu üblen Beschimpfungen, Verunglimpfungen; gibt die Verachtung, den Abscheu des Sprechers/Schreibers zu erkennen. **Lästermaul,** das (Plural ungebräuchlich; salopp); **Lästerzunge,** die (Plural ungebräuchlich): lästerndes Mundwerk, mit dem sich der Betreffende über jmdn. [der abwesend ist] oder über etwas abfällig oder mit kritisch-boshaften Kommentaren äußert.

munter: heiter und frisch-lebendig; wird von Menschen und Tieren gesagt: *ein fröhliches Kind, witzig und m.* **aufgeräumt:** in gelöst-heiterer Stimmung [und nicht, wie man erwarten könnte, gereizt, streng oder übellaunig]: *er sprach a. mit einigen Bekannten.* **aufgekratzt** (salopp): in gehobener lustiger Stimmung, sehr gesprächig und gesellig, gutgelaunt; oft im Unterschied zum sonstigen Verhalten des Betreffenden; im allgemeinen nicht attributiv verwendet: *gestern abend war er ganz a.* **fidel** (veraltend): lustig und heiter; voll jugendlicher

Unbekümmertheit [die auch gewollt sein kann]: *ein fideler Bursche; f. nach Hause kommen.* **kregel** (landsch.): körperlich und geistig munter und beweglich; wird oft dann angewandt, wenn gerade mit dem Gegenteil gerechnet worden ist: *unser Opa, der bald achtzig wird, ist noch bannig k.;* ↑freudig, ↑glücklich, ↑lustig.

mürrisch: seine schlechte Stimmung oder seine Unzufriedenheit im Gesichtsausdruck deutlich zeigend oder im Verkehr mit anderen durch unfreundliches, einsilbiges und abweisendes Wesen zum Ausdruck bringend; die schlechte Laune, Verdrossenheit eines Menschen verratend; wird vom Sprecher/Schreiber auf die Person, das Aussehen, das Verhalten o. ä. eines anderen bezogen und gibt den äußeren Eindruck, den er von diesem hat, wieder. **verdrossen:** durch etwas um seine gute Laune gebracht und nun in Gesichtsausdruck und Wesen seine Verstimmung und Unlust deutlich zeigend; die [augenblickliche] Verstimmung eines Menschen deutlich verratend: *verdrossenes Schweigen;* vgl. Verdrossenheit ↑Mißmut. **grämlich:** ein verbittertes Gemüt besitzend; ein mißvergnügtes, unfreundliches Wesen an den Tag legend; seine Unlust auf klagend-mäkelnde Art äußernd; kennzeichnet oft das Wesen, Aussehen und Verhalten alter Leute: *sein grämliches Gesicht geht mir auf die Nerven.* **verdrießlich:** leicht verärgert, nicht in der besten Laune und das in Miene und Verhalten zum Ausdruck bringend; legt das Gewicht im Unterschied zu „mürrisch" weniger auf das Verhalten als auf die Gemütsverfassung und enthält keinen Tadel, sondern kann vom Sprecher/Schreiber auf die eigene Stimmung bezogen werden: *wir sahen an seiner verdrießlichen Miene, daß wir nicht willkommen waren.* **gnatzig** (nordd.): unfreundlich und gereizt [reagierend]; drückt die Emotion des Sprechers/Schreibers aus. **vergnatzt** (nordd.): durch etwas (z. B. eine Äußerung, eine Handlung) übellaunig geworden und sich entsprechend benehmend; drückt im Unterschied zu „gnatzig" aus, daß ein ärgerliches Vorkommnis diese seelische Stimmung ausgelöst hat. **griesgrämig** (abwertend): ständig ein mürrisches Wesen an den Tag legend; ohne einen ersichtlichen Grund schlecht gelaunt und in seinem Verhalten unfreundlich und dadurch eine Atmosphäre der Freudlosigkeit und Unlust um sich verbreitend; bezeichnet meist eine Charaktereigenschaft und nicht nur eine vorübergehende Stimmung. **sauertöpfisch** (ugs.; abwertend): mürrisch und humorlos; ständig eine vorwurfsvoll-mißvergnügte Miene zeigend: *was machst du denn für ein sauertöpfisches Gesicht?* **brummig** (fam.): schlecht gelaunt und aus diesem Grunde im Verkehr mit anderen mürrisch und kurz angebunden: *etwas b. sagen.* **mißmutig:** durch etwas gestört oder enttäuscht und deshalb verdrießlich; gibt die Stimmung des Betreffenden im allgemeinen ohne tadelnden Beiklang wieder und kann vom Sprecher/Schreiber auf sich selbst bezogen werden: *ich versuchte vergeblich, das Glas zu kitten und warf die Scherben schließlich m. weg;* ↑Mißmut. **unmutig:** über etwas mißgelaunt, es mißbilligend und daher nur ungern und mit gewissem Widerstreben etwas erledigend o. ä. **mißvergnügt** (geh.): mit etwas unzufrieden und deshalb schlechter Laune, was sich vor allem im Mienenspiel des Betreffenden ausdrückt. **mißlaunig** (selten), **mißgelaunt** (selten), **mißgestimmt** (selten): schlecht aufgelegt; anderen gegenüber mehr oder weniger unfreundlich; ↑Mißstimmung. **übellaunig:** verärgert und besonders schlecht gelaunt und diese Stimmung in besonders auffälliger und unangenehmer Weise zeigend. **muffig** (ugs.; abwertend), **muff[e]lig** (ugs.; abwertend): wortkarg, verdrießlich und ein unfreundliches Gesicht machend; drückt stärker die Verärgerung des Sprechers/Schreibers über jmds. Unhöflichkeit oder Unfreundlichkeit aus: *eine muff[l]ige Bedienung; muffig saß sie in der Ecke.* **grantig** (landsch.): schlecht gelaunt, gereizt, seiner schlechten Stimmung bei jeder Gelegenheit [auf etwas grobe Art] Luft machend; ↑gedankenvoll, ↑wortkarg.

Muße, die: freie Zeit und [innere] Ruhe, um etwas zu tun, was den eigenen seelisch-geistigen Wünschen und Interessen entspricht; freie Zeit für [aktive] Entspannung, Erholung und Beschaulichkeit: *mir fehlt zum Lesen die nötige M.; M. ist die höchste Stufe der menschlichen Kultur.* **Freizeit,** die: jmdm. für Hobbys, Erholung, Sport, Vergnügen usw. zur Verfügung stehende, nicht durch berufliche o. a. Pflichten in Anspruch genommene Zeit; ↑[2]Ruhe.

musterhaft: in seiner Art nachahmenswert, lobenswert und ein gültiges Beispiel für einwandfreies Verhalten, für besondere Leistung auf einem bestimmten Gebiet oder tadellose Ausführung; wird von Personen, ihren Handlungen oder dem Ergebnis einer Handlung gesagt: *musterhafte Ordnung.* **mustergültig:** i. S. v. musterhaft; während „musterhaft" in erster Linie die Art, wie etwas ist, kennzeichnet, betont „mustergültig" stärker, daß etwas in seiner Art als Vorbild und Muster für etwas dienen oder genommen werden kann; im allgemeinen nicht auf Personen bezogen: *sie führte einen mustergültigen Haushalt.* **vorbildlich:** in jeder Hinsicht bewundernswert und würdig, nachgeahmt zu werden; betont in bezug auf Menschen mehr die ethische und sittliche Beispielhaftigkeit, in bezug auf Sachen einen höheren Grad der Vollkommenheit als „musterhaft": *ein vorbildlicher Mitarbeiter; seine Haltung war v.*

Mut, der (ohne Plural): (in diesem Sinnbereich) aufrechte und furchtlose Haltung, die man beweist, indem man auf Grund seiner Überzeugung, Gesinnung etwas wagt, was [sehr] gefährlich ist, und die im Charakter einer Person begründet ist oder auf Selbstüberwindung angesichts einer bestimmten Gefahr beruht und als solche einen sittlichen Wert darstellt: *politischer M.* **Tapferkeit,** die (ohne Plural): Fähigkeit oder Bereitschaft, in Augenblicken der Gefahr seinen Mut durch unerschrockenes, unverzagtes Verhalten zu beweisen; Furchtlosigkeit des Handelns in einer Gefahr: *persönliche T.* **Kühnheit,** die (ohne Plural): (in diesem Sinnbereich) ungewöhnlicher, bedenkenlos Wagnisse eingehender, die Gefahr suchender Mut; bezeichnet eine Haltung, die sich nur an außergewöhnlichen Umständen, nicht alltäglichen Objekten beweist; wird wie „Tapferkeit" als charakterliche Eigenschaft angesehen oder charakterisiert jmds. Verhalten in einer bestimmten Situation: *eine K. der Verzweiflung.* **Beherztheit,** die (ohne Plural; selten): Kühnheit, Unerschrockenheit im rechten Augenblick; aus mutigem Herzen entspringende Tatkraft in der Not. **Furchtlosigkeit,** die (ohne Plural): ungewöhnliche Freiheit von Furcht vor drohender Gefahr, bedingt durch eine starke, ethisch gefestigte Persönlichkeit, durch idealistische oder auch lebensverachtende Wesensart; schließt Mut, Kühnheit, Tapferkeit usw. als Möglichkeiten in sich, doch setzen „Mut" und „Tapferkeit", die als sittliche Werte den Gedanken der Selbstüberwindung enthalten, ihrerseits das Fehlen von Furcht nicht unbedingt voraus. **Unerschrockenheit,** die (ohne Plural): mutige Geistesgegenwart; Tapferkeit, die sich in plötzlich auftretenden Schwierigkeiten und Gefahren bewährt: *die U. seiner Antworten.* **Schneid,** der (landsch. auch: die) (ohne Plural; ugs.): Mut, der sich in kühnem, draufgängerischem Vorgehen äußert; bezieht sich im Unterschied zu „Mut" weniger auf eine sich selbst treue Gesinnung als auf die schwungvolle, überlegene Haltung, mit der sich jmd. einer gefährlichen oder unangenehmen Aufgabe, Pflicht unterzieht: *nur wenige bringen den Schneid auf, sich offen für die politisch Verfolgten einzusetzen.* **Courage** [kuraschᵉ], die (ohne Plural; fam.): entschlossene, mutige Haltung, die sich hauptsächlich da bewährt, wo es gilt, eine Verantwortung zu übernehmen, für etwas einzustehen, entschlossen zuzupacken, wo andere zögern. **Zivilcourage,** die (ohne Plural): persönlicher Mut, den jmd. beweist, indem er seine Meinung, die von der allgemeinen oder gewünschten abweicht, offen äußert und seine Ansichten ohne Rücksicht auf eventuelle Folgen in der Öffentlichkeit oder gegenüber Obrigkeiten, Vorgesetzten o. ä. vertritt: *niemand brachte soviel Z. auf, um gegen diese Übergriffe zu protestieren.* **Mumm,** der (ohne Plural; fam.): (in diesem Sinnbereich) Entschlossenheit und Tatkraft, wenn es darum geht, sich zu einem Wagnis aufzuraffen: *hat keiner von euch den M., offen seine Meinung zu sagen?* **Traute,** die (ohne Plural; fam.): Mut, Selbstvertrauen, mit dem man sich an eine riskante [nicht allzu ernste] Sache heranwagt; meist in verneinendem Zusammenhang: *keine [rechte] T. [zu etwas] haben.* **Tollkühnheit,** die (ohne Plural): leidenschaftliche oder unbeherrschte Kühnheit, die keine Rücksicht auf das eigene Leben kennt und es [unnötig] aufs Spiel setzt; bringt neben dem Vorwurf des Sprechers/Schreibers auch eine gewisse Bewunderung zum Ausdruck: *nur der T. einer Hubschrauberbesatzung war es zu verdanken, daß die Expeditionsteilnehmer gerettet werden konnten.* **Wagemut,** der (ohne Plural): Mut, [leidenschaftliche] Hingabe, mit der man sich aufopferungsbereit für ein hohes Ziel einsetzt: *der W. der Polarforscher.* **Bravour** [...wur], die (ohne Plural; veraltend): (in diesem Sinnbereich) forsche, kämpferische, mitreißende Tapferkeit [in einer kriegerischen Situation]: *die Truppen haben sich mit unerhörter B. geschlagen;* ↑kühn.

mutig (Ggs. ↑feige): sich voll Selbstvertrauen und ohne Furcht einer Gefahr oder einer größeren Schwierigkeit, die mit einem Wagnis verbunden ist, entgegenstellend: *ein mutiger Vorkämpfer für die Aufhebung der Rassentrennung.* **tapfer:** sich widerstandsbereit mit Gefahren und Schwierigkeiten auseinandersetzend; eigene innere Ängste, Widerstände oder Schmerzen überwindend und in einer schwierigen, schweren Situation durchhaltend, sie durchstehend, sich ihr entgegenstellend: *er unterdrückte t.* (nicht: mutig) *seine Tränen; der Ängstliche kann t. werden. Kühn kann der Ängstliche niemals werden; die Angeklagte wurde gefragt, warum sie dieses Unrecht erduldet und es nicht gemeldet habe. Sie sagte, sehr* *tapfer: „Ich habe nicht den Mut gehabt."* **heldenhaft, heldenmütig:** sich durch besonderen Mut und besondere Tapferkeit auszeichnend; klingt, wie das folgende „heroisch", zumeist pathetisch und wird im allgemeinen auf eine Tat, ein Sichverhalten, nicht direkt auf eine Person bezogen: *heldenhaftes Dulden.* **heroisch:** in fast außergewöhnlicher, fast übermenschlicher Weise tapfer: *eine heroische Opferbereitschaft;* ↑couragiert, ↑gefährlich, ↑kühn, ↑unerschrocken.

mutlos: ohne Mut und Vertrauen, meist als Folge einer Reihe von Schicksalsschlägen oder Enttäuschungen: *sie ließ m. die Hände sinken;* vgl. Mutlosigkeit ↑Niedergeschlagenheit. **entmutigt:** nach einem Mißerfolg ohne Selbstvertrauen und daher psychisch nicht mehr in der Lage, in der betreffenden Sache weitere Versuche zu unternehmen: *er ließ e. den Arm sinken.* **verzagt:** durch Unglück oder Mißerfolg kleinmütig geworden; ohne Selbstvertrauen und Lust zum Handeln; ↑verzagen; vgl. Verzagtheit ↑Niedergeschlagenheit. **defätistisch** (bildungsspr.): sich nach Rückschlägen, Mißerfolgen im Zustand der Mutlosigkeit und Resignation befindend, in dem der Sieg, die eigene Sache für aussichtslos angesehen wird; ohne Hoffnung auf ein Gelingen und davon zeugend: *defätistische Gedanken; defätistische Reden führen; er schwankte zwischen defätistischer Panik und unbegründetem Optimismus.* **kleinmütig** (geh.): durch Enttäuschungen, die man erlitten hat, ohne Zuversicht in bezug auf den Erfolg eines Anliegens, einer langwierigen Unternehmung; wird, meist tadelnd, von Personen selbst, von ihrer Stimmung, ihren Äußerungen gesagt: *ich habe ihn nie so k. gesehen.* **kleingläubig:** zweifelnd und nicht fest von etwas überzeugt; enthält einen Vorwurf. **verzweifelt:** in einer Notlage keinen Ausweg mehr sehend und deshalb ohne Hoffnung, Vertrauen und Besonnenheit: *er ist so v., daß er vor nichts zurückschrecken wird;* vgl. verzweifeln ↑verzagen. **niedergeschlagen:** durch einen Mißerfolg oder eine Enttäuschung unglücklich und ratlos, psychisch nicht in der Lage, sich sofort wieder aufzuraffen: *er scheint sehr n. zu sein;* ↑Niedergeschlagenheit. **deprimiert** (bildungsspr.): bedrückt, fast schwermütig, weil man sich eine Enttäuschung, eine schlechte Erfahrung o. ä. sehr zu Herzen genommen hat: *ich bin sehr d. über diese Entwicklung der politischen Lage.* **niedergedrückt:** durch Sorgen oder Enttäuschungen schwer und nachhaltig belastet, in hoffnungsloser Stimmung. **niedergeschmettert** (ugs.): durch ein unerwartetes Ereignis, das Hoffnungen und Pläne zerstört, überwältigt und ratlos und mutlos gemacht: *er wurde fristlos entlassen und kam n. zu mir.* **resigniert:** schließlich in eine unangenehme Lage, in ein hartes Schicksal ergeben, nachdem man sich zunächst nicht damit abfinden wollte: *in resigniertes Schweigen verfallen; er zuckte r. mit den Schultern und gab auf.* **gebrochen:** durch einen Schicksalsschlag so getroffen, daß man keine Widerstandskraft mehr aufbringen kann; wird nicht attributiv verwendet: *völlig g. stand sie an seinem Grab.* **geknickt** (ugs.): in seinen Erwartungen enttäuscht und darum betrübt und niedergeschlagen, seiner Hoffnungen beraubt; drückt die freundlich-mitfühlende Art des Sprechers/Schreibers aus, wobei es sich jedoch nicht um objektiv Schwerwiegendes handelt; wird nur selten attributiv verwendet: *er hat eine schlechte Lateinnote bekommen und ist nun ganz g.;* ↑schwermütig, ↑traurig; ↑unken.

Mutter, die (Ggs. ↑Vater): **a)** Frau, die ein Kind oder mehrere Kinder geboren hat: *berufstätige Mütter; Mütter, sagt nein, wenn man eure Söhne in den Krieg schicken will;* **b)** Mutter, gesehen im Zusammenhang mit ihrem Kind oder ihren Kindern, mit denen sie in wechselseitiger Beziehung verbunden ist: *was hat denn deine M. dazu gesagt?; eine besorgte M.* **Mama,** die (Ggs. Papa): i. S. v. Mutter b); in familiärer Redeweise: *M., wann gehen wir endlich?; nicht weinen, deine M. kommt ja gleich wieder.* **Mutti,** die (Ggs. Vati): Koseform zu: Mutter b): *wo ist denn deine M.?; M., darf ich ins Kino?* **Mami,** die (Ggs. Papi): Koseform zu: Mama. **Alte,** die (salopp; Ggs. Alte, der): i. S. v. Mutter b): *was hat denn deine A. dazu gesagt?* **alte Dame,** die (Ggs. alter Herr): i. S. v. Mutter b): *war Ihre alte Dame darüber nicht entsetzt?; meine alte D. ist ganz in Ordnung.* **Rabenmutter,** die (Ggs. Rabenvater): (im Urteil des Sprechers/Schreibers) lieblose, hartherzige Mutter, die ihr Kind, ihre Kinder vernachlässigt; oft scherzhaft: *du bist vielleicht eine R.!* **Stiefmutter,** die (Ggs. Stiefvater): Frau, die nicht jmds. leibliche Mutter, aber die Ehefrau des Vaters ist. **Pflegemutter,** die: **a)** (Ggs. Pflegevater) weiblicher Teil der Pflegeeltern; **b)** Frau, die ein Kind in Pflege genommen hat. **Ziehmutter,** die (landsch.; Ggs. Ziehvater): i. S. v. Pflegemutter. **Leihmutter,** die: Frau, die ein fremdes Kind gegen Entgelt austrägt. **Mietmutter,** die: i. S. v. Leihmutter. **Tagesmutter,** die: Frau, die kleinere Kinder von vor allem berufstätigen Müttern tagsüber, meist zusammen mit ihren eigenen, in ihrer Wohnung (gegen Bezahlung) betreut: *sie suchte für ihr Kind eine T.*

N

nachahmen, jmdn./etwas: (in diesem Sinnbereich) Handlungen oder auch Äußerungsarten anderer in einer bestimmten, meist in scherzhafter oder boshafter Absicht, möglichst getreu wiederholen; bezieht sich, wie auch die übrigen Wörter dieser Gruppe, sowohl unmittelbar auf den Menschen als auch auf die betreffenden Handlungen und Äußerungsarten selbst: *er ahmte seinen Tonfall, die Lehrer nach.* **nachmachen,** jmdn./etwas (ugs.): (in diesem Sinnbereich) i. S. v. nachahmen; drückt den Sachverhalt etwas allgemeiner aus und wird öfter dann gebraucht, wenn jmd. weniger Wert darauf legt oder auch nicht in der Lage ist, einen anderen möglichst genau nachzuahmen, sondern wenn er es, oft aus einer gewissen Boshaftigkeit heraus, lediglich darauf anlegt, die Angewohnheiten oder Eigenheiten des anderen in der Nachahmung ungefähr erkennen zu lassen. **nachäffen,** jmdn./etwas (abwertend): die Verhaltensweise eines anderen, meist Eigenheiten oder Gewohnheiten, die sich in der Sprechweise oder in bestimmten Bewegungen zeigen, in übertriebener, grotesk-verzerrter, oft als ungehörig empfundener Weise nachahmen, meist in der Absicht, den Betreffenden zu verspotten oder lächerlich zu machen; bezieht sich meist unmittelbar auf Personen, seltener auf die Äußerungsarten selbst. **imitieren,** jmdn./etwas (bildungsspr.): (in diesem Sinnbereich) Sprechweise oder Gebaren, besonders charakteristische Eigentümlichkeiten [einer bestimmten Person] so täuschend wie möglich nachahmen, meist um andere damit zu belustigen: *er hat gestern am Telefon deine Stimme so verblüffend genau imitiert, daß ich glaubte, du wärst es.* **kopieren,** jmdn./etwas: (in diesem Sinnbereich) bei bestimmten Gelegenheiten jmdn. in seinem ganzen Gebaren, in seiner Art zu reden und sich zu bewegen, sehr genau und in allen Einzelheiten nachahmen, um damit, meist zur Belustigung Dritter, den Eindruck hervorzurufen, als handle es sich um den Nachgeahmten selbst; bezieht sich seltener auf einzelne Äußerungsarten eines Menschen: *er kopierte den alten Sonderling so treffend, daß die ganze Gesellschaft in lautes Lachen ausbrach.*

nacheifern, jmdm.: eifrig bemüht sein, es jmdm., den man sich als Vorbild genommen hat, gleichzutun. **nachahmen,** jmdn.: (in diesem Sinnbereich) sich jmdn. als Vorbild nehmen und es ihm in jeder Hinsicht gleichtun wollen; ↑nachahmen. **nachstreben,** jmdm.: den festen Willen haben, eine bestimmte Geisteshaltung oder die Ziele und Grundsätze eines bestimmten Menschen auch zu seinen eigenen zu machen. **nachfolgen,** jmdm.: der Lehre und dem Vorbild eines anderen folgen, sein Jünger sein: *die Kirche fordert uns auf, Christus nachzufolgen.*

nachgeben [jmdm./einer Sache]: dem Willen oder dem Begehren eines anderen nach einem gewissen anfänglichen Widerstand doch entsprechen und sich damit einverstanden erklären: *den Bitten n.* **beugen,** sich [jmdm./einer Sache]: sich dem Willen oder der Autorität eines anderen unterordnen und damit einen anfänglich größeren Widerstand aufgeben; darauf verzichten, seinen eigenen Willen durchzusetzen: *man will lieber untergehen, als sich seiner Herrschaft b.* **fügen,** sich [jmdm./einer Sache]: sich einer oft unpersönlichen Gewalt [aus Einsicht] unterordnen oder sich in vorgegebene Verhältnisse einordnen: *wir fügen uns seinem Befehl.* **unterwerfen,** sich [jmdm./einer Sache]: sich bedingungslos einer Gewalt, dem Willen eines anderen unterordnen: *sich bestimmten Bedingungen, sich der Tradition u.;* ↑²klein [beigeben], ↑resignieren, ↑²setzen (unter Druck), ↑zurückstecken.

nachher: in näherer, nicht genau bestimmter Zukunft: **a)** (Ggs. ↑jetzt): unmittelbar oder auch mittelbar nach einem Geschehen, das in der Gegenwart liegt: *jetzt mach erst einmal deine Arbeiten, n. kannst du lesen und spielen;* **b)** (Ggs. ↑vorher): unmittelbar nach einem Geschehen in der Vergangenheit oder Zukunft: *weder vorher noch n. hatte er Schmerzen.* **hinterher:** unmittelbar nach einem bestimmten Geschehen in der Vergangenheit oder Zukunft; da „hinterher" sowohl zeitlichen als auch räumlichen Bedeutungsgehalt hat, läßt es sich mit „nachher" b) austauschen, während das rein zeitliche „nachher" nicht gleichermaßen immer für „hinterher" einzusetzen ist: *h. ist es wieder keiner von euch gewesen!; erst h. merkte ich, daß ...* **danach, dann, hernach** (veraltend): unmittelbar nach einem bestimmten Geschehen in der Vergangenheit oder Zukunft, wobei das vorausgegangene Geschehen stärker als bei „hinterher" hervorgehoben wird; im Unterschied zu „hinterher", bei dem noch deutlicher eine räumliche Vorstellung zugrunde liegt, haben „danach", „dann", „hernach" allein zeitlichen Inhalt: *sie spielten zuerst Mozart und danach Händel.* **anschließend, im Anschluß daran:** i.S.v. danach; betonen jedoch besonders stark die unmittelbare Aufeinanderfolge: *im Anschluß daran besichtigten sie das Heidelberger Schloß.*

nachlässig: ohne die nötige Sorgfalt; meist auf Menschen und ihr Verhalten angewandt; drückt einen Mangel an Ordnung und Gründlichkeit aus: *n. arbeiten; ein nachlässiger Angestellter.* **schlampig** (salopp; abwertend): in grober und auffälliger Weise nachlässig; kann auf ein einmaliges Versagen, aber auch auf einen Wesenszug bezogen werden: *gestern hast du sehr s. gearbeitet.* **schluderig** (ugs.; abwertend): i.S.v. schlampig; drückt jedoch keinen so scharfen Tadel aus; kritisiert mehr die Flüchtigkeit und Eile beim Erfüllen einer Pflicht: *ein s. genähter Saum.* **oberflächlich:** nicht gründlich und gewissenhaft: *eine oberflächliche Untersuchung.* **flüchtig:** etwas schnell und gedankenlos, ungenau und dadurch fehlerhaft erledigend: *seine Arbeiten f. machen.* **huschelig** (fam.): etwas schnell und nur so obenhin ausführend; sich nicht in ein Tun versenkend, sondern es nur im Vorbeigehen, nebenher erledigend: *h. sein, arbeiten.* **unordentlich:** (in diesem Sinnbereich) ohne Sorgfalt [ausgeführt]; nicht so ordentlich, wie man es erwarten sollte; kann auf den Menschen und dessen Tun bezogen werden: *ein unordentlicher Schüler;* ↑ungezwungen.

Nachricht, die: bestimmte, objektive Kenntnis, die man von einem Sachverhalt oder Ereignis erhält oder jmdm. mitteilt und die sich auf etwas bezieht, was bisher ganz oder teilweise unbekannt war und von öffentlicher oder persönlicher Bedeutung ist; vgl. Nachricht ↑Information. **Neuigkeit,** die: Kenntnis von einem Ereignis, das sich erst kürzlich zugetragen hat und das allgemeines Interesse findet oder sogar Aufsehen erregt; wird im allgemeinen nicht auf sehr schwerwiegende oder ernsthafte Geschehnisse angewandt; vgl. Nachricht ↑Information. **Mitteilung,** die: (in diesem Sinnbereich) die für jmdn. persönlich bestimmte und ihm übermittelte Kenntnis von einer Sache, die für ihn von Bedeutung ist; vgl. Mitteilung ↑Information. **Botschaft,** die (geh.): [überbrachte] wichtige Nachricht, die einer bestimmten Person meist aus größerer Entfernung oder durch einen dazu beauftragten Boten direkt übermittelt wird und die zum Unterschied von „Mitteilung" für den Empfänger besonders bedeutungsvoll ist und im allgemeinen einen bestimmten Wortlaut hat: *die traurige B. vom unglücklichen Ausgang der Schlacht wurde dem König überbracht.* **Kunde,** die (ohne Plural; geh.): [ungenaue] Kenntnis von einem Sachverhalt oder Ereignis durch Hörensagen oder nicht näher bestimmte Quelle: *diese unglückliche K. kam uns auch zu Ohren.* **Meldung,** die: Inhalt einer amtlichen Mitteilung, durch die man von einer wichtigen Sache in Kenntnis gesetzt wird: *diese M. war über alle Sender gegangen;* ↑Mitteilung machen, ↑unterrichten.

Nachrichten, die (Plural): (im Rundfunk, Fernsehen) journalistische, auf das Wesentliche konzentrierte informatorische Sendung mit den wichtigsten, aktuellen, besonders politischen Ereignissen aus der ganzen Welt: *um 20 Uhr sind Nachrichten;* ↑Information, ↑Nachricht. **Kommentar,** der: (in diesem Sinnbereich) journalistische, ereignisbezogene, argumentierende, erläuternde, kritische Stellungnahme zu einem aktuellen Ereignis oder Thema in Fernsehen, Funk oder Presse; eine Art Ereignisanalyse, mit der die Aufmerksamkeit auf wichtige Tatsachen gelenkt und über Hintergründe informiert werden soll: *der K. war in die Nachrichten eingeblendet.* **Bericht,** der: (in diesem Sinnbereich) journalistischer, Beobachtungen, Betrachtungen zu einem Ereignis enthaltender Beitrag mit dem Ziel, den Verlauf und die Vorgänge darzustellen. **Reportage** [...tasch[e]], die: umfassendere, anschaulich-lebendige, vom Erleben und von der Anteilnahme des Berichtenden geprägte Schilderung, Berichterstattung über ein aktuelles Ereignis o.ä. vom Ort des Geschehens in Fernsehen, Funk und Presse; Augenzeugenbericht: *eine spannende R.* **Report,** der: systematischer, analysierender Bericht, wissenschaftliche Untersuchung o.a. über wichtige aktuelle Ereignisse, Entwicklungen usw. **Porträt** [...trä], das: (in diesem Sinnbereich) journalistisches Genre, das das Ziel hat, eine Persönlichkeit aus der Vergangenheit oder Gegenwart in ihren Lebensumständen und in ihren Leistungen vorzustellen; ↑Artikel, ↑Erzählung, ↑Feature, ↑Interview.

nachsagen, jmdm. etwas: etwas Bestimmtes, Besonderes, sowohl Positives als auch Negatives, von jmdm. [hinter dessen Rükken] behaupten; bezieht sich auf Aussagen, in denen ein Urteil über jmdn. gefällt wird, das im Gegensatz zu „andichten" mehr auf Wissen oder Beobachtung fußt: *man kann alles den Griechen n., nur eines nicht, Mangel an Vitalität.* **andichten,** jmdm. etwas (abwertend): etwas, wofür es gar keinen Anhaltspunkt gibt, häufiger etwas Negatives als etwas Positives, in bezug auf jmdn. erfinden; bezieht sich nur auf Eigenschaften oder Handlungen, die oft wider besseres Wissen oder ohne die nötige kritische Überprüfung des Sachverhaltes jmdm. [in verleumderischer Absicht] zugeschrieben werden. **nachreden,** jmdm. etwas: unzutreffenderweise von jmdm. etwas behaupten, was seinem Ansehen oder seiner Ehre schadet. **anhängen,** jmdm. etwas (abwertend): von jmdm. aus Böswilligkeit fälschlich etwas Schlechtes behaupten [so daß es an ihm hängt, sein Name damit behaftet ist]. **ein Maul anhängen,** jmdm. (landsch.; abwertend): jmdm. in böser Absicht oder aus Klatschsucht etwas Schlechtes nachsagen: *im Nu hatte sie anderen ein Maul angehängt.*

nächst: (in diesem Sinnbereich) zeitlich oder in der Reihenfolge unmittelbar an etwas anschließend: *an der nächsten Haltestelle müssen Sie aussteigen!* **folgend:** zeitlich oder in der Reihenfolge an etwas anschließend; als Zeitangabe nur im Rückblick auf Vergangenes verwendet, nicht von der Gegenwart auf die Zukunft bezogen: *auf den folgenden Seiten werden Sie Aufklärung darüber finden.* **kommend:** als Nächstes [dieser Art] bevorstehend, herannahend, in Erscheinung tretend; wird nur von der Gegenwart auf die Zukunft bezogen und nicht von Ereignissen, die bereits Vergangenheit sind, gesagt: *meinen kommenden Urlaub werde ich in Südfrankreich verbringen;* vgl. kommend ↑künftig.

nachteilig [für jmdn./etwas]: jmdm./einer Sache zum Nachteil gereichend; sich auf das Gelingen eines Vorhabens, auf die Entwicklung einer Sache ungünstig auswirkend: *eine nachteilige Wirkung des Medikaments ist nicht zu befürchten.* **ungünstig** [für jmdn./etwas]: jmdm., seinem Vorhaben, dem Gedeihen einer Sache nicht förderlich; eine Entwicklung hindernd: *ein ungünstiger Standort.* **abträglich** [jmdm./einer Sache]: ein Unternehmen beeinträchtigend, schädigend; dem Gedeihen oder dem Bestand einer Sache Abbruch tuend: *dem Fortkommen a. sein.* **schlecht** [für jmdn./etwas] (ugs.): sich negativ auswirkend in bezug auf jmdn. oder auf das Gedeihen oder Gelingen einer Sache: *die häufigen Reklamationen sind sehr s. für das Geschäft.* **schädlich** [für jmdn./etwas]: jmdm./einer Sache Schaden zufügend; etwas erheblich beeinträchtigend: *das viele Rauchen ist s. für die Gesundheit.*

nackt: ohne Bekleidung; wird auf den Körper oder auf sonst bekleidete Körperteile bezogen; „nackt" ist ein sehr emotionalanschauliches und sehr direktes Wort, was deutlich wird, wenn man die Sätze „im Schauspiel trat ein nackter Mann auf/im Schauspiel trat ein unbekleideter Mann auf" vergleicht: *sie saßen n.* (nicht: unbekleidet) *in der Sauna; mit nacktem Oberkörper; nackte Mädchen, Männer.* **nackend** (fam.): i. S. v. nackt; nur selten attributiv gebraucht: *n. in der Sonne, am Meer liegen.* **nackicht** (fam.), **nackig** (fam.): i. S. v. nackt. **splitternackt** (emotional verstärkend), **splitterfasernackt** (emotional verstärkend), **pudelnackt** (ugs.; emotional verstärkend): am ganzen Körper nackt. **bloß** (geh.): an einer oder einigen Stellen nicht durch Kleidung geschützt; unbedeckt; wird in bezug auf den ganzen Körper nur bei entsprechendem Zusatz, besonders in Verbindung mit „nackt", gebraucht: *nackt und b. in der Kälte stehen.* **entblößt** (geh.): in bestimmter Absicht bloßgemacht; wird überwiegend auf Teile des Körpers bezogen: *mit entblößtem Haupt; schamlos e.* **hüllenlos** (scherzh.): ohne Kleidung, „Hülle"; wird von einem den Blicken preisgegebenen, unbekleideten Körper gesagt: *jmdn. h. sehen.* **unbekleidet:** i. S. v. nackt; bezeichnet auf sachlichere Weise den gleichen Sachverhalt wie „nackt", indem es den Blick mehr auf die eigentlich fehlende Bekleidung legt und so von dem Körper ablenkt: *den Patienten u. in die Röntgenkammer führen.* **textilfrei** (scherzh., verhüllend): i. S. v. unbekleidet. **im Adamskostüm** (ugs.; scherzh.): ohne Bekleidung; wird auf Männer bezogen: *er stand im Adamskostüm vor ihr.* **im Evaskostüm** (ugs.; scherzh.): ohne Bekleidung; wird auf Frauen bezogen: *sie ging im Evaskostüm am Strand spazieren.* **wie ihn/sie Gott geschaffen hat** (verhüllend): ohne jegliche Bekleidung; wertet den unter Umständen peinlich empfundenen Zustand positiv.

nagen [etwas/an etwas]: von etwas Hartem etwas mit Hilfe der Zähne in kleinen Stükken abzubekommen suchen; [wie ein Nagetier] an etwas herumbeißen; im allgemeinen auf Tiere, gelegentlich auch auf Menschen bezogen; da die Zähne, mit denen genagt wird, zerstörerisch wirken, wird „nagen" auch in entsprechender Bedeutung übertragen gebraucht: *die Maus nagt am Speck;* übertragen: *diese Niederlage nagte an ihm.* **knabbern** [an etwas]: an etwas Hartem nagen, meist hörbar und schnell; wird von Nagetieren und Menschen gesagt. „Knabbern" hat im Unterschied zu „nagen" oft den Charakter des Spielerischen und Gemütlichen: *das Eichhörnchen konnte man deutlich k. hören.* **abbeißen** [von etwas]: mit Hilfe der Zähne machen, daß durch einen Biß ein Stück, Teil von etwas entfernt wird: *er hat von der Waffel abgebissen;* vgl. knabbern ↑ [1]essen.

nah[e] (Ggs. ↑ fern): von einem Bezugspunkt aus gesehen räumlich nur wenig entfernt, nicht weit; durch einen nur geringen Zwischenraum von jmdm./etwas getrennt: *sie holte Wasser am nahen Brunnen.* **dicht:** (in diesem Sinnbereich) sehr nahe an, bei, vor, neben etwas/jmdm.; in unmittelbarer Nähe, so daß nur wenig Raum dazwischen liegt: *die Weiden stehen [ganz] d. am Bach.* **nahe gelegen:** in geringer Entfernung befindlich, in der Nähe von etwas liegend; bezieht sich auf die räumliche Nähe von etwas [über größere Flächen sich Erstreckendes, z. B. eine Stadt, einen Wald u. ä.]: *sie machen ihre Einkäufe immer in dem nahe gelegenen Städtchen.* **benachbart:** nahe bei oder in nächster Nähe von etwas gelegen, daran anstoßend; bezieht sich auf die räumliche Nähe von etwas, was in einer gewissen [persönlich gedachten] Wechselbeziehung zu etwas [Gleichem oder Ähnlichem] steht: *er verschwand zwischen den Bäumen des benachbarten Wäldchens.* **in der Nähe; nahebei:** in geringer Entfernung, nicht weit von etwas: *der Garten liegt ganz in der Nähe des Hauses.*

nahelegen, jmdm. etwas: jmdn. indirekt auffordern, etwas zu tun oder zu unterlassen, was er von sich aus nicht tut [wie eigentlich erwartet]: *jmdm. n. zu kündigen.* **zu verstehen geben,** jmdm. etwas: jmdn. seine Einstellung zu einer bestimmten Sache, einen Wunsch, eine Absicht durch vorsichtige Bemerkungen oder Andeutungen erkennen lassen, um auf diese Weise dessen Handeln zu beeinflussen: *er gab ihm zu verstehen, daß er einen Einstand zu geben habe.* **beibringen,** jmdm. etwas (ugs.): (in diesem Sinnbereich) jmdn. durch entsprechende [wiederholte] Andeutungen, die man gesprächsweise macht, nachdrücklich auf etwas hinweisen, was zu tun oder zu lassen man von ihm erwartet oder wünscht: *wir müssen ihm b., daß es bei uns üblich ist, seinen Geburtstag zu feiern.* **beibiegen,** jmdm. etwas (salopp): jmdm. auf plumpe und dreiste Art verständlich machen, was man von ihm haben möchte: *man hat ihm beigebogen, daß er etwas zu spendieren habe.*

Nahrung, die (ohne Plural): alles, was ein Lebewesen (Mensch und Tier) zur Ernährung braucht [und zu sich nimmt]; allgemeinste Bezeichnung für alles, was eßbar und trinkbar ist: *er kann nur noch flüssige N. zu sich nehmen.* **Futter,** das (ohne Plural): Tiernahrung; meist wird „Futter" nur im Zusammenhang mit Haustieren verwendet: *wir haben nicht mehr genügend F. für unser Vieh.* **Speise,** die (ohne Plural; geh.): (in diesem Sinnbereich) Nahrung des Menschen; bezeichnet alle Lebensmittel, von denen sich der Mensch ernährt. **Essen,** das (ohne Plural): (in diesem Sinnbereich) etwas, was dem Menschen zur Nahrung dient und für ihn zubereitet wird; die zu Mahlzeiten zusammengestellten und zubereiteten Nahrungsmittel insgesamt; damit wird auch zusammenfassend alles das bezeichnet, was man irgendwo im Laufe eines Tages an Eßbarem vorgesetzt bekommt: *als Köchin bin ich nur für das E. verantwortlich.* **Kost,** die (ohne Plural): Eßbares, und zwar besonders im Hinblick auf seine Beschaffenheit: *sie können jetzt schon wieder kräftigere K. zu sich nehmen;* ↑ Lebensmittel; ↑ ernähren.

naiv: (in diesem Sinnbereich) **a)** von kindlich-unbefangener, direkter und unkritischer Gemüts- und Denkart; treuherzig-arglos; **b)** wenig Erfahrung, Sachkenntnis oder Urteilsvermögen besitzend und darum durch seine Einfalt, durch sein törichtes Verhalten oder seine unkritischen Äußerungen leicht lächerlich wirkend; gibt die emotionale Einstellung des Sprechers/Schreibers zu erkennen: *nicht nur zwölfjährige Jungen sind so n.;* vgl. naiv ↑ gutgläubig. **einfältig** (geh.): (in diesem Sinnbereich) **a)** von schlichter, biederer und aufrichtiger Gemütsart; ohne Falsch und ohne Argwohn; betont mehr das einfache und wenig weltgewandte Wesen eines Menschen, dem Schläue und Raffinesse fremd sind: *eine Frau, gottesfürchtig und einfältigen Gemüts;* **b)** wenig scharfsinnig; nicht von rascher Auffassungsgabe oder durchdringendem Verstand; wird meist von Personen selbst gesagt: *er macht einen recht einfältigen Eindruck.* **harmlos:** (in diesem Sinnbereich) von kindlich-offenem, vertrauensvollem Wesen; nicht durchtrieben oder gewitzt; betont im Unterschied zu „naiv" weniger die sich äußernde, entwaffnend wirkende Unbefangenheit als das Fehlen von Mißtrauen oder von Hintergedanken oder wird von jmdm.

gesagt, von dem man keine Hintergedanken, keine Verstellung, besonderen Kniffe o. ä. erwartet: *ein harmloses Jüngelchen;* vgl. harmlos ↑ungefährlich. **blauäugig:** i. S. v. naiv b); besagt, daß man auf Grund seines ahnungslosen, harmlosen Gemüts bestimmte Mißstände nicht wahrnimmt, nur das Schöne, Gute sieht. **unkritisch:** ohne die eigentlich nötige kritische Einstellung, die nichts unbesehen übernimmt: *eine Meinung u. übernehmen; er ist ganz u.* **unbedarft:** (in diesem Sinnbereich) keinen oder nur wenig kritischen Verstand besitzend; enthält Geringschätzung: *solchen unbedarften Gemütern konnte er natürlich so etwas erzählen.* **treuherzig:** von kindlicher oder biederer Gutmütigkeit oder Gutgläubigkeit; von einem unbefangenen, arglosen Verhältnis zur Umwelt zeugend; betont im Unterschied zu „naiv" weniger die Wesens- und Denkart selbst als die dem Sprecher/Schreiber sympathische Äußerung eines naiven Wesens, das die Welt vertrauensvoll und gutgläubig anschaut: *ein treuherziges Gesicht machen.* **schlicht:** (in diesem Sinnbereich) von einfachem, ungekünsteltem und bescheidenem Wesen und unkritischen, naiven Anschauungen; zu arglos oder zu einfältig, um die Hintergründe von etwas oder komplizierte Zusammenhänge zu durchschauen; kennzeichnet weniger eine sich unbefangen äußernde als eine bescheidene und zurückhaltende naive Geisteshaltung: *ein schlichtes Gemüt;* ↑[1]schlicht, ↑[2]schlicht, ↑[3]schlicht. **simpel:** (in diesem Sinnbereich) in seiner Einfachheit, Einfalt etwas beschränkt wirkend; von dem einfachen Verstand, den einfältigen Anschauungen einer Person zeugend; drückt die Überheblichkeit, Geringschätzung des Sprechers/Schreibers aus: *simple Antworten;* ↑ahnungslos, ↑albern, ↑beschränkt, ↑dumm, ↑töricht, ↑unreif.

namhaft: einen bekannten, angesehenen Namen tragend, den man durch seine Leistungen erworben hat; steht im Unterschied zu „berühmt" nur attributiv; vor allem auf Künstler und Wissenschaftler bezogen: *ein namhafter Maler.* **berühmt:** auf Grund außergewöhnlicher Eigenschaften, aufsehenerregender Schicksale allgemein bekannt und viel bewundert; kann sich im Unterschied zu „namhaft" auf beliebige Personen oder Gegenstände beziehen; wird sowohl attributiv als auch subjektbezogen gebraucht. **bekannt:** auf Grund öffentlicher Betätigung oder Wirksamkeit einem größeren Publikumskreis ein Begriff, nicht unbekannt; auf Personen und Sachen, hauptsächlich Institutionen und Waren bezogen: *das Plakat eines bekannten Computerherstellers.* **prominent** (bildungsspr.): beruflich oder gesellschaftlich hervorragenden Rang einnehmend; von höchster, den eigenen Wirkungsbereich beispielhaft vertretender Geltung, maßgeblicher Wirkung im öffentlichen Leben; auf berühmte Personen des kulturellen, wirtschaftlichen, politischen oder gesellschaftlichen Lebens bezogen: *prominente Persönlichkeiten.* **gefeiert:** allgemein verehrt und gepriesen wegen seiner Vorzüge, seiner mitreißenden oder imponierenden Kunst, Virtuosität: *eine gefeierte Pianistin.* **weltbekannt:** durch seine weitgespannte Wirksamkeit, seine aufsehenerregenden Erfolge o. ä. die Beachtung der Weltöffentlichkeit genießend; weit über die Grenzen eines Landes hinaus bekannt: *eine weltbekannte Elektrofirma.* **weltberühmt:** durch seine einmaligen und außerordentlichen Leistungen oder Erfolge, meist auf künstlerischem oder einem anderen, vom öffentlichen Interesse bevorzugten Gebiet, in der ganzen Welt bekannt und anerkannt; enthält im Unterschied zu dem sachlicheren „weltbekannt" den Beiklang des Sensationellen und ist stärker emotional gefärbt: *die weltberühmten Bauwerke Roms.* **von Weltruf; von Weltgeltung; von Weltrang:** durch seine Leistungen auf künstlerischem, wissenschaftlichem, wirtschaftlichem o. ä. Gebiet unbestritten zur internationalen Elite zählend; in der ganzen Welt anerkannt und geachtet: *ein Regisseur von Weltruf;* ↑beliebt.

närrisch: in bestimmten Situationen sich wie ein Narr verhaltend, von anscheinend unvernünftigem Wesen oder Gebaren, wodurch man oft den Spott anderer herausfordert; wird seltener auch auf einen Sachverhalt angewandt, der einem lächerlich vorkommt: *jeder ist halt auf eine andere Art n.* **verrückt** (salopp): (in diesem Sinnbereich) dem Anschein nach in bestimmten Situationen nicht normal reagierend, in seinem Verhalten in geringerem oder höherem Grade geistesgestört wirkend; wird vom Menschen gesagt, kann aber auch das anscheinend Vernunftwidrige eines Sachverhaltes bezeichnen; vgl. verrückt ↑geistesgestört; verrückt sein ↑spinnen; verrückt werden ↑überschnappen. **verdreht** (salopp): (in diesem Sinnbereich) abwegige, schrullige Einbildungen habend, darin verstiegen und dadurch geistig nicht normal wirkend; wird von Menschen oder deren Vorstellungen gebraucht: *er ist ein verdrehter Kerl.*

naß (Ggs. ↑[1]trocken): mit Wasser o. ä. durchtränkt oder an der Oberfläche, von außen damit benetzt oder bedeckt; wird von allen Dingen gesagt, die sowohl naß oder feucht als auch trocken sein können, ohne daß dadurch ihre eigentliche Substanz verändert wird; wird im allgemeinen, wie alle Wörter dieser Gruppe, nur attributiv oder subjektbezogen gebraucht: *nasse Badeanzüge; n. von Schweiß und Regen.* **feucht:** mit Wasser o.ä. leicht durchtränkt oder an der Oberfläche, von außen [leicht] damit benetzt; nur wenig naß: *feuchte Lippen.* **klamm** (ugs.; landsch.): von [Luft]feuchtigkeit leicht durchzogen oder an der Oberfläche, von außen [leicht] feucht; bezieht sich sowohl auf etwas, in das Feuchtigkeit [der Luft] eingezogen ist oder auf dem sich Feuchtigkeit abgesetzt hat, als auch auf Stoffe [Wäsche], die naß waren und noch nicht wieder ganz getrocknet sind: *die Wäsche ist noch k.* **beschlagen:** an der Oberfläche, von außen, zumeist von [dunstiger] Luftfeuchtigkeit, leicht feucht; nur von Stoffen gesagt, die Feuchtigkeit nicht an- und aufnehmen: *eine beschlagene Scheibe.* **durchnäßt [bis auf die Haut]:** völlig von [Regen]wasser naß; vor allem vom Menschen und seiner Kleidung gesagt. **klitschnaß** (ugs.; emotional verstärkend); **klatschnaß** (ugs.; emotional verstärkend); **p[l]atschnaß** (ugs.; emotional verstärkend); **pitsch[e]naß** (ugs.; emotional verstärkend); **pudelnaß** (ugs.; emotional verstärkend); **quatschnaß** (ugs.; emotional verstärkend): durch und durch, bis auf die Haut naß; vor allem auf den Menschen, auf seine Kleidung angewandt: *der Mantel ist pitschenaß.* **tropfnaß:** von [Regen]wasser so durch und durch naß, daß es stark tropfend heraus- oder abläuft: *sie hängte die tropfnasse Wäsche auf die Leine.* **[vor Nässe] triefend; triefendnaß; triefnaß:** so naß, daß es trieft, daß es in kleinen Rinnsalen ab-, herunterläuft; wird in der Regel nur dann gebraucht, wenn es sich um „unfreiwillige" Nässe handelt, also nicht wie bei „tropfnaß" auch um Wäsche. **regennaß:** vom Regen durchnäßt oder an der Oberfläche, von außen [stark] naß: *regennasse Straßen.*

Nation, die: (in diesem Sinnbereich) große, meist geschlossen siedelnde Gemeinschaft von Menschen mit gleicher Abstammung, Geschichte, Sprache, Kultur, die ein politisches Staatswesen bildet; nicht immer sind alle diese Merkmale vorhanden, z.B. die Schweiz und Belgien sind mehrsprachige Nationen; im Deutschland vor 1871 und nach 1945 fehlt der gemeinsame Staat; entscheidend ist immer das Nationalbewußtsein und daß die Angehörigen einer Nation von ihrem Anderssein (als [die] andere[n]) und Besonderssein überzeugt sind: *die Vereinten Nationen; die deutsche N.* **Staat,** der: ein durch einheitliche Gesetzgebung und Verwaltung zusammengehöriger bewohnter, in bestimmten Grenzen sich erstreckender Teil der Erdoberfläche: *einen S. gründen; der S. Israel; in diesem S. kann man nicht leben; die Trennung von Kirche und S.* **Staatswesen,** das: Staat als Gemeinwesen. **Staatsgebiet,** das: durch Grenzen festgelegtes Gebiet, Territorium eines Staates, das auch die Küstengewässer und den Luftraum mit umfaßt, auf das sich die Gebietshoheit erstreckt. **Land,** das: (in diesem Sinnbereich) großes, in vielfacher Beziehung zusammengehöriges Stück der Erdoberfläche; politisch selbständiges, in bestimmten Grenzen sich erstreckendes Gebiet: *ein demokratisches, neutrales L.; unser L. liegt mit der Ausfuhr an der Spitze aller Länder.* **Vaterland,** das: Land, aus dem man stammt, zu dessen Volk, Nation man gehört; in emotional-pathetischer Ausdrucksweise, mit der auch die innere Zugehörigkeit betont werden soll: *Deutschland – einig V.; der Tod fürs V.; die DDR war für ihn sein sozialistisches V.* **Mutterland,** das: **a)** Land, Staat im Verhältnis zu seinen Kolonien: *die überseeischen Kolonien haben sich von ihrem portugiesischen M. getrennt;* **b)** Land, in dem etwas heimisch ist, seinen Ursprung hat: *England ist das M. des Parlamentarismus.* **Geburtsland,** das: Land, in dem man geboren ist: *Deutschland ist sein G.* **Heimat,** die (ohne Plural; Ggs. Fremde, die): Gegend, aus der man gebürtig, in der man aufgewachsen ist, in der man lebt oder lebte; oft in gefühlsbetonter Ausdrucksweise, die die Verbundenheit und das Gefühl der Geborgenheit betonen soll, ein Gebiet, in dem man sich aus den genannten Gründen zu Hause fühlt; mit dem Begriff H. ist auch eine emotionale Sicherheit gemeint, nämlich die Anwesenheit vertrauter, allgemein empfundener und akzeptierter Überzeugungen: *im Ausland Sehnsucht nach der H. haben; die H. lieben; München ist seine zweite H.* (obgleich er dort gar nicht geboren ist, fühlt er sich dort wohl und wie zu Hause). **Heimatland,** das: Land, aus dem jmd. stammt, in dem er seine Heimat hat: *sein H. ist Österreich.* **Volk,** das: (in diesem Sinnbereich) durch gemeinsame [Sprache,] Kultur, Geschichte verbundene Gemeinschaft von Menschen: *die Demonstranten riefen: „Wir sind das V."; das polnische V.; ein freies, unterdrücktes V.; die Völker Afrikas; die Geschichte des deutschen Volkes.* **Völkerschaft,** die: kleinere, aus einem oder mehreren Stämmen hervorgegangene ethnische Gemeinschaft. **Volksgruppe,** die: durch rassische, ethnische o.a. Charakteristika gekennzeichnete Gruppe, die eine Minderheit innerhalb eines Volkes darstellt. **Volksstamm,** der: (besonders bei Naturvölkern) größere Gemeinschaft von Menschen, die sich besonders im Hinblick auf Sprache, Kultur, wirtschaftliche u. a. Gemeinsamkeiten, durch gemeinsames Siedlungsgebiet o. a. von anderen Gemeinschaften unterscheidet: *die germanischen Volksstämme.* **Stamm,** der: i. S. v. Volksstamm; ↑Gegend.

Natur, die: (in diesem Sinnbereich) die besondere geistig-seelische Eigenart, die ein Mensch hat, die ihn als Person kennzeichnet, sein Personsein ausmacht: *feiges Ausweichen entsprach nicht seiner N.* **Wesen,** das (Plural ungebräuchlich): das Sosein eines Menschen, die Summe der Eigenschaften, die ihn in seiner Eigenart, seinem Tun und Denken bestimmt: *eine unaufrichtige Handlung widersprach seinem W.* **Art,** die (Plural ungebräuchlich): die Weise zu sein, sich zu geben, die der Veranlagung eines Menschen entspringt: *ihre hochmütige A.* **Wesensart,** die (Plural ungebräuchlich): das Wesen eines Menschen, so wie es sich der Umwelt darstellt, die Art, die ihn kennzeichnet: *dieses Verhalten ist kennzeichnend für seine W.* **Charakter,** der: (in diesem Sinnbereich) die hervorstechenden, den betreffenden Menschen besonders kennzeichnenden Eigenschaften im geistig-seelischen Bereich; Wesensart der Persönlichkeit im Hinblick auf ihre Bewährung sittlichen Aufgaben gegenüber: *der C. bewährt sich im Handeln, er wird mit ethischen Maßstäben gemessen; Geld verdirbt den C.* **Naturell,** das (bildungsspr.): Wesensart, wie sie sich vom Gemüt her darstellt und sich in der Lebensbewältigung äußert: *lange zu überlegen entspricht nicht seinem N.*

Nebeneinnahme, die: Einnahme aus einer Nebenbeschäftigung. **Nebeneinkünfte,** die (Plural): i. S. v. Nebeneinnahme. **Nebenverdienst,** der: zusätzlicher Verdienst. **Zubrot,** das (meist scherzh.): i. S. v. Nebenverdienst. **Mucke,** die (Jargon): Nebenverdienst als Musiker bei einem bestimmten Anlaß (z. B. Hochzeit), wo musikalische Umrahmung o. ä. gewünscht wird. **Gruftmucke,** die (Jargon): Nebenverdienst eines Musikers bei einer Beerdigung. **Grillmucke,** die (Jargon): Nebenverdienst eines Musikers bei einer Feuerbestattung; ↑Gehalt.

necken, jmdn.: (in diesem Sinnbereich) jmdn. aus Übermut durch kleinere, nicht ernstgemeinte, aber von dem Betroffenen manchmal als kränkend oder lästig empfundene Äußerungen oder Handlungen zum Unwillen reizen und ihn nicht in Ruhe lassen; nur möglich bei vertrauterem Umgang und sehr oft als Zeichen der Zuneigung: *er neckte das Mädchen;* vgl. necken ↑aufziehen. **ärgern,** jmdn.: (in diesem Sinnbereich) mit jmdm. (auch mit einem Tier) in belästigender, für den Betroffenen ärgerlichen Weise Scherz treiben und ihn dadurch reizen, was sich darin äußern kann, daß der Täter bestimmte Schwächen des Betroffenen bloßstellt oder daß er ihn handgreiflich belästigt (an den Haaren ziehen, etwas hinhalten und dann wieder wegziehen o. ä.); wird von dem Betroffenen aus gesehen und drückt bereits die Wirkung aus: *der neue Schüler wurde andauernd geärgert.* **zerge[l]n,** jmdn. (landsch.): jmdn. – im Unterschied zu „ärgern“ nur – durch sein Tun, z. B. durch kleine Belästigungen (an den Haaren ziehen, mit kleinen Gegenständen werfen, kneifen usw.) in Unmut versetzen, ihn ärgern und sich darüber freuen; meist auf Kinder bezogen: *Zergel Heidi nicht immer!* **hänseln,** jmdn.: sich über jmdn. ohne Rücksicht auf dessen Gefühle lustig machen, indem man ihn immer wieder verspottet, ohne daß er sich wehren kann; meist auf Kinder bezogen: *der kleine Junge wurde von seinen Kameraden wegen seiner Abstehohren gehänselt;* ↑plagen.

Neger, der: Angehöriger der schwarzen Rasse; dieses Wort empfinden die Afrikaner als abschätzig, jedoch weniger die amerikanischen Neger. **Afrikaner,** der: in Afrika beheimateter Mensch schwarzer Hautfarbe. **Schwarze,** der: i. S. v. Neger; klingt leicht abwertend. **Mohr,** der (veraltend): schwarzer oder dunkelhäutiger Mensch; ist mit bestimmten Nebenvorstellungen wie z. B. der des Komischen behaftet und wird gelegentlich noch im Märchen verwendet: *der Kammerdiener des Königs war ein M.* **Nigger,** der (abwertend): i. S. v. Neger; ist jedoch eine stark herabsetzende, verächtliche Bezeichnung und wird auch als Schimpfwort gebraucht. **Farbige,** der: Angehöriger einer anderen als der weißen Rasse, vor allem Neger oder Mulatte. **Mulatte,** der: Nachkomme aus der Verbindung eines Menschen mit weißer und eines Menschen mit schwarzer Hautfarbe.

nehmen, sich (Dativ) etwas: etwas mit den Händen ergreifen und an sich bringen: *er hat sich das größte Stück genommen.* **grapschen,** sich (Dativ) etwas (ugs.; abwertend): sich hastig und gierig in den Besitz einer Sache setzen: *kaum daß er den Korb mit den Äpfeln gesehen hatte, hatte er sich schon einige gegrapscht.* **angeln,** sich (Dativ) etwas (salopp): (in diesem Sinnbereich) sich etwas, was man gern haben möchte und was einem begehrenswert erscheint, aus einer Anzahl von Dingen mit Geschick heraussuchen: *er hat sich die größten Stücke geangelt.* **hinlangen** (salopp): sich tüchtig, ohne sich zurückzuhalten von einer Sache nehmen; die im Text genannte Sache wird nicht noch einmal genannt: *der hat kräftig hingelangt;* vgl. angeln ↑anbändeln, ↑greifen.

Neid, der (ohne Plural): negatives Empfinden einem anderen gegenüber in bezug auf etwas, was dieser besitzt oder als Erfolg aufzuweisen hat und was man selbst gern hätte: *das ist purer N.; jmds. N. erregen; sich vor N. verzehren; er war voller N. auf sie; blaß, gelb und grün vor N.; mit bitterer Ironie stellte er fest: die einzige ehrliche Form der Anerkennung ist in Deutschland der Neid.* **Mißgunst,** die (ohne Plural): negatives Empfinden, ablehnende Haltung einem anderen gegenüber in bezug auf das, was dieser besitzt oder in bezug auf dessen Erfolg oder auf bestimmte Vorteile, die er genießt, was man ihm aber nicht gönnt; kann – wie auch Scheelsucht – mit dem Charakter des Betreffenden in Verbindung gebracht werden. **Ressentiment** [reßangtimang], das: auf Vorurteilen, Unterlegenheitsgefühl, Neid o.a. beruhende gefühlsmäßige Abneigung; gefühlsmäßiges Voreingenommensein gegenüber einer Person oder Sache; „Lebensneid" (Klages): *er hatte persönliche Ressentiments; er ließ sich von Ressentiments leiten; ihr R. gegen Maschinen.* **Scheelsucht,** die (ohne Plural; veraltet): i.S.v. Mißgunst; enthält die Vorstellung, daß der Betreffende den anderen und dessen Existenz mißgünstig betrachtet, was sich in entsprechenden Verhaltensweisen äußert. **Eifersucht,** die (Plural ungebräuchlich): (in diesem Sinnbereich) aus Konkurrenzdenken entstandenes, in emotional-engagierter Weise sich ausdrückendes negatives Empfinden einem anderen gegenüber in bezug auf dessen Vorzüge, Erfolge, verbunden mit dem Wunsch und dem Bestreben, diese für sich selbst zu erlangen: *mit E. sah er die Erfolge seines Konkurrenten;* ↑Ärger; ↑beneiden; ↑habgierig.

[1]**Neigung,** die: (in diesem Sinnbereich) das Sich-hingezogen-Fühlen zu etwas, eine Vorliebe für ein bestimmtes Tun, eine bestimmte Fachrichtung o.ä.: *keine N. zu etwas haben;* ↑[2]Neigung. **Hang,** der (ohne Plural): eine das ganze Wesen eines Menschen beherrschende [negative] Anlage; der Hang ist stärker als die Neigung und kann durch einen genügend starken Willen bezähmt werden: *sein H. zum Geldausgeben, zum Geiz.* **Drang,** der (Plural ungebräuchlich): starker innerer Antrieb, etwas zu tun oder zu verwirklichen: *einem inneren dunklen D. folgend.* **Trieb,** der: starker, dem Menschen von Natur aus innewohnender Drang; elementare, zielgerichtete Regung: *ein zerstörerischer T.* **Sucht,** die (Plural ungebräuchlich): eine alle anderen Interessen zurückdrängende und überaus starke, nicht mehr kontrollierbare Leidenschaft; maßloses oder krankhaft übersteigertes Verlangen nach etwas; oft mit der Nebenvorstellung des Zwanghaften: *eine krankhafte S., von sich reden zu machen.*

[2]**Neigung,** die (Plural ungebräuchlich; geh.): (in diesem Sinnbereich) die Anfälligkeit für bestimmte, meist leichtere Krankheiten und Leiden: *ihre N. zu fiebrigen Erkältungen macht ihr viel zu schaffen;* ↑[1]Neigung. **Disposition,** die (Plural ungebräuchlich; bildungsspr.): (in diesem Sinnbereich) **a)** (selten): die spezifische Veranlagung, die die Voraussetzung für ein bestimmtes gewohnheitsmäßiges Verhalten, für bestimmte Eigenschaften bildet; wird im allgemeinen auf Eigenschaften und Verhaltensweisen mit vielfältigeren seelischen Hintergründen bezogen: *er hat eine D. zum Jähzorn, zum Künstler, Forscher;* **b)** die durch die Konstitution eines Menschen bedingte oder durch seine derzeitige Verfassung begünstigte Anfälligkeit für eine bestimmte Krankheit; wird im Unterschied zu „Neigung", dem gegenüber es stärker die konstitutionsbedingte Ursache betont, auch auf ernstere Leiden bezogen: *Menschen mit schmalem Brustkasten können eine D. zu, für Lungenleiden haben.* **Anlage,** die (Plural ungebräuchlich): (in diesem Sinnbereich) die durch die persönliche Veranlagung bedingten ersten Ansätze für bestimmte, meist ernstere Mängel oder Leiden körperlicher oder seelischer Art: *eine [ererbte] A. zur Korpulenz;* vgl. Anlage ↑Begabung.

Neugier, die (ohne Plural); **Neugierde,** die (ohne Plural): das Verlangen, etwas Neues zu erfahren; schließt häufig mit ein, daß das, was jmd. zu erfahren sucht, ihn im Grunde nichts angeht. **Wißbegier,** die (ohne Plural; geh.); **Wißbegierde,** die (ohne Plural; geh.): das Verlangen, soviel wie möglich über Dinge, die einen interessieren, zu erfahren: *mit wacher Wißbegier versuchte er alles zu erforschen.* **Wissensdurst,** der (ohne Plural); **Wissensdrang,** der (ohne Plural): tiefwurzelndes Bedürfnis, sein Wissen über Dinge zu mehren, die einem wesentlich sind: *sein Wissensdurst kannte keine Grenzen.* **Interesse,** das (ohne Plural): (in diesem Sinnbereich) [geistige] Anteilnahme an etwas und das ernsthafte Bestreben, Genaueres, Einzelheiten zu erfahren, Bescheid zu wissen: *mit großem I. die politische Entwicklung verfolgen;* vgl. Interesse ↑Teilnahme.

neutral: (in diesem Sinnbereich) unbeteiligt, nicht an eine bestimmte Interessengruppe,

Partei gebunden: *ich verhalte mich in diesem Streit n.* **unparteiisch:** keiner von zwei miteinander im Streit liegenden Gruppen zugehörend und deshalb in seinem Urteil über den Streitfall nicht beeinflußt: *ein unparteiischer Beobachter.* **unbefangen** (Ggs. befangen ↑voreingenommen): nicht unter fremden Einwirkungen stehend und daher frei in seinem Urteil; ↑sachlich; ↑voreingenommen; ↑Vorurteil.

niederbrennen, etwas: in zerstörerischer Absicht [ein] Gebäude in Brand stecken und bis auf die Grundmauern abbrennen lassen; bezieht sich meist auf ein kriegerisches Vorgehen, an dem sich die Übermacht des Feindes zeigt: *sechzig Städte sind von ihm bis auf die Grundmauern niedergebrannt worden.* **einäschern,** etwas: i. S. v. „niederbrennen"; während „niederbrennen" aber mehr den Blick auf die Brandstiftung lenkt, stellt „einäschern" hauptsächlich das Ergebnis des Brandes, die angerichtete Zerstörung, in den Vordergrund: *die Partisanen haben gestern nacht den alleinstehenden Hof eingeäschert.* **in [Schutt und] Asche legen,** etwas (nachdrücklich): einen Gebäudekomplex durch Feuer völlig zerstören: *durch den Bombenangriff wurde ein ganzes Stadtviertel in Schutt und Asche gelegt.* **in Flammen aufgehen lassen,** etwas: [ein] Gebäude anstekken, den Flammen überantworten; betont im Unterschied zu „niederbrennen" weniger die Absicht des Vernichtens als die Leichtfertigkeit und Gedankenlosigkeit der handelnden Personen: *nachdem sie das alte Herrenhaus geplündert hatten, ließen sie es in Flammen aufgehen.* **den roten Hahn aufs Dach setzen,** jmdm.: jmds. Haus anzünden; ↑zerstören.

Niedergeschlagenheit, die (Plural ungebräuchlich): unter dem Eindruck eines meist unmittelbar vorhergegangenen ernsthaften Mißerfolges oder einer Enttäuschung stehende trübe, unglückliche Stimmung, in der man sich zunächst keinen Rat weiß und ohne Zuversicht ist; vgl. niedergeschlagen ↑mutlos. **Mutlosigkeit,** die (Plural ungebräuchlich): durch wiederholt erlittene Mißerfolge oder Enttäuschungen und durch die Furcht vor künftigen Enttäuschungen hervorgerufener niedergedrückter Gemütszustand, in dem es einem an Entschlossenheit und Tatkraft mangelt; ↑mutlos. **Verzagtheit,** die (Plural ungebräuchlich): kleinmütige Stimmung und Unschlüssigkeit, hervorgerufen durch Mißerfolge oder durch eine unglückliche Lage, aus der man zunächst keinen Ausweg sieht; vgl. verzagt ↑mutlos. **Depression,** die: (in diesem Sinnbereich) zeitweilige Gedrücktheit, in der man sich einen Mißerfolg oder eine Enttäuschung unverhältnismäßig schwer zu Herzen nimmt und aus seiner Lage keinen Ausweg sieht, deren eigentliche Ursache jedoch weniger in einem äußeren Anlaß als in einer gemütsmäßigen Veranlagung liegt, auch als Folge davon, daß der Betreffende seine Wünsche oder das, was er machen möchte, nicht verwirklichen kann: *er soll in einer D. einen Selbstmordversuch unternommen haben;* ↑Mißmut, ↑Zorn.

niedermachen, jmdn. (ugs.): [eine größere Zahl von] Menschen, die wehrlos sind oder denen keine Möglichkeit zur Gegenwehr gelassen wird, mit Hieb-, Stich- oder Schußwaffen töten; setzt wie die übrigen Wörter meist eine Gruppe von Tätern und eine Gruppe von Opfern voraus: *Gefangene n.* **hinmorden,** jmdn. (abwertend): wehrlose Menschen sinnlos, auf grausame Weise töten; lenkt im Unterschied zu „niedermachen" den Blick weniger auf den Vorgang der Tötung selbst als auf das Ergebnis: *ein Gedenkstein wurde für die Opfer errichtet, die während des Krieges auf unmenschliche Weise hingemordet wurden.* **massakrieren,** jmdn. (abwertend): eine größere Zahl von Menschen auf blutige, unmenschliche Weise töten; betont die abstoßenden, schreckenerregenden äußeren Vorgänge des Massenmordes. **niedermetzeln,** jmdn. (abwertend): eine Gruppe von [wehrlosen] Menschen in einem schrecklichen Blutbad töten; richtet im Unterschied zu „massakrieren" den Blick weniger auf das Leiden der Opfer als auf das grausame Tun, die Mordlust und Blutgier der Täter: *aus Rache für den Überfall der Partisanen wurden alle Bewohner des Dorfes niedergemetzelt.* **hinmetzeln,** jmdn. (abwertend): i. S. v. niedermetzeln; bezieht sich jedoch wie „hinmorden" weniger auf ein einzelnes Ereignis, sondern mehr auf das Ergebnis des Mordens, die Tötung einer größeren Zahl von Menschen. **abschlachten,** jmdn. (abwertend): wehrlose Menschen nacheinander auf brutale, grausame Weise töten; betont im Unterschied zu „niedermetzeln" weniger, daß die Täter wie im Blutrausch handeln, sondern mehr, daß die Opfer in ihrer Wehrlosigkeit auf besonders erbärmliche Weise umkommen; ↑beseitigen, ↑ermorden, ↑erschießen, ↑erschlagen, ↑erstechen, ↑ersticken, ↑¹hängen, ↑liquidieren, ↑¹sterben, ↑²töten; ↑²Selbstmord.

niederreißen, etwas (Ggs. ↑bauen): mit entsprechenden Werkzeugen, z. B. mit Spitzhacken, Abrißbirne u. ä., ein Gebäude zerstören, einzelne Steine oder sonstige Bestandteile des Bauwerks herauslösen, so daß der Zusammenhalt verlorengeht und der Bau einstürzt. **einreißen,** etwas: i. S. v. niederreißen; während „niederreißen" die Bewegung nach unten enthält, besagt die Vorsilbe ein-, daß etwas dazu gebracht wird, daß es in sich zusammenfällt. **abreißen,** etwas; **abbrechen,** etwas: ein Gebäude, das nicht mehr gebraucht wird oder baufällig ist, beseitigen: *in der Altstadt ganze Straßenzüge abreißen.* **abtragen,** etwas: ein Bauwerk o. ä. beseitigen, indem man es langsam, sorgfältig [ohne das Baumaterial, besonders die Steine zu zerstören] in seine Bestandteile zerlegt: *das Bahnhofsgebäude war abgetragen worden.* **schleifen,** etwas: eine Festung oder Festungsanlagen niederreißen und völlig dem Erdboden gleichmachen, sie gänzlich verschwinden lassen.

niederträchtig (abwertend): [hinterhältig] gemein und übelwollend; vorsätzlich darauf angelegt, jmdm. auf gemeine Weise zu schaden; wird wie „infam" von Personen, ihren Gesinnungen oder Handlungen gesagt: *er hat einen niederträchtigen Charakter; er ist n.* **infam** (abwertend): bösartig, verschlagen, übelgesinnt; jmdm. auf durchtriebene, schändliche Weise schadend: *eine infame Beleidigung;* ↑²abscheulich, ↑böse, ↑gemein, ↑hinterlistig, ↑verabscheuenswert.

nörgeln (abwertend): mit nichts zufrieden sein, sondern überall kleine Fehler oder Unstimmigkeiten entdecken und tadelnd feststellen, sich als kleinlicher und griesgrämiger Kritiker und Kontrolleur betätigen. **herumnörgeln,** an jmdm./etwas (ugs.; abwertend): an einem Menschen oder einer Sache fortwährend etwas auszusetzen haben, immer wieder etwas finden, was man beanstanden kann: *du darfst nicht so viel an dem Kind herumnörgeln, es verliert sonst jede Sicherheit.* **kritteln** (ugs.; abwertend), **herumkritteln,** an etwas (ugs.; abwertend): in kleinlicher Weise fortwährend, meist an ganz unwichtigen Dingen, Kritik üben. **mäkeln** (ugs.; abwertend), **herummäkeln,** an etwas (ugs.; abwertend): an etwas, oft am Essen, in kleinlicher Weise irgendwelche Dinge beanstanden, seine Unlust oder Unzufriedenheit zum Ausdruck bringen: *am Essen herummäkeln.* **meckern** (salopp; abwertend): an einer Sache etwas auszusetzen haben und dies in unfreundlicher Weise ärgerlich schimpfend und in unangenehmem Ton tun. **motzen** (ugs.; abwertend); **rummotzen** (salopp, abwertend): mit etwas nicht einverstanden sein und seinen Unmut durch Worte entsprechend äußern. **mosern** (ugs.; abwertend): etwas zu beanstanden haben und seinem Ärger, seiner Unzufriedenheit durch Schimpfen Ausdruck geben; mit etwas unzufrieden sein und sich mißmutig, halb beleidigt, halb streitsüchtig äußern; entspricht weitgehend „motzen", doch verbindet sich mit „motzen" noch eher die Vorstellung, daß die Unzufriedenheit stärker artikuliert wird: *„Immer werden wir benachteiligt", moserten die Mitarbeiter.* **maulen** (salopp; abwertend): seine Unzufriedenheit in brummiger Weise und mit mürrischer Miene äußern. **brabbeln** (salopp; abwertend): (in diesem Sinnbereich) sich über etwas ärgern, mit etwas nicht einverstanden sein, was ein anderer gemacht hat, und dies immer wieder, ohne aufhören zu wollen, äußern, indem man brummelig vor sich hin schimpft: *wegen der kaputten Kaffeekanne brabbelt er schon den ganzen Tag;* vgl. meutern ↑aufbegehren, ↑auflehnen; ↑bemängeln, ↑tadeln; vgl. aufmüpfig ↑ungehorsam.

Notdurft: seine Notdurft verrichten (verhüllend): Darm und/oder Blase durch Ausscheidung des Kotes und Harnes auf natürlichem Wege entleeren. **sein Bedürfnis verrichten** (geh.; verhüllend); **sein Geschäft erledigen/**(auch:) **machen** (verhüllend): i. S. v. seine Notdurft verrichten. **machen** (ugs.): (in diesem Sinnbereich) i. S. v. seine Notdurft verrichten; wird aber ohne Objekt und im allgemeinen nur mit näherer Bestimmung verwendet: *er machte ins Bett, in die Hosen.* **Aa machen** (fam.): (in diesem Sinnbereich) i. S. v. seine Notdurft verrichten; wird aber nur auf ganz kleine Kinder – besonders im Hinblick auf die Darmentleerung – bezogen. **austreten** (ugs.): i. S. v. seine Notdurft verrichten; schließt aber häufig mit ein, daß man zur Verrichtung seiner Notdurft einen Raum verläßt oder sich von jmdm. entfernt oder sich abwendet; wird nur infinit verwendet: *mitten in der Vorstellung mußte er plötzlich a.* **[seitwärts] in die Büsche schlagen,** sich (scherzh.; verhüllend): sich entfernen und sich hinter Gebüsch oder Bäumen verbergen, um seine Notdurft zu verrichten; ↑Kot, ↑Stuhlgang, ↑Urin, ↑urinieren.

notdürftig: kaum hinreichend; nur zur Not; nur als Behelf dienend; in einer Notlage so mangelhafte, unzulängliche Hilfe gewährend, daß nur der gröbste Mißstand abgestellt werden kann; bezieht sich auf Mittel und Maßnahmen und wird im wesentlichen prädikatbezogen gebraucht; in attributiver Stellung charakterisiert es eine Tätigkeit oder deren Ergebnis: *mit einer notdürftigen Ausrüstung; so n. ausgerüstet, machten wir uns auf den Weg.* **mehr schlecht als recht:** einem Mißstand, so gut es eben geht, [einstweilen] abhelfend, aber mit unzulänglichen Mitteln, nicht fachmännisch ausgeführt und darum nur eine unvollkommene, auf die Dauer unzuträgliche Notlösung darstellend; wird im allgemeinen nur prädikatbezogen gebraucht: *ich habe die Lampe mehr schlecht als recht repariert;* ↑provisorisch.

notieren, [sich (Dativ)] etwas: etwas Bemerkenswertes, was man nicht vergessen möchte, stichwortartig [für sich] schriftlich festhalten [um es gelegentlich als Anhaltspunkt benutzen zu können]: *[sich] Namen, Adressen, Telefonnummern n.* **aufnotieren,** [sich (Dativ)] etwas (ugs.): i. S. v. notieren; die Vorsilbe auf- verdeutlicht und intensiviert: *das muß ich mir aber unbedingt a., sonst vergesse ich es.* **aufschreiben,** [sich (Dativ)] etwas: etwas, was man behalten möchte, schriftlich fixieren, damit man es nicht vergißt: *schreibe dir meine Telefonnummer gleich auf!* **vermerken,** [sich (Dativ)] etwas: durch einen Vermerk etwas Wesentliches in einer Akte, in einem geschäftlichen oder amtlichen Schreiben oder in ähnlichen Schriftstücken festhalten; wird nur selten gebraucht, wenn ausgedrückt werden soll, daß sich jmd. etwas zu privaten Zwecken notiert oder aufschreibt: *er hat das Eingangsdatum in der Akte vermerkt.* **anmerken,** [sich (Dativ)] etwas (selten): etwas ergänzend zu einem schon vorhandenen Text oder einer schon gemachten Notiz vermerken: *du mußt noch Adresse und Kontonummer im Brief a.*

nötig: eine unentbehrliche Voraussetzung für etwas; so beschaffen, daß man es braucht, daß man seiner zur Erreichung irgendeines Zweckes, zum Abstellen eines Mißstandes o. ä. [dringend] bedarf: *ich halte es für n., daß wir uns um ihn kümmern.* **erforderlich:** eine [von der Sache selbst oder von einer Autorität vorgeschriebene] Voraussetzung, Vorbedingung dafür bildend, daß man etwas Angestrebtes erlangt, daß ein Zweck erreicht wird o. ä.; steht, wie die folgenden Wörter dieser Gruppe, im allgemeinen nicht prädikatbezogen: *für diese Laufbahn ist das Abitur e.* **geboten:** (in diesem Sinnbereich) so wichtig oder nützlich [für irgendeinen Zweck], daß man es unbedingt tun sollte: *mit der gebotenen Sorgfalt; Eile war g.* **unerläßlich:** die notwendige, durch nichts anderes zu ersetzende oder zu umgehende Vorbedingung für etwas darstellend: *eine mehrjährige praktische Tätigkeit und Gewandtheit im Umgang mit Kunden sind für diesen Posten u.;* ↑notwendig.

notwendig: im Zusammenhang mit etwas nicht zu umgehen; von der Sache selbst gefordert; so beschaffen, daß etwas unbedingt erreicht oder bewahrt werden muß; die unentbehrliche Voraussetzung für den Bestand einer Sache, die Erreichung eines Zwecks, das Gedeihen eines Menschen darstellend: *die Unfallgefahr macht ausreichende Sicherungsvorkehrungen n.;* vgl. notwendig ↑unvermeidlich. **wichtig:** für jmdn./etwas von wesentlicher, entscheidender Bedeutung [weil viel davon abhängt]: *das ist ein wichtiges Buch; Vitamine sind w. für die Ernährung.* **unentbehrlich:** so beschaffen, daß man nicht darauf verzichten kann, daß es unbedingt vorhanden sein muß; besagt im Gegensatz zu „notwendig" nicht, daß eine Sache Vorbedingung ist, aus der sich etwas ergibt, sondern daß etwas schon Vorhandenes nicht entbehrt werden kann oder daß ein Vorgang, ein Vorhaben oder ein Zustand nur möglich ist, wenn gleichzeitig etwas Bestimmtes vorhanden ist; bezieht sich im allgemeinen nur auf konkrete Gegenstände und steht nicht prädikatbezogen: *ein unentbehrliches Buch für jeden Praktiker;* ↑nötig.

nützen, etwas nützt [jmdm.]: etwas ist für die Erreichung eines Zieles in irgendeiner Hinsicht geeignet und bringt so jmdm. einen Vorteil, einen Erfolg, wirkt sich zugunsten von jmdm., seiner Unternehmungen aus; wird, wie alle Wörter dieser Gruppe, häufig mit Mengenbezeichnungen wie „wenig", „viel" u. ä. verbunden: *Geld allein nützt hier wenig, nichts.* **von Nutzen sein,** etwas ist jmdm. von Nutzen: etwas erweist sich in einer bestimmten Situation als nützlich; wird im allgemeinen aber nicht verneint gebraucht: *deine Sprachkenntnisse werden dir noch von Nutzen sein.* **helfen,** etwas hilft [jmdm.]: (in diesem Sinnbereich) etwas ist jmdm. bei der Erreichung eines Zieles förderlich und erleichtert die Durchführung irgendeiner Absicht, einer Unternehmung: *es hilft uns sicher, daß sie ein paar Brocken Polnisch sprechen kann.* **zustatten kommen,** etwas kommt jmdm. zustatten: etwas erweist sich als günstig, vorteilhaft in einer bestimmten Situation; etwas ist jmdm. bei einer bestimmten Gelegenheit [überraschend] von Nutzen: *meine Sprachkenntnisse sind mir im Urlaub sehr zustatten gekommen.* **gute Dienste leisten,** etwas leistet jmdm. gute Dienste; etwas ist für jmdn. [auf längere Zeit hin, wiederholt] sehr von Nutzen, erweist sich für einen bestimmten Zweck als geeignet und nützlich: *dieses Fahrrad hat mir während des Krieges gute Dienste geleistet.* **frommen,** etwas frommt [jmdm.] (veraltet): i. S. v. nützen. **fruchten,** etwas fruchtet (geh.): etwas zeigt bei irgend etwas einen Erfolg, eine Wirkung; wird zumeist verneint gebraucht: *alle Einwände fruchteten nichts.*

nützlich: brauchbar, geeignet für einen bestimmten Zweck oder um einen Nutzen zu erzielen: *eine nützliche Beschäftigung;* ↑nützen; vgl. Nutzen ↑Vorteil. **nutzbringend:** einen Ertrag einbringend; im Unterschied zu „nützlich" einen bestimmten Nutzen oder Gewinn (z. B. einen finanziellen Überschuß) abwerfend; wird selten attributiv gebraucht: *er hat das Kapital n. angelegt.* **lohnend:** eine aufzuwendende Mühe oder aufzuwendende Kosten rechtfertigend, weil sie einen sicheren Erfolg oder Gewinn versprechen; wird von einer Aufgabe oder einem Vorhaben, einer Tätigkeit oder dem Ergebnis einer Handlung gesagt und im allgemeinen attributiv gebraucht: *eine lohnende Aufgabe;* ↑lohnen [sich]. **lohnenswert:** auf Grund seiner inneren Qualität wert, daß man sich die erforderliche Mühe macht; im Unterschied zu „lohnend" wird hier nicht das Ergebnis, der Lohn der Mühe, angesprochen: *das Vorhaben erschien ihm l.* **dankbar:** (in diesem Sinnbereich) einer Bemühung auch Erfolg eintragend, zu einem erfreulichen Ergebnis führend; wird im Unterschied zu „lohnend" nur von einer Aufgabe, einer Tätigkeit oder dem Objekt, auf das sich die Bemühungen beziehen, gesagt: *ein dankbares Forschungsgebiet; das ist keine dankbare Aufgabe.* **fruchtbar:** (in diesem Sinnbereich) ertragreich, von Erfolg begleitet, schöpferisch weiterwirkend; wird im Unterschied zu „dankbar" nur von einer Tätigkeit und deren Ergebnis gesagt: *ein fruchtbares Schaffen;* vgl. fruchten ↑nützen.

nutzlos: [für einen bestimmten Zweck] keinen Nutzen bringend oder gewährend; wird von Unternehmungen irgendwelcher Art gesagt, die erfolglos bleiben: *nutzlose Versuche.* **unnütz:** ohne [den erhofften] Nutzen; für nichts zu gebrauchen, wertlos; wird mit Geringschätzung gesagt: *es ist u., lange davon zu reden.*

O

oberflächlich: (in diesem Sinnbereich) sich nur flüchtig und ohne genügende Ernsthaftigkeit mit etwas befassend, nicht bemüht, in die tieferen Zusammenhänge einzudringen, Mangel an Gedankentiefe oder Empfindungsstärke erkennen lassend; wird, wie alle Wörter dieser Gruppe, auf Menschen und ihre Empfindungen, Gedanken, Äußerungen o. ä. bezogen; enthält, wie alle Wörter dieser Gruppe, einen Vorwurf: *sich nur o. mit etwas beschäftigen;* vgl. oberflächlich ↑nachlässig. **flach:** nicht in die tieferen Zusammenhänge eindringend, ohne Gedankentiefe oder Empfindungsstärke, ohne Tiefe und daher nichtssagend oder unwesentlich: *diese flache Deutung bleibt an der Außenseite hängen.* **seicht:** i. S. v. flach; enthält aber eine schärfere Kritik als „flach" und bringt stärker die Geringschätzigkeit des Sprechers/Schreibers zum Ausdruck: *das ganze oberflächliche Spiel einer eingebildeten, seichten Geistigkeit.*

Oberschicht, die (Plural ungebräuchlich): (in diesem Sinnbereich) die auf Grund ihrer Bildung und Fähigkeiten, ihres Könnens, Vermögens oder Besitzes eine besondere, vielfach in sich gesonderte, höhere Stellung einnehmende Gruppe innerhalb der menschlichen Gemeinschaft, die im allgemeinen zugleich eine führende Rolle hat. **Gesellschaft,** die (ohne Plural; geh., veraltend): (in diesem Sinnbereich) die durch Vermögen, Stellung und Bildung maßgebende und im Hinblick auf ihre Lebensart und ihre Gewohnheiten anderen Menschen als Vorbild dienende obere Schicht der Bevölkerung; im Unterschied zu „Oberschicht", in der man eine größere Anzahl von [geistig] selbständigen Individuen sieht, bezeichnet man mit diesem Wort den Kreis von Personen, die im staatlichen, wirtschaftlichen, geistigen und sozialen Leben zusammenwirken und dadurch mehr oder minder eng miteinander verbunden sind: *die Damen der besseren G.; Herr X. gehört nicht zur G.;* vgl. Gesellschaft ↑Öffentlichkeit. **Elite,** die (Plural ungebräuchlich): Führungsschicht; die besonders Herausragenden, Auserlesenen und Besten, die innerhalb der menschlichen Gemeinschaft eine Minderheit darstellen, aber dennoch auf Grund ihres Einflusses, ihrer besonderen Fähigkeiten und ihres Könnens eine maßgebende Stellung einnehmen und vielfach zum Vorbild genommen werden; im Unterschied zu „Gesellschaft" besteht keine direkte Bindung oder ein Zusammenhalt untereinander, weil die Sonderstellung in erster Linie auf der vorbildlichen persönlichen Haltung und der überragenden [geistigen] Leistung einzelner Menschen beruht: *die geistige E.* **Großkopfeten,** die (Plural; ugs., ironisch): Personen, die auf Grund ihrer gesellschaftlichen oder wirtschaftlichen Stellung zu den Oberen, zu den Einflußreichen, Mächtigen gehören. **Hautevolee** [(h)otwolé], die (ohne Plural): die sogenannte feine, vornehme Gesellschaft; der in sich abgeschlossene, im allgemeinen nur wenige Personen umfassende Kreis von Menschen, die auf Grund ihres Vermögens, Besitzes oder ihrer Stellung eine maßgebende Rolle im Leben der menschlichen Gemeinschaft beanspruchen; das Wort wird vielfach ironisch-spöttisch gebraucht, um die Kritik an einer Gruppe von Personen deutlich zu machen, die nur durch Geld in die oberen Gesellschaftsschichten aufgestiegen sind und sich für besonders fein und vornehm halten. **oberen Zehntausend,** die (ohne Plural): der zahlenmäßig mehr oder minder begrenzte Kreis von Personen, die durch ihr Ansehen, ihre finanziellen Mittel und ihren Besitz innerhalb der menschlichen Gemeinschaft eine besondere Stellung innehaben oder zum mindesten diese einnehmen zu dürfen glauben; das Wort hat einen abwertenden oder auch spöttischen Beiklang, und der Sprecher/Schreiber möchte damit ausdrücken, daß er sich innerlich nicht mit dem Handeln und Verhalten dieser Kreise einverstanden erklärt, sondern sich davon distanziert und ihnen kritisch gegenübersteht. **Upper ten** [apᵉrtän], die (Plural; bildungsspr.): i. S. v. die oberen Zehntausend. **Creme,** die (ohne Plural; geh.); **Crème de la crème,** die (ohne Plural; geh.): die auf Grund von Bildung, Können, Fähigkeiten, Besitz oder Vermögen als etwas Besonderes und Auserlesenes geltende, recht dünne Schicht innerhalb der menschlichen Gesellschaft; wird mit einem leichten ironisch-kritischen Beiklang verwendet, wenn man damit die mögliche gesellschaftliche Abgeschlossenheit dieser Kreise kennzeichnen will. **Establishment** [eßtäblischmᵉnt], das (bildungsspr.): politisch, wirtschaftlich oder gesellschaftlich einflußreiche Schicht; wird auch abwertend gebraucht in bezug auf die etablierte bürgerliche Gesellschaftsschicht, die auf die Erhaltung des gegenwärtigen Zustands bedacht ist: *wer zweimal mit derselben pennt, gehört schon zum E.* **Jet-set** [dsehätßät], der (bildungsspr.): Gruppe reicher, der Tagesmode folgender Menschen, die zu ihrem Vergnügen sehr viel per Flugzeug reist. **[High-] Society** [haißᵉßaiᵉti], die (bildungsspr.): gesellschaftliche Oberschicht, zu der die weniger privilegierten oder weniger reichen Bevölkerungsschichten zwar keinen Kontakt haben, die aber in bezug auf ihre Lebens- und Konsumgewohnheiten von der breiten Masse in vieler Hinsicht als nachahmenswertes Vorbild angesehen wird. **High-Snobiety** [haißnobaiᵉti], die (ironisch): sich vornehm gebende Gruppe innerhalb der Gesellschaft, die durch extravagantes, manieriertes Verhalten auffällt und bewußte Verachtung gegenüber bürgerlicher Durchschnittlichkeit zur Schau trägt. **Schickeria,** die (ironisch): modebewußte [obere] Gesellschaftsschicht. **Halbwelt,** die (ohne Plural; abwertend): anrüchig-elegante, nach bürgerlichen Sittenbegriffen Anstoß erregende Gesellschaftsschicht. **Neureichen,** die (Plural; abwertend): diejenigen, die erst in jüngster Vergangenheit und sehr schnell reich geworden sind, ihren Reichtum auch auffallend zur Schau tragen, deren Reichtum aber in der Regel im Kontrast zum [geistigen] Niveau steht; vgl. dandyhaft ↑eitel.

oberschlau (ironisch): sich schlau und pfiffig vorkommend, ohne es zu sein [und davon zeugend]; wird wie die übrigen Wörter dieses Bereiches nur von anderen gesagt. **neunmalklug** (ironisch), **neunmalgescheit** (ironisch), **siebengescheit** (landsch.; ironisch): sich für sehr viel klüger oder gescheiter als andere haltend und alles besser wissen wollend, ohne Rat von anderen anzunehmen [und davon zeugend]. **überklug** (ironisch), **übergescheit** (ironisch), **superklug** (ironisch): mehr als klug oder gescheit [sein wollend und von sich überzeugt].

Öffentlichkeit, die (ohne Plural): Gesamtheit von Menschen als ein Bereich, in welchem etwas allgemein bekannt[geworden] und allen zugänglich ist, im Gegensatz zu geheimen, privaten oder intimen Bezirken einzelner: *man muß verhindern, daß etwas von diesen Vorgängen in die Ö. dringt.* **Allgemeinheit,** die (ohne Plural): Gesamtheit von Menschen, die keine individuellen Einzelzüge aufweist, sondern in der eine allen gemeinsame, durchgängige Meinung über bestimmte [ein Einzelwesen betreffende] Dinge herrscht, im Gegensatz zum Einzelwesen selbst, das sich in seinem Denken und Handeln gegen diese Gesamtheit abhebt: *es ist mir gleich, was die A. darüber denkt.* **Gesellschaft,** die (ohne Plural): (in diesem Sinnbereich) Gesamtheit der durch eine bestimmte Art gemeinsamen Denkens und Handelns verbundenen Menschen, die richtungweisend das Leben des einzelnen bestimmt, Normen für die zwischenmenschlichen Beziehungen aufstellt und damit die Lebensgewohnheiten aller ihr zugehörenden Einzelwesen entscheidend beeinflußt: *die G. hat einen Anspruch auf Mitarbeit.* **Bevölkerung,** die (ohne Plural): (in diesem Sinnbereich) Gesamtheit der Bewohner eines bestimmten [politischen] Gebietes: *die B. muß über die Maßnahmen der Regierung aufgeklärt werden;* vgl. Gesellschaft ↑Oberschicht.

öffnen, etwas (Ggs. ↑schließen; geh.): bewirken, daß etwas, was geschlossen oder verschlossen ist, offen wird; wird als allgemeinste und umfassendste Bezeichnung in dieser Gruppe verwendet, gleichgültig, auf welche Weise oder mit welchen Mitteln etwas geöffnet wird: *eine Tür, Konservendose ö.* **aufmachen,** etwas (Ggs. zumachen ↑schließen); **auftun,** etwas (landsch.): i. S. v. öffnen: *er tat schnell die Klappe auf und ließ die Tauben hinausflattern; den Koffer aufmachen.* **aufbrechen,** etwas; **aufsprengen,** etwas: etwas gewaltsam öffnen. **aufschließen,** etwas (Ggs. zuschließen ↑[1]abschließen): etwas, was verschlossen ist, mit Hilfe eines Schlüssels öffnen: *einen Kasten a.* **aufsperren,** etwas: **a)** (landsch.): i. S. v. aufschließen: *sie sperrte die Wohnungstür auf;* **b)** (ugs.): weit öffnen: *er sperrte alle Fenster auf.*

oft: nicht selten, viele Male oder bei zahlreichen Gelegenheiten, immer wieder; wird nur prädikatbezogen gebraucht: *ich gehe o. die langen Straßen entlang.* **öfter: a)** verhältnismäßig viele Male, dann und wann; ist – obgleich Komparativ – einschränkend gegenüber „oft"; wird prädikatbezogen gebraucht: *die beiden alten Leutchen gingen ö. ins Kino;* **b)** adjektivisch gebraucht (selten): i. S. v. mehrmalig: *der Arzt wies ihn darauf hin, daß nach öfterem Gebrauch leichte Schädigungen auftreten.* **öfters** (landsch.): i. S. v. öfter a). **des öfteren** (nachdrücklich): zu wiederholten Malen: *übrigens habe sie ihn des öfteren ermahnen müssen.* **oftmals:** i. S. v. oft; betont aber nachdrücklicher die vielen einzelnen Male, Fälle, in denen etwas eintritt, geschieht, getan wird; bezieht sich im allgemeinen auf etwas Vergangenes; wird nur prädikatbezogen gebraucht: *ich habe ihn o. ermahnen müssen.* **häufig:** auffallend oft, sich oft wiederholend, in kurzen Zeitabständen oder in großer Zahl nacheinander eintretend oder geschehend; „häufig" ist – wie auch die anderen Wörter dieser Gruppe – immer in seiner Relativität zu sehen: *ein h. benutztes Buch.* **wiederholt:** mehrere Male in gleicher Form geschehend, immer wieder von neuem; bringt das Beharren auf etwas zum Ausdruck: *wiederholte Anspielungen.* **mehrfach: a)** auf mehr als eine, auf verschiedene Weise; mehr als einoder zweifach; mehrmals geteilt, genommen: *er hat m. bewiesen, was er kann; er ist m. vorbestraft;* **b)** i. S. v. mehrmals, mehrmalig: *ich bin schon m. hier gewesen; mehrfaches Mahnen kann erfolgreich sein; er wurde m. aufgerufen.* **mehrmals:** in mehreren einzelnen Fällen, zu mehreren Malen; wird nur prädikatbezogen gebraucht: *er war m. zusammengebrochen.* **mehrmalig:** wiederholte Male geschehend; wird nur attributiv gebraucht; enthält einen besonderen Nachdruck: *trotz mehrmaliger Aufforderung stehenzubleiben, lief er weiter;* ↑wieder.

ohnmächtig: für eine kürzere Zeit, vorübergehend ohne Bewußtsein, und zwar speziell während eines Schwächeanfalles durch plötzliche Blutleere im Gehirn: *Passanten trugen die ohnmächtige Frau in das nächste Haus; als er bei der Zahnärztin eine Spritze bekommen sollte, wurde er o.;* vgl. ohnmächtig werden ↑schlappmachen. **bewußtlos:** für eine – auch längere – Zeit ohne Bewußtsein; im Zustand tiefer Bewußtlosigkeit befindlich und daher auf äußere Reize nicht mehr reagierend: *der Patient war seit mehreren Tagen b.* **besinnungslos:** (in diesem Sinnbereich) vorübergehend ohne Bewußtsein; gleichgültig, ob im Zusammenhang mit Erkrankungen, infolge von Verletzungen, heftiger Gemütsbewegungen o. ä.; wird im allgemeinen nicht attributiv verwendet: *der Schock war so stark, daß er b. zu Boden sank.*

ohrfeigen, jmdn.: jmdm. mit der Hand [mehrmals] ins Gesicht, im allgemeinen auf die Wange schlagen. **eine Ohrfeige geben,** jmdm.: jmdm. mit der Hand einen Schlag auf die Wange geben. **eine herunterhauen,** jmdm. (ugs.): jmdm. mit der Hand einen Schlag auf den Kopf, meist ins Gesicht, versetzen. **ein paar hinter die Ohren geben,** jmdm. (ugs.); **ein paar hinter die Löffel geben,** jmdm. (salopp): jmdm. mit der Hand einen Schlag auf den hinteren Kopf versetzen. **eine kleben/langen/reinlangen,** jmdm. (salopp); **eine [Schelle, Maulschelle] geben,** jmdm. (ugs.); **eine knallen,** jmdm. (salopp); **eine schallern,** jmdm. (salopp, landsch.); **eine käsen,** jmdm. (salopp, landsch.); **eine wichsen,** jmdm. (salopp, landsch.); **eine schwalben,** jmdm. (salopp, landsch.): jmdm., meist im Affekt, eine [heftige] Ohrfeige geben. **eine schmieren/latschen/verpassen,** jmdm. (salopp): jmdm. mit der Hand ziemlich brutal einen Schlag ins Gesicht versetzen. **eine dachteln/**(auch:) **tachteln,** jmdm. (ugs.; landsch.): jmdm. – aber nicht allzu grob – mit der Hand auf den Kopf schlagen.

watschen, jmdn. (bayer.): i. S. v. ohrfeigen. **eine watschen,** jmdm. (bayer.); **eine Watsche geben,** jmdm. (bayer.): i. S. v. jmdm. eine Ohrfeige geben. **die Fresse polieren,** jmdm. (derb): jmdn. brutal und aus Wut ins Gesicht schlagen; ↑schlagen.

onanieren: a) durch Manipulationen an den eigenen Geschlechtsorganen sexuelle Lustgefühle hervorrufen, sich sexuell erregen; sich selbst sexuell befriedigen, sich zum Orgasmus bringen: *er, sie onaniert;* **b)** jmdn. o. (selten): i. S. v. masturbieren b). **masturbieren** (bildungsspr.): **a)** sich selbst [durch manuelle Reizung] befriedigen, zum Orgasmus bringen; **b)** jmdn. m.: jmdn. sexuell befriedigen, indem man dessen Geschlechtsorgane mit der Hand reizt; vgl. gegenseitige Masturbation ↑Liebesspiel. **wichsen** (salopp): sich selbst durch manuelle Reizung des Penis zum Orgasmus bringen: *er hat gewichst.* **abwichsen** (salopp): **a)** sich einen a.: sich selbst so lange durch manuelle Reizung am Penis sexuell erregen, bis der Orgasmus erfolgt; **b)** jmdm. einen a.: i. S. v. masturbieren b). **runterholen,** sich/jmdm. einen (salopp); **abgeigen,** sich/jmdm. einen (salopp): i. S. v. masturbieren a) und b). **von der Palme locken/schütteln,** sich (Dativ) einen (salopp): i. S. v. wichsen. **sich selbst befriedigen:** i. S. v. onanieren a); ↑koitieren; ↑Liebesspiel, ↑Orgasmus.

Opportunist, der (bildungsspr.): jmd., der sich um seines Vorteils und Wohlergehens willen, aus Nützlichkeitserwägungen heraus dem herrschenden Zeitgeist anpaßt, mit dem Strom schwimmt, seine Fahne nach dem Wind hängt. **Trittbrettfahrer,** der (abwertend): jmd., der an Unternehmungen anderer partizipiert, davon zu profitieren sucht, ohne daß er selbst dafür etwas getan hat. **Wendehals,** der (ironisch): jmd., der sein Verhalten, seine Ansichten schnell, oft bis ins Gegenteil ändert, weil er auf der Woge des Erfolges mitschwimmen will, was andernfalls nicht möglich wäre oder ihm Nachteile eintrüge. **Konjunkturritter,** der (abwertend): jmd., der eine günstige Situation, eine gerade sich abzeichnende Entwicklung rasch zu seinem Vorteil nutzt. **Konformist,** der (Ggs. Nonkonformist) (bildungsspr.): jmd., der seine eigene Einstellung, Ansicht der herrschenden Meinung angleicht. **Karrierist,** der; **Karrieremacher,** der (abwertend): jmd., der nur an seine Karriere denkt und ohne nennenswerte Skrupel die entsprechenden Ziele verfolgt. **Gesinnungslump,** der (abwertend): jmd., der seine Gesinnung der jeweiligen Situation anpaßt; drückt Verachtung aus; ↑anpassen, ↑übereinstimmen.

opportunistisch (bildungsspr.): sich aus Nützlichkeitserwägungen heraus sehr bereitwillig der jeweiligen Lage, Strömung anpassend; „den Mantel nach dem Wind hängend". **populistisch** (bildungsspr.): in seinem Handeln geprägt von dem Willen, die Gunst der Masse für sich zu gewinnen und davon zeugend; dem entsprechend oder zu entsprechen suchend, was dem Volk, der Masse gefällt, was sich mit ihren Wünschen, Vorstellungen deckt: *er ist um ein populistisches Image seiner Partei bemüht; er lehnte populistische Entscheidungen, Maßnahmen ab;* vgl. populär ↑beliebt; vgl. anbiedern ↑einschmeicheln, sich.

Orgasmus: einen Orgasmus haben: sich auf dem Höhepunkt der sexuellen Lust befinden: *sie hatte einen O.* **zum Höhepunkt gelangen:** zum Orgasmus kommen. **einen Samenerguß haben:** (in bezug auf eine männliche Person) auf dem Höhepunkt der sexuellen Lust Samenflüssigkeit ausspritzen. **ejakulieren** (bildungsspr.): i. S. v. einen Samenerguß haben. **spritzen** (salopp); **abspritzen** (salopp): i. S. v. einen Samenerguß haben. **kommen,** es kommt [jmdm.] oder auch: jmd. kommt: (in diesem Sinnbereich) jmd. hat einen Orgasmus: *es ist ihm, ihr gekommen;* ↑wollüstig.

Ort, der: (in diesem Sinnbereich) bestimmter Platz, an dem sich jmd. oder etwas befindet, etwas geschehen ist oder geschehen soll, soweit man dabei an einen festen, lokalisierbaren Punkt in einem Raum, einem Gelände, auf der Erdoberfläche o. ä. denkt und man ihn weniger in seiner besonderen Gestalt, Beschaffenheit als nach seiner allgemeinen Lage kennzeichnen will: *die Polizei gibt keine Auskunft über den O. des Verbrechens.* **Stelle,** die: (in diesem Sinnbereich) der genauer bekannte und angegebene Ort innerhalb eines Raumes, eines Geländes o. ä., an dem sich jmd. oder etwas befindet oder der Schauplatz eines Geschehens ist; besagt im Unterschied zu „Ort", daß man ein Geschehen usw. eindeutig auf einen bestimmten [geographischen] Punkt bezieht und daß man neben dessen räumlicher Lage auch die besonderen Verhältnisse, die bestimmte Beschaffenheit des Ortes kennt und mit beachtet: *man hat die S. gefunden, an der das Flugzeug abgestürzt ist;* vgl. Stelle ↑[1]Platz. **Stätte,** die (geh.): Ort, mit dem sich eine bestimmte Weihe verbindet, dem eine besondere Bedeutung (als Schauplatz wichtiger Begebenheiten, feierlicher Handlungen o. ä.) zukommt oder der einem außerordentlichen, nicht alltäglichen Zweck dient: *die S. des Unglücks; eine S. der Erholung.*

P

packen, jmdn. [bei/an etwas]: (in diesem Sinnbereich) durch kräftiges Zupacken jmdn. an einer bestimmten Stelle, einem Körperteil zu fassen bekommen und festhalten: *er packte sie im Genick;* vgl. packen ↑[1]ergreifen, ↑[2]ergreifen. **anpacken,** jmdn.: jmdn. heftig packen und in einer bestimmten Lage festhalten, so daß sich der Betreffende nicht mehr bewegen kann; betont im Unterschied zu „packen" weniger, daß man sich jmds. vollständig bemächtigt, als daß man ihn festhält: *er fühlte sich plötzlich von hinten angepackt.* **kriegen,** jmdn. bei/an etwas (ugs.): jmdn. an einer bestimmten Stelle, einem Körperteil [durch einen plötzlichen Zugriff] zu fassen bekommen; betont im Unterschied zu den übrigen Wörtern weniger die Gewalt als die Plötzlichkeit des Tuns: *er kriegte mich beim Kragen.*

Packen, der: [fest] zusammengebundene, mitunter in eine Hülle eingeschlagene, meist größere Anzahl [verschiedenartiger] Dinge: *er trug den ganzen P. alter Bücher auf den Speicher.* **Pack,** der (selten): kleinerer Pakken, der meist aus kleineren Gegenständen der gleichen oder ähnlichen Art zusammengesetzt ist; wird häufig mit Genitivattribut, präpositionalem Attribut oder mit Apposition gebraucht: *ein P. alter Zeitungen.* **Päckchen,** das: (in diesem Sinnbereich) kleiner Packen: *ein P. Briefe.* **Ballen,** der: [rundlich] zusammengeschnürter, oft mit einer Hülle versehener [aus weichen, biegsamen Stoffen bestehender] Warenpacken von größerem Ausmaß, der meist zur Beförderung [über weite Strecken] bestimmt ist: *im Hafen wurden mächtige B. mit Zellstoff und Flachs verladen.* **Bund,** das: eine Vielzahl gleichartiger Dinge [von langgestreckter, dünner Gestalt], die, meist einheitlich geordnet und ohne Hülle, als zueinandergehörend zusammengebunden sind: *ein B. Stroh.* **Bündel,** das: mehrere Dinge, die zusammengebunden sind und dann als ein Ganzes betrachtet werden: **a)** i. S. v. Bund; hat jedoch vielfältigere Anwendungsmöglichkeit: *ein B. Holz, Stroh, Flachs; ein B. Banknoten, Papier;* **b)** eine Anzahl von Gegenständen gleicher oder verschiedener Art, die in einem Tuch oder in einer anderen weichen Hülle ohne bestimmte Ordnung zueinander gelegt und zusammengeschnürt sind; wird namentlich von zusammengeschnürten Reisesachen gesagt: *sie konnten bei der Flucht nur noch ein B. mit Wäsche mitnehmen.*

parat: parat haben, etwas: etwas in Bereitschaft, zur Verfügung haben, so daß man im gegebenen Augenblick auf Wunsch davon Gebrauch machen kann: *er fragte ihn, was er denn für ein Rätsel parat habe.* **auf Lager haben,** etwas (ugs.): etwas, was meist zur Unterhaltung beiträgt, bereit haben; drückt zugleich die Reichhaltigkeit dieses Vorrats aus: *ich habe noch mehr Witze auf Lager.* **in petto haben,** etwas (ugs.): etwas für einen bestimmten Zweck in Bereitschaft haben, es aber noch zurückhalten, um es zu gegebener Zeit überraschend anzubringen [und damit einen Trumpf auszuspielen]: *wer weiß, was er alles noch in petto hat.*

[1]Partei, die: politische Organisation mit einem bestimmten Programm, in der sich Menschen mit gleichen politischen Überzeugungen zusammengeschlossen haben, um ihre Ziele zu verwirklichen: *die politischen, bürgerlichen Parteien; die Kommunistische Partei; die Partei der Grünen.* **Bruderpartei,** die (DDR): befreundete oder Arbeiterpartei eines anderen sozialistischen Landes. **Schwesterpartei,** die: Partei des gleichen Typs, mit gleicher politischer Zielsetzung, aber regionaler Eigenständigkeit: *die CSU – die S. der CDU.*

[2]Partei: Partei ergreifen/(auch:) **nehmen,** für jmdn.: jmdn., der angegriffen wird, verteidigen, sich [spontan] auf seine Seite stellen, weil er aus menschlichen Gründen diese Unterstützung verdient, was nicht heißen muß, daß man mit ihm übereinstimmt. **in Schutz nehmen,** jmdn.: sich schützend vor jmdn. stellen, ihn gegen die Beschuldigung oder die Anfeindung anderer verteidigen, sich zu seinen Gunsten äußern, nichts auf ihn kommen lassen. **eintreten,** für jmdn.: jmdm., der sich [durch andere] in Bedrängnis befindet und sich nicht genügend verteidigen kann, zu Hilfe kommen, an seine Stelle treten und für ihn sprechen oder etwas für ihn tun. **eine Lanze brechen,** für jmdn.: sich für jmdn., der von einem anderen mit Worten angegriffen oder verdächtigt worden ist, einsetzen und ihm [mit Erfolg] Beistand leisten. **beispringen,** jmdm.: (in diesem Sinnbereich) jmdm. spontan seine Hilfe zuteil werden lassen, weil man die Notlage erkennt, in der er sich durch andere befindet. **stellen,** sich vor jmdn.: wenn jmd. durch andere bedroht wird, die gegen ihn gerichteten Angriffe auffangen und ihn schützen. **die Stange halten,** jmdm. (ugs.): fest zu jmdm. stehen, wenn er von anderen angegriffen wird, ihn nicht im Stich lassen; erfordert einen gewissen Mut.

[1]**passen,** etwas paßt [jmdm.]: (in diesem Sinnbereich) etwas ist dem Träger in Größe und Schnitt angemessen, ist nicht zu eng oder zu weit für ihn, entspricht seiner Figur und seinen Maßen; wird nur von Kleidungsstücken gesagt. **sitzen,** etwas sitzt (ugs.): (in diesem Sinnbereich) etwas hat eine individuelle Paßform, entspricht den Körpermaßen des Trägers genau; wird nur von Kleidungsstücken gesagt. **wie angegossen sitzen,** etwas sitzt wie angegossen (ugs.): etwas paßt so gut, ist auf jmds. Figur so gut abgestimmt, daß keinerlei [sichtbare] Mängel in Erscheinung treten; drückt oft das Erstaunen oder die Freude darüber aus, daß ein Kleidungsstück einen so verblüffend guten Sitz hat.

[2]**passen,** etwas paßt zu etwas: (in diesem Sinnbereich) etwas ist auf etwas anderes in Art, Form, Farbe gut abgestimmt, so daß beides miteinander harmonisch zusammenstimmt: *ein Filzhut, der zum Anzug paßte; diese Krawatte würde zu dem Hemd p.* **stimmen,** etwas stimmt zu etwas (geh.): etwas befindet sich im Einklang mit der Art, Form, Farbe eines anderen Objektes, verstärkt seine [ästhetische] Wirkung, seine Bedeutung, wobei entweder die mehr zufällige Übereinstimmung verschiedener Formen, Farben o.ä. oder die feinere unauffällige Abstimmung des einen auf das andere betont wird; wird im Unterschied zu „passen" weniger von Dingen selbst als von ihren Merkmalen, Eigenschaften gesagt; „stimmen" wird im Unterschied zu „passen" in der Regel auf etwas bezogen, was in der Zusammenstellung schon vorhanden ist, bedeutet also eine Art ästhetische Bestätigung dessen, was ist: *die dezente Farbe der Krawatte stimmte vorzüglich zu den Nadelstreifen des Anzuges.* **harmonieren,** etwas harmoniert mit etwas: etwas befindet sich in seiner Form oder Art in einem [ästhetisch] ausgewogenen Verhältnis mit einem anderen Gegenstand; schreibt im Unterschied zu den übrigen Wörtern jedem der zusammengehörenden Objekte mehr eine gewisse Selbständigkeit zu: *diese grelle Farbe harmoniert nicht mit dem gedämpften Hintergrund.*

passend: (in diesem Sinnbereich) einem bestimmten Zweck, den man im Auge hat, angemessen; zu einer bestimmten Absicht dienlich; wird meist von Sachen, seltener von Personen gesagt und im allgemeinen nur attributiv oder objektbezogen verwendet: *bei einer passenden Gelegenheit.* **geeignet:** (in diesem Sinnbereich) für einen bestimmten Zweck verwendbar; drückt im Unterschied zu „passend" weniger das Angemessensein als die [zufällige] Brauchbarkeit einer Person oder Sache aus: *keine geeigneten Bewerber;* vgl. geeignet ↑tauglich; ↑angemessen.

Patriot, der (geh.): jmd., der sich für das Wohl des Landes, in dem er geboren wurde und in dem er lebt, mit Mut und Idealismus und ohne auf sich selbst Rücksicht zu nehmen, einsetzt, wenn dem Lande Gefahr droht oder weil er glaubt, daß diesem Land Schaden zugefügt werden könnte; das Wort wird als recht pathetisch empfunden. **Nationalist,** der: jmd., der aus [überspitztem] Nationalbewußtsein die Macht und Größe der eigenen Nation als höchsten Wert erachtet; hat meist abwertenden Beiklang. **Chauvinist,** der (abwertend): jmd., der von solch einer übersteigerten Bewunderung für sein eigenes Land erfüllt ist, daß er den Wert anderer Länder nicht anerkennt und deshalb ihnen gegenüber voreingenommen ist, und der unter Umständen sehr einseitig, auch skrupellos und ohne Rücksicht auf die Interessen anderer vorgeht, um Macht und Ansehen seines Landes zu mehren.

Pause, die: vorübergehendes, zeitlich begrenztes Ruhenlassen einer Tätigkeit oder Aussetzen eines Vorganges; sie tritt entweder zufällig ein oder wird absichtlich eingeschoben, dann meistens zum Zweck des Ausruhens, des Entspannens, der Erholung sowohl in physischer als auch in psychischer und geistiger Hinsicht. **Ruhepause,** die: i.S.v. Pause; betont als alleinigen Zweck das Ausruhen, das Entspannen: *eine kurze R. einlegen.* **Verschnaufpause,** die (ugs.): kurze Pause zum Verschnaufen, um bei einer körperlichen Anstrengung Zeit zum ruhigen Luftholen zu haben. **Zigarettenpause,** die (ugs.): kurze Pause (innerhalb einer Tätigkeit), in der man eine Zigarette rauchen kann. **Rast,** die (Plural ungebräuchlich): besonders während einer Wanderung oder eines Marsches eingeschobene Ruhepause, die vorwiegend der körperlichen Erholung dient. **Unterbrechung,** die: (in diesem Sinnbereich) im allgemeinen eine kurze Pause; vielfach auch in der Bedeutung von „Rast" gebraucht; ein gelegentlich notwendiges vorübergehendes Einstellen einer Tätigkeit, damit Mensch oder Tier wieder Kräfte sammeln können: *sie ritten mit nur geringen Unterbrechungen.* **Denkpause,** die: **a)** Pause, die dazu dienen soll, über Dinge, die nicht geklärt, oder über Probleme, die nicht gelöst werden konnten, nachzudenken, um Möglichkeiten zur Klärung bzw. Lösung zu finden: *weil sich die Politiker auf der Konferenz über einige Punkte nicht verständigen konnten, legten sie eine D. ein;* vgl. Denkpause ↑Impuls; **b)** (selten) Pause im Denken.

peinlich: (in diesem Sinnbereich) ein Gefühl der Verlegenheit, des Unbehagens, der Beschämung o. ä. hervorrufend; jmdm. das Gefühl einflößend, sich durch eigene Schuld bloßgestellt zu haben; wird wie „unangenehm" von Sachverhalten und Vorkommnissen oder Situationen gesagt: *das ist mir sehr p.; ein peinlicher Auftritt.* **unangenehm:** Schwierigkeiten und Unannehmlichkeiten mit sich bringend und dadurch unbehagliche Gefühle hervorrufend: *ein unangenehmes Erlebnis; eine unangenehme Aufgabe; sie war von dieser Frage u. berührt;* vgl. unangenehm ↑mißlich.

Penis, der (bildungsspr.): Teil der äußeren Geschlechtsorgane des Mannes, der sich am Hodensack befindet, die Harnröhre enthält und mit Schwellkörpern versehen ist, die ein Steifwerden und Aufrichten zum Zwecke des Geschlechtsverkehrs möglich machen; medizinischer Ausdruck, der am sachlichsten und neutralsten klingt, weil er als Fremdwort inhaltlich undurchsichtig ist und keine Nebenvorstellungen hervorruft. **Phallus,** der (bildungsspr., geh.): i. S. v. Penis; besonders als Sinnbild der Zeugungskraft des Mannes, als kultische Nachbildung des männlichen Gliedes in Form eines Pfahles. **Membrum virile,** das (Medizin); **[männliche] Glied,** das; **Geschlecht,** das; **Geschlechtsteil,** das; **kleine Herr/Mann,** der (scherzh.); **elfte Finger,** der (scherzh.; verhüllend); **Gießkanne,** die (scherzh.); **Gießkännchen,** das (scherzh.); **Pimmel,** der (salopp); **Gemächt,** das (landsch.); **Schwanz,** der (derb); **Johannes,** der (salopp); **Zebedäus,** der (salopp); **Flöte,** die (salopp); **Lümmel,** der (salopp); **Bengel,** der (salopp); **Piepel,** der (salopp); **Riemen,** der (derb); **Schwengel,** der (derb); **Nille,** die (derb); **Pfeife,** die (derb); **kleine Unterschied,** der (scherzh.): i. S. v. Penis. **Rute,** die (veraltet): männliches Geschlechtsteil bei Menschen und Tieren. **Penis erectus,** der (Medizin); **erigierte Penis,** der: männliches Glied, das sich durch Anschwellen und Festwerden der Schwellkörper aufgerichtet hat. **Ständer,** der (derb): erigiertes männliches Glied; ↑Hodensack, ↑Liebesspiel; ↑erigieren; vgl. impotent ↑[2]unfruchtbar.

Pfarrer, der: Geistlicher der katholischen oder protestantischen Kirche, der mit dem Amt eines Gemeindeseelsorgers betraut ist, eine Pfarrei innehat. **Pfarrerin,** die: Frau, die ein protestantisches Pfarramt innehat. **Pastor,** der: protestantischer [nur in vereinzelten Gegenden auch katholischer] Pfarrer; erscheint häufiger als „Pfarrer" als Titel vor dem Eigennamen oder als Anrede. **Prediger,** der: (in diesem Sinnbereich) **a)** (veraltend): mit dem Predigtamt an einer [größeren] Kirche betrauter Pfarrer, besonders der protestantischen oder reformierten Glaubensgemeinschaften; kann entweder zum Unterschied von „Pfarrer" und „Pastor" besagen, daß es sich nicht unbedingt um den Inhaber des Pfarramtes oder Pastorates selbst, sondern um einen ihm beigegebenen oder untergeordneten Geistlichen mit Predigtamt handelt, oder es betont im Sinne mancher kirchlicher Auffassungen das Predigtamt als die wesentliche Seite des seelsorgerischen Berufs; **b)** [nicht beamteter] Seelsorger einer freikirchlichen Gemeinde. **Priester,** der: (in diesem Sinnbereich) zum Gottesdienst bestellter, geweihter Geistlicher; betont im Unterschied zu „Pfarrer", „Seelsorger" weniger den Berufsstand als das religiöse Amt und wird in solchen Zusammenhängen angewandt, in denen es sich um Gottesdienst und Verwaltung der Sakramente handelt, seltener als verallgemeinernde Bezeichnung des – meist katholischen – Geistlichen. **Geistliche,** der (geh.): (in diesem Sinnbereich) Angehöriger des geistlichen Standes; allgemeine Bezeichnung, die den Betreffenden von den weltlichen Ständen und deren Lebensinteressen abhebt. **Pfaffe,** der (verächtlich): i. S. v. Geistlicher. **Seelsorger,** der: Pfarrer, Priester als Betreuer seiner Gemeinde in den Dingen des Lebens und Glaubens. **Seelenhirt[e],** der (veraltend): i. S. v. Seelsorger; betont stärker das innige Verhältnis zur Gemeinde. **Pfarrherr,** der (veraltend): Inhaber einer Pfarrei, Hauptpfarrer eines Kirchsprengels. **geistliche Herr,** der (oberd.): i. S. v. Pfarrer; respektvolle Standesbezeichnung, in der sowohl die Ehrfurcht vor dem Priesteramt als auch vor der Obrigkeit, die die Kirche auch in weltlichen Dingen ausübt, zum Ausdruck kommt. **Vikar,** der; **Pfarrvikar,** der: (in diesem Sinnbereich) Stellvertreter des Pfarrers oder Hilfsgeistlicher; in der evangelischen Kirche oft ein junger, noch vor dem Abschlußexamen stehender Theologe. **Vikarin,** die: **a)** Vertreterin des Inhabers eines Kirchenamtes; **b)** Theologin, die nach Ablegung des ersten theologischen Examens einem Pfarrer/einer Pfarrerin zur Ausbildung zugewiesen ist. **Kaplan,** der: (in diesem Sinnbereich) katholischer Pfarrvikar. **Pfarrgeistliche,** der (meist Plural): an einer Pfarrei amtierender Geistlicher der katholischen Kirche; allgemeine, zusammenfassende Bezeichnung für „Pfarrer", „Kaplan" usw. **Kirchenmann,** der: jmd., dessen Aufgabengebiet und Beruf die Kirche ist; klingt sachlicher und ist u. U. kennzeichnend für eine gewisse Distanz oder für den inneren Vorbehalt des Sprechers/Schreibers: *in Dortmund trafen sich die Kirchenmänner und besprachen die Ergebnisse des Konzils.* **Gottesmann,** der: (in diesem Sinnbereich) i. S. v. Geistlicher, Priester; betont die Frömmigkeit oder den Eifer, mit dem ein Geistlicher sich seinem Beruf und den Glaubensdingen widmet: *ein streitbarer G.* **Kleriker,** der: jmd., der der katholischen Geistlichkeit angehört. **Theologe,** der: (in diesem Sinnbereich) jmd., der Theologie studiert hat und auf diesem Gebiet [als Pfarrer] tätig ist. **Schwarzrock,** der (abwertend): i. S. v. Geistlicher. **Himmelskomiker,** der (salopp; ironisch): i. S. v. Pfarrer.

Pferd, das: allgemeinste Bezeichnung für ein bestimmtes Reit- und Zugtier: *sie arbeitet wie ein P.* **Roß,** das: **a)** (dichter.): ein edles Pferd, besonders ein Reitpferd: *ein feuriges, stolzes R.; R. und Reiter nennen* (sagen, wer diese Nachricht o. ä. verbreitet hat); **b)** (landsch.): i. S. v. Pferd: *das R. ist auf der Weide.* **Gaul,** der: **a)** (landsch.): i. S. v. Pferd: *die Gäule sind schon ausgespannt;* **b)** (abwertend): schlechtes Pferd: *das ist ein alter G., der nicht mehr viel taugt.* **Mähre,** die (abwertend): altes, schlecht genährtes, abgearbeitetes Pferd. **Klepper,** der (abwertend): abgemagertes, verbrauchtes Pferd. **Hafermotor,** der (scherzh.): i. S. v. Pferd. **Hottehü,** das (Kinderspr.): i. S. v. Pferd. **Schimmel,** der: Pferd mit weißem oder weißlichem Fell. **Apfelschimmel,** der: graugetupfter Schimmel. **Rappe,** der: Pferd mit schwarzem Fell. **Falbe,** der: gelblich-braunes Pferd mit dunklerem oder hellem Mähnen- und Schwanzhaar. **Fuchs,** der: Pferd mit rotbraunem Fell, Schweif und Mähnenhaar. **Braune,** der: braunes Pferd. **Hengst,** der: zeugungsfähiges Pferd; wird auch übertragen, besonders in Zusammensetzungen benutzt: Etappen-, Pomaden-, Schreibstuben-, Tastenhengst. **Zuchthengst,** der; **Deckhengst,** der: zur Zucht geeigneter, verwendeter Hengst. **Beschäler,** der: i. S. v. Zuchthengst (Hengst, der die Stute beschält [= deckt]); wird auch umgangssprachlich übertragen für Beischläfer gebraucht. **Körhengst,** der: anerkannter Zuchthengst; für die Zucht ausgewählter Hengst. **Stute,** die: weibliches Pferd. **Zuchtstute,** die: für die Zucht geeignete, verwendete Stute. **Füllen,** das; **Fohlen,** das: junges, neugeborenes Pferd. **Wallach,** der: verschnittenes, kastriertes (also nicht mehr zeugungsfähiges) männliches Pferd. **Pony,** das: Pferd einer sehr kleinen Rasse. **Mustang,** der: wild lebendes Pferd der Prärie. **Zelter,** der: auf Paßgang abgerichtetes Reitpferd, bes. für Damen, das also beide Beine einer Seite gleichzeitig vorsetzt.

pflegen, jmdn.: (in diesem Sinnbereich) für einen Kranken oder Gebrechlichen, der auf Hilfeleistungen, Heilbehandlung u. ä. angewiesen ist, sorgen; bezeichnet gegenüber „betreuen" im allgemeinen die fachgerechte, medizinische Betreuung durch ausgebildetes Personal. **betreuen,** jmdn.: (in diesem Sinnbereich) sich mit Fürsorge der Pflege einer kranken oder gebrechlichen Person widmen, für ihr Wohlergehen sorgen; betont im Unterschied zu dem sachlicheren „pflegen" weniger die fachliche, berufsmäßige Ausübung der Krankenpflege als die besondere, liebevolle Fürsorge, die persönliche Verbundenheit des Pflegenden mit dem Kranken.

plagen: a) jmdn. p.: jmdm. [längere Zeit] durch Schwierigkeiten, [unaufhörliche] Anforderungen, durch Zudringlichkeit lästig fallen; wird von Personen und bestimmten Tieren gesagt: *die Kinder plagen die Eltern mit Bitten und Fragen;* **b)** etwas plagt jmdn./etwas: etwas erfüllt jmds. Gemüt [längere Zeit] mit Unruhe, anhaltendem Zweifel oder mit Neugierde; wird von Empfindungen, Vorstellungen o. ä. gesagt: *diese Ungewißheit plagte ihn.* **piesacken,** jmdn. (fam.): jmdm. hartnäckig mit Anforderungen, Ansprüchen, [boshaften] Sticheleien oder mit [kleinen] handgreiflichen Mißhandlungen zusetzen, wogegen er sich nicht oder nur ungenügend wehren kann: *du sollst endlich aufhören, deinen kleinen Bruder zu p.* **quälen,** jmdn.: (in diesem Sinnbereich) jmdn. mit Bitten, Ansprüchen bedrängen, ihm keine Ruhe [mit einem Begehren] lassen: *die Kinder quälten die Mutter so lange, bis sie ihnen die Erlaubnis gab, in den Zoo zu gehen;* ↑necken, ↑quälen, ↑schikanieren.

Plan, der: (in diesem Sinnbereich) mehr oder weniger fixierte Überlegung, die sich auf die Verwirklichung eines Zieles oder einer Absicht richtet. **Vorhaben,** das: etwas, wovon man eine feste Vorstellung hat und was man sich zu tun vornimmt; betont im Unterschied zu „Plan“ stärker die Absicht als die Planung. **Projekt,** das: [großangelegte] beabsichtigte oder in Angriff genommene Unternehmung; wird oft im geschäftlichen Bereich verwendet.

[1]**Platz,** der (Plural ungebräuchlich): (in diesem Sinnbereich) der einer Person oder Sache zukommende, angemessene oder für sie vorgesehene Raum; Ort, an dem sich jmd. oder etwas dauernd oder vorübergehend befindet oder [ordnungsgemäß] befinden sollte, wobei man ihn entweder als den dieser Person oder Sache im Unterschied zu anderen zugewiesenen Ort oder als die von der Person oder Sache tatsächlich eingenommene Lage kennzeichnet: *wir haben noch keinen passenden P. für den großen Schrank gefunden;* ↑[2]Platz. **Stelle,** die (Plural ungebräuchlich): (in diesem Sinnbereich) Platz, den jmd. oder etwas [zufällig] einnimmt, an dem sich jmd./etwas gegenwärtig befindet oder zu einem früheren Zeitpunkt befunden hat; betont im Unterschied zu „Platz“ weniger, daß dieser Ort der betreffenden Person oder Sache [ordnungsgemäß] zugehört, als daß ihm wegen der [gegenwärtigen oder früheren] Anwesenheit der betreffenden Person oder Sache besondere Bedeutung zukommt: *an der S., an der er eben noch gestanden hatte, schlug der Blitz ein;* vgl. Stelle ↑Ort.

[2]**Platz,** der (ohne Plural): (in diesem Sinnbereich) Möglichkeit, jmdn. oder etwas [auf einer bestimmten Fläche] unterzubringen; freier Raum, den jmd. beansprucht oder zugewiesen bekommt, um sich dort niederzulassen, aufzuhalten, oder den man für eine Sache, die man abstellen oder irgendwo anbringen will o. ä., benötigt; es handelt sich dabei im allgemeinen immer um den Raum, den bereits vorhandene Personen oder Gegenstände noch frei lassen: *ist bei euch am Tisch noch P. für mich?; im hinteren Regal ist noch P. für die Zeitschriften;* ↑[1]Platz. **Raum,** der (ohne Plural; geh.): (in diesem Sinnbereich) [ausreichender] Platz, der jmdm. genügend Bewegungsfreiheit läßt oder auf dem man etwas bequem unterbringen kann; betont im Unterschied zu „Platz“, daß es sich weniger um eine vorübergehende, notdürftige oder beengte Unterbringungsmöglichkeit als um einen ausreichend zur Verfügung stehenden, zum dauernden Verbleib einer Sache bestimmten oder einer Person genügend Schutz, Versorgung bietenden freien Raum handelt: *R. schaffen, gewinnen.*

[1]**platzen,** etwas platzt: etwas wird durch Druck von innen plötzlich und gewöhnlich unter [lautem] Geräusch gesprengt oder zersprengt, fliegt auseinander, springt in Stücke, wird zerrissen oder zerfetzt, je nach der Beschaffenheit des Materials eines Körpers oder Gegenstandes; wird als allgemeinste Bezeichnung verwendet, gleichgültig, wodurch der Druck ausgeübt wird, wie die Intensität des Druckes ist und wie die Beschaffenheit des Materials eines Körpers oder Gegenstandes ist: *die Bombe platzte in unmittelbarer Nähe des Pfeilers; die Luftballons, die Seifenblasen sind geplatzt; das Kondom ist geplatzt.* **zerplatzen,** etwas zerplatzt: i. S. v. platzen; gewöhnlich aber verstärkend, um auszudrücken, daß etwas heftig oder völlig auseinandergesprengt oder zersprengt wird: *Raketen stiegen in den Himmel und zerplatzten.* **zerknallen,** etwas zerknallt (ugs.): etwas zerplatzt mit einem Knall: *mitten in der Kurve zerknallten die Hinterreifen, und der Wagen überschlug sich.* **bersten,** etwas birst (geh.): etwas wird durch Druck von innen plötzlich und gewöhnlich mit großer Wucht gesprengt oder zersprengt; kann nur verwendet werden, wenn die Beschaffenheit des Materials eines Körpers oder Gegenstandes hart ist: *die Granaten barsten auf dem Friedhof zwischen den Gräbern.* **zerbersten,** etwas zerbirst (geh.): i. S. v. bersten; gewöhnlich aber verstärkend, um auszudrücken, daß etwas mit besonders großer Wucht oder völlig auseinandergesprengt oder zersprengt wird: *die riesigen Tanks hielten dem Druck nicht stand und zerbarsten.* **zerspringen,** etwas zerspringt: etwas wird durch Druck von innen plötzlich gesprengt oder zersprengt, zersplittert, geht in Scherben; kann nur verwendet werden, wenn die Beschaffenheit des Materials eines Körpers oder eines Gegenstandes spröde ist: *das Weckglas zersprang.* **explodieren,** etwas explodiert: etwas zerspringt durch übermäßigen Druck (z. B. von Dampf oder chemischen Gasen) von innen plötzlich unter lautem Knall, gewöhnlich so, daß Teile, Stücke, Splitter durch die Luft geschleudert werden; setzt im allgemeinen voraus, daß die Beschaffenheit des Materials eines Körpers oder Gegenstandes hart ist, und wird hauptsächlich verwendet, wenn der Druck durch die Zündung von Sprengstoffen ausgelöst wird: *das Pulverfaß, eine Mine, der Kessel, ein Geschoß, ein Blindgänger explodierte; die Höllenmaschine explodierte mitten im Saal.* **implodieren,** etwas implodiert (Fachspr.): etwas (ein Hohlkörper) zerplatzt durch äußeren Überdruck schlagartig, wobei alle Splitter zunächst in den Innenraum des Behälters, danach wie bei einer Explosion

nach außen geschleudert werden; wird bezogen auf einen [luftleer gepumpten] Behälter, auf dessen Wandung ein Druck von einigen Tonnen lastet, wie z. B. bei Bildröhren der Fernsehgeräte. **in die Luft fliegen,** etwas fliegt in die Luft (ugs.): etwas wird durch einen übermäßigen oder heftigen Druck von innen plötzlich so gesprengt oder zersprengt, daß einzelne Teile in die Höhe geschleudert werden; kann nur verwendet werden, wenn die Beschaffenheit des Materials eines Körpers oder Gegenstandes hart ist: *eines der Boote brach in zwei Teile auseinander. Das andere flog in die Luft.* **detonieren,** etwas detoniert: etwas explodiert (auf Grund chemischer Prozesse, die rascher und stärker als bei der Explosion verlaufen) schlagartig: *eine Granate, eine Mine, der Munitionszug detonierte; mit der Genauigkeit eines Uhrwerkes detonierten die beiden letzten Torpedos auf den Schiffen.* **krepieren,** etwas krepiert (Fachspr.): etwas wird durch einen heftigen Druck von innen plötzlich zersprengt, so daß Stücke, Splitter durch die Luft geschleudert werden; kann nur verwendet werden, wenn der Druck durch Zündung eines Sprengstoffes ausgelöst wird, und wird nur auf Hohlgeschosse bezogen: *die Schrapnells krepierten genau über den feindlichen Linien;* ↑zerreißen.

[2]**platzen,** etwas platzt (salopp): etwas entwikkelt sich nicht so, wie ursprünglich gedacht, weiter, nimmt ein rasches Ende; bezieht sich auf geheime Pläne oder Machenschaften, die [vorzeitig] bekanntwerden: *in der letzten Woche ist hier ein großer Spionagering geplatzt.* **auffliegen,** etwas fliegt auf (salopp): eine gegen das geltende Gesetz, Recht verstoßende Vereinigung von Menschen oder deren Absicht wird als solche entdeckt und zerschlagen bzw. zunichte gemacht, existiert nicht mehr weiter: *dieses auf Betrug aufgebaute Unternehmen flog schließlich auf.* **hochgehen,** etwas/jmd. geht hoch (salopp): etwas wird von der Polizei aufgedeckt; jmd. wird von der Polizei gefaßt; bezieht sich auf eine Gruppe oder Person im Hinblick auf deren geheime, nicht legale Aktivitäten: *die Bande ist hochgegangen.*

plausibel (ugs.): so wirkend, daß ein anderer die betreffende Sache anerkennen, sie verstehen, für wahr halten kann; dies wird meist als Absicht dabei verfolgt: *ein plausibler Grund.* **einleuchtend:** für jmdn. auf Grund bestimmter Voraussetzungen wahrscheinlich und darum annehmbar; wird auf Argumente o. ä. bezogen: *seine Erklärungen erscheinen e.* **glaubhaft:** (in diesem Sinnbereich) so wirkend, daß man etwas glauben und gelten lassen kann; wird auf eine Erklärung o. ä. bezogen, die eine Aussage stützen und eventuelle Zweifel zerstreuen will: *er hat es verstanden, glaubhafte Gründe vorzubringen.* **überzeugend:** (in diesem Sinnbereich) den Eindruck machend, daß ein anderer sich von etwas überzeugen läßt und bereit ist, etwas [Geschehenes] als notwendig oder als Grund für etwas anderes zu betrachten: *was du da alles anführst, ist im Grunde wenig ü.* **einsichtig:** (in diesem Sinnbereich) [leicht] einsehbar und verständlich: *aus mehr oder minder einsichtigen Gründen einen Kontakt abbrechen.*

plötzlich: von einem Augenblick zum anderen sich vollziehend oder eintretend, ohne Übergang in eine Handlung oder einen Zustand einbrechend; drückt aus, daß man etwas sowohl als bloßes Ereignis registriert als auch unerklärlich findet; wird, wie alle Wörter dieser Gruppe, nicht subjektbezogen gebraucht: *p. wurde sie von einer körperlichen Schwäche befallen.* **auf einmal:** ohne es ahnen zu können, so daß man sich unvorbereitet vor eine neue Tatsache gestellt sieht; wird prädikatbezogen gebraucht: *auf einmal versank er im Schnee.* **mit einemmal:** eine Wende bringend, die jmdn. in Erstaunen versetzt; drückt aus, daß etwas zwar unerwartet geschieht, sich aber in einem gewissen Zeitraum vollzieht: *mit einemmal änderte er seinen Entschluß.* **aus heiterem Himmel** (ugs.): ganz wider Erwarten; in bezug auf unerfreuliche, plötzliche Veränderungen, die nicht vorauszusehen waren; wird prädikatbezogen gebraucht: *es kam wie aus heiterem Himmel.* **von heute auf morgen:** (in bezug auf eine Veränderung) überraschend [eingetreten], ohne daß man damit gerechnet hat, darauf vorbereitet war: *er reiste von heute auf morgen ab; ihm wurde von heute auf morgen gekündigt.* **unvermittelt:** ohne Übergang, ohne Zusammenhang mit dem Vorhergehenden; wird meist auf eine menschliche Handlungsweise bezogen; wird prädikatbezogen gebraucht: *er fragte ihn plötzlich ganz laut und u., wo er denn so lange gewesen sei.* **unversehens:** mit plötzlicher Schnelligkeit eintretend, ohne daß man es voraussehen konnte; auf Unvorhergesehenes oder Unvorhersehbares, Unerwartetes bezogen; wird prädikatbezogen gebraucht: *der Lehrer war u. an die Gruppe herangetreten.* **unvermutet:** plötzlich eintretend, ohne daß man es aus irgendwelchen Anzeichen hätte schließen, ahnen, vermuten können: *er kam ganz u. zurück.* **unerwartet:** die Sachlage auf nicht vorauszusehende Weise verändernd: *unerwartete Wirkung; ein unerwarteter Gast.* **unverhofft:** als plötzliche

Überraschung geschehend, sich ereignend (in bezug auf etwas, womit man überhaupt nicht gerechnet hatte); bezeichnet oft eine Wendung zum Positiven: *wir trafen uns ganz u.* **überraschend:** anders oder früher, als man erwartet hat und deshalb jmdn. unvorbereitet treffend oder in Erstaunen setzend; hauptsächlich von Ereignissen oder Entwicklungen: *das kam ein bißchen ü.;* ↑sofort.

plump: (in diesem Sinnbereich) von dicker oder massiger, unförmiger Gestalt; verbindet sich, auf Menschen selbst bezogen, gewöhnlich mit der Nebenvorstellung des Schwerfälligen und Unbeholfenen; enthält, wie alle Wörter dieser Gruppe, eine negative ästhetische Wertung; wird, wie alle Wörter dieser Gruppe, im allgemeinen nicht prädikatbezogen gebraucht: *ein plumper, schwammiger Körper.* **vierschrötig:** von breiter, gedrungener, eckiger Gestalt; verbindet sich, auf Menschen bezogen, gewöhnlich mit der Nebenvorstellung des Derb-Ungehobelten; wird im allgemeinen nur auf Männer bezogen: *ein vierschrötiger Mann.* **klobig:** von großer, kräftiger, kantiger Gestalt; unförmig wie ein Klotz; verbindet sich, auf Menschen selbst bezogen, gewöhnlich mit der Nebenvorstellung des Unbeholfenen; wird im allgemeinen nur auf Männer bezogen: *die klobige Gestalt dieses Mannes.* **grobschlächtig** (abwertend): von großer, kräftiger, unförmiger Gestalt; in den Einzelheiten nicht fein ausgebildet und daher unproportioniert oder unelegant wirkend; wird im allgemeinen nur auf Männer bezogen: *sein grobschlächtiges Äußeres.* **bullig** (abwertend): von gedrungener und massiger Gestalt [und mit einem derb-fleischigen Gesicht]; wird nicht prädikatbezogen gebraucht: *ein bulliger Mann.* **ungeschlacht** (geh.); **ungefüge** (geh.): von mächtiger, unförmiger Gestalt, häufig mit der Nebenvorstellung des Ungestalten; wird im allgemeinen nur auf Männer bezogen: *ein roher, ungeschlachter Raufbold.*

plündern, etwas: aus einem Raum, einem Gebiet [in das man gewaltsam eindringt] fremdes, bewegliches Eigentum (z. B. Hausrat, Wertgegenstände, Kleider), das einem in die Hände fällt, oft unter Ausnutzung einer Katastrophensituation wegnehmen, wobei meist vieles zerstört und verwüstet wird. **ausplündern,** jmdn./etwas: jmdn. seiner Habe gänzlich berauben; einen Raum, ein Gebiet gewaltsam und rücksichtslos ausrauben, bis nichts Wertvolles mehr vorhanden ist: *er wurde gestern abend in seinem Wagen überfallen und völlig ausgeplündert.* **brandschatzen** [etwas] (geh.): ein [erobertes] Gebiet plündern, dessen Bewohner durch [Brand]drohung erpressen und sie auf diese Weise ihrer Habe berauben: *die Bande zog durch die Lande, plünderte und brandschatzte rücksichtslos.* **ausrauben,** jmdn./etwas: jmdm. unter Gewaltanwendung alles abnehmen, was er besitzt oder bei sich trägt; alles Vorhandene, besonders Wertgegenstände oder Geld, aus einem Raum [in den man gewaltsam eindringt] wegnehmen, an sich reißen: *der Wanderer wurde im Wald überfallen und ausgeraubt;* vgl. ticken ↑bestehlen. **ausräubern,** etwas/jmdn. (ugs.): i. S. v. ausrauben; klingt jedoch harmloser und bezieht sich meist auch auf ein weniger schwerwiegendes Eigentumsdelikt: *sie hatten alles ausgeräubert, den Weinkeller und die Räucherkammer.* **ausräumen,** etwas (salopp; verhüllend): etwas, meist einen Raum, plündern, soviel an Wertgegenständen gewaltsam daraus entfernen, daß nichts Nennenswertes mehr zurückbleibt: *die Bande beschloß, ihm die ganze Bude auszuräumen.*

Pöbel, der (ohne Plural; abwertend): Volksmasse, die sich aus Menschen zusammensetzt, die (im Urteil des Sprechers/Schreibers) als primitiv, politisch gefährlich o. ä. angesehen werden; randalierende, gewalttätige Menge von Menschen; die Wörter dieser Gruppe sind gleichzeitig Ausdruck der sozialen Unterschiede; sie wurden vor allem früher von Angehörigen der sozial höheren Schichten in bezug auf Unterprivilegierte verwendet. **Plebs,** der (ohne Plural; bildungsspr.; veraltend; abwertend): (im dünkelhaften Urteil des Sprechers/Schreibers) als unkultiviert, ungebildet, als niedrig und gemein denkend, roh und brutal handelnd angesehene Menschen. **Mob,** der (ohne Plural; abwertend): i. S. v. Pöbel; während in „Pöbel" das Wort „Volk" steckt (frz. peuple, lat. populus), kommt „Mob" aus dem Englischen (= aufgewiegelte Masse; gekürzt aus lat. mobile vulgus); ↑Abschaum, ↑Gesindel.

Polizist, der: ein durch seine Uniform gekennzeichneter Angehöriger der Schutzpolizei, dessen Aufgabe hauptsächlich in der Aufrechterhaltung der öffentlichen Ordnung und Sicherheit, in der Regelung des Verkehrs und in der Verfolgung von Gesetzesübertretungen besteht. **Polizeibeamte,** der: Angehöriger einer Polizeibehörde; dient als offizielle Berufsbezeichnung; wird nicht in der Anrede gebraucht. **Beamte,** der: (in diesem Sinnbereich) i. S. v. Polizist; wird verwendet, wenn besonderer Respekt oder besondere Sachlichkeit gezeigt werden soll: *ich habe dem Beamten hier schon alles erklärt.* **Wachtmeister,** der: Polizeibeamter im mittleren Dienst; wird häufig für „Polizist" verwendet und soll dann besonderen

Respekt oder auch [joviale] Anerkennung ausdrücken; wird oft in der Anrede gebraucht. **Schutzmann,** der (ugs.): i. S. v. Polizist; hauptsächlich im Zusammenhang mit seiner Funktion als Ordnungshüter; wird öfter gebraucht, wenn man mit Kindern von der Polizei spricht. **Wachmann,** der (österr.): i. S. v. Polizist. **Gendarm** [schan...], der (landsch.): Landpolizist; wird hauptsächlich auf dem Land für die im Dorf stationierten Polizeibeamten der Kreisbehörde gebraucht. **Landjäger,** der (veraltet): i. S. v. Gendarm. **Schupo,** der (salopp; veraltend): i. S. v. Polizist; klingt weniger respektvoll. **Polizei,** die (ohne Plural): (in diesem Sinnbereich) mehrere Angehörige, seltener auch ein einzelner Angehöriger der Polizeibehörde; kennzeichnet wie „Polente" eine oder mehrere der entsprechenden Personen lediglich im Hinblick darauf, daß man sie als Vertreter der genannten Behörde in Erscheinung treten sieht, wobei man weiß, daß der gesamte Polizeiapparat hinter ihnen steht und im entsprechenden Fall durch sie in Bewegung gesetzt werden kann. **Polente,** die (ohne Plural; Gaunerspr.): (in diesem Sinnbereich) i. S. v. Polizei; enthält stark abschätzigen Nebensinn und läßt erkennen, daß der Sprecher/Schreiber nicht gern mit der Polizei zu tun oder sie zu fürchten hat: *da kam P., es waren drei Mann.* **Blaue,** der (salopp): i. S. v. Polizist; bezieht sich auf die blaue Uniform. **Grüne,** der (salopp; veraltend): i. S. v. Polizist; bezieht sich auf die [früher] grüne Uniform der Schutzpolizei. **Ordnungshüter,** der (leicht ironisch): i. S. v. Polizist. **Polyp,** der (salopp, abwertend): i. S. v. Polizist; wird hauptsächlich verwendet, wenn man in der Polizei den Verfolger und Feind sieht. **Streife,** die: zwei oder mehrere Polizisten, die planmäßig Kontrollgänge durchführen. **Funkwagenstreife,** die: zwei oder mehrere Polizisten, die planmäßig Kontrollfahrten in einem mit Sprechfunk ausgerüsteten Auto machen. **Funkstreife,** die: i. S. v. Funkwagenstreife. **Bereitschaftspolizist,** der: Polizist der Bereitschaftspolizei (der kasernierten Polizei), die jederzeit abrufbereit ist. **Konstabler,** der: **a)** (veraltet): i. S. v. Polizist; **b)** Polizist in England und den USA. **Bulle,** der (salopp): Polizeibeamter [der Kriminalpolizei]; wird oft abwertend gebraucht; im Sprachgebrauch Jüngerer jedoch oft nur Teil des bewußt lässig-nachlässigen Vokabulars: *die Bullen waren sehr kooperativ.* **weiße Maus,** die (meist Plural; scherzh.): [motorisierter] Verkehrspolizist in [teilweise] weißer Uniform, der [auf der Autobahn und stark befahrenen Straßen] den Verkehr überwacht und kontrolliert. **Polizistin,** die: [uniformierte] Angehörige der Polizei. **Politesse,** die: von einer Gemeinde angestellte Hilfspolizeibeamtin für bestimmte Aufgabenbereiche, z. B. Überwachung des ruhenden Verkehrs. **Volkspolizist,** der (DDR): Angehöriger der Volkspolizei, Polizist. **Vopo,** der (ugs.): i. S. v. Volkspolizist; wird aber nicht offiziell als Abkürzung gebraucht und drückt von seiten des Sprechers/Schreibers zumindest leicht ablehnende Distanz aus. **Kontaktbeamte,** der; **Kontaktbereichsbeamte,** der: Polizist, der täglich sein Revier zu Fuß durchstreift und Kontakte zu den Bürgern aufnimmt. **Jugendpolizist,** der; **Jupo,** der (ugs.): nichtuniformierter jüngerer Beamter, der durch direkten Kontakt auf strafrechtlich gefährdete Jugendliche einwirken und eventuelle kriminelle Entwicklungen beobachten soll. **Sicherheitskräfte,** die (Plural): mit Staatsschutz und Spionageabwehr befaßte Personen; wird besonders in bezug auf die DDR angewandt. **Sicherheitsorgane,** die (Plural; besonders DDR): mit Staatsschutz und Spionageabwehr befaßte Dienststellen. **Sicherheitspolizei,** die: für die öffentliche Sicherheit zuständige Abteilungen der Polizei (z. B. Kriminal-, Wasserschutz-, Verkehrspolizei).

Portemonnaie, das: handliches, kleineres Behältnis, das dazu dient, das Geld, das man bei sich hat, aufzunehmen, und das sich leicht in der Handtasche oder einer Tasche der Kleidung unterbringen läßt. **Geldbörse,** die (landsch.); **Börse,** die (landsch.): i. S. v. Portemonnaie. **Geldbeutel,** der (landsch.): i. S. v. Portemonnaie. **Geldtasche,** die: etwas größeres Behältnis, meist aus Leder mit einem Schnappverschluß, das unter Umständen um den Leib geschnallt getragen wird und hauptsächlich von Händlern oder Kaufleuten zur Aufbewahrung von Geld benutzt wird. **Portjuchhe,** das (scherzh.): i. S. v. Portemonnaie. **Brustbeutel,** der: einfacher [Geld]beutel, den man, vor allem als Soldat, aus Sicherheitsgründen um den Hals gehängt trägt.

possierlich: lustig aussehend, belustigend wirkend in seiner Art und durch seine Bewegungen; bezieht sich vorwiegend auf kleinere Tiere: *die kleinen Katzen waren p.* **drollig:** possierlich und komisch; wird auch auf Menschen, meist auf kleine Kinder bezogen, die durch ihre Unbeholfenheit rührend wirken und Heiterkeit hervorrufen; kann sich im Unterschied zu „possierlich", das weitgehend mit Bewegung oder einem bestimmten Gebaren verbunden ist, auch allein auf einen diesen Eindruck hervorrufenden Anblick beziehen; während sich „possierlich" nur auf den äußeren Eindruck bezieht, kann „drollig" auch Geistig-Gedankliches charakterisieren, was sich aus der sprachlichen Herleitung ergibt („drollig" liegt „drol" zugrunde, was „Knirps", „Spaßmacher" bedeutet): *ein drolliges Gesicht machen; eine drollige Antwort, Geschichte.* **putzig:** drollig anzusehen; drückt belustigtes Wohlgefallen aus. **neckisch:** verspielt und zugleich etwas keß; enthält das distanzierte Belustigtsein des Sprechers/Schreibers: *er trug ein neckisches Hütchen; sie hatte eine neckische Verzierung auf ihrer Handtasche;* ↑spaßig.

prahlen [mit etwas]: vorhandene Vorzüge oder Vorteile gegenüber einem anderen übermäßig betonen, sie bewußt zur Schau stellen oder sie durch Übertreibungen vergrößern; setzt immer ein Publikum voraus, das den Betreffenden bewundern und beneiden soll: *er prahlt mit seinem Geld, mit seinen Sprachkenntnissen.* **angeben** [mit etwas] (ugs.): i. S. v. prahlen; weniger anspruchsvoll und weniger übertreibend; kann sich auch auf Kleinigkeiten beziehen: *er wollte ein bißchen a. und den Mädchen etwas Besonderes bieten.* **protzen** [mit etwas] (ugs.): vorhandene Vorzüge oder Vorteile in unangenehmer und aufdringlicher Art zeigen, zur Schau stellen; protzig auftreten: *er protzt mit seinem Geld, seinem neuen Auto.* **renommieren** [mit etwas] (bildungsspr.): vorhandene Vorzüge immer wieder betonen, damit prahlen; es handelt sich dabei häufig um die Vorzüge dritter Personen, durch die die eigene Person in Ansehen und Wert gehoben wird: *mit der reichen Tante, mit dem Titel des Vaters r.* **bramarbasieren** (bildungsspr.; selten): in aufdringlichen Reden oder durch betont protziges Verhalten seine Vorzüge und Stärke heraus- und zur Schau stellen: *der Abenteurer bramarbasierte wild gestikulierend.* **den Mund voll nehmen** (ugs.); **große Töne spucken** (salopp); **Sprüche [her]machen** (ugs.): prahlend mehr versprechen als man halten kann: *erst spuckt er große Töne, dann plötzlich macht er einen Rückzieher.* **Wind machen** [um etwas] (ugs.): etwas aufbauschen und übertreiben, meist in der Absicht, sich dadurch größeres Ansehen zu verschaffen: *sie machte viel Wind um den kleinen Unfall.* **großtun,** sich (ugs.); **dick[e]tun,** sich (salopp); **brüsten,** sich (ugs.): sich einer Sache prahlend rühmen: *sie brüstet sich mit ihrer guten Stellung.* **aufspielen,** sich (ugs.; abwertend): sich seinem Benehmen und Auftreten nach für mehr ausgeben, als man tatsächlich ist: *sie haben keinen Grund, sich als Opfer ihrer Gesinnung aufzuspielen;* ↑dünkelhaft, ↑protzig.

Praktik, die (meist Plural): (in diesem Sinnbereich) bedenkliche Methode, nicht immer einwandfreies und erlaubtes Vorgehen bei einer Sache oder einem Unternehmen, durch das man sich einen Vorteil verschafft: *anrüchige, gerissene und ungesetzliche Praktiken.* **Schliche,** die (Plural): listiges, oft hinterlistig täuschendes Vorgehen, um auf Umwegen zu einem Vorteil, einem Gewinn zu gelangen; betont weniger das Unrechtmäßige, Unerlaubte als die listige Schläue, die dabei angewandt wird, und wird darum manchmal mit einer gewissen Anerkennung gesagt. **Kniff,** der: (in diesem Sinnbereich) unerlaubter, betrügerischer Kunstgriff, mit dem man einen anderen übervorteilt; bezieht sich mehr auf kleine, geschickte Täuschungsmanöver, unbemerkte Manipulationen bei einer äußerlich legalen Handlung; ↑Kniff. **Trick,** der: (in diesem Sinnbereich) sorgfältig geplantes oder eingeübtes Täuschungsmanöver, mit dem man jmdm. etwas anderes vorspiegelt, als man tatsächlich beabsichtigt oder ausführt; bezeichnet entweder eine betrügerische Handlung oder ein harmloses, illusionistisches Kunststück o. ä.: *der T. des Zauberkünstlers.* **Masche,** die (salopp): (in diesem Sinnbereich) geschickt-schlaue Methode, Handlungsweise, mit der man versucht, etwas Bestimmtes zu erreichen, durchzusetzen [wobei aber Schwierigkeiten und Widerstände zu überwinden sind]: *er hatte es mit einer neuen M. versucht, seine Vorgesetzten für seinen Plan zu gewinnen.* **Tour,** die (salopp): (in diesem Sinnbereich) bestimmte Art und Weise des Vorgehens in einer Sache: *auf diese T. wirst du es nicht erreichen; etwas auf die krumme T. versuchen;* ↑Finte, ↑Intrige, ↑List, ↑Machenschaft.

Präservativ, das: aus feinem Gummi bestehendes Schutzmittel, das der Mann beim Geschlechtsverkehr über den erigierten Penis streift, um eine Schwangerschaft oder Ansteckung mit Aids, Geschlechtskrankheiten zu verhüten. **Kondom,** das; **Gummischutz,** der; **Präser,** der (ugs.); **Überzieher,** der (salopp); **Pariser,** der (salopp); **Mündungsschoner,** der (ugs.; scherzh.); **Verhüterli,** das (scherzh.): i. S. v. Präservativ: *Geschlechtsverkehr mit, ohne Kondom; Kondome in verschiedener Farbe und Form, mit Geschmack.*

preisen, jmdn./etwas (geh.): die Vorzüge einer Person oder Sache begeistert hervorheben; ist, wie die folgenden Wörter dieser Gruppe, im weltlichen und im religiösen Bereich anwendbar: *die Vorzüge des Landlebens hat schon Ovid gepriesen.* **verherrlichen,** jmdn./etwas (geh.): durch [überschwengliches] Lob jmdn. oder etwas herrlich und glanzvoll erscheinen lassen: *sie verherrlichten seine Taten.* **rühmen,** jmdn./etwas (geh.): die Bewunderung, den hervorragenden Eindruck, den man von jmdm./etwas hat, der/das sich vor anderen auszeichnet, laut und öffentlich äußern: *die Taten Gottes r.* **loben,** jmdn./etwas: (in diesem Sinnbereich) eine Person oder Sache oder deren Wesen dankend preisen: *er lobt Gott;* ↑[1]loben, ↑[2]loben. **lobpreisen,** jmdn./etwas (dichter.): jmdn./etwas überschwenglich loben: *sie lobpreisen die Werke Gottes.*

profitieren [von, bei/(seltener:) an etwas]: bei irgendeiner Gelegenheit einen [überraschenden] Vorteil haben; drückt oft aus, daß dieser Vorteil auf schlaue Art und Weise wahrgenommen wurde oder daß man ihn nicht für ganz gerechtfertigt hält: *der einzige, der bei diesem Prozeß profitiert hat, ist der Rechtsanwalt;* vgl. Profit ↑Vorteil. **Nutzen haben,** von etwas: einen Vorteil für sich selber bei etwas feststellen können; damit ist im allgemeinen kein materieller Nutzen gemeint. **Nutzen ziehen,** aus etwas: es verstehen oder die Möglichkeit haben, eine Sache so zu gestalten, sie so auszuwerten, daß sich daraus für einen selbst ein Vorteil ergibt; vgl. Nutzen ↑Vorteil. **Gewinn haben,** von etwas: durch etwas eine materielle oder geistige Bereicherung erfahren; vgl. Gewinn ↑Vorteil; vgl. gewinnbringend ↑einträglich.

Propaganda, die (ohne Plural): fortgesetzte Bemühungen mit zuweilen aufdringlichen Methoden, zu dem Zweck, religiösen, kulturellen, vor allem aber politischen Ideen und Meinungen eine möglichst große Breitenwirkung zu verschaffen. **Agitation,** die: **a)** (abwertend) aggressive Tätigkeit zur Beeinflussung anderer, vor allem in politischer Hinsicht (mit dem Ziel, Unzufriedenheit und Empörung zu wecken); **b)** politische Aufklärungstätigkeit (in bezug auf politische oder soziale Ziele). **Werbung,** die (ohne Plural): planmäßiger Einsatz von Personen, Mitteln und entsprechenden Techniken zur gezielten Beeinflussung menschlichen Verhaltens, zur Weckung von Bedürfnissen oder zur Verbreitung von bestimmten Ideen, womit in erster Linie materielle Ziele verfolgt werden. **Reklame,** die: **a)** (ohne Plural; veraltend): i. S. v. Werbung: *in Leuchtschrift lief die R. über die Häuserwand; R. machen;* **b)** aufdringliche, marktschreierische Art der Werbung; enthält eine Abwertung. **Öffentlichkeitsarbeit,** die: das Bemühen von Organisationen oder Institutionen (z. B. Parteien, Unternehmen usw.), der Öffentlichkeit eine vorteilhafte Darstellung der erbrachten Leistungen zu geben, um so ein Vertrauensverhältnis zu schaffen. **Public Relations** [pạblik rilẹ'schens], die (Plural): i. S. v. Öffentlichkeitsarbeit: *Wenn ein junger Mann ein Mädchen kennenlernt und ihr sagt, was für ein großartiger Kerl er ist, so ist das Reklame. Wenn er ihr sagt, wie reizend sie aussieht, dann ist das Werbung. Aber wenn das Mädchen sich für ihn entscheidet, weil sie von anderen gehört hat, was für ein feiner Kerl er sei, dann ist das Public Relations* (Münchmeyer). **Volksverführung,** die; **Demagogie,** die: Aufwiegelung und Verhetzung von Personen, Personengruppen zur Durchsetzung politischer Ziele unter Ausnutzung von Gefühlen, Ressentiments, Vorurteilen und Unwissenheit. **Manipulation,** die (bildungsspr.): Beeinflussung von Menschen zum Zwecke einer systematischen zielgerichteten Lenkung und Prägung des Bewußtseins, des Denkens, des Gefühls, wodurch selbständige Entscheidungen verhindert und die Autonomie des Betroffenen gefährdet wird; begünstigt emotional-affektive Entscheidungen; vgl. Manipulation ↑Machenschaft.

Prophet, der: jmd., der etwas Zukünftiges vorhersagt. **Hellseher,** der:' jmd., der (angeblich) zukünftige Ereignisse, die außerhalb jeglicher Sinneswahrnehmung liegen, schon wahrnimmt. **Weissager,** der: jmd., der Künftiges vorhersagt. **Wahrsager,** der: jmd., der über verborgene oder zukünftige Dinge mit Hilfe bestimmter (auf Aberglauben o. ä. beruhender) Praktiken Vorhersagen macht.

Prostituierte, die: Frau, die sich gewerbsmäßig Männern zum Geschlechtsverkehr anbietet. **Gunstgewerblerin,** die (scherzh.); **Liebesdienerin,** die (scherzh., verhüllend); **Hure,** die (verächtlich): Frau, die zur Befriedigung der eigenen Wollust oder zu Erwerbszwecken mit Männern sexuellen Verkehr hat; enthält eine negative moralische Wertung und kennzeichnet die persönliche Ablehnung des Sprechers/Schreibers. **Fose,** die (vulgär; verächtlich): i. S. v. Hure. **Flittchen,** das (salopp; abwertend): Mädchen [oder jüngere Frau], das sich leicht mit Männern einläßt und sich zu geschlechtlichen Beziehungen hergibt, um sich zu amüsieren oder sich aushalten zu lassen; enthält immer einen Tadel. **Schickse,** die (derb; verächtlich): i. S. v. Flittchen. **Dirne,** die: i. S. v. Prostituierte; enthält nicht immer eine moralische Wertung. **Nutte,** die (derb); **Kalle,** die (Gaunerspr.); **Freudenmädchen,** das (verhüllend); **Horizontale,** die (ugs.; scherzh.; verhüllend); **leichtes Mädchen:** i. S. v. Prostituierte: *an der Ecke standen einige leichte Mädchen.* **Kokotte,** die (geh.): Frau, gewöhnlich gut aussehend, mit guten

Umgangsformen und von einer gewissen Eleganz, die zu Erwerbszwecken mit Männern sexuell verkehrt. **Straßenmädchen,** das (abwertend); **Strichmädchen,** das (ugs.; abwertend); **Strichvogel,** der (ugs.; scherzh.); **Strichbiene,** die (salopp); **Schnepfe,** die (ugs.): Mädchen oder Frau, die sich auf der Straße [auf und ab gehend] männlichen Personen zum Geschlechtsverkehr gegen Bezahlung anbietet. **Kontrollmädchen,** das (ugs.): i. S. v. Prostituierte. **Rennpferd,** das (ugs.): Prostituierte, die für einen Zuhälter arbeitet. **Callgirl** [kålgö'l], das: Mädchen oder jüngere Frau, gewöhnlich gut aussehend, mit besseren Umgangsformen und von einer gewissen Eleganz, die sich auf telefonischen Anruf hin Männern gegen Bezahlung zum Geschlechtsverkehr zur Verfügung stellt. **Edelnutte,** die (salopp; ironisch): attraktive, anspruchsvolle Prostituierte, die einen vermögenden Kundenkreis hat. **Domina,** die (Jargon; verhüllend): Prostituierte für masochistische Kundschaft. **Französin,** die (Jargon; verhüllend): auf Fellatio spezialisierte Prostituierte; ↑Liebesspiel, ↑Strichjunge, ↑Zuhälter.

protzig (abwertend): durch das Zurschaustellen seines Besitzes vor anderen prahlend, bewußt [und mit einem primitiven Vergnügen daran] den Neid anderer herausfordernd; wird im allgemeinen auf Personen, aber, wie das folgende Wort, auch auf Dinge bezogen, die in solcher Weise [angeberisch] wirken: *die Nachbarn haben einen sehr protzigen Wagen.* **angeberisch** (abwertend): in eitlen Reden mit seinem Besitz, seinen Gaben vor anderen in unangenehm aufdringlicher, selbstgefälliger Weise prahlend. **großspurig** (abwertend): im Auftreten und Benehmen großtuerisch und eingebildet; sich in bestimmter Weise aufspielend. **großkotzig** (salopp; abwertend): i. S. v. großspurig; hebt nur noch stärker und deutlicher diesen unangenehmen und abstoßend wirkenden Wesenszug hervor; ↑dünkelhaft, ↑prahlen.

Proviant, der (ohne Plural): Vorrat an Essen, Nahrungsmitteln [den man auf einem längeren Marsch, einer Reise o. ä. mit sich führt, um unterwegs etwas zu essen zu haben]. **Verpflegung,** die (ohne Plural): (in diesem Sinnbereich) i. S. v. Proviant; betont jedoch weniger, daß es sich um Vorräte oder größere Mengen handelt, als daß man für seine Zwecke ausreichend mit Nahrungsmitteln versorgt ist; ↑Verpflegung. **Wegzehrung,** die (ohne Plural; geh.): [bescheidener] Vorrat an Essen, den man jmdm. [als Geschenk] auf eine Wanderung, Reise mitgibt. **eiserne Ration,** die (Militärspr.): vorhandener Proviant, der aber nur im Notfall angegriffen werden darf.

provisorisch: eine endgültige Lösung, Regelung oder Maßnahme vorläufig und vorübergehend ersetzend; nur als Notbehelf dienend, um einen Mangel vorläufig zu beheben: *eine provisorische Maßnahme.* **behelfsmäßig:** etwas Fehlendes vorerst notdürftig ersetzend; bezieht sich auf Gebrauchs- und Einrichtungsgegenstände: *die ganze Einrichtung ist vorläufig noch [recht] b.* **schlecht und recht** (ugs.): so gut, wie es mit einigem guten Willen, mit den gegebenen, beschränkten Möglichkeiten geht; wird nur prädikatbezogen gebraucht: *ich habe das geplatzte Wasserrohr schlecht und recht abgedichtet;* vgl. schlecht und recht ↑leidlich; ↑notdürftig, ↑vorübergehend.

¹prüfen, jmdn./etwas: (in diesem Sinnbereich) durch bestimmte Aufgabenstellungen, oft in Form von Einzelfragen, jmds. Wissen oder Leistungsvermögen, seine Eignung oder Befähigung festzustellen suchen; bezieht sich sowohl auf den Menschen, der geprüft wird, als auch auf das, woraufhin er geprüft wird; ↑²prüfen, ↑³prüfen. **einer Prüfung unterziehen,** jmdn. (nachdrücklich): jmdn. sehr gründlich prüfen, um festzustellen, ob der Betreffende für bestimmte Zwecke brauchbar, ob er in der Lage ist, bestimmte Dinge, an denen dem Prüfenden oft persönlich gelegen ist, auszuführen; klingt meist sehr offiziell und gewichtig und wird oft durch verstärkende Beiwörter ergänzt; vgl. einer Prüfung unterziehen ↑²prüfen. **examinieren,** jmdn.: jmdn. in oft anmaßender Weise wie in einer Prüfung auf sein Wissen und seine Kenntnisse hin ausforschen, ihn durch viele Einzelfragen zu veranlassen suchen, seine Kenntnisse darzutun oder auch preiszugeben, um sich über bestimmte, oft den anderen betreffende Dinge zu informieren; hat meist abwertenden Nebensinn. **testen,** jmdn.: (in diesem Sinnbereich) jmdn. im Rahmen eines festgelegten Systems nach ganz bestimmten Gesichtspunkten auf psychische, geistige oder physische Gegebenheiten hin untersuchen, um seine Begabungen, Fähigkeiten oder auch die Eigentümlichkeiten des Charakters, des Temperaments, des Gefühls- und Trieblebens festzustellen; vgl. testen ↑²prüfen.

²prüfen, etwas: einen Gegenstand kritisch untersuchen, indem man ihn genau betrachtet, befühlt, ihn u. U. einer Belastungsprobe aussetzt usw., um seine Beschaffenheit, seinen Zustand, seine Eignung, seine Leistung festzustellen; bezieht sich sowohl auf die betreffenden Gegenstände selbst als auch auf deren Eigenschaften, Leistungsvermögen usw.; ist das allgemeinste Wort dieser Gruppe und hat die größte Anwendungsbreite; bei den Verben dieser Gruppe handelt es sich darum, daß jmd. auf etwas seine geistige Aufmerksamkeit richtet, es genau und kritisch untersucht, um festzustellen, ob bestimmte Eigenschaften (spezielle Beschaffenheit, Richtigkeit, Eignung, Brauchbarkeit usw.) den Bedingungen entsprechen, die durch den jeweiligen Text gegeben sind: *die Hausfrauen prüften das Angebot mißtrauisch und kauften ein;* ↑[1]prüfen, ↑[3]prüfen. **einer Prüfung unterziehen,** etwas (nachdrücklich): einen Gegenstand sehr gründlich und sachverständig, oft umständlich prüfen, um festzustellen, ob er für bestimmte Zwecke brauchbar, geeignet ist: *bevor sie einen Gegenstand kaufen, unterziehen sie ihn langwierigen Prüfungen;* vgl. einer Prüfung unterziehen ↑[1]prüfen. **ausprobieren,** etwas: (in diesem Sinnbereich) mit einem [Gebrauchs]gegenstand [erstmals] einen bestimmten Versuch machen, etwas probeweise in Betrieb setzen, betätigen, anwenden, um sich von seiner Leistungsfähigkeit, seiner Tauglichkeit ein Bild machen zu können; das Ergebnis ist meist subjektiv: *Fahrräder a.* **erproben,** etwas (geh.): (in diesem Sinnbereich) einen Gegenstand durch Gebrauch prüfen, von ihm bestimmte Leistungen verlangen, ihn bestimmten Belastungsproben aussetzen, um auf Grund der dabei gemachten Erfahrungen seine Leistungsfähigkeit, sein Verhalten festzustellen, zu sehen, ob er sich bewährt; bezieht sich meist nicht auf die betreffenden Gegenstände selbst, sondern auf das, woraufhin man sie prüft; das Ergebnis ist meist subjektiv: *oft erprobte sie die Festigkeit des Materials;* vgl. erproben ↑[3]prüfen. **testen,** etwas: (in diesem Sinnbereich) auf experimentellem Wege die Qualität, Leistungsfähigkeit, Wirksamkeit, Eignung bestimmter Materialien, Gegenstände, Maschinen und Geräte, Waren und Verkaufsartikel feststellen, im Hinblick auf die zu erwartenden Beanspruchungen und die Anforderungen, die [in bestimmten Situationen] an sie gestellt werden; bezieht sich sowohl auf die betreffende Sache selbst als auch auf das, woraufhin sie untersucht werden: *sie testen vor allem die Haltbarkeit des Gewebes;* vgl. testen ↑[1]prüfen. **checken,** etwas (Fachspr.): kontrollieren, nachprüfen, ob etwas so ist, wie es sein soll: *ein Flugzeug vor dem Start c.; Ausweise c.* **abchecken,** etwas (Fachspr.): etwas nach einem bestimmten Verfahren o. ä. prüfen, überprüfen, kontrollieren: *mit einigen Tests werden die Kriterien zusätzlich abgecheckt.* **überprüfen,** etwas: prüfen, ob etwas Bestimmtes in seiner Gesamtheit, den gemachten Angaben, den nötigen Anforderungen o. ä. auch entspricht, ob alles seine Richtigkeit hat; ist unter Umständen intensiver, kritischer als prüfen: *eine Maschine, eine Rechnung, eine Aussage, einen Ausweis ü.* **nachprüfen,** etwas: etwas auf seine Richtigkeit hin prüfen: *Angaben, eine Rechnung n.*

[3]**prüfen,** jmdn./etwas (geh.): (in diesem Sinnbereich) jmdn., seine Verhaltensweise, sein Reagieren in bestimmten [sich gerade ergebenden] Situationen genau beobachten, um auf diese Weise über den Betreffenden Aufschluß zu erhalten, seine Eigenschaften, Qualitäten oder Fähigkeiten kennenzulernen: *er prüfte den Burschen auf seine Geschicklichkeit und Reaktionsfähigkeit;* ↑[1]prüfen, ↑[2]prüfen. **auf die Probe stellen,** jmdn./etwas: (in diesem Sinnbereich) einen Menschen in eine bestimmte Situation bringen und, ohne daß sich der Betreffende dessen bewußt wird, sein Verhalten beobachten, um zu beurteilen, ob sich die in ihn gesetzten Erwartungen erfüllen; mit jmdm. einen Bewährungsversuch anstellen: *sie ließ manchmal mit Absicht einige wertvolle Schmuckstücke herumliegen, um die Ehrlichkeit ihrer Putzfrau auf die Probe zu stellen.* **erproben,** etwas (geh.): (in diesem Sinnbereich) von einem Menschen bestimmte Leistungen verlangen, um festzustellen, ob sich der Betreffende bewährt, oder um ihm überhaupt die Gelegenheit zu geben, sich zu bewähren; bezieht sich im Gegensatz zu den übrigen Wörtern dieser Gruppe nicht unmittelbar auf den Menschen selbst, sondern nur auf bestimmte Eigenschaften und Fähigkeiten, meist innere Werte und Qualitäten eines Menschen, die der Prüfung unterzogen werden: *er hat die Fähigkeiten dieser Männer erprobt;* vgl. erproben ↑[2]prüfen.

prügeln, sich [um etwas]: einen Streit mit jmdm. mit den Fäusten austragen; klingt derber, anschaulicher als „schlagen“: *sie prügelten sich eine ganze Weile.* **schlagen,** sich [um etwas]: (in diesem Sinnbereich) i. S. v. prügeln: *warum haben sich denn die Jungen geschlagen?;* ↑schlagen. **hauen,** sich [um etwas] (fam.); **keilen,** sich [um etwas] (salopp); **kloppen,** sich [um etwas] (salopp): i. S. v. prügeln, sich; die Ausdrücke werden im allgemeinen nur auf Kinder und Jugendliche bezogen und gehören der Kinder- oder Jugendlichensprache an; im Munde des Erwachsenen haben sie verharmlosenden oder abschätzigen Beiklang. **balgen,** sich [um etwas]: ringend miteinander kämpfen, mehr aus Übermut, überschüssiger Kraft als aus einer ernsthaften Ursache. **raufen** [sich um etwas] (südd.): sich prügelnd [und ringend] mit jmdm. kämpfen. **handgemein werden:** einander tätlich angreifen; in einem Streit zu Tätlichkeiten übergehen; kennzeichnet im Unterschied zu den übrigen Wörtern dieser Gruppe den Beginn der Handlung.

putzen: die Nase putzen, sich (Dat.): ziemlich kräftig Luft durch die Nase ausstoßen, um dabei störende [durch Schnupfen hervorgerufene] Ausscheidungen der Nasenschleimhaut zu entfernen. **schneuzen,** sich (ugs.): sich [hörbar] die Nase putzen. **schnauben** [sich] (landsch.): i. S. v. sich schneuzen. **trompeten** (ugs.): sich ungewöhnlich laut die Nase putzen. **einen Charlottenburger machen** (salopp; scherzh.; berlin.): sich die Nase mit Hilfe von Daumen und Zeigefinger putzen.

Putzfrau, die: [ältere] Frau, die stundenweise in einem Haushalt beschäftigt ist, um die gröberen Arbeiten, vor allem das Putzen und Reinigen der Zimmer, zu besorgen; während sich die Bezeichnungen „Putzfrau", „Reinemachefrau" und „Raumpflegerin" von der Tätigkeit der Betreffenden herleiten, enthält „Stundenfrau" einen Hinweis auf die Arbeitsdauer; alle übrigen Benennungen sind vom Blickpunkt dessen gebildet, der durch die Betreffende eine Hilfe und Arbeitserleichterung erfährt. **Putzhilfe,** die; **Reinemachefrau,** die: i. S. v. Putzfrau. **Raumpflegerin,** die: Frau, die angestellt ist, um in einem Haushalt die Zimmer zu reinigen oder in einem Büro u. ä. die Räume zu säubern und in Ordnung zu halten; diese neuere, als Aufwertung gedachte Bezeichnung wird vorwiegend in der Schriftsprache gebraucht; sie wurde anfangs belächelt und als gespreizt empfunden, doch steht sie im Zusammenhang mit den Strukturverhältnissen auf dem Arbeitsmarkt in der modernen Dienstleistungsgesellschaft und findet sich seit 1961 in der offiziellen Berufsstatistik. Diese Bezeichnung ist auch charakteristisch für den Wandel der Haushaltsstruktur in Richtung auf Technisierung und Wohnkultur. Im Unterschied zu den Beiwörtern bei „Putzfrau" wie z. B. „sauber, ehrlich, fleißig" finden sich bei „Raumpflegerin" eher „jüngere, ältere". **Stundenfrau,** die (landsch.): meist ältere Frau, die [regelmäßig] für einige Stunden kommt und der Hausfrau bei der Arbeit im Haushalt hilft. **Aufwartung,** die (geh.); **Aufwartefrau,** die (landsch.); **Zugeherin,** die (landsch.); **Zugehfrau,** die (landsch.); **Hilfe,** die (Plural ungebräuchlich; ugs.): i. S. v. Putzfrau; ↑Hausangestellte.

quälen: (in diesem Sinnbereich) **a)** jmdn./etwas quälen: jmdm./einem Tier bewußt wiederholt körperlichen Schmerz, Qualen zufügen; **b)** etwas quält jmdn.: etwas versetzt jmds. Körper oder Gemüt in einen Zustand des Leidens, qualvoller Unruhe oder Bedrücktheit; wird meist von Empfindungen oder von Gedanken, Vorstellungen gesagt: *ihn quälte der Gedanke, sein Vater könne an dem Unglück des Freundes mit schuld gewesen sein;* vgl. quälen ↑plagen. **mißhandeln,** jmdn./etwas: einem Menschen oder einem Tier durch brutale Behandlung, durch die Anwendung roher Gewalt Schmerzen bereiten, körperlichen Schaden zufügen; richtet im Unterschied zu den übrigen Wörtern den Blick nicht so sehr auf das, was das Opfer erleidet, sondern mehr auf das Tun des Handelnden, das vom Sprecher/Schreiber verurteilt wird. **peinigen** (geh.): **a)** jmdn. peinigen: einen Menschen wiederholt auf eine besonders tückische und gemeine, auf starke Schmerzen, auf physische oder psychische Qualen abzielende Weise mißhandeln: *er war schwer gepeinigt worden;* **b)** etwas peinigt jmdn.: etwas wirkt als heftiger, nagender Schmerz auf jmds. Körper oder Gemüt: *der Schmerz peinigt ihn;* **c)** etwas peinigt jmdn. (ugs.): etwas beunruhigt, belastet jmdn. seelisch sehr stark, versetzt ihn in quälende Unruhe, Ungewißheit: *es peinigt mich, daß ich nicht weiß, welche Note ich in Deutsch bekommen werde.* **foltern: a)** jmdn. foltern: einem Menschen kaltblütig und mit Bedacht grausame Schmerzen zufügen, oft um Geständnisse oder Aussagen zu erpressen; richtet im Unterschied zu „peinigen" a) den Blick weniger auf die zu erleidenden Qualen, die Pein des Opfers als auf den Vorgang, auf die Anwendung besonderer Methoden oder Werkzeuge, um große Schmerzen hervorzurufen; **b)** etwas foltert jmdn. (emotional übertreibend): etwas wirkt sehr schmerzhaft auf jmds. Gemüt oder Körper ein, bereitet fast unerträgliche Qualen: *Reue und Vorwürfe folterten ihn.* **martern: a)** jmdn. martern: i. S. v. foltern a); betont jedoch mehr die Tatsache des zu ertragenden Leidens, lenkt den Blick mehr auf das duldende Opfer als auf den Täter und seine Handlungsweise oder drückt aus, daß das Ergebnis [und die Absicht] der Peinigung der qualvolle Tod des Opfers ist; besagt eigentlich, daß jmd. die Qualen eines Märtyrers – eines Menschen, der Zeugnis ablegt für die Wahrheit, z. B. der christlichen Religion – zu erleiden hat; **b)** etwas martert jmdn.: etwas bereitet jmdm. außerordentliche Qualen, zieht jmds. Körper oder Gemüt über die Grenzen physischer oder psychischer Leidensfähigkeit hinaus in Mitleidenschaft; betont im Unterschied zu „foltern" b) weniger den starken Schmerz als das [kreatürlich hilflose] Leidenmüssen: *Schmerz, der seinen ganzen Körper marterte.*

Querulant, der (bildungsspr.): jmd., der sich immer wieder wegen Kleinigkeiten beschwert. **Nörgler,** der: jmd., der ständig an jmdm./etwas etwas auszusetzen hat. **Widerspruchsgeist,** der: jmd., zu dessen Natur es gehört, zu widersprechen. **Prozeßhansel,** der (ugs.): jmd., der schnell dabei ist, gegen jmdn. zur Klärung einer Streitfrage gerichtlich vorzugehen, einen Prozeß zu führen: *er ist ein P.*

R

Rachen, der (Plural ungebräuchlich): (in diesem Sinnbereich) rückwärtiger Bereich der Mundhöhle zwischen Gaumensegel und Kehlkopf; bezieht sich im Unterschied zu den übrigen Wörtern dieser Gruppe, die bestimmte charakteristische Funktionen des Halses und der Kehle betonen, mehr auf die anatomische Gestalt des Rachenraumes und steht seltener etwa in Zusammenhängen, in denen von Erkrankungen, Entzündungen des Rachenraumes die Rede ist. **Schlund,** der (Plural ungebräuchlich): unterer Teil des Rachens über der Mündung der Speise- und Luftröhre im Gegensatz zum Nasenrachenraum; meist in Beziehung zum Schlukken [von Speisen o. ä.] gesehen und in entsprechenden Zusammenhängen gebräuchlich. **Hals,** der (Plural ungebräuchlich): (in diesem Sinnbereich) i. S. v. Schlund; bezieht sich jedoch nicht nur auf die Schluck- oder Schlingfunktion, sondern wird allgemeiner auch als Atemweg oder Stimmweg, als Ort katarrhalischer Erkrankungen o. ä. gesehen: *der H. ist bedenklich rot;* ↑Hals. **Gurgel,** die (Plural ungebräuchlich; ugs.): (in diesem Sinnbereich) i. S. v. Schlund, besonders aber auf das Trinken bezogen und in anderen Zusammenhängen wenig gebräuchlich. **Kehle,** die (Plural ungebräuchlich): (in diesem Sinnbereich) Speise- und Luftröhre im Bereich des Kehlkopfes, im Zusammenhang mit dem Trinken oder der menschlichen Stimme gesehen; vgl. Kehle ↑Hals.

rächen, etwas; **rächen,** sich [für etwas/an jmdm.]: auf eine Übeltat, von der man mittelbar oder unmittelbar betroffen worden ist, mit einer entsprechenden persönlichen Vergeltungsmaßnahme antworten: *sich an der Familie des Mörders r.* **vergelten,** etwas: (in diesem Sinnbereich) etwas Böses, von dem man persönlich oder von dem jmd., dem man nahesteht, betroffen worden ist, mit etwas Bösem erwidern: *Böses mit Bösem v.* **Rache nehmen/**(auch:) **üben** [für etwas/an jmdm.] (nachdrücklich); **Vergeltung üben** [für etwas] (nachdrücklich): i. S. v. rächen. **heimzahlen,** jmdm. etwas: etwas Übles, das einem jmd. angetan hat, später, bei günstiger Gelegenheit, wenn der andere gar nicht damit rechnet, mit etwas Üblem erwidern. **abrechnen,** mit jmdm. [wegen etwas]: (in diesem Sinnbereich) sich für das Böse, das man von jmdm. hat erdulden müssen, meist nach längerer Zeit rächen und sich auf diese Weise Genugtuung verschaffen. **revanchieren,** sich [für etwas] (ugs.): (in diesem Sinnbereich) eine oft unfreundliche, jedoch nicht besonders schwerwiegende Tat oder Äußerung eines anderen mit einem entsprechenden Verhalten bei passender Gelegenheit beantworten.

rastlos (geh.): nicht zur Ruhe kommend, ohne Unterbrechung tätig und in Bewegung, immer weiterarbeitend; von großem Bewegungs- und Schaffensdrang zeugend; kennzeichnet vor allem die Art des Tuns und Handelns und wird, wie die anderen Wörter dieser Gruppe, im allgemeinen nicht subjektbezogen gebraucht. **unermüdlich:** unablässig, unentwegt, mit nicht erlahmender Willenskraft in seinen Bemühungen fortfahrend; von großer Ausdauer und Unbeirrbarkeit, oft auch Hingabe zeugend; betont weniger das Eilige, Hastige, das bei „rastlos" häufig mitschwingt; bezieht sich vor allem auf Tätigkeiten und Handlungen, oft auf solche, die sich aus stets sich wiederholenden Einzelakten zusammensetzen. **nimmermüde** (geh.): von bewunderungswürdiger Ausdauer; ohne Unterlaß [und voller Hingabe] tätig, sich keine Ruhe gönnend; bezieht sich meist auf einen Menschen, der erfüllt ist von einer Aufgabe und kennzeichnet oft Handlungen und Tätigkeiten, die aus der Fürsorge für jmdn. erwachsen; drückt meist eine gewisse Anerkennung aus; wird im allgemeinen attributiv verwendet und dabei öfter auch auf etwas bezogen, was als Teil für den ganzen Menschen steht: *sein nimmermüdes Hirn;* ↑eilig, ↑schnell.

raten, jmdm. etwas: (in diesem Sinnbereich) in der Absicht, jmdm. zu helfen, etwas für gut und nützlich befinden und damit gleichzeitig den anderen zu einer entsprechenden Handlung oder einem Verhalten auffordern oder ermutigen: *ich rate Ihnen dringend, einen Arzt zu konsultieren.* **zu etwas raten,** jmdm.: in dem Bestreben, jmdm. zu nützen, etwas als zweckmäßig und gut hinstellen und es ihm zu tun empfehlen; im Unterschied zu „raten" handelt es sich im allgemeinen um eine von verschiedenen Möglichkeiten, die in einer bestimmten Situation zur Wahl stehen, so daß man den anderen nur noch in einer Richtung bestärkt: *er riet mir zum Nachgeben.* **anraten,** jmdm. etwas: etwas ausdrücklich befürworten und es jmdm. dringend nahelegen, weil man es für unbedingt erforderlich oder äußerst zweckmäßig hält: *der Spezialist hat eine sofortige Operation angeraten.* **den/**(auch:) **einen Rat geben/**(auch:) **erteilen,** jmdm. (nachdrücklich): i.S.v. raten; ist oft auch nur als eine Art Hinweis zu verstehen, den jmd. ganz selbständig [aus der Beurteilung einer Sachlage heraus] in wohlmeinender Absicht einem anderen gibt; im Unterschied zu „geben" hat „erteilen" offiziellen Charakter. **empfehlen,** jmdm. etwas: aus Freundlichkeit oder um jmdm. zu helfen, jmdm. etwas als besonders günstig und für ihn geeignet hinstellen, ihm etwas als eine Möglichkeit oder einen Ausweg in seiner Situation eröffnen und ihn damit bewegen wollen, in seinem Interesse davon Gebrauch zu machen: *er hat ihr dringend eine Luftveränderung empfohlen.* **anempfehlen,** jmdm. etwas (nachdrücklich): jmdm. etwas dringend empfehlen. **ans Herz legen,** jmdm. etwas: in Anbetracht irgendwelcher Umstände oder weil man es unbedingt für angebracht hält, jmdm. dringend etwas empfehlen, wobei man mit dessen Einsicht oder Verständnis rechnet: *die Beachtung der neuesten Regeln möchte ich Ihnen noch einmal ausdrücklich ans Herz legen.*

Ratgeber, der: jmd., der jmdm. einen Rat gibt, ihn berät. **Mentor,** der: **a)** (bildungsspr.) erfahrener Ratgeber; **b)** (Pädagogik) erfahrener Pädagoge, der Studenten, Lehramtskandidaten während ihres Schulpraktikums betreut, berät. **Betreuer,** der: jmd., der jmdn. betreut, ihn vorübergehend in seiner Obhut hat, für ihn sorgt, sich um ihn kümmert; ↑Dienstältester, ↑Förderer.

Raub, der (Plural ungebräuchlich): (in diesem Sinnbereich) das Geraubte; etwas, was jmd. einem anderen bei einem Überfall gewaltsam weggenommen hat. **Beute,** die (ohne Plural): das, was Räubern oder Dieben in die Hände gefallen ist, was sie sich auf ihren Unternehmungen erobert haben. **Diebesgut,** das (ohne Plural); **Sore,** die (ohne Plural; Gaunerspr.): Gut, das durch widerrechtliche Aneignung in den Besitz von Dieben gelangt ist. **heiße Ware,** die (ohne Plural; Gaunerspr.): Diebesgut [das durch Hehlerei in den Handel gelangt ist]; drückt aus, daß der Handel mit entsprechenden Waren gefährlich ist; vgl. Löwenanteil ↑Anteil.

rauben, [jmdm.] etwas: widerrechtlich und meist unter Anwendung von Gewalt etwas in seinen Besitz bringen, was einem anderen gehört, wobei es sich meist um Dinge von größerem Wert handelt; das Wort drückt innerhalb dieser Gruppe Gewaltsamkeit und Unrechtmäßigkeit in der Aneignung fremden Eigentums am allgemeinsten aus; klingt oft etwas gespreizt: *man hat ihr die Juwelen geraubt.* **nehmen,** [jmdm.] etwas: (in diesem Sinnbereich) etwas, was ein anderer hat, in unrechtmäßiger [gewalttätiger] Weise an sich bringen; das Wort läßt den widerrechtlichen Vorgang nur aus dem entsprechenden Sinnzusammenhang heraus erkennen: *er überfiel einen harmlosen Spaziergänger und nahm ihm alles, was er bei sich hatte;* vgl. nehmen ↑stehlen. **wegnehmen,** [jmdm.] etwas: (in diesem Sinnbereich) i.S.v. nehmen; betont jedoch den Vorgang des gewaltsamen Entfernens einer Sache von einem bestimmten Platz durch die Vorsilbe „weg-" stärker; bezieht sich wie „nehmen" meist auf [kleinere] Dinge, die sich leicht und schnell wegbewegen lassen: *er bedrohte ihn mit einer Pistole und nahm ihm die Brieftasche weg;* vgl. wegnehmen ↑stehlen. **abnehmen,** jmdm. etwas: jmdm. etwas widerrechtlich wegnehmen, ihn unter Drohungen dazu bringen, es einem auszuhändigen: *er hat ihn niedergeschlagen und ihm die Uhr abgenommen.* **entreißen,** jmdm. etwas: jmdm. etwas, was er bei sich hat, in den Händen hält, unter Gewaltanwendung, meist mit einer heftigen Bewegung, wegnehmen, wobei unausgedrückt bleibt, ob Widerstand entgegengestellt wird oder nicht: *er wollte ihr die Handtasche e., aber sie hielt sie fest.* **entwinden,** jmdm. etwas: jmdm. etwas, was er in den Händen hält, unter Anwendung von Gewalt wegnehmen, wobei gleichzeitig ausgedrückt ist, daß Widerstand durch geschickte Bewegungen überwunden werden muß; betont wie „entreißen" und „abnehmen" besonders die Art der Handlung, durch die sich jmd. in den Besitz von etwas setzt: *er entwand dem Älteren den Schlüssel;* ↑bestehlen, ↑einbrechen, ↑stehlen.

Rauch, der (ohne Plural): ein aus einem Verbrennungsvorgang sich entwickelndes, sichtbar aufsteigendes Gewölk. **Qualm,** der (ohne Plural): dicht quellender, in dicken Schwaden meist langsam ziehender, oft als unangenehm empfundener Rauch. **Dunst,** der (ohne Plural): (in diesem Sinnbereich) feiner, schwebender, langsam dahinziehender, leicht bewegter Rauch in einem Raum [der als unangenehm empfunden wird]. **Hecht,** der (ohne Plural; salopp; abwertend): sehr dichter Tabaksqualm, der in einem Raum steht.

rauchen [etwas]: (in diesem Sinnbereich) Tabak in einer Pfeife, als Zigarre oder Zigarette genießen, indem man den Tabakrauch einzieht und ihn nach kurzer Zeit wieder ausatmet oder ausstößt; ↑Rauch. **schmauchen** [etwas]: auf eine besonders starke und qualmende Weise rauchen; wird vielfach auf das Pfeiferauchen bezogen und drückt dann Behaglichkeit aus. **schmöken/**(auch:) **schmoken** [etwas] (niederd.): viel und reichlich rauchen; gerne und auf eine sehr behagliche und gemütliche Weise schmauchen; wird vielfach auf das Pfeiferauchen bezogen und scherzh. gebraucht. **qualmen** [etwas]: **a)** stark und viel rauchen, so daß sich dabei verhältnismäßig viel Rauch bildet; wird oft abwertend gebraucht und drückt dann die ablehnende Haltung des Sprechers/Schreibers gegenüber dem übermäßigen Tabakgenuß aus: *der qualmt eine Zigarette nach der anderen;* **b)** (ugs.) i.S.v. rauchen: *ab und zu qualme ich ganz gern mal eine; sie stand vor der Tür und qualmte;* vgl. Qualm ↑Rauch. **paffen** [etwas] (ugs.): auf schnelle und heftige Weise und in einzelnen Zügen stoßweise rauchen; viel Rauch rasch einziehen und wieder kräftig ausstoßen. **plotzen** [etwas] (salopp; landsch.): rasch und in starken Zügen rauchen; wird vor allem auf das Rauchen von Zigarren oder Zigaretten, seltener auf das Pfeiferauchen bezogen und drückt zugleich aus, daß es sich dabei um einen als schlechtempfundenen Tabak handelt.

rechnen, mit etwas: mit Sicherheit oder großer Wahrscheinlichkeit annehmen, daß ein bestimmtes Ereignis eintreten wird, und sich innerlich darauf einstellen oder es in seine Überlegungen oder Pläne mit einbeziehen: *man muß mit dem Schlimmsten r.* **einkalkulieren,** etwas (ugs.): ein künftiges Ereignis oder bestimmte [hindernde] Umstände in die Berechnungen, Erwägungen, Überlegungen mit einbeziehen, seine eigenen Pläne darauf abstimmen und entsprechende Maßnahmen ergreifen: *wir haben einen Geschäftsrückgang im nächsten halben Jahr einkalkuliert.* **erwarten,** etwas: (in diesem Sinnbereich) ein kommendes Ereignis für sehr wahrscheinlich halten und sich gewisse Vorstellungen davon machen oder gewisse Hoffnungen oder Befürchtungen hegen: *so etwas Ähnliches hatte ich erwartet.* **gefaßt sein,** auf etwas: auf ein [unangenehmes] zukünftiges Ereignis vorbereitet sein und ihm mit Fassung entgegensehen: *ich bin auf eine Gardinenpredigt gefaßt.* **gefaßt machen [müssen],** sich auf etwas: sich mit dem Gedanken vertraut machen [müssen], daß etwas Unangenehmes unvermeidlich eintreten wird. **fürchten,** etwas (geh.); **befürchten,** etwas: für möglich halten, daß etwas Unangenehmes, was man vermutet, [unerwartet] eintrifft: *er mußte eine Haussuchung befürchten;* ↑[1]fürchten, ↑[2]fürchten, sich; vgl. befürchten, fürchten ↑Angst haben.

rechtfertigen, sich: (in diesem Sinnbereich) sich einer Anklage, einem Vorwurf gegenüber von dem Verdacht des Unrechts, der Schuld zu reinigen versuchen, indem man sein Verhalten, seine Ansichten erläutert und die Rechtmäßigkeit und Berechtigung zu begründen sucht; sein Verhalten gegen einen Einwand, Vorwurf verteidigen und es als korrekt, gerechtfertigt zu beweisen, hinzustellen suchen. **verantworten,** sich: (in diesem Sinnbereich) einer Anklage, einem Vorwurf gegenüber voll für sein Verhalten, seine Ansicht einstehen, indem man sie begründet und erläutert. **verteidigen,** sich: (in diesem Sinnbereich) sich gegen eine Anklage, einen Vorwurf zur Wehr setzen, indem man die Rechtmäßigkeit und Berechtigung seines Verhaltens oder seiner Ansicht mit Argumenten zu stützen und zu beweisen sucht; vgl. verteidigen, sich ↑wehren, sich. **wehren,** sich: (in diesem Sinnbereich) i. S. v. verteidigen; während man bei „sich verteidigen" den Angriff assoziiert, verbindet sich mit „sich wehren" die Vorstellung, daß sich der Betreffende von etwas, was ihn wie eine Einengung umgibt, zu befreien versucht, daß er sich das nicht gefallen lassen will; ↑sträuben, ↑wehren, sich.

rechtschaffen: anständig und tüchtig in seiner Art, im Rahmen der gegebenen Möglichkeiten; wird oft auf einfache Menschen, auf deren Eigenschaften und Handlungen bezogen: *eine rechtschaffene Tat; ein rechtschaffener Mann.* **brav, wacker:** aufrecht in seinem Wesen und sich darin nicht beirren lassend; unverdrossen in einer Mühe mit sich bringenden Arbeit; wird immer mit Herablassung oder leichtem Spott gesagt: *brave Bürger.* **bieder:** anständig und ehrenhaft; wird meist in etwas überlegener und überheblicher Weise gesagt, wenn man jmdn. oder jmds. Lebensführung in seiner Einfachheit und fast übertriebenen Korrektheit charakterisiert: *biedere Gesichter.* **ehrbar, ehrsam** (veraltet): der Sitte, dem Anstand gemäß; heute meist ironisch mit dem Nebensinn des Spießigen: *ein ehrbarer Bürger.* **redlich** (Ggs. ↑unredlich): rechtschaffen und aufrichtig; dieses Wort drückt, wie alle anderen Wörter dieser Gruppe, zwar ein Lob aus und kennzeichnet eine positive Eigenschaft, doch werden Lob und positive Eigenschaft dadurch meist wieder eingeschränkt, daß sich mit diesen Wörtern die Vorstellung von geistiger Enge und Altmodischkeit verbindet, die oft einfacheren älteren Leuten eignen, so daß der Sprecher/ Schreiber diese Eigenschaften für sich selbst gar nicht als erstrebenswert betrachtet: *er meint es r.*

rechtzeitig: [noch] zum richtigen Zeitpunkt, der einer bestimmten Sache entspricht, und nicht zu spät [geschehend oder eintreffend]; früh genug; ehe es zu spät ist. **beizeiten:** recht früh, so früh, daß es für etwas, was noch in der Zukunft liegt (z. B. für ein Vorhaben) gut, günstig ist, eine Verspätung nicht möglich ist; wird oft in Sätzen gebraucht, die eine dringende Aufforderung enthalten oder ein dringendes Anliegen bezeichnen: *mache dich nur b. auf den Weg!* **zur rechten Zeit:** (in diesem Sinnbereich) gerade noch rechtzeitig, ehe es ganz zu spät ist; genau in dem Augenblick, der zu einer bestimmten Handlung noch ausreicht, einen bestimmten Vorgang noch möglich macht; klingt oft etwas umständlich und wird in dieser Bedeutung nicht sehr häufig angewandt: *wärst du zur rechten Zeit hingegangen, dann hättest du ihn noch gesehen.* **zur Zeit** (ugs.): (in diesem Sinnbereich) zu einem Zeitpunkt, der ausreicht, um etwas Bestimmtes zu tun, zu erreichen; noch nicht zu spät; wird öfter dann verwendet, wenn man hervorheben will, daß etwas auch zu spät hätte geschehen oder eintreffen können: *die Bücher sind gerade noch zur Zeit eingetroffen;* ↑früh.

Rede, die: zusammenhängende, mündliche Darlegung von Gedanken vor einem Publikum, die einen bestimmten Anlaß, ein Ereignis oder eine Person zum Gegenstand hat; sie muß nicht immer vorbereitet sein, sondern kann auch aus dem Stegreif gehalten werden; vgl. eine Rede halten ↑[2]sprechen. **Ansprache,** die: eine meist kurze Rede – oft bei feierlichen Anlässen –, die die Zuhörer möglichst persönlich ansprechen will, z. B. als Begrüßung oder Erklärung; vgl. eine Ansprache halten ↑[2]sprechen. **Vortrag,** der: öffentliche Abhandlung eines Themas, wobei der Redner – oft in wissenschaftlicher Weise – in belehrender Absicht eine Frage oder ein Wissensgebiet vor einem Publikum erläutert; vgl. einen Vortrag halten ↑[2]sprechen. **Referat,** das: eine ausgearbeitete, meist wissenschaftliche Abhandlung über ein bestimmtes Thema, die meist vor einem Fachkollegium vorgetragen wird, Forschungsergebnisse zusammenfaßt und zur Diskussion anregen soll; vgl. ein Referat halten ↑[2]sprechen. **Kolleg,** das (Fachspr.); **Vorlesung,** die: regelmäßig während des Semesters stattfindende Lehrveranstaltung an einer Universität, Hochschule, bei der ein Professor, Dozent über ein bestimmtes Thema im Zusammenhang vorträgt: *er ging in die V.; heute fällt die V. aus.* **Predigt,** die: Ansprache des Pfarrers während des Gottesdienstes an die Gemeinde, inhaltlich meist auf die Verkündigung und Auslegung des Evangeliums ausgerichtet.

[1]**Regel,** die: (in diesem Sinnbereich) die von einer dazu befugten, meist höheren Instanz, der menschlichen Vernunft oder der allgemeinen Übereinkunft gegebene Vorschrift,

die auf das Verhalten oder Handeln in bestimmender Weise einwirken will, wobei die methodische Lenkung auf der Seite des die Vorschrift Befolgenden Einsicht und Bereitwilligkeit voraussetzt; sie sucht eine Form zu geben und verlangt für ihre Festsetzung allgemeine Anerkennung und Geltung; durch sie wird das Wie, der Ablauf in verbindlicher Weise bestimmt und die Gleichförmigkeit des Verhaltens und Handelns [in einer bestimmten Situation] gefordert; vom „Gesetz" unterscheidet sich die „Regel" darin, daß eine Ausnahme möglich ist: *die Regeln des Verkehrs;* ↑[2]Regel. **Norm,** die: (in diesem Sinnbereich) die von einer höheren Stelle oder Person festgelegte Bestimmung oder Vorschrift, die sich auf das menschliche Handeln und Verhalten oder den Ablauf einer Handlung bezieht, indem sie angibt, was oder wie etwas sein, geschehen oder geleistet werden soll; im Unterschied zur „Regel" wird dabei die unmittelbare Forderung stärker hervorgehoben; das Wort findet sich heute besonders häufig im technischen und juristischen Bereich: *für die Fertigung von Maschinen wurden bestimmte Normen festgesetzt;* vgl. Norm ↑[2]Regel; ↑Richtlinie.

[2]**Regel,** die (Ggs. Ausnahme ↑Sonderfall): (in diesem Sinnbereich) Satz allgemeiner Art, der von außen abgelesen und aus der Erfahrung und Erkenntnis hergeleitet ist und durch sie bestätigt wird; etwas, was den Dingen innewohnt, was wesentlich zum Ablauf eines Vorgangs, Verhaltens oder einer Handlung gehört und ihn bestimmt und was für die Gleichförmigkeit eines Geschehens kennzeichnend ist, aber doch nicht unwandelbar oder unabänderlich gegeben sein muß: *die Planetenbewegungen erfolgen z.B. nicht nach Regeln, lassen sich wohl aber mit Hilfe von Regeln beschreiben; nach Jacob Grimm sind alle Ausnahmen Nachzügler alter oder Vorboten neuer Regeln;* ↑[1]Regel. **Gesetz,** das: (in diesem Sinnbereich) etwas, was in einer bestimmten Weise wirkt und nur in einer ihm eigentümlichen Form und nur auf seine Art wirken kann; etwas, was vorgegeben und gesetzt ist und von innen her wirkt, indem es einer Sache innewohnt und beständig gegeben ist; immanentes Ordnungsprinzip; festes und unwandelbar waltendes Prinzip, das das Verhalten, den Ablauf von etwas festlegt und ihn bestimmt, so daß davon kein Abweichen möglich ist, und das sich aus der Sache selbst ergibt, gewissermaßen als eine Erfahrung, die sich immer wieder bestätigt: *wenn man die Menschen ihr Leben führen sieht, den natürlichen Gesetzen gemäß ...;* ↑[1]Gesetz. **Prinzip,** das: (in diesem Sinnbereich) Grundlage, auf der etwas aufgebaut und wovon es abhängig ist, seinen Ausgang nimmt oder abgeleitet werden kann; unumstößliches Gesetz, das sich im Sein, im Geschehen und in der Erkenntnis als letzter Urgrund aufzeigen läßt, allem zugrunde liegt, bestimmend wirkt oder Geltung hat; oberste und erste Bedingung für das Vorhandensein einer Sache: *nun kann aber ein lebensfeindliches P. auf die Dauer keinen Organismus beherrschen;* vgl. Prinzip ↑Grundsatz. **Norm,** die: (in diesem Sinnbereich) allgemeine Regel, die auf Grund genauer Beobachtung, Erfahrung, Überlegung oder Erkenntnis der Zusammenhänge aus einer Anzahl von Erscheinungen gefolgert und abgeleitet oder aus einer Reihe von Geschehnissen erkannt und festgelegt werden kann; sie deutet auf das Allgemeingültige, den Durchschnitt, das Gewöhnliche, Übliche und Häufigste hin: *von der N. abweichen;* vgl. Norm ↑[1]Regel.

regnen, es regnet: Wassertropfen fallen als Regen nieder; wird, wie alle Wörter dieser Gruppe, unpersönlich gebraucht. **nieseln,** es nieselt: es regnet unhörbar in sehr feinen, schwebenden, dicht fallenden Tröpfchen. **fis[s]eln,** es fis[s]elt (landsch.): es regnet länger anhaltend dünn, fein. **tröpfeln,** es tröpfelt (ugs.): es regnet in vereinzelten kleinen Tropfen, fängt zu regnen an. **pladdern,** es pladdert (landsch.): es regnet stark, wobei große Tropfen auf den Boden klatschen. **gießen,** es gießt (ugs.): es regnet sehr stark. **schiffen,** es schifft (derb): es regnet in Strömen, stark. **schütten,** es schüttet (ugs.): es regnet wolkenbruchartig.

reiben: mit etwas (z.B. einem Tuch) unter Anwendung eines gewissen Drucks über etwas mit [mehrmaliger] kräftiger Bewegung hinfahren: *du mußt kräftig r.; er rieb vergeblich – der Fleck ging nicht aus der Hose raus.* **rubbeln:** kräftig reiben, wobei die Vorstellung besteht, daß man nicht so sehr hin und her, sondern kreuz und quer reibt: *wenn du rubbelst, kommt die Zahl, das Abziehbild zum Vorschein.* **frottieren,** sich/jmdn.: seinen oder jmds. Körper, Haut (mit einem Tuch) kräftig reiben (z.B. um Wassertropfen zu entfernen, damit man oder jmd. trocken wird): *ich frottiere mich, die Freundin mit dem Badetuch.* **scheuern** [etwas]: (z.B. mit Bürste, Scheuerpulver o.ä.) etwas kräftig reibend bearbeiten, um es zu reinigen oder blank zu machen: *den Boden s.* **schaben** [etwas von etwas]: etwas von einer härteren oder der oberen Schicht befreien, indem man wiederholt mit einem Gegenstand, der eine scharfe Kante hat, fest darüberhin fährt: *das Eis von der Windschutzscheibe s.; Mohrrüben s.* **kratzen** [etwas von etwas]: (in diesem Sinnbereich) etwas mit etwas Spitzem, Scharfem bearbeiten, um etwas darauf Befindliches zu entfernen: *er kratzte solange, bis er den Fleck an der Wand entfernt hatte; das Eis von der Scheibe mit den Nägeln k.* **schrubben** [etwas]: mit einem Schrubber – einer an einem längeren Stiel befestigten harten Bürste – kräftig über etwas hinfahren und es auf diese Weise zu reinigen versuchen: *sie schrubbt den ganzen Tag; den Fußboden in der Küche, die Küche s.* **feilen** [etwas]: durch Bearbeitung mit einer Feile – einem Werkzeug aus Stahl mit vielen kleinen Rillen oder Zähnchen – Unebenheiten von etwas entfernen, machen, daß es glatt, eben wird: *die Fingernägel f.;* auch übertragen: *an dem Text hat er lange gefeilt;* vgl. krabbeln ↑streicheln.

reich (Ggs. ↑arm): (in diesem Sinnbereich) viel Geld und materielle Güter besitzend, Überfluß daran habend. **steinreich** (emotional verstärkend): über ungewöhnlich großen, Bewunderung auslösenden Reichtum verfügend. **begütert** (geh.): beträchtlichen Besitz, oft in Gestalt von Liegenschaften, habend und dadurch finanziell unabhängig. **vermögend:** ein ansehnliches Vermögen (Geld- und Liegenschaften) besitzend. **wohlhabend:** in guten, durch vorhandenes Vermögen finanziell gesicherten Verhältnissen lebend. **bemittelt:** finanziell gut gestellt. **betucht** (ugs.; landsch.): (in diesem Sinnbereich) wohlhabend, über Vermögen verfügend. **mit Glücksgütern gesegnet:** (dem Anschein nach) alles habend und sich alles leisten könnend, was man sich wünschen kann; wird von jmdm. gesagt, den man in seinem Reichtum für besonders glücklich und beneidenswert hält.

reinigen, etwas [von etwas]: etwas vom darin, darauf befindlichen Schmutz, Staub befreien; betont öfter, daß etwas von Grund auf rein gemacht wird: *Kleider chemisch r. lassen; das Gewehr, die Schreibmaschine, das Gesicht mit einer Lotion r.* **säubern,** etwas [von etwas]: etwas, vor allem an der Ober- oder Außenfläche, von [anhaftendem] Schmutz, von Unsauberkeit befreien; während sich mit „reinigen" die Vorstellung verbindet, daß etwas [durch und durch] frei von etwas hygienisch, ästhetisch Beeinträchtigendem wird, verbindet sich mit „säubern" die Vorstellung, daß etwas äußerlich sichtbar frei von Schmutz, Staub ist: *den Anzug [von Staub] s.; die verschmutzten Schuhe s.; die Parkbänke wurden im Frühjahr gesäubert;* ↑saubermachen.

reisen: **a)** sich aus den verschiedensten Gründen, z. B. um jmdn. zu besuchen, um Geschäfte abzuwickeln usw., über eine größere Entfernung hinweg mit einem Verkehrsmittel von einem Ort an einen anderen begeben: *morgen will er von hier aus nach Straßburg r.;* **b)** zu seinem Vergnügen oder um sich dadurch zu bilden, Reisen unternehmen: *er ist in seinem Leben sehr viel gereist.* **eine Reise machen:** längere Zeit zu seinem Vergnügen unterwegs sein, um fremde Gegenden oder Länder kennenzulernen; dabei steht die Fahrtroute oder das Ziel meist im voraus fest [und wird häufig mit angegeben]: *nach dem Abitur durfte er eine Reise nach Skandinavien machen.* **auf Reisen gehen:** zu einer Reise aufbrechen, die längere Zeit dauern soll, deren Ziel aber nicht unbedingt feststeht und unter Umständen nach Lust und Laune bestimmt und wieder geändert wird: *mein Schwager ist auf Reisen gegangen.* **verreisen:** für eine bestimmte Zeit sein Zuhause verlassen, sich über eine gewisse Entfernung hinweg an einen anderen Ort begeben und dort verweilen: *morgen verreisen meine Eltern für drei Wochen.* **fahren:** mit einem Verkehrsmittel ein bestimmtes Ziel anstreben, das mehr oder weniger weit vom Ausgangspunkt der Unternehmung entfernt liegt; steht mit Richtungsangabe: *wir fahren morgen nach Zürich.* **fliegen:** (in diesem Sinnbereich) mit einem Flugzeug reisen; steht mit Richtungsangabe: *sie sind anläßlich ihrer Silberhochzeit nach Venedig geflogen.* **jetten** (ugs.): mit einem Jet, einem Düsenflugzeug [zu seinem Vergnügen] fliegen; enthält die Vorstellung des angenehm-komfortablen und öfteren Fliegens. **düsen:** **a)** (ugs.) mit einem Düsenflugzeug irgendwohin fliegen; enthält die Vorstellung des Schnellen: *wir düsen nach Berlin, in den sonnigen Süden;* **b)** (salopp) in einem höheren Tempo (mit dem Auto) irgendwohin fahren: *mit dem Porsche düse ich in zwei Stunden nach München.* **trampen:** reisen, indem man Autos anhält und sich immer ein Stückchen mitnehmen läßt, so daß einem keine Fahrtkosten entstehen: *wir sind durch ganz Italien getrampt;* ↑[1]gehen, ↑herumtreiben, sich; ↑laufen, ↑spazierengehen, ↑trippeln, ↑trotten, ↑wandern.

reizend: besonderes Gefallen erregend, besonders nett; wird, wie die übrigen Wörter dieser Gruppe, von Dingen und Lebewesen gesagt [hauptsächlich dann, wenn sie als Besitz, Erwerbung, Verdienst gelobt oder gepriesen werden]; klingt meist überschwenglich und gehört, wie auch die übrigen Wörter dieser Gruppe, vorwiegend zum Wortschatz junger Mädchen und Frauen: *er hat eine ganz reizende Frau.* **entzückend:**

i. S. v. reizend; wird – wie auch „reizend" und „bezaubernd" – entweder auf etwas, was beim Wahrnehmenden angenehme Vorstellungen weckt, oder auf Personen, besonders auf ihr unwiderstehlich freundliches Wesen, bezogen: *ein entzückendes Tal; dieses Kleid ist e.* **bezaubernd:** i. S. v. reizend; obgleich die drei vorgenannten Wörter so gut wie identisch sind, schwingen doch leichte Nuancen mit, die sich aus den zugrundeliegenden Basiswörtern (Reiz, Entzücken, Zauber) ergeben: *sie ist b.; eine bezaubernde Erscheinung; b. lächeln.* **süß:** in liebenswerter Weise hübsch [anzusehen]; niedlich-klein; wird im wesentlichen auf Kinder und Kindliches bezogen: *ein süßes Baby; ein süßes Kätzchen; meine Freundin hat ein süßes eigenes Zimmer.* **goldig:** i. S. v. süß; wird mit Rührung und Zärtlichkeit, hauptsächlich von Menschen, besonders von Kindern, oder Tieren, gesagt; kennzeichnet das Wohlgefallen des in der Regel weiblichen Betrachters und dessen angenehmes Gestimmtsein durch den Anblick: *ein goldiges Kind; das Kätzchen ist ja g.!; euer Häuschen ist ja g.;* ↑anziehend.

religiös: (in diesem Sinnbereich) in seinem Denken und Handeln bestimmt vom Glauben an Gott, an den Sinn und die endliche Rechtfertigung des Lebens vor Gott; sein Leben [kompromißlos] nach den Grundsätzen gottgegebener Ethik einrichtend; betont im Unterschied zu „fromm" mehr die bewußte Überzeugung, weniger das äußere Verhalten [im Sinn bestimmter kirchlicher Glaubensformen] und hebt ein gewisses intellektuelles Moment des Glaubens hervor; wird im allgemeinen nur von Personen und ihrer Einstellung oder Haltung gesagt. **fromm:** (in diesem Sinnbereich) in seinem Gemüt erfüllt vom Glauben an Gott, seine Allmacht und Gnade, die Wechselfälle des Lebens als Schickungen Gottes demütig hinnehmend und auch die äußeren Vorschriften des Glaubens sorgfältig beobachtend; betont im Unterschied zu „religiös" mehr das Gemüthafte, weniger das Intellektuelle des Glaubens oder bezieht sich auf das äußere Verhalten. **gläubig:** (in diesem Sinnbereich) im Vertrauen auf die Macht und Gnade Gottes lebend und handelnd; betont im Unterschied zu „fromm" nicht so sehr die gehorsame und demütige, sondern mehr die zuversichtliche und aktive Lebenshaltung. **gottesfürchtig:** in der Ehrfurcht vor Gott lebend und handelnd und danach trachtend, seine Gebote zu erfüllen; betont mehr das sittliche Moment und den schlichten Ernst des Glaubens. **frömmelnd:** von unechter, selbstgerechter Frömmigkeit; sich an die äußeren Formen der Religion klammernd [und auf andere, weniger fromm Erscheinende herabschauend]. **bigott** (bildungsspr.; abwertend): in seinem Frommsein engherzig, kleinlich und selbstgerecht, dabei oft heuchlerisch, scheinheilig; kennzeichnet im Unterschied zu „frömmelnd" weniger das äußere Verhalten als den Charakter einer Person; ↑scheinheilig.

renovieren, etwas: etwas, meist Gebäude oder Innenausstattungen [von Grund auf] erneuern, wobei nicht unbedingt die Wiederherstellung des ursprünglichen oder vorherigen Zustandes angestrebt wird, sondern mehr die Verschönerung im Vordergrund steht. **erneuern,** etwas (selten): (in diesem Sinnbereich) etwas, was schadhaft geworden ist, vor allem Gebäude, auch Kunstwerke, so herrichten, daß es seinem ursprünglichen Zustand wieder möglichst ähnlich wird: *die Fassade war im neunzehnten Jahrhundert erneuert worden.* **restaurieren,** etwas (bildungsspr.): ein schadhaft gewordenes Kunst- oder Bauwerk, Stücke der Innenausstattung u. ä. unter genauester Beachtung der ursprünglichen Konzeption wiederherstellen. **wiederherstellen,** etwas: (in diesem Sinnbereich) etwas schadhaft Gewordenes (z. B. Kunst- und Gebrauchsgegenstände, auch Gebäude) wieder in seinen früheren, den ursprünglichen Bestimmungen entsprechenden Zustand zurückbringen.

reparieren, etwas: durch Beseitigung eines Schadens etwas wieder benutzbar, brauchbar machen oder erreichen, daß etwas seine Funktion wieder erfüllen kann; rückt, wie alle Wörter dieser Gruppe, außer der Wendung „den Schaden beheben" mehr den Gegenstand als Ganzes in das Blickfeld; betont, daß der Zweck der Handlung darin liegt, etwas wieder in Gebrauch nehmen, benutzen zu können; wird meist im technischen, handwerklichen Bereich gebraucht. **wieder in Ordnung bringen,** etwas: (in diesem Sinnbereich) etwas durch Beseitigung eines Schadens in den ursprünglichen, heilen Zustand zurückversetzen; ist wie die folgende Wendung allgemein verwendbar, wenngleich es nicht so häufig gebraucht wird wie etwa „reparieren"; rückt die Zustandsveränderung stark in das Blickfeld: *ich werde mir am Sonnabend das Fenster mal ansehen und versuchen, es wieder in Ordnung zu bringen.* **wieder instand setzen,** etwas: i. S. v. wieder in Ordnung bringen; hat im Unterschied zu „wieder in Ordnung bringen" mehr sachlich-fachlichen Charakter; „er hat es wieder in Ordnung gebracht" besagt, daß man es nun wieder benutzen kann; „er hat es wieder instand gesetzt" besagt mehr, daß die Funktionsfähigkeit wiederhergestellt ist, daß es nun wieder geht, funktioniert. **heil machen,** etwas (fam.); **ganz machen,** etwas (ugs.): etwas [Zerbrochenes] wieder in Ordnung bringen; wird häufig Kindern gegenüber oder aber von Kindern selbst gebraucht. **den Schaden beheben:** eine schadhafte Stelle, eine Beschädigung u.ä. an etwas beseitigen; rückt im Unterschied zu den vorstehenden Wörtern dieser Gruppe mehr die schadhafte, beschädigte Stelle in das Blickfeld und betont stärker die Tatsache der Beseitigung des [festgestellten und vorher genannten] Schadens; klingt recht persönlich, oft ermunternd.

resignieren (bildungsspr.): angesichts von Widerständen auf ein Vorhaben oder auf Pläne verzichten und sich gefaßt, enttäuscht oder entmutigt damit abfinden: *nach dem ergebnislosen Kampf mit den Behörden resignierte er schließlich.* **die Flinte ins Korn werfen** (ugs.): vor einer unüberwindlich erscheinenden Schwierigkeit schließlich den Mut verlieren und ein Vorhaben fallenlassen; enthält die emotionale Teilnahme des Sprechers/Schreibers, der dieses Verhalten bedauert und für voreilig hält: *er wirft schnell die Flinte ins Korn, wenn es nicht beim ersten Mal glückt.* **kapitulieren** (ugs.): (in diesem Sinnbereich) in einer aussichtslos erscheinenden Lage sein Vorhaben oder seinen Widerstand gegen etwas aufgeben: *angesichts der Schwierigkeiten mußten wir k.* **sich geschlagen geben; die Waffen strecken** (ugs.); **die Segel streichen** (ugs.): eingestehen, daß man mit einer Schwierigkeit nicht fertig wird oder von seinem Gegner überwunden worden ist: *wenn ich mit dir Schach spiele, muß ich ja doch bald die Segel streichen.* **passen** (ugs.): eingestehen, daß man nicht mehr weiter mithalten kann, daß man mit seinem Wissen oder Können am Ende ist: *bei der Frage mußte sie p.;* ↑aufgeben, ↑[2]klein [beigeben], ↑nachgeben, ↑[2]setzen (unter Druck), ↑verzagen, ↑zurückstecken.

Resonanz, die (bildungsspr.): Stellungnahme[n], Reaktion[en], die durch etwas hervorgerufen worden sind und sich darauf beziehen. **Echo,** das: das, was als Reaktion, Äußerung auf etwas hin erfolgt: *das E. auf diese Rede.* **Feedback** [fidbäk], das (Fachspr.): (in diesem Sinnbereich) Reaktionen aus dem Publikum (bei Rundfunk, Fernsehen), von denen die für ein Programm Verantwortlichen Kenntnis erhalten und die auf diese Weise künftige Sendungen entsprechend gestalten [können]. **Rückmeldung,** die: i.S.v. Feedback; vgl. Zustimmung ↑Einverständnis; ↑ablehnen.

retten, jmdn./etwas: jmdn./etwas aus einer [drohenden] Gefahr befreien und dadurch vor Schaden, Verlust, Verderben, Tod oder dgl. bewahren: *einen Ertrinkenden, sein Hab und Gut r.;* vgl. sich retten ↑fliehen. **erretten,** jmdn. (geh.): i.S.v. retten; bringt aber stärker das Ergebnis der Handlung, die Erreichung der Rettung zum Ausdruck: *der alte Matrose erzählte, daß er auf ganz wundersame Weise errettet worden sei.* **in Sicherheit bringen,** jmdn./etwas: jmdn./etwas aus dem Bereich einer Gefahr dorthin bringen, wo keine Gefährdung mehr besteht: *die Kinder in Sicherheit bringen.* **bergen,** jmdn./etwas: (in diesem Sinnbereich) jmdn./etwas einer Bedrohung entziehen, aus dem Bereich einer Gefahr oder von einem Unglücksort weg [in Sicherheit] bringen: *der Rettungskutter lief sofort aus, um die Schiffbrüchigen zu b.; drei Skifahrer konnten nur noch tot geborgen werden.*

rezitieren [etwas] (bildungsspr.): im allgemeinen Lyrik, seltener Prosa, vor einem Publikum [auswendig] zu Gehör bringen; bezieht sich im allgemeinen auf die Darbietung durch einen ausgebildeten Sprecher. **vortragen** [etwas]: (in diesem Sinnbereich) i.S.v. rezitieren; klingt weniger anspruchsvoll als „rezitieren". **zu Gehör bringen,** etwas (geh.): ein Gedicht, Lied vortragen. **deklamieren** [etwas]: zumeist ein Gedicht mit kunstvollem Nachdruck und Pathos [auswendig] vor einem Publikum vortragen; enthält mitunter eine abschätzige Kritik an der übertrieben pathetischen Wiedergabe. **herunterleiern,** etwas (ugs.; abwertend); **ableiern,** etwas (ugs.; abwertend): (in diesem Sinnbereich) etwas Auswendiggelerntes, zumeist ein Gedicht oder einen vorliegenden Text, schlecht und eintönig vortragen; drückt oft Ärger und Tadel des Sprechers/Schreibers aus. **vorlesen** [etwas]: (in diesem Sinnbereich) einen vorliegenden [dichterischen] Text, häufig Prosa, aber auch Gedichte, vor einem Publikum lesen. **lesen** [aus etwas]: (in diesem Sinnbereich) ein vorliegendes dichterisches Werk, zumeist Prosa, kunstgerecht vor einem Publikum zu Gehör bringen; wird oft verwendet, wenn ein Dichter aus seinen eigenen Werken in einer Dichterlesung vorliest. **aufsagen,** etwas: (in diesem Sinnbereich) etwas Auswendiggelerntes, zumeist ein Gedicht, [fehlerlos, aber in wenig kunstvoller Weise] vortragen; bezieht sich zumeist auf die Wiedergabe durch Kinder und Schüler. **hersagen,** etwas (ugs.): (in diesem Sinnbereich) etwas Auswendiggelerntes, zumeist ein Gedicht, ohne Ausdruck und innere Beteiligung in eintöniger Weise vortragen; oft abschätzig gebraucht. **abhaspeln,** etwas (salopp); **herunterschnurren,** etwas (salopp): etwas Auswendiggelerntes, ein Gedicht, hastig, ohne richtige Betonung vortragen. **verlesen,** etwas: etwas öffentlich vorlesen, um es anderen bekanntzumachen: *eine Botschaft, ein Urteil v.*

richtig: richtig sein, etwas ist richtig: (in diesem Sinnbereich) etwas enthält keinen logischen Fehler oder Widerspruch, etwas ist in seinem Ergebnis denknotwendig; wird wie „stimmen" von Überlegungen, Rechnungen o. ä. gesagt: *man muß sich fragen, ob diese Überlegung richtig ist;* vgl. richtig sein ↑stimmen. **stimmen,** etwas stimmt: etwas ist in seinem gedanklichen Aufbau, seinem Ergebnis schlüssig, enthält keine Widersprüche, keine Unwahrscheinlichkeiten und stimmt somit offenbar auch mit der Wirklichkeit überein: *wir wundern uns immer wieder, wenn unsere Rechnung nicht stimmt;* ↑stimmen.

richtigstellen, etwas: einen Sachverhalt von Irrtümern und falschen Auffassungen [die sich eingeschlichen haben] befreien und der Wahrheit entsprechend richtig darstellen: *ich bin Ihnen dankbar, daß Sie die Sache richtiggestellt haben.* **berichtigen,** etwas: Irrtümer oder falsche Behauptungen als solche bezeichnen oder sie zurücknehmen und sagen, wie sich die betreffende Sache in Wirklichkeit verhält: *einen Irrtum b.;* ↑berichtigen. **klären,** etwas: einen Sachverhalt von Entstellungen, falschen Mutmaßungen oder Behauptungen, die auf Irrtümern beruhen, reinigen und wahrheitsgemäß in aller Deutlichkeit und Klarheit darstellen: *das stimmt nicht, das muß geklärt werden.* **klarstellen,** etwas: nachdrücklich ein Mißverständnis, einen Zweifel beseitigen oder einer falschen Darlegung entgegentreten und sagen, wie es sich in Wirklichkeit verhält: *damit Sie sich keinen falschen Vorstellungen hingeben, möchte ich das ein für allemal k.*

Richtlinie, die (meist Plural): (in diesem Sinnbereich) mündlich oder schriftlich von einer höheren Instanz, einer dazu befugten Gewalt oder Person ausgehende Anweisung, die es einem Menschen vorschreibt, wie er sich in einer besonderen Lage verhalten oder was er bei einer bestimmten Arbeit beachten oder tun soll; im ganzen genommen bleibt die Anweisung allgemein und läßt der individuellen Entscheidung einen gewissen Spielraum, weil man darauf vertraut und annimmt, daß derjenige, der die Anweisungen empfängt, sich daran hält, sie befolgt und als richtunggebend ansieht, und weil man der Entwicklung Rechnung tragen will, die diese Regelungen im allgemeinen auf einen noch in der Zukunft liegenden Einzelfall angewandt werden sollen. **Vorschrift,** die (meist Plural): (in diesem Sinnbereich) in mündlicher oder schriftlicher Form von einer höheren Instanz oder einer dazu befugten Stelle gegebene Anweisung, deren Befolgung erwartet wird und die ein bestimmtes Verhalten voraussetzt oder ein bestimmtes Handeln erfordert; vgl. Vorschrift ↑Gesetz. **Verhaltungsmaßregel,** die (meist Plural); **Verhaltensregel,** die (meist Plural): mündlicher oder schriftlicher Hinweis, genaue Anweisung, die ein Mensch oder eine Institution einer anderen Person gibt, um ihre Haltung, ihre Einstellung oder ihr Handeln in einer besonderen Situation in einer bestimmten Weise zu beeinflussen und festzulegen; im allgemeinen wird diese Form der Anweisung auf einen besonderen Fall bezogen und genau bis ins einzelne gegeben; ↑Regel.

Rinde, die: (in diesem Sinnbereich) äußere feste Gewebeschicht bei Holzgewächsen; bezeichnet im Unterschied zu „Borke" mehr die lebende, glatte, dünne und nicht rissige oder verwitterte Schutzschicht oder dient als Oberbegriff. **Borke,** die: abgestorbene, korkartige, rauhe und rissige Rinde; ↑Schale.

Riß, der: (in diesem Sinnbereich) eine durch äußere Einflüsse oder Materialveränderungen, z. B. durch starke Erschütterungen oder innere Spannungen, bewirkte Trennung von Teilen eines festen Körpers, die eigentlich eng zusammengehören und nun, wenigstens stellenweise, durch einen schmalen [unregelmäßig verlaufenden] Zwischenraum voneinander getrennt sind: *nach der Explosion war das ganze Gebäude von Rissen durchzogen.* **Haarriß,** der: feinster, für das bloße Auge oft unsichtbarer [Oberflächen]riß bei [sprödem] Material verschiedenster Art: *die Glasur weist zahlreiche Haarrisse auf.* **Sprung,** der: ein in sprödem, leicht brechendem Material entstandener feiner Riß, der an der Oberfläche verläuft oder das Material in seiner ganzen Tiefe durchzieht: *die Tasse hat einen S.; feine Sprünge in den feuchten Wänden.* **Spalt,** der: Stelle, die dadurch entsteht oder vorhanden ist, daß sie nicht von dem sonst sie Umgebenden bedeckt ist; schmale, meist senkrecht verlaufende, oft nur vorübergehend bestehende Öffnung von gewisser Länge; oft eine Art Maßangabe: *die Tür einen S. offenlassen; durch den S. der Vorhänge blickte er in den Saal; die Augen einen S. weit öffnen.* **Spalte,** die: deutlich vorhandener, als solcher an sich existierender Zwischenraum; freier Raum zwischen etwas; Zwischenraum innerhalb von etwas; während ein Spalt meist durch entsprechende Einwirkung mehr oder weniger vorübergehend entsteht, ist eine Spalte im allgemeinen als etwas fest Gegebenes, Vorhandenes anzusehen: *durch die S. im Bretterzaun sah er dem Fußballspiel zu; eine S. im Gletscher;* ↑ Ritze.

Ritze, die: eine im allgemeinen schmale Spalte zwischen nicht restlos zusammengefügten oder wieder auseinanderstrebenden Teilen: *in den Ritzen im Fußboden sammelt sich Staub und Schmutz.* **Fuge,** die: (in diesem Sinnbereich) Stelle, wo zwei zusammengehörende Teile zusammengefügt worden sind und wo sich unter Umständen aus irgendeinem Grund (schlechte Arbeit, Materialveränderungen) ein kleiner, länglicher Zwischenraum gebildet hat: *die Fugen in der Schiffswand müssen gut abgedichtet werden.*

Rivale, der: ein sich im Wetteifer und Wettbewerb um jmdn. oder etwas befindender Gegner oder Mitbewerber. **Nebenbuhler,** der: jmd., der sich mit einem anderen zugleich um die Gunst oder Liebe einer und derselben Person bewirbt. **Konkurrent,** der: jmd., der sich mit einem oder mehreren anderen um etwas eifrig bewirbt oder bemüht und dabei nachdrücklich seine Kraft einsetzt, um sein Ziel zu erreichen und den oder die anderen zurückzudrängen. **Kontrahent,** der (bildungsspr.): Gegner, Gegenpart in einer geistigen Auseinandersetzung, in einem sportlichen Wettkampf. **Antipode,** der (bildungsspr.): Mensch von entgegengesetzer Geisteshaltung, Eigenart; einen entgegengesetzten Standpunkt vertretender Mensch; ↑ Feind.

Rohr, das: zylindrischer, längerer Hohlkörper [oft mit größerem Durchmesser], der aus festem Material besteht und eine dünne oder dicke, im Verhältnis zum Querschnitt jedoch weniger starke Wandung hat und der dazu dient, Gase, Flüssigkeiten, feste Körper, aber auch Licht, Schall usw. durchzulassen (z.B. Ofenrohr); „Rohr" und „Röhre" werden jedoch nicht immer streng in der jeweils angegebenen Weise getrennt: *Rohre verlegen; ein nahtloses R.* **Röhre,** die: der von einem Körper umschlossene langgestreckte, oft zylindrische Hohlraum, der oft einen geringeren Durchmesser hat und meist nicht besonders lang und meist auch an einem Ende begrenzt ist, bei dem aber die Gestalt des Körpers, in dem er sich befindet, ohne Belang ist. Er hat nicht so sehr die Funktion, irgendwelche Stoffe hindurchzulassen, sondern dient oft dazu, etwas in sich aufzunehmen (z.B. Ofenröhre); ein Rohr ist ein Etwas um ein Nichts, eine Röhre ist ein Nichts, das durch seine äußere Begrenzung zu einem Etwas geworden ist: *das Essen in die R. stellen; in dieser R. sind Kopfschmerztabletten.*

Rolle: eine Rolle spielen, etwas spielt eine Rolle (ugs.): (in diesem Sinnbereich) etwas stellt in einem bestimmten Zusammenhang, in jmds. Leben oder Interessenbereich ein wichtiges, entscheidendes Moment dar, das den Charakter einer Sache bestimmt, Veränderungen herbeiführt o.ä., wobei nicht gesagt wird, in welcher Weise sich die betreffende Sache auswirkt, sondern nur die Tatsache ihrer Bedeutung hervorgehoben wird: *in ihrem Leben spielte die Liebe eine erhebliche Rolle.* **eine Bedeutung haben,** etwas hat eine Bedeutung: (in diesem Sinnbereich) etwas stellt in gewisser, nicht näher bezeichneter Weise einen wichtigen Umstand in einem bestimmten Zusammenhang, in jmds. Leben oder Interessenbereich dar; betont im Unterschied zu „eine Rolle spielen" weniger, daß sich etwas aktiv auswirkt, Änderungen o.ä. bewirkt, sondern mehr, daß es den betreffenden Zusammenhang als Ganzen in irgendeiner Weise bestimmt, maßgeblich für seine Beurteilung o.ä. ist: *diese Briefe haben nur eine private Bedeutung.* **von Bedeutung sein,** etwas ist von Bedeutung: etwas bildet in einem bestimmten Zusammenhang o.ä. ein wesentliches Moment, ist von [nicht näher bezeichnetem] Einfluß auf das Ganze; legt im Unterschied zu „eine Bedeutung haben" das Gewicht mehr auf die reine Tatsache der Maßgeblichkeit einer Sache, weniger auf die [durch das Beiwort ausgedrückte] Modifizierung dieser Bedeutung in irgendeiner Richtung: *etwas ist nur von sekundärer Bedeutung.* **bedeuten,** etwas bedeutet etwas: (in diesem Sinnbereich) etwas ist in irgendeiner Weise maßgeblich für einen bestimmten Zusammenhang; hebt im Unterschied zu den übrigen Wörtern die besondere Bedeutung einer Sache weniger nachdrücklich hervor und modifiziert sie mehr in irgendeiner [durch das Objekt ausgedrückten] Art: *das bedeutet in dem Zusammenhang nichts Geringes;* ↑ [1]bedeuten, ↑ [2]bedeuten. **bedeutsam sein,** etwas ist bedeutsam (geh.): i.S.v. bedeuten; hebt jedoch nicht die Art, sondern die Tatsache einer Bedeutung und deren Wichtigkeit hervor und gibt der Aussage einen gewissen Nachdruck: *ein einziger Augenblick, der oftmals bedeutsam ist.* **von Wichtigkeit sein,** etwas ist von Wichtigkeit: etwas ist infolge seiner besonderen Bedeutung, seines Einflusses auf einen Zusammenhang wichtig, beachtenswert; betont mehr, daß eine bestimmte Sache bei der Beurteilung, Würdigung eines Sachverhaltes besondere Aufmerksamkeit verlangt; klingt oft gespreizt:

es gibt Ereignisse, die scheinbar ohne weltgeschichtliche Bedeutung und doch als Symptome von großer Wichtigkeit sind. **Gewicht haben,** etwas hat Gewicht: etwas hat eine Bedeutung, die im Verhältnis zu anderen Faktoren besonders schwer wiegt und die den Charakter eines Zusammenhanges, eines Sachverhaltes beeinflußt: *dieses Argument würde kein Gewicht haben.* **ins Gewicht fallen,** etwas fällt ins Gewicht: etwas ist von ausschlaggebender Bedeutung in einem bestimmten Zusammenhang, ist dasjenige Moment, das bei der Würdigung eines bestimmten Falles maßgeblich ist oder das den Verlauf einer Sache bestimmt; wird meist negiert verwendet: *sie haben Anweisung, uns „human" zu behandeln, und da fällt ein wenig Brummigkeit nicht ins Gewicht.*

Rowdy [raudi], der (abwertend): männlicher Jugendlicher, der in seinen Handlungen rücksichtslos, roh und gewalttätig ist. **Rabauke,** der (salopp; abwertend): männlicher Jugendlicher oder junger Mann, der sich laut und ungesittet benimmt, von roher Art ist und der großsprecherisch und mit seiner Kraft drohend und protzend auftritt. **Strolch,** der: (im Urteil des Sprechers/Schreibers) männliche Person, die man auf Grund ihres verwahrlosten Aussehens, ihres Benehmens emotional ablehnt. **Rocker,** der (oft abwertend): Angehöriger einer lose organisierten Gruppe Jugendlicher, für die Lederkleidung und Motorrad charakteristische Statussymbole sind und die die Bevölkerung oft bewußt provozieren sowie gelegentlich terrorisieren; ↑Jüngling, ↑Schuft.

rudern: (in diesem Sinnbereich) sich in einem kleinen Kahn oder in einem Boot von mittlerer Größe auf dem Wasser mit Hilfe von Rudern fortbewegen. **paddeln:** sich in einem verhältnismäßig kleinen und leichten Boot mit einem Paddel auf dem Wasser fortbewegen. **pullen** (Seemannsspr.): sich in einem Boot von mittlerer Größe durch Ruder, die an beiden Seiten befestigt sind, und durch die eigene Muskelkraft fortbewegen; rudern. **wriggen/**(auch:) **wricken** (Seemannsspr.): sich in einem leichten Boot mittlerer Größe im Wasser vorwärtsbewegen, indem man ein einzelnes am ▸Heck befestigtes Ruder mit einer oder beiden Händen hin- und herbewegt und auf diese Weise das Boot weiterschiebt und zugleich steuert. **staken:** sich in einem Kahn oder Boot auf dem Wasser vorwärtsbewegen, indem man eine kräftige Stange in den Grund stößt und sich dann mit der Schulter gegen das obere, rundliche Querholz stemmt und so das Boot fortbewegt; im allgemeinen nur in der Binnenschiffahrt zum Bewegen von Fluß- oder Hafenfahrzeugen üblich. **rojen** (Seemannsspr.), **remen** (Seemannsspr.): sich in einem Kahn oder einem Boot auf dem Wasser fortbewegen, indem man das Fahrzeug durch zwei an den Seiten angebrachte Ruder nach vorne schiebt; pullen. **segeln:** sich in einem Segelboot durch die Kraft des Windes vorwärts bewegen: *sie wollen in diesem Jahr im Urlaub wieder s.;* ↑Surfing.

rufen, jmdn. [zu sich]: veranlassen, daß jmd. zu einer Besprechung oder zur Erledigung eines Auftrags zu einem kommt: *als er auf dem Sterbebett lag, rief er seinen Sohn zu sich.* **bitten,** jmdn. [zu sich]: jmdn. höflich auffordern [lassen], sich aus einem bestimmten Anlaß zu einem zu begeben: *er wurde in die Zentrale gebeten.* **kommen lassen,** jmdn. [zu sich]: jmdn. veranlassen, sich zu einem zu begeben; ist ein neutraler, allgemeiner Ausdruck und sagt nichts Näheres über die Art und Weise der Aufforderung aus: *sie ließ ihren Vetter kommen, der ihre Aussage bestätigte.* **beordern,** jmdn. [zu sich]: jmdm. aus irgendeinem Grund den Auftrag erteilen, sich zu einem zu begeben: *er beorderte seine Offiziere zu sich.* **berufen,** jmdn. [zu sich]: [als Höhergestellter, Vorgesetzter] jmdn. aus einem bestimmten Anlaß [in einer dienstlichen Angelegenheit und] förmlich zu sich rufen: *der Kanzler berief seine Minister zu sich.* **bestellen,** jmdn. [zu sich]: jmdm. mitteilen oder mitteilen lassen, daß er sich [zu einem bestimmten Zeitpunkt] bei einem einfinden, zu einem kommen möchte: *er hatte mich zu sich bestellt.* **bescheiden,** jmdn. [zu sich] (veraltend): wegen einer wichtigen [persönlichen] Angelegenheit jmdn. auffordern, sich zu einem zu begeben; wird im allgemeinen nur von höhergestellten Personen in bezug auf Untergeordnete gesagt: *der Chef beschied den Abteilungsleiter zu sich.* **laden,** jmdn. vor jmdn./etwas: (in diesem Sinnbereich) unter Beachtung bestimmter Formvorschriften jmdn. auffordern, vor Gericht, einer Behörde, einer Instanz o. ä. [zur Verhandlung] zu erscheinen, wobei die Aufforderung von der Behörde selbst ausgeht: *er wurde vor Gericht geladen.* **vorladen,** jmdn.: i. S. v. laden; während „laden" in erster Linie die Handlung des Aufforderns betont, schließt die Vorsilbe in „vorladen" deutlicher das Ziel der Aufforderung, den Ort indirekt mit ein: *er wurde zu einer gerichtlichen Untersuchung vorgeladen.* **zitieren,** jmdn. [vor jmdn./etwas]: (auf Grund seiner Machtbefugnis, seiner höheren Position) jmdn. zu sich bestellen oder auffordern, vor einer Behörde zu erscheinen, um ihn zur Rechenschaft zu ziehen: *der Chef zitierte ihn in sein Zimmer.*

rüffeln, jmdn.: jmdn. wegen eines [leichteren] Verstoßes, eines begangenen Fehlers in oft unfreundlicher Form rügen; setzt neben dem Verhältnis vom Vorgesetzten zum Untergebenen auch eine gewisse vertrautere Umgangsform voraus und sieht, wie die übrigen Wörter dieser Gruppe, einen Tadel oder eine Kritik überwiegend aus der Perspektive des Getadelten. **stauchen,** jmdn. (salopp): jmdn. kräftig zurechtweisen, ihn wegen eines Fehlers tüchtig ausschimpfen. **eine Zigarre verpassen,** jmdm. (salopp); **einen Rüffel erteilen/**(salopp auch:) **verpassen,** jmdm.: jmdm. eine deutliche Rüge erteilen, die vom Getadelten als unangenehm, aber nicht als schwerwiegend empfunden wird; „einen Rüffel erteilen" klingt offizieller und deutet darauf hin, daß der Tadelnde als Höhergestellter seine Beanstandung in förmlicher Weise äußert, während „einen Rüffel verpassen" einen Affekt des Tadelnden nicht ausschließt; vgl. Rüffel, Zigarre ↑Tadel. **anpfeifen,** jmdn. (salopp): jmdn. in scharfem [Kommando]ton zurechtweisen; vgl. Anpfiff ↑Tadel. **anschreien,** jmdn. (ugs.); **anbrüllen,** jmdn. (ugs.); **andonnern,** jmdn. (ugs.); **anfauchen,** jmdn. (ugs.); **anschnauben,** jmdn. (ugs.); **anblaffen,** jmdn. (salopp): jmdn. erregt anfahren, ihn wütend mit lauter Stimme zurechtweisen; drückt in emotionaler Weise aus, daß man die Art, in der ein Tadel ausgesprochen wird, als unangenehm und grob empfindet. **anscheißen,** jmdn. (derb); **einen Anschiß verpassen,** jmdm. (derb): jmdn. auf grobe, unfreundliche Weise tadeln, wodurch sich der Betroffene gedemütigt, unwürdig behandelt fühlt; drückt oft aus, daß der Getadelte den Tadel für unberechtigt hält; vgl. Anschiß ↑Tadel; ↑abkanzeln, ↑anfahren, ↑schelten, ↑schimpfen, ↑tadeln, ↑vornehmen, ↑zurechtweisen; ↑Bescheid, ↑Strafpredigt.

¹Ruhe, die (ohne Plural) (Ggs. Bewegung): (in diesem Sinnbereich) das Nichtvorhandensein von Bewegung; wird auf etwas bezogen, was die Möglichkeit zur Bewegung hat, sich aber in Ruhelage befindet; meistens ist damit zugleich die Vorstellung der Lautlosigkeit gegeben: *ein Körper in R.; in bleierner R. lag der spiegelglatte See unter dem weißlichen Himmel;* ↑²Ruhe; vgl. Ruhe ↑Stille, ↑Fassung; vgl. ruhig ↑still. **Bewegungslosigkeit,** die (ohne Plural): das Beharren in der Ruhestellung; wird von etwas (einem Gegenstand oder Lebewesen) gesagt, was sich gewöhnlich in Bewegung befindet: *der witternde Hirsch verharrte einige Augenblicke in B.* **Reglosigkeit,** die (ohne Plural); **Regungslosigkeit,** die (ohne Plural): vollkommenes Fehlen jeder Bewegung, wobei auch die kleinste Regung nur eines einzelnen Teiles von einem Lebewesen (im allgemeinen auf diese beschränkt) unterbleibt: *er verharrte in Regungslosigkeit, um das zu seinen Füßen spielende Eichhörnchen nicht zu verjagen.* **Unbewegtheit,** die (ohne Plural): absolute Bewegungslosigkeit; häufiger als die anderen Wörter dieser Gruppe auch von [größeren] Dingen gesagt, die sich im allgemeinen nicht aus eigenem Antrieb bewegen können, sondern die bewegt werden (z. B. Bäume durch den Wind); in bezug auf den Menschen bezeichnet es häufig seine starre Ausdruckslosigkeit (z. B. des Gesichtes): *wie er dastand in seiner U., glich er von weitem einem Standbild aus Stein.*

²Ruhe, die (ohne Plural) (Ggs. Ruhelosigkeit und ↑Unruhe): seelische Ausgeglichenheit; Fehlen jeder den seelischen Gleichmut störenden Ursache; nur auf das Seelenleben des Menschen (selten der Tiere) angewandt: *er strahlte R. aus;* ↑**¹Ruhe**; vgl. Ruhe ↑Stille, ↑Fassung; vgl. ruhig ↑still. **Friede[n],** der (ohne Plural; geh.): (in diesem Sinnbereich) wohltuende Ruhe; heiter-beschauliche Stille; ruhevolle Harmonie der Seele eines Menschen mit sich selbst und mit der Umwelt: *den F. in der Natur genießen; unendlicher F. erfüllte sein Herz;* ↑Friede[n]. **Stille,** die (ohne Plural): (in diesem Sinnbereich) Nichtvorhandensein von beunruhigenden Gedanken, Vorstellungen, Empfindungen o. ä. in der Seele eines Menschen, so daß dessen innerstes Wesen von einer heiteren Ruhe erfüllt ist: *S. war in seinem Herzen eingekehrt;* ↑Muße, ↑Stille; ↑still.

ruhelos (geh.): von innerer Unruhe getrieben, immer in Bewegung; von einer gewissen Unrast zeugend; kennzeichnet sowohl einen augenblicklichen, vorübergehenden Zustand, der durch einen bestimmten Anlaß verursacht wird, als auch die Wesenseigentümlichkeit eines stets weiterdrängenden, nicht beständigen Menschen; wird auch auf das Gesamtverhalten, auf die Art zu leben bezogen: *er bleibt im Urlaub nie lange an einem Ort, dazu ist er zu r.;* vgl. unruhig ↑lebhaft. **unstet** (geh.): (in diesem Sinnbereich) nirgends und bei nichts lange verweilend, nicht von Beständigkeit oder Seßhaftigkeit zeugend; kennzeichnet das Wesen eines Menschen und wird dann meist mit abwertendem Nebensinn gebraucht, bezieht sich aber auch auf sein Verhalten, auf seine gesamte Lebensführung, die in ihrer Art durch äußere Umstände bedingt sein kann: *sie irren u. auf dieser Welt umher;* vgl. unstet ↑wankelmütig; ↑aufgeregt, ↑fahrig, ↑kribblig.

ruhig: (in diesem Sinnbereich) **a)** frei von Störungen und Aufregungen; wird auf Zeitbegriffe bezogen: *eine ruhige Nacht;* **b)** frei von Erregung oder den Äußerungen der Erregung; wird auf Personen und deren Verhalten bezogen: *ganz r. bleiben; mit ruhiger Stimme, Hand;* vgl. ruhig ↑still. **geruhsam:** fern von den Geschäften und der Eile des Tages, Alltages; bezieht sich meist indirekt auf Verhalten oder Stimmung von Personen: *den Sonntag g. verbringen.* **ruhevoll:** voll innerer Ruhe und durch keinen äußeren Einfluß beirrt: *sie lächelte r.* **in [aller] Ruhe:** ohne sich zur Eile drängen zu lassen; Hast oder Überstürzung vermeidend: *das Angefangene in [aller] Ruhe fertigmachen.* **seelenruhig** (ugs.); **in aller Seelenruhe** (ugs.); **in aller Gemütsruhe** (ugs.); **mit einer Bierruhe** (ugs.): ohne die geringsten Anzeichen von Aufregung; wird mit Verwunderung oder lächelnd da festgestellt, wo man eigentlich eine andere Reaktion erwartete: *während alles durcheinanderlief, stopfte er seelenruhig seine Pfeife;* ↑gelassen, ↑schwerfällig.

rührig (Ggs. ↑²untätig): von regem Unternehmungsgeist erfüllt; mit dem Nebensinn des Geschäftstüchtigen: *ein rühriger Geschäftsmann; er ist sehr r.* **aktiv:** stets tätig und zielstrebig zur Tat drängend: *ein aktiver Mensch; er ist a.* **unternehmungslustig:** voll unternehmender Aktivität; bezieht sich im allgemeinen nicht auf Geschäftliches, sondern auf rein persönliche Unternehmungen zum eigenen Vergnügen: *ein unternehmungslustiger junger Mann; heute bin ich mal wieder u.;* vgl. risikobereit ↑kühn, ↑wendig.

Ruine, die: stehengebliebene, eindeutig identifizierbare Reste eines zum [größeren] Teil zerstörten oder verfallenen Bauwerkes: *der Drachenfels – eine romantische R.* **Wrack,** das: durch Beschädigung oder Zerstörung unbrauchbar gewordenes Fahrzeug, im allgemeinen beschränkt auf Schiff, Flugzeug, Auto, deren Überreste aber noch die ursprüngliche Form und Bestimmung erkennen lassen. **Torso,** der: Bruchstück, im allgemeinen eines bildhauerischen Kunstwerkes, meistens einer Statue [aus Stein], welche so unvollständig erhalten – in seltenen Fällen auch absichtlich so geschaffen – ist, daß die Gliedmaßen, oft auch noch der Kopf, fehlen: *seit dem Krieg ist das Standbild des Dichters nur noch ein T.* **Reste,** die (Plural): (in diesem Sinnbereich) nach Zerstörung oder Verfall übriggebliebene Stücke eines ehemals größeren, von Menschenhand erbauten oder geschaffenen Ganzen, das sich aus diesen Stücken [mühelos] erkennen läßt; im allgemeinen rein sachliche Feststellung, ein bloßer Hinweis auf die Gegebenheiten: *dort drüben sehen Sie die R. einer gotischen Kirche.* **Überreste,** die (Plural): (in diesem Sinnbereich) letzte sichtbare Reste – meist größeren Ausmaßes – von etwas, was der Mensch gebaut oder geschaffen hat und was nun zerstört oder verfallen ist; im allgemeinen ist das vormals Ganze so weit noch in einzelnen Stücken erhalten, daß seine ursprüngliche Gestalt noch ungefähr, seine Art noch eindeutig erkennbar ist; mit einem gewissen Bedauern wird festgestellt, daß nicht mehr als die vorhandenen Reste übriggeblieben sind: *ein paar aufragende Mauern mit leeren Tür- und Fensterhöhlen – das sind die ganzen Ü. des einstmals so stolzen Bauwerkes;* ↑Trümmer.

Rundfrage, die: in einem kleineren oder größeren Kreis gestellte Frage, zu der die einzelnen Stellungnahmen interessieren oder die etwas betrifft, was alle angeht, und zu der sich jeder äußern soll: *eine R. anstellen.* **Umfrage,** die: (in diesem Sinnbereich) Erkundigung in einem kleineren oder größeren Kreis nach einem Sachverhalt, nach der Meinung anderer Personen zu einem Problem o. ä.; betont gegenüber „Rundfrage" weniger, daß ein Personenkreis damit [vollständig] erfaßt wird, sondern mehr, daß man schlechthin Informationen sammelt: *meine letzte U. ergab, daß die Mitarbeiter darüber verschiedener Auffassung sind;* ↑Umfrage.

S

Sachlage, die (Plural ungebräuchlich): die Gesamtheit der näheren Umstände einer bestimmten Situation, einer bestimmten [rechtlichen] Angelegenheit: *die S. ist folgende: Wir sind verschuldet.* **Sachverhalt,** der (Plural ungebräuchlich): die Gesamtheit von bekannten Einzelheiten, Beziehungen und Zusammenhängen einer bestimmten [rechtlichen] Angelegenheit oder eines Problems: *dieser S. muß noch geklärt werden.* **Tatbestand,** der (Plural ungebräuchlich): die Gesamtheit von feststehenden Tatsachen eines bestimmten Falles, wobei es sich immer um etwas handelt, was wirklich vorgefallen ist: *dieser T. konnte nicht abgeleugnet werden;* ↑Gegebenheit.

sachlich (Ggs. unsachlich ↑voreingenommen): (in diesem Sinnbereich) zur Sache gehörend, sich an die Sache haltend, ohne Vermengung mit anderen Gesichtspunkten; alles Persönlich-Gefühlsmäßige vermeidend; bezieht sich auf Personen, deren Einstellung oder Äußerungen; wird in bezug auf Personen im allgemeinen nicht attributiv verwendet: *er sprach s. und kühl.* **objektiv** (Ggs. subjektiv ↑voreingenommen) (bildungsspr.): frei von Vorurteilen oder irgendwelchen Gefühlen; sich in seiner Beurteilung nur von den Fakten leiten lassend oder von einer solchen Einstellung zeugend: *eine objektive Prüfung des Vorfalls.* **objektivistisch** (abwertend; bildungsspr.): (in diesem Sinnbereich): um der wissenschaftlichen Objektivität willen gesellschaftliche Zusammenhänge außer acht lassend und sich auf eine bloße Wiedergabe von Ereignissen und Meinungen beschränkend, ohne selbst Stellung zu nehmen. **nüchtern:** (in diesem Sinnbereich) mit klarem Blick, ohne Gefühlsbeteiligung, Illusion oder Selbsttäuschung; die Dinge so sehend, wie sie sind, oder eine entsprechende Haltung erkennen lassend; wird auf die Wiedergabe, Auffassung oder Beurteilung eines Sachverhaltes, seltener auch auf Personen oder deren Art, sich zu geben, bezogen: *eine nüchterne Betrachtung der Dinge; er ist ein nüchterner Mensch;* ↑neutral.

Sachverständige, der und die: männliche bzw. weibliche Person, die auf Grund ihrer speziellen Kenntnisse und Erfahrungen – weil sie von der Sache etwas versteht – dazu berufen ist, über einen [schwierigen, das praktische Leben meist unmittelbar betreffenden] Fragenkomplex Aufschluß zu geben; gegenüber „Fachmann" wird die stärkere Bedeutung des Theoretischen sowie der spezielle oder wissenschaftliche Charakter der zu lösenden Aufgabe betont; gegenüber „Experte" ist sie auf die Funktion des Auskunftgebenden eingeengt: *über den Geisteszustand des Angeklagten hatten unabhängig voneinander drei medizinische Sachverständige zu befinden.* **Experte,** der; **Expertin,** die: i. S. v. Sachverständige[r]; betont noch strikter die Spezialisierung, die Zuständigkeit für eine dem Laien unzugängliche Materie; enthält eine Art anerkannter Kompetenz: *das sind alles Experten auf dem Gebiet; er ist ein E.* **Fachmann,** der (Ggs. Laie): jmd., der ein Fachgebiet praktisch und theoretisch beherrscht, der sich darin auskennt und es sachgemäß ausübt: *für diese Arbeit an der elektrischen Leitung wollen wir einen F. heranziehen.* **Spezialist,** der: jmd., der auf einem bestimmten Fachgebiet besonders große Erfahrung, bedeutendes Wissen hat [und daher in Fragen o. ä., die dieses Gebiet betreffen, herangezogen, befragt wird]. **Koryphäe,** die (bildungsspr.): auf seinem speziellen Gebiet hervorragender Fachmann; jmd., der auf seinem Gebiet durch außergewöhnliche Leistungen hervortritt; enthält besondere Anerkennung und Hochachtung und ist mehr als eine nur sachliche Feststellung. **Kapazität,** die: hervorragender Fachmann; wird benutzt, wenn man betonen will, daß man sich auf dessen Urteil, Leistung verlassen kann, steht also stärker im Zusammenhang mit den Interessen des Sprechers/Schreibers: *er hat viele Kapazitäten konsultiert.* **Kanone,** die (salopp): Könner auf einem bestimmten Gebiet; enthält Anerkennung: *im Sport ist er eine K.* **Routinier** [...nie], der: jmd., der auf einem bestimmten Gebiet besondere Routine besitzt, so daß man damit rechnen kann, daß er das Betreffende schnell und sicher erledigt. **Autorität,** die (bildungsspr.): Persönlichkeit von allgemein anerkanntem Ansehen in bezug auf ein bestimmtes Fachgebiet, maßgebender Fachmann, auf dessen Urteil man etwas gibt. **Fachidiot,** der (abwertend): jmd. – vor allem ein Wissenschaftler –, der sich nur auf sein Fach konzentriert und sich um andere Gebiete sowie um Probleme gesellschaftlicher Art nicht kümmert.

Sadismus, der (Ggs. Masochismus): (in diesem Sinnbereich) Neigung oder Praxis, sexuelle Erregung durch Demütigung, Fesselung oder Züchtigung des Partners zu erlangen. **Masochismus,** der (Ggs. Sadismus): das Empfinden sexueller Lust beim Erdulden von körperlichen Mißhandlungen. **Sadomasochismus,** der; **Sadomaso,** der (ugs.); **SM** [eßem], der (Jargon): das Empfinden von sexueller Lust, Erregung beim Ausführen und Erdulden von körperlichen Mißhandlungen sowie Demütigungen; vgl. Koitus ↑Liebesspiel.

salzig: einen ziemlich hohen Salzgehalt aufweisend, der bei einer Kostprobe sofort auffällt: *ich hätte nicht gedacht, daß das Meerwasser so s. ist.* **versalzen:** durch eine zu große Beigabe von Salz stark im Geschmack beeinträchtigt, unter Umständen sogar ungenießbar: *heute ist das Essen total v.*

Samenerguß, der: (in bezug auf eine männliche Person) das Herausspritzen der Samenflüssigkeit beim Orgasmus, dem Höhepunkt der sexuellen Lust. **Ejakulation,** die (bildungsspr.): i. S. v. Samenerguß. **Ejaculatio praecox,** die (Medizin): vorzeitig (entweder vor oder unmittelbar nach Einführung des Penis in die Vagina) erfolgender Samenerguß. **Pollution,** die (Medizin); **feuchten Träume,** die (ugs.): unwillkürlicher Samenerguß im Schlaf (zum Beispiel in der Pubertät). **kalte Bauer,** der (derb): weißliche Spuren des Samenergusses (zum Beispiel im Bett); ↑Liebesspiel; ↑onanieren.

Sammlung, die: (in diesem Sinnbereich) etwas, was unter einem bestimmten Gesichtspunkt gesammelt worden ist: *er hat im Laufe von 10 Jahren diese S. aufgebaut.* **Ansammlung,** die: etwas, was sich im Laufe der Zeit angesammelt hat, was aus Gelegenheiten zusammengekommen ist: *eine A. von Kunstschätzen fand sich in seiner Wohnung.*

satt: satt sein: das Gefühl der Sättigung haben; betont im Unterschied zu „gesättigt" sein, daß man seinen Hunger gründlich, auf längere Zeit gestillt hat. **gesättigt sein** (geh.): seinen Hunger [ausreichend] gestillt haben; betont im Unterschied zu „satt sein", daß man keinen Hunger mehr verspürt, genug gegessen hat. **[bis oben hin] voll sein** (fam.): (in diesem Sinnbereich) ganz satt, bis zur Grenze der Aufnahmefähigkeit satt sein; vorwiegend in lustigen oder gutgelaunten Beteuerungen. **genug haben** (ugs.): (in diesem Sinnbereich) so gesättigt sein, wie man es für angemessen, ausreichend hält; nicht mehr weiteressen mögen. **nicht mehr können** (fam.), **nicht mehr mögen** (fam.): genug haben, nachdem man sein möglichstes getan hat, um die Schüsseln zu leeren; der erste der beiden Ausdrücke besagt, daß man noch Appetit hätte, der zweite, daß man im Gegenteil keinen mehr hat; meist in beteuernden oder ablehnenden Sätzen wie: *ich kann [wirklich] nicht mehr!; ich mag tatsächlich nicht mehr.*

sättigen, etwas sättigt [jmdn.] (geh.): (in diesem Sinnbereich) etwas deckt jmds. Bedarf an Nahrung und nimmt ihm das Gefühl des Hungers; wird von Speisen, Nahrungsmitteln, die besonders kräftig, nahrhaft sind o. ä. gesagt; vgl. sättigen ↑3essen. **satt machen,** etwas macht [jmdn.] satt (fam.): etwas nimmt (weil man es reichlich zu sich nimmt) jmdm. das Gefühl des Hungers; bezieht sich im Unterschied zu „sättigen" mehr auf die subjektive Empfindung als auf den tatsächlichen Nährwert einer Speise: *diese Mittagsmahlzeiten im Gasthaus machen einen arbeitenden Menschen nicht satt.* **den Hunger stillen,** etwas stillt jmds. Hunger (geh.): etwas nimmt das [ärgste] Hungergefühl; läßt im Unterschied zu den übrigen Wörtern dieser Gruppe offen, ob wirklich eine Sättigung erreicht wird; legt das Gewicht mehr auf die Beseitigung des Hungergefühls als auf die Empfindung des Gesättigtseins: *das Butterbrot wird fürs erste deinen Hunger stillen.*

sauber (Ggs. ↑1schmutzig): frei von Schmutz: *saubere Wäsche anhaben; keine sauberen Hände haben.* **rein:** (in diesem Sinnbereich) makellos sauber; wird hauptsächlich dann angewandt, wenn betont werden soll, daß für bestimmte Anlässe oder Zwecke auf höchste Sauberkeit Wert gelegt wird: *etwas nur mit reinen Händen anfassen; ein reines Gefäß benutzen.* **reinlich:** (in diesem Sinnbereich) [trotz der äußeren, nicht günstigen Umstände] in sauberem Zustand; wird auf menschliche Kleidung und Umwelt bezogen, weist im allgemeinen auf bescheidene Verhältnisse hin und drückt daher Anerkennung und Lob aus: *reinliche Kleidung.* **blitzblank:** frisch gewaschen oder geputzt und vor Sauberkeit glänzend; enthält eine emotionale Anteilnahme des Sprechers/Schreibers: *das Geschirr, die Wohnung b. halten.*

proper: von sorgfältiger und wohlgefälliger, manchmal etwas pedantischer Sauberkeit und Reinlichkeit; bezieht sich im Unterschied zu den übrigen Wörtern dieser Gruppe im wesentlichen auf Personen oder die Gegenstände, mit denen sie sich umgeben; das Wort drückt das Wohlgefallen aus, das der Sprecher/Schreiber beim Anblick empfindet: *er läßt sich nicht gehen und hält sich p.; propre Kleidung;* ↑reinigen.

saubermachen [etwas]; **putzen** [etwas] (landsch.); **rein[e] machen** [etwas] (ugs.; landsch.): ein Zimmer, eine Wohnung u.ä. von [jedem] Schmutz säubern; umfaßt die verschiedenen Einzelvorgänge (wie Schrubben, Staubwischen u.a.); bezeichnet öfter die große Säuberung der Wohnung vor Festtagen: *ich räumte auf und machte die Wohnung sauber.* **[gründlich] machen,** etwas (salopp; landsch.): [mit besonderer Sorgfalt] ein Zimmer, eine Wohnung u.ä. saubermachen: *ich muß noch das Zimmer und die Treppe machen.* **fudeln** (ugs.; landsch.): oberflächlich, nur so obenhin saubermachen; enthält eine Kritik des Sprechers/ Schreibers; ↑reinigen.

sauer (Ggs. süß): in der Geschmacksrichtung von Essig oder Zitrone liegend (und beim Verzehren die Schleimhäute des Mundes zusammenziehend und den Speichelfluß anregend): *diese Äpfel sind s.* **herb:** (in diesem Sinnbereich) (in bezug auf den Geschmack, Geruch von etwas) keine angenehme Süße besitzend, sondern ein wenig scharf, leicht bitter oder säuerlich (im Unterschied zu „mild"). **säuerlich:** leicht sauer schmeckend, aber keinen besonders hohen Gehalt an Säure besitzend: *säuerliche Bonbons.* **trocken:** (in diesem Sinnbereich): (von Weinen o.ä.) wenig unvergorenen Zukker enthaltend und daher entsprechend herb schmeckend. **dry** [drai]: (von Sekt, Wein o.ä.) herb, trocken. **brut** [brü̦t]: (als Geschmacksbezeichnung für Schaumwein, Champagner) sehr trocken, herb; vgl. bitter ↑herb.

Schachtel, die: flacher, [rechtwinkliger] Behälter mit nicht sehr starken Wänden, meist aus Pappe, aber auch aus dünnem Holz oder Leder, mit einem passenden Dekkel: *die S. für den Hut; eine S. Zündhölzer, Zigaretten, Pralinen.* **Karton,** der: eine Art größerer Schachtel aus Pappe: *die Schuhe befinden sich noch im K.* **Kasten,** der: im allgemeinen rechtwinkliger aus Holz oder einem anderen festen Material hergestellter Behälter [mit oder ohne Deckel], in dem man etwas aufbewahren kann: *in einem großen K. lagen die Geräte; ein K. Bier, Mineralwasser.* **Kiste,** die: rechtwinkliger, meist aus Brettern zusammengenagelter, tragbarer Gegenstand, der oben verschlossen oder wenigstens fest zugemacht werden kann und in dem man Waren oder anderes aufbewahren oder verschicken kann: *Kisten mit Apfelsinen; eine K. Wein.* **Truhe,** die: mit aufklappbarem Deckel versehenes größeres, kastenartiges Möbelstück, in dem Wäsche, Kleidung, Wertsachen usw. aufbewahrt werden können. **Lade,** die (landsch.; veraltend): i.S.v. Truhe. **Schatulle,** die: kleiner, verschließbarer, meist verzierter Kasten zur Aufbewahrung von Wertsachen, Geld o.ä.

schadhaft: durch einen Schaden irgendwelcher Art gekennzeichnet; drückt aus, daß sich etwas nicht [mehr] in einwandfreiem Zustand befindet; wird, wie alle Wörter dieser Gruppe, nur von Sachen gesagt: *das schadhafte Dach.* **beschädigt:** auf irgendeine Weise durch Einwirkung von außen schadhaft geworden und nicht mehr in einwandfreiem oder intaktem Zustand; hebt im Gegensatz zu „schadhaft" das Verursachtsein des Zustandes der Beschädigung hervor: *das Möbelstück ist b.* **defekt:** einen bestimmten, das Funktionieren oder die Vollständigkeit einer Sache [entscheidend] beeinträchtigenden Fehler aufweisend, der entweder auf fehlerhafter Konstruktion oder auf einem durch den Gebrauch entstandenen Schaden beruht: *der Automat ist d.; eine defekte Maschine;* vgl. kaputt ↑entzwei.

schaffen, etwas (ugs.): (in diesem Sinnbereich) in der Lage sein, eine Arbeit [in einem bestimmten Zeitraum] selbständig auszuführen: *hast du dein Pensum geschafft?* **bewältigen,** etwas: (in diesem Sinnbereich) mit einer schwierigen oder mühevollen Aufgabe oder etwas, was man sich zu tun vorgenommen hat, [aus eigenen Kräften] fertig werden: *das Pensum b.;* ↑durchführen.

schäkern [mit jmdm.]: mit jmdm., dem man zugetan ist, in schelmischer Weise Spaß treiben, ihn fröhlich [mit Worten] necken: *er schäkert mit der Kellnerin.* **scherzen** [mit jmdm.] (geh.): lustig sein und Spaß mit jmdm. – oft mit einem Mädchen – treiben, muntere Reden führen: *er setzte sich zu ihr und scherzte [mit ihr];* ↑flachsen, ↑flirten; ↑Scherz.

Schale, die: (in diesem Sinnbereich) flaches, rundes oder ovales offenes Gefäß: *auf dem Tisch stand eine S. mit Äpfeln.* **Schüssel,** die: im allgemeinen praktischen Zwecken dienendes rundes oder ovales, meist tiefes Gefäß: *eine S. voll Makkaroni.* **Kumme,** die (landsch.): tiefe, runde Schüssel: *eine K. voll Quark stand auf dem Tisch.* **Napf,** der: kleine flache Schale: *die Katze bekommt einen N.*

mit Milch. **Terrine,** die: größere, bauchige Schüssel [mit Henkeln und Deckel], zur Aufnahme von flüssigen Speisen bestimmt: *eine T. voll Suppe.*

Schall, der: etwas, was akustisch in dumpf-hohler Weise und in gewisser Lautstärke wahrgenommen wird. **Laut,** der: etwas, was als eine kurze Gehörswahrnehmung vom Ohr aufgenommen wird und bewußt hervorgebracht worden ist – im Unterschied zu den anderen Wörtern dieser Gruppe, bei denen es sich um akustische Wahrnehmungen handelt, die mechanischen Ursprung haben: *man vernahm in der Stille keinen L.;* vgl. Geschrei ↑Lärm. **Hall,** der: Schall, besonders hinsichtlich der allmählich schwindenden, schwächer werdenden hörbaren Schwingungen. **Nachhall,** der: ein noch einmal hörbarer Hall. **Widerhall,** der: Hall, der auf eine Wand o. ä. aufgetroffen ist und zurückgeworfen worden ist; Echo. **Klang,** der: etwas, was akustisch in reiner, dem Ohr wohlgefälliger Weise wahrgenommen wird und über eine kürzere Zeit hin, aber allmählich schwächer werdend, andauert; der „Klang" ist homogen, in sich harmonisch gleichartig, aber er pflanzt sich nicht fort: *der K. der Glocken, der Stimme.* **Geräusch,** das: etwas, was akustisch mehr oder weniger stark wahrgenommen wird (und was ohne bewußte Absicht durch etwas in Bewegung Befindliches oder Gesetztes entstanden ist); ist nicht homogen, sondern unharmonisch, ungleichartig und unterschiedlich in sich und pflanzt sich wie „Klang" und „Ton" nicht fort; ↑Lärm. **Ton,** der: ein nach seiner Höhe und Tiefe bestimmter Klang; er ist homogen und qualitativ spezifiziert: *ein tiefer, hoher, reiner, unreiner T.;* ↑schallen.

schallen, etwas schallt: etwas gibt einen [hohl-lauten] Schall von sich, läßt sich laut und daher weithin vernehmbar hören; etwas bringt ein weithin vernehmbares Geräusch o. ä. hervor oder verursacht es. **hallen,** etwas hallt: etwas pflanzt sich in einem bestimmten Bereich – einen Hall erzeugend, das ist eine Art Schall, dessen Schwingungen allmählich schwinden und schwächer hörbar werden – fort: *seine Stimme hallte durch das leere Haus.* **tönen,** etwas tönt: etwas bringt kürzere oder längere Zeit anhaltende, meist tiefe, volle Töne hervor oder verursacht sie. **klingen,** etwas klingt: etwas bringt kürzere oder längere Zeit anhaltende, meist helle, reine Töne hervor oder verursacht sie, oft mit der Nebenvorstellung des Harmonischen: *die Jagdhörner klangen.* **gellen,** etwas gellt: etwas ist schrill, durchdringend und weithin vernehmbar zu hören; ↑Schall.

schämen, sich [einer Sache]: von einem peinlich-bedrückenden Gefühl der Verlegenheit beherrscht sein, das durch Reue, Bloßgestelltsein, Erkenntnis des eigenen Versagens oder durch etwas Unanständiges, Ehrenrühriges ausgelöst wird; speziell auch in bezug auf die Scheu vor dem Sexuellen; bezeichnet eine [längeranhaltende] Gefühlsregung, die hervorgerufen werden kann, ohne daß jmd. gegenwärtig ist, dem gegenüber man dieses Gefühl empfindet; steht in gehobener Redeweise, meist in der Schriftsprache: *einige Wochen lang ließ er sich nirgends blikken, so sehr schämte er sich.* **Scham empfinden** (nachdrücklich): i. S. v. schämen; betont etwas stärker die innere Gefühlsbewegung und kennzeichnet mehr die unmittelbare seelische Reaktion auf etwas; steht öfter in allgemeineren Aussagen: *sie empfand tiefe Scham, weil sie versagt hatte;* vgl. empfinden ↑fühlen, ↑[1]spüren, ↑[2]spüren. **[scham]rot werden:** von der Scham über eine Bloßstellung, über etwas, was man sich hat zuschulden kommen lassen, so überwältigt werden, daß einem das Blut ins Gesicht steigt; kennzeichnet besonders eine augenblickliche Reaktion in einer ganz bestimmten Situation, in Gegenwart anderer, häufig dann, wenn man bei irgend etwas ertappt worden ist: *als ihm zu Bewußtsein kam, wie schäbig er ihn behandelt hatte, wurde er schamrot.* **[vor Scham] erröten:** i. S. v. [scham]rot werden; bezeichnet jedoch meist einen geringeren Grad des Sichschämens und wird oft durch verstärkende Beiwörter oder genauere Bestimmungen, die den Grad der Verwirrung angeben, näher gekennzeichnet: *bei der Anspielung auf seinen gestrigen Zustand errötete er vor Scham.* **[vor Scham] die Augen niederschlagen:** etwas als so peinlich und beschämend empfinden, daß man es im Augenblick nicht über sich bringt, einem anderen ins Gesicht zu blicken; kennzeichnet, wie auch die folgenden Ausdrücke, gegenüber „[scham]rot werden" und „[vor Scham] erröten" eine bewußtere Reaktion in der entsprechenden Situation und wird meist auf Mädchen oder jüngere Frauen bezogen: *als sie der Arzt nach dem Vater des Kindes fragte, schlug sie vor Scham die Augen nieder.* **vor Scham vergehen** (emotional übertreibend); **[vor Scham] in die Erde versinken** (emotional übertreibend): sich einer Tat oder sich in einer überaus peinlichen Situation so sehr schämen, daß man sich wünscht, nicht mehr anwesend, sondern weit weg zu sein.

schamhaft: sehr leicht dazu neigend, das unangenehme Empfinden zu verspüren, das dann hervorgerufen wird, wenn etwas aus der eigenen Intimsphäre oder aus der eines anderen angerührt, verletzt wird, zur Sprache kommt; so veranlagt, so zurückhaltend und scheu, daß man etwas sehr oder allzu leicht als peinlich empfindet; von solcher Neigung oder Veranlassung zeugend; bezieht sich vor allem auf den Menschen selbst, aber auch auf sein Verhalten und seine Äußerungsarten, sofern sie dieser Veranlagung entspringen: *schamhaftes Schweigen; daß er sie sehr liebte, verschwieg er ihr s.;* ↑schämen, sich. **verschämt:** in einer bestimmten Situation unsicher, schüchtern; ein augenblickliches unangenehmes Gefühl der Verlegenheit verspürend, da man etwas als peinlich empfindet; bezieht sich auf den Menschen, die Art seines Verhaltens, seiner Äußerungen oder auch seines augenblicklichen Gesichtsausdruckes: *er lächelte v. vor sich hin.* **genierlich** [~~sch~~e...]: gehemmt und unsicher; wegen belangloser Dinge verschämt, zu Schamhaftigkeit neigend; bezieht sich im allgemeinen nur unmittelbar auf den Menschen selbst: *sie ist beim Arzt sehr g.* **genant** [~~sch~~e...] (veraltend): sich leicht genierend (z. B. hinsichtlich der Nacktheit): *die Kleine, der Kleine ist sehr g.* **prüde** (abwertend): in sexuell-erotischer Hinsicht übertrieben schamhaft, dabei meist sehr engherzig und unfrei; bezieht sich vorwiegend auf den Menschen selbst – häufig auf Mädchen und Frauen –, seltener auch auf das Verhalten; wird im allgemeinen nicht prädikatbezogen gebraucht; ↑scheu.

Schamverletzer, der (Amtsspr.); **Gliedvorzeiger,** der (selten); **Exhibitionist,** der (bildungsspr.): männliche Person, die sich – meist zwanghaft – zur Schau stellt, d. h. ihre Geschlechtsorgane (mit oder ohne Selbstbefriedigung) vor fremden gleich- oder gegengeschlechtlichen Personen ohne deren Aufforderung oder Einverständnis zeigt, um sich sexuell und/oder emotional zu befriedigen, wobei die Befriedigung nicht selten auch vom Schock und der Überraschung des „Opfers" abhängt; ↑Schau (sich zur S. stellen).

schätzen, etwas: Wert, Maß, Menge, Gewicht o. ä. von etwas ohne genaue Prüfung und nur ungefähr zu bestimmen versuchen: *man schätzt sein Vermögen auf mehrere Millionen.* **abschätzen,** etwas; **taxieren,** etwas: etwas sachverständig prüfend betrachten, um den Wert, die Menge, Bedeutung o. ä. zu schätzen: *mit einem Blick läßt sich die Menge gar nicht abschätzen.* **überschlagen,** etwas: die ungefähre Größe einer Summe oder Menge schnell berechnen. **veranschlagen,** etwas: den Wert einer Sache oder die Höhe der Kosten, die noch nicht feststehen und sich erst noch herausstellen müssen, eine Menge, ein Maß ungefähr bestimmen.

Schau: sich zur Schau stellen; exhibitionieren, sich (Psychol.): (als Mann) seine Geschlechtsorgane öffentlich vor anderen zeigen und dadurch sexuellen Lustgewinn haben; ↑Schamverletzer.

[1]**Schein,** der (ohne Plural): (in diesem Sinnbereich) Art, wie etwas jmdm. erscheint, besonders als lediglich äußerer Eindruck, der oft über das Wesen täuscht: *der S. ist gegen mich.* **Anschein,** der (ohne Plural): (in diesem Sinnbereich) äußerer Schein; etwas, was den äußeren Anzeichen nach der Fall zu sein scheint, in Wirklichkeit aber nicht zutrifft; bezieht sich im Unterschied zu „Schein" auch auf einen absichtlich erzeugten Eindruck: *den A. standesgemäßen Lebens aufrechterhalten.* **Augenschein,** der (ohne Plural): (in diesem Sinnbereich) etwas, was beim Anschauen festzustellen ist, was offen zutage liegt, was sich dem Auge in einer bestimmten Weise darstellt, womit nicht gesagt ist, daß es auch dem wahren Sachverhalt entspricht: *wie der A. zeigt, lehrt.*

[2]**Schein,** der (Plural ungebräuchlich); **Lichtschein,** der (Plural ungebräuchlich): das Licht, das eine Lampe oder eine andere Lichtquelle auf Gegenstände wirft und das von ihnen zurückgeworfen wird; Helligkeit, die von einer Lichtquelle ausgeht und die man wahrnimmt, ohne unmittelbar in die Lichtquelle zu blicken: *der Schein der elektrischen Straßenlampen.* **Widerschein,** der (ohne Plural): zurückgeworfener Schein, gespiegeltes Licht, Abglanz: *der W. der Abendsonne auf dem Wasser.* **Glanz,** der (ohne Plural): (in diesem Sinnbereich) von einer glänzenden, spiegelnden Oberfläche zurückgeworfenes, funkelndes oder blendendes Licht: *der bleierne G. des Meeres.* **Geflimmer,** das (ohne Plural): fortwährender unruhig zitternder Schein; vgl. flimmern ↑glänzen. **Schimmer,** der (ohne Plural): (in diesem Sinnbereich) mattes, seidiges Leuchten, das von einer glänzenden Oberfläche oder einer Lichtquelle mit gedämpftem Licht ausgeht und das die Konturen weich erscheinen läßt, der Oberfläche einen sanften, verschwimmenden Glanz gibt: *rötlicher S.;* ↑hell.

scheinheilig: den äußeren Schein der Aufrichtigkeit, des Nichtwissens oder der Freundlichkeit an sich tragend, es in Wirklichkeit aber nicht seiend; bezieht sich, wie die übrigen Wörter dieser Gruppe, auf den Menschen, sein Verhalten und seine Äußerungen: *ein scheinheiliger Kerl; es sei alles in*

Ordnung, versicherte sie s. **heuchlerisch, gleisnerisch** (veraltend): sich verstellend und ein Gefühl, einen Gemütszustand oder eine Überzeugung vortäuschend, um auf diese Weise den Erwartungen, Wünschen eines anderen zu entsprechen, auf diese Weise für sich einzunehmen und um dadurch Vorteile zu haben: *wie konntest du auf diesen heuchlerischen Burschen hereinfallen!; seine Worte sind h.* **falsch:** (in diesem Sinnbereich) sein wahres Wesen, seine wahren Ansichten und Absichten in hinterhältiger Weise vor anderen verbergend; wird im allgemeinen nicht prädikatbezogen gebraucht: *glaube seinen falschen Worten nicht!; man kann ihm nicht trauen, er ist f.* **katzenfreundlich:** sich in der Weise verstellend, daß man sich nach außen hin betont liebenswürdig gibt und dabei seine wahren, oft übelwollenden Gedanken oder Absichten verbirgt: *sie ist mir einfach zu k.; ihr katzenfreundliches Wesen fiel ihm schrecklich auf die Nerven;* ↑hinterlistig, ↑unaufrichtig, ↑unredlich.

scheitern, etwas scheitert: etwas bleibt gänzlich ohne Erfolg, erreicht das gewünschte Ziel nicht, wird aus irgendwelchen Gründen zunichte; wird, wie die anderen Wörter dieser Gruppe, von Absichten, Plänen, Unternehmungen u. ä. gesagt: *auch dieser letzte Versuch, die Verunglückten zu retten, wird vermutlich s.* **mißlingen,** etwas mißlingt [jmdm.] (Ggs. ↑gelingen): etwas gerät, gelingt in bezug auf den gewünschten Erfolg nicht den Bemühungen oder der Absicht gemäß, hat nicht den beabsichtigten, gewünschten Erfolg; wird auch dann verwendet, wenn es sich bei dem Mißerfolg um keine allzu schwerwiegende Angelegenheit handelt: *du wolltest uns hereinlegen, aber das ist dir gründlich mißlungen.* **mißglücken,** etwas mißglückt [jmdm.] (Ggs. glücken ↑gelingen): etwas verläuft nicht nach Wunsch, hat durch unglückliche Umstände nicht den gewünschten Effekt, das erstrebte Ergebnis; jmd. hat bei etwas, was er unternimmt, kein Glück in bezug auf das gute Zustandekommen: *eine Aktion mißglückte.* **mißraten,** etwas mißrät [jmdm.] (geh.): etwas gerät nur schlecht, fällt schlecht aus, erfolgt nur schlecht oder gar nicht seinen Bemühungen, seiner Absicht gemäß. **fehlschlagen,** etwas schlägt [jmdm.] fehl: etwas erreicht das gewünschte Ziel nicht, endet mit einem Mißerfolg: *ich ging sehr diplomatisch vor, aber trotzdem sind alle meine Bemühungen, ihn zu überzeugen, fehlgeschlagen.* **schiefgehen,** etwas geht schief (salopp): etwas geht nicht gut, glückt nicht (in bezug auf eine Unternehmung, die nicht frei ist von Risiko, Gefahr): *unser letzter Coup ist leider schiefgegangen.* **danebengehen,** etwas geht daneben (salopp): i. S. v. fehlschlagen. **verunglücken,** etwas verunglückt (ugs.): (in diesem Sinnbereich) etwas wird nicht so, wie man es sich vorgestellt hat, gerät nicht gut: *durch das schlechte Wetter ist unser Urlaub an der See ziemlich verunglückt.*

schelten: (in diesem Sinnbereich) jmdn., über dessen Tun oder Verhalten man erzürnt ist, mit tadelnden Worten zur Rede stellen, ihm seinen Unwillen in deutlichen Worten zu verstehen geben: **a)** jmdn. schelten (geh.): *er wurde wegen seiner Unpünktlichkeit gescholten;* **b)** mit jmdm. schelten (landsch.): *ich habe tüchtig mit ihm gescholten.* **schimpfen, schmälen** (veraltend): jmdn. unwillig oder erregt mit heftigen Worten für etwas tadeln, was einem an seinem Tun oder Verhalten mißfällt: **a)** mit jmdm. schimpfen, schmälen: *sie schimpfte oft mit dem Sohn;* **b)** jmdn. schimpfen, schmälen (landsch.): *die Mutter schimpft das Kind.* **zanken,** mit jmdm. (fam.): jmdn., meist ein Kind, für etwas, was es getan hat, mit strengen Worten rügen: *warte nur, der Vater wird mit dir z.!* **ausschelten,** jmdn.; **ausschimpfen,** jmdn. (ugs.); **auszanken,** jmdn. (fam.): mit jmdm. wegen dessen Verhalten oder Tun, das einem mißfällt, [heftig] schimpfen; die Vorsilbe „aus-" stellt den Vorgang als bis zu Ende geführt, als in erschöpfender Weise vorgenommen dar: *er kam wieder zu spät nach Hause, ich habe ihn tüchtig ausgeschimpft;* ↑abkanzeln, ↑anfahren, ↑rüffeln, ↑[1]schimpfen, ↑tadeln, ↑vornehmen, ↑wütend [werden], ↑zurechtweisen; ↑Bescheid, ↑Strafpredigt.

schenken, jmdm. etwas: jmdm., dem man eine Freude machen möchte oder dem man sich in irgendeiner Hinsicht zu Dank verpflichtet fühlt, etwas als Gabe überreichen: *zum Abschied schenkte er ihm die Flasche Calvados;* ↑Geschenk. **ein Geschenk machen,** jmdm. (nachdrücklich): im allgemeinen eine größere [wertvolle] Gabe, weniger spontan als wohlüberlegt jmdm. zukommen lassen [um ihn damit zu ehren]: *zum Geburtstag hat man ihm ein Geschenk gemacht.* **ein Präsent machen,** jmdm. (geh.): jmdm., zu dem man im allgemeinen in keinem persönlichen Verhältnis steht, aus Gründen der Repräsentation, weil man in irgendeiner Weise verpflichtet ist, ein Geschenk machen; vgl. Präsent ↑Geschenk. **verehren,** jmdm. etwas: jmdm. etwas, meist ein kleineres Angebinde [als freundliche Geste] überreichen: *er hat der Gastgeberin ein Buch verehrt.* **zum Geschenk machen,** jmdm. etwas: jmdm. [dem man eine Ehre erweisen möchte] etwas Bestimmtes [von besonderem materiellem oder ideellem Wert] als Gabe überreichen;

wirkt etwas umständlich: *man hat ihm ein Gemälde zum Geschenk gemacht.*

Scherz, der: lustige, lustig gemeinte Äußerung, Handlung oder dgl., die der eigenen Belustigung dient oder Heiterkeit erregen oder Vergnügen bereiten soll; verbindet sich gewöhnlich mit der Nebenvorstellung des Harmlos-Netten und enthält im allgemeinen nichts Anstößiges: *gutmütige Scherze; ein dummer S.* **Spaß,** der: auf Erregung von Heiterkeit, Gelächter abzielende Äußerung, Handlung oder dgl.; lustiger, übermütiger Zeitvertreib; bringt im Gegensatz zu „Scherz" häufig zum Ausdruck, daß die Belustigung auf Kosten eines anderen geht, mit dem man Spott treibt, den man anführt oder dgl.: *ein gelungener S.* **Witz,** der: (in diesem Sinnbereich) einem scherzhaften Einfall entspringende Äußerung, Handlung oder dgl. **Jux,** der (ohne Plural; salopp): lauter, meist auch ein wenig derber Spaß. **Jokus,** der (Plural ungebräuchlich; salopp): i. S. v. Jux. **Ulk,** der (Plural ungebräuchlich; veraltend): [lärmender] Spaß, lustiger Unfug; setzt gewöhnlich voraus, daß daran mehrere Personen beteiligt sind. **Schabernack,** der (Plural ungebräuchlich): lustiger, übermütiger Zeitvertreib, bei dem etwas [mit jmdm.] angestellt wird. **Possen,** der (meist Plural; veraltend): auf Erregung von Heiterkeit und Gelächter abzielende, gewöhnlich recht plumpe und alberne Äußerung, Handlung oder dgl. **Streich,** der: (in diesem Sinnbereich) lustiger, übermütiger Zeitvertreib, bei dem etwas [mit jmdm.] angestellt wird; lustiger, aber oft an die Grenze des Erlaubten gehender Unfug.

scheu (geh.): (in diesem Sinnbereich) nicht zutraulich; aus Furcht, Schüchternheit, Scham oder Ehrfurcht zurückhaltend, sich von jmdm./etwas fernhaltend: *ein scheues Vögelchen; mädchenhaft s. sein.* **schüchtern:** aus mangelndem Selbstvertrauen in der Gegenwart anderer zurückhaltend und befangen; unfähig oder ungeschickt, zu sagen oder zu tun, was man gern sagen oder tun möchte; wird auf Menschen oder ihre Äußerungen bezogen: *ein schüchterner junger Mann; jemandem s. zulächeln.* **zaghaft, zag** (geh.): ohne Vertrauen in den Erfolg dessen, was man unternimmt; wird im wesentlichen auf menschliches Tun bezogen, meist auf Versuche oder Annäherungen irgendwelcher Art: *zaghaft an die Tür klopfen.* **gehemmt:** durch irgendwelche seelischen Faktoren daran gehindert, die eigenen Empfindungs-, Ausdrucks- und Wirkungsmöglichkeiten voll wahrzunehmen; wird im wesentlichen auf das Verhalten bezogen: *sie ist g.; ein gehemmter Mensch.* **befangen:** in seiner gewohnten natürlichen Art gehemmt durch das sich aufdrängende Bewußtsein, kritisch beobachtet oder belauscht zu werden, oder durch den Wunsch, nicht zu mißfallen; wird von Menschen und ihrer Art, sich zu geben, gesagt: *in der ersten halben Stunde waren wir alle etwas b.;* ↑schamhaft.

Scheu, die (ohne Plural): zaghafte Zurückhaltung, banges Gefühl der Unterlegenheit, der Furcht oder auch der Ehrfurcht, durch das man in seinem Auftreten gehemmt oder an einer Handlung gehindert wird und das sich meist gegenüber einem anderen Menschen, einer überpersönlichen Macht oder einem überpersönlichen Gebot äußert: *eine S. überwinden;* vgl. scheuen ↑[1]fürchten; ↑scheuen, sich. **Hemmung,** die (meist Plural): aus dem Gefühl der Unterlegenheit oder dem Gefühl der Furcht, sich ungeschickt zu verhalten oder etwas Unrechtes zu tun, hervorgehende innere Unsicherheit; unfreies, verkrampftes Auftreten oder innerer Widerstand dagegen, etwas bestimmtes zu tun: *Hemmungen haben.*

scheuen, sich [vor etwas]: nicht den Mut haben, etwas zu unternehmen, weil es Schwierigkeiten oder auch Unannehmlichkeiten mit sich bringt oder weil man moralische Skrupel hegt; besagt im Unterschied zu „zurückscheuen" mehr, daß man mit bangen oder unguten Gefühlen vor einem [notwendigen] Tun steht, daß man wünscht, etwas nicht tun zu müssen, weniger, daß man von etwas Beabsichtigtem wirklich Abstand nimmt: *ich scheue mich, ihm die Wahrheit zu sagen;* vgl. scheuen ↑[1]fürchten, ↑meiden. **zurückscheuen,** vor etwas: sich nicht dazu durchringen können, etwas zu unternehmen oder etwas Beabsichtigtes auszuführen, weil man schlimme Folgen befürchtet oder weil das Gewissen es verbietet [und es darum immer wieder aufschieben]; wird im Unterschied zu „scheuen" häufiger [verneint] auf etwas Ungesetzliches, Verwerfliches bezogen: *man scheute vor Korruption nicht zurück.* **zurückschrekken,** vor etwas: etwas aus Furcht nicht tun; betont, daß man [einstweilen] von einem geplanten Tun oder Unternehmen Abstand nimmt: *vor einem Mord nicht z.*

scheuern, etwas: den Fußboden und ähnliche glatte Flächen oder Haus- und Küchengeräte mit einem kleineren Lappen, einer harten Bürste oder einem Schrubber unter Verwendung von Wasser und Putzmitteln kräftig reibend bearbeiten, um sie so von anhaftendem, oft starkem Schmutz zu reinigen. **schrubben** [etwas] (ugs.; landsch.): den Fußboden und ähnliche ebene Flächen mit viel Anstrengung scheuern; ↑reiben.

[1]**schicken,** etwas: (in diesem Sinnbereich) etwas an einen bestimmten Ort gelangen lassen; veranlassen, daß etwas an einen bestimmten Ort gebracht oder befördert wird; wird als allgemeinste und umfassendste Bezeichnung in dieser Gruppe verwendet: *Briefe, Blumen s.; er schickte seinem Sohn ein Paket;* ↑[2]schicken. **senden,** etwas (geh.): (in diesem Sinnbereich) i. S. v. schikken: *er sandte die Unterlagen nach Rom;* vgl. senden ↑[2]schicken. **zuschicken,** etwas; **zusenden,** etwas (geh.): etwas, worauf der Empfänger wartet, was er angefordert oder gewünscht hat oder was er zur Kenntnis nehmen soll, zu ihm schicken; die Vorsilbe „zu-" hebt den Empfänger stärker hervor als es beim Verb „schicken" oder „senden" der Fall ist, das nur den Vorgang, die Tätigkeit ausdrückt: *ich schicke Ihnen die Unterlagen zu.* **abschicken,** etwas; **absenden,** etwas (geh.): etwas, was man an einen bestimmten Ort gelangen lassen will, von einer bestimmten Stelle aus zur Beförderung geben, auf den Weg bringen: *er telegraphierte, daß er das Dokument an die angegebene Adresse abgeschickt habe.*

[2]**schicken,** jmdn.: (in diesem Sinnbereich) jmdn. veranlassen, sich an einen bestimmten Ort zu begeben; wird als allgemeinste und umfassendste Bezeichnung in dieser Gruppe verwendet: *er war an die Front geschickt worden; den kranken Schüler nach Hause s.;* ↑[1]schicken. **senden,** jmdn. (geh.): (in diesem Sinnbereich) jmdn. zur Erfüllung eines Auftrags, in einer speziellen Mission an einen bestimmten Ort schicken: *der Vatikan sandte sofort einen Legaten nach München, der die Angelegenheit in Ordnung bringen sollte;* vgl. senden ↑[1]schicken. **entsenden,** jmdn. (geh.): i. S. v. senden; lenkt den Blick im Unterschied zu „senden" gleichzeitig auch auf den Ausgangsbereich: *er entsandte ihn ins Katastrophengebiet.* **beordern,** jmdn. + Raumangabe: jmdn. durch eine Order an einen bestimmten Ort schicken: *er wurde als Major der Reserve eingezogen und zunächst nach Polen beordert.* **abkommandieren,** jmdn.: jmdn. dienstlich zur Erfüllung einer Aufgabe vorübergehend von einer Einheit weg an einen bestimmten Ort schikken: *wenige Monate nach seiner Beförderung kommandierte man ihn nach Karlsruhe ab.*

[3]**schicken,** sich in etwas: eine unangenehme Lage, die man nicht ändern kann, geduldig und ohne Widerspruch ertragen: *er schickte sich in seine Krankheit.* **ergeben,** sich in etwas: einer höheren Gewalt keinen inneren Widerstand entgegensetzen oder sich nicht [länger] gegen widrige Lebensumstände auflehnen: *sich demütig in sein Schicksal, in den Willen Gottes e.* **finden,** sich in etwas: sich einer ungewohnten oder unangenehmen Lage anpassen und sich in ihr einrichten: *sich willig in eine Rolle, in sein Mißgeschick f.* **fügen,** sich in etwas: eine unglückliche Lage oder widrige Lebensumstände gefaßt auf sich nehmen, sein Verhalten oder Denken mit ihnen in Übereinstimmung bringen: *sich in das Unabänderliche f.*

Schicksal, das: (in diesem Sinnbereich) **a)** die Gesamtheit des von einer höheren Macht dem einzelnen Menschen Zugedachten, über ihn Verhängten, was sich menschlicher Berechnung und menschlichem Einfluß entzieht und das Leben des einzelnen in entscheidender Weise bestimmt; **b)** (ohne Plural): die höhere, oft als Wesen vorgestellte Macht, welche in einer nicht beeinflußbaren und nicht zu berechnenden Weise das Leben des Menschen bestimmt und lenkt: *eine Laune des blinden Schicksals.* **Geschick,** das: (in diesem Sinnbereich) **a)** i. S. v. Schicksal a); ist hier, wie auch in der Verwendung b), weniger gewichtig als „Schicksal": *ich beklage mein G.;* **b)** (ohne Plural): i. S. v. Schicksal b): *ein launisches G.* **Los,** das (ohne Plural): (in diesem Sinnbereich) die Gesamtheit des vom blinden Zufall, selten von einer anderen Macht, dem einzelnen Menschen Zugeteilten, über ihn Verhängten, was sich menschlicher Berechnung und menschlichem Einfluß entzieht und das Leben des einzelnen in entscheidender Weise bestimmt: *sie nahm ihr L. hin.* **Vorsehung,** die (ohne Plural): (in diesem Sinnbereich) die über der Welt waltende, personifiziert gedachte [göttliche] Macht, die allwissend, in einer nicht beeinflußbaren und nicht zu berechnenden Weise das Leben des Menschen bestimmt und lenkt. **Fügung,** die: (in diesem Sinnbereich) **a)** zumeist eine einzelne Begebenheit, ein einzelnes Ereignis, das von einer höheren, zumeist als Gott vorgestellten Macht über den Menschen verhängt, ihm zugedacht ist, sich dessen Einfluß und Berechnung entzieht und sein Leben in entscheidender Weise bestimmt: *ich begreife die F., denn es ist kein Zufall, daß du es bist, der dieses Verbrechen an mir vollstreckt;* **b)** (ohne Plural): i. S. v. Vorsehung; *eine höhere F. war darauf aus, meine Pläne zu durchkreuzen.* **Schickung,** die: (in diesem Sinnbereich) **a)** i. S. v. Fügung a); **b)** (Plural ungebräuchlich; selten): i. S. v. Vorsehung.

schießen, etwas: (in diesem Sinnbereich) ein Jagdwild oder ein anderes jagdbares Tier mit einem Schuß töten und als Beute heimbringen; betont im Unterschied zu „erlegen" weniger, daß man das Wild tödlich trifft, sondern mehr, daß man es als Beute erlangt: *er hat zwei Hasen geschossen.* **erlegen,** etwas (geh.): (in diesem Sinnbereich) ein jagdbares Tier, Jagdwild als Beute [mit dem Gewehr] töten, tot hinstrecken, tot zu Boden strecken: *er erlegte den Tiger mit einem Blattschuß.* **zur Strecke bringen,** etwas: (in diesem Sinnbereich) ein Wild o. ä. mit einem Schuß tödlich treffen; ein [größeres, einzelnes] Tier auf der Jagd schießen und erbeuten; wird im Unterschied zu den übrigen Wörtern seltener von Jagderfolg im allgemeinen gesagt, sondern meint mehr die konkrete, einzelne Handlung; weist auf das Ergebnis oder den Erfolg hin, der mit einiger Mühe verbunden war und der sich erst nach einiger Zeit eingestellt hat. **abknallen,** etwas (salopp): (in diesem Sinnbereich) Wild in größerer Zahl schonungslos, ohne Rücksicht auf die hegerischen Pflichten des Jägers, erlegen; wird meist abwertend gebraucht: *die Wilderer haben die besten Böcke abgeknallt;* vgl. abknallen ↑erschießen.

schikanieren, jmdn. (abwertend): einem Untergebenen, Abhängigen [aus Böswilligkeit, aus kleinlichen Motiven] durch willkürliche Anordnungen, unnötig in den Weg gelegte Schwierigkeiten das Leben, die Arbeit erschweren, ihm [dadurch] Mehrarbeit, unnötige Anstrengung aufbürden: *ich habe es satt, mich dauernd s. zu lassen.* **auf den Strich haben,** jmdn. (ugs.): jmdn. nicht leiden können und deshalb, wo es möglich ist, versuchen, ihn zu schikanieren. **schurigeln,** jmdn. (ugs.; abwertend): einen in irgendeiner Weise Abhängigen, Untergebenen [ständig] unnötig streng und schroff behandeln, ihn hart [ungerecht] tadeln oder bestrafen und ihn herumkommandieren, so daß man vorsätzliches Übelwollen annehmen muß; setzt im allgemeinen die erzieherische Gewalt über einen meist Jüngeren voraus; dieses Wort geht zurück auf ein älteres Wort „schurgen", das soviel bedeutet wie „hin und her stoßen, schieben": *der Meister schurigelte den Lehrjungen ständig.* **kujonieren,** jmdn. (ugs.; abwertend): als Vorgesetzter seine Machtposition dadurch ausnutzen, daß man einen anderen entwürdigend, schikanös, gemein und ungerecht behandelt: *er hat jahrelang seine Mitarbeiter kujoniert.* **schinden,** jmdn. (abwertend): Untergebene [unter Ausnutzung ihrer wirtschaftlichen Abhängigkeit] ohne Rücksicht auf ihre Rechte oder Bedürfnisse hart behandeln, schonungslos antreiben, um höhere Arbeitsleistungen aus ihnen herauszupressen: *die Arbeiter werden in diesem Betrieb unglaublich geschunden;* vgl. bedrängen ↑drängen; ↑leiden (nicht leiden können), ↑plagen.

[1]**schimpfen:** (in diesem Sinnbereich) seinem Unwillen, seinem Ärger in zornigen, abfälligen Worten [unbeherrscht] Ausdruck geben: *laut, wie ein Rohrspatz s.* **schelten** (landsch.): i. S. v. schimpfen: *der hat mächtig gescholten.* **zetern** (abwertend): mit schriller, mißtönender Stimme laut und anhaltend schimpfen und jammern; wird wie „keifen" meist abfällig von weiblichen Personen gesagt. **keifen** (abwertend): giftig und zänkisch mit sich überschlagender Stimme anhaltend mit jmdm. schimpfen; ↑abkanzeln, ↑anfahren, ↑rüffeln, ↑schelten, ↑tadeln, ↑vornehmen, ↑wütend [werden], ↑zurechtweisen; ↑Bescheid, ↑Strafpredigt.

[2]**schimpfen,** jmdn./sich/etwas + Gleichsetzungsakkusativ: (in diesem Sinnbereich) jmdn./sich/etwas mit einer bestimmten [schmähenden, abfälligen] Bezeichnung, einem Schimpfnamen belegen: *er schimpfte mich einen Feigling.* **schelten,** jmdn./sich/etwas + Gleichsetzungsakkusativ oder mit Artangabe (geh.): (in diesem Sinnbereich) jmdn./sich/etwas tadelnd, vorwurfsvoll als etwas bezeichnen: *er hat ihn unehrlich, dumm gescholten; er schalt ihn einen Dummkopf.* **heißen,** jmdn./sich/etwas + Gleichsetzungsakkusativ oder mit Artangabe (geh.): (in diesem Sinnbereich) jmdn./sich/etwas mit einer kränkenden, ehrenrührigen Bezeichnung, einem Schimpfnamen belegen; jmdn./sich/etwas als jmdn./etwas bezeichnen; im Unterschied zu „schimpfen" und „schelten" liegt das Gewicht weniger auf der Äußerung des Unmuts oder des Vorwurfs als auf der Tatsache, daß damit ein negatives Urteil, eine Beleidigung ausgesprochen wird: *er hieß ihn einen Betrüger, pflichtvergessen.* **nennen,** jmdn. etwas: (in diesem Sinnbereich) jmdn. mit einem ehrenrührigen, einen Vorwurf enthaltenden Ausdruck bezeichnen; legt das Gewicht nicht so sehr darauf, daß diese Äußerung im Zorn oder aus Verärgerung fällt, sondern daß mit ihr eine bestimmte kränkende Behauptung aufgestellt, ein bestimmter Vorwurf ausgesprochen wird: *sie nannte ihn einen alten Esel.*

schimpflich: a) entehrend für einen selbst, verwerflich; wird wie alle Wörter dieser Gruppe von einer menschlichen Handlung, Gesinnung oder einem Verhalten gesagt: *eine schimpfliche Niederlage;* **b)** einen anderen in seiner Ehre verletzend, herabwürdigend: *eine schimpfliche Behandlung;* vgl. Schimpf ↑Schmach. **schändlich:** gemein und nichtswürdig, Schande bringend: *schändliche Taten.* **schmählich** (geh.): in einer Weise, die der Sprecher/Schreiber nur als verachtenswert-niedrig ansehen kann: *jmdn. s. im*

Stich lassen. **schmachvoll:** entehrend und erniedrigend, Schande bringend; bezieht sich im Unterschied zu den übrigen Wörtern dieser Gruppe sowohl auf das, was jmd. [schuldhaft] tut, als auch auf das, was jmd. [schuldlos] erleidet: *eine schmachvolle Niederlage; eine schmachvolle Behandlung.*

schlachten, etwas: Groß- oder Kleinvieh, Geflügel fachgerecht töten und zerlegen, um das Fleisch für die menschliche Nahrung zu gewinnen. **abstechen,** etwas: ein [kleineres] Schlachttier, meist ein Schwein oder Kalb, durch einen Stich in die Kehle töten und schlachten, meist bei Hausschlachtungen; drückt auf den ganzen Schlachtvorgang bezogen das Resultat des Vorganges, die erfolgte Schlachtung aus. **abschlachten,** etwas: (in diesem Sinnbereich) ein Schlachttier aus anderen Gründen als denen der Fleischgewinnung töten, z. B., weil es krank ist, weil kein ausreichendes Futter vorhanden ist o. ä., wobei aber das Fleisch nach Möglichkeit verwertet werden soll. **notschlachten,** etwas: ein krankes oder verletztes Haustier schlachten. **schächten,** etwas: ein Tier nach jüdischem Ritus schlachten, wobei man es durch einen Stich in die Kehle zum Ausbluten bringt; ↑beseitigen, ↑ermorden, ↑erschießen, ↑erschlagen, ↑erstechen, ↑ersticken, ↑ 1hängen, ↑liquidieren, ↑niedermachen, ↑ 1sterben, ↑ 2töten.

schlafen (Ggs. wach sein): nicht wach sein, sich im Zustand des Schlafes, herabgesetzter Bewußtseins- und Funktionstätigkeit befinden; wird sachlich feststellend und als allgemeinste Bezeichnung in dieser Gruppe verwendet: *der alte Mann schlief.* **ruhen** (geh.): (in diesem Sinnbereich) sich hinlegen und [für kurze Zeit, weil man ruhebedürftig und müde ist] schlafen: *nach Tisch ruht er immer eine Stunde; ich wünsche gut, wohl zu r.* **pennen** (derb): i. S. v. schlafen. **koksen** (salopp); **filzen** (salopp): [fest] schlafen. **Augenpflege machen** (ugs.; scherzh.); **Augenschondienst machen/** (auch:) **haben** (Soldatenspr.); **die Augen schonen** (ugs.; scherzh.); **die Matratze belauschen** (ugs.; scherzh.); **an der Matratze horchen** (ugs.; scherzh.); **sich von innen begucken** (fam.; scherzh.): i. S. v. schlafen; werden aber entsprechend ihrer Stilschicht nur in bestimmten Situationen verwendet. **wie ein Murmeltier/** (auch:) **Ratz, Dachs, Bär, Sack, Klotz, Toter schlafen** (emotional verstärkend): fest und lange schlafen. **schlummern:** leicht schlafen; in einem ruhigen [nicht so festen] Schlaf liegen, aus dem man leicht erwacht; meist mit der Nebenvorstellung des Friedlichen: *das Baby schlummert süß im Körbchen;* auch übertragen, wenn man sagen will, daß etwas zwar vorhanden, aber noch nicht sichtbar ist, noch geweckt werden muß: *in ihr schlummern noch große Energien, Fähigkeiten.* **dösen** (ugs.): halb schlafen, sich im Halbschlaf befinden; drückt aus, daß die Bewußtseins- und Funktionstätigkeit nur etwas herabgesetzt ist und gewisse Reize noch aufgenommen werden. **pofen** (ugs.): i. S. v. schlafen: *Geli liegt im Bett und poft.* **ein Nickerchen/** (auch:) **Schläfchen machen** (fam.): ein wenig schlafen, gewöhnlich, um sich kurz zu entspannen und zu stärken.

schlagen, jmdn.: einem Menschen oder einem Tier mit der Hand, mit einem Stock oder mit einem anderen dafür geeigneten Gegenstand einen oder mehrere Schläge versetzen; dabei ist im Gegensatz zu den übrigen Wörtern dieser Gruppe über den Grad der Heftigkeit nichts ausgesagt; steht jedoch oft in Verbindung mit Angaben über die Umstände, die Art und Weise der Ausführung: *er schlug den armen Hund; jmdn. ins Gesicht s.; er schlug ihn aus Wut und Verzweiflung;* vgl. schlagen ↑züchtigen. **prügeln,** jmdn.: einen Menschen, seltener auch ein Tier, in gewalttätiger Weise [zur Strafe], meist mit einem Stock schlagen, mißhandeln; betont stärker als „schlagen" die Heftigkeit rasch aufeinanderfolgender Schläge: *ein guter Lehrer hat es nicht nötig, seine Kinder zu p.;* ↑prügeln, sich. **verprügeln,** jmdn.: einen Menschen, auch ein Tier, mit heftigen [Stock]schlägen bearbeiten; bezeichnet oft die affekthafte Handlung eines Stärkeren, der unbedacht und unaufhörlich zuschlägt, ohne darauf zu achten, wohin er trifft; das Wort zielt auf den Abschluß der Handlung: *sie haben ihn verprügelt.* **durchprügeln,** jmdn. (ugs.): jmdn., meist einen Menschen, demgegenüber man [autoritäre] Gewalt besitzt oder sich anmaßt, aus einem bestimmten Anlaß, meist um ihn zu bestrafen, mit heftigen [Stock]schlägen bearbeiten; betont gegenüber „verprügeln" die Vorsätzlichkeit der Handlung und die Gründlichkeit ihrer Ausführung. **hauen,** jmdn. (ugs.): jmdm., meist einem Kind, einen oder mehrere [nicht allzu heftige] Schläge [mit der Hand] geben; wird fast nur von Kindern oder aus der Sicht des Kindes gebraucht. **verhauen,** jmdn. (ugs.): jmdn. ziemlich kräftig und anhaltend mit den Händen oder auch mit einem Stock schlagen, oft um ihn zu bestrafen oder um seinem Ärger über des anderen Verhalten Luft zu machen; zielt auf den Abschluß der Handlung. **durchhauen** (ugs.): jmdm. mit Vorbedacht, meist in vermeintlich erzieherischer Absicht ziemlich kräftig und anhaltend mit der Hand oder mit einem Stock Schläge geben; wird meist in familiärem

Bereich gesagt: *wenn er heute abend wieder so spät nach Hause kommt, werde ich ihn einmal ganz gehörig d.* **die Hosen/** (auch:) **den Hosenboden strammziehen,** jmdm. (fam.): einem Jungen zur Strafe für eine Unart Schläge [mit dem Stock] aufs Gesäß geben; wird öfter auch scherzhaft gesagt, häufig in Form einer Androhung: *dir muß ich wohl bald wieder einmal die Hosen strammziehen!* **den Hintern versohlen,** jmdm. (salopp): einem Kind, oft einem Jungen [in vermeintlich erzieherischer Absicht], meist zur Strafe [Stock]schläge auf den Hosenboden geben; wird öfter auch in scherzhaftem Zusammenhang gebraucht: *er hat schon mehrfach damit gedroht, ihnen einmal ganz gewaltig den Hintern zu versohlen.* **versohlen,** jmdn.; **das Fell/** (auch:) **das Leder gerben,** jmdm. (salopp): jmdn. vorsätzlich, meist mit einem Stock, ziemlich heftig und anhaltend schlagen, um ihm damit für eine begangene Tat eine Lektion zu erteilen; die Ausdrücke werden – meist vom Handelnden aus gesagt – gerne scherzhaft verwendet, wenn man die oft recht derbe Handlungsweise etwas ins Lächerliche ziehen möchte: *wenn du nicht folgsam bist, werde ich dich ganz gehörig versohlen.* **verwichsen,** jmdn. (salopp); **verdreschen,** jmdn. (salopp); **vermöbeln,** jmdn. (salopp); **verkloppen,** jmdn. (salopp); **vertrimmen,** jmdn. (salopp); **verwamsen,** jmdn. (salopp); **verbimsen,** jmdn. (salopp); **vertobaken,** jmdn. (ugs.; veraltend); **verkamisolen,** jmdn. (ugs.; veraltend): jmdn. gehörig prügeln, wobei man oft rücksichtslos, meist mit einem Stock oder einem anderen mehr oder weniger geeigneten Gegenstand dreinschlägt, ohne darauf zu achten, wohin man trifft; die oft scherzhaft gebrauchten Ausdrücke werden häufig verwendet, wenn mehrere Ausführende beteiligt sind; die Vorsilbe „ver-" gibt diesen Verben einen besonderen Intensitätsgrad: *sie haben den armen Kerl fürchterlich verdroschen.* **durchbleuen,** jmdn. (salopp); **durchwalken,** jmdn. (salopp); **durchwichsen,** jmdn. (salopp); **abschwarten,** jmdn. (salopp; landsch.): jmdn. heftig verprügeln; die forsch klingenden Kraftausdrücke, die oft das Vorsätzliche der Handlungsweise betonen, lassen meist auf eine grobe, gewalttätige und gründlich bis zu Ende durchgeführte Handlung schließen, mit der man jmdm. einen Denkzettel geben möchte und bei der häufig mehrere Ausführende beteiligt sind; die Wörter werden öfter auch in scherzhaftem Zusammenhang gebraucht; ↑ohrfeigen.

Schlagzeile, die (meist Plural): der fett und in großen [auffallenden] Lettern gedruckte Titel eines Zeitungsartikels [auf der Titelseite], der die Aufmerksamkeit und das Interesse des Lesers auf ein Tagesereignis lenken soll, das das betreffende Blatt für wesentlich und bedeutend hält. **Überschrift,** die: (in diesem Sinnbereich) der Titel eines Zeitungs- oder Zeitschriftenartikels, der aus einer oder mehreren Zeilen besteht und im allgemeinen durch größeren oder fetteren Druck oder durch seine besondere Stellung von dem sich anschließenden Text abgehoben ist; im Unterschied zur „Schlagzeile" kann er beliebig oft und auf verschiedenen Seiten über einem Kapitel oder einzelnen Abschnitten stehen. **Headline** [hẹdlain], die (Fachspr.): Überschrift in einer Zeitung; Schlagzeile, besonders in einer Tageszeitung. **Balkenüberschrift,** die (Fachspr.): fettgedruckte Zeitungsüberschrift; ↑Zeitung.

Schlamm, der (Plural ungebräuchlich): **a)** sehr nasse, breiig-weiche Erdmasse, die besonders schlüpfrig ist: *seine Schuhe waren mit S. bedeckt;* **b)** sehr feine Erdablagerung am Grund von Gewässern: *ich watete durch den Bach und hatte Mühe, meine Füße aus dem tiefen S. zu lösen.* **Morast,** der (Plural ungebräuchlich): mit Schlamm und [tiefen] Pfützen, oft auch mit nassem Unrat bedeckter Boden, auf dem ein Vorwärtskommen sehr schwierig ist; meist abwertend gebraucht: *die Fahrzeuge blieben alle im M. stecken.* **Matsch,** der (ugs.; ohne Plural): sehr nasser, oft nahezu wäßriger Schlamm oder Schmutz, oft auch tauender Schnee, der zu einer breiigen, nassen Masse geworden ist: *bei diesem M. werden wir nur langsam vorwärtskommen.* **Schlick,** der: im Meer, in Seen und Überschwemmungsgebieten abgelagerter Schlamm.

schlank: von hohem Wuchs, dabei aber wohlproportioniert; groß und zugleich schmal gewachsen oder gebaut; wird sowohl auf den Körper im ganzen als auf einzelne Körperteile bezogen: *ein großer, schlanker Herr.* **rank** (geh.): schlank und zugleich geschmeidig, von geradem, höherem Wuchs und mit federnd-biegsamem Körper; wird auf junge Menschen bezogen und drückt Wohlgefallen aus: *ein ranker und feuriger Jüngling;* ↑anziehend. **schmal:** nicht breit gebaut oder gewachsen; deutet oft auf eine gewisse Zartheit in der Konstitution hin; wird sowohl auf den Körper im ganzen als auf einzelne Körperteile bezogen: *schmale Hände.* **schlankwüchsig:** von größerer, aber nicht breiter, eher ein wenig zu schmaler Gestalt; diese im medizinischen Bereich verwendete Ausdrucksweise ist sachlich-beschreibend im Unterschied zu „schlank", das positive oder zu „schmal", das etwas negative Assoziationen auslöst.

schmächtig: von mäßig hohem Wuchs und mit schmalem, schwächlichem Körper; schmal und zugleich schwächlich; wird sowohl auf den Körper im ganzen als auf einzelne Körperteile bezogen: *eine schmächtige und kränkliche Frau.* **dünn** (Ggs. ↑dick): nicht breit gebaut und von zu geringem Körperumfang, nicht dick genug; wird sowohl auf den Körper im ganzen als auf einzelne Körperteile bezogen: *ihre dünne Gestalt; dünne haarlose Beine.* **leptosom** (Medizin): schmalwüchsig und dünngliedrig: *der klinisch eingebürgerte Ausdruck „asthenisch" bleibt als engere Untergruppe des leptosomen Gesamttypus bestehen.* **asthenisch** (Medizin): schmalwüchsig und schwächlich; extrem leptosom; ↑untersetzt.

schlappmachen (ugs.): infolge übermäßiger Anstrengung oder Beanspruchung am Ende seiner Kräfte sein und nicht durchhalten. **abbauen** (ugs.): (in diesem Sinnbereich) infolge übermäßiger Anstrengung oder Beanspruchung Kräfte einbüßen und schlappzumachen beginnen; wird vor allem auf Sportler angewandt, deren Kräfte erlahmen. **zusammenklappen** (ugs.): infolge übermäßiger Anstrengung oder Beanspruchung einen Schwächeanfall, einen völligen Kräfteverlust erleiden [und plötzlich, mit dem Oberkörper vornüber sinkend, in sich zusammenfallen]. **zusammenbrechen:** infolge einer übermäßigen Anstrengung, Beanspruchung oder seelischen Belastung einen Schwächeanfall, einen völligen Kräfteverlust erleiden und in sich zusammenfallen, sich nicht mehr aufrecht halten können und niedersinken. **zusammensacken** (ugs.): infolge übermäßiger Anstrengung oder Beanspruchung einen Schwächeanfall, einen völligen Kräfteverlust erleiden und in sich zusammensinken, sich nicht mehr aufrecht halten können und schwer niedersinken. **kollabieren** (Medizin); **einen Kollaps erleiden** (Medizin): durch plötzliches Versagen des Blutkreislaufs einen Anfall allgemeiner körperlicher Schwäche erleiden. **ohnmächtig werden:** für eine kürzere Zeit das Bewußtsein verlieren; ↑ohnmächtig. **in Ohnmacht fallen/** (geh. auch:) **sinken:** das Bewußtsein verlierend umfallen, umsinken. **umfallen:** (in diesem Sinnbereich) infolge eines Schwächeanfalles sich nicht mehr aufrecht halten können und [ohnmächtig] niederfallen; ↑umfallen. **umsinken** (geh.); **zu Boden sinken** (geh.); **umkippen** (ugs.): i. S. v. umfallen; vgl. umkippen ↑umfallen. **aus den Latschen/** (auch:) **Pantinen kippen** (salopp): i. S. v. umfallen; ↑ohnmächtig.

schlau: die Fähigkeit besitzend, seine Absichten mit geeigneten Mitteln, die anderen verborgen sind oder auf die sie nicht kommen, zu erreichen: *etwas s. anfangen; ein schlaues Aas.* **klug:** (in diesem Sinnbereich) Einsicht in den Zusammenhang der Dinge habend und aus dieser Einsicht heraus lebend und handelnd, indem man sich in alle Umstände zu schicken weiß und sie vorteilhaft gebraucht: *ein kluger Geschäftsmann;* ↑klug. **findig:** geschickt im Finden einer Möglichkeit, einen bestimmten Plan oder eine Absicht zu verwirklichen; im allgemeinen nicht prädikatbezogen: *der ist f.; findige Geschäftsleute.* **pfiffig: a)** gutmütiglistig, mit Freude an der List: *ein pfiffiger Bauer; sie stehen mit pfiffigen Mienen herum;* **b)** von der Art, daß man weiß, wie etwas, was man zu tun beabsichtigt, verwirklicht werden kann; oft von Jungen gesagt: *der ist p.; pfiffige Jungen.* **bauernschlau:** auf recht einfache, fast einfältig-plumpe Art listig und auf diese Weise andere übervorteilend: *eine bauernschlaue Art.* **gewitzt:** mit praktischem Verstand begabt: *er war klüger und gewitzter als die anderen.* **gewiegt** (ugs.): durch Erfahrung geschickt und mit allen Kniffen vertraut: *ein gewiegter Geschäftsmann.* **gewieft** (ugs.): so aufmerksam, daß man jeden Vorteil sogleich erkennt und ihn wahrnimmt oder sich nicht übers Ohr hauen läßt: *ein gewiefter Bursche.* **vigilant** (landsch.): schlau, besonders pfiffig und behend: auch leicht abschätzig gebraucht: *du bist ein vigilanter Bengel! Du solltest besser auf deinen Herrn aufpassen!* **helle** (ugs.; landsch.): von rascher Beurteilungs- und Auffassungsgabe, und zwar in bezug auf das tägliche Leben; ist immer Ausdruck der freundlichen Anerkennung und des Lobes: *Mensch, sei h., bleib Junggeselle!.* **listig:** durch Anwendung besonderer Kniffe zum Ziel zu gelangen versuchend; über die Fertigkeit verfügend, sich gewisser, dem anderen verborgener Umstände zur Erreichung seiner Absichten vorteilhaft zu bedienen; wird auf Menschen und deren Verhalten bezogen: *der ist l.; ein listiger Plan;* ↑List. **clever:** [im täglichen Leben] geschickt und wendig; bezeichnet einen Menschen, der es versteht, seine Fähigkeiten gut anzuwenden und sich den Gegebenheiten anzupassen und so zu handeln, wie es für sein Fortkommen, für seinen Zweck nützlich ist; trotz der im Wort enthaltenen Anerkennung wird damit gleichzeitig noch eine gewisse zurückhaltende Ablehnung ausgedrückt, die sich auf das betont glatte und leichte Fertigwerden mit den Schwierigkeiten bezieht: *ein cleverer Geschäftsmann; der ist c.* **verschmitzt:** listig und pfiffig, mehr Einsicht in bestimmte Dinge als andere habend; enthält keinen

Tadel und kennzeichnet im allgemeinen den Gesichtsausdruck eines Menschen: *ein verschmitzter Mensch; v. dreinschauen, lächeln;* ↑gerissen.

schlecht: schlecht werden, etwas wird schlecht: etwas geht in einen ungenießbaren Zustand über; wird von Lebensmitteln gesagt: *Wurst und Käse sind schlecht geworden.* **umkommen,** etwas kommt um: etwas wird als Lebensmittel nicht verbraucht, sondern bleibt so lange liegen, bis es ungenießbar geworden ist; etwas verdirbt ungebraucht: *bei denen kommt viel um, da wandern meist halbe Brote in den Abfalleimer.* **verderben,** etwas verdirbt (geh.): etwas wird durch innere Gärung, Fäulnis usw. ungenießbar; wird von Lebensmitteln gesagt, die auf diese Weise schlecht werden können: *das Obst verdirbt bald, wenn es nicht verbraucht wird.* **vergammeln,** etwas vergammelt (ugs.; landsch.): (in diesem Sinnbereich) etwas wird durch längeres Liegenlassen unansehnlich, verliert an Geschmack und Wert und ist daher nicht mehr zum Verzehr geeignet: *vergammelte Wurst.* **gammelig werden,** etwas wird gammelig (ugs.; landsch.): etwas gerät in einen halb verdorbenen Zustand und ist nicht mehr einwandfrei: *der Fisch, das Fleisch ist gammelig geworden;* ↑faulen.

[1]**schlechtmachen,** jmdn./etwas (ugs.): (in diesem Sinnbereich) über jmdn. oder etwas Nachteiliges sagen, ablehnende Urteile fällen, weil man gegen ihn oder gegen die Sache eingenommen ist: *er macht überall die Produkte der Konkurrenz schlecht.* **madig machen,** jmdn./etwas (salopp): (in diesem Sinnbereich) sich in gehässiger [parteiisch und einseitig] ablehnender Kritik über jmdn./etwas äußern, ihm [aus Voreingenommenheit] alle positiven Eigenschaften absprechen; vgl. madig machen ↑verleiden. **in ein schlechtes Licht setzen/** (auch:) **stellen, rücken,** jmdn./etwas: (in diesem Sinnbereich) eine Person, ihr Verhalten, ihr Tun o. ä. oder eine Sache anderen gegenüber [bewußt] ungünstig darstellen; nur die negativen Eigenschaften einer Person oder Sache [in einem Bericht, einem Urteil o. ä.] hervorheben; drückt im allgemeinen die Kritik des Sprechers/Schreibers an der Voreingenommenheit oder Parteilichkeit des Handelnden aus. **kein gutes Haar lassen,** an jmdm./etwas (ugs.): eine Person oder Sache in einer kritischen Äußerung insgesamt verdammen, ablehnen, nur Schlechtes über jmdn./etwas sagen; ↑bemängeln, ↑verächtlich machen.

[2]**schlechtmachen,** jmdn. bei jmdm. (ugs.): (in diesem Sinnbereich) einem anderen gegenüber einen abwesenden Dritten kritisieren und nichts Gutes über diesen sagen [um auf diese Weise das Urteil des Zuhörenden so zu beeinflussen, daß er den Abwesenden geringschätzt]: *er versucht, seinen Konkurrenten bei allen Leuten schlechtzumachen.* **anschwärzen,** jmdn. [bei jmdm.] (ugs.; abwertend): über jmdn. hinter dessen Rükken bei einer [maßgebenden, einflußreichen] Person Schlechtes sagen und ihn auf diese Weise in Mißkredit zu bringen suchen; ↑anzeigen, ↑[1]blamieren, ↑diskriminieren, ↑verdächtigen, ↑verleumden, ↑verraten.

[1]**schlicht:** (in diesem Sinnbereich) ohne großen Prunk oder Pomp; unauffällig und zweckmäßig; ohne unnötigen Aufwand oder die nur für das Auge berechnete Wirkung; bezieht sich, wie die übrigen Wörter dieser Gruppe, auf beliebige Gegenstände von menschlicher Hand o. ä., die ein dekoratives Element haben können, und besagt, daß das Dekorative [gegenüber den anderen Funktionen des Gegenstandes] zurücktritt, was jedoch nicht als Mangel an Schönheit empfunden wird: *eine schlichte Einrichtung.* **kunstlos:** in der Ausführung einfach, oft roh, unmittelbar dem Zweck genügend und darüber hinaus keine ästhetische Wirkung erzielen wollend; bezieht sich im allgemeinen auf etwas Hergestelltes, Gefertigtes und stellt es in Gegensatz zu einem Gegenstand, der den handwerklichen oder künstlerischen Ehrgeiz seines Schöpfers, Herstellers verrät. **schmucklos:** keinen Schmuck, keine Verzierungen aufweisend und daher einfach, schlicht, sachlich wirkend; soll häufig den allzu nüchternen Eindruck, den ein Gegenstand macht, kennzeichnen: *ein schmuckloses Kleid; ein schmuckloser Raum.* **einfach:** (in diesem Sinnbereich) sich auf das beschränkend, was zur Erfüllung des Zwecks notwendig ist; nichts Überflüssiges enthaltend; betont im Unterschied zu „schmucklos" weniger, daß auf die schmükkenden Elemente verzichtet wurde, als daß von vornherein nur auf den Zweck des Gegenstandes, nicht auf seine Schönheit Wert gelegt wurde oder daß die schöne Form in der möglichst vollkommenen Anpassung an den Zweck gesehen wird: *ein Kleid von einfachem, geradezu klassischem Zuschnitt.* **anspruchslos:** (in diesem Sinnbereich) nur bescheidenen ästhetischen Forderungen genügend; lediglich seinen Zweck erfüllend: *anspruchsloses Tongeschirr stand auf dem Tisch.* **primitiv** (abwertend): (in diesem Sinnbereich) roh und kunstlos ausgeführt: *das Mauerwerk der frühgeschichtlichen Periode ist p.;* ↑[1]karg, ↑[2]kümmerlich, ↑naiv, ↑notdürftig, ↑provisorisch.

²schlicht: (in diesem Sinnbereich) einfach zubereitet; aus wenigen, aber [wohlschmekkenden und] zur Sättigung ausreichenden Speisen bestehend; bezieht sich, wie die übrigen Wörter dieser Gruppe, auf Mahlzeiten o. ä.: *ein schlichtes Mahl.* **frugal** (bildungsspr.): aus einfachen Speisen, wie die Natur sie gibt, bestehend oder zubereitet: *sie pflegten morgens ein recht frugales Frühstück einzunehmen.* **einfach:** (in diesem Sinnbereich) ohne Verfeinerungen zubereitet; keine Delikatessen enthaltend: *das einfache Abendbrot; einfache Kost.* **bescheiden:** (in diesem Sinnbereich) sehr einfach zubereitet und zur Sättigung kaum ausreichend: *ein bescheidenes Mittagessen.*

schlichten, etwas: einen Streit anderer durch begütigende und beruhigende Worte beenden, die streitenden Parteien dazu bringen, von ihrem Zank abzulassen. **beilegen,** etwas: einen Streit friedlich beenden; im Unterschied zu „schlichten" ist dabei aber nicht das Eingreifen eines Dritten nötig; wird oft im Passiv verwendet: *die Meinungsverschiedenheiten konnten von den Fraktionsmitgliedern glücklicherweise beigelegt werden.* **aus der Welt schaffen,** etwas: etwas, was als eine Störung der zwischenmenschlichen Beziehungen über einige Zeit hin besteht, nun endlich beseitigen. **das Kriegsbeil begraben** (ugs.): (in diesem Sinnbereich) einen Streit, der schon länger im Gange ist, zur Ruhe kommen lassen und endgültig beilegen; kann nur durch die beiden Partner selbst geschehen; ↑bereinigen.

schließen, etwas (geh.) (Ggs. ↑öffnen): (in diesem Sinnbereich) machen, daß etwas nicht mehr offen ist: *die Tür, das Fenster s.* **zumachen,** etwas (Ggs. aufmachen ↑öffnen): i. S. v. schließen; hebt aber mehr den Vorgang hervor, die Handlung des Schließens. **einklinken,** etwas; **zuklinken,** etwas: das Türschloß einschnappen lassen und eine Tür auf diese Weise fest schließen; während die Vorsilbe ein- den technischen Vorgang benennt, wird mit der Vorsilbe zu- das Ergebnis angesprochen. **zuschlagen,** etwas: eine Tür, ein Fenster oder einen Klappdekkel heftig, mit großem Schwung und mehr oder weniger laut hörbar schließen. **zuknallen,** etwas: etwas heftig mit lautem Knall zuschlagen: *das Fenster, den Musterkoffer z.* **zuschmeißen,** etwas (salopp): etwas absichtlich (z. B. aus Wut, aus Erregung) mit großer Wucht zuschlagen: *er schmiß die Tür hinter sich zu.* **die Tür [hinter sich] ins Schloß fallen lassen:** einen Raum verlassen und hinter sich vernehmlich und mit einigem Schwung die Tür zuschlagen: *die Haustür laut ins Schloß fallen lassen.* **die Tür [hinter sich] ins Schloß werfen/** (auch:) **schmettern:** einen Raum [voll Wut oder Ärger] verlassen und hinter sich sehr heftig die Tür zuschlagen; ↑¹abschließen.

Schlingel, der: pfiffiger, übermütiger, zu Streichen aufgelegter, aber nicht bösartiger junger Bursche; wird mit einem gewissen Wohlwollen gesagt. **Schelm,** der: (in diesem Sinnbereich) kleiner Junge oder kleines Mädchen von spitzbübischem, aber doch liebenswertem Wesen. **Frechdachs,** der (fam.): dreister, vorlauter kleiner Kerl; kann sich sowohl auf einen Jungen als auch auf ein Mädchen beziehen; drückt ein gewisses Wohlwollen des Sprechers/Schreibers aus; ↑frech. **Ruppsack,** der (fam.): (in diesem Sinnbereich) frecher, kleiner Bursche; vgl. ruppig ↑unhöflich; ↑Dreikäsehoch.

Schmach, die (ohne Plural): in kränkender, demütigender, herabwürdigender Weise erfolgende geringschätzige Behandlung, Handlung: *etwas als S. empfinden.* **Schande,** die (Plural ungebräuchlich): (in diesem Sinnbereich): hoher Grad von Unehre; Verletzung der Ehre, des Ansehens; während dem Wort „Schmach" die Bedeutung „Erniedrigung" zugrunde liegt, wird „Schande" in bezug auf die Herkunft mit „Scham" in Verbindung gebracht. **Schimpf,** der (Plural ungebräuchlich; geh.): verunglimpfender, beleidigender Vorwurf oder erniedrigende Behandlung, durch die man sich im Innersten beleidigt fühlt; bezieht sich im Unterschied zu „Schmach" mehr auf die bestimmte, einzelne Handlung eines anderen; ↑schimpflich.

schmecken, etwas schmeckt [jmdm.]: **a)** etwas spricht den Geschmackssinn auf irgendeine Weise an; steht immer mit einer Artangabe; *diese Suppe schmeckt schlecht; diese Kekse schmecken vorzüglich;* **b)** (ugs.): den Geschmackssinn auf besonders angenehme Weise ansprechen; bringt das subjektive Urteil des Sprechers/Schreibers über den besonderen Wohlgeschmack einer Speise o. ä. zum Ausdruck: *das Essen schmeckt mir; das schmeckt!.* **munden,** etwas mundet [jmdm.] (geh.): i. S. v. schmecken b): *den Gästen scheint dieses Gericht zu m.; sie ist verwöhnt, unsere einfache Kost wird ihr nicht m.* **widerstehen,** etwas widersteht jmdm.: etwas ruft durch einen bestimmten [als unangenehm empfundenen] Geschmack, durch die besondere Zusammensetzung oder Beschaffenheit jmds. Widerwillen oder Ekel vor einer bestimmten Speise o. ä. hervor: *dieses fette Fleisch widersteht mir.*

schmeicheln, jmdm.: jmdn. vorsätzlich und um dessen Gunst zu gewinnen in übertriebener Weise loben oder dessen Vorzüge hervorheben, die in dem Maße gar nicht vorhanden sind: *er schmeichelte ihr, daß sie eine große Künstlerin wäre.* **schöntun,** jmdm.: zu jmdm. besonders freundlich sein, um sich bei ihm beliebt zu machen, wobei der Verdacht der Unehrlichkeit besteht: *er saß dauernd bei ihm und tat ihm schön.* **Komplimente machen,** jmdm. (geh.): jmdm. etwas Angenehmes sagen, was seinen Wert hervorhebt; im Gegensatz zu „schmeicheln" wird „Komplimente machen" im allgemeinen als höflich und charmant empfunden: *den ganzen Abend machte er ihr Komplimente.* **Süßholz raspeln** (ugs.; scherzh.): (als Mann) Frauen Schmeicheleien sagen: *gestern auf dem Ball hat er wieder viel Süßholz geraspelt;* ↑einschmeicheln, ↑hofieren, ↑[2]kriechen; ↑unterwürfig.

schmelzen, etwas schmilzt: etwas verliert unter der Einwirkung von Wärme allmählich seine feste Beschaffenheit, wird flüssig; wird, wie alle Wörter dieser Gruppe, auf Stoffe bezogen, die bei verschiedener Temperatur verschiedene Aggregatzustände haben können: *das Eis, Blei, Wachs schmilzt; die Schneemänner schmelzen.* **zerschmelzen,** etwas zerschmilzt: i. S. v. schmelzen; bezeichnet jedoch nicht wie „schmelzen" ganz allgemein den Vorgang, wie ein Körper aus dem festen in den flüssigen Zustand übertritt, sondern betont durch das Präfix „zer-" stärker die oft völlige Auflösung: *die Schokolade ist bei dieser Hitze zerschmolzen.* **zergehen,** etwas zergeht: etwas geht aus dem festen Zustand in den flüssigen über; wird von gefrorenen und in Flüssigkeit leicht löslichen, oft von fetthaltigen Dingen gesagt, die unter der Einwirkung von Wärme oder Feuchtigkeit stehen; im allgemeinen handelt es sich dabei um Dinge, die man absichtlich zum Schmelzen bringt: *das Fett in der Pfanne zergehen lassen; das Stück Zukker zergeht.* **zerlaufen,** etwas zerläuft (ugs.): i. S. v. zergehen; wird aber im allgemeinen dann verwendet, wenn es sich um ein zufälliges, nicht beabsichtigtes Schmelzen handelt: *die Butter stand in der Sonne und ist jetzt völlig z.* **auflösen,** etwas löst sich auf: etwas zerfällt in einer Flüssigkeit, verbindet sich damit so, daß der betreffende feste Stoff darin aufgeht: *sie wartete, bis sich die Tablette im Wasser aufgelöst hatte.*

schmieren, etwas; **abschmieren,** etwas (Fachspr.): an einer Maschine, einem Getriebe o. ä. die Reibung, die an bestimmten Stellen entsteht, durch das Zuführen von Öl oder Fett vermindern: *das Schloß an der Garage schmieren; den Wagen abschmieren.* **ölen,** etwas: i. S. v. schmieren; wird nur gebraucht, wenn dabei ausschließlich Öl verwendet wird, was meist dann zutrifft, wenn schwer zugängliche Stellen erreicht werden sollen. *die Tür knarrt, man sollte sie ö.* **fetten,** etwas: Gegenstände [aus Metall] mit Fett einschmieren, um ein besseres Gleiten zu ermöglichen, um die Reibung zu verringern: *die Eisenteile der Maschine müssen immer gut gefettet werden.*

schmollen (fam.): aus Unwillen über jmds. Worte oder Benehmen gekränkt schweigen und seine Verstimmung im Gesichtsausdruck – oft durch Vorschieben der Lippen – erkennen lassen; jedoch immer mit gutmütigem Beiklang: *sie sitzt in der Ecke und schmollt.* **die beleidigte/** (auch:) **gekränkte Leberwurst spielen** (ugs.; ironisch): durch jmds. Äußerung oder Benehmen beleidigt, gekränkt sein und sich – oft ostentativ – von ihm abwenden; mit dieser Redewendung wird eine gewisse Überempfindlichkeit des Beleidigten gekennzeichnet, der aus einem Anlaß, der von anderen als geringfügig betrachtet wird, verstimmt ist; wird deshalb im Unterschied zu „schmollen", das man gelegentlich auch von sich selbst sagen kann, nur von anderen gesagt: *die spielt aber auch immer die beleidigte, gekränkte Leberwurst.* **zürnen,** jmdm. (geh.): gegen jmdn., wenn auch nicht so sehr Zorn, so doch Unwillen wegen etwas, was er gesagt oder getan hat, empfinden und es ihn spüren lassen: *er zürnt mir noch immer.* **böse sein,** mit jmdm. (fam.): sich aus Ärger, Unmut über jmds. Worte oder Benehmen von ihm abwenden und ihn nicht beachten: *jetzt ist er böse mit mir;* ↑ärgerlich, ↑empfindlich.

schmuck: (in diesem Sinnbereich) von sauber-strahlendem, herzerfrischendem Äußeren; bezieht sich auf den frischen Gesamtanblick, der durch die sorgfältige, saubere Kleidung hervorgerufen oder stark unterstrichen wird; wird zumeist auf junge [weibliche] Personen angewandt: *sie sah s. aus; eine schmucke Braut.* **adrett:** sauber und ordentlich in der äußeren Erscheinung und deshalb einen gefälligen, angenehmen, netten Eindruck machend: *ein adrettes Mädchen; sie ist a. gekleidet.* **proper:** (in diesem Sinnbereich) sorgfältig, sauber gekleidet und dadurch von angenehmem Äußeren; bezieht sich zumeist auf junge [weibliche] Personen: *sie sah p. aus.* **dufte** (salopp; berlin.), **schnieke** (salopp; berlin., veraltend): (in diesem Sinnbereich) durch auffallend hübsche Kleider, durch ein geschickt zurechtgemachtes Äußeres Bewunderung erregend: *du siehst mit dem Kleid dufte aus; er ist schnieke angezogen;* ↑sauber.

schmücken, etwas [mit etwas]: (in diesem Sinnbereich) etwas [für einen besonderen

Anlaß] mit schönen oder kostbaren Dingen ausstatten [um ihm ein angemessenes festliches Aussehen zu verleihen]: *sie schmückte das Boot mit bunten Blumen.* **zieren,** etwas mit etwas (selten): etwas mit etwas Schmückendem versehen; der Schmuck besteht im allgemeinen nur aus einer Sache, die oft in ihrer Besonderheit eine Vervollkommnung des Ganzen darstellt: *er hatte seinen Hut mit einer Feder geziert.* **verzieren,** etwas [mit etwas]: einen Gegenstand verschönern, indem man schmückendes Beiwerk anbringt, das von besonders feiner oder zierlicher Art ist: *er wollte das Horn, bevor er es verschenkte, mit Gold v.*

Schmutz, der (ohne Plural): (in diesem Sinnbereich) Stoff verschiedener Art, der etwas bedeckt, an etwas haftet oder mit etwas vermischt ist und [an diesem Ort] als Verunreinigung empfunden wird; bezieht sich sowohl auf etwas, was in jedem Fall als Schmutz angesehen wird (Staub o.ä.), als auch auf etwas, was nur in bestimmten Lagen und Verbindungen als Verunreinigung wirkt; ↑schmutzig, ↑verschmutzt. **Dreck,** der (ohne Plural; salopp): (in diesem Sinnbereich) [gröberer] Schmutz; nicht selten von regendurchweichter schlammiger Erde [auf Straßen und Wegen] gesagt; drückt entweder eine emotional gefärbte Abwertung durch den Sprecher/Schreiber oder einen stärkeren Grad des Schmutzigseins aus; vgl. dreckig ↑schmutzig; vgl. verdreckt ↑verschmutzt. **Kot,** der (ohne Plural; geh., aber veraltend): (in diesem Sinnbereich) i.S.v. Schmutz; wird vor allem auf nasse, aufgeweichte Erde [auf Straßen und Wegen] bezogen: *er warf mich von seiner Schulter herab in den K.;* ↑Kot.

[1]**schmutzig** (Ggs. ↑sauber): (in diesem Sinnbereich) mit Unreinigkeit, gleich welcher Art, bedeckt, behaftet oder vermischt: *ein schmutziges Hemd;* ↑Schmutz; ↑verschmutzt. **dreckig** (salopp): (in diesem Sinnbereich) [sehr] schmutzig; drückt entweder die emotional gefärbte Abwertung durch den Sprecher/Schreiber oder einen stärkeren Grad des Schmutzigseins aus: *dreckige Hände;* vgl. Dreck ↑Schmutz; vgl. verdreckt ↑verschmutzt. **mistig** (derb; abwertend): (in diesem Sinnbereich [in gröbster Weise] schmutzig; nicht selten von nassem Schmutz verursacht; drückt entweder die emotional gefärbte Abwertung durch den Sprecher/Schreiber oder einen stärkeren Grad des Schmutzigseins aus: *die Hose ist völlig m.* **unsauber** (geh.), **unrein** (selten): (in diesem Sinnbereich) nicht frei von [anhaftendem oder beigemischtem] Schmutz; weniger konkret als die vorstehenden Wörter dieser Gruppe; merkt tadelnd an, daß sich etwas nicht in dem erwarteten sauberen Zustand befindet: *der unsaubere Fußboden; unsaubere Hände, Füße, Nägel; das Wasser ist unrein.*

[2]**schmutzig: schmutzig machen,** sich/etwas/jmdn. [mit etwas]: sich/etwas/jmdn., vor allem an der Oberfläche, von außen mit etwas beschmieren, beflecken o.ä.: *sich die Finger schmutzig machen.* **dreckig machen,** sich/etwas/jmdn. [mit etwas] (salopp): i.S.v. schmutzig machen; drückt entweder eine emotional gefärbte Abwertung durch den Sprecher/Schreiber oder einen stärkeren Grad der Beschmutzung aus: *er hat mich ganz dreckig gemacht mit seinen schmierigen Händen.* **beschmutzen,** sich/etwas/jmdn. [mit etwas] (geh.): sich/etwas/jmdn. an der Oberfläche, von außen schmutzig machen; rückt das vom Vorgang betroffene Objekt stärker in den Vordergrund: *er hat seinen Anzug leicht beschmutzt.* **verunreinigen,** etwas/sich (geh.): (in diesem Sinnbereich) etwas/sich stärker beschmutzen; rückt stärker als „beschmutzen" das Ergebnis in den Vordergrund und enthält einen starken Tadel: wirkt oft gespreizt: *der Kerl hat wieder die Toilette verunreinigt.*

schneiden, etwas: (in diesem Sinnbereich) etwas organisch Wachsendes, das zu lang, zu üppig geworden oder regellos gewachsen ist, auf eine passende Form zurückschneiden: *du mußt dir die Nägel s.!* **beschneiden,** etwas: von etwas organisch Wachsendem etwas [von den äußeren Teilen] wegschneiden, weil es zu lang gewachsen ist und dadurch stört, hindert, gefährlich ist o.ä.; betont gegenüber „schneiden" mehr, daß etwas in seiner Länge gekürzt wird, weniger, daß ihm eine bestimmte Form gegeben wird: *er ließ mich einen Lorbeerbaum b.* **zurückschneiden,** etwas: Pflanzen in ihren Trieben kräftig beschneiden, alles Wuchernde wegschneiden [damit sich neue, frische Triebe entwickeln können]: *zweimal im Jahr muß diese Hecke zurückgeschnitten werden.* **stutzen,** etwas: durch Ab-, Wegschneiden verkürzen, die Spitzen von etwas abschneiden; bezieht sich meist auf etwas organisch Wachsendes, was stark wächst oder hervorragt und was durch Verkürzen in eine gemäßere Form gebracht wird: *sich den Bart s. lassen.* **abschneiden,** etwas: (in diesem Sinnbereich) **a)** etwas zu lang Gewachsenes, störend Hervorragendes wegschneiden; bezieht sich nur auf einzelne Teile, Triebe, die auf die Länge der übrigen gekürzt werden, und betont im Unterschied zu den übrigen Wörtern mehr die Entfernung des Störenden: *einen Fussel a.; an der Hecke müssen* *stehengebliebene Zweige noch abgeschnitten werden;* **b)** etwas organisch Wachsendes vollständig oder zu seinem größeren Teil wegschneiden und entfernen: *sie hat sich die Zöpfe a. lassen.* **kupieren** (Fachspr.): (in diesem Sinnbereich) einem Tier die Ohren oder den Schwanz beschneiden, wobei im Unterschied zu „stutzen" nicht nur die Behaarung, sondern oft auch Fleischteile weggeschnitten werden: *bei dieser Hunderasse werden die Ohren kupiert.*

schnell (Ggs. langsam): (in diesem Sinnbereich) in einem gewissen, relativ hohen Tempo [deshalb nur verhältnismäßig kurze Zeit dauernd]; bezieht sich auf Tätigkeiten, [Fort]bewegungen, auf menschliche Äußerungen und auf Vorgänge: *sie liefen s.; etwas s. hinter sich bringen; s. wie ein Pfeil; er kann s. arbeiten, schreiben, sprechen.* **auf die Schnelle** (salopp): nur schnell, sich nicht genügend Zeit für etwas lassend; enthält leichte Kritik und bezieht sich auf Tätigkeiten, die für eine sorgfältige und eingehende Ausführung mehr Zeit erfordert hätten; wird prädikatbezogen gebraucht: *meine Eltern hatten mich ganz auf die Schnelle aufgeklärt.* **geschwind[e]** (landsch.): etwas in kurzer Zeit, schnell erledigend; ist seltener als „schnell" und „rasch": *wir sind zu g. den Berg hinaufgestiegen; ich will g. einmal nachschauen, ob es dir gutgeht.* **rasch:** (in diesem Sinnbereich) schnell durch heftigen, starken inneren Antrieb; in bezug auf Personen weist es in höherem Maße als die anderen Wörter dieser Gruppe auf die Energie, Lebhaftigkeit und Heftigkeit des Betreffenden hin; während „schnell" eine mehr objektive Einschätzung ist, kennzeichnet „rasch" eine persönlich motivierte Schnelligkeit bzw. eine subjektive Empfindung; wenn etwas rasch gemacht wird, drängt oft die Zeit: *mit der Arbeit r. vorankommen; einen rascheren Schritt anschlagen; er ist kein Mann von raschen Entschlüssen.* **schleunigst:** (in diesem Sinnbereich) sehr schnell, so schnell wie möglich; bezieht sich im allgemeinen auf Tätigkeiten, [Fort]bewegungen, Äußerungen des Menschen; drückt häufig aus, daß der Betreffende so schnell, wie es ihm möglich ist, handeln will oder daß dies erwünscht ist: *verschwinden Sie s.!* **wie im Flug[e]:** überraschend, sehr schnell in bezug auf etwas, was sich über eine gewisse Zeit erstreckt: *die Tage mit ihm/ihr sind wie im Flug vergangen.* **blitzschnell** (emotional verstärkend), **pfeilschnell** (emotional verstärkend): äußerst schnell; kennzeichnen die Art der [Fort]bewegung: *pfeilschnell sauste der Sprinter über die Piste.* **wie der Blitz** (ugs.; emotional verstärkend): in höchstem Maße schnell; verbindet mit der Vorstellung der großen Geschwindigkeit der [Fort]bewegung die Vorstellung der [überraschenden] Wirkung: *es muß wie der Blitz gehen, sonst wird es nicht gelingen.* **mit einem Affenzahn** (salopp; emotional verstärkend); **mit ...zig/** (auch:) **achtzig** u. a. **Sachen** (salopp; emotional verstärkend): mit höchster Geschwindigkeit; wird im allgemeinen in Zusammenhang mit Fahrzeugen verwendet: *er brauste mit einem Affenzahn davon; er trat auf das Gaspedal und raste mit ...zig Sachen durch den kleinen Ort;* ↑eilig, ↑kurzerhand, ↑übereilt, ↑Eile.

schnippisch: schnell, kurz angebunden, spitz und respektlos-ungezogen auf etwas erwidernd; kennzeichnet, wie auch die übrigen Wörter dieser Gruppe, eine abweisende Haltung; wird meist auf junge Mädchen in ihrem Verhalten zu Gleich- oder Höhergestellten bezogen: *„jedenfalls nicht mit mir" versetzte sie s.; das junge Ding ist ja recht s.; die schnippische Antwort hätte sie besser unterlassen.* **patzig** (ugs.; abwertend): in ungezogener, unverschämt trotziger Weise unwillig auffahrend, mit einer groben Antwort reagierend, ohne die nötige Höflichkeit und dabei meist kurz angebunden; wird vor allem in bezug auf jüngere Leute in ihrem Verhalten zu Erwachsenen gebraucht: *für diese patzige Antwort hätte sie eine Ohrfeige verdient.* **schnodd[e]rig** (ugs.; abwertend): von einer provozierenden Lässigkeit, unehrerbietig, vorlaut, großsprecherisch und ohne den nötigen Respekt vor Personen oder auch vor Dingen, die anderen etwas bedeuten: *er ist mir zu s.;* ↑barsch, ↑taktlos, ↑unfreundlich, ↑unhöflich.

Schnur, die: **a)** (Plural ungebräuchlich): aus mehreren dünnen [Textil]garnen, oft aus gezwirntem Hanf hergestellte Seilerware, die meist von mittlerer Stärke ist und zu den verschiedensten Zwecken verwendet wird; bezeichnet im allgemeinen das [von einem Knäuel] abgeschnittene Stück beliebiger Länge: *er band eine S. um den Flaschenhals;* **b)** eine Art dünne, feste Leine von bestimmter Länge (als zugehöriger Teil zu etwas), die einem bestimmten Zweck dient, z. B. zum Zusammenschnüren, Verspannen oder Befestigen einer Sache; sie ist meist fest an dem betreffenden Gegenstand angebracht: *die Schnüre des Rucksacks waren verknotet;* **c)** dünne, gedrehte, meist farbige Zierkordel als Besatz an Kleidern, Uniformstücken o. ä.: *seine Jacke war mit silbernen Schnüren besetzt.* **Bindfaden,** der: derbe, einfache, ungefärbte Schnur aus Hanf oder ähnlichem Material; bezeichnet im Unterschied zu „Schnur" a) im allgemeinen nur das zum

Zusammenbinden von einzelnen Teilen, zum Umschnüren von Paketen o. ä. verwendete Bindematerial. **Kordel,** die: **a)** (landsch.): i. S. v. Bindfaden; **b)** geflochtene oder gedrehte dicke Schnur mit oder ohne Quaste, die zur Verzierung von Gegenständen, wie Polstermöbel o. ä., dient. **Strick,** der (landsch.): (in diesem Sinnbereich) kräftige, dicke Schnur, mit der man etwas verschnüren oder anbinden kann; bezeichnet meist einen besonders kräftigen Bindfaden; vgl. Strick ↑Leine. **Strippe,** die (ugs.; landsch.): **a)** i. S. v. Bindfaden; bezieht sich jedoch meist auf ein kürzeres Stück, das man gerade zu einem bestimmten Verwendungszweck sucht oder [zufällig] in passender Länge zur Hand hat; **b)** [kurze] an einem Gegenstand befestigte Schnur, an der man mit der Hand zieht, um etwas in Bewegung zu setzen oder zu betätigen: *wenn du die Lüftungsklappe öffnen willst, mußt du an der S. ziehen.* **Spagat,** der (südd.; österr.): kräftige Schnur zum Befestigen, Umschnüren eines Gegenstandes; ↑Kabel, ↑Leine.

schön (Ggs. häßlich): (in diesem Sinnbereich) von vollendeter Gestalt, von außergewöhnlichem [strahlendem] Aussehen, dadurch höchstes bewunderndes Wohlgefallen erregend; kennzeichnet, wie alle Wörter dieser Gruppe, die festgestellte Beschaffenheit des Betreffenden; bezieht sich auf das gesamte Erscheinungsbild des Menschen, häufig auf das einer weiblichen Person, oder auf Hände, Augen, Gesichtszüge u. ä.: *schöne Hände; eine schöne Frau.* **bildschön** (emotional verstärkend), **wunderschön** (emotional verstärkend): (in diesem Sinnbereich) in hohem Maße schön; ist Ausdruck höchsten Erstaunens und höchster Bewunderung; wird zumeist auf weibliche Personen oder auf Kinder, aber auch auf Hände, Augen u. ä. bezogen: *sie hat wunderschöne, fast zerbrechliche Hände.* **hübsch:** (in diesem Sinnbereich) von nicht alltäglichem, angenehmem Aussehen, dadurch bewundernde Beachtung findend; ist im allgemeinen weniger anspruchsvoll und weniger stark als „schön": *sie hat hübsche Beine; er hat einen hübschen Hintern; ein auffallend hübscher Mensch.* **faszinierend:** durch sinnlich fesselnde körperliche Erscheinung oder durch eine besonders geistige Ausstrahlung in seinen Bann ziehend: *eine faszinierende Persönlichkeit; ein faszinierender Anblick.* **niedlich:** von zierlich-kindlichem, hübschem Aussehen; wird auf Kinder oder junge Mädchen bezogen. **bildhübsch** (emotional verstärkend): auffallend hübsch, dadurch spontane Bewunderung erregend; wird zumeist auf junge [weibliche] Personen bezogen, oft auf die Gesichtszüge: *sie hatte ein bildhübsches Gesicht.* **gefällig:** (in diesem Sinnbereich) von angenehmem Aussehen und angenehmer Gestalt, dadurch ansprechend in der Gesamterscheinung; wird auf weibliche und männliche Personen bezogen: *ein junger Mann von gefälligem Aussehen.* **attraktiv:** (in diesem Sinnbereich) von gut zurechtgemachtem Aussehen, von tadelloser [durch die Kleidung geschickt betonter] Figur, dadurch die Aufmerksamkeit auf sich lenkend: *sie war eine attraktive Erscheinung.* **lieblich** (geh.): (in diesem Sinnbereich) von zarter, sanfter Schönheit, dadurch Entzükken hervorrufend; wird, wie die folgenden Wörter, auf Kinder, häufig auf junge [weibliche] Personen, auf deren Gesicht bezogen: *ein liebliches Mädchen; die liebliche Erscheinung des Knaben.* **hold** (dichter.): (in diesem Sinnbereich) von rührend-beglückender, zarter Schönheit; wird auch leicht ironisch gebraucht: *das holde Kind.* **holdselig** (dichter.): (in diesem Sinnbereich) von rührend-beglückender, engelhafter-zarter Schönheit: *holdselige Züge;* ↑anziehend; ↑bezaubernd.

schönmachen, sich; **feinmachen,** sich (ugs.): sich [zu einem besonderen Anlaß] festlich anziehen und sein Äußeres sorgfältig herrichten; wird häufig mit mehr oder weniger spöttischem Unterton gesagt. **herausputzen,** sich; **aufputzen,** sich: in der Absicht, durch seine Kleidung aufzufallen, [zu einem bestimmten festlichen Anlaß] auf seine Kleidung [über]große Sorgfalt vewenden. **putzen,** sich: sich durch besondere Kleidung, besonderen Schmuck usw. für einen bestimmten festlichen Anlaß ein schönes Aussehen geben. **auftakeln,** sich (salopp; abwertend): sich auffallend kleiden [mit Schmuck behängen] und sein Äußeres übertrieben herrichten, um aufzufallen, Eindruck zu machen; bezieht sich wie „aufdonnern" zumeist auf weibliche Personen. **aufdonnern,** sich (salopp; abwertend): sich in sehr auffallender, als geschmacklos empfundener Weise zurechtmachen (im Make-up, in der Frisur). **in Gala/** (auch:) **in Schale werfen,** sich (ugs.); **in Wichs werfen/** (auch:) **schmeißen,** sich (salopp): sich für einen bestimmten Anlaß festlich, mit den besten Kleidern, die man besitzt, kleiden; wird vorwiegend auf Männer bezogen. **Toilette machen:** sich [zu einem besonderen Anlaß ausnehmend festlich] anziehen und sein Äußeres mit großer Sorgfalt herrichten; bezieht sich zumeist auf weibliche Personen.

schräg: von einer [gedachten] senkrechten oder waagerechten Bezugslinie in gerader Richtung abweichend, ohne einen rechten Winkel zu bilden; wird sachlich feststellend gesagt, wenn man Lage oder Stellung irgendwelcher Dinge in bezug auf eine als Richtschnur dienende Umgebung näher bezeichnen will: *der Schreibtisch stand s. im Raum; eine schräge Ebene.* **schief:** (in diesem Sinnbereich) nicht in der vorgesehenen geraden Lage oder Stellung, in der es eigentlich sein sollte; wird meist mit negativer Kritik gesagt: *hast du die Kirche mit dem schiefen Turm gesehen?* **geneigt:** von einer senkrechten oder waagerechten Lage oder von einer entsprechenden [gedachten] Bezugsebene leicht abweichend; leicht abfallend oder überhängend; bezieht sich meist auf Flächen oder Dinge mit flächiger Ausdehnung und steht fast immer mit einem Beiwort zusammen, das den geringen Grad der Abweichung von der Bezugsfläche betont: *die Straße führte schnurgerade und sanft g. ins Tal.*

Schreck, der (Plural ungebräuchlich): (in diesem Sinnbereich) heftige Gemütserschütterung durch das überraschende, plötzliche Angst erregende Bewußtwerden einer Gefahr, einer wirklichen oder vermeintlichen Bedrohung; bezeichnet mit entsprechenden Beiwörtern auch die Gemütserschütterung durch eine freudige Überraschung. **Schock,** der: durch ein außergewöhnlich belastendes Ereignis ausgelöste seelische Erschütterung [wobei der Betroffene nicht mehr fähig ist, seine Reaktionen zu beherrschen]: *nach dem Unfall stand er unter S.; bei der Todesnachricht ihres Mannes erlitt sie einen S.* **Schrecken,** der (Plural ungebräuchlich): **a)** (landsch.): i. S. v. Schreck: *als ich die Küche betrat und den Rauch sah, bekam ich einen großen S.;* **b)** länger anhaltende, mit Angst, Entsetzen verbundene psychische Erschütterung; betont mehr, daß man [beim Erkennen von etwas existentiell Bedrohendem, Unwiderruflichem] in tiefster Seele erschüttert wird: *Angst und Schrecken verbreiten; die Schrekken des Krieges.* **Entsetzen,** das (ohne Plural): ein das Gemüt vollständig überwältigender, heftiger, mit Grauen verbundener Schrecken, der zu panikartiger Reaktion oder zu einer augenblicklichen Hilflosigkeit im Handeln führt. **Bestürzung,** die (Plural ungebräuchlich): durch einen Schreck ausgelöste [heftige] Verwirrung des Gemüts, Fassungslosigkeit angesichts eines unerwarteten, erschütternden Ereignisses. **Panik,** die (Plural ungebräuchlich): durch das unvermutete, plötzliche Bewußtwerden einer wirklichen oder vermeintlichen Lebensgefahr hervorgerufener Schreck- und Angstzustand, der das Denken lähmt und zu kopflosen Reaktionen führt und sowohl einzelne Menschen wie auch Gruppen oder Massen ergreifen kann.

[1]**schrecklich:** (in diesem Sinnbereich) **a)** durch seine Art, sein Ausmaß [jedem, der davon erfährt oder davon betroffen ist] Schrecken einjagend, Abscheu einflößend; drückt, oft stark emotional gefärbt, die impulsiv ablehnende Stellungnahme des Sprechers/Schreibers zu einer Sache, einem Ereignis oder zu dem Verhalten eines anderen aus: *das Blutbad war s.; schreckliche Jahre;* **b)** (ugs.; abwertend): durch sein Verhalten, seine Aufdringlichkeit, Respektlosigkeit, Überspanntheit o. ä. Abneigung oder Entrüstung hervorrufend; oft von Personen gesagt: *da kommt der schreckliche Mensch schon wieder; du bist s.!;* ↑[2]schrecklich. **furchtbar:** (in diesem Sinnbereich **a)** durch seine Art, Größe, Gewalt o. ä. Furcht, bange Beklemmung erregend; betont im Unterschied zu „schrecklich" a) mehr die Betroffenheit des Sprechers/Schreibers: *ein furchtbares Unglück; die furchtbaren Ereignisse dieser Jahre;* **b)** (ugs.; abwertend): [im Umgang] sehr unangenehm; wird meist attributiv von Personen gesagt und drückt im Unterschied zu „schrecklich" b) mehr die eindeutige Antipathie des Sprechers/Schreibers aus: *ein furchtbarer Mensch;* vgl. furchtbar ↑[2]schrecklich. **fürchterlich:** (in diesem Sinnbereich) **a)** durch seine [unvorstellbare] Größe, Furchtbarkeit o. ä. Bestürzung hervorrufend; steht im Unterschied zu „furchtbar" auch oft im Sinne bewußter Übertreibung: *eine fürchterliche Katastrophe; das Durcheinander war f.; ein fürchterliches Gewitter;* **b)** (ugs.; abwertend): i. S. v. furchtbar b); *ein fürchterlicher Kerl!;* vgl. fürchterlich ↑[2]schrecklich. **entsetzlich:** (in diesem Sinnbereich) durch seine [unerwartete, nicht für möglich gehaltene] Furchtbarkeit Schrecken und Entsetzen erregend; gibt im Unterschied zu „fürchterlich" im allgemeinen die unmittelbare Betroffenheit des Sprechers/Schreibers kund: *ein entsetzliches Ereignis;* vgl. entsetzlich ↑[2]schrecklich. **gräßlich:** **a)** so furchtbar, schreckenerregend, daß man bei der Wahrnehmung oder bloßen Vorstellung der betreffenden Sache, des betreffenden Ereignisses, Vorgangs von Grauen ergriffen wird: *der Anblick war g.;* **b)** (ugs.; abwertend): durch seine Art, sein Verhalten auf andere unsympathisch wirkend, sie aufreizend, ihre Geduld auf eine harte Probe stellend; wird von Personen gesagt: *ein gräßlicher Nörgler; ich finde sie einfach g.*

[2]**schrecklich** (ugs.): (in diesem Sinnbereich) in [erstaunlich] hohem Maß; drückt als [emotional übertreibendes] Steigerungswort die ironische, zwischen Entrüstung und

Anerkennung schwankende oder positive, überschwengliche Einstellung des Sprechers/Schreibers zu etwas aus: *er hat sich s. angestrengt; sie ist s. ordinär;* ↑[1]schrecklich. **furchtbar** (ugs.): (in diesem Sinnbereich) i. S. v. schrecklich; betont jedoch mehr, daß der Sprecher/Schreiber beeindruckt ist oder jmdn. beeindrucken will: *es hat zwei Tage f. geregnet; sie ist übrigens f. eigensinnig.* vgl. furchtbar ↑[1]schrecklich. **fürchterlich** (ugs.): (in diesem Sinnbereich) i. S. v. schrecklich: *sie ist f. dumm; er scheint im Augenblick f. viel zu tun zu haben;* vgl. fürchterlich ↑[1]schrecklich. **entsetzlich** (ugs.): (in diesem Sinnbereich) i. S. v. schrecklich; dient im allgemeinen nur der negativen Steigerung: *wir kamen e. müde an; es ist heute ganz e. heiß;* vgl. entsetzlich ↑[1]schrecklich; ↑sehr.

schreiben [etwas]: (in diesem Sinnbereich) Buchstaben, Wörter mit Hilfe eines Schreibgerätes hervorbringen: *er schreibt unleserlich.* **schönschreiben:** beim Schreiben besonderen Wert auf ein schönes und gleichmäßiges Schriftbild legen: *es genügt, wenn deine Schrift leserlich ist, du mußt nicht s.* **malen** [etwas]; **pinseln** [etwas] (ugs.): (in diesem Sinnbereich) sorgfältig jeden Buchstaben, Strich für Strich schreiben: *das Kind gibt sich große Mühe und pinselt seine Hausaufgaben förmlich.* **kritzeln** [etwas]: ohne einheitliche Buchstabenführung, unregelmäßig und ohne besondere Sorgfalt schreiben, wobei die Schrift meist klein und schwer lesbar ist: *er kritzelte ein paar Worte auf einen Zettel.* **krakeln** [etwas]: schlecht und ungleichmäßig, ohne jede Gewandtheit schreiben, so daß das Schriftbild einen verworrenen Eindruck macht: *wenn du deinen Lebenslauf so krakelst, wird deine Bewerbung bestimmt keinen Erfolg haben.* **schmieren** [etwas]: unsauber und liederlich schreiben; im Gegensatz zu „krakeln" kann die Schrift wohl zügig sein, sie sieht aber unsorgfältig und flüchtig ausgeführt aus: *im Konzept wird geschmiert, damit es schneller geht.* **sudeln:** sehr schlecht und unsauber schreiben: *warum sudelst du so in deinen Heften?*

[1]**schreien** [etwas]: (in diesem Sinnbereich) [etwas] mit lauter oder schriller Stimme äußern oder rufen, um sich [über eine größere Entfernung hin, einem Schwerhörigen] verständlich zu machen, oder aus Wut, in der Erregung o. ä.; wird wie „brüllen" oft emotional übertreibend auf eine Äußerung bezogen, die als zu heftig oder zu laut empfunden worden ist; vgl. schreien ↑weinen. **rufen** [etwas]: (etwas) mit lauter, weittragender Stimme äußern, was über eine größere Entfernung hinweg gehört werden soll. **brüllen** [etwas]: [etwas] sehr laut schreien; besagt meist, daß der Betreffende sehr wütend oder heftig erregt ist, oder drückt aus, daß der Sprecher/Schreiber die Lautstärke einer Äußerung für übertrieben hält, von dem schroffen, unhöflichen Ton [einer Aufforderung o. ä.] unangenehm berührt wird.

[2]**schreien:** seine Stimme sehr laut ertönen lassen, indem man in einer starken Erregung, vor Schmerz o. ä. unartikulierte Laute hervorbringt: *ich wache auf, weil jemand so grauenhaft schreit.* **brüllen** (ugs.): vor Schmerz, Wut o. ä. laut schreien und dabei dumpfe, unartikulierte Kehllaute hervorbringen; vgl. brüllen ↑weinen. **kreischen:** mit hoher durchdringender Stimme schreien; wird fast nur von Frauenstimmen gesagt: *die Mädchen stoben kreischend auseinander;* vgl. kreischen ↑weinen. **johlen:** wildlärmend schreien; mißtönendes [Triumph]geschrei hören lassen. **grölen:** mit mißtönender, lauter Stimme schreien: *mit seiner versoffenen Stimme grölt er über den Hof;* vgl. grölen ↑[1]singen.

Schriftsteller, der: **a)** jmd., dessen [berufliche] Tätigkeit im Schreiben von Büchern, literarischen [Prosa]werken künstlerischen, unterhaltenden, belehrenden oder unterrichtenden Inhalts besteht; charakterisiert den Betreffenden im Unterschied zu „Dichter" mehr sachlich von seiner Tätigkeit her oder betont, daß er in seiner Produktion zwar über den gebotenen Stoff hinaus gewisse darstellerische Absichten mit den entsprechenden stilistischen Mitteln verfolgt, daß seine Werke jedoch nicht ausschließlich sprachkünstlerischen Charakters sind oder sein sollen; **b)** die Werke eines Schriftstellers; die literarische Persönlichkeit, das Gedanken- und Anschauungsgut, das aus den Werken eines Schriftstellers erkennbar und dem Leser zum Begriff wird: *er liest die antiken S. im Original.* **Dichter,** der: **a)** der weniger aus äußeren Anlässen als aus innerer Berufung arbeitende Schöpfer von sprachlichen Kunstwerken oder von literarischen Werken, deren Sinn nicht in der Vermittlung eines dargebotenen Stoffes liegt, sondern in der eigenständigen sprachlichen Gestaltung; das Wort schließt meist ausdrücklich den besonderen Rang der von der betreffenden Person geschaffenen Werke mit ein; **b)** die Werke eines Dichters und seine sich in ihnen spiegelnde Persönlichkeit: *diesen D. hast du noch nicht gelesen?* **Autor,** der: (in diesem Sinnbereich) **a)** jmd., der auf Grund seines Berufes oder seiner Begabung bestimmte literarische Werke abfaßt; wird im Unterschied zum „Schriftsteller" und „Dichter" immer mit [ausgesprochenem oder unausgesprochenem]

Bezug auf einen Text, ein Werk gebraucht oder dient als versachlichende, eine Einstufung, Wertung bewußt umgehende Bezeichnung für jmdn., der als Dichter oder Schriftsteller hervorgetreten ist; **b)** die Werke eines Autors; ein Autor, wie er in seinen Werken zu erkennen ist: *an diesem Theater werden nur moderne Autoren gespielt.* **Literat,** der: i. S. v. Schriftsteller; auch abschätzige Bezeichnung für jmdn., der, ohne eigene schöpferische Kräfte zu besitzen, die Literatur als Schriftsteller zu seinem Betätigungsfeld macht: *die Literaten reden zuviel, das meiste ist überflüssig.* **Poet,** der (geh.): (in diesem Sinnbereich) Verfasser von Gedichten. **Dichterling,** der (abwertend): jmd., der sich ohne wirkliche Begabung als Dichter fühlt, sich ehrgeizig als solcher betätigt. **Reimerling,** der (abwertend); **Versemacher,** der (abwertend): jmd., der mit mehr oder weniger Geschick konventionelle, banale Reime zusammenfügt oder Verse macht. **Reimschmied,** der (scherzh.); **Verseschmied,** der (scherzh.): jmd., der für den Hausgebrauch, für gesellige Gelegenheiten anspruchslose Verse liefert. **Schreiberling,** der (abwertend); **Skribent,** der (bildungsspr.; abwertend): jmd., der das Schreiben als seinen Beruf, seine Aufgabe ansieht und es eifrig und ehrgeizig oder eitel ausübt, dessen Produkte der Sprecher/Schreiber aber für bedeutungslos, schlecht hält. **Vielschreiber,** der (abwertend): jmd., der sehr viel [aber qualitativ wenig anspruchsvoll] produziert, publiziert. **Barde,** der: (in diesem Sinnbereich) **a)** Dichter erhebender Gesänge, besonders mit heldischem oder vaterländischem Thema; **b)** (ironisch) Dichter, dessen Stil und Thematik der Sprecher/Schreiber für hochtrabend, für übertrieben mit einem hohlen Pathos hält; ↑Verfasser.

schrill: von durchdringendem, hohem Ton; wird von Geräuschen, aber – wie die folgenden Wörter dieser Gruppe – besonders von der [lauten] menschlichen Stimme gesagt, die vom Gehör als unangenehm oder sogar schmerzend empfunden wird; kann durch einen Affekt bewirkt oder Kennzeichen, Ausdruck der Angst, des Schmerzes, des Zornes o. ä. sein: *seine Stimme war sehr s.* **grell:** laut und von einem unangenehm hellen und sehr hohen [blechernen] Klang; wird aber weniger durch die Tonhöhe, die niedriger ist als beim schrillen Ton, als durch die Lautstärke als unangenehm empfunden: *grelle Schreie.* **gellend:** von schneidendem, grellem und durchdringendem Klang; wird von einem die Stille zerreißenden, weithin hörbaren und nachhallenden Ton gesagt; ist meist auf die menschliche Stimme bezogen und hier oft Ausdruck höchster Angst: *er rief g.: „Leitern herbei, ihr Männer, helft, helft!“*

schröpfen, jmdn.: jmdn. mit List oder Geschick, z. B. beim Spiel oder durch unreelles oder durchtriebenes Geschäftsgebaren, [unverhältnismäßig] viel Geld abnehmen: *daß man sich vom Finanzamt aber auch immer so s. lassen muß!* **ausnehmen,** jmdn. (salopp); **ausziehen,** jmdn. (ugs.) i. S. v. schröpfen; während sich „schröpfen“ von dem Bild herleitet, daß das Blut angesaugt und dann abgezapft wird, verbindet sich mit „ausnehmen“ und „ausziehen“ die Vorstellung, daß man jmdn. wie eine Gans ausnimmt bzw. alles von ihm wegnimmt, was er anhat, so daß er völlig entblößt ist. **rupfen,** jmdn. (ugs.): sich von jmdm. immer wieder, meist nicht sehr große Geldbeträge geben lassen, wobei man geschickt und listig vorgeht; dabei gilt der Betreffende, dem man das Geld abzunehmen versteht, meist als wohlhabend, besitzend, als jmd., dem es nichts ausmacht, nicht schadet, wenn er etwas abgibt; auch: jmdm. beim Spiel viel Geld abgewinnen. **erleichtern,** jmdn. [um etwas] (ugs.; ironisch): (in diesem Sinnbereich) [durch Bitten oder Betteln] jmdn. dazu bringen, daß er eine gewisse, meist kleinere Geldsumme oder seltener auch Wertgegenstände hergibt: *wo hast du das Geld her? Du hast deinen Vater wohl wieder einmal um einige Hunderter erleichtert?*

Schuft, der (verächtlich); **Lump,** der (verächtlich): ein gemein handelnder Mann von niedriger Gesinnung; alle Wörter dieser Gruppe sind Schimpfwörter und enthalten die Abwertung und Emotion des Sprechers/ Schreibers. **Schurke,** der (verächtlich): ein niederträchtiger Mensch; enthält die sittliche Entrüstung über eine moralisch verwerfliche Tat oder Haltung des Betreffenden. **Halunke,** der (verächtlich): nichtswürdiger Mensch, von dem nichts Gutes zu erwarten ist. **Gauner,** der (verächtlich): Mensch, der durch listige Betrügereien andere übervorteilt. **Spitzbube,** der (verächtlich): Gauner, der mit besonderer List und Schlauheit andere schädigt.

schuldig: schuldig sprechen, jmdn.: jmdn., den man auf Grund einer genauen Untersuchung des Sachverhaltes und der Umstände für ein Vergehen verantwortlich hält, gerichtlich verurteilen. **für schuldig erklären,** jmdn.; **[für] schuldig befinden,** jmdn.: i. S. v. schuldig sprechen. **das Urteil fällen** [über jmdn.]; **einen Spruch fällen** [über jmdn.]: (in diesem Sinnbereich) auf Grund einer gerichtlichen Prüfung eines strafbaren Tatbestandes zu der Überzeugung gelangt sein, daß ein Angeklagter für ein Vergehen verantwortlich ist, und darum zur Buße eine Strafe über ihn verhängen und dies öffentlich aussprechen. **ein Urteil ergehen lassen; ein Urteil [aus]sprechen:** über einen Angeklagten eine bestimmte Strafe verhängen und diese durch ihre allgemeine und meist öffentliche Verkündigung durch ein Gericht rechtswirksam machen, nachdem dieses durch sorgfältige Untersuchung zur Überzeugung der Schuld des Angeklagten gekommen ist. **aburteilen,** jmdn.: jmdn. nach vorangegangener Verhandlung für ein Vergehen für schuldig erklären und ein Urteil oder eine Strafe aussprechen; ↑verurteilen.

Schule, die: Einrichtung, in der Kindern, Jugendlichen durch Unterricht Wissen und Bildung vermittelt wird. **Lehranstalt,** die (Amtsspr.) Anstalt, in der Unterricht gegeben wird: *eine höhere L.* **Grundschule,** die: die vier ersten Klassen umfassende, von allen schulpflichtigen Kindern zu besuchende Schule. **Hauptschule,** die: auf der Grundschule aufbauende, im allgemeinen das 5. bis 9. Schuljahr umfassende weiterführende Schule. **Mittelschule,** die: in Bildungsangebot und Lernziel zwischen Hauptschule und Gymnasium rangierende Schule. **Realschule,** die: i. S. v. Mittelschule. **Gesamtschule,** die: Schule, bei der Haupt- und Realschule sowie Gymnasium eine organisatorische Einheit bilden. **Gymnasium,** das: zur Hochschulreife führende höhere Schule: *ein humanistisches G.* **Penne,** die (Schülerspr.): [höhere] Schule. **Lyzeum,** das (veraltet): höhere Schule für Mädchen. **höhere Schule,** die: Schule, die zur Hochschulreife führt. **Berufsschule,** die: Schule, die neben der Berufsausbildung ein- bis zweimal wöchentlich bis zu einem bestimmten Alter besucht werden muß. **Berufsfachschule,** die: auf spezielle Berufe vorbereitende Vollzeitschule; ↑Hochschule, ↑Lehrer, ↑Schüler.

Schüler, der (Ggs. ↑Lehrer); **Schülerin,** die: Junge bzw. Mädchen, der bzw. das eine Schule besucht: *Editha war immer eine gute Schülerin;* vgl. Schulkind ↑[1]Kind. **Pennäler,** der (Jargon): Schüler (einer höheren Schule). **Student,** der; **Studentin,** die: männliche bzw. weibliche Person, die an einer Hochschule studiert: *er ist Student; sie ist Studentin; alle Studenten* (sowohl männliche wie weibliche) *werden in der nächsten Woche immatrikuliert.* **Studiosus,** der: i. S. v. Student; drückt ein persönliches Wohlwollen mit aus. **Studierende,** der und die: i. S. v. Student bzw. Studentin; ist im sachlich-amtlichen Sprachgebrauch üblich (z. B. im Zusammenhang mit Statistiken). **Kollegiat,** der: **a)** jmd., der ein Kolleg, also eine Einrichtung, über die die Hochschulreife erworben werden kann, besucht; **b)** jmd., der an einem Funk- oder Telekolleg teilnimmt; ↑Lehrling.

Schund, der (ohne Plural; verächtlich): (im Urteil des Sprechers/Schreibers) schlechte, wertlose Ware, die ihren Preis nicht rechtfertigt; ist emotional gefärbt: *ich konnte nicht ahnen, daß ich damit S. kaufte.* **Ausschuß,** der (ohne Plural): Ware, die nicht einwandfrei, von schlechter Qualität ist [und vom Verkauf zunächst zurückgehalten wird]; *die letzten Tomaten auf dem Markt heute waren nur noch A.* **Schleuderware,** die (Plural ungebräuchlich): die Ware, die zu Schleuderpreisen auf den Markt gebracht wird, die meist nicht vollwertig ist oder sich nicht hält und deshalb billig verkauft wird. **Ramsch,** der (Plural ungebräuchlich; ugs.): meist fehlerhafte Ware oder Warenreste, die im Preis zurückgesetzt und als preiswert angeboten werden. **Tinnef,** der (ohne Plural; ugs.; abwertend): (im Urteil des Sprechers/Schreibers) untaugliche, unbrauchbare, wertlose Ware, oft kitschig, deren Kauf nicht lohnt. **Plunder,** der (ohne Plural; ugs.; abwertend) (im Urteil des Sprechers/Schreibers) wertloses Zeug, Abfall: *unverkäuflicher P.* **Ladenhüter,** der: [alte, unmodern gewordene] Ware, die in einem Geschäft schon lange angeboten worden ist, aber keinen Käufer mehr findet, weil sie dem Käufergeschmack nicht zu entsprechen scheint.

Schußwaffe, die: (in diesem Sinnbereich) Feuerwaffe, die als Hand- oder Faustwaffe verwendet werden kann; ist die allgemeinste Bezeichnung: *von der S. Gebrauch machen.* **Waffe,** die: (in diesem Sinnbereich) i. S. v. Schußwaffe; wird in diesem speziellen, eingeengten Sinn nur angewandt, wenn aus dem Zusammenhang ersichtlich ist, daß es sich um eine Schußwaffe handelt. **Gewehr,** das: Handfeuerwaffe mit langem Lauf, die mit beiden Händen bedient wird. **Karabiner,** der: Gewehr mit kurzem Lauf, das vor allem im Kriege verwendet wird. **Muskete,** die: altes und verhältnismäßig schweres Gewehr mit Luntenschloß, das besonders bei der Fußtruppe verwendet wurde. **Flinte,** die: **a)** Jagdgewehr mit glattem Lauf, das vor allem für den Schrotschuß bestimmt ist: *er trug eine F. am Riemen;* **b)** (abwertend): i. S. v. Gewehr; drückt Geringschätzung aus, die in der Sache selbst nicht begründet zu sein braucht: *die Landser nahmen ihre Flinten auf den Rücken und marschierten los.* **Büchse,** die: Schußwaffe mit gezogenem Lauf, die beim Scheibenschießen und bei der Jagd zum Erlegen von größerem Wild benutzt wird. **Stutzen,** der: kurzes, mit einem gezogenen Lauf versehenes Gewehr, das zum sportlichen Schießen auf Scheiben oder Tontauben oder bei der Jagd verwendet wird. **Knarre,** die (ugs.); **Kracheisen,** das (veraltet): (in diesem Sinnbereich) i. S. v. Gewehr; die Wörter erhalten ihre Kennzeichnung vom Geräusch des Schlosses und vom Knall beim Abfeuern; auch für ein Gewehr älterer Bauart gebraucht. **Schießeisen,** das (ugs.); **Schießprügel,** der (ugs.): i. S. v. Gewehr; bezeichnen auch eine plumpe Schußwaffe älterer Bauart. **Tesching,** das: leichte, nicht sehr große und kleinkalibrige Handfeuerwaffe, die heute im allgemeinen nur noch zu sportlichen Zwekken verwendet wird. **Maschinengewehr,** das: kleinkalibrige automatische Schnellfeuerwaffe. **Spritze,** die (ugs.): Handfeuerwaffe (Pistole, Maschinengewehr, Maschinenpistole). **Pistole,** die: kurze, mit einer Hand zu bedienende Faustfeuerwaffe, die einen gebogenen Griff, in einigen Fällen auch einen Anschlagkolben besitzt; heute sind diese Art Nahkampf- und Verteidigungswaffen im allgemeinen durch Selbstladepistolen mit Magazin ersetzt. **Maschinenpistole,** die: automatische Schnellfeuerwaffe mit kurzem Lauf für den Nahkampf. **MP** [empe], die; **MPi** [empi], die: Abkürzung für Maschinenpistole. **Kalaschnikow,** die: sowjetische Maschinenpistole. **Ballermann,** der (ugs.); **Zimmerflak,** die (ugs., scherzh.); **Puste,** die (salopp, scherzh.): i. S. v. Pistole. **Revolver,** der; **Trommelrevolver,** der: (in diesem Sinnbereich) kurze, mehrschüssige Faustfeuerwaffe, die mit einer Hand bedient werden kann; sie ist mit einem Magazin ausgestattet, das in Form einer Trommel drehbar gearbeitet ist. **Kanone,** die (ugs., scherzh.): (in diesem Sinnbereich) i. S. v. Revolver; Pistole. **Terzerol,** das: verhältnismäßig kleine und leichte Faustfeuerwaffe, die einhändig bedient und in der Tasche getragen werden kann; wird wie die Pistole hauptsächlich zur Verteidigung gebraucht. **Browning** [braun...], der: leichte Handfeuerwaffe mit Selbstladeeinrichtung für mehrere Schüsse. **Colt,** der: großkalibriger Trommelrevolver.

schütteln, jmdn.: (in diesem Sinnbereich) jmdn. schnell hin und her bewegen, in schwingende oder zitternde Bewegung bringen, indem man ihn an den Schultern oder Oberarmen anfaßt; kann im Affekt geschehen oder mit der Absicht, jmdn. aus Unbeweglichkeit oder Trägheit herauszureißen oder ihn aufzuwecken: *jmdn. heftig, kräftig s., damit er zur Besinnung kommt.* **rütteln,** jmdn.: jmdn. wiederholt, ruckartig hin und her bewegen, indem man ihn an beiden Schultern bzw. Oberarmen oder auch nur an einem Arm oder an einer Schulter anfaßt, um ihn aus einer erstarrten Haltung, einer Lethargie oder traurigen Stimmung herauszureißen oder um ihn auf andere Gedanken zu bringen: *jmdn. [am Arm] r.; jmdn. aus dem Schlaf r.* **beuteln,** jmdn. (veraltet): jmdn., meist ein Kind, am Arm, an den Schultern fassen und es hin und her schütteln, in der Absicht, es zu strafen oder ihm einen Fehler bewußtzumachen.

schütten, etwas: etwas Festes in Pulverform oder in Einzelteilen oder eine Flüssigkeit in zusammenhängender Menge, meist mit einer kräftigen Bewegung, niederrinnen lassen. **gießen,** etwas: eine Flüssigkeit, selten auch eine feinkörnige Masse, durch Neigen des Behälters, in dem sie sich befindet, wie in einem Strahl herauslaufen lassen.

schwach (Ggs. ↑stark): über wenig Kraft verfügend, ohne genügende Kraft; wird als allgemeinste und umfassendste Bezeichnung in dieser Gruppe verwendet, gleichgültig, ob jmd. dauernd oder aber infolge Krankheit, übermäßiger Anstrengung oder dgl. nur vorübergehend über wenig Kraft verfügt: *der Junge war viel zu s. für die Strapazen.* **schwächlich:** von Natur schwach, von wenig kräftiger Konstitution; wird nicht prädikatbezogen gebraucht: *ein schwächlicher Junge.* **kraftlos:** kaum Kraft habend, ohne jede Kraft, über keine Kraft verfügend, und zwar im allgemeinen als Folgeerscheinung von etwas: *er war völlig k.* **entkräftet:** von Kräften gekommen, der Kräfte beraubt; setzt voraus, daß jmd. vorher über [genügend] Kraft verfügte. **matt:** müde und abgespannt und daher nicht recht bei Kräften; in einem Schwächezustand befindlich, und zwar nur vorübergehend als Folgeerscheinung von etwas; wird im allgemeinen nicht attributiv verwendet: *sich m. fühlen.* **ermattet:** von einer Anstrengung oder übermäßigen Beanspruchung matt geworden. **schlapp:** nicht recht bei Kräften, ohne Spannkraft und Schwung; ↑erschöpft.

schwachsinnig: nicht über ein normales, ausreichendes Maß an Intelligenz verfügend, selbst geringen geistigen Anforderungen nicht gewachsen. **debil** (Medizin): von Geburt an leicht schwachsinnig. **imbezil** (Medizin): i. S. v. debil; bezeichnet aber einen geringeren Grad der Geistesschwäche, **idiotisch** (Medizin): hochgradig schwachsinnig. **dement** (Medizin), **verblödet:** allmählich (z. B. als Folge einer Krankheit) schwachsinnig geworden. **blöd[e]:** i. S. v. schwachsinnig.

Schwang: im Schwang[e] sein, etwas ist im Schwange: etwas ist allgemein beliebt und sehr gebräuchlich; wird von Verhaltensweisen und Gepflogenheiten gesagt, die [vorübergehend] verbreitet sind, großen Anklang finden: *das Surfen ist heute sehr im Schwange.* **[in] Mode sein,** etwas ist [in] Mode: etwas ist vom Zeitgeschmack hervorgebracht und begünstigt: *Reisen nach Spanien sind augenblicklich sehr in Mode.* **en vogue sein** [ang wọg ...], etwas ist en vogue (bildungsspr.): etwas ist beliebt, entspricht dem Zeitgeschmack, einer vorübergehenden Mode: *diese Hüte sind sehr en vogue.* **schick sein, in sein** (Ggs. out sein), etwas ist schick, ist in: etwas ist im Augenblick gerade modern und erfreut sich bei sehr vielen großer Beliebtheit, und zwar in bezug auf Mode oder bestimmtes Verhalten, so daß man sich zu der als Leitbild dienenden Gruppe als zugehörig empfinden kann; ↑modern.

schwanger: schwanger sein, gravid sein (Med.): empfangen haben und ein Kind austragen; wird sachlich feststellend verwendet und kann auf jeden Zustand der Frau von der Empfängnis bis zur Geburt bezogen werden, gleichgültig, ob der Zustand sichtbar ist oder nicht. **schwanger gehen** (geh.; veraltend); **mit einem Kind gehen** (geh.; veraltend); **ein Kind erwarten; in anderen Umständen sein** (verhüllend); **in besonderen Umständen sein** (geh.; verhüllend); **guter Hoffnung sein** (geh.; verhüllend); **in [der] Hoffnung sein** (geh.; landsch.; verhüllend): i. S. v. schwanger sein. **ein Kind bekommen:** (in diesem Sinnbereich) der Geburt eines Kindes entgegensehen; wird meist im Präsens und Präteritum gebraucht: *sie bekommt ein Kind; wir bekamen keine Kinder.* **ein Kind kriegen** (ugs.): (in diesem Sinnbereich) i. S. v. ein Kind bekommen. **dick sein** (derb): i. S. v. schwanger sein; mit der Nebenvorstellung, daß der Zustand sichtbar ist. **gesegneten/**(auch:) **schweren Leibes sein** (dichter.; verhüllend): in einem so fortgeschrittenen Zustand der Schwangerschaft sein, daß die Schwellung des Leibes deutlich sichtbar ist. **etwas/ein Kind ist unterwegs** (fam.): ein Kind ist im Entstehen begriffen: *bei ihr, mir, uns ist wieder ein Kind unterwegs.* **Nachwuchs erwarten/bekommen/** (ugs.) **kriegen:** der Geburt eines Kindes entgegensehen; wird aber nicht nur allein auf die Mutter, sondern auch auf Mutter und Vater zusammen bezogen: *sie erwartet Nachwuchs; wir erwarten im April Nachwuchs;* ↑gebären, ↑geboren werden; ↑Liebesspiel.

schwanken: a) sich aufrecht stehend mit dem ganzen Körper unregelmäßig, schwingend hin und her bewegen: *er konnte sich nur mühsam erheben und schwankte bedenklich, als er den Trinkspruch ausbrachte;* **b)** (mit Richtungsangabe): unsicher, sich mit dem ganzen Körper unregelmäßig hin und her bewegend, gehen: *er schwankte, unter der schweren Last ächzend, über das Feld.* **wanken: a)** ohne festen Halt sein, keinen festen Halt mehr haben, sich nicht mehr sicher auf den Beinen halten können und schwankend zu fallen drohen: *sie wankt bei diesem Anblick;* **b)** (mit Richtungsangabe): unsicher und schwankend gehen; oft mit der Nebenvorstellung des Mühsamen: *grün im Gesicht wankte sie auf die Reling zu.* **wackeln:** ohne festen Halt sein und sich daher (in bezug auf einen festen Punkt) [schwankend, zitternd, bebend] hin und her, auf und ab bewegen; *du darfst beim Fotografieren nicht wackeln.* **taumeln: a)** wie im Rausch, Schwindel sein und sich so bewegen; sich nicht mehr sicher auf den Beinen halten können und, schwankend oder sich um die eigene Achse drehend, zu fallen drohen, [wie] benommen wanken: *er riß plötzlich die Arme hoch, begann zu taumeln und brach dann zusammen;* **b)** (mit Richtungsangabe): [wie] benommen, unsicher und schwankend gehen, sich [fort]bewegen: *kaum hatte sie sich auf die Füße gestellt, da taumelte sie auch schon mit einem Krach gegen den Tisch.* **torkeln, turkeln** (berlin.): sich nicht sicher auf den Beinen halten können; unsicher und schwankend gehen; wird vorwiegend auf Betrunkene bezogen: *er torkelte aus dem Wirtshaus;* vgl. flattern ↑fliegen; ↑schwingen, ↑stolpern.

schwatzen: a) über allerlei mehr oder weniger nichtssagende, müßige Dinge sprechen, ohne sich viel dabei zu überlegen; sich wortreich über Dinge auslassen, die es gar nicht wert sind; wird häufig dann gebraucht, wenn man zum Ausdruck bringen will, daß man von den Worten eines anderen nicht allzuviel hält oder darüber ungehalten ist; **b)** sich während des Unterrichts mit seinem Nachbarn möglichst heimlich und leise unterhalten: *wer schwatzt denn da fortwährend?;* vgl. schwatzen ↑ausplaudern, ↑unterhalten, sich. **schwätzen** (landsch.): **a)** i. S. v. schwatzen a); wird jedoch oft gebraucht, wenn man – meist in ärgerlich-tadelndem Ton – ausdrücken möchte, daß jmd. dummes, überflüssiges Zeug redet, mit dem er einem lästig fällt: *laß ihn doch s. und kümmere dich nicht darum!;* **b)** i. S. v. schwatzen b) *sie wurden auseinander gesetzt, weil sie immer so viel schwatzen.* **daherreden** (ugs.), **daherschwätzen** (ugs.; landsch.): unbedacht und ohne Überlegung sprechen; [nichtssagende Dinge] ausführlich erzählen. **drauf-**

losreden (ugs.): [unüberlegt] hastig und pausenlos schnell sprechen: *überlege dir doch besser, was du sagst und rede nicht so drauflos!* **schwadronieren:** wortreich und aufdringlich [laut und vernehmlich], meist sehr unbekümmert reden, wobei man oft bestrebt ist, mit seinen Worten anderen zu imponieren: *wir gerieten ins Schwadronieren.* **plappern:** viel und schnell hintereinander in naiver Weise [über unwichtige, harmlose Dinge], mehr um der Worte als um des Inhalts willen reden; wird oft von dem [unaufhörlichen] Reden kleiner Kinder gesagt: *den ganzen Weg plapperte die Kleine ohne Pause.* **schnattern** (ugs.): eifrig, hastig [und aufgeregt] über allerlei unwichtige, alberne Dinge schwatzen; wird häufig mit wohlwollend-spöttischem Unterton gesagt und im allgemeinen auf Frauen angewandt. **palavern** (ugs.; abwertend): lange und ausführlich, meist recht laut und vernehmlich über als unwichtig angesehene Kleinigkeiten, die aber sehr wichtig genommen werden, reden. **schwafeln** (ugs.; abwertend): über eine Sache, die man im Grunde gar nicht sehr genau kennt, mit vielen Worten reden; ungenau über etwas sprechen; um etwas herumreden. **faseln** (ugs.; abwertend): Sinnloses, Unsinniges reden. **quatschen** (ugs.; abwertend): unnütziges, törichtes Zeug reden; wird oft mit gefühlsmäßiger Übertreibung, in tadelndem, ärgerlichem Ton zu jmdm. gesagt, der einen mit seinen Worten aufgebracht hat: *wenn er nur einmal aufhören würde, so dumm zu quatschen;* vgl. quatschen ↑unterhalten, sich. **quasseln** (ugs.; abwertend): immerfort, viel und schnell, meist Unwichtiges, erzählen [ohne viel dabei zu denken]; wird häufig mit emotionaler Beteiligung gesagt, wenn man jmdn. als [aufdringlichen] Schwätzer kennzeichnen will. **sabbern** (ugs.; abwertend), **sabbeln** (ugs.; abwertend): so viel [Häßliches, Überflüssiges] reden, daß es von anderen als lästig und unangenehm empfunden wird; wird meist voller Unwillen, in ärgerlichem Ton gesagt. **salbadern** (ugs.; abwertend): salbungsvoll [frömmelnd], langatmig, feierlich reden und dabei seinen Worten [in wichtigtuerischer Weise] mehr Gewicht beilegen, als es dem Inhalt nach angemessen ist.

[1]**schweigen** (Ggs. sprechen): nicht sprechen, wortlos sein; bezeichnet das Verhalten eines Menschen, der nicht zu einem Gespräch bereit ist oder der ein Gespräch abbricht: *der Erzähler schwieg; er schwieg lange, und als er fortfuhr, war seine Stimme schneidend und kalt;* ↑[2]schweigen, ↑[3]schweigen. **stillschweigen:** ein Gespräch unterbrechen, nicht mehr weitersprechen; ist etwas nachdrücklicher als „schweigen": *schweig still!; nach dieser taktlosen Bemerkung schwieg alles still.* **ruhig sein** (ugs.); **still sein** (ugs.): mit Reden aufhören oder sich ruhig verhalten, keinen Lärm durch Reden machen: *Kinder, seid jetzt endlich ruhig!; wollt ihr wohl still sein!* **den Mund halten** (ugs.): mit Reden aufhören oder nichts sagen; etwas unterdrücken, was man sagen wollte: *eigentlich wollte sie ihn zur Rede stellen, aber dann hielt sie doch lieber den Mund;* vgl. den Mund halten ↑[3]schweigen. **verstummen:** plötzlich mit Reden aufhören, weil man durch etwas abgelenkt oder davon abgebracht wird; da es sich bei „verstummen" um die Reaktion eines Menschen auf etwas handelt, kann man nicht zum Verstummen aufgefordert, sondern nur zum Verstummen gebracht werden: *als sie sah, daß sie ihn doch nicht überzeugen konnte, verstummte sie.*

[2]**schweigen:** nichts sagen, nichts erzählen, wenn man nach etwas gefragt wird oder wenn allgemein erwartet wird, daß man über etwas berichtet: *er schwieg beharrlich auf alle Fragen des Mannes;* ↑[1]schweigen. ↑[3]schweigen. **ausschweigen,** sich (ugs.): nichts erzählen, obgleich allgemein erwartet wird, daß man über etwas berichtet; sich nicht zum Reden bewegen lassen; andere, die etwas Bestimmtes wissen wollen, längere Zeit und schließlich doch vergeblich auf einen Bericht, eine Mitteilung warten lassen: *über das Ende der Party hat er sich ausgeschwiegen.* **in Schweigen hüllen,** sich: sich geheimnisvoll über etwas nicht äußern und dadurch zu allerlei Vermutungen Anlaß geben: *er hatte sich in ablehnendes Schweigen gehüllt.* **totschweigen,** etwas: Vorhandenes oder Geschehenes nicht erwähnen, um den Eindruck zu erwecken, daß es faktisch nicht existent ist; wird vor allem gebraucht, wenn vorsätzlich aus politischen o. ä. Gründen vor der Öffentlichkeit Tatsachen verheimlicht werden, die irgendwelchen mächtigen Gruppen unangenehm sind, auch wenn es sich um positive Tatsachen handelt; kann auch auf die Person selbst bezogen werden, nicht nur auf das Faktum: *die Wahrheit t.; der unliebsame Liedermacher wurde totgeschwiegen;* vgl. verschweigen ↑geheimhalten.

[3]**schweigen** [über etwas]: etwas, was geheim bleiben soll, dessen Bekanntwerden jmdm. schaden könnte oder einem selbst unangenehm wäre, nicht weitersagen, nicht ↑ausplaudern, nicht ↑verraten: *ich möchte Ihnen etwas anvertrauen, können Sie s.?;* ↑[1]schweigen, ↑[2]schweigen. **verschwiegen sein:** so zuverlässig sein, daß man ein Geheimnis bewahren kann; weist sowohl auf eine Cha-

raktereigenschaft als auch auf ein Verhalten in einem bestimmten Fall hin: *er ist verschwiegen wie ein Grab.* **den Mund halten** (ugs.): (in diesem Sinnbereich) ein Geheimnis nicht ausplaudern: *wieviel zahlt er euch, daß ihr den Mund haltet?;* vgl. den Mund halten ↑[1]schweigen. **reinen Mund halten** (ugs.): i. S. v. den Mund halten: *du kannst ganz offen mit uns reden, wir werden reinen Mund halten.* **Stillschweigen bewahren** [über etwas] (geh.; nachdrücklich): über etwas, was aus Gründen der Diskretion nicht bekanntwerden soll, nicht mit einem Dritten reden: *er forderte die Anwesenden auf, über alles Besprochene vollständiges Stillschweigen zu bewahren.* **für sich behalten,** etwas (Ggs. ↑ausplaudern): etwas, worüber man nicht sprechen soll oder will, nicht sagen, es keinem Menschen weitererzählen, sondern es in seinem Inneren bewahren: *intime Dinge behält man am besten für sich.* **dichthalten** (salopp): sich durch nichts dazu verleiten lassen, über etwas, was verschwiegen werden, geheim bleiben soll, zu reden: *sie hatten ihn ja ziemlich in der Zange, aber er hat dichtgehalten;* ↑verraten.

schwelgen: sich an gutem und in großer Menge vorhandenem Essen und Trinken gütlich tun und es mit großem Behagen genießen. **schlemmen:** üppig und ausgiebig essen und trinken. **prassen:** verschwenderisch essen und trinken, leben und genießen; verbindet sich oft, wie die folgende Wendung, mit der Vorstellung des Lauten und wird im allgemeinen tadelnd gebraucht: *die Reichen prassen, während die Armen hungern.* **in Saus und Braus leben:** verschwenderisch und sorglos leben; bezieht sich auf die gesamte Lebenshaltung [über einen längeren Zeitraum hin]; enthält eine Kritik des Sprechers/Schreibers: *sie haben im Toto sehr viel Geld gewonnen und leben nun in Saus und Braus.*

schwer: (in diesem Sinnbereich) besonders ins Gewicht fallend und deshalb zu besonderem Vorwurf Anlaß gebend; bezieht sich, wie alle Wörter dieser Gruppe, auf etwas, was sich jmd. zuschulden kommen läßt, oft auf sachliche Fehler oder auf Verstöße gegen die Höflichkeit; wird im allgemeinen attributiv verwendet: *das war ein schwerer Verstoß gegen die guten Sitten.* **schlimm:** (in diesem Sinnbereich) schwerwiegend und deshalb oft üble Folgen nach sich ziehend: *dieser Fehler in der Klassenarbeit ist so s., daß er mir die Note verderben wird.* **grob:** (in diesem Sinnbereich) besonders stark und schwer; sehr gegen etwas verstoßend und dadurch auffallend; wird im allgemeinen attributiv verwendet: *eine Klage wegen grober Pflichtversäumnis.* **unverzeihlich:** so schwer oder schlimm, daß es nicht entschuldbar ist: *eine unverzeihliche Verfehlung.*

schwerfällig: durch Körpergewicht umständlich und ohne Leichtigkeit in der Bewegung: *mit schwerfälligen Schritten schlurfte er hinaus.* **langsam:** (in diesem Sinnbereich) lange Zeit brauchend für eine Bewegung: *dieser Schüler ist sehr l., es dauert immer eine Weile, bis er sich umdreht.* **gemächlich:** sich für etwas Zeit lassend und es ohne Hast ausführend: *g. schlenderte er nach Hause; g. erhob er sich von seinem Platz;* ↑bedächtig, ↑ruhig.

schwermütig: sich in einer düsteren, traurig-grüblerischen Stimmung befindend; beruht häufig auf einer Veranlagung. **trübsinnig:** sehr niedergeschlagen, sich in einer düsteren Stimmung befindend. **melancholisch:** von Traurigkeit und Weltschmerz erfüllt; [immer] geneigt, nur die düsteren Seiten des Lebens zu sehen. **pessimistisch** (Ggs. optimistisch): in bezug auf Zukünftiges nichts Gutes, kein gutes Gelingen, keine positive Entwicklung erwartend, was jedoch nicht auf die Gegebenheiten selbst, sondern auf die negative Lebenseinstellung des Betreffenden zurückzuführen ist; ↑mutlos.

schwierig (Ggs. leicht, einfach): (in diesem Sinnbereich) wegen mancherlei Hindernissen, Widerständen und erschwerender Umstände nicht leicht auszuführen; wird nicht prädikatbezogen gebraucht: *es wird sehr s. sein, diesen alten Mann irgendwo unterzubringen.* **schwer:** (in diesem Sinnbereich) große Anstrengung und Mühe verursachend: *wir stehen vor einer schweren Aufgabe und dürfen den Mut nicht verlieren.* **haarig** (ugs.): (besonders von Situationen, Angelegenheiten) mit viel Schwierigkeiten verbunden und deshalb manchmal etwas gefährlich und nicht einfach zu bewältigen; ↑heikel.

schwimmen (Ggs. ↑untergehen): (in diesem Sinnbereich) auf dem [oder teilweise im] Wasser liegen, von ihm getragen werden; wird von toten Körpern oder Gegenständen gesagt, die leichter als Wasser sind und deshalb nicht untergehen: *inmitten der toten Fische schwamm ein Gegenstand.* **treiben:** (in diesem Sinnbereich) auf dem [oder teilweise im] Wasser liegen, ohne eigene Kraft und eigenen Willen von ihm ziellos [hin und her] bewegt werden; bezieht sich vor allem auf Dinge, aber auch auf Menschen, die hilflos vom Wasser fortgetragen werden: *Äste und ein losgerissenes Beiboot trieben neben ihnen.*

schwingen, etwas schwingt: (in diesem Sinnbereich) etwas ragt von einem bestimmten Befestigungspunkt aus frei in die Luft oder hängt herab und bewegt sich auf einen Anstoß oder mehrere irgendwie geartete Impulse hin [weit ausholend] mit einer gewissen Regelmäßigkeit hin und her; bezieht sich meist auf Gegenstände, die über eine bestimmte Schwere und Steifheit verfügen; wird im allgemeinen in Verbindung mit einer näheren Bestimmung gebraucht: *eines der Fenster stand offen. Die Flügel schwangen knarrend im kühlen Nachtwind.* **pendeln,** etwas pendelt: etwas hängt irgendwo herab und schwingt gleichmäßig, meist in nicht allzuweit ausholenden Bewegungen, aber auch in nicht allzu raschem Tempo hin und her; wird oft in Verbindung mit einer näheren Bestimmung gebraucht: *der Hut auf dem Haken schwang und pendelte.* **schaukeln,** etwas schaukelt: (in diesem Sinnbereich) etwas bewegt sich von einem festen Punkt aus, in welchem etwas aufgehängt ist, in wippender oder auch leicht schlenkernder Bewegung frei in der Luft hin und her oder auf und ab; wird meist nur auf Gegenstände angewandt, die wegen ihres geringen Gewichtes leicht in Bewegung geraten, meist auch deshalb, weil sie nur lose irgendwo befestigt sind und durch irgendwelche Impulse in Bewegung gehalten werden: *die kleinen Figuren schaukelten lustig vor der Scheibe.* **wippen,** etwas wippt: etwas bewegt sich federnd, schwingend auf und ab: *die Hutfedern wippten bei jedem Schritt;* ↑fliegen, ↑schwanken.

schwitzen: Schweiß absondern, ausscheiden; gewöhnlich verstärkt als Folge von Temperatursteigerung, körperlicher Anstrengung, seelischer Erregung oder krankhaften Störungen; wird sachlich feststellend verwendet. **transpirieren** (gespreizt; verhüllend): i. S. v. schwitzen: *„Eine Dame", bemerkte er, „schwitzt nicht, sie transpiriert".* **wie ein Bär/** (auch:) **Tanzbär schwitzen** (emotional verstärkend); **wie ein Schwein schwitzen** (derb; emotional verstärkend): als Folge von Temperatursteigerung o. ä. große Mengen Schweiß durch die Schweißporen auf die Oberfläche der Haut absondern.

Schwung, der (ohne Plural): (in diesem Sinnbereich) innere Beschwingtheit, seelische Energie, die sich in jmds. Verhalten äußert, mit der man sich einer Tätigkeit hingibt und die man seinem Handeln verleiht, wodurch man oft auf andere einwirkt und sie mitreißt; bezeichnet ohne nähere Beziehung auf ein bestimmtes Objekt oder eine bestimmte Tätigkeit allgemeiner den Lebensmut oder die Lebensenergie: *sich mit S. an etwas machen;* vgl. jmdn. in Schwung bringen ↑antreiben. **Verve** [wärwe], die (ohne Plural; bildungsspr.): [künstlerischer] Schwung, der sich hauptsächlich in der Art äußert, wie man etwas tut; bezeichnet den gewandten, meist graziösen und leichten, oft aber auch spielerischen und auf Wirkung berechneten Ausdruck einer inneren Begeisterung durch eine Tätigkeit; besonders bei einer künstlerischen Tätigkeit oder einem Kunstwerk wird durch „Verve" eine mitreißende, oft auch leicht eingängige [und wenig tiefe seelische] Beschwingtheit und inneres Feuer zum Ausdruck gebracht: *etwas mit V. tun.* **Elan,** der (ohne Plural): mitreißende geistige Schwungkraft; während „Schwung" den Gedanken der körperlichen Spannkraft mit enthält oder ganz auf diese bezogen werden kann, bezeichnet „Elan" weniger die sich in jmds. Verhalten äußernde, oft überschwengliche und lebhafte Beschwingtheit, sondern mehr die intellektuelle, oft von einer bestimmten Idee getragene Begeisterungskraft eines Menschen oder das geistig Mitreißende eines Ereignisses: *er hatte sich mit großem E. an die Aufgabe gemacht.* **Temperament,** das (ohne Plural): (in diesem Sinnbereich) lebhafte und schwungvolle, tatkräftige Art, mit der man etwas tut und die dem Wesen eines Menschen entspricht oder von einer besonderen inneren Beteiligung an einer bestimmten Sache zeugt; kennzeichnet zum Unterschied von „Verve" oder „Elan" mehr die sichtbare Lebhaftigkeit: *er hielt seine Rede mit T.*

See, der: größeres, stehendes Binnengewässer, das auf natürliche Weise entstanden oder künstlich angelegt worden ist: *über den S. fahren.* **Teich,** der: kleineres, auf natürliche Weise entstandenes oder künstlich gestautes, stehendes Gewässer. **Weiher,** der: kleinerer See oder größerer Teich, meist mit Bäumen umstanden oder mit überwachsenen Ufern; ist vorwiegend im südlichen Teil Deutschlands gebräuchlich; wird in Norddeutschland als gehoben empfunden. **Tümpel,** der: tiefere Bodensenke voll stehenden, oft fauligen Wassers; kleiner See; wird auch abwertend gebraucht: *in diesem T. würde ich nicht baden.* **Pfuhl,** der (Plural ungebräuchlich): kleineres oder größeres Wasserloch oder -becken, das keinen Abfluß hat [und daher fauliges, übelriechendes Wasser enthält].

Seele, die (Plural ungebräuchlich): (in diesem Sinnbereich) Kernbezirk allen Empfindens und Erlebens, durch das der Mensch in seinen tiefsten Wesensschichten angerührt wird; wird hier, wie die übrigen Wörter dieser Gruppe, vorwiegend als Sitz der Gefühlsregungen o. ä. gesehen, betont aber stärker die Innerlichkeit, weniger das nach außen Gewendete des seelischen Geschehens. **Innere,** das (ohne Plural): Ort der Empfindungen, Gefühle und Regungen, die den Menschen bewegen, in denen sich das [äußere] Erleben widerspiegelt; bezieht sich im Unterschied zu „Seele" mehr auf das empfängliche, der Außenwelt aufnehmend und erlebend zugewandte Fühlen. **Herz,** das (Plural ungebräuchlich): (in diesem Sinnbereich) Inbegriff für die inneren Regungen und Triebe des Menschen, seiner Sehnsüchte und seines unbewußten, dunklen Strebens; wird verwendet, wenn die Spontaneität, das Nach-außen-Drängende oder Rätselvolle einer Gefühlsregung hervorgehoben werden soll: *die Regungen eines leidenschaftlichen Herzens.* **Gemüt,** das (ohne Plural): (in diesem Sinnbereich) Gesamtheit der seelischen und geistigen Kräfte eines Menschen; Ort der Gefühlsbewegungen und Stimmungen; betont im Unterschied zu „Inneres" weniger das empfängliche Erleben, das die Außenwelt in der Empfindung widerspiegelt, als die durch das Seelische wie das Äußere bestimmte Befindlichkeit des Menschen, seine seelische Lage: *das G. ansprechen; ein empfängliches G.* **Brust,** die (ohne Plural): (in diesem Sinnbereich) Ort der Empfindungen, die den Menschen leidenschaftlich bewegen, mit denen er auf die Eindrücke von außen reagiert; stellt das Moment des Ergriffenwerdens in den Vordergrund oder stellt das Innere nicht dem äußeren Leben und Wirken gegenüber, sondern bezeichnet den Gefühlsbezirk, mit dem das Seelische unmittelbar am Äußeren teilnimmt: *wir müssen in unserer B. bekämpfen, was sich dort verhärten will.*

[1]**sehen** [jmdn./etwas]: jmdn./etwas mittels des Gesichtssinnes ins Bewußtsein aufnehmen, geistig erfassen: *ich habe Sie vorhin auf der Straße gesehen.* **wahrnehmen,** jmdn./etwas (geh.): (in diesem Sinnbereich) i. S. v. sehen; betont gegenüber diesem die Zufälligkeit des Vorganges, wobei jedoch die Objekte meist eine gewisse Bedeutung für den Wahrnehmenden haben: *er nahm an einem Silberschildchen am Koffer des Fremden die Anfangsbuchstaben K. M. wahr.* **beobachten,** etwas: (in diesem Sinnbereich) etwas mit den Augen wahrnehmen und es als Sachverhalt feststellen: *nach dem gestrigen Gewitter wurden an verschiedenen Stellen Feuersbrünste beobachtet.* **schauen,** jmdn./etwas (geh.): mit ungeteilter Aufmerksamkeit, Ergriffenheit oder Andacht sehen, wahrnehmen; bezieht sich vor allem auf Objekte, die dem Schauenden wesentliche geistige Zusammenhänge vermitteln: *ich will dein Antlitz schauen in Gerechtigkeit.* **erkennen,** jmdn./etwas: (in diesem Sinnbereich) jmdn./etwas deutlich genug sehen, um zu wissen, wen oder was man vor sich hat: *in der Dämmerung konnte man nichts, keine Umrisse, Farben e.* **unterscheiden,** etwas: etwas deutlich genug sehen, um es als Gegenstand für sich, von der Umgebung abgehoben, zu erkennen: *mit dem Fernglas kann man Einzelheiten u.;* ↑erspähen.

[2]**sehen:** (in diesem Sinnbereich) die Augen auf ein bestimmtes Ziel richten, gerichtet halten; steht hier, wie die übrigen Wörter der Gruppe, mit Richtungsangabe: *jmdm. in die Augen s.; zu Boden, aus dem Fenster s.* **blicken** (geh.): seinen [kurzen oder flüchtigen] Blick mit einem bestimmten Interesse, in einer bestimmten Gemütshaltung einem Ziel zuwenden: *er blickte durch das Fenster ins Leere.* **schauen** (geh.): i. S. v. sehen: *er schaute dem Kommissar aufmerksam ins Gesicht.* **gucken** (ugs.; bes. süddeutsch), **kukken** (ugs.; bes. norddeutsch), **kieken** (salopp; berlin.): i. S. v. sehen: *heimlich durchs Schlüsselloch, in den Spiegel kucken.* **starren: a)** in einer Gemütsbewegung, meist staunend oder entsetzt, unverwandt auf ein bestimmtes Ziel blicken: *er starrte seinem Gegenüber mit offenem Munde ins Gesicht;* **b)** blicklos starr die Augen irgendwohin gerichtet halten: *er starrte stur in die Ecke.* **spähen:** forschend, vorsichtig und angespannt, meist in aufrechter Haltung, Ausschau halten. **äugen:** so angespannt blicken, daß alle Kraft und Aufmerksamkeit sich in den Augen konzentriert. **glotzen: a)** mit weit aufgerissenen oder hervortretenden Augen und dummer Miene starren; **b)** (derb): i. S. v. sehen; drückt Ärger oder Ungeduld des Sprechers/Schreibers aus: *steht nicht so herum, und glotzt nicht auf mich!* **stieren:** mit großen, ausdruckslosen oder glasigen Augen und vorgerecktem Kopf starren. **schielen** (ugs.): (in diesem Sinnbereich) die Augen verstohlen auf etwas/jmdn. richten, indem man es vermeidet, ihm das Gesicht voll zuzuwenden: *er schielte nach rechts.* **glupschen:** mit großen Augen – etwas dümmlich – dreinblicken, vor sich hin blikken. **linsen** (fam.): [heimlich, verstohlen] aus einem Versteck heraus oder durch eine enge Öffnung hindurch den Blick auf ein Ziel richten, das man erkennen, beobachten will; angestrengt durch eine enge Öffnung hindurch oder mit zusammengekniffenen Augen nach etwas ausspähen: *er linste durch die Gardine.* **lugen: a)** vorsichtig, so daß man selbst nicht gesehen wird, aus einem Versteck heraus hervorschauen, nach etwas ausschauen: *er lugte vorsichtig durch den Türspalt;* **b)** (landsch.): i. S. v. blicken: *lug mal!*

luchsen (fam.): scharf, angespannt, aufmerksam lauernd nach etwas ausspähen. **einen Blick werfen:** kurze Zeit prüfend zu jmdm./etwas hinschauen, in eine bestimmte Richtung blicken [um sich über einen Sachverhalt zu vergewissern]; steht mit Raumangabe: *einen Blick in den Garten werfen;* vgl. einen Blick werfen auf ↑¹ansehen, ↑²ansehen.

Sehnsucht, die: schmerzliches, tief empfundenes Gefühl des Strebens und Verlangens nach jmdm./etwas, was oft unerreichbar ist oder scheint und was man entbehrt oder vermißt; bezieht sich oft auf Wünsche und Vorstellungen, die ihren Ursprung im geistig-seelischen Bereich haben; steht häufig in Verbindung mit Beiwörtern, die den Grad oder die Art des Gefühls kennzeichnen: *die S. nach Liebe.* **Sehnen,** das (ohne Plural; geh.): von inniger, schmerzlich-drängender Empfindung begleiteter Wunsch, mit jmdm./etwas verbunden zu sein; wird seltener gebraucht als „Sehnsucht“: *es erfaßte ihn ein unsagbares S. nach ihr.* **Nostalgie,** die (bildungsspr.): schwärmerisch-romantisierende, mit Sehnsucht, Wehmut verbundene Rückwendung zu früheren, in der Erinnerung sich verklärenden Zeiten, Erlebnissen, Erscheinungen in Kunst, Musik, Mode usw. **Verlangen,** das (ohne Plural; geh.): (in diesem Sinnbereich) starker Wunsch, starke Sehnsucht nach jmdm./etwas; ist öfter auch auf Dinge gerichtet, die im konkreten Bereich liegen, wobei der Nebensinn des Habenwollens meist stärker in den Vordergrund tritt: *das V. nach Glück;* vgl. Verlangen ↑Begierde; vgl. verlangen nach etwas ↑streben. **Begehren,** das (ohne Plural; geh.): (in diesem Sinnbereich) i. S. v. Verlangen; wirkt oft stärker als dieses, betont mehr das Fordernde: *sie kennt kein anderes B. mehr als Schmerzlosigkeit;* vgl. Begehren ↑Begierde. **Heimweh,** das (ohne Plural): große Sehnsucht nach der fernen Heimat oder nach einem geliebten, mit der Heimat verbundenen, dort wohnenden Menschen, bei dem man sich geborgen fühlte: *an H. leiden.* **Fernweh,** das (ohne Plural): starkes, sehnsüchtiges Verlangen, in ferne Länder zu fahren [und sie kennenzulernen]; ↑Begierde, ↑Trauer.

sehr: in hohem Grad; steht meist, wie alle Wörter dieser Gruppe, als Steigerungsadverb bei Adjektiven oder Partizipien, wenn die bezeichnete Art, Eigenschaft als stärker oder schwächer gedacht werden kann: *die Aussicht ist s. schön; es regnet s. stark.* **ganz:** in einem so hohen Maße, wie es nur erreicht werden kann, wie es nur denkbar ist; drückt als Adverb der Steigerung die Stufe des Endgültigen aus und steht im allgemeinen nur bei Adjektiven oder Partizipien mit uneingeschränkt lobendem oder positivem, nicht stärker oder schwächer gedachtem Charakter oder bei Wörtern mit tadelndem Sinn; hat wie „äußerst“, „höchst“ hauptsächlich quantitativen Sinn und bezieht sich darum nur umgangssprachlich oder familiär auf Adjektive oder Partizipien, die eine [große] Menge bezeichnen (z. B. *g. viel; g. oft; g. häufig),* dagegen korrekt: *g. selten; das Buch ist g. hervorragend, g. schlecht.* **herzlich:** (in diesem Sinnbereich) i. S. v. sehr; enthält eine spöttische Ablehnung oder Kritik an dem, worauf es sich bezieht, weil es den Erwartungen oder Forderungen nicht annähernd entspricht: *er wußte in der Prüfung h. wenig; seine Verse sind h. schlecht.* **jämmerlich:** i. S. v. sehr; drückt emotional einen hohen Grad aus in bezug auf etwas als negativ Empfundenes: *j. weinen; sich j. blamieren; ich habe mich j. gelangweilt; er hat j. gefroren.* **überaus** (geh.): in ungewöhnlich hohem [sehr erfreulichem oder befriedigendem] Grad; steigert Adjektive oder Partizipien meist im positiven Sinne oder gibt dem Ausdruck einen positiven Unterton: *er ist ü. geschickt.* **äußerst:** in höchstem, nicht mehr überbietbarem Maß, sowohl im positiven wie negativen Sinne: *das ist ä. unpraktisch, nützlich.* **außerordentlich:** i. S. v. überaus: *das ist a. liebenswürdig von Ihnen; ich freue mich a.;* vgl. außerordentlich ↑außergewöhnlich. **eminent** (bildungsspr.): i. S. v. außerordentlich, äußerst; bezieht sich jedoch nur auf etwas, was in irgendeiner Weise als positiv angesehen wird: *etwas ist e. wichtig; ein e. gefährlicher Gegner.* **extrem:** i. S. v. äußerst: *eine e. strenger Winter.* **höchst:** in sehr hohem, alles in sich begreifendem Grade; betont im Unterschied zu „äußerst“ mehr eine qualitative, weniger eine quantitative Steigerung: *diese Bemerkung war h. aufschlußreich.* **ziemlich:** in Art, Stärke, Größe o. ä. doch recht beachtlich, gar nicht so wenig, so gering: *er ist z. groß, z. frech;* ↑²schrecklich.

seicht: der Tiefe ermangelnd; bezieht sich meist auf bestimmte Stellen in einem natürlichen Gewässer mit sandigem oder schlammigem Boden, an denen man leicht auf den Grund gerät; hängt seiner Herkunft nach mit „versiegen“ und „leicht tröpfelnd fließen“ zusammen, woraus sich dann auch die negative übertragene Bedeutung ableitet. **untief** (selten): (von Gewässern) nicht tief: *untiefe Stellen in einem Fluß.* **flach:** (in diesem Sinnbereich) von geringer Tiefe; enthält nicht nur die Vorstellung des niedrigen Wasserstandes, sondern meist auch die der Ausdehnung. **niedrig:** (in diesem Sinnbereich) nicht viel Wasser mit sich führend oder enthaltend; bezieht sich ganz allgemein auf die Höhe des Wasserstandes in einem Gewässer: *ein niedriger Wasserstand.*

seit: seit je; seit jeher; von je; von jeher: solange man – im Hinblick auf eine bestimmte Sache – denken kann: *ich habe ihn von jeher nicht ausstehen können.* **seit eh und je:** i. S. v. seit je; drückt eine persönliche, emotional gefärbte Stellungnahme des Sprechers/Schreibers aus. **seit alters** (veraltend); **von alters her** (geh.): seit sehr langer Zeit; wird von etwas gesagt, was in einer Tradition verankert ist oder nie anders üblich war, und drückt meist die Anerkennung oder Billigung des Sprechers/Schreibers aus: *seit alters brachte diese Familie künstlerische Begabungen hervor.* **schon immer:** seit langer Zeit, so daß man meinen könnte, etwas sei nie anders gewesen: *er war schon immer leidend.*

Selbstmord: Selbstmord/ (bildungsspr. auch:) **Suizid begehen:** aus irgendeinem Grunde, der jmdm. das Dasein unerträglich macht, seinem Leben ein Ende machen; ↑Selbsttötung. **Selbstmord/** (bildungsspr. auch:) **Suizid verüben:** i. S. v. Selbstmord begehen; betont noch stärker das Gewaltsame der Handlung. **das Leben nehmen,** sich (Dativ): sich töten, seinem Leben ein Ende machen. **umbringen,** sich (ugs.); **ums Leben bringen,** sich: sich [in einem Anfall von Verzweiflung oder Depression] auf eine gewaltsame Weise den Tod geben. **antun,** sich (Dativ) etwas (fam.); **ein Leid antun,** sich (Dativ) (geh.): i. S. v. Selbstmord begehen; bringt von seiten des Sprechers/Schreibers sowohl die Teilnahme als auch die Absicht, den Sachverhalt zu verhüllen, zum Ausdruck. **Hand an sich legen** (verhüllend): i. S. v. Selbstmord begehen; besagt im allgemeinen, daß sich jmd. mit einer Waffe tötet. **entleiben,** sich (geh.): freiwillig aus dem Leben scheiden; im allgemeinen, indem man sich mit einer Waffe eine tödliche Wunde beibringt. **den Freitod wählen** (geh.): sich [demonstrativ] aus ideellen Gründen selbst den Tod geben, um einem schmachvollen Leben, unter Umständen der Entehrung zu entgehen, oder in einer schweren äußeren Bedrängnis den Tod dem Leben vorziehen; vgl. Freitod ↑Selbsttötung. **sich selbst richten:** sich nach einer als Schuld empfundenen oder von anderen als schuldhaft angesehenen Tat selbst töten; wird urteilend über jmdn. gesagt. **aufhängen,** sich; **erhängen,** sich (geh.); **aufbammeln,** sich (salopp; landsch.): **aufbaumeln,** sich (salopp; landsch.): Selbstmord begehen, indem man sich mit einem Strang die Atemluft abschneidet; vgl. aufhängen usw. ↑[1]hängen. **erschießen,** sich: mit einer Schußwaffe Selbstmord begehen. **vergiften,** sich: durch Zu-sich-Nehmen von Gift Selbstmord begehen. **[Schlaf]tabletten nehmen** (ugs.): sich mit einer Überdosis von [Schlaf]tabletten töten. **den Gashahn aufdrehen** (verhüllend): sich durch Einatmen von Leuchtgas vergiften und töten. **ertränken,** sich: im Wasser den Tod suchen. **ins Wasser gehen** (verhüllend): i. S. v. sich ertränken; hebt stärker den Vorgang hervor. **die Pulsader[n] aufschneiden,** sich (Dativ): sich durch Öffnen der Hauptschlagader[n], durch das Ausströmenlassen seines Blutes töten; ↑beseitigen, ↑ermorden, ↑erschießen, ↑erschlagen, ↑erstechen, ↑ersticken, ↑[1]hängen, ↑liquidieren, ↑niedermachen, ↑[1]sterben, ↑[2]töten.

Selbsttötung, die: das Sich-selbst-Töten; das Handanlegen an sich selbst; ist gegenüber „Selbstmord" ein neutralerer Ausdruck, der keine [negative] Wertung der Handlung mit anklingen läßt. **Selbstmord,** der: i. S. v. Selbsttötung; darin drückt sich die kirchliche Ansicht aus, daß das Sich-selbst-Töten unrechtmäßig und unbefugt und daher „Mord" ist. **Suizid,** der (auch: das) (bildungsspr.): i. S. v. Selbsttötung. **Freitod,** der (Plural ungebräuchlich): das freiwillige Aus-dem-Leben-Scheiden; wird als ein Ausweg von jmdm. angesehen, der sein Leben aus irgendwelchen ideellen Gründen für entwürdigt hält oder der in einer Bedrohung oder Zwangslage, die im Gegensatz zu den Motiven des Selbstmordes mehr äußerer Art ist, lieber den Tod wählt [als die Schmach]; wird auch als Ersatz für das als unschön empfundene Wort „Selbstmord" gebraucht. **Selbstentleibung,** die (geh.): das gewaltsame, meist auf blutige Weise geschehende Handanlegen an sich selbst; wird in pathetischer Ausdrucksweise von einer Selbsttötung gesagt, die sich meist unter dramatischen Umständen ereignet; vgl. entleiben, sich ↑Selbstmord. **Selbstverbrennung,** die: das freiwillige Aus-dem-Leben-Scheiden, indem man sich [mit Benzin o. ä. übergießt und] selbst verbrennt, um auf diese Weise eine breitere Öffentlichkeit auf eine als unerträglich empfundene politische o. ä. Situation aufmerksam zu machen [und um dadurch andere zu entsprechenden Schritten zu motivieren].

seltsam: ungereimt anmutend und nachdenklich stimmend; auch von einem Menschen in bezug auf seinen Charakter oder auf sein Verhalten gesagt: *das sind ja seltsame Dinge, die du da erzählst.* **sonderbar:** i. S. v. seltsam; jedoch mit einem Beiklang von Befremden: *ich fand es sehr s., daß er mich gar nicht begrüßte.* **komisch:** (in diesem Sinnbereich) mit den Vorstellungen von etwas oder den Erwartungen, die man an eine bestimmte Sache stellen würde, nicht in Einklang zu bringen; oft hilft man sich mit diesem Ausdruck darüber hinweg, wenn man sich etwas gar nicht erklären kann: *er hat manchmal wirklich ein komisches Benehmen an sich.* **befremdend, befremdlich** (selten): zu Ablehnung neigende Betroffenheit hervorrufend; „befremdlich" wird im allgemeinen attributiv, „befremdend" häufig subjekt- und prädikatbezogen gebraucht: *er zeigte eine befremdliche Erregung.* **merkwürdig:** zum Nachdenken anregend, weil man damit nicht gerechnet hat: *nun passierte etwas, was uns damals sehr m. vorkam.* **eigenartig:** [auffallend] fremdartig, nicht ohne weiteres oder nicht ganz verständlich: *dieses eigenartige Phänomen bedarf noch der Klärung.* **bizarr** (bildungsspr.): wunderlich-verschroben; exzentrisch-ausgefallen: *bizarre Ideen, Vorstellungen; eine bizarre Persönlichkeit.* **absonderlich:** aus dem Rahmen des Vernunftgemäßen, Natürlichen oder Üblichen fallend; nicht normal und daher Befremden oder Belustigung hervorrufend; wird meist von den Eigenheiten, dem Charakter oder dem Verhalten eines Menschen, seltener von einem Sachverhalt gesagt: *seine Vorstellung erschien mir a.;* ↑grell, ↑verschroben.

Sendung, die (Plural ungebräuchlich; geh.): (in diesem Sinnbereich) die einem Menschen von einer höheren Macht übertragene Aufgabe, eine besondere Lehre oder Wahrheit allgemein bekanntzumachen oder zu verkünden. **Auftrag,** der (Plural ungebräuchlich): (in diesem Sinnbereich) die Weisung eines höheren Wesens an einen Menschen, eine ganz bestimmte Aufgabe zu erfüllen; findet sich vielfach im religiösen Bereich. **Mission,** die (Plural ungebräuchlich): (in diesem Sinnbereich) die Sendung, die mit einem besonderen Auftrag an ihren Träger verbunden ist: *eine geschichtliche M. erfüllen.* **Berufung,** die (Plural ungebräuchlich; geh.): (in diesem Sinnbereich) die Bestimmung eines Menschen zu etwas; Aufforderung, die von einer höheren Macht an einen Menschen ergeht, eine bestimmte Lehre zu verkünden, eine bestimmte Aufgabe zu erfüllen; vgl. Message ↑Inhalt; vgl. Botschaft ↑Nachricht.

senil: durch sein hohes Alter geistig nicht mehr ganz zurechnungsfähig, mehr oder weniger kindisch im Reden und Handeln; wird, wie das folgende Wort, meist als respektlos gegenüber einem alten Menschen empfunden; bezieht sich im allgemeinen auf Männer: *er ist ganz s. geworden.* **verkalkt:** durch das Altern bedingte Verfallserscheinungen zeigend, die sich besonders in dem Nachlassen der geistigen Beweglichkeit oder Aufnahmebereitschaft äußern: *der Alte macht einen recht verkalkten Eindruck;* ↑alt.

sentimental (Ggs. unsentimental): ganz dem Gefühl hingegeben, in übertrieben weicher Gemütsstimmung schwelgend und dies durch Wort oder Geste zum Ausdruck bringend; jedes Wort dieser Gruppe bezeichnet jeweils eine bestimmte, leicht negativ empfundene Art und Weise des Menschen, Empfindungen und Gefühle zu erleben und gleichzeitig zu äußern; das Gegenwort „unsentimental" wird dementsprechend als positiv empfunden: *jeder Sonnenuntergang macht ihn s.* **gefühlvoll:** (in diesem Sinnbereich) als allzu innig und warm empfundene Gefühle äußernd oder wiedergebend und in diesem Mitteilungsbedürfnis leicht dem anderen lästig fallend; von Menschen gesagt oder von etwas, was menschliche Gefühle zum Ausdruck bringt (z.B. Gedicht, Lied o.ä.): *in gefühlvollen Worten brachte er seine innersten Empfindungen zum Ausdruck;* vgl. gefühlvoll ↑empfindlich. **gefühlsselig:** i.S.v. sentimental; bedeutet aber im allgemeinen eine noch übertriebenere Art des Ausdrucks in Wort oder Geste und ist meistens dem anderen, der zuhörend beteiligt ist, in noch höherem Grade peinlich: *gefühlsselige Lieder.* **rührselig:** in einer als übertrieben empfundenen Weise Rührung empfindend, verursachend, dieselbe äußernd, häufig unter Tränen; unangenehm gefühlvoll in der Ausdrucksweise, besonders auch in Liedern und der Art des Singens: *die Lieder wurden derartig r. vorgetragen, daß kaum ein Auge trocken blieb.* **tränenselig:** bei allzu weicher Gemütsart von Gefühlen und Empfindungen in Wort und Geste überströmend, dieselben auskostend und von Tränen überfließend; drückt die ironische Distanz des Sprechers/Schreibers aus: *eine tränenselige Stimmung.* **gefühlsduselig** (ugs.; abwertend): in sentimentalen Gefühlen schwelgend und einer Stimmung ganz hingegeben [und daher ohne kritisches Urteilsvermögen]: *mit dieser gefühlsduseligen Rede wollte er die Zuhörer gewinnen.* **schnulzig** (abwertend): rührselig-kitschig; in bezug auf Text und Musik.

[1]**setzen,** sich: eine sitzende Stellung einnehmen: *er setzte sich schnell an seinen Platz; sie setzte sich auf die Erde.* **Platz nehmen** (geh.): i.S.v. sich setzen; im Unterschied zu „sich setzen" nur bei Vorhandensein einer Sitzgelegenheit und im gesellschaftlichen Bereich

gebraucht; oft in höflicher Aufforderung: *nach der Begrüßung nahmen die Gäste Platz.* **hinsetzen,** sich: i. S. v. sich setzen; bringt aber stärker das Gerichtetsein der Bewegung auf die Stelle zum Ausdruck: *setz dich hin!* **niederlassen,** sich: (in diesem Sinnbereich) i. S. v. sich setzen; wobei meist die Erwartung auf ein längeres Verweilen zum Ausdruck kommt, oft auch eine gewisse Umständlichkeit, Langsamkeit und Schwere der Bewegung: *er ließ sich ächzend auf der Bank nieder.* **auf seine vier Buchstaben setzen,** sich (salopp): i. S. v. sich setzen; wird meist als Aufforderung gesagt und drückt dann oft leichten Unwillen aus: *setz dich endlich auf deine vier Buchstaben!*

[2]**setzen: unter Druck setzen,** jmdn. (ugs.): um eine Forderung, einen Plan durchzusetzen, jmdn. hart bedrängen, ihm unter Umständen mit Gewaltanwendung drohen, um ihn zu einem bestimmten Handeln zu veranlassen. **das Messer an die Kehle setzen,** jmdm. (salopp): ohne Erbarmen so auf jmdn. einwirken, daß er gezwungen ist zu tun, was von ihm verlangt wird. **die Pistole auf die Brust setzen,** jmdm. (salopp): jmdn. durch Drohungen, Druckmittel zu einer raschen Entscheidung zwingen, ihn zu etwas nötigen; ↑[2]klein (beigeben), ↑nachgeben, ↑resignieren, ↑zurückstecken.

Seuche, die: bestimmte, gefährlich um sich greifende Infektionskrankheit. **Epidemie,** die (bildungsspr.): zeitlich und örtlich begrenzte Ausbreitung einer Infektionskrankheit. **Pandemie,** die (Fachspr.): Epidemie großen Ausmaßes; ↑Krankheit.

Sexualität, die (ohne Plural): Gesamtheit der auf den Geschlechtstrieb gegründeten Äußerungen und Verhaltensweisen; bezeichnet gegenüber „Erotik" die elementarere, undifferenzierte, den Bereich der seelischen Hingabe nicht mit einbegreifende Lebensäußerung und bezieht sich als Begriff der Psychologie auf die Erscheinungsformen des Geschlechtslebens in ihrer Verschiedenheit bei Mann und Frau, ihrer Rolle im Gesamtbild der Psyche o. ä.: *die Entdeckung der S. im Kindesalter; jugendliche S.; die S. ist eine erfindungsreiche Einrichtung der Biologie, die das Überleben einer Spezies in einer sich verändernden Umwelt fördert.* **Geschlechtlichkeit,** die (ohne Plural): i. S. v. Sexualität. **Sex,** der (ohne Plural; ugs.): **a)** [dargestellte] Sexualität [in ihrer durch die Unterhaltungsindustrie verbreiteten Erscheinungsform]: *bloßer S. wird zum Masturbieren in der Vagina;* **b)** Geschlechtsverkehr: *S. wird unabhängig von der Fortpflanzung als gültiger Ausdruck von Intimität und Quelle der Lust akzeptiert; S. im Alter.* **Erotik,** die (ohne Plural): **a)** zur Harmonie des geistigen, sinnlichen und körperlichen Erlebens gesteigerte Sexualität, in der das körperliche Verlangen Teil der alle Wesensschichten der Persönlichkeit umfassenden Erlebensfähigkeit wird; Erotik ist eine mit Bewußtsein erlebte sinnliche Faszination und Begeisterung; **b)** die in ihren äußerlichen Reizen klischeehaft, meist kitschig und schwül dargestellte Liebe, wobei im Unterschied zu „Sex" im allgemeinen weniger direkt und unverhüllt auf sexuelle Dinge angespielt wird. **Sexus,** der (ohne Plural): der Geschlechtstrieb als zum Wesen des Menschen gehörende, elementare Lebensäußerung; ↑Liebe, ↑Liebesspiel.

Sicht, die (ohne Plural): (in diesem Sinnbereich) der Zugang, den der Blick zu den Gegenständen hat, die mehr oder weniger entfernt vor ihm liegen: *jmdm. die S. nehmen.* **Blick,** der (Plural ungebräuchlich): der beim Hinausschauen ins Freie oder Weite von einem Punkt her gewonnene optische Eindruck; der Landschafts-, Umgebungsausschnitt, der sich von dort dem Auge darbietet: *ein Zimmer mit B. ins Grüne.* **Aussicht,** die (Plural ungebräuchlich): (in diesem Sinnbereich) der weite Blick [nach allen Seiten]; bezeichnet je nach dem Zusammenhang stärker die Möglichkeit des freien Schauens oder den optischen Eindruck: *jmdm. die A. versperren.* **Ausblick,** der (Plural ungebräuchlich): der weite, günstige Blick, den man von einem geeigneten Punkt aus hat: *ein Zimmer mit A. auf den See.*

siegen (Ggs. unterliegen): bei einer Auseinandersetzung, in einem Kampf, in einem Wettstreit den Gegner überwinden. **Sieger bleiben:** in einem zähen, schweren Ringen, dessen Ausgang zunächst ungewiß scheint, schließlich über seinen Gegner Herr werden; meist dann, wenn sich der Sieg verzögert hat, die Entscheidung nicht schnell, aber endgültig gefallen ist. **als Sieger hervorgehen:** i. S. v. siegen; besagt oft, daß der Sieg nach langen Auseinandersetzungen erfolgt, hart erkämpft und ehrenvoll für den Überlegenen ist. **den Sieg erringen** (nachdrücklich): bei einer harten, schweren Auseinandersetzung, oft unter Überwindung größter Schwierigkeiten oder Gefahren, siegen. **den Sieg davontragen** (geh.; nachdrücklich): [mit Überlegenheit] siegen; drückt besonders die Endgültigkeit der Entscheidung aus und läßt weniger an die vorausgegangene Auseinandersetzung denken; wird oft mit Genugtuung gesagt. **gewinnen** [etwas]: eine Auseinandersetzung, einen Kampf, einen Wettstreit, ein Spiel zu seinen Gunsten entscheiden, darin Sieger sein. **das Rennen**

machen (ugs.): (in diesem Sinnbereich) aus einem längeren, meist in mehreren Phasen sich vollziehenden Wettkampf, Wettbewerb o. ä. als der Beste, Erfolgreichste hervorgehen.

[1]**singen** [etwas]: seine Singstimme ertönen lassen, sich im Gesang ausdrücken: **a)** mit seiner Stimme jenen [zum Worte gebildeten] in einer gewissen Weise modulierbaren Ton hervorbringen, der sich von dem des Sprechens durch bestimmte Klangfärbung und Resonanz, größere Vielfalt in Höhe und Tiefe, Länge und Kürze, Stärke und Schwäche unterscheidet und der in der Regel durch kräftigeren Atemdruck und gleichmäßigere Atemführung erzeugt wird als beim Sprechen: *er singt falsch, schön, zu laut;* **b)** etwas singen: eine sangbare Melodie, Weise [auf einen dazugehörenden Text], ein [zum Singen bestimmtes] Tonstück, einen vertonten Text mit seiner Singstimme wiedergeben; ein Gesangstück vortragen, ein Lied erklingen, hören lassen: *eine Arie, ein Duett s.;* ↑[2]singen. **summen** [etwas]: (in diesem Sinnbereich) irgendwelche Töne, irgendeine Melodie ohne bestimmte Worte, bei geschlossenen Lippen, mit halber Stimme [brummend, vor sich hin] singen: *sie summte [sich] ein Liedchen.* **brummen** [etwas]: (in diesem Sinnbereich) tief, rauh oder tiefer als andere Mitsänger, meist undeutlich und ungenau oder falsch, jedoch nicht sehr laut [vor sich hin] singen; wird öfter scherzhaft gebraucht in bezug auf Knaben in der Zeit des Stimmbruchs: *alle diejenigen, die doch nur b., brauchen gar nicht erst mitzusingen.* **trällern** [etwas]: irgendwelche Silben, zusammenhanglose Wort- oder Satzfetzen leichthin, eine Melodie ohne Text, ohne genaue Wortartikulation munter vor sich hin singen: *sie trällert oft stundenlang die gleiche Melodie.* **schmettern** [etwas]: sehr kräftig und aus voller Kehle, mit durchdringend schallender, in der Tongebung an den Klang einer Trompete erinnernder, heller Stimme, frisch und fröhlich, oft weniger schön als laut singen; besonders beim Marschieren: *sie schmetterten ein flottes Marschlied.* **grölen** [etwas]: in als störend, belästigend, unangenehm empfundener Weise laut, nicht schön singen; wird oft von Betrunkenen gesagt: *sie grölten unanständige Lieder.* **jodeln** [etwas]: nach der Art des den Gebirgsbewohnern eigentümlichen Gesanges mit raschem Überschlagen aus der Bruststimme in die hohen Töne des Falsetts oder der Kopfstimme und mit schnellem, gewandtem [kunstvollem] Wechsel zwischen den verschiedenen Stimmregistern jauchzend singen. **tremolieren:** (in diesem Sinnbereich) mit übertrieben schnellem Vibrato, mit unangenehm zitternder Stimme singen; enthält meist eine Abwertung. **knödeln** (ugs.; abwertend): mit engem, kehligem, nicht frei gebildetem Ton singen, als hätte man einen Kloß im Halse, wobei die Resonanzräume in Brust und Kopf nicht voll ausgenützt werden: *er knödelte seine Arie von Anfang bis Ende.* **psalmodieren, psallieren** (selten): nach liturgisch festgelegter Melodie, in einer monotonen, feierlich-hymnischen Tonfolge [im wechselnden Sprechgesang, betend, Psalmen] singen, besonders im katholischen und jüdischen Gottesdienst: *der Priester psalmodiert im Zwiegesang mit der Gemeinde;* ↑Lied.

[2]**singen** [etwas]: (in diesem Sinnbereich) eine an unterscheidbaren, melodiösen Einzeltönen verhältnismäßig reiche und dabei an menschlichen Gesang erinnernde Tonfolge in der den Singvögeln eigentümlichen Weise hervorbringen; wird oft ganz allgemein von Vogelstimmen gesagt: *im Garten sangen die Amseln;* ↑[1]singen. **tirilieren, quirilieren, quinkelieren:** in hellen, feinen, klangvoll melodischen, schnell wechselnden, wirbelnden, oft auch länger anhaltenden Tönen gleichsam jubelnd singen und trillern; wird vom Gesang bestimmter Singvögel gesagt; bezeichnet nicht so sehr die Tatsache des Lautwerdens einer Vogelstimme, sondern soll unmittelbar die Art des fröhlich, freudig wirkenden Vogelgesanges veranschaulichen: *die Lerche flog tirilierend in den blauen Himmel.* **trillern** [etwas]: zwei aneinandergrenzende oder auch mehrere benachbarte Töne in [gleichmäßig] schnell wechselnder Folge erklingen lassen; bezieht sich – oft auch allgemeiner und ungenauer – auf den hellen wirbelnden und rollenden Gesang bestimmter Singvögel: *die beiden Kanarienvögel schienen in ihren Käfigen um die Wette t. zu wollen.* **flöten** [etwas]: volle und sanfte, hell klingende, melodisch schwingende Töne erklingen lassen; bezieht sich auf den schmelzenden, dem Ton einer Flöte ähnlichen Gesang bestimmter Singvögel: *die Amsel flötete süß und lieblich.* **pfeifen** [etwas]: helle, klare, wohlklingende, unter Umständen sehr kräftige Töne hören lassen; wird meist ganz allgemein vom Gesang der Vögel gesagt: *ganz oben im Geäst pfiff ein lustiges Vöglein seine Morgenweisen.* **schlagen:** einen lieblich trillernden und flötenden, mitunter auch kräftig schmetternden Ruf oder Gesang, bei welchem einzelne Töne besonders kräftig und klangvoll angesetzt werden, erklingen lassen; wird von bestimmten, durch ihren melodiösen, tonreich wirbelnden, abwechslungsvollen Gesang bekannten

Vögeln gesagt: *Nachtigallen, Finken und Wachteln, Amseln und Lerchen schlugen und sangen so fröhlich, daß es im ganzen Wald widerhallte.* **rufen:** die Stimme in einer gewissen Lautstärke erschallen lassen; bezieht sich im allgemeinen auf die für gewisse Vogelarten charakteristischen Rufarten: *gestern hat zum erstenmal der Kuckuck wieder gerufen.* **zwitschern:** halblaute, hell schwirrende, mitunter auch schrill werdende, in kurzen Abständen rasch aufeinanderfolgende oder zusammenhängende Laute und Töne hervorbringen, ohne daß dabei eine irgendwie zu bestimmende melodische Abfolge zustande kommt; wird oft auch ganz allgemein von Vogelstimmen gesagt: *die Vögel flogen zwitschernd davon.* **piep[s]en:** pfeifend helle, klare, feine, unter Umständen auch laut und schrill werdende, kurz abbrechende Einzeltöne ausstoßen; bezieht sich vor allem auf die Laute junger Vögel, wird aber auch von bestimmten anderen Kleintieren gesagt: *als sich das kleine Küken im Drahtgeflecht verfing, piep[s]te es ganz erbärmlich.* **[t]schilpen:** kräftige, laut schallende Pieptöne hervorbringen; wird im allgemeinen nur vom Sperling gesagt: *warum tschilpen denn die Sperlinge so aufgeregt?* **zirpen:** helle, feine eigentümlich in sich zitternde, schwirrende, unter Umständen recht durchdringende Töne von sich geben; wird im allgemeinen von jungen Vögeln, sonst nur von bestimmten Kerbtieren gesagt: *die Vöglein zirpten mit den Grillen, Zikaden und Heimchen um die Wette;* ↑krächzen.

[1]**sinnen,** auf etwas: sich mit irgendwelchen bestimmten Gedanken [die meist gegen einen anderen gerichtet sind] beschäftigen, die man in die Tat umzusetzen beabsichtigt: *auf Rache s.* **im Sinne haben,** etwas (selten): etwas Bestimmtes vorhaben; etwas zu tun beabsichtigen. **im Sinne tragen,** etwas (geh.): i. S. v. im Sinne haben: *was jene politische Macht gegen uns im Sinne trägt, vermögen wir bis jetzt noch nicht genau festzustellen.* **im Schilde führen,** etwas (ugs.): etwas Unrechtes vorhaben, was man vor anderen geflissentlich verbirgt: *Verrätereien im Schilde führen.* **im Auge haben,** etwas (ugs.): für etwas, was in nicht näher bestimmter, aber nicht allzu ferner Zukunft getan werden soll, einen bestimmten Plan haben; ↑[1]beschäftigen (sich mit etwas).

[2]**sinnen** [über etwas] (geh.): seinen Gedanken nachhängen; seine Gedanken um etwas kreisen lassen, wobei man oft mehr durch einen glücklichen Einfall als durch Schlußfolgerung zu einer Entscheidung oder einem Ergebnis kommt: *über seine Pläne, die Zukunft s.* **nachsinnen** [über etwas] (geh.): über eine bestimmte Sache, ein bestimmtes Thema sinnend oder betrachtend nachdenken, um etwas mehr von seinem Wesen zu erkennen: *er sann sehr traurig diesen Dingen nach.* **sinnieren** [über etwas]: versponnenen, grüblerischen Gedanken nachhängen; über eine bestimmte Sache Betrachtungen anstellen, die oft müßig oder abwegig sind: *da sinniert er nun, wie das wäre, wenn alles ganz anders gekommen wäre.* **meditieren** [über etwas] (bildungsspr.): sich geistig-geistlich versenken, in Gedanken vertiefen, ohne die objektive Realität in die Reflexion einzubeziehen: *es war strenge Klosterregel, vor dem Einschlafen über ein bestimmtes Thema zu meditieren.* **brüten** [über etwas] (ugs.): ernsten Gedanken nachhängen; in düsterer Stimmung über ein Mißgeschick oder ein [unheilvolles] Vorhaben nachdenken: *er brütete dumpf über einem wichtigen Schreiben.*

[1]**sitzen:** sich in einer Körperhaltung befinden, in der Rumpf und Oberschenkel auf einer [waagerechten] Fläche ruhen: *der Stuhl, auf dem ich sitze, ist sehr hart.* **hocken:** **a)** in der Hocke sitzen; eine Körperhaltung einnehmen, in der bei aufrechtem Oberkörper und zugleich gebeugten Knien das Körpergewicht auf den Fußspitzen ruht: *die Kinder hocken auf der Wiese und pflücken Gänseblümchen;* **b)** (ugs.): i. S. v. sitzen; wird oft dann angewandt, wenn jmd. gebückt, unbequem, in schlechter Körperhaltung [die unter Umständen Ausdruck einer betrübten Stimmung oder eine Verängstigung o. ä. ist] dasitzt: *ich hockte auf der Brüstung und versuchte, eine italienische Zeitung zu lesen;* **c)** auf einer besonders niedrigen Sitzgelegenheit oder mit angezogenen Knien auf dem Boden sitzen: *wir hockten auf dem Boden.* **kauern:** [aus Angst oder Furcht vor jmdm./etwas] mit zusammengekrümmtem Oberkörper und angezogenen Knien auf dem Boden sitzen: *er kauerte still am Boden.*

[2]**sitzen: in der Patsche sitzen** (ugs.); **in der Bredouille** [bredụljᵉ] **sein/** (auch:) **sitzen** (veraltend): sich in einer unangenehmen, üblen, schwierigen Lage befinden: *er hatte vergessen, für ihn ein Geschenk zu besorgen, und nun war er in der Bredouille.* **in der Klemme sein** (ugs.): sich in einer schwierigen Lage, zwischen zwei unangenehmen Dingen wie eingeklemmt und eingeengt befinden; wird jedoch weniger als ernst, eher als peinlich empfunden: *ich habe beiden Versprechungen gemacht und befinde mich nun in der Klemme, weil beide ihren Anspruch geltend machen.* **zwischen Baum und Borke sitzen/stehen/stecken** (ugs.): in einer kritischen Lage sein, in der man weder vorwärts noch

rückwärts kann; vor einer Alternative stehen, wobei es sich bei einer Entscheidung immer irgendwie nachteilig auswirken wird, weil man eigentlich beides machen möchte, doch schließt das eine das andere aus, wenn man das eine tut, kann man das andere nicht tun, was man aber auch gern tun möchte: *ich stecke zwischen Baum und Borke, denn wenn ich nun nach Berlin gehe, muß ich meinen Freundeskreis in Hamburg aufgeben.* **in der Tinte sitzen** (ugs.): in einer unangenehmen Lage sein, in Verlegenheit sein und nicht wissen, was man tun soll: *da er mir das geliehene Geld nicht rechtzeitig zurückgegeben hat, sitze ich nun selbst in der Tinte.* **in einer Zwickmühle befinden,** sich: sich in einer unangenehmen Lage befinden, aus der man, wie man sich auch verhält, nicht herauskommen kann.

Sitzgelegenheit, die: etwas, worauf man sich setzen kann; ist die allgemeinste Bezeichnung: *die Sitzgelegenheiten reichten nicht aus, es gab nur 11 Stühle bei 18 Anwesenden.* **Stuhl,** der: ungepolstertes oder gepolstertes vierbeiniges Sitzmöbel mit Rückenlehne für eine Person. **Sessel,** der: gepolstertes vierbeiniges Sitzmöbel für eine Person; meist niedriger als ein Stuhl, mit Rücken- und meist auch Armlehne, das eine bequeme Möglichkeit zur Erholung und Entspannung bietet. **Hocker,** der: drei- oder vierbeiniges, gepolstertes oder ungepolstertes Sitzmöbel ohne Lehne für eine Person; gelegentlich mit verschieden einstellbarer Höhe. **Schemel,** der: niedriges drei- oder vierbeiniges Sitzmöbel ohne Lehne für eine Person. **Bank,** die: Sitzgelegenheit, die mehreren Personen Platz bietet.

Skrupel, der (meist Plural): ein sittlicher Vorbehalt, der ein bestimmtes Handeln hemmt oder hinauszögert: *er hatte keine S., Geld aus der Kasse zu nehmen.* **Bedenken,** das (meist Plural): Zweifel, Vorbehalt, Unentschlossenheit, Befürchtung in bezug auf etwas, so daß es ratsam scheint, mit der Zustimmung noch zu zögern oder den Plan o. ä. noch einmal zu überdenken: *ich habe große B. in dieser Angelegenheit.* **Zweifel,** der: schwankende Ungewißheit, in der man nicht weiß, ob man einer Äußerung o. ä. glauben soll, oder in der man nicht weiß, ob irgend etwas tunlich oder richtig ist: *ich hege keinen Z. darüber, daß das Unternehmen gelingt;* ↑Einwand.

soeben: unmittelbar vor, gelegentlich auch zu dem gegenwärtigen Zeitpunkt; bezieht sich meist auf einen Vorgang, der in diesem Augenblick bereits beendet ist oder begonnen hat: *das Buch ist s. erschienen.* **eben:** unmittelbar vor oder zu dem gegenwärtigen Zeitpunkt; bezieht sich auf etwas, was bereits abgeschlossen oder eingetreten ist oder sich vor den Augen des Sprechers/ Schreibers vollzieht: *da geht er e. über die Straße.* **gerade:** i. S. v. eben; wird oft verwendet, wenn sich ein Vorgang mit einem anderen überschneidet: *das Jahr war g. angebrochen.*

sofort: (in diesem Sinnbereich) in relativ [sehr] kurzer Zeit erfolgend, an einen Tatbestand so anschließend, daß keine oder eine nur [sehr] kurze Zeitspanne dazwischenliegt; bezieht sich, wie alle Wörter dieser Gruppe, auf die Aufeinanderfolge von Tatbeständen; ist häufig kategorisch-gebieterischer, nachdrücklich-bestimmter als „sogleich" und „gleich" und wird häufiger als diese im Befehlssatz gebraucht; bezeichnet im Verhältnis zu „sogleich" und „gleich" den unmittelbarsten Anschluß an das Vorangehende; wird, wie alle Wörter dieser Gruppe, in diesem Sinnbereich nur prädikatbezogen gebraucht: *wir gehen s. an die Arbeit.* **sogleich:** (in diesem Sinnbereich) i. S. v. sofort; ist ein schriftsprachliches Wort: *ich machte mich s. an die Arbeit.* **gleich:** (in diesem Sinnbereich) in relativ kurzer Zeit, die mitunter länger sein kann als bei den vorstehenden Wörtern, erfolgend, an einen Tatbestand anschließend; ist weniger intensiv und wie „sogleich" weniger kategorisch: *du kommst doch g. mit mir, fragte er; sie machte sich g. daran, die Flasche zu verpacken.* **alsbald:** (in diesem Sinnbereich) kurz danach; in einer Zeit, die relativ [sehr] kurz, aber mitunter auch länger sein kann als bei „sofort", erfolgend, an einen Tatbestand anschließend; ist nicht kategorisch, wie es „sofort" oft ist, und wird vorwiegend in Aussagesätzen, nicht in Befehlssätzen gebraucht: *„hake dich in meinen Arm." Der andere tat es, und a. konnte er recht gut ausschreiten.* **unmittelbar:** (in diesem Sinnbereich) in relativ kürzester Zeit erfolgend, ohne jede zeitliche Zwischenspanne, an einen Tatbestand anschließend; kommt am häufigsten in Aussagesätzen, nicht in Befehlen vor: *er lebte der Überzeugung, der Sieg stehe u. bevor.* **auf der Stelle:** sofort, ohne eine Verzögerung eintreten zu lassen; wird zumeist befehlsmäßig mit emotionaler Beteiligung vom Sprecher gebraucht: *laß du mich auf der Stelle los!* **umgehend, postwendend** (ugs.): sofort, bei der ersten Gelegenheit; wird vor allem im Bereich der Korrespondenz und des geschäftlichen Verkehrs gebraucht: *ich komme umgehend zu dir; er hat postwendend geantwortet.* **prompt:** (in diesem Sinnbereich) in relativ kurzer Zeit (als schnelle

Reaktion auf etwas) erfolgend, unmittelbar an einen Tatbestand anschließend: *p. antworten; prompte Bedienung.* **unverzüglich:** (in diesem Sinnbereich) sofort, ohne zu zaudern, ohne Zeitverlust; setzt zumeist eine Person als Handelnden voraus und wird häufig in Bitten, Aufforderungen u. ä. verwendet: *er soll u. mit der Arbeit beginnen;* ↑plötzlich.

Soldat: Soldat sein: im Militärdienst stehen, **den Heeresdienst leisten:** der Wehrpflicht genügen. **den Wehrdienst ableisten/** (auch:) **leisten:** seiner Wehrpflicht nachkommen; im Unterschied zu „leisten" hebt „ableisten" das Zeitmoment hervor und drückt aus, daß etwas bis zum Schluß durchlaufen wird. **Soldat spielen** (ugs.): i. S. v. Soldat sein; kennzeichnet die Einstellung des Sprechers/Schreibers, der ohne Begeisterung für das Militär ist oder ihm ablehnend gegenübersteht. **dem Vaterland dienen:** als Schützer und Bewahrer des Wohles und der Sicherheit von Vaterland und Volk auftreten; klingt sehr patriotisch-pathetisch. **des Kaisers Rock tragen** (veraltet): im Kaiserreich Soldat sein. **mit der Waffe dienen** (geh.): als Soldat das Vaterland schützen. **bei der Armee sein:** im Heer als Soldat dienen. **beim Bund sein** (ugs.): in der Bundeswehr als Soldat dienen; ↑einberufen.

Sonderfall, der: ein besonders gelagerter Fall, für den nicht der übliche Maßstab gilt [der aus speziellen Gründen ganz für sich behandelt oder beurteilt werden muß]. **Ausnahme,** die (Ggs. ↑[1]Regel): ein von der Regel abweichender Fall, der gerade durch seine Regelwidrigkeit auffällt.

Sonderling, der: jmd., der sich von der Gesellschaft absondert und durch sein seltsames, sonderbares, von der Norm stark abweichendes Wesen auffällt. **Eigenbrötler,** der: jmd., der sich von der Gesellschaft absondert und sich nicht in seine Angelegenheiten hineinreden läßt; häufig mit der Vorstellung des Mürrisch-Unfreundlichen verbunden. **Kauz,** der: ein wunderlicher, verschrobener Mensch, der sich von anderen absondert; drückt aus, daß ein solcher Mensch nicht ernst genommen, sondern mit Nachsicht betrachtet wird. **Original,** das: ein Mensch, der durch seine Unabhängigkeit von irgendwelchen Vorbildern, durch die Originalität seiner Ideen, die oft in der Lebensführung oder Kleidung zum Ausdruck kommen, [in liebenswert-kurioser Weise] auffällt.

Sorge, die: bange und zweifelnde Gedanken, die man sich in gedrückter Stimmung über eine eigene oder fremde Notlage macht und die sich auf die Zukunft beziehen; mit Zweifeln verbundene Erwägungen, was zu tun sei; besorgter Gedanke, den man sich über eine Entwicklung oder ein Geschehen macht, wobei man wünscht, daß etwas in einer bestimmten Weise eintreffen oder verlaufen möge, aber das Gegenteil befürchtet: *sich Sorgen machen;* vgl. Sorge ↑Kummer. **Besorgnis,** die: Besorgtsein; zweifelnder und gedrückter Gemütszustand angesichts einer eigenen oder fremden Notlage; das auf die Zukunft gerichtete, von Skepsis erfüllte Gefühl, mit dem man ein bevorstehendes oder sich entwickelndes Geschehen verfolgt; drückt im Unterschied zu „Sorge" stärker aus, daß man selbst keinen Einfluß darauf nehmen kann: *er äußerte Besorgnisse um seinen Neffen.* **Befürchtung,** die: bange Vermutung, daß ein Geschehen, an dem man besorgt, doch ohne es beeinflussen zu können, Anteil nimmt, einen unglücklichen oder unangenehmen Verlauf nehmen, oder daß etwas Unangenehmes sich ereignen könnte: *meine Befürchtungen waren unbegründet.*

sorgen, für jmdn./etwas: (in diesem Sinnbereich) sich um jmds. Wohlergehen kümmern, ihn mit Fürsorge umgeben; die Pflichten auf sich nehmen, die zur Erhaltung oder zum Gedeihen einer Sache erfüllt werden müssen; hat zum Objekt im allgemeinen eine Person, eine Personengruppe oder eine Sache, die ähnlich wie eine Person ständiger Fürsorge oder Pflege bedarf; bezieht sich seltener auf das wirkliche Tun in einem konkreten Augenblick, charakterisiert mehr allgemein das Bemühtsein um jmds. Wohlergehen; *ich werde während deiner Abwesenheit für den Haushalt und die Kinder s.* **betreuen,** jmdn./etwas: (in diesem Sinnbereich) sich einer Person oder Sache annehmen; jmdn. mit liebevoller, umsichtiger Fürsorge umgeben; sich mit persönlicher Anteilnahme, Hingabe der Pflege, Versorgung einer Sache widmen: *eine Gruppe von Reisenden b.;* vgl. betreuen ↑pflegen. **versorgen,** jmdn./etwas: (in diesem Sinnbereich) für alles Nötige sorgen, dessen eine Person zu ihrem Wohlergehen oder eine Sache zu ihrer Pflege oder Erhaltung bedarf; dafür sorgen, daß es jmdm./einer Sache an nichts fehlt; bezeichnet gegenüber den anderen Wörtern dieser Gruppe das Umfassende der Fürsorge mehr im Sinne der vollständigen Pflichterfüllung und läßt das Moment der persönlichen Hingabe des Handelnden weniger hervortreten oder bezieht sich auf das Handeln im konkreten Einzelfall: *einen Kranken v.* **kümmern,** sich um jmdn./etwas: (in diesem Sinnbereich) das Nötige und Mögliche für jmdn./etwas (aus Hilfsbereitschaft) tun;

besagt im allgemeinen weniger, daß man die damit verbundenen Pflichten vollständig übernimmt oder zu übernehmen verpflichtet ist, als daß man es sich aus eigener Initiative, aus Hilfsbereitschaft angelegen sein läßt, für jmdn./etwas zu sorgen, oder daß man gelegentlich nach dem Rechten sieht; bezieht sich wie „versorgen" häufig auf das Tun in einem bestimmten Einzelfall: *sie mußte sich vor allen Dingen um den Hund k.* **nach dem Rechten sehen** [bei jmdm./einer Sache] (fam.): (in diesem Sinnbereich) dafür sorgen, daß es jmdm./einer Sache nicht an der nötigen Pflege, Ordnung fehlt, daß sie nicht vernachlässigt wird; bezeichnet vor allem die übernommene Verpflichtung und die Sachlichkeit, aber auch Zuverlässigkeit in der Betreuung; wird häufig verwendet, wenn der Sprecher/Schreiber das Moment der persönlichen Anteilnahme, das in „betreuen" liegt, nicht ausdrücklich betonen will: *würden Sie während unseres Urlaubs ab und zu einmal in unserer Wohnung nach dem Rechten sehen?*

sorgenfrei: frei von allen materiellen Sorgen, in seiner Existenz gesichert [so daß man das Leben genießen kann]: *wir möchten gern, daß unsere Eltern ein sorgenfreies Alter haben.* **unbeschwert:** sich frei von Sorgen aller Art fühlend, nicht unter dem Druck materieller oder seelischer Not stehend: *unbeschwerte Stunden im Freundeskreis verleben; u. schlenderte er durch die alten Gassen;* ↑glücklich.

sorgfältig: beim Handeln, bei der Ausführung einer Arbeit alles genau in Betracht ziehend und erwägend, von solchem Verhalten zeugend; wird sowohl auf die Handlung als auch auf ihr Ergebnis bezogen: *wir hatten alles s. vorbereitet.* **genau:** (in diesem Sinnbereich) bei einer Tätigkeit auf alles, auch auf die geringste Kleinigkeit, achtend: *g. auf die Vorschriften achten.* **gewissenhaft:** verantwortungsbewußt, aus moralischem Bewußtsein heraus sorgfältig vorgehend, so sorgfältig, daß man es verantworten kann; weist im Unterschied zu „sorgfältig", das die praktische Seite, die genaue Ausführung hervorhebt, auf die persönlich engagierte Einstellung zur Arbeit hin: *g. arbeiten.* **gründlich:** eine Sache von Grund auf, ohne etwas außer acht zu lassen, nach allen Richtungen, auf alle Möglichkeiten untersuchend, durchdenkend oder bearbeitend; sowohl auf die Person und die Handlung als auch auf das Ergebnis der Handlung bezogen: *sich g. vorbereiten.*

sorglos: sich [über eine bestimmte Angelegenheit] keine Sorgen machend, sich sicher und unbeschwert fühlend und im Augenblick mit nichts Bösem rechnend; kennzeichnet manchmal auch eine durch mangelnde Überlegung und Vorsicht geprägte Haltung, die an Leichtsinn grenzen kann: *s. in den Tag hinein leben.* **unbekümmert:** sich frisch und zuversichtlich zeigend, ohne an irgendwelche möglichen Schwierigkeiten zu denken oder danach zu fragen: *ihr unbekümmertes Lachen tat uns allen gut;* ↑leichtsinnig, ↑unbedacht.

sparen [etwas]: (in diesem Sinnbereich) Geld [nicht verbrauchen, sondern] für einen späteren Zeitpunkt aufheben; der Grund kann in jmds. Neigung zur Sparsamkeit liegen oder in der Absicht, zu einem bestimmten Zweck, für einen geplanten Kauf, zur Vorsorge für spätere Zeiten, für das Alter eine größere Geldsumme zusammenzubringen, anzusammeln: *ich habe 1 000 Mark gespart; er spart für seine Kinder, auf ein Auto;* ↑sparsam. **zurücklegen,** etwas (ugs.): (in diesem Sinnbereich) Geld für einen bestimmten Zweck, für den meist eine größere Summe erforderlich ist, [über längere Zeit hin] sparen: *er legt jeden Monat für seine Urlaubsreise etwas Geld zurück.* **beiseite legen,** etwas (ugs.); **auf die Seite legen,** etwas (ugs.): [von seinem Einkommen wiederholt] bestimmte, meist nicht allzu große Beträge vom sofortigen Verbrauch ausnehmen, um zu Ersparnissen zu kommen. **auf die hohe Kante legen,** etwas (ugs.): Geld mit Bedacht, in vorsorgender Absicht auf die Sparkasse oder Bank bringen. **Ersparnisse machen:** Geld zielstrebig zusammensparen; wird nur gesagt, wenn es sich um ein Sparen handelt, für das man keine Entbehrungen auf sich nehmen muß: *von dem wenigen können wir keine Ersparnisse machen;* ↑einschränken, ↑haushalten; ↑genügsam.

spärlich: (in diesem Sinnbereich) ohne Fülle; in seinem Bestand oder Wachstum nicht üppig, dicht oder nicht in reichem Maße vorhanden; wird nur von der Behaarung oder der Vegetation gesagt und kennzeichnet eine gewisse Dürftigkeit oder Schwächlichkeit: *spärliche Vegetation; spärliches Haar.* **dünn** (Ggs. dicht): weiträumig wachsend oder nur in großen Abständen anzutreffen: *dünne Saat; das Land ist d. bevölkert.* **licht:** (in diesem Sinnbereich) in weitläufiger Anordnung, die Raum für Durchblick, Ausbreitung läßt; wird im wesentlichen von Pflanzenwuchs, besonders Baumbestand, seltener von der Behaarung gesagt: *ein lichter Wald mit hochstämmigen Kiefern.* **schütter:** nicht sehr dicht stehend, wachsend; wird im wesentlichen von Haarwuchs, seltener von Pflanzenwuchs gesagt und enthält immer zugleich eine Vorstellung von

Schwäche, Alter oder Dürre: *sein Haar ist s. geworden.*

spaßig: durch Komik zum Lachen reizend; in seiner ganzen Art lustig und witzig wirkend, so daß andere ihr Vergnügen haben; bezieht sich auf Menschen, Dinge, Sachverhalte usw.; wird, wie die übrigen Wörter dieser Gruppe, im allgemeinen nicht prädikatbezogen gebraucht: *ein spaßiger Geselle; ist diese Geschichte nicht s.?* **spaßhaft:** so geartet, daß Anlaß zum Lachen gegeben ist; bezieht sich im allgemeinen nicht unmittelbar auf den Menschen. **ulkig** (ugs.): [durch seinen Unfug] belustigend und komisch wirkend: *kennst du diesen ulkigen Kerl?; das ist ja wirklich u.* **gelungen** (ugs.): durch seine Art o. ä. belustigtes Wohlgefallen, Staunen hervorrufend; drollig-einfallsreich: *wie der aussieht, das ist wirklich g.; daß Sie auch aus Berlin kommen, finde ich g.* **schnurrig:** reich an komischen, lächerlichen und überraschenden, oft auch verschrobenen Einfällen; bezieht sich vorwiegend auf den Menschen und seine Äußerungen: *er unterhielt uns mit seinen schnurrigen Geschichten* vgl. komisch, ↑seltsam, ↑verschroben; ↑possierlich.

spazierengehen, spazieren (veraltet): sich im Freien zur Entspannung und zum Vergnügen gemächlich bewegen. **ergehen,** sich (geh.): zum Zwecke der Gesundheit, der Erholung oder aus dem Bedürfnis, sich Bewegung zu verschaffen, sich ruhig gehend im Freien aufhalten. **lustwandeln:** ohne Anstrengung, mit Behaglichkeit und zur Lust spazierengehen; wird mit scherzhaftem Unterton gebraucht: *sie lustwandelten in ihren langen Abendkleidern im Park.* **schlendern:** lässig, sorglos und gemächlich gehen, ohne ein festes Ziel zu haben. **bummeln** (ugs.): zum Vergnügen langsam durch die Stadt gehen: *wir wollen heute b. gehen; er bummelte ziellos durch die Straßen.* **flanieren:** müßig auf einer belebten Straße umherschlendern, um andere zu sehen und sich sehen zu lassen: *er flanierte über den Kurfürstendamm.* **promenieren:** langsam und in guter Kleidung [auf einer Promenade] auf und ab gehen und sich dabei bewußt der Öffentlichkeit zeigen: *sie promenierten in den Kuranlagen, auf dem Deck des Schiffes.* **die Beine/** (auch:) **Füße vertreten,** sich (Dativ) (ugs.): [nachdem man längere Zeit gesessen hat] ein wenig [in der frischen Luft] umhergehen, um sich Bewegung zu machen; ↑[1]gehen, ↑herumtreiben, sich; ↑laufen, ↑reisen, ↑trippeln, ↑trotten, ↑wandern.

spenden, etwas: (in diesem Sinnbereich) [freigebig] etwas von seinem Besitz, meist für einen wohltätigen Zweck, hergeben; klingt unpersönlicher als „schenken“: *Geld, Kleidungsstücke für das Rote Kreuz, für die Hochwassergeschädigten s.;* vgl. Spende ↑Gabe. **stiften,** etwas: einen meist größeren Geldbetrag oder Gegenstände zu einem bestimmten, meist gemeinnützigen Zweck jmdm. oder einer Personengemeinschaft (z. B. einem Verein) übergeben, als Gabe darbieten, zur Verfügung stellen: *er stiftete für diesen Zweck 100 Mark.* **geben,** etwas: (in diesem Sinnbereich) freigebig sein gegenüber Bedürftigen usw.: *ich gebe nichts; Geld für das Rote Kreuz g.* **opfern,** etwas: etwas zugunsten eines anderen hingeben; betont, daß dem Betreffenden das Geben nicht ganz leichtfällt: *eine Summe Geldes für eine gute Sache o.*

spinnen (salopp): abwegige Gedanken haben oder sich so verhalten, daß man für nicht ganz normal angesehen wird; drückt den Ärger und die Geringschätzung des Sprechers/Schreibers aus. **nicht bei Verstand sein; von allen guten Geistern verlassen sein:** sich unvernünftig, unsinnig verhalten; enthalten Vorwurf und Ablehnung. **verrückt sein** (ugs.): (im Urteil des Sprechers/Schreibers) sich so verhaltend, als ob der Betreffende des Verstandes beraubt, von Sinnen sei; wird von einem Menschen gesagt, dessen Äußerungen, Verhalten oder Ansprüche man für sehr unvernünftig hält; drückt eine Verärgerung oder eine Geringschätzung etwas stärker aus als „spinnen“; vgl. verrückt ↑närrisch; vgl. verrückt werden ↑überschnappen. **plemplem/[balla]balla/bescheuert/behämmert/beknackt sein** (salopp): i. S. v. verrückt sein; wird auf einen Menschen bezogen, dessen Äußerungen oder Verhalten einem unmotiviert und widersinnig vorkommen. **nicht bei Trost sein** (ugs.): in einer Entrüstung oder Befremden hervorrufenden Weise handeln oder sich so benehmen. **bekloppt sein** (derb): (im Urteil des Sprechers/Schreibers) nicht ganz bei Verstand sein und darum irgend etwas Unvernünftiges tun oder unzumutbare Forderungen stellen. **meschugge sein** (derb): i. S. v. verrückt sein. **hirnverbrannt sein** (salopp): (im Urteil des Sprechers/Schreibers) voll absurder Ideen sein. **piepen,** bei jmdm. piept es (fam.): jmd. ist leicht verrückt, verhält sich bei einem bestimmten Anlaß unverständlich und vernunftwidrig: *dafür hast du so viel Geld ausgegeben? Bei dir piept's wohl!* **einen Vogel/Knall/Schatten/Rappel/Haschmich/Klaps haben** (salopp); **bei jmdm. ist eine Schraube locker/lose** (salopp); **einen Stich/Sonnenstich haben** (salopp); **nicht alle Tassen im Schrank/Spind haben** (salopp); **eine Meise/Macke haben** (salopp): sich so benehmen, verhalten, als ob man nicht ganz normal, nicht ganz zurechnungsfähig sei; die Wendungen beziehen sich auf einen Menschen, dessen Denken, Verhalten oder dessen Ansprüche einem lächerlich vorkommen, was man burschikos-abschätzig oder wegwerfend zum Ausdruck bringen will. **im Oberstübchen nicht [ganz] richtig sein** (ugs.); **einen Sprung in der Schüssel haben** (salopp); **einen Dachschaden haben** (derb): sich absonderlich verhalten; charakterisiert etwas lieblos einen Menschen von leicht schrulliger Wesensart. **nicht [ganz] dicht sein** (salopp): nicht ganz zurechnungsfähig sein; wird meist auf einen Menschen bezogen, der sich unvernünftig verhält. **einen Sparren haben** (salopp): leicht spleenig sein, überspannte Ideen haben. **rappeln,** bei jmdm. rappelt es (salopp): jmd. verhält sich so sonderbar, daß er für verrückt gehalten wird. **einen Rappel haben** (salopp): verrückte Einfälle haben und meist andere damit belästigen. **einen kleinen Mann im Ohr haben** (fam.): Unvernünftiges, Unzumutbares verlangen, tun; drückt eine gewisse Entrüstung aus; ↑überschnappen; ↑töricht.

Spleen [schplin], der (Plural ungebräuchlich): Verschrobenheit, leichte Verrücktheit oder Überspanntheit, die sich in einer bestimmten Eigenart oder [An]gewohnheit ausdrückt: *es ist ein regelrechter S. von ihr, die alten, wertlosen Kinderspielsachen aufzuheben.* **fixe Idee,** die: eine auf andere Menschen befremdend und absonderlich wirkende Vorstellung, die sich jmdm. zwangsweise aufdrängt, in die er sich verrannt hat und von der er sich nicht abbringen läßt, wenn auch Vernunftgründe gegen sie sprechen. **Marotte,** die: närrische, schrullige Eigenart oder Vorliebe; eine bestimmte [nicht alltägliche] Angewohnheit, von der jmd. nicht lassen kann; eigenwillige, auf andere oft lächerlich wirkende Vorstellung, an der jmd. eigensinnig festhält. **Schrulle,** die: seltsame, wunderlich anmutende Angewohnheit; Absonderlichkeit, die oft zum Wesenszug eines Menschen geworden ist. **Tick,** der: (in diesem Sinnbereich) eine bestimmte, zwar völlig harmlose, aber auf andere lächerlich oder befremdend wirkende Eigenheit, Angewohnheit; eine bestimmte sonderbare, verschrobene Vorstellung, in der jmd. [zeitweise] lebt. **Fimmel,** der (Plural ungebräuchlich; salopp; abwertend): übermäßig betonte Vorliebe für eine bestimmte, meist unnütze Tätigkeit oder für eine [geistige] Beschäftigung mit etwas, die zu einer Sucht werden kann; große [leidenschaftliche] Hingabe an eine Liebhaberei; ↑Grille.

[1]**sprechen:** (in diesem Sinnbereich) durch das Mittel der Stimme zu Wörtern gebildete Laute hervorbringen; Wörter, Sätze klar artikulieren: *er spricht sehr stockend und leise; der Papagei kann sprechen, aber nichts sagen;* vgl. sagen ↑mitteilen. **stottern:** mit Anstrengung, stockend, unter häufiger Wiederholung einzelner Silben sprechen; kann auf einer krankhaften Störung beruhen oder vorübergehend infolge eines Erregungszustandes, durch Unsicherheit oder Ängstlichkeit zustande kommen. **lispeln:** (in diesem Sinnbereich) beim Sprechen der s-Laute mit der Zunge anstoßen; vgl. lispeln ↑flüstern. **stammeln:** bestimmte Laute oder Lautverbindungen nicht richtig hervorbringen und daher stockend, stoßweise sprechen; kann auf einer krankhaften Störung beruhen oder vorübergehend durch Unsicherheit oder Erregung hervorgerufen werden. **lallen:** mit versagender Zunge, undeutlich artikulierend sprechen oder zu sprechen versuchen [ohne verständliche Worte hervorzubringen]; wird sowohl von Kindern gesagt, die die allerersten Sprechversuche machen, als von erwachsenen Menschen, denen beim Sprechen die Zunge versagt (z. B. von Betrunkenen).

[2]**sprechen:** (in diesem Sinnbereich) sich als Redner in der Öffentlichkeit, vor einem Kreis von Zuhörern zu einem bestimmten Thema äußern, seine Gedanken, Erkenntnisse über eine bestimmte Sache vortragen; kann durch die Angabe des Themas, der Zuhörerschaft oder des Ortes, an dem der Vortrag stattfindet, ergänzt werden: *morgen spricht Professor X. über die Zukunft der Raumfahrt.* **eine Rede halten:** [aus einem bestimmten Anlaß] vor einem Publikum über eine bestimmte Sache im Zusammenhang sprechen; im allgemeinen geht es in der Rede um die Entwicklung und Darlegung eigener Gedanken, Überzeugungen, um Stellungnahme oder Bekenntnis in irgendeiner Sache; während „sprechen" den Vorgang ganz allgemein ausdrückt, tritt sowohl bei „eine Rede halten" als auch bei folgendem „einen Vortrag halten" die persönliche Aktivität der handelnden Person stärker in den Vordergrund: *er hielt eine kleine Rede;* ↑Rede; vgl. halten ↑veranstalten. **reden:** (in diesem Sinnbereich) sich mündlich [zu einem Thema, über ein Thema] äußern; dabei kann es sich um etwas mehr oder weniger Offizielles handeln wie bei „eine Rede halten"; es kann aber auch zwanglos aus einer Situation heraus sein: *wer redet denn heute abend?; jetzt redet gerade jemand aus dem Publikum.* **einen Vortrag halten:** vor einem interessierten Publi-

kum zusammenhängend über ein bestimmtes Thema, ein Wissensgebiet sprechen: *er hielt einen Vortrag über ein sehr aktuelles Thema;* vgl. Vortrag ↑Rede. **predigen:** im Verlauf des Gottesdienstes eine geistliche Ansprache halten, in deren Mittelpunkt im allgemeinen die Auslegung eines Bibeltextes steht. **die Predigt halten:** i. S. v. predigen; hebt mehr die Predigt in ihrer Bedeutsamkeit [innerhalb des Gottesdienstes] hervor. **eine Ansprache halten:** bei einer Veranstaltung, einem besonderen feierlichen Anlaß eine [kürzere] Rede halten, die im allgemeinen dem Zweck dient, die Zuhörer unmittelbar anzusprechen, sie zu begrüßen, einzuführen, sich ganz allgemein – nicht eingehend oder ausführlich – über einen bestimmten Gegenstand, den Anlaß des Zusammenkommens zu verbreiten; vgl. Ansprache ↑Rede. **ein Referat halten:** über ein bestimmtes Thema, ein bestimmtes Wissensgebiet besonders vor Fachleuten sprechen: *er wird heute ein Referat über die jüngsten Forschungen auf seinem Spezialgebiet halten;* vgl. Referat ↑Rede; vgl. halten ↑veranstalten.

sprengen: a) etwas [auf etwas] sprengen: eine Flüssigkeit, zumeist Wasser, in Tropfen, seltener in dünnen Strahlen über eine Fläche u. ä. hin verteilen, um diese naß zu machen; der Vorgang geschieht [auch bei sprengen b)] mit der Hand oder mit einem entsprechenden Gerät (z. B. Rasensprenger): *er sprengte Wasser auf die staubige Straße;* **b)** etwas [mit etwas] sprengen: eine Fläche u. ä. [mit Wasser] naß machen, indem man dies in Tropfen, seltener in dünnen Strahlen darüberhin verteilt: *den Rasen s.* **besprengen,** etwas [mit etwas]: eine Fläche u. ä. sprengen; rückt das von der Tätigkeit betroffene Objekt stärker in den Vordergrund als sprengen b): *er besprengte den trockenen Rasen [mit Wasser].* **spritzen: a)** etwas [auf etwas] spritzen: eine Flüssigkeit, oft Wasser, in einem [scharfen] Strahl, seltener in Tropfen auf eine Fläche u. ä. verteilen, um diese naß zu machen; dies erfolgt im allgemeinen [auch bei spritzen b)] durch einen Schlauch: *er spritzte Wasser auf den Hof;* **b)** etwas [mit etwas] spritzen: eine Fläche u. ä. naß machen, indem man Wasser in einem scharfen Strahl, seltener in Tropfen darüber verteilt: *er spritzte den Rasen [mit Wasser].* **bespritzen,** etwas [mit etwas]: eine Fläche u. ä. spritzen; rückt das von der Tätigkeit betroffene Objekt stärker in den Vordergrund als Spritzen b): *er bespritzte die Straße;* ↑bespritzen. **besprühen,** etwas [mit etwas]: eine Fläche u. ä. mit feinsten, zerstäubten [Wasser]tropfen und Spritzern naß machen; rückt das betroffene Objekt stärker in den Vordergrund: *sie besprühte die Wäsche vor dem Bügeln [mit Wasser].*

¹spüren, etwas (geh.): (in diesem Sinnbereich) etwas wahrnehmen, was den Tast-, Geruchs- oder Geschmackssinn [selten auch Gesichtssinn] berührt; bezieht sich entweder auf einen Sinnesreiz, eine Empfindung oder auf das Objekt, das eine solche auslöst und das man mit dem Tast-, Geruchs- oder Geschmackssinn identifiziert: *wir spürten Wärme; sie spürte den Druck der Hände;* ↑²spüren; vgl. spüren ↑fühlen. **verspüren,** etwas: (in diesem Sinnbereich) eine unvermittelte oder nachdrückliche Einwirkung auf die Haut, den Tast-, Geruchs-, Geschmackssinn wahrnehmen; bezeichnet im Unterschied zu „spüren" mehr das plötzliche oder deutliche Bewußtwerden eines Sinnesreizes, einer Empfindung oder des reizauslösenden Objektes: *ich verspürte hinter mir einen Lufthauch;* vgl. verspüren ↑fühlen, ↑²spüren. **fühlen,** etwas: (in diesem Sinnbereich) einen Sinnesreiz mit dem Tastsinn, den Nerven auf der Haut oder im Innern des Körpers wahrnehmen; durch das Gefühl etwas (in uns Liegendes oder auf uns Einwirkendes) wahrnehmen und erkennen; drückt nicht aus, daß das reizauslösende Objekt als solches wahrgenommen wird, sondern nur, daß dessen Wirkung empfunden wird: *er hatte zu seiner Verwunderung keine Schmerzen gefühlt;* ↑fühlen. **empfinden,** etwas (geh.): (in diesem Sinnbereich) einen körperlichen Eindruck sinnlich wahrnehmen; „fühlen" bezieht sich vorwiegend auf den Tast- und Schmerzsinn, „empfinden" auf mehrere Sinnesorgane, und im Unterschied zu „fühlen" mehr auf die unmittelbar gegenwärtige Sinnesempfindung von einer bestimmten zeitlichen Dauer: *in diesem Augenblick empfand er plötzlich wieder starke, stechende Schmerzen;* vgl. empfinden ↑fühlen. ↑²spüren.

²spüren, etwas (geh.): (in diesem Sinnbereich) die Auswirkungen eines Mittels, einer Tat oder eines Geschehens an sich wahrnehmen, erfahren; bezieht sich auf beabsichtigte und unbeabsichtigte Wirkungen: *etwas am eigenen Leibe s.; die gestrige Bahnfahrt spüre ich noch heute;* ↑¹spüren; vgl. spüren ↑fühlen. **verspüren,** etwas: (in diesem Sinnbereich) die bedeutenden Folgen einer wesentlichen, mit voller Absicht oder Verantwortung ausgeübten Einwirkung eindringlich oder schmerzlich an sich erfahren; das Wort bezieht sich also immer auf Wirkungen, die zu einem bestimmten Zweck ausgeübt werden oder die bestimmte entscheidende Reaktionen auslösen: *du wirst* *gleich die Wirkung des starken Kaffees v.;* vgl. verspüren ↑fühlen, ↑[1]spüren. **zu spüren bekommen,** etwas: die Auswirkungen, Folgen eines Handelns, Geschehens bitter erfahren, am eigenen Leibe verspüren; bezieht sich im Unterschied zu „spüren", „verspüren" im allgemeinen auf unbeabsichtigte Auswirkungen eines Handelns: *wir alle haben die Folgen dieser Politik mehr oder weniger eindringlich zu spüren bekommen.* **empfinden,** etwas (selten): (in diesem Sinnbereich) unter einem Verlust oder Mangel leiden, indem man diesen bedauert oder betrauert und zugleich seine realen Auswirkungen und Folgen spürt: *wenn jemand sich mit einem Gebrechen wirklich abgefunden hat, so empfindet er es nicht mehr in dem Maße, wie es einem Gesunden scheinen mag;* vgl. empfinden ↑fühlen, ↑[1]spüren. **fühlen** [etwas] (selten): (in diesem Sinnbereich) die Auswirkungen eines Vergehens, einer Unbedachtsamkeit [die den Unwillen anderer nach sich zog, in Form einer Bestrafung oder Rache] eindringlich erleben: *er ließ ihn seinen Zorn f.*

Staatsbürger, der; **Staatsbürgerin,** die: Bürger[in] eines bestimmten Staates: *er ist deutscher Staatsbürger.* **Staatsangehörige,** der und die: Angehörige[r] eines bestimmten Staates; während „Staatsangehörige[r]" eine rein sachliche Feststellung ist, schwingt in „Staatsbürger[in]" etwas Nationales, Bewußteres mit, wodurch indirekt auch die Rechte und Pflichten mit angesprochen sind. **Bürger,** der: **a)** männliche Person als Einwohner einer Stadt, Gemeinde und als Staatsbürger. **b)** Angehöriger der besitzenden Gesellschaftsschicht mit traditionsgebundener Lebensweise und Geisteshaltung. **Bürgerin,** die: i. S. v. Bürger a). **Mitbürger,** der; **Mitbürgerin,** die (Amtsd.): (vom Standpunkt des Sprechers/Schreibers) männliche bzw. weibliche Person, die dem gleichen Staat angehört oder die in der gleichen Stadt lebt, wohnt; soll Solidarität und Gemeinschaftssinn ansprechen: *die ausländischen Mitbürger.* **Bourgeois** [bursehoa], der (bildungsspr.; abwertend) Angehöriger des wohlhabenden, satten Bürgertums.

Stachel, der: etwas, was spitz und dünn sowohl aus der Oberfläche mancher Pflanze als auch aus dem Körper mancher Tiere hervortritt; enthält die Vorstellung des Stechens: *die Stacheln des Kaktus; der S. der Biene, des Skorpions; die Stacheln des Igels;* übertragen: *wenn ich das höre, bekomme ich Stacheln* (sträube ich mich dagegen); *gegen den S. löcken* (Widerstand leisten). **Dorn,** der: etwas, was kräftig-spitz ist und aus dem Holz einer Pflanze als dessen Teil hervorwächst und damit noch fester verbunden ist: *sich einen D. eintreten; keine Rosen ohne Dornen* (auch das Schöne hat seine Nachteile); übertragen: *er ist ihm ein D. im Auge* (hat etwas gegen ihn und sähe gern, daß er nicht mehr in der Weise da wäre).

städtisch: a) die Stadt betreffend: *städtische Betriebe;* **b)** einer Stadt entsprechend, für sie, das Leben in ihr charakteristisch; im positiven Sinne: *städtische Aufgeschlossenheit.* **urban** (bildungsspr.): i. S. v. städtisch b): *Urbane Lebensbedingungen.* **großstädtisch:** dem Leben in der Großstadt entsprechend; im positiven Sinne. **kleinstädtisch:** dem Leben in der Kleinstadt entsprechend; oft im negativen Sinne: *kleinstädtische Enge, Beschränktheit.* **weltstädtisch:** für eine Weltstadt charakteristisch; im positiven Sinne: *weltstädtisches Niveau.*

Stange, die: ein langer, mehr oder weniger kräftiger Gegenstand aus Holz oder Metall, der im Querschnitt oft rund sein und sich nach einem Ende zu verjüngen kann; entsprechend dem Material und der Stärke seines Durchmessers kann er biegsam sein oder nicht; er dient vertikal aufgerichtet oft als Stütze, horizontal angebracht vielfach zur Absperrung. **Stab,** der: ein dem Stock ähnlicher, handlicher Gegenstand, meist nicht sehr lang und mehr oder weniger dünn; er ist im Durchmesser oft rund und kann bearbeitet sein; er kann aus den verschiedensten harten Materialien (Holz, Metall, Glas usw.) bestehen, ist im allgemeinen nicht biegsam und findet häufig als Stütze Verwendung. **Stock,** der: ein meist längerer, von einem Baum oder einem Strauch abgeschnittener Teil eines dünnen Astes, der im Vergleich zur Stange von geringerer Länge ist; er dient besonders als Stütze beim Gehen. **Stecken,** der (landsch.): dünnerer, meist nicht [für einen bestimmten Zweck] bearbeiteter Stock; vgl. Stiel ↑Griff.

stark (Ggs. ↑schwach): über viel Stärke – einen höheren Grad von Kraft – verfügend; wird im allgemeinen nicht prädikatbezogen gebraucht; mit „stark" verbindet sich auch die Vorstellung des Standhaltens, woraus sich auch die übertragene Bedeutung (er ist eine starke Persönlichkeit) herleitet: *er ist sehr s.* **bärenstark** (emotional übertreibend): überaus stark, daher Staunen und Bewunderung erregend; wird nicht prädikatbezogen gebraucht. **kräftig:** (in diesem Sinnbereich) [dank seines robusten Körperbaus] Kraft habend; körperlich imstande, etwas zu leisten; wird hauptsächlich subjektbezogen gebraucht: *der Alte war erstaunlich k. und setzte sich energisch zur Wehr;* vgl. kräftig ↑athletisch; ↑[1]Kraft.

stattfinden, etwas findet statt: (in diesem Sinnbereich) etwas geschieht als vom Menschen Geplantes, Veranstaltetes; bezieht sich auf das Geschehen als Ganzes, als Einheit: *die Begegnung fand an einem unbekannten Ort statt.* **vonstatten gehen,** etwas geht vonstatten: (in diesem Sinnbereich) etwas läuft als vom Menschen Geplantes, Veranstaltetes ab; bezieht sich stärker auf den Punkt des Beginns und auf das dort einsetzende [erfolgreiche] Fortschreiten des Geschehens: *alles ging sehr schnell vonstatten.* **vor sich gehen,** etwas geht vor sich: (in diesem Sinnbereich) i. S. v. vonstatten gehen; rückt stärker den gesamten Verlauf in all seinen Einzelphasen ins Blickfeld. **steigen,** etwas steigt (ugs.): etwas findet (als Veranstaltung) statt: *der Vortrag kann jetzt s.!*

statthaft (Ggs. unstatthaft): vom Gesetz oder einer übergeordneten Stelle zugestanden; wird meist verneinend und nur subjektbezogen gebraucht. **zulässig:** (Ggs. unzulässig): als vertretbar zugestanden oder eingeräumt, weil nicht gegen bestimmte Vorschriften verstoßend; wird im allgemeinen nur attributiv und subjektbezogen gebraucht; subjektbezogen meist in verneinter Form: *das zulässige Gesamtgewicht; es ist nicht z., den Wagen so schwer zu beladen.* **erlaubt** (Ggs. verboten): zugelassen und nicht verboten; wird nur attributiv und subjektbezogen gebraucht: *es ist nicht e., die Tiere zu füttern.* **gestattet** (Ggs. untersagt): von amtlicher oder verantwortlicher Stelle ausdrücklich erlaubt; wird meist verneinend als Ausdruck eines Verbotes und nur subjektbezogen gebraucht: *es ist nicht g., in den Fabrikräumen zu rauchen.*

stehen, etwas steht jmdm.: etwas paßt gut zum Träger, ist für den Träger vorteilhaft im Aussehen (von Kleidungsstücken o. ä.): *diese Farbe steht dir.* **kleiden,** etwas kleidet jmdn. (geh.): etwas gibt jmdm. ein gutes, elegantes Aussehen (von Kleidungsstücken o. ä.); wird im Unterschied zu „etwas steht jmdm." eher gebraucht, wenn zwischen dem Träger des Kleidungsstückes und dem kritischen Betrachter kein persönliches Verhältnis besteht. **schmeicheln,** etwas schmeichelt jmdm.: etwas läßt durch eine gefällige Form, Farbe o. ä. den Träger in einem besonders günstigen Licht erscheinen, betont seine Vorzüge (von Kleidungsstükken o. ä.). **tragen können,** etwas: es sich seinem Typ nach leisten können, ein bestimmtes Kleidungsstück, das in Form, Farbe oder Material etwas ungewöhnlich ist und daher nicht von jedem getragen werden kann, anzuziehen, und gut darin aussehen.

stehlen [jmdm. etwas]: fremdes Eigentum, etwas, was einem nicht gehört, heimlich, von anderen unbemerkt an sich nehmen, sich widerrechtlich aneignen; das Wort wird man im allgemeinen nicht ohne weiteres von sich selbst sagen, weil es im Unterschied zu einigen anderen, harmloser klingenden oder verhüllenden Ausdrücken dieser Gruppe den Sachverhalt direkt benennt. **[einen] Diebstahl begehen:** eine fremde Sache an sich nehmen, mit der Absicht, sich dieselbe rechtswidrig anzueignen; die Wendung gehört der juristischen Fachsprache an und klingt im normalen Sprachgebrauch meist zu formell und gewichtig. **wegnehmen,** [jmdm.] etwas: (in diesem Sinnbereich) sich unrechtmäßig in den Besitz von etwas setzen, was einem anderen gehört und was man ihm heimlich entzogen hat; bezeichnet besonders den Vorgang des Entfernens einer Sache von ihrem rechtmäßigen Ort und läßt weniger den Ton der Beschuldigung mitschwingen: *die Diebe haben ihr den ganzen Schmuck weggenommen.* **nehmen,** [jmdm.] etwas: (in diesem Sinnbereich) i. S. v. wegnehmen: bezeichnet jedoch weniger den Vorgang des Entfernens und hebt mehr die Tatsache des Aneignens hervor. **mitnehmen,** etwas: (in diesem Sinnbereich) etwas [bei günstiger Gelegenheit] heimlich und in unrechtmäßiger Weise an sich nehmen und fortbringen: *diese Kerle haben auch noch meine wertvolle Uhr mitgenommen.* **entwenden,** etwas (geh.): jmdm. etwas wegnehmen und es sich unbemerkt aneignen; das Wort wird oft dann gebraucht, wenn jmd. die gegebene Möglichkeit ausnutzt, etwas mühelos an sich zu bringen, ohne vorher große Vorbereitungen treffen zu müssen; bezeichnet mehr den Vorgang der Handlung, drückt jedoch das unerlaubte, widerrechtliche Tun weniger schonungslos aus als „stehlen": *er hat 300 Mark [aus der Geschäftskasse] entwendet.* **klauen** [jmdm. etwas] (salopp): i. S. v. stehlen; kann sich sowohl auf einen leichteren als auch auf einen schwereren Diebstahl beziehen. **klaufen** [etwas] (scherzh. verhüllend, Jugendsprache): sich [etwas] unrechtmäßig aneignen; stehlen, wobei es sich mehr um kleinere Dinge handelt; ist eine Zusammenziehung aus *klauen* und *kaufen.* **klemmen,** etwas (salopp); **krallen,** etwas (salopp): bei günstiger Gelegenheit ohne Skrupel etwas, meist kleinere Dinge, die sich leicht wegbewegen lassen, widerrechtlich an sich nehmen [und fortbringen]: *das Tuch hat sie in einem Warenhaus geklemmt.* **lange/krumme Finger machen** (ugs.): kleinere Dinge, die sich leicht mitnehmen lassen, stehlen; diese

Wendung wird meist auf jmdn. bezogen, der sich des öfteren kleinere Eigentumsdelikte hat zuschulden kommen lassen. **atzeln** [jmdm. etwas] (landsch.): [bei jeder sich bietenden Gelegenheit] etwas, meist kleinere, aber u. U. wertvolle Gegenstände entwenden [denen man nicht widerstehen kann]. **mitgehen heißen/lassen** (scherzh.): etwas mit der Absicht, es sich anzueignen, unter der Hand an sich nehmen, weil gerade die Gelegenheit dazu günstig ist; die beiden Wendungen lassen den unrechtmäßigen Vorgang nicht unmittelbar erkennen. **mausen** [jmdm. etwas] (fam.): sich heimlich und geschickt etwas, meist kleinere, nicht sehr wertvolle Gegenstände, unrechtmäßig aneignen; geschieht im allgemeinen ohne besondere Vorbereitung und unter Ausnutzung einer zufällig sich ergebenden Gelegenheit; klingt oft beschönigend oder verniedlichend. **mopsen** [jmdm. etwas] (fam.): kleinere Dinge von geringerem Wert stehlen; klingt meist harmlos und wird – selbst von dem Bestohlenen – nie in bösem, höchstens in leicht ärgerlichem Ton gesagt: *hast du mir wieder die süßen Mandeln gemopst!* **stibitzen** [jmdm. etwas] (fam.); **striezen** [jmdm. etwas] (landsch.): sich etwas heimlich und mit List in unrechtmäßiger Weise aneignen; die Wörter werden im allgemeinen bei geringfügigen, harmloseren Eigentumsdelikten – vor allem Mundraub – angewandt, die man u. U. auch selbst zugibt: *der kleine Strolch hat mir wieder die Schokolade stibitzt.* **abstauben,** etwas (salopp): sich auf nicht ganz korrekte Art, mehr zufällig, im Vorbeigehen in den Besitz von etwas (meist kleineren Dingen) setzen: *die Zigaretten hat er bestimmt wieder irgendwo abgestaubt.* **organisieren,** [sich (Dativ)] etwas (Soldatenspr.; verhüllend); **besorgen,** [sich (Dativ)] etwas (Soldatenspr.; verhüllend): (in diesem Sinnbereich) [sich] etwas auf nicht ganz lautere Art beschaffen, wobei – oft infolge der gegebenen äußeren Umstände – im unklaren bleibt, wie die Aneignung im einzelnen bewerkstelligt worden ist; kann sich sowohl auf einen Diebstahl größeren Ausmaßes als auch auf kleinere Unredlichkeiten beziehen [durch welche man einen anderen nicht unbedingt schädigt]. **plagiieren** [etwas] (bildungsspr.): ein Plagiat begehen; das geistige, künstlerische Eigentum eines anderen, dessen Ideen in einer Veröffentlichung o. ä. übernehmen und so tun, als ob es die eigenen wären; ↑ [1]aneignen, ↑ bestehlen, ↑ einbrechen, ↑ rauben, ↑ unterschlagen.

steil: stark ansteigend oder auch abfallend; bezieht sich hauptsächlich auf Steigungen im Gelände: *steiler Anstieg zum Gelände des Bergwerks; der Berg fiel ziemlich s. ins Meer ab.* **abschüssig:** stark abfallend; bezieht sich häufig auf Straßen, Wege, Strecken und wird im allgemeinen nicht prädikatbezogen verwendet: *der Hang war sehr a.; sie wollte den abschüssigen Weg nicht gehen.* **jäh** (geh.): (in diesem Sinnbereich) sehr stark, nahezu senkrecht abfallend oder auch ansteigend; wird im allgemeinen nicht subjektbezogen gebraucht: *die Steilküste fiel an dieser Stelle besonders j. ab.* **schroff:** (in diesem Sinnbereich) i. S. v. jäh; verbindet sich meist mit der Vorstellung des Zerklüfteten: *der Gipfel ragte s. in die Höhe.*

Stellung, die; **Anstellung,** die: (in diesem Sinnbereich) ein Dienstverhältnis, in dem man sich als abhängiger Angestellter befindet: *[eine] Stellung suchen.* **Amt,** das: (in diesem Sinnbereich) die verantwortungsvolle, gehobene berufliche Stellung und Aufgabe, die man innerhalb einer Gemeinde oder Gemeinschaft innehat: *ein hohes, öffentliches A. bekleiden.* **Posten,** der: eine Berufsstellung, von der man erwartet, daß sie die Existenz des Inhabers in befriedigender Weise sichert und daß sie von ihrem Inhaber angemessen ausgefüllt wird: *ein Beamter, der einen verantwortungsvollen P. bekleidet.* **Stelle,** die (ugs.): ein Arbeitsplatz, der für jmdn. in der Hauptsache eine Möglichkeit des Gelderwerbs darstellt, bei dem die Art der Beschäftigung für den Arbeitenden keine besondere Bedeutung hat. **Position,** die: eine gehobene [selbständige] Stellung, die als angesehen, gut o. ä. bezeichnet oder beurteilt wird: *eine gehobene P.;* ↑ Arbeit.

[1]**sterben** (Ggs. ↑ geboren werden): aufhören, körperlich zu sein, zu leben; kann mit und ohne Angabe der Todesart gebraucht oder durch eine Ergänzung näher bestimmt werden: *er ist an Krebs gestorben.* **versterben** (geh.): i. S. v. sterben; aus dem Leben scheiden; wird aber im allgemeinen nur in einer Form der Vergangenheit verwendet zur Kennzeichnung eines bereits abgeschlossenen Vorgangs; im Unterschied zu „sterben" ist der Anwendungsbereich eingeengt, z. B. kann die Todesursache oder -art nicht mitgenannt werden (nicht: er verstarb durch Gift; er ist aufrecht verstorben), dafür aber wird es – anders als „sterben" – auch substantiviert gebraucht (der Verstorbene): *er verstarb im hohen Alter von 90 Jahren.* **einschlafen** (verhüllend): (in diesem Sinnbereich) vom Krankenlager ohne Todeskampf durch einen sanften Tod hinweggenommen werden; häufig durch die Attribute „ruhig" oder „sanft" ergänzt: *er ist in Frieden eingeschlafen.* **entschlafen** (geh.; verhüllend): eines sanften Todes sterben; wird vorwie-

gend in einer Zeit der Vergangenheit zur Kennzeichnung eines abgeschlossenen Vorganges gebraucht; während „einschlafen" besagt, daß man in den Zustand des Schlafens hineinkommt, wird mit „entschlafen" gesagt, daß man den Zustand des Wachseins und in diesem Falle – des Lebens – verläßt: *nach langem Krankenlager ist er heute nacht friedlich e.* **hinüberschlummern** (verhüllend): sanft, ohne Schmerzen oder Todeskampf, gleichsam im Schlafe sterben. **den/seinen Geist aufgeben/** (dichter.) **aushauchen:** i. S. v. sterben; wird in gewählter wie auch in ironischer Ausdrucksweise verwendet; setzt immer ein Unbeteiligtsein, eine Distanz des Sprechers/Schreibers zu dem Betroffenen voraus. **heimgehen** (dichter.): [im Glauben an ein Jenseits als eigentliche Heimat des Menschen] sterben; setzt eine gläubige Grundhaltung des Sprechers/Schreibers voraus; wird meist im Perfekt gebraucht. **die Augen zumachen** (fam.; verhüllend); **die Augen für immer schließen** (geh.; verhüllend): i. S. v. sterben. **vom Schauplatz/** (auch:) **von der Bühne abtreten** (verhüllend): i. S. v. sterben; wird meist von Menschen gesagt, die in irgendeiner Weise in der Öffentlichkeit gewirkt haben; klingt unpersönlich. **sein Leben/Dasein vollenden** (geh.): nach einem [arbeitsreichen] langen Leben sterben; wird im allgemeinen nur von alten Menschen gesagt, denen eine gewisse Erfüllung ihres Wirkens und Lebens vergönnt war. **enden** (selten): (in diesem Sinnbereich) i. S. v. sterben; kennzeichnet das Sterben in nüchternem Ton als [trostloses] Zuendegehen des Lebens: *noch keinen sah ich fröhlich e.* **das Zeitliche segnen:** i. S. v. sterben; wird heute in leicht ironischem und unbeteiligtem Ton gebraucht und im allgemeinen nur auf einen älteren Menschen bezogen. **in die/zur Grube fahren** (veraltet): i. S. v. sterben; wird in gewählter, aber heute öfter in ironischer Ausdrucksweise gebraucht. **ins Gras beißen** (salopp): i. S. v. sterben. **[in die Ewigkeit] abgerufen werden** (geh.): i. S. v. sterben; setzt immer eine christliche Grundhaltung des Sprechers/Schreibers voraus und steht meist in Todesanzeigen. **verscheiden** (geh.): i. S. v. sterben; wird nur in feierlicher Rede gebraucht. **von hinnen scheiden** (geh.): i. S. v. sterben; bezeichnet das Sterben als ein Fortgehen aus der Welt. **erlöst werden:** nach schwerer Krankheit, nach langem Leiden sterben; bringt zum Ausdruck, daß der Tod für jmdn. eine Befreiung von einem qualvollen Leiden bedeutet. **zu seinen Vätern versammelt werden** (veraltet); **sich zu den Vätern versammeln** (veraltet): i. S. v. sterben: heute nur in altertümelnder Sprache oder ironisch gebraucht. **passieren,** jmdm. passiert etwas (ugs.; verhüllend): jmd. kommt [unerwartet] zu Tode; wird nur als Befürchtung ausgesprochen oder als Möglichkeit ins Auge gefaßt: *wenn mir etwas passiert, müßt ihr meine Frau benachrichtigen.* **in die ewigen Jagdgründe eingehen:** i. S. v. sterben; wird meist in ironischem Ton gesagt. **aus unserer, eurer, ihrer Mitte gerissen werden:** durch den Tod aus dem Kreis der Familie herausgerissen werden; wird im allgemeinen nur in Todesanzeigen gebraucht; klingt pathetisch. **abkratzen** (salopp); **abnibbeln** (salopp; landsch.): i. S. v. sterben. **verrecken** (derb): **a)** [an einer schweren Krankheit, unter Qualen] einen elenden Tod sterben; wird in sarkastischem Ton gesagt und drückt die Emotion des Sprechers/Schreibers aus: *qualvoll verreckt war er, im Kot und Blut, ein Rebell;* **b)** i. S. v. sterben; wird nur in rüder Ausdrucksweise gebraucht: *meinetwegen mag er v.* **krepieren** (derb): **a)** elend sterben; wird oft in ironischem Ton gesagt und drückt die innere Beteiligung des Sprechers/Schreibers aus: *die Kameraden sind einfach krepiert;* **b)** i. S. v. sterben; wird nur in rüder, pietätloser Ausdrucksweise gebraucht: *er wird schon nicht daran k.* **eingehen** (salopp): [erbärmlich] sterben. **den Löffel wegschmeißen** (salopp): i. S. v. sterben; bringt den Sachverhalt in absichtlich burschikosem, ein Gefühl unterdrückendem Ton zum Ausdruck; wird im allgemeinen nur in einer Zeit der Vergangenheit gebraucht: *ein Soldat stirbt auch nicht, er fällt, oder er hat den Löffel weggeschmissen.* **zugrunde gehen:** durch Ungunst der Lebensumstände, seltener durch Krankheit auf eine elende, erbärmliche Weise sein Leben verlieren, sterben. **[für immer] von jmdm. gehen** (verhüllend); **den Arsch zukneifen** (derb): i. S. v. sterben; ↑beseitigen, ↑ermorden, ↑erschießen, ↑erschlagen, ↑erstechen, ↑ersticken, ↑[3]fallen, ↑[1]hängen, ↑[2]leben, ↑liquidieren, ↑niedermachen, ↑[2]sterben, ↑[2]töten, ↑umkommen; ↑[2]Selbstmord.

[2]sterben: den Seemannstod sterben (geh.): auf See in der Ausübung seiner Pflichten [im Sturm, Unwetter] den Tod finden; schließt im Unterschied zu den übrigen Wörtern dieser Gruppe den Gedanken der treuen Pflichterfüllung mit ein. **auf See bleiben** (geh.; verhüllend): auf einer Ausfahrt mit dem Schiff, auf einer Feindfahrt den Tod finden, nicht mehr zurückkehren. **absaufen** (salopp): zusammen mit dem Schiff untergehen und den Tod finden; bezeichnet im Unterschied zu den übrigen Wörtern auch den Verlust des Schiffes; vgl. absaufen ↑untergehen; ↑[1]sterben.

Stiel, der: (in diesem Sinnbereich) **a)** von einem Zweig, Stengel o. ä. abzweigender, kürzerer, länglicher, dünnerer Teil von Blättern, Früchten, Blüten o. ä.; **b)** i. S. v. Stengel: *Rosen mit einem langen Stiel.* **Stengel,** der: (bei Pflanzen) von der Wurzel an aufwärts wachsender dünnerer Teil, der die Blätter und Blüten trägt. **Schaft,** der (Botanik): langer, blattloser Stiel von Blüten bei bestimmten Pflanzen, die deutlich abgesetzte Blüten oder Blütenstände tragen. **Strunk,** der: stiel-, stengelähnlicher kurzer, dicker, fleischiger oder holziger Teil bestimmter Pflanzen [der als Rest übriggeblieben ist, wenn der verzehrbare Teil – z. B. bei Kohl, Salat – entfernt ist]; ↑Zweig.

still (Ggs. ↑[1]laut): ohne einen Laut, ohne ein Geräusch [zu verursachen, von sich zu geben]: *die Kinder waren ganz s.;* ↑Stille; vgl. Stille ↑[2]Ruhe. **ruhig:** ohne Bewegung und Geräusch [zu verursachen]: *im Walde war es ganz r.;* ↑ruhig; ↑[1]Ruhe; ↑[2]Ruhe; vgl. Ruhe ↑Fassung, ↑Stille. **mäuschenstill** (fam.; emotional verstärkend); **mucksmäuschenstill** (fam.; emotional verstärkend): sehr still [vor angespannter Erwartung, Aufmerksamkeit]; hat immer einen traulichen Beiklang; im allgemeinen nicht attributiv gebraucht: *als sie das Märchen vorlas, waren alle mucksmäuschenstill.* **totenstill** (emotional verstärkend): so still, daß keinerlei Leben – als Bewegung oder als Geräusch – bemerkt wird; ungewöhnlich, unnatürlich still, wozu der Ernst der Lage oder eine besonders feierlichwürdige Umgebung Veranlassung gibt; wird im Unterschied zu den anderen Wörtern dieser Gruppe nicht auf Menschen bezogen; wird im allgemeinen subjektbezogen gebraucht; vgl. Totenstille ↑Stille.

Stille, die (ohne Plural) (Ggs. ↑Lärm): das Nichtvorhandensein von Geräuschen, womit häufig auch die Vorstellung des gänzlichen Fehlens einer Bewegung verbunden ist, insbesondere in der Natur: *die abendliche S. über den Gärten wurde durch ein Flugzeug gestört;* vgl. Stille ↑[2]Ruhe; ↑still. **Ruhe,** die (ohne Plural): i. S. v. Stille; jedoch ist die Ruhe vornehmlich durch das Fehlen jeglicher Bewegung bedingt: *die R. dieses Gebirgstales war wohltuend;* ↑[1]Ruhe, ↑[2]Ruhe; vgl. Ruhe ↑Fassung; vgl. ruhig ↑still. **Schweigen,** das (ohne Plural; geh.): (in diesem Sinnbereich) feierliche [ernste] Stille, besonders in der Natur; die Vorstellung des nur vorübergehenden Stillseins von etwas, was auch geräuschvoll oder geräuscherfüllt sein kann, ist häufig mit gegeben: *das S. im Innern des menschenleeren Domes.* **Lautlosigkeit,** die (Plural ungebräuchlich): Fehlen jeglichen Geräusches; gleichzeitige Bewegungslosigkeit muß nicht unbedingt gegeben sein, nur darf die vorhandene Bewegung keinen Laut verursachen. **Totenstille,** die (ohne Plural; emotional verstärkend): tiefe [beklemmende] Stille. **Grabesstille,** die (ohne Plural; dichter.): tiefe Stille [wie sie im Grabe herrscht]; vgl. totenstill ↑still.

stillen, jmdn.: einen Säugling an der Mutterbrust trinken lassen, mit Muttermilch ernähren; bezeichnet sowohl die wiederholte Tätigkeit – die Ernährung des Säuglings auf natürliche Weise – wie die einzelne Handlung. **nähren,** jmdn. (selten): (in diesem Sinnbereich) einen Säugling in den ersten Lebenswochen [nur] mit Muttermilch großziehen; bezeichnet im Unterschied zu „stillen" nicht so sehr die Einzelhandlung, sondern mehr die natürliche Ernährung überhaupt im Gegensatz zur Ernährung mit der Flasche. **an die Brust legen/anlegen,** jmdn.: einen Säugling an der Brust trinken lassen, ihn in die Lage bringen, in der er ungehindert saugen kann; bezieht sich im Unterschied zu den vorausgehenden Wörtern dieser Gruppe im allgemeinen nur auf die einzelne Handlung, den Akt des Stillens und seine Umstände. **die Brust geben,** jmdm. (fam.): i. S. v. stillen; bezieht sich jedoch mehr auf die einfache Handlung oder auf das wiederholte Tun und legt weniger Gewicht auf die Art oder die Vorteile dieser Ernährung. **die Flasche geben,** jmdm.: einem Säugling, der nicht an der Mutterbrust gestillt wird, entsprechend zubereitete Milch geben, die in ein Milchfläschchen gefüllt worden ist, aus dem der Säugling mit Hilfe eines Saugers die Milch saugt.

stimmen, etwas stimmt: (in diesem Sinnbereich) etwas stimmt als Behauptung, Anschauung oder Schlußfolgerung inhaltlich mit der Wirklichkeit überein, kann als solches bestätigt werden; wird wie „richtig sein", „zutreffen" sowohl von einer Behauptung, Darstellung o. ä. als Äußerung wie von dem Behaupteten, Dargestellten als Sache gesagt: *eine Schilderung, die in allen Teilen stimmt;* vgl. stimmen ↑richtig. **richtig sein,** etwas ist richtig: etwas gibt als Anschauung, Behauptung, Darstellung o. ä. einen äußeren Sachverhalt getreu, ohne Verzeichnung wieder; besagt im Unterschied zu „stimmen" nicht so sehr, daß eine Darstellung o. ä. bestätigt werden kann, sondern mehr, daß sie korrekt ist: *ich glaube nicht, daß seine Anschauung richtig ist;* ↑richtig. **zutreffen,** etwas trifft zu: etwas verhält sich in der Wirklichkeit so, wie es eine Vermutung, Schlußfolgerung, Behauptung, Darstellung o. ä. hinstellt oder annimmt; richtet im Unterschied zu „richtig sein" den Blick mehr auf den äußeren Sachverhalt oder besagt, daß eine Darstellung o. ä. in den Tatsachen, weniger in der Wertung oder Beurteilung korrekt ist: *die Analyse der öffentlichen Meinung traf zu.* **zutreffend sein,** etwas ist zutreffend: i. S. v. zutreffen: *diese Feststellung ist nicht zutreffend.* **wahr sein,** etwas ist wahr: etwas enthält als Behauptung oder Ausspruch, als Inhalt einer Anschauung, Darstellung o. ä. die Wahrheit über einen äußeren Sachverhalt: *was er vermutet hatte, schien wahr zu sein.*

stöbern: beim Suchen nach etwas oder aus Neugier mit spähendem Blick in einem unübersichtlichen Raum oder Gelände, in einer Ansammlung größerer Gegenstände, in Gerümpel o. ä. herumsuchen: *ich stöberte lange auf dem Speicher.* **kramen** (fam.): zwischen wahllos durcheinanderliegenden Gegenständen etwas suchen, wobei man einzelne Gegenstände in die Hand nimmt, beiseite schiebt o. ä., um einen besseren Überblick über das andere zu bekommen: *sie kramte in ihrer Handtasche und brachte schließlich ein Feuerzeug zum Vorschein.* **wühlen:** (in diesem Sinnbereich) i. S. v. kramen; betont jedoch stärker das intensive Suchen, bei dem man die Gegenstände mehr oder weniger durcheinanderwirft.

stöhnen: mit einem tiefen, oft langgezogenen Laut schwer ausatmen, weil man Schmerz empfindet, eine schwere Arbeit, eine schwierige Aufgabe zu bewältigen hat, lustvoll erregt ist oder einer plötzlichen, starken seelischen Belastung, z. B. einer sehr unangenehmen Überraschung, ausgesetzt ist. **ächzen:** bei einem heftigen Schmerz, einer [schweren] körperlichen Anstrengung kurz und mit hörbarem, gepreßt klingendem Laut [den man unterdrücken möchte] ausatmen; ist im Gegensatz zu „stöhnen" und „seufzen" immer Ausdruck einer Kraftanstrengung bei physischer Belastung. **seufzen:** als Zeichen unterdrückten Kummers, stillen Schmerzes, der Sehnsucht oder Resignation langsam [tief und schwer], dabei hörbar, meist mit klagendem Ton ein- und ausatmen.

stolpern: beim Gehen, Laufen aus Unachtsamkeit oder versehentlich mit dem Fuß an eine Unebenheit, ein herausragendes Hindernis stoßen und dadurch den festen Halt mit den Füßen verlieren und zu fallen drohen, und zwar in die Richtung, in die man sich bewegt. **straucheln** (geh.): beim Gehen, Laufen infolge eines Fehltrittes die Gewalt über seine Füße verlieren oder sich mit den Füßen in etwas (z. B. Wurzelgeflecht) verfangen, hängenbleiben und [taumelnd] zu fallen drohen; während „stolpern" im übertragenen Gebrauch mehr auf den Verstand bezogen wird *(er stolperte über diesen Paragraphen),* bezieht sich „straucheln" mehr aufs Sittliche *(er ist in der Großstadt gestrauchelt);* vgl. taumeln ↑schwanken.

Strafanstalt, die; **Vollzugsanstalt,** die; **Strafvollzugsanstalt,** die (Rechtsw.); **Gefangenhaus,** das (österr.); **Gefangenenhaus,** das (österr.): Anstalt, in der Gefangene Freiheitsstrafen verbüßen; es sind die allgemeinsten Bezeichnungen. **Gefängnis,** das: Strafanstalt zur Vollstreckung von Freiheitsstrafen; Anstalt zur Unterbringung von Strafgefangenen. **Untersuchungsgefängnis,** das: Gefängnis zur Verwahrung von Personen, die einer Straftat dringend verdächtig sind, oder von Verurteilten bis zum Beginn der Strafzeit. **Zuchthaus,** das (veraltet): Gebäude, in dem Häftlinge untergebracht werden, die zu schweren Freiheitsstrafen von langer Dauer verurteilt worden sind. **Kerker,** der (veraltet): [unterirdisches, schwer zugängliches] Gefängnis; heute wird das Wort nur noch in pathetisch-emotionaler Ausdrucksweise gebraucht: *die politischen Gefangenen mußten im K. schmachten.* **Arbeitshaus,** das (hist.): Anstalt, in die auf gerichtliche Anordnung hin Landstreicher, Bettler und arbeitsscheue, aber arbeitsfähige Personen eingewiesen wurden, um sie bei Arbeitspflicht an ein geregeltes und geordnetes Leben zu gewöhnen. **Loch,** das (ohne Plural; salopp; abwertend): Ort, an dem man einen Verurteilten gefangenhält, wobei die Vorstellung des Dunklen oder Unwürdigen mitschwingt. **Kittchen,** das (ugs.): i. S. v. Strafanstalt. **Knast,** der (ohne Plural; salopp): (in diesem Sinnbereich) i. S. v. Gefängnis. **Bau,** der (ohne Plural; Soldatenspr.); **Bunker,** der (Plural ungebräuchlich; Soldatenspr.): (in diesem Sinnbereich) Gebäude, in dem Soldaten ihre Strafe verbüßen; vgl. Karzer ↑Arrestlokal; ↑einsperren, ↑gefangenhalten, ↑gefangensitzen.

Strafe, die: etwas, was einen als Folge begangenen Unrechts trifft; etwas, womit jmd. bestraft wird: *diese S. hat er nicht verdient.* **Bestrafung,** die: das Belegen mit einer Strafe. **Buße,** die (Rechtsw.): Ausgleich, den man für eine geringfügige Rechtsverletzung zu zahlen hat. **Lohn,** der: (in diesem Sinnbereich) das, was jmdm. durch sein schlimmes Tun zuteil wird: *der wird für diese Schurkerei noch seinen L. bekommen.*

strafen [jmdn.]: eine Strafe an jmdm. vollziehen; das Wort bezeichnet den Vorgang der Bestrafung ganz allgemein, jedoch mit einer gewissen Nachdrücklichkeit und Endgültigkeit; steht oft in Zusammenhängen, in denen mit allgemeiner Grundsätzlichkeit von einem Strafvorgang oder dem Verhängen einer Strafe die Rede ist, wobei oft moralische Gesichtspunkte im Vordergrund stehen; sagt ohne nähere Erläuterungen nichts aus über die Art und den Grad der Strafe: *er wurde von der Mutter wegen seines Leichtsinns gestraft.* **bestrafen** [jmdn.]: (in diesem Sinnbereich) jmdm. eine Strafe geben; über die Art oder die Härte der Strafe, die sehr unterschiedlich sein kann, ist ohne nähere Bestimmung nichts ausgesagt; hat gegenüber „strafen" einen unmittelbareren Bezug zum Objekt, das, wie auch bei den folgenden Wörtern dieser Gruppe, meist mitgenannt wird: *der Kommandant bestrafte den Maat mit fünf Tagen Arrest;* vgl. bestrafen ↑ahnden. **eine Strafe auferlegen,** jmdm. (nachdrücklich); **mit einer Strafe belegen,** jmdn. (nachdrücklich): jmdn. zur Buße für ein Vergehen, oft wegen Mißachtung einer bestehenden [Dienst]ordnung offiziell bestrafen; die meist leicht gespreizt klingenden Ausdrücke heben die autoritäre Machtstellung des Strafenden gegenüber dem Bestraften hervor. **etwas** (als Strafe) **aufbrummen,** jmdm. (salopp): i. S. v. eine Strafe auferlegen: *er bekam 10 Tage Arrest aufgebrummt.* **maßregeln,** jmdn.: (in diesem Sinnbereich) einen dienstlich Unterstellten [den man nicht ohne weiteres entlassen kann] eines Vergehens wegen von höherer Stelle aus mit einer Strafe belegen, meist dadurch, daß man den Betreffenden versetzt oder degradiert; wird im allgemeinen nur bei Behörden oder beim Militär verwendet: *der Lehrer wurde wegen seines politischen Engagements gemaßregelt;* ↑züchtigen.

Strafpredigt: eine Strafpredigt halten, jmdm. (fam.): jmdm. wegen eines Fehlers, weil er sich etwas hat zuschulden kommen lassen, in strafendem Ton über seine Tat, deren Folgen u. ä. Vorhaltungen machen; setzt, wie die übrigen Wörter dieser Gruppe, bei dem Tadelnden eine gewisse Autorität voraus. **eine Standpauke halten,** jmdm. (fam.): jmdm. erzürnt, aufgebracht Vorhaltungen, Vorwürfe wegen dessen ungehörigen Verhaltens oder wegen dessen Schuld an etwas machen, ihn tüchtig ausschelten; bezieht sich im Unterschied zu „eine Strafpredigt halten" mehr auf die Person selbst und ihr schuldhaftes oder fahrlässiges Verhalten, das zu einer unangenehmen Sache geführt hat, und weniger auf die Tat oder ihre Folgen. **die Leviten lesen,** jmdm. (ugs.); **die Paten sagen,** jmdm. (ugs.; landsch.): jmdn. wegen seines tadelnswerten Verhaltens, wegen seiner Pflichtvergessenheit zur Rede stellen, ihn energisch auf seine Obliegenheiten hinweisen. **den Marsch blasen,** jmdm. (salopp): jmdn., über dessen Verhalten oder dessen Pflichtvergessenheit man aufgebracht, erzürnt ist, in scharfem Ton zurechtweisen, ihn ausschelten und an seine Pflichten erinnern. **eine Gardinenpredigt halten,** jmdm. (ugs.): jmdm. unter vier Augen, wegen einer Sache, die er sich hat zuschulden kommen lassen, energisch Vorhaltungen, Vorwürfe machen; bezieht sich scherzhaft auf eine kleinere [eheliche oder] familiäre Strafpredigt. **aufs Dach steigen,** jmdm. (salopp): jmds. [selbstsicheres, unbekümmertes oder übermütiges] Verhalten mißbilligen und ihm einen deutlichen, aber im Grunde wohlwollenden Rüffel erteilen mit dem Ziel, daß der Betroffene zur Vernunft kommt und sein Mißfallen erregendes Tun aufgibt; ↑abkanzeln, ↑anfahren, ↑rüffeln, ↑schelten, ↑schimpfen, ↑tadeln, ↑vornehmen, ↑zurechtweisen; ↑Bescheid.

Straftat, die (Rechtsw.): eine rechtswidrige Handlung, die gesetzlich mit Strafe bedroht ist; wird in der Rechtssprache als Oberbegriff für Übertretung, Vergehen, Verbrechen verwendet. **Delikt,** das (bildungsspr.): i. S. v. Straftat. **Verbrechen,** das: verwerfliche, gegen Moral und Gesetz so schwer verstoßende Handlung, daß sie mit hoher Strafe bedroht ist; schließt häufig mit ein, daß die Handlung auf abscheuliche Weise begangen wird und Leib und Leben von Menschen gefährdet; wird in der Rechtssprache auf Delikte bezogen, die nach dem Maß der Strafandrohung über dem Vergehen stehen. **Kapitalverbrechen,** das: besonders schweres Verbrechen, das mit der höchsten Strafe bedroht ist. **Vergehen,** das: gegen Bestimmungen, Vorschriften, Gesetze verstoßende strafbare Handlung; häufig mit der Nebenvorstellung des Schuldhaften; wird in der Rechtssprache auf Delikte bezogen, die nach dem Maß der Strafandrohung zwischen Übertretung und Verbrechen einzuordnen sind. **Übertretung,** die (Rechtsw.): Nichtbeachtung und Verletzung von Vorschriften und Gesetzen, für die man zur Verantwortung gezogen und bestraft wird; wird in der Rechtssprache auf Delikte bezogen, die nach dem Maß der Strafandrohung unter dem Vergehen stehen. **Verstoß,** der: (in diesem Sinnbereich) Verletzung von Bestimmungen, Anordnungen, Vorschriften, zu deren Beachtung man verpflichtet ist; wird auf Handlungen bezogen, für die man disziplinarisch oder mit einer Ordnungsstrafe bestraft werden kann. **Zuwiderhandlung,** die (Amtsdt.): Handlung gegen ein Verbot, Verletzung von Ordnungsvorschriften, und zwar gewöhnlich aus Ungehorsam; wird auf Handlungen bezogen, die mit einer Ordnungsstrafe bedroht sind. **Verfehlung,** die (geh.): Verstoß gegen Grundsätze, Richtlinien, Vorschriften, die eine bestimmte Ordnung, z. B. einer Institution, gewährleisten; wird auf Handlungen bezogen, die nicht gesetzlich, sondern disziplinarisch oder intern bestraft werden. **Frevel,** der (dichter.; veraltend): (in diesem Sinnbereich) ein Verstoß gegen die göttliche oder menschliche Ordnung, und zwar aus bewußter Mißachtung der Gesetze, aus Auflehnung oder aus Übermut; bringt besonders das Schuldhafte einer Handlung zum Ausdruck. **Freveltat,** die (dichter.; veraltend): i. S. v. Frevel; schließt aber mit ein, daß die Handlung tatsächlich begangen ist. **Untat,** die (geh.): grauenvolle Tat, besonders scheußliches Verbrechen; häufig mit der Nebenvorstellung, daß bei dem Verbrechen Blut vergossen wird; bringt aber nicht die Ungesetzlichkeit, sondern nur die Abscheulichkeit einer Tat zum Ausdruck. **Missetat,** die (geh.): (in diesem Sinnbereich) verwerfliche Tat, die im Widerspruch zu Moral und Recht steht. **Unrecht,** das (ohne Plural): (in diesem Sinnbereich) rechtswidrige Handlung, durch die man sich schuldig macht; ↑ungehorsam.

sträuben, sich [gegen etwas]: sich dem Vorhaben oder der Meinung eines anderen nicht anschließen wollen, etwas Störendes, Unangenehmes nicht anerkennen und bejahen wollen, sondern sich abweisend verhalten, nachdrücklich zeigen, zu erkennen geben, daß man nicht mitmachen will; dem Wort liegt das Bild zugrunde, daß jemand mit starr ausgestreckten Gliedern seine Ablehnung ausdrückt: *sich gegen einen Plan s.* **wehren,** sich [gegen etwas]: (in diesem Sinnbereich) nicht einverstanden sein mit etwas Störendem, Unangenehmem, mit jmds. Vorhaben oder Meinung und deshalb jede Beteiligung oder Übereinstimmung mit aller Energie und Heftigkeit von sich weisen, dem Widerstand entgegensetzen. **verschließen,** sich einer Sache/gegen etwas: sich etwas Störendem, Unangenehmem, dem Vorhaben oder der Meinung eines anderen in keiner Weise zugänglich zeigen: *ich will mich nicht der besseren Einsicht v.* **sperren,** sich [gegen etwas]: störrisch und ohne jeden Willen zur Einsicht sich etwas Störendem, Unangenehmem, jmds. Vorhaben oder Meinung entgegenstellen: *er sperrt sich gegen alle Neuerungen;* ↑Anstoß erregen, ↑auflehnen, ↑wehren, sich.

streben, nach etwas: sich unter Anspannung aller seiner Kräfte um etwas bemühen und sein ganzes Sinnen und Trachten darauf richten: *nach totaler Macht s.* **verlangen,** nach etwas: (in diesem Sinnbereich) nach etwas mit besonderer Stärke und Kraft streben und es zu besitzen trachten; etwas sehr wünschen oder heftig begehren und deshalb sein ganzes Wollen und Tun zu seiner Erlangung einsetzen; ↑verlangen; vgl. Verlangen ↑Begierde. **trachten,** nach etwas: sein ganzes Denken und Handeln auf ein bestimmtes Ziel richten und mit allen Mitteln versuchen und darauf hinarbeiten, es zu erreichen: *nach Ehre, Ruhm t.; sie trachtete danach, seinen Plan zu durchkreuzen.* **gieren,** nach etwas: besonders stark und mit einem heftigen Verlangen nach etwas streben und es in oft ungezügelter und maßloser Weise begehren; wird abwertend gebraucht: *nach Ruhm g.;* ↑begierig; vgl. Gier ↑Begierde; ↑gierig. **lechzen,** nach etwas (geh.): nach etwas mit brennender Begierde verlangen; mit heißem seelischem Begehren eine Sache erstreben, die einem besonders begehrenswert erscheint und die man glaubt erringen oder besitzen zu müssen, um leben oder auf irgendeine Weise Befriedigung erfahren zu können; enthält das Bild, daß der Mund geöffnet ist und schnelles Atmen den höchsten Grad von Durst zu erkennen gibt. **dürsten,** nach etwas (geh.): (wie ein Dürstender) heftig nach etwas verlangen; von einem heftigen Wunsch nach etwas getrieben sein. **schmachten,** nach etwas: von Verlangen nach etwas verzehrt werden; nach etwas, was man sehr entbehrt, sehnend verlangen; während „lechzen" das Bild des Ausgetrockneten enthält, verbindet sich mit „dürsten" der Wunsch, seinen „Durst" zu stillen, und „schmachten" enthält die Vorstellung des Hungerhabens, der Entbehrung.

streicheln, jmdn./etwas; auch: jmdm. etwas oder: jmdm. über etwas: wiederholt mit der Hand in wohltuender Weise sanft, zärtlich über jmdn./etwas (z. B. Wange, Haut, Fell) hin gleiten: *er streichelte Tim [die Wange, über die Wange].* **streichen,** jmdm. + Raumangabe: (in diesem Sinnbereich) die Hand leicht, mit Gefühl in einem Zug über die Oberfläche eines Körpers entlang bewegen: *er strich über ihr hübsches Gesicht.* **tätscheln,** jmdn./etwas oder jmdm. etwas (in einer Weise, die oft als unangenehm-zudringlich empfunden wird) liebkosend streicheln und mit der Hand leicht klopfen. **krauen,** jmdn./etwas; **kraulen,** jmdn./etwas; auch: jmdm. etwas: in liebevoller Weise die gekrümmten Finger einer Hand leicht, sanft kratzend durch Haare, Fell bewegen: *er kraulte ihm den hübschen Hinterkopf, die Haare; kraule mich bitte!* **kitzeln,** jmdn./etwas: mit den sich leicht, zärtlich hin und her bewegenden Fingerkuppen der gekrümmten Finger liebkosen; die Finger auf einer reizempfindlichen Stelle des Körpers schnell hin und her bewegen und dadurch in jmdm. eine sinnlich-angenehme Empfindung bis hin zu kaum erträglichen lustschmerzlichen Reizen – verbunden mit zwanghaftem Lachen – hervorrufen. **krabbeln,** jmdn.: die Spitzen der leicht gekrümmten Finger auf oder in etwas ohne Druck hin und her bewegen; mit der Hand auf der Haut ein als angenehm empfundenes Gefühl hervorrufen, so als ob etwas mit kleinen, raschen, zuckenden Bewegungen über etwas hin geht: *er wollte gar nicht aufhören, ihn zu k.* **bekrabbeln,** jmdn./etwas: auf jmds. Haut mit der Hand krabbeln: *er bekrabbelte ihn.*

streiken: [auf gewerkschaftlichen Beschluß hin] dem Arbeitsplatz fernbleiben, vorübergehend die Arbeit einstellen, um dadurch bestimmte Forderungen gegenüber dem Arbeitgeber durchzusetzen. **in den Ausstand treten; in [den] Streik treten:** durch gemeinsames [auf Initiative der Gewerkschaften hin erfolgendes] Einstellen der Arbeit einen Streik veranstalten, beginnen; im Unterschied zu „streiken" heben diese und die folgende Wendung den Beginn der Aktion hervor. **die Arbeit niederlegen:** als Arbeitnehmer demonstrativ die Arbeit vorübergehend einstellen, um auf diese Weise die Unternehmer zu einem Entgegenkommen oder Nachgeben [meist in Lohnfragen] zu zwingen. **Dienst nach Vorschrift machen:** sich bei der Ausübung seines Dienstes genau an die Vorschriften halten, nicht mehr oder Zusätzliches tun, so daß darunter die bisher übliche zügige Erledigung leidet und beabsichtigte Verzögerungen entstehen; ist eine indirekte Art des Streiks, der auch „Go-slow" oder in der Umgangssprache „Bummelstreik" genannt wird.

Streit, der (Plural ungebräuchlich): (in diesem Sinnbereich) ein Wortwechsel, bei dem die Beteiligten in mehr oder weniger temperamentvoller oder heftiger Form ihrer unterschiedlichen Meinung oder Einstellung Ausdruck geben und diese zu behaupten suchen: *es gab einen heftigen S. mit Fritz, der auf seinem Willen bestand;* ↑streiten. **Zank,** der (ohne Plural): eine meist lautstarke, sich auf niedrigem Niveau bewegende Auseinandersetzung, bei der sich die Beteiligten in unschöner Weise beschimpfen und sich Vorwürfe machen; vgl. zanken ↑streiten. **Gezänk,** das (ohne Plural; abwertend): ein Streit um mehr oder weniger belanglose Dinge, bei dem die Beteiligten, meist Frauen, aufgeregt reden und sich gegenseitig beschimpfen. **Gezanke,** das (ohne Plural; abwertend): fortwährende, gegenseitige, gewöhnliche Streiterei, die als lästig empfunden wird. **Auseinandersetzung,** die: (in diesem Sinnbereich) ein heftiger Wortwechsel, im allgemeinen zwischen zwei Personen, zu dem vorhandene Meinungsverschiedenheiten, angesammelter Groll oder Ärger den Anlaß geben und in dessen Verlauf die Gegner ihre Standpunkte mit Entschiedenheit verteidigen und ihrer Meinung unmißverständlich Ausdruck geben. **Konfrontation,** die (bildungsspr.): [politische] Auseinandersetzung, bei der gegensätzliche Standpunkte scharf und mit Nachdruck erörtert werden und die unterschiedlichen Meinungen heftig aufeinandertreffen. **Zusammenstoß,** der: ein erregter Wortwechsel zwischen zwei Personen meist unterschiedlicher Wesens- oder Denkungsart, die bei gegebenem Anlaß mit ihren verschiedenen Meinungen oder Anschauungen heftig aufeinanderprallen. **Strauß,** der (veraltet; aber noch scherzhaft oder ironisch): (in diesem Sinnbereich) ein ernsthafter Streit um eine bestimmte Sache, bei der jeder der Beteiligten beharrlich an seiner Meinung festzuhalten oder sein Recht durchzusetzen sucht; oft in der Wendung: *mit jmdm. einen S. ausfechten.* **Krach,** der (salopp): lauter, heftiger Streit, bei dem die Beteiligten schimpfen und ihrem Zorn freien Lauf lassen. **Disput,** der (bildungsspr.): Streitgespräch, im allgemeinen zwischen zwei Personen, die über einen bestimmten Gegenstand heftig diskutieren und mit Zähigkeit ihre verschiedenen Meinungen vertreten. **Polemik,** die (bildungsspr.): ein in der Öffentlichkeit meist heftig und scharf geführter und schriftlich oder mündlich ausgetragener [wissenschaftlicher] Streit. **Zwist,** der: Streit und Entzweiung als Folge feindseliger Gesinnung, wegen verschiedener Meinungen o. ä.; das Wort steht in Zusammenhang mit „zwei", „entzwei"; vgl. den Zwist begraben ↑schlichten; ↑Beleidigung, ↑Diskussion.

streiten, sich: Meinungen oder Ansichten im Wortwechsel gegeneinander durchzusetzen suchen: *er stritt sich mit ihm über den Preis;* ↑Streit. **zanken,** sich (ugs.): i. S. v. sich streiten; bezieht sich meist auf persönliche und weniger wichtige Meinungsverschiedenheiten, wobei jedoch die Vorstellung mit zugrunde liegt, daß dieser wechselseitige Wortstreit in kleinlicher und wenig schöner Weise ausgetragen wird; vgl. Zank ↑Streit. **kabbeln,** sich (fam.; landsch.): sich mit Worten, aber nicht sehr heftig, sondern eher gemütlich-gutmütig streiten; kleine Auseinandersetzungen miteinander haben. **aneinandergeraten** (ugs.); **in Streit geraten:** wegen einer Angelegenheit, die strittig ist oder verschieden beurteilt oder behandelt wird, mit jmdm. uneins werden, was in heftigen Worten zum Ausdruck kommt; die Wörter heben den Beginn des Zustands hervor, der unvorhergesehen und unbeabsichtigt eintritt. **in die Haare geraten/kriegen,** sich (ugs.); **in die Wolle kriegen,** sich (salopp): uneins werden über etwas und das in heftiger und unschöner Weise äußern. **in den Haaren liegen,** sich (ugs.): miteinander über etwas heftigen Streit haben.

Strichjunge, der: Jugendlicher, der sich (gewerbsmäßig) Männern zum Geschlechtsverkehr, zu sexuellen Aktivitäten anbietet. **Stricher,** der (ugs.); **Pupenjunge,** der (derb; abwertend): i. S. v. Strichjunge. **Achtgroschenjunge,** der (abwertend): (in diesem Sinnbereich) billiger Strichjunge. **Lustknabe,** der (geh.; veraltend): männlicher Jugendlicher, mit dem ein Homosexueller sexuell verkehrt, mit dem er ein Verhältnis hat; ↑Prostituierte.

Stuhlgang: Stuhlgang haben; Stuhl haben: den Darm [regelmäßig] durch Ausscheidung des Kotes durch den After entleeren [können]. **abführen: a)** den Darm leeren: *sie konnte schon drei Tage nicht a.;* **b)** etwas führt ab: etwas fördert den Stuhlgang: *Rhabarber führt ab.* **entleeren,** sich (salopp); **ausmachen,** sich (derb); **abprotzen** (derb); **kakken** (derb); **scheißen** (derb): Kot aus dem Darm durch den After ausscheiden. **groß/Großes machen** (fam.); **Aa machen** (fam.): i. S. v. sich entleeren; wird im allgemeinen aber nur auf Kinder bezogen. **seine [große] Notdurft verrichten** (verhüllend): i. S. v. sich entleeren. **einen Haufen machen** (derb); **ein Ei legen** (derb): i. S. v. sich entleeren; ↑Notdurft; ↑urinieren.

stützen, sich auf etwas/jmdn.: (in diesem Sinnbereich) sich bei einer Handlung oder Behauptung einer bestimmten, zu dem Zweck geeigneten Sache als Beweismittel oder als Mittel zur Rechtfertigung bedienen: *die Anklage stützte sich auf die Aussage der Zeugen.* **berufen,** sich auf etwas/jmdn.: jmdn. oder etwas als Gewährsmann oder als Beweis für die Richtigkeit der eigenen Handlungen oder Überzeugungen anführen: *sie können sich bei ihrer Bewerbung natürlich auf mich b.* **beziehen,** sich auf etwas: (in diesem Sinnbereich) eine Sache, jmds. Äußerungen, Darlegung usw. zur Unterstützung seiner Behauptungen heranziehen: *ich beziehe mich auf die vorjährige Statistik.*

stutzig: stutzig machen, etwas macht jmdn. stutzig: etwas bringt jmdn. unvermittelt darauf, daß etwas nicht in Ordnung ist [was er bis dahin als alltäglich oder gewöhnlich angesehen hatte]: *seine vielen Entschuldigungen machten mich stutzig;* vgl. stutzen, stutzig werden ↑[2]wundern, sich. **zu denken geben,** etwas gibt [jmdm.] zu denken: etwas stimmt jmdn. in bezug auf einen Sachverhalt, einen Vorgang nachdenklich, ruft Bedenken [in ihm] wach: *diese starke Abmagerung in so kurzer Zeit gibt zu denken.* **befremden,** etwas befremdet jmdn. (geh.): etwas berührt jmdn. seltsam, unangenehm, ruft in ihm eine mit leichter Ablehnung verbundene Verwunderung hervor; wird durch einen Sachverhalt oder durch jmds. Tun verursacht: *seine saloppe Kleidung befremdete die Gäste; diese Äußerung befremdete ihn.*

suchen, etwas/jmdn.: **a)** etwas/jmdn. suchen: sich bemühen, jmdn. oder etwas Bestimmtes [was man haben möchte, braucht, verloren hat o. ä.] zu finden: *eine Wohnung, eine Stelle s.;* **b)** nach etwas/jmdm. suchen: i. S. v. suchen a): *sie sucht schon den ganzen Tag verzweifelt nach ihrer Fahrkarte.* **auf der Suche sein,** nach etwas/jmdm.: sich längere Zeit [unablässig] bemühen, etwas Bestimmtes [was man haben möchte oder benötigt] oder jmdn. für etwas Bestimmtes aufzufinden; stellt weniger die Art des Handelns als das Moment des Haben-, Findenwollens in den Vordergrund oder drückt aus, daß sich die Handlung über einen längeren Zeitraum erstreckt und die Situation des Handelnden zuständlich gesehen wird: *er ist immer auf der Suche nach der Wahrheit.* **fahnden,** nach etwas/jmdm. (geh.): etwas/jmdn. intensiv nachforschend, polizeilich suchen: *die Polizei fahndete nach dem Mörder;* auch übertragen scherzhaft: *ich habe in allen Buchhandlungen nach diesem Buch gefahndet.*

sühnen [etwas]: ein [schweres] Unrecht, das man begangen hat, unter persönlichen Opfern wiedergutmachen, weil man seine Schuld eingesehen hat und dafür büßen will. **gutmachen,** etwas; **wiedergutmachen,** etwas: (in diesem Sinnbereich) etwas Böses oder Falsches, was man getan hat, wieder so gut wie möglich in Ordnung bringen; bezieht sich in diesem Sinnbereich weniger auf Sachschäden als auf irgendein Unrecht, das man anderen zugefügt hat; ↑geradestehen (für jmdn./etwas).

Sumpf, der: ständig feuchtes, oft mit stehenden Wasseransammlungen durchsetztes Gelände, vorwiegend in Flußniederungen, an Seeufern, Quellen, in Versickerungsgebieten von Flüssen, an Meeresküsten. **Moor,** das: Sumpflandschaft, bedingt durch hohen Grundwasserstand oder reichliche Niederschläge in feuchten Gebieten, die eine Pflanzendecke aus Hartgräsern, Moosen usw. hat; vgl. Morast ↑Schlamm.

Surfing [ßö'fing], das; **Surfen,** das; **Windsurfing,** das: das Segeln auf einem mit einem Segel ausgerüsteten Surfbrett. **Wasserski** [...schi], das: Sportart, bei der man auf Wasserskiern im Schlepp eines Motorbootes über das Wasser gleitet; ↑rudern.

Sympathie, die (Ggs. Antipathie ↑Abneigung): meist spontanes Gefühl des Angesprochenseins von einem anderen Menschen, dessen Wesen man als sehr angenehm empfindet, mit dem man sich durch irgendwelche Gemeinsamkeiten verbunden fühlt, so daß man ihm aufgeschlossen und voll Anteilnahme gegenübertritt. **Zuneigung,** die (Ggs. ↑Abneigung): herzlich-freundschaftliches Gefühl für einen anderen Menschen, zu dem man sich hingezogen fühlt; vgl. Zuneigung ↑[1]Liebe.

sympathisch: ohne eigenes Zutun für sich einnehmend; durch seine Art oder sein Wesen das persönliche Wohlwollen, Zutrauen oder die Zuneigung anderer gewinnend, weil man die Art, die Eigenheiten oder Vorlieben anderer [unbewußt] anspricht; wird, wie die übrigen Wörter dieser Gruppe, von Personen, ihrem Wesen und ihren Eigenschaften gesagt. **liebenswert:** durch sein Wesen, seine Art bewirkend, daß man ihn gern hat, ihm Zuneigung entgegenbringt. **angenehm:** (in diesem Sinnbereich) in seiner Art freundlich, liebenswürdig und unaufdringlich, was sich besonders im Umgang mit anderen Menschen äußert und sie anspricht. **lieb:** (in diesem Sinnbereich) in seinem Wesen so angenehm und liebenswert, daß man eine persönliche Zuneigung zu ihm gefaßt hat; drückt eine vertrautere, herzliche Beziehung des Sprechers/Schreibers zu dem Betreffenden aus: *ein liebes Mädchen; ein lieber Freund;* ↑anziehend.

T

Tadel, der (Plural ungebräuchlich) (Ggs. Lob): vorwurfsvolle, mißbilligende Äußerung, die sich gegen jmdn. oder gegen jmds. als unpassend o. ä. empfundenes Tun, Verhalten richtet; ↑tadeln; vgl. tadeln ↑zurechtweisen. **Rüge,** die: i. S. v. Tadel; aber etwas ernster und gewichtiger sowohl dem Anlaß nach als auch in der Form, in der sie vorgebracht wird; besonders von einem Vorgesetzten, Erziehungsberechtigten. **Verweis,** der: ernstlich und nachdrücklich ausgesprochener Tadel wegen eines Tuns oder Verhaltens, das als Fehler, Nachlässigkeit o. ä. angesehen wird; vgl. einen Verweis erteilen ↑zurechtweisen. **Rüffel,** der (ugs.): ein meist grober, zumindest aber sehr deutlicher Verweis von seiten eines Vorgesetzten. **Zigarre,** die (salopp); **Anpfiff,** der (salopp); **Anschnauzer,** der (salopp; abwertend); **Anschiß,** der (derb; abwertend): Tadel eines Vorgesetzten, der in scharfem, meist unhöflichem Ton vorgebracht wird; **Verwarnung,** die: Zurechtweisung unter Androhung einer Strafe im Wiederholungsfalle; ↑zurechtweisen.

tadeln, jmdn./etwas (Ggs. ↑[1]loben): (in diesem Sinnbereich) ein negatives Urteil über jmdn./eine Sache aussprechen; seine Kritik über etwas äußern, was man für nicht in Ordnung oder für verbesserungsbedürftig hält, was man mißbilligt: *man muß sein Verhalten t.;* ↑Tadel. **schelten,** jmdn./etwas (geh.): (in diesem Sinnbereich) unwillig, ernsthaft Kritik an jmdm./etwas üben, mit dem bzw. womit man nicht einverstanden ist: *man schilt den Dichter, weil er zu frivol sei;* ↑schelten. **rügen,** etwas: (in diesem Sinnbereich) an etwas Tadelnswertem in entschiedener Form Kritik üben: *man rügt seinen Leichtsinn, seine Verschwendungssucht;* ↑abkanzeln, ↑anfahren, ↑nörgeln, ↑rüffeln, ↑schelten, ↑schimpfen, ↑vornehmen, ↑zurechtweisen; ↑Bescheid, ↑Strafpredigt; ↑ungehorsam.

Takt, der (ohne Plural): Gefühl für Anstand und gebotene Zurückhaltung (z. B. um den anderen nicht zu verletzen) im Umgang mit Menschen: *eine peinliche Angelegenheit mit T. behandeln; er ist ohne jeden T.; diese Aufgabe verlangt T. und Rücksicht.* **Feingefühl,** das (ohne Plural): auf Einfühlungsvermögen beruhende Fähigkeit, sich in einen anderen hineinzuversetzen und mit ihm in einer sensiblen Situation entsprechend und angemessen umzugehen; während „Takt" sich mehr auf das gesellschaftliche Miteinander bezieht, steht bei „Feingefühl" das Menschliche im Vordergrund: *er hat großes F. in dieser Sache gezeigt; mit sehr viel F. vorgehen.* **Zartgefühl,** das (ohne Plural): das richtige Empfinden dafür, wie man in einer bestimmten Situation rücksichtsvoll mit Menschen [denen man persönlich verbunden ist] umgeht: *Z. beweisen; ich hätte ihm mehr Z. zugetraut.* **Fingerspitzengefühl,** das: in einer bestimmten Angelegenheit die richtige Art des Verhaltens oder Vorgehens, die es versteht, den Betreffenden nicht zu verletzen bzw. den Erfolg o. ä. einer Sache nicht zu gefährden; ↑Höflichkeit, ↑Weltmann; ↑angemessen, ↑freundlich, ↑gewandt, ↑höflich, ↑untadelig.

taktlos: ohne Takt; ohne Empfinden dafür, was anderen unangenehm, schmerzlich ist; durch seine Art, seine Äußerung die Gefühle eines anderen verletzend; ↑Takt. **plump:** (in diesem Sinnbereich) ohne Geschick im Umgang mit anderen; ohne Zurückhaltung oder Einfühlungsvermögen und dadurch andere verletzend, durch seine direkte, aufdringliche Art peinliche Gefühle bei ihnen hervorrufend; ↑barsch, ↑schnippisch, ↑unfreundlich, ↑unhöflich.

tanzen [mit jmdm.]: sich nach dem Takt der Musik in bestimmten Schritten und Figuren rhythmisch bewegen; bezieht sich auf jede Art und auf jede Ausführung des Gesellschaftstanzes (Paartanzes). **das Tanzbein schwingen** (ugs.; scherzh.): während eines Tanzvergnügens [und meist in geschlossener Gesellschaft] tüchtig, ausgelassen tanzen. **ein Tänzchen machen/wagen** (fam.): in mehr ruhig-gemütlicher Weise ohne viel Anstrengung und Bewegung bei einem Fest tanzen; meist auf ältere Personen bezogen. **eine kesse/forsche Sohle aufs Parkett legen** (salopp): [nach schneller Musik] mit schwungvollen Schritten und Figuren [unter Bewunderung der Anwesenden] flott und gut tanzen. **fegen** [durch etwas] (ugs.): (in diesem Sinnbereich) mit wilden, ausgelassenen Bewegungen und weitausgreifenden Schritten [durch den Saal] tanzen: *auf der Kirmes fegte der Erich mit der Ella so durch den Saal, daß alle Platz machen mußten.* **scherbeln** [mit jmdm.] (salopp; landsch.): [nach volkstümlicher Tanzmusik] im Rahmen eines zumeist ländlich-dörflichen Tanzvergnügens mit viel Schwung und fröhlich, ausgelassen tanzen. **schwofen** (salopp): bei einem Tanzvergnügen [mit Freude an der Sache] tanzen; sagt nichts aus über Ausführung und Art des Tanzens.

tapsig (leicht abwertend): ungeschickt und schwerfällig, oft auch plump und unbeholfen; kennzeichnet vor allem die Bewegungen eines Menschen, besonders seine Art zu gehen; wird gelegentlich auch unmittelbar auf den Menschen bezogen und oft mit gutmütigem Spott gesagt: *er ist t. wie ein Bär.* **täppisch, tappig** (landsch.): in seinen Bewegungen ungeschickt und linkisch, im Auftreten oft tölpelhaft und plump; von Schwerfälligkeit oder Ungeschicklichkeit zeugend; beziehen sich – häufiger als „tapsig" – unmittelbar auf den Menschen und auf seine Art, sich zu bewegen oder bestimmte Handlungen auszuführen; haben gegenüber „tapsig" öfter abwertenden Nebensinn: *ich sah ihn täppisch gehen.* **tolpatschig** (abwertend): i. S. v. täppisch; wird auch angewendet, wenn eine Schwerfälligkeit oder Ungeschicklichkeit – häufig bei Kindern – bezeichnet werden soll, die belustigend wirkt: *die Kleine ist noch ein wenig t.; er stürzte mit tolpatschigen Sätzen ins Menschengewühl;* ↑unbeholfen, ↑ungelenkig, ↑ungeschickt.

Tat, die: (in diesem Sinnbereich) das Vollbrachte; bewußtes Tun eines Menschen, Vollzug seines Willens, Ausführung seiner Absicht als einheitliche, zielgerichtete Handlung; drückt im Unterschied zu „Handlung" stärker aus, daß das Tun zugleich Ausdruck der Persönlichkeit, des Charakters und der Gesinnung ist und daß mit diesem Tun etwas vollbracht wird, daß es durch sein Ergebnis, seine Wirkung zur [vom Subjekt unabhängig gedachten] Tatsache wird: *eine große, verwegene T.* **Handlung,** die: (in diesem Sinnbereich) die Verrichtung des bestimmten, mehr oder weniger bewußten Antrieben entspringenden Tuns eines Subjekts, das die Änderung einer bestehenden Situation bewirkt, auf ein Objekt einwirkt usw.; sieht im Unterschied zu „Tat" das Tun immer als von einem bestimmten Individuum ausgehend an, nicht als selbständige, von ihm unabhängige Tatsache, hebt weniger das Ergebnis, stärker die Art und Weise des Tuns und die Beziehung auf ein bestimmtes Objekt hervor: *Handlungen, die uns schaden.* **Akt,** der: (in diesem Sinnbereich) eine Handlung, deren Zweck weniger im Ergebnis, in der Wirkung liegt als in ihrem Vollzug selbst, deren Getanwerden eine besondere, hervorgehobene Bedeutung hat, die etwas zum Ausdruck bringt oder bringen soll usw.; häufig mit dem Genitiv der Eigenschaft oder der Zugehörigkeit: *ein A. der Eifersucht.* **Aktion,** die: (gemeinschaftlich) geplante zweckgerichtete Unternehmung, mit der etwas Bestimmtes erreicht werden soll: *eine A. für den Frieden.* **Aktivitäten,** die (Plural): vielerlei Anstrengungen, Tätigkeiten, die in einer bestimmten Sache mit einem bestimmten Ziel unternommen werden. **Maßnahme,** die: zweckbestimmte Handlung, die den Ablauf von etwas regeln, beeinflussen soll: *bestimmte Maßnahmen treffen; diese M. war erforderlich, um die Ruhe aufrechtzuerhalten.* **Unternehmung,** die: etwas, was man plant und durchführt: *das war eine gewagte U.;* vgl. Vorhaben ↑Plan.

Tätigkeit, die: (in diesem Sinnbereich) das, was jmd. tut und betreibt, um einem bestimmten Zweck zu dienen, eine bestimmte Aufgabe zu erfüllen: *seine schriftstellerische T.* **Arbeit,** die: (in diesem Sinnbereich) eine auf ein Ziel ausgerichtete, die Kräfte beanspruchende Tätigkeit: *das war eine sehr beglückende A.* **Beschäftigung,** die: (in diesem Sinnbereich) Tätigkeit, die weniger Mühe macht und nur geringe Anstrengung kostet, mit der man seine Arbeits- oder Freizeit ausfüllt: *sie mußte ihm eine B. geben.* **Betätigung,** die: (in diesem Sinnbereich) das [selbständige] Tätigsein [innerhalb eines bestimmten Arbeitsgebietes]: *Kunst ist eine menschenwürdige B.;* ↑Aufgabe.

tauglich (geh.): fähig, eine bestimmte Aufgabe durchzuführen; den [Mindest]anforderungen genügend, die ein Zweck, ein Amt oder eine Aufgabe an eine Sache oder Person stellt; in der Lage, das von ihm Verlangte zu tun. **geeignet:** (in diesem Sinnbereich) die nötige Eignung, Befähigung mitbringend, die man für einen bestimmten Zweck, eine bestimmte Aufgabe von der betreffenden Person oder Sache erwartet; das besitzend, was man für etwas Bestimmtes (eine Arbeit, Aufgabe) braucht; während man mit „tauglich" verbindet, daß der/das Betreffende das von ihm Verlangte an sich kann, wird mit „geeignet" noch zusätzlich gesagt, daß der/das Betreffende auch schon Spezielleres dafür mitbringt; vgl. geeignet ↑passend. **brauchbar:** für einen bestimmten Zweck verwendbar; bei seiner Verwendung den erwarteten Nutzen bringend; bezeichnet auf Personen angewandt eine gewisse Unselbständigkeit in der Erfüllung einer Aufgabe und drückt oft eine gewisse Geringschätzung aus: *ein brauchbares Mittel; er ist ja ein ganz brauchbarer Mitarbeiter.*

tauschen, etwas: etwas hingeben und dafür etwas Gleichwertiges, was von der gleichen Art sein kann, erhalten: *sie tauschten Briefmarken; er tauschte einen Nähtisch gegen eine Schreibmaschine.* **wechseln,** etwas: (in diesem Sinnbereich) etwas hingeben und dafür etwas Gleichwertiges und Gleichartiges erhalten; wird im allgemeinen nur im Bereich des Geldwesens gebraucht: *Geld w.* **eintauschen,** etwas: (in diesem Sinnbereich) etwas Bestimmtes hingeben und etwas Gleichwertiges [Gleichartiges] dafür erhalten; während „tauschen" nur die Handlung kennzeichnet, weist „eintauschen" noch auf den Bereich hin, in den das Objekt gelangt: *sie tauschten alles, was sie hatten, für Brot ein; landwirtschaftliche Produkte gegen Industriegüter e.* **umtauschen,** etwas: etwas Bestimmtes [was einem nicht gefällt oder was den Wünschen nicht entspricht] zurückgeben, hingeben und etwas Gleichwertiges, was von der gleichen Art sein kann, dafür erhalten: *Geld u.; seine Weihnachtsgeschenke u.* **austauschen,** etwas: (in diesem Sinnbereich) etwas hingeben oder nehmen und Entsprechendes, Gleichwertiges dafür bekommen bzw. an deren Stelle setzen: *den Motor im Auto a.*

täuschen, jmdn.: jmdn. irreführen, indem man ihm durch Worte, Handlungen etwas Falsches vorspiegelt; wird auch auf Einrichtungen usw. bezogen, die von Menschen geleitet werden: *er täuschte die Regierung.* **verladen,** jmdn. (salopp; abwertend); **verschaukeln,** jmdn. (salopp; abwertend); **verarschen,** jmdn. (derb; abwertend): (in diesem Sinnbereich) jmdn. durch falsche Versprechungen o. ä. zu etwas veranlassen, was man als schändliche Hintergehung und als Mißbrauch des Vertrauens und der Gutmütigkeit ansieht; in jmdm. bewußt falsche Hoffnungen erwecken, um ihn zu beruhigen oder abzulenken; wird üblicherweise von Personen oder Institutionen gesagt, in bezug auf von ihnen in irgendeiner Weise Abhängige. **hintergehen,** jmdn.: gegenüber einem anderen nicht aufrichtig sein und hinter dessen Rücken etwas tun, was dieser nicht vermutet und wodurch ihm Schaden zugefügt wird. **hereinlegen,** jmdn. (ugs.): jmdn. durch geschickte Art zu etwas veranlassen, wodurch er Schaden erleidet. **überlisten,** jmdn.: gegen einen anderen eine List anwenden und ihn auf diese Weise besiegen, überwinden. **beschummeln,** jmdn. (salopp); **beschupsen,** jmdn. (salopp; landsch.): einen kleineren, harmlosen Betrug begehen, indem man sich durch eine kleine List einen [geringfügigen] Vorteil verschafft; drückt aus, daß es sich um etwas nicht sehr Schwerwiegendes handelt. **anschmieren,** jmdn. (ugs.): durch entsprechendes Reden machen, daß jmd. übervorteilt, getäuscht wird; wird meist in der Vergangenheit und nicht von dem gesagt, der täuscht: *mit diesem Pelz hat man dich angeschmiert; der hat uns ganz schön angeschmiert, das ist gar nicht sein Auto, sondern das Auto seines Vaters; der will dich a., paß auf!* **anmeiern,** jmdn. (salopp; abwertend): jmdn. leicht täuschen;

wird im allgemeinen von dem Getäuschten verwendet, der aber dem Urheber des kleinen, geringfügigen, nicht ernstgemeinten Betruges nicht ernstlich böse ist. **mit gezinkten Karten spielen:** jmdn. listig [um sich einen Spaß zu machen] betrügen, ihn hereinlegen; wird im allgemeinen vom Getäuschten verurteilt. **übervorteilen,** jmdn.; **einseifen,** jmdn. (ugs.); **einwickeln,** jmdn. (ugs.); **anscheißen,** jmdn. (derb): durch Geschicklichkeit oder List gegenüber einem anderen sich selbst einen Vorteil verschaffen, indem man des anderen Unwissenheit oder Unterlegenheit ausnützt. **übertölpeln,** jmdn. (ugs.); **überfahren,** jmdn. (ugs.); **aufs Kreuz legen,** jmdn. (salopp): jmdn., der sich in einem bestimmten Fall dumm verhält, übervorteilen. **für dumm verkaufen,** jmdn.; **ein X für ein U vormachen,** jmdm.: i. S. v. übertölpeln; wird üblicherweise dann gebraucht, wenn man Zweifel an dem Erfolg des anderen äußern will: *ich laß mich nicht für dumm verkaufen; der will mich wohl für dumm verkaufen; den kannst du nicht für dumm verkaufen.* **übers Ohr hauen,** jmdn. (ugs.); **behumsen,** jmdn. (salopp; landsch.): jmdn. in grober und plumper Weise betrügen und dadurch einen Vorteil erzielen; sagt im allgemeinen nicht der Täuschende von sich selbst, was für die meisten Wörter dieser Gruppe zutrifft. **bluffen,** jmdn.: durch forsches Auftreten, durch großsprecherisches Wesen den Eindruck erwecken, als ob etwas, was gar nicht vorhanden ist, da sei; vgl. Bluff ↑Trick. **düpieren,** jmdn. (bildungsspr.): jmdn. in einer Weise täuschen, die den Eindruck erweckt, daß man ihn zum Narren hält: *sie war nicht so einfältig, sich d. zu lassen.* **hinters Licht führen,** jmdn.: jmdn. täuschen, indem man ihn bewußt durch sein Reden irreführt; ↑anführen, ↑aufziehen, ↑betrügen, ↑hereinfallen, ↑mogeln; ↑gutgläubig.

[1]**teilen** [etwas]: (in diesem Sinnbereich) von etwas, was man in Besitz genommen hat, für das man gemeinschaftlich aufzukommen hat, jedem der Partner einen [gleich großen] Anteil zukommen lassen: *die Beute, den Raub, die Kosten t.* **in etwas teilen,** sich: zu gleichen Anteilen etwas in Besitz nehmen oder sich an etwas beteiligen; besagt im Unterschied zu „teilen" mehr, daß man gemeinschaftlich entscheidet: *sich in den Erlös t.* **unter sich aufteilen,** etwas: einen Besitz in Stücke, Anteile trennen und jeder der beteiligten Personen ihren Anteil zukommen lassen; richtet im Unterschied zu den übrigen Wörtern, die mehr die gemeinsame Teilhabe betonen, den Blick auf die Zersplitterung eines ursprünglich Ganzen: *die Kinder teilten die Murmeln unter sich auf.* **halbpart machen** [mit jmdm.] (ugs.): etwas, was man gemeinsam mit einem anderen erworben oder irgendwie an sich gebracht hat, mit ihm zur Hälfte teilen. **Kippe machen** [mit jmdm.] (salopp): i. S. v. halbpart machen; bezieht sich jedoch meist auf etwas unrechtmäßig Erworbenes; ↑Anteil.

[2]**teilen,** etwas (geh.): (in diesem Sinnbereich) **a)** etwas mit einem anderen gemeinsam haben, erleben; die Sache, Überzeugung o. ä. eines anderen zu seiner eigenen machen oder bezüglich der Lebensumstände, des Schicksals o. ä. sich in derselben Lage befinden wie dieser; betont nicht nur die [zufällige] Übereinstimmung, sondern die Gemeinsamkeit; verbindet sich, wie die übrigen Wörter dieser Gruppe, im allgemeinen nur mit abstrakten oder verallgemeinernden Ausdrücken für Umweltbeziehungen, Interessen o. ä.: *er teilte immer ihre Sorgen;* **b)** etwas mit jmdm. teilen: an einer Sache im gleichen Maße wie ein anderer Anteil haben; gemeinschaftlich mit einem anderen von etwas betroffen werden, etwas erleben; betont gegenüber „teilen" a) die völlige Gleichheit der Partner in der Gemeinschaft: *er teilte mit ihnen das Schicksal der Hinrichtung;* vgl. teilen ↑mitfühlen. **teilhaben,** an etwas (geh.): (in diesem Sinnbereich) für etwas, was einen anderen betrifft, für dessen Leben und Interessen innerlich aufgeschlossen sein, Mitgefühl zeigen; durch einen anderen einer Lebenssphäre, einem Schicksal oder Erfahrungsbereich verbunden sein; besagt im Unterschied zu „teilen", daß man eine passivere Rolle als der Partner in dieser Gemeinschaft spielt: *er wollte an ihren Erlebnissen t.;* vgl. Anteilnahme ↑Teilnahme.

[3]**teilen,** etwas mit jmdm. (geh.): etwas, was man besitzt, zu einem angemessenen Teil, meist zur Hälfte, einem anderen überlassen, entweder aus Mitleid oder weil der andere einen Anspruch darauf hat: *seine Habe, seine Schätze mit jmdm. t.* **die Hälfte [ab]geben,** jmdm. (fam.): einem anderen die Hälfte dessen, was man [bekommen] hat, [um der Gerechtigkeit willen, aus Mitleid] zukommen lassen; bezieht sich meist auf [kleineren] materiellen Besitz: *gib deinem Bruder die Hälfte von der Schokolade ab!;* vgl. Löwenanteil ↑Anteil.

Teilnahme, die (ohne Plural): die innere menschliche Beteiligung an etwas oder das Interesse an jmdm.; das Mitgehen mit dem oder Eingehen auf das, was einen anderen bewegt: *ehrliche, keine tiefgehende, seine T. bezeugen, zeigen, erwecken;* ↑teilnehmen. **Anteilnahme,** die (ohne Plural): i. S. v. Teilnahme; jedoch weniger auf einzelmenschliche Beziehungen angewandt; erscheint besonders in Verbindungen, die das Vorhandensein oder Nichtvorhandensein der Anteilnahme hervorheben: *respektvolle A. an dem Gedeihen der Kunst.* **Interesse,** das (ohne Plural): (in diesem Sinnbereich) (auf jmdn./etwas gerichtete) Aufmerksamkeit, die dadurch entsteht, daß man sich persönlich von jmdm. oder etwas berührt oder angesprochen fühlt; im Unterschied zu „Teilnahme" und „Anteilnahme" ist „Interesse" weniger im Gefühl als im Verstand begründet, oder es wird weniger auf Dinge bezogen, die einen anderen Menschen betreffen, als auf Dinge, die eigene Bedürfnisse (z. B. Neugier, Wißbegier) zu befriedigen versprechen; es ist das am häufigsten verwendete Wort dieser Gruppe: *er brauchte das I. der Öffentlichkeit;* vgl. Interesse ↑ Neugier.

teilnahmslos: der Umgebung weder [die erwartete] Aufmerksamkeit schenkend noch ein Mitempfinden oder ein inneres Beteiligtsein erkennen lassend; bezieht sich, wie auch die übrigen Wörter dieser Gruppe, vorwiegend auf Verhalten, Äußerungsart, [Gesichts]ausdruck eines Menschen in bestimmten Situationen: *mit teilnahmsloser Miene ließ sie alles über sich ergehen.* **gleichgültig:** (in diesem Sinnbereich) ohne Interesse oder [innere] Anteilnahme; weder Lust noch Unlust bei etwas empfindend oder erkennen lassend: *er lebte g. gegen alle äußeren Dinge dahin;* ↑ gleichgültig sein. **unbeteiligt:** (in diesem Sinnbereich) in einer bestimmten Situation bei einem Geschehen, das einen eigentlich angeht, keine Anteilnahme, kein Interesse zeigend: *ihr vollständig unbeteiligter Blick verriet mir, daß sie mit ihren Gedanken wieder ganz woanders war.* **apathisch:** in dumpfer Teilnahmslosigkeit versunken, von solcher Teilnahmslosigkeit zeugend; kennzeichnet oft gegenüber den übrigen Wörtern dieser Gruppe, die meist eine bewußtere Verhaltensweise charakterisieren, einen krankhaften Zustand: *er war völlig a.* **lethargisch** (bildungsspr.): körperlich und seelisch träge; wer lethargisch ist, ist inaktiv; wer apathisch ist, reagiert nicht auf entsprechende äußere Eindrücke.

teilnehmen, an etwas: (in diesem Sinnbereich) **a)** sich in irgendeiner Form an etwas (einer Handlung, einem Vorgang, einem Unternehmen, am Unterricht o. ä.) beteiligen: *an einem Kursus t.;* **b)** an einer Handlung, einer Veranstaltung, einem Geschehen (an etwas, was von anderen veranstaltet wird) rezeptiv, vorwiegend geistig teilhaben: *er hat schon lange nicht mehr am Gottesdienst teilgenommen.* **beiwohnen,** einer Sache (geh.): als Zuschauer oder Zuhörer bei einer bestimmten Veranstaltung, bei irgendwelchen Handlungen auf Grund eines sachlichen oder persönlichen Interesses, auf Grund einer Einladung zugegen sein, ohne in irgendeiner Form aktiv teilzunehmen: *den Verhandlungen, einer Gerichtssitzung b.*

temperamentvoll: von lebhaftem Wesen, spontan und mit Schwung reagierend, dabei oft energisch und zupackend; von unmittelbar wirkendem innerem Antrieb und von Lebhaftigkeit zeugend; wird auf den Menschen, sein Verhalten und seine Äußerungsarten bezogen: *er dirigierte sehr t. und mitreißend.* **feurig:** von glutvoll begeisterungsfähigem Wesen, dabei oft leidenschaftlich und stürmisch; von faszinierender, mitreißender Lebendigkeit zeugend; bezieht sich auf den [jüngeren] Menschen, sein Aussehen, seine Verhaltens- und Äußerungsweise: *sie warf ihm einen feurigen Blick zu.* **heißblütig:** von leicht aufwallendem Temperament; impulsiv und leidenschaftlich reagierend; bezieht sich unmittelbar auf den Menschen und wird im allgemeinen nicht prädikatbezogen gebraucht: *ein heißblütiger Spanier;* ↑ lebhaft, ↑ übermütig, ↑ unbändig, ↑ ungestüm, ↑ wendig.

teuer (Ggs. ↑ billig): hoch im Preis, nicht billig; bezieht sich auf etwas, was man kauft, oder auf den Einkauf selbst, ebenso auf die Lebenshaltung eines Menschen, auf einen Ort oder eine Zeit im Hinblick auf ihre hohen Preise, auf Personen, die nur gegen hohe Bezahlung arbeiten: *teure Anzüge; t. einkaufen, leben; teure Reisen.* **kostspielig:** hohe Kosten verursachend; wird vorwiegend von einer Tätigkeit oder Gewohnheit gesagt; wenn es sich auf einen konkreten Gegenstand bezieht, dann nicht im Hinblick auf seinen Preis, sondern auf die Unkosten, die seine Beschaffung oder Erhaltung verursacht; wird nicht prädikatbezogen gebraucht: *kostspielige Geschenke, Reparaturen.* **aufwendig:** mit viel Aufwand verbunden und dadurch hohe Kosten verursachend; bezieht sich auf irgendwelche Veranstaltungen, Unternehmungen, die Ausführung bestimmter Arbeiten; drückt aus, daß man sich die Sache, die man ins Werk setzt, etwas kosten läßt, oft, um damit zu prunken; vom Sprecher/Schreiber mitgemeint ist, daß es auch mit weniger Aufwand gegangen wäre; wird nicht prädikatbezogen gebraucht: *aufwendige Empfänge geben; aufwendige Apparate.* **unerschwinglich:** so teuer, daß man es sich nicht leisten kann; wird von Dingen gesagt, die man gerne besitzen würde, auf die man aber verzichten muß; wird nicht prädikatbezogen gebraucht: *ein u. hoher Preis.*

Thema, das: der allgemeine gedankliche Inhalt für eine schriftliche oder mündliche Darlegung: *wie lautet denn das T. deines Vortrags?; was ist denn das T. dieses Buches?* **Titel,** der: eine Art Name, der einem Buch, einer Schrift, einem Kunstwerk o.ä. zur Charakterisierung gegeben worden ist, der als Hinweis auf Thema und Inhalt vorangestellt ist: *der T. des Buches heißt ...; der T. des Schlagers.* **Überschrift,** die: das, was zur Kennzeichnung des Inhalts über einem Text (Aufsatz, Artikel) geschrieben steht (ein oder mehrere Wörter, auch ein ganzer Satz): *der Artikel trägt die Ü.: ...* **Bildunterschrift,** die: erläuternder Text unter einem Bild, einer Abbildung. **Unterschrift,** die: kurz für: Bildunterschrift; vgl. These ↑Behauptung; ↑Inhalt.

tolerant: a) (Ggs. intolerant) aus einer großzügigen Geisteshaltung und Gesinnung heraus verständnisvoll gegenüber den Meinungen, Ansichten, Einstellungen und Handlungsweisen anderer; Andersdenkende gewähren lassend, besonders in Glaubensfragen und in Fragen der Politik, der Sexualität: *Bildung macht den Menschen toleranter;* **b)** (verhüllend) in unkonventioneller Weise zu sexueller Betätigung bereit, dafür aufgeschlossen; erscheint vor allem in Kontaktanzeigen: *tolerantes Ehepaar sucht gleichgesinntes.* **duldsam** (Ggs. unduldsam) (geh.): in verträglicher, gelassener Weise bereit und geneigt, eine andere Denk- oder Handlungsweise, besonders in religiöser Hinsicht, zu ertragen oder ihr mit Nachsicht zu begegnen, oft auch dann, wenn man dadurch selbst Widerwärtigkeiten ausgesetzt ist: *in seiner duldsamen Art ließ er sie gewähren.* **weitherzig** (Ggs. engherzig) (selten): so veranlagt, daß man jederzeit geneigt ist, andere in ihrem Denken und Handeln gelten zu lassen, auch wenn es der eigenen Anschauung widerspricht; etwas wohlwollend und einsichtsvoll unter Rücksichtnahme auf den anderen geschehen lassend, oft auch dann, wenn es nicht ganz gerechtfertigt erscheint: *ihre offene, weitherzige Art imponierte ihm.* **großzügig** (Ggs. ↑kleinlich): (in diesem Sinnbereich) sich über Kleinigkeiten oder über Dinge, die man [entgegen der Meinung anderer] als unbedeutend ansieht, hinwegsetzend; Gesinnungen, Handlungen anderer gelten lassend, oft auch dann keinen Anstoß an etwas nehmend, wenn es eigentlich nicht mehr ganz zu rechtfertigen ist und in irgendeiner Weise beanstandet werden könnte, wobei es sich im Unterschied zu „tolerant" oft auch um kleinere, weniger wichtige Dinge handeln kann; ↑barmherzig, ↑gut, ↑gütig, ↑gutmütig, ↑menschlich.

töricht: einem Toren, Narren ähnlich, gemäß; in der Torheit, Einfalt begründet oder daraus entspringend: *es war t. von ihm, ihren Versprechungen zu glauben.* **unvernünftig:** nicht der Vernunft gemäß, der Vernunft zuwiderhandelnd oder widersprechend: *es war sehr u. von ihm, mit Fieber zum Dienst zu kommen;* ↑albern, ↑dumm, ↑naiv; ↑spinnen.

tosen, etwas tost: etwas (Wind, Wasser) ist in ungestümer, wilder Bewegung und ist auf diese Weise laut hörbar; wird auch übertragen von Beifall gesagt: *auf dem Gipfel tost heute ein gewaltiger Sturm.* **brausen,** etwas braust: etwas (Wind, Wasserfall) ist in heftiger Bewegung und ist auf diese Weise anhaltend hörbar, wobei die Lautstärke anschwellen und nachlassen kann; ist gegenüber „tosen" etwas weniger intensiv in der Wirkung; wird auch von Jubel, Beifall und von Orgelspiel gesagt: *der Sturm brauste.* **sausen,** etwas saust: etwas ist in sehr schneller Bewegung und ruft auf diese Weise einen anhaltend starken, gleichmäßig an- und abschwellenden Laut hervor, so ähnlich, wie wenn man ein „S" in starker Weise stimmhaft mit einem Luftstrom durch die geschlossenen Zähne – aber bei geöffneten Lippen – preßt: *der Sturm sauste im Kamin.* **rauschen,** etwas rauscht: etwas ist in gleichförmiger Weise hörbar, so als ob eine große Menge Wasser sich stark bewegt oder in die Tiefe fällt: *der Regen, der Wasserfall, das Meer rauscht; die Bäume, Blätter rauschen im Wind; das Rauschen der Brandung;* übertragen: *rauschender Beifall;* ↑knistern.

tot (Ggs. lebendig): nicht mehr am Leben; wird sachlich feststellend von Menschen und Tieren gesagt. **mausetot** (fam.; emotional verstärkend): tot [dahingestreckt liegend]; sich nicht mehr regend und tatsächlich tot; ganz und gar tot; wird eher auf Tiere angewandt und wie die folgenden Wörter dieser Gruppe subjektbezogen gebraucht: *das Kaninchen ist tot, wirklich m.* **hin** (salopp), **hinüber** (salopp): gestorben, verendet; drückt, auf einen Menschen bezogen, Pietätlosigkeit des Sprechers/Schreibers aus.

Tote, der und die: (in diesem Sinnbereich) männliche bzw. weibliche Person, die gestorben ist, nicht mehr lebt; wird gebraucht, wenn der Sprecher/Schreiber dessen/deren gedenkt oder sich auf ein Ereignis, ein Tun oder einen Sachverhalt aus dessen/deren letzten Lebenstagen bezieht: *das Vermächtnis des Toten wird uns heilig sein;* vgl. Toter ↑Leiche. **Verstorbene,**

der und die: männliche bzw. weibliche Person, die [kürzlich] gestorben ist; besagt im Unterschied zu „Tote[r]" mehr, daß der Sprecher/Schreiber sich auf etwas bezieht, was im unmittelbaren oder mittelbaren Zusammenhang mit dem Tode des Betreffenden steht oder dem Tode unmittelbar vorherging: *einem Verstorbenen die letzte Ehre erweisen.* **Verblichene,** der und die (veraltend): männliche bzw. weibliche Person, die gestorben ist und dessen/deren Tod noch in frischer Erinnerung steht; drückt gegenüber dem Wort „Verstorbene[r]" stärker die pietätvolle Anteilnahme des Sprechers/Schreibers am Tode des Betreffenden aus. **Heimgegangene,** der und die (geh.; verhüllend): i. S. v. „Verstorbene[r]"; betont jedoch das enge, verwandtschaftliche oder freundschaftliche Verhältnis des Sprechers/Schreibers zu dem/der Toten und des Sprechers/Schreibers religiöse Haltung. **Entschlafene,** der und die (geh.; verhüllend): männliche bzw. weibliche Person, die gerade erst gestorben ist; wird im allgemeinen nur gebraucht, wenn es sich um einen Angehörigen des Sprechers/Schreibers handelt und dieser sich auf etwas bezieht, was in unmittelbarem Zusammenhang mit dem Tode des Betreffenden steht: *für die Anteilnahme beim Heimgang unseres lieben Entschlafenen sagen wir auf diesem Wege herzlichen Dank.* **Abgeschiedene,** der und die (dichter.); **Hingeschiedene,** der und die (selten): i. S. v. Verstorbene[r]; doch wird dabei der direkte Hinweis auf das Sterben vermieden und statt dessen lieber die Vorstellung des Scheidens, des Weggehens hervorgerufen. **Hingeewigte,** der und die (selten): i. S. v. Verstorbene[r]. **Verewigte,** der und die (selten): i. S. v. Verstorbene[r]; man will damit den Blick vom Tod ablenken und auf das ewige Leben richten, in das der/die Tote christlicher Überzeugung nach eingegangen ist. **Gefallene,** der: im Krieg getöteter Soldat.

[1]**töten:** (in diesem Sinnbereich) vorsätzlich oder im Affekt eine Handlung begehen, die dem Leben eines anderen Menschen ein Ende macht [und damit im moralischen und juristischen Sinne Schuld auf sich laden]: *du sollst nicht t.* **morden:** (in diesem Sinnbereich) vorsätzlich, aus niedrigen Motiven, meist grausam oder heimtückisch töten; betont im Unterschied zu „töten" stark das Verwerfliche des Tuns, durch das sich der Täter außerhalb der sittlichen Ordnung stellt; vgl. morden ↑ermorden. **einen Mord begehen:** i. S. v. morden; richtet den Blick jedoch mehr auf die Tat als solche und ihre Umstände und betont nachdrücklicher die Schwere der Tat; ↑füsilieren, ↑hinrichten.

[2]**töten,** jmdn.: (in diesem Sinnbereich) den Tod eines Menschen durch eine [vorsätzliche oder im Affekt begangene] Handlung herbeiführen oder [durch Fahrlässigkeit] verursachen; läßt, wie die übrigen Wörter dieser Gruppe, offen, welche Motive der Tat zugrunde liegen oder welche Umstände sie begleiten, enthält jedoch ohne nähere Bestimmung den Gedanken des sittlichen Vorwurfs, der Anklage: *er hat einen Menschen getötet.* **morden,** jmdn.: (in diesem Sinnbereich) i. S. v. töten; enthält Empörung und Anklage: *wir wollen nicht, daß unsere Söhne auf den Schlachtfeldern gemordet werden;* vgl. Mord ↑Tötung. **umbringen,** jmdn.: jmdm. gewaltsam, durch Totschlag [im Affekt] das Leben nehmen; betont im Unterschied zu „töten" mehr die gewalttätige Handlung oder die grausame Weise der Ausführung. **das Lebenslicht[lein] ausblasen/ (ugs.) auspusten,** jmdm. (verhüllend): jmds. Tod durch eine [vorsätzliche] gewaltsame Handlung herbeiführen; dem Leben eines Menschen gewaltsam ein Ende machen; betont im Unterschied zu „töten" mehr die eingetretene Wirkung, die erreichte Absicht, die durch die verharmlosende Wendung als weniger schwerwiegend hingestellt werden soll. **erledigen,** jmdn. (salopp): jmdn. kurzerhand töten, wie eine lästige Sache beseitigen [damit er bei einem verbrecherischen Vorhaben nicht stört]; drückt die besondere Gefühlskälte und Rücksichtslosigkeit aus, mit der der Tötungsakt durchgeführt wird, oder besagt, daß es dem Täter nur auf die physische Vernichtung eines Menschen ankommt. **kaltmachen,** jmdn. (salopp): jmdn. skrupellos [aus Ärger, Wut, Rache oder um ihn an etwas zu hindern] töten, beseitigen. **killen,** jmdn. (Gaunerspr.): jmdn. kaltblütig töten, und zwar aus Mordlust oder um einen Mordauftrag [gegen Geld] auszuführen. **durch Genickschuß töten,** jmdn.: einen Wehrlosen absichtlich durch einen aus nächster Nähe abgegebenen Schuß in das Genick töten: *die Gefangenen standen mit dem Gesicht zur Wand und wurden durch Genickschuß getötet.* **abmurksen,** jmdn. (salopp): jmdn. gewaltsam und heimlich [mit den Händen] töten, wobei jedoch eher an Erwürgen oder Erstechen als an andere Tötungsarten zu denken ist; wirkt verharmlosend. **den Garaus machen,** jmdm. (ugs.): jmdn., dessen Leben man geringachtet und den man zu beseitigen wünscht, ohne Mitleid töten. **meucheln,** jmdn. (veraltet): jmdn. hinterrücks, auf heimtückische Weise anfallen und ermorden; vgl. Meuchelmord ↑Tötung; ↑beseitigen, ↑ermorden, ↑erschießen, ↑erschlagen, ↑erstechen,

↑ersticken, ↑füsilieren, ↑hängen, ↑hinrichten, ↑liquidieren, ↑niedermachen, ↑[1]sterben; ↑[2]Selbstmord.

[3]töten, etwas (geh.): (in diesem Sinnbereich) dem Leben eines Tieres ein Ende machen; bezeichnet das Resultat der Handlung und läßt ohne nähere Bestimmung offen, auf welche Weise und zu welchem Zweck sie geschieht: *Ratten mit Gift t.* **totschlagen,** etwas: (in diesem Sinnbereich) ein [als lästig empfundenes] kleineres Tier mit einem Schlag töten; drückt aus, daß man ein Tier unschädlich machen will, oder legt das Gewicht mehr auf das Resultat. **totmachen,** etwas (ugs.): ein kleineres Tier rasch töten; betont entweder die Unerheblichkeit der Handlung [bei Insekten, Schädlingen o. ä.] oder besagt, daß man dem Tier nach Möglichkeit Qualen ersparen will. **den Garaus machen** (einem Tier): (in diesem Sinnbereich) i. S. v. töten; enthält die Emotion des Sprechers/Schreibers, der das Tier als lästig oder schädlich ansieht und eine gewisse Befriedigung bei dem Töten empfindet. **den Gnadenstoß geben/versetzen** (einem Tier); **den Gnadenschuß geben** (einem Tier): ein verwundetes, verendendes Tier rasch töten, um seine Todesqualen abzukürzen; wird im allgemeinen nur auf Tiere bezogen, die zum Menschen in engerer Beziehung stehen. **den Fangschuß geben** (einem Tier; Jägerspr.): ein verwundetes, angeschossenes Wild mit einem Schuß [aus naher Entfernung] töten. **abfangen** (ein Tier; Jägerspr.); **den Fang geben** (einem Tier; Jägerspr.): ein verwundetes, zusammengebrochenes Wild mit einem Jagdmesser (Hirschfänger) töten; ↑schlachten.

Tötung, die: vorsätzliche oder unbeabsichtigte Vernichtung menschlichen oder tierischen Lebens: *T. auf ausdrückliches und ernstliches Verlangen des Getöteten; fahrlässige T.; die T. eines Tieres;* ↑[1]töten, ↑[2]töten, ↑[3]töten. **Mord,** der: vorsätzliche [mit Überlegung ausgeführte] Tötung eines Menschen aus niedrigen Beweggründen, auf grausame, heimtückische Weise oder mit gemeingefährlichen Mitteln oder im Zusammenhang mit der Begehung einer Straftat; bezeichnet das Verbrecherische der Handlung; vgl. morden ↑ermorden, ↑[1]töten, ↑[2]töten. **Ermordung,** die: i. S. v. Mord; die Vorsilbe „Er-" kennzeichnet die Vollständigkeit der Durchführung der Handlung; ↑ermorden. **Totschlag,** der (Plural ungebräuchlich): vorsätzliche oder im Affekt begangene Handlung, durch die ein Menschenleben vernichtet wird; bezeichnet im Unterschied zu „Mord" mehr das Moment des tätlichen Angriffs auf Leib und Leben eines anderen und setzt beim Täter im allgemeinen keine niedrigen, sondern wenn nicht ehrenhafte, so doch verständliche Beweggründe voraus; vgl. totschlagen ↑erschlagen. **Meuchelmord,** der (abwertend): feiger, heimtückischer Mord durch einen tätlichen Angriff aus dem Hinterhalt; drückt den Abscheu des Sprechers/Schreibers, die moralische Verurteilung einer Tötung aus; vgl. meucheln ↑[2]töten.

Tradition, die: (in diesem Sinnbereich) im Laufe der Zeit [durch Generationen hindurch] Entwickeltes, Weitergegebenes und auf diese Weise herkömmlich und üblich Gewordenes, und zwar in Haltung und Handlung innerhalb einer bestimmten Gemeinschaft, besonders einer solchen, die geistige und kulturelle Belange in den Vordergrund stellt und deren einzelne Glieder bewußt oder unbewußt am Herkömmlichen festhalten; bezeichnet – wie „Herkommen" und „Überlieferung" – gegenüber „Brauch" und „Sitte" besonders das Werden in der Zeit und das Weitergeben des Gewordenen; hat im allgemeinen einen umfassenderen Sinn als „Brauch" oder „Sitte" und demzufolge einen vielfältigeren Anwendungsbereich: *preußische Traditionen.* **Herkommen,** das (ohne Plural): aus früherer Zeit stammende und ununterbrochen geübte und daher oft zur Richtschnur gewordene Gepflogenheit in einer bestimmten größeren oder kleineren Gemeinschaft: *H. und Sitte verletzen.* **Überlieferung,** die: (in diesem Sinnbereich) Gesamtheit der von früheren Generationen überkommenen Gepflogenheiten, Sitten und Gebräuche, die in einer Gemeinschaft vorhanden sind, von ihr oder von einem Glied derselben übernommen wurden: *ein Diplomat, der noch in der echten Ü. Bismarcks lebte.* **Sitte,** die: (in diesem Sinnbereich) im Laufe der Zeit entwickelte und überlieferte, für bestimmte Lebensbereiche einer größeren Gemeinschaft geltende, dort übliche oder als verbindlich betrachtete Gepflogenheit [die der Regelung des Zusammenlebens dient]: *nach guter, alter, heimatlicher S.;* vgl. Sitte ↑Gewohnheit. **Brauch,** der: (in diesem Sinnbereich) althergebrachte, in der häufigen Ausübung festgewordene und in bestimmten Formen erscheinende Gewohnheit, die innerhalb einer größeren Gemeinschaft üblich geworden ist und an der man festhält: *dörflicher B.;* vgl. Brauch ↑Gewohnheit; ↑herkömmlich, ↑überliefert.

träge: langsam und ungern tätig; wird auf Personen und deren Bewegungen bezogen: *ein träger Mensch; die Hitze macht t.* **faul:** (in diesem Sinnbereich) abgeneigt, sich zu bewegen, etwas zu tun: *heute war ich ganz f.*

und habe den ganzen Tag im Strandkorb gelegen; ↑faul. **bequem:** (in diesem Sinnbereich) jeder Anstrengung und Mühe abgeneigt: *ein bequemer Mensch; sei nicht so b.!* **phlegmatisch** (bildungsspr.): auf Grund seiner Veranlagung nur schwer zu erregen und zu etwas zu bewegen: *wärst du nicht so p., dann kämst du jetzt bestimmt mit;* ↑schwerfällig, ↑[1]untätig.

[1]**tragen,** etwas: etwas mit seiner Körperkraft halten, es an einen anderen Ort bringen oder mit sich führen. **schleppen,** etwas (ugs.): etwas Schweres, meist mit Anstrengung und Mühe [und daher nur langsam] tragen; ↑befördern.

[2]**tragen,** etwas: (in diesem Sinnbereich) mit einem bestimmten Kleidungsstück angetan sein; wird auf alle Arten von Kleidungsstükken, auf Schmuck und bestimmte andere Dinge bezogen, die man unmittelbar an sich trägt: *der Geflüchtete trägt eine Brille und einen schwarzen Hut.* **anhaben,** etwas (ugs.): i. S. v. tragen; wird aber nicht auf Kopfbedeckungen bezogen: *sie hat keine Handschuhe angehabt.* **bekleidet sein,** mit etwas (geh.): bestimmte, im einzelnen aufgezählte, näher bezeichnete Kleidungsstücke tragen. **aufhaben,** etwas (ugs.): etwas auf dem Kopf, der Nase tragen: *einen Hut, eine Mütze a.; er hat seine Brille nicht auf.* **auf dem Kopf tragen/**(ugs.) **haben,** etwas: den Kopf bedeckt haben mit etwas: *er trägt eine Mütze auf dem Kopf.* **am/auf dem Leib[e] tragen/**(ugs.) **haben,** etwas: mit bestimmten Kleidungsstücken angezogen sein; wird im allgemeinen nur auf schlechte oder unzureichende Bekleidung bezogen, die jmd. in einer ungewöhnlichen Lage, in einer Notlage trägt: *er trug bei der Kälte nichts auf dem Leib als einen dünnen zerschlissenen Anzug;* ↑[1]anziehen.

Trauer, die (ohne Plural) (Ggs. ↑[1]Freude): (in diesem Sinnbereich) [tiefer] seelischer Schmerz über ein Unglück, über einen Verlust: *ein Gefühl wehmutsvoller T. war ihm geblieben.* **Traurigkeit,** die (ohne Plural): (in diesem Sinnbereich) bedrückte, schmerzlich-niedergeschlagene Stimmung; richtet im Unterschied zu „Trauer" den Blick auf die Gemütsverfassung und läßt offen, welcher objektive Grund oder Anlaß sie bewirkt hat oder ob man sich überhaupt eines Anlasses bewußt ist: *eine grenzenlose T. erfüllt sein Herz.* **Wehmut,** die (ohne Plural; geh.): schmerzliche, von Resignation beherrschte Stimmung, die jmdn. erfüllt, der sich an etwas Angenehmes, Liebes erinnert, das er nun nicht mehr besitzt, der einem früheren Besitz o. ä. nachtrauert: *Stätten, von denen man in W. Abschied genommen hat.* **Melancholie** [...langkoli], die (ohne Plural): (in diesem Sinnbereich) von Pessimismus und Weltschmerz verdüsterte Gemütsverfassung; eine Art von anhaltender und lastender Traurigkeit, für deren Vorhandensein kein ersichtlicher Grund zu bestehen scheint: *ein Gefühl hilfloser M. ergriff ihn;* ↑Kummer, ↑Sehnsucht; ↑traurig, ↑unglücklich.

träufeln, etwas in etwas: eine Flüssigkeit in einer Tropfenkette herabfallen und auf diese Weise in etwas einlaufen lassen oder in etwas bringen: *sie träufelte Arnika in die Wunde;* vgl. träufeln ↑tropfen. **tröpfeln,** etwas in/auf etwas: eine Flüssigkeit in einzelnen kleinen Tropfen herabfallen lassen und auf diese Weise in oder auf etwas bringen: *er tröpfelte die Medizin in das Ohr;* vgl. tröpfeln ↑tropfen.

traurig (Ggs. fröhlich ↑lustig): (in diesem Sinnbereich) sich in einer Stimmung befindend, in der es einem schwer ums Herz ist; wird auf den Menschen, seine Stimmung, seine Äußerungen bezogen: *in trauriger Stimmung verließen sie das Krankenhaus; sie hat traurige Augen.* **betrübt:** voll Kummer über etwas; in einer gedrückten Stimmung: *ein betrübtes Gesicht machen;* vgl. Betrübnis ↑Kummer. **trüb[e]:** (in diesem Sinnbereich) von traurigen oder düsteren Gedanken erfüllt [und davon zeugend]: *heute bin ich in sehr trüber Stimmung.* **bedrückt:** traurig über Verhältnisse oder Zustände, die einen seelisch belasten [und davon zeugend]: *nach diesen Worten herrschte bei allen Gästen bedrücktes Schweigen.* **bekümmert:** von einem [nicht allzu schweren] Kummer gequält [und davon zeugend]: *sehen Sie mich doch nicht so b. an!* **wehmütig:** von einer sanften Traurigkeit erfüllt [weil man etwas, womit man sich persönlich verbunden fühlte, verloren hat], auch davon zeugend: *w. dachte er an seine Jugend.* **trübselig:** traurigen Gedanken nachhängend [weil etwas nicht so geworden ist, wie man es sich gewünscht oder vorgestellt hatte; auch davon zeugend]: *sie war nicht zu dem Ball eingeladen worden und saß t. in ihrem Zimmer.* **trübsinnig:** trübe gestimmt, in trüber Stimmung. **trist:** traurig [gestimmt] und ohne Schwung [und davon zeugend]: *nimm dich zusammen, und mach kein so tristes Gesicht!;* ↑mutlos, ↑unglücklich; ↑Trauer.

Treffen, das: (in diesem Sinnbereich) die offizielle und meist in der Öffentlichkeit stattfindende Begegnung zweier oder mehrerer Personen an einem festgesetzten Ort, zu einer bestimmten Zeit und aus einem besonderen Anlaß. **Gipfeltreffen,** das; **Gipfelkonferenz,** die; **Gipfel,** der (ugs.): Treffen der Staatsoberhäupter von Großmächten, das der Erörterung wichtiger weltpolitischer Probleme dienen soll. **Treff,** der (ugs.): geplantes privates Treffen: *wir wollen gleich einen T. für die nächste Woche vereinbaren.* **Begegnung,** die: (in diesem Sinnbereich) zwangloseres, weniger offizielles Treffen zweier oder mehrerer Personen, bei dem sie ihre Gedanken austauschen, sich persönlich näherkommen können. **Zusammentreffen,** das (Plural ungebräuchlich): die Begegnung einzelner oder mehrerer Personen; sowohl geplant als auch unbeabsichtigt: *das Z. der beiden Staatsmänner diente dazu, einige Probleme der gemeinsamen Friedenspolitik zu erörtern.* **Zusammenkunft,** die: das Treffen einzelner oder einer Gruppe von Menschen, um etwas gemeinsam zu besprechen o. ä.: *er hatte eine Z. mit den Vertretern der industriellen Verbände.* **Meeting** [mi...], das (bildungsspr.): offizielle und meist in einem kleineren Rahmen stattfindende Zusammenkunft zweier oder mehrerer Personen; wird vor allem auf Politiker, Wissenschaftler oder Sportvertreter bezogen, die sich zu einem Gespräch, zur Erörterung von Problemen oder zu einer Beratung von Fachfragen zusammenfinden; ↑Verabredung.

trennen, etwas von etwas: (in diesem Sinnbereich) **a)** einen [organischen] Teil von einem Gegenstand oder Körper [durch Schneiden oder Reißen] ablösen; wird im allgemeinen von einer Handlung gesagt, die nicht durch eine nähere Bezeichnung der konkreten Tätigkeit ausgedrückt werden soll, sondern bei der mehr das Ergebnis ins Auge gefaßt wird: *den Besatz von einem Kleid t.;* **b)** den Zusammenhang eines Teiles mit dem Ganzen [gewaltsam] aufheben: *die neue Grenze trennt bisher eng verbundene Länder voneinander.* **abtrennen,** etwas [von etwas]: **a)** einen kleineren Teil von einem größeren Gegenstand oder Körper [durch rasches, gewaltsames Schneiden, Abschlagen, Reißen] loslösen, entfernen; besagt wie „abtrennen" b) im Unterschied zu „lostrennen", daß man entweder den abgelösten Teil oder den Rest des Gegenstandes gesondert ins Auge faßt, und weist durch die Vorsilbe „ab-" noch stärker auf den ursprünglichen Zusammenhang hin: *den Kragen vom Kleid a.;* **b)** einen kleineren Teil aus seinem Zusammenhang mit einer größeren Sache lösen, seine Verbindung mit dem Ganzen aufheben: *der Anwalt stellte den Antrag, das Verfahren gegen seinen Mandanten von dem Mammutprozeß abzutrennen;* vgl. abtrennen ↑abreißen. **lostrennen,** etwas [von etwas]: i. S. v. abtrennen; die Vorsilbe „los-" weist im besonderen darauf hin, daß zwei Teile nicht mehr miteinander verbunden sind und daß der abgetrennte Teil eine selbständige Existenz hat: *diese Gebiete wurden nach dem Ersten Weltkrieg vom Mutterlande losgetrennt.*

Treppe, die: mehrere miteinander zusammenhängende, aus Stein, Metall oder Holz bestehende Stufen, die zur Überwindung eines Höhenunterschiedes in die Höhe oder in die Tiefe führen; sie können gerade verlaufend und freitragend oder geschwungen um eine Spindel angeordnet und sowohl schmal als auch breit sein; man findet sie vor allem in oder an Gebäuden, auf Wegen, Pfaden usw. **Stiege,** die (landsch.): einzelne, meist aus Holz bestehende und fest miteinander verbundene Stufen, die der Verbindung zwischen einem tiefliegenden und einem höher befindlichen Teil dienen; im Unterschied zu „Treppe" verbindet sich mit dem Begriff „Stiege" die Vorstellung des Einfachen; sie ist häufig verhältnismäßig schmal, steil und oft auch alt; man findet sie in oder an Baulichkeiten, Gebäuden angebracht oder auch im Freien. **Aufgang,** der: (in diesem Sinnbereich) mehrere, breit angelegte und fest miteinander verbundene Stufen, die meist aus Stein gebaut sind und im allgemeinen durch ein Geländer oder durch Pfosten an den Seiten gesichert sind; findet sich gewöhnlich außerhalb an Gebäuden angebracht. **Freitreppe,** die: prunkvoller Aufgang, eine im Freien vor einem Gebäude angebrachte Treppe, die meist aus Stein und die im allgemeinen breit angelegt und häufig mit einem Gitter oder einer Mauer versehen ist. **Fallreep,** das (Seemannsspr.): eine Art Leiter, bewegliche Treppe, die verhältnismäßig schmal ist und aus Metall oder Holz und Tauen besteht und die an der Bordwand eines Schiffes heruntergelassen werden kann, um das Betreten des Schiffes, besonders von einem Boot aus, zu ermöglichen. **Laufsteg,** der; **Gangway** [gängweⁱ], die: schmale Treppe oder Laufgang von Bord eines Schiffes zur Pier oder von einem Flugzeug zum Erdboden.

treu (Ggs. ↑treulos, ↑untreu): an den eingegangenen Bindungen, die sich auf einen Menschen oder eine Sache beziehen können, unerschütterlich festhaltend; wird in der bürgerlichen Gesellschaft weitgehend in bezug auf das sexuelle Verhalten bezogen und entsprechend restriktiv gebraucht. **getreu** (geh.): i. S. v. treu; enthält jedoch über die Feststellung hinaus einen Gefühlswert, indem es die Hingabe der betreffenden Person und die Anerkennung des Sprechers/Schreibers ausdrückt: *ein sich selbst getreues Herz.* **getreulich** (veraltet): auf treue, anhängliche Weise: *der Hund lief ihm g. nach.* **ergeben** (geh.): aus Ehrfurcht oder Dankbarkeit jmdm. demütig geneigt: *der ihm auf Leben und Tod ergebene Diener.* **anhänglich:** auf eine gläubige Art an jmdm., dem gegenüber man sich in einem gewissen Abhängigkeitsverhältnis befindet, sehr hängend, ihm sehr zugetan, was sich auch darin äußert, daß der Betreffende die Nähe des andern sucht: *als Kind war er sehr a. und zutraulich.*

treulos (Ggs. ↑treu): (in diesem Sinnbereich) entgegen seinen Verpflichtungen oder Zusicherungen handelnd und den Partner, der sich darauf verlassen hat, sehr enttäuschend; Verrat beabsichtigend oder übend; wird von Personen und ihren Handlungen gesagt und enthält emotionale Ablehnung: *treuloser Verräter; treuloser Verrat; t. handeln;* vgl. treulos ↑untreu. **perfide** (bildungsspr.): auf hinterhältige, verschlagene Weise treulos; falsch, verräterisch gesinnt; wird von Personen, ihrer Gesinnung oder ihren Handlungen gesagt.

[1]**trinken** [etwas]: **a)** etwas aus einem dazu geeigneten Gefäß in einzelnen Zügen, Schlucken zu sich nehmen; wird auf Menschen bezogen: *trink nicht so rasch!; er trank einen Liter [Bier] nach dem anderen;* **b)** i. S. v. trinken a); wird in der Jägersprache auf kleinere Tiere oder in gewählter Sprechweise auch auf größere, meist edle Tiere, besonders auf Wild bezogen: *das erhitzte Roß trank Wasser am klaren Bach;* ↑[2]trinken, ↑[3]trinken. **saufen** [etwas]: **a)** (derb): i. S. v. trinken a); in burschikoser Redeweise: *hast du nicht etwas Gutes zu s. für mich?;* **b)** (abwertend): in großen gierigen Schlucken [und geräuschvoll] große Mengen trinken (vom Menschen gesagt); besagt, daß der Betreffende in der Art, wie er trinkt, gegen die Konvention verstößt, was der Sprecher/ Schreiber mißbilligt: *er säuft seine Milch geradezu, trinken kann man es nicht mehr nennen;* **c)** [große Mengen] Flüssigkeit [in großen Zügen] zu sich nehmen; bezieht sich auf größere Tiere, die meist große Mengen auf einmal trinken; vgl. saufen ↑[2]trinken, ↑[3]trinken. **hinunterstürzen,** etwas: eine bestimmte Menge eines Getränkes hastig [in einem Zug] trinken: *ich stürzte meinen Morgenkaffee hinunter und eilte davon.* **hinuntergießen,** etwas (ugs.): i. S. v. hinunterstürzen: *er hat einen ganzen Liter [Bier], ohne abzusetzen, hinuntergegossen.* **schlürfen** [etwas]: **a)** eine [heiße] Flüssigkeit geräuschvoll in kleinen Schlucken einsaugend trinken: *die beiden Kinder schlürften ihre Milch;* **b)** (ugs.): ein wohlschmeckendes Getränk langsam und genießerisch trinken: *nun wollen wir noch einen edlen Tropfen s.!* **nippen** [etwas]: mit einem kleinen Schluck von einer Flüssigkeit trinken, kosten: *sie trank ihren Wein nicht aus, sondern nippte nur ab und zu an ihrem Glase.*

[2]**trinken** [etwas]: ein alkoholisches Getränk zu sich nehmen; steht, wie auch die anderen Wörter dieser Gruppe, meist ohne oder mit einem das Getränk nicht näher kennzeichnenden Objekt: *bald schon war er ziemlich angeheitert, denn er war es nicht gewohnt, auf nüchternen Magen zu t.;* ↑[3]trinken, ↑betrinken, sich. **saufen: a)** i. S. v. trinken; in derbburschikoser Ausdrucksweise: *er hat schon wieder gesoffen?;* **b)** (abwertend) große Mengen Alkohol trinken; in unbeherrschter Weise, ohne die nötige Selbstkontrolle sehr ausgiebig dem Alkohol zusprechen: *wenn er einmal dabei ist, säuft er wie ein Loch;* vgl. saufen ↑[3]trinken; vgl. besoffen ↑betrunken. **zechen, pokulieren** (bildungsspr.): längere Zeit, im allgemeinen mit anderen Trinkgenossen zusammen, ausgiebig alkoholische Getränke zu sich nehmen; in fröhlicher Runde dem Alkohol reichlich zusprechen: *sie pokulierten bis in den frühen Morgen hinein.* **bechern:** eifrig und vergnügt, aber meist mit Maßen alkoholischen Getränken zusprechen; wird immer mit scherzhaftfreundlichem Unterton gesagt: *du hast gestern abend wohl wieder ein wenig gebechert?* **kneipen** (Studentenspr.): gemeinsam, nach dem Komment einer studentischen Verbindung viel [alkoholische Getränke, meist Bier] trinken. **[einen] pietschen** (ugs.): ausgiebig, meist in Gesellschaft anderer Trinkgenossen, dem Alkohol zusprechen; vergnügt zechen; wird meist mit wohlwollendem Unterton gesagt. **tanken** (salopp; scherzh.): i. S. v. trinken. **[einen] dudeln** (landsch.): [in ausgelassener Stimmung] ausgiebig alkoholischen Getränken zusprechen. **picheln** (landsch.): [in kleinerer Runde] über eine gewisse Zeit Alkohol, meist Wein, trinken; enthält die Vorstellung, daß der Betreffende mit Genuß und Wohlbehagen trinkt: *er pichelte bis in die späte Nacht.* **[einen] kümmeln** (salopp): genießerisch [in kleinen Schlucken] ein meist starkes alkoholisches Getränk zu sich nehmen. **schnapsen** (salopp): einige Schnäpse trinken: *oft s.* **die Gurgel/Kehle schmieren** (salopp; scherzh.): i. S. v. trinken. **in die Kanne steigen** (ugs.; scherzh.): **a)** gehörig dem Alkohol zusprechen; **b)** (Studentenspr.): eine bestimmte, meist größere Menge eines alkoholischen Getränks, oft Bier, auf einmal trinken, vielfach als Strafe für einen Verstoß gegen die Kneipordnung. **einen zu Gemüte führen,** sich (Dativ) (ugs.);

einen verlöten (salopp): etwas Alkoholisches trinken. **einen/etwas genehmigen,** sich (Dativ) (ugs.): mit Bedacht, in guter Stimmung [ausnahmsweise] ein Gläschen trinken; wird öfter dann gebraucht, wenn man die Vorfreude auf den kommenden Genuß ausdrücken will oder wenn man glaubt, einen Grund zum Trinken zu haben. **einen trinken/**(ugs.); **einen saufen** (derb); **einen [zur Brust] nehmen** (ugs.; scherzh.); **einen heben / stemmen / trillern / trudeln / zwitschern** (salopp): etwas Alkoholisches trinken; die meist scherzhaft gebrauchten Wendungen und Umschreibungen werden oft dann angewandt, wenn man sein Vorhaben, etwas zu trinken, kundtut oder wenn man jmdn. auffordern möchte, beim Trinken mitzuhalten: *kommst du mit, einen heben gehen?* **einen kippen** (ugs.); **einen pfeifen/durch die Gurgel jagen/unter das Jackett brausen** (salopp); **einen in die Figur schütten,** sich (Dativ) (salopp); **einen hinter die Binde/den Schlips/die Krawatte/den Knorpel gießen** [sich (Dativ)] (salopp): etwas Alkoholisches, besonders Schnaps, trinken. **einen schmettern/zischen/bürsten/blasen/schlucken** (salopp): etwas Alkoholisches, meist Bier, trinken. **einen auf die Lampe gießen** (salopp): einen oder mehrere Schnäpse trinken.

[3]**trinken:** gewohnheitsmäßig im Übermaß alkoholische Getränke zu sich nehmen; alkoholabhängig sein; dieses Wort wird, wie auch die anderen Wörter dieser Gruppe, meist auf Dritte bezogen; ↑[1]trinken, ↑[2]trinken. **saufen** (derb, abwertend): i. S. v. trinken. **trunksüchtig sein:** von krankhafter, leidenschaftlicher [sich steigernder] Gier nach fortwährendem Genuß alkoholischer Getränke getrieben sein. **dem Trunk/**(derb) **Suff ergeben sein; dem Trunk/**(derb) **Suff verfallen sein:** i. S. v. trinken.

trippeln: mit kurzen, zierlichen und schnellen Schritten gehen: *sie trippelte munter vor uns her.* **stolzieren:** sich sehr wichtig nehmend, gravitätisch einhergehen: *unterm Vivat der Gäste stolzierte das Paar mit königlicher Grazie in den Saal.* **stelzen:** steifbeinig, wie auf Stelzen gehen: *er stelzt auf und ab.* **stöckeln:** auf dünnen, hohen Absätzen gehen, und zwar unsicher und dabei bestrebt, das Gleichgewicht nicht zu verlieren: *sie stöckelte über die Straße.* **tänzeln:** mit zierlichen, beschwingten Schritten, wie sie eigentlich beim Tanzen üblich sind, gehen: *er tänzelte vor dem Spiegel;* ↑[1]gehen, ↑herumtreiben, sich, ↑laufen, ↑spazierengehen, ↑trotten, ↑wandern.

[1]**trocken** (Ggs. ↑naß): (in diesem Sinnbereich) frei von innerer oder an der Oberfläche anhaftender Feuchtigkeit oder Nässe; stellt sachlich den trockenen Zustand fest und wird von allen Dingen gesagt, die sowohl feucht oder naß als auch trocken sein können, ohne daß dadurch ihre eigentliche Substanz verändert würde; wird, wie alle Wörter dieser Gruppe, im allgemeinen nicht prädikatbezogen gebraucht: *der trokkene Schwamm lag auf dem Waschbecken; die Wäsche ist t.;* ↑[2]trocken; vgl. trocken ↑[1]unfruchtbar. **rappeltrocken** (ugs.; landsch.; emotional verstärkend): ganz und gar trocken; eigentlich: so trocken, daß es rappelt, klappert; wird auf Dinge bezogen, die auch klappern können, z. B. Holz: *das rappeltrockene Holz brennt gut.* **knochentrokken** (salopp; landsch.; emotional verstärkend): ohne jede innere Feuchtigkeit, ganz und gar trocken [und dadurch hart und rissig]; tadelt häufig, daß etwas nicht den erwarteten, normalen Feuchtigkeitsgehalt hat: *der knochentrockene Boden war hart wie Stein.* **furztrocken** (derb; landsch.; emotional verstärkend): ganz und gar, bis ins Innerste trocken; tadelt zumeist, daß etwas nicht den erwarteten, normalen Feuchtigkeitsgehalt hat: *der Tabak ist f.; furztrockener Kuchen.*

[2]**trocken:** (in diesem Sinnbereich) ohne die notwendige innere Feuchtigkeit, ohne Lebenssäfte; wird angewandt auf Pflanzen und Pflanzenteile und bezieht sich häufig weniger auf Farbe und Stellung der Blätter als auf die Beschaffenheit der starren, festeren holzigen Teile, die durch Verlust der Feuchtigkeit zugrunde gegangen sind; wird, wie die anderen Wörter dieser Gruppe, im allgemeinen nicht prädikatbezogen gebraucht: *das trockene Heidekraut war braun; der dicke Ast war ganz t.;* ↑[1]trocken; vgl. trocken ↑[1]unfruchtbar. **vertrocknet:** völlig trocken geworden, ohne den normalerweise vorhandenen und nötigen Feuchtigkeitsgehalt; wird auf Pflanzen und Pflanzenteile angewandt und bezieht sich häufig auf die starren, festeren, holzigen Teile, die zugrunde gegangen sind; kennzeichnet im Unterschied zu „trocken" den Zustand, der oft durch zu starke Sonneneinwirkung verursacht ist, als Endergebnis eines Vorgangs: *vertrocknete Pflanzen.* **dürr:** (in diesem Sinnbereich) ohne innere Lebenssäfte und Feuchtigkeit; bezieht sich häufig auf die Beschaffenheit der starren, festeren, holzigen Teile toter Pflanzen und ist mitunter emotional gefärbt: *dürre Äste;* vgl. dürr ↑mager, ↑[1]unfruchtbar. **verdorrt:** ganz und gar dürr geworden und aller Lebenssäfte und Feuchtigkeit beraubt; bezieht sich auf die Beschaffenheit der starren, festeren, holzigen Teile zugrunde gegangener Pflanzen;

kennzeichnet im Unterschied zu „dürr" den im Laufe der Zeit gewordenen Zustand: *die Felder sind in der regenlosen Zeit v.* **abgestorben:** zugrunde gegangen, weil die notwendigen Lebenssäfte fehlten; bezeichnet in dieser Gruppe am stärksten das Eingegangensein, das Nicht-mehr-Fortbestehen, den Endzustand von Pflanzen und deren Teilen: *die abgestorbenen Äste wurden abgesägt.*

trödeln: sich mit einer Arbeit nicht beeilen, sie nicht zügig erledigen, sondern durch saumseliges, verspieltes oder lustloses Tun, durch die Beschäftigung mit nebensächlichen Dingen in die Länge ziehen und nicht mit ihr vorwärtskommen: *trödle nicht erst lange, sondern mach, daß du fertig wirst!* **bummeln** (ugs.): (in diesem Sinnbereich) eine Arbeit ohne großen Eifer, nachlässig und mit langsamen, trägen Bewegungen ausführen, so daß man unnötig viel Zeit für sie braucht oder nicht rechtzeitig fertig wird; während „trödeln" mehr den Zeitfaktor hervorhebt, bezieht sich „bummeln" mehr auf die Art des Ausführens einer Sache: *wenn du bei deinen Schularbeiten nicht so gebummelt hättest, wärest du jetzt fertig und könntest mit uns spazierengehen.* **nölen** (landsch.): in seiner Arbeitsweise langsam, umständlich und schwunglos sein; nie mit etwas rechtzeitig fertig werden; drückt besonders den Unwillen, die Ungeduld des Sprechers/Schreibers aus und kennzeichnet weitgehend auch die persönliche, anlagebedingte Art des Betreffenden: *er nölt immer so sehr und wird mit seiner Arbeit erst spät fertig.* **ausmären,** sich (landsch.): sich bei etwas nicht beeilen, sich Zeit lassen und es nicht zügig erledigen: *der märt sich heute auch wieder aus, es wäre kein Wunder, wenn wir den Zug verpaßten;* vgl. mit einer Bierruhe ↑ruhig.

tropfen, etwas tropft: etwas fällt als Flüssigkeit in einzelnen Tropfen frei herab oder – seltener – rollt an etwas herunter: *eine dicke Träne tropfte von ihren Wimpern; bräunliche Marmelade tropfte auf seinen Pullover.* **tröpfeln,** etwas tröpfelt: etwas fällt in kleinen Tropfen schwach [und langsam] nieder oder rinnt an etwas herab: *dunkelbraune Flüssigkeit tröpfelte in die Kanne; blaue Lippen, über die schwarzes Blut tröpfelt;* vgl. tröpfeln ↑träufeln. **träufeln,** etwas träufelt (dichter.): etwas fließt in einer Tropfenkette langsam, sanft herab; ↑träufeln. **triefen,** etwas trieft: etwas fließt in einer Tropfenkette oder in [dünnen] Fäden reichlich [an etwas] herab: *der Regen troff von seinem Gesicht.* **perlen,** etwas perlt (geh.): (in diesem Sinnbereich) etwas rinnt in einzelnen, glänzenden Tropfen über etwas [worauf sich diese Tropfen gebildet haben] herunter oder tropft davon herab: *der Schweiß perlt ihm von der Stirn.*

trösten, jmd./etwas tröstet jmdn.: jmd./etwas macht jmdn. in seiner schweren Lage, in seiner Verzweiflung wieder hoffnungsvoll und zuversichtlich, lindert [durch Teilnahme und Zuspruch] sein Leid: *die Worte des Pfarrers trösteten ihn.* **Trost spenden,** jmd./etwas spendet jmdm. Trost (geh.): jmd./etwas erfüllt jmdn. in seiner schweren Lage, in seiner Verzweiflung [durch Anteilnahme und Zuspruch] mit neuer Hoffnung und Zuversicht und lindert sein Leid; wird mehr in feierlichen Zusammenhängen gebraucht. **Trost zusprechen,** jmdm. (geh.): jmdn. in seiner schweren Lage, in seiner Verzweiflung durch freundlich-teilnehmende Worte mit neuer Hoffnung und Zuversicht zu erfüllen und sein Leid zu lindern suchen. **Trost bieten/gewähren/verleihen,** etwas bietet/gewährt/verleiht jmdm. Trost (geh.): etwas lenkt jmdn. in seiner schweren Lage durch sein Vorhandensein von seinem Leid ab und erfüllt ihn mit neuer Hoffnung; die Wendung „Trost bieten" zielt mehr auf die Möglichkeit hin, daß etwas trostspendend sein kann, während die beiden anderen Wendungen mehr die Tatsache des Tröstens bezeichnen. **aufrichten,** jmd./etwas richtet jmdn. auf: jmd./etwas erfüllt jmdn. in seiner schweren Lage, in seiner Verzweiflung [durch Anteilnahme und Zuspruch] wieder mit neuem Lebensmut, befreit ihn aus seiner seelischen Not zu neuer Aktivität.

trotten: langsam, lässig und gleichgültig oder auch schwerfällig gehen; steht, wie die anderen Wörter dieser Gruppe, häufig in Verbindung mit einer Raumangabe: *hinter ihnen trottet ein Esel.* **stak[s]en** (ugs.): mit etwas steifen, bedächtigen Schritten gehen und dabei die Beine anheben: *wie stakst du nur durch die Gegend!* **stapfen:** indem man die Beine anhebt, mit starken und festen Schritten gehen und dabei so kräftig auftreten, daß sich der Fuß in den Boden eindrückt: *durch den tiefen Schnee s.* **waten:** im oder durch Wasser, Morast u. ä. gehen, wobei man ein wenig in den Boden einsinkt und deshalb die Beine beim Weitergehen anheben muß: *durch Wasser w.* **stiefeln** (ugs.): mit großen Schritten unbekümmert und unverdrossen gehen: *wir stiefelten durch die Dünen.* **latschen** (ugs.): mit großen, schweren Schritten [breitbeinig] gehen und dabei die Füße nicht richtig vom Boden abheben, sondern nachziehen: *latsche nicht so!* **schlurfen:** geräuschvoll gehen, indem man die Füße über den Boden schleifen läßt, statt sie hochzuheben: *der alte Mann schlurft durch alle Kirchen.* **schlappen: a)** mit

Pantoffeln und den damit verbundenen Geräuschen sowie der damit verbundenen Art irgendwohin oder irgendwo gehen: *der alte Mann schlappte über den Flur, auf die Toilette;* **b)** (ugs.) i. S. v. gehen; in lässig-burschikoser Ausdrucksweise: *ich muß nachher noch zur Polizei s.* **watscheln:** schwerfällig gehen, so daß sich das Körpergewicht beim Vorsetzen der Füße von einem Bein auf das andere verlagert: *sie watschelt wie eine Ente;* ↑ [1]gehen, ↑ herumtreiben, sich, ↑ laufen, ↑ spazierengehen, ↑ trippeln, ↑ wandern.

trotzig: hartnäckig bestrebt, seinen eigenen Willen durchzusetzen; sich dem Eingriff eines fremden Willens widersetzend [und davon zeugend]; wird hauptsächlich von Kindern gesagt: *ein trotziges Gesicht machen.* **widerspenstig:** einer Aufforderung zunächst immer den entgegengesetzten eigenen Willen gegenüberstellend; nicht bereit, Folge zu leisten, zu gehorchen: *ein widerspenstiges kleines Mädchen.* **widerborstig** (fam.): in besonders hartnäckiger Weise widerspenstig. **störrisch:** nicht fügsam, schwer zu leiten, sich durch kleine Widersetzlichkeiten gegen fremde Anweisungen auflehnend [und davon zeugend]. **bockig** (fam.): mit stummem Eigensinn auf seinem Willen bestehend und nicht bereit, sich zu fügen [und davon zeugend]; wird hauptsächlich von Kindern gesagt. **renitent** (bildungsspr.): sich sträubend, Anordnungen Folge zu leisten. **spröde:** abweisend wirkend und auf ein Angebot, einen Vorschlag erst einmal nicht eingehen wollend, ihm widerstrebend; vor allem auf Mädchen und Frauen bezogen; vgl. verstockt ↑ beharrlich; ↑ eigensinnig, ↑ ungehorsam.

trübe: (in diesem Sinnbereich) nicht klar und hell, sondern dunstig, sonnenlos und verhältnismäßig dunkel; wird im Bereich atmosphärischer und meteorologischer Erscheinungen vor allem auf die unfreundliche und sehr gedämpfte Beleuchtung bei wolkigem, nebligem oder regnerischem Himmel oder allgemein auch auf den durch Rauch oder Dunst entstehenden Zwischenzustand zwischen hell und dunkel bezogen. **grau:** (in diesem Sinnbereich) durch atmosphärische oder meteorologische Erscheinungen oder Rauch trübe, undurchsichtig, undeutlich und eintönig; bezeichnet das dunkle, trübe Tageslicht bei unfreundlichem Wetter und drückt gleichzeitig das emotional gefärbte Urteil des Sprechers/Schreibers aus: *ein grauer, nebliger Herbsttag.* **verhangen:** (in diesem Sinnbereich) durch Nebel, Wolken oder Rauch verdeckt, sonnenlos und verhältnismäßig dunkel; wird vor allem gebraucht, um den durch tiefhängende Wolken bedeckten und dadurch bedrückend wirkenden Himmel zu kennzeichnen, und wird auch auf den dadurch gekennzeichneten Tag bezogen.

Trümmer, die (Plural): zerschlagene Teile eines ehemals großen Ganzen, in regellose Brocken auseinandergefallene Teile von größeren Gesteinsmassen in der Natur oder von etwas, was der Mensch gestaltet hatte, und zwar meistens aus Stein (Bauwerke), seltener aus anderem Material (Fahrzeuge, Möbel o. ä.). **Schutt,** der (ohne Plural): gänzlich verfallene oder zerstörte, in kleinere Stücke zerbröckelte Reste von Gesteinsmassen, die vormals zu einem größeren [massiven] Ganzen (Fels oder Bauwerk) gehörten. **Überbleibsel,** die (Plural): (in diesem Sinnbereich) meistens nicht sehr große Reste von etwas, was zerfallen oder zerstört ist und was im allgemeinen von Menschen in einer bestimmten Form gebaut, geschaffen worden war und in der Regel größere Ausmaße aufwies; im allgemeinen läßt nur noch das Material einen ungefähren Schluß auf das ehemals Ganze zu, welches derartig zerstört oder verfallen ist, daß es selten überhaupt noch oder nur andeutungsweise identifizierbar ist; ↑ Ruine.

Tür, die: [ein- oder mehrflügeliges] flächiges Gebilde aus Holz oder anderem Material, das eine zum Durchgehen geschaffene Öffnung verschließt; in bezug auf einen geschlossenen, auch umschlossenen Raum: *die T. zum Schlafzimmer, zum Garten; die T. des Kleiderschranks, des Ofens, des Käfigs, des Autos.* **Tor,** das: [ein- oder zweiflügelige] Vorrichtung aus Holz, Metall o. ä., die [in Angeln drehbar] eine größere Öffnung in einer Mauer, in einem Zaun o. ä. verschließt; verschließt meistens die Ein- oder Durchfahrt für größere Fahrzeuge zu einem nach oben offenen, lediglich umfriedeten Raum (wie z. B. Burg-, Friedhofs-, Hof-, Stadttor o. ä.), seltener zu einem Innenraum (z. B. Garagen-, Hallen-, Scheunentor; selten: Kirchentor); bezeichnet auch die Eingangsöffnung selbst. **Pforte,** die (geh.): kleines [Neben]tor als Ein- oder Durchgang für Menschen zu einem Innenraum oder häufiger zu einem bloß umfriedeten Raum; bezeichnet auch die Eingangsöffnung selbst. **Portal,** das (geh.): baulich hervorgehobener, repräsentativ gestalteter größerer Eingang an einem Gebäude; meistens zweiflügelig, oft in ausgesprochen prunkvoller, künstlerischer Ausführung; der Haupteingang eines besonderen Gebäudes, etwa eines Domes, einer Kathedrale; bezeichnet auch die Eingangsöffnung selbst: *das P. einer Kirche.*

U

übel: übel sein/werden, jmdm. ist/wird übel: jmd. ist/wird von Unwohlsein, das mit starkem Brechreiz verbunden ist, befallen. **schlecht sein/werden,** jmdm. ist/wird schlecht: jmd. fühlt sich elend und hat mit Übelkeit zu kämpfen. **nicht gut sein,** jmdm. ist [es] nicht gut: jmd. fühlt sich unwohl und leidet unter Schwächegefühl und Brechreiz. **speiübel sein,** jmdm. ist speiübel: jmd. fühlt sich so schlecht, daß er glaubt, sich übergeben zu müssen; ↑benommen.

über: über und über: an seiner Oberfläche [fast] völlig mit etwas bedeckt; verbindet sich mit Verben oder Wendungen, die ausdrücken, daß etwas mit einer Sache versehen, etwas einer Sache hinzugefügt wird, und bedeutet meist, daß dies in [ungewöhnlich] hohem Grade geschieht; ist emotional gefärbt: *die Kinder kamen über und über verschmutzt vom Spielen nach Hause.* **von oben bis unten:** i. S. v. über und über; wird jedoch im allgemeinen nur von [größeren] aufrecht stehenden Gegenständen oder von Personen gesagt und bezieht sich immer auf die ganze Gestalt; bezeichnet auch meist etwas Nichtgewünschtes, Unangenehmes; ist emotional gefärbt: *er ist von oben bis unten schmutzig;* ↑[1]ganz, ↑[2]ganz.

überanstrengen, sich: [in gesundheitlich schädlicher Weise] eine zu große oder mehr als zuträgliche körperliche oder geistige Anstrengung auf sich nehmen. **überarbeiten,** sich: zuviel – und dadurch seiner Gesundheit schaden – arbeiten. **überfordern,** sich: sich mehr abverlangen als man seinen Kräften nach leisten kann; ↑übernehmen, sich.

überanstrengt: durch zu schwere oder zu lang andauernde Arbeit oder Nervenbelastung erschöpft, ohne weitere Kraftreserven. **überbeansprucht:** in bezug auf die Leistungskraft zu sehr beansprucht, was sich in irgendeiner Weise nachteilig auswirkt. **überarbeitet:** durch zu viel oder zu harte Arbeit überfordert und deshalb nervös oder erschöpft. **überlastet:** von zu vielen Pflichten belastet, in einen zu großen Aufgabenbereich gestellt. **überfordert:** mit zuviel Aufgaben o. ä. betraut, so daß der Betreffende sie nicht alle oder nicht in der erwarteten Weise erfüllen kann; ↑erschöpft.

überdrüssig: überdrüssig sein, jmds./einer Sache (geh.): nach zu langer andauernder und zu eingehender Beschäftigung mit einer Person, einer Angelegenheit oder einem Problem zu einer Fortsetzung dieser Tätigkeit keine Lust mehr haben; Ekel oder Abneigung gegen das bisher Getane empfinden, wobei sich diese Gefühle häufig mit einer gewissen Verärgerung verbinden. **müde sein,** einer Sache (geh.): an einer Angelegenheit, mit der man sich eingehend und längere Zeit befaßt hat, oder an einer Aufgabe, an deren Bewältigung man viel Mühe, Zeit und Kraft gewendet hat, keine Freude mehr haben, weil man sich – oft ohne das gewünschte Ergebnis erzielt zu haben – erschöpft fühlt und die Kraft erlahmt und nachläßt. **dick[e] haben,** etwas (salopp): einer Angelegenheit überdrüssig sein und vollauf genug davon haben, nichts mehr damit zu tun haben wollen, da man davon zu oft gehört oder zu viel gesehen hat; die Wendung enthält die Emotion des Sprechers/Schreibers. **überhaben,** jmdn./etwas (ugs.): nachdem man sich einige Zeit mit einer Person, einer Angelegenheit oder einem Problem befaßt hat, nichts mehr von dieser Sache wissen wollen, keine Lust mehr verspüren, seine Beziehungen zu dem betreffenden Menschen fortzusetzen. **satt haben,** etwas (salopp): sich nicht weiter mit etwas befassen, weil es einem zuviel ist; wird häufig mit einem gewissen Nachdruck gesagt, der auf eine innerliche Erregung des Sprechers/Schreibers hinweist. **satt sein,** etwas (salopp), (selten auch:) einer Sache (Genitiv) satt sein: i. S. v. satt haben. **bis an den Hals stehen,** etwas steht jmdm. bis an den Hals (salopp); **bis zum Hals haben,** jmd. hat etwas bis zum Hals (salopp): jmd. ist einer Sache, die er lange getan oder ertragen hat, bis zum Ekel, bis zur Übelkeit überdrüssig; beide Wendungen sind stark emotional gefärbt. **zum Halse heraushängen/herauswachsen,** etwas hängt/wächst jmdm. zum Halse heraus (salopp): jmd. hat übergenug von etwas, fühlt sich von etwas, was er lange getan oder ertragen hat, angewidert und hat keine Lust [oder ist nicht gewillt], sich weiter damit zu befassen; wird mit einem ärgerlichen Unterton gesagt und ist stark emotional gefärbt. **leid sein,** jmd. ist etwas/jmdn., (geh. auch:) einer Sache/jmds. leid: jmd. hat aus Überdruß, Enttäuschung, Verärgerung keine Neigung mehr, sich mit etwas/jmdm. weiterhin zu befassen, abzugeben. **genug haben** [von etwas/jmdm.] (ugs.): sich nicht mehr mit etwas/jmdm. abgeben wollen; wird häufig mit einer gewissen Resignation gesagt, die die Enttäuschung des Sprechers/Schreibers deutlich macht. **reichen,** etwas reicht jmdm. (salopp): jmd. hat so viel von etwas, was ihn erregt, ärgert oder zornig macht, erduldet oder erfahren, daß er nun nichts mehr [stillschweigend] hinnehmen kann oder will; wird im allgemeinen mit einem gewissen Nachdruck gesagt, der auf verhaltene Wut oder auf aufgestauten Groll des Sprechers/Schreibers hinweist. **die Schnauze/den Kanal voll haben** [von etwas] (derb): einer Sache sehr überdrüssig sein, sie nicht länger ertragen wollen; diese Wendungen sind stark emotional gefärbt. **die Nase voll haben** [von etwas/jmdm.] (salopp): sich von etwas/jmdm. angewidert fühlen, dessen überdrüssig sein und sich deshalb davon/von ihm abwenden. **bis oben/hier stehen,** etwas steht jmdm. bis oben/hier (salopp): jmd. ist einer Sache in hohem Maße überdrüssig; wird im allgemeinen mit einem gewissen Nachdruck und meist zusammen mit einer verdeutlichenden Handbewegung gebraucht, die auf die innere Erregung, den Abscheu oder den Ärger des Sprechers/Schreibers hindeutet. **bedient sein,** jmd. ist bedient (salopp): jmd. ist einer Sache sehr überdrüssig und will nichts mehr davon hören oder sehen, ist über etwas verärgert, von etwas angewidert und zieht seine Konsequenzen daraus: drückt Unmut oder Verärgerung aus; ↑ [1]langweilen.

übereilt: zu rasch und ohne die Folgen genügend bedacht zu haben: *eine übereilte Tat, Entscheidung.* **überstürzt:** in Hast und ohne genügend Überlegung; zu rasch, ohne sorgfältige Planung geschehend: *er reiste ü. ab.* **ohne Überlegung:** einer spontanen Regung nachgebend, ohne über die Auswirkungen und Folgen seines Handelns nachzudenken. **kopflos:** durch ein Unglück oder ein ähnliches Erlebnis so verwirrt, daß man, während es auf einen klaren Kopf und auf schnelle, zweckmäßige Entscheidungen ankommt, ohne Vernunft und Überlegung handelt. **Hals über Kopf** (ugs.): so rasch, so hastig, daß gar keine Zeit zum Überlegen bleibt; steht im allgemeinen in einem Satzzusammenhang, der eine Bewegung ausdrückt: *sich Hals über Kopf zur Flucht entschließen.* **kopfüber:** (in diesem Sinnbereich) gedankenlos-schnell: *sich k. in das Abenteuer stürzen;* ↑ schnell; vgl. spontan ↑ unaufgefordert; ↑ [2]Kopf (den Kopf verlieren).

[1]**übereinstimmen** [in etwas, mit jmdm. in etwas]: in einer bestimmten Angelegenheit gleicher Meinung mit jmdm. sein; sich über die Behandlung bestimmter Probleme mit anderen einig sein: *in der Außenpolitik stimmen wir nicht überein.* **konform gehen** [mit jmdm.] (bildungsspr.): die Anschauungen oder Methoden eines anderen als seine eigenen anerkennen [was in der gemeinsamen Verfolgung des gleichen Zieles zum Ausdruck kommt]; wird vor allem auf dem Gebiet der Politik verwendet: *die Parteimitglieder müssen nicht immer mit dem Parteivorsitzenden konform gehen.*

[2]**übereinstimmen,** etwas stimmt überein: (in diesem Sinnbereich) etwas weicht in keiner Beziehung ab, steht in Einklang mit etwas anderem, mit dem es verglichen wird; alle drei Wörter dieser Gruppe besagen inhaltlich das gleiche, nur das Bild ist jeweils etwas anders gewählt; „übereinstimmen" enthält das Wort Stimme (mit gleicher Stimme): *ihre Aussagen, Anschauungen stimmten nicht überein.* **decken,** sich, etwas deckt sich: (in diesem Sinnbereich) etwas ist vollkommen identisch mit etwas anderem, meint das gleiche, sagt das gleiche aus, hat das gleiche zum Inhalt; kann nur von bestimmten Fakten, Begriffen gesagt werden, deren absolute Identität behauptet, im Vergleich festgestellt wird: *die Interpreten gelangten zu Ergebnissen, die sich keineswegs deckten.* **gleich sein,** etwas ist gleich: etwas ist von derselben Art wie etwas anderes, mit dem es verglichen wird: *die Definitionen in den verschiedenen Büchern sind gleich.*

Überfall, der: überraschender Angriff auf eine Person oder Sache in der Absicht, ihr Schaden zuzufügen oder sich ihrer gewaltsam zu bemächtigen. **Anschlag,** der: Versuch der gewaltsamen Beschädigung oder Zerstörung von etwas: *ein verbrecherischer A.; ein A. auf eine Bahnstrecke;* ↑ Attentat.

übergeben, sich; **erbrechen** [sich]: aus Übelkeit den Mageninhalt durch den Mund wieder von sich geben. **vomieren** (Medizin): i. S. v. sich übergeben. **von sich** (Dativ) **geben,** etwas: i. S. v. sich übergeben; klingt gewählter. **brechen** (ugs.): i. S. v. sich erbrechen; klingt gewöhnlicher als „sich erbrechen". **speien [wie ein Reiher]** (landsch.); **spucken** (landsch.): i. S. v. sich übergeben; bezeichnet den Vorgang auf unverhüllte, direkte Weise. **kotzen** (derb): i. S. v. sich übergeben. **reihern** (derb): sich [besonders stark] erbrechen. **rückwärts zählen** (scherzh.); **jmdm. fällt das Essen aus dem Gesicht** (scherzh.): i. S. v. sich übergeben. **seekrank sein:** infolge des Seegangs auf einer Schiffsreise von Übelkeit befallen sein und sich übergeben müssen. **die Fische füttern** (scherzh., verhüllend); **Neptun opfern** (scherzh., verhüllend): auf See infolge des Seegangs von Übelkeit befallen sein und über die Reling gebeugt sich übergeben.

überkommen, etwas überkommt jmdn.: etwas ergreift jmdn. plötzlich und mit großer Intensität; wird hauptsächlich von Gedanken, Gefühlen und Stimmungen gesagt: *in der Dunkelheit überkommt mich oft Furcht.* **überfallen,** etwas überfällt jmdn.: (in diesem Sinnbereich) i. S. v. überkommen; betont mehr das Unvermittelte, Erregende der Empfindung, von der man ergriffen wird; wird hauptsächlich von Gefühlen und Stimmungen, aber auch von Gedanken und Vorstellungen gesagt: *Angst überfiel ihn mit Gewalt.* **befallen,** etwas befällt jmdn.: (in diesem Sinnbereich) jmd. wird plötzlich von traurigen oder unangenehmen Gedanken oder Stimmungen ergriffen oder ist von ihnen bedrückt: *es befiel uns Wehmut, Schwermut.*

überlassen: sich selbst überlassen, jmdn.: jmdm., der sich in Sorge oder Not befindet, nicht zur Seite stehen, sich seiner nicht annehmen, so daß er auf sich selbst angewiesen ist und mit seinen Sorgen und Problemen allein fertig werden muß. **allein lassen,** jmdn.: (in diesem Sinnbereich) jmdn. ohne Beistand oder Schutz lassen, so daß er [in einer bestimmten Situation] ganz auf sich allein gestellt ist. **seinem Schicksal überlassen,** jmdn.: jmdn. in einer für ihn schweren oder gefahrvollen Situation im Stich lassen, sich [obwohl es eine selbstverständliche Pflicht wäre] nicht um ihn kümmern.

überlegen, sich (Dativ) etwas: sich in Gedanken mit einem Plan, Vorhaben o. ä. beschäftigen, um zu einer bestimmten Entscheidung oder zu einem Entschluß zu kommen: *ich habe es mir gut überlegt.* **nachdenken** [über etwas]: sich in Gedanken eingehend mit etwas beschäftigen; versuchen, sich über einen Sachverhalt klarzuwerden: *ich habe gestern über diese Aussprache nachgedacht.* **durchdenken,** etwas: einen Sachverhalt systematisch und gründlich bedenken und seine Möglichkeiten und Konsequenzen überprüfen: *er scheint seinen Plan doch gründlich durchdacht zu haben.* **Gedanken machen,** sich (Dativ) über etwas: etwas gelegentlich oder wiederholt überdenken; wird dann gebraucht, wenn man mit seinen Überlegungen über eine bestimmte Sache noch nicht zu einem abschließenden Ergebnis gekommen ist oder sich mit etwas noch eingehender beschäftigen will oder soll; im Unterschied zu den anderen Wörtern dieser Gruppe hebt diese nominale Wendung stärker die einzelnen Erwägungen hervor: *über Schwierigkeiten, die möglicherweise eintreten, habe ich mir auch schon Gedanken gemacht;* ↑ausdenken, ↑erwägen, ↑grübeln.

überliefert: (in diesem Sinnbereich): aus früheren Zeiten stammend, von den Vorfahren her weitergegeben: *überlieferte Fastnachtsbräuche.* **überkommen:** als Gedankengut o. ä. aus der Vergangenheit in die Gegenwart gekommen; während „überliefert" eine Person als Vermittler voraussetzt, findet sich dieser Bezug bei „überkommen" nicht; was „überliefert" wird, soll auch bewahrt werden, das muß bei „überkommen" nicht so sein; wird im allgemeinen attributiv gebraucht: *überkommene Rechte; sich von überkommenen Vorstellungen lösen;* ↑herkömmlich; ↑Tradition.

übermüdet: (in diesem Sinnbereich) [durch längere körperliche oder geistige Arbeit] überanstrengt und darum dringend schlafbedürftig. **übernächtig** (veraltend): von durchwachter Nacht erschöpft. **übernächtigt:** durch allzulanges Wachsein angegriffen und die Spuren der Übermüdung deutlich im Gesicht tragend; ↑[1]müde, ↑[2]müde, ↑verschlafen.

übermütig: (in diesem Sinnbereich) sich in einer fröhlichen, waghalsig-provokativen Stimmung befindend, die für ihre Äußerung über das Maß hinausgeht und ungezügelt der Lebenslust Ausdruck gibt und dadurch leicht Anstoß erregen kann. **ausgelassen:** in unbeschwerter Weise fröhlich, was meist mit Wildheit und Herumtoben verbunden ist. **außer Rand und Band:** vor Übermut und Wildheit gar nicht mehr zu bändigen, ungebärdig und maßlos in seiner Ausgelassenheit; wird nur subjektbezogen von jmdm. hinsichtlich seines Verhaltens in einer bestimmten Situation gesagt; ↑lebhaft, ↑temperamentvoll, ↑unbändig, ↑ungestüm.

übernachten: eine Nacht irgendwo, im allgemeinen in irgendeinem festen Quartier, verbringen. **nächtigen:** irgendwo [behelfsmäßig] die Nacht zubringen. **schlafen:** (in diesem Sinnbereich) irgendwo ein Nachtlager finden: *in unserem Haus können nicht alle Gäste s., wir haben zu wenig Platz; im Freien s.* **kampieren** (ugs.): irgendwo recht behelfsmäßig auf einem Notlager übernachten; ↑beherbergen.

übernehmen, sich: (in diesem Sinnbereich) sich etwas vornehmen, dem man seinen Kräften nach gar nicht gewachsen ist: *er hat sich mit dieser Nebenarbeit übernommen.* **überschätzen,** sich: (in diesem Sinnbereich) seine Kräfte oder Fähigkeiten nicht richtig einschätzen, glauben, daß man mehr leisten kann, als es tatsächlich der Fall ist: *er wollte dolmetschen, aber er hatte sich doch überschätzt.* **zuviel zumuten,** sich (Dativ): eine sehr große Aufgabe oder Belastung freiwillig auf sich nehmen und sie nur bedingt oder nur unter großer Mühe bewältigen können: *sei vorsichtig und mute dir nicht zuviel zu!* ↑überanstrengen.

überrascht: eine seelische Reaktion widerspiegelnd, die eintritt, wenn etwas unerwartet gekommen ist: *bei diesen Worten hob sie ü. den Kopf.* **verwundert:** eine seelische Reaktion widerspiegelnd, die eintritt, wenn ein Geschehen, Ereignis o. ä. befremdlich wirkt, es kaum zu glauben ist: *ihre Augen blickten v.* **erstaunt:** eine seelische Reaktion widerspiegelnd, die eintritt, wenn ein Ereignis, Geschehen o. ä. solch einen Grad von Verwunderung ausgelöst hat, daß man – bildlich gesprochen – gleichsam unbeweglich dasteht oder starr ist; dem Wort „staunen" liegt die Bedeutung „erstarren" zugrunde: *er sah sie e. an;* vgl. erstaunen ↑[2]wundern, sich. **befremdet:** mißbilligendes Erstaunen ausdrückend: *sie war sehr b. über seine Äußerungen in der Öffentlichkeit.* **verblüfft:** durch ein plötzlich und unerwartet eintretendes Ereignis für einen Augenblick aus der Fassung gebracht [und davon zeugend]: *er umarmte die verblüffte Wirtin.* **baff** (salopp), **platt** (salopp): i. S. v. verblüfft; wird meist subjektbezogen verwendet: *er war platt über diese Frechheit.* **geplättet** (salopp): i. S. v. verblüfft; wird im allgemeinen subjektbezogen gebraucht und dann angewandt, wenn der Sprecher/Schreiber sein eigenes Erstaunen ausdrücken will. **perplex** (ugs.): i. S. v. verblüfft; jedoch mit den Nebenvorstellungen von Betroffenheit und Verwirrung; wird im allgemeinen subjektbezogen gebraucht. **sprachlos:** so überrascht, daß man für eine [kurze] Zeit keine [passenden, kommentierenden] Worte findet. **verdutzt** (ugs.): von etwas Unerwartetem so verwirrt, daß man glaubt, seinen Augen oder Ohren nicht trauen zu können: *ein verdutztes Gesicht machen.* **wie vom Donner gerührt** (ugs.; emotional übertreibend): mit einer gewissen Betroffenheit wie erstarrt über etwas, was einem völlig unerwartet, wie aus heiterem Himmel kommt, und zunächst unfähig, es zu begreifen oder sich dazu zu äußern.; vgl. befremden ↑stutzig.

überreden, jmdn.: jmdn. durch Worte dazu bringen, daß er etwas tut, was er ursprünglich zu tun abgelehnt hatte. **überzeugen,** jmdn.: jmdn. durch Argumente dahin bringen, daß er etwas als richtig, notwendig anerkennt. **bekehren,** jmdn. (ugs.): (in diesem Sinnbereich) indem man auf jmdn. durch Reden einwirkt, ihn zu einer Sinnesänderung veranlassen, ihn für eine bestimmte Ansicht gewinnen. **bereden,** jmdn. (selten): jmdn. durch eindringliches Zureden zu etwas veranlassen. **beschwatzen,** jmdn. (ugs.): auf jmdn. mit vielen Worten einreden, bis man bei ihm etwas Bestimmtes erreicht hat, wobei man oft den Eindruck hat, daß er dabei übertölpelt worden ist. **herumkriegen,** jmdn. (salopp): durch beharrliches Reden und vielleicht auch noch durch besonders schmeichlerisches und geschicktes Verhalten bewirken, daß jmd. seinen Standpunkt in einer bestimmten Sache aufgibt oder ändert. **breitschlagen,** jmdn. (salopp): jmds. Widerstand gegenüber einem Vorschlag, Wunsch o. ä. durch ständiges und etwas aufdringliches Reden endlich überwinden; mehr durch Ausdauer als durch gute Argumentation jmdn. dazu bringen, daß er auf etwas eingeht, was eigentlich seinen Prinzipien, Ansichten oder Pflichten usw. widerspricht; wird hinterher von dem, der überredet hat, mit einer gewissen Genugtuung, von dem, der überredet worden ist, mit Resignation gebraucht. **belatschern,** jmdn. (salopp; landsch.): auf jmdn. in burschikos-plumper und zudringlicher Weise so lange einreden, bis er bereit ist, etwas Bestimmtes zu tun oder seine Zustimmung zu etwas zu geben. **becircen,** jmdn. (ugs.): jmdn. durch die wohlberechnete Entfaltung seines persönlichen Charmes für sich gewinnen und dazu bringen, daß er einem etwas zuliebe tut; wird im allgemeinen nur von weiblichen Personen gesagt; ↑aufschwatzen, ↑drängen, ↑gewinnen (für).

überschnappen (ugs.): zumeist auf Grund eines bestimmten Ereignisses plötzlich geistig nicht mehr normal sein, seines Verstandes nicht mehr mächtig sein; wird im allgemeinen nur von anderen gesagt und meist dann verwendet, wenn man dieses Abweichen vom Normalen und Üblichen erstmals feststellt; in der Regel emotional übertreibend, wenn es so scheint, als ob jemand nicht mehr normal sei. **verrückt werden** (ugs.): durch irgendein außergewöhnliches, meist schreckliches Ereignis oder durch besonders drückende oder aufreibende Verhältnisse um seinen klaren Verstand gebracht werden; wird, wie die folgenden Wendungen dieser Gruppe, oft in Zusammenhängen verwendet, in denen die geistige Verwirrung als Möglichkeit hingestellt und befürchtet wird. **den Verstand verlieren; vom/um den Verstand kommen:** etwas Schreckliches, Rätselhaftes nicht fassen, nicht begreifen können und dadurch geistig gestört werden. **geisteskrank werden:** durch krankhafte Störungen den Zustand erreichen, daß man seiner geistigen Kräfte, seines Verstandes nicht mehr mächtig ist; ↑spinnen; ↑kribblig.

Überschwang, der (ohne Plural): Äußerung überschäumenden Gefühls; kennzeichnet weniger das Übertriebene der Gefühlsäußerung als vielmehr die Intensität des Fühlens; ↑überschwenglich. **Überschwenglichkeit,** die (Plural ungebräuchlich): [charakterliche] Neigung zu übertrieben starken und lebhaften Gefühlen oder die übertriebene, schwärmerische Art und Weise, Gefühle zum Ausdruck zu bringen; wird in bezug auf einen Menschen, seine Äußerungen oder Handlungen gebraucht.

überschwenglich: in Gefühlsäußerungen übersteigert, oft übertrieben; wird vom Menschen und seinen Äußerungen gesagt; ↑Überschwang. **schwärmerisch:** zu sehr gefühlsbetonter oder verstiegener Begeisterung, übertriebener Empfindsamkeit neigend oder davon erfüllt und sie in seinem Verhalten zum Ausdruck bringend. **exaltiert** (bildungsspr.): in einem aufgeregten Gemütszustand leidenschaftlicher, oft unnatürlicher Begeisterung oder von krankhaft übersteigerten Empfindungen und übermäßigem Selbstgefühl erfüllt und dabei im Verhalten theatralisch und überspannt; ↑affektiert, ↑überspannt.

übersiedeln: sich an einem anderen Ort niederlassen [um dort dauernd oder für längere Zeit zu wohnen]; drückt im allgemeinen aus, daß der Wohnungswechsel über eine größere Entfernung hinweg [unter Mitnahme aller beweglichen Habe] geschieht und die neue Wohnstätte dauernd [als Hauptwohnsitz] beibehalten werden soll. **seinen Wohnsitz verlegen** (Verwaltungsspr.): seinen bisherigen ständigen Wohnort aufgeben und sich in einer anderen Stadt oder Gemeinde niederlassen; steht, wie die übrigen Wörter, meist mit Raumergänzung, die das Ziel, häufig auch die Herkunft angibt: *ich beabsichtige, meinen Wohnsitz [von Frankfurt] nach München zu verlegen.* **ziehen** (ugs.): seine bisherige Wohnung, Unterkunft aufgeben und eine andere beziehen; kann jede Art des Wohnungswechsels über kleinere oder größere Entfernung oder für kürzere oder längere Dauer bezeichnen; steht im allgemeinen mit Richtungsangabe: *wir ziehen ins Erdgeschoß, in die Mozartstraße, nach Aachen.* **umziehen:** in eine andere Wohnung ziehen; gibt lediglich die Tatsache als solche an: *wir wollen [bald, nächste Woche] u.*

überspannt: das Maß des Vernünftigen überschreitend; an sich richtige Gedanken, Vorstellungen oder Grundsätze ins Gefühlvoll-Schwärmerische übersteigernd; wird vom Menschen unmittelbar und von Gedanken oder Vorstellungen gesagt. **verstiegen:** abwegig, der Wirklichkeit nicht mehr entsprechend; wird auf Gedanken oder Vorstellungen bezogen; kann im Unterschied zu „überspannt" nicht von Menschen selbst gesagt werden: *verstiegene Pläne.* **phantastisch:** von Illusionen, unerfüllbaren Wunschbildern oder schwärmerischen, unwirklichen und oft unklaren Vorstellungen oder Gedanken beherrscht und außerhalb der Wirklichkeit oder im Widerspruch zu ihr stehend; wird von Gedanken oder Vorstellungen – selten von Menschen unmittelbar – gesagt: *in seinem Kopf spukten allerlei phantastische Vorstellungen.* **utopisch** (bildungsspr.): mit den Gegebenheiten der gegenwärtigen Realität nicht vereinbar, durchführbar: *utopische Zukunftsbilder;* ↑affektiert, ↑überschwenglich; ↑Einbildung.

[1]**übertreffen,** jmdn./etwas [in etwas]: (in diesem Sinnbereich) über die Leistungen anderer auf dem gleichen Gebiet hinauskommen, Besseres leisten, aufweisen als sie. **überbieten,** jmdn./etwas [in etwas]: i. S. v. übertreffen; während mit „übertreffen" mehr das Resultat angesprochen ist, verbindet sich mit „überbieten" auch die Vorstellung der Absicht. **übertrumpfen,** jmdn./etwas: auf Grund eines entscheidenden Vorteils, einer besonderen Qualität andere ins Hintertreffen bringen. **ausstechen,** jmdn.: einen Nebenbuhler oder Konkurrenten in irgendeiner Beziehung eindeutig übertreffen und ihn bewußt verdrängen, dadurch erreichen, daß er nicht mehr konkurrenzfähig ist. **überflügeln,** jmdn.: andere [ohne große Anstrengung] in seinen Leistungen übertreffen und so den Vorrang vor ihnen bekommen. **überholen,** jmdn.: bessere Leistungen als ein anderer zeigen und auf einem bestimmten Gebiet ihm gegenüber einen Vorsprung gewinnen. **überrunden,** jmdn. (ugs.): auf einem bestimmten Gebiet durch seine weitaus besseren Leistungen anderen gegenüber einen Vorsprung gewinnen. **hinter sich lassen,** jmdn.: schneller vorwärtskommen als andere, es weiter bringen als sie. **in den Schatten stellen,** jmdn.: es [auf Grund seiner Überlegenheit] verstehen, mehr als andere beachtet zu werden, die Aufmerksamkeit von anderen weg und auf sich zu lenken. **den**

Vogel abschießen: der Beste in einer Gruppe sein bei einem Wettbewerb o. ä. **in die Tasche/in den Sack stecken,** jmdn. (ugs.): jmdm. überlegen sein, in seinen Leistungen weitaus besser sein als der andere; verbindet sich mit der Vorstellung, daß das gar keine große Mühe macht. **den Rang ablaufen,** jmdm.: durch entsprechende Anstrengungen einen anderen [Konkurrenten] aus dessen Position verdrängen, ihn übertreffen. **die Schau stehlen,** jmdm. (ugs.): einen anderen, der sich von seinen Aktivitäten besondere Wirkung versprochen hatte, um diesen Erfolg bringen, weil man selbst die öffentliche Aufmerksamkeit auf sich gelenkt hat. **austricksen,** jmdn. (ugs.): jmdn. geschickt, durch List als Konkurrenten ausschalten.

[2]**übertreffen,** etwas übertrifft etwas: (in diesem Sinnbereich) etwas liegt über dem eigentlich Erwarteten, ist in Stärke, Leistung oder in seiner Eigenschaft besser als vermutet. **übersteigen,** etwas übersteigt etwas: (in diesem Sinnbereich) etwas geht über eine gewisse Grenze, die man in Gedanken gezogen hatte, hinaus; ist bezogen auf ein [Aus]maß von etwas, mit dem man nicht gerechnet hat.

übertreiben, etwas: etwas größer, wichtiger oder schlimmer darstellen, als es wirklich ist. **aufbauschen,** etwas (abwertend): einem Geschehen, Vorfall mehr Wichtigkeit beilegen, als ihm zukommt, wobei meist eine bestimmte Absicht verfolgt wird: *ein Geschehnis, einen Triumph a.* **dick auftragen** (salopp; abwertend): etwas sehr stark und so sehr übertreiben, daß es gleich auffällt. **aus einer Mücke einen Elefanten machen** (ugs.; abwertend): einen kleinen, unbedeutenden Vorfall übermäßig ernst und schwernehmen und ihn so behandeln, als ob er von großer und schwerwiegender Bedeutung wäre.

überwinden, sich: sich nach anfänglichem Zögern mit leichter Gewalt dahin bringen, etwas zu tun, was einem schwerfällt. **einen Ruck geben,** sich (Dativ): sich innerlich einen Stoß geben, um schließlich etwas zu tun, wozu man keine Neigung oder keinen Mut hatte; wird gesagt, wenn eine Veränderung unmittelbar erfolgt.

üblich, den allgemeinen Gepflogenheiten entsprechend; unter bestimmten Umständen immer wieder anzutreffen: *die üblichen Preise; die übliche Begrüßung.* **gewöhnlich:** (in diesem Sinnbereich) zur Regel geworden; nur selten eine Ausnahme zulassend; wird nur attributiv gebraucht: *das ist unsere gewöhnliche Beschäftigung.* **gewohnt:** durch häufige Wiederkehr vertraut geworden; wird nur attributiv gebraucht: *zur gewohnten Stunde; seine gewohnte Redeweise.* **gehabt** (ugs.): schon dagewesen; bisher leider [so, in der Art] üblich: *ein Überfall nach gehabtem Muster; wie gehabt ließ er mich warten;* ↑landläufig.

Ufer, das: die [als mehr oder weniger schmaler Streifen gedachte] Begrenzung eines Gewässers durch das Festland, wobei vielfach kein klarer Übergang nach dem Landinneren festzulegen ist: *am U. des Flusses; er stand am U.* **Küste,** die: eine längere Strecke Landes am Ufer des Meeres entlang, von unterschiedlicher Breite; wird von dem steil aufragenden oder sanft ansteigenden Erdstreifen gesagt, der das Wasser gegen das Festland abgrenzt und der aus festem Gestein, Sand, Schlick usw. bestehen kann: *eine steile K.* **Gestade,** das (dichter.): der Teil des festen Landes, der an das Wasser grenzt und von ihm berührt wird; bezeichnet vorzugsweise die Küste des Meeres oder die Ufer an größeren [schiffbaren] Gewässern, aber auch einen verhältnismäßig großen und langen Küstenstrich; kann sowohl flach als auch steil sein und dient vielfach Schiffen als Anker- und Hafenplatz. **Kliff,** das (niederd.): die felsige und steile Küste am Meer, die ständig von einer starken Brandung unterspült und ausgewaschen wird. **Strand,** der: das flache und sanft ansteigende Ufer des Meeres, seltener eines Flusses oder Sees, das beim höchsten Wasserstand gewöhnlich noch überflutet wird; im allgemeinen besteht es aus Sand und kann von unterschiedlicher Länge und Breite sein; wird häufig mit dem Wort „Küste“ gleichgesetzt, bezeichnet aber nicht so sehr das rein sachlich Festgestellte und Gegebene, sondern beschreibt das dem Sprecher/Schreiber in irgendeiner Weise freundlich oder belebt erscheinende Ufer: *das Badeleben am S.*

um: um jmds./einer Sache **willen:** betrifft jmdn./etwas, den bzw. das man bei seinen Überlegungen in den Vordergrund rückt und worauf man sein Handeln ausrichtet; gibt den Grund an für etwas oder das Ziel, das jmd. bei seinem Tun vor Augen hat: *schon um der Kinder willen hätte er seine Frau nicht verlassen dürfen.* **wegen,** jmds./einer Sache: (in diesem Sinnbereich) betrifft jmdn. oder etwas, was als bewegende Ursache als Anlaß des Geschehens angegeben wird [was bevorsteht oder erreicht werden soll]; wird sowohl vor- als auch nachgestellt und umgangssprachlich auch mit Dativ gebraucht; in Verbindung mit einem alleinstehenden Substantiv im Singular auch oft ohne Beugungsendung: *w. Umbau[s] geschlossen; ihrer Figur w.* **halber,** jmds./

einer Sache: mit Rücksicht auf etwas [was vorausgegangen oder gegenwärtig ist]; wird nachgestellt gebraucht: *der Vollständigkeit halber.*

umfallen, etwas fällt um: (in diesem Sinnbereich) etwas gerät, nach einer Seite hin fallend, aus dem Stehen, aus einer senkrechten Stellung und kommt auf den Boden, einen Untergrund zu liegen: *die Schnapsgläser fielen um;* vgl. umfallen ↑schlappmachen. **umstürzen,** etwas stürzt um: etwas fällt heftig, mit Wucht um, häufig speziell durch Einwirkung von Gewalt: *krachend stürzte das Gerüst um und begrub mehrere Arbeiter unter sich.* **umschlagen,** etwas schlägt um (selten): (in diesem Sinnbereich) (in seiner ganzen Länge nach oben) plötzlich auf eine Seite hin stürzen: *während des Unwetters schlug einer der Kräne um und zertrümmerte die Baubude;* vgl. umschlagen ↑kentern. **umkippen,** etwas kippt um (ugs.): (in diesem Sinnbereich) etwas fällt [infolge eines Übergewichts] um: *als er auf die Lehne kletterte, kippte die hölzerne Eckbank um;* vgl. umkippen ↑schlappmachen, ↑kentern. **umfliegen,** etwas fliegt um (salopp); **umsausen,** etwas saust um (salopp): etwas fällt mit viel Schwung um; enthält die Emotion des Sprechers/Schreibers: *er stieß so heftig mit dem Fuß gegen den Tisch, daß die Gläser umflogen.*

Umfrage, die: systematische Befragung eines [repräsentativen] Teils der Bevölkerung, einer Personengruppe, um aus der Auswertung der Ergebnisse gewisse Rückschlüsse auf die von der ganzen Bevölkerung oder Personengruppe vertretenen Meinungen zu einer bestimmten Sache von allgemeiner Bedeutung zu ziehen; vgl. Umfrage ↑Rundfrage. **Volksbefragung,** die: großangelegte Umfrageaktion zur Erforschung der öffentlichen Meinung zu aktuellen [politischen] Fragen, die durch dazu bestimmte Institute durchgeführt wird und einen möglichst weiten Kreis der Bevölkerung erfassen soll; betont gegenüber „Umfrage" auch, daß die Fragestellung, um die es geht, im öffentlichen Bewußtsein eine besonders wichtige Rolle spielt. **demoskopische Untersuchung,** die: von einem Meinungsforschungsinstitut routinemäßig oder in bestimmten Einzelfällen durchgeführte Ermittlung der öffentlichen Meinung über jeweils aktuelle Fragen, Konsumgewohnheiten, Interessen gewisser Bevölkerungsschichten o. ä.; bezeichnet im Unterschied zu „Umfrage" mehr den technischen Ablauf der Befragung und den statistischen Zweck. **Repräsentativerhebung,** die: i. S. v. demoskopische Untersuchung; drückt vor allem den wissenschaftlichen Charakter der Befragung aus, die einen repräsentativen Querschnitt eines Personenkreises, der Bevölkerung erfassen will und Fehlerquellen durch sorgfältige Planung möglichst auszuschalten trachtet; ↑befragen.

[1]**umgehen,** mit etwas: etwas auf bestimmte [gute oder schlechte] Weise gebrauchen oder handhaben [in seiner eigentlichen Funktion oder auch außerhalb dieser]; wird oft mit einer näheren Bestimmung der Art und Weise verbunden: *ordentlich mit seinen Sachen u.* **behandeln,** etwas: i. S. v. umgehen; vor allem auf Dinge angewandt, die eine besondere sachgemäße Behandlung, Pflege verlangen, z. B. komplizierte Geräte, Maschinen oder auch Stoffe usw.; wird mit einer näheren Bestimmung der Art und Weise verbunden: *den Staubsauger vorschriftsmäßig b.*

[2]**umgehen,** mit jmdm.: (in diesem Sinnbereich): im Verhalten einer Person oder einem Tier gegenüber eine bestimmte [angemessene oder unangemessene] Einstellung zeigen, eine bestimmte Haltung einnehmen; wird oft mit einer näheren Bestimmung der Art und Weise verbunden: *ich weiß, wie ich mit solchen Menschen u. muß.* **behandeln,** jmdn.: mit jmdm. in einer angegebenen guten oder schlechten Weise umgehen; bringt aber dem anderen gegenüber eine souveräne, bewußte Haltung und daher auch eine gewisse Distanz zum Ausdruck, während „umgehen" auf vertrautere, unmittelbarere menschliche Beziehung weist; darüber hinaus weist „behandeln" im Unterschied zu „umgehen", das sich oft auch auf die äußere Behandlung bezieht, mehr auf das Seelische und wird mit einer näheren Bestimmung der Art und Weise verbunden: *den Kranken mußt du rücksichtsvoll b.* **verfahren,** mit jmdm.: jmdn. mit Willkür behandeln und über ihn verfügen [wenn man ein Recht dazu hat oder zu haben glaubt]: *mit jemandem glimpflich, schonend, hart, grausam v.* **umspringen,** mit jmdm. (ugs.; abwertend): jmdn. in unangemessener oder auch unwürdiger Weise behandeln, ohne Rücksicht auf Würde und Empfinden des anderen; bringt die Willkür und das Wechselhafte im Verhalten zum Ausdruck: *du kannst mit ihm auf keinen Fall so umspringen!*

umkehren: nicht in einer bestimmten Richtung weitergehen, sondern sich umwenden und [den gleichen Weg, den man gekommen ist] zurückgehen, -fahren. **kehrtmachen** (ugs.): sich mit einer raschen Wendung drehen und sich zurückbewegen; betont die Schnelligkeit, den raschen Entschluß, mit dem sich jemand zum Rückweg wendet.

wenden, sich (geh.): seine Bewegungsrichtung zur entgegengesetzten Seite hin ändern: *unschlüssig blieb er eine Weile stehen, wandte sich dann aber plötzlich und eilte zurück.* **auf dem Absatz umdrehen,** sich (ugs.): (aus Unwillen o. ä.) sich abrupt und unerwartet umwenden und sich von dem Ort, an dem man sich aufhält, wegbegeben: *als ich sah, was sich für ein Publikum in dem Saal versammelt hatte, drehte ich mich auf dem Absatz um.*

umkommen: durch einen Unfall, bei einem Unglück, durch materielle Not den Tod finden; wird häufig ergänzt durch die Angabe der näheren Umstände des Zu-Tode-Kommens; kann auf Menschen und Tiere bezogen werden: *in den Wellen u.; viele Kinder sind bei der Hungersnot umgekommen; er ist bei einer Flugzeugkatastrophe umgekommen.* **ums Leben kommen** (geh.): durch einen Unfall, bei einem Unglück den Tod finden; wird nur auf eine unnatürliche Todesart und nur auf Menschen bezogen. **zu Tode kommen** (geh.): unter irgendwelchen unnatürlichen Umständen, bei einem Unfall oder Unglück unerwartet vom Tode ereilt werden. **draufgehen** (salopp): bei einem Unglück, einem gefährlichen, abenteuerlichen Unternehmen sein Leben verlieren; schließt immer ein, daß es sich um eine unnatürliche und oft auch grausige Todesart handelt. **hopsgehen** (salopp): i. S. v. umkommen; bringt in kaltschnäuzigem Ton das [grausige] Zu-Tode-Kommen zum Ausdruck; wird im allgemeinen nur auf Menschen bezogen: *Egon ging noch kurz vor Ende des Krieges in Holland hops;* ↑[1]sterben.

umschauen, sich [nach etwas]; **umsehen,** sich [nach etwas]; **umgucken,** sich [nach etwas] (bes. südd.; fam.); **umkucken,** sich [nach etwas] (bes. nordd.; fam.): (in diesem Sinnbereich) sich darum kümmern, daß man etwas, was man wünscht, eine Möglichkeit oder Gelegenheit, die man sucht, erlangt [ohne daß jedoch eine besondere Notlage dazu zwingt]: *sich nach einer Verdienstmöglichkeit, einem Nachtquartier umschauen.* **umtun,** sich [nach etwas] (ugs.): etwas tun oder unternehmen, um etwas, was man wünscht, zu erlangen oder ausfindig zu machen: *sich nach Konzertkarten, einer Reisemöglichkeit u.* **ausschauen** [nach etwas]: darauf achten, ob sich eine Gelegenheit bietet, etwas, was man wünscht, zu erlangen: *du kannst ja einmal nach einer Halbtagsarbeit a.;* ↑ausschauen. **Ausschau halten** [nach etwas] (nachdrücklich): aufmerksam alle sich bietenden Gelegenheiten prüfen, um etwas, was man wünscht oder sucht, zu finden; hebt im Unterschied zu „ausschauen" die Handlung besonders hervor: *nach einer Stellung, Wohnung Ausschau halten;* vgl. Ausschau halten, nach ↑ausschauen.

umsonst: (in diesem Sinnbereich) ohne die erwartete oder erhoffte [nutzbringende] Wirkung: *er hat ganz u. soviel Mühe auf die Sache verwandt.* **vergebens:** ohne eine bestimmte Absicht zu erreichen; drückt Bedauern darüber aus, daß auf etwas eine gänzlich verlorene Mühe verwandt wird oder worden ist; während „umsonst" soviel heißt wie „für nichts", liegt in „vergebens" die ursprüngliche Bedeutung „nichts wert": *man hatte v. versucht, ihn von seinem Vorhaben abzubringen.* **vergeblich** (geh.): ohne Erfolg, erfolglos; drückt wie „vergebens" Resignation oder Bedauern aus über etwas Nichterreichtes; auch attributiv gebraucht: *vergebliche Bemühungen, Anstrengungen, Versuche.* **für die Katz** (salopp): Anstrengungen, Vorbereitungen, für etwas vergebens gemacht habend; enthält ärgerliche Enttäuschung: *es war alles für die Katz.* **verlorene Liebesmühe** (ugs.): ganz vergebens aufgewandte nutzlose Mühe oder Anstrengung für etwas, was sich nicht in der gewünschten Weise entwickelt: *er hatte gehofft, ihn durch Nachhilfestunden vor dem Sitzenbleiben zu bewahren, aber es war verlorene Liebesmühe.*

Umwelt, die: (Plural ungebräuchlich): Lebensbereich eines Individuums; sämtliche subjektiven Wirklichkeiten, die den Menschen umgeben; Gesamtheit der äußeren Faktoren, die auf einen Menschen oder ein anderes Lebewesen einwirken und ihn oder es in seiner Individualität und seinem Verhalten beeinflussen; bezeichnet auf Menschen bezogen im Unterschied zu „Milieu" weniger die konkreten [sozialen] Lebensverhältnisse als die geistige, durch die Gesellschaft, durch Bildung und Erziehung bestimmte Welt, in der man lebt und der man als selbständiges Individuum gegenübersteht. **Milieu** [miliø̱], das: die unmittelbaren Lebensumstände, die [soziale] Umgebung, in der ein Individuum lebt, und die seinen Typus prägt, sein Verhalten bestimmt; bezeichnet im Unterschied zu „Umwelt" und auf den Menschen bezogen weniger, daß das Individuum selbständig seiner Umgebung gegenübersteht, als daß es ihr angehört, sich ihr anpaßt und von ihr stark beeinflußt wird. **Ambiente,** das (bildungsspr.): Milieu, das eine Persönlichkeit, einen Raum oder ein Kunstwerk umgibt, ihm eigen ist; spezifische Umwelt, in der jemand lebt oder die besondere Atmosphäre, die eine Persönlichkeit umgibt bzw. einem Raum sein besonderes Gepräge verleiht.

unanständig: unanständig aufführen, sich: Gas, das sich in Magen und Darm entwikkelt hat, aus dem After [hörbar] entweichen lassen. **einen fahren/streichen/ziehen/fliegen/gehen lassen** (salopp): i. S. v. sich unanständig aufführen. **pupen** (fam.), **pupsen** (fam.): i. S. v. sich unanständig aufführen. **scheißen** (derb): (in diesem Sinnbereich) i. S. v. sich unanständig aufführen: *„welches Schwein hat geschissen?" brüllte der Unteroffizier.* **furzen** (derb): Gas, das sich in Magen und Darm entwickelt hat, aus dem After hörbar, gewöhnlich laut entweichen lassen. **fisten** (derb; landsch.; veraltend): Gas, das sich in Magen und Darm gebildet hat, aus dem After leise entweichen lassen. **einen toten Vogel in der Tasche haben** (salopp; scherzh.); **sich in den Darm stechen** (salopp; scherzh.): übel riechendes Gas, das sich in Magen und Darm entwickelt hat, aus dem After entweichen lassen: *wer hat denn hier einen toten Vogel in der Tasche?;* ↑Blähung.

unaufgefordert: etwas tuend, ohne dazu ausdrücklich veranlaßt worden zu sein; einer zu erwartenden Forderung oder Ermahnung zuvorkommend: *er hat u. darüber einen Bericht geschrieben.* **ungeheißen** (geh.): ohne daß es angeordnet worden ist, ohne Geheiß. **spontan:** plötzlich von innen heraus und ohne fremde Einwirkung erfolgend: *er hatte sich s. dazu bereit erklärt.* **aus freien Stücken** (ugs.): aus freiem Willen, unerwartet und spontan zu etwas bereit, wozu man nicht verpflichtet ist: *er hat aus freien Stücken auf seinen Anteil verzichtet.* **aus eig[e]nem Antrieb:** aus eigenem Impuls, nicht auf fremde Anregung oder Aufforderung hin. **von sich aus** (ugs.): aus eigener Überlegung heraus, unaufgefordert und spontan: *er hat von sich aus den Vorschlag gemacht, mich heute zu vertreten.* **aus sich heraus** (ugs.): i. S. v. von sich aus; betont noch mehr den eigenen Impuls, das Unbeeinflußtsein, aus dem heraus etwas getan wird. **von selbst/** (ugs.) **selber:** sich selbst zu etwas bestimmend, ohne fremden Anstoß, ohne Aufforderung oder Zwang: *das macht er ganz von selbst.* **von allein[e]** (ugs.): selbständig denkend oder handelnd, ohne auf einen Anstoß, eine Hilfe oder auf Direktiven zu warten: *man muß ihr alles sagen, denn sie tut nichts von allein;* ↑freiwillig, ↑übereilt.

unaufrichtig: anderen gegenüber nicht ehrlich in seinen Äußerungen und Handlungen; sich nicht so äußernd, wie man fühlt, denkt, es verbergend oder leugnend, sich verstellend; wird, wie alle übrigen Wörter dieser Gruppe, vom Menschen, seinem Wesen, Handeln, seiner Verhaltensweise gesagt: *ein unaufrichtiger Charakter.* **unwahrhaftig** (geh.): sich in seinen Aussagen nicht an die Wahrheit haltend, mit dieser nicht übereinstimmend: *unwahrhaftige Antworten.* **lügnerisch** (abwertend): Lügen sagend; Lügen enthaltend: *ein lügnerischer Bursche; lügnerische Reden.* **verlogen** (abwertend): immer wieder lügend und unwahrhaftig; [seiner Charakteranlage nach] zum Lügen neigend; ↑scheinheilig, ↑unredlich.

unbändig: nicht zu bändigen; ohne Maß und Beschränkung sich äußernd; bezieht sich besonders auf Gemütsäußerungen, seltener auf den Menschen selbst: *er lachte u.; unbändiger Zorn packte ihn.* **ungebärdig:** schwer zu zügeln, wild und widerspenstig; wird meist auf Kinder bezogen: *wie ein ungebärdiges Jungpferd.* **wild:** von ungebändigter heftiger Art; wird auf Menschen und ihr Verhalten bezogen: *wilde Freude;* ↑lebhaft, ↑temperamentvoll, ↑übermütig, ↑ungestüm.

unbarmherzig: ohne Mitleid für die Armut oder die Not anderer, sich kalt darüber hinwegsetzend und Hilfe verweigernd. **mitleid[s]los:** ohne jedes Mitgefühl für einen anderen in seiner schlechten oder besonderen, Rücksicht fordernden Situation, ihr teilnahmslos gegenüberstehend. **erbarmungslos:** ohne Erbarmen, Gnade; ohne Mitgefühl, das zum helfenden Handeln bereit ist; ↑eigennützig.

unbedacht: sorglos, mit zu wenig Überlegung vorgehend, getan werdend; nicht an die möglicherweise eintretenden üblen Folgen seiner Äußerungen oder Handlungen denkend; enthält, wie die übrigen Wörter dieser Gruppe, einen gewissen Tadel: *meine unbedachten Worte bedrückten mich später sehr.* **unbesonnen** (Ggs. ↑besonnen): nicht ruhig und vernünftig abwägend im Hinblick auf eine Äußerung oder Handlung, sich zu einer Äußerung oder Handlung hinreißen lassend, die einem später sehr abträglich sein kann: *u. wie er war, meldete er sich freiwillig zu dieser gefährlichen Aufgabe.* **unüberlegt:** (redend oder handelnd) ohne vorher über eventuelle negative Folgen nachgedacht zu haben: *diesen unüberlegten Schritt habe ich bitter bereut.* **unvorsichtig:** (in diesem Sinnbereich) nicht aufmerksam-besorgt in bezug auf die Verhütung eines möglichen Schadens, Nachteils, der durch eine Äußerung oder Handlung entstehen kann: *ein unvorsichtiges Wort genügt, und du sitzt im Gefängnis!* **impulsiv:** (in diesem Sinnbereich) unmittelbar einem inneren Antrieb folgend, rasch einen Entschluß fassend und danach handelnd [ohne an irgendwelche sich daraus ergebenden Folgen zu denken]: *du bist immer so i. und kannst dir dadurch schaden.*

gedankenlos: (in diesem Sinnbereich) ohne sich bei dem, was man sagt oder tut, etwas zu denken und dadurch sich selbst oder anderen schadend oder andere verletzend: *g. sprach ich in Anwesenheit meines Freundes von dem schweren Unfall, bei dem sein Vater ums Leben gekommen war.* **leichtsinnig:** (in diesem Sinnbereich) unvorsichtig, übereilt handelnd, ohne Überlegung ausgeführt, so daß man hinterher oft Grund hat, sein Tun zu bereuen: *er hatte ihm recht l. versprochen, daß...;* ↑leichtsinnig. **leichtfertig:** (in diesem Sinnbereich) unüberlegt etwas wagend, sorglos und übereilt ausgeführt, so daß man sich der Fahrlässigkeit schuldig macht; drückt im Unterschied zu „leichtsinnig" stärker aus, daß man nicht an die Verantwortung denkt, die man mit seinem Tun übernimmt, und enthält einen stärkeren Tadel: *sich die Folgen vorstellen, die ein leichtfertiger Schritt nach sich ziehen kann;* vgl. leichtfertig ↑leichtsinnig; ↑sorglos.

unbedingt: a) ohne Rücksicht auf Hindernisse oder Schwierigkeiten, die möglicherweise auftreten können, da die Durchführung einer Sache aus Gründen der Dringlichkeit und Notwendigkeit geboten ist: *du mußt u. zum Arzt gehen;* **b)** ohne Rücksicht auf Hindernisse oder Schwierigkeiten, die möglicherweise auftreten können, da man fest entschlossen ist, etwas Bestimmtes zu erreichen: *er will u. herausfinden, wer ihn denunziert hat.* **auf jeden Fall:** (in diesem Sinnbereich) **a)** unabhängig von allen möglicherweise eintretenden Situationen, da eine Sache dringend notwendig ist und deshalb keine andere Möglichkeit in Frage kommt: *er muß sich auf jeden Fall sofort mit seinem Rechtsanwalt besprechen;* **b)** unabhängig von allen möglicherweise eintretenden Situationen, da man an einem bestimmten Ziel unbedingt festhält: *sie will auf jeden Fall ihren Mann zu Rate ziehen.* **unter allen Umständen:** i.S.v. unbedingt a) und b); drückt noch stärker die dringende Notwendigkeit oder das unbedingte Festhalten an einem bestimmten Ziel aus: *du mußt unter allen Umständen sehen, daß du ihn gleich am Bahnhof triffst!* **um jeden Preis:** ohne Rücksicht auf Anstrengung und Opfer, die etwas möglicherweise verlangen wird; **a)** kennzeichnet die absolute Notwendigkeit einer Sache: *wir müssen um jeden Preis Verstärkung herbeiholen;* **b)** kennzeichnet den unerschütterlichen Entschluß, den festen Willen eines Menschen, etwas Bestimmtes zu erreichen: *der General will die Stadt um jeden Preis verteidigen.* **partout** [...tu̲] (ugs.): i.S.v. unbedingt b); wird meist dann verwendet, wenn man jmds. Vorhaben, von dem er sich durch nichts abbringen läßt, für wenig sinnvoll oder aussichtsreich hält oder sich darüber ärgert: *sie will p. Sängerin werden.* **durchaus:** (in diesem Sinnbereich) i.S.v. unbedingt b); drückt wie „partout" Mißbilligung aus, die unter Umständen auch Spott über den zu erwartenden oder bereits eingetretenen Mißerfolg enthält: *du wolltest ja d. als erste da sein, nun mußt du eben auch das Warten in Kauf nehmen.* **absolut** (ugs.): (in diesem Sinnbereich) i.S.v. unbedingt b); drückt Mißbilligung oder zumindest Verständnislosigkeit dem Vorhaben eines anderen gegenüber aus: *warum willst du denn a. diese Maschine haben?*

unbeherrscht (Ggs. beherrscht ↑besonnen): ohne Beherrschung, Zurückhaltung sich einem Affekt überlassend; wird von Menschen und ihren Handlungen gesagt: *ein unbeherrschter Mensch.* **aufbrausend:** leicht aufgebracht und in Zorn geratend, der sich besonders in lautem aufgeregtem Reden äußert. **jähzornig:** plötzlich, häufig aus geringfügigem Anlaß zornig werdend, in einen Erregungszustand geratend, der leicht zu Tätlichkeiten führt; vgl. Jähzorn ↑Zorn. **cholerisch** [ko...] (bildungsspr.): auf Grund seines Temperamentes, seiner charakterlichen Veranlagung leicht erregt und zu Zornesausbrüchen neigend. **hitzig:** (in diesem Sinnbereich) leicht über etwas Kränkendes, Ärgerliches o.ä. erregt und mit Heftigkeit darauf reagierend; wird mit einem Unterton der Kritik gesagt. **hitzköpfig:** leicht in heftige Erregung geratend und dann oft unbesonnen und unbeherrscht handelnd: *er ist sehr h.*

unbeholfen: aus Mangel an körperlicher oder geistiger Gewandtheit in seinem Tun oder Verhalten ungeschickt und sich nicht recht zu helfen wissend. **ungelenk:** aus Mangel an Übung in körperlichen Bewegungen in einem [manuellen] Tun oder Verhalten ungewandt, eckig und steif; drückt im Unterschied zu „unbeholfen" nicht so sehr die unzureichende Fähigkeit, etwas zweckmäßig oder sachgerecht zu tun, aus, sondern besagt, daß man etwas zwar richtig, aber ungeschickt ausführt. **linkisch** (abwertend): aus Hemmung, Scheu oder Verlegenheit ungeschickt, in körperlichen Bewegungen eckig, ohne Gewandtheit; ↑tapsig, ↑ungelenk, ↑ungeschickt.

unbesorgt: nicht von Sorgen bedrückt und belastet, innerlich ruhig und guten Muts; steht meist in den Wendungen „unbesorgt bleiben, sein usw.": *seien Sie u., Ihrem Mann passiert gar nichts.* **beruhigt:** frei von innerer Unruhe; seine Ruhe wieder gefunden habend, da man eine Sorge losgeworden ist:

du kannst ganz b. sein, wir warten auf dich. **ruhig:** (in diesem Sinnbereich) frei von Aufregung, Angst und Kummer; sich wegen einer bestimmten Sache keine Sorgen machend: *r. ging sie ins Theater, denn ihr Kind war bei ihrer Mutter in guten Händen;* ↑ruhig; vgl. ruhig ↑still.

uneigennützig (Ggs. ↑eigennützig): nicht auf das persönliche Wohl und den persönlichen Vorteil bedacht, nicht dem persönlichen Wohl und dem persönlichen Vorteil dienend; wird selten auf Personen selbst, sondern vorwiegend auf ihre Handlungen und deren Beweggründe bezogen. **selbstlos:** den eigenen Vorteil nicht wahrnehmend und die Befriedigung der eigenen Bedürfnisse völlig zurückstellend; frei von Selbstsucht; wird auf Personen, ihre Handlungen und deren Beweggründe bezogen. **altruistisch** (bildungsspr.): nicht an sich denkend, sondern um das Wohl anderer bemüht; wird auf Personen, ihre Handlungen und deren Beweggründe bezogen.

unentwegt: (in diesem Sinnbereich) stetig, mit nie erlahmender Geduld und gleichmäßiger Ausdauer [sein Ziel verfolgend]: *ein unentwegter Kämpfer für den Frieden.* **unverdrossen:** trotz kleiner Mißgeschicke und Widerwärtigkeiten unvermindert um etwas bemüht; ohne die Mühe zu scheuen und ohne die Lust zu verlieren: *u. machte er sich von neuem an die Arbeit.* **unbeirrbar:** fest an seinem Vorhaben, seiner Überzeugung festhaltend, ohne sich durch irgendwelche Einflüsse von etwas abbringen zu lassen: *u. ging er seinen Weg.*

unerfreulich: Ärger oder Unbehagen bereitend: *ein unerfreuliches Ergebnis; diese Geschichte ist recht u.* **ärgerlich:** Unmut erregend, [unerwartete] Ungelegenheiten bereitend: *ein ärgerlicher Vorfall.* **dumm** (ugs.): (in diesem Sinnbereich) unangenehm und störend; drückt den Unmut über unerwartet auftretende, jmds. Pläne durchkreuzende Hindernisse, Schwierigkeiten aus: *es ist doch zu d., daß sie gerade heute nicht zu Hause sind.* **blöd** (salopp): i. S. v. dumm: *es ist doch zu b., daß er schon wieder den Schlüssel vergessen hat;* ↑ärgerlich, ↑mißlich, ↑unerquicklich; ↑unzufrieden sein.

unerhört, unglaublich: nicht zu fassen, daß es so, in diesem Ausmaß ist; als außerordentlich [groß] empfinden; diese Wörter drücken den emotionalen Anteil des Sprechers/Schreibers aus; sie können auf positive und negative Dinge bezogen werden: *ein unerhörtes Glück; ein unerhörtes Tempo; eine unerhörte Frechheit; unglaublich schöne Farben; das finde ich unglaublich, was du da sagst.* **ungeheuerlich:** in kaum zu fassender Weise, was die Stärke, den Umfang o. ä. angeht; emotional: *sie haben sich u. gefreut; eine ungeheuerliche Behauptung.* **allerhand:** in bestimmten Wendungen: i. S. v. unerhört: *das finde ich aber a., was er sich da geleistet hat; das ist aber a., was er in den drei Tagen alles geschafft hat;* ↑unfaßbar. **empörend:** Empörung hervorrufend; emotional: *sein Verhalten war e.* **schändlich:** so, daß es eigentlich eine Schande ist; emotional: *s. teure Preise.* **skandalös** (bildungsspr.): einen Skandal darstellend; in einer Weise, die Empörung hervorruft: *ein skandalöses Benehmen.*

unerklärlich: mit dem Verstand nicht zu erklären oder zu erfassen; drückt, wie auch die anderen Wörter dieser Gruppe, das Erstaunen des Sprechers/Schreibers aus: *es ist mir u., wieso er sich jetzt auf einmal ablehnend verhält.* **rätselhaft:** wie ein Rätsel, hinter dessen Sinn und Bedeutung man nicht kommt; in Dunkel gehüllt: *womit wir das verdient hatten, blieb r.* **unverständlich:** nicht einzusehen; enthält oft die Nebenvorstellung, daß man etwas für sinnlos hält: *warum sie diese Kosten vorher nicht mitberechnet hatten, war uns völlig u.* **schleierhaft** (ugs.): unklar, keinen Sinnzusammenhang erkennen lassend; drückt stärker die Verwunderung des Sprechers/Schreibers aus, daß etwas bei den gegebenen Voraussetzungen überhaupt möglich ist oder war: *wie der zu diesem Vermögen gekommen ist, bleibt s.;* ↑geheimnisvoll, ↑unfaßbar.

unerquicklich: nicht erfreulich und nicht angenehm; das Wohlbefinden oder auch die Stimmung beeinträchtigend; bezieht sich weniger auf eine einzelne unangenehme Sache als auf einen Zustand, den man ertragen muß: *unerquickliche Reibereien zwischen den Angestellten.* **verdrießlich:** Verdruß und Unbehagen bereitend; wird von etwas Unangenehmem gesagt, mit dem man sich längere Zeit auseinandersetzen muß: *verdrießliche Dinge.* **leidig** (geh.): Widerwillen, Unlust hervorrufend; besagt, daß man der Sache allmählich leid ist, sie als lästig empfindet und man froh wäre, wenn sie aufhörte; wird im allgemeinen nur attributiv gebraucht: *dieses leidige Geschwätz;* ↑unerfreulich.

unerschrocken: [in einer schwierigen Situation] ohne Ängstlichkeit, ohne jede Furcht, sich nicht einschüchtern lassend; von einer entsprechenden Haltung der Person zeugend. **furchtlos** (Ggs. furchtsam ↑ängstlich): keine Furcht vor Gefahren kennend; von einer entsprechenden Haltung zeugend. **konfliktbereit:** bereit oder den Willen habend, einen Konflikt auszutragen, sich auf einen Konflikt einzulassen; ↑couragiert, ↑kühn, ↑mutig.

unfaßbar: das Vorstellungsvermögen übersteigend und mit der menschlichen Einsicht gar nicht aufzunehmen, weil die betreffende Sache zu ungeheuerlich erscheint; gleichzeitig drückt sich darin oft das Entsetzen über einen bestimmten Sachverhalt aus; wird attributiv und subjektbezogen gebraucht, im letzteren Falle häufig mit dem Dativ der Person: *der plötzliche Tod meines Freundes war mir völlig u.* **unbegreiflich:** mit der Vernunft nicht zu erfassen und mit dem eigenen Denken nicht zu bewältigen; mit „unfaßbar" wird mehr die Gefühlsseite angesprochen, mit „unbegreiflich" mehr der Verstand; wird attributiv und subjektbezogen gebraucht, im letzteren Falle häufig mit dem Dativ der Person: *wie sie menschlich derart versagen konnte, war uns u.;* ↑geheimnisvoll, ↑unerklärlich.

unfreundlich (Ggs. ↑freundlich): (in diesem Sinnbereich) im Umgang mit anderen nicht aufmerksam, hilfsbereit, entgegenkommend; richtet im Unterschied zu „unliebenswürdig" den Blick mehr auf jmds. Wesensart als auf sein Verhalten: *eine unfreundliche Bedienung.* **unliebenswürdig:** nicht freundlich und nicht zuvorkommend; drückt noch mehr als „unfreundlich" das unhöfliche Verhalten anderen gegenüber aus: *zu seinen armen Verwandten ist er immer sehr u.;* ↑barsch, ↑schnippisch, ↑taktlos, ↑unhöflich.

[1]**unfruchtbar:** (in diesem Sinnbereich) nicht geeignet, Pflanzen und Früchte hervorzubringen oder zu tragen [weil die für das Wachstum notwendigen Nährstoffe oder die Feuchtigkeit fehlen]; wird, wie alle Wörter dieser Gruppe, auf den Boden angewandt: *der Boden ist u.;* ↑[2]unfruchtbar. **dürr:** (in diesem Sinnbereich) ohne Nährstoffe und Feuchtigkeit, die für das Wachstum von Pflanzen und Früchten notwendig sind, und deshalb unfruchtbar; rückt im Unterschied zu „unfruchtbar" stärker den Mangel an Nährstoffen als Ursache in den Vordergrund: *das Land ist d. und gibt nichts her;* vgl. dürr ↑mager, ↑[2]trocken. **trocken:** (in diesem Sinnbereich) von Natur aus ständig ohne Feuchtigkeit, die für das Wachstum von Pflanzen und Früchten notwendig ist, und deshalb unfruchtbar; bezeichnet im Unterschied zu „unfruchtbar" und „dürr" vor allem den Mangel an Feuchtigkeit als Ursache: *der Boden ist zu t.;* ↑[1]trocken, ↑[2]trocken. **mager:** (in diesem Sinnbereich) arm an Nährstoffen, die für das Wachstum der Pflanzen u. ä. notwendig sind, und daher ohne nennenswerte Erträge; ↑mager. **karg:** (in diesem Sinnbereich) ohne große Erträge, weil arm an Nährstoffen, die für das Wachstum der Pflanzen u. ä. notwendig sind; bezieht sich im Unterschied zu „mager" vornehmlich auf die Ertragsarmut und weniger stark auf den Mangel an Nährstoffen: *dem kargen Boden sind nur geringe Erträge abzugewinnen;* ↑[1]karg, ↑[2]karg. **ertragsarm:** wenig Erträge bringend [weil die notwendigen Nährstoffe fehlen]; bezieht sich als sachliche Feststellung zunächst nur auf die geringen Nutzungsergebnisse: *die ertragsarmen Flächen werden nicht mehr bebaut.* **steril** (bildungsspr.; selten): (in diesem Sinnbereich) völlig unfruchtbar: *sterile Flugsandscholle;* vgl. steril ↑[2]unfruchtbar.

[2]**unfruchtbar:** (in diesem Sinnbereich) [von Natur aus] zur Befruchtung nicht imstande, unfähig zur Fortpflanzung; wird sowohl von Menschen als auch vom Tier gesagt: *sie hatten kein Kind; denn sie war u.;* ↑[1]unfruchtbar. **infertil** (Medizin): **a)** unfähig, eine Schwangerschaft auszutragen; **b)** i. S. v. steril. **steril** (Medizin): unfruchtbar; entweder infolge naturgegebener krankhafter Fehlentwicklung oder auf Grund künstlicher [operativer] Eingriffe, wobei die Geschlechtsfähigkeit erhalten bleibt; wird vorwiegend auf Menschen angewandt: *ein steriler Mann;* vgl. steril ↑[1]unfruchtbar. **zeugungsunfähig:** nicht in der Lage, nicht befähigt, ein Kind zu zeugen: *eine Kriegsverletzung hat ihn z. gemacht.* **fortpflanzungsunfähig** (Ggs. fortpflanzungsfähig): nicht über die Fähigkeit verfügend, sich fortzupflanzen. **impotent** (Ggs. potent; bildungsspr.): **a)** (vom Mann) zum Geschlechtsverkehr (vorübergehend) nicht fähig (weil keine Erektion erfolgt): *in der Hochzeitsnacht war er durch den vielen Alkohol i.;* **b)** nicht fähig, ein Kind zu zeugen (als dauerndes Unvermögen): *durch eine Kriegsverletzung wurde er i.;* ↑Samenerguß; ↑erigieren.

ungefähr: (in diesem Sinnbereich) nicht genau, sondern etwas mehr oder etwas weniger; schränkt die Genauigkeit von Zahlen, räumlichen oder zeitlichen Verhältnisangaben o. ä. ein; besagt entweder, daß es auf genauere Angaben nicht ankommt, oder daß man sie nicht machen kann: *er fuhr u. bis zu dieser Stelle; bis u. 9 Uhr sind wir wieder zurück.* **etwa:** (in diesem Sinnbereich) mit mehr oder weniger Genauigkeit so groß, so viel o. ä. [wie angegeben], wobei die tatsächliche Zahl, Höhe eher darunter als darüber liegt; besagt im Unterschied zu „ungefähr", daß eine Angabe auf persönlicher Annahme beruht: *er mag e. dreißig [Jahre alt] sein.* **schätzungsweise:** soweit man es ohne genaue Unterlagen [sofort] sagen, schätzen kann: *jeder Gast wird s. 2 Brötchen essen.* – **sagen wir** – (ugs.): i. S. v. schätzungsweise; betont im Unterschied zu diesem die Vorläufigkeit, Unverbindlichkeit einer im Gespräch leichthin geäußerten Annahme; steht öfter in Verbindung mit anderen die Bestimmtheit einschränkenden Ausdrükken: *er ist doch mindestens, sagen wir, fünfzig!* **vielleicht** (ugs.): möglicherweise so hoch, so viel, so groß o. ä. wie angegeben; steht im allgemeinen bei solchen Zahlen und Maßen, die dem Sprecher/Schreiber verhältnismäßig gering oder seltener, je nach dem durch den Zusammenhang gegebenen Maßstab, besonders hoch vorkommen: *wir haben uns im ganzen v. fünfmal getroffen.* **rund:** nach oben oder unten abgerundet; von Zahlen, Maßen, bei denen es weniger auf Genauigkeit als auf Deutlichkeit, Einprägsamkeit ankommt: *die Stadt hat r. 10 000 Einwohner.* **zirka/ca.** (kaufm.): i. S. v. ungefähr; wird jedoch im Unterschied dazu wie „rund" nur von Zahlen und Maßen gesagt: *sie braucht zirka vier Meter Stoff für das Kleid.* **an die** (ugs.): sicherlich nicht viel weniger als ...; steht bei einer meist runden, im einzelnen nicht nachprüfbaren, dem Sprecher/Schreiber erheblich scheinenden Zahl: *sie besitzt an die 20 Paar Schuhe.* **gegen:** (in diesem Sinnbereich) der angegebenen Anzahl oder Menge wahrscheinlich sehr nahekommend: *g. zweitausend Menschen besuchten die Ausstellung.*

ungefährlich (Ggs. ↑gefährlich): **a)** keine Gefahr enthaltend, mit sich bringend; wird meist verwendet, wenn man mit der entsprechenden Feststellung irgendwelche bestimmten, näher gekennzeichneten Gefahren ausschließt: *es ist völlig u., in diesem See zu baden;* **b)** ohne negative Folgen für die Gesundheit, so daß man beim Einnehmen oder der Anwendung der betreffenden Mittel oder Stoffe nichts zu befürchten braucht: *ein ungefährliches Mittel.* **gefahrlos:** nicht mit Gefahren verbunden, wobei die Gefahren an sich möglich oder zu erwarten sind, man bei seiner Verhaltens- oder Handlungsweise jedoch nicht von ihnen betroffen wird: *man kann diese Schlucht g. passieren.* **harmlos:** (in diesem Sinnbereich) **a)** nicht böse, nicht schädlich im Hinblick auf andere: *harmlose Zerstreuung; es fing ganz h. an;* **b)** (ugs.): keinen gesundheitlichen Schaden verursachend: *dieses harmlose Beruhigungsmittel ist sogar für Kinder geeignet.* **unschädlich:** keinen gesundheitlichen Schaden mit sich bringend: *ein unschädliches Schlafmittel.*

ungehörig (geh.): gegen das, was sich gehört, verstoßend: *ein ungehöriges Betragen.* **unanständig** (geh.): (in diesem Sinnbereich) den gesellschaftlichen Anstand und die Höflichkeit verletzend: *ich finde es u. von ihm, sich von seiner Mutter ständig Geld geben zu lassen.* **unschicklich** (geh.): gegen das, was sich schickt, gegen Anstand und gute Sitte verstoßend. **unziemlich** (veraltend), **ungebührlich** (geh.): ohne den schuldigen Respekt: *in unziemlichem Tone mit, von einem Vorgesetzten sprechen; sich ungebührlich betragen;* ↑unpassend.

ungehorsam (Ggs. gehorsam ↑brav, ↑gehorsam): nicht willig oder bereit, den Anordnungen oder Befehlen eines Erziehungsberechtigten oder eines Vorgesetzten zu folgen. **unfolgsam** (Ggs. folgsam ↑brav): nicht geneigt oder bereit, den Anordnungen und Weisungen der Erwachsenen, meist der Eltern, nachzukommen. **bockbeinig** (ugs.; abwertend): nicht fügsam, sich – häufig aus einer schlechten Laune heraus – gegen Anordnungen sperrend; wird meist auf Kinder und Jugendliche angewandt. **aufsässig:** einem Befehlenden gegenüber trotzig und sich widersetzend. **aufmüpfig:** sich gegen Forderungen, Anordnungen o. ä. auflehnend, dagegen protestierend, aufbegehrend; klingt weniger ernsthaft und bezieht sich meist auf Jugendliche, die mit etwas nicht einverstanden sind und das entsprechend äußern. **widersetzlich:** zur Auflehnung, zum Aufbegehren neigend; einer Anordnung o. ä. Widerstand entgegensetzend: *die Gefangenen zeigten sich w.* **unbotmäßig:** in als ungehörig empfundener Weise aufsässig; sich nicht so verhaltend, wie es gefordert oder erwartet wird; wird heute meist scherzhaft oder ironisch gebraucht; ↑trotzig; ↑auflehnen, ↑nörgeln, ↑tadeln; ↑Straftat.

[1]**ungelegen: ungelegen kommen,** etwas kommt jmdm. ungelegen (Ggs. ↑[2]gelegen): (in diesem Sinnbereich) etwas kommt, tritt ein zu einem unpassenden Zeitpunkt oder beansprucht jmdn. und bringt ihn dadurch in Schwierigkeiten oder Verlegenheit; wird, wie alle Wendungen dieser Gruppe, von Sachen und Sachverhalten, seltener von Personen gesagt: *dieser Besuch, diese Reise kommt mir jetzt höchst ungelegen;* ↑[2]ungelegen. **nicht in den Kram passen,** etwas paßt jmdm. nicht in den Kram (salopp): etwas beansprucht jmdn. zu einem ungünstigen Zeitpunkt, fordert eine Leistung von ihm, die ihn bei seinem eigenen Vorhaben behindert oder ihm eine Unternehmung unmöglich macht: *es paßt mir gar nicht in den Kram, daß ich zu dieser Tagung fahren muß.* **verquer kommen,** etwas kommt jmdm. verquer (ugs.): etwas tritt unerwartet auf und

bildet ein Hindernis für jmds. Vorhaben, Absicht: *die neue Paßbestimmung kommt mir jetzt, da wir für die Reise gerüstet sind, sehr verquer.*

²ungelegen: ungelegen kommen: zu einem Zeitpunkt zu jmdm. kommen, der dem Betreffenden nicht [recht] paßt, weil man ihn stört oder in Verlegenheit bringt: *hoffentlich komme ich nicht ungelegen?;* ↑¹ungelegen. **zur Unzeit kommen:** zu einem unpassenden Zeitpunkt zu jmdm. kommen, da der Betreffende keine Zeit für einen hat: *ich kam zur Unzeit und mußte im Nebenzimmer warten;* ↑lästig, ↑unwillkommen.

ungelenkig: in der Körperbewegung [infolge mangelnder Übung] ungelenk, nicht biegsam oder sich nicht leicht, behende bewegend; wird, wie alle Wörter dieser Gruppe, nur von Personen gesagt. **steif:** in der Körperhaltung nicht gelöst; in den Bewegungen ungraziös und eckig; vgl. steif ↑lahm. **eingerostet** (ugs.): infolge längeren Pausierens, unterbrochenen Trainings seine frühere Gewandtheit, Behendigkeit in der Körperbewegung verloren habend; wird im allgemeinen nur von Personen gesagt und subjektbezogen gebraucht: *ich habe lange nicht mehr Tennis gespielt und befürchte, ich bin ganz e.;* ↑tapsig, ↑unbeholfen, ↑ungeschickt.

ungenügend: nicht ausreichend in Menge oder Intensität, um ein zufriedenstellendes Ergebnis zu zeitigen; bezieht sich auf Erträge, Leistungen, Maßnahmen; drückt, besonders bei prädikatbezogenem Gebrauch, stärker als „nicht genügend, nicht ausreichend" das Mißfallen des Urteilenden aus und weist stärker auf die unangenehmen Folgen hin: *diese Angaben sind u.* **mangelhaft:** Fehler und grobe Mängel aufweisend; bezieht sich auf die Ausführung von etwas, zu der jmd. befähigt sein sollte, zu der ihm aber die notwendigen [erlernbaren] Voraussetzungen fehlen: *ein in mangelhaftem Deutsch geschriebener Brief.* **unzulänglich** (geh.): nicht ausreichend, um bestehenden Bedürfnissen, gestellten Anforderungen zu genügen; bezieht sich auf Mittel, Maßnahmen, Einrichtungen; bezeichnet stärker als „ungenügend" die Unhaltbarkeit oder Unverantwortlichkeit des bemerkten Mangels: *man hat die Bemühungen dieses Mannes bei seinen Lebzeiten nur u. unterstützt.* **unzureichend** (geh.): i. S. v. unzulänglich; betont jedoch stärker den Zweck, dessen Erfüllung nicht erreicht wird; bezieht sich auch auf Bestände, auf die zurückgegriffen wird, um einen Bedarf zu decken, auf zweckbestimmte Zuwendungen usw.: *all diese Begründungen sind u.* **unbefriedigend:** Wünsche, Erwartungen, Ansprüche, die man an etwas gestellt hat, nicht restlos erfüllend: *man hat mir nur unbefriedigende Auskunft geben können.*

ungeschickt: (in diesem Sinnbereich) ohne Gewandtheit und [manuelle] Geschicklichkeit; zur Ausführung handwerklicher Arbeiten oder bestimmter Vorhaben ungeeignet [und davon zeugend]: *ein ungeschickter Mensch; ungeschickte Finger haben;* vgl. ungeschickt ↑unklug. **unpraktisch:** aus Mangel an praktischer Begabung in handwerklichen, technischen Dingen oder in den Kleinigkeiten des täglichen Lebens ungeschickt: *ein unpraktischer Mann.* **umständlich:** in praktischen Arbeiten nicht gewandt und zweckmäßig handelnd, sondern durch ungeschicktes, schwerfälliges Hantieren unnütz Zeit vergeudend: *du machst das alles viel zu u.;* ↑tapsig, ↑unbeholfen, ↑ungelenkig.

ungeschliffen: in seinen Umgangsformen, seinem Verhalten gegenüber Mitmenschen ohne Manieren, daher oft taktlos, grob, ohne es zu beabsichtigen; steht im allgemeinen nicht prädikatbezogen. **ungehobelt** (abwertend): von grobem Benehmen anderen gegenüber; keine Lebensart besitzend; wird im allgemeinen attributiv gebraucht. **bäurisch** (abwertend): von grober, plumper Art. **unkultiviert** (geh.): ohne die in der Gesellschaft geltenden Umgangsformen; enthält Kritik: *ein unkultiviertes Benehmen; ein unkultivierter Bursche;* ↑ungehörig, ↑ungesittet.

ungesellig (Ggs. ↑gesellig): [griesgrämig und dabei] abgeneigt, mit anderen Menschen in gesellschaftliche oder persönliche Verbindung zu treten; drückt zumeist eine abwertende Kritik des Sprechers/Schreibers an dieser Einstellung und Lebenshaltung aus. **menschenfeindlich, misanthropisch** (bildungsspr.): voll von Verachtung, Abscheu und Haß den Menschen gegenüber; drückt im allgemeinen eine stark abwertende Kritik des Sprechers/Schreibers an dieser Einstellung und Lebenshaltung aus; ↑allein, ↑distanziert, ↑kontaktarm, ↑verschlossen, ↑zurückgezogen.

ungesittet: ohne Anstand, ohne gute Sitten; den Anstand verletzend: *ein ungesittetes Benehmen.* **unmanierlich: a)** (fam.): sich nicht so gut und anständig benehmend, wie es die Erwachsenen erwarten, und deshalb zu Klagen Anlaß gebend; wird auf Kinder bezogen: *u. essen;* **b)** ohne Manieren, in der Art seines Benehmens gegen die guten Umgangsformen verstoßend; ↑ungehörig, ↑ungeschliffen.

ungestüm (geh.): in erregter – entweder freudiger oder angriffslustiger – Gemütsbewegung vorgehend, handelnd; wird wie „stürmisch“ von Personen und vor allem von Gefühls- oder Meinungsäußerungen gesagt: *eine ungestüme Umarmung; ein ungestümer junger Mann.* **stürmisch:** (in diesem Sinnbereich) von Begeisterung und Freude überwältigt und ohne jede Zurückhaltung handelnd: *ein stürmischer Liebhaber; stürmischer Applaus.* **heftig:** (in diesem Sinnbereich) seinen Willen oder seine Meinung besonders intensiv, stark zum Ausdruck bringend; ist im Unterschied zu „ungestüm“ und „stürmisch“ nicht als Ausdruck herzlicher Empfindung aufzufassen: *eine heftige Leidenschaft; h. applaudieren.* **frenetisch** (bildungsspr.): rasend, wild, tosend; dem Wort liegt die Bedeutung „Wahnsinn“, „Gemütskrankheit“ zugrunde; wird in bezug auf Beifallskundgebungen gebraucht: *frenetischer Beifall, Jubel;* ↑lebhaft, ↑temperamentvoll, ↑übermütig, ↑unbändig.

ungewiß: keine Gewißheit habend in bezug auf etwas: *es ist noch u., ob er kommt.* **unsicher:** nicht sicher, ob etwas geschehen, eintreffen wird; nicht eindeutig feststehend, daß etwas in einer bestimmten, angenommenen Weise verläuft, ausgeht: *das ist eine unsichere Unternehmung; das ist noch recht u.* **unbestimmt:** (in diesem Sinnbereich) nicht genau festgelegt und deshalb nicht sicher. **unentschieden:** noch in der Schwebe, noch nicht eindeutig festgelegt; bei „unentschieden“ geht es im allgemeinen um zwei Möglichkeiten, zwischen denen noch keine Entscheidung getroffen worden ist, während sich „ungewiß“, „unsicher“, „unbestimmt“ auf irgendeine Möglichkeit, die aber noch sehr in Frage gestellt ist, beziehen. **fraglich:** nicht sicher, nicht einmal wahrscheinlich. **zweifelhaft:** sich in schwankender Ungewißheit des Urteils befindend; besagt, daß man etwas, was sich im allgemeinen erst in der Zukunft zeigen soll, skeptisch betrachtet, anzweifelt.

ungezwungen: frei, unverkrampft, natürlich im Benehmen, ohne daß man sich Zwang antut oder auf große Förmlichkeit achtet [was manchmal auch zur Nichtachtung der gesellschaftlichen Form überhaupt führen kann]. **nonchalant** [nongschalang] (bildungsspr.): im Benehmen unbekümmert in bezug auf die Form, die in diesem Fall leicht zu sehr außer acht gelassen wird, so daß das absichtliche Sichgehenlassen andere unter Umständen provoziert. **lässig:** in zwangloser, auf Selbstsicherheit zurückzuführender Haltung und Bewegung; während „ungezwungen“ als positiv empfunden wird, können sich mit „nonchalant“ und „lässig“ leicht kritische Assoziationen verbinden; „nonchalant“ bezieht sich mehr auf das gepflegte Sichgehenlassen; „lässig“ leitet sich von lasch, träge, schlaff her, was sich in entsprechenden Bewegungen ausdrückt. **salopp:** ungezwungen in seiner Art, seinem Benehmen, seiner Ausdrucksweise oder seiner Kleidung und ohne Rücksicht auf etwaige bestehende Formen oder direkte und indirekte Vorschriften. **leger** (leschär): in leichter, locker-ungezwungener Weise sich benehmend oder gekleidet, ohne die sonst oft üblichen konventionellen Rücksichten; ↑nachlässig.

Unglück, das (Plural ungebräuchlich): (in diesem Sinnbereich) schlimmes Geschick, das einen oder viele Menschen trifft und das auf das Wirken von Naturgewalten oder auf technisches, menschliches Versagen zurückzuführen ist. **Schlag,** der (Plural ungebräuchlich): (in diesem Sinnbereich) plötzlich und unerwartet eintretendes Ereignis, von dem eine bestimmte Person oder ein bestimmter Personenkreis hart betroffen ist. **Katastrophe,** die: (in diesem Sinnbereich) schweres, für viele Menschen verderbenbringendes, plötzlich hereinbrechendes Unglück größeren Ausmaßes. **Desaster,** das (bildungsspr.): unerwartetes, schweres [vernichtendes] Unglück, das im allgemeinen viele Menschen trifft; geht auf die Bedeutung „Unstern“ zurück. **Debakel,** das (bildungsspr.): unheilvoller, unglücklicher Ausgang; Niederlage; geht auf die Bedeutung „Zusammenbruch“ zurück. **Pech,** das (ohne Plural; ugs.): nicht sehr folgenschweres [kleines] Unglück; wird besonders dann gebraucht, wenn der Zufall das Vorhaben eines Menschen ungünstig beeinflußt oder zum Scheitern bringt. **Mißgeschick,** das: [vom Betroffenen durch Ungeschicklichkeit oder Unvorsichtigkeit ausgelöster] unglücklicher Vorfall, der im allgemeinen nur den einzelnen Menschen betrifft, ihm allein Schaden zufügt; steht im Gebrauch zwischen der Bedeutung von weniger schwerwiegendem „Pech“ und wirklichem „Unglück“. **Malheur** [malör], das (ugs.): kleines Unglück, nicht sehr folgenschweres Mißgeschick; bringt häufig den Betroffenen – oft zugleich Urheber, manchmal durch Ungeschick – in eine peinliche Situation, besonders im gesellschaftlichen Bereich.

unglücklich (Ggs. ↑glücklich): (in diesem Sinnbereich) traurig und bedrückt; in pessimistischer Stimmung; von niedergeschlagener Gemütsverfassung oder davon zeugend; wird auf eine [vorübergehende] seelische Verfassung eines Menschen bezogen. **todunglücklich** (emotional verstärkend): tief betrübt; durch irgendein Geschehnis sehr niedergeschlagen oder verzweifelt; von Niedergeschlagenheit, Betrübnis, Verzweiflung zeugend; drückt die Emotion des Sprechers/Schreibers aus, der damit etwas als unangenehm oder unerfreulich charakterisiert. **kreuzunglücklich** (ugs.; emotional verstärkend): über eine bestimmte Angelegenheit, ein Vorkommnis [mit dem man nicht fertig wird] bedrückt und verstört [und einen gequälten Eindruck machend]; ↑traurig; ↑Trauer.

unhöflich (Ggs. ↑höflich): anderen gegenüber nicht in der zu erwartenden Weise freundlich und zuvorkommend. **flegelig** (abwertend): sich durch schlaksige Ungezwungenheit anderen gegenüber unhöflich benehmend; wird im Unterschied zu „flegelhaft", das sich auch auf das Benehmen älterer Personen beziehen kann, vor allem auf Jugendliche angewandt und enthält einen nicht so starken Tadel wie „flegelhaft". **flegelhaft** (abwertend): in grober und beleidigender Weise unhöflich; sich Dinge erlaubend, wie sie zu den Unarten Halbwüchsiger gehören; ↑Flegel. **rüpelig:** in mehr drolliger Weise frech; wird im Unterschied zu „rüpelhaft" nicht so ernsthaft gebraucht, sondern drückt eher verstecktes Wohlwollen aus und wird vorwiegend auf Kinder angewandt; vgl. Rüpel ↑Flegel, ↑Junge. **rüpelhaft** (abwertend), **lümmelhaft** (abwertend): i. S. v. flegelhaft; enthält aber eine noch schärfere Kritik; vgl. Rüpel, Lümmel ↑Flegel. **ruppig:** in seinem Benehmen, hauptsächlich in seinen Äußerungen, in despektierlicher, respektloser Weise keß, frech, so als ob der Betreffende an dem Betroffenen rupft oder wie jemand, der sich mausert und verbindliche Umgangsformen außer acht läßt; wird oft mit einer gewissen Nachsicht gesagt; vgl. Ruppsack ↑Schlingel. **schnöselig** (verächtlich): anmaßend und frech; wird überwiegend von jüngeren Personen gesagt; vgl. Schnösel ↑Flegel. **stieselig** (salopp; landsch.; abwertend): von sturunhöflicher Art; wie ein Stiesel, der sich in Ärger hervorrufender Weise unhöflich, unfreundlich und flegelig benimmt; vgl. Stiesel ↑Flegel; ↑barsch, ↑keck, ↑schnippisch, ↑taktlos, ↑unfreundlich.

unken (ugs.): auf Grund seiner pessimistischen Haltung oder Einstellung [zu allen Dingen] Unheil voraussagen: *er unkt immer.* **den Teufel an die Wand malen** (ugs.): [aus einer pessimistischen oder ängstlichen Haltung heraus] von etwas reden, etwas als möglich annehmen, was man weit wegwünscht, es durch Nennung gewissermaßen herbeiziehen; häufig in verneinter Form im Imperativ gebraucht: *male doch den Teufel nicht an die Wand!* **schwarzsehen** (ugs.): in der Zukunft Liegendes pessimistisch [mit Furcht oder großen Bedenken] betrachten; nichts Gutes von der Zukunft erwarten; wird meist auf etwas [Privates] bezogen, was einen persönlich betrifft oder mitbetrifft: *du siehst die Dinge zu schwarz;* ↑mutlos.

unklar (Ggs. ↑klar): nicht deutlich umrissen: *diese Auskunft ist mir zu u.* **ungenau:** nicht genau, nicht präzise; nur annähernd richtig: *das gibt den Sachverhalt nur u. wieder.* **unbestimmt:** (in diesem Sinnbereich) nicht auf etwas Bestimmtes, Abgegrenztes festgelegt: *mit diesen unbestimmten Angaben vertröstete er uns.* **vag[e]:** nur flüchtig, verschwommen angedeutet: *alle hatten nur eine vage Vorstellung.* **dunkel:** (in diesem Sinnbereich) nur ahnungsweise, in schwachen Umrissen vorhanden: *ich habe von meiner neuen Stelle nur sehr dunkle Vorstellungen.* **verschwommen:** nicht fest umrissen, nicht eindeutig, nicht klar erkennbar: *er drückt sich immer so v. aus.*

unklug: gegen die Gebote der Klugheit verstoßend; nicht weitblickend und klug genug, um die nachteiligen Folgen seines Verhaltens oder Handelns zu erkennen; wird von einem menschlichen Verhalten und einer Äußerung oder einer Handlung, selten von einer Person selbst gesagt: *unkluge Äußerungen.* **ungeschickt:** (in diesem Sinnbereich) aus Unerfahrenheit oder mangelnder Umsicht so handelnd, daß es zum Nachteil ausschlägt oder ausschlagen kann: *es war sehr u. von dir, ihn an diesen peinlichen Vorfall zu erinnern;* ↑ungeschickt. **undiplomatisch** (fam.): sein Ziel zu direkt, zu unverhüllt anstrebend und dadurch nachteilige Reaktionen hervorrufend; wird auch von Personen gesagt: *diese undiplomatische Äußerung brachte ihm viel Ärger ein;* vgl. dämlich ↑²dumm.

unmännlich (Ggs. ↑männlich): (im Urteil des Sprechers/Schreibers) als Mann zu weich in seinem Wesen; sich so verhaltend, wie man es von einem Mann eigentlich nicht erwartet: *seine Haltung ist sehr u.* **weibisch** (verächtlich): männliche Haltung vermissen lassend und Eigenschaften zeigend, die man einer Frau in gewissem Maße zubilligt, beim Mann aber unbedingt negativ beurteilt, wie z. B. Mutlosigkeit oder Feigheit; wird nur in bezug auf Männer angewandt. **feminin** (Ggs. maskulin ↑männlich) (bildungsspr.): (in diesem Sinnbereich) mehr weibliche als männliche Züge zeigend, weich; wird auf Männer angewandt, besonders in bezug auf die äußere Erscheinung, und enthält meist eine Abwertung: *er wirkt f.;* vgl. feminin ↑weiblich. **halbseiden** (abwertend): (in diesem

Sinnbereich) in der äußeren Erscheinung und in seinem Gebaren weichlich.

unmäßig: nicht das rechte Maß einhaltend (in bezug auf die Menge o. ä.): *er ist u. im Essen; er stellte unmäßige Forderungen.* **maßlos:** ohne jedes Maß, über das zuträgliche Maß weit hinausschießend; ist intensiver als „unmäßig", bedeutet eine stärkere Kritik mit emotionaler Beteiligung und eine Steigerung im Sinne von „sehr [groß, stark]": *seine Forderungen sind m.; er übertreibt immer m.; das waren maßlose Forderungen.* **genußsüchtig:** voller Genußsucht, voll der Sucht nach sinnlichen Genüssen: *er ist sehr g.;* ↑genießerisch.

unmißverständlich: keinen Zweifel aufkommen lassend; bezieht sich auf Äußerungen in Worten oder Handlungen, mit denen man einem anderen seine meist nicht sehr positive Einstellung zu erkennen gibt: *die Andeutung war u. genug, um ihn die Konsequenzen ziehen zu lassen.* **knallhart** (emotional verstärkend): unmißverständlich, ganz ungeschminkt und an Deutlichkeit nicht zu übertreffen; soll ausdrücken, daß der Betreffende gar nicht die Absicht hat, den anderen über seine Ziele oder seine Meinung im unklaren zu lassen: *knallharte Werbung; „Du willst doch was von mir", fragte sie ihn k.* **eindeutig:** keine zweite Deutung zulassend, so daß an einem Sachverhalt nicht gerüttelt werden kann oder man sich durch eine entsprechende Ausdrucks- oder Handlungsweise gegen [absichtliche] Mißdeutungen anderer absichert: *ich erhielt keine eindeutige Antwort und wußte also nicht, woran ich war.* **klipp und klar** (ugs.): etwas ohne Umschweife, bestimmt und ganz deutlich sagend [so daß alle Deuteleien oder Spekulationen ausgeschlossen sind]; wird oft mit Nachdruck und Schärfe gesagt und prädikatbezogen verwendet: *er erklärte klipp und klar, daß er diese Aktion für gefährlich halte.* **deutlich:** (in diesem Sinnbereich) klar und eindeutig; wird gesagt, wenn der wahre Sachverhalt oder die Ansicht eines anderen aus etwas ganz offen ersichtlich ist: *mit seiner Einsilbigkeit gab er ihnen d. zu verstehen, daß sie ihm unwillkommen waren;* ↑gerade[n]wegs.

unmoralisch: in Art oder Charakter, Gesinnung oder Handlung gegen die Gesetze der Ethik und die Gebote der Sitte und des Anstandes verstoßend; wird, wie alle Wörter dieser Gruppe, von Menschen, ihren Handlungen o. ä. gesagt: *ein unmoralischer Lebenswandel; ein unmoralischer Mensch.* **unsittlich:** grob gegen Sitte und Anstand verstoßend [und dadurch ein Ärgernis für andere]: *unsittliche Verträge.* **schlecht:** (in diesem Sinnbereich) niedriger, gemeiner Denk- oder Handlungsweise entspringend oder einen so gearteten Charakter verratend: *sie führt einen schlechten Lebenswandel;* ↑böse.

unnötig: nicht notwendig, nicht erforderlich [zu einem bestimmten Zweck]; wird gesagt, wenn man ausdrücken will, daß sich jmd. Mühe oder Unannehmlichkeiten oder auch einen gewissen [materiellen] Aufwand hätte ersparen können. **überflüssig:** über den Bedarf hinausgehend, überzählig; oft mit der Nebenvorstellung des Unnützen. **entbehrlich** (geh.): nicht unbedingt nötig; wird von etwas gesagt, worauf man gern verzichten, dessen man entraten, ohne das man zur Not auskommen kann; wird nicht prädikatbezogen gebraucht.

unpassend: unangenehm auffallend, weil es in dem betreffenden Rahmen als ungehörig empfunden wird; wird, wie die übrigen Wörter dieser Gruppe, von jmds. Verhalten, seinen Worten o. ä. gesagt. **unangebracht:** nicht hingehörend in den Zusammenhang, in dem es vorgebracht, getan wird oder werden soll [so daß es angebracht ist, darauf zu verzichten]. **deplaciert** (bildungsspr.): peinlich wirkend, einem Fauxpas gleichkommend. **fehl am Platze** (geh.): i. S. v. unangebracht; wird nur subjektbezogen gebraucht; ↑ungehörig.

unredlich (Ggs. redlich ↑rechtschaffen): im Verhalten anderen gegenüber nicht ehrlich; zum Lügen und Betrügen neigend oder davon zeugend; kennzeichnet menschliche Gesinnung und Handlungen, vor allem im Geschäftsleben; bezieht sich meist nur auf kleinere Betrügereien. **unlauter** (geh.): in seinen Absichten nicht offen und ehrlich; hinter scheinbar ehrlichem Verhalten unehrliche Absichten verbergend; von solchen unehrlichen Absichten zeugend. **unreell:** im Geschäftsleben nicht ehrlich. **unehrlich:** im Verhalten, in den Absichten, in den Aussagen nicht ehrlich, nicht aufrichtig; kennzeichnet einen Menschen, dem man nicht trauen und vertrauen kann, und dessen Verhalten usw. **betrügerisch:** bewußt andere täuschend, um sich einen Vorteil zu verschaffen, und ihnen dadurch Schaden zufügend; bezeichnet immer ein kriminelles Verhalten; bezieht sich auf Menschen oder ihre Handlungen; ↑scheinheilig, ↑unaufrichtig.

unreif (abwertend): (in diesem Sinnbereich) noch zu wenig menschliche Reife besitzend, um die Verantwortung, das Urteil eines Erwachsenen zu haben; von diesem Mangel zeugend; wird wie „unfertig" auf jugendliche Menschen, ihre Auffassungen und Äußerungen bezogen. **unfertig:** in seiner

Persönlichkeit noch nicht voll entwickelt und daher noch nicht urteilsfähig; von dieser Unfähigkeit zeugend. **unerfahren:** noch keine oder erst sehr geringe Lebenserfahrung besitzend; in vielen Dingen noch ganz ahnungslos und naiv. **jung:** (in diesem Sinnbereich) noch nicht alt und erfahren genug oder noch zu jugendlich-unüberlegt in seinem Wesen und Handeln, um schon ausgewogener Urteile und Entscheidungen fähig zu sein. **grün** (abwertend): (in diesem Sinnbereich) viel zuwenig Erfahrung und innere Reife besitzend, um ernst genommen werden zu können; wird meist dann verwendet, wenn sich ein älterer Mensch über die [anmaßende] Haltung eines jüngeren empört; wird meist auf männliche Jugendliche bezogen; ↑naiv.

Unruhe, die (ohne Plural) (Ggs. ↑²Ruhe): vorübergehender oder dauernder Mangel an innerer Ruhe und Ausgeglichenheit; inneres Erregtsein, das sowohl von einer charakterlich bedingten Lebhaftigkeit als auch von bangen Gedanken, Furcht, Sorge oder Erwartung herrühren kann; die Unruhe kann, muß aber nicht nach außen sichtbar sein: *nervöse, krankhafte U.;* vgl. unruhig ↑bang, ↑lebhaft. **Unrast,** die (ohne Plural; geh.): inneres Getriebenwerden; vorwärtsdrängende Unruhe, die sich meist in ununterbrochener äußerer Geschäftigkeit zeigt und bei keiner Tätigkeit lange verweilen läßt: *von einer quälenden U. erfüllt;* ↑rastlos. **Ruhelosigkeit,** die (ohne Plural): Umhergetriebenwerden von Sorge, innerer Unzufriedenheit oder Ungeduld, das einen nicht zur Ruhe kommen läßt; zeigt sich im Unterschied zu „Unruhe" immer nach außen hin im Verhalten; ↑ruhelos. **Nervosität,** die (ohne Plural): auf einer Überempfindlichkeit gegen physische Reize oder seelische Eindrücke beruhende innere Erregbarkeit und Unruhe, die bei einem oft geringfügigen Anlaß nach außen sichtbar wird; vgl. Nervosität ↑Aufregung; vgl. nervös ↑fahrig.

unscheinbar: (in diesem Sinnbereich) in seiner Erscheinung, seinem Äußeren ohne einprägsame, charakteristische Merkmale, oft auch von geringer [Körper]größe, so daß der/die oder das Betreffende keinen nachhaltigen Eindruck hinterläßt; wird auf Menschen und Sachen bezogen; kann mit einem Unterton von Verwunderung oder Enttäuschung gesagt werden in dem Falle, in dem man sich von jmdm., einer Sache eine bestimmte Vorstellung gemacht hat, die mit der Wirklichkeit, dem Augenschein nicht übereinstimmt: *alle hat dieser unscheinbare Mann beseitigt; eine kleine, unscheinbare Person.* **unauffällig:** in Erscheinung oder Verhalten von einer Art, die in keiner Weise hervortritt oder Aufmerksamkeit auf sich lenkt; wird im allgemeinen nicht als negative Eigenschaft gewertet; wird auf Menschen und Sachen bezogen: *ein unauffälliger junger Mann; sie trug eine unauffällige, aber sehr teure Bluse.* **farblos, blaß:** durch keine hervorstechenden charakteristischen Merkmale, Eigenschaften auffallend; als Persönlichkeit ohne erkennbare Eigenart, ohne auffallende individuelle Züge; wird in leicht abwertendem Ton gesagt: *er blieb als Minister weitgehend unbekannt und farblos.*

untadelig: keinen Anlaß zu einem Tadel bietend; drückt, wie alle Wörter dieser Gruppe, Lob und Anerkennung aus: *die Art, wie er sich in dieser Affäre verhielt, war u.; untadelige Kleidung.* **untadelhaft:** mit keinem Fehler, keinem Makel behaftet und daher keine Ursache zu einem Tadel gebend; während „untadelig" bedeutet, daß etwas nicht zu tadeln ist, drückt „untadelhaft" aus, daß einer Sache kein Fehler, der zu beanstanden wäre, anhaftet: *sein Benehmen war u.* **tadellos:** besonders, auffallend gut; nahezu vollkommen; vorbildlich; über jeden Tadel, jeden Vorwurf erhaben, weil ohne Fehler, ohne Makel: *ein t. sitzender Anzug.* **tadelfrei:** so beschaffen, daß es nicht getadelt werden kann, daß es frei von Tadel ist, keinen Anlaß zum Tadel bietet; im Unterschied zu „tadellos", das ein Lob ausdrückt und die persönliche Wertung des Sprechers/Schreibers widerspiegelt, ist „tadelfrei" eine sachliche Feststellung, die sich vor allem auf menschliches Verhalten bezieht: *er hat einen tadelfreien Ruf als Politiker.* **einwandfrei:** (in diesem Sinnbereich) richtig oder sogar mustergültig; in keiner Weise zu beanstanden: *bei diesem peinlichen Vorfall hat er sich e. benommen;* vgl. einwandfrei ↑fehlerfrei. **korrekt:** ausnahmslos richtig, fehlerlos, tadellos; der [strengsten und pedantischsten] Kritik standhaltend; drückt im Unterschied zu den übrigen Wörtern dieser Gruppe weniger lobende Hervorhebung als eine kritische Wertung aus oder bezeichnet das Tun, das Verhalten oder die äußere Erscheinung eines Menschen, soweit diese von ihm selbst zu beeinflussen ist, als völlig übereinstimmend mit dem, was gesellschaftliche Regeln oder Umgangsformen fordern, als einer [gesellschaftlichen] Situation oder einer Aufgabe durchaus angemessen, ohne hervorzustechen oder [unangenehm] aufzufallen: *ein korrektes, sehr britisches Englisch; er hat k. und pflichtgemäß gehandelt.* **comme il faut** [komilfo̱] (bildungsspr.): so beschaffen oder sich so verhaltend, wie es sich gehört, wie es die Gesellschaft nach ungeschriebenen Regeln verlangt; besagt meistens [wohlwollend-spöttisch], daß sich jmd. auf besondere [auffallende] Weise um das Korrekte, um das gesellschaftlich Gültige bemüht, oft nur in Kleinigkeiten oder Äußerlichkeiten: *sein Anzug ist immer comme il faut.* **tipptopp** (ugs.): auffallend ordentlich, sauber, fein; [in seinem Aussehen, seiner äußeren Form] vollkommen und einwandfrei; steht im allgemeinen nicht attributiv und bezieht sich auf eine Sache, über die man ein lobendes Urteil, meist auf Grund ihres Äußeren, abgeben will: *der Boden ist t. gebohnert;* ↑hervorragend, ↑höflich, ↑freundlich, ↑gewandt; ↑Höflichkeit, ↑Takt, ↑Weltmann.

[1]**untätig** (Ggs. tätig): (in diesem Sinnbereich) nichts tuend, arbeitend, wirkend; in seiner Bedeutung häufig gefärbt durch den Nebensinn von faul, träge, bequem: *u. steht er am Fenster und schaut gedankenlos hinaus.* **müßig** (geh.): (in diesem Sinnbereich) nichts zu tun habend, mit nichts beschäftigt; untätig aus Trägheit, aus Unlust am Arbeiten; gelegentlich mit der Nebenvorstellung von Langerweile: *sie stopfte Strümpfe, damit sie nicht m. herumsitzen mußte;* ↑faul, ↑träge.

[2]**untätig** (Ggs. aktiv ↑rührig): (in diesem Sinnbereich) nicht handelnd, sich passiv verhaltend, obwohl die Situation ein tätiges Eingreifen fordern würde; enthält häufig einen Vorwurf und steht oft in Verbindung mit „zusehen“, „dabeistehen“ o. ä.; wird im allgemeinen prädikatbezogen gebraucht: *u. mußte er zusehen, wie der Verunglückte vor seinen Augen verblutete.* **tatenlos** (geh.): ohne sich zu einer nötigen und erwarteten Tat, die Hilfe bringt oder Böses verhindert, zu entschließen; enthält meist einen starken Vorwurf; wird im allgemeinen prädikatbezogen und nur in Verbindung mit „zusehen“, „dabeistehen“ o. ä. gebraucht: *sie standen t. dabei, als er das Kind verprügelte.*

unterbinden, etwas: Maßnahmen ergreifen, damit etwas, was andere tun oder zu tun beabsichtigen und was man gern verhindern möchte, nicht weitergeführt oder ausgeführt werden kann: *der neue Lehrer unterband sofort das Abschreiben in seiner Klasse.* **abstellen,** etwas (ugs.): dafür sorgen, daß etwas, was zur Zeit im Gange ist, sofort aufhört; während „unterbinden“ ausdrücken soll, daß in ein unliebsames Geschehen zwar entschieden, aber meist auf geschickte, die Beteiligten nicht unnötig kränkende Weise eingegriffen wird, kennzeichnet „abstellen“ die direkte [rücksichtslose] Art des Eingreifens: *diese Unsitte unserer Angestellten läßt sich leicht a.* **einen Riegel vorschieben,** einer Sache (Dativ) (ugs.): etwas, was andere beabsichtigen und was man im allgemeinen schon mehrmals hat über sich ergehen lassen müssen, für die Zukunft [rigoros] verhindern: *diesen Betrügereien wurde endlich ein Riegel vorgeschoben.* **im Keim[e] ersticken,** etwas: etwas schon im frühesten Stadium seiner Entwicklung unterdrücken, schon bei den ersten Anzeichen verhindern, daß es sich weiter ausbreitet: *revolutionäre Umtriebe im Keim ersticken.* **Einhalt tun,** einer Sache (Dativ) (geh.): durch seine Macht oder Autorität verhindern, daß das [schädliche] Vorhaben eines anderen ausgeführt oder fortgesetzt wird: *einer Entwicklung Einhalt tun;* ↑abwehren, ↑anhalten, ↑eindämmen, ↑hemmen, ↑hindern.

unterbringen, etwas: (in diesem Sinnbereich) meist für mehrere Gegenstände [die transportiert werden sollen] einen Platz finden, wo sie einigermaßen gut aufgehoben sind: *ich kann das alles im Keller u.; wo sollen wir nur das viele Gepäck u.?* **verstauen,** etwas (ugs.): (in diesem Sinnbereich) einen oder mehrere Gegenstände [für den Transport] auf relativ engem, gerade noch ausreichendem Raum [mit anderen zusammen] unterbringen: *sie hat die Spielsachen in einer Kiste verstaut; unsere Koffer sind im Anhänger verstaut worden.* **verfrachten,** etwas (ugs.): etwas auf irgendeine Weise zum Zwecke des Transportes unterbringen: *den Koffer ins Gepäcknetz v.;* ↑verladen.

untergehen: (in diesem Sinnbereich) infolge des Verlustes der Schwimmfähigkeit im Wasser untersinken; wird von Gegenständen, die sonst auf dem Wasser schwimmen oder von denen man erwartet, daß sie schwimmen oder von [ertrinkenden] Personen gesagt; am häufigsten jedoch auf havarierende Schiffe o. ä. bezogen. **sinken:** meist langsam und unaufhaltsam im Wasser untergehen; wird im allgemeinen von Schiffen gesagt. **absinken:** in die Tiefe und auf den Grund eines Gewässers sinken; weist auf den Ablauf des Vorganges bis zum Ende hin und wird im allgemeinen nur von Schiffen oder größeren schwimmenden Objekten gesagt. **versinken:** unter die Oberfläche des Wassers geraten und im Wasser verschwinden; wird meist von Schiffen und nur in gehobener Stillage von ertrinkenden Menschen, kleineren Objekten o. ä. gesagt. **absaufen** (salopp): i. S. v. untergehen; wird von Schiffen gesagt. **absacken** (ugs.): meist plötzlich und auf Grund seiner Schwere unter die Oberfläche des Wassers geraten und langsam untergehen. **versacken** (ugs.): auf Grund seiner Schwere im Wasser untertauchen und untergehen, so daß es nicht mehr vorhanden ist; weist auf das Ende des

Prozesses hin. **wegsacken** (ugs.), **wegsaufen** (salopp): unter der Oberfläche des Wassers verschwinden; bezeichnet den plötzlichen Untergang eines Schiffes. **in den Fluten/** (auch): **Wellen verschwinden** (geh.): im bewegten Wasser untergehen; wird von einem lecken und beschädigten Schiff gesagt, das [meist auf hoher See] unter die Oberfläche des Wassers gerät und sinkt.

unterhalten, sich [mit jmdm.]: über irgendein Thema, das sich gerade anbietet, ein zwangloses Gespräch führen, dessen Gegenstand auch gewechselt wird, wenn es sich so ergibt; gesprächsweise [einige] Worte mit jmdm. wechseln. **diskutieren:** in einem Gespräch Ansichten, Meinungen über etwas austauschen: *wir diskutierten über Kindererziehung.* **debattieren:** lebhaft und längere Zeit mit anderen über etwas, was durchgesprochen werden muß, reden: *sie debattierten stundenlang.* **disputieren** (bildungsspr., veraltend): **a)** i. S. v. diskutieren; **b)** ein Streitgespräch mit einem anderen über einen bestimmten Gegenstand führen. **sprechen,** mit jmdm.: (in diesem Sinnbereich) i. S. v. unterhalten, sich; wird jedoch seltener angewandt und läßt – ohne nähere Angabe – meist auf einen ernsthafteren Gesprächsstoff schließen: *er sprach angeregt mit ihm über dessen Pläne;* ↑[1]sprechen. **reden,** mit jmdm.: (in diesem Sinnbereich) i. S. v. unterhalten, sich; wird seltener angewandt, ist etwas gewichtiger und läßt meist auf ein ausgedehnteres, ernsteres Gespräch schließen: *sie reden oft stundenlang miteinander.* **Konversation machen** [mit jmdm.] (iron.): [in offizieller Gesellschaft] ein förmliches, höfliches, meist oberflächliches Gespräch führen, ohne dabei innerlich sonderlich beteiligt zu sein. **plaudern** [mit jmdm.]: sich gemütlich und zwanglos [munter] über angenehme, nicht sehr schwerwiegende Dinge unterhalten; wird oft als leicht geziert empfunden. **ein Plauderstündchen halten** [mit jmdm.]: sich für eine gewisse Zeit [an einem behaglichen Ort, an dem man sich zusammengefunden hat] gemütlich unterhalten; läßt gegenüber „plaudern" meist vermuten, daß man eigens zum Zwecke der Unterhaltung zusammenkommt. **schwatzen/** (landsch.) **schwätzen** [mit jmdm.]: (in diesem Sinnbereich) zwanglos mit Bekannten über weniger ernsthafte, oft belanglose [harmlose] Dinge reden; ↑schwatzen. **einen Schwatz/ein Schwätzchen halten** [mit jmdm.] (fam.): sich für eine gewisse, nicht allzu lange Zeit zwanglos unterhalten, oft gerade da, wo man sich getroffen hat, meist um sich gegenseitig Neuigkeiten zu erzählen; wird oft in scherzhaftem Ton oder mit gutmütigem Spott gesagt. **plauschen** [mit jmdm.] (fam.): sich gemütlich in vertrautem, kleinerem Kreis unterhalten, wobei über allerlei, nicht sehr schwerwiegende Dinge geredet wird, die sich gesprächsweise ergeben. **einen Plausch halten** [mit jmdm.] (fam.): i. S. v. plauschen; hebt jedoch mehr den begrenzten zeitlichen Ablauf der Handlung hervor. **quatschen** [mit jmdm.] (salopp): (in diesem Sinnbereich) i. S. v. unterhalten, sich: *wir wollten ein bißchen quatschen;* vgl. quatschen ↑schwatzen. **klönen** [mit jmdm.] (landsch.): sich in aller Ruhe gemütlich unterhalten, über alles mögliche reden, wobei man meist weitschweifig und ausführlich erzählt und von einem Thema zum anderen übergeht; wird – im Hinblick darauf, daß man mit überflüssigem Gerede viel Zeit vergeudet – öfter leicht abwertend gebraucht; ↑ausplaudern, ↑erörtern; ↑Gespräch.

Unterkunft, die: Raum, der jmdm. meist vorübergehend zum Wohnen dient oder der ihm zu diesem Zweck gewährt wird, ohne daß der Betreffende zum Hause gehört. **Quartier,** das: Unterkunft [von Soldaten]. **Herberge,** die (selten): dürftige oder wenigstens nicht besonders komfortable Unterkunft, in der man [vorübergehend] wohnen kann: *um H. für die Nacht bitten.* **Obdach,** das (ohne Plural): vorläufige Unterkunft, vorläufiger Unterschlupf für jmdn., der ohne „ein Dach über dem Kopf" ist: *kein O. für die Nacht haben; ein O. suchen.* **Zuflucht,** die (Plural ungebräuchlich): Örtlichkeit, an der man (als Verfolgter, in Not Befindlicher) vorübergehend in Sicherheit ist: *er suchte, fand bei Freunden Z.;* ↑Wohnung, ↑Zimmer; vgl. Unterschlupf gewähren ↑beherbergen.

unterlassen, etwas: (in diesem Sinnbereich) etwas, was man tun könnte und wozu man die Möglichkeit hätte, bewußt aus Vorsicht, aus fehlendem Mut oder aus irgendwelchen Befürchtungen oder Überlegungen heraus nicht tun.; vgl. unterlassen ↑[2]versäumen, ↑verzichten. **bleibenlassen,** etwas (ugs.): (in diesem Sinnbereich) etwas [was man sich bereits in Gedanken fest vorgenommen hatte und was man auch tun könnte] aus fehlendem Mut, abwartender oder ängstlicher Vorsicht oder vielfach auch aus Resignation und Gleichgültigkeit heraus nicht ausführen; vgl. bleibenlassen ↑verzichten. **vermeiden,** etwas: (in diesem Sinnbereich) sehr genau darauf achten, daß man etwas in einer bestimmten Lage nicht tut oder sagt; sich sorgfältig vorsehen, daß etwas nicht eintritt, von dem man Unannehmlichkeiten zu erwarten oder zu befürchten hat; sich mit besonderer Rücksichtnahme auf andere

Menschen bemühen, durch seine Worte oder sein Handeln nichts hervorzurufen, was einem selbst in irgendeiner Weise unangenehm werden könnte. **lassen,** etwas (ugs.); **sein lassen,** etwas (ugs.): (in diesem Sinnbereich) etwas [was man vielleicht tun könnte und was in einer ganz bestimmten Lage möglich, aber nicht gut oder erfolgversprechend wäre] nicht ausführen [weil man nicht den Mut hat, weil man vorsichtig sein und abwarten möchte oder weil man resigniert und voll Gleichgültigkeit ist]; stehen oft in Aufforderungssätzen: *laßt doch endlich euer dauerndes Streiten!;* vgl. lassen ↑verzichten.

unterrichten, jmdn. über etwas: (in diesem Sinnbereich) jmdm. von etwas, was geschehen ist oder geschehen soll, Kenntnis geben; bezieht sich meist auf dienstliche und offizielle schriftliche oder häufiger mündliche Mitteilungen: *der Chef hat die Abteilungsleiter über das Vorgefallene unterrichtet.* **informieren,** jmdn. [über etwas]: jmdm. eine Nachricht in einer bestimmten Sache [die ihn persönlich angeht] zukommen lassen: *er hat mich über alles informiert.* **in Kenntnis setzen,** jmdn. von/über etwas (nachdrücklich): jmdm. in sachlicher Form [in dienstlicher Angelegenheit] über etwas Mitteilung machen; im Unterschied zu „unterrichten", das die Tätigkeit hervorhebt, weist „in Kenntnis setzen" auf das durch diese Tätigkeit bewirkte Ergebnis: *er hat mich von der Änderung der Verkaufsbedingungen in Kenntnis gesetzt;* ↑Mitteilung machen, ↑Nachricht.

[1]**unterscheiden,** jmdn. [von jmdm.], etwas [von etwas]: (in diesem Sinnbereich) Dinge, Wesen oder Begriffe hinsichtlich ihrer Merkmale, ihrer Bedeutung oder ihres Ranges jedes für sich klar erkennen und in ihrem richtigen Verhältnis zueinander sehen: *bis sie die verschiedenen Arten u. lernte, vergingen Jahre.* **auseinanderhalten,** jmdn./etwas: ähnliche Dinge, Menschen, in der Bedeutung ähnliche, ähnlich bedeutende Begriffe o. ä. nicht miteinander verwechseln, sondern jedes in seiner Besonderheit erkennen, sie voneinander zu trennen wissen: *kannst du die modernen Tänze a.?*

[2]**unterscheiden** [zwischen etwas]: die Wesens- oder Wertunterschiede bei vergleichbaren Dingen auf Grund seiner Kennerschaft, seiner Urteilsfähigkeit bestimmen und ein entsprechendes Urteil abgeben: *sie war eine Person von aristokratischen Grundsätzen, die haarscharf zwischen ersten und zweiten Kreisen unterschied.* **einen Unterschied machen,** zwischen etwas: ähnliche Dinge nicht als einander gleichwertig erachten, sondern nach sorgfältiger Prüfung oder nach bestimmten Grundsätzen eine Verschiedenheit des Wesens erkennen und damit eine Abstufung in Rang oder Wert festlegen: *man muß hier einen Unterschied zwischen Tapferkeit und Leichtsinn machen.*

unterschlagen, etwas: Gelder, Werte o. ä., die einem anvertraut sind, die man verwaltet, nicht für den vom rechtmäßigen Eigentümer gewollten Zweck verwenden, sondern sie heimlich, betrügerisch für sich behalten: *Geld, Briefe u.* **veruntreuen** (geh.): Geld oder Gut, mit dessen Verwaltung man beauftragt ist, nicht korrekt verwalten, sondern es für andere, eigene Zwecke unrechtmäßig verwenden; nennt den Sachverhalt weniger deutlich als „unterschlagen"; ↑bestehlen, ↑stehlen.

untersetzt: mittelgroß oder klein und dabei breitschultrig und stark gebaut; bezieht sich mehr auf den Bau des menschlichen Rumpfes, hat mitunter den Nebensinn des Dicken, Beleibten und enthält in diesem Fall eine vom Ästhetischen her begründete Abwertung; es wird, wie die folgenden Wörter „gedrungen" und „stämmig", häufiger auf Männer als auf Frauen angewandt. **gedrungen:** mittelgroß oder klein und im Verhältnis zu seiner Größe zu breit gebaut; bezieht sich im Unterschied zu „untersetzt" nicht nur auf den Rumpf, sondern auch auf den [zu kurzen] Hals, die Beine, d. h. auf die gesamte Gestalt, bezeichnet dabei häufig das vom Ästhetischen her störende [Miß]verhältnis von Größe und Breite. **stämmig:** nicht besonders groß und dabei fest gebaut und kräftig; bezieht sich wie „untersetzt" mehr auf den Bau des menschlichen Rumpfes, betont aber stärker [häufig mit Bewunderung] die muskulöse Festigkeit und die damit gegebene Kraft; nur selten rückt es in die Nähe des Ungeschlachten; vgl. knackig ↑anziehend. **kompakt** (ugs.): von meist mittelgroßer, breiter und auffallend kräftiger Statur. **pyknisch** (Medizin): von untersetzt-rundlichem Rumpfbau und gedrungener Gestalt; als eine Bezeichnung innerhalb der Typenlehre bezieht sich „pyknisch" auf die gesamte Erscheinung dieses Typs, der durch eine gedrungene Figur, ein weiches, breites Gesicht, einen kurzen Hals, durch einen Fettbauch und einen tiefen, gewölbten Brustkorb gekennzeichnet ist. **robust:** (in diesem Sinnbereich) stämmig gebaut und dadurch in hohem Maße widerstandsfähig. **bullig** (salopp): untersetzt, stiernackig, in besonderer Weise aggressiv wirkend; ist oft stark emotional gefärbt; ↑schlank.

unterwerfen, jmdn./etwas: Menschen, ein Land o. ä. besiegen, mit Gewalt unter seine Herrschaft oder Obrigkeit bringen. **unterjo-**

chen, jmdn./etwas: Menschen, ein Land o. ä. mit Gewalt unter seine Herrschaft oder Obrigkeit bringen und in Knechtschaft, in niedrigster Dienstbarkeit halten; wird gewöhnlich mit emotionaler Anteilnahme gesagt; ↑²besiegen.

unterwürfig: in würdeloser Weise darum bemüht, sich die Meinung eines Höhergestellten o. ä. zu eigen zu machen, und bereit, ihm bedingungslos zu Diensten zu sein; auf den Menschen und seine Äußerungen bezogen: *er bot ihm u. seine Dienste an.* **kriecherisch** (ugs.; verächtlich): wie ein Kriecher, der sich unterwürfig verhält und allzu dienstfertig gegenüber seinem Vorgesetzten ist; drückt stärker als „unterwürfig" die Mißbilligung aus: *seine kriecherische Freundlichkeit ekelt mich an.* **hündisch** (verächtlich): wie ein Hund aus Ergebenheit alle Wünsche einer Person erfüllend; von einer solchen würdelosen Haltung zeugend; ↑einschmeicheln, ↑hofieren, ↑²kriechen, ↑schmeicheln; ↑willig.

untreu (Ggs. ↑treu): nicht treu, das heißt nicht beständig, zuverlässig in bezug auf seine Bindung, Gesinnung einem anderen gegenüber; einem gegebenen Wort oder einer Verpflichtung zuwiderhandelnd; wird, wie die übrigen Wörter dieser Gruppe, im allgemeinen nur von Personen gesagt: *ein untreuer Liebhaber; er ist ihr u. geworden; sie ist ihrem Mann u. gewesen.* **ungetreu** (geh.): von untreuer, unredlicher Gesinnung; das in ihn gesetzte Vertrauen [ent]täuschend; wird im allgemeinen attributiv gebraucht: *ein ungetreuer Beamter.* **treulos:** (in diesem Sinnbereich) sich von jmdm., der einem vertraut ist, abkehrend; jmdn. [dem man die Treue versprochen hat] im Stich lassend; im Unterschied zu „untreu" klingt „treulos" vorwurfsvoller: *eine treulose Geliebte; er ist t., hat t. an ihr gehandelt;* ↑treulos. **wortbrüchig:** ein gegebenes Versprechen nicht haltend; bezeichnet im Unterschied zu den übrigen Wörtern nicht so sehr den [gerechtfertigten oder ungerechtfertigten] Gesinnungswechsel, sondern mehr die bloße Tatsache, daß eine Verpflichtung nicht eingehalten wird: *an jemandem w. werden;* ↑verlassen, jmdn.

ununterbrochen: eine längere Zeit ohne eine Unterbrechung andauernd, sich immer wieder ohne Zwischenraum oder mit ganz kurzen Zwischenräumen wiederholend: *er arbeitete u.* **unaufhörlich:** eine längere Zeit dauernd, ohne aufzuhören (was eigentlich erwünscht, erwartet wird): *unaufhörliches Summen.* **pausenlos:** eine längere Zeit ohne Pause fortbestehend; enthält meist eine Art Erstaunen oder Verärgerung über diese Tatsache: *p. sprach er auf uns ein.* **ohne Unterlaß:** nicht aufhörend, nicht enden wollend: *es schneite sieben Nächte ohne Unterlaß.* **permanent** (bildungsspr.): ununterbrochen fortbestehend; leitet sich her aus lateinisch per = durch...hin(durch) und manere = bleiben; wird weitgehend in Texten verwendet, deren Inhalt vom Sprecher/Schreiber als negativ gewertet wird: *eine permanente Krise; permanente Geldsorgen; diese Revolution ist p.; er hat sich p. geweigert, dieses Papier zu unterschreiben; sich p. widersetzen; sie war p. Verleumdungen ausgesetzt;* ↑immer, ↑oft.

unverblümt: ohne höfliche oder vorsichtige Umschreibung oder Andeutung dessen, was man in einem bestimmten Falle denkt: wird auf jmds. Äußerungen bezogen: *ich habe ihm u. meine Meinung gesagt.* **ungeschminkt:** ohne beschönigende, mildernde Zusätze; wird auf unliebsame Tatsachen und ihre Wiedergabe bezogen: *das ist die ungeschminkte Wahrheit;* ↑gerade[n]wegs.

unvergessen (geh.): seiner Besonderheit wegen nicht aus dem Gedächtnis geschwunden: *mein unvergessener Freund und Ratgeber.* **unvergeßlich:** nicht aus der Erinnerung, dem Gedächtnis zu löschen; bezieht sich auf einen Menschen, den jmd. sehr geschätzt, auf ein Ereignis, das auf jmdn. großen Eindruck gemacht hat: *unser unvergeßlicher Vater; das ist, bleibt [mir] unvergeßlich.*

unvermeidlich: sich als sichere Folge, die man nicht verhindern kann, die man in Kauf nehmen muß, aus einer Sache, einer Voraussetzung ergebend; bezieht sich, wie die übrigen Wörter dieser Gruppe, im allgemeinen auf eine unangenehme Folgeerscheinung: *gewisse Härten sind bei dieser Maßnahme u.* **notwendig:** (in diesem Sinnbereich) zwangsläufig aus einer Sache, einem Sachverhalt folgend; keine andere Möglichkeit zulassend; wird im Unterschied zu „unvermeidlich" seltener im Hinblick auf etwas Zukünftiges gebraucht, sondern besagt meist, daß etwas Gegenwärtiges mit Notwendigkeit eintreten mußte, und steht im allgemeinen nicht subjektbezogen: *es mußte n. zum Kriege kommen;* ↑notwendig. **unausbleiblich:** mit Sicherheit als Folge von etwas zu erwarten; nicht ausbleibend, wenn man an dem eingeschlagenen Weg festhält; drückt aus, daß man von einer Entwicklung, einem [gegenwärtigen] Vorgang [zukünftige] Unannehmlichkeiten, Schwierigkeiten befürchtet, wenn man diese Entwicklung nicht steuert; steht im allgemeinen nicht prädikatbezogen: *die unausbleiblichen Folgen des Leichtsinns.* **unausweichlich:** als sichere Folge [eines unklugen, gefährlichen

Verhaltens], der man nicht entgehen, der man nicht vorbeugen kann, auf jmdn. zukommend; drückt im Unterschied zu „unausbleiblich" aus, daß ein [zukünftiges] Übel auf keine Weise mehr verhindert werden kann: *eine Änderung unserer Lebensverhältnisse, die u. auf uns zukommt.* **unabwendbar:** sich [in seiner drohenden, unheilvollen Gewalt] nicht hemmen, abwenden lassend; schicksalhaft über jmdn. hereinbrechend: *ein unabwendbares Schicksal; die Naturkatastrophe ist u.*

unwillig: ungeduldig, aufgebracht über etwas; seinen Ärger, seine Unzufriedenheit, seine ablehnende Haltung nicht verbergend; bezieht sich, wie die übrigen Wörter dieser Gruppe, auf den Menschen und seine Äußerungsarten: *er schüttelte u. den Kopf;* vgl. Unwille ↑Ärger. **ungehalten:** empört, gereizt, verärgert über etwas; Ärger, Empörung, Unwillen erkennen lassend: *er war über die Störung u.* **indigniert** (bildungsspr.): von etwas unangenehm, peinlich berührt, über etwas erzürnt; das Mißvergnügen, die Entrüstung über etwas [verbunden mit dem Bewußtsein der eigenen Überlegenheit] deutlich zeigend, erkennen lassend: *ihr indignierter Blick ließ ihn seine Ungeschicklichkeit doppelt peinlich empfinden;* ↑ärgerlich, ↑entrüstet, ↑unzufrieden (sein), ↑verärgert, ↑wütend (werden), ↑zornig.

unwillkommen: mit seinem Erscheinen, Eintreffen jmdm. keine Freude machend, nicht gern gesehen; ungelegen kommend und lästig fallend: *unwillkommener Besuch.* **unerwünscht:** so wie man es sich nicht wünscht; durch seine Gegenwart, sein Auftreten lästig: *ein unerwünschter Besuch; unerwünschte Nebenwirkungen; eine unerwünschte Unterbrechung;* ↑lästig, ↑²ungelegen kommen.

unzufrieden: unzufrieden sein [mit etwas]: mit einem Zustand, einem Vorgang oder einem Ergebnis nicht einverstanden sein, Unwillen darüber empfinden; besagt im Unterschied zu „unbefriedigt sein" weniger, daß eine Erwartung nicht eingetroffen ist, als daß man eine Forderung nicht erfüllt sieht: *die Arbeiter sind mit ihren Arbeitsbedingungen u.* **unbefriedigt sein,** von etwas: von einem Ergebnis nicht zufriedengestellt sein; bei einer bestimmten Gelegenheit in seinen Erwartungen getäuscht sein: *wir sind unbefriedigt von diesen Ergebnissen.* **enttäuscht sein** [von etwas]: seine Hoffnungen oder Erwartungen in einer bestimmten Sache nicht erfüllt sehen und deshalb unzufrieden oder niedergeschlagen, verstimmt sein: *er war enttäuscht, daß er in der Prüfung nicht besser abgeschnitten hatte.* **frustriert sein:** auf Grund dessen, daß bestimmte persönliche Wünsche oder Bedürfnisse entgegen den Erwartungen nicht erfüllt worden sind, stark enttäuscht sein, was sich psychisch auswirkt. **alt aussehen** (ugs.): auf Grund eines Fehlschlags oder des Mißlingens von etwas o. ä. enttäuscht sein, verblüfft-ratlos dastehen; drückt eine fassungslose Verblüfftheit aus, weil man damit nicht gerechnet hat: *als der Zug vor meinen Augen davonfuhr, sah ich ganz schön alt aus;* ↑ärgerlich, ↑entrüstet, ↑unerfreulich, ↑unwillig, ↑verärgert, ↑wütend, ↑zornig.

üppig: in großer Fülle und guter Qualität [vorhanden]; wird hauptsächlich im Zusammenhang mit Essen und Trinken verwendet: *dieses Abendessen war fast zu ü.* **opulent** (bildungsspr.): sehr reichlich und von besonders vorzüglicher Qualität: *wir haben o. gespeist.* **lukullisch** (bildungsspr.): aus ungewöhnlichen, delikaten Speisen bestehend, die schwelgerischen Genuß bieten: *ein lukullisches Frühstück.* **feudal** (ugs.): (in diesem Sinnbereich) besonders erlesen und teuer; charakterisiert nicht nur das Essen, sondern stellt auch einen Bezug zu dem her, der das Essen gewissermaßen wie ein gesellschaftlich Privilegierter einnimmt: *das war ein feudales Mahl;* vgl. fugal ↑²schlicht, ↑vornehm.

Urin, der (Plural ungebräuchlich): von den Nieren abgesonderte Flüssigkeit, die sich in der Blase sammelt und durch die Harnröhre ausgeschieden wird; wird im Unterschied zu „Harn" insbesondere angewandt, wenn die Flüssigkeit bereits außerhalb des Körpers ist: *bringen Sie zur Untersuchung Ihren U. mit!; es stank nach U. und Kot.* **Harn,** der (Plural ungebräuchlich; geh.): i. S. v. Urin; während sich „Urin" von lat. ūrīna = Wasser herleitet, liegt dem Wort „Harn" etymologisch ein Wort zugrunde, das auf den Vorgang des Trennens, Scheidens, Ausscheidens hinweist, so daß von daher zu erklären ist, daß „Harn" (in der Medizin) in entsprechenden Zusammensetzungen im Unterschied zu „Urin" auftritt, z. B. Harnblase, -leiter, -röhre, -stein, -stoff, -verhaltung, -wege; harnverhaltend. **Wasser,** das (Plural ungebräuchlich; verhüllend): i. S. v. Urin. **Pipi,** das (Plural ungebräuchlich; fam.); **Pisse,** die (Plural ungebräuchlich; derb); **Schiffe,** die (Plural ungebräuchlich; derb); **Seiche,** die (Plural ungebräuchlich; derb); **Brunze,** die (Plural ungebräuchlich; derb; landsch.): i. S. v. Urin; die Ausdrücke werden aber gewöhnlich nur verwendet, wenn die Ausscheidung bereits erfolgt ist: *die Windeln riechen nach Pipi;* ↑Kot, ↑Notdurft; ↑urinieren.

urinieren (bildungsspr.): von den Nieren abgesonderte Flüssigkeit, Urin durch die Harnröhre ausscheiden. **[sein] Wasser lassen** (verhüllend); **harnen** (selten): i. S. v. urinieren. **sein kleines Geschäft besorgen/machen** (fam.; verhüllend); **Pipi machen** (fam.); **pullen** (fam.); **lullern** (fam.); **strullern** (fam.); **klein/Kleines machen** (fam.); **ein Bächlein/ einen Bach machen** (fam.; verhüllend): i. S. v. urinieren; werden aber im allgemeinen nur auf kleine Kinder bezogen und schließen häufig mit ein, daß Urin nur in geringer Menge ausgeschieden wird. **seichen** (derb); **pullen** (derb; landsch.); **lullen** (derb; landsch.): i. S. v. urinieren. **pinkeln** (salopp): Urin in geringer Menge, tröpfchenweise oder im schwachen Strahl aus der Harnröhre ausscheiden; wird jedoch häufig lediglich als salopper Ausdruck für „urinieren" verwendet. **pissen** (derb); **schiffen** (derb); **brunzen** (derb; landsch.): Urin in größerer Menge oder im [starken] Strahl aus der Harnröhre ausscheiden; werden jedoch häufig lediglich als derbe Ausdrücke für „urinieren" verwendet. **puschen** (fam.): Urin geräuschvoll aus der Harnröhre ausscheiden; wird gewöhnlich auf kleine Mädchen bezogen. **strullen** (salopp; landsch.): Urin geräuschvoll im Strahl aus der Harnröhre ausscheiden. **sein Wasser abschlagen** (salopp); **sich das Wasser abschlagen** (salopp); **eine Stange [Wasser] in die Ecke stellen** (ugs.; scherzh.); **das Kartoffelwasser abschütten** (ugs.; scherzh.); **Kartoffeln abgießen** (ugs.; scherzh.); **entsaften,** sich (salopp; scherzh.): Urin im Stehen durch die Harnröhre ausscheiden; werden nur auf männliche Personen bezogen; ↑Kot, ↑Notdurft, ↑Stuhlgang, ↑Urin.

Urkunde, die: amtliches schriftliches Zeugnis, durch das etwas beglaubigt wird, z. B. Geburt, Heirat, Tod, Ernennung, erworbene Verdienste, oder durch das ein Sachverhalt Rechtskraft erlangt. **Schriftstück,** das (veraltend): ein [amtliches] Schreiben, das etwas dokumentiert. **Dokument,** das: beweiskräftiges, Beweismaterial enthaltendes Schriftstück. **Unterlagen,** die (Plural): schriftliche Beweismittel, die zu einem bestimmten Zweck dienen, von deren Beibringung die Bearbeitung einer Sache abhängt. **Bescheinigung,** die: Schriftstück, auf dem etwas bescheinigt worden ist und das bei entsprechendem Anlaß vorgelegt werden kann. **Zertifikat,** das: Schein, amtliche Bescheinigung, auf der die Qualifikation, die jemand, z. B. in einem Kurs, erworben hat, bestätigt wird.

Urlaub, der (Plural ungebräuchlich): vorübergehende dienst-, arbeitsfreie Zeit, die man [zum Zwecke der Erholung] erhält; betrifft die Personen, die in Betrieben oder bei Behörden beschäftigt oder beim Militär sind. **Ferien,** die (Plural): Zeit, in der bestimmte öffentliche Arbeiten ruhen, in der man von diesen Arbeiten befreit ist; sich auf Tage oder Wochen ausdehnende Unterbrechung der Arbeit bei bestimmten Gemeinschaften von Menschen (z. B. Schule, Hochschule, Theater, Parlament).

Ursache, die: (in diesem Sinnbereich) ein Sachverhalt, der eine Erscheinung, eine Handlung oder einen Zustand bewirkt, hervorruft: *wir suchten die U. nicht bei uns.* **Grund,** der: (in diesem Sinnbereich) ein Tatbestand, der ein aus ihm folgendes Ereignis oder einen aus ihm folgenden anderen Tatbestand erklärt: *worin lag der G. für diese Fehlschläge?* **Anlaß,** der (in diesem Sinnbereich) ein Tatbestand, ein Ereignis, durch die eine Handlung oder Haltung ausgelöst wird: *Krawalle, deren Anlässe oft völlig nichtig waren;* ↑Beweggrund, ↑Ereignis, ↑Erlebnis.

V

Vater, der (Ggs. ↑Mutter): **a)** Mann, der ein Kind oder mehrere Kinder gezeugt hat: *viele Väter sind im Krieg gefallen;* **b)** Vater im Zusammenhang mit seinem Kind oder seinen Kindern, mit denen er in wechselseitiger Beziehung verbunden ist: *was hat denn dein V. dazu gesagt?; ein liebevoller V.* **Papa,** der (Ggs. Mama) i. S. v. Vater b): in familiärer Redeweise: *P., hast du Zeit zum Spielen?* **Vati,** der (Ggs. Mutti): Koseform zu: Vater. **Papi,** der (Ggs. Mami) Koseform zu: Papa. **Paps,** der: Koseform zu: Papa. **Daddy** [dädi], der: i. S. v. Vater b); als liebevolle Bezeichnung oder Anrede. **Erzeuger,** der: (leiblicher) Vater: *er ist der E. dieses Kindes;* ironisch: *was sagt denn dein E. dazu?* **Alte,** der (salopp; Ggs. Alte, die): i. S. v. Vater b): *wann kommt denn dein Alter nach Hause?* **alte Herr,** der (Ggs. alte Dame): i. S. v. Vater b): *kommt dein alter Herr auch mit?; mein alter Herr will noch Tennisspielen lernen.* **Rabenvater,** der (Ggs. Rabenmutter): (im Urteil des Sprechers/Schreibers) liebloser, hartherziger Vater, der seine Kinder vernachlässigt; oft scherzhaft: *du bist ein richtiger R.* **Stiefvater,** der (Ggs. Stiefmutter): Mann, der nicht jmds. leiblicher Vater, aber der Ehemann der Mutter ist. **Pflegevater,** der (Ggs. Pflegemutter a): männlicher Teil der Pflegeeltern. **Ziehvater,** der (landsch.; Ggs. Ziehmutter): i. S. v. Pflegevater. **Familienvater,** der: Vater; besonders im Hinblick auf die Fürsorge für seine Familie, seine Verpflichtungen ihr gegenüber. **Haushaltungsvorstand,** der (veraltend): Vater als derjenige, der im Haushalt Entscheidungen trifft. **Familienoberhaupt,** das (veraltend): Vater als Oberhaupt der Familie. **Paterfamilias,** der (bildungsspr.; scherzh.): i. S. v. Familienoberhaupt.

verabreden [etwas]: gemeinsam einen Plan für etwas machen und diesen nach Ort, Zeit oder sonstigen Umständen festlegen, wobei der Plan in einem Treffen oder einem Unternehmen bestehen kann, an dem alle Personen, die sich verabreden, teilnehmen. **absprechen** [etwas]: sich im voraus darüber einigen, wie etwas geschehen oder ablaufen soll; Einzelheiten einer beabsichtigten [gemeinsamen] Handlung festlegen; bezieht sich im Unterschied zu „verabreden", das sich meist auf den persönlichen und familiären Bereich beschränkt, auch auf Geschäftliches. **ausmachen** [etwas] (ugs.): (in diesem Sinnbereich) i. S. v. verabreden: *sie haben ausgemacht, daß sie sich am nächsten Sonntag wieder treffen wollen;* ↑vereinbaren.

Verabredung, die: (in diesem Sinnbereich) vereinbartes Treffen zwischen zwei [verliebten] Personen; vgl. Verabredung ↑Abmachung. **Rendezvous** [rangdewu], das: Verabredung, die zwei ineinander verliebte Personen treffen. **Stelldichein,** das: [heimliche] Verabredung zwischen verliebten Menschen [die vor der Öffentlichkeit weitgehend verborgen gehalten wird]; stärker als bei „Rendezvous" wird hier der Eindruck des Heimlichen und Vertrauten erweckt. **Date** [de't], das (bildungsspr.): Verabredung, Treffen, z. B. von Freund und Freundin. **Dating** [de'ting], das (bildungsspr.): Verabredung, Stelldichein in bezug auf junge Leute, bes. in den USA. **Schäferstündchen,** das: heimliches Beisammensein von Verliebten, bei dem Zärtlichkeiten ausgetauscht werden [und bei dem es zu sexuellen Handlungen kommt]; ↑Liebesspiel, ↑Treffen.

verabscheuenswert; verabscheuungswürdig: so verwerflich oder ruchlos, daß der oder das Betreffende allgemeinen Abscheu verdient; wird von Personen und ihren Handlungen, Motiven o. ä. gesagt; steht im allgemeinen nicht prädikatbezogen; vgl. verabscheuenswert ↑verwerflich. **abscheulich:** (in diesem Sinnbereich) so schändlich und nichtswürdig, daß jmd./etwas allgemeinen Abscheu erregt oder doch erregen sollte; kennzeichnet im Unterschied zu „verabscheuenswert" weniger eine nach sittlichen Maßstäben urteilende als eine gefühlsmäßig verabscheuende Stellungnahme des Sprechers/Schreibers; ↑[1]abscheulich, ↑[2]abscheulich. **abscheuerregend:** (in diesem Sinnbereich) i. S. v. abscheulich; bezieht sich jedoch im allgemeinen nur auf menschliche Handlungen und steht nur attributiv; ↑böse, ↑gemein, ↑hinterlistig, ↑niederträchtig.

verächtlich: verächtlich machen, etwas: in der Öffentlichkeit, gegenüber Dritten seiner Verachtung für eine Sache, Einrichtungen oder Gebräuche, die anderen verehrungswürdig oder im ideellen Sinne wertvoll sind, Ausdruck geben; durch Spott oder Hohn zu erreichen suchen, daß diese Dinge auch von anderen verachtet werden. **in den Schmutz ziehen,** etwas: über etwas [was von anderen geachtet und geschätzt wird] nichts Gutes sagen. **mit Schmutz/Dreck bewerfen,** jmdn./etwas (ugs.): aus Niedertracht ehrenrührige Anschuldigungen gegen jmdn., eine Institution vorbringen. **durch den Kakao ziehen,** jmdn./etwas (salopp): (in diesem Sinnbereich) eine Sache oder eine Person in den Augen Dritter herabsetzen, indem man sie durch Spott, durch ironische Übertreibung ihrer Eigenheiten o. ä. ins Lächerliche zieht, zur Zielscheibe des Spottes macht; vgl. durch den Kakao ziehen ↑aufziehen. **schlechtmachen,** jmdn./etwas (ugs.): (in diesem Sinnbereich) durch böswillige, abfällige Kritik jmdn. oder eine Sache, die in allgemeinem Ansehen steht, herabsetzen; deutet auf eine gehässige Einstellung des Handelnden zum Objekt seiner Kritik hin. **abqualifizieren,** jmdn./etwas: jmdn./etwas abfällig beurteilen; jmdm. die Eignung für eine Sache absprechen; ↑diskriminieren, ↑[1]schlechtmachen.

veraltet: nicht mehr üblich, außer Gebrauch gekommen: *die Ausgabe dieses Buches ist völlig v.* **obsolet** (bildungsspr.): i. S. v. veraltet: *die Wörterbücher gaben an, daß das Wort o. sei.* **überholt:** nicht mehr der gegenwärtigen Zeit, dem augenblicklichen Stand der Entwicklung entsprechend; von etwas anderem, Zweckmäßigerem abgelöst: *überholte Moralbegriffe.* **überlebt:** nicht mehr in die gegenwärtige Zeit passend; veraltet, aber noch immer vorhanden und mit dem Anspruch auf Gültigkeit oder Existenzberechtigung: *er hielt fest an dem überlebten Prinzip.* **vorsintflutlich** (ugs.; abwertend oder scherzh.): aus längst vergangener Zeit stammend und heute längst überholt: *der neue Assistent hielt das Verfahren für reichlich v.* **passé** (ugs.): [im Rahmen der Entwicklung] vorbei; [als nicht mehr in die Zeit passend] abgetan; wird nur subjektbezogen gebraucht: *diese Mode ist p.;* ↑altmodisch.

veranlassen, jmdn. zu etwas: auf irgendeine Weise dahin wirken, daß etwas Bestimmtes geschieht oder durchgeführt wird; jmdn. dazu bringen, etwas Bestimmtes zu tun; besagt im Unterschied zu den übrigen Wörtern dieser Gruppe, daß eine Tat, ein Unternehmen o. ä. auf die Initiative einer handelnden Person oder auf die ursächliche Wirkung einer Sache zurückgeht, ohne deren Wirken näher zu erläutern. **den Anstoß geben,** zu etwas: jmdm. den ersten Gedanken zu einer Handlung eingeben; Anlaß dazu sein, daß ein Geschehen in Gang kommt oder ein Unternehmen, eine Tätigkeit begonnen wird. **anregen,** etwas/jmdn. zu etwas: (in diesem Sinnbereich) absichtlich oder unabsichtlich einen richtungweisenden Anstoß zu einem Unternehmen, einer Tätigkeit geben; jmdn. durch einen Hinweis, einen Vorschlag o. ä. zum Handeln veranlassen; ↑inspirieren.

veranstalten, etwas: eine Veranstaltung, eine Versammlung mehrerer Personen zu einem bestimmten Zweck oder aus einem bestimmten Anlaß stattfinden lassen; ein [gemeinschaftliches] Unternehmen in die Wege leiten und organisatorisch durchführen. **abhalten,** etwas: eine Veranstaltung, eine Zusammenkunft stattfinden lassen, die zwar das Zusammenwirken vieler voraussetzt, in der man aber in bestimmter Weise, als einzelner oder als Körperschaft nicht nur organisatorisch, sondern auch leitend und ausübend tätig ist: *eine Andacht a.* **durchführen,** etwas: (in diesem Sinnbereich) **a)** für den organisatorischen Ablauf, die Ausführung einer [geplanten] Veranstaltung, eines Vorhabens sorgen: *einen Putsch d.;* **b)** eine Veranstaltung leiten, stattfinden lassen, die den Charakter einer amtlichen Maßnahme hat, zu irgendeinem Zweck notwendig oder vorgeschrieben ist; tritt in dieser Verwendung häufig für „veranstalten" ein, wenn das Objekt selbst schon ein Kompositum mit -veranstaltung ist: *eine Volksbefragung, die Schluckimpfung, eine Sportveranstaltung d.;* ↑durchführen; vgl. durchführen ↑verwirklichen. **halten,** etwas: (in diesem Sinnbereich) **a)** eine Veranstaltung [in kleinerem Rahmen] stattfinden lassen, bei der man selbst als einzelner die Hauptperson ist und bei der die übrigen Teilnehmer lediglich eine passive Rolle spielen: *eine Predigt, eine Ansprache, eine Rede, einen Vortrag h.;* **b)** eine Feier, eine in der Lebensordnung begründete und immer wiederkehrende Handlung o. ä. [gemeinsam] begehen oder vollziehen; in festen Wendungen hauptsächlich im religiösen, rituellen Bezirk, im Bereich des Herkommens und der bürgerlichen Ordnung gebräuchlich: *Gottesdienst, Messe, Taufe, Hochzeit h.;* **c)** (geh.): i. S. v. abhalten: *manche hielten Zechgelage.* **geben,** etwas (geh.): **a)** als Gastgeber eine gesellschaftliche Zusammenkunft veranstalten, für deren Planung, Vorbereitung man selbst sorgt: *eine Party, einen Empfang g.;* **b)** eine künstlerische Darbietung zu Gehör bringen oder vortragen, die Anlaß zu einer [gesellschaftlichen] Zusammenkunft ist: *ein Konzert, eine Vorstellung, ein Gastspiel g.* **machen,** etwas (ugs.): auf gemeinschaftliche Initiative hin eine Veranstaltung ins Werk setzen; gemeinschaftlich etwas unternehmen: *einen Ausflug, eine Reise, Musik m.* **unternehmen,** etwas: **a)** ein [gemeinschaftliches] Vorhaben, das mit einer Ortsveränderung verbunden ist, stattfinden lassen: *eine Reise, einen Betriebsausflug, eine Exkursion, einen Feldzug u.;* **b)** die Durchführung eines [gemeinschaftlich geplanten] Unternehmens [das mit einer Gefahr, einem Risiko verbunden ist] auf sich nehmen; ein Vorhaben ins Werk setzen: *einen Vorstoß u.*

verantworten, etwas: hinter dem, was man selbst tut oder was andere tun, stehen und bereit sein, die daraus sich ergebenden Folgen zu tragen: *ich bin nicht bereit, diese Sache zu v.* **[die] Verantwortung übernehmen** [für etwas] (nachdrücklich): i. S. v. verantworten: *für diese Aktion hätte ich niemals die Verantwortung übernommen.* **auf seine Kappe nehmen,** etwas (ugs.): von der Vertretbarkeit einer Handlung überzeugt und auch bereit sein, für eventuelle negative Folgen, die sich daraus ergeben könnten, einzustehen, wobei man im allgemeinen freiwillig Verantwortung für andere [mit]übernimmt; wird im Falle der Selbstverantwortung durch das Attribut „eigen" ergänzt: *ihr könnt ruhig eine Stunde früher nach Hause gehen, ich werde das auf meine Kappe nehmen.*

verärgert: über einen Sachverhalt oder eine Tat, über jmds. Verhalten in übler Laune, gereizter Stimmung, die man mehr oder weniger deutlich zeigt; ↑ärgerlich. **erbost:** sich von etwas, von jmds. Verhalten o. ä. herausgefordert fühlend und darauf mit offensichtlicher Empörung reagierend; vgl. böse ↑ärgerlich. **erzürnt** (geh.): voll Ärger über das Tun oder Verhalten eines anderen [und davon zeugend]; bezeichnet im Unterschied zu „erbost" mehr eine beherrschte, mißbilligende oder strafende als eine empörte Reaktion. **erbittert:** (in diesem Sinnbereich) voll [unterdrückter] Wut, voll heimlichen Grolls über jmds. Tun oder Verhalten oder einen Sachverhalt, durch den man sich zu Unrecht zurückgesetzt, beleidigt oder herausgefordert fühlt, ohne seiner Empörung offen Ausdruck geben [zu können]; wird selten attributiv von Personen, häufiger von ihrem Gebaren oder ihrem Gefühlsausdruck gesagt; ↑ärgerlich, ↑entrüstet, ↑unwillig, ↑unzufrieden, ↑wütend, ↑zornig.

verbieten: den Mund verbieten, jmdm.: jmdn., der einem durch sein Reden schadet, unbequem oder lästig ist, nicht weitersprechen lassen, ihn energisch auffordern zu schweigen. **das Wort verbieten,** jmdm.: i. S. v. den Mund verbieten; besagt im Unterschied dazu stärker, daß man jmdm. direkt ins Wort fällt und ihn unterbricht, oft auch nur, um ihn für eine gewisse Zeit nicht zu Wort kommen zu lassen. **das Wort entziehen,** jmdm: in einer Versammlung jmdm. auf Grund ausfälliger Äußerungen oder wegen übermäßiger Ausdehnung der Sprechzeit untersagen, in seiner Rede fortzufahren; zu einem solchen Vorgehen berechtigt nur eine entsprechende Machtbefugnis; ↑[3]bringen (zum Schweigen), ↑[1]schweigsam.

verblüffen, jmdn.: machen, daß jmd. durch etwas, womit er nicht gerechnet, was er nicht erwartet hat, überrascht und voll sprachlosem Erstaunen ist: *ihre Antwort verblüffte uns; ihre guten Leistungen hatten alle verblüfft.* **verdutzen,** etwas verdutzt jmdn. (selten): etwas überrascht jmdn. so und setzt ihn so in Erstaunen, macht ihn so betroffen, daß er [im ersten Augenblick] die Sache, bestimmte Zusammenhänge nicht begreift, verwirrt ist: *die ersten Worte seines Vortrages verdutzten die Zuhörer;* ↑[1]wundern, ↑[2]wundern; ↑überrascht.

verbogen: [durch Gewaltanwendung] aus der Form gebracht; bezieht sich wie „krumm" im allgemeinen auf metallene, meist flächige, dünne und langgestreckte Körper: *eine verbogene Eisenstange.* **krumm:** (in diesem Sinnbereich) durch fehlerhafte Herstellung, durch Gewaltanwendung nicht die regelmäßige [geradlinige] Form aufweisend, die der betreffende Gegenstand besitzen sollte: *krumme Nägel;* ↑krumm; vgl. krumm ↑gebogen.

Verbot, das: in schriftlicher oder mündlicher Form von einer dazu befugten Stelle oder Person ausgehender Befehl, der verbietet, etwas zu tun, der auffordert, etwas zu unterlassen, oder bindend vorschreibt, wie sich jmd. in einer bestimmten Lage nicht verhalten dürfe. **Tabu,** das (bildungsspr.): **a)** das Verbot, bestimmte Personen, Zeichen oder Sachen mit Worten zu bezeichnen, sie anzublicken oder anzurühren; hat bei Naturvölkern sakrale Bedeutung: *die vielen Tabus der Naturvölker;* **b)** im gesellschaftlichen Bereich ist es auf Grund der Konvention etwas, von dem man nicht spricht, wenn es das sittliche Empfinden verletzt: *in der Öffentlichkeit war das Geschlechtliche ein Thema, über das man nicht sprach. Selbst Film und Filmreklame wagten das T. nicht zu durchbrechen.* **Untersagung,** die (Plural ungebräuchlich; Verwaltungsspr.): das Verbot, gewöhnlich in schriftlicher Form, das eine Behörde ausspricht und verfügt und das einer [untergeordneten oder unterstellten] Person verbietet, etwas zu tun oder zu unterlassen: *von Amts wegen hat man ihm durch U. verboten, weiterhin seine Schriften zu verbreiten.* **Interdikt,** das (bildungsspr.): das von einer Behörde ausgesprochene Verbot; wird vor allem im katholischen Kirchenbereich angewandt und bezeichnet die Untersagung einer kirchlichen Amtshandlung, etwa des Spendens von Sakramenten o. ä., und kann gegen Kleriker, Kirchengebiete oder Gruppen von Gläubigen erlassen werden.

verbrauchen, etwas: (in diesem Sinnbereich) einen Vorrat von etwas allmählich, nach und nach aufzehren. **aufbrauchen,** etwas: etwas bis auf den letzten Rest verbrauchen; ↑abnehmen, ↑ausgehen, ↑verringern.

verbreiten, etwas: einen bestimmten Sachverhalt, oft eine unwahre Nachricht, an viele Leute weitergeben, so daß es bald in einem weiten Umkreis bekannt ist: *die Nachbarn verbreiteten sofort im ganzen Dorf, daß wir in der Lotterie gewonnen haben.* **streuen,** etwas; **ausstreuen,** etwas: eine Nachricht hier und dort erzählen, mit Eifer für ihre Verbreitung sorgen; während „streuen" lediglich den Vorgang bezeichnet, besagt „ausstreuen" durch die Vorsilbe aus-, daß etwas in alle Richtungen, nach überallhin gestreut wird: *sie ist boshaft genug, sofort die Nachricht vom Konkurs unserer Firma auszustreuen.* **herumerzählen,** etwas (ugs.): in schwatzhafter, oft indiskreter Weise bei allen möglichen Leuten über ein bestimmtes Ereignis [über das man gar nicht reden sollte] sprechen und es so vielen zur Kenntnis bringen. **herumtragen,** etwas (ugs.): i. S. v. herumerzählen; hebt aber mehr das eifrig-beflissene Weitergeben einer Nachricht hervor. **unter die Leute bringen,** etwas (ugs.): etwas, meist Dinge, die einen selbst nicht betreffen und über die man nicht reden sollte, einem größeren Personenkreis zur Kenntnis bringen, indem man überall, bei allen möglichen Gelegenheiten darüber spricht. **in Umlauf bringen/setzen,** etwas: meist absichtlich eine oft unwahre Nachricht an eine oder mehrere [ebenfalls schwatzhafte] Personen weitergeben und auf diese Weise bewirken, daß sie in einem größeren Personenkreis kursiert. **ausposaunen,** etwas (salopp; abwertend); etwas [was man gerade erfahren hat], was einen selbst und andere Außenstehende meist nichts angeht und worüber man oft gar nicht sprechen sollte [da es privater Natur ist], überall weitererzählen. **an die große Glocke hängen,** etwas (ugs.); etwas, meist Dinge, die diskreterweise hätten verschwiegen werden sollen [überall und bei jeder sich bietenden Gelegenheit] erzählen, weitertragen und auf diese Weise unnötig vielen Leuten bekanntmachen, oft negiert gebraucht: *du brauchst es ja nicht gleich an die große Glocke zu hängen, daß er in den Parteispendenskandal verwickelt ist.*

verdächtigen, jmdn. [einer Sache; Genitiv]: von jmdm. als mehr oder weniger sicher annehmen, er verfolge eine bestimmte unredliche Absicht oder habe sich einer bestimmten unerlaubten Handlung schuldig gemacht: *man verdächtigt ihn des Diebstahls;* vgl. Verdacht ↑²Argwohn; den Verdacht haben, hegen ↑argwöhnen. **in/im Verdacht haben,** jmdn.: von jmdm. vermuten, er sei der Täter oder der Schuldige in einer bestimmten Sache oder er verfolge irgendeine geheime Absicht; bezieht sich im Unterschied zu „verdächtigen" nicht nur auf etwas Unerlaubtes oder Strafbares, sondern häufig auf irgend etwas Geheimes, Undurchschaubares. **Verdacht haben,** auf jmdn. [einer Sache wegen] (selten): den Urheber einer unerlaubten, feindseligen Handlung o. ä. in einer bestimmten Person vermuten; seinen Argwohn auf eine bestimmte Person richten; besagt im Unterschied zu „in Verdacht haben" nicht ausdrücklich, daß man jmdn. verdächtigt, etwas getan zu haben, sondern daß man angesichts eines Tatbestandes am ehesten an eine bestimmte Person als Täter denkt. **[den] Verdacht werfen,** auf jmdn. (selten): in jmdm. den mutmaßlichen Schuldigen an einer Sache, den Urheber einer unerlaubten Handlung o. ä. zu sehen meinen; besagt im Unterschied zu den übrigen Wörtern mehr, daß sich ein aufgekommener Verdacht [plötzlich] auf eine bestimmte Person konzentriert: *sie warfen den Verdacht auf das Dienstmädchen.* **der/jmds. Verdacht fällt auf/richtet sich auf/gegen jmdn.:** jmd. wird durch Überlegungen, äußere Gründe oder Umstände veranlaßt, eine bestimmte Person als Schuldigen in einer Sache anzusehen; besagt, daß der Verdacht unwillkürlich, zufällig auf eine Person gelenkt wird, drückt jedoch im Unterschied zu „in Verdacht haben" mehr das Zustandekommen des Verdachtes aus.

verdammen, jmdn./etwas: (in diesem Sinnbereich) jmdn./etwas ganz und gar für schlecht, strafwürdig, für schuldig oder für verwerflich erklären: *eine Ansicht v.* **verurteilen,** jmdn./etwas: (in diesem Sinnbereich) über jmdn./etwas eine vernichtende Kritik aussprechen; jmdn./etwas aus bestimmten, meist sittlich-moralischen Gründen heftig ablehnen: *wegen dieses Fehltritts brauchst du sie doch nicht so grundsätzlich zu v.;* ↑verurteilen. **den Stab brechen,** über jmdn.: jmdn. wegen seines Verhaltens scharf verurteilen und gleichzeitig zu erkennen geben, daß man sich innerlich und äußerlich von ihm distanziert: *du solltest nicht so schnell den Stab über sie brechen;* ↑mißbilligen, ↑tadeln, ↑zurechtweisen.

verderben, [jmdm.] etwas: (in diesem Sinnbereich) etwas zunichte machen, durch sein Verhalten dafür sorgen, daß aus einer Sache nichts wird; es handelt sich dabei, wie bei den übrigen Wörtern dieser Gruppe, meist um Vorhaben, Angelegenheiten o. ä. eines anderen: *jmdm. den Abend, die Stimmung v.* **verpatzen,** [jmdm.] etwas (ugs.): etwas durch grobe Ungeschicklichkeit oder Unachtsamkeit zunichte machen, verhindern, daß der gewünschte Erfolg erzielt wird: *er sieht, daß er sein Leben verpatzt hat.* **vermasseln,** [jmdm.] etwas (salopp): etwas [was einen anderen betrifft] unabsichtlich oder in böser Absicht zunichte machen: *jmdm. das Konzept v.* **verkorksen,** [jmdm.] etwas (fam.): (in diesem Sinnbereich) etwas ungewollt durch sein Verhalten zunichte machen oder bewirken, daß die betreffende Angelegenheit schließlich ganz verfahren ist: *wenn wir ihn einweihen, wird er uns sicher alles v.;* vgl. verkorksen ↑verpfuschen. **versauen,** [jmdm.] etwas (derb): (in diesem Sinnbereich) etwas unabsichtlich oder in böser Absicht gründlich und in höchst unschöner Weise verderben: *sie haben uns mit ihrem Streit den ganzen Urlaub versaut;* vgl. versauen ↑verpfuschen.

verehren, jmdn.: **a)** jmdn. aus einer ehrfurchtsvollen [devoten] Haltung heraus lieben oder hochachten: *er verehrte seinen ehemaligen Lehrer seiner Güte wegen;* **b)** seinen Glauben an ein höheres Wesen, an Heroen oder Heilige im Kult zum Ausdruck bringen: *sie ist als Heilige verehrt worden.* **anbeten,** jmdn.: **a)** jmdn. überschwenglich, in einer übertriebenen Weise [bewundern und] verehren: *die Fans beten ihr Idol an;* **b)** zu jmdm. beten, seiner Unterwerfung und Hingabe an ein göttliches Wesen in Worten Ausdruck verleihen: *die Weisen aus dem Morgenland beteten das göttliche Kind an.* **vergöttern,** jmdn.: jmdn. zum Gott machen; jmdn. abgöttisch lieben und verehren; enthält meist eine leichte Kritik des Sprechers/Schreibers: *die Schülerinnen vergötterten ihren Lehrer.* **anhimmeln,** jmdn. (ugs.): (meist als Mädchen) jmdn. schwärmerisch verehren: *sie himmelten den Star an.* **schwärmen,** für jmdn.: (als Jugendlicher) in schwärmerischen Worten von jmdm. reden: *sie schwärmte für ihren Lehrer;* ↑begierig.

vereinbaren, etwas: nach gegenseitiger Verständigung etwas durch gemeinsamen Beschluß festlegen; hat meist leicht formellen Charakter: *die Minister vereinbarten eine neue Zusammenkunft.* **ausmachen,** etwas (ugs.): (in diesem Sinnbereich) i. S. v. vereinbaren; enthält aber nichts Förmliches: *er machte mit der Sprechstundenhilfe einen neuen Termin aus.* **abmachen,** etwas (ugs.): etwas fest und bindend vereinbaren: *sie hatte vierteljährliche Kündigung abgemacht.* **kungeln** (ugs.): mit jmdm. etwas, was nicht gleich an die Öffentlichkeit dringen soll, heimlich aushandeln, vereinbaren: *in der Politik wird öfter gekungelt;* ↑verabreden.

verenden (Jägerspr.): sterben (von Tieren); wird gesagt, wenn ein [größeres] Haustier an einer Krankheit oder ein Tier in freier Wildbahn an einer Schußverletzung zugrunde geht. **eingehen:** [an einer Krankheit langsam] zugrunde gehen; wird bei freilebenden Tieren nur auf Niederwild bezogen: *dem Bauern sind alle Schafe eingegangen.* **fallen** (Jägerspr.): durch Alter, Krankheit, Hunger zugrunde gehen; wird nur auf Hochwild bezogen: *in diesem Winter ist viel Rotwild gefallen.* **verrecken** (derb), **krepieren** (derb): i. S. v. eingehen; kennzeichnen auf lieblose, rohe Weise das Verenden eines [größeren] Tieres, besonders eines Haustieres: *dem Nachbarn sind alle Kühe verreckt, krepiert;* ↑[1]sterben.

verfallen: an eine Person, meist des anderen Geschlechts, gefühlsmäßig oder triebhaft so stark gebunden, daß man sich von der Bindung nicht mehr frei machen kann; wird im allgemeinen subjektbezogen gebraucht: *er war ihr ganz v.* **hörig:** an eine Person, meist des anderen Geschlechts, so stark triebhaft gebunden, daß man von ihr völlig abhängig ist und alles, was sie wünscht, bedenkenlos erfüllt: *sie ist dem Verbrecher h.*

verfassen, etwas: etwas, z. B. einen Roman, einen Aufsatz, einen Artikel, ein Gedicht, inhaltlich und formal selbst gestalten, dafür verantwortlich sein: *er hat einen recht witzigen Brief verfaßt.* **abfassen,** etwas: einem bestimmten Schriftstück oder einem vorgegebenen Stoff, der im allgemeinen ein bestimmtes, angegebenes Thema hat, die entsprechende sprachliche Form geben; die Formulierung für etwas finden: *ein Gesuch, ein Gutachten a.* **aufsetzen,** etwas: (in diesem Sinnbereich) den Wortlaut von etwas [was in einer bestimmten Form abgefaßt werden soll] festlegen, schriftlich formulieren: *ein Protokoll a.;* ↑aufsetzen. **schreiben,** etwas: (in diesem Sinnbereich) seine Gedanken über etwas oder zu etwas schriftlich niederlegen [wobei man sich an eine bestimmte Form hält]: *ein Buch, einen Brief, ein Gesuch, eine Beschwerde s.*

Verfasser, der: **a)** jmd., der ein zur Rede stehendes Buch, einen Aufsatz oder eine andere literarische Arbeit geschrieben hat; drückt im Unterschied zu „Autor" eine sachlich würdigende oder reservierte Einstellung des Sprechers/Schreibers gegenüber der betreffenden Person und ihrem Werk aus und wird im allgemeinen nicht von dem Urheber eines Werkes von literarischem [dem Sprecher/Schreiber eine gewisse Anerkennung abnötigendem] Rang gebraucht: *er ist der V. eines guten Lehrbuches für Maschinenkunde;* **b)** jmd., der ein Schriftstück, eine Niederschrift abgefaßt hat, soweit es sich hierbei nicht um eine private Mitteilung oder Äußerung handelt, sondern um ein zu einem bestimmten Zweck und auf eine bestimmte Weise formuliertes, gestaltetes Schreiben: *der V. dieser Zuschrift scheint die Ziele unserer Vereinigung nicht zu kennen.* **Autor,** der (geh.): (in diesem Sinnbereich) [namhafter] Verfasser eines zur Rede stehenden Buches, einer [umfänglicheren] literarischen Arbeit von Bedeutung, besonders auf künstlerischem, wissenschaftlichem Gebiet; drückt im Unterschied zu „Verfasser" mehr die anerkennende Haltung des Sprechers/Schreibers gegenüber der betreffenden Person und ihrem Werk aus und bezeichnet weniger die bloße Urheberschaft als die Tatsache, daß die Persönlichkeit des Betreffenden in bestimmter Weise in seinem Werk zum Ausdruck kommt: *wer war der A. des in diesem Jahr preisgekrönten Jugendbuches?;* vgl. Autor ↑Schriftsteller. **Schreiber,** der: (in diesem Sinnbereich) **a)** Verfasser einer Niederschrift, deren literarischer Charakter in einem bestimmten Redezusammenhang nicht betont werden soll oder an die man wegen ihrer Unzulänglichkeit keine literarischen Maßstäbe anlegen kann; besagt im Unterschied zu den übrigen Wörtern dieser Gruppe, daß ein in Rede stehender Text [nur] hinsichtlich der Persönlichkeit des Verfassers interessant ist oder daß er etwas Persönliches erkennen läßt: *der ungelenke S. ergeht sich in einer ausführlichen Schilderung der Landschaft;* **b)** Verfasser einer schriftlichen Mitteilung, eines Briefes; bezeichnet im Unterschied zu „Verfasser b)" mehr den privaten Charakter des Schreibens, drückt jedoch eine gewisse Distanz des Sprechers/Schreibers zu dem Betreffenden aus oder besagt, daß ihm dessen Persönlichkeit nicht [näher] bekannt ist: *eben überlas ich diesen Brief noch einmal: Daß der Schreiber keine Orthographiefehler machte, spricht für ihn.* **Ghostwriter** [...raitᵉr], der: jmd., der für eine andere Person (einen Politiker o. ä.) einen Text (eine Rede, einen Aufsatz, ein Buch) verfaßt, aber nicht als Verfasser genannt wird. **Schmierfink,** der (abwertend): jmd., der in einer Weise schreibt, publiziert, die man als diffamierend, abstoßend empfindet und daher ablehnt; ↑Schriftsteller.

verführen, jmdn. zu etwas: jmdn. auf einen falschen Weg führen, ihn zu etwas Unrechtem bewegen, ihn dahin bringen, etwas [mit dem Betreffenden gemeinsam] zu tun, was er nicht hätte tun sollen: *er hat ihn zum Trinken verführt.* **verleiten,** jmdn. zu etwas: jmdn. dazu bringen, etwas Unkluges, Unrechtes, Unerlaubtes zu tun, und zwar gewöhnlich durch Überreden, durch Irreführung, durch geschickte Täuschung o. ä.; mit „verleiten" kann sich noch die Vorstellung verbinden, daß in dem Betroffenen bestimmte Vorstellungen, Hoffnungen geweckt worden sind, die die Bereitschaft hervorgerufen haben: *er hatte ihn zur Falschaussage verleitet.* **verlokken,** etwas verlockt jmdn. zu etwas (geh.): etwas wirkt auf jmdn. so anziehend, daß er nicht widerstehen kann: *dieser klare See verlockte ihn zum Baden.*

vergänglich: ohne Bestand in der Zeit, von begrenzter Lebensdauer; vom Vergehen bedroht: *vergängliche Schönheit.* **zeitlich:** (in diesem Sinnbereich) der Zeit zugehörend, durch sie begrenzt, in sie eingeschlossen; wird nur attributiv gebraucht: *zeitliche Güter, Werte.* **endlich** (Ggs. unendlich, ewig) (geh.): (in diesem Sinnbereich) von seinem Wesen als Geschöpf her in seiner Existenz zeitlich begrenzt; vorwiegend in der Sprache der Theologie und Philosophie gebraucht: *endliches Dasein; alles geschöpfliche Sein ist e.* **sterblich:** dem Tode unterworfen; von begrenzter Lebensdauer; wird nur von Mensch und Tier gesagt: *die Menschen sind sterbliche Wesen.*

¹**vergessen,** etwas: (in diesem Sinnbereich) etwas aus dem Gedächtnis verlieren, etwas nicht behalten können: *einen Namen v.;* ↑²vergessen. **nicht [im Kopf/im Gedächtnis] behalten,** etwas: sich etwas nicht merken können: *ich habe ihre Adresse nicht behalten.* **entfallen,** etwas entfällt jmdm.: jmd. vergißt etwas, was er einmal gewußt hat; es handelt sich dabei immer um bestimmte Fakten, deren man sich plötzlich nicht mehr entsinnen kann: *Ihr Vorname ist mir leider e.*

²**vergessen,** etwas: (in diesem Sinnbereich) an etwas, was man sich vorgenommen hatte oder womit man beauftragt worden war, nicht mehr denken und es deshalb nicht aus-

führen: *ich habe es völlig v., daß ich dich heute abholen sollte;* ↑[1]vergessen. **verschwitzen,** etwas (salopp): i. S. v. vergessen; drückt aus, daß man sich zwar über das Versäumnis ärgert oder sich deswegen Vorwürfe macht, es aber im Grunde doch nicht so schwernimmt: *ich habe es völlig verschwitzt, ihm Bescheid zu sagen.* **versieben,** etwas (salopp): aus Nachlässigkeit einen Auftrag, etwas, was man tun wollte, vergessen und nicht ausführen: *ich habe es ganz versiebt, meine polizeiliche Anmeldung vorzunehmen;* ↑[2]versäumen.

vergewaltigen, jmdn.: jmdn., besonders eine Frau, durch Anwendung, Androhung von Gewalt zum Geschlechtsverkehr zwingen: *er hat das Mädchen vergewaltigt; er vergewaltigte seine Frau, die sich ihm verweigern wollte.* **vergehen,** sich an jmdm.: an jmdm. eine Sexualstraftat begehen: *er hat sich an ihr, an dem Jungen, an dem Mädchen vergangen.* **notzüchtigen,** jmdn. (Rechtsspr.): an jmdm. Notzucht begehen, das heißt, daß ein Mann eine weibliche Person mit Gewalt oder durch Drohung zum außerehelichen Geschlechtsverkehr – auch mit einem Dritten – nötigte. **Gewalt antun,** jmdm. (geh.; verhüllend): i. S. v. vergewaltigen. **mißbrauchen,** jmdn. (geh.): (in diesem Sinnbereich) unter Ausnutzung seiner Macht, Stärke o. ä. mit jmdm. sexuellen Kontakt haben. **schänden,** jmdn. (veraltet): jmdn. sexuell mißbrauchen [und ihn – im Urteil des Sprechers/Schreibers – dadurch in Schande bringen]: *eine Frau, einen Knaben s.* **entehren,** jmdn. (veraltet): (als Mann) eine weibliche Person verführen, geschlechtlich mißbrauchen; ↑Liebesspiel.

vergleichen, etwas [mit etwas]: Eigenschaften o. ä. von zwei oder mehreren Personen, Sachen prüfen, um festzustellen, inwieweit sie sich unterscheiden oder worin sie übereinstimmen: *er verglich die beiden Handschriften; er verglich die Preise.* **Parallelen ziehen,** zwischen/zu etwas: zwischen [zwei] Sachverhalten Gemeinsamkeiten aufzeigen oder vergleichend Beziehungen dieser Art herstellen: *er zog Parallelen zu den Ereignissen der Nachkriegszeit.* **Vergleiche ziehen:** Personen, Sachen, Sachverhalte [umständlich und pedantisch] miteinander vergleichen, gegeneinander abzuheben suchen; hebt den Vollzug der Handlung hervor. **nebeneinanderstellen,** etwas: zwei oder mehrere Sachen oder Sachverhalte zum Zwecke des Vergleichs im Geiste, in der Vorstellung miteinander in Beziehung bringen: *erst wenn man die Auffassungen nebeneinanderstellt, kann man erkennen, wie verschieden ihre Motive sind.*

vergüten, etwas: (in diesem Sinnbereich) jmdn. durch Geld für Unkosten, Auslagen, finanzielle Nachteile, aufgewendete Arbeitszeit entschädigen, wobei der Zahlende der Anlaß war, warum der andere Ausgaben oder Einbußen irgendwelcher Art hat auf sich nehmen müssen: *jmdm. Auslagen, Unkosten v.* **erstatten,** etwas: jmdm. für entstandene Unkosten ein finanzielles Äquivalent bieten, geben, bezahlen: *die [Un]kosten, Auslagen wurden ihm erstattet; das Fahrgeld wurde ihr erstattet.* **zurückerstatten,** etwas: i. S. v. erstatten; soll den Vorgang und die Erledigung der betreffenden Angelegenheit jedoch durch Angabe der Richtung noch stärker betonen: *hast du deine Lohnsteuer schon zurückerstattet bekommen?* **zurückzahlen,** etwas: Geld, das jmd. für einen ausgelegt hat oder das man sich von jmdm. geliehen hat, zurückgeben: *er hatte ihr das Geld zurückgezahlt, was sie für ihn aufgewendet hatte;* ↑ersetzen; ↑Gehalt, ↑Honorar.

verhaften, jmdn.: einer genau bezeichneten Person durch ein schriftlich ausgefertigtes richterliches Ersuchen unter Angabe des Grundes die Freiheit entziehen, damit auf diese Weise der Beschuldigte bis zu oder während der Untersuchung vor Gericht zur Sicherheit festgehalten, eine richterlich notwendige Handlung erzwungen, eine Ordnungsstrafe ausgesprochen oder eine bereits festgelegte Freiheitsstrafe vollstreckt werden kann. **festnehmen,** jmdn.: als Polizist jmdn., der durch sein Verhalten gegen die öffentliche Ordnung verstößt, oft nur vorläufig und für kurze Zeit in polizeilichen Gewahrsam nehmen, vor allem dann, wenn er auf frischer Tat ertappt wird oder wenn er zu Identitätsfeststellungen oder bei Fluchtverdacht festgehalten werden soll; im Gegensatz zu „verhaften" ist dazu die Polizei auch ohne richterliche Anordnung berechtigt, wenn die Gefahr besteht, daß der Täter flüchten oder sich auf irgendeine Weise seiner Bestrafung entziehen könnte, oder wenn ganz allgemein die Voraussetzungen für einen Haftbefehl gegeben sind. **sistieren,** jmdn. (bildungsspr.): jmdn. zur Feststellung seiner Personalien auf die Polizeiwache bringen: *weil er sich nicht ausweisen konnte, wollte ihn der Polizist s.* **inhaftieren,** jmdn.: jmdn. auf Grund eines richterlichen Erlasses festnehmen und bis zur endgültigen Klärung von Schuld oder Unschuld durch ein Gericht in Haft bringen. **in Haft nehmen,** jmdn.; **in Verhaft nehmen,** jmdn. (selten): jmdn. zur Sicherheit und zum Schutz der menschlichen Gemeinschaft oder zu des Betreffenden eigenem Schutz festsetzen. **arretieren,** jmdn. (veraltet): i. S. v. festnehmen; betont vor allem, daß dies vorläufig und bis zur Prüfung des Falles durch den Richter geschieht; bei kleinen Vergehen erfolgt dies vielfach zum eigenen Schutze des Festgenommenen oder zur Vermeidung eines öffentlichen Ärgernisses. **dingfest machen,** jmdn.: einen Straffälligen, der von der Polizei schon längere Zeit gesucht wurde, festnehmen, damit er für seine Straftaten zur Verantwortung gezogen werden kann. **in Arrest bringen/** (ugs.) **stecken,** jmdn.: jmdn., den man festgenommen hat, abführen, weil er sich entweder für Verfehlungen kleinerer Art verantworten oder zur Sicherung und Eintreibung von Geldforderungen u. ä. eingesperrt werden soll oder weil er, vor allem im militärischen Bereich, für besondere Straftaten zur Rechenschaft gezogen werden muß; im Strafprozeß als Zuchtmaßnahme für Jugendliche angewandt. **abführen,** jmdn.: in seiner Funktion als Polizist jmdn., den man bei einer strafbaren Handlung angetroffen hat, ergreifen und zur Wache bringen. **gefangennehmen,** jmdn.: jmdn. in seine Gewalt bringen und ihm seine Freiheit nehmen; vornehmlich im Krieg; bezieht sich auf jmdn., der zuvor heftigen Widerstand geleistet hat; im Unterschied zu „verhaften" liegt hier nicht eine rechtliche Befugnis, sondern gewöhnlich reine Gewalt und Eigenmächtigkeit vor. **internieren,** jmdn.: jmdn. in seiner Freiheit beschränken und in staatlichen Gewahrsam nehmen oder in Schutzhaft einweisen und einschließen; wird vor allem im Krieg von dem kriegführenden Staat gegen die in seinem Bereich wohnenden Angehörigen des feindlichen Staates verfügt; ↑ [1]ergreifen.

verhängen, etwas über jmdn./etwas: (in diesem Sinnbereich) als Sühne für ein Vergehen [auf Grund eines gerichtlichen Entscheids] eine meist genau bezeichnete Strafe aussprechen, die, wenn auch mit Recht angeordnet, dennoch den Verurteilten hart trifft; wird vorzugsweise bei schweren Strafen gesagt: *eine empfindliche Strafe über jmdn. v.* **auferlegen,** jmdm. etwas: jmdn. zu einer bestimmten Leistung verpflichten, eine von ihm zu übernehmende Last oder Beschränkung auf ihn legen: *das Gericht hat dem Angeklagten die gesamten Kosten des Prozesses auferlegt.* **belegen,** jmdn. mit etwas: jmdn., der sich strafbar gemacht hat, dafür [gerichtlich] zur Rechenschaft ziehen und eine Strafe (etwas Lästiges, Unangenehmes, Beschwerendes) über ihn verhängen: *jmdn. mit einer Ordnungsstrafe b.* **aufbrummen,** jmdm. etwas (salopp): i. S. v. auferlegen; meist von kleinen Geld- oder Freiheitsstrafen gesagt: *eine Geldstrafe aufgebrummt bekommen;* vgl. brummen ↑ gefangensitzen.

verhärmt: durch besonders quälende Sorgen belastet und dadurch schlecht und kränklich aussehend; wird im allgemeinen nur von Frauen gesagt: *v. stand sie neben dem Krankenbett;* vgl. Harm ↑ Kummer. **abgehärmt:** von Sorgen verzehrt; in seinen Gesichtszügen deutlich vom Kummer gezeichnet: *man sah diesen abgehärmten Menschen an, daß sie Schweres hinter sich hatten;* vgl. Harm ↑ Kummer. **vergrämt:** von Gram so verzehrt, daß sich auf dem Gesicht deutliche Spuren dieses seelischen Leidens erkennen lassen: *in diesem vergrämten Gesicht fand man keine Spuren früherer Schönheit mehr;* vgl. Gram ↑ Kummer. **versorgt** (ugs.): von vielen oder schweren Sorgen bedrückt und gequält, was in den Gesichtszügen deutlich zum Ausdruck kommt. *das versorgte Gesicht seiner Frau war für ihn ein ständiger Vorwurf.* **verbittert:** (in diesem Sinnbereich) von einem stetigen Groll gegen etwas oder von Gedanken an sein Unglück oder seine Enttäuschungen unablässig erfüllt, so daß dies in den Gesichtszügen zum Ausdruck kommt: *das verbitterte Gesicht dieses alten Mannes.*

verharren (geh.): (in diesem Sinnbereich) sich nicht von seinem Platz fortbewegen, eine bestimmte Stellung des Körpers beibehalten; drückt häufig ein Erstarren, das Innehalten in einer Bewegung aus: *Anneliese verharrte vor dem Flügel;* vgl. verharren ↑ [2]bleiben. **verweilen** (geh.): (in diesem Sinnbereich) eine Zeitlang in der gerade eingenommenen stehenden oder sitzenden Haltung verbleiben und sich nicht von der Stelle rühren; bezeichnet im Unterschied zu „verharren" weniger das Innehalten in einer bestimmten Bewegung als die Pause, die in einen Handlungsablauf eingelegt ist: *sie verweilt vor der Orgel;* vgl. verweilen ↑ [2]aufhalten, sich.

verirren, sich: vom richtigen Weg, von dem Weg, der zum angestrebten Ziel führt, abkommen, die Orientierung verlieren und bald in diese und bald in jene Richtung gehen. **verbiestern,** sich (salopp; landsch.): i. S. v. sich verirren. **verlaufen,** sich: vom richtigen Weg abkommen und in eine falsche Richtung gehen, die Orientierung verlieren. **irregehen** (selten); **in die Irre gehen** (selten): vom richtigen Wege abkommen. **vom Wege abkommen/** (geh.) **abirren:** sich ungewollt, ohne es zu merken, von einer bestimmten eingeschlagenen Richtung, von der richtigen Richtung entfernen. **den Weg verfehlen:** die genaue Richtung auf ein angestrebtes Ziel hin nicht finden: *in der Dunkelheit verfehlte er den Weg zum Hafen.* **fehlge-**

hen (geh.): irrtümlich in eine falsche Richtung gehen: *er sagte ihm, daß er überhaupt nicht f. könne, wenn er auf die Markierungen achte.* **verfahren,** sich: vom richtigen Weg abkommen und in eine falsche Richtung fahren. **verfliegen,** sich: vom Kurs abkommen und in eine falsche Richtung fliegen. **verfranzen,** sich (salopp): **a)** i. S. v. sich verirren: *in dem unübersichtlichen Gelände verfranzten sie sich;* **b)** i. S. v. sich verfliegen oder sich verfahren: *der Pilot fluchte, als er merkte, daß er sich verfranzt hatte.* **einen Umweg machen:** absichtlich oder unabsichtlich nicht auf dem kürzesten oder direktesten Wege zum Ziel gelangen: *wenn du über Heidelberg gefahren bist, hast du einen großen Umweg gemacht.*

verkaufen, etwas (Ggs. ↑kaufen): das Eigentumsrecht über eine Sache für eine vereinbarte Summe an einen anderen übertragen. **veräußern,** etwas (geh.): etwas aus seinem Besitz geben, es einem anderen für Geld überlassen, meist dann, wenn man sich in einer finanziellen Notlage befindet: *ich habe nichts Wertvolles mehr, was ich noch v. könnte.* **verscheuern,** etwas (salopp): etwas, meist kleinere, nicht sehr wertvolle Objekte verkaufen, um zu Geld zu kommen. **verschachern,** etwas (salopp): auf möglichst vorteilhafte und meist nicht gerade redliche Weise verkaufen. **versilbern,** etwas (ugs.): etwas zu Geld machen; einen Gegenstand verkaufen, an den Mann bringen, um zu Geld zu kommen. **zu Geld machen,** etwas (ugs.): etwas verkaufen, weil man Geld in die Hand bekommen möchte. **verkitschen,** etwas (salopp; landsch.): einen Gegenstand verkaufen, um zu Geld zu kommen, obwohl man sich meist nicht in einer finanziellen Notlage befindet. **verkümmeln,** etwas (salopp): einen Gegenstand [auf geschickte Art] zu Geld machen. **verkloppen,** etwas (salopp): einen Gegenstand bedenkenlos verkaufen, um zu Geld zu kommen. **verscherbeln,** etwas (salopp): einen Gegenstand, meist von geringerem Wert, zu Geld machen, nicht so sehr aus einer Notlage heraus, sondern aus dem Wunsch, sich ein Vergnügen leisten zu können; dabei kann es sich sogar um einen Gegenstand handeln, der einem gar nicht selbst gehört. **verhökern,** etwas (ugs.; abwertend): etwas wie Marktware [billig] und nicht in der ihm angemessenen Form verkaufen. **versetzen,** etwas (ugs.): (in diesem Sinnbereich) etwas aus seinem Besitz [mehr oder weniger gezwungenermaßen], meist unter seinem Wert, verkaufen, zu Geld machen: *er hat seine schöne Bildersammlung versetzt;* ↑aufschwatzen, ↑feilhalten, ↑feilschen, ↑versteigern.

verköstigen, jmdn.: jmdn. regelmäßig oder eine gewisse Zeit lang mit Essen und Trinken versorgen, ihm die täglichen Mahlzeiten geben; besagt im allgemeinen, daß der Betreffende nicht zur Familie gehört, sondern aus einem besonderen Grund seine Mahlzeiten von dem Betreffenden erhält oder an den Mahlzeiten anderer teilnimmt: *während meiner Studienjahre verköstigte mich eine alte Tante, die in der Universitätsstadt wohnte.* **in Kost haben,** jmdn.: [eine gewisse Zeit lang] regelmäßig für jmds. Mahlzeiten, für seine leiblichen Bedürfnisse sorgen; bezeichnet im Unterschied zu „verköstigen“ weniger die Art und Weise des Tuns als das feste, zwischen Wirt und Gast bestehende Verhältnis und besagt im allgemeinen, daß man jmdn. in die Hausgemeinschaft aufnimmt und ihn [gegen Entgelt] verpflegt: *die Meisterin hatte zwei Lehrjungen in Kost.* **verpflegen,** jmdn.: (in diesem Sinnbereich) jmdn. mit dem täglichen Essen versorgen: *ich bin in dem Ferienheim ausgezeichnet verpflegt worden;* vgl. verpflegen ↑[3]essen.

verladen, etwas: Güter oder Waren, meist größere Warenmengen oder große Gegenstände, in ein Transportmittel bringen, um sie an ihren Bestimmungsort schaffen zu können: *im Hafen hat man gestern viele Autos v.* **einladen,** etwas: Waren oder irgendwelche Gegenstände in ein Fahrzeug hineinschaffen, um sie abtransportieren zu können: *wir haben die Möbel bereits eingeladen.* **aufladen,** etwas: eine Last von der Erde auf die Ladefläche eines Fahrzeugs befördern: *wir brauchen ein paar starke Burschen, um diese Säcke aufzuladen;* ↑unterbringen.

verlangen, etwas: (in diesem Sinnbereich) etwas haben wollen oder einen Anspruch erheben und diesen kundtun: *er verlangte von ihm 100 Mark;* vgl. verlangen, nach etwas ↑streben, nach. **begehren,** etwas (geh.): (in diesem Sinnbereich) um etwas dringend, mit Nachdruck bitten; wird überwiegend auf Abstraktes bezogen: *Auskunft b.* **fordern,** etwas: etwas nachdrücklich verlangen: *sie forderten die Bestrafung der Schuldigen.* **heischen,** etwas (dichter.): [gebieterisch] fordern: *Hilfe, Respekt h.;* ↑vorschlagen.

verlassen, jmdn.: (in diesem Sinnbereich) sich von jmdm., dem man nahegestanden hat, trennen; drückt den Sachverhalt am allgemeinsten und neutralsten aus: *er hat seine Frau v.* **sitzenlassen,** jmdn. (ugs.): das Verhältnis zu jmdm., an den man durch ein Versprechen oder eine Abmachung gebunden ist, lösen; sich von jmdm., der [bei einer Unternehmung] des Beistandes, der Unterstützung bedarf [und mit dieser gerechnet hatte], abwenden, so daß der Betreffende dadurch gewisse Nachteile erfährt oder in eine Notlage gerät, weil er in unvorhergesehener Weise auf sich selbst angewiesen ist oder seine Pläne nicht ausführen kann; wird häufig dann angewandt, wenn ein Mann sein Heiratsversprechen nicht hält und das Mädchen verläßt; wird wie „im Stich lassen" häufig aus einer gewissen Empörung heraus gesagt: *du kannst ihn jetzt doch nicht so s., er hat dir doch damals, als du in Not warst, auch geholfen.* **im Stich lassen,** jmdn.: (in diesem Sinnbereich) jmdn., um den man sich kümmern, dessen man sich helfend annehmen sollte, allein lassen oder jmdn., der auf ein Versprechen, eine Abmachung hin mit Beistand und Unterstützung rechnete, enttäuschen, ihm oft plötzlich und unerwartet den erwarteten Dienst nicht erweisen [und ihn dadurch in eine Notlage bringen]; vgl. im Stich lassen ↑aufgeben; ↑untreu.

Verlauf, der (ohne Plural): das Sichabspielen eines Vorganges; wird oft gebraucht, um die besondere Art und Weise des Vorganges auszudrücken: *der V. der Tagung war stürmisch; der unglückliche V. des Krieges.* **Ablauf,** der (Plural ungebräuchlich): das [glatte] Sichabwickeln eines Vorgangs; während in „Verlauf" auf den Prozeß hingedeutet wird, hebt „Ablauf" neben dem Prozeß auch das Ende mit hervor: *einen reibungslosen A. des Unterrichts garantieren.* **Hergang,** der (Plural ungebräuchlich): i.S.v. Verlauf; wird gebraucht bei einem Geschehen, an dem Menschen beteiligt sind, besonders wenn es mit allen Einzelheiten in Rede und Schrift wiedergegeben werden soll: *erzählen Sie mal genau den H.!* **Gang,** der (ohne Plural): das Fortschreiten eines Geschehens oder einer Handlung in seinen einzelnen Phasen: *über den G. der Dinge berichten.* **Lauf,** der (ohne Plural): i.S.v. Gang: *der Lauf der Dinge hat es mit sich gebracht, daß ...*

verleiden, jmdm. etwas: (in diesem Sinnbereich) durch sein negatives Urteil, durch eine ungünstige, abschreckende Darstellung einer Sache erreichen, daß ein anderer diese Sache [ebenfalls] ablehnt. **madig machen,** jmdm. etwas (salopp): (in diesem Sinnbereich) durch Reden zu erreichen suchen, daß ein anderer eine bestimmte Sache geringschätzt oder ablehnt, indem man sie in seiner Gegenwart gründlich und vernichtend kritisiert; vgl. madig machen ↑¹schlechtmachen.

verleumden, jmdn.: jmdm. wider besseres Wissen Unwahres nachsagen und seinem Rufe dadurch schaden, ihn in ein schlechtes Licht setzen: *als Politiker wird man oft verleumdet;* vgl. Verleumdung ↑Beleidigung. **verlästern,** jmdn. (veraltet): jmdn. in bösartig-grober Weise verleumden: *wie sehr man dich auch verlästert, ich werde immer zu dir halten.* **verketzern,** jmdn. (abwertend): jmdn. als etwas, was von der Gesellschaft im allgemeinen als verwerflich, schlecht o.ä. angesehen und folglich abgelehnt wird, hinstellen: *jmdn. [als Kommunisten] v.* **verteufeln,** jmdn. (abwertend): jmdn. in polemischer Weise als schlecht hinstellen oder ihm die Schuld an etwas zuschieben: *er verteufelte die Opposition [als Feind des Staates].* **verunglimpfen,** jmdn.: jmdn. verleumden oder auf eine beleidigende Art von ihm sprechen: *hüten Sie sich, meine Freunde zu v.!* **die Ehre abschneiden,** jmdm.: von jmdm. etwas Ehrenrühriges behaupten, so daß er in seiner Ehre verletzt wird: *mit dieser Behauptung schneiden Sie meinem Sohn die Ehre ab;* ↑blamieren, ↑diskriminieren, ↑²schlechtmachen, ↑verraten.

verlieben, sich [in jmdn.]: von Liebe zu jmdm. ergriffen werden; an jmdm. Gefallen finden und zu ihm eine [nach Besitz und Hingabe strebende, innige] Zuneigung fassen: *sie hatte sich in ihren Lehrer, in eine Kollegin verliebt; er ist noch immer in seine Frau verliebt; auf der Party hatte sich Klaus in sie verliebt.* **vergucken,** sich [in jmdn.] (fam.): jmds. Äußere so anziehend finden, daß man sich in ihn verliebt; dabei handelt es sich meist um ein weniger lang anhaltendes Gefühl; wird oft mit gutmütig-wohlwollendem Spott gesagt: *sie hat sich in einen ihrer Mitschüler verguckt.* **vergaffen,** sich [in jmdn.] (salopp): sich von jmds. Äußerem angezogen fühlen, so von ihm fasziniert sein, daß man sich heftig in ihn verliebt; wird meist aus einer gewissen ablehnenden, wenig wohlwollenden Haltung heraus gesagt. **verknallen,** sich [in jmdn.] (salopp); **verschießen,** sich [in jmdn.] (ugs.): sich heftig in jmdn. verlieben, ohne sich dagegen wehren zu können; oft in der Verbindung „verknallt sein" bzw. nur in der Verbindung „verschossen sein": *sie ist in ihn verknallt; er ist ganz verschossen in dieses Mädchen.* **vernarren,** sich [in jmdn.] (ugs.): sich [allen Vernunftgründen zum Trotz] in jmdn. verlieben; wird meist spöttisch oder aus einer ablehnenden Haltung heraus gesagt; meist in der Verbindung „vernarrt sein"; *er ist ganz vernarrt in sie.* **sein Herz verlieren** [an jmdn.]: sich [unversehens] ganz und gar in jmdn. verlieben: *er hat sein Herz an eines der Ballettmädchen verloren;* ↑anbändeln, ↑flirten, ↑²gehen (mit jmdm.), ↑²lieben; ↑begierig.

verlieren, etwas: (in diesem Sinnbereich) etwas, was man innegehabt, besessen, bei sich getragen hat, [plötzlich] nicht mehr haben, auf irgendeine Weise gegen seinen Willen nicht mehr in dessen Besitz sein, so daß es nicht mehr da ist; ist das allgemeinste Wort dieser Gruppe mit der größten Anwendungsbreite: *den Schlüssel v.* **einbüßen,** etwas: (in diesem Sinnbereich) bei irgendeinem Geschehen oder Vorfall durch eigenes Verschulden oder das eines anderen etwas, was man innegehabt, besessen hat, verlieren und dadurch einen Verlust erleiden, durch den man meist empfindlich getroffen wird: *wir haben auf der Flucht viele Wertsachen eingebüßt.* **verlustig gehen,** einer Sache (Genitiv): etwas, was man innehatte, besaß, verlieren; bezieht sich im allgemeinen nicht auf Gegenstände oder Sachwerte: *er ist nun endgültig seines Postens verlustig gegangen.* **kommen,** um etwas: (in diesem Sinnbereich) i. S. v. einbüßen; dabei steht jedoch die Tatsache des Verlustes mehr im Vordergrund als die nachhaltige Wirkung des Verlusterleidens auf das Subjekt, dem etwas verlorengeht: *um seinen Lohn kommen.*

vermeiden, etwas: (in diesem Sinnbereich) absichtlich von vornherein etwas unterlassen, weil man sich über die wahrscheinlich unangenehmen Folgen oder schädlichen Auswirkungen der betreffenden Sache im klaren ist: *wenn ich es hätte v. können, hätte ich euch nicht mit meiner Angelegenheit belästigt;* vgl. vermeiden ↑unterlassen. **umgehen,** etwas: etwas, was die Umstände eigentlich fordern oder was irgendwie geschehen müßte, nicht tun oder zustande kommen lassen, weil es für einen selbst oder für andere unangenehm wäre; im Unterschied zu „vermeiden" muß man dabei Überlegung und Geschick aufwenden, um der betreffenden Sache ausweichen zu können: *man muß im Leben öfter Lehrgeld zahlen, das läßt sich nicht u.*

vermieten, [jmdm.] etwas (Ggs. entmieten und ↑mieten): jmdm. den Gebrauch einer Sache für eine gewisse Zeit gegen vertraglich vereinbarte Bezahlung, gegen eine Miete zur Benutzung überlassen: *ein Zimmer, Haus, eine Wohnung, Garage, ein Boot v.; Autos v.; wir vermieten Telefax auf eine Laufzeit von nur 5 Jahren.* **verpachten,** etwas (Ggs. pachten ↑mieten): jmdm. etwas (besonders Grund und Boden) zur Nutzung gegen eine mit dem Eigentümer vereinbarte Summe, gegen Pacht auf eine bestimmte Zeit überlassen. *ein Grundstück, eine Gaststätte v.* **in Pacht geben,** etwas (Ggs. in Pacht nehmen ↑mieten): i. S. v. verpachten; klingt offizieller und deutet den Partner mit an; vgl. verleihen ↑leihen; ↑kaufen, kündigen, ↑mieten, ↑verkaufen.

vermissen, jmdn./etwas: (in diesem Sinnbereich) sich dauernd oder immer wieder bewußt sein, daß man jmdn./etwas, was man vorher jederzeit vorzufinden gewohnt war, nicht in seiner Nähe, nicht zur Verfügung hat: *er vermißte seine Frau, seine Kinder, seinen Freund, seine Bücher.* **entbehren,** jmdn./etwas: darunter leiden, daß man etwas oder jmdn. nicht hat: *er entbehrt den Vater.* **fehlen,** jmd./etwas fehlt jmdm. (fam.): (in diesem Sinnbereich) jmd. empfindet das Nichtvorhandensein, Nichtdasein von jmdm./etwas deutlich, als schmerzlich, weil er ihn/es gern bei sich hätte, an ihn/daran in angenehmer Weise gewöhnt war: *meine Frau würde mir sehr fehlen; du fehlst uns sehr!; die gewohnte Umgebung fehlte ihm;* ↑²fehlen. **abgehen,** etwas geht jmdm. ab (ugs.; landsch.): (in diesem Sinnbereich) etwas ist zu jmds. Leidwesen nicht vorhanden, muß entbehrt werden: *ihm geht zu Hause nichts ab;* vgl. abgehen ↑²fehlen. **missen,** jmdn./etwas (geh.): (in diesem Sinnbereich) [notgedrungen] ohne etwas oder jmdn. auskommen [müssen], das oder den man braucht oder benötigt; meist in Verbindung mit einem Modalverb: *er muß hier alle Bequemlichkeit m.*

vermuten, etwas: aus bestimmten Anzeichen auf einen Sachverhalt schließen, von dem man jedoch nicht weiß, ob er zutreffend ist; aus Gründen, von denen man weiß, daß sie objektiv nicht zu einem sicheren Schluß ausreichen, doch nach persönlichem Gefühl und Urteil etwas meinen: *er vermutete, daß nicht viele kommen würden.* **mutmaßen:** aus Gründen, die einem wahrscheinlich dünken, schließen, einen Schluß ziehen; ist im Unterschied zu „vermuten" nicht nur eine Meinung schlechthin, sondern geht auf eine Veranlassung zurück, die zu Überlegungen führt: *da er von der Patrouille nicht zurückgekehrt war, hatte man gemutmaßt, daß er abgefangen worden war; der Pfarrer mutmaßte, daß einer seiner Konfirmanden der Übeltäter gewesen sei.* **einbilden,** sich (Dativ) etwas: sich etwas – besonders auf die eigene Person Bezügliches – fälschlich, unbegründeterweise als existierend vorstellen, etwas ohne einen Grund, unberechtigt glauben, sich eine falsche Vorstellung von etwas machen: *er hatte sich eingebildet, daß man ihn zum Minister ernennen würde.* **wähnen,** etwas (dichter.): etwas fälschlich glauben; sich eine falsche Vorstellung von etwas machen: *er wähnte, daß er der einzige sei.* **glauben; meinen; der Meinung/Ansicht sein:** in einer bestimmten Sache eine persönliche Ansicht haben: *Martin war der Meinung, sie habe ihn auf die Probe stellen wollen.* **anneh-**

men; schätzen (ugs.): etwas für sehr wahrscheinlich oder möglich halten: *ich schätze, daß er heute abend kommen wird.* **tippen** (ugs.): unter verschiedenen Möglichkeiten, die eintreten können, eine als so gut wie sicher bezeichnen: *ich tippe, daß er nicht heute, sondern morgen kommen wird.* **denken:** etwas nach mehr oder weniger abwägendem Urteil für richtig, für gewiß oder für sehr wahrscheinlich halten: *er dachte, daß er durch die Hintertür unbeobachtet entkommen könne.*

vermutlich: wie zu vermuten steht; einer gewissen gefühlsmäßig begründeten oder auch verstandesmäßig begründbaren Annahme entsprechend; der Vermutung zufolge; drückt die subjektive Meinung des Sprechers/Schreibers gegenüber einem bestimmten Sachverhalt aus, über den man keine oder nur ungenaue Kenntnis hat: *wir werden v. rechtzeitig zurück sein.* **mutmaßlich:** auf Mutmaßung, auf allen möglichen Annahmen beruhend, so daß man es für möglich oder sicher halten, jedoch nicht mit unumstößlicher Gewißheit behaupten kann: *über seine mutmaßliche Mithilfe bei dem Diebstahl wollen wir jetzt nicht sprechen; der mutmaßliche Täter.* **wahrscheinlich:** verschiedenen Anzeichen zufolge, aus bestimmten Gründen ziemlich gewiß oder die annähernd sichere Annahme zulassend; drückt gegenüber „vermutlich" und „mutmaßlich" einen höheren Grad von Sicherheit gegenüber einem nicht genau bekannten Sachverhalt aus und bezeichnet weniger als diese die subjektive Meinung des Sprechers/Schreibers: *das wird die wahrscheinliche Folge deines Handelns sein.* **aller Wahrscheinlichkeit nach:** i. S. v. wahrscheinlich; wirkt nachdrücklicher und bringt eine noch größere Sicherheit des Sprechers/Schreibers zum Ausdruck: *aller Wahrscheinlichkeit nach ist er nach Amerika geflohen.* **voraussichtlich:** soweit man im Augenblick auf Grund bestimmter Anzeichen, Anhaltspunkte voraussehen, beurteilen kann; ziemlich gewiß und wahrscheinlich, aber doch nicht ganz sicher; bezieht sich wie „aller Voraussicht nach" im Gegensatz zu den übrigen Wörtern dieser Gruppe nur auf Zukünftiges: *sie sprachen über seine voraussichtliche Ankunft.* **aller Voraussicht nach:** i. S. v. voraussichtlich; wirkt nachdrücklicher und läßt eine größere Sicherheit des Sprechers/Schreibers einem nicht genau bekannten Sachverhalt und einem kommenden Ereignis gegenüber erkennen: *mit seiner Reise nach Paris wird es aller Voraussicht nach nichts werden.* **wohl:** (in diesem Sinnbereich) wie man annehmen kann, wie man wähnen möchte; das Wort drückt die Vermutung hinsichtlich eines bestimmten Sachverhalts am allgemeinsten aus und läßt weniger deutlich erkennen, ob für die Annahme bestimmte Gründe vorliegen oder ob sie nur auf die subjektive Meinung des Sprechers/Schreibers zurückzuführen ist: *in einiger Zeit wird w. alles wieder vergessen sein.*

veröffentlichen, etwas: ein größeres Werk oder eine Abhandlung literarischen, wissenschaftlichen oder eines beliebigen anderen Inhalts in irgendeiner Form gedruckt oder vervielfältigt der Öffentlichkeit zugänglich machen. **publizieren,** etwas (bildungsspr.): i. S. v. veröffentlichen. **abdrucken,** etwas: (in diesem Sinnbereich) einen Roman, einen Aufsatz o. ä. aus den Gebieten der Kunst, Unterhaltung, Technik oder Wissenschaft in einer Zeitung oder Zeitschrift [in Fortsetzungen] veröffentlichen, einer Leserschaft zugänglich machen.

Verpflegung, die (ohne Plural): (in diesem Sinnbereich) das [Gemeinschafts]essen, das jmd. außer Hause einnimmt, das jmdm., im allgemeinen einer Gemeinschaft, verabreicht wird: *die V. im Internat ist recht gut;* vgl. Verpflegung ↑Proviant. **Essen,** das (ohne Plural): (in diesem Sinnbereich) was man außerhalb der Familie und des Haushalts als tägliche Mahlzeit zu essen bekommt: *wie waren Sie mit dem E. im Krankenhaus zufrieden?;* ↑²Essen; vgl. Essen ↑Nahrung. **Kost,** die (ohne Plural; geh.): (in diesem Sinnbereich) das tägliche Essen, das man dort, wo man [einige Zeit] lebt, bekommt; besagt im Unterschied zu den übrigen Wörtern dieser Gruppe, daß das Essen hier vornehmlich als das zum Leben Nötige angesehen wird, und ist im Gebrauch etwas mehr eingeschränkt: *die K. war schmal;* vgl. Kost ↑Nahrung. **Fraß,** der (salopp; abwertend): (in diesem Sinnbereich) das Essen, das man als lieblos gekocht oder als ewiges Einerlei kennzeichnen will; wird in salopper Ausdrucksweise oft von jeder Art [Gemeinschafts]verpflegung gesagt: *den F. im Gasthaus habe ich schon lange über.*

verpfuschen, etwas: etwas, was man anfertigt oder herstellt, durch Ungeschicklichkeit, durch mangelnde Sorgfalt oder mangelndes Können verunstalten oder verderben; etwas so ungeschickt, oberflächlich oder unfachmännisch herstellen oder anfertigen, daß es nicht den Erwartungen, den gestellten Anforderungen entspricht oder nicht brauchbar ist; wird im allgemeinen nur verwendet, wenn es sich um handwerkliche oder fachliche Arbeiten handelt: *die Schneiderin hatte das neue Kleid verpfuscht.*

vermurksen, etwas (ugs.): etwas durch ungeschicktes oder unfachmännisches Arbeiten verunstalten oder verderben, trotz aller Bemühungen schlechter machen; wird häufig verwendet, wenn es sich um Reparaturarbeiten handelt: *er hatte so wenig Erfahrung mit Stilmöbeln, daß er den Kabinettschrank vermurkste.* **verkorksen,** etwas (fam.): (in diesem Sinnbereich) etwas so ungeschickt oder unfachmännisch anfertigen, herstellen oder ausführen, daß es nicht den Erwartungen, den gestellten Anforderungen entspricht, daß es anders wird, als es werden sollte: *die Bebilderung des Textes war völlig verkorkst worden;* vgl. verkorksen ↑verderben. **versauen,** etwas (derb): (in diesem Sinnbereich) etwas, was man anfertigt, herstellt oder ausführt, durch Ungeschicklichkeit, durch mangelnde Sorgfalt oder mangelndes Können völlig verderben; bringt die emotionale Anteilnahme des Sprechers/Schreibers zum Ausdruck: *der neue Lehrling stellte sich so blöde an, daß er die Aufnahmen restlos versaute;* vgl. versauen ↑verderben.

verraten, jmdn.: jmdn., der etwas Bestimmtes, von dem man Kenntnis erlangt hat, verbergen möchte, an einen anderen ausliefern, indem man diesem von dem Geheimnis Mitteilung macht; kennzeichnet ein Handeln, durch das man einem anderen schadet, indem man das Geheimzuhaltende gegen dessen Willen offenkundig macht und dadurch treubrüchig wird. **verpfeifen,** jmdn. (salopp): jmdn., der etwas Rechtswidriges getan hat, über das man zufällig oder als Mittäter unterrichtet ist, [aus niedrigen Beweggründen] an die Polizei oder an die für diesen Fall zuständige Behörde oder Person verraten. **angeben,** jmdn. (ugs.); **anbringen,** jmdn. (landsch.): (in diesem Sinnbereich) jmdn., der mit seinem Handeln gegen die allgemeine Ordnung oder die Gesetze verstoßen hat, auf Befragen oder auch unaufgefordert aus niedrigen Beweggründen heraus anderen Menschen verraten; vgl. angeben ↑anzeigen. **verpetzen,** jmdn. (Schülerspr.); **verklagen,** jmdn. (landsch.): jmdn. als den Täter in einer bestimmten Sache, die eigentlich verborgen bleiben sollte, von der man aber Kenntnis erhalten hat, angeben und sein Geheimnis anderen auf ihre Fragen hin oder auch von sich aus verraten; wird meist auf Kinder bezogen. **verzinken,** jmdn. (Gaunerspr.); **verschwatzen,** jmdn. (landsch.): (in diesem Sinnbereich) jmdn., von dessen Geheimnissen oder strafbaren Handlungen man auf irgendeine Weise etwas erfahren hat, bei anderen durch Andeutungen und Zeichen auf hinterhältige Weise verraten. **singen** (Gaunerspr.; abwertend): (vor der Polizei, als Angeklagter) Aussagen machen, durch die andere [Komplizen] mit belastet werden; nicht ↑[3]schweigen: *wenn ihn die Bullen fragen, wird er sicher s.; jmdn. durch Prügel zum Singen bringen;* ↑ausplaudern, ↑blamieren, ↑diskriminieren, ↑erzählen, ↑mitteilen, ↑[2]schlechtmachen, ↑verleumden.

verreden, sich; **versprechen,** sich (landsch.): (in diesem Sinnbereich) im Gespräch unabsichtlich etwas preisgeben, was man eigentlich verschweigen wollte oder besser verschwiegen hätte; ↑[2]versprechen, sich. **verplappern,** sich (ugs.): etwas, wovon man sich vorgenommen hat, es zu verschweigen, etwas, was man verheimlichen wollte, in einem unbedachten Augenblick, z. B. während eines lebhaften, angeregten Gespräches, versehentlich preisgeben oder etwas unabsichtlich [voreilig] verraten, etwa in der Annahme, der andere wüßte bereits von der Sache. **verschnappen,** sich (veraltet): in übereiltem, unbedachtem, auch vorschnellem Reden unabsichtlich etwas verlauten lassen, was man eigentlich nicht sagen wollte oder was hätte verschwiegen werden sollen, wobei man durch das hastige Herausplatzen häufig in eine komische Situation geraten und zum Gegenstand des Gelächters werden kann. **herausrutschen,** etwas rutscht jmdm. heraus (salopp): jmd. äußert unüberlegt, eigentlich ohne es zu wollen, etwas, was er besser für sich behalten hätte, weil er damit etwas preisgibt, was ein anderer nicht wissen sollte.

verringern, etwas: etwas nach Qualität oder Quantität kleiner oder geringer machen: *das Tempo v.* **vermindern,** etwas: etwas [der Intensität nach] abschwächen: *eine Gefahr v.* **verkleinern,** etwas: mengen-, zahlen-, gradmäßig kleiner machen: *seinen Besitz v.; jmds. Bedeutung zu v. suchen.* **schmälern,** etwas (geh.): dadurch, daß jmdm. etwas zugestanden, etwas anerkannt, festgestellt o. ä. wird, einem anderen etwas von seinem Besitz, Ansehen wegnehmen, streitig machen; etwas in beeinträchtigender Weise verringern: *jmds. Ruhm, Besitz s.;* ↑einschränken, ↑herabsetzen.

versammeln, sich: sich an einen vorher festgelegten Ort zu einem besonderen Zweck begeben, um dort für einige Zeit zusammenzusein; es handelt sich dabei um mehrere Menschen oder um eine Personengruppe, die in einer bestimmten Absicht freiwillig oder auf eine Aufforderung hin zusammenkommt: *die Besatzung des sinkenden Bootes hatte sich auf dem Oberdeck versammelt.* **sammeln,** sich: (in diesem Sinnbereich) sich auf einen bestimmten Ort hin bewegen, sich mit anderen an diesem zusammenfinden [und sich dort eine Zeitlang aufhalten]; wird meist von einer größeren Anzahl von Personen gesagt, die zu einem bestimmten Zweck zusammenkommen: *draußen sammelten sich die Massen und schrien.* **zusammenströmen:** sich in großer Zahl [von allen Seiten her] zu einem Ort hinbewegen; wird von einer großen Menge Menschen gesagt, die aus eigenem Antrieb und aus verschiedenen Richtungen ohne bestimmte Ordnung zusammenkommen, aber dabei doch in einer gemeinsamen Absicht verbunden sind: *die Menschen strömten auf dem großen Platz zusammen, um von der Regierung mehr Demokratie zu verlangen.* **zusammenlaufen:** sich aus besonderem Anlaß von allen Seiten her rasch zu einem bestimmten Ort begeben; bezieht sich auf eine größere Menge, die sich regellos und unaufgefordert [am Schauplatz eines besonderen Ereignisses] zusammenfindet: *als der alte Hauptbahnhof abgerissen wurde, lief eine große Menschenmenge zusammen, um zuzuschauen.* **zusammenkommen:** sich auf ein bestimmtes Ziel hin bewegen und sich an dem betreffenden Ort einige Zeit aufhalten; meist von mehreren Personen oder einer größeren Gruppe von Menschen gesagt, die sich auf eine Aufforderung hin, aber nicht gegen ihren eigenen Willen versammeln, wobei sie eine gemeinsame Absicht verbindet: *eine große Menschenmenge war auf dem Rathausplatz zusammengekommen.* **zusammenrotten,** sich: sich in größerer Menge in aufrührerischer Absicht spontan irgendwohin begeben, sich dort zusammentun, um [mit Gewalt] gegen etwas/jmdn. vorzugehen.

[1]**versäumen,** etwas: (in diesem Sinnbereich) die Möglichkeit, etwas zu erleben, was einem Vergnügen oder Vorteil bringen würde, ungenutzt vorübergehen lassen oder durch irgendwelche Umstände nicht nutzen können: *er hatte das Gefühl, sein Glück versäumt zu haben;* ↑[2]versäumen. **verpassen,** etwas (ugs.): (in diesem Sinnbereich) den rechten Augenblick für etwas, was einem Vergnügen oder Vorteil gebracht hätte, nicht erkennen und ergreifen, ihn ungenutzt verstreichen lassen; bezeichnet im Unterschied zu „versäumen" weniger den Verlust als die mangelnde Aufmerksamkeit gegenüber dem günstigen Zeitpunkt: *nachher wußte er, daß er eine Chance verpaßt hatte;* vgl. verpassen ↑[2]versäumen. **entgehen lassen,** sich (Dativ) etwas: durch Mangel an Interesse, durch Gedankenlosigkeit oder weil man etwas nicht als wichtig erkennt, die Gelegenheit, etwas Interessantes oder Angenehmes zu erleben, ungenutzt verstreichen lassen; im Unterschied zu „versäumen", bei dem die äußeren Verhältnisse einen hindern können, bringt man sich hier in jedem Falle selbst um etwas: *der neue Hitchcock ist ein einmaliges Erlebnis, das Sie sich nicht entgehen lassen dürfen!*

[2]**versäumen,** etwas: (in diesem Sinnbereich) etwas gegen seine eigentliche Absicht, z. B. aus Unachtsamkeit, Vergeßlichkeit usw., nicht tun, meist, wenn es zu einem bestimmten Zeitpunkt hätte erfolgen müssen: *wir haben es versäumt, uns nach dem nächsten Zug zu erkundigen;* ↑[1]versäumen. **verabsäumen,** etwas: etwas aus irgendwelchen Gründen nicht tun, was man eigentlich hätte tun sollen; es an der nötigen Aufmerksamkeit fehlen lassen im Hinblick auf etwas; enthält mehr oder weniger einen Vorwurf, daß etwas unterlassen, nicht getan worden ist, was eigentlich eine Pflicht gewesen wäre; wird im allgemeinen nur mit Infinitivgruppe verwendet: *er hatte verabsäumt, den Bürgermeister einzuladen; sie hatte verabsäumt, mir rechtzeitig Bescheid zu sagen.* **verpassen,** etwas (ugs.): durch Zögern oder aus irgendeinem Grund den richtigen Zeitpunkt vorübergehen lassen, an dem man etwas hätte tun sollen; zu etwas zu spät kommen: *ich habe es einfach verpaßt, meine Wünsche anzumelden, jetzt ist es dazu zu spät;* vgl. verpassen ↑[1]versäumen. **unterlassen,** etwas: (in diesem Sinnbereich) etwas, was nötig oder angebracht gewesen wäre, aus Nachlässigkeit nicht tun, so daß man es nachher meist bedauert und sich deshalb Vorwürfe macht oder sich machen lassen muß; stellt nur fest, daß etwas unterbleibt, nicht geschieht, ohne daß es, im Gegensatz zu „versäumen" und „verpassen", in Beziehung zu einem bestimmten Zeitpunkt, den man ungenutzt verstreichen läßt, gesetzt wird: *da Sie es unterlassen haben, die Sache vorher zu prüfen, müssen Sie sich mit dem unbefriedigenden Ergebnis zufriedengeben;* ↑unterlassen. **verfehlen,** etwas (geh.): im rechten Augenblick etwas nicht tun und dadurch etwas falsch machen; wird in bezug auf eine Sache gesagt, der man Wichtigkeit beimißt; wird in der Regel in einem negierten Zusammenhang verwendet: *er verfehlte es nicht, ihn zu unserer nächsten Sitzung einzuladen.*

verschieben, etwas: den Beginn, die Erledigung oder Ausführung von etwas entgegen der ursprünglichen Absicht auf einen späteren Zeitpunkt verlegen: *die Sitzung mußte wegen Krankheit des Vorsitzenden auf einen späteren Zeitpunkt verschoben werden.* **aufschieben,** etwas; **hinausschieben,** etwas: ein Vorhaben für den Augenblick zurückstellen, erst später ausführen wollen; beide Wörter ähneln der Bedeutung von „verschieben", lassen jedoch den Zeitpunkt, zu dem etwas Auf- oder Hinausgeschobenes getan werden soll, im Unterschied zu „verschieben", meist stärker im ungewissen; die Gründe für das Auf- oder Hinausschieben liegen mehr im subjektiven Bereich; häufig handelt es sich um Unangenehmes: *ich würde an deiner Stelle die Antwort noch aufschieben.* **vertagen,** etwas: eine Handlung auf einen späteren, unter Umständen unbestimmten Tag verschieben; wird besonders im gerichtlichen und amtlichen Bereich verwendet; ↑hinausziehen.

verschieden (Ggs. gleich): anders seiend, in wesentlichen oder allen Merkmalen voneinander abweichend; drückt das wesentliche oder ganz allgemeine Anderssein aus; kann nur gesagt werden, wenn mehrere oder wenigstens zwei Vergleichspunkte bestehen: *Metalle dehnen sich bei Erhitzung v. aus; verschiedene Farben wurden benutzt.* **grundverschieden** (emotional verstärkend): völlig verschieden; so verschieden, daß keine gemeinsamen Merkmale bestehen: *die Maltechnik der beiden Künstler ist g.* **unterschiedlich:** Unterschiede aufweisend, was die Form, die Größe, den Grad, den Wert usw. anbelangt, d.h. in Einzelheiten voneinander abweichend, besondere Einzelmerkmale habend; drückt aus, daß trennende Einzelmerkmale bestehen; kann auch gesagt werden, wenn etwas mit sich selbst zu verschiedenen Zeitpunkten verglichen wird oder die einzelnen Teile eines Ganzen verglichen werden; „verschieden" und „unterschiedlich" lassen sich oft miteinander austauschen, wobei der Unterschied darin besteht, daß „verschieden" auf das Anderssein hindeutet *(Kleider verschiedener Qualität),* während „unterschiedlich" auf den Vergleich hindeutet, der die Nichtidentität feststellt *(Kleider unterschiedlicher Qualität).* „Unterschiedlich" deutet mehr auf die Abstufung hin, während „verschieden" mehr das Nebeneinander kennzeichnet: *die unterschiedliche Verpflegung der Patienten hat schon überall in der Klinik viel böses Blut gemacht; unterschiedliche Größe; unterschiedliche Auffassungen.*

verschlafen: (in diesem Sinnbereich) noch nicht ganz ausgeschlafen, noch in einem Zustand von Benommenheit: *v. öffnete er die Tür.* **schlaftrunken** (geh.): vom Schlaf noch ganz benommen und noch nicht ganz wach: *sie sah ihn s. an.* **halbwach:** gerade aus dem Schlaf erwacht, aber noch nicht voll zum Wachsein zurückgekehrt; wird gewöhnlich nicht prädikatbezogen verwendet: *mit halbwachen Sinnen hörte er die Hilferufe.* **unausgeschlafen:** nicht ausgeschlafen oder nicht genug geschlafen habend; bezeichnet den Zustand, in dem man sich befindet, wenn man eine gewisse Zeit schlafen konnte, dies aber nicht ausreichte, um sich frisch zu fühlen; ↑[1]müde, ↑[2]müde, ↑übermüdet.

verschlechtern, etwas verschlechtert sich: etwas wird schlecht oder noch schlechter: *sein Gesundheitszustand hat sich verschlechtert.* **verschlimmern,** etwas verschlimmert sich: etwas, um das es schon schlimm steht, wird noch schlimmer; ↑abnehmen.

verschleudern, etwas: Waren sehr billig, weit unter Preis zum Kauf anbieten, weil man sie aus irgendwelchen Gründen los sein möchte. **abstoßen,** etwas: eine Ware schnell, auch unter Preis verkaufen, weil man sie los sein möchte. **verramschen,** etwas (salopp): etwas, was nicht viel Wert hat, billig abstoßen oder etwas Wertvolleres wie Ramschware verkaufen. **ausverkaufen,** etwas: um sein Warenlager zu räumen, Waren, meist zu stark herabgesetzten Preisen, verkaufen; ↑[2]absetzen, ↑verkaufen.

verschlossen: von Natur aus anderen gegenüber nicht mitteilsam in bezug auf das, was einen bewegt, nicht Einblick in sein Inneres gewährend; wird im allgemeinen attributiv und subjektbezogen gebraucht. **unzugänglich:** (in diesem Sinnbereich) sich [im Gespräch] anderen gegenüber verschließend, so daß ein anderer keinen Kontakt zu der betreffenden Person finden kann; drückt sich oft in einem abweisenden, unfreundlichen Verhalten aus; wird attributiv und subjektbezogen verwendet. **zugeknöpft** (ugs.): (in diesem Sinnbereich) anderen gegenüber kühl und abweisend, nicht aufgeschlossen, was gleichzeitig zum Ausdruck bringt, daß man ungestört sein will; wird attributiv und subjektbezogen verwendet. **zurückhaltend:** sich [aus Rücksichtnahme] anderen nicht so leicht nähernd, mitteilend, ohne daß die Trennung von der Außenwelt so unüberbrückbar scheint wie bei „verschlossen"; wird im allgemeinen attributiv und subjektbezogen gebraucht; ↑allein, ↑distanziert, ↑kontaktarm, ↑ungesellig, ↑zurückgezogen.

verschmutzt: sich im Zustand der Unsauberkeit befindend; kennzeichnet, wie alle Wörter dieser Gruppe, den Zustand als einen solchen, der geworden oder bewirkt ist: *leicht verschmutzte Wäsche;* ↑Schmutz; ↑[1]schmutzig. **angeschmutzt:** leicht verschmutzt durch äußere Einwirkungen (nicht durch Gebrauch): *angeschmutzte Wäsche billiger verkaufen.* **verdreckt** (salopp): stark verschmutzt; drückt wie das folgende „versaut" neben dem stärkeren Grad des Verschmutztseins oft auch einen emotionalen

Anteil des Sprechers/Schreibers aus; bringt öfter die Folge einer Vernachlässigung zum Ausdruck: *verdreckte Arbeitsanzüge;* vgl. Dreck ↑Schmutz; vgl. dreckig ↑[1]schmutzig. **versaut** (derb): (in diesem Sinnbereich) von Grund auf, oft bis zur Unbrauchbarkeit verschmutzt: *das Kleid ist völlig v.*

verschollen: (in diesem Sinnbereich) von unbekanntem Verbleib; seit langem keine Nachricht mehr von sich gebend; für verloren gehalten oder als tot betrachtet; wird wie „vermißt" auf Menschen oder auf Flugzeuge, Schiffe u. ä. bezogen: *das Flugzeug blieb v.* **vermißt:** (in diesem Sinnbereich) als fehlend festgestellt: *das Schiff galt als v.; der Funker Koberg wurde als v. gemeldet.* **überfällig:** zur erwarteten Zeit nicht eingetroffen, über den planmäßigen Zeitpunkt des Eintreffens hinaus ausbleibend; wird im allgemeinen auf Schiffe, Flugzeuge u. a. bezogen: *der „Albatros" ist schon seit drei Tagen ü.*

verschroben (abwertend): [in Wesen, Aussehen oder Verhalten] absonderlich, eigenbrötlerisch, nach außen meist mürrisch und abweisend; bezieht sich meist auf ältere Menschen und deren Verhalten oder Eigenheiten oder auf ihnen eigentümliche oder ihrem Wesen entsprechende Gedanken oder Vorstellungen. **schrullig:** befremdende, oft launenhaft und lächerlich wirkende Angewohnheiten oder Prinzipien habend und eigensinnig daran festhaltend; wird meist von älteren Menschen und deren Angewohnheiten oder Eigenheiten gesagt; vgl. Schrulle ↑Spleen. **komisch** (ugs.): durch eigenartige und unverständliche Wesenszüge befremdend oder belustigend wirkend. **wunderlich:** in sich versponnen, eigenbrötlerisch und weltfremd, oft etwas kindisch [geworden]. **kauzig:** in Wesen oder Verhalten eigenwillig vom Landläufigen abstechend, sich in Absonderlichkeiten gefallend und dabei innerlich oft eine humorvolle, überlegene Haltung zur Umwelt einnehmend; wird meist auf ältere männliche Personen bezogen. **bizarr** (bildungsspr.): (in diesem Sinnbereich) durch seine absonderliche Art und Weise auffallend: *eine bizarre Persönlichkeit; bizarre Ideen;* ↑seltsam.

verschwenden, etwas: etwas überreichlich, ohne entsprechenden damit erworbenen oder erzielten Nutzen, oft leichtsinnig weggeben, verbrauchen, anwenden; kennzeichnet im allgemeinen nicht nur eine einmalige Handlung, sondern eine über eine gewisse Zeit sich erstreckende Handlungsweise; bezieht sich sowohl auf materielle als auch auf ideelle Werte; ↑verschwenderisch. **über seine Verhältnisse leben** (geh.): mehr ausgeben als man eigentlich auf Grund seiner finanziellen Situation für etwas zur Verfügung hat, wobei an eine Relation zum allgemeinen Lebensstandard gedacht wird. **vergeuden,** etwas: etwas Kostbares oder etwas, was für kostbar gehalten wird, nutzlos, leichtsinnig und unbekümmert verbrauchen, dahingeben, ohne dabei auf den Nutzen zu sehen; bezeichnet gegenüber „verschwenden" weniger das Übermaß als die Nutzlosigkeit des Dahingebens und drückt stärker das Bedauern über das unwiederbringlich Verlorene, Dahingegebene aus. **vertun,** etwas (ugs.): etwas (Geld, Zeit) verbrauchen, ohne auf Sinn und Nutzen zu achten: *Zeit und Geld sinnlos v.* **verschleudern,** etwas: (in diesem Sinnbereich) etwas besonders achtlos und nutzlos verschwenden oder vertun, leichtsinnig durchbringen; bezieht sich im Gegensatz zu den übrigen Wörtern dieser Gruppe nur auf materielle Güter und Sachwerte; ↑durchbringen.

verschwenderisch (Ggs. sparsam ↑[1]geizig): (in diesem Sinnbereich) leichtsinnig und unüberlegt oder allzu großzügig im Ausgeben oder Verbrauchen von Geld und Gut. **verschwendungssüchtig** (abwertend): in ungewöhnlichem Maß zum Geldausgeben, zum Verschleudern seines Vermögens neigend; ↑durchbringen.

verschwommen: dem Auge nicht klar erkennbar; undeutlich und in seinen Umrißlinien nicht genau erfaßbar, zerfließend und ohne sichtbare Begrenzung; wird vor allem attributiv gebraucht: *die Passagiere konnten im aufkommenden Nebel die Aufbauten des Begleitschiffes nur v. erkennen.* **schemenhaft:** in seinen Umrissen nur undeutlich erkennbar und sich meist rasch wieder verlierend und verschwindend; in seinem Wesen nicht bestimmbar und deutbar: *einzelne Bäume zu beiden Seiten der Landstraße tauchten s. im Scheinwerferlicht auf.* **nebelhaft:** wie hinter einem Nebelschleier erscheinend, ohne klar bestimmbare Gestalt und feste Konturen, mit seiner Umgebung verschwimmend. **schattenhaft:** nur als Schatten erkennbar werdend; sich kaum von seinem Hintergrund abhebend, oft nur flüchtig auftauchend, als schwaches Abbild eines Gegenstandes oder Körpers ungenau und nur in seinen Umrissen andeutungsweise sichtbar.

Verschwörung, die: heimliche, gemeinsame Planung eines verbrecherischen Unternehmens [das sich gegen die bestehende staatliche Ordnung richtet und einen Anschlag gegen eine oder mehrere Personen des öffentlichen Lebens zum Ziel hat]. **Konspiration,** die (bildungsspr.): heimliche Umtriebe gegen die bestehende Ordnung des Staates und ihre Vertreter; ist im Unterschied zu „Verschwörung" durch mehr Raffinesse gekennzeichnet, aber weniger zielgerichtet, so daß die Machenschaften selbst im Vordergrund stehen; leitet sich aus dem Lateinischen her, wo con-spirare *zusammen atmen* bedeutet, was soviel besagt, daß man im Guten oder Bösen einmütig ist; drückt eine negative Beurteilung des Sprechers/Schreibers aus. **Komplott,** das: geheime Planung eines Anschlages gegen eine Regierung oder ihre Vertreter, oft auch gegen eine Privatperson; leitet sich aus dem Französischen her, wo es im Zusammenhang mit „dichtgedrängte Menge" steht; ↑Attentat, ↑Aufstand.

versehen: versehen sein, mit etwas: mit etwas versorgt oder ausgerüstet sein, damit nichts mangelt, fehlt; eine Sache bei oder an sich haben, die bestimmte Funktionen hat oder bestimmten Zwecken dienen soll; wird, wie die übrigen Wörter dieser Gruppe, von Personen und Sachen gesagt: *mit Geld, mit Büchern, warmer Kleidung versehen sein;* vgl. versehen mit etwas ↑versorgen. **ausgestattet sein,** mit etwas: mit etwas bewußt, planmäßig [ausreichend] versehen sein, damit der Betreffende das für die Situation Nötige, Angemessene hat, darüber verfügen kann, was zu einem bestimmten Zweck notwendig oder unentbehrlich ist oder was der betreffenden Sache einen besonderen Nutzen oder Wert gibt: *sie waren für den Marsch durch die Wüste mit allen erdenklichen Hilfsmitteln ausgestattet; er war mit einigen Empfehlungen ausgestattet;* vgl. ausstatten mit etwas ↑versorgen. **ausgerüstet sein,** mit etwas: für einen besonderen Zweck, ein bestimmtes Vorhaben mit den erforderlichen Dingen, Hilfsmitteln versehen sein; wird seltener von Sachen gesagt und bezieht sich im Unterschied zu „ausgestattet sein" mehr auf spezielle, über das Normale hinausgehende Hilfsmittel oder entsprechendes Zubehör: *die Jungs waren für die Fahrt mit Rucksack und Zeltplanen ausgerüstet;* vgl. ausrüsten mit ↑versorgen mit. **haben,** etwas: (in diesem Sinnbereich) eine Sache [zum Gebrauch] zur Verfügung haben oder als notwendiges oder zusätzliches Zubehör besitzen: *der Elektroherd hat drei Kochplatten; unser Auto hat ein Schiebedach;* ↑haben.

versichern, [jmdm.] etwas/(geh. auch:) jmdn. einer Sache (Genitiv): etwas (einen Sachverhalt) als sicher oder gewiß bezeichnen mit der Absicht, jmdn. zu überzeugen: *er versicherte ihm bei seiner Freundschaft, daß diese Befürchtung vollkommen unbegründet sei.* **versprechen,** [jmdm.] etwas: jmdm. die feste Zusicherung geben, daß etwas, was der andere wünscht, getan wird: *ich versprach, pünktlich zu sein.* **beteuern,** [jmdm.] etwas: mit großem Nachdruck etwas Entscheidendes versichern [was von einem anderen angezweifelt wird]: *er beteuerte hoch und heilig seine Unschuld.* **geloben,** [jmdm.] etwas: feierlich versprechen, daß man etwas tun wird; wird im allgemeinen in entscheidenden Augenblicken und schwerwiegenden Angelegenheiten gebraucht: *jmdm. Treue, Beistand g.;* ↑[1]versprechen.

versorgen, jmdn. [mit etwas]: (in diesem Sinnbereich) jmdm. eine Sache, die ihm fehlt oder die er zu einem bestimmten Zweck braucht, [in ausreichender Menge] überlassen oder an die Hand geben; jmds. Bedarf an etwas befriedigen: *sie versorgte ihn mit Lesestoff.* **versehen,** jmdn./etwas mit etwas: jmdm. etwas an die Hand geben, jmdn. mit etwas unterstützen, was ihm [zu einem bestimmten Zweck] nützlich ist; an einem Gegenstand etwas [Wichtiges] anbringen: *er versah ihn mit reichlich Geld;* ↑versehen. **ausrüsten,** jmdn./etwas [mit etwas]: jmdn. oder etwas mit einer Sache versehen, die zur Erfüllung einer bestimmten Aufgabe notwendig oder nützlich ist: *die Expedition mit den nötigen Hilfsmitteln a.;* vgl. ausgerüstet sein ↑versehen. **ausstatten,** jmdn./etwas [mit etwas]: jmdn. [ausreichend] mit materiellen oder ideellen Gütern, Vollmachten o. ä. versehen; zu einem Gegenstand, einer Sache notwendiges oder unentbehrliches Inventar, Zubehör o. ä. hinzubringen: *jmdn. mit großen Geldmitteln a.;* vgl. ausgestattet sein ↑versehen.

[1]**versprechen,** [jmdm.] etwas: jmdm. in bezug auf ein Geschehen die feste Versicherung geben, daß es geschehen werde. **in Aussicht stellen,** [jmdm.] etwas: erklären, daß etwas Bestimmtes geschehen wird, daß jmd. etwas erhalten oder daß jmdm. etwas zugeteilt werden wird. **zusichern,** [jmdm.] etwas: jmdm. etwas, was er wünscht oder fordert, versprechen; meist im sachlichen und geschäftlichen Bereich angewandt. **zusagen,** etwas: versichern, daß man einer Einladung folgen will. **verheißen,** [jmdm.] etwas (geh.): die nachdrücklich-feierliche Versicherung geben, daß jmdm. etwas zuteil werden, daß etwas Bestimmtes geschehen soll: *ich verhieß dir eine Belohnung;* ↑versichern.

[2]**versprechen,** sich: (in diesem Sinnbereich) [beim schnellen, überstürzten Reden] einzelne Laute oder Wörter durcheinanderbringen, verwechseln, schlecht artikulieren oder falsch aussprechen; oft dann, wenn man unkonzentriert oder aufgeregt ist; vgl. versprechen, sich ↑verreden, sich. **verhaspeln,** sich (ugs.): beim Sprechen hängenblei-

ben; sich in der Eile mehrmals versprechen und die Worte durcheinanderbringen, meist aus einer gewissen Aufregung heraus. **verheddern,** sich (ugs.): beim Sprechen, meist beim Vortragen eines bestimmten Textes, an einer Stelle mehrmals hängenbleiben, mit dem Aussprechen eines Gedankens, eines Satzes nicht zurechtkommen; ↑[1]sprechen, ↑[2]sprechen.

verstauchen, sich (Dativ) etwas: sich durch eine übermäßige oder unglückliche Bewegung eines Gliedes, und zwar speziell bei einem Stoß oder Aufprall, das Gelenk verletzen; wird fachsprachlich verwendet, wenn durch Überbeugung oder Überstrekkung die Gelenkbänder und Gelenkkapseln gezerrt oder zerrissen werden. **verknacksen,** sich (Dativ) etwas (ugs.): sich durch eine unglückliche Bewegung eines Gliedes, gewöhnlich speziell durch Umknicken, die Gelenkbänder ein wenig zerren; wird verwendet, wenn es sich um harmlose Zerrungen handelt, die einen momentanen Schmerz verursachen, aber die Beweglichkeit nicht weiter beeinträchtigen. **den Fuß vertreten,** sich (Dativ): sich durch unglückliches Auftreten die Gelenkbänder am Fuß ein wenig zerren. **verrenken,** sich (Dativ) etwas: ein Glied so übermäßig oder unglücklich bewegen, daß sich der Knochen aus der normalen Lage im Gelenk verschiebt und das Gelenk verletzt wird; wird aber auch häufig verwendet, wenn die in einem Gelenk verbundenen Knochenenden nicht verschoben werden, sondern nur die Gelenkbänder durch eine seitwärts gerichtete oder drehende Bewegung gezerrt werden. **ausrenken/**(ugs.) **auskugeln/**(landsch.) **auskegeln,** sich (Dativ) etwas: ein Glied so übermäßig oder unglücklich bewegen, daß der Knochen aus dem Gelenk herausspringt.

verstecken, jmdn./etwas: heimlich jmdn./etwas an einem unbekannten Ort unterbringen, damit die betreffende Person oder Sache von bestimmten anderen nicht gefunden, gesehen wird. **verbergen,** jmdn./etwas: jmdn./etwas für längere oder kürzere Zeit fremden [suchenden] Blicken entziehen.

verstehen, etwas: **a)** Sinn und Bedeutung von etwas, was man erlebt oder was einem begegnet, erfassen; sich etwas entsprechend der eigenen Einsicht, dem geistigen Vermögen, indem man einen Gedankengang nachvollzieht oder sich in die Person eines anderen versetzt, erklären können: *im entscheidenden Punkt hat er ihn verstanden;* **b)** etwas, was einem gesagt oder erklärt wird, in der richtigen Weise auffassen: *seine Theorien waren nicht ohne weiteres zu v.;* vgl. verstehen ↑einsehen. **begreifen,** etwas: **a)** den Sinn von etwas, was man erlebt, in einem größeren Zusammenhang erfassen, wobei nicht nur der Verstand, sondern auch die Psyche des Menschen beteiligt ist; wird im Unterschied zu „verstehen" vorwiegend verwendet, wenn der zu erfassende Sachverhalt nicht ohne weiteres zugänglich ist, und wird daher häufig verneinend oder einschränkend gebraucht: *blitzartig begriff er, daß sein Kind in Gefahr war;* **b)** etwas in sich aufnehmen und verarbeiten, was einem zu diesem Zweck mitgeteilt oder an einen herangetragen wird: *wann wird er den Dreisatz wohl endlich b.?;* vgl. begreifen ↑einsehen. **kapieren,** etwas (salopp): in der Lage sein, etwas, was man geistig erfassen soll, auch wirklich in allen Einzelheiten zu verstehen [und geistig zu verarbeiten]: *ich war froh, daß ich die neue Formel kapiert hatte.* **durchblicken** (ugs.); **Durchblick haben** (ugs.): die gegebene Situation o. ä. erfassen, Zusammenhänge erkennen und verstehen; drückt auf burschikose Weise eine Art Anerkennung aus.

versteigern, etwas; **verauktionieren,** etwas (veraltet): einen [Wert]gegenstand öffentlich ausbieten und ihn dem Meistbietenden zusprechen. **unter den Hammer bringen,** etwas; **verganten,** etwas (landsch.): etwas zur Versteigerung bringen; zwangsversteigern lassen; ↑verkaufen.

verstellen, sich: sich nach außen und anderen gegenüber anders geben, als man ist, denkt oder empfindet [um hinter diesem Äußeren etwas zu verbergen]. **heucheln:** seine Empfindung oder Ansicht nicht aufrichtig zum Ausdruck bringen; unaufrichtig sein; vgl. heuchlerisch ↑scheinheilig. **tun,** so tun als ob ...: die Miene von etwas annehmen, um den anderen etwas glauben zu machen, was in Wirklichkeit gar nicht ist. **stellen,** sich + Artangabe: sich den Anschein von etwas, oft der Ahnungslosigkeit, geben, während man über den wahren Tatbestand genau orientiert ist oder eine entsprechende Situation sogar geschaffen hat: *er stellte sich taub; er stellte sich einfallslos, nur weil er keine Lust hatte mitzumachen.* **anstellen,** sich + Artangabe (selten): i. S. v. sich stellen; hebt meist hervor, daß man dabei Umstände macht: *sie stellten sich an, als seien sie in dieser Angelegenheit völlig ahnungslos;* ↑lügen.

verstört: sich durch eine die seelische Fassungskraft übersteigende Erschütterung in einem verwirrten Gemütszustand befindend, von diesem zeugend. **verängstigt:** durch irgendwelche Erlebnisse so von Angst erfüllt, daß man sich nicht davon frei machen kann. **verschüchtert:** scheu gemacht durch allzu strenge oder harte Behandlung. **verjagt** (ugs.; landsch.): von plötzlichem Schreck oder von Angst sichtlich mitgenommen. **verbiestert** (ugs.); landsch.): verwirrt und kopfscheu gemacht durch einen eigenen Irrtum, eine ausweglose Situation. **verwirrt:** (in diesem Sinnbereich) durch ein seelisch aufwühlendes Erlebnis, dessen Zusammenhänge man nicht überschaut, um die Klarheit seines Denkens, außer Fassung gebracht; ↑aufgeregt.

versündigen, sich [an jmdm.]: [an jmdm.] schuldig werden, indem man – unter Mißachtung göttlicher oder menschlicher Gebote – unrecht handelt: *sich durch Gotteslästerung oder Fluchen v.* **freveln** [an jmdm./etwas] (geh.): sich aus sträflichem Leichtsinn, Mutwillen und Übermut in unverantwortlicher und vermessener Weise [wider jmdn./etwas] vergehen; wird besonders im sakralen Bereich gebraucht: *frevle nicht an dem dir anvertrauten Gut!* **vergehen,** sich gegen etwas: (in diesem Sinnbereich) durch gesetz- und sittenwidriges Handeln gegen die menschliche Ordnung verstoßen: *sich gegen die guten Sitten, sich gegen das Gesetz v.* **verstoßen,** gegen etwas: gegen etwas (eine Regel, ein Prinzip usw.) handeln; eine Bestimmung o. ä. durch sein Handeln verletzen; während „sich vergehen" einen sittlich-moralischen Vorwurf enthält, stellt „verstoßen" den Sachverhalt als solchen nur fest: *gegen die Gebote v.* **sündigen** [gegen etwas/an jmdm.] (selten): [leichtsinnigerweise] etwas tun, was man eigentlich nicht tun dürfte, sollte, sich dadurch in eine schuldhafte Situation bringen: *gegen die Natur s.; er hat an seinen Eltern gesündigt – er hat sich nie um sie gekümmert;* ↑[1]fehlen.

verteidigen, jmdn./etwas: einen Angriff auf einen Menschen oder ein Gut, auf etwas, was einem teuer ist, abwehren, indem man dem Angreifer aktiv entgegentritt. **schützen,** jmdn./etwas: jmdn./etwas vor einem Angriff oder einem [feindlichen] Übergriff bewahren, etwas Unangenehmes, eine Gefahr, eine schädliche Einwirkung von ihm, unter Umständen mit Waffengewalt, fernhalten; ↑behüten.

[1]**vertrauen,** jmdm.: nur Gutes von jmdm. erwarten, sich auf ihn, sein richtiges Handeln verlassen, ihm guten Glaubens das Handeln überlassen. **trauen,** jmdm./einer Sache: nichts Böses oder Hinterhältiges von jmdm. erwarten, hinter einer Sache vermuten.

[2]**vertrauen,** auf jmdn./etwas: sicher sein, daß jmd. oder etwas, daß eine schützende Macht einen nicht enttäuschen oder im Stich lassen wird: *er hatte auf seine Kenntnisse, auf seine Macht vertraut.* **verlassen,** sich auf jmdn./etwas: erwarten, daß eine Person oder eine Sache, deren Unterstützung man braucht, nicht enttäuschen oder versagen wird, sich daran als an etwas Sicheres, Zuverlässiges halten; nimmt im Unterschied zu „vertrauen" nicht Bezug auf den seelischen Wert des Menschen, von dem man etwas erwartet: *verlassen Sie sich auf mich, ich werde alles in Ordnung bringen.* **bauen,** auf jmdn./etwas: auf etwas, fest auf einen Menschen als auf etwas Sicheres, Zuverlässiges vertrauen und dies als Grundlage des weiteren Handelns nehmen: *ich hatte fest auf dich gebaut.* **rechnen,** auf/mit jmdm./etwas; **zählen,** auf jmdn./etwas (selten): annehmen, daß im Bedarfsfall einem die Unterstützung von jmdm./etwas zur Verfügung steht: *ich hatte auf ihn gezählt.*

verträumt: seinen Träumereien, phantasievollen Vorstellungen und Wunschbildern hingegeben, nicht in der Wirklichkeit lebend, diesen Zustand anzeigend. **träumerisch:** in der Art eines Träumers; in schwärmerisch-phantasievollen Gedanken verloren, diesen Zustand anzeigend; wird nicht unmittelbar auf den Menschen bezogen, sondern dient im allgemeinen der Kennzeichnung seines Verhaltens.

vertreten, jmdn.: (in diesem Sinnbereich) vorübergehend jmds. Platz einnehmen und dessen Aufgaben übernehmen. **einspringen** [für jmdn.]: sich spontan für jmdn., der unerwartet für kurze Zeit ausscheidet, dessen Platz aber in dieser Zwischenzeit ausgefüllt sein muß, als Ersatzmann zur Verfügung stellen.

vertrösten, jmdn.: jmdn., dessen Wunsch man nicht sofort erfüllen kann oder will oder dem man etwas schuldig bleiben muß, zu längerem Warten bewegen, indem man ihm Hoffnungen für einen späteren Zeitpunkt macht. **hinhalten,** jmdn.: jmdn. durch Versprechungen, irreführende Vertröstungen o. ä. in bezug auf etwas (z. B. auf die Begleichung einer Schuld) Hoffnung auf später machen, so daß der Betroffene noch weiter zu warten geneigt ist, sich noch weiterhin geduldet].

vertuschen, etwas: das Bekanntwerden eines peinlichen Vorfalles oder einer inkorrekten Handlung verhindern, machen, daß die betreffende Sache dem Einblick und dem Urteil anderer entzogen ist. **verschleiern,** etwas: einen Sachverhalt oder eine Absicht nicht genau erkennen lassen, indem man bewußt falsche oder irreführende Angaben macht oder durch seine Handlungen den anderen zu täuschen sucht. **zudecken,** etwas:

(in diesem Sinnbereich) etwas Unangenehmes, einen mißlichen Vorfall nicht sehen lassen, gleichsam eine Decke darüber breiten, um zu verhindern, daß die Wahrheit ans Licht kommt: *er verstand es, alle seine Verfehlungen zuzudecken;* ↑geheimhalten.

verunglücken: (in diesem Sinnbereich) einen Unfall haben und dabei mehr oder weniger schwer verletzt werden; man denkt dabei meist an einen Verkehrsunfall; es kann sich aber auch um einen Unfall an anderer Stelle, z. B. am Arbeitsplatz, beim Sport usw., handeln; steht oft mit einer näheren Bestimmung, die die Schwere des Unfalls kennzeichnet. **einen Unfall haben:** auf einer Fahrt, bei einer Tätigkeit von einem unvorhergesehenen, plötzlichen Geschehen, bei dem man verletzt wird oder Sachschaden entstanden ist, betroffen sein. **einen Unfall erleiden** (geh.): i. S. v. einen Unfall haben. **einen Unfall bauen** (salopp): beim Fahren eines Autos, Fahrrads usw. durch eigenes Verschulden einen Unfall herbeiführen. **verunfallen** (schweiz.; Amtsdt.): durch einen Unfall zu Schaden kommen. **zu Schaden kommen:** bei einer bestimmten Gelegenheit, z. B. bei einem Unfall, einem Unglück o. ä., verletzt werden; wird oft in der verneinten Form verwendet, um nachdrücklich zu sagen, daß etwas Befürchtetes nicht eingetreten ist: *wie durch ein Wunder ist bei dieser Explosion niemand zu Schaden gekommen.* **Schaden nehmen** (geh.): bei einer bestimmten Gelegenheit, z. B. bei einem Unfall, eine Verletzung o. ä. davontragen; wird meist im Zusammenhang mit leichteren Unfällen verwendet und ebenso wie „zu Schaden kommen" oft verneint gebraucht: *obwohl der Rollstuhl kippte und die alte Frau auf den Boden fiel, nahm sie keinen Schaden.*

verunstalten, etwas verunstaltet etwas: etwas beeinträchtigt das Aussehen eines Menschen oder einer Sache erheblich und verwandelt dadurch den angenehmen äußeren Eindruck in einen häßlichen: *die große Narbe hat ihr Gesicht sehr verunstaltet.* **verschandeln,** etwas verschandelt etwas (ugs.): etwas verdirbt durch sein Vorhandensein das gute Aussehen einer Sache: *der Anbau verschandelt das ganze Haus.* **verunzieren,** etwas verunziert etwas: etwas verändert etwas unvorteilhaft: *das moderne Dach verunziert das alte Bauernhaus.* **verhunzen,** etwas (salopp): etwas häßlich oder unansehnlich machen; enthält im allgemeinen den Vorwurf, daß die betreffende Sache nicht verdorben worden wäre, wenn man sorgfältiger oder sachgerechter mit ihr umgegangen wäre: *mit eurem schleppenden Gesang verhunzt ihr das schöne Lied.* **entstellen,** etwas entstellt jmdn./etwas: etwas verändert das gewöhnliche Aussehen von etwas/eines Menschen so sehr zu seinen Ungunsten, daß es/er nicht nur häßlich erscheint, sondern oft sogar kaum noch wiederzuerkennen ist: *der häßliche Ausschlag im Gesicht entstellt den jungen Mann sehr;* ↑beschädigen.

verursachen, [jmdm.] etwas: als Ursache, Urheber einen bestimmten, oft nicht beabsichtigten oder unerwünschten Sachverhalt oder ein oft unvorhergesehenes Ereignis herbeiführen; etwas Unangenehmes bewirken: *Schaden v.; jmdm. Schmerzen v.* **hervorrufen,** etwas: absichtlich oder unabsichtlich veranlassen oder bewirken, daß ein bestimmter Sachverhalt zustande kommt oder ein bestimmtes Ereignis eintritt; richtet im Unterschied zu „verursachen" den Blick nicht so sehr darauf, daß für etwas eine bestimmte Ursache vorliegt, sondern darauf, daß etwas die Folge von etwas ist: *diese Antwort rief allgemeines Gelächter hervor.* **zur Folge haben,** etwas hat etwas zur Folge: etwas führt seiner Beschaffenheit oder seinen Umständen nach dazu, daß ein bestimmtes, oft unvorhergesehenes oder nicht beabsichtigtes Ereignis oder ein bestimmter Zustand eintritt: *dieser Unfall hatte zur Folge, daß er lange Zeit ans Bett gefesselt war.* **auslösen,** etwas: den Anstoß zu einem Geschehen oder einem Unternehmen geben; eine [seelische oder geistige] Reaktion hervorrufen: *Freude, Gelächter a.* **bewirken,** etwas: etwas absichtlich oder unabsichtlich, als Wirkung besonderer Eigenschaften hervorbringen oder als Ergebnis einer Tätigkeit erreichen: *er hat dadurch bewirkt, daß dieser Zustand geändert wurde;* ↑Ergebnis, ↑Ursache, ↑Wirkung.

verurteilen, jmdn. [zu etwas]: (in diesem Sinnbereich) jmdn., gegen den Anklage erhoben wurde, vor Gericht durch ein rechtsgültiges Urteil für schuldig erklären und ihm eine entsprechende Strafe zuerkennen; vgl. verurteilen ↑verdammen. **verdonnern,** jmdn. [zu etwas] (salopp): jmdm. etwas als Strafe auferlegen. **verknacken,** jmdn. [zu etwas] (salopp): jmdn. gerichtlich zu einer Strafe von meist längerer Dauer verurteilen; ↑ahnden, ↑schuldig [sprechen], ↑strafen; ↑Strafanstalt.

vervollständigen, etwas: (in diesem Sinnbereich) zu einem Bestand, einer Sammlung, die noch nicht alles umfaßt, was man für wünschenswert oder eigentlich notwendig erachtet, etwas noch Fehlendes hinzufügen und das Vorhandene dadurch vervollkommnen oder verbessern. **ergänzen,** etwas: durch Schließen von [entstandenen] Lücken wieder vollständig[er] machen. **abrunden,** etwas: indem man einer Sache noch etwas hinzufügt, hinzugibt, ihr eine ausgefeilte, ausgewogene Form geben: *einen Bericht mit etwas a.* **vervollkommnen,** etwas: einer Sache, der noch so manches fehlt, etwas hinzufügen, damit es sich der Vollkommenheit nähert: *seine Sprachkenntnisse v.* **komplettieren,** etwas (bildungsspr.): in einer Sammlung o. ä. eine vorhandene Lücke füllen, etwas Fehlendes hinzuerwerben, damit es nun komplett ist: *die Wohnungseinrichtung k.; diese Münzen müssen noch komplettiert werden.*

verwahrlosen: a) durch Vernachlässigung in hohem Maße ungepflegt und unordentlich werden; in moralischer Hinsicht in einen schlechten Zustand geraten; wird meist in vorwurfsvollem Ton gesagt: *der Junge begann zu verwahrlosen;* **b)** von seinem Besitzer oder Verwalter schlecht geführt, nicht in seinem ursprünglich guten Zustand gehalten werden und in Unordnung geraten; bezieht sich auf einen Haushalt, Geschäftsbetrieb oder ähnliche Einrichtungen: *sie lassen ihren Garten v.* **herunterkommen** (ugs.): (in diesem Sinnbereich) durch eine Einwirkung von außen, durch bestimmte Einflüsse einen sozialen Abstieg erfahren, moralisch in Verfall geraten. **verkommen: a)** langsam, aber unaufhaltsam zugrunde gehen; kann sich auf die physische Existenz und auf den Charakter beziehen; **b)** durch Vernachlässigung in einen solch schlechten Zustand geraten, daß der betreffende Besitz nicht mehr nutzbar ist; **c)** etwas verkommt zu etwas: etwas (bestimmte Werte, Abstrakta), was in seiner Art und Eigenschaft als positiv geschätzt wird, verliert beklagenswerterweise seine Qualität mehr und mehr, befindet sich im Werteverfall und wird zu etwas Minderwertigem: *die Solidarität verkommt zur bloßen Kumpanei; die Sexualität ist zu einem Leistungsnachweis verkommen; die Travestie verkommt zum Mummenschanz.* **auf den Hund kommen** (salopp): (in diesem Sinnbereich) in schlechte Verhältnisse geraten. **abwirtschaften** (ugs.): durch wirtschaftliche Untüchtigkeit dauernd Mißerfolge haben und dadurch unaufhaltsam zurückgeworfen werden, bis man am Ende seiner Kraft ist; bezieht sich im allgemeinen direkt auf ein wirtschaftliches Unternehmen, seltener auch auf die dafür verantwortliche Person; wird meist im Perfekt verwendet. **verlottern** (ugs.): **a)** aus Unachtsamkeit und Nachlässigkeit in einen liederlichen Zustand geraten; wird selten auch im Hinblick auf die moralische Verfassung verwendet: *der Junge beginnt zu verlottern;* **b)** durch eine nachlässige Verwaltung in einen unordentlichen Zustand geraten: *die ganze Parkanlage ist verlottert.* **verlumpen** (salopp): moralisch absinken. **verschlampen** (salopp): **a)** in seiner Kleidung und in seinen Lebensgewohnheiten immer schlampiger werden; **b)** von seinem Besitzer nicht gepflegt oder instand gehalten werden; bezieht sich hauptsächlich auf Dinge des privaten Bereichs. **versacken** (salopp), **versumpfen** (salopp): immer mehr eine liederliche Lebensweise annehmen. **verludern** (salopp): in besonders hohem Maße verkommen. **vergammeln** (salopp; abwertend): äußerlich immer nachlässiger, liederlicher, ungepflegter werden: *er ist im letzten Jahr ganz vergammelt; er ließ den Garten v.*

verweigern, jmdm. etwas (Ggs. ↑gewähren): (in diesem Sinnbereich) in einer bestimmten Situation aus einem bestimmten Grunde nicht willens sein, jmdm. etwas, was er erwartet, erbittet, beantragt u. ä., zu gewähren, zu bewilligen; vgl. verweigern ↑[2]ablehnen, ↑[3]ablehnen. **versagen,** jmdm. etwas (geh.): jmdm. etwas, worauf dieser einen berechtigten Anspruch zu haben scheint oder hat [und was er erwartet, erbittet, fordert u.ä.], nicht gewähren, zubilligen; rückt stärker als „verweigern" den Anspruch dessen, der etwas erbittet und dem dies versagt wird, in das Blickfeld. **abschlagen,** [jmdm.] etwas: (in diesem Sinnbereich) jmdm. etwas, worum er bittet, was er wünscht u. ä., nicht gewähren, es ihm in entschiedener Weise verweigern; bezieht sich auf den Inhalt zumeist persönlicher Bitten, Wünsche; während „verweigern" und „versagen" besagen, daß man etwas nicht geben will oder kann, wird mit „abschlagen" gesagt, daß man den Wunsch o. ä. zurückweist; vgl. abschlagen ↑[2]ablehnen.

verwenden, sich für jmdn.: seinen Einfluß zugunsten eines anderen geltend machen, an höherer Stelle als Fürsprecher für ihn eintreten: *vielleicht können Sie sich für meinen Sohn v.* **einsetzen,** sich für jmdn./etwas: sich nach Kräften bemühen, einem Menschen oder einer Sache (z. B. einem Vorhaben, einem Plan) durch seinen Einfluß oder seine Empfehlungen nützlich zu sein; während bei „sich verwenden" hauptsächlich die Stellung und der Einfluß einer bestimmten Person ausgenutzt werden, kommt bei „sich einsetzen" die persönliche Anteilnahme [an einem anderen Menschen] stärker zum Ausdruck: *sich für die Interessen einer bestimmten Partei e.* **befürworten,** etwas: einen Vorschlag oder einen Plan an der dafür zuständigen Stelle durch Empfehlung unterstützen: *ich werde Ihre Beförde-*

rung b. **ein gutes Wort einlegen,** für jmdn. (ugs.): für jmdn., der sich etwas zuschulden kommen ließ oder der einen bestimmten Plan verwirklichen möchte, als Fürsprecher auftreten; ↑bevorzugen, ↑²fördern, ↑helfen; ↑Förderer.

Verwendung: Verwendung haben, für etwas: irgendwelche Dinge, meist aus jmds. Besitz, auf die der Betreffende keinen Wert mehr legt, für sich selbst, im eigenen Haushalt oder Arbeitsbereich zu nutzen und noch etwas damit anzufangen wissen; klingt betont sachlich; wird ohne Angabe eines bestimmten Zwecks gebraucht: *die Kinder haben schon Verwendung für die leeren Kästchen.* **verwenden können,** etwas: für etwas einen Platz wissen, wo es noch sinnvoll angewendet werden kann oder von Nutzen ist, auch wenn es unter Umständen ursprünglich einem anderen Zweck gedient hat: *ich weiß nicht, ob Sie diese altmodischen Vorhänge in Ihrer neuen Wohnung noch verwenden können.* **gebrauchen können,** etwas: etwas, was man erhalten hat oder was einem angeboten wird, [seinem Zweck entsprechend] benutzen können, wobei es sich im allgemeinen um Gebrauchsgegenstände handelt, über deren Verwendbarkeit ein allgemeines Urteil abgegeben wird: *vielleicht kann dein Bruder das alte Geschirr noch gebrauchen?* **verwerten können,** etwas: etwas ausnutzen [und auf diese Weise aufbrauchen], so daß es den eigenen Zwecken dient und man irgendeinen Gewinn oder Vorteil davon hat: *die Reste vom Mittagessen können wir sicher noch irgendwie verwerten;* ↑benutzen, ↑nützen.

verwerflich: vom sittlichen, moralischen Standpunkt aus zu verurteilen; wird wie „verabscheuenswert" von menschlichen Handlungen, Gesinnungen u. ä. gesagt: *eine verwerfliche Tat.* **verabscheuenswert:** (in diesem Sinnbereich) dem sittlichen Empfinden, dem Ehrgefühl oder der Rechtlichkeit zuwiderlaufend, so daß es jeder verabscheuen muß; drückt im Unterschied zu „verwerflich" weniger nur die moralische als die allgemein gefühlsmäßige Ablehnung des Sprechers/Schreibers aus: *politischer Mord, aus welchen Motiven er immer geschieht, ist v.;* ↑verabscheuenswert, ↑verworfen.

verwirklichen, etwas: machen, daß Absichten, Pläne, Ideen Wirklichkeit werden, daß sie ausgeführt werden und nicht nur als Plan usw. bestehen. **realisieren,** etwas (bildungsspr.): i. S. v. verwirklichen. **in die Tat umsetzen,** etwas (geh.): durch Tatkraft und Initiative eine Idee oder ein Vorhaben verwirklichen: *einen Plan in die Tat umsetzen.* **wahr machen,** etwas: es in einer Angelegenheit nicht bei Versprechungen oder Drohungen bewenden lassen, sondern im Sinne dieser Versprechungen oder Drohungen handeln: *er hat sein Versprechen wahr gemacht und das Geld zurückgezahlt.*

verworfen (geh.): verabscheuungswürdig, sittenlos und lasterhaft; wird im allgemeinen attributiv gebraucht, auf Personen bezogen und seltener von einer Handlung oder Gesinnung gesagt. **ruchlos** (geh.): von einem hohen Grad sittlicher Schlechtigkeit zeugend; davon zeugend, daß man sich über das Gute, Rechte kaltblütig hinwegsetzt, sich darum gar keine Gedanken macht, ohne Achtung davor ist, menschliche Rücksichten außer acht läßt; gewissenlosgemein; wird im allgemeinen von menschlichen Handlungen oder Gesinnungen gesagt: *eine ruchlose Tat.* **verrucht** (geh.): im höchsten Grade ruchlos; die Vorsilbe verbesagt, daß etwas ganz davon durchdrungen, ganz davon erfaßt ist; wird von Personen, ihren Gesinnungen oder Handlungen gesagt: *ein verruchter Mörder; eine verruchte Tat;* ↑verwerflich.

verwüsten, etwas: (in diesem Sinnbereich) in einem Gebiet so übel hausen, alles so gründlich zerstören, daß es anschließend einem Chaos gleicht; wird oft im Zusammenhang mit Kriegsereignissen verwendet. **verheeren,** etwas: ein [feindliches] Gebiet, einen Landstrich [auf einem Kriegszug] gründlich verwüsten; bezieht sich auf ein ausgedehntes Gebiet, was bei „verwüsten" nicht der Fall zu sein braucht; ↑niederbrennen, ↑plündern, ↑¹zerstören, ↑²zerstören.

verzagen: durch Unglück oder Mißerfolg kleinmütig werden; das Selbstvertrauen und die Lust zum Handeln verlieren. **verzweifeln:** in einer Notlage keinen Ausweg mehr sehen und deshalb jede Hoffnung und Besonnenheit, das Vertrauen zu sich und anderen verlieren; ↑Angst haben; ↑mutlos.

verzichten, auf etwas: (in diesem Sinnbereich) einen bestimmten Plan, ein Vorhaben, eine besondere Haltung oder einen Gedanken aufgeben; etwas nicht weiterverfolgen, weil man sich überzeugt hat oder weil man von außen durch die Umstände und allgemeinen Gegebenheiten zur Einsicht geführt wurde, daß es nicht sinnvoll wäre, weiter mit einer bestimmten Tätigkeit fortzufahren. **Verzicht leisten,** auf etwas (nachdrücklich): auf etwas, was man wünscht oder will, verzichten, weil man auf seine Verwirklichung oder Erlangung nicht hoffen kann oder weil man seine Unerreichbarkeit erkannt hat; klingt im Unterschied zu „verzichten" förmlicher und feierlicher. **begeben,** sich einer Sache (Genitiv) (geh.): (in diesem Sinnbereich) stillschweigend oder auch ausdrücklich auf etwas verzichten; wird in erster Linie von einer Haltung, einer Einstellung, einer Idee, einem Anspruch oder einem Vorrecht gesagt, die man [freiwillig] aufgibt, weil man zu der Überzeugung und Einsicht gelangt ist, daß es so besser sei, obwohl man ein gewisses Recht darauf oder dazu haben mag: *des Vorteils begebe ich mich.* **entsagen,** einer Sache (Dativ) (geh.): die Ausführung eines Vorhabens oder Planes, einen Gedanken oder eine bestimmte Haltung aufgeben, weil man durch äußere Umstände oder durch Einsicht von der Notwendigkeit eines Verzichts überzeugt wurde; drückt aus, daß es sich um einen schmerzlichen, aber dennoch freiwilligen Verzicht handelt; man verzichtet auf etwas, was einem besonders lieb und teuer ist und worauf man eigentlich ein gewisses Recht hat: *der Herrschaft e.* **zurücktreten,** von etwas: (in diesem Sinnbereich) von einem Amt, einem Kauf, einer Behauptung oder einem Anspruch Abstand nehmen; etwas, was man sich vorgenommen oder was man bereits begonnen hatte, aufgeben und nicht weiterverfolgen: *von seinem Posten z.* **absehen,** von etwas (geh.): (in diesem Sinnbereich) auf die Ausführung eines bestimmten Planes, eines Vorsatzes oder eines Vorhabens verzichten und eine Angelegenheit nicht länger in Betracht ziehen, obwohl man es sich ursprünglich anders gedacht hatte und obwohl man etwas anderes wollte: *angesichts des geringfügigen Vergehens gegen die Straßenverkehrsordnung sah der Polizist von einer Anzeige ab.* **ablassen,** von etwas (geh.): von etwas, was man längere Zeit getan oder zu tun beabsichtigt hatte, absehen und es nicht mehr weiterverfolgen; bringt zum Ausdruck, daß man etwas nicht länger tut oder betreibt, weil man durch widrige Verhältnisse dazu gezwungen wird oder weil die äußeren Umstände es verlangen: *von seinem Vorhaben a.* **abstehen,** von etwas (geh.); **Abstand nehmen,** von etwas (nachdrücklich): infolge äußerer Umstände oder auf Grund eigener Einsicht einen Plan fallenlassen, nicht weiterverfolgen: *man legte ihm nahe, von seiner Bitte abzustehen.* **unterlassen,** etwas: (in diesem Sinnbereich) etwas, was man sich vorgenommen oder was man zunächst fest beabsichtigt und möglicherweise auch schon begonnen hatte oder was man tun könnte, nicht tun: *er hat alles u., was sie hätte verärgern können;* ↑unterlassen; vgl. unterlassen ↑²versäumen. **bleibenlassen,** etwas (ugs.): (in diesem Sinnbereich) etwas, was man sich vorgenommen hatte, nicht ausführen; etwas, was bereits zur Gewohnheit wurde, nicht mehr tun; vgl. bleibenlassen ↑unterlassen. **lassen,** etwas (ugs.): (in diesem Sinnbereich) etwas, was als Plan, Gewohnheit bestand, aufgeben, weil man entweder durch die Lage der Dinge dazu gezwungen wurde oder die Sinnlosigkeit des Tuns eingesehen hat oder davon überzeugt wurde: *ich wollte heute mit dem Wagen nach Frankfurt fahren, aber bei diesem Wetter lasse ich es lieber;* vgl. lassen ↑unterlassen.

verziehen, jmdn.: (in diesem Sinnbereich) einem Kind gegenüber in der Erziehung nachgiebig-schwach sein, ihm in zu großem Maße seine Wünsche erfüllen (was die Persönlichkeit des Kindes in ungünstiger Weise prägt); alle Wörter dieser Gruppe enthalten Kritik und weisen auf etwas Nachteiliges hin: *die Großeltern hatten ihn verzogen.* **verwöhnen,** jmdn.: (in diesem Sinnbereich) ein Kind durch übermäßige Fürsorge und allzugroße Nachgiebigkeit daran gewöhnen, daß ihm alle Wünsche erfüllt werden. **verhätscheln,** jmdn. (abwertend): ein Kind mit übergroßer Fürsorge umgeben [es durch übertriebenes zärtliches Umsorgen verziehen]. **verzärteln,** jmdn. (abwertend): ein Kind durch zu fürsorgliche Behandlung oder übermäßige Empfindsamkeit anfällig, schwach, untüchtig machen. **verweichlichen,** jmdn.: ein Kind durch übermäßige Fürsorge, durch das Bestreben, ihm Anstrengungen und Belastungen zu ersparen, anfällig, schwach, untüchtig machen, zu einem Menschen machen, dem Widerstandskraft und Festigkeit gegenüber den Anforderungen des Lebens fehlen. **verpimpeln,** jmdn. (Ggs. abhärten) (ugs.; abwertend); **bepummeln,** jmdn. (ugs.; landsch.): ein Kind in übergroßer Ängstlichkeit und übertriebener Fürsorglichkeit vor kühler Witterung, vor Kälte zu schützen suchen und dadurch verweichlichen.

vollkommen: seinem Wesen, seiner Natur nach oder auf einem bestimmten Gebiet, in einer bestimmten Hinsicht fehlerlos, seiner Idee vollständig entsprechend und keiner Verbesserung oder Ergänzung bedürftig; wird, wie die übrigen Wörter dieser Gruppe, von Personen und Sachen gesagt: *ein vollkommenes Leben; ein vollkommener Gentleman.* **vollendet:** (in diesem Sinnbereich) [in der Entfaltung seines Wesens oder Seins] Vollendung erreicht habend: *vollendete Harmonie; eine vollendete Dame;* vgl. perfekt ↑meisterhaft.

vorantreiben, etwas: etwas, was nicht so vorangeht, wie es sich jmd. wünscht, durch geeignete Maßnahmen zum schnelleren Fortgang bringen. **beschleunigen,** etwas: einen Vorgang so beeinflussen, daß er schneller abläuft: *Licht und Wärme beschleunigen das Wachstum;* ↑beeilen.

voraussehen, etwas: ein Ereignis oder den Ausgang eines Geschehens, der für andere überraschend kommt, schon vorher erkennen oder vermuten; wird meist rückblickend gesagt, wenn das Ereignis bereits eingetroffen ist: *wer konnte das v.?* **vorhersehen,** etwas: das Ergebnis einer Entwicklung oder ein Ereignis, das durch bestimmte Zusammenhänge herbeigeführt wird, vorausberechnen oder erwarten [und sich darauf einstellen]; wird im allgemeinen nur rückblickend gesagt: *er verdankt diesen Gewinn seinem Weitblick, der die Marktentwicklung frühzeitig vorhergesehen hatte.* **ahnen,** etwas; **vorausahnen,** etwas (ugs.): ein dunkles Gefühl, eine unbestimmte Empfindung von einem kommenden [unangenehmen] Ereignis haben; das Vorgefühl haben, daß etwas in bestimmter Weise geschehen wird; wird meist rückblickend gesagt: *irgendwie habe ich das vorausgeahnt.* **einen Animus haben** (ugs.; scherzh.): eine bestimmte Ahnung, Vermutung haben in bezug auf etwas, was kommen, eintreten wird; bezieht sich auf den privaten Bereich und dort meist auf die vermutete Handlungsweise o. ä. eines anderen; wird oft hinterher gesagt, wenn die Tatsachen diese Ahnung, diese Art innerer Eingebung bestätigt haben: *ich hatte schon so einen Animus, daß sie kommen würde.* **einen guten/den richtigen Riecher haben,** [für etwas] (salopp): instinktiv, gefühlsmäßig wissen, ahnen, wie etwas kommen wird und sich dementsprechend darauf einstellen [was zum eigenen Vorteil ist]: *er hatte einen guten Riecher und hatte sich auf dieses Thema vorbereitet.* **denken,** sich (Dativ) etwas: (in diesem Sinnbereich) ein kommendes Ereignis oder den Verlauf eines Geschehens durch eine [naheliegende] Überlegung als wahrscheinlich annehmen; wird im allgemeinen rückblickend gesagt: *das hätte er sich wirklich denken können.* **ausrechnen können,** sich (Dativ) etwas (ugs.); **an den fünf/zehn Fingern abzählen können,** sich (Dativ) etwas (ugs.): i. S. v. sich etwas denken; wird [rückblickend] in bezug auf ein [unangenehmes] Ereignis gesagt, das man ohne weiteres hätte vorhersehen können oder eigentlich hätte erwarten müssen: *diese Pleite hättest du dir ausrechnen können.* **kommen sehen,** etwas: klar erkennen oder ahnen, daß etwas [Unangenehmes], was nach Lage der Dinge unvermeidlich oder zu befürchten ist, eintreten wird: *er hatte das Unheil kommen sehen;* ↑vorhersagen, ↑wahrnehmen.

Voraussetzung, die: (in diesem Sinnbereich) etwas, was vor dem Eintreten von etwas anderem, mit dem es in Zusammenhang steht oder gesetzt wird, gegeben, vorhanden sein muß, um dessen Verwirklichung möglich zu machen; bezeichnet stärker die [zeitliche, kausale] Aufeinanderfolge. **Bedingung,** die: (in diesem Sinnbereich) etwas, was mit etwas anderem in einem strengen kausalen Zusammenhang steht oder als in einem solchen Zusammenhang stehend angesehen wird und was notwendig gegeben, vorhanden sein muß, um dessen Verwirklichung überhaupt erst möglich zu machen; bezeichnet stärker das kausale, bedingende Verhältnis; ↑Beweggrund, ↑Ursache.

vorbringen, etwas: etwas, häufig ein Anliegen, bei jmdm., den man [in der betreffenden Sache] für zuständig hält, äußern. **vortragen,** [jmdm.] etwas: jmdm. (z. B. einem Vorgesetzten) etwas (z. B. eine Bitte) in wohlgesetzter und wohlüberlegter Rede darlegen, auseinandersetzen. **zur Sprache bringen,** etwas: bei der Stelle, die man dafür für zuständig hält, auf etwas Bestimmtes hinweisen und es besprechen; ↑mitteilen, ↑unterrichten.

voreingenommen (Ggs. unvoreingenommen): mehr gefühlsmäßig, nicht aber konkret begründet sich ablehnend jmdm. gegenüber verhaltend; eine vorgefaßt negative Meinung habend: *du bist v.* **parteiisch** (Ggs. ↑neutral): einseitig für eine von zwei oder mehreren streitenden Parteien eingestellt, sich einsetzend; voreingenommen in bezug auf jmdn. oder eine bestimmte Personengruppe: *p. entscheiden; etwas p. darstellen.* **parteilich** (veraltend): (in diesem Sinnbereich) der eigenen Partei, den eigenen Interessen entsprechend sich verhaltend. **einäugig:** die Kritik auf jmdn./etwas richtend und dabei jmd./etwas anderes, was nicht weniger kritikwürdig ist, nicht sehend oder sehen wollend, nicht erwähnend; enthält Kritik, den Vorwurf der Parteilichkeit. **subjektiv** (Ggs. objektiv ↑sachlich): wesentlich stärker von der persönlich geprägten Vorstellung als von den wirklichen Eigenschaften des (von ihm) beurteilten Objekts bestimmt: *ein sehr subjektives Urteil; subjektive Beschwerden.* **individuell:** (in diesem Sinnbereich) in besonderer Weise von der eigenen Persönlichkeit geprägt: *er hat sehr i. entschieden.* **befangen** (Ggs. unbefangen ↑neutral; Rechtsw.): (in diesem Sinnbereich) nicht mehr objektiv, sondern in der Weise beeinflußt, daß der Betreffende – in der Regel zum Nachteil des Betroffenen – als nicht frei in seiner Entscheidung, in seinem Urteil angesehen wird: *der Richter wurde für b. erklärt.* **unsachlich** (Ggs. ↑sachlich): nicht genügend vom sachlich Gegebenen, sondern mehr von persönlichen Gefühlen, Interessen bestimmt und daher dem Beurteilten nicht gerecht werdend; enthält Kritik: *ein unsachlicher Kritiker; ein unsachlicher Einwand.* **ungerecht:** nicht gerecht, gegen die Gerechtigkeit verstoßend: *diese Entscheidung, Bestrafung ist u.; etwas ist u. verteilt;* ↑Irrtum, ↑Meinung, ↑Vorurteil.

vorfinden, jmdn./etwas: bei seiner Ankunft an einem bestimmten Ort etwas als [bereits] vorhanden feststellen, jmdn. [schon] anwesend finden; wird in der Regel mit der Bestimmung des Zustandes verbunden, in dem man jmdn./etwas findet; ist im allgemeinen weniger auf Personen direkt bezogen als auf Dinge oder bestimmte Situationen. **antreffen,** jmdn./etwas: jmdn. [den man zu sehen wünscht oder beabsichtigt] an einem bestimmten Ort, wo man den Betreffenden mit Sicherheit vermutet, [tatsächlich] vorfinden, dort mit jmdm. zusammenkommen, zusammentreffen; wird häufig in Verbindung mit einer Umstandsangabe gebraucht, die den Zustand angibt, in welchem man jmdn. antrifft; seltener auch: etwas in einer ganz bestimmten Verfassung, in einem bestimmten Zustand vorfinden: *ich habe ihn bei bester Gesundheit in seinem neuen Haus angetroffen;* ↑auffinden, ↑begegnen, ↑finden.

vorhaben, etwas: einen bestimmten Plan gefaßt haben, den man in nächster Zeit zu verwirklichen strebt. **beabsichtigen,** etwas: die Absicht haben, etwas zu tun. **die Absicht haben** (nachdrücklich): i. S. v. beabsichtigen; dabei hat man im Unterschied zu diesem jedoch mehr den auszuführenden Plan und weniger das spätere Ergebnis im Auge. **planen,** etwas: **a)** genaue Pläne machen für etwas, was man in nächster Zeit vorhat; **b)** (ugs.): sich etwas vornehmen: *haben Sie für heute abend schon etwas geplant?* **wollen,** etwas (ugs.): (in diesem Sinnbereich) den Vorsatz haben, etwas Bestimmtes zu tun: *er will in der nächsten Woche verreisen.* **mit dem Gedanken tragen,** sich: etwas Bestimmtes beabsichtigen oder einen Plan hegen: *er trägt sich mit dem Gedanken, die Stellung zu wechseln.* **denken:** (in diesem Sinnbereich) einen Plan [in nächster Zeit] verwirklichen wollen; muß – wie das folgende Wort – immer durch Infinitivgruppe ergänzt werden: *ich denke, folgendes zu tun.* **gedenken** (geh.): sich etwas Bestimmtes zu tun vorgenommen haben: *er gedenkt, nur noch diesen Sommer in Deutschland zu bleiben.*

vorher (Ggs. ↑jetzt, ↑nachher), **zuvor** (geh.): vor etwas anderem, was sich ereignete, jetzt ereignet oder in der Zukunft ereignen wird, wobei zwischen beiden Vorgängen oder Handlungen ein gewisser Zeitraum liegen kann: *ich werde dich heute abend begleiten, aber zuvor noch eine Tante besuchen.* **vordem:** i. S. v. vorher; besagt jedoch im allgemeinen, daß das betreffende Ereignis unmittelbar vor einem anderen liegt, ihm vorausgeht: *der Regen fiel dünner als v.*

vorhersagen, etwas: auf Grund von Ahnungen und Vermutungen, von Beobachtungen und Überlegungen etwas in der Zukunft Liegendes ankündigen: *das Wetter v.* **voraussagen,** etwas: auf Grund besonderer Einsicht oder Kenntnis der Zusammenhänge etwas Zukünftiges im voraus ankündigen: *die Fachleute haben diesen Dammbruch lange vorausgesagt.* **prophezeien,** etwas (ugs.): (in diesem Sinnbereich) auf Grund eines Vorgefühls, einer Vermutung oder Ahnung etwas Bestimmtes, oft Nachteiliges oder Unheilvolles voraussagen: *viele, die ihn kannten, prophezeiten ihm ein schlimmes Ende;* ↑voraussehen, ↑wahrsagen.

vorig: einem gegenwärtigen Zeitpunkt unmittelbar vorausgehend; wird nur attributiv gebraucht: *der vorige Winter war sehr hart.* **letzt:** von der Gegenwart aus gesehen unmittelbar zurückliegend; besagt, daß das Gegenwärtige noch nicht abgeschlossen ist; wird nur attributiv gebraucht: *die letzten drei Wochen waren aufregend.* **vergangen:** von der Gegenwart aus betrachtet unmittelbar vorher gewesen; besagt aber im Gegensatz zu „letzt“, daß etwas nicht mehr ist, vorüber ist; wird nur attributiv gebraucht: *vergangenen Mittwoch war ich bei ihm.* **vorletzt..., vorvergangen:** (in bezug auf einen Zeitpunkt) dem letzten unmittelbar vorausgehend: *am Freitag vorvergangener Woche.*

vorlaut: sich vorschnell und ohne die nötige Zurückhaltung zu Dingen äußernd, die einen nichts angehen; wird, wie die übrigen Wörter dieser Gruppe, meist auf Kinder bezogen und enthält einen Tadel: *die Mutter ermahnte ihre Tochter, nicht so v. zu sein.* **vorwitzig:** von einer ungehörig oder unbesonnen sich vordrängenden Neugier: *v. streckte Wolfgang den Kopf aus der Luke.* **naseweis:** aus einer gewissen Selbstüberschätzung sich frech und vorwitzig um die Angelegenheiten anderer kümmernd: *sie hielt es für das beste, die Bemerkung der naseweisen Schülerin zu überhören.* **altklug:** (von Kindern) so klug tun, so klug sein wollen – und sich entsprechend äußern – wie die Erwachsenen; mit leicht tadelndem Nebensinn; charakterisiert Kinder, die von Dingen reden, die nur Erwachsene beurteilen können: *der Junge machte altkluge Bemerkungen.* **frühreif:** körperlich, geistig weiter entwickelt, als es für das entsprechende Alter typisch ist: *ein frühreifes Mädchen.* **unkindlich:** als Kind nicht wie ein Kind denkend, reagierend, handelnd; ↑dreist, ↑schnippisch.

vormachen, jmdm. etwas (Ggs. nachmachen) (ugs.): (in diesem Sinnbereich) jmdm. zeigen, wie etwas gemacht wird, ihn mit einer bestimmten Fertigkeit vertraut machen, indem man sie [einmal oder wiederholt] vor seinen Augen ausführt mit dem Ziel, daß der andere es dann nachmacht: *er machte uns jeden Handgriff vor.* **beibringen,** jmdm. etwas (ugs.): (in diesem Sinnbereich) jmdn. mit einer oft fragwürdigen Fertigkeit oder Verhaltensweise vertraut machen, bewirken, daß sie der andere sich aneignet und nachmacht: *er hat ihr schon allerhand Unarten beigebracht;* ↑beibringen. **zeigen,** jmdm. etwas (ugs.): (in diesem Sinnbereich) jmdn. mit der Handhabung einer bestimmten Sache bekannt machen, indem man ihm die entsprechenden Handgriffe o. ä. vorführt, damit er sieht, wie etwas geht, damit er den Ablauf kennenlernt: *er hat uns gezeigt, wie man den Apparat bedienen muß;* ↑lehren.

vornehm: (in diesem Sinnbereich) durch Zurückhaltung und Feinheit des Benehmens und der Denkungsart sich auszeichnend; wird auf Personen, ihr Verhalten, ihre Handlungen und Äußerungen bezogen: *er ist ein Mensch mit einer vornehmen Gesinnung.* **distinguiert** (bildungsspr.): durch Rang oder Stand vor anderen, vor der Menge ausgezeichnet [und in diesem Bewußtsein auf Abstand bedacht, eine seiner Würde entsprechende Behandlung erwartend]; wird vorwiegend attributiv gebraucht: *eine distinguierte Kundschaft.* **kultiviert:** von vornehmer, gebildeter [Lebens]art, die oft auf einer gewissen Tradition, einem über Generationen hin erworbenen Grad von geistiger und sittlicher Verfeinerung beruht: *seine Art zu sprechen und sich zu geben ist sehr k.* **fein:** (in diesem Sinnbereich) kultiviert und von besonderer Herzensbildung [zeugend]; im Umgang mit anderen Menschen von großem Takt und Feingefühl: *er hat ein feines Benehmen.* **feudal** (ugs.): (in diesem Sinnbereich) herrschaftlich-vornehm, was das Aussehen, das Äußere betrifft; enthält Bewunderung, oft mit einem scherzhaften Unterton: *sie sind f. eingerichtet:* ↑üppig.

[1]**vornehmen,** sich (Dativ) etwas: (in diesem Sinnbereich) für sich beschließen, etwas Bestimmtes zu tun: *sich etwas fest v.* **zum Ziel setzen,** sich (Dativ) etwas: sich etwas vornehmen, was man unbedingt erreichen will. **in den Kopf setzen,** sich (Dativ) etwas (ugs.): sich etwas vornehmen und es unbedingt durchführen wollen; es auf jeden Fall [indem man hartnäckig daran festhält] zu erreichen trachten. **vorsetzen,** sich (Dativ) etwas (selten): etwas fest bei sich beschließen: *er hat sich vorgesetzt, die Herausgabe des neuen Buches zu beschleunigen.* **ins Auge fassen,** etwas (ugs.): sich etwas für einen späteren Zeitpunkt vornehmen.

[2]**vornehmen,** sich (Dativ) jmdn. (ugs.): jmdn. [der einem untergeordnet ist], über dessen Verhalten man sich geärgert hat, dessen Handlungsweise einem mißfällt, zur Rede stellen und ihn zurechtweisen; ihn zur Rechenschaft ziehen. **vorknöpfen,** sich (Dativ) jmdn. (salopp): i. S. v. vornehmen; bezeichnet stärker das Autoritätsverhältnis und läßt meist auf eine noch stärkere Zurechtweisung schließen. **ins Gebet nehmen,** jmdn. (ugs.): mit jmdm., dessen Verhalten oder Handlungsweise einem mißfällt, scharf und nachdrücklich sprechen, mit Fragen in ihn dringen, ihm Vorhaltungen machen und ihn eindringlich ermahnen. **ins Gewissen reden,** jmdm.: jmdn., dessen Verhalten oder Handlungsweise man mißbilligt, wohlmeinend, aber ernsthaft und sehr eindringlich ermahnen und ihn [indem man ihn bei der Ehre packt] zu einer Änderung seiner falschen Verhaltensweise zu bewegen, vom falschen Wege abzubringen suchen; ↑abkanzeln, ↑anfahren, ↑rüffeln, ↑schelten, ↑[1]schimpfen, ↑tadeln, ↑zurechtweisen; ↑Bescheid, ↑Strafpredigt.

Vorschlag, der: (in diesem Sinnbereich) Plan, den jmd. in einer Gemeinschaft oder im öffentlichen Leben zu einem bestimmten Zweck, zum Nutzen eines einzelnen oder der Allgemeinheit vorlegt, dessen Verwirklichung jedoch freigestellt bleibt; vgl. Vorschlag ↑Anerbieten. **Empfehlung,** die (meist Plural): Erfahrung und Erkenntnis, die jmd. im öffentlichen Leben anderen schriftlich formuliert mitteilt und zur Anwendung auf einem bestimmten Gebiet oder in einer bestimmten Situation empfiehlt und nahelegt; enthält im Unterschied zu „Vorschlag" eine größere Verbindlichkeit. **Rat,** der (ohne Plural): helfender Hinweis, den jmd. [auf Grund seiner Erfahrungen] einem anderen für dessen richtiges Verhalten in einem Fall, einer bestimmten Situation oder für seine Lebensführung gibt. **Ratschlag,** der: praktischer, fachkundiger Rat oder Fingerzeig, mit dem jmd. einem anderen [Unerfahrenen] helfen will.

vorschlagen, [jmdm.] etwas; **den/einen Vorschlag machen** [jmdm.]: [jmdm.] den Plan oder den Gedanken zu einer bestimmten Handlung vorlegen [von der man glaubt oder überzeugt ist, sie sei dem gemeinsamen

Interesse dienlich] oder etwas als taugliches Mittel zu einem angestrebten Zweck empfehlen, wobei man [einem] anderen die Entscheidung überläßt; in der Wendung „einen Vorschlag machen" wird im Unterschied zu „vorschlagen" die einzelne Handlung hervorgehoben, wodurch die Aussage anschaulicher und lebendiger wird. **anregen,** etwas; **die Anregung geben,** zu etwas: den Gedanken zu einer bestimmten Unternehmung oder Handlung äußern, in der Absicht, andere dafür zu gewinnen, oder jmdm. eine Handlung, für die er zunächst kein Interesse hat oder zu der er nicht geneigt ist, geschickt nahelegen; in der Wendung „die Anregung geben" wird nicht wie in „anregen" der verbale Ablauf dargestellt, sondern es wird die einzelne Handlung hervorgehoben: *ich wollte nur folgendes anregen;* vgl. anregen ↑beleben, ↑inspirieren, ↑veranlassen, ↑verlangen.

[1]**vorstellen,** jmdn. [jmdm.]: jmdn., den man kennt, anderen, denen er fremd ist, mit Namen nennen und unter Umständen auch ein paar erklärende Worte zu seiner Person hinzufügen [und so zwischen den Betreffenden einen ersten Kontakt herstellen]: *ich werde ihn meiner Frau v.* **bekannt machen** [jmdn. mit jmdm.]: die Bekanntschaft zwischen zwei oder mehreren Menschen, die sich gegenseitig nicht kennen, herstellen und sie einander namentlich vorstellen; klingt etwas familiärer als das offizielle „vorstellen"; im Unterschied zu „vorstellen" sind es im allgemeinen als gleichrangig angesehene Menschen, die miteinander bekannt gemacht werden: *darf ich [Sie] bekannt machen?*

[2]**vorstellen,** sich (Dativ) etwas: sich eine Vorstellung von etwas Wirklichem oder etwas Möglichem machen; meist etwas Zukünftiges gedanklich vorwegnehmen; bezieht sich zum Unterschied von „sich denken" auf eine deutlichere Vorstellung, die meist etwas wirklich Vorhandenem oder etwas Erwartetem entspricht. **denken,** sich (Dativ) etwas: (in diesem Sinnbereich) sich ein gedankliches Bild oder einen Begriff von etwas machen; etwas in der Phantasie erstehen lassen; bezieht sich im Unterschied zu „sich vorstellen" mehr auf Vorstellungsbilder, die man aus eigener Phantasie erzeugt, und bezeichnet im allgemeinen nur dann die Vorwegnahme von etwas Wirklichem, Zukünftigem, wenn man sich einen Plan o. ä. zurechtlegt: *ich denke mir das Leben auf dem Lande sehr erholsam.* **ausmalen,** sich (Dativ) etwas: sich etwas [was man wünscht oder befürchtet] in allen Einzelheiten anschaulich vorstellen. **phantasieren,** etwas: sich in der Phantasie etwas Bestimmtes vorstellen: *er phantasiert eine schöne Villa; die Eltern phantasieren ihre Kinder als engelhafte Unschuldswesen.*

Vorstellung, die: (in diesem Sinnbereich) etwas, was man sich unter jmdm./etwas vorstellt; wie man sich jmdn./etwas denkt, in der Phantasie vor sich sieht [ohne es genau oder in Wirklichkeit zu kennen]; wird vorwiegend von persönlich gefärbten Meinungen, stark durch Wünsche oder Befürchtungen beeinflußten Phantasiebildern gesagt: *er hatte feste Vorstellungen, wie einer mit ihr umgehen sollte.* **Bild,** das (Plural ungebräuchlich): (in diesem Sinnbereich) die abgerundete, in sich geschlossene Vorstellung, Auffassung, die man sich von jmdm./ etwas gebildet hat: *nur wenige können sich ein deutliches B. von der schrecklichen Wirkung dieses Vorgangs machen.* **Begriff,** der: (in diesem Sinnbereich) **a)** das, was man unter etwas versteht; die Art, wie man etwas auffaßt; bezieht sich hauptsächlich auf ethische und ästhetische Urteile, Wertungen: *sie war nicht hübsch nach landläufigem B.;* **b)** (Plural ungebräuchlich): das Verständnis, die Vorstellung, mit der man etwas in seinen wesentlichen Zügen begreift: *es wird mir nie gelingen, mir von deiner Denkwelt einen B. zu machen.*

vortäuschen, etwas: [zu einem bestimmten Zweck, durch seine Verhaltensweise] eine falsche Vorstellung von etwas geben. **heucheln,** etwas: es darauf anlegen, bei jmdm. den Eindruck zu erwecken, als ob man bestimmte Eigenschaften, Gefühle usw. habe, um ihm zu gefallen oder sich den Umständen anzupassen; ein solches Verhalten wird als negativer Charakterzug gewertet; vgl. heuchlerisch ↑scheinheilig. **vorgeben,** etwas: etwas Unzutreffendes zu einem bestimmten Zweck behaupten, als Grund für etwas angeben, während in Wirklichkeit kein Grund vorhanden ist oder man den wahren Grund verheimlichen will. **vorspiegeln,** jmdm. etwas: versuchen, jmdm. etwas, was gar nicht vorhanden ist, was gar nicht stimmt, als tatsächlich vorhanden, als wahr darzustellen: *jmdm. eine Krankheit, Erfolge v.* **vorgaukeln,** jmdm etwas: jmdm. etwas so schildern, darstellen, daß es [falsche] Hoffnungen, positive, aber unzutreffende Vorstellungen erweckt, was auch beabsichtigt ist: *er hatte ihm eine großartige Zukunft vorgegaukelt, wenn er auf sein Angebot einginge; den jungen Menschen eine heile Welt v.* **vormachen,** jmdm. etwas (ugs.): bemüht sein, bei jmdm. einen falschen Eindruck zu erwecken, um ihn dadurch zu täuschen, um ihm den wahren Tatbestand zu verbergen:

mir kannst du nichts v.; sie hat ihm etwas vorgemacht. **weismachen,** jmdm. etwas: jmdm. etwas einreden, ihn etwas glauben machen; meist in Verbindung mit „wollen"; enthält dann vorwurfsvolle Kritik: *er wollte mir w., daß die andern auch nicht mehr verdienen;* ↑anführen, ↑aufziehen, ↑lügen, ↑täuschen.

Vorteil, der: bestimmter Umstand, der jmdn. [einem anderen gegenüber] begünstigt: *er hatte große Vorteile für sich;* ↑vorteilhaft. **Nutzen,** der (ohne Plural): materieller und geistiger Ertrag, den man aus der Anwendung eines Könnens oder dem Gebrauch einer Sache zieht; ↑nützen, ↑nützlich. **Gewinn,** der (ohne Plural): (in diesem Sinnbereich) Zuwachs an geistigem oder materiellem Besitz, der aus einer Tätigkeit oder dem Gebrauch einer Sache kommt: *diese Unternehmung sollte großen G. bringen;* vgl. gewinnbringend ↑einträglich; vgl. Gewinn haben ↑profitieren. **Profit,** der: finanzieller Gewinn bei einer geschäftlichen Unternehmung; oft abwertend; ↑profitieren.

vorteilhaft: jmdm. einen Vorteil oder einen Gewinn bringend oder versprechend; die Vorzüge einer Sache zur Geltung bringend oder für einen bestimmten Zweck besonders geeignet; wird von einer Sache, einem Sachverhalt, einer Handlung oder dem Ergebnis einer Tätigkeit gesagt: *ein vorteilhafter Tausch;* ↑Vorteil. **günstig:** durch seine Art oder Beschaffenheit, wie sie sich gerade ergeben hat, gut geeignet, ein Vorhaben, das Gedeihen einer Sache o. ä. zu fördern; wird nur von Sachen oder Sachverhalten gesagt, die ohne Zutun der beteiligten Person zustande kommen oder vorhanden sind: *günstige Umstände.* **glücklich:** (in diesem Sinnbereich) Vorteile mit sich bringend, an die man zunächst nicht gedacht hatte und die eine besondere Befriedigung gewähren: *eine glückliche Lösung.* **gut** (ugs.): (in diesem Sinnbereich) in recht befriedigendem Maße günstig oder förderlich: *die Aussichten sind recht g.*

vorübergehend: nur für eine gewisse Zwischenzeit berechnet oder vorhanden; nicht von Dauer; nicht lange so in der Weise bestehend: *unser Geschäft bleibt v. geschlossen.* **für kurze Zeit:** eine nicht genau angegebene, aber verhältnismäßig kleine Zeitspanne umfassend: *er ist für kurze Zeit verreist.* **zeitweilig:** (in diesem Sinnbereich) immer wieder für eine kurze Zeit: *die Straße ist z. gesperrt.* **temporär** (bildungsspr.): nur eine gewisse Zeit dauernd, zeitweilig [auftretend]: *eine temporäre Einrichtung, Erscheinung.* **zeitweise:** nur prädikatbezogen **a)** von Zeit zu Zeit, hin und wieder: *nur z. anwesend sein;* **b)** für eine kurze Zeit, eine Weile: *z. schien es so, als ob alles in Ordnung sei.* **vorläufig:** nicht endgültig, aber bis auf weiteres so [verlaufend]; erst einmal; im Unterschied zu „vorübergehend", das indirekt auch das Ende des entsprechenden Zeitabschnitts mit einbezieht, bezieht sich „vorläufig" nur auf die gegenwärtige und unmittelbar nachfolgende Zeit, in der sich noch nichts ändern wird: *wir werden auf ihn v. verzichten müssen; ein vorläufiger Stundenplan.* **passager** [paßaseher] (Medizin): nur vorübergehend auftretend (von Krankheitszeichen, Krankheiten usw., z. B. von einer Lähmung); ↑provisorisch.

Vorurteil, das: ohne Prüfung der objektiven Tatsachen gebildete oder übernommene, meist von feindseligen Gefühlen gegen jmdn./etwas geprägte Meinung; enthält deutliche Kritik, was aber nicht ausschließt, daß sich in bestimmten Situationen ein Vorurteil auch als begründet erweisen kann: *das ist ein V.; kleinbürgerliche Vorurteile; Vorurteile gegen Ausländer, Schwule haben; Vorurteile abbauen; das V. ist weiter von der Wahrheit entfernt als die Unkenntnis; dem V. ist noch schwieriger beizukommen als der Unkenntnis.* **Vorverurteilung,** die: Schuldigsprechung von jmdm. in der Öffentlichkeit schon vor dem juristischen Urteil; enthält eine Kritik, einen Vorwurf. **Voreingenommenheit,** die (Plural ungebräuchlich): vorgefaßte negative Meinung jmdm. oder einer Sache gegenüber; im Unterschied zu „Vorurteil", das allgemeiner und umfassender ist, handelt es sich bei „Voreingenommenheit" in der Regel um die Mentalität eines einzelnen in bezug auf einen persönlichen, einzelnen Fall: *deine V. hindert dich an einem gerechten Urteil.* **Parteilichkeit,** die (Plural ungebräuchlich): mehr oder weniger offen zutage tretende Einseitigkeit in bezug auf das Eintreten für jmdn. oder eine Gruppe und deren Interessen. **Befangenheit,** die (Plural ungebräuchlich; Rechtsw.): (in diesem Sinnbereich) jmds. geistig-seelische Beschaffenheit, die zur Besorgtheit Anlaß gibt, daß der Betreffende zum Nachteil des Betroffenen nicht mehr unparteiisch, nicht unbeeinflußt über jmdn./etwas urteilen kann: *der Zeuge, Richter wurde wegen B. abgelehnt;* ↑Irrtum; ↑Meinung; ↑voreingenommen.

vorwerfen, jmdm. etwas: jmdn. wegen einer Sache, die man mißbilligt und kritisiert, tadeln und zum Ausdruck bringen, daß man wünschte, der andere hätte anders gehandelt: *er hat ihm seine Nachgiebigkeit vorgeworfen.* **vorhalten,** jmdm. etwas: jmdn. wegen eines begangenen Fehlers kritisieren und ihm diesen deutlich vor Augen führen: *jmdm. seine Unachtsamkeit v.;* ↑mißbilligen, ↑tadeln, ↑zurechtweisen.

Vorwurf, der: anklagender Tadel, der sich auf jmds. Handeln bezieht, das als Unrecht empfunden wird, das mißbilligt wird. **Vorhaltung,** die (meist Plural); **Vorhalt,** der (veraltet; aber noch schweiz.): eine in ernstem, tadelndem Ton vorgebrachte Ermahnung, die etwas als etwas Kritikwürdiges dem anderen vor Augen führt [und die darauf abzielt, den anderen zur Besserung zu bewegen]; ↑vorwerfen; ↑Beleidigung.

Vulva, die (Medizin): das äußere Genitale, die äußeren Geschlechtsorgane der Frau, bestehend aus den kleinen und großen Schamlippen, der Schamspalte und dem Scheidenvorhof. **Vagina** (auch: Vagina), die (Medizin): Teil des weiblichen Geschlechtsorgans, und zwar der Verbindungsgang, der sich von dem zwischen den kleinen Schamlippen liegenden Scheidenvorhof zum Gebärmutterhals erstreckt. **Scheide,** die; **Loch,** das (vulgär); **Fut,** die (salopp); **Fotze,** die (vulgär): i. S. v. Vagina, Vulva. **Muschi,** die (ugs., verhüllend); **Pussi,** die (ugs., verhüllend); **Punze,** die (derb); **Pflaume,** die (derb); **Möse,** die (derb): i. S. v. Vulva.

wach: wach liegen (Ggs. ↑schlafen): sich in seinem Bett o. ä. befinden und keinen Schlaf finden; sich im Zustand der Schlaflosigkeit befinden. **keinen Schlaf finden** (geh.): nicht einschlafen können. **kein Auge zutun** (ugs.): aus irgendeinem Anlaß oder auf Grund seiner körperlichen oder seelischen Verfassung nicht schlafen können; wirkt emotional verstärkend; ↑aufwachen.

[1]**wagen: a)** [etwas] wagen: (in diesem Sinnbereich) kühn, ohne Gefahren zu scheuen, etwas unternehmen: *er wagte den Vorstoß;* **b)** sich wagen + Raumangabe: sich kühn, unternehmend irgendwohin begeben: *er wagte sich ganz nahe an den Rand des Abgrunds;* ↑[2]wagen. **getrauen,** sich; **trauen,** sich: den Mut oder Mut genug besitzen, etwas zu tun: *ich sage dir, er getraut sich nicht, über den Zaun zu springen.* **riskieren** [etwas] (ugs.): (in diesem Sinnbereich) etwas, wovon man sich zwar Erfolg verspricht, was aber eine gewisse Gefahr in sich birgt, unternehmen, wobei man sich dieser Gefahr, des Risikos eines Fehlschlages, durchaus bewußt ist: *sie riskiert es nicht, zu so später Stunde noch das Haus zu verlassen;* vgl. riskieren ↑[2]wagen; ↑kühn, ↑mutig, ↑unbedacht.

[2]**wagen,** etwas: (in diesem Sinnbereich) etwas kühn der Gefahr des Verlustes aussetzen, um etwas Bestimmtes zu erreichen: *die spielerische Sucht, auch das Letzte zu w.;* ↑[1]wagen. **riskieren,** etwas (ugs.): etwas durch sein Benehmen oder Handeln fahrlässig der Gefahr des Verlustes aussetzen [ohne daß man sich der Folgen bewußt ist]: *ich riskiere mein Leben, wenn ich das mache;* vgl. riskieren ↑[1]wagen. **ein/das Risiko eingehen:** ein Wagnis auf sich nehmen: *dieses Risiko mußte er eingehen, wenn er Erfolg haben wollte.* **aufs Spiel setzen,** etwas: einen Wert oder ein Gut einsetzen, es durch sein Benehmen oder Handeln [in leichtfertiger Weise] der Gefahr des Verlustes aussetzen: *dafür setze ich nicht meine Stellung aufs Spiel.* **sein Leben einsetzen,** für jmdn./etwas: sein Leben nicht achten, um einer guten Sache zu dienen oder jmdm., der sich in Not befindet, zu helfen: *er setzte sein Leben für die Freiheit, für seinen Freund ein.*

Wagen, der: von einer Lokomotive oder einem Triebwagen gezogener einzelner Teil eines Zuges: *sie stieg in den letzten W. ein.* **Abteil,** das: abgeteilter Raum in einem Wagen der Eisenbahn: *das A. ist besetzt.* **Coupé,** das (österr., sonst veraltet): i. S. v. Abteil. **Großraumwagen,** der: Wagen eines Zuges, bei dem die Sitze rechts und links eines Mittelganges – wie im Flugzeug – angeordnet sind. **Nichtraucher** (kurz für: Nichtraucherabteil, -wagen; üblich ohne Artikel): Eisenbahnabteil oder -wagen, in dem nicht geraucht werden darf: *er sitzt im N.; hier ist N.* **Raucher** (kurz für: Raucherabteil, -wagen; üblich ohne Artikel): Eisenbahnabteil oder -wagen, in dem geraucht werden darf. **Waggon,** der: Güterwagen der Eisenbahn. **Güterwagen,** der: Eisenbahnwagen für den Transport von Gütern; ↑Zug.

Wahl: zur W. gehen: seine Stimme in einem Wahllokal o. ä. für eine Partei, für eine zur Wahl aufgestellte Person abgeben. **zur Urne gehen** (Amtsdt.): i. S. v. zur Wahl gehen; „Urne“ bedeutet „Wahlurne“, das ist der Gegenstand, in den die Stimmzettel geworfen werden. **wählen gehen:** i. S. v. zur Wahl gehen; ↑[3]wählen.

[1]**wählen,** jmdn./etwas (geh.): (in diesem Sinnbereich) von mehreren, zur Wahl oder Auswahl stehenden Personen, Sachen, Möglichkeiten o. ä. eine bestimmte nehmen, für seine Zwecke ausersehen, weil sie die Wünsche, Vorstellungen oder Ansprüche, die man hinsichtlich ihrer Eignung oder Beschaffenheit hat, [in höherem Maß als die übrigen] befriedigt: *er wählte einen Anzug in der mittleren Preislage;* vgl. wählen zu ↑erwählen. **auswählen,** jmdn./etwas (geh.): (in diesem Sinnbereich) aus einer Gruppe, Anzahl von Personen oder Sachen eine bestimmte herausgreifen, für seine Zwecke ausersehen, weil sie im Unterschied zu den übrigen besonders geeignet ist und deshalb den Vorzug vor den übrigen verdient; betont im Unterschied zu „wählen“ nicht nur, daß das Objekt der Wahl den Forderungen des Betreffenden entspricht, sondern richtet den Blick zugleich auf die Menge oder Anzahl gleichartiger Objekte, aus deren Bereich etwas herausgenommen wird: *dazu wurde Hans als kräftigster Schüler ausgewählt;* ↑auswählen. **entscheiden,** sich für jmdn./etwas: (in diesem Sinnbereich) nach längerem Prüfen oder Vergleichen, nach kurzem Besinnen den Entschluß fassen, eine bestimmte Person, Sache oder Möglichkeit aus einer Anzahl gleichartiger, unter denen man die Wahl hat, herauszugreifen, für seine Zwecke auszuersehen; betont im Unterschied zu „wählen“ mehr den Beschluß als die Handlung: *wir entschieden uns für ein kleineres Hotel.* **nehmen,** jmdn./etwas (ugs.): i. S. v. sich entscheiden für; enthält jedoch den Gedanken des Erwerbens, Sichaneignens und betont stärker, daß jmdm. etwas [Konkretes] zur Wahl angeboten wurde: *ich nehme doch die broschierte Ausgabe dieses Buches.* **jmds. Wahl fällt auf jmdn./etwas** (nachdrücklich): i. S. v. auswählen; während „auswählen“ das Herausnehmen aus einer Anzahl sichtbar macht, wird hier der Vorgang und der Zeitpunkt stärker betont: *unsere Wahl fiel schließlich auf einen drolligen Zwergpudel.*

[2]**wählen: a)** (in Verbindung mit der Präposition „zwischen“): sich durch sorgfältiges Prüfen darüber klarwerden, welche von zwei Personen, Sachen, Möglichkeiten o. ä. man annehmen, bevorzugen oder zu einem beabsichtigten Zweck gebrauchen wolle oder solle; bezieht sich auf einen nicht abgeschlossenen Vorgang, auf eine Handlung, die sich über eine gewisse Zeit erstreckt, oder steht in Verbindung mit Ausdrücken des Sollens oder Könnens oder in imperativischen Sätzen: *Sie können wählen zwischen der einfachen Ausführung und dem Luxusmodell;* **b)** (in Verbindung mit der Präposition „unter“): i. S. v. wählen a); bezieht sich jedoch im allgemeinen auf mehrere, zur Wahl oder Auswahl stehende Objekte: *er konnte unter den reichsten Mädchen der Stadt w.;* vgl. wählen zu ↑erwählen. **eine/seine Wahl treffen** (nachdrücklich): **a)** (in Verbindung mit der Präposition „zwischen“): sich für eine von zwei Personen, Sachen, Möglichkeiten o. ä. entscheiden; betont gegenüber „wählen“ mehr die vollzogene Wahl, den endgültigen Entschluß als den [zeitlichen] Vorgang des Prüfens und Vergleichens: *wir werden endlich eine, unsere Wahl zwischen den beiden Kandidaten treffen müssen;* **b)** (in Verbindung mit der Präposition „unter“): sich unter einer größeren Anzahl von Personen, Sachen oder Möglichkeiten für etwas Zusagendes entscheiden: *ich habe noch keine Wahl unter diesen vielen Reisemöglichkeiten getroffen.* **vor der Alternative stehen** (bildungsspr.): vor der freien, aber unabdingbaren Entscheidung zwischen zwei Möglichkeiten, vor dem Entweder-Oder stehen: *er stand vor der Alternative, arbeitslos zu werden oder umzuziehen.*

[3]**wählen,** jmdn./etwas: (in diesem Sinnbereich) bei einer [politischen] Wahl für einen [oder mehrere] der aufgestellten Kandidaten oder für eine der beteiligten Parteien als Wahlberechtigter seine Stimme abgeben [und dadurch seinem politischen Willen Ausdruck geben]: *er weiß noch nicht, welche Partei er diesmal w. wird.* **stimmen,** für jmdn./etwas: (in diesem Sinnbereich) in einer [politischen] Wahl oder Abstimmung seine Stimme für oder gegen jmdn. (eine Person, Partei, Regierung) abgeben; betont gegenüber „wählen“ mehr das endgültige, entscheidende Handeln und sein Ergebnis: *sehr viele Wähler stimmten für die Regierung.* **seine Stimme geben,** jmdm./einer Sache: für einen Politiker oder eine Partei stimmen, sie wählen; legt das Gewicht mehr darauf, daß man sich für jmdn./etwas entscheidet, weniger auf den Akt der Stimmabgabe und betont den Wert, den die einzelne Wählerstimme für den Wählenden selbst wie für den Gewählten besitzt: *ich werde doch meine Stimme nicht einer solchen Partei geben!;* ↑Wahl (zur Wahl gehen).

wählerisch: (in diesem Sinnbereich) im

Essen sehr verwöhnt und anspruchsvoll, daher verschmähend, was einem nicht besonders gut schmeckt, was man nicht gern ißt; wird im allgemeinen subjektbezogen gebraucht. **mäk[e]lig** (ugs.; abwertend): an vielen Speisen etwas auszusetzen habend. **heikel** (ugs.; bes. südd.): (in diesem Sinnbereich) empfindlich im Essen, vieles ablehnend, weil man einen Widerwillen dagegen hat oder weil man fürchtet, daß etwas nicht einwandfrei oder nicht sauber zubereitet ist. **schleckig** (landsch.), **schnaukig,** (auch:) **schneukig** (landsch.), **kiesetig/kiesätig** (bes. berlinisch): verwöhnt im Essen; viele Speisen grundsätzlich ablehnend, weil man sie nicht mag; „kiesätig" leitet sich her von „kiesen" = wählen (damit im Zusammenhang steht auch „Kür") und eten = essen; vgl. schlecken ↑²essen.

wahrnehmen, etwas (geh.): (in diesem Sinnbereich) einen Tatbestand, Sachverhalt mit den Sinnen und dem Verstand erfassen, sein Vorhandensein und seine volle Bedeutung erfassen: *er hatte von dem ganzen Streit nichts wahrgenommen;* vgl. wahrnehmen ↑¹sehen. **merken,** etwas: einen Vorgang, Tatbestand, Sachverhalt vermittels der Sinneswahrnehmung, des ahnenden Gefühls, einer Eingebung erkennen; wird oft unter besonderer Betonung bejaht oder verneint: *ich habe überhaupt nichts [von irgendwelchen Unstimmigkeiten] gemerkt.* **bemerken,** etwas: (in diesem Sinnbereich) auf einen Tatbestand, Sachverhalt aufmerksam werden, indem man die Anzeichen wahrnimmt, die auf ihn hindeuten: *sie bemerkt [es] überhaupt nicht, daß sie angestarrt wird.* **gewahren,** etwas (geh.): (in diesem Sinnbereich) etwas durch Einfühlung oder teilnehmendes Beobachten wahrnehmen; bezieht sich vor allem auf seelische Sachverhalte, die jmdm. nicht verborgen bleiben; im allgemeinen nur im Präsens und Imperfekt gebräuchlich: *allmählich gewahrten wir eine Veränderung in seinem Wesen.* **innewerden,** einer Sache (Genitiv) (geh.): einen in der sichtbaren Erscheinung verborgenen Zusammenhang oder Wesenskern wahrnehmen: *des Zusammenhangs zwischen Körper und Seele i.* **entdecken,** etwas: (in diesem Sinnbereich) etwas, was nicht offen zutage liegt und von dessen Existenz man nichts gewußt hat, überraschend auffinden oder aufdecken: *er hatte den Künstler in ihm entdeckt;* vgl. entdecken ↑finden; ↑voraussehen, ↑wittern.

wahrsagen [jmdm.]: mit Hilfe bestimmter [meist auf Aberglauben oder Schwindel beruhender] Praktiken verborgene oder zukünftige Dinge, die das Schicksal von Menschen betreffen, vorhersagen. **die Zukunft deuten** [jmdm.]: aus bestimmten Zeichen, nach gewissen Bräuchen das zukünftige Schicksal einer Person oder einer Gruppe ablesen, vorherbestimmen; ↑vorhersagen.

Wald, der: größeres Landschaftsgebiet mit mehr oder weniger dicht stehenden Nadel- oder/und Laubbäumen; ist ein allgemeiner Ausdruck. **Forst,** der: unter forstwirtschaftlichen Gesichtspunkten bewirtschafteter, fest abgegrenzter Wald. **Schonung,** die: begrenztes Waldgebiet mit jungem Baumbestand.

Wandel, der (ohne Plural; geh.): **a)** die grundlegende Veränderung, die durch äußere Einflüsse und Eingriffe herbeigeführt, oft erst durch einen Außenstehenden erkannt wird; wird auf Verhältnisse und Zustände, auf die Auffassungen von Gruppen oder der Allgemeinheit bezogen: *er war überrascht von diesem W. in der Gesinnung seiner früheren Freunde;* **b)** die nach bestimmten Gesetzen verlaufende, in ständigem Fluß befindliche Veränderung; wird auf die wechselnden Inhalte oder Formen einer beständigen Erscheinung des geistigen, kulturellen Lebens bezogen: *der W. des Geschmacks.* **Wechsel,** der (ohne Plural): (in diesem Sinnbereich) i. S. v. Wandel b); betont jedoch stärker die Unbeständigkeit der Entwicklung und wird entsprechend häufiger auf nur oberflächliche Erscheinungen bezogen: *der W. allein ist das Beständige.* **Wandlung,** die: der Vorgang oder das Ergebnis einer mehr oder weniger tiefen Wesensveränderung; im Unterschied zu „Wandel" wird „Wandlung" im wesentlichen auf Einzelpersonen [oder deren Auffassungen] bezogen und bezeichnet eine von innen her kommende Veränderung, zu der die Umwelt allenfalls den Anstoß gibt: *der Tod hat mich eigentlich nie geschreckt, doch jetzt ist eine W. eingetreten;* auch wie „Wandel" auf allgemeine Verhältnisse bezogen, und zwar, wenn sie die Wesens- oder Willensäußerung von Menschen widerspiegeln: *die Dinge sind in einer W. begriffen.*

wandern: [aus Freude an der Natur] zu Fuß eine Gegend durchstreifen, meist dabei eine größere Strecke [zu einem bestimmten Ziel] zurücklegen. **eine Wanderung machen:** nach einem bestimmten Plan [der Ausgangspunkt und Ziel festlegt] eine Gegend durchwandern. **tippeln** (ugs.): [weit] zu Fuß gehen; hat als Nebensinn, daß man eine Strecke, die man lieber fahren würde, gehend und daher nicht ganz mühelos zurücklegen muß: *wir mußten die 3 Kilometer zum Bahnhof t.* **pilgern** (ugs.; scherzh.): (in diesem Sinnbereich) i. S. v. tippeln: *damals bin ich von Hamburg nach Itzehoe gepilgert, weil keine Züge verkehrten.* **marschieren** (ugs.): (in diesem Sinnbereich) in zügigem Tempo gehen: *sie mußten noch ein schönes Stückchen m., ehe sie in der Jugendherberge anlangten;* vgl. marschieren ↑[1]gehen; ↑herumtreiben, sich, ↑laufen, ↑reisen, ↑spazierengehen, ↑tippeln, ↑trotten.

Wange, die (geh.): äußerer Teil des menschlichen Gesichts zwischen Auge, Nase, Ohr und Kinnlade: *er hat eingefallene Wangen.* **Backe,** die; **Backen,** der (landsch.): i. S. v. Wange; wird jedoch nicht nur auf die äußere Gesichtshälfte bezogen, sondern wird auch von der Innenseite des Mundes sowie von dem Mundraum, soweit er von der Backe umschlossen wird, gesagt; ist als Ausdruck derber als „Wange": *rote Backen haben; eine dicke, geschwollene Backe.*

wankelmütig (abwertend): nicht fest bei seinem Entschluß, bei seinem Wort bleibend, sondern durch Zweifel, Verlockungen, durch die Meinungen oder Einflüsterungen anderer leicht umzustimmen. **unbeständig:** (in bezug auf das Wesen eines Menschen) nicht gleichbleibend, sondern seine Absichten, Meinungen öfter ändernd; in seinen Neigungen oft wechselnd; betont im Unterschied zu „wankelmütig" weniger die Beeinflußbarkeit, den schwachen Charakter als die Oberflächlichkeit, die mangelnde Richtungsbestimmtheit und Entschiedenheit. **unstet:** (in diesem Sinnbereich) in seinem Wollen, seinen Gefühlen aus innerer Unrast nicht beständig; durch sein unruhiges Temperament nicht fähig, beharrlich bei einem Vorsatz zu bleiben oder feste [menschliche] Bindungen einzugehen; vgl. unstet ↑ruhelos. **flatterhaft** (abwertend): (in diesem Sinnbereich) von oberflächlichem, leichtfertigem Wesen; keiner ernsten oder tiefen Empfindungen fähig, in seinen Neigungen und Gefühlen rasch wechselnd; betont im Unterschied zu den übrigen Wörtern weniger den Mangel an innerer Beharrlichkeit als das charakterliche Unvermögen hierzu.

warm (Ggs. ↑kalt): eine mäßig hohe Temperatur habend. **heiß:** sehr, übermäßig warm. **lau:** ein wenig warm; wird hauptsächlich verwendet, wenn der Empfindungseindruck angenehm ist: *laue Luft.* **lauwarm:** i. S. v. lau; wird im allgemeinen nicht auf Witterungsverhältnisse bezogen: *das Wasser war l.* **überschlagen** (landsch.), **verschlagen** (landsch.): leicht erwärmt, nicht mehr kalt; wird nur auf Bade-, Waschwasser, Lauge und auf die Lufttemperatur in geschlossenen Räumen bezogen. **handwarm:** nur mäßig warm; so warm, daß die Temperatur beim Prüfen mit der Hand als angenehm empfunden wird; wird nur auf Bade-, Waschwasser, Lauge bezogen.

Wärme, die (Ggs. ↑Kälte; ohne Plural): (in diesem Sinnbereich) höhere Lufttemperatur, die im allgemeinen noch als angenehm empfunden wird; dabei können sowohl warme Wetterverhältnisse als auch die entsprechend hohe Temperatur in einem bestimmten Raum oder an einer bestimmten Stelle gemeint sein. **Hitze,** die (ohne Plural): recht hoher Wärmegrad, der meist als lästig oder unerträglich empfunden wird. **Schwüle,** die (ohne Plural): drückende Wärme; oft bei gleichzeitiger hoher Luftfeuchtigkeit [und Gewitterneigung]. **Bullenhitze,** die (ohne Plural; salopp; emotional verstärkend); **Affenhitze,** die (ohne Plural; salopp; emotional verstärkend): besonders starke und als unerträglich empfundene Hitze, unter der man leidet; „Bullenhitze" wird im Gegensatz zu „Affenhitze" häufiger auf übermäßige Wärme in geschlossenen Räumen bezogen. **Glut,** die (ohne Plural; emotional übertreibend); **Gluthitze,** die (ohne Plural; emotional übertreibend): durch besonders starke Sonneneinstrahlung hervorgerufene sengende Hitze.

warten [auf jmdn./etwas]: (in diesem Sinnbereich) dem Kommen eines Menschen, dem Eintreffen eines Ereignisses oder dem Beginn eines Vorganges entgegensehen, indem man an einem bestimmten Ort den Zeitpunkt abwartet, bis jmd. kommt, bis sich etwas Bestimmtes ereignet: *hier wollen wir auf den Sonnenaufgang w.* **erwarten,** jmdn./ etwas: (in diesem Sinnbereich) dem Kommen eines Menschen, mit dem man fest rechnet, oder dem Eintreten eines [erfreulichen] Ereignisses, Zustandes entgegensehen; legt im Unterschied zu „warten auf" das Gewicht weniger auf das Verweilen an einem Ort als auf das Erwartete und die seelische Spannung des Wartenden: *er erwartete ihn auf dem Bahnsteig.* **harren** [einer Sache (Genitiv)/auf etwas] (geh.): sehnsüchtig, geduldig jmdn./etwas erwarten; hebt in bestimmter Weise die Gemütsverfassung des Wartenden hervor: *ungeduldig harrten sie des neuen Marschbefehls.* **abwarten,** etwas: so lange mit etwas warten, bis ein erwartetes Ereignis tatsächlich eingetreten oder ein gewünschter Zustand erreicht ist: *wir müssen noch den Bescheid a.; wir wollen a., wie sich die Dinge entwickeln.* **zuwarten:** geduldig auf einen späteren Zeitpunkt warten [der die Ausführung eines Unternehmens o. ä. erlaubt oder möglich macht]: *mit der Änderung des Gesetzes darf nicht mehr lange zugewartet werden.*

Wärter, der: jmd., der jmdn. oder etwas betreut, pflegt, beaufsichtigt. **Wächter,** der: jmd., der jmdn. oder etwas bewacht; Aufpasser.

waschen, etwas: Wäsche u. ä. in [heißem] Wasser von anhaftendem oder eingezogenem Schmutz befreien; vgl. waschen ↑abwaschen. **durchziehen,** etwas (ugs.): weniger verschmutzte Wäsche schnell und ohne großen Aufwand (mit der Hand) waschen; bezieht sich oft auf das Waschen nur weniger Stücke. **durchwaschen,** etwas: wenig verschmutzte, einzelne Wäschestücke ohne große Anstrengung [durch Reiben mit der Hand] waschen. **auswaschen,** etwas: (in diesem Sinnbereich) den Schmutz aus einzelnen Wäschestücken durch Waschen (mit der Hand) entfernen; im Unterschied zu „waschen" weist „auswaschen" noch direkt auf das Ziel der Handlung hin; vgl. auswaschen ↑ausspülen.

WC [weze], das: Abort mit Wasserspülung; wird als neutrale Bezeichnung empfunden und hauptsächlich verwendet, wenn ganz sachlich von dieser Örtlichkeit gesprochen werden muß. **sanitären Anlagen,** die (Plural; geh.; verhüllend): öffentliche Toiletten [mit Waschgelegenheit], sowohl in öffentlichen Gebäuden, Restaurants usw. als auch auf den Straßen. **Abort,** der: **a)** Raum, in dem sich eine Vorrichtung befindet, die die menschlichen Ausscheidungen (Exkremente) aufnimmt und sie an die dafür bestimmte Stelle (Abortgrube, Kanalisation o. ä.) weiterleitet; wird im gehobenen Sprachgebrauch nicht verwendet: *der A. liegt außerhalb des Hauses;* **b)** das Becken des Aborts: *etwas in den A. werfen.* **Toilette,** die (geh.): i. S. v. Abort a) und b); wird hauptsächlich in der Öffentlichkeit (in Hotels, Lokalen usw.) für diese Einrichtung verwendet, die im allgemeinen auch mit einem kleinen Waschraum verbunden ist. **Gelegenheit,** die (verhüllend): i. S. v. Toilette: *wo ist hier bitte die G.?* **Klosett,** das (ugs.): i. S. v. Abort a) und b); im allgemeinen wird dabei aber an eine Vorrichtung mit Wasserspülung gedacht; wird hochsprachlich als wenig diskreter und derber Ausdruck empfunden, ist aber landschaftlich in der Alltagssprache recht üblich. **Klo,** das (fam.): i. S. v. Abort a) und b): *das Kindertöpfchen steht im K.* **[stille/verschwiegene] Örtchen,** das (fam.; verhüllend); **gewisse Ort,** der (fam.; verhüllend): i. S. v. Abort a): *ich werde dir das Örtchen gleich zeigen.* **Lokus,** der (salopp): i. S. v. Abort a) und b): *wo ist denn hier der L.?* **Abe,** der, auch: das (ugs.; verhüllend): i. S. v. Abort a) und b). **Häuschen,** das (scherzh.); **Tante Meyer,** die (fam.; scherzh.); **Kloster,** das (fam.; scherzh.); **Nummer Null** (salopp; scherzh.): i. S. v. Abort a). **Plumpsklo[sett],** das (salopp; scherzh.): Abort ohne Wasserspülung. **Abtritt,** der (salopp; landsch.; veraltend): i. S. v. Abort a); wird hauptsächlich dann verwendet, wenn es sich um eine recht einfache Anlage handelt. **Latrine,** die (Soldatenspr.): i. S. v. Abort a); wird nur beim Militär, in Lagern o. ä. verwendet. **Donnerbalken,** der (derb; scherzh.): eine sehr einfache, aus Balken gezimmerte Vorrichtung zur Verrichtung der großen Notdurft. **Scheißhaus,** das (vulgär): i. S. v. Abort a). **Bedürfnisanstalt,** die (Amtsspr.): öffentliche Toilette, die von jedermann [gegen eine Gebühr] benutzt werden kann. **Retirade,** die (veraltet, verhüllend): öffentliche Toilette [auf der Straße]. **Pinkelbude,** die (derb); **Pinkulatorium,** das (scherzh.); **Pissoir,** das (veraltend): für die kleine Notdurft eingerichtete Bedürfnisanstalt für Männer. **Rotunde,** die (veraltend): aus einer Metallwand bestehende, rund gebaute öffentliche Toilette für Männer für die kleine Notdurft.

wegen (mit Genitiv; ugs. mit Dativ): (in diesem Sinnbereich) gibt einen Grund an und stellt ein ursächliches Verhältnis her; kann vor- oder nachgestellt werden: *w. der Kinder; des Freundes wegen;* alleinstehende starke Substantive im Singular meist flexionslos: *wegen Umbau;* alleinstehende starke Substantive im Plural im Dativ: *wegen Freunden;* nachgestellte Namen ohne Flexion: *wegen Editha;* aber bei Voranstellung mit Flexionsendung: *Edithas wegen;* vgl. wegen ↑um. **halber** (mit Genitiv; veraltend): i. S. v. wegen; wirkt gewollt sachlich und leicht gespreizt; wird dem Substantiv, auf das es sich bezieht, immer nachgestellt; hat das Substantiv weder einen Artikel noch ein Adjektivattribut bei sich, dann wird „halber" im allgemeinen als Suffix dem Substantiv angehängt: *dringender Geschäfte h.; krankheitshalber.* **auf Grund; aufgrund** (mit Genitiv oder mit „von"): gibt den Grund von etwas an; bezeichnet etwas, was den Ausgangspunkt oder die Basis für ein Handeln, einen Vorgang oder Zustand bildet; dient dem Zweck einer rationalen Erklärung und wird im allgemeinen nicht gebraucht, wenn etwas durch irgendwelche Gefühlsregungen begründet ist: *auf Grund meiner Erfahrungen wußte ich, wie ich mich verhalten mußte.* **infolge** (mit Genitiv): zeigt an, wovon etwas die Folge ist, wie etwas möglich wird, woraus es resultiert; wird im Unterschied zu „auf Grund", wobei es sich eher um Ursachen handelt, die in einem selbst liegen, meist in bezug auf eine Einwirkung von außen verwendet: *der Betrieb konnte i. des Unglücks nicht aufrechterhalten werden;* alleinstehende starke Substantive im Singular oft flexionslos: *i. Wegfall der Vergünstigungen.* **auf [...hin]:** gibt den Anlaß für etwas an; bezieht sich im Unterschied zu „infolge" weniger auf Ereignisse als auf menschliche Handlungen oder Äußerungen, die eine Reaktion erwarten lassen; kann durch „hin" noch verstärkt werden: *auf diese Nachricht hin stürzte er aus dem Zimmer; auf ein Inserat hatte sie sich gemeldet.* **ob** (veraltet; noch dichter.; mit Genitiv oder Dativ): (in diesem Sinnbereich) gibt einen Grund für ein Verhalten an; bezeichnet oft etwas, was eine seelische Reaktion auslöst: *entsetzt ob des Tumults.* **aus** (mit Dativ): (in diesem Sinnbereich) bezeichnet das Motiv, den Antrieb zu einer willentlichen Handlung; wird im allgemeinen in Verbindung mit einem artikellosen Substantiv gebraucht: *a. purem Übermut.* **vor** (mit Dativ): (in diesem Sinnbereich) gibt die Ursache eines sich zwangsläufig ergebenden, unwillkürlichen Tuns an; wird im allgemeinen in Verbindung mit einem Substantiv ohne Artikel und ohne Adjektivattribut gebraucht, wenn das entsprechende Verb intransitiv ist: *sie schrien v. Schmerz.* **durch:** (in diesem Sinnbereich) gibt die Ursache, das Mittel oder Werkzeug an: *die Stadt wurde d. ein Erdbeben zerstört.* **von [...her]:** (in diesem Sinnbereich) gibt eine Ursache für einen Zustand oder eine Situation an: *sie war von der Reise erschöpft.* **dank** (mit Genitiv, älter: Dativ): gibt einen ursächlichen Zusammenhang an; bezieht sich auf Handlungen, Umstände oder Dinge, durch die man Vorteil oder Nutzen gewinnt; kann ironisch auch in bezug auf einen Mißerfolg o. ä. verwendet werden: *d. der guten Beziehungen; d. seinem Ansehen;* vorwiegend mit Dativ bei singularischen Substantiven mit Adjektivattribut, aber ohne Artikel oder Pronomen: *d. privatem Engagement;* mit Dativ bei alleinstehenden Substantiven im Plural: *d. Männern wie Bausch;* flexionslos bei alleinstehenden Substantiven im Singular: *d. Zuspruch; d. Automat u. Computer;* mit Dativ bei Personalpronomen: *d. ihm kam es zu großen Erfolgen.* **kraft** (mit Genitiv; Amtsdt.): kennzeichnet die Verankerung eines bestimmten Tuns in einem Recht, Gesetz oder einer Ordnung: *er hat k. seines Amtes viele Vollmachten.* **vermöge** (mit Genitiv; geh.): bezeichnet die in jmdm./etwas liegende Möglichkeit, Eigenschaft oder Fähigkeit, die der Grund dafür ist, daß etwas geschieht oder ist: *v. seiner Klugheit konnte er sich aus der Affäre ziehen.*

weggehen, fortgehen: sich von einem Ort wegbegeben; sich von einer bisherigen Umgebung trennen. **gehen** (Ggs. ↑[1]kommen): (in diesem Sinnbereich) i. S. v. weggehen; hebt die Trennung von etwas weniger stark hervor. **verschwinden** (ugs.): [nicht mehr länger bleiben und] weggehen: *ich habe keine Zeit mehr, ich verschwinde.* **abhauen** (salopp): (in diesem Sinnbereich) weggehen (während andere oder ein anderer noch an dem Ort bleibt); sich aus einem Kreis entfernen: *auf Wiedersehen, ich hau' jetzt ab;* vgl. abhauen ↑fliehen. **türmen** (salopp): (in diesem Sinnbereich) sich eilig, aber nicht unbemerkt entfernen, um einer als unangenehm empfundenen Lage zu entkommen; vgl. türmen ↑fliehen. **abzwitschern** (salopp): i. S. v. weggehen; wird meist scherzhaft gesagt: *um 7 Uhr sind wir dann glücklich abgezwitschert.* **Leine ziehen** (salopp): sich zurückziehen; sich von jmdm. entfernen, ihm ausweichen, weil man es aus irgendeinem Grunde für besser hält oder um nicht in eine unangenehme Lage zu geraten: *als er die Polizei aufkreuzen sah, zog er Leine.* **trollen,** sich: sich meist mit langsamem Schritt [kleinlaut, beschämt, ein wenig unwillig o. ä.] entfernen, von jmdm. weggehen; meist mit komisch- oder mit gutmütig-spöttischem Beiklang; oft im Imperativ: *troll dich!* **entfernen,** sich: einen Ort, an dem man sich bisher aufgehalten hat, verlassen; sagt nichts Näheres über die Art und Weise aus, sondern stellt nur fest, daß jmd. später nicht mehr dasein wird: *wir entfernten uns durch ein Seitentor.* **zurückziehen,** sich: weggehen, meist weil man aus irgendeinem Grund allein und ungestört sein will. **absetzen,** sich: weil man es aus irgendeinem Grund für besser hält, sich von einer Gesellschaft oder Gruppe ablösen und irgendwo anders hingehen: *als es mir zu langweilig wurde, setzte ich mich ab;* vgl. sich absetzen ↑fliehen. **den Staub von den Füßen schütteln:** eine Stätte, eine Stadt endgültig verlassen: *wenn wir hier einmal den Staub von den Füßen schütteln können, werden wir froh sein.* **eine Fliege/Mücke machen** (salopp); **die Flatter machen** (salopp): i. S. v. weggehen, und zwar oft in einer Situation, die einem nicht gefällt, unbehaglich ist. **verpissen,** sich (derb): [in einer unangenehmen Situation] unbemerkt davongehen: *er war zwar zur Demonstration erschienen, hatte sich jedoch bald verpißt;* ↑fliehen, ↑fortstehlen (sich), ↑weglaufen.

weglaufen, davonlaufen, fortlaufen: sich von jmdm., oft bei einer Gefahr, eilig fortbewegen. **wegrennen** (ugs.): i. S. v. weglaufen; betont im Unterschied zu „weglaufen" stärker die schnelle Bewegung. **das Weite suchen:** vor jmdm., den man aus bestimmten Gründen fürchtet [weil man ein schlechtes Gewissen hat], schnell davonlaufen [um nicht mehr gesehen oder zur Rechenschaft gezogen werden zu können]. **Fersengeld geben** (ugs.): sich in einer plötzlichen Gefahr oder unangenehmen Situation eiligst fortbegeben; besagt, daß jmd. in einer unangenehmen Lage statt der geschuldeten Leistung o.ä. jmdm. die Fersen zuwendet. **ausrücken** (ugs.): sich einer unbequemen Situation durch Weglaufen entziehen; der Sprecher/Schreiber faßt die Sache häufig scherzhaft oder humorvoll auf. **ausreißen** (ugs.): sich jmds. Zugriff oder einer unbequemen Situation durch Weglaufen entziehen; hebt im Unterschied zu „ausrücken" die Schnelligkeit hervor; der Ausdruck deutet an, daß der Sprecher/Schreiber nicht streng über die Sache urteilt. **Reißaus nehmen** (ugs.): vor einer Gefahr, oft mit schlechtem Gewissen, weglaufen, so schnell es geht; hebt gegenüber „ausreißen" hervor, daß der Betreffende sich in Bewegung setzt. **ausbüxen** (salopp; landsch.): aus Angst weglaufen; wird meist auf Kinder bezogen. **auskneifen** (salopp): heimlich [und feige] weglaufen, um aus einer unangenehmen Situation zu entkommen. **durchbrennen** (salopp): sich heimlich und überraschend davonmachen und sich dadurch seinen Verpflichtungen oder jmdm. entziehen; ↑fliehen, ↑fortstehlen (sich), ↑weggehen.

wegwerfen, etwas: (in diesem Sinnbereich) sich einer Sache, die man nicht [mehr] benötigt oder für die man keine Verwendung [mehr] hat, entledigen. **wegtun,** etwas (ugs.): i.S.v. wegwerfen; bezieht sich meist auf kleinere Dinge, die man schnell und unauffällig entfernt: *die Butter tust du am besten weg, sie ist doch nicht mehr genießbar.* **wegschmeißen,** etwas (salopp): i.S.v. wegwerfen. **aussondern,** etwas (geh.): (in diesem Sinnbereich) etwas wegen Abnutzung oder Unbrauchbarkeit aus einem Bestand herausnehmen [und nicht mehr für den bisherigen Zweck verwenden]. **ausrangieren,** etwas (ugs.): i.S.v. aussondern; drückt im Unterschied zu diesem weniger Sorgfalt oder Bedenken der handelnden Person aus.

wehren, sich: einem tätlichen Angriff begegnen, ihm Widerstand entgegensetzen: *sich verzweifelt, nicht w.;* vgl. wehren, sich ↑sträuben, sich. **zur Wehr setzen,** sich (nachdrücklich): i.S.v. sich wehren; betont jedoch den Beginn der Handlung: *sobald man ihn angreift, setzt er sich zur Wehr.* **verteidigen,** sich: sich gegen einen Angriff mit besonders dafür vorgesehenen Mitteln oder Methoden wehren; gegenüber „sich wehren", das die unmittelbare Reaktion betont, hebt „sich verteidigen" mehr die Bewußtheit des Handelns hervor: *sich bis auf den letzten Mann v.* **Widerstand leisten:** einem tätlichen Angriff, Angreifer längere Zeit oder mit einem gewissen Aufgebot an Mitteln entgegentreten: *die Stadt leistete keinen [erheblichen] Widerstand gegen die feindlichen Truppen.* **seiner Haut wehren,** sich (salopp): sich gegen Eingriffe in seine Rechte, gegen irgendwelche Angriffe oder unbillige Forderungen zur Wehr setzen, verteidigen; wird im allgemeinen von jmdm. gesagt, der sich gegen einen Stärkeren und ohne Hilfe von anderer Seite zu wehren hat: *er mußte sich seiner Haut wehren.*

weiblich (Ggs. ↑männlich): (in diesem Sinnbereich) die eine Frau oder ein Mädchen kennzeichnenden Eigenschaften aufweisend: *weibliches Gemüt; weibliche List.* **fraulich:** nicht mädchenhaft-jugendlich, sondern gereift [mütterlich] wirkend, aussehend: *von ihrer fraulichen Art fühlt sich jeder angezogen; ein frauliches Kleid;* ↑Frau. **feminin** (Ggs. maskulin ↑männlich) (bildungsspr.): spezifisch weibliche [reizvolle] Züge aufweisend: *die heutige Damenmode ist sehr f.;* vgl. feminin ↑unmännlich.

weich (Ggs. ↑[1]hart): einem Druck [leicht] nachgebend; dem Eindringen eines anderen Körpers einen relativ geringen Widerstand entgegensetzend oder so beschaffen, daß zur Veränderung der Gestalt kein oder nur ein geringer Kraftaufwand nötig ist; ist das allgemeinste Wort dieser Gruppe: *weiches Lindenholz eignet sich gut zum Schnitzen.* **butterweich** (emotional verstärkend): so weich, daß es einem auf der Zunge zergeht; angenehm weich; wird meist von Dingen gesagt, deren Weichheit als angenehm empfunden wird: *die Birnen sind ja wunderbar saftig und b.* **wabbelig** (ugs.): von einer begrenzt elastischen [unangenehmen] Weichheit, die bewirkt, daß eine Masse bei [leichter] Berührung schon in eine [hin und her] zitternde, wackelnde Bewegung gerät; gallertartig weich: *etwas faßt sich w. an.* **schwabbelig** (ugs.): i.S.v. wabbelig; meist jedoch noch unangenehmer; wird oft auf eine fette, fleischig-schlappe Masse angewandt: *diesen fetten, schwabbeligen Kerl kann ich nicht ausstehen.* **quabbelig** (ugs.): widerlich [schlüpfrig] weich; in einzelnen [festeren] Klumpen zwar zusammenhängend, jedoch schlotterig und lose bewegbar: *einige Quallen schwammen zu einer quabbeligen Masse vereint im Meer.* **breiig:** weich wie Brei; so weich [geworden], daß schon der Übergang zur Dickflüssigkeit erreicht ist.

weinen (Ggs. ↑lachen): als meist unwillkürlicher Ausdruck eines Schmerzes oder einer inneren Erregung Tränen vergießen; dies kann häufig mit sanften oder leise klagenden Tönen verbunden sein; in dem Vorgang zeigt sich ein durch Erschütterung, Freude oder Schwäche ausgelöster Gemütszustand, wobei das Weinen in bezug auf den Grad seiner Heftigkeit vielfältig gekennzeichnet werden kann. **heulen** (ugs.; abwertend): [heftig und laut] weinen. **schreien** (ugs.; landsch.): (in diesem Sinnbereich) laut, unartikuliert und mit großem Kraftaufwand weinen; wird vor allem von kleinen Kindern gesagt, die damit anzeigen wollen, daß sie hungrig o. ä. sind; ↑²schreien. **brüllen** (salopp; landsch.): sehr laut und heftig schreiend weinen; wird von Kindern gesagt; vgl. brüllen ↑²schreien. **kreischen** (salopp; landsch.): (in diesem Sinnbereich) mit lauter und hoher Stimme weinen; vgl. kreischen ↑²schreien. **plärren** (salopp; abwertend), **blarren** (landsch.; abwertend): laut, anhaltend und in häßlich breitgezogenen Tönen weinen. **flennen** (ugs.; abwertend): mit verzogenem Gesicht [leise vor sich hin] weinen. **greinen** (ugs.; abwertend): schmerzlich den Mund verziehen, leise und kläglich vor sich hin weinen. **jammern, jämmern** (landsch.): (in diesem Sinnbereich) laut, kläglich und in langgezogenen Tönen weinen; vgl. jammern ↑klagen. **schluchzen:** krampfhaft und stoßweise weinen; durch kurze, abgebrochene, heftige und schnell aufeinanderfolgende Laute einen körperlichen oder seelischen Schmerz oder eine tiefe, innere Bewegung äußern; oft auch zur Bezeichnung des gewaltsam unterdrückten Weinens gebraucht. **wimmern:** schwache, leise, langgezogene und ungleichmäßig starke Klagelaute als Ausdruck meist körperlichen Schmerzes hören lassen; in einem zitternden, hohen, abgebrochenen und verhaltenen Ton jammern; aus Schwäche oder Kraftlosigkeit unterdrückt weinen. **winseln** (abwertend): (in diesem Sinnbereich) schwach und schmerzlich, in leisen, klagenden, anhaltenden und hohen Tönen weinen. **quengeln** (ugs.): (in diesem Sinnbereich) leise und in einem jammernden, kläglichen Ton vor sich hin weinen; wird vor allem auf kleine Kinder bezogen, die unzufrieden oder krank sind und dies weinend oder in weinerlichem Ton zum Ausdruck bringen. **wie ein Schloßhund heulen** (ugs.): laut und heftig weinen. **in Tränen zerfließen:** vor Rührung oder innerer Anteilnahme heftig und anhaltend weinen. **Tränen vergießen:** heftig weinen. **in Tränen auflösen,** sich: vor Schmerz und innerer Bewegung sehr heftig und anhaltend weinen; wird auf einen Menschen bezogen, der ganz seinem Leid hingegeben ist oder davon überwältigt wird. **die Augen rot weinen,** sich (Dativ) (ugs.); **die Augen aus dem Kopf weinen,** sich (Dativ) (ugs.): viele Tränen vergießen, lange und heftig weinen. **Krokodilstränen weinen** (ugs.): **a)** (abwertend): erheuchelte Tränen vergießen; **b)** große Tränen weinen. **Rotz und Wasser heulen** (derb): besonders heftig und hemmungslos weinen; in Tränen ganz aufgelöst sein und sich seinem Schmerz auf eine Weise hingeben, die unbeherrscht und abstoßend wirkt.

weitermachen (ugs.): sich bei irgendeiner Beschäftigung nicht stören lassen, nicht damit aufhören; vgl. weitermachen ↑dabeibleiben. **fortfahren** (geh.): (in diesem Sinnbereich) bei einer bestimmten Beschäftigung bleiben; wird mit näherer Bestimmung verbunden, die über die betreffende Beschäftigung etwas sagt; ↑fortführen.

welk: ohne die notwendige Menge an Feuchtigkeit [und Nährstoffen] und deshalb schlaff, nicht mehr grünend und blühend; bezieht sich auf Pflanzen, Blätter und Blüten und kennzeichnet vor allem die [Farbe und] Stellung der Blätter; bezeichnet jenen Zustand, in dem das Wachsen und Blühen innerhalb der natürlichen Entwicklung zum Ende gekommen oder durch künstliche Eingriffe unterbrochen oder beendet worden ist: *die Blätter werden w.* **verwelkt:** völlig welk geworden; bezieht sich wie „welk" auf den biologisch-natürlichen Zustand bei Pflanzen, Blättern, Blüten, häufiger aber auf den Zustand abgebrochener und abgeschnittener Blumen- und Pflanzenteile oder etwas, was daraus gebildet ist (Strauß, Kranz o. ä.); kennzeichnet vom Wort her im Unterschied zu „welk" den Zustand als das Ergebnis eines Prozesses: *eine verwelkte Blume;* ↑²trocken.

Welle, die: der aus der Wasseroberfläche sich für kurze Zeit hervorwölbende Teil bei bewegtem Wasser; es gibt kleine und große Wellen; das Wort leitet sich von „wälzen" her; entsprechend sind auch die bildlichen und übertragenen Gebrauchsweisen: *eine W. von Kündigungen;* in Zusammensetzungen: Ausreise-, Bio-, Freß-, Grippewelle. **Woge,** die (geh.): hohe, starke Welle; während bei „Welle" neben der Vorstellung, daß sich etwas heranbewegt, auch die Vorstellung einer bestimmten Form (daher auch Dauerwelle) assoziiert wird, verbindet sich mit „Woge" die Vorstellung einer Bewegung in die Höhe; wird auch übertragen gebraucht: *die Wogen der Begeisterung, der Empörung.* **Brandung,** die: mächtiges Heranwogen hoher Wellen, die sich am Strand, an der Küste schaumbildend brechen.

Welt, die (ohne Plural): (in diesem Sinnbereich) der Planet Erde samt allen natürlichen Gegebenheiten als Bereich, in dem Menschen, Tiere und Pflanzen existieren: *die Bodenschätze der W.; die W. kennenlernen wollen; eine Reise um die W.; ein Kind in die W. setzen* (gebären); *auf der W. sein* (geboren sein). **Erde,** die (ohne Plural; Ggs. Himmel): (in diesem Sinnbereich) die irdische Welt, die Welt als das von den Menschen bewohnte Gebiet; Bezeichnung, durch welche der Planet, auf dem die Menschen leben, von den übrigen unterschieden wird: *die Länder der E.; die Umlaufbahn der E.; das Leben auf der E.; die Astronauten sind wohlbehalten auf die E. zurückgekehrt;* in veralteter Deklination: *er erlebte mit ihr den Himmel auf Erden.* **blaue Planet,** der (ohne Plural): die Erde (vom Weltraum aus gesehen). **Erdball,** der (ohne Plural): i. S. v. Erde; nimmt Bezug auf ihre ballförmige Gestalt: *die Nachricht ging um den ganzen E.* **Erdkreis,** der (ohne Plural): die ganze Erdoberfläche (als Kreis, als eine runde Scheibe gedacht) (geh.): *den ganzen E. beherrschen; auf dem ganzen E. ist nichts, was dieser vollkommenen Schönheit gleicht; die Erfindung wird den ganzen E. erobern.* **Erdkugel,** die (ohne Plural) (geh.): Erde; nimmt Bezug auf ihre kugelförmige Gestalt.

Weltmann, der: ein Mann, der [auf Grund seiner Weltkenntnis] im Umgang mit Menschen, besonders im gesellschaftlichen Verkehr, sehr gewandt, überlegen und verbindlich ist und sich sicher zu bewegen weiß; vgl. weltmännisch ↑gewandt. **Gentleman** (dsehäntlmᵉn], der (bildungsspr.): ein Herr, dessen Umgangsformen, dessen untadeliges Auftreten und taktvoll diskretes Verhalten auf entsprechende Herkunft, Erziehung, Wesensart und innere Haltung schließen lassen [und dessen äußere Erscheinung durch unauffällig korrekte Kleidung gekennzeichnet ist]; wird meist wohlwollend mit leicht ironischem Unterton gesagt. **Kavalier,** der: (in diesem Sinnbereich) taktvoller, höflicher und hilfsbereiter Mann, der durch sein zuvorkommendes Wesen und ritterliches Verhalten besticht und sich dadurch, besonders Frauen gegenüber, angenehm zu machen weiß; wird meist dann gebraucht, wenn jmd. mit Lob bedacht werden soll. **Gesellschafter,** der: (in diesem Sinnbereich) ein Mann, den man im Hinblick auf seine gesellschaftlichen Fähigkeiten betrachtet; ist immer mit einer irgendwie wertenden näheren Bestimmung verbunden: *er ist ein schlechter G.;* ↑Mann; ↑Höflichkeit, ↑Takt; ↑höflich, ↑freundlich, ↑gewandt, ↑untadelig.

weltweit: Menschen aus der ganzen Welt erfassend, mit seiner Wirkung erreichend; wird im allgemeinen attributiv verwendet: *weltweite Interessen; eine weltweite Organisation.* **global:** die ganze Erde umspannend, betreffend: *eine globale Betrachtungsweise.* **international:** (in diesem Sinnbereich) zwei oder mehr Staaten betreffend, umfassend: *diese Erscheinung ist i.*

wendig: (in diesem Sinnbereich) sich rasch und leicht einer gegebenen [neuen] Situation anpassend, sich in ihr geschickt bewegend, sie zu nutzen verstehend; kann als Eigenschaft unter Umständen kritisch beurteilt werden, wenn damit allzugroße, auf den eigenen Vorteil bedachte [Geschäfts]tüchtigkeit verbunden ist: *er erwies sich als ein wendiger Organisator;* vgl. Wendehals ↑Opportunist. **agil** (bildungsspr.): regsam und wendig; bezieht sich auf jmds. Art, seine Angelegenheiten zu verfolgen, wobei er große Beweglichkeit und Intelligenz zeigt, die in ihrer besonderen Zielstrebigkeit unter Umständen kritisch beurteilt wird. **beweglich:** (in diesem Sinnbereich) von einer schnell und lebhaft reagierenden Art; gegebenen, neu eintretenden Situationen gewachsen durch sein Vermögen, sich leicht anzupassen, auf etwas einzustellen: *er ist b. genug, um sich hier bald zurechtzufinden;* ↑geschmeidig, ↑lebhaft, ↑rührig, ↑temperamentvoll.

werben, um jmdn. (geh.): (in diesem Sinnbereich) sich um ein Mädchen oder eine Frau bemühen, um sie für sich [zur Ehe] zu gewinnen. **freien** [um jmdn.] (veraltend): für sich, seltener für einen anderen, die eheliche Verbindung mit einem Mädchen zu erreichen suchen, indem man von ihm und dessen Eltern oder von denjenigen, die die Stelle der Eltern vertreten, die Einwilligung zur Ehe erbittet; vgl. freien ↑heiraten. **anhalten,** um jmdn. (geh.; veraltend): von den Eltern eines Mädchens oder von denjenigen, die Elternstelle vertreten, in aller Form die Einwilligung zur Eheschließung mit dem betreffenden Mädchen erbitten. **einen [Heirats]antrag machen,** jmdm.: einem Mädchen oder einer Frau die Ehe anbieten, sie fragen, ob sie mit ihm eine Ehe eingehen würde.

[1]**werfen,** etwas: (in diesem Sinnbereich) einen mit der Hand gefaßten Gegenstand durch rasche Bewegung und kräftigen Schwung des Armes von sich fortbewegen, an eine andere Stelle hinfliegen lassen. **schmeißen,** etwas (salopp): (in diesem Sinnbereich) etwas [mit großem Schwung] werfen; geschieht oft aus Unachtsamkeit oder

im Affekt. **schleudern,** etwas: (in diesem Sinnbereich) etwas [im Affekt] mit heftigem Schwung und voller Wucht werfen.

[2]**werfen** [etwas]: eines oder mehrere Junge zur Welt bringen, gebären; wird auf [größere] Säugetiere, vor allem auf Haustiere, angewandt, besonders auf solche, die mehrere Junge in einem Wurf hervorbringen; läßt auf einen relativ mühelosen Vorgang des Gebärens bei Tieren schließen; wird häufig zusammen mit dem entsprechenden Objekt, das oft die genaue Benennung des jeweiligen Tierkindes enthält, gebraucht und zielt dann besonders auf das Ergebnis des Geburtsvorgangs; ist das allgemeinste Wort dieser Gruppe, wird jedoch meist dort gebraucht, wo man mit einer gewissen fachmännischen Sachlichkeit vom Gebären bei Tieren spricht: *sie hat vier Junge geworfen.* **verwerfen:** (von Tieren) eine Fehlgeburt haben: *die Kuh hat verworfen.* **Junge/ein Junges bekommen/** (ugs.) **kriegen:** (in diesem Sinnbereich) i. S. v. werfen; ist jedoch unabhängiger von der Tierart, kennzeichnet nicht den eigentlichen Vorgang, sondern zielt lediglich auf dessen Ergebnis; klingt oft etwas verharmlosend, wird häufig in familiärem Ton gesagt, oft wenn man mit Kindern spricht und meist dann, wenn von Tieren die Rede ist, die zum Lebensbereich des Menschen gehören oder sonst irgendwie in einer Beziehung zum Menschen stehen: *unser Dackel hat vier niedliche Junge bekommen.* **setzen** [etwas] (Jägerspr.): i. S. v. werfen; wird im allgemeinen jedoch nur auf Haarwild, wie Hasen, Rehe, Wildschweine usw., angewandt: *eine Hirschkuh, die gerade ein Kälbchen gesetzt hatte.* **schütten** (Jägerspr.): i. S. v. werfen; wird im allgemeinen nur auf Hunde und Wölfe angewandt: *er war von einer Wölfin angefallen worden, die noch nicht lange geschüttet hatte.* **jungen** (ugs.); **machen** [etwas] (salopp; landsch.): i. S. v. werfen; bezieht sich jedoch vorwiegend auf Haustiere, meist auf solche, deren Junge nicht mit einem besonderen Namen bezeichnet werden; betont besonders die Tatsache und den Vorgang des Gebärens, namentlich bei Tieren, die mehrere Junge auf einmal bekommen: *die Katze wird sicherlich in den nächsten Tagen jungen.* **kalben:** ein Kalb, seltener zwei Kälbchen werfen, zur Welt bringen; wird, wie auch die folgenden Wörter dieser Gruppe, die ebenfalls nur auf die jeweilige Tierart angewandt werden können, nach deren Tierkindbenennung sie gebildet sind, fast nur im landwirtschaftlichen Bereich oder im Bereich des Jagdwesens verwendet, wo man mit einer gewissen Nüchternheit und Sachkenntnis von diesen natürlichen Vorgängen spricht; betont, ebenso wie die folgenden Wörter dieser Gruppe, den eigentlichen Vorgang des Gebärens und zielt weniger auf dessen Ergebnis: *eine unserer beiden Kühe hat heute nacht gekalbt.* **abkalben:** i. S. v. kalben; zielt jedoch stärker auf den Abschluß des Vorganges und wird, auch im landwirtschaftlichen Bereich, seltener gebraucht: *wird eure Braune nicht auch bald a.?* **fohlen, füllen** (selten): ein Fohlen oder Füllen (Pferde- oder auch Eseljunges) werfen, zur Welt bringen. **abfohlen:** i. S. v. fohlen; zielt jedoch stärker auf den Abschluß des Vorganges und wird seltener angewandt. **ferkeln, faseln** (selten): Ferkel (Junge des Hausschweins) werfen, zur Welt bringen. **abferkeln:** i. S. v. ferkeln; zielt jedoch stärker auf den Abschluß der Handlung und wird seltener gebraucht. **frischen:** Frischlinge (Junge des Wildschweins) setzen, zur Welt bringen: *er hat auf eine Muttersau geschossen, die in den nächsten Tagen gefrischt hätte.* **lammen:** eines oder mehrere Lämmer (junge Schafe) werfen, zur Welt bringen. **kitzen:** eines oder mehrere Kitzlein (junge Rehe, Gemsen, auch Ziegen, seltener junge Hirsche) setzen, zur Welt bringen. **zickeln** (selten): eines oder mehrere Zicklein (junge Ziegen) werfen, zur Welt bringen. **welfen; welpen; wölfen:** Welfe (junge Hunde, Wölfe, Füchse oder auch junge Löwen) zur Welt bringen. **hecken** (ugs.): (in diesem Sinnbereich) den meist sehr zahlreichen Nachwuchs hervorbringen; wird nur auf kleinere Säugetiere, wie Mäuse, Ratten, Eichhörnchen, Kaninchen usw., angewandt, die sich meist sehr schnell vermehren; betont nicht die konkreten Umstände des Vorganges, sondern schließt stärker die allgemeine Vorstellung der Fortpflanzung und Vermehrung mit ein und wird im allgemeinen nicht gesagt, wenn von einem einzelnen Tier die Rede ist: *die Kaninchen hecken um diese Jahreszeit.*

wertvoll (Ggs. wertlos): von großem [künstlerischem oder sachlichem] Wert: *eine wertvolle Arbeit, Holzschnitzerei.* **kostbar:** besonders wertvoll und erlesen; oft mit der Vorstellung von prächtigem Aussehen verbunden. **teuer:** (in diesem Sinnbereich) einen großen Geldwert darstellend [zugleich erlesen in seiner Art]; wird im allgemeinen nur attributiv verwendet: *eine überaus teure Vase;* ↑teuer.

Wesen: Wesen[s] machen, von/aus etwas (geh.): einer [eigenen] Angelegenheit besondere Bedeutung beimessen, viel [und übertreibend] davon reden; wird entweder verneint gebraucht oder mit einem Attribut, das ein großes Maß oder ein Übermaß bezeichnet: *eine fröhliche Art von Liebe, die kein großes Wesen daraus macht.* **Aufheben[s] machen,** von etwas (geh.): i. S. v. Wesens machen; betont das übertriebene oder ungerechtfertigte Wichtignehmen einer Sache, auf die man – überflüssigerweise – die Aufmerksamkeit anderer lenkt; wird häufiger verneint gebraucht und betont dann – im Gegenteil – ein besonders bescheidenes oder unauffälliges Verhalten: *er macht immer sehr wenig Aufhebens von seinen Angelegenheiten;* ↑Rolle (spielen).

widerrufen, etwas: etwas, was man öffentlich behauptet oder verfügt hat, ausdrücklich und in aller Form für nicht wahr oder für nicht mehr geltend erklären; hat einen feierlichen Klang und bezieht sich nicht nur auf die Aufhebung des Gesagten, Verfügten, sondern im Unterschied zu dem folgenden „zurücknehmen" zugleich auf die [feierliche] Anerkennung dessen, was durch die [widerrufene] Behauptung usw. angegriffen, geändert oder anders dargestellt wurde. **zurücknehmen,** etwas: eine [beleidigende] Äußerung u. ä. [auf Verlangen des Beleidigten hin] für nicht zutreffend, eine Anordnung u. ä. für nicht mehr geltend erklären; wird häufiger als „widerrufen" im persönlich-alltäglichen Bereich gebraucht und bringt oft ein Bedauern über das Gesagte zum Ausdruck, das als Störung des [persönlichen] Verhältnisses angesehen wird. **revozieren** [etwas] (bildungsspr.): eine [beleidigende] Äußerung [auf Verlangen des Beleidigten hin] zurücknehmen; wird vor allem im studentischen Bereich gebraucht; ↑Einspruch, ↑Einwand.

widersprechen, jmdm./einer Sache: (in diesem Sinnbereich) jmds. Äußerung als unzutreffend bezeichnen [und Gegenargumente vorbringen]. **Widerspruch erheben** [gegen etwas] (nachdrücklich): die Berechtigung einer Äußerung oder eines Anspruchs [entschieden] bestreiten; vgl. Einspruch erheben ↑anfechten. **Einwände machen/erheben** [gegen etwas]: gegen eine Behauptung oder Forderung Gegengründe geltend machen, seine Bedenken äußern; ↑Einwand; vgl. den/einen Einwand machen, vorbringen ↑einwenden. **Kontra geben** [jmdm.] (ugs.): jmds. provozierende, aggressive Äußerungen o. ä. nicht unwidersprochen hinnehmen, sondern ihm nichts schuldig bleiben und ihn ebenfalls heftig angreifen. **kontern** (bildungsspr.): auf eine mündliche oder schriftliche Rede scharf und geistreich antworten, vor allem, wenn man sich angegriffen fühlt; ↑antworten.

widmen, jmdm. etwas: (in diesem Sinnbereich) etwas, was man selbst hervorgebracht hat, ein Buch, ein künstlerisches Werk o. ä., für eine würdige, verehrte oder geliebte Person bestimmen; es ihr zudenken, zubestimmen als Ausdruck besonderer Verbundenheit oder Anerkennung: *jmdm. ein Buch w.* **zueignen,** jmdm. etwas (geh.): etwas, was persönlichen Wert hat, jmdm. aus einem herzlichen Verhältnis heraus zu eigen machen, darbringen: *Thomas Mann hatte ihm dieses kleine Bändchen freundlichst zugeeignet.* **dedizieren,** jmdm. etwas (bildungsspr.): jmdm. etwas, im allgemeinen das Ergebnis eigener geistiger Arbeit, als Geschenk geben, es für ihn bestimmen: *jemandem ein Buch d.;* ↑schenken.

wieder: ein zweites oder ein weiteres Mal; stellt fest, daß etwas wiederholt geschieht: *der Antrag wurde w. abgelehnt.* **wiederum** (nachdrücklich): i. S. v. wieder; drückt eine persönliche Stellungnahme, das Erstaunen, gelegentlich auch die Mißgunst des Sprechers/Schreibers aus: *w. hatte er Glück, so daß sich keine Verzögerung in seiner Ausbildung einstellte.* **abermals** (nachdrücklich): noch einmal; bedeutet meist ein zweites Mal: *er klopfte an, hörte nichts. Klopfte a., erhielt keine Aufforderung.* **noch einmal:** kennzeichnet eine einmalige Wiederholung, nicht wie „wieder" eine beliebige Wiederaufnahme; faßt das ganze wiederholte Geschehen ins Auge. **nochmals:** zum zweiten oder zu einem wiederholten Mal; wird im allgemeinen nicht auf Zustände, sondern auf Handlungen oder Geschehnisse bezogen: *es trat n. eine Veränderung ein.* **erneut:** i. S. v. abermals; hat im allgemeinen den Charakter einer betont sachlichen Feststellung, mit der der Sprecher/Schreiber hervorhebt, was ihm auffällt: *ihm wurden e. Schwierigkeiten gemacht.* **aufs neue; von neuem:** nach einem oder mehreren Malen noch einmal; wird oft von Handlungen gesagt, die eine gewisse Unermüdlichkeit erkennen lassen, oder von Ereignissen, die häufiger eintreten; betont den Wiederbeginn: *er versuchte es aufs neue, den anderen zu überzeugen.* **neuerlich:** nach einer Weile, einem gewissen Zeitraum wieder; vorwiegend schriftsprachlich: *in New York wurde n. ein Polizist von Gangstern erschossen.* Falsch: *in New York wurde ein Polizist n. erschossen,* weil sich bei dieser Wortstellung „neuerlich" nicht auf irgend einen Polizisten als Vertreter einer Gruppe bezieht, sondern auf „erschießen"; aber ein und dieselbe Person kann nur einmal erschossen werden. Daher auch nicht möglich: *in New York wurde n. der Polizist von Gangstern erschossen;* vgl. neuerlich ↑[2]kurz; ↑oft.

wiederhergestellt: nach einer Krankheit

wieder zu Kräften gelangt: *er ist noch nicht ganz w.* **genesen** (geh.): nach einer schweren Krankheit wieder gesund geworden: *kaum g., begann er wieder zu arbeiten.* **geheilt:** von einem organischen Leiden oder auch einer geistigen oder seelischen Störung durch entsprechende Behandlung wieder befreit: *g. verließ er das Sanatorium, die Anstalt;* ↑ [1]gesund, ↑ [2]gesund.

willig: guten Willen und Bereitschaft zeigend, irgendwelche Aufgaben zu erfüllen, etwas, was einem aufgetragen, befohlen oder nahegelegt wird, auszuführen: *unsere Hausangestellte war sehr w.* **willfährig:** bedenkenlos und ohne Würde den [verwerflichen] Absichten anderer dienend; enthält eine Kritik des Sprechers/Schreibers; kann attributiv auch in bezug auf einen Zustand verwendet werden: *mit diesem willfährigen Subjekt kann er alles machen;* ↑ unterwürfig.

Wind, der: deutlich bis stark spürbare [stetige] Luftbewegung aus einer bestimmten Himmelsrichtung. **Windhauch,** der (Plural ungebräuchlich): leichter Wind, den man als Berührung verspürt. **Lufthauch,** der (Plural ungebräuchlich): kaum merkliche Luftbewegung, die einen trifft; wie „Luftzug" oft von einer Bewegung von etwas herrührend, sie verratend. **Luftzug,** der (Plural ungebräuchlich): deutlich spürbares Strömen der Luft, das während der Fortbewegung eines Körpers erzeugt wird und das die Bewegung von Gegenständen verursacht. **Lüftchen,** das (Plural ungebräuchlich): [plötzlich sich regender] schwacher Wind. **Zephir/Zephyr,** der (Plural ungebräuchlich; veraltet; dichter.): milder, leichter Wind. **Sturm,** der: heftiger, starker Wind, der auch schwerere Gegenstände von der Stelle bewegen, sich zerstörerisch oder unheilvoll auswirken kann. **Sturmwind,** der (Plural ungebräuchlich; dichter.): stürmischer Wind, Sturm; bezieht sich weniger auf die bloße Naturerscheinung als auf die vom Sprecher/Schreiber empfundene Naturstimmung. **Brise,** die (Plural ungebräuchlich): (in diesem Sinnbereich) **a)** (Seemannsspr.): Seewind, der so gleichmäßig und kräftig weht, daß er als Fahrwind günstig ist; **b)** leichter, ständig wehender Wind, der als angenehm und als nicht störend empfunden wird. **Bö,** die: (meist mit Niederschlag verbundener) heftiger Windstoß, dessen Richtung und Geschwindigkeit stark schwankt. **Orkan,** der: stärkster Wind oder Sturm [Windstärke 12]. **Wirbelwind,** der; **Wirbelsturm,** der: heftige Luftströmung, die sich in kreisenden oder spiraligen Drehungen voranbewegt und dadurch stärkste Verheerungen bewirkt. **Windhose,** die: gelegentliche Erscheinungsform des Wirbelsturms, bei der aus einer Wolke eine spitze, rotierende Luftsäule herausragt, die Staub, Sand oder Wasser mit sich führen und starke Zerstörungen verursachen kann; tritt besonders in der ostindischen Kalmenzone und an der Guineaküste auf. **Zyklon,** der: spiralförmiger Wirbelsturm von weitem Ausmaß und großer Gewalt, der in tropischen Ozeangebieten vorwiegend im Sommer vorkommt. **Taifun,** der: heftiger tropischer Wirbelsturm, der im ostasiatischen Küstengebiet in den Monaten Juli bis November mit verheerender Wirkung auftritt. **Tornado,** der: verheerender Wirbelsturm im südlichen Nordamerika, der in den Monaten März bis Oktober vorkommt. **Hurrikan,** der: verheerender tropischer Wirbelsturm, der, oft mit Gewitter verbunden und durch plötzliche Richtungsänderungen gekennzeichnet, im Gebiet des Nordatlantik und in Westindien in den Monaten August bis Oktober vorkommt. **Föhn,** der: warmer Fallwind (Südwind) in den Alpen und im Alpenvorland, der u.a. im Frühjahr als Tauwind auftritt und der berüchtigt ist für die ungünstige Wirkung auf Stimmung und Befinden der Menschen. **Mistral,** der: kalter, trockener Fallwind (Nordwind) im unteren Rhonetal, der nur bis zur Kammhöhe der Gebirge reicht. **Bise,** die (landsch.): kühler, trockener Nord-Nordostwind in der nordwestlichen Schweiz. **Monsun,** der: breite Gebiete überziehende, ganzjährig währende Luftströmung, besonders im südostasiatischen Raum, die in der warmen Jahreshälfte feucht vom südwestlichen Meer, in der kalten Jahreshälfte trocken aus dem nordöstlichen Festlandsinnern weht. **Passat,** der: gleichmäßiger, während des ganzen Jahres aus Nordost oder Südost wehender Wind in tropischen und subtropischen Ozeangebieten zwischen den Wendekreisen, ausgenommen z. B. die Monsungebiete des Indischen Ozeans. **Schirokko,** der; **Harmattan,** der: aus der Sahara bis nach Südeuropa kommender warmer, trockener Wind, der vom Mittelmeer Feuchtigkeit mitbringt. **Samum,** der: trockener, sehr heißer Staub- und Sandsturm in der nordafrikanischen und arabischen Wüste. **Bora,** die: kalter stürmischer Fallwind der dalmatinischen Küste. **Tramontana,** die: kalter Nordwind in Italien.

Wirkung, die: das Ergebnis, das ein Vorgang hat oder das man mit einer Handlung, einem Mittel erzielt: *er war über die W. seiner Worte überrascht.* **Erfolg,** der: das [positive] Ergebnis, das man mit einer Bemühung erzielt: *der E. blieb aus.* **Effekt,** der (bildungsspr.): die äußere, oft verblüffende Wirkung, die etwas hat oder ausübt: *diesen E. hatte er sich vorher ausgerechnet;* ↑Ergebnis, ↑Ursache; ↑verursachen.

wissen, etwas: durch eigene Erfahrung oder Mitteilung von außen zu einer Aufklärung über etwas gelangt sein, so daß man imstande ist, darüber zuverlässige Aussagen zu machen: *er weiß mehr, und zwar aus bester Quelle.* **Kenntnis haben,** von etwas: einen Sachverhalt mehr oberflächlich kennen, durch Mitteilung von außen so weit davon eine Vorstellung haben, daß man in der betreffenden Angelegenheit mitreden kann: *wie konnte ich Kenntnis haben von dem, was ihr vorhattet?* **im Bilde sein** (ugs.): durch andere eine klare, im Unterschied zu „Kenntnis haben" umfassendere, aber nicht unbedingt detaillierte Vorstellung darüber erlangt haben, wie sich etwas verhält. **Bescheid wissen** [über/von etwas]: (in diesem Sinnbereich) etwas genau wissen, so daß man sich gegebenenfalls nicht irreführen läßt; vgl. Bescheid wissen ↑¹kennen. **informiert sein** [über etwas]: von anderen über eine bestimmte Sache unterrichtet sein oder sich selbst unterrichtet haben: *da ich darüber nicht informiert bin, kann man auch kein Urteil von mir verlangen.*

wittern, etwas (ugs.): (in diesem Sinnbereich) mit feinem Gefühl, mit einem „sechsten Sinn" etwas [noch] nicht Offenkundiges, das den Betreffenden in irgendeiner Weise angeht, verborgene Gefahren oder Absichten, unerwartete Möglichkeiten, etwas zu tun oder zu erlangen, erraten oder bemerken: *er muß von diesem Vorhaben etwas gewittert haben.* **riechen,** etwas (salopp): eine verborgene Gefahr oder unerwartete Möglichkeit, eine geheime Absicht [rechtzeitig] intuitiv erkennen oder erraten: *natürlich rochen einige Journalisten die Sensation.* **spannen,** etwas (ugs.; landsch.): [plötzlich] auf eine verborgene Gefahr oder unerwartete Chance aufmerksam werden; etwas ahnen, was einen stutzig oder mißtrauisch macht: *er spannte gleich, daß das eine brenzlige Sache war;* ↑wahrnehmen.

Witterung, die: **a)** (Fachspr.): die Wetterlage, die Beschaffenheit oder der Zustand der Luft und des Dunstkreises während einer mehr oder weniger langen Zeitspanne und in größerem Umkreis im Unterschied zum Wetter; eine Reihe von Wetterzuständen oder Wetterveränderungen in einem gewissen Zeitraum; **b)** i. S. v. Wetter. **Wetter,** das: die augenblickliche Wetterlage; die jeweilige, häufigen Veränderungen unterworfene Beschaffenheit der Luft usw., der [sinnlich wahrnehmbare] Zustand der Atmosphäre in einem bestimmten Augenblick und an einem bestimmten Ort. **Klima,** das: der jährliche Ablauf der Witterung in einem bestimmten Gebiet.

Witz, der: kurze, prägnante, lustig erfundene [geistreiche] Begebenheit, deren Komik auf einer unerwarteten Wendung des Erzählten beruht [und einen Lacherfolg erzielt]. **Kalauer,** der: als dümmlich angesehener Witz, dessen Wirkung auf einem Wortspiel beruht und auf den der Hörer mit mühsamgequältem Lachen reagiert, weil er sich mental unterfordert und von der schlappen Pointe angeödet fühlt, z. B.: was ergibt sieben mal sieben? Ganz feinen Sand: *der K. ist der Proletarier unter den Witzen.* **Zote,** die: obszöner, meist auch nicht sehr geistreicher Witz; der Ausdruck bringt immer die Ablehnung des Sprechers/Schreibers zum Ausdruck; ↑Scherz.

wohlig: ein Gefühl des sinnlichen Behagens, der Zufriedenheit kennzeichnend oder bewirkend: *wohlige Müdigkeit; wohlige Wärme, Ruhe.* **angenehm:** (in diesem Sinnbereich) eine sanfte, wohltuende Wirkung auf die Sinne kennzeichnend oder hervorrufend: *etwas hat eine angenehme Wirkung.* **wohltuend:** auf Sinne und Gemüt eine entspannende, befreiende Wirkung ausstrahlend; charakterisiert im Unterschied zu „angenehm" mehr den Eindruck auf das empfindende Subjekt als die Eigenart der Sache, von der die Wirkung ausgeht: *wohltuende Stille; von etwas w. berührt werden;* ↑gemütlich.

wohlwollend: einem anderen freundlich gesinnt, gern bereit, ihn zu fördern; kann unter Umständen eine gewisse herablassende Haltung kennzeichnen: *jmdm. w. auf die Schulter klopfen; w. behandelt werden.* **gönnerhaft:** einem anderen mit deutlicher Herablassung etwas Gutes zukommen lassend; bei den Freundlichkeiten, die man ihm erweist, sehr die eigene Überlegenheit durchblicken lassend: *mit gönnerhafter Miene; „Du kannst hierbleiben!" sagte er g.* **gnädig** (veraltend; heute oft ironisch): als Höhergestellter einen sozial tieferstehenden Menschen bei einer bestimmten Gelegenheit mit herablassendem Wohlwollen behandelnd: *heute war der Minister sehr g. zu ihm.* **huldreich** (veraltend; heute nur noch ironisch); **huldvoll** (veraltend; heute nur noch ironisch): als Ranghöherer einem sozial tieferstehenden Menschen bei einer bestimmten Gelegenheit einen Beweis seiner Gunst gebend: *sich huldvoll zu jmdm. neigen.* **leutselig:** als Hochgestellter im Umgang mit einfacheren Menschen von einer verbindlichen, anteilnehmenden Freundlichkeit; bemüht, Standesunterschiede nicht spürbar werden zu lassen: *er schüttelte l. den Arbeitern die Hände.* **jovial:** im Umgang mit Niedrigerstehenden betont wohlwollend, aufgeräumt und unzeremoniell, Standesunterschiede mit Absicht beiseite schiebend; wird von Männern gesagt: *er gibt sich sehr j.; ein jovialer Mann.*

wohnen: sich an einem Ort ständig oder für einige Zeit aufhalten; dabei wird im allgemeinen angegeben, wo jmd. seinen Wohnsitz hat oder wie er irgendwo lebt: *Klaus wohnt in der Blumenstraße;* ↑[1]Wohnung. **hausen** (abwertend): irgendwo dürftig untergebracht oder untergekommen sein; wird im allgemeinen mit einer Ortsangabe verbunden: *er haust im Keller; die Armen mußten in halbverfallenen Wohnungen, in wahren Löchern h.;* gelegentlich auch scherzhaft: i. S. v. wohnen: *wo haust du denn?; hier hausen wir!;* vgl. Behausung ↑[1]Wohnung. **leben:** (in diesem Sinnbereich) sich an einem bestimmten Ort, in einer bestimmten Gegend oder bei jmdm. aufhalten und dort mehr oder weniger lange wohnen: *er lebte in der Schweiz; er lebt jetzt bei seiner ersten Frau;* ↑[2]Wohnung.

Wohnhaus, das: Gebäude, das eine oder mehrere Wohnungen enthält; betont im Unterschied zu „Mietshaus" mehr den privaten oder gepflegteren Charakter des Gebäudes oder hebt den Unterschied zu Geschäfts- oder Amtsgebäuden hervor. **Haus,** das: (in diesem Sinnbereich) i. S. v. Wohnhaus; wird verwendet, wenn nicht eigens hervorgehoben werden muß, daß das betreffende Gebäude Wohnzwecken dient; vgl. Haus ↑Gebäude. **Mietshaus,** das: größeres Wohnhaus, in dem mehrere Parteien zur Miete wohnen; betont im Unterschied zu „Wohnhaus" meist, daß das Gebäude sehr nüchtern und alltäglich wirkt oder äußerlich wenig ansprechend ist. **Mietskaserne,** die (abwertend): verhältnismäßig großes, schmuckloses und in sehr nüchternem Stil gebautes, mit vielen anderen Häusern dieser Art zusammenstehendes Haus, in dem viele Familien wohnen; bezeichnet oft ein trostlos oder verkommen wirkendes Gebäude. **Apartmenthaus,** das: Mietshaus mit Apartments, mit komfortablen Kleinwohnungen; vgl. Apartmenthaus ↑Bordell. **Terrassenhaus,** das: [an einen Hang und] stockweise versetzt gebautes Haus, in dem jede Wohnung eine Terrasse hat. **Kondominium,** das (Südtirol): größeres Haus mit Eigentumswohnungen. **Einfamilienhaus,** das: als Einzel-, Doppel- oder Reihenhaus konzipiertes Haus für eine Familie. **Reihenhaus,** das: Haus als Teileinheit einer ohne Abstand nebeneinander gebauten Reihe von Häusern. **Eigenheim,** das: dem Bewohner gehörendes ein- oder zweigeschossiges Einzelhaus [das mit anderen zusammen gebaut worden ist]. **Eigentumshaus,** das: dem Bewohner gehörendes Einfamilienhaus. **Bungalow,** der: frei stehendes, eingeschossiges Wohnhaus mit flachem oder flachgeneigtem Dach. **Atriumbungalow,** der; **Atriumhaus,** das: Bungalow, Einfamilienhaus, das sich um einen Innenhof herum erstreckt. **Villa,** die: größeres, meist in einem größeren Garten gelegenes [luxuriöses] Einfamilienhaus in besserer, aufgelockerter Wohngegend. **Landhaus,** das: komfortables Wohnhaus, Villa in ländlicher Umgebung. **Datscha,** die: [russisches] Landhaus [für den Sommeraufenthalt]. **Wochenendhaus,** das; **Wochenendhäuschen,** das: [kleineres] einfacheres Haus, in ruhigerer Umgebung, das jmd. erworben hat, um dort seine Wochenenden verbringen zu können. **Ferienhaus,** das: [kleineres] Haus in landschaftlich schöner Gegend, in das man in den Ferien zur Erholung fahren, das man für die Ferien mieten kann. **Chalet** [schale], das (bes. schweiz.): Ferienhaus, kleineres Landhaus [aus Holz]. **Rundalow,** der: kleiner Rundbau im Stil einer afrikanischen Hütte als Ferienquartier [für Afrika-Touristen]; ↑Gartenhaus, ↑Gebäude, ↑Hochhaus.

[1]**Wohnung,** die: abgeteilte Räume eines Gebäudes, in denen jmd., meist eine Familie, wohnt oder wohnen kann; ↑wohnen. **Heim,** das (ohne Plural): [kleineres] Wohnhaus oder Wohnung; stets mit dem Beiklang von Geborgenheit und angenehmer Häuslichkeit: *sie hat ein sehr gemütliches H.* **Behausung,** die: umschlossener Raum, den ein Mensch als [schlechte, notdürftige] Unterkunft bewohnt und der ihn gegenüber Unbilden schützt; vgl. hausen ↑wohnen. **Appartement** [...mang], das: **a)** kleinere, aber recht viel Komfort bietende Wohnung; **b)** einige zusammenhängende Zimmer in einem Hotel, die als eine Einheit, als zusammengehörend betrachtet werden und wozu mindestens ein Wohnraum, ein Schlafraum, ein Vorraum und ein Bad gehören. **Apartment** [^{e}partm^{e}nt], das: moderne Kleinwohnung; im allgemeinen ein Zimmer mit Küche, Bad und WC. **Suite** [ßwit^e], die: Folge von zusammengehörenden Zimmern in Hotels, Palästen o. ä.; Zimmerflucht. **Eigentumswohnung,** die: Wohnung in einem größeren Haus, die das Eigentum eines einzelnen ist. **Penthouse** [pänthauß], das: exklusive, bungalowartige Wohnung auf dem flachen Dach eines höheren Hauses; Dachterrassenwohnung. **Maisonette** [mäsonät], die: zweistöckige Wohnung in einem

[Hoch]haus. **Flat** [flät], das: moderne Kleinwohnung; Etagenwohnung. **Terrassenwohnung,** die: Wohnung mit einer Terrasse (in einem Terrassenhaus). **Garconnière** [garßoniär], die (österr.): Einzimmerwohnung. **Einliegerwohnung,** die: kleinere, zusätzlich eingebaute Wohnung (für einen Mieter) in einem Privathaus, Einfamilienhaus o. ä.; ↑Unterkunft, ↑Zimmer.

[2]**Wohnung: Wohnung nehmen** (gespreizt): bei vorübergehendem Aufenthalt an einem bestimmten Ort in einem Hotel, einer Pension o. ä. ein Zimmer mieten, auch ein Nachtquartier bei Freunden oder Bekannten in Anspruch nehmen; wird mit Raumangabe verbunden. **absteigen** (geh.): auf Reisen [für kürzeren oder längeren Aufenthalt] in einem Hotel, Gasthof o. ä. einkehren, dort übernachten [und seine Mahlzeiten einnehmen]; wird mit Raumangabe verbunden. **logieren** (veraltend): an einem Ort, an dem man sich vorübergehend aufhält, in einem Hotel oder Privatquartier [ohne großen Komfort] wohnen; wird mit Raumangabe verbunden. **einmieten,** sich: sich für die Zeit seines Aufenthaltes an einem bestimmten Ort in einem Hotel, in einer Pension oder in einem Privathaus gegen entsprechendes Entgelt ein Zimmer mieten; wird mit Raumangabe verbunden; ↑wohnen.

Wohnzimmer, das: größerer Raum in einer Wohnung, in dem sich der größte Teil des häuslichen Lebens abspielt. **Salon,** der (veraltend): repräsentativer, für Besuch oder Festlichkeiten bestimmter Raum in einer [bürgerlichen] Wohnung. **gute Stube,** die (veraltend): das am besten eingerichtete, nur bei besonderen Anlässen benutzte Zimmer einer Wohnung; ↑Zimmer.

Wort, das (Plural: Wörter): aus Buchstaben, Silben gebildete kleinste Sinneinheit der Sprache; kleinster selbständiger sprachlicher Bedeutungsträger; satzfähiges Lautsymbol, das geeignet ist, ein Stück Wirklichkeit zu meinen, sowohl als sprachliche Minimaläußerung wie auch als satzaufbauende Leistungseinheit: *wieviel Wörter hat dieser Satz?* **Vokabel,** die: das einzelne Wort, besonders das einer fremden Sprache, sofern es als Lernstoff betrachtet wird; dann häufig im Plural gebraucht. **Ausdruck,** der: (in diesem Sinnbereich) die sprachliche Gestalt eines Gedankens, einer Empfindung; kann sich auch auf eine aus mehreren Wörtern bestehende Wendung beziehen: *ein bildlicher, übertragener A.* **Terminus,** der (bildungsspr.): Einzelwort einer Fachsprache.

wortkarg (Ggs. ↑gesprächig): mit seinen Worten sparsam umgehend, auffallend wenig redend. **einsilbig:** nur zu spärlichen und knappen Äußerungen geneigt; nicht zum Reden aufgelegt [innerlich mit etwas anderem beschäftigt]. **schweigsam: a)** nicht redend; kann eine Charaktereigenschaft oder ein vorübergehendes Verhalten kennzeichnen: *s. saß er am Tisch;* **b)** Geheimes verschweigend: *sosehr man auch in ihn drang, er blieb s.* **still:** (in diesem Sinnbereich) nicht oder nur wenig redend; enthält in der Regel [positive] Anteilnahme des Sprechers/Schreibers: *sie war heute merkwürdig s.* **mundfaul** (ugs.; abwertend); **maulfaul** (salopp; abwertend): zu faul, zu träge, um auf Fragen ordentliche und ausreichende Antworten zu geben; ↑gedankenvoll, ↑mürrisch.

wuchtig: (in diesem Sinnbereich) **a)** (auf Sachen bezogen): ausladend in seiner Form, mächtig und imposant wirkend: *acht wuchtige Pfeiler tragen die Hauptlast des Gewölbes;* **b)** (auf Personen bezogen): von großer, breiter, massiv wirkender Gestalt; ein stark fühlbares Gewicht habend, darstellend: *ein großer, wuchtiger Mann.* **massig: a)** auf Grund seines großen Umfanges eindrucksvoll, als Masse ins Auge fallend, womit sich auch die Vorstellung von einer gewissen Plumpheit verbinden kann: *massige Mauern;* **b)** von großer Körperfülle, die u. U. von Aufgeschwemmtheit herrührt; schließt oft die Vorstellung mit ein, daß sich die betreffende Person nur schwer oder umständlich bewegt: *der Meister saß m. am Schreibtisch.* **schwer:** (in diesem Sinnbereich) **a)** durch seinen Umfang den Eindruck von lastendem Gewicht machend: *in dem viel zu kleinen Zimmer standen drei schwere Klubsessel;* **b)** in bezug auf Personen: durch Größe und Körperfülle den Eindruck von lastendem Gewicht machend; wird im allgemeinen nur attributiv gebraucht: *der neue Herr war ein schwerer Mann mit starken Knochen und einem großen Bauch;* ↑untersetzt.

[1]**wundern,** etwas wundert jmdn. (ugs.): etwas entspricht nicht jmds. Vorstellungen, Erwartungen, kommt ihm seltsam oder befremdlich vor; wird, wie die übrigen Wörter dieser Gruppe, auf Sachverhalte oder Tatsachen bezogen, die einem auffallen: *mich wundert, daß er nichts hat von sich hören lassen.* **verwundern,** etwas verwundert jmdn. (geh.); **in Verwunderung setzen,** etwas setzt jmdn. in Verwunderung (nachdrücklich): i. S. v. wundern; wird oft verneint gebraucht; im Unterschied zu „verwundern" hebt „in Verwunderung setzen" den Beginn und das Bewirken besonders hervor und hat durativen Aspekt: *daß er sich jetzt benachteiligt fühlt, darf niemanden verwundern, wird niemand in*

Verwunderung setzen. **wundernehmen,** etwas nimmt jmdn. wunder (geh.): i. S. v. wundern, verwundern: *es nimmt mich heute noch wunder, daß wir sein Versteck ausmachten.* **erstaunen,** etwas erstaunt jmdn. (geh.); **in Erstaunen setzen,** etwas setzt jmdn. in Erstaunen (nachdrücklich); **in Staunen versetzen,** etwas versetzt jmdn. in Staunen (nachdrücklich): i. S. v. wundern; während in „wundern" das Befremdliche stärker angesprochen ist, drücken die mit „staunen" verknüpften Verbindungen eher noch aus, daß sich die Reaktion äußerlich kundtut (eigentlich „starr sein"); „in Erstaunen setzen" und „in Staunen versetzen" heben den Beginn und das Bewirken hervor und haben durativen Aspekt: *es erstaunt mich nicht [weiter], setzt mich nicht [groß] in Erstaunen, daß...* **Staunen erregen,** etwas erregt [jmds.] Staunen: etwas bringt jmdn. zum Staunen, Erstaunen; wird auf beachtliche menschliche Leistungen oder Äußerungen bezogen; betont die Urheberschaft und hebt die schnell eintretende Wirkung hervor: *das neue Auto erregte überall Staunen;* ↑verblüffen; ↑überrascht.

²**wundern,** sich: **a)** sich die Zusammenhänge, Hintergründe, die Herkunft oder den Zweck von etwas, was einem unerwartet oder unbekannt vorkommt, nicht erklären können; wird, wie auch b), im allgemeinen nicht auf besonders Aufregendes oder Betrübliches bezogen: *meine Mutter wunderte sich, als ich schon so früh nach Hause kam;* ebenfalls wie b) und wie „sich verwundern" nicht selten auf etwas Befremdendes bezogen: *ich wundere mich [sehr, nicht] über dein Verhalten;* **b)** (ugs.): sich verwundert fragen: *deine Bekannten werden sich gewundert haben, daß ich so einsilbig war.* **verwundern,** sich: sich über etwas, was einem in hohem Grade befremdend, merkwürdig vorkommt, wundern: *ich kann mich darüber nicht v.;* vgl. verwundert ↑überrascht. **staunen:** sich angesichts von etwas Unerwartetem unverhohlen beeindruckt und verwundert zeigen: *ich staune, was du alles kannst!* **erstaunen:** von etwas besonders Unvermutetem oder Eindrucksvollem zum Staunen gebracht werden; vgl. erstaunt ↑überrascht. **in Erstaunen geraten** [über etwas] (nachdrücklich): i. S. v. erstaunen; hebt den Beginn stärker hervor. **stutzen:** aus einer bis dahin gleichmäßig verlaufenden Bewegung oder Tätigkeit plötzlich herausgerissen werden durch etwas, was einen verwundert oder befremdet aufmerken läßt: *ich sah, wie sie bei diesem Wort zuerst stutzte, dann aber gleich wieder ihre gelangweilte Miene aufsetzte.* **stutzig werden:** plötzlich anfangen, sich Gedanken über etwas zu machen, woran einem bis dahin nichts Sonderbares oder Verdächtiges aufgefallen war; bezeichnet im Unterschied zu „stutzen" nicht das sichtbare Innehalten und Aufmerken, sondern ein erstes Verdachtschöpfen, Nachdenklichwerden; häufig in rückschauender Betrachtung: *ich wurde zum ersten Male stutzig, als man mich so eindringlich nach meinem Wohlbefinden fragte;* vgl. stutzig machen ↑verblüffen; ↑überrascht.

wüten: (in diesem Sinnbereich) in starker Gemütsbewegung gewalttätige Handlungen begehen; übertragen: *der Krieg wütete im Land.* **toben:** vor Wut oder in einer wildstürmenden Erregung sinnlos schreien und gestikulieren [und gewalttätige Handlungen begehen]; übertragen: *die Leidenschaften tobten.* **rasen:** in einer starken Erregung, vor Schmerz oder in einer Krankheit ganz außer sich sein und sich wie ein Wahnsinniger gebärden: *das Publikum raste vor Begeisterung;* ↑²Kopf (verlieren).

wütend: wütend werden; in Wut geraten: aus irgendeinem Anlaß von heftiger, unbeherrschter Erregung erfüllt werden, in diesen seelischen Zustand geraten, was sich im Mienenspiel, in Gebärden oder Worten ausdrückt; bezeichnen den Beginn eines Zustandes. **ergrimmen** (geh.): in große, anhaltende Erbitterung [über ein Unrecht] geraten, wobei sich die Empörung über etwas steigert und man danach trachtet, sich [rächend] zur Wehr zu setzen. **ärgern,** sich: ärgerlich, verstimmt, aufgebracht sein, werden; „sich ärgern" bezieht sich auf eine Gemütsverfassung, wobei man sich über sich selbst und über andere ärgern kann; „erbosen" bezieht sich auf die Gesinnung; sowohl „erbosen" als auch „erzürnen" setzen voraus, daß ein anderer schuld an diesem Zustand ist: *er hat sich über ihn geärgert; ich ärgere mich, weil ich eine falsche Auskunft bekommen habe.* **erbosen,** etwas erbost jmdn.: etwas macht jmdn. böse, erfüllt ihn mit Ingrimm: *diese Frechheit hatte sie sehr erbost.* **erzürnen: a)** etwas erzürnt jmdn.: etwas macht jmdn. zornig: *sein Verhalten hat mich sehr erzürnt;* **b)** [sich] erzürnen: zornig werden: *über diesen Vorfall hat er sich sehr erzürnt; er erzürnte bei dem Gedanken.* **wild werden** (ugs.): aus irgendeinem Anlaß – im allgemeinen dann, wenn ein wunder Punkt getroffen wird – so erregt und aufgebracht werden, daß man seine Beherrschung weitgehend verliert und seinem Ärger oder Zorn, z. B. durch heftige Worte, Luft macht. **hochgehen** (ugs.): auf eine bestimmte Anspielung oder Äußerung sofort mit großer Erregung reagieren, sich ein bestimmtes

Verhalten verbitten und dadurch zeigen, wie sehr man sich getroffen oder beleidigt fühlt. **in die Luft gehen** (ugs.): i. S. v. hochgehen. **explodieren** (ugs.): i. S. v. hochgehen; kennzeichnet einen besonders heftigen und lautstarken Wutausbruch. **[vor Wut] bersten/ platzen** (ugs.): so viel Wut in sich angesammelt haben, daß man unfähig ist, sie noch zu verbergen, daß man sich auf irgendeine Weise Luft machen muß und daß selbst ohne direkten Wutausbruch jeder sehen kann, in welch erregtem Zustand man sich befindet. **[vor Wut] aus der Haut fahren** (fam.): aus irgendeinem Anlaß außerordentlich ärgerlich oder wütend sein. **rotsehen** (ugs.): sich an einer sehr verwundbaren Stelle getroffen fühlen und deshalb so erbittert und gereizt sein, daß man zu keiner klaren Überlegung mehr fähig ist, sondern nur noch unbeherrscht und in blinder Wut handelt. **aufbrausen:** auf eine bestimmte Äußerung hin, durch die man sich beleidigt fühlt, wie auf ein Stichwort hin jäh in Zorn geraten, cholerisch reagieren und seinen Gefühlen in erregten Worten Ausdruck geben. **die Beherrschung verlieren:** in einem Augenblick der Wut, des Ärgers die Gewalt über sich verlieren, seine angestaute Wut ungehemmt hervorbrechen lassen. **jmdm. platzt der Kragen** (salopp): jmd. wird über etwas so wütend, daß er es nicht mehr länger schweigend hinnehmen kann, sondern seinen Ärger und seine Erregung darüber zeigt. **in Fahrt kommen** (ugs.): (in diesem Sinnbereich) sich über etwas sehr aufregen und sich durch Schimpfen und zornige Worte in immer größere Wut hineinsteigern; ↑[2]Kopf (verlieren), ↑schelten, ↑[1]schimpfen; ↑ärgerlich, ↑entrüstet, ↑unwillig, ↑unzufrieden, ↑verärgert, ↑zornig; ↑Ärger, ↑Zorn.

Z

zählen, sich/jmdn./etwas zu jmdm./etwas (geh.): (in diesem Sinnbereich) jmdn./sich selbst, seltener etwas für zugehörig zu einer bestimmten Gruppe halten: *man zählt ihn mit Recht zu den Großen der Weltgeschichte;* vgl. zählen ↑angehören. **rechnen,** sich zu jmdm. oder etwas zu/ (auch:) unter etwas: (in diesem Sinnbereich) i. S. v. zählen: *du hast keine, alle Ursache, dich zu den Benachteiligten zu r.; rechnen Sie denn auch Kaffee unter die Luxusartikel?*

zahlungsfähig: zahlungsfähig sein (kaufm.; Ggs. zahlungsunfähig sein ↑bankrott): in der Lage sein, seinen finanziellen Verpflichtungen nachzukommen oder dasjenige, was man käuflich erwerben will, [innerhalb der gestellten Frist] zu bezahlen. **liquid[e] sein** (kaufm.; Ggs. illiquid sein ↑bankrott): ausreichende finanzielle Reserven für die Aufrechterhaltung eines geschäftlichen Unternehmens besitzen; über die für einen wichtigen Kauf, Geschäftsabschluß o. ä. erforderlichen flüssigen Mittel sofort verfügen; wird vorwiegend von Firmen oder größeren Unternehmen gesagt, von Privatpersonen nur mit Bezug auf größere Käufe und Geschäfte. **solvent sein** (kaufm.; Ggs. insolvent sein ↑bankrott): in der Lage sein, seinen Verbindlichkeiten nachzukommen und bestimmte Zahlungen zu leisten.

Zahlungsmittel, das: allgemeine Bezeichnung für alle Geldarten sowie Scheck und Wechsel: *für ihn ist Geld nichts weiter als ein Z., es ist zum Ausgeben da.* **Geld,** das (ohne Plural): (in diesem Sinnbereich) allgemeines gesetzliches Zahlungsmittel in Form von Münzen und Banknoten: *Erst wenn der letzte Baum gerodet, der letzte Fluß vergiftet, der letzte Fisch gefangen ist, werdet Ihr erkennen, daß man G. nicht essen kann* (Häuptling Seattle 1855 vor dem amerikanischen Kongreß). **Hartgeld,** das (ohne Plural): Münzen im Unterschied zu Geldscheinen. **Münze,** die: aus Metall bestehendes, mit Bild- und Schriftprägung versehenes Geldstück; Münzen stellen nur niedrigere Werte dar. **Scheidemünze,** die: kleine Münze von geringem Wert. **Kleingeld,** das (ohne Plural): mehrere Münzen, die jmd. bei sich hat und die er für etwas benötigt, z. B. zum Herausgeben oder für einen Automaten: *ich habe kein K.* **Wechselgeld,** das (ohne Plural): Geldstücke oder Geldscheine mit geringerem Wert, die dazu dienen können, Geld auf eine zuviel bezahlte Summe herauszugeben. **Geldstück,** das: i. S. v. Münze; wird nicht offiziell, sondern in der Alltagssprache gebraucht: *er zählte mehrere Geldstücke auf den Tisch.* **Papiergeld,** das (ohne Plural): Geldscheine, Banknoten im Unterschied zum Hartgeld. **Assignaten,** die (Plural) (hist.): Papiergeld der ersten französischen Republik. **Geldschein,** der: Schein der Notenbank, der einen bestimmten – oft auch höheren – Wert repräsentiert. **Banknote,** die: amtlicher Ausdruck für einen von einer Notenbank ausgegebenen Geldschein. **Bargeld,** das (ohne Plural): Geldscheine und Münzen im Unterschied zu Scheck und Wechsel. **Braune,** der (salopp): 50-Mark-Schein. **Blaue,** der (salopp): 100-Mark-Schein. **Riese,** der (salopp): 1000-Mark-Schein. **Lappen,** der (salopp): Geldschein von größerem Wert: *ein blauer L.; er warf mit den Lappen nur so um sich.* **Heiermann,** der (salopp); **Kalbsauge,** das (salopp): 5-Mark-Stück. **Fuchs,** der (salopp): 50-Pfennig-Stück. **Groschen,** der: **a)** (ugs., berlin.): 10-Pfennig-Stück; **b)** kleinste österreichische Währungseinheit: *1 Schilling hat 100 Groschen.* **Sechser,** der (ugs., berlin.): 5-Pfennig-Stück. **Taler,** der: alte Silbermünze; 3-Mark-Stück (in Preußen). **Kreuzer,** der: alte Münze mit einem aufgeprägten Kreuz von unterschiedlichem Wert ($^1/_{60}$ Gulden bzw. $^1/_{90}$ Taler). **Gulden,** der: **a)** alte Gold- bzw. Silbermünze, die vom 14. bis 19. Jahrhundert in Europa verbreitet war; **b)** Währungseinheit in den Niederlanden (= 100 Cents). **Dukaten,** der: alte Goldmünze, die vom 14. bis 19. Jahrhundert in Europa verbreitet war (in Deutschland ungefähr 10 Mark). **Batzen,** der: alte Münze (in Deutschland 4 Kreuzer, in der Schweiz 10 Rappen). **Heller,** der: alte Kupfermünze mit dem geringsten Wert. **Falschgeld,** das: nachgemachtes, unechtes, gefälschtes Geld. **Blüte,** die: gefälschte Banknote; ↑[1]Geld, ↑[2]Geld, ↑[3]Geld.

zähmen, etwas: (in diesem Sinnbereich) einem wilden Tier seine Wildheit nehmen und es an den Menschen gewöhnen, es zahm und zutraulich machen; vgl. zähmen ↑zügeln. **bändigen,** etwas: (in diesem Sinnbereich) ein wildes oder sich wild gebärdendes Tier unter seine Gewalt, unter seinen Willen zwingen, seine Wildheit bezwingen und es gehorchen lassen. **domestizieren** (bildungsspr.): durch Züchtung allmählich bewirken, daß ein wildes Tier zu einem Haustier wird, daß es Eigenschaften ablegt, die sich mit dem Zusammenleben mit den Menschen nicht vertragen; machen, daß ein Tier zum Haustier wird; ↑dressieren.

zeigen, etwas: (in diesem Sinnbereich) etwas vorführen, auf etwas hinweisen: *sie zeigte mir alle Fehler, die er gemacht hatte.* **aufzeigen,** etwas: etwas im einzelnen darlegend nachweisen; deutlich zeigen: *Fehler, Schwächen a.; er zeigte in seinem Vortrag auf, wie groß die Umweltschäden schon sind.* **vergegenwärtigen,** sich etwas/jmdn.: sich etwas/jmdn. [aus der Erinnerung heraus] deutlich vorstellen: *ich mußte mir das alles erst einmal wieder v.* **bewußtmachen,** sich/jmdm. etwas: sich/jmdm. etwas klar vor Augen halten; machen, daß etwas in sein/in jmds. Bewußtsein kommt und daß man/er dadurch etwas zu erkennen beginnt: *ich machte mir bewußt, was das für eine große Belastung für sie war.* **hinterfragen,** etwas: etwas nicht als gegeben hinnehmen, sondern versuchen, die Gründe, Hintergründe, Voraussetzungen zu erkennen: *er hat sein Heimatgefühl hinterfragt;* ↑[2]vorstellen.

Zeitalter, das: (in diesem Sinnbereich) der geschichtliche Zeitabschnitt, dessen Dauer und Verlauf durch eine bedeutsame Persönlichkeit, durch eine vorherrschende Idee oder durch ein besonderes Ereignis bestimmt wird und der dadurch ein kennzeichnendes und einheitliches Gepräge erhält: *im Z. der Raumfahrt.* **Ära,** die (Plural ungebräuchlich; bildungsspr.): der zeitliche Abschnitt in der Geschichte, der eine Reihe von Jahren, Jahrzehnten oder Jahrhunderten umfaßt und der im allgemeinen von einem am Anfang stehenden Geschehen oder dem Handeln eines Menschen geprägt wird und von daher seinen Namen erhält; wird vom Sprecher/Schreiber in positivem Sinne, aber auch mit ironischem Beiklang *(die faschistische Ä.)* verwendet: *Leben und Wirken dieses großen Menschen begründete eine neue Ä. der Weltgeschichte.* **Epoche,** die: der mehr oder weniger fest umrissene geschichtliche Zeitabschnitt, der in seiner Entwicklung und seinem Verlauf durch eine große Persönlichkeit oder ein wesentliches Ereignis, die häufig am Anfang stehen, in bestimmender Weise beeinflußt oder geprägt wird; im Unterschied zu „Ära" bezeichnet das Wort einen so wichtigen zeitlichen Abschnitt in der Geschichte, daß er einen Wendepunkt und Neubeginn in einer Entwicklung darstellt. **Zeit,** die: (in diesem Sinnbereich) bestimmter [größerer] Abschnitt im Ablauf des historischen Geschehens, der gesellschaftlichen Entwicklung [der jedoch zeitlich nicht genau umgrenzt ist]: *die Z. nach dem zweiten Weltkrieg; die Z. des Mittelalters, Goethes;* ↑Zeitraum.

[1]**Zeitpunkt,** der (Plural ungebräuchlich): (in diesem Sinnbereich) ein ganz bestimmter, vereinzelter Zeitteil von geringer Dauer, der vielfach für ein Geschehen bedeutsam sein

kann und u. U. eine Entscheidung fordert: *der richtige Z. war verpaßt;* ↑²Zeitpunkt. **Augenblick,** der (Plural ungebräuchlich): (in diesem Sinnbereich) eine Zeitspanne von geringer Dauer, aber besonderer Eigenart, die u. U. von entscheidender Bedeutung für eine Entwicklung oder einen Verlauf sein kann: *ein kritischer A.* **Moment,** der (Plural ungebräuchlich): i. S. v. Augenblick: *dann kam der M., vor dem ich mich gefürchtet hatte.*

²Zeitpunkt, der: (in diesem Sinnbereich) bestimmtes Datum (im Ablauf der Zeit): *leider mußte die Direktion den Z. der Verhandlungen verschieben; einen Z. für die Aktion festsetzen;* ↑¹Zeitpunkt. **Termin,** der: Zeitpunkt, der für etwas vereinbart wird, worden ist: *die Entscheidung wurde auf einen späteren T. verschoben; einen T. beim Zahnarzt haben.* **Deadline** [dädlain], die: äußerster Termin für etwas; Frist[ablauf].

Zeitraum, der: ein Zeitteil, der in seiner Dauer, seinem Beginn und Ende nicht eindeutig bestimmbar ist oder genau festgelegt werden soll oder der ganz allgemein die zwischen zwei zeitlichen Begrenzungen liegende Zeit in bezug auf ihren Verlauf und die in ihr sich ereignenden Geschehnisse kennzeichnet: *Weltreiche, die über riesige Zeiträume hin bestanden haben.* **Zeitabschnitt,** der: Zeitspanne innerhalb eines sich gewöhnlich über einen größeren Zeitraum erstreckenden geschichtlichen Verlaufes oder einer meist längeren Entwicklung.: *dieser Z. ist durch Männer wie Lessing, Goethe und Schiller geprägt worden.* **Periode,** die: ein bestimmter einzelner Zeitabschnitt, der in seiner Dauer meist genau bestimmt und in sich abgeschlossen ist durch bedeutsame Ereignisse oder durch Wirken einer wichtigen Persönlichkeit: *in dieser kritischen P. seiner Entwicklung erwiesen sich erneut seine großen Fähigkeiten.* **Phase,** die: (in diesem Sinnbereich) Zeitabschnitt innerhalb einer stetig verlaufenden Entwicklung oder eines zeitlichen Ablaufs, der in seiner Dauer durch zwei feste Punkte bestimmt und begrenzt wird und der im Gegensatz zu „Periode“ durch Einmaligkeit in seinem Erscheinen und durch eine mehr oder weniger starke Verbindung mit dem Vorangegangenen und dem Nachfolgenden gekennzeichnet ist: *wir sind längst in die restaurative P. eingetreten.* **Zeitspanne,** die: allgemeine Bezeichnung für einen Zeitabschnitt von nicht sehr langer Dauer, dessen Beginn und Ende vielfach näher bestimmt sind: *in dieser verhältnismäßig kurzen Z. von zwei Jahrzehnten hat sich das Aussehen dieser Stadt völlig gewandelt.* **Äon,** der (meist Plural; dichter.): ein unermeßlich lange dauernder und unendliche Zeiten umspannender Zeitraum, der in seiner Erstreckung nicht genau bestimmbar ist: *Es kann die Spur von meinen Erdentagen/Nicht in Äonen untergehn* (Goethe, Faust II, 11 583); ↑Zeitalter.

Zeitung, die: meist täglich, seltener wöchentlich erscheinende Druckschrift, die einem meistens größeren Leserkreis in Nachrichten, Mitteilungen und Anzeigen sowie durch Leitartikel, Kritiken, Kommentare usw. die verschiedensten Tagesereignisse bekanntmacht; besonders kennzeichnend ist dabei die Vielseitigkeit des Inhalts und der besprochenen und wiedergegebenen Themen (Politik, Wirtschaft, Kultur, Sport, Lokales usw.): **Zeitschrift,** die: meist in regelmäßiger Folge wöchentlich, monatlich, vierteljährlich u. ä. erscheinendes Druckerzeugnis, das entweder von allgemeinerem Inhalt wie die Zeitung ist oder das über ein bestimmtes Stoffgebiet in Abhandlungen, Aufsätzen, Besprechungen usw. genau unterrichtet und sich damit gewöhnlich an einen festen Bezieherkreis wendet. **Illustrierte,** die: regelmäßig, meist wöchentlich erscheinende Zeitschrift, die vor allem der Unterhaltung dient und dabei überwiegend Fotos aus dem Zeitgeschehen und Fortsetzungsromane veröffentlicht. **Blatt,** das: i. S. v. Zeitung; wird in der Regel dann gebraucht, wenn man sich auf eine bestimmte Zeitung bezieht: *dieses B. ist ja dafür bekannt; ein bekanntes, von vielen gelesenes B.* **Blättchen,** das (leicht abschätzig): kleinere Zeitung, die ihrem Inhalt und Anspruch nach nicht von großer Bedeutung ist oder so beurteilt wird. **Journal,** das (selten): (in diesem Sinnbereich) in regelmäßiger oder auch freier Folge erscheinende, meist umfangreiche und gewöhnlich mit Bildern versehene Zeitschrift; wird heute vor allem benutzt, um Modezeitschriften zu bezeichnen. **Magazin,** das: gewöhnlich regelmäßig erscheinende Zeitschrift von größerem Umfang, die mit Zeichnungen oder Fotos versehen ist und der Unterhaltung des Lesers oder seiner Unterrichtung durch Berichte, Aufsätze, Erzählungen, Romane usw. dient. **Organ,** das: (in diesem Sinnbereich) Mitteilungsblatt, Zeitung oder Zeitschrift, die von einem Verband, einem Verein oder einer Partei herausgegeben wird, um darin interne Mitteilungen oder besondere, meist fachliche Abhandlungen zu veröffentlichen. **Kampfpresse,** die: Zeitungen und Zeitschriften, die (im Urteil des Sprechers/Schreibers) das Ziel verfolgen, gegen bestimmte politische Persönlichkeiten oder Parteien zu agitieren, was als negativ empfunden und in der Regel von denen gebraucht wird, die sich angegriffen fühlen: *Minister Stoltenberg sprach von der K., die den Fall Barschel in die Schlagzeilen gebracht habe.* **Provinzblatt,** das: **a)** Zeitung mit allgemeinem Inhalt, die außerhalb der Hauptstadt in kleinen Städten erscheint; **b)** (abwertend): kleinere und geistig wenig anspruchsvolle Zeitung, die man ironisch oder geringschätzig als kulturell rückständig kennzeichnen will. **Gazette,** die (leicht ironisch): Zeitung, die über Ereignisse und Angelegenheiten von allgemeinem Interesse in einer Weise berichtet, die vielfach zu einem abschätzigen Urteil herausfordert. **Extrablatt,** das: die außerhalb der normalen Erscheinungsfolge herausgebrachte Sonderausgabe einer Zeitung, die meist von geringerem Umfang ist und eine einmalige und aufsehenerregende Neuigkeit verbreiten will. **Käseblatt,** das (salopp; verächtlich); **Wurstblatt,** das (salopp; abwertend): kleine und unbedeutende Zeitung, deren Inhalt von geringem geistigem Wert ist. **Sensationsblatt,** das (abwertend); **Skandalblatt,** das (verächtlich): Zeitung, die außerordentliche und allgemein aufregende Neuigkeiten und Ereignisse in großer, übertreibender Aufmachung und auf vielfach vergröbernde Weise durch Bildmaterial oder besondere Texte wiedergibt. **Regenbogenpresse,** die (leicht abwertend): alle die Zeitungen und Zeitschriften, die in nicht seriöser Weise und in bunter Aufmachung vor allem das Bedürfnis nach Sensationen und Klatsch befriedigen. **Revolverblatt,** das (verächtlich): Zeitung von niedrigem geistigem Rang, die hauptsächlich über Skandale und Kriminalfälle berichtet. **Schmutzblatt,** das (verächtlich): Zeitung, die mit ihren Veröffentlichungen gegen Sitte und Anstand verstößt; vielfach ist zugleich mit der abschätzigen Wertung Zorn, Wut oder Empörung verbunden. **Boulevardblatt** [bulᵉwar...], das (abwertend): nicht sehr umfangreiche billige, meist in großen Auflagen erscheinende Zeitung, die sensationell aufgemacht und auf den Geschmack der breiten Masse zugeschnitten ist. **Sexpostille,** die (scherzh.); **Sexblatt,** das (ugs.): Zeitschrift, die in Bild und Text vor allem Sex zum Thema hat; ↑Artikel, ↑Schlagzeile.

Zeitungsmann, der (ugs.): (in diesem Sinnbereich) allgemeine Bezeichnung für den Mitarbeiter einer Zeitung, der entsprechend seinen Aufträgen meist aktuelle Berichte über Angelegenheiten und Ereignisse des täglichen, öffentlichen Lebens verfaßt oder auch Abhandlungen, Aufsätze und Artikel von allgemein interessierendem Inhalt schreibt und in einer Zeitung oder Zeitschrift veröffentlicht. **Journalist,** der: haupt- oder freiberuflich tätiger Mitarbeiter einer Zeitung oder Zeitschrift, der über die verschiedensten Vorkommnisse und Ereignisse in der Politik, im täglichen Leben berichtet, der Berichte allgemeiner Art verfaßt oder der stets über die Neuigkeiten eines bestimmten Bereiches schreibt. **Reporter,** der: jmd., der in der Presse über die verschiedensten aktuellen Ereignisse schreibt oder im Funk berichtet. **Berichterstatter,** der: jmd., der über aktuelle Vorkommnisse in Wort und Bild berichtet. **Bildreporter,** der: Reporter, der Bilder, Bildberichte sowie Bildreportagen liefert. **Korrespondent,** der: für Zeitungen oder Zeitschriften [in der Hauptstadt eines fremden Landes] tätiger Berichterstatter, der in einem festen oder freien Berufsverhältnis steht und von der Redaktion Aufträge erhält, um regelmäßig zu bestimmten Fragen Stellung zu nehmen, über besondere Tätigkeitsbereiche zu berichten oder von bedeutsamen Geschehnissen, Orten oder Schauplätzen aktuelle und allgemein unterrichtende Berichte zu geben. **Publizist,** der (geh.): für eine Zeitung oder Zeitschrift tätiger Schriftsteller, der sich besonders mit aktuellen und bedeutsamen Fragen des kulturellen, politischen oder gesellschaftlichen Lebens befaßt und seine Erfahrungen und Erkenntnisse in Abhandlungen und Artikeln von gehobenerem literarischem Rang wiedergibt und häufig dadurch die Öffentlichkeit beeinflußt; keine Berufsbezeichnung. **Kolumnist,** der: meist recht bekannter Journalist, der regelmäßig in einer ganz bestimmten Spalte einer Zeitung oder Zeitschrift seine Beiträge und Aufsätze veröffentlicht, in denen er zu Fragen des politischen und gesellschaftlichen Lebens Stellung nimmt. **Zeitungsschreiber,** der (ugs.): [freiberuflicher] Mitarbeiter einer Zeitung, der Artikel allgemeiner Art verfaßt; drückt die Skepsis oder Ablehnung des Sprechers/Schreibers aus. **Schmock,** der (verächtlich): schlechter Journalist, der ohne klare Linie und feste Gesinnung seine Artikel schreibt, sie an alle möglichen Zeitungen verkauft und sich in Stil, Inhalt und Tendenz nach dem jeweiligen Abnehmer oder Publikum richtet.

zerbrechen, etwas: (in diesem Sinnbereich) jmdm. versehentlich entzweigehen (in bezug auf leicht splitterndes Material, z. B. Glas, Porzellan, Ton o. ä.): *ich habe beim Abtrocknen eines der kostbaren Weingläser zerbrochen;* vgl. zerbrochen ↑entzwei. **zerschlagen,** etwas: etwas Zerbrechliches oft in unbeherrschter Wut, im Zorn entzweischlagen:

als er sah, daß er seinen Willen nicht durchsetzen konnte, zerschlug er in seiner Wut ein paar Teller. **zerteppern,** etwas (fam.): [durch Ungeschicklichkeit] etwas Zerbrechliches in Scherben gehen lassen: *was Sie in der Küche z., müssen Sie von Ihrem Taschengeld ersetzen.* **kaputtmachen,** etwas (ugs.): (in diesem Sinnbereich) i. S. v. zerbrechen: *ich habe heute drei Tassen kaputtgemacht.* **zerschmeißen,** etwas (salopp): etwas Zerbrechliches zerschlagen, indem man es im Affekt heftig, mit Wucht auf den Boden, auf eine harte Fläche wirft oder durch Ungeschicklichkeit fallen läßt oder mit einem Gegenstand danach wirft: *sie hat ihre schöne Blumenvase zerschmissen.*

zerknittern, etwas: etwas in der Hand zusammenballen oder auf andere Art zusammendrücken, indem man sich z. B. darauf setzt, so daß viele Falten entstehen und der betreffende Gegenstand dadurch unansehnlich wird; es handelt sich dabei, wie auch bei den folgenden Wörtern dieser Gruppe, im allgemeinen um Dinge aus Stoff und Papier. **zerknüllen,** etwas (ugs.): ein Stück Papier oder Stoff in der Hand [zu einem Ball] zusammendrücken, es völlig zerknittern. **zerknautschen,** etwas (ugs.): einen Gegenstand, im allgemeinen ein Kleidungsstück, zerknittern, zerdrücken, so daß es seine Form und sein ordentliches Aussehen verliert.

zerlegen, etwas: (in diesem Sinnbereich) etwas Zusammengesetztes, ein Gerät, einen Apparat sorgfältig in seine verschiedenen Einzelteile auseinanderlegen, -schrauben o. ä.; besagt meist, daß der betreffende Gegenstand dabei nicht beschädigt wird, sondern daß die Einzelteile anschließend wieder zusammengesetzt werden können: *einen Motor, ein Fahrrad z.* **in seine Bestandteile zerlegen,** etwas: einen aus vielen Einzelteilen bestehenden [technischen] Gegenstand vollständig auseinanderschrauben, so daß nur eine große Zahl kleinerer Teile übrigbleibt. **auseinandernehmen,** etwas: i. S. v. zerlegen; während „zerlegen" den Blick auf die Einzelteile lenkt, die am Ende daliegen, wird in „auseinandernehmen" der Blick auf das Ganze gelenkt, das nach und nach demontiert wird.

zerreißen, etwas: (in diesem Sinnbereich) einen Gegenstand mit Gewalt in zwei oder mehrere Teile auseinanderreißen. **in Stücke reißen,** etwas: (in diesem Sinnbereich) einen Gegenstand aus leicht zerreißbarem Material, meist im Affekt, gewaltsam in mehrere Teile zerreißen [um ihn zu zerstören]. **zerfetzen,** etwas: einen Gegenstand aus leicht zerreißbarem Material in besonders häßlicher Weise durch Gewaltanwendung beschädigen oder in mehrere Fetzen zerreißen. **zerfleddern,** etwas: Bücher, Zeitschriften, Zeitungen o. ä. durch schlechte Behandlung oder durch sehr häufigen Gebrauch so sehr beanspruchen, daß sich einzelne Seiten lösen oder daß sie einreißen.

[1]**zerstören,** etwas: (in diesem Sinnbereich) Städte, Häuser o. ä. in Trümmer legen oder verwüsten: *viele Städte wurden durch Bombenangriffe zerstört.* **vernichten,** etwas: etwas völlig zerstören, so daß davon oder von seiner früheren Form nichts mehr erhalten bleibt: *das Feuer vernichtete einen großen Teil des Schlosses.* **dem Erdboden gleichmachen,** etwas: eine Stadt, ein größeres bewohntes Gebiet völlig zerstören, so daß kein Stein mehr auf dem anderen bleibt. **ausradieren,** etwas: eine Stadt restlos zerstören, so daß sie in Zukunft auf der Landkarte nicht mehr zu finden sein wird; drückt Brutalität und Zynismus aus. **zusammenschießen,** etwas (salopp): durch Beschuß Gebäude o. ä. in Trümmer legen: *die feindlichen Stellungen z.* **sprengen,** etwas: etwas mit Hilfe von Sprengstoff zerstören: *das Munitionsdepot s.* **in die Luft sprengen,** etwas: durch Sprengen machen, daß etwas nicht mehr vorhanden ist; ist emotional gefärbt: *dieser Bunker ist ein Schandfleck in unserer Stadt, man sollte ihn in die Luft sprengen;* ↑beschädigen, ↑niederbrennen, ↑verwüsten.

[2]**zerstören,** etwas: (in diesem Sinnbereich) etwas durch Gewaltanwendung volkommen unbrauchbar machen: *die Saboteure zerstörten planmäßig die Telefonleitungen.* **zertrümmern,** etwas: etwas in Stücke schlagen: *unbekannte Täter haben gestern 10 Grabsteine zertrümmert.* **demolieren,** etwas (ugs.): etwas durch Gewalt so stark beschädigen oder verunstalten, daß es nahezu oder völlig unbrauchbar wird; es handelt sich dabei meist um ein mutwilliges oder sinnlos-brutales Zerstören von Gegenständen: *die Betrunkenen demolierten die Gaststätte.* **kaputtmachen,** etwas (fam.): einen Gegenstand auf irgendeine Weise unbrauchbar machen; ↑verwüsten.

zertreten, etwas: mit den Füßen so fest auf etwas treten, daß es zerstört oder schwer beschädigt oder, falls es sich um ein Lebewesen handelt, getötet wird. **zerstampfen,** etwas: (in diesem Sinnbereich) mehrmals kräftig, mit Wucht auf etwas treten und es dadurch zerstören oder töten. **zertrampeln,** etwas: mehrmals plump und derb auf etwas treten und es dadurch zerstören oder töten; enthält Kritik des Sprechers/Schreibers; kennzeichnet weniger die Wucht als die Mutwilligkeit oder Unachtsamkeit, mit der sich jmd. bewegt: *den Rasen z.*

ziehen: den kürzeren ziehen (ugs.): einem anderen gegenüber im Nachteil sein, weil man etwas nicht genügend im voraus bedacht oder die Rentabilität eines Vorhabens nicht genau überlegt hat. **der Dumme sein** (ugs.): unvorsichtig oder unbedacht handeln und als Folge davon Schaden oder Nachteil haben; derjenige sein, der den Schaden hat, während anderen, die bei etwas mitbeteiligt sind, keine Nachteile erwachsen; ↑hereinfallen, ↑resignieren, ↑scheitern.

zieren, sich: sich durch ein unnatürliches, gekünsteltes Benehmen den Anschein von Zurückhaltung geben, wobei man dankend etwas ablehnt, was man in Wahrheit gern haben oder tun möchte: *sie glaubte wohl, daß es zum guten Ton gehöre, sich erst eine Weile zu z.* **anstellen,** sich (ugs.): unnötige Bedenken äußern und sich zuerst in gezierter Weise sträuben, auf etwas einzugehen, etwas anzunehmen, obgleich man es gerne täte oder hätte: *nun nimm schon, stell dich nicht so an!* **haben,** sich (salopp): sich falsche Zurückhaltung auferlegen und sich zunächst ablehnend verhalten, wenn einem etwas angeboten wird oder wenn man eine Einladung erhält, der man im Grunde gern folgen würde: *hab dich nicht so! Zeige deinen Dank lieber, indem du mitmachst.* **tun** (ugs.): i. S. v. sich haben: *tu nicht so! Du willst es doch gerne haben.*

Zimmer, das: der bewohnte, zu bestimmten Verrichtungen des täglichen Lebens benutzte und seiner Bestimmung entsprechend ausgestattete Raum in einer Wohnung, einem Haus; läßt im Unterschied zu „Raum" offen, ob es dem eigenen oder einem fremden häuslichen Lebensbereich angehört oder ob es nur nach seiner Bestimmung charakterisiert werden soll. **Raum,** der: (in diesem Sinnbereich) i. S. v. Zimmer; bezieht sich jedoch im allgemeinen auf ein Zimmer, das man als nicht zu seinem eigenen häuslichen Lebensbereich gehörend kennzeichnen will (also nicht: das ist mein R.; ich bin in meinem R.) oder das man nur nach seiner Beschaffenheit charakterisieren will, und steht in diesem Fall selten ohne entsprechende Attribute: *er betrat den R., ohne anzuklopfen.* **Wohnraum,** der: bewohnbarer, zum Aufenthalt oder Schlafen benutzbarer Raum innerhalb einer Wohnung; allgemeinste Bezeichnung. **Bude,** die (salopp): (in diesem Sinnbereich) [einfach] möbliertes Zimmer [eines Studenten]. **Loch,** das (abwertend): enge, dunkle Räumlichkeit: *in diesem L. möchte ich nicht wohnen.* **Stube,** die (veraltend): [schlicht eingerichtetes] Zimmer; vgl. gute Stube ↑Wohnzimmer. **Kammer,** die: meist nicht heizbarer Nebenraum. **Gemach,** das: **a)** (meist Plural; dichter.): reich ausgestatteter Wohnraum; Zimmer eines Schlosses oder Herrensitzes; **b)** (selten): wohnlicher, eine gewisse Behaglichkeit bietender Raum. **Gelaß,** das (geh.): **a)** kleiner, enger, durch seine dürftige Ausstattung einen unwohnlichen Eindruck machender Nebenraum; **b)** kleiner, gehäuseartiger Einbau in einem größeren Raum. **Kabinett,** das (selten): kleines [einfenstriges], oft besonders gut ausgestattetes Zimmer für die verschiedensten Zwecke und Bedürfnisse, häufig zur Aufbewahrung von [privaten] Kunstsammlungen o. ä.; ↑Unterkunft, ↑Wohnung, ↑Wohnzimmer.

zittern: a) aus Angst, Schwäche o. ä. heraus körperlich in einen Zustand geraten, in dem ein Teil des Körpers (z. B. Hände, Mund) unwillkürlich in ganz kurzen, rasch aufeinanderfolgenden Rucken Hinundherbewegungen macht: *seine Knie zitterten;* **b)** /von Sachen/ infolge einer Erschütterung sich in kurzen, schnell aufeinanderfolgenden leichten Stößen hin- und herbewegen: *die Kompaßnadel zitterte.* **beben** (geh.): sich in heftiger Erschütterung befinden, wobei stärkere ruckartige Bewegungen erfolgen **a)**/beim Menschen infolge starker innerer Erregung wie Zorn, Empörung/: *er bebte vor Wut; seine Stimme bebte;* **b)**/von Sachen/ *die Erde bebte.* **schlottern:** ohne Halt und Festigkeit heftig hin und her schlenkernd sich bewegen: *seine Glieder schlotterten; vor Angst s.;* vgl. schlottern ↑frieren. **erzittern:** zu zittern beginnen: *er schlug die Tür hinter sich zu, daß das Haus in allen Fugen erzitterte.* **erbeben:** [sehr] zu beben beginnen: *der Wind ließ das Haus e.*

zögern [mit/bei/vor etwas]: aus Vorsicht, Zweifel, aus irgendwelchen Überlegungen oder Hemmungen heraus mit der Ausführung einer bestimmten Handlung warten, sie [für eine kurze Zeitspanne, einen Augenblick] hinausschieben. **zaudern** (geh.): mit der Ausführung einer Handlung aus Unentschlossenheit, oft aus Angst zögern. **zagen** (dichter.): aus Furcht oder Bedenklichkeit, aus Scheu unentschlossen sein und schwanken, eine Handlung auszuführen: *gelegentlich blieb er zagend stehen.* **schwanken:** unsicher sein bei der Entscheidung zwischen zwei oder mehreren Möglichkeiten, die gleichwertig erscheinen; unentschieden sein in bezug auf etwas: *ich habe lange geschwankt, in welcher Weise ich vorgehen sollte.* **unentschlossen sein:** in bezug auf eine zukünftige Handlung noch ohne Entschluß sein. **unschlüssig sein:** nicht wissen, ob man etwas Bestimmtes tun oder lassen soll, welche Wahl man in einem bestimmten Fall treffen soll. **säumen** (geh.): aus Nachlässigkeit oder Trägheit mit der Ausführung von etwas warten: *du darfst nicht länger s.*

Zorn, der (ohne Plural): leidenschaftlicher und heftiger Unwille über eine Handlung, ein Ereignis oder einen Zustand, die als Unrecht empfunden werden oder den eigenen Zwecken und Wünschen zuwiderlaufen; äußert sich in Miene, Wort oder Handlung und richtet sich meist gegen einen bestimmten Menschen als den Urheber des Ärgernisses: *den Z. des Volkes herausfordern;* ↑zornig. **Wut,** die (ohne Plural): heftiger, sich unbeherrscht in Miene, Wort oder Tat äußernder Unwille, der im Unterschied zu „Zorn" weniger aus einem Rechtsempfinden als aus dem unmittelbaren, die Vernunft und Selbstbeherrschung überwältigenden Gefühl des Gekränktwerdens, des eigenen Versagens usw. heraus entsteht: *schäumend vor W.; in besinnungslose W. geraten;* vgl. wütend ↑zornig. **Rage** [rasch[e]], die (ohne Plural; ugs.; veraltend): ein aus Ärger, Empörung hervorgegangenes unbeherrschtes Verhalten; ist emotional gefärbt [und drückt aus, daß der Betreffende seinen Unmut, Unwillen nicht mehr bändigen kann]: *dieses Mißgeschick brachte ihn in R.* **Grimm,** der (ohne Plural; geh.): **a)** wütender, sich in Grausamkeit und Zerstörungslust äußernder Unwille: *der Feind wütete mit verderblichem G. in unserem Land;* **b)** zurückgedämmter, aber starker Zorn, der dem Ausbruch nahe ist: *sein G. ist so groß, daß er bersten könnte;* vgl. grimmig ↑zornig. **Ingrimm,** der (ohne Plural; geh.): verbissene Wut oder verhaltener, oft den Verhältnissen gegenüber ohnmächtiger Zorn: *die politischen Verhältnisse kann man oft nur mit stillem I. betrachten.* **Jähzorn,** der (ohne Plural): plötzlicher und ungestümer Zornesausbruch, der auf einer charakterlichen Neigung zur Heftigkeit beruht und durch einen bestimmten Vorfall ausgelöst wird: *in seinem J. schlug er auf den Jungen ein;* ↑Mißmut, ↑Niedergeschlagenheit.

zornig: zornerfüllt; sich in einem Erregungszustand befindend, der sich im Gesichtsausdruck und in den Äußerungen zeigt; wird sowohl auf die Person unmittelbar wie auf ihre Äußerungen, Verhaltensweisen bezogen: *eine zornige Bewegung;* ↑Zorn. **geladen** (salopp): voll aufgestauter Wut. **aufgebracht:** über etwas, was man mißbilligt, stark erregt [und seiner Empörung darüber laut Ausdruck verleihend]; wird im allgemeinen subjektbezogen gebraucht: *er war über die unverschämte Bemerkung sehr a.* **bitterböse** (emotional verstärkend): sehr erbost, was sich vor allem im Gesicht des Betreffenden widerspiegelt: *jmdm. bitterböse Blicke zuwerfen.* **wütend:** von einer gesteigerten zornigen Erregung ergriffen; von „zornig" unterscheidet sich „wütend" durch den höheren Grad der Erregung und der Unbeherrschtheit, den es ausdrückt; vgl. Wut ↑Zorn. **geharnischt:** sich in empörten, scharfen Worten gegen etwas äußernd und sich an jmdn. damit wendend: *er schrieb einen geharnischten Brief.* **wutentbrannt** (geh.): aus einem bestimmten Anlaß von plötzlicher, heftiger Wut ergriffen: *w. stürzte er sich auf seinen Gegner.* **wutschnaubend** (ugs.); **wutschäumend:** außer sich vor Wut: *wutschnaubend, wutschäumend kam er uns entgegen.* **fuchsteufelswild** (emotional verstärkend): sehr wütend: *als er das hörte, wurde er f.* **zähneknirschend:** von einer ohnmächtigen, verbissenen Wut ergriffen: *z. hörte er das Urteil an.* **grimmig:** von Grimm erfüllt: *g. aussehen.* **fuchtig** (ugs.): i. S. v. aufgebracht: *f. werden; auf jmdn. f. sein; jmdn. f. machen;* ↑ärgerlich, ↑entrüstet, ↑unwillig, ↑unzufrieden, ↑verärgert, ↑wütend (werden).

zubilligen, jmdm. etwas: jmds. ausgesprochenen oder unausgesprochenen Anspruch auf etwas als berechtigt anerkennen, es ihm zusprechen: *den Ländern Autonomie und freies Handeln z.* **zugestehen,** jmdm. etwas: [weil man nicht umhinkann] einem mit aller Deutlichkeit zum Ausdruck gebrachten oder klar zutage liegenden Anspruch stattgeben: *ein Gewinnanteil von 10% wurde ihm auf Grund seines hohen Einsatzes zugestanden.* **einräumen,** jmdm. etwas: jmdm. [unter Verzicht auf eigene Rechte] mit einer gewissen Überwindung ein Recht, einen Vorteil zugestehen: *man schien geneigt, dem Besitzer alle Vorrechte einzuräumen.* **konzedieren,** jmdm. etwas (bildungsspr.): (in diesem Sinnbereich) jmdm. ein Recht oder einen Vorteil zugestehen, ohne daß man dies – im Unterschied zu „einräumen" – als irgendeinen Verlust für sich selbst oder als eine Aufgabe der eigenen Position empfindet: *in Anbetracht seiner Fähigkeiten konzedierte man ihm eine freie Einteilung seiner Arbeitszeit.*

züchtigen, jmdn. (geh.): (in diesem Sinnbereich) jmdn. wegen eines begangenen Unrechts, wegen seines unerlaubten oder falschen Verhaltens empfindlich bestrafen, meist mit der Absicht, dem Betreffenden eine Lehre für die Zukunft zu erteilen, ihn zu bessern oder um sich selbst [für erlittene Schmach] zu rächen; läßt erkennen, daß der Ausführende eine gewisse Machtstellung gegenüber dem Gezüchtigten innehat, und betont die Härte der körperlichen Strafe;

vgl. züchtigen ↑ahnden. **schlagen,** jmdn.: (in diesem Sinnbereich) jmdn. für seinen Ungehorsam, sein unerlaubtes Handeln mit Schlägen bestrafen, ihm einen oder mehrere Schläge mit der Hand oder mit einem Stock geben; besagt ohne nähere Erläuterung im Gegensatz zu „züchtigen" und „abstrafen" nichts über die Härte und Heftigkeit der Bestrafung; ↑schlagen. **abstrafen,** jmdn. (selten): jmdn. [unmittelbar nach begangener Tat] mit Schlägen bestrafen [so daß die Sache damit abgetan ist].

[1]**zufallen,** etwas fällt jmdm. zu (geh.): (in diesem Sinnbereich) etwas wird jmdm. ohne eigenes Zutun, durch besonderes Glück oder Begabung gegeben, verliehen: *ihm fällt alles im Leben zu.* **zuteil werden,** etwas wird jmdm. zuteil (geh.): etwas wird vom Schicksal oder einer weltlichen Macht gewährt oder auferlegt; wird von Vergünstigungen oder Belastungen gesagt: *ihm wurde ein schweres Los zuteil.* **in den Schoß fallen,** etwas fällt jmdm. in den Schoß: etwas wird jmdm. unversehens geschenkt, vom Schicksal gewährt, ohne daß er sich darum zu bemühen brauchte: *ihm ist diese Erbschaft in den Schoß gefallen.*

[2]**zufallen,** etwas fällt jmdm. zu: (in diesem Sinnbereich) **a)** etwas wird jmdm. ohne sein Zutun und ohne die Möglichkeit der Weigerung aufgetragen; wird von einer Aufgabe, einem irgendwie bemessenen Anteil an der Leistung einer Gruppe gesagt, betont jedoch im Unterschied zu „entfallen" nicht das Verhältnis des Teils zum Ganzen: *Ihnen fällt die heikle Aufgabe zu, einen Bericht abzufassen;* **b)** etwas wird jmdm. aus einem zur Verteilung durch Rechtsspruch oder Los bestimmten Bestand oder Betrag zu eigen; wird im Unterschied zu „entfallen" hauptsächlich von [beträchtlichem] Besitzzuwachs gesagt, den jmd. [unerwartet] erhält: *ihm ist das ganze Erbe zugefallen.* **entfallen,** etwas entfällt auf jmdn.: (in diesem Sinnbereich) etwas wird als Anteil von oder an etwas jmdm. zugeteilt, zugesprochen; bezieht sich im allgemeinen nur auf Teilmengen, Teilbeträge o. ä.: *auf jeden der Mitspieler entfielen dreihundert Mark.* **fallen,** etwas fällt an jmdn. (selten): **a)** i. S. v. zufallen a); wird im Unterschied zu diesem hauptsächlich dann gebraucht, wenn nicht die Aufgabe, die jmdm. zufällt, sondern die Person hervorgehoben werden soll, an die etwas fällt; **b)** i. S. v. zufallen b); betont im Unterschied dazu ebenso wie „fallen" a) die Person, an die die betreffende Sache fällt: *das oberschlesische Industriegebiet war zu einem großen Teil an Polen gefallen.*

zufriedengeben, sich mit etwas: aufhören, mehr oder Besseres zu verlangen, als man erreicht hat oder erlangen kann: *willst du dich nicht endlich z. mit dem, was du hast?* **begnügen,** sich mit etwas: [wohl oder übel] mit wenigem zufrieden sein und keine größeren Ansprüche stellen. **bescheiden,** sich (geh.): anspruchslos genug sein, um das wenige, was man bekommen oder erreicht hat, als ausreichend zu betrachten: *er hat sich stillschweigend mit dem kleineren Erbteil beschieden.* **vorliebnehmen,** mit etwas: da Besseres nicht vorhanden ist, zu dem greifen, was einem zur Verfügung steht und sich damit behelfen; ↑[3]schicken (sich in etwas).

zufügen, jmdm. etwas: absichtlich oder unabsichtlich die Ursache dafür sein, daß jmd. Schaden nimmt; wird meist von demjenigen gebraucht, der den Schaden erleidet; wird von Menschen und Dingen gesagt: *dieser Krieg hat der Bevölkerung große Verluste zugefügt.* **antun,** jmdm. etwas: (in diesem Sinnbereich) i. S. v. zufügen; betont aber weit stärker das persönliche Verhältnis zwischen Handelndem und Betroffenem und bringt zum Ausdruck, daß jmd. von der Handlungsweise eines anderen seelisch hart getroffen worden ist: *daß er eine solche Schmach seiner Frau a. konnte!* **beibringen,** jmdm. etwas: (in diesem Sinnbereich) jmdm. willentlich etwas Übles, Böses zufügen; wird nur beschränkt in einigen festen Verbindungen gebraucht: *dem Feind eine Niederlage b.*

Zug, der: Gesamtheit aller aneinander gekoppelten Wagen mit Lokomotive oder Triebwagen (bei der Eisenbahn): *er saß im Z. nach Mailand.* **Eisenbahn,** die: schienengebundenes [Fern]verkehrsmittel mit eigenem Bahnkörper: *er fährt mit der E.* **Bahn,** die: kurz für ↑Eisenbahn: *mit der B. ist das Reisen bequemer als mit dem Auto;* ↑Wagen.

zügeln, etwas; **Zügel anlegen,** einer Sache (Dativ) (nachdrücklich): seinen Affekten, Trieben, lebhaften Gefühlsäußerungen nicht freien Lauf lassen, sondern sie weitgehend einschränken, sie zurückhalten; wie auch bei den anderen Wörtern dieser Gruppe hat das jeweilige Objekt meist ein Possessivpronomen bei sich: *seine Neugier zügeln.* **bändigen,** etwas: etwas Ungestümes, heftige Affekte und Triebe, Gefühlsäußerungen irgendwelcher Art [mit Mühe] bezwingen, sie nicht zum Ausbruch kommen lassen: *sie konnte ihre Blicke nur mühsam b.;* vgl. bändigen ↑zähmen. **mäßigen,** etwas: den hohen Grad einer Leidenschaft, einer Gefühlsäußerung, einer Begierde u. ä. durch Willensanstrengung [auf ein erträgliches Maß] herabmindern: *es fällt ihm schwer, sein überschäumendes Temperament* *zu m.;* vgl. mäßigen, sich ↑maßhalten. **zähmen,** etwas: Affekte u. ä., die ausbrechen wollen, so unterdrücken, daß sie das übliche Maß nicht überschreiten [und sich herkömmlicher, guter Lebensart anpassen]; kennzeichnet meist ein ständiges Bemühen, seltener eine Willensanstrengung in einer bestimmten Situation: *er war stets bemüht, seine Leidenschaften und Begierden zu z.;* ↑zähmen. **bezähmen,** etwas: Affekte, Triebe, Gefühlsäußerungen u. ä. nicht ausbrechen, nicht in Erscheinung treten lassen, sondern sie unterdrücken, in Schranken halten; kennzeichnet gegenüber „zähmen" meist eine Willensbemühung in einer bestimmten Situation: *seine Neugier b.;* vgl. bezähmen, sich ↑maßhalten.

Zuhälter, der: Mann, der eine Person dazu anhält, der Prostitution nachzugehen, und der seinen Lebensunterhalt aus deren Einkünften bestreitet, der auch bei den „Freiern" als Vermittler auftritt und als Gegenleistung für die finanzielle Teilhabe (Ausbeutung) einen gewissen Schutz gewährt. **Loddel,** der (salopp); **Louis** [lu̲i], der (salopp; abwertend); **Lude,** der (salopp; abwertend): i. S. v. Zuhälter. **Strizzi,** der (salopp; bes. österr.); **Stenz,** der (salopp; abwertend): (in diesem Sinnbereich) i. S. v. Zuhälter; ↑Prostituierte.

zuhören [einer Sache/jmdm. bei etwas]: Worten oder Tönen Aufmerksamkeit schenken; einer Rede, einer musikalischen Darbietung o. ä. [aufmerksam] folgen: *sie hörte ihm wohlwollend zu.* **hinhören** [auf etwas]: seine Aufmerksamkeit Worten, Tönen, Geräuschen zuwenden, die [zufällig] in der Nähe des Betreffenden laut werden; besagt im Unterschied zu „zuhören", daß man sich bemüht, etwas [was man zufällig hört, was nicht an einen gerichtet ist] deutlich zu vernehmen und zu verstehen: *er hörte auf das, was sie sagte, nur halb hin.* **anhören,** [sich (Dativ)] etwas: etwas, was gehört werden soll, was zu Gehör gebracht wird und an einen gerichtet ist, mit Aufmerksamkeit, kritischem Verständnis aufnehmen; dem, was man hören will oder soll, seine volle Aufmerksamkeit widmen: *Platten a.* **hören** [auf etwas]; **horchen** [auf etwas] (ugs.): (in diesem Sinnbereich) Worten, Tönen oder Geräuschen, die man [plötzlich] vernimmt, aufmerksam folgen: *er horchte auf den Sturm draußen;* ↑horchen; ↑hören. **lauschen** [einer Sache; Dativ]: (in diesem Sinnbereich) andächtig, versunken etwas anhören, bei etwas zuhören.

[1]**zukommen: zukommen lassen,** jmdm. etwas: (in diesem Sinnbereich) jmdm. fürsorglich, großzügig etwas, was er braucht und zu verdienen scheint, gewähren: *jmdm. eine größere Summe, eine Vergünstigung zukommen lassen;* ↑[2]zukommen. **verhelfen,** jmdm. zu etwas: sich mit Erfolg bemühen, daß ein anderer etwas, was er gern erlangen möchte, auch bekommt: *jmdm. zum Erfolg, zu einer Anstellung v.* **zuschanzen,** jmdm. etwas (ugs.): jmdm. auf Grund persönlicher Bekanntschaft, Freundschaft o. ä. – mehr unter der Hand – zu etwas verhelfen: *jmdm. einen guten Posten z.* **zuteil werden lassen,** jmdm. etwas (geh.): jmdm. etwas, meist eine besondere Gunst oder Vergünstigung, gewähren. **angedeihen lassen,** jmdm. etwas (geh.): jmdm., für den man sich verantwortlich fühlt oder dem man etwas Gutes tun möchte, etwas gewähren, meist eine Hilfe, Fürsorge oder Förderung in größerem Maß; steht im Unterschied zu „zukommen lassen" immer mit abstraktem, den Akt der Hilfe usw. bezeichnendem Objekt: *den Bürgern im Ausland Schutz angedeihen lassen.*

[2]**zukommen: zukommen lassen,** jmdm. etwas (geh.): jmdm. etwas Bestimmtes [in freundlicher Absicht] senden: *er hat mir eine Nachricht zukommen lassen;* ↑[1]zukommen. **übermitteln,** jmdm. etwas (geh.): jmdm. schriftlich, telegrafisch, telefonisch oder per Telefax etwas von Belang mitteilen. **zugehen lassen,** jmdm. etwas (kaufm.): etwas durch Boten, Post o. ä. an jmdn. gelangen lassen: *wir lassen Ihnen hiermit auf Ihren Wunsch eine Warenprobe zugehen;* ↑[1]schicken.

zulassen, etwas: (in diesem Sinnbereich) etwas gelten oder bestehen, sich ereignen oder sich gefallen lassen und es nicht hindern, nichts dagegen unternehmen; vgl. zulassen ↑[1]erlauben; ↑[2]erlauben. **dulden,** etwas: (in diesem Sinnbereich) etwas, was man als nicht besonders störend oder beunruhigend empfindet, aus Nachsicht fortbestehen lassen, ohne ernsthaften Widerspruch dagegen einzulegen oder bestimmte Gegenmaßnahmen zu ergreifen; vgl. dulden ↑erdulden. **geschehen lassen,** etwas: einem bestimmten Geschehen seinen Lauf lassen und nicht in etwas sich Ereignendes eingreifen. **tolerieren,** etwas (bildungsspr.): nichts gegen etwas unternehmen, es bestehen lassen, gewisses Verständnis dafür aufbringen, obgleich es den eigenen Ansichten, Überzeugungen o. ä. nicht entspricht; ↑tolerant.

zunehmen, etwas nimmt zu (Ggs. ↑abnehmen): (in diesem Sinnbereich) etwas wird größer; bezogen auf Menge, Ausdehnung, Intensität o. ä.: *seine Kräfte nahmen rasch wieder zu.* **vermehren,** etwas vermehrt sich (Ggs. ↑verringern): etwas wird mehr und im ganzen größer in bezug auf Menge, Anzahl, Gewicht, Ausdehnung oder Intensitätsgrad. **vergrößern,** etwas vergrößert sich (Ggs. verkleinern, sich ↑verringern): etwas wird größer, erweitert sich in bezug auf Anzahl, Menge, Ausdehnung, seltener auf einen Intensitätsgrad; auf etwas bezogen, was aus Einzelheiten bestehen kann, aber als Ganzes betrachtet wird: *der Kreis ihrer Freunde und Verehrer vergrößerte sich ständig.* **anwachsen,** etwas wächst an: etwas nimmt langsam, stetig, regelmäßig, vergleichbar dem organischen Wachsen, zu; begreift in sich einen ständig fortschreitenden Prozeß; wird auf Anzahl, Menge, Intensität bezogen: *der Lärm war bis zur Unerträglichkeit angewachsen.* **ansteigen,** etwas steigt an (Ggs. sinken ↑abnehmen): etwas nimmt in Anzahl und Menge zu; [zahlenmäßig] in die Höhe steigen: *die Besucherzahlen stiegen noch immer an.* **anschwellen,** etwas schwillt an: etwas nimmt in einer Art zu, die oft das normale Maß übersteigt und bedrohlich wirken kann; wird auf Anzahl oder Menge bezogen: *im Süden schwillt der Zustrom der Touristen weiter an.*

zurechtweisen, jmdn.: jmdm. wegen eines Fehlers oder wegen seines Verhaltens in entschiedener Form seine Mißbilligung zu verstehen geben, ihn in seine Schranken weisen, zur Ordnung rufen. **tadeln,** jmdn. [für etwas]: (in diesem Sinnbereich) jmdm. für einen Fehler oder ein [leichteres] Vergehen einen Verweis erteilen: *er ist vom Lehrer getadelt worden;* ↑tadeln; ↑Tadel. **einen Tadel erteilen,** jmdm. (nachdrücklich): jmdm. für dessen unkorrektes oder falsches Verhalten in förmlicher Weise seine Mißbilligung ausdrücken. **rügen,** jmdn.: jmdn. für einen begangenen Fehler, einen Verstoß tadelnd kritisieren; vgl. rügen ↑tadeln. **Tacheles reden,** mit jmdm. (ugs.): jmdm. ungeschminkt und deutlich die Meinung sagen und mit seiner Kritik an dessen Verhalten oder Tun nicht zurückhalten. **eine Rüge erteilen,** jmdm. (nachdrücklich): jmdn. für einen Vorstoß, ein Versehen, streng, vorwurfsvoll zurechtweisen; vgl. Rüge ↑Tadel. **einen Verweis erteilen,** jmdm. (nachdrücklich): i. S. v. eine Rüge erteilen; besagt jedoch, daß die Rüge als Bestrafung gewertet wird oder eine besondere Disziplinarstrafe darstellt; ↑abkanzeln, ↑anfahren, ↑mißbilligen, ↑rüffeln, ↑schelten, ↑[1]schimpfen, ↑tadeln, ↑verdammen, ↑vornehmen; ↑Bescheid, ↑Strafpredigt.

zurückdenken [an jmdn./etwas]: sich in Gedanken in eine vergangene Zeit zurückversetzen; die Gedanken zu einem Ereignis oder einer Person aus früherer Zeit zurückschweifen lassen und sich der damaligen Vorstellungen oder Empfindungen wieder bewußt werden. **zurückblicken** [auf etwas]: sich Vergangenes, früher Erlebtes noch einmal vergegenwärtigen, vor Augen führen, sich in Gedanken vorstellen. **zurückschauen** [auf etwas] (bes. südd., österr.; schweiz.): i. S. v. zurückblicken. **Rückschau halten** (nachdrücklich): sich über einen vergangenen Zeitabschnitt [mit Genugtuung] Rechenschaft geben, indem man ihn sich in Gedanken vergegenwärtigt: *es ist gut, manchmal Rückschau zu halten.* **erinnern,** sich an jmdn./etwas: (in diesem Sinnbereich) sich jmdn. oder etwas, was der Vergangenheit angehört, in Gedanken wieder vergegenwärtigen; mit Gedanken bei etwas Vergangenem verweilen: *die meisten erinnern sich gern an ihre Studienjahre.* **zurückerinnern,** sich an etwas (verstärkend): sich etwas seit langem Vergangenes wieder ins Gedächtnis rufen; sich einer fast vergessenen Zeit in ihren Einzelheiten wieder bewußt werden: *sich an sein erstes Schuljahr z.* **ins Gedächtnis [zurück]rufen,** sich (Dativ) etwas: sich ein Ereignis aus der Vergangenheit oder einen früheren Sachverhalt in seinen Einzelheiten wieder vorzustellen suchen; ein Geschehen in seiner Phantasie von neuem ablaufen lassen, um sich über bestimmte Einzelheiten klarzuwerden: *sich das Aussehen eines Menschen ins Gedächtnis [zurück]rufen.* **gedenken,** jmds./einer Sache (geh.): sich an jmdn. oder etwas, was zeitlich oder räumlich ferngerückt ist, gern, liebevoll, voller Wertschätzung oder Dankbarkeit erinnern: *ich gedenke gern jener fröhlichen, gemeinsamen Stunden.* **denken,** an jmdn./etwas: in Gedanken bei jmdm. oder etwas sein, was in zeitliche oder räumliche Ferne gerückt ist: *er denkt oft an seine verstorbenen Eltern;* ↑Sehnsucht.

zurückgezogen: gesellschaftlichen Umgang, das öffentliche Leben meidend; rückt im Unterschied zum folgenden „eingezogen" mehr die Abwendung von der Gesellschaft in den Vordergrund; bezeichnet wie „eingezogen" eine bewußt gewählte Lebensweise: *er lebte etwa zwei Jahre lang ganz z.* **eingezogen** (selten): nur für sich, ohne jeglichen gesellschaftlichen Umgang, ohne sich sehen oder etwas von sich hören zu lassen, lebend; betont im Unterschied zu „zurückgezogen" mehr die Hinwendung zu der engsten, eigenen Lebenswelt: *er führte ein völlig eingezogenes Leben;* ↑allein, ↑distanziert, ↑kontaktarm, ↑ungesellig, ↑verschlossen.

zurückkommen: wieder an den Ort kommen, von dem man ausgegangen ist; wieder am Ausgangspunkt ankommen; wird von Personen und Sachen gesagt, aber nur dann angewandt, wenn sich der Sprecher/Schreiber oder der Angesprochene/Angeschriebene am Ausgangspunkt befindet oder sich in Gedanken dorthin versetzt. **zurückkehren** (geh.): nach kürzerer oder längerer Abwesenheit an den Ort, an dem man sich zuvor aufgehalten, an dem man früher gelebt hat [für immer] zurückkommen. **wiederkehren** (geh.): nach längerer Abwesenheit [von weither] zurückkehren; bringt oft eine gefühlsmäßige Bindung des Zurückkehrenden zu dem Ort, an den er zurückkehrt, zum Ausdruck. **heimkehren** (geh.): [nach längerer Abwesenheit] in die Heimat, nach Hause zurückkehren.

zurückstecken (ugs.): angesichts eines Widerstandes oder einer Schwierigkeit ein Vorhaben zurückstellen oder einen Anspruch mäßigen, der an sich gerechtfertigt sein kann: *da wirst du vorläufig doch z. müssen.* **einen Rückzieher machen** (salopp): angesichts eines Widerstandes oder Widerspruchs ein Vorhaben oder einen Anspruch zurückstellen oder eine Behauptung einschränken, mit der man zu weit gegangen ist: *er sah ein, daß er in dieser Sache zu weit vorgeprescht war, und machte einen Rückzieher;* ↑²klein (beigeben), ↑nachgeben, ↑resignieren; ↑²setzen (unter Druck), ↑ziehen (den kürzeren).

Zusammenstoß, der: (in diesem Sinnbereich) das Aufeinandertreffen zweier oder mehrerer Fahrzeuge auf der Fahrbahn. **Zusammenprall,** der (ohne Plural): heftiger Zusammenstoß zweier oder mehrerer Fahrzeuge; das Wort drückt aus, daß das Aufeinanderstoßen bei größerer Geschwindigkeit und mit stärkerer Wucht geschieht. **Kollision,** die (geh.): der Zusammenstoß zweier oder mehrerer Fahrzeuge [die von der vorgesehenen Bahn abgekommen sind]. **Karambolage** [...asch[e]], die (ugs.): leichterer Zusammenstoß zweier oder mehrerer Fahrzeuge, bei dem es im allgemeinen nur Materialschaden gibt. **Auffahrunfall,** der: leichterer Unfall, der dadurch entstanden ist, daß ein Auto auf ein anderes hinten aufgeprallt ist.

zuschauen; zugucken (fam.); **zukucken** (fam., nordd.): einem Ereignis, einer Szene als [müßiger, interessierter] Betrachter beiwohnen. **zusehen:** einem Ereignis, einer Szene, die sich vor den Augen abspielt, folgen; drückt im Unterschied zu „zuschauen" stärker ein bestimmtes, oft durch eine Artangabe charakterisiertes Verhältnis des Betrachters zu dem sich abspielenden Vorgang aus. **gaffen** (abwertend): einen [ungewöhnlichen] Vorgang mit den Augen verfolgen, die daran beteiligten Personen neugierig und aufdringlich anstarren, wobei der Betreffende deutlich seine Sensationslust oder seine Verblüffung zeigt. **Maulaffen feilhalten** (abwertend): müßig herumstehen und als unnützer, störend empfundener Zuschauer neugierig einem [ungewöhnlichen] Vorfall, den Ereignissen auf der Straße zuschauen.

zustande: zustande bringen, etwas: (in diesem Sinnbereich) etwas auf Grund seiner Fähigkeiten, durch Anstrengung verwirklichen und vollenden; betont, wie das folgende „fertigbringen", stärker den Abschluß, das Resultat; drückt, wie alle Wörter dieser Gruppe, häufig Verwunderung und Anerkennung aus. **fertigbringen,** etwas (ugs.): (in diesem Sinnbereich) i. S. v. zustande bringen. **zuwege bringen,** etwas: (in diesem Sinnbereich) etwas auf Grund seiner Fähigkeiten durch Anstrengung über alle [schwierigen] Einzelphasen hinweg verwirklichen und vollenden, zielt zwar auch wie die vorstehenden Wörter auf das Resultat ab, betont aber stärker den gesamten Prozeß, der bis zum Abschluß führt.

zuständig: für ein bestimmtes Sachgebiet verantwortlich; dafür eingesetzt, auf einem bestimmten Gebiet für einen Fall oder eine Angelegenheit eine Maßnahme zu ergreifen oder eine Regelung, Lösung usw. vorzuschreiben, weil man etwas von der Sache versteht und darum das Recht hat, etwas dazu zu sagen oder eine Entscheidung darüber zu fällen. **maßgebend:** (in diesem Sinnbereich) i. S. v. zuständig; betont, daß eine besondere Zuständigkeit auf Grund bereits gezeigten Könnens oder Wissens anerkannt wird und die außerordentliche Leistung als Vorbild und Richtschnur für die eigene Einstellung oder das persönliche Handeln und Verhalten dient; vgl. maßgebend ↑maßgeblich. **kompetent:** bestimmte Voraussetzungen für etwas erfüllend, wobei man vor allem an die Beurteilung einer Sache denkt: *er ist auf diesem Gebiet k.*

zustoßen, etwas stößt jmdm. zu: **a)** jmd. gerät in Gefahr an Leib und Leben, erleidet einen Unfall o. ä.: *wenn ihm nur nichts zugestoßen ist!;* **b)** jmd. wird unvermutet in eine unangenehme Lage gebracht: *stell dir vor, was mir zugestoßen ist!* **passieren,** etwas passiert jmdm. (ugs.): jmdm. widerfährt etwas Unangenehmes, Ärgerliches o. ä. [durch eigenes Verschulden]: *so etwas soll uns nicht wieder p.!* **geschehen,** etwas geschieht jmdm. (selten): (in diesem Sinnbereich) jmd. erleidet etwas Übles; wird im allgemeinen verneint in Zusicherungen oder fragend als Ausdruck der Befürchtung gebraucht: *dir wird nichts g.!;* ↑²begegnen, ↑geschehen.

zwecks (Amtsdt.): mit dem Ziel oder Zweck; gibt an, daß etwas einer besonderen Bestimmung dienen soll; wirkt amtlich; wird mit

Genitiv und in Verbindung mit Verbalabstrakta gebraucht; flexionslos bei alleinstehenden Substantiven im Singular: *z. Interview; z. Beschaffung wichtiger Unterlagen.* **um ... zu** (mit Infinitiv): zu einem bestimmten Zweck: *sie begab sich ins Krankenhaus, um sich einer Operation zu unterziehen.* **zu:** (in diesem Sinnbereich) gibt einen Zweck an; steht im allgemeinen vor Abstrakta: *es wurden Schritte zur Behebung des Übelstandes eingeleitet.*

Zweig, der: im allgemeinen noch nicht verholzter Trieb eines Baumes oder Strauches. **Ast,** der: dickerer Zweig eines Baumes [der unmittelbar aus dem Stamm hervorgeht]: *die gefällten Tannen wurden von den Ästen befreit;* ↑Stiel.

Zweitschrift, die; **Abschrift,** die: eine durch Abschreiben hergestellte, dem Urtext genau entsprechende zweite Ausfertigung eines Schriftstücks: *ich brauche eine Abschrift Ihres Zeugnisses.* **Duplikat,** das; **Duplum,** das (bildungsspr.; selten); **Doppel,** das: Doppelausfertigung eines Schriftstückes: *ich habe ein Doppel des Vertrages bei mir.* **Durchschlag,** der: bei einem mit der Schreibmaschine geschriebenen Schriftstück durch die Verwendung von Durchschlagpapier zusätzlich angefertigtes Exemplar des Schreibens: *machen Sie von diesem Brief zwei Durchschläge!* **Durchschrift,** die: i. S. v. Durchschlag; auch durch die Verwendung von Durchschlagpapier zusätzlich angefertigtes Exemplar bei einem handgeschriebenen Schriftstück. **Kopie,** die: (in diesem Sinnbereich) genaue Abschrift eines Schriftstückes oder entsprechende Wiedergabe durch irgendein mechanisches Verfahren: *es gelang mir, eine K. dieses Briefes zu sehen.*

Zwischenmahlzeit, die: Mahlzeit zwischen den Hauptmahlzeiten. **Frühstück,** das (Plural ungebräuchlich): **a)** erster Morgenimbiß, dessen Grundlage ein warmes Getränk [meist Tee oder Kaffee] und Brot bildet, je nach Gepflogenheit und Bedürfnis um die eine oder andere kalte oder warme Zutat bereichert; **b)** Zwischenmahlzeit am Vormittag, vor allem in der Arbeitspause, meist bestehend aus mitgebrachten Broten; die Unterscheidung gegenüber dem „ersten Frühstück" geht vielfach aus der Situation, der Tageszeit hervor, so daß der Zusatz „zweites" häufig fehlt; **c)** (selten): opulente, kleinere Mahlzeit aus besonderem Anlaß: *jmdm. ein F. geben.* **erste Frühstück,** das (Plural ungebräuchlich): i. S. v. Frühstück a). **zweite Frühstück,** das (Plural ungebräuchlich); **Zweitfrühstück,** das (Plural ungebräuchlich; ugs.): i. S. v. Frühstück b). **Brunch,** [bra̧n(t)sch], der: am späteren Vormittag eingenommenes, ausgedehntes und reichliches Frühstück, das das Mittagessen ersetzt. **Gabelfrühstück,** das (Plural ungebräuchlich; veraltend): bei besonderen [festlichen] Anlässen eingenommenes zweites Frühstück am späten Vormittag, bei dem zu alkoholischen Getränken pikant zubereitete kalte Speisen gereicht werden. **Sektfrühstück,** das (Plural ungebräuchlich): am Vormittag serviertes Frühstück mit besonderen Delikatessen und Sekt. **Lunch** [la̧n(t)sch], der: zur Mittagszeit eingenommenes, reichhaltigeres Frühstück [an Stelle der sonst üblichen Hauptmahlzeit]; besagt entweder, daß man angelsächsischer Gewohnheit folgt, die die Hauptmahlzeit auf den Abend legt, oder daß es sich um einen größeren Imbiß [zu besonderer Gelegenheit] handelt. **Picknick,** das: im Freien, im Grünen eingenommene [einfachere] Mahlzeit, meist auf einem Ausflug. **Vesper,** die (auch: das) (Plural ungebräuchlich; mitteld., südd.): Brotmahlzeit [am Nachmittag]. **Brotzeit,** die (Plural ungebräuchlich; bayerisch): Zwischenmahl, bei dem in der Regel Brote gegessen werden; sowohl am Vormittag als auch am Nachmittag. **Kaffee,** der (ohne Plural): Zwischenmahlzeit mit Kaffee [und Gebäck] am Nachmittag. **Jause,** die (Plural ungebräuchlich; österr.): **a)** kleinere Zwischenmahlzeit [am Nachmittag], bei der im allgemeinen Kaffee getrunken und Brot verzehrt wird; **b)** gemütliches Zusammensein beim Nachmittagskaffee. **[Fünfuhr]tee,** der (Plural ungebräuchlich): **a)** kleiner Imbiß am Spätnachmittag, zu dem Tee gereicht wird; **b)** gesellige Veranstaltung in kleinerem, halb familiärem, halb offiziellem Rahmen; ↑Abendbrot, ↑Mittagbrot, ↑Mittagessen; ↑frühstücken.

Wortregister

Hinweise zur Benutzung: Die durch halbfetten Druck hervorgehobenen Wörter sind Leitwörter, die sich im Wörterbuchteil in alphabetisch geordneter Reihenfolge finden. Unter einem Leitwort wird das an der ersten Stelle einer Wortgruppe stehende Wort verstanden. Die nicht halbfett gedruckten Wörter sind bei den mit einem vorangestellten Pfeil versehenen Wörtern (Leitwörtern) abgehandelt. Die Wörter, denen eine hochgestellte Zahl vorangestellt ist, sind in der alphabetischen Abfolge als Leitwörter mehr als einmal vorhanden. Beim Aufsuchen der angeführten Leitwörter ist auf solche eventuell vorhandenen Zahlen zu achten.

A

C

D

E

G

H

K

L

M

O

Q

R

S

X

Z